Ottmar Ette

Was heisst und zu welchem Ende studiert man romanische Literaturwissenschaft?

Aula

——

Herausgegeben von
Ottmar Ette

Ottmar Ette

Was heisst und zu welchem Ende studiert man romanische Literaturwissenschaft?

Potsdamer Vorlesungen zur Romanistik

DE GRUYTER

ISBN 978-3-11-078839-6
e-ISBN (PDF) 978-3-11-078841-9
e-ISBN (EPUB) 978-3-11-078852-5
DOI https://doi.org/10.1515/9783110788419

Library of Congress Control Number: 2022944817

Bibliografische Information der Deutschen Nationalbibliothek
Die Deutsche Nationalbibliothek verzeichnet diese Publikation in der Deutschen
Nationalbibliografie; detaillierte bibliografische Daten sind im Internet über
http://dnb.dnb.de abrufbar.

© 2022 bei den Autoren, publiziert von Walter de Gruyter GmbH, Berlin/Boston
Dieses Buch ist als Open-Access-Publikation verfügbar über www.degruyter.com.

Coverabbildung: Das Labyrinth in der Kathedrale zu Rheims. Aus: *Die Gartenlaube*. Leipzig:
Verlag Ernst Keil's Nachfolger 1885, S. 787. Gemeinfrei. Quelle: https://commons.wikimedia.
org/wiki/File:Die_Gartenlaube_(1885)_b_787_2.jpg
Satz: Integra Software Services Pvt. Ltd.
Druck und Bindung: CPI books GmbH, Leck

www.degruyter.com

Meinen Eltern
Ilse und Reinhard
in Freude gewidmet
und der Freundschaft mit Heinz

Vorwort

Mit den vorliegenden Seiten geht die Reihe „Aula", ein Vorhaben, das wir mit Mario Vargas Llosa in der „Ausführung" dieser Vorlesung als *La tentación de lo imposible,* als die Versuchung des Unmöglichen bezeichnen könnten, mit dem achten und letzten Band zu Ende. Der Kreis ist geschlossen. Oder besser: Jene oktogonale Struktur romanischer Architektur ist vollendet, die mich als jungen Studenten so sehr im Elsass beeindruckte und die mir bei der Arbeit an diesem Band beständig vor Augen stand. Nicht, dass es nicht noch weitere Vorlesungen gegeben hätte, welche im Rahmen dieser Reihe vorzustellen durchaus lohnenswert gewesen wäre. Doch die Reihe sollte noch während meiner Dienstzeit an der Universität Potsdam ihren Abschluss mit einer Vorlesung finden, in welcher – und die Zahlensymbolik mag uns hierbei zur Seite stehen – viele der in der gesamten Reihe an Vorlesungen ausgelegten Fäden zusammenlaufen.

Die nun vorgelegten acht Bände umschreiben den Kreis der Gedanken, die ich meinen Studierenden in meinen Potsdamer Vorlesungen vorstellen und vermitteln wollte. Während eines Vierteljahrhunderts entstanden, möchten sie noch einmal, wenn auch aus veränderter Perspektive das reiche Feld der Romanischen Literaturen der Welt erfassen und einige der Methoden und Verfahren skizzieren, wie man sich diesen Literaturen mit Gewinn annähern kann.

Diese Vorlesungen wurden für meine Potsdamer Studierenden konzipiert, aber nicht nur in Potsdam gehalten. Teile dieser Vorlesung wurden in anderen Ländern Europas, in den USA, Lateinamerika oder China vorgestellt. Dies entspricht auch der Entstehung dieser Vorlesung, deren einzelne Bestandteile nicht nur an der Havel, sondern auch an vielen anderen Orten der Welt in einem diskontinuierlich-kontinuierlichen Schreibprozess entstanden. Ich danke an dieser Stelle ausdrücklich meinen Studierenden in Potsdam, aber auch in Paris oder Nashville, Madrid oder New York, immer wieder in Mexiko und Santiago de Chile, in Buenos Aires, Rio de Janeiro oder Curitiba, aber auch in Chengdu oder Changsha. Ohne meine vielen Reisen und Begegnungen wäre ein Band wie der nun vorliegende nicht entstanden.

Im Band *Was heißt und zu welchem Ende studiert man Romanische Literaturwissenschaft?* geht es mir nicht um eine Beschreibung des Faches, sondern der Sache. Nicht um eine möglichst umfassende Darstellung der Romanistik war es mir zu tun, denn eine solche liegt bereits in zahlreichen Einführungen in das Fach vor. Auch nicht um eine erschöpfende Aufzählung all ihrer Methoden, die in ihrer reichen Disziplingeschichte entwickelt wurden. Gewiss, man mag an vielen Stellen eine bestimmte Besorgnis um das Fach verspüren, das mir ans Herz gewachsen ist und das mir so unendlich viel Befriedigung in meinem beruflichen wie in meinem privaten Leben verschafft hat. Doch über die Beteiligung an manchen Fachdiskussionen über die Frage hinaus, was denn die Zukunft der Romanistik sei, möchte ich mich nicht an derlei zumeist ergebnislosen Gesprächen beteiligen. Es ging mir vielmehr darum, etwas zu tun, durchs Schreiben *eine Praxis* der Romanistik vor Augen zu führen; darum, aus wechselnden Betrachter-Standorten, welche die Leser*innen bisweilen erraten können, einen viellogischen Entwurf der Sache dieses Faches zu wagen, für welchen ich auch noch nach Jahrzehnten einstehen kann.

Sicherlich ist die Aufgabe einer Vorlesung und ihrer schriftlichen Ausarbeitung begrenzt. Anders als ein herkömmliches Buchprojekt, so mag man einwenden, ist eine Vorlesung an einen bestimmten Raum und an eine bestimmte Zeit gebunden. Sicherlich ist auch ein Buch mit seinen Schreibprozessen nicht von Raum und Zeit unabhängig; aber eine Vorlesung wendet sich zuallererst an ein konkretes Publikum und an eine genau bestimmbare Zuhörerschaft, während sich ein Buch an eine offene Gemeinschaft von Leserinnen und Lesern richtet, die aus den verschiedenartigsten Gründen an einer hier behandelten Thematik Interesse zeigen. Meine Potsdamer Vorlesungen aber waren stets dies: für meine Potsdamer Studierenden konzipiert, jedoch nicht aus einer vorherrschend Potsdamer Perspektive verfasst.

Nun also liegen *ReiseSchreiben. Potsdamer Vorlesungen zur Reiseliteratur*, *LiebeLesen. Potsdamer Vorlesungen zu einem großen Gefühl und dessen Aneignung*, *Von den historischen Avantgarden bis nach der Postmoderne. Potsdamer Vorlesungen zu den Hauptwerken der Romanischen Literaturen des 20. und 21. Jahrhunderts*, *Romantik zwischen zwei Welten. Potsdamer Vorlesungen zu den Hauptwerken der romanischen Literaturen des 19. Jahrhunderts*, *Aufklärung zwischen zwei Welten. Potsdamer Vorlesungen zu den Hauptwerken der romanischen Literaturen des 18. Jahrhunderts*, *Geburt Leben Sterben Tod. Potsdamer Vorlesungen über das Lebenswissen in den romanischen Literaturen der Welt*, *Erfunden Gefunden. Potsdamer Vorlesungen zur Entstehung der Amerikas* sowie schließlich dieser achte und letzte Band im Druck und als Open-Access-Ausgaben vor. Das, was zu Beginn des Vorhabens als ‚unmöglich‘ erschien, ist Wirklichkeit geworden. Aber vielleicht steht dies einem Fach, das mitunter als ein ‚unmögliches‘ Fach bezeichnet und beschrieben worden ist, nicht schlecht zu Gesicht.

Für all meine Vorlesungsbände gilt, dass wir viele politische und soziale, vor allem aber auch kulturelle und literarische Phänomene erst dann wirklich verstehen, wenn wir die Bewegungen zwischen verschiedenen Areas präziser erfassen und unseren Blick über eine anfängliche Spezialisierung – und sei es eine so umfassende wie die der Romanistik – so grundlegend als irgend möglich erweitern. Die Komparatistik war mir stets eine disziplinäre Hilfe, die Romanistik gleichzeitig von innen und von außen zu betrachten. Wenn der vorliegende Band mit Mario Vargas Llosa und Roland Barthes sowie ihren fruchtbaren Versuchen einer

*Literatur*wissenschaft ausklingt, welche bewusst vom Feld der Literaturen der Welt nicht getrennt ist, so mag dies eine künftig anzugehende Wegstrecke, eine zukünftige Versuchung des Unmöglichen, andeuten. Denn die Veröffentlichung eines neuen Bandes ist stets vor allem der Sprung zu einem neuen Ziel der lautlosen Leidenschaft des Lesens und Schreibens.

Am Ausgang dieser Reihe gilt es nun zu danken: Markus Alexander Lenz gilt mein freundschaftlicher Dank für die wie immer umsichtige und zielführende redaktionelle Bearbeitung, für kluge Ideen und viele anregende Gespräche, die wir bei unserer vertrauensvollen Zusammenarbeit stets führten. Für den vorliegenden Band hat Patricia A. Gwozdz die Illustrationen und Bildvorlagen besorgt sowie auch einen Teil der redaktionellen Aufgaben übernommen, wofür ich ihr ebenso herzlich und freundschaftlich danke. Die Zusammenarbeit mit diesen beiden wunderbaren Assistent*innen am Lehrstuhl, dessen Herz Gabriele Penquitt war und ist, hat mir immer sehr viel Kraft und Zuversicht in die Zukunft gegeben. Betriebsunfälle der Fakultät gerieten da schnell in Vergessenheit.

Mein Dank gilt aber auch Ulrike Krauss, die sich von Beginn an beim Verlag Walter de Gruyter für die einzelnen Bände und die Gesamtidee der Reihe „Aula" eingesetzt hat, sowie Gabrielle Cornefert, die auch diesen Band verlagsseitig und gemeinsam mit zahlreichen Mitwirkenden wie vor allem der so zuverlässigen Anne Stroka wieder bestens betreute. Meiner Frau Doris gebührt mein Dank für den initialen Anstoß, dieses gewaltige Vorhaben anzugehen und das ‚unmögliche' Projekt zu vollenden, und für die liebevollen Ermutigungen, diese Reihe in den abschließenden Jahren an der Universität Potsdam zu einem glücklichen Ende zu führen.

Ottmar Ette
Berlin-Brandenburgische Akademie der Wissenschaften
10. Oktober 2022

Inhaltsverzeichnis

Zur Einführung: Warum Romanistik weltweit?

Am 26. Mai des Revolutionsjahres 1789 hielt Friedrich Schiller seine berühmte programmatische Antrittsvorlesung *Was heißt und zu welchem Ende studiert man Universalgeschichte?* (Abb. 2) an der Universität Jena. In diesem Zusammenhang situierte sich der deutsche Schriftsteller nicht nur als Historiker in den zeitgenössischen Diskussionen um die *Universal History* und im Spannungsfeld zwischen dem ‚Brotgelehrten‘ und dem ‚philosophischen Kopf‘, sondern vermittelte seinen Zuhörerinnen und Zuhörern auch eine mutige Vision des je eigenen Tuns und der Herausforderungen im Kontext zunehmend weltumspannender Lebenszusammenhänge. Viele seiner Argumente und Vorstellungen waren bereits zum damaligen Zeitpunkt diskutierbar, nichts davon war indiskutabel; aber bis heute blieben viele seiner programmatischen und vor allem prospektiven Überlegungen diskussionswürdig.

Abb. 1: Ludovike Simanowitz: Portrait Friedrich Schillers, um 1793/94.

In diesem Band wird es weniger um eine kritische Bestandsaufnahme vergangener und gegenwärtiger Romanistik als um eine Vision der möglichen Zukünfte gehen, denen sich das Fach gegenüber öffnen sollte, will es seinen Anspruch auf eine zentrale Rolle im Fächerkanon der Geistes- und Kulturwissenschaften nicht endgültig verlieren, sondern bewahren und ausbauen. Weltumspannende Entwicklungen, so machte schon Schiller deutlich, bestimmen unser Leben, unabhängig davon, ob wir wie der Dichter in einer Phase beschleunigter Globalisierung oder – wie wir heute – *nach* einer solchen leben.

Die Romanistik als weltumspannendes Fach muss sich dieser Aufgabe und Herausforderung mutig stellen. Die Zeit des Ausblendens programmatischer Fragen und des ‚Weiterwurstelns‘ in einem undefinierbaren ‚Weiter-So‘ ist vorbei. Dieser Band unternimmt beherzt und sicherlich angreifbar den Versuch, den Gegenstand ‚Romanische Literaturwissenschaft‘ unter Einschluss kulturwissen-

https://doi.org/10.1515/9783110788419-001

Abb. 2: *Was heißt und zu welchem Ende studiert man Universalgeschichte?* Titelblatt des separaten Erstdrucks von Friedrich Schillers Antrittsrede, 1789.

schaftlicher Aspekte im Kontext der Literaturen der Welt[1] näher zu bestimmen, die herausragende, ja überlebenswichtige Bedeutung dieses Studienobjekts zu präzisieren und prospektiv nach den künftigen Möglichkeiten für Forschung, Studium und Leben im Bereich der Romanischen Literaturwissenschaft zu fragen. Zu den programmatischen Herausforderungen zählen Fragen wie: Welches Wissen vermittelt die Literatur und warum ist die Romanistik eine Archipel-Wissenschaft? Wie könnte eine (romanische) Philologie der Zukunft aussehen? Wie lässt sich das Verhältnis zwischen den Romanischen Literaturen und den Literaturen der Welt begreifen?

---

[1] Vgl. zu diesem Begriff Ette, Ottmar: *WeltFraktale. Wege durch die Literaturen der Welt.* Stuttgart: J.B. Metzler Verlag 2017.

Weltumspannende Relationen und Beziehungen prägen selbst unser Alltagsleben – und dies nicht erst seit heute, sondern seit mehr als fünf Jahrhunderten.[2]
Gerade die Romanischen Literaturen der Welt haben dies eindrucksvoll aufgezeigt. Die Romanistik aber hat die sich ihr auf diesem Feld bietenden Möglichkeiten und Chancen noch längst nicht ausreichend genutzt. Gerade auch an dieser
Stelle gilt es daher anzusetzen, um die Romanistik für dieses Jahrhundert fit zu
machen. Doch zurück zu Friedrich Schillers historischer Vorlesung in Jena!

Es war eine Antrittsvorlesung, welche nach vielerlei Aussagen den damaligen Saal an der Jenenser Universität zum Kochen brachte – eine Tatsache, die
sich freilich in der Folgezeit bei Schillers Vorlesungen weitaus seltener wiederholte. Denn Friedrich Schiller griff polemisch in eine laufende Debatte ein, in der
es darum ging, welchen Rang man der Weltgeschichte als *Universal History* zubilligen solle, wie sie in England entwickelt worden und seit 1744 in einer deutschsprachigen Ausgabe in die Diskussion eingebracht worden war. Dabei ist es
keine Überraschung, dass diese Diskussion von England ausging, zählte England
doch zusammen mit Frankreich zu den beiden führenden europäischen Mächten,
welche diese Weltgeschichte ganz entscheidend mitbestimmten und zugleich
den Antriebsmotor für die zweite Phase beschleunigter Globalisierung bildeten.[3]

Die großen Emotionen und Wallungen, die Friedrich Schillers Antrittsvorlesung auslöste, bezogen sich freilich nicht so sehr auf diese großen Umwälzungen,
auf diese großen Revolutionen, die sich mit dieser Frage verknüpften. Seine im
Jahr der Französischen Revolution von 1789 gehaltene Antrittsrede konnte sich
selbstverständlich noch nicht auf die Mutter aller europäischen Revolutionen beziehen: Der Sturm auf die Bastille sollte erst einige Wochen später das Ancien Ré-
gime hinwegfegen. Und doch: Die Konturen jener europäischen Doppelrevolution
begannen sich bereits am Horizont abzuzeichnen, jener Doppelrevolution, die
von so entscheidender Bedeutung für den weiteren Verlauf der Geschichte war.

Oft ist von dieser Doppelrevolution in der Historiographie die Rede; aber wir
sollten uns vor Augen halten, dass es sich um eine *europäische* Doppelrevolution
handelte. Da gab es einerseits die *industrielle* Revolution, die von England ausging und die längst im Gange war, bevor sie dann im 19. Jahrhundert auch in die
deutschen Länder und insbesondere nach Preußen überschwappte. Und es gab
andererseits jene *politische* Revolution, die von Frankreich ausging und die sehr
wohl etwa mit Blick auf die Erklärung der Menschenrechte einen weltgeschichtli-

---

2 Vgl. hierzu Ette, Ottmar: *TransArea. Eine literarische Globalisierungsgeschichte.* Berlin – Boston: Walter de Gruyter 2012; Übersetzungen ins Englische und ins Französische liegen vor,
eine chinesische Übersetzung ist für Ende 2022 geplant.
3 Zu den verschiedenen Phasen beschleunigter Globalisierung vgl. das Auftaktkapitel ebda.

chen, also einen universalhistorischen (oder wie wir heute sagen würden: global-geschichtlichen) Stellenwert nicht allein als politische Revolution besaß.

Lange Zeit hat man dank eurozentrischer Scheuklappen eine andere Doppel-revolution übersehen, jene *amerikanische* Doppelrevolution, die auf der einen Seite mit dem Unabhängigkeitskampf der künftigen Vereinigten Staaten von Amerika begann und sodann in der Haitianischen Revolution ihre nicht mehr nur vom Kolonialstatus, sondern auch von der Sklaverei befreiende Umwälzung heraufführte. Beide Revolutionen erfolgten ebenfalls mit all jenen historischen Widersprüchen, die heutzutage deutlich ins Bewusstsein getreten sind.[4] Im deutschsprachigen Raum hat wohl kaum ein anderer Schriftsteller und Denker schärfer gesehen als Heinrich von Kleist, um welch ein Ereignis von welthisto-rischer Bedeutung es sich bei der so lange Zeit aus jeglichen Revolutionstheo-rien ausgebürgerten Haitianischen Revolution handelte.[5] Auch ein Alexander von Humboldt begriff nach anfänglichem Zögern, dass die Revolution in der einst reichsten französischen Kolonie Saint-Domingue weltweit von enormer Sog-wirkung für alle kolonial Unterdrückten war. Sie war ein Fanal, das selbst die Unabhängigkeitsrevolutionen in den spanischen Kolonien Amerikas inspirierte, auch wenn die kreolische Trägerschicht dort keinerlei Interesse an einer Befrei-ung der Sklaven zeigte.[6] Doch vergessen wir nicht, dass selbst der „Libertador" Simón Bolívar in schwierigen Zeiten Schutz und Hilfe in Haiti suchte.

Es dürfte folglich kein Zufall sein, dass sich Friedrich Schiller just im Jahr der großen Französischen Revolution, die den eigentlichen Ausgangspunkt der Sklavenrevolution auf Haiti bildete, mit dem in Deutschland scheinbar distan-teren Thema der Globalität beziehungsweise weltweiter Verflechtungen ausein-andersetzte. Doch war der Fokus der Auseinandersetzungen bei ihm noch kleinräumiger gewählt. Denn seine Einlassungen bezogen sich auf jene Debatte um die *Universal History*, in die sich die bedeutendsten Vertreter der Philoso-phie, aber natürlich auch der Geschichtswissenschaft wie der Theologie in Deutschland eingemischt hatten. August Wilhelm von Schlözers Aussage, Welt-geschichte sei lediglich ein Aggregat von Bruchstücken, nahm Friedrich Schil-

---

4 Vgl. hierzu die Darstellung im fünften Band der Reihe „Aula" in Ette, Ottmar: *Aufklärung zwischen zwei Welten. Potsdamer Vorlesungen zu den Hauptwerken der romanischen Literaturen des 18. Jahrhunderts*. Berlin – Boston: Walter de Gruyter 2021, S. 47 ff.
5 Vgl. zu Kleist besonders das entsprechende Kapitel im vierten Band der Reihe „Aula" in Ette, Ottmar: *Romantik zwischen zwei Welten. Potsdamer Vorlesungen zu den Hauptwerken der romanischen Literaturen des 19. Jahrhunderts*. Berlin – Boston: Walter de Gruyter 2021, S. 100 ff.
6 Vgl. hierzu den siebten Band der Reihe „Aula" in Ette, Ottmar: *Erfunden / Gefunden. Potsda-mer Vorlesungen zur Entstehung der Amerikas*. Berlin – Boston: Walter de Gruyter 2022.

ler als Ausgangspunkt seiner Ausführungen auf – nicht ohne die ihm eigene Polemik, versteht sich.

Diese Problematik hat sehr viel mit der Themenstellung dieses Bandes zu tun. Gewiss ist die revolutionäre Tiefenwirkung dieser Debatte eine andere: Die Debatten um die Romanistik – so sie denn überhaupt noch stattfinden – haben keinerlei revolutionäre Sprengkraft. Doch will sich auch die vorliegende Vorlesung mit elementaren Grundfragen beschäftigen, die wie bei Schiller weit über die eigentliche Disziplin hinausgehen. Was aber Romanische Literaturwissenschaft ist und zu welchem Ende man sie studiert, bildet das Thema dieses Bandes.

Lassen Sie uns also beginnen auf den Spuren jener berühmten Antrittsvorlesung vom 26. Mai 1789 an der Universität Jena; und dies mit einem ersten Zitat, welches das Incipit der Antrittsvorlesung von Schiller betrifft:

> Erfreuend und ehrenvoll ist mir der Auftrag, meine h.H.H., an Ihrer Seite künftig ein Feld zu durchwandern, das dem denkenden Betrachter so viele Gegenstände des Unterrichts, dem thätigen Weltmann so herrliche Muster zur Nachahmung, dem Philosophen so wichtige Aufschlüsse, und jedem ohne Unterschied so reiche Quellen des edelsten Vergnügens eröffnet – das große weite Feld der allgemeinen Geschichte. Der Anblick so vieler vortrefflichen jungen Männer, die eine edle Wißbegierde um mich her versammelt, und in deren Mitte schon manches wirksame Genie für das kommende Zeitalter aufblüht, macht mir meine Pflicht zum Vergnügen, läßt mich aber auch die Strenge und Wichtigkeit derselben in ihrem ganzen Umfang empfinden.[7]

Wenn sich Friedrich Schiller in diesem Zitat an eine Gruppe junger Männer wendet, so deutet dies auf den gewaltigen Zeitabstand zu unserer heutigen Vorlesung, saßen zum damaligen Zeitpunkt doch nur junge Männer vor dem Vortragenden, insofern die deutschen Universitäten für Frauen noch nicht offenstanden beziehungsweise zugänglich waren. Gleichzeitig wird deutlich, dass Schiller sich mit dem Gebiet der Geschichte auseinandersetzt und sogleich von Beginn an die Notwendigkeit fühlt, sich mit verschiedenen, dieses Feld der Geschichte querenden Disziplinen und Fragestellungen zu beschäftigen. Damit wählt er im Grunde eine transdisziplinäre Herangehensweise, die wir aus heutigem Blickwinkel wesentlich besser nachzuvollziehen vermögen.

---

7 Schiller, Friedrich: Was heißt und zu welchem Ende studiert man Universalgeschichte? Eine akademische Antrittsrede. In: Wieland, Christoph Martin (Hg.): *Der Teutsche Merkur.* Weimar: Hofmann 1773–89. Bd. 4, 1789, S. 105–135, hier S. 105.

Ich kann an dieser Stelle nicht auf die Unterscheidungen zwischen multi-, inter- und transdisziplinär eingehen. Ich habe dies ausführlich an anderer Stelle getan.[8] Doch hier vielleicht soviel, dass der Begriff *monodisziplinär* meint, dass man sich mit einer einzigen Disziplin innerhalb deren Grenzziehungen beschäftigt. *Multidisziplinär* meint, dass verschiedene Disziplinen bereit stehen oder vorhanden sind; so ist beispielsweise eine universitäre Fakultät multidisziplinär aufgebaut. *Interdisziplinär* meint, dass sich zwei oder verschiedene Disziplinen in einem wechselseitigen Dialog befinden, ohne dass sich die Vertreterinnen und Vertreter einzelner Disziplinen heraus aus ihren disziplinären Grenzen bewegen würden. *Transdisziplinär* hingegen bedeutet, dass ein oder mehrere Fachvertreterinnen sich zwischen verschiedenen Disziplinen bewegen und deren Wissen miteinander zu kombinieren versuchen. Das meint etwas anderes als wenn sie interdisziplinär meinetwegen Soziolog*innen, Biolog*innen, Politolog*innen oder Kulturwissenschaftler*innen institutionell rund um ein Zentrum für Areastudien – sagen wir zu Frankreich oder Lateinamerika – scharen.

Wir haben es in diesem Umfeld mit sehr allgemeinen, fundamentalen Fragestellungen zu tun, auf die wir etwa im Bereich der TransArea-Studien zurückkommen werden. Doch auch Friedrich Schiller behandelte die von ihm anvisierte Thematik in einer grundlegenden Weise. Wie grundlegend, ja fundamentalistisch der Ansatz war, mit dem er sich dem Feld der Geschichte zuwandte, wird allein schon daran deutlich, dass sich der Dramatiker und Theoretiker der Literatur und Dichtkunst im zweiten Abschnitt an seine Studenten wendet und versucht, ihnen die Bedeutung dieses Gebietes vor Augen zu führen. Schauen wir uns dazu einen kleineren Auszug an:

> Fruchtbar und weit umfassend ist das Gebiet der Geschichte; in ihrem Kreise liegt die ganze moralische Welt. Durch alle Zustände, die der Mensch erlebte, durch alle abwechselnde Gestalten der Meinung, durch seine Thorheit und seine Weisheit, seine Verschlimmerung und seine Veredlung, begleitet sie ihn, von allem was er sich nahm und gab, muß sie Rechenschaft ablegen. Es ist keiner unter Ihnen allen, dem Geschichte nicht etwas wichtiges zu sagen hätte; alle noch so verschiedenen Bahnen Ihrer künftigen Bestimmung verknüpfen sich irgendwo mit derselben; aber Eine Bestimmung theilen Sie alle auf gleiche Weise mit einander, diejenigen, welche Sie auf die Welt mitbrachten – sich als Mensch auszubilden – und zu dem Menschen eben redet die Geschichte.[9]

---

8 Vgl. hierzu Ette, Ottmar: *ZwischenWeltenSchreiben. Literaturen ohne festen Wohnsitz (Über-Lebenswissen II)*. Berlin: Kulturverlag Kadmos 2005.

9 Schiller, Friedrich: *Was heißt und zu welchem Ende studiert man Universalgeschichte?*, S. 106 f.

Was Friedrich Schiller hier von der Geschichte sagt, hätte der am 10. November 1759 in Marbach geborene Literat auch von der Literatur sagen können. Meine begründete Vermutung geht dahin, in diesen Worten eine Äußerung des am 9. Mai 1805 in Weimar Verstorbenen zu sehen, in welcher der Dichter gleichsam hinter der Geschichte immer die Literatur sieht und ihr auf den Menschen bezogenes Wissen mitdenkt.

Es geht in der angeführten Passage zweifellos um die Geschichte der Menschheit; und in dieser menschheitsgeschichtlichen Dimension ist die Frage der Bildung und Ausbildung des Menschen notwendig enthalten. Man könnte und müsste aber auch hinzufügen: ebenso und zuvörderst die Geschichte der Literatur. Denn ich gehe von der These aus, dass Literatur uns alle angeht, auch all jene, die vielleicht gar nichts mit der Literatur zu tun zu haben glauben.

Gestatten Sie mir an dieser Stelle, Ihnen bereits einen kleinen Hinweis auf ein Stichwort zu geben, auf das ich später noch zurückkommen möchte: auf das Stichwort der Literaturen der Welt! Denn diese Literaturen der Welt enthalten ein Wissen vom Menschen und von den Orten und den Bewegungen des Menschen, das in keiner anderen diskursiven Wissensform so komplex globalgeschichtlich repräsentiert ist. Denn es handelt sich um ein Wissen, das zu uns quer durch lange Jahrtausende kommt, quer durch die unterschiedlichsten Sprachen, quer durch die unterschiedlichsten Kulturen, quer durch die verschiedenartigsten Mythen und Legenden, quer durch eine höchst unterschiedliche weltumspannende Geschichte. Das Wissen der Literaturen der Welt äußert sich vieldeutig in einer Bewegung des ständigen *Über-Setzens* und *Übersetzens* zwischen diesen Kulturen und Sprachen und Symbolsystemen. Es enthält ein Wissen vom Leben im Leben und für das Leben, das nicht von einer einzigen Kultur ausgeht, sich nicht an einem einzigen Punkt auf dem Planeten konzentriert, ein Wissen, das nicht einer einzigen Logik unterworfen werden kann, sondern zutiefst viellogisch ist.

Genau dies macht ein Studium der Philologie und insbesondere der Romanischen Philologie so komplex und kompliziert zugleich. Das Studium der romanischen Literaturwissenschaften ist, sagen wir es von Anfang an direkt und unumwunden, ein langwieriges Studium, das Ihnen nur selten den Eindruck vermittelt, einen Gegenstandsbereich vollständig zu beherrschen. Haben sie einen dieser seltenen Punkte erreicht, dann genießen Sie ihn! Denn schon bald werden Sie bemerken, dass Sie sich getäuscht haben und Ihren Gegenstand doch nicht in seiner Gänze überblicken.

Wenn Sie in Ihrem Studium rasch zu dauerhaften Erfolgen kommen wollen, dann nehmen Sie sich lieber ein anderes Fach vor! Wenn Sie etwa Mathematik studieren, erreichen Sie den Höhepunkt Ihrer mathematischen Leistungsfähigkeit im dritten und im vierten Jahrzehnt ihres Lebens. Gewiss, das ist später als

die Kurve Ihrer Leistungsfähigkeit beispielsweise im Sport oder etwa im Fußball, wo Sie zu Beginn Ihres vierten Lebensjahrzehnts mit einem Abfall Ihrer
Leistungen rechnen müssen. Und als Mathematikerin oder Mathematiker können sie ja auch immer noch in anderen Bereichen außerhalb der Spitzenfor-
schung ein höchst sinnvolles Leben führen, als Wissenschaftsmanager arbeiten
oder – und ich sage dies ohne allen Spott! – interuniversitäre Forschungsver-
bünde entwerfen.

In den Philologien aber erreichen Sie Ihren geistigen Höhepunkt vielleicht
im sechsten oder siebten Lebensjahrzehnt, nachdem Sie verschiedenste fundamental-komplexe Zeichen- und Bedeutungssysteme in ihren jeweiligen disziplinären Spezialisierungen auf Ihrem Weg in der Forschung durchdrungen haben.
Das heißt mit anderen Worten – und ist das nicht eine schöne Aussicht? –, dass
Sie nicht im sechsten Lebensjahrzehnt wie ein Chirurg Ihre Fähigkeiten sich
vermindern sehen, mit hoher Präzision Ihre Arbeiten auszuführen, sondern
dass Sie als Philologin oder als Philologe ein ganzes langes Leben – Ihre Ge-
sundheit vorausgesetzt – für Ihre immer weitergehende und nie abzuschlie-
ßende berufliche Vervollkommnung vor sich haben. Die philologische Arbeit
erstreckt sich folglich über ein gesamtes Leben – zumindest dann, wenn Sie
immer noch „la chispa", die Flamme oder die Neugier auf Wissen, in sich tragen. Gerade die Romanische Philologie ist auf Grund ihrer Vielsprachigkeit
folglich *trajektoriell* völlig anders geartet als Sport, Mathematik oder Chirurgie –
zumindest dann, wenn Sie sich mit dem Gedanken tragen, in die Forschung zu
gehen und sich damit auf jenen Marathonlauf begeben, bei dem *die Bewegung*
und *der Weg* selbst das Ziel sind. In diesem Falle sollten Sie nämlich nicht ein
Mensch des Ankommens, sondern des ständigen Aufbrechens sein!

Welches Wissen halten die Literaturen der Welt und insbesondere die romanischen Literaturen für uns bereit? Wir werden uns noch ausführlich mit
dieser Frage beschäftigen. Es ist, vereinfacht gesagt und ins Bürokratendeutsch
unserer Tage übersetzt, ein Wissen mit absolutem Alleinstellungsmerkmal.
Denn das Wissen der Literaturen der Welt quert die unterschiedlichsten Dimensionen der Geschichte, der Philosophien, der Religionen, des Denkens und Ima-
ginierens des Menschen. Insofern ist der Ansatz, den ich in dieser Vorlesung
verfolge, sehr wohl von ähnlicher oder vergleichbarer Allgemeinheit und Breite
wie auch Tiefe, wie ihn Friedrich Schiller hier seinen Zuhörern zu vermitteln
sucht. Es geht in unserer Vorlesung also um etwas ganz Fundamentales.

Auf die zitierte Passage folgt bei Schiller eine wunderbar mutige und polemische Passage, in welcher er dem Brotgelehrten den philosophischen Kopf gegenüberstellt. Das war schon zu Schillers Zeiten durchaus riskant. Der Brotgelehrte sei
daran interessiert, so Schiller, nur für Fürstenlob oder Zeitungslob zu arbeiten,
stellt sich jedem Fortschritt und jeder Veränderung entgegen, weil ihn diese dazu

zwängen, sein Wissen zu erneuern. Der philosophische Kopf aber zielt auf die Revolutionen des Wissens und ist der Wahrheit verpflichtet. Man könnte den philosophischen Kopf daher der unentwegten Bewegung zurechnen, einem Ort, der ein beständiger Ortswechsel wäre. Mit dieser schönen Gegenüberstellung, die noch auf die heutige akademische Welt ihre Anwendung finden kann, wie ich meine, wird sich Friedrich Schiller in Jena nur wenige Freunde unter den anwesenden Mitgliedern seiner Fakultät gemacht haben. Doch von diesen Anfeindungen ist aus heutiger Sicht schon seit langem nicht mehr die Rede, wohl aber von Schillers Jenaer Antrittsvorlesung, die noch immer ihren bewegenden Impuls weitergibt.

Entscheidend ist in dieser Vorlesung, in dieser Rede dann jene Passage, in der sich Schiller dem eigentlichen Gegenstand seiner Vorlesung nähert und zu bestimmen versucht, was denn Universalgeschichte sei und auf welche Weise man sie bestimmen könnte. Dabei ist der Rückgriff auf die erste Phase beschleunigter Globalisierung im ausgehenden 15. und 16. Jahrhundert, aber auch und gerade die Einbeziehung der zweiten Phase, die in Schillers eigene Lebenszeit fällt, ganz grundlegend für ein Denken, das man – vorsichtig ausgedrückt – als deutlich eurozentrisch verstehen darf. Hören wir hierzu die entscheidende Eingangspassage in diesen Teil, ohne dass wir dabei moralisierend unseren Zeigefinger erheben wollen:

> Die Entdeckungen, welche unsre europäischen Seefahrer in fernen Meeren und auf entlegenen Küsten gemacht haben, geben uns ein eben so lehrreiches als unterhaltendes Schauspiel. Sie zeigen uns Völkerschaften, die auf den mannigfaltigen Stuffen der Bildung um uns herum gelagert sind, wie Kinder verschiedenen Alters um einen Erwachsenen herum stehen, und durch ihr Beyspiel ihm in Erinnerung bringen, was er selbst vormals gewesen, und wovon er ausgegangen ist. Eine weise Hand scheint uns diese rohen Völkerstämme bis auf den Zeitpunkt aufgespart zu haben, wo wir in unserer eigenen Kultur weit genug würden fortgeschritten seyn, um von dieser Entdeckung eine nützliche Anwendung auf uns selbst zu machen, und den verlorenen Anfang unsers Geschlechts aus diesem Spiegel wieder herzustellen.[10]

In dieser poetisch konstruierten Passage wird deutlich, wie sehr Friedrich Schiller im Bannkreis jener Expansion und jener Entdeckungen steht, die wir als die erste und die zweite Phase beschleunigter Globalisierung bezeichnen dürfen. Seine Erwähnung der europäischen Seefahrer macht auf die Entdeckungsreisen von Christoph Columbus und aller ihm nachfolgenden Europäer aufmerksam, die den amerikanischen Kontinent erkundeten und eroberten, aber auch von Europa aus mit den Portugiesen unter Umrundung des Kaps der Guten Hoffnung nach Asien gelangten. So dehnte sich Europa in dieser ersten Phase be-

---

10 Schiller, Friedrich: *Was heißt und zu welchem Ende studiert man Universalgeschichte?*, S. 114.

schleunigter Globalisierung unter der Führung der Spanier und der Portugiesen ebenso nach Westen wie nach Osten auf den entstehenden Weltkarten aus.[11] Die faszinierende Weltkarte des Juan de la Cosa aus dem Jahre 1500 legt als ‚Mutter aller Weltkarten' ein beredtes Zeugnis ab von dieser historischen Expansion des ausgehenden 15. Jahrhunderts.[12]

Friedrich Schiller bezieht sich 1789 aber ebenso auf eine neuere Epoche, die in der zweiten Phase beschleunigter Globalisierung nicht mehr unter der Führung von Portugal und Spanien, sondern unter der von Frankreich und England vonstattenging. Er greift damit auf die lange Geschichte einer philosophischen Verarbeitung jener zweiten Expansionsphase Europas zurück, welche für das gesamte Aufklärungszeitalter von grundlegender Bedeutung war.[13] Die Debatten um die *Universal History* siedelten sich in einer Zeit an, in welcher in Deutschland die meisten der Welt-Komposita entstanden beziehungsweise erfunden wurden: von ‚Weltverkehr' und ‚Welthandel' bis zur späten Gestaltung des zuvor bereits gefundenen Begriffes der ‚Weltliteratur' durch Johann Wolfgang von Goethe. Doch dazu später mehr!

Die gesamte Choreographie der angeführten Stelle macht deutlich, dass sich die Europäer im Zentrum der Welt glauben und sich im Mittelpunkt eines Kreises von Völkerschaften verstehen, die um sie herum gelagert sind. Sie selbst stehen folglich im Zentrum der Welt. Aber da ist noch wesentlich mehr: Denn sie sind die Erwachsenen, die anderen Völkerschaften aber sind die Kinder. Eine paternalistische Weltsicht drängt sich unmittelbar auf, müssen doch letztlich die Erwachsenen ihre Kinder an der Hand nehmen, um sie anzuleiten, zu führen und – falls notwendig – auch zu maßregeln und vollständig zu beherrschen.

---

11 Vgl. hierzu den Juan de la Cosa gewidmeten Abschnitt mit den ausführlichen Analysen seiner ersten Weltkarte im siebten Band der Reihe „Aula" in Ette, Ottmar: *Erfunden Gefunden* (2022), S. 105 ff.

12 Vgl. meine Edition historischer Weltkarten in der von Alexander von Humboldt besprochenen Kartierung der Welt im *Examen critique* in meiner deutschen Ausgabe von Humboldt, Alexander von: *Geographischer und physischer Atlas der Äquinoktial-Gegenden des Neuen Kontinents. — Unsichtbarer Atlas aller von Alexander von Humboldt in der* **Kritischen Untersuchung** *aufgeführten und analysierten Karten.* Frankfurt am Main – Leipzig: Insel Verlag 2009 (im Schuber mit der deutschsprachigen Übersetzung von Humboldts *Die Entdeckung der Welt*).

13 Vgl. hierzu ausführlich den fünften Band der Reihe „Aula" in Ette, Ottmar: *Aufklärung zwischen zwei Welten* (2021), passim; aber auch den ersten Band mit der Darstellung der Reiseberichte des 18. Jahrhunderts in Ette, Ottmar: *ReiseSchreiben. Potsdamer Vorlesungen zur Reiseliteratur.* Berlin – Boston: Walter de Gruyter 2020, passim.

Es ist aus heutiger Perspektive durchaus erschreckend, wie sehr diese Art von Universalgeschichte in Rechtfertigungserzählungen des europäischen Kolonialismus verstrickt ist. Friedrich Schiller konnte sich dieser Tatsache nicht wirklich bewusst sein, sondern verband sein Verständnis weltumspannender Geschichtsschreibung vielmehr mit den Vorstellungen eines europäischen Humanismus, für den er Zeit seines Lebens eintrat. Doch die Grundlagen eines Verstehens von Geschichte und Geschichtsschreibung hatten sich in seiner Epoche in Europa grundlegend verändert.

Die Masse an Informationen über die unterschiedlichsten Gegenstände und Phänomene der außereuropäischen Welt führte in Europa selbst zum Ende der Naturgeschichte[14] und zugleich zur Ausbildung einer historischen Episteme, die allen Wissenschaften und tendenziell allem europäischen Wissen unterlegt wurde.[15] Hinzu kam die durch die Erfahrung der Französischen Revolution bald schon verbreitete Vorstellung von einer zukunftsoffenen Geschichte, die sich nicht länger in den Formen vormaliger Geschichte und tradierter Geschichtsmuster bewegt und vom Menschen gestaltet werden kann.[16]

Zugleich wird eine universalgeschichtliche Perspektive auch insoweit offenkundig, als hier gleichsam die Geschichte der Kinder die Geschichte des Erwachsenen spiegelt und so eine Menschheitsgeschichte entsteht, welche unverkennbar die große Familie der Menschheit beinhaltet oder bildet. Und diese „Grande famille des hommes" ist durchaus tückisch und keineswegs so herzzerreißend großzügig, wie wir dies gemeinhin annehmen sollten.

So gab es in den fünfziger Jahren des 20. Jahrhunderts eine überaus erfolgreiche US-amerikanische Ausstellung, welche uns diese „große Familie der Menschen" vor Augen zu führen versuchte. Es handelte sich dabei um eine Ausstellung, welche der französischen Kultur- und Zeichentheoretiker Roland Barthes bei ihrer Pariser Eröffnung erheblich unter Feuer nahm. Ich möchte beispielhaft nur den ersten und den letzten Abschnitt seiner Überlegungen vorstellen, die er unter dem Titel „La grande famille des hommes" seinem 1957 erschienenen und bis heute noch immer nachgefragten Band *Mythologies* beziehungsweise *Mythen des Alltags* eingliederte:

---

14 Vgl. hierzu Lepenies, Wolf: *Das Ende der Naturgeschichte. Wandel kultureller Selbstverständlichkeiten in den Wissenschaften des 18. und 19. Jahrhunderts.* Frankfurt am Main: Suhrkamp 1978.

15 Vgl. hierzu Foucault, Michel: *Les mots et les choses.* Paris: Gallimard 1966.

16 Vgl. hierzu Koselleck, Reinhart: Historia Magistra Vitae. Über die Auflösung des Topos im Horizont neuzeitlich bewegter Geschichte. In (ders.): *Vergangene Zukunft. Zur Semantik geschichtlicher Zeiten.* Frankfurt: Suhrkamp 1979, S. 54.

> In Paris hat eine große Photoausstellung stattgefunden, deren Ziel es war, die Universalität der menschlichen Gesten im alltäglichen Leben in allen Ländern der Welt zu zeigen. Geburt, Tod, Arbeit, Wissen, Spiel verlangen überall das gleiche Verhalten; es gibt eine Familie der Menschen.
>
> *The Family of Man*, dies war der Originaltitel der Ausstellung, die aus den Vereinigten Staaten zu uns gekommen ist. Die Franzosen haben es mit *La grande Famille des Hommes* (Die große Familie der Menschen) übersetzt. Damit ist das, was ursprünglich als eine zoologische Klassifizierung gelten konnte, bei uns ausgiebig moralisiert und sentimentalisiert worden. Wir werden hier unverzüglich auf den doppeldeutigen Mythos von der menschlichen ‚Gemeinschaft' verwiesen, der einem ganzen Teil unseres Humanismus das Alibi liefert. [...]
>
> Ich befürchte deshalb, dass die Rechtfertigung dieses ganzen Adamismus darauf hinausläuft, für die Unveränderbarkeit der Welt die Bürgschaft einer ‚Weisheit' und einer ‚Lyrik' zu liefern, durch die die Gebärden des Menschen nur verewigt werden, um sie leichter zu entschärfen.[17]

Man kann in diesen Wendungen sehr schön erkennen, was Roland Barthes an dieser Ausstellung so sehr erregte und was er für schlichtweg gefährlich hielt. Er bemängelte die symbolische Integration aller Menschen in eine einzige Familie der Menschen, wobei es einigen der Familienmitglieder obliege, als hierarchisierende Subjekte die Differenzen zwischen verschiedenen Teilen der Familie festzustellen und die anderen Familienmitglieder damit zu abhängigen Objekten zu degradieren. Einige wenige Mitglieder der Familie würden somit über alle anderen bestimmen und herrschen: Und all dies geschehe unter dem Deckmantel eines Humanismus, der die eigene Position weniger Subjekte zum Fokus und zum eigentlichen Gradmesser für alle übrigen mache.

Damit erweise sich die Rede von einer ‚Gemeinschaft' aller Menschen in diesem Band über die *Mythen des Alltags* als ein unverkennbarer Mythos, der bestimmten politischen und kulturellen Zielen diene. Wir könnten an dieser Stelle viel zu diesem Mythos von einer alle einschließenden Gemeinschaft sagen und hinzufügen. Denn selbstverständlich bilden all diese ‚Familienmitglieder' aus unterschiedlichen Kulturen keine Gemeinschaft; vielmehr sind sie in ein weltumspannendes System von Ungleichheiten und Ungerechtigkeiten eingebunden.

Dadurch aber, dass über diese evidenten Ungerechtigkeiten hinweggetäuscht und eine gleiche Familienzugehörigkeit beschworen wird, werden diese Ungleichheiten weiter bestärkt und verstetigt. Wir wissen alle, dass im Verlauf der letzten Jahrzehnte, aber auch schon seit den fünfziger Jahren des 20. Jahrhunderts und damit nach dem Zweiten Weltkrieg die Ungleichheiten

---

17 Barthes, Roland: Die große Familie der Menschen. In (ders.): *Mythen des Alltags*. Deutsch von Helmut Scheffel. Frankfurt am Main: suhrkamp 1964, S. 16 u. 19.

zwischen den Gesellschaften, aber auch innerhalb von Gesellschaften insgesamt erheblich zugenommen haben. Roland Barthes macht uns in seinem *Essai* folglich auf eine grundgefährliche Dimension dieser Art von Humanismus aufmerksam: jene nämlich, den Anderen sich einzuverleiben, gerade um ihn nicht wirklich in seiner Andersheit wahrnehmen zu müssen, und vor allem weil es in jeglicher und auch ökonomischer Hinsicht lohnend ist, sich auf künftig seiner Differenz und Ungleichheit zu bedienen. Über all diese unschönen Aspekte täuscht die humanistische Rede von der „Grande famille des hommes" geflissentlich hinweg.

So ließe sich mit Blick auf diese Problematik durchaus sagen, dass wir in Schillers akademischer Antrittsrede auf eine einigermaßen naive Schilderung jener Situation gestoßen sind, die auch im 20. und 21. Jahrhundert noch immer eine eurozentrische Weltsicht beflügelt und als ‚natürlich' erscheinen lässt. Dies ist ohne Wenn und Aber eine Weltsicht, die – wie wir leicht einsehen können – gerade auch Schillers Vorstellung von einer voranzutreibenden Universalgeschichte beseelt. Die Entdeckungen der europäischen Seefahrer erweisen sich als nützlich, gewiss: aber sie sind nützlich nur für die Europäer selbst, die – wie wir bis zum Überdruss wissen – allen kolonialistischen Nutzen aus diesen Ungleichheiten zu ziehen vermochten, ja mehr noch: die Ungleichheit zum Grundprinzip eines weltweiten Zusammenlebens der Kulturen und Gesellschaften gemacht haben. Friedrich Schillers Bild von den außereuropäischen Völkerschaften, die als Kleinkinder, Kinder und Jugendliche sich um die Europäer scharen, ist folglich alles andere als harmlos.

All dies war Schiller, der seine humanistisch gestimmte Antrittsvorlesung in einem Land hielt, das fernab der tatsächlichen Weltmächte weit von den Zentren des kolonialen Welthandels entfernt war, von dessen Vorzügen es freilich profitierte, zweifellos nicht bewusst. Für Friedrich Schiller ist die Universalgeschichte das Mittel und die Methode, das fliehende Dasein des Menschen, wie er sich am Ende seiner Einlassungen ausdrückt, zu befestigen. Im Grunde handelt es sich für ihn bei der Universalgeschichte um eine fundamentale Wissenschaft, die den Menschen einreiht in die unvergängliche Kette, welche die gesamte Menschheitsgeschichte durchzieht und alle Epochen zu einer bunten und vor allem gemeinsamen (Familien-)Geschichte der Menschheit vereint.

Aufschlussreich ist dabei, dass Schiller sein Publikum, seine Zuhörerschaft, die jungen Männer, zu denen er spricht, miteinbezieht in den Gang der Weltgeschichte und dass seine Antrittsvorlesung selbst im Grunde die ganze Komplexität seiner Universalgeschichte voraussetzt. Damit ist im Grunde alles eingebunden in sie, da sie noch die alltäglichsten Dimensionen des Menschen beziehungsweise des menschlichen Lebens umfasst.

Ich möchte Ihnen daher im Folgenden genau eine darauf bezogene Passage vorstellen, weil sie zum einen auf die historisch etwas entrückte Zeitlichkeit dieser Vorlesung ‚unter Männern' aufmerksam macht und zum anderen markiert, in welch starkem Maße eine ganze Weltgeschichte vonnöten ist, um einen einzigen Augenblick auch und gerade der akademischen Lehre zu prägen. Unsere Vorlesung kommt selbstverständlich ohne eine theoretische und epistemologische Fundierung nicht aus. Und wiederum darf gelten, dass gerade dort, wo bei Schiller von Weltgeschichte zu lesen ist, auch das Wort Literatur im Verbund mit der Weltgeschichte ertönen kann, ja aus meiner Sicht ertönen muss! Hören Sie es also getrost mit, sind viele der Quellen, auf die sich Schiller bezieht, doch in einem grundlegenden Sinne als Literatur zu bezeichnen oder den Literaturen der Welt zugehörig:

> Selbst daß wir uns in diesem Augenblick hier zusammen fanden, uns mit diesem Grade von Nationalkultur in dieser Sprache, diesen Sitten, diesen bürgerlichen Vortheilen, diesem Maaß von Gewissensfreyheit zusammen fanden, ist das Resultat vielleicht *aller* vorhergegangenen Weltbegebenheiten: die *ganze* Weltgeschichte würde wenigstens nöthig seyn, dieses einzige Moment zu erklären. Dass wir uns als Christen zusammen fanden, mußte diese Religion, durch unzählige Revolutionen vorbereitet, aus dem Judenthum hervorgehen, mußte sie den römischen Staat genau *so* finden, als sie ihn fand, um sich mit schnellem siegendem Lauf über die Welt zu verbreiten und den Thron der Cäsarn endlich selbst zu besteigen. Unsre rauhen Vorfahren in den thüringischen Wäldern mußten der Uebermacht der Franken unterliegen, um ihren Glauben anzunehmen. Durch seine wachsenden Reichthümer, durch die Unwissenheit der Völker und durch die Schwäche ihrer Beherrscher mußte der Klerus verführt und begünstigt werden, sein ansehen zu mißbrauchen, und seine stille *Gewissensmacht* in ein weltliches Schwerd umzuwandeln.[18]

Dass Friedrich Schiller hier nun ein menschliches Jahrhundert heraufziehen sieht und vielleicht mehr noch herbeisehnt, ist seiner ureigensten historischen und historiographischen, letztlich aber literarischen Konzeption geschuldet, die alles an seinem Begriff der Freiheit ausrichtet: einer Freiheit, zu der sich die Menschheit insgesamt in seinem Denken hinbewegt. Dies konnte im Revolutionsjahr 1789 durchaus so wirken; aus dem Lauf und Verlauf der seitdem geschehenen Geschichte muss uns dies nicht notwendig so erscheinen, auch wenn wir national gesehen sicherlich im freiesten, am umfassendsten mit Freiheiten ausgestatteten Gemeinwesen leben, das es jemals auf deutschem Boden gab. Was bitte nicht bedeuten soll, dass wir uns damit zufriedengäben und nicht nach einer Beendigung der fortbestehenden Ungleichheiten strebten.

---

18 Schiller, Friedrich: *Was heißt und zu welchem Ende studiert man Universalgeschichte?*, S. 121 f.

Doch auf der Ebene der Weltgeschichte, der Universalgeschichte, ist dieser von Schiller gemeinte Fortschritt der Freiheiten keineswegs anzunehmen. Wichtig aber erscheint mir, dass nicht eine bald schon, nach der Besetzung Preußens und anderer deutscher Länder durch Napoleons Truppen sich ungemein verstärkende nationalistische Sichtweise, sondern die weltumspannende Dimension in seinem Denken vorherrscht, gleichzeitig aber seine Konzeption der Universalgeschichte als höchst europazentrisch, als ausschließlich an Europa ausgerichtet erscheint. Eben an diesem Punkt möchte ich Ihnen diese weltgeschichtliche Dimension im Denken Schillers ein letztes Mal vor Augen führen, bevor wir uns dem ersten Teil unserer Vorlesung zuwenden und nach dieser Einführung einige der theoretischen Grundlagen unserer der Romanistik gewidmeten Veranstaltung genauer erörtern.

Sehen wir uns nachfolgend diese genuine Sichtweise des ausgehenden 18. Jahrhunderts noch einmal näher an! Sie erscheint konzipiert und zum Ausdruck gebracht an einem Ort, der keineswegs ein Zentrum der Weltgeschichte darstellte, in einem Land, das zum damaligen Zeitpunkt keine Kolonien besaß, sondern einen eher marginalen, wenn auch aufstrebenden Teil Mitteleuropas – und eben nicht der dominanten welthistorischen Zentren Westeuropas – markierte:

> Selbst in den alltäglichsten Verrichtungen des bürgerlichen Lebens können wir es nicht vermeiden, die Schuldner vergangener Jahrhunderte zu werden; die ungleichartigsten Perioden der Menschheit steuern zu unsrer Kultur, wie die entlegensten Weltthleile zu unserem Luxus. Die Kleider, die wir tragen, die Würze an unsern Speisen und der Preis, um den wir sie kaufen, viele unsrer kräftigsten Heilmittel, und eben so viele neue Werkzeuge unsers Verderbens – setzen sie nicht einen *Columbus* voraus, der Amerika entdeckte, einen *Vasco de Gama*, der die Spitze von Afrika umschiffte?
>
> Es zieht sich also eine lange Kette von Begebenheiten von dem gegenwärtigen Augenblicke bis zum Anfange des Menschengeschlechts hinauf, die wie Ursache und Wirkung in einander greifen.[19]

An dieser Stelle, so scheint es mir, lohnt es sich, auch heute auf Schiller zurückzugreifen und die Expansion Europas als einen weltgeschichtlichen Prozess zu begreifen, der unser Leben noch immer bestimmt. Wir sollten dies tun nicht allein wegen der Tatsache, dass auch wir Kleider tragen, die woanders unter schwierigen, ja unmenschlichen Bedingungen gefertigt wurden; dass auch wir Speisen essen und Früchte verzehren, die aus anderen Weltteilen kommen und die zu billigstem Lohn geerntet wurden; wir trinken ganz selbstverständlich in unserer Cafeteria oder Mensa Kaffees oder Tees, die aus eurozentrischer Sichtweise aus den ‚entlegendsten' Räumen und Weltteilen stammen. Sie sehen

---

19 Ebda., S. 125.

also: Schon zu Schillers Zeiten gab es ein Bewusstsein für diesen Sachverhalt, auch wenn sich diese Asymmetrien und Abhängigkeiten im selben Maße vergrößert haben wie der Umfang all jener Alltagsdinge, die uns ganz selbstverständlich und quasi natürlich jeden Tag umgeben.

Wir sollten vor allem aber sehen und verstehen, dass sich in diesen Formulierungen ein kritisches Denken Bahn bricht, das sich selbst immer wieder neu im umfassenden und weltumspannenden Zusammenhang all jener Bewegungen situiert, die in der zweiten Phase beschleunigter Globalisierung eine für die Zeitgenossen so fundamentale Ausweitung und vor allem Akzeleration erfuhren. So dass Schillers Zeitgenosse Goethe mit guten Gründen von einem *velociferischen* Zeitalter sprechen konnte: Es sei zum einen ein Zeitalter voller Beschleunigung, zum anderen aber luziferisch, also teuflisch. Die führenden Geister der Zeit begriffen auch jenseits der damaligen Zentren des Welthandels, dass man in einer teuflisch beschleunigten Epoche lebte, die nur aus einem planetarischen, ‚universalgeschichtlichen' Blickwinkel zu verstehen war. Und dass es ein erstes Vorspiel dieser Epoche mit den Fahrten des Christoph Columbus und des Vasco da Gama gegeben hatte. Friedrich Schiller war sehr wohl bewusst, dass ‚mit den ersten Seefahrern' Spanien und Portugal und ‚in neuerer Zeit' Frankreich wie England einen wesentlichen Anteil an den weltumspannenden geschichtlichen Entwicklungen hatten.

Vor diesem Hintergrund überrascht es nicht, dass aus dem Blickwinkel der Romanistik zu diesen Entwicklungen nicht allein aus den jeweils direkt beteiligten Ländern Portugal, Spanien und Frankreich, sondern auch aus der Perspektivik ihrer ehemaligen Kolonialreiche vieles zu den historischen Geschehnissen der vergangenen fünfeinhalb Jahrhunderte gesagt werden kann. Denn beim spanischen, Portugiesischen und Französischen handelt es sich um drei globalisierte Weltsprachen, die sich in kulturell unterschiedlichsten Umgebungen auf verschiedenen Kontinenten verbreiteten. Es gibt kein anderes akademisches Fach, das vergleichbar mit der Romanistik einen so beträchtlichen Teil der Erdoberfläche mit einem großen Teil seiner Kulturen und Literaturen so intensiv erfassen könnte. Und das im Bereich der Literaturen nicht allein die Darstellung von Wirklichkeit, sondern die literarische Darstellung *gelebter* und *erlebbarer* Wirklichkeiten kritisch reflektieren könnte.

Vor diesem Hintergrund versteht es sich von selbst, dass die Romanistik weltweit konzipiert werden muss und sich nicht länger auf ihre jeweiligen europäischen Kolonialmetropolen oder auf Europa beschränken und begrenzen darf. Die Töchter Roms sind in allen Teilen der Welt vertreten. Gerade die romanischen Literaturwissenschaften sind in der Lage, uns diese komplexe transkulturelle Welt nicht nur plastisch vor Augen zu führen, sondern aus überaus unterschiedlichen Perspektiven – im Grunde von fünf Kontinenten aus, wenn wir den laut Jean-Marie Gustave Le Clézio *unsichtbaren* Kontinent Ozeaniens hinzuzählen – in den verschiedensten Sprachen und unter Rückgriff auf die unterschiedlichsten Kulturen aufzuzeigen. Denn die romanischen Literaturen der Welt präsentieren und repräsentieren uns auf lebendige Weise, in welcher hochgradig globalisierten Welt – selbst in Phasen wie der unsrigen, die sich an Phasen beschleunigter Globalisierung anschließen – wir heute leben. Die Romanistik ist ohne diese globalhistorische Welt von Literaturen, Kulturen und Sprachen gar nicht mehr zu denken.

Aber was denken *Sie* von dieser Romanistik? Und welche Teile nehmen *Sie* sich aus dieser Romanistik heraus? Lassen Sie mich, bevor wir diese Einführung abschließen, auf eine Frage kommen, die Ihnen sicher beim Hören dieser Vorlesung auf den Nägeln brennt: Was kann ich werden, was soll ich werden, welchen Beruf will ich ergreifen, wenn ich erst einmal Romanische Literatur- und Kulturwissenschaft studiert haben werde? Zu welchem Ende also soll ich Romanistik studieren?

Diese Frage ist gerade in heutigen Zeiten mehr als begründet. Nun, ich kann Ihnen aus der Erfahrung der zurückliegenden Potsdamer Jahrzehnte einige Antworten geben auf diese hoffentlich nicht bange Fragestellung; Antworten, die freilich nicht erschöpfend sind. Es ist sicherlich so, dass ein nicht geringer Prozentsatz derer, die Romanistik studieren, später Lehrerinnen und Lehrer werden. Der Anteil der Studierenden an den Lehramtsstudiengängen schwankte in Potsdam im Verlauf der zurückliegenden Jahrzehnte mehrfach stark. Doch machen Lehrerinnen und Lehrer zweifellos nicht nur in Potsdam den größten Anteil an den nach einem Studium der Romanistik ergriffenen Berufen aus.

In den Anfangsjahren der Potsdamer Romanistik hatten wir bereits Lehramtsstudiengänge mit der bodenständigen Ausbildung zu Französisch- und Italienischlehrer*innen. Dies ist im Ganzen auch so geblieben. Dennoch gab es zeitbedingte Schwankungen: Im Bereich des Französischen wurden die regulären Lehramtsstudiengänge durch die sogenannten FIED-Programme ergänzt, in denen in einer Art Kurzstudium zumeist neben den eigenen Unterrichtsverpflichtungen der Teilnehmerinnen und Teilnehmer bisherige Russisch- oder Polnisch- oder Tschechischlehrer*innen zu Französischlehrer*innen umgeschult wurden. Es war klar, dass das Niveau dieser umgeschulten Lehrer*innen nicht so hoch sein konnte wie das der Absolvent*innen der bodenständigen Studiengänge, so dass ich mich damals übrigens erfolglos für eine *Formation continue*, für eine Ausbildung der noch nicht vollständig Ausgebildeten, einsetzte. Im Bundesland Brandenburg, das von Beginn an wenig Geld und noch weniger Aufmerksamkeit für die Ausbildung künftiger Lehrer aufbrachte, war das kein guter Ansatz. Denn stets war man bestrebt, ‚Masse zu machen' – mit möglichst wenig Geld.

In diesen FIED-Programmen inbegriffen war immerhin ein mehrmonatiger (und soweit ich weiß wesentlich vom französischen Staat finanzierter) Aufenthalt in Frankreich, der für viele der Lehrerinnen – denn es waren zu über neunzig Prozent weibliche Studierende – ein wirkliches Abenteuer darstellte und ihr eigenes Studium rasant intensivierte. Denn für viele war es nach dem Zusammenbruch der DDR der erste längere Aufenthalt in einem westlichen Land, und das war mit allerlei neuen Erkenntnissen, Liebesbeziehungen und veränderten Horizonten verbunden.

Am Ende des Kurz-Studiums stand eine mündliche Prüfung, welche die meisten der Studierenden beziehungsweise Lehrer*innen niemals zuvor in dieser Form absolviert hatten. Die existenzielle Bedeutung und Tragweite dieser mündlichen Abschlussprüfungen war für die Kandidat*innen ungeheuer: Sie können sich das heute nur schwer vorstellen. Ich erinnere mich an einen jungen Mann, damals etwas älter als ich, der vor dem Prüfungszimmer ungeheuer nervös auf und ab lief. Ich hielt ihn an und fragte, wann er denn seine Prüfung habe; denn ich konnte mich an keinen Mann auf der Liste der Prüflinge erinnern. Nicht ich werde geprüft, so meinte er, sondern meine Frau. Und wenn sie durchfällt, dann verliert sie ihre Arbeit. Ich selbst war früher auf dem Bau und habe meine Arbeit schon verloren, meinte er. Nun, sie ist nicht durchgefallen, doch stand sie supernervös bereits im Vorzimmer des Prüfungsraums und atmete schwer – ein Atmen, das ich nicht vergessen kann …

Dieses Gespräch ganz am Anfang meiner Potsdamer Jahre zeigte mir auf, unter welchem Druck die einzelnen Lehrerinnen und Lehrer durch den Systemwechsel standen. Da galt es, Anforderungen herunterzuschrauben. Ich kann von mir sagen, dass bei den über zweihundert mündlichen Prüfungen, an denen ich teilnahm, nicht eine einzige Kandidatin durchfiel, auch wenn die Nervosität der Kandidat*innen ungeheuer hoch war. Aber in aller Regel waren sie auch hochmotiviert und bereit, sich mit Leib und Seele auf ihr neues Fach einzulassen.

Für den spanischsprachigen Bereich, für den ich auch und zuvörderst zuständig war – der französische Bereich funktionierte ja schon einigermaßen – galt es, erst einmal die Bedingungen für das Studium zu schaffen. wir hatten hervorragende Leute in der Sprachausbildung am Sprachenzentrum, aber noch keine eigene Lektorin. Als ich diese beantragte, erhielt ich bei einer der ersten Sitzungen des Fakultätsrats, an denen ich teilnahm, zunächst eine Abfuhr: Man könne schließlich nicht wegen ‚jeder romanischen Kleinsprache' eine eigene Lektoren-Stelle haben. Doch mit den Monaten verbesserte sich die Kenntnis auch der Germanisten, die ich in dieser Sitzung als Vertreter einer ‚Kleinstsprache' bezeichnete, so dass wir unsere Lektorin, die noch immer bei uns ist, bald begrüßen und in die Abläufe unserer Studiengänge integrieren durften.

Wir hatten – als ich begann – genau siebzehn Studierende im Spanischbereich. Man kannte sich. In den Hochzeiten der Potsdamer Hispanistik und Lateinamerikanistik sollten es dann über tausend Studierende werden. Ich ging bei den verschiedenen Gymnasien hausieren und sprach mit vielen Rektoren und Direktoren, die anfänglich dem Spanischen skeptisch gegenüberstanden. Der damalige Rektor des Humboldt-Gymnasiums und spätere brandenburgische Bildungsminister sagte mir lachend im Gespräch, mit Französisch und Italienisch habe man schon genug romanische Sprachen; und wenn ich sähe, wie die Abiturientinnen auf die italienischen Jungs aus Rom reagierten, dann könne ich mit Spanisch einpacken, das sei viel zu weit weg.

Ungeachtet dieser übermächtigen Argumente gelang es, überall im schönen Lande Brandenburg Spanischklassen zu etablieren, bisweilen zwei-, drei- oder sogar viergleisig. Wir mussten also schnell ausbilden und Spanischlehrerinnen und Spanischlehrer zur Verfügung stellen. Mit dem Referendardienst lag einiges im Argen, aber irgendwie funktionierte es doch. Soweit ich es überblicken kann, haben alle Studierenden, die Spanischlehrer*innen werden wollten, eine adäquate Anstellung gefunden. In den heutigen Jahren ist die Situation intransparenter und schwieriger geworden, nicht zuletzt auch deshalb, weil das Ministerium fast halbjährlich völlig andere Bedarfszahlen errechnet. Doch der Druck auf die Schulen bleibt hoch; und ich weiß von vielen Studierenden, die selbst ohne ein Absolvieren des Referats Anstellungen an Brandenburger Schulen gefunden haben.

Ich gehe insgesamt davon aus, dass dieser gesamte Bereich der Lehrerbildung noch immer für viele Studiengänge das Rückgrat bildet und dass der Bedarf an Lehrerinnen und Lehrern im Französischen, aber besonders im Spanischen hoch bleibt. Das Italienische ist leider schon vor langen Jahren aus den Lehramtsstudiengängen ausgeschieden; die Weltsprache Portugiesisch wurde in Potsdam zu keinem Zeitpunkt eingeführt. Doch das Französische und mehr noch das Spanische sind in Brandenburg längst fest etabliert – auch wenn es künftig gilt, diese erreichten Positionen gut zu verteidigen. Ich weiß von vielen Quereinsteigern, die an Brandenburger Schulen ebenfalls Aufnahme gefunden haben; umso höher ist die Chance, mit einer vernünftigen Ausbildung in Potsdam einen Platz an einem Gymnasium oder einer anderen Schule zu bekommen.

Lassen sie mich von den Lehramtsstudiengängen und den Chancen, eine Anstellung in einem Beruf zu finden, der meiner Ansicht nach gesellschaftlich nicht annähernd gerecht bewertet wird, zu Berufszielen kommen, die weitaus seltener gesät sind und am anderen Ende der Häufigkeitsskala stehen. Mir ist es insgesamt dreimal zuteil geworden, dass aus Studierenden der Romanistik sozusagen unter meinen Augen Schriftstellerinnen und Schriftsteller wurden.

Zwei weitere Studierende gingen später ans Theater. Die genießende Vertrautheit mit der Literatur, welche durch das Studium der romanischen Literaturwissenschaft hergestellt werden soll, geht folglich auch gerne über in kreative Berufe.

Eine der Schriftstellerinnen, die Sie sicherlich kennen und die gerade ihren neuen Roman vorgestellt hat, hatte ich in einem Seminar über literarische Übersetzung kennengelernt. Sie war mir durch eine tolle Übersetzungskritik vorhandener Baudelaire-Übersetzungen aufgefallen. Sie war so ausgezeichnet, dass ich ihre Übersetzung eines Romans von Marie Redonnet, mit einer kleinen Einleitung versehen, als Magisterarbeit ,durchgehen' ließ und sie mit dieser hervorragenden Übersetzung den Potsdamer Preis für Studienabschlussarbeiten gewann.

Schriftstellerinnen, Theaterleute, Bühnenbildner: Sie alle hatten Romanistik studiert und ihre Qualifikationen und ihre *soft skills* aus einem Romanistikstudium bezogen. Weitaus größer war die Zahl derer, die sich für eine nationale oder internationale Kulturarbeit entschieden. An das international ausgerichtete Goethe-Institut etwa gingen eine ganze Reihe von Absolventinnen und Absolventen der Romanistik; sie sind immer einmal wieder in der Münchner Zentrale des Goethe-Instituts, bisweilen auch am Berliner Haus der Kulturen der Welt, stets aber in ihren jeweiligen Bereichen überaus tätig. Diese Kulturarbeit kann auch sehr weitläufig verstanden werden und Bereiche erfassen, die auf den ersten Blick nichts mit Romanistik zu tun zu haben scheinen. So ist einer der besten und zuverlässigsten Studierenden Leiter der PR-Abteilung eines großen mittelalterlichen Doms der Katholischen Kirche in Süddeutschland geworden.

Nicht gering ist die Zahl derer, die ihr Studium nach dessen Abschluss in einem Promotionsstudiengang fortsetzen oder sogar die Habilitation anstreben. Anders als die Promotion, die Ihnen ein weites berufliches Spielfeld eröffnet, bereitet die Habilitation, sozusagen die Anfertigung eines ,zweiten Buchs', Sie fast ausschließlich auf eine Laufbahn als Professorin oder als Professor vor. Nun, die allermeisten meiner bislang gut zehn Habilitierten sind binnen kurzer Frist Professorinnen und Professoren geworden, die meisten in Deutschland, einige im Ausland. Dies ist gerade in diesen Zeiten, in denen die Romanistik in ein schweres Fahrwasser zu gelangen droht und weiter an Stellen verlieren könnte, eine sehr erfreuliche Tatsache. Bei den Promotionen sind die weiteren Berufsfelder hingegen ungeheuer breit gestreut. Da gibt es ebenso Verlagslektorinnen wie die Leiterinnen der Wissenschaftsabteilung an einer großen Akademie der Wissenschaften, ebenso die Gründerin eines Verlages wie den Arbeitsstellenleiter eines akademischen Langzeitvorhabens, ebenso wissenschaftliche Editoren wie kulturelle Vermittler im journalistischen Bereich: Sie alle haben Romanistik studiert und in Romanischer Literaturwissenschaft promoviert. Ich könnte die Liste noch beliebig fortsetzen.

Als kulturelle Vermittler sind auch all jene anzusehen, die nach dem Studium der Romanistik gleich hier um die Ecke am Tegeler See eine Diplomatenausbildung angeschlossen haben. Zumindest von drei ehemaligen Potsdamer Studierenden weiß ich, dass aus ihnen Kultur-Attachés an deutschen Botschaften geworden sind. Einer von ihnen war promoviert, aber das war keine Voraussetzung. Ein Studium der Romanistik ist gerade auch durch seine Sprachenvielfalt für potentielle Arbeitgeber attraktiv: Diese Vielfalt an Sprachen lässt sich in viele künftige Berufsbilder und Wirkungsstätten leicht integrieren.

Besonders in den letzten Jahren haben sich verstärkt Berufsbilder im Bereich der elektronischen Medien herausgebildet, in denen ebenfalls romanische Sprachenkenntnisse sehr gefragt sind. So gab es in neuester Zeit etwa eine Studierende, die jetzt an einem Vergleichsportal arbeitet, dessen Business-Feld sich auf Lateinamerika auszuweiten im Begriff steht. Ich hatte aber auch Absolventinnen, die für den Nestlé-Konzern in Spanien und Frankreich oder für einen Fernseh-Sportkanal in Deutschland arbeiten. Es kommt immer darauf an, dass Sie Ihre Fähigkeiten, Ihr Können, das sie im Verlauf Ihres Studiums erworben haben, in bestimmte Berufsfelder zu transplantieren oder umzutopfen vermögen.

Bei eben dieser Anpassung helfen Ihnen die Romanischen Literaturen der Welt. Denn neben allen Fähigkeiten, Fertigkeiten und Erkenntnissen, welche Ihnen die Lektüre eines Romans, eines Gedichtbandes oder eines Buchs mit Essays vermittelt und schenkt, lernen Sie ganz nebenbei unterschiedliche Sprachen viel intensiver und auch idiomatisch korrekter, als sie dies auf anderem Wege könnten. Und die Literaturen der Welt helfen Ihnen auch ganz *en passant* dabei, Tätigkeitsbereiche kennenzulernen, an die Sie zu Beginn Ihres Studiums gar nicht gedacht haben.

Sie müssen die Regel, die für uns junge Romanisten von einem damaligen Freiburger Dozenten zu Beginn meines eigenen Studiums aufgestellt wurde, nicht wortwörtlich nehmen und beherzigen; doch mir hat sie im Verlauf des Studiums und meines weiteren Lebens lange Zeit geholfen. Diese Regel war sehr einfach: Lesen Sie an jedem Wochenende einen Roman oder einen Gedichtband oder einen längeren Essay, und wenn sie das einige Jahre lang tun, verfügen sie mit den Monaten und Jahren über ein sehr breites Wissen, das sich für Ihre spätere Berufswahl – gleichviel ob als Lehrerin oder als Schriftsteller, als Diplomatin oder *Digital expert* – unbedingt positiv auswirken wird. Die Literaturen der Welt vermitteln ein umfassendes und vielgestaltiges Wissen, das ich im weiteren Fortgang unserer Vorlesung als *Lebenswissen* bezeichnen möchte.[20]

All dies wollte ich Ihnen zum Abschluss unserer Einführung in diese Vorlesung mitgeben, damit Sie Ihr Studium optimistisch und voller Zuversicht aus dem Grunde angehen, an einem wunderbaren Fach mitzuwirken. Aber ist das nicht eine sehr persönliche Sichtweise von dem, der gerade zu Ihnen spricht? Ist dieses Fach nicht im Grunde ein ‚unmögliches Fach', das im Grunde in viele Einzelfächer zersplittert ist? Genau diesen Fragen möchte ich im nun beginnenden ersten Teil des Bandes nachgehen.

---

20 Vgl. hierzu die Trilogie von Ette, Ottmar: *ÜberLebensWissen I–III*. Drei Bände im Schuber. Berlin: Kulturverlag Kadmos 2004–2010.

TEIL 1: **Von einem ‚unmöglichen Fach' zu einer Archipel-Wissenschaft**

Romanistik als Archipel-Wissenschaft oder die Neuerfindung der Romanistik

Der frühere Vorsitzende des Deutschen Romanisten-Verbandes Fritz Nies hat im Verbund mit Reinhold R. Grimm vor dreieinhalb Jahrzehnten einmal die polemische Wendung geprägt, die Romanistik sei ein unmögliches Fach.[1] Sicherlich verdankt sich diese Formulierung nicht zuletzt dem bekannten Humor des Düsseldorfer Romanisten; doch darf diese Zustandsbeschreibung auch für die vergangenen Jahrzehnte gelten, während derer die Romanistik unter der institutionellen Klammer des DRV noch weiter in unterschiedliche Teilverbände zerfallen ist, welche keinen geringen Teil ihrer Zeit mit der Klärung ihrer wechselseitigen Beziehungen zubringen. Für programmatische Diskussionen oder gar Neuausrichtungen bleibt allzu oft gar keine Zeit. Da erscheint es vielen als wichtiger, die Romanistik und ihre Verbände pragmatisch durch bisweilen schweres, bisweilen leichteres Fahrwasser zu steuern und sich handfesteren Problemen als einer vom Zaun gebrochenen Grundsatzdiskussion über Ziele und Aufgaben einer künftig zu schaffenden Romanistik zu widmen.

Es ist vor diesem Hintergrund durchaus nachvollziehbar und verständlich, wenn in regelmäßigen Abständen unter anderem ehemals deutsche Romanisten vom Spielfeldrand der kalifornischen *Humanities* verschiedentlich den Untergang dieses ‚unmöglichen Faches' beschwören[2] und sich im Übrigen darauf konzentrieren, sich mit Blick auf die Romanistik lieber mit Verve auf ganz bestimmte Teile dieses Faches und seiner großen Vertreter zu verlegen.[3] Es fehlt im Allgemeinen an Visionen für eine auf die Zukunft ausgerichtete Romanistik, die den Herausforderungen einer neuen, den Geisteswissenschaften nicht eben positiv gesonnenen Epoche kreativ gegenüberzutreten vermag.

---

[1] Vgl. Nies, Fritz, / Grimm, Reinhold R. (Hg.): *Ein „unmögliches Fach". Bilanz und Perspektiven der Romanistik.* Tübingen: Gunter Narr Verlag 1988.

[2] Vgl. die Publikationen ebenso zu Teilbereichen der Romanistik wie zur Gesamtheit der Geisteswissenschaften aus einer Vielzahl von Publikationen von Gumbrecht, Hans Ulrich: Geburt einer Wissenschaft aus verletztem Nationalismus. Was bleibt von der Hispanistik? Eine Momentaufnahme mit schwindenden Konturen. In: *Frankfurter Allgemeine Zeitung* (Frankfurt am Main) 57 (8. März 2003), S. 36; ders.: *Warum soll man die Geisteswissenschaften reformieren? Eine etwas amerikanische Frage. Osnabrücker Universitätsreden.* Göttingen: V&R unipress 2010.

[3] Vgl. hierzu Gumbrecht, Hans Ulrich: *Vom Leben und Sterben der großen Romanisten. Karl Vossler, Ernst Robert Curtius, Leo Spitzer, Erich Auerbach, Werner Krauss.* München – Wien: Carl Hanser Verlag 2002.

Sicherlich ist die *Fachgeschichte* der Romanistik immer wieder faszinierend. Ich selbst habe mich immer wieder mit einzelnen großen Figuren der Romanistik von Erich Auerbach über Hugo Friedrich bis Erich Köhler beschäftigt und auch einem wichtigen Fachvertreter, der dem Fach und der Philologie nach meiner Ansicht mehr schadete als nutzte, meine Aufwartung gemacht.[4] Als Abschluss der Reihe „Aula" hätte es nicht des vorliegenden Bandes bedurft: Ich hätte auch ein anderes Thema meiner Vorlesungen als Schlusspunkt wählen können. Doch soll die Frage nach den Aufgaben und Zielen der Romanistik nicht nur auf Grund der Tatsache aufgegriffen werden, dass ich mich in Vorlesungen immer wieder des großem Zuspruchs der Studierenden bei der Behandlung dieser Thematik erfreuen konnte, sondern vor allem wegen des leicht einsehbaren Faktums, dass ich weite Teile meines beruflichen Lebens mit diesem ‚unmöglichen Fach' verbracht habe und mir die Romanistik zu einer Herzenssache geworden ist.

Ich nehme daher keinen objektiven Standpunkt eines *Observers* ein – Das wäre auch gar nicht möglich, denn einen solchen quasi neutralen Standpunkt gibt es nicht! Ich bin in Sachen Romanistik *Participant*, auch wenn mir eine transareal ausgerichtete Komparatistik durchaus am Herzen liegt. Es geht daher im Folgenden keineswegs um einen panoramatischen Überblick über die Teilgebiete der Romanistik oder eine repräsentative Auseinandersetzung mit den wichtigsten Kernfragen des Fachs. Es geht mir schlicht um die Frage, wo ich selbst ganz persönlich dessen Zukunftsmöglichkeiten sehe und welche Wege mir als geeignet erscheinen, um diese Ziele zu erreichen und um im Übrigen ein Leben (und Überleben) der Romanistik im 21. Jahrhundert sicherzustellen.

Am Anfang der nachfolgenden Überlegungen zu den Zukünften der Romanistik im Lichte transarealer Studien[5] mag ein Paradox stehen: *Literatur ist, weil sie mehr ist, als sie ist.* Denn in der Literatur geht es nicht um die dargestellte Wirklichkeit,[6] die in ihr entfaltet werden soll, sondern vordringlich um die literarische Darstellung erlebter, gelebter und erlebbarer Wirklichkeiten. Mit anderen Worten: In der Literatur geht es ums Ganze, um das Leben wie um

---

4 Vgl. Ette, Ottmar: *Der Fall Jauss. Wege des Verstehens in eine Zukunft der Philologie.* Berlin: Kulturverlag Kadmos 2016; der Band wurde ins Französische, Spanische und Portugiesische übersetzt.
5 Zu Herkunft, Bedeutung und Begriff vgl. Ette, Ottmar: *TransArea. Eine literarische Globalisierungsgeschichte* (2012); sowie das Dutzend Potsdamer Symposien im Zeichen der *TransArea Studies*, deren bibliographische Angaben ich an dieser Stelle nicht aufzulisten brauche.
6 Dies impliziert eine Kritik an einer der wichtigsten und noch zu besprechenden Studien der deutschsprachigen Romanistik im 20. Jahrhundert, Erich Auerbachs *Mimesis. Dargestellte Wirklichkeit in der abendländischen Literatur.* Bern: A. Francke Verlag 1946.

das individuelle oder gesellschaftliche Zusammenleben in seiner gesamten kreativen Spannbreite.[7] Folglich ist die Literaturwissenschaft – wie auch eine Kulturwissenschaft, die das Wissen der Literaturen der Welt miteinbezieht – im vollumfänglichen Sinne von gr. *bíos* eine Lebenswissenschaft.[8]

Dabei fallen die Literaturen der Welt[9] weder mit dem Leben zusammen noch ist das, was wir heute als ‚Literatur' bezeichnen, vom Leben gänzlich getrennt. Vor der simplistischen Identifizierung der Literatur mit dem Leben haben die Literaturen der Welt stets als erste ihre kunstvollen Warnzeichen aufgestellt: Cervantes' *Don Quijote* oder Flauberts *Madame Bovary* stehen im Bereich der Romanistik für die Gefährlichkeit identifikatorischer Lese- und Lebenspraktiken ein. Wir sollten also weder wie der Ritter von der traurigen Gestalt noch wie die Leserin romantischer Romane die Literaturen der Welt mit dem Leben verwechseln.[10] Die Strafen für diese ‚Helden' der Literatur sind bekannt.

Zugleich aber ist Literatur ohne das Leben nicht zu denken. Seit Jahrtausenden hat sie spätestens mit dem *Gilgamesch-Epos* oder dem *Shi Jing* ein Eigen-Leben entwickelt – und damit ein Wissen vom Leben im Leben, das sich in den unterschiedlichsten Kulturen dieser Welt und in historisch überaus wandelbarer relativer Autonomie[11] nicht allein als ein Wissen des Lebens von sich selbst, sondern zugleich auch als ein Wissen vom Leben im Leben und für das Leben erwiesen hat. Anders ausgedrückt: Die Literaturen der Welt sind mit dem Leben auf unzähligen Wegen verknüpft und empfangen vom Leben ebenso viel, wie sie dem Leben wiederum geben. So haben über Tausende von Jahren die Literaturen der Welt die Normen wie die Formen unserer Liebe geprägt:

---

7 Vgl. hierzu Ette, Ottmar: *ZusammenLebensWissen. List, Last und Lust literarischer Konvivenz im globalen Maßstab (ÜberLebenswissen III)*. Berlin: Kulturverlag Kadmos 2010, S. 210–213. Vgl. auch aus anderer Perspektive die unter dem Titel „Du convivialisme comme volonté et comme espérance" versammelten Beiträge der Zeitschrift *Revue du M.A.U.S.S* (Paris) 43 (premier semestre 2014).

8 Vgl. hierzu Ette, Ottmar: Literaturwissenschaft als Lebenswissenschaft. Eine Programmschrift im Jahr der Geisteswissenschaften. In: *Lendemains* (Tübingen) XXXII, 125 (2007), S. 7–32.

9 Vgl. zur Entfaltung dieses Begriffs Ette, Ottmar: *WeltFraktale. Wege durch die Literaturen der Welt*. Stuttgart: J.B. Metzler Verlag 2017.

10 Vgl. hierzu den zweiten Band der Reihe „Aula" in Ette, Ottmar: *LiebeLesen. Potsdamer Vorlesungen zu einem großen Gefühl und dessen Aneignung*. Berlin – Boston: De Gruyter 2020, insb. S. 677 ff.

11 Vgl. hierzu die Studie des feldsoziologischen Ansatzes von Pierre Bourdieu in Jurt, Joseph: *Das literarische Feld. Das Konzept Pierre Bourdieus in Theorie und Praxis*. Darmstadt: Wissenschaftliche Buchgesellschaft 1995.

Denn die Liebe muss von jedem einzelnen Individuum erst so erlernt werden, wie Rechnen oder Schreiben erlernt zu werden pflegen.

Ich möchte es für Sie gleich zu Beginn unserer Vorlesung noch einmal formulieren: Es gibt kein anderes Wissen, das sich quer durch die unterschiedlichsten Sprachen, quer durch die verschiedenartigsten Kulturen, quer durch die gegensätzlichsten Traditionen oder Gesellschaftssysteme hindurch über Jahrtausende hinweg in der Geschichte der Menschheit auf so transareale, die unterschiedlichsten kulturellen Areas querende und folglich miteinander verbindende Weise entwickelt hätte wie das Wissen der Literaturen der Welt. Daher stellen die Literaturen der Welt unseren privilegierten Zugang zur Geschichte der Formen und Normen von Gesellschaften, Kulturen, politischen Systemen oder Sprachen dar.

Anders als beim Goethe'schen Begriff der ‚Weltliteratur', der 1827 in seinen verschiedenen Ausprägungen die zum damaligen Zeitpunkt avancierteste Position auf dem Gebiet eines tendenziell weltumspannenden Verständnisses von Literatur darstellte, zielt der Begriff der Literaturen der Welt vor diesem Hintergrund nicht auf ein im besten Falle dialogisches, zwischen Abendland und Morgenland, zwischen Westen und Nicht-Westen vermittelndes Verstehen, sondern auf ein polylogisches Begreifen und Erleben eines Wissens, das niemals auf eine einzige Logik oder ein einziges sinngebendes System reduzierbar ist. Die Literaturen der Welt gründen auf einem ebenso viellogischen wie vielstimmigen Verhältnis zur Welt, in der wir leben.

Innerhalb der jahrtausendealten Rahmenerzählung von *Tausendundeiner Nacht* erzählt uns Scheherazade Geschichten, die aus verschiedenen Areas, aus unterschiedlichsten Kulturen, Sprachen, Gesellschaften und Zeiten stammen: Sie retten nicht nur der Erzählerin den Kopf und bleiben im Kopf ihrer Zuhörer- und Leserschaft, sondern legen beredt Zeugnis davon ab, wie Gewalt in ästhetische Gestalt und Gestaltung transformiert und die Frage nach dem Zusammenleben, nach einer Konvivenz unter Achtung des Anderen in seiner Differenz, als *Beweg-Grund* der Literaturen der Welt verstanden werden kann. Lassen Sie uns hier den berühmten Goethe'schen Satz aus den *Gesprächen mit Eckermann* zur Anwendung bringen: Nationalphilologie will in einem derartigen Zusammenhang in der Tat nicht viel sagen.

Das Wissen der Literaturen der Welt ist ein nachhaltiges Wissen.[12] Es wird aufbewahrt, aber nicht aufgebahrt, denn es befindet sich in ständiger Bewegung und kann nur aus der Bewegung leben und lebendig bleiben. Der reiche

---

12 Zur Geschichte des Begriffs der Nachhaltigkeit vgl. Grober, Ulrich: *Die Entdeckung der Nachhaltigkeit. Kulturgeschichte eines Begriffs*. München: Verlag Antje Kunstmann 2010.

Schatz an Formen und Normen der Bewegung macht die Literaturen der Welt aus.[13] Das Wissen der Literaturen der Welt wird gerade dadurch konserviert, dass es unablässig transformiert und immer wieder neuen Bedingungen angepasst wird. Auch darum ist dieses Wissen nachhaltig.

Das pulsierende Herz der Literaturen der Welt ist die Intertextualität: das explizite oder implizite Beziehungsgeflecht zu anderen Texten, die nicht selten aus weit entfernten Zeiten und Räumen stammen. *Madame Bovary* – um bei unseren Beispielen zu bleiben – ist ohne *Don Quijote de la Mancha* nicht recht vorstellbar. Diese intertextuelle Relationalität, die Odysseus bei James Joyce zu unserem Zeitgenossen in Dublin oder in Erich Auerbachs *Mimesis* bei der Flucht aus Nazi-Deutschland werden lässt, bietet als grundlegendes Verfahren der Literaturen der Welt die Möglichkeit, das Vorgefundene – also zuvor bekannte Texte – in den je eigenen Text so zu integrieren, dass das Erfundene sich als ein Oszillieren zwischen einem Bewahren des Vorgefundenen und dessen fundamentaler Transformation erweist.

Allein schon aus diesem intertextuellen Grunde ist Literatur, weil sie mehr ist, als sie ist. Denn sie verweist keineswegs nur auf sich selbst oder eine außersprachliche Wirklichkeit, sondern auf eine Vielzahl anderer Texte, aus denen die Fäden ihrer literarischen Textur gewoben und gefertigt sind. Intertextuelle Beziehungen lassen sich damit als *lebendige* Relationen der Bewahrung *und* Veränderung, der Fortschreibung durch neue Zuschreibung, des Transfers als Translation und Transformation verstehen. Die Zukünfte der Literaturen der Welt sind ohne die Vielzahl ihrer Herkünfte nicht zu denken. Die Nachhaltigkeit der Literaturen der Welt beruht auf jenem Beziehungsgeflecht in Bewegung, das die unterschiedlichsten Areas quert und dadurch miteinander in Verbindung setzt. Mir scheint dies die eigentliche Crux der ökoliterarischen Nachhaltigkeit der Literaturen der Welt zu sein.

Die Literaturen der Welt entfalten im Sinne dieser Nachhaltigkeit ein Laboratorium des Lebens, in dem die Untersuchungen und Versuche nicht durch Analyse und Segmentierung zur Austreibung des Lebens aus den erforschten Gegen-Ständen vollzogen werden, sondern Lebensmodelle durchgedacht und ausgedacht, durcherlebt[14] und ausgelebt werden können, ohne dass (zumindest in der Regel) die literarischen Erprobungsräume selbst zu

---

13 Vgl. hierzu Ette, Ottmar: *Literatur in Bewegung. Raum und Dynamik grenzüberschreitenden Schreibens in Europa und Amerika.* Weilerswist: Velbrück Wissenschaft 2001.
14 Zum Begriff des Durcherlebens vgl. Dilthey, Wilhelm: Goethe und die dichterische Phantasie. In (ders.): *Das Erlebnis und die Dichtung. Lessing – Goethe – Novalis – Hölderlin.* Göttingen: Vandenhoeck & Ruprecht [16]1985, S. 139.

einem Ort verkommen müssten, an dem im Falle eines Scheiterns[15] das Leben selbst zu Tode gebracht würde. Die Logiken im Labor der Literatur sezieren nicht das Leben, um aus der Untersuchung des Toten Rückschlüsse auf das Leben zu ziehen, sondern intensivieren vielmehr das Leben, womit sie zugleich einer Austreibung des Lebens aus den Geistes- und Kulturwissenschaften[16] nachhaltig entgegenwirken. Mit anderen Worten: Sie verhalten sich komplementär zur vorherrschenden Logik des biowissenschaftlich ausgerichteten Fächerensembles der *Life Sciences*.

So ist die Nachhaltigkeit der Literatur keineswegs allein auf der thematischen Ebene zu finden, wo es seit den vielen Anfängen des *Gilgamesch-Epos* um ein Zusammenleben der Menschen mit den Göttern, mit anderen Menschen, mit den Tieren, den Pflanzen und den Dingen geht, sondern von einer fundamentalen strukturellen Bedeutung für den Erprobungsraum selbst, den die Literaturen der Welt beständig aufs Neue schaffen und erschaffen. Dies bedeutet keineswegs eine Geringschätzung der thematischen und inhaltlichen Dimensionen, macht doch das *Gilgamesch-Epos* aus Mesopotamien (Abb. 3) deutlich, dass schon seit den vielen Anfängen der Literaturen der Welt die Frage der Konvivenz des Menschen mit der Natur und ihren vielfältigen Formen des Lebens von zentraler Bedeutung ist. Ich möchte lediglich nachhaltig dafür plädieren, dass wir uns nicht ausschließlich auf diese evidente Thematik der Literaturen der Welt begrenzen oder einengen lassen dürfen.

Folglich lassen die Literaturen der Welt eine vielstimmige Graphosphäre und Logosphäre entstehen, durch welche die Lesbarkeit der Welt[17] selbstverständlich auch außerhalb der abendländischen Traditionen von vielen Orten her und für viele Orte ermöglicht wird. Damit wird ein polylogisches Wissen konfiguriert, dessen Grundbedingung darin besteht, dass wir die Welt nicht von einer einzigen Sprache, einer einzigen Kultur, einer einzigen Zeit aus adäquat verstehen und begreifen können. Dies aber ist eine Grundeinsicht in eine

---

15 Vgl. hierzu Ingold, Felix Philipp / Sánchez, Yvette (Hg.): *Fehler im System. Irrtum, Defizit und Katastrophe als Faktoren kultureller Produktivität.* Göttingen: Wallstein Verlag 2008; sowie Sánchez, Yvette / Spiller, Roland (Hg.): *Poéticas del fracaso.* Tübingen: Gunter Narr Verlag 2009.
16 In Anspielung auf Kittler, Friedrich A. (Hg.): *Austreibung des Geistes aus den Geisteswissenschaften. Programme des Poststrukturalismus.* Paderborn – München – Wien – Zürich: Schöningh 1980.
17 Vgl. hierzu Blumenberg, Hans: *Die Lesbarkeit der Welt.* Frankfurt am Main: Suhrkamp 1986. Vgl. zu dieser Lesbarkeit auch den zweiten Band der Reihe „Aula" in Ette, Ottmar: *Liebe-Lesen* (2020).

Abb. 3: Tontafel mit der Flut-Episode aus dem *Gilgamesch*-Epos.

viellogische Philologie,[18] die in unserer Neukonzeption der Romanistik eine fundamentale Funktion finden muss.

TransArea Studies sind vor diesem Hintergrund ohne die kritische Einbeziehung des komplexen Lebenswissens, Überlebenswissens und Zusammenlebenswissens der Literaturen der Welt nicht vorstellbar. Denn ihr Verständnis von Globalisierung als einem komplexen Prozess *de longue durée*, der von vier verschiedenen Phasen beschleunigter Globalisierung[19] strukturiert und gleichsam rhythmisiert wird, greift nicht allein auf jene disziplinären und disziplinierten Wissensformen und Wissensnormen zurück, die innerhalb einer wesentlich von Europa geprägten – wenn auch keineswegs ausschließlich in Europa entstandenen – Wissenschaftstradition entwickelt und in verschiedenen Schüben weltweit verbreitet wurden. Dass diese Verbreitung dabei von grundlegenden Asymme-

---

18 Vgl. hierzu Ette, Ottmar: *Viellogische Philologie. Die Literaturen der Welt und das Beispiel einer transarealen peruanischen Literatur.* Berlin: Verlag Walter Frey – edition tranvía (Reihe POINTE*essay* – Potsdamer inter- und transkulturelle Texte, Bd. 1) 2013.
19 Vgl. Ette, Ottmar: *TransArea*, S. 1–49.

trien[20] geprägt wurde, welche das Verhältnis der europäischen zu den außereuropäischen Kulturen und Literaturen bis heute bestimmen, steht außer Frage.

Es geht den kulturwissenschaftlich ausgerichteten *TransArea Studies* nicht allein um eine möglichst exakte Repräsentation globaler Wirklichkeit, sondern zugleich (und vielleicht weit mehr noch) um die möglichst polylogische, vielstimmige Erfassung und Präsentation gelebter, erlebter, aber auch lebbarer und erlebbarer Wirklichkeiten. Wenn es denn eine Essenz der Literaturen der Welt gäbe, dann läge sie genau hier. Diesseits und jenseits der Dimensionen von Vergleich, Transfer und Verflechtung[21] ist es einer transarealen Wissens- und Wissenschaftskonstellation um eine *Poetik der Bewegung* zu tun, die in der Lage ist, fundamental-komplexe[22] Prozesse in ihren vielfältigen und widersprüchlichen Lebenszusammenhängen ebenso transdisziplinär wie vielperspektivisch zu erfassen. Die Literaturen der Welt bilden eine dynamische, in steter Veränderung befindliche Schule eines viellogischen Denkens. Auf diese Denkschule immer weitergehender zu verzichten, ist eine Todsünde aktueller Bildungspolitiken. Allein eine viellogische Philologie kann den Literaturen der Welt als Schule viellogischen Denkens gerecht werden.

Doch was ist mit den TransArea-Studien auf dem weiten Gebiet der Romanistik im Unterschied zu gängigen Ansätzen der Komparatistik gemeint? Wollte man – gewiss stark konturierend – eine transareale Wissenschaft im Sinne eines transdisziplinären Verbunds verschiedenster Forschungsbereiche der *TransArea Studies* von *traditionellen* komparatistischen Ansätzen unterscheiden, so ließe sich sagen, dass die letztgenannten die Politiken, Gesellschaften, Ökonomien oder symbolischen Produktionen verschiedener Länder statisch miteinander vergleichen und gleichsam gegeneinander halten, während eine transareale Wissenschaft wesentlich mehr auf die Bewegung, den Austausch und die wechselseitig transformatorischen Prozesse hin ausgerichtet ist. Transareale Studien gründen auf einer Poetik und Inwertsetzung der Bewegung und Beweglichkeit. Transarealen Studien geht es weniger um Räume als um Wege, weniger um Grenzziehungen als um Grenzverschiebungen, weniger um Territorien als um Relationen und

---

20 Vgl. hierzu Ette, Ottmar: Asymmetrie der Beziehungen. Zehn Thesen zum Dialog der Literaturen Lateinamerikas und Europas. In: Scharlau, Birgit (Hg.): *Lateinamerika denken. Kulturtheoretische Grenzgänge zwischen Moderne und Postmoderne*. Tübingen: Gunter Narr Verlag 1994, S. 297–326.
21 Vgl. Werner, Michael / Zimmermann, Bénédicte: Vergleich, Transfer, Verflechtung. Der Ansatz der ‚Histoire croisée‘ und die Herausforderung des Transnationalen. In: *Geschichte und Gesellschaft* (Göttingen) 28 (2002), S. 607–636.
22 Zum Begriff des fundamental-komplexen Systems vgl. Cramer, Friedrich: *Chaos und Ordnung. Die komplexe Struktur des Lebendigen*. Frankfurt am Main – Leipzig: Insel Verlag 1996, S. 223.

Kommunikationen. Ihre Argumentationslinien verlaufen nicht raumgeschichtlich, sondern bewegungsgeschichtlich. Und von diesem *bewegungsgeschichtlichen* Ansatz her wird eine neue Sichtweise romanistischer Forschungen erkennbar und beschreibbar.

Gerade nach dem Ausgang der vierten Phase beschleunigter Globalisierung, im Zuge einer Festziehung von Grenzen und Einflussbereichen, die wir auch im gegenwärtigen kriegerischen Überfall Russlands auf die Ukraine konstatieren können, benötigen wir die Entfaltung einer bewegungsorientierten Begrifflichkeit, die im Bereich der Literaturwissenschaften nicht länger nur anhand einiger weniger europäischer Nationalliteraturen entwickelt werden kann. An diesem Ort und in diesem Zusammenhang ist die Entfaltung einer konzeptionell (und dies meint: vektoriell) erneuerten Grundlagenwissenschaft unumgänglich. Es geht um die Konzeptualisierung nicht allein mobiler, sondern zugleich *lebendiger* Netzwerkstrukturen[23] im weltweiten Maßstab. Die Zukünfte im Bereich der Geistes- wie der Kulturwissenschaften hängen von der Entfaltung relationaler Logiken ab, die in der Lage sein müssen, nicht nur das Viellogische zu denken, sondern auch viellogisch zu denken. Dazu bedarf es auch der vektoriellen Bewegungs- und Transformationsanalyse, um etwa transkulturellen Transplantationen auf die mobilen Schliche kommen zu können.[24]

Vor dem Hintergrund des damit intendierten bewegungsgeschichtlichen Perspektivenwechsels, der vektorisierten Vervielfachung von Logiken und Blickpunkten sowie des bereits umschriebenen begrifflichen Instrumentariums[25] lassen sich die enormen Möglichkeiten und Reichweiten transarealer Studien anschaulich nachvollziehen. So wird man – um ein konkretes transareales Beispiel zu nennen – die Karibik diesseits wie jenseits ihrer der Romanistik zuzurechnenden Dimensionen in ihrer Spezifik nur dann adäquat verstehen, wenn man nicht allein ihre interne, archipelische Relationalität vielfältiger Kommunikationsverhältnisse zwischen ihren Inseln und Archipelen, son-

---

23 Zur Epistemologie des Netzwerks in den Sozialwissenschaften vgl. auch Latour, Bruno: *Eine neue Soziologie für eine neue Gesellschaft. Einführung in die Akteur-Netzwerk-Theorie.* Aus dem Englischen von Gustav Roßler. Frankfurt am Main: Suhrkamp 2007; sowie Stegbauer, Christian (Hg.): *Netzwerkanalyse und Netzwerktheorie. Ein neues Paradigma in den Sozialwissenschaften.* Wiesbaden: VS Verlag für Sozialwissenschaften 2010.
24 Vgl. hierzu Ette, Ottmar / Wirth, Uwe (Hg.): *Kulturwissenschaftliche Konzepte der Transplantation.* Unter Mitarbeit von Carolin Haupt. Berlin – Boston: Walter de Gruyter 2019.
25 Vgl. hierzu das bereits angeführte Eröffnungskapitel in Ette, Ottmar: *TransArea. Eine literarische Globalisierungsgeschichte*, S. 1–49.

dern auch die Dynamiken der externen Relationalität in ein weltweites Panorama miteinbezieht; und dies selbstverständlich in historischer Tiefenschärfe.[26]

Denn wie etwa das Beispiel des *Black Atlantic*[27] oder die Zwangsdeportation von Millionen von Sklaven[28] zeigen, ist es unumgänglich, auf der Ebene der externen Relationalität die jeweiligen Besitzungen dieser Kolonialmächte in Afrika, Asien oder Ozeanien, in den Amerikas oder in der arabischen Welt miteinzubeziehen, um die ganze Komplexität kolonialer und imperialer Biopolitiken transareal – und damit zugleich bewegungsgeschichtlich – erfassen zu können. Die Literaturen der Welt legen diese globale Vektorizität mit literarischen Mitteln frei. Romanistik muss in derartigen Forschungszusammenhängen deutlich über ihre Grenzen hinausgehen, um als Romanistik bestehen zu können. Doch dies war, wenn wir uns Klassiker der Romanistik wie Erich Auerbachs *Mimesis. Dargestellte Wirklichkeit in der abendländischen Literatur*[29] oder Ernst Robert Curtius' *Europäische Literatur und lateinisches Mittelalter*[30] näher anschauen, schon immer ihre Stärke.

Von welch großer historischer und kulturtheoretischer Bedeutung diese transarealen und weltweiten Verbindungen sind, hat der aus Mauritius stammende Kulturtheoretiker und Dichter Khal Torabully in seinen Reflexionen über die indischen „Coolies" und den sich daraus ableitenden Begriff der *Coolitude* eindrucksvoll aufgezeigt.[31] In seiner Person vereinigt sich das Wissen der

---

26 Vgl. hierzu die ausgezeichnete, auch in englischer Sprache vorliegende Studie von Müller, Gesine: *Die koloniale Karibik. Transferprozesse in hispanophonen und frankophonen Literaturen.* Berlin – Boston: Walter de Gruyter 2012; Ette, Ottmar / Müller, Gesine (Hg.): *Caleidoscopios coloniales. Transferencias culturales en el Caribe del siglo XIX. Kaléidoscopes coloniaux. Transferts culturels dans les Caraïbes au XIXe siècle.* Madrid – Frankfurt am Main: Iberoamericana – Vervuert 2010; Zevallos Aguilar, Ulises Juan: Mapping the Andean Cultural Archipelago in the United States. In: Falconi, José Luis / Mazzotti, Juan Antonio (Hg.): *The Other Latinos. Central and South Americans in the United States.* Cambridge – London: Harvard University Press 2007, S. 125–139.
27 Vgl. neben dem bereits angeführten ‚Klassiker' von Paul Gilroy auch den Band *Der Black Atlantic.* Herausgegeben vom Haus der Kulturen der Welt in Zusammenarbeit mit Tina Campt und Paul Gilroy. Berlin: Haus der Kulturen der Welt 2004.
28 Zur komplexen Problematik der Sklaverei vgl. das Grundlagenwerk von Zeuske, Michael: *Handbuch Geschichte der Sklaverei. Eine Globalgeschichte von den Anfängen bis zur Gegenwart.* Berlin- Boston: Walter de Gruyter 2013.
29 Vgl. Auerbach, Erich: *Mimesis. Dargestellte Wirklichkeit in der abendländischen Literatur.* Bern: A. Francke Verlag 1946.
30 Vgl. Curtius, Ernst Robert: *Europäische Literatur und lateinisches Mittelalter.* Bern – München: Francke Verlag ²1984.
31 Vgl. Torabully, Khal: *Cale d'Etoile – Coolitude.* La Réunion: Editions Azalées 1992; sowie Carter, Marina / Torabully, Khal: *Coolitude. An Anthology of the Indian Labour Diaspora.* London: Anthem Press – Wimbledon Publishing Company 2002.

Literaturen der Welt mit den disziplinären Ansätzen der Wissenschaft, eine Verbindung zwischen Dichtung und Forschung, die im deutschsprachigen Universitätssystem nicht eben häufig anzutreffen ist.

Es geht in den Literaturen der Welt nicht mehr nur um Vergleich und den Blickwechsel der *Histoire croisée*, sondern um die gelebte Relationalität komplexer weltumspannender Landschaften. Und diese lassen sich immer auch als *Landschaften der Theorie*[32] begreifen, die andere Lesbarkeiten der Welt entwerfen. Die Philologien bilden viellogische Modelle einer Lesbarmachung, die es erlauben, die Komplexität der Zusammenhänge von Lebensformen und Lebensnormen dynamisch zu denken. Als Schulen eines Denkens in viellogischen Strukturen und Strukturierungen untersuchen sie auf lebenswissenschaftlich ausgerichtete Weise historische Herkünfte, um daraus in prospektiver Wendung die Möglichkeiten wie die (jeweils historischen) Grenzen eines relationalen Denkens des Viellogischen so zu bestimmen, dass sich daraus die Landschaften des Künftigen im akademischen, im politischen oder sozialen Feld, aber auch in anderen Bereichen entfalten lassen. Dabei ist es fundamental, das Wissen der Literaturen der Welt in die philologische Arbeit selbst zu integrieren und für diese fruchtbar zu machen. Es gilt folglich, die Literatur in der *Literatur*wissenschaft zu stärken.

Transareal perspektivierte Beziehungen lassen kein ‚Anderes‘ entstehen, das von einem ‚Eigenen‘ klar zu trennen wäre – sie sind keiner Alterisierungslogik und keiner Geste der Diskriminierung zwischen vermeintlichen Zentren und vermeintlichen Peripherien verpflichtet. Sie interessieren sich in besonderer Weise für Süd-Süd-Beziehungen, die oft transtropischen Zuschnitts sind, versuchen zugleich aber, die bewegungsgeschichtlich zu erfassenden Rückbindungen an ‚den‘ Norden zu reflektieren und damit eine vielperspektivische Globalisierungsgeschichte zu entwerfen. Es gibt keine Globalisierungsgeschichte, die wie jene der Literaturen der Welt so vielperspektivisch und vor allem so nahe am Leben unterschiedlichster sozialer, ethnischer, politischer Gruppen wäre. Dies gilt keineswegs nur für jene Studien, die sich außereuropäischen Gegenständen zuwenden oder außerhalb Europas Area-Studien betreiben. Eine transareal fundierte Philologie lässt die Literaturen Europas aus anderen, weiteren und weltumspannenden Zusammenhängen heraus auf innovative und gesellschaftlich relevante Weise verstehen und aufleuchten: Auch und gerade Europa wird dergestalt auf neue, auf prospektive Art verstehbar.[33]

---

32 Vgl. zu diesem Begriff Ette, Ottmar: *Roland Barthes. Landschaften der Theorie.* Konstanz: Konstanz University Press 2013.
33 Vgl. hierzu Ette, Ottmar: Europa transarchipelisch denken. Entwürfe für eine neue Landschaft der Theorie (und Praxis). In: *Lendemains* (Tübingen) XXXIX, 154–155 (2014), S. 228–242.

Zweifellos ist es für den vielsprachigen und vielkulturellen Forschungsbereich der Philologien unumgänglich, in einer selbstkritischen Wendung die nationalliterarischen und auf exkludierenden Verfahrensweisen basierenden, nicht selten aber auch in einem Rassedenken verhafteten Altlasten der im 19. Jahrhundert gegründeten Nationalphilologien kritisch zu hinterfragen und in ihren weitreichenden Folgen zu analysieren.[34] Gerade das Erbe des Rassismus, welches die Philologien vielen zumeist unbewusst noch immer mit sich herumschleppen, ist problematisch und potentiell gefährlich. Der mittlerweile in Saarbrücken tätige Markus Messling hat in einer an meinem Lehrstuhl angesiedelten Emmy Noether-Gruppe der Deutschen Forschungsgemeinschaft mit seinem Team diese Beziehungen intensiv untersucht. Das in den Literaturen der Welt gespeicherte Wissen, auf welches die *TransArea Studies* unter anderem zurückgreifen, kann sehr wohl als Korrektiv disziplinär eingeschränkter Wahrnehmungsmuster dienen und transdisziplinär zu erarbeitende Fragestellungen ins Bewusstsein heben.

Ließe sich nicht mit Roland Barthes formulieren, dass die Literatur „toujours en avance sur tout",[35] also immer allem – einschließlich der Wissenschaften – voraus ist und damit einen Schatz an Erfahrungen, Erkenntnissen und Erlebnissen birgt, den es wissenschaftlich und lebenswissenschaftlich erst noch zu entdecken und zu heben gilt? Erneut wird an dieser Stelle deutlich, wo Defizite aktueller Philologien liegen und wie durch eine Einbeziehung von Literatur in Gestalt von Literatinnen und Literaten Forschungsprojekte entwickelt werden könnten, die einen deutlich *literatur*wissenschaftlichen Charakter trügen. Dies ginge deutlich über Ansätze hinaus, die Schriftstellerinnen und Schriftstellern innerhalb von Forschungsvorhaben bestenfalls eine Stellung als *Writers in residence* gewähren. Es gilt vielmehr, diese Autor*innen an der Forschung selbst kreativ zu beteiligen und Publikationsformate von Forschung vorzusehen, die den Verfasser*innen der Literaturen der Welt einen gleichberechtigten Platz einräumen. Denn schon Roland Barthes stellte fest, dass die literarische Arbeit etwa an einem Roman als Forschungsarbeit zu bewerten ist.

In seinem Entwurf einer „Philologie der Weltliteratur" hat Erich Auerbach vor dem Hintergrund der historischen Erfahrung zweier Weltkriege und der Shoah die für Goethes Konzept der Weltliteratur grundlegende Opposition von Weltliteratur und Nationalliteratur übernommen und insofern weitergeführt, als er aus der Perspektive des Jahres 1952 die von Goethe klug in Szene gesetzte

---

34 Vgl. hierzu Messling, Markus / Ette, Ottmar (Hg.): *Wort – Macht – Stamm. Rassismus und Determinismus in der Philologie des 19. Jahrhunderts*. München: Wilhelm Fink 2013.
35 Barthes, Roland: *Comment vivre ensemble. Simulations romanesques de quelques espaces quotidiens*. Notes de cours et de séminaires au Collège de France, 1976–1977. Texte établi, annoté et présenté par Claude Coste. Paris: Seuil – IMEC 2002, S. 167.

Polemik gegen die Nationalliteratur – „Nationalliteratur will jetzt nicht viel sagen, die Epoche der Weltliteratur ist an der Zeit, und jeder muß jetzt dazu wirken, diese Epoche zu beschleunigen"[36] – nun an einem historischen Endpunkt angekommen sah. So heißt es in dieser programmatischen und in ihren Folgen bis heute weitreichenden Schrift des deutschen Philologen, eine Schrift, auf die wir noch ausführlich zurückkommen werden:

> Jedenfalls aber ist unsere philologische Heimat die Erde; die Nation kann es nicht mehr sein. Gewiß ist noch immer das Kostbarste und Unentbehrlichste, was der Philologe erbt, Sprache und Bildung seiner Nation; doch erst in der Trennung, in der Überwindung wird es wirksam. Wir müssen, unter veränderten Umständen, zurückkehren zu dem, was die vornationale mittelalterliche Bildung schon besaß: zu der Erkenntnis, dass der Geist nicht national ist.[37]

Es ist wichtig, sich diese aus den furchtbaren Verbrechen der Nationalsozialisten und eines nationalistischen Denkens überhaupt gezogene Lehre auch in Zeiten vor Augen zu halten, in denen Nationalismus und Rassismus wieder deutlich an Boden gewinnen. Und zwar nicht allein in den USA, wo der übliche Rassismus gegenüber Schwarzen, Latinos oder Indigenen Alltag ist. Es sind Zeiten, in denen wir den vom Krieg heimgesuchten Ukrainern weit unsere Tore und Grenzen öffnen, während wir dieselben Grenzen in Polen gegenüber Syrern und Afghanen verschlossen halten und mit Knüppeln, Wasser und Reizgas gegen alle vorgehen, die nach Polen einreisen und einen Asylantrag stellen wollen. Das Beispiel Polen zeigt, wie Rassismus heute ganz selbstverständlich die Werte der europäischen Union in Ländern untergräbt, die mit diesen Werten wenig im Sinn haben. Wo wir an den Grenzen Polens eine Schlange für ukrainische Flüchtlinge aus der Ukraine bilden und eine andere Schlange für all jene Flüchtlinge aus der Ukraine, die ursprünglich nicht aus der Ukraine stammen. Wo schwangeren schwarzen Frauen, die aus Kiev flohen, Decken und andere Hilfsgüter verweigert werden mit dem Hinweis, man brauche diese Güter für die verfolgten Ukrainerinnen. Die eine Schlange wird eingelassen, die andere draußen gelassen, weil sie dem Phänotyp des willkommenen Flüchtlings leider nicht entsprach. Zugleich wird die enorme Hilfsbereitschaft Polens gelobt und mit Mitteln der EU unterstützt. Es bedurfte der Bereitschaft anderer euro-

---

36 Eckermann, Johann Peter: *Gespräche mit Goethe in den letzten Jahren seines Lebens.* Herausgegeben von Fritz Bergemann Frankfurt am Main: Insel Verlag 1981, Bd. 1, S. 211.
37 Auerbach, Erich: Philologie der Weltliteratur. In: *Weltliteratur.* Festgabe für Fritz Strich. Bern 1952, S. 39–50; wieder aufgenommen in Auerbach, Erich: *Gesammelte Aufsätze zur romanischen Philologie.* Herausgegeben von Fritz Schalk und Gustav Konrad. Bern – München: Francke Verlag 1967, S. 301–310, hier S. 310.

päischer Länder, diese Personen aufzunehmen, um die polnischen Grenzbehörden zum Transit für diese ungeliebten Flüchtlinge zu bewegen. Diese Art von Rassismus ist überall mit Händen zu greifen, wird aber kaum angesprochen. Rassismus ist Alltag geworden.

Doch fraglos zielen die Bemerkungen des selbst vom Rassismus betroffenen und selbst zum Flüchtling gewordenen Erich Auerbach auf die Konsequenzen von Nationalismus und nationalistischem Denken für die Philologien beziehungsweise eine „Philologie der Weltliteratur".

Für eine bewegungsgeschichtliche Neuausrichtung der Philologien wie der Geisteswissenschaften insgesamt wird es in grundlegender Weise darauf ankommen, den Bewegungs-Raum zwischen Nationalliteratur und Weltliteratur genauer auszuleuchten.

Denn in der ersten Phase beschleunigter Globalisierung wurden mit dem Spanischen, dem Portugiesischen und dem Lateinischen zunächst drei und in der zweiten Phase beschleunigter Globalisierung mit dem Englischen und Französischen weitere zwei Sprachen abendländischer Provenienz globalisiert, wobei sich in den Bereichen der Hispanophonie, der Lusophonie, der Frankophonie wie auch des Verbreitung des Lateinischen höchst unterschiedliche Logiken herausbildeten, insofern sich – um dies hier scharf und beispielhaft zu konturieren – in der französischsprachigen Welt ein stark hexagonal zentriertes Literatur- und Kulturmodell etablierte, während die spanischsprachige und portugiesischsprachige Welt entweder multipolare und in ihren Zentren wiederholt wechselnde, beziehungsweise an der ehemaligen Kolonie Brasilien ausgerichtete Systeme schufen. Aus der unvoreingenommenen Betrachtung allein schon dieser beiden frühen Globalisierungsschübe wird erhellt, welch ungeheure Bedeutung der Romania in einem weltumspannenden und zugleich transarealen Sinne zukommt. Diese Tatsache gilt es sich immer wieder vor Augen zu halten.

Dabei tut es freilich Not zu erkennen, dass es einen ‚Kontinent Romanistik' weder gibt noch geben kann. Die Romanistik ist im besten Sinne ein vielfältigst aufgespaltenes Fach, das sich mit den unterschiedlichsten weltumspannenden und lokalen, regionalen und transarealen Sprachen, Literaturen und Kulturen wissenschaftlich auseinandersetzt und auf all diesen Feldern vor Ort in aller Regel auf eine höchst rege Forschungs- und Erkenntnislandschaft trifft. Die faszinierende Vielsprachigkeit der Romanistik ist folglich keineswegs nur eine ihrer Forschungsobjekte, sondern auch und gerade ihrer in so unterschiedlichen Wissenstraditionen stehenden Forschungssubjekte. Viele sehr unterschiedliche Teilbereiche der Romania gehören zu den aktivsten Produzenten kultureller oder ästhetischer Theoriebildungen, die weltweit rezipiert werden. Es gehört zu den Grundlagen romanistischen Forschens, mit den jeweiligen Ländern beziehungsweise Areas in einem gleichberechtigten Austausch zu stehen und im Sinne der

Internationalisierung von Wissenschaft Forschungsprojekte zu entwickeln, welche die Partnerorganisationen vor Ort einbeziehen.

Die spanisch-, portugiesisch- und französischsprachigen Welten bilden im Verbund mit allen anderen Sprachen und Kulturen nur scheinbar eine zusammenhängende Landmasse der Romania wie der Romanistik, sind diese doch in eine Vielzahl verschiedenartiger *Insel-Welten* und *Inselwelten*[38] aufgespalten, die es in ihrer insularen, isolierten Eigen-Logik (als Insel-Welten) wie in ihrer archipelischen Relationalität (als Inselwelten) in Zukunft wesentlich stärker als bisher miteinander zu vernetzen gilt. Auch auf diesem Gebiet müssen relationale Logiken an die Stelle linearer oder kontinuierlicher Ansätze treten. Dabei sind Netzwerke zu präferieren, welche jeweils flexibel an die sehr unterschiedlichen Bedingungen der Lusophonie, der Hispanophonie und der Frankophonie angepasst werden können. Denn die spanischsprachige Welt Europas steht ganz selbstverständlich in einem besonderen Austausch mit den hispanophonen Bereichen Afrikas, Asiens oder Amerikas; so wie auch die französisch- oder portugiesischsprachigen Länder, Regionen oder Areas wechselseitig einen intensiven Austausch pflegen, in dem die historischen Asymmetrien auf unterschiedliche Weisen noch immer präsent sind.

In diesem Zusammenhang ist stets eine asymmetrische Vektorizität mitzudenken. Dies gilt ebenso für die globalisierten Sprachen, Literaturen und Kulturen wie für deutlich kleinräumigere Phänomene. Nicht weniger aber widmet sich die Romanistik ebenso romanischen Kleinsprachen wie dem Ladinischen oder lokalen Literaturen wie der in der Unterstadt des schweizerischen Fribourg geschriebenen Literatursprache des ,Bolz'. Dass wir es hierbei mit höchst verschiedenartigen Literaturen, Sprachen und Kulturen, aber auch Forschungstraditionen und Bezugsmodellen zu tun haben, versteht sich dabei von selbst. Dies aber wird nur selten in einen ebenso fachgeschichtlichen wie wissenschaftstheoretischen sowie im vollen Sinne epistemologischen Aufriss der Romanistik überführt.

Die Romanistik ist folglich eine *Archipel-Wissenschaft*: eine Inselwelt von transarchipelisch miteinander vernetzten (Teil-)Wissenschaften und Wissenskonstellationen, die keine homogene und vor allem keine kontinuierliche, im Wortsinn kontinental zusammenhängende Fläche ausbilden. Jede größere oder kleinere Insel gehorcht dabei jeweils eigenen, aber keineswegs voneinander getrennten Logiken, die zu erforschen sind. Gälte es, für die Romanistik eine

---

38 Vgl. hierzu Ette, Ottmar: Von Inseln, Grenzen und Vektoren. Versuch über die fraktale Inselwelt der Karibik. In: Braig, Marianne / Ette, Ottmar / Ingenschay, Dieter / Maihold, Günther (Hg.): *Grenzen der Macht – Macht der Grenzen. Lateinamerika im globalen Kontext.* Frankfurt am Main: Vervuert Verlag 2005, S. 135–180.

Landschaft der Theorie[39] zu entwerfen, so müsste sie jenseits des Flächenhaft-Kontinuierlichen transarchipelisch angelegt sein.

Eine solche auf die Romanistik bezogene Landschaft der Theorie wäre nicht auf eine oder auch nur eine Handvoll von Literaturen und Sprachen reduzierbar, sondern hochgradig internationalisiert, wobei die Romania anders als die englischsprachige Welt der Versuchung niemals anheimfallen kann, die Komplexität des Planeten aus der Perspektive einer einzigen Sprache heraus verstehen zu wollen. Denn das Weltbewusstsein der Romania (und mit ihr möglichst auch der Romanistik) ist multiperspektivisch, viellogisch und transareal geprägt. So kann die Romanistik weder ein Haus noch ein „Phalanstère" noch ein Schloss sein: Sie bildet eine mobile, dynamische, viellogische und transarchipelische Welt. Und eben hierin liegt ihre Chance, liegt ihre Zukunft, liegen ihre Zukünfte.

Auf Archipelen zu leben, ist nicht immer ein Vergnügen. Bisweilen ist es einfacher, sich auf einem Kontinent mit mehr oder minder festen Grenzziehungen zu verständigen. Dass eine archipelische und transarchipelische Landschaft der Theorie für die Romanistik auch ihre Gefahren birgt, steht außer Frage. Aus einem fachgeschichtlichen, vor allem aber verbandspolitischen Blickwinkel ist längst deutlich geworden, dass es zu einer fatalen Zersplitterung in partikulare Fachinteressen kommen kann, wenn sich die einzelnen Inseln quasi voneinander ‚emanzipieren' und ihre Relationalität als Autonomie missverstehen. Dies kann im besten Falle die Konsequenz haben, dass sich die Romanistik vordringlich mit sich selbst beschäftigt. Doch auch deutlich negativere Folgen sind möglich. Dann entstehen verbandspolitische Leerstellen, insofern die Romanistik anders als andere Fächer ihre Stimme nicht mehr zu Gehör zu bringen vermag, weil es eine gemeinsame Stimmlage nicht mehr zu geben scheint.

Unbezwingbare Gründe für einen fachspezifischen Fatalismus aber gibt es nicht: Bleiben wir also optimistisch, auch wenn uns die gegenwärtige Lage der Romanistik – so scheint mir – wenig Anlass dazu bietet. Es wäre jedoch im Sinne unseres Optimismus sehr leicht vorstellbar, transarchipelische Strukturen auf der Ebene der romanistischen Einzelverbände so zu stärken, dass die Romanistik ihre Interessen *als Archipel-Wissenschaft* innerhalb wie außerhalb der Geistes- und Kulturwissenschaften wirkungsvoll wahrzunehmen vermag. Meine Hoffnung ist, dass man diese Aufgabe beim Dachverband der Romanistik verstanden hat.

Denn jenseits vorübergehender verbandspolitischer Problemzonen sind die wissenschaftstheoretischen wie die forschungspragmatischen Vorteile und Chan-

---

39 Vgl. zu diesem Begriff Ette, Ottmar: *Roland Barthes. Landschaften der Theorie.* Konstanz: Konstanz University Press 2013.

cen einer mobilen und sich in unterschiedlicher Weise internationalisierenden transarchipelischen Wissenschaft offenkundig. Die einzelnen Inseln der Romanistik sollten sich einerseits als *Insel-Welten* verstehen, die ihre jeweils eigene Logik, den Eigen-Sinn ihres Gegenstandsbereichs und ihrer veränderbaren Gegenstandskonstituierung selbständig weiterentwickeln, indem sie in ihren jeweiligen Sprachen die spezifischen Fachkulturen und Forschungslinien auf nationaler wie internationaler Ebene entfalten. Andererseits aber gilt es, die sehr unterschiedlichen Logiken der jeweiligen Insel-Welten als unabdingbare Teile einer vielfältig verbundenen *Inselwelt* zu begreifen, die einen weltweiten Zuschnitt besitzt und deren Diskontinuitäten immer wieder neue Vorgänge und Verfahren des *Über*setzens und des Über*setzens* zwischen einzelnen Inseln notwendig machen.

Diese ständigen Translationsprozesse vermögen es dabei nicht nur, das in den verschiedenen romanischen (und anderen) Sprachen gespeicherte Wissen zugänglich zu halten oder wieder zugänglich zu machen sowie den Verlust ganzer Forschungsbibliotheken, die nicht in einer der dominanten Sprachen verfasst sind, zu verhindern oder zumindest aufzuhalten. Sie tragen weit über die Fachgrenzen der Romanistik hinaus die Praxis jener Vielsprachigkeit, jenes Denkens in unterschiedlichen Sprachen zugleich, in dem Erich Auerbach in *Mimesis* den eigentlichen „Lebensreichtum"[40] der abendländischen Literatur(en) erkannte.

Dies war eine weitsichtige Erkenntnis und Einsicht, die unzweifelhaft planetarischen Zuschnitts ist. Nicht umsonst hatte Erich Auerbach in einem Brief vom 3. Januar 1937 aus seinem Istanbuler Exil an Walter Benjamin im Pariser Exil mit aller notwendigen Klarheit und Schärfe festgehalten: „Immer deutlicher wird mir, dass die gegenwärtige Weltlage nichts ist als eine List der Vorsehung, um uns auf einem blutigen und qualvollen Wege zur Internationale der Trivialität und zur Esperantokultur zu führen."[41] Eine Kultur im Zeichen der Dominanz einer einzigen Sprache aber war für diesen frühen Vertreter einer Literaturwissenschaft ohne festen Wohnsitz eine fundamentale Bedrohung des Menschen schlechthin. War eine solche triviale Massenkultur unumgänglich oder konnte sie noch abgewendet werden? Oder leben wir bereits längst in einer derartig standardisierten und monologischen Kultur des Massenhaften,

---

40 Auerbach, Erich: *Mimesis. Dargestellte Wirklichkeit in der abendländischen Literatur.* Bern: A. Francke Verlag 1946, S. 493.
41 Auerbach, Erich: Brief vom 3.1.1937 an Walter Benjamin. In: Barck, Karlheinz (Hg.): 5 Briefe Erich Auerbachs an Walter Benjamin in Paris. In: *Zeitschrift für Germanistik* (Berlin) 6 (1988), S. 692.

das seinen Namen nicht sagt, sondern vielmehr so tut, als wäre alles individuell gefertigt und nach dem *Only-you*-Prinzip allein für uns bestimmt?

Abb. 4: Walter Benjamin (1892–1940).

Abb. 5: Erich Auerbach (1892–1957).

Es wird daher mit Blick auf die Zukünfte der Romanistik, der Philologien wie der Geistes- und Kulturwissenschaften entscheidend darauf ankommen, die einzelnen Inseln (und Teilgebiete) miteinander in eine möglichst komplexe, vielschichtige und intensive Translations- und Transformationsbeziehung zu setzen. Dabei kommt zu dieser internen Relationalität innerhalb der Romanistik zugleich auch eine externe Relationalität im Zeichen divergierender Internationalisierungsprozesse hinzu, welche bewusst entwickelt und vorangetrieben werden sollten. Romanistik kann einzig als eine Wissenschaft in unabschließbarer und sich selbst immer wieder befragender Bewegung gedacht werden. Und vielleicht ist es eine jener Wissenschaften, die von jeder neuen Generation neu erfunden werden müssen, um nicht unterzugehen und zu verlöschen. Aber werden wir diese Romanistik noch einmal erfinden?

Wir brauchen dafür neue, einer Poetik der Bewegung verpflichtete *Bewegungs*-Konzepte. So erst können etwa im Bereich der Literaturwissenschaft neue Konfigurationen und Objektbereiche wie die zwischen (den Konzepten von) Nationalliteratur und Weltliteratur oszillierenden romanischen Literaturen der Welt präzise herausgearbeitet und in ihrer viellogischen Strukturierung lokaler, regionaler, nationaler, arealer oder weltumspannend globalisierter Literaturen beschrieben werden. Die Romanistik ist eine für die Analyse des

ZwischenWeltenSchreibens[42] prädestinierte und auch aus diesem Grunde höchst zukunftsträchtige Wissenschaft, deren Traditionslinien in vielerlei Hinsicht als Horizontlinien für aktuelle Entwicklungen mehr als nur brauchbar sind. Die Traditionen der Romanistik sind tragfähig und treiben vorwärts zu einer sich auf ihr Weltbewusstsein[43] besinnenden Archipel-Wissenschaft, der viellogisches Denken ebenso vielsprachig wie transkulturell eingeschrieben und aufgegeben ist. Sie gilt es nun an verschiedenen Orten, aus verschiedenen Blickwinkeln, für unterschiedlichste Gegenstände zu implementieren. Auf bestimmte Weise sind die vorausgegangenen Bände der Reihe „Aula", die auf Potsdamer Vorlesungen seit Mitte der neunziger Jahre zurückgehen, Implementierungen dieser Art einer möglichen Romanistik.

Denn aus ihrer historisch entfalteten Tradition wie ihrem wissenschaftstheoretischen Potential heraus ist die Romanistik eine Vernetzungswissenschaft, die von jeher nationale Grenzziehungen überspannt und stets eine vergleichende Perspektivierung angestrebt hat: auch wenn bloße *comparaison* niemals mit *raison* gleichgesetzt werden darf. Aus diesem Grunde bilden alle Bände der Reihe „Aula" ein vernetztes und sich weiter vernetzendes Gewebe, das archipelisch und transarchipelisch aufgebaut ist und Romanistik nicht als einen flächenmäßig zu besiedelnden Kontinent, sondern als eine Fülle faszinierender *Inselwelten* und *Insel-Welten* versteht.

Die Romanistik kann mit guten Gründen und im bewussten Rückgriff auf ihre erfolgreiche, auf viele andere Disziplinen abstrahlende Wissenschafts- und Fachgeschichte ein in die Zukunft gerichtetes Konzept verfolgen, das sich jenseits einzelsprachlicher und nationalliterarischer Grenzziehungen ansiedelt. Sie ist prädestiniert für transareale Studien, ohne sich dabei freilich auf das ‚eigene' Gebiet romanischer Literaturen, Kulturen und Sprachen beschränken zu können oder zu müssen. Wie wäre Garcilaso de la Vega el Inca ohne seine Beziehungen zum „Tawantinsuyu",[44] wie wäre Leo Africanus alias al-Hassan ben Mohammed ben Ahmed al-Wazzan al-Gharnati al-Fassi[45] ohne eine Kenntnis

---

42 Vgl. hierzu Ette, Ottmar: *Writing-Between-Worlds. TransArea Studies and the Literatures-without-a-fixed-Abode.* Translated by Vera M. Kutzinski. Berlin – Boston: Walter de Gruyter 2016.

43 Vgl. zu diesem Begriff Ette, Ottmar: *Weltbewusstsein. Alexander von Humboldt und das unvollendete Projekt einer anderen Moderne. Mit einem Vorwort zur zweiten Auflage.* Zweite Auflage. Weilerswist: Velbrück Wissenschaft 2020.

44 Vgl. hierzu das entsprechende Kapitel im siebten Band der Reihe „Aula" in Ette, Ottmar: *Erfunden Gefunden* (2022), S. 370 ff.

45 Vgl. hierzu das Kapitel im ersten Band der Reihe „Aula" in Ette, Ottmar: *ReiseSchreiben* (2020), S. 319 ff.

arabischer und afrikanischer Geschichte, wie wäre der Begriff der ‚Spanischen Wand‘[46] ohne eine Vertrautheit mit transpazifischen Relationen auf dem Gebiet verschiedener kunsthistorischer Dimensionen Asiens, Amerikas und Europas begreifbar? Die Romanistik verfügt hier als Vernetzungswissenschaft über Potentiale, die sie künftig entschlossener ausspielen muss – auch und gerade mit Blick auf ihre spezifisch europäischen Gegenstände und Erkenntnisebenen. Denn die Romanistik ist ganz selbstverständlich eine weltumspannende transareale Wissenschaft.

Dies bedeutet ganz folgerichtig, dass (wie in anderen philologischen Disziplinen) Spezialisierungen innerhalb bestimmter Sprachen, Jahrhunderte, Nationen, Genders oder Genres nicht vernachlässigt werden dürfen, sondern weiter im Kontext internationaler wissenschaftlicher Ausdifferenzierung von Teilgebieten zu vertiefen sind. Zugleich aber sind sie – und dies macht auf der Ebene internationaler Kooperation und Konkurrenz das spezifische ‚Mehr‘ an Attraktivität der Romanistik aus – in ein gesamtes Netzwerk romanistischer Forschungen einzubinden, die selbstverständlich mit den vor Ort betriebenen Wissenschaften in enger Verbindung stehen müssen. Denn unser Paradox für die Literatur gilt auch für die von uns betriebene Wissenschaft: Romanistik ist, weil sie mehr ist, als sie ist. Es gilt daher, diese wichtigen, schon aus ihrer Fachgeschichte ableitbaren Traditionslinien der Romanistik als ‚Traditionen auf Reisen‘, als „Travelling Traditions" in den unterschiedlichsten Gegenstandsbereichen für die Zukunft fruchtbar werden zu lassen und als fundamentale Aspekte der internen wie der externen Relationalität dieser Archipel-Wissenschaft zu pflegen.

Auch die so oft mit Recht eingeforderte fachwissenschaftliche Spezialisierung darf nicht länger nur als Konzentration auf bestimmte Sprachen und Nationalliteraturen und dort angesiedelte monographische Themen verstanden werden, sondern ist in keineswegs geringerem Maße als eine Spezialisierung zu begreifen, die auch darin bestehen kann, mehrfach (und transversal) spezialisiert zu sein. Gerade im Bereich viellogischer Relationalität, auf dem Gebiet transkultureller Translation oder vergleichender Erzählforschung besitzt die Romanistik beste Voraussetzungen, um erfolgreiche Grundlagenforschung im Bereich der Philologien wie der Kulturwissenschaften zu betreiben. Diese transarchipelische Landschaft der Theorie eröffnet folglich nicht allein der Romanistik, sondern den geistes- und kulturwissenschaftlichen Disziplinen insgesamt neue und vielversprechende Horizonte und Bewegungsräume.

---

46 Vgl. hierzu das letzte Kapitel in Ette, Ottmar: *WeltFraktale* (2017), S. 357 ff.

All dies bedeutet zugleich, im Kontext eines verstärkten internationalen Wettbewerbs das Spezifikum der Romanistik, eine Einzelsprachen, Kulturen und Nationalliteraturen übergreifende Wissenschaft darzustellen und im Sinne der Entfaltung einer relationalen und vielperspektivischen Wissenschaftslogik weiterzuentwickeln. Auf diese Weise kann die Romanistik ein Zukunftsmodell herausbilden, das für die Geistes- und Kulturwissenschaften im deutschsprachigen Raum, aber auch in Europa und weit über den europäischen Tellerrand hinaus von grundlegender epistemologischer Bedeutung ist. Die Transarealität der Literaturen der Welt könnte auf diese Weise für unterschiedlichste Disziplinen fruchtbar gemacht werden, würde es so doch gelingen, Verstehens- und Handlungsmodelle auf lebenswissenschaftlicher Grundlage zu realisieren, welche an einer Konvivenz verschiedenartiger Denkformen und Denknormen sowie im Auerbach'schen Sinne an einem *Zusammen-Denken* jenseits einer Internationale der Trivialität oder einer künstlichen (und bitte nicht falsch zu verstehenden) Esperantokultur ausgerichtet sind.

Die dem Fach aufgegebene und buchstäblich eingeschriebene relationale Logik wäre mit Blick auf ihr Zukunftspotential ohne jede Frage in der Lage, ein spezifisches Wissen zu entfalten, das auf die sich rasch verändernden wissenschaftlichen und gesellschaftlichen Herausforderungen und Anforderungen kreativ und innovativ zu reagieren vermag, ohne dabei das eigene Agieren, das eigene Einwirken auf lebenswissenschaftlich relevante gesellschaftliche Verstehensprozesse aus den Augen zu verlieren. Denn unser Wissenschaftsmodell impliziert ganz selbstverständlich eine ausgeprägte soziopolitische Rückbindung und eine starke Bezugnahme und Einwirkung auf die gesellschaftlichen Logosphären in den Herkunfts- und Zielländern. Das hier konzipierte Zusammen-Denken impliziert Modelle für ein Zusammen-Leben verschiedener Lebensformen und Lebensnormen,[47] nicht selten gegensätzlicher Graphosphären und Logosphären sowie all jener Differenzen, die den Lebensreichtum unserer Welt ausmachen und zugleich immer wieder monologisch in Frage stellen.[48] Romanistik muss sich in gesellschaftliche Prozesse einmischen: Wir sind dafür geschaffen.

---

47 Vgl. Ette, Ottmar (Hg.): *Wissensformen und Wissensnormen des ZusammenLebens. Literatur – Kultur – Geschichte – Medien.* Berlin – Boston: Walter de Gruyter 2012.

48 Vgl. hierzu Solla, Gianluca (Hg.): *Sopravivere. Il potere della vita.* Genova – Milano: Marietti 2003; Esposito, Roberto: *Communitas. Ursprung und Wege der Gemeinschaft.* Aus dem Italienischen von Sabine Schulz und Francesca Raimondi. Zürich – Berlin: diaphanes 2004; sowie ders.: *Person und menschliches Leben.* Aus dem Italienischen von Federica Romanini. Zürich – Berlin: diaphanes 2010.

Die bis heute erfolgreichsten Konzepte der Romanistik sind, wie es die Schriften von Ernst Robert Curtius oder Erich Auerbach demonstrieren, relationaler Natur und reichen stets über die Grenzen der ‚eigentlichen' disziplinären und disziplinierenden Grenzen ebenso souverän wie selbstverständlich hinaus. Dies deutet sich schon in Titeln wie *Mimesis. Dargestellte Wirklichkeit in der abendländischen Literatur* oder *Europäische Literatur und lateinisches Mittelalter* an. So verlangt die Romanistik gerade auch aus ihrer großen fachgeschichtlichen Tradition heraus nach einem bewussten Wandel hin zu einer relationalen Archipel-Wissenschaft, die im Übrigen auch in der Lage sein sollte, die ‚Zwei-Kulturen-Spaltung' in Sprachwissenschaft und Literaturwissenschaft mit Hilfe neuer gemeinsamer Projekte und Perspektiven – und zwar nicht nur im Bereich einer individuellen, von einzelnen wissenschaftlichen Persönlichkeiten getragenen Forschung – zu überwinden. Ich gebe zu: Gerade in dieser Hinsicht einer Verbindung von Literatur- und Sprachwissenschaft scheint mir der Weg weiter und die Kluft zwischen beiden größer als jemals zuvor.

Doch aller fraglos erheblichen Probleme zum Trotz: Eine so konzipierte Vernetzungswissenschaft schließt die Vielfalt der Ansätze, aber auch die Vielfalt je spezifischer Logiken – von der Fachgeschichte bis zur Feldforschung, von der Grundlagenforschung bis zur Gedichtinterpretation – ganz selbstverständlich mit ein. Und selbstverständlich auch jene wunderbar translationale Aufgabe der Philologie, Schriften der Vergangenheit editionsphilologisch einem Denken der Zukunft zuzuführen. Philologische Editionsprojekte können zu viellogischen Forschungsprojekten avancieren, zumal dann, wenn sie hybrid angelegt sind und die Logiken des Bücherschreibens und -edierens in Printform mit den Logiken der *Digital Humanities* verbinden. Denn aller Unkenrufe zum Trotz eröffnen die sogenannten *DH* der digitalen beziehungsweise digital basierten Editionsphilologie neue, zuvor noch nicht einmal denkbare Möglichkeiten. Ich darf Ihnen aus eigener Erfahrung berichten, dass es Spaß macht, sich auf diesem Gebiet zu bewegen. Denn zwischen der Edition von Büchern und der digitalen Edition komplexer *Text-Welten* darf es keinen Richtungsstreit und schon gar kein Entweder-Oder geben. Beide Bereiche besitzen ihre jeweiligen Stärken und sollten sich zu einer Win-Win-Situation zusammenfinden.

Lassen Sie uns vor diesem Hintergrund der *Digital Humanities*, der zweifellos in Zukunft breite Arbeitsmöglichkeiten auch und gerade in der Romanistik bieten wird, noch einmal zu unserer Einführung in diese Vorlesung und zu jener Grundfrage zurückkehren, die Friedrich Schiller am 26. Mai des Revolutionsjahres 1789 unter dem Titel *Was heißt und zu welchem Ende studiert man Universalgeschichte?* ebenso programmatisch wie provokativ stellte. Wir hatten gesehen, dass der Dichter aus Marbach seine immer wieder direkt angesprochenen männlichen Zuhörer auf die universalgeschichtlichen Dimensionen ihrer alltäglichsten Lebens-

Erfahrungen, aber auch der von ihm angestrebten akademischen Gesprächssituation selbst aufmerksam machte. Denn sprach er – wie wir sahen – nicht davon, dass das Zusammentreffen aller Menschen in dieser Antrittsvorlesung nichts anderes als „das Resultat vielleicht *aller* vorhergegangenen Weltbegebenheiten"[49] sei? Denn „die *ganze* Weltgeschichte würde wenigstens nöthig seyn, dieses einzige Moment zu erklären."[50] Ohne eine globalgeschichtliche Perspektivik könne man das konkrete Leben der Menschen, ja nicht einmal das Zustandekommen dieser seiner Antrittsvorlesung an der Universität Jena befriedigend erklären.

Auch wenn Friedrich Schiller in seiner Antrittsrede – ich habe darauf in der Einführung hinlänglich aufmerksam gemacht – jene längst ‚klassisch' gewordenen literarischen Ausdrucksformen eines Eurozentrismus fand, in denen von jenen „Völkerschaften" die Rede ist, welche „auf den mannigfaltigen Stuffen der Bildung um uns herum gelagert sind, wie Kinder verschiedenen Alters um einen Erwachsenen herum stehen, und durch ihr Beyspiel ihm in Erinnerung bringen, was er selbst vormals gewesen, und wovon er ausgegangen ist",[51] so wird anhand der obigen Zitaten zur Universalgeschichte doch deutlich, dass selbst in einem damals globalgeschichtlich so marginalen Städtchen wie Jena in einem Land, das zum damaligen Zeitpunkt über keine kolonialen Besitztümer verfügte, ohne die Einbeziehung dessen, was er als Universalgeschichte bezeichnete, kein vertieftes Verständnis der eigenen Situation zu erzielen war. Ich würde mir nur zu oft gerade bei denen, die pauschal von einer ‚Globalisierung' reden, ein solches historisch fundiertes Verständnis, natürlich angepasst an unsere Epoche, wünschen.

Die weltumspannende Einbindung aller Entwicklungen, die Schiller in seiner Vorlesung unter dem Eindruck der zweiten Phase beschleunigter Globalisierung weit entfernt von den weltpolitischen Global Players seiner Zeit in aller Deutlichkeit herauspräparierte, wirft noch heute ein erhellendes Licht auf die Notwendigkeit einer Betrachtungsweise, wie sie im Bereich der Romania gerade auch in jenen Literaturen aufbewahrt und anzutreffen ist, die sich im Umfeld der kolonialen Führungsmächte der unterschiedlichen Globalisierungsschübe ansiedeln. Diese prononcierte Transarealität gerade der romanischen Literaturen der Welt gilt es als dynamischen und interaktiven Speicher von Lebenswissen, Erlebenswissen, Überlebenswissen und Zusammenlebenswissen aus transarealer Perspektive vermehrt zu nutzen. Denn eine Globalisierungsgeschichte ohne eine

---

49 Schiller, Friedrich: Was heißt und zu welchem Ende studiert man Universalgeschichte? In: *Schillers Werke. Nationalausgabe.* Siebzehnter Band: *Historische Schriften.* Erster Teil. Herausgegeben von Karl-Heinz Hahn. Weimar: Hermann Böhlaus Nachfolger 1970, S. 368.
50 Ebda.
51 Ebda., S. 364.

grundlegende Einbeziehung der Literaturen der Welt ist in einem dem Gegenstand adäquaten Form nicht vorstellbar. Dennoch werden wir nur allzu oft mit solchen einseitigen Geschichtserzählungen konfrontiert. Diese sind sich ihrer Monologizität zumeist in keiner Weise bewusst. Man könnte sie im Gegensatz zu den ‚guten‘ *Fiktionen* der Literaturen der Welt mit dem peruanischen Literaturnobelpreisträger Mario Vargas Llosa als „malas ficciones" bezeichnen.

Die Notwendigkeit, auf die Herausforderungen *unserer* Zeit an die Adresse der Geistes- und Kulturwissenschaften mit innovativen Antworten und wissenschaftstheoretischen Entwürfen zu reagieren, ist für weite Bereiche dieses Wissenschaftsensembles längst zu einer Überlebensfrage geworden. Ich möchte nicht unnötig dramatisieren, aber ja: Es geht um das Überleben breit aufgestellter Philologien und es geht vor allem um das Überleben der Romanistik in unseren Gesellschaften.

Halten wir daher gegenüber allen, die solche Überlegungen als ein buntes, unnützes Glasperlenspiel betrachten, unmissverständlich fest: Die Entwicklung neuer Strategien zur Begründung der Unabdingbarkeit geisteswissenschaftlichen Tuns ist mehr als dringend! Allein der gut gemeinte Hinweis, wie wichtig das Erlernen von Fremdsprachen sei, reicht nicht mehr aus in einer Zeit, in der wir dank künstlicher Intelligenz binnen Bruchteilen von Sekunden Texte aus der einen in eine andere Sprache übersetzen lassen können. Aber kann es ‚Fortschritt‘ in den Geisteswissenschaften geben?

An dieser Stelle mag ein kurzer Blick auf eine Philosophin nützlich sein, die wie Erich Auerbach das Erleben von Verfolgung, Shoah und Exil für eine grundlegende Überprüfung der existentiellen (wie existentialphilosophischen) Grundlagen ihrer eigenen Denk- und Vorstellungswelt nutzte. Und die es als Philosophin verstand, Grundfragen der Menschheit und des Mensch-Seins in eine sprachliche und denkerische Form zu übertragen, welche tief in die unterschiedlichsten Gesellschaften hineinwirkte. Ihre Einsicht in die ‚Banalität des Bösen‘, hart erarbeitet in ihrer Auseinandersetzung mit dem Eichmann-Prozess in Jerusalem und mit den gesellschaftlichen Bedingungen des barbarischen nationalsozialistischen Totalitarismus, machen jedem bis zum heutigen Zeitpunkt klar, wie unabdingbar ein freies, von Fachgrenzen nicht behindertes und nicht-diszipliniertes Denken ist.

Am Ausgang des ersten Teils ihres erstmals 1970 in englischer Sprache veröffentlichten Buchs *On Violence* versuchte Hannah Arendt, „die höchst unbequeme Frage, die sich jeder neuen Generation stellt: Und was machen wir nun?" nicht mit einem lapidaren Hinweis auf den „Fortschrittsgedanke[n]" zu beantworten.[52] Der Fortschritt gerade im Bereich der Geisteswissenschaften

---

52 Arendt, Hannah: *Macht und Gewalt*. Aus dem Englischen von Gisela Uellenberg. München – Zürich: Piper [7]1990, S. 32.

Abb. 6: Hannah Arendt (1906–1975).

könne, so die in Königsberg geborene Philosophin, „nicht unbegrenzt sein";[53] und Forderungen nach „neuen Forschungsergebnissen auf Gebieten, wo alle spezifisch wissenschaftliche Arbeit schon geleistet und nur noch Gelehrsamkeit sinnvoll ist",[54] hätten entweder zum „Aufbauschen von Nebensächlichkeiten"[55] oder „zu einer Art Pseudo-Forschung"[56] geführt.

Dies enthebt uns freilich nicht der Verpflichtung, uns der Frage ‚Und was machen wir nun?' verantwortungsvoll – und dies heißt heute wie schon zu Arendts Zeiten: *prospektiv* – zu stellen. Um nicht falsch verstanden zu werden: Es geht nicht darum, die erfolgreiche romanistische Forschung an den Schriften Dante Alighieris oder Petrarcas, Gustave Flauberts oder Marcel Prousts – um nur einige der kanonisierten und am meisten beforschten Autoren der Romania zu benennen – als ‚Pseudowissenschaft' im Arendt'schen Sinne zu diskreditieren. Von einem derartigen Vorwurf bin ich meilenweit entfernt! Aber wir müssen uns fragen, wie wir unser Fach neu erfinden können. Und die Antwort auf diese Frage kann auch nicht darin bestehen, uns ganz einfach auf die ‚neuen' Literaturen, auf die Literaturen der Gegenwart und des „extrême contemporain" zu verlegen. Denn wir brauchen beispielsweise eine innovative Mittelalterforschung, wir brauchen eine kreative und neue Fragestellungen berücksichtigende Erforschung unserer Klassikerinnen und Klassiker, wir brauchen aber auch eine Forschung, die sich vieler von jenen Gegenständen annimmt, die vorherige Forschungswellen unberührt ließen und die bestenfalls geisteswissenschaftliches Strandgut geblieben waren.

Wie auch immer man Hannah Arendts nicht unproblematische These von einer ‚Überforschung' bestimmter Themenbereiche bewerten mag: Entscheidend sind ihre Mahnungen für uns vor allem mit Blick auf jenen „Punkt, an

---

53 Ebda., S. 33.
54 Ebda.
55 Ebda., S. 33f.
56 Ebda., S. 34.

dem die Ergebnisse unseres wissenschaftlichen Tuns sich auf das jeweilige Gebiet selbst zerstörerisch auswirken":[57]

> Nicht nur fällt der Fortschritt der Naturwissenschaften nicht mehr mit dem Fortschritt der Menschheit (was immer man darunter verstehen mag) zusammen, er könnte das Ende der Natur und der Menschengattung bedeuten, so wie der weitere Fortschritt in den Geisteswissenschaften schließlich mit der Zerstörung des geistigen Gutes enden könnte, um dessentwillen die Forschung sich überhaupt erst auf den Weg gemacht hatte.[58]

Es fällt nicht allzu schwer, in der aktuellen Situation der Geisteswissenschaften nicht nur im Zeichen des mittlerweile in die Jahre gekommenen Bologna-Prozesses[59] derartige selbstzerstörerische Aktivitäten auszumachen, die mit velociferischer Geschwindigkeit (da oft wissenschaftsadministrativ unterstützt) voranschreiten. Oder ist mein Blick da allzu pessimistisch? Manches spricht dafür, dass wir in den Philologien, dass wir auch in der Romanistik (wieder) an einem solchen Punkt angekommen sind, der ganz im Sinne Hannah Arendts alles Geleistete bedrohen könnte.

Eine adäquate Beantwortung der von der Königsberger Philosophin aufgeworfenen Frage, wie es denn nun weiterzugehen habe, müsste sicherlich zum einen die kritische und zugleich zukunftsorientierte Sichtung der jeweiligen Traditionslinien des eigenen Fachs beinhalten – Denn ohne Herkünfte sind Zukünfte nicht zu haben. Doch dies allein genügt nicht: Darüber hinaus müsste eine sich geradezu selbstverständlich vollziehende Autonomisierung und Verselbständigung der sich isolierenden Insel-Welten des eigenen Faches auf eine disziplinäre Selbstverständigung hin geöffnet werden, die sehr wohl kontrovers das Fach oder die Einzeldisziplin im Kontext jener gesellschaftlichen Entwicklungen beleuchtet, welche – im Sinne Pierre Bourdieus – auf das wissenschaftliche und intellektuelle Teilfeld zurückwirken.

Friedrich Schillers Mahnung weist uns darauf hin, dass wir nach der zurückliegenden vierten Phase beschleunigter Globalisierung unsere eigene Situation, die heute so spezifische Lage der Geistes- und Kulturwissenschaften in den deutschsprachigen Ländern, nur dann begreifen werden, wenn wir sie in einem umfassenden Zusammenhang nicht nur selbstbewusst, sondern zugleich auch weltbewusst analysieren. Dies bedeutet freilich, dass wir die Chancen und

---

57 Ebda.
58 Ebda., S. 34.
59 Vgl. hierzu Ette, Ottmar: Exzellenz(en), velociferische. Zum Bestiarium blendender Bologna-Eliten. In: Horst, Johanna-Charlotte / Kaulbarsch, Vera / Kreuzmair, Elias / Kuhn, Léa / Severin, Tillmann / Tkachenko, Kyrylo (Hg.): *Unbedingte Universitäten. Bologna-Bestiarium.* Zürich – Berlin: diaphanes 2013, S. 105–110.

Möglichkeiten, aber auch die Risiken innovativer wissenschaftlicher Entwürfe vor allem dann zu erkennen vermögen, wenn wir die fachgeschichtliche Dimension prospektiv aus einem Blickwinkel betrachten, der lebenswissenschaftlich fundiert nach den transarealen Zusammenhängen und Logiken bei der Erzeugung symbolischer Güter fragt. Denn eines ist gewiss: Eine Romanistik à la Curtius und Auerbach, à la Vossler und Friedrich, à la Krauss und Köhler wird es nicht mehr geben.

Dabei kann die Erneuerung eines Fachs oder gar eines komplexen wissenschaftlichen Ensembles von Disziplinen längst nicht mehr allein von einer nationalen Warte aus vorangetrieben werden. Oder anders formuliert: Nationalepistemologie will jetzt nicht (mehr) viel sagen. Wohl aber relationale Logiken, deren jeweils transarealer Zuschnitt nicht mit Globalität gleichzusetzen ist. Es geht darum, von einem übergreifenden Blickpunkt aus die Geistes- und Kulturwissenschaften als Laboratorien und Schulen eines Denkens des Viellogischen zu verstehen. Dass dies ohne den Rückgriff auf die Literaturen der Welt nicht möglich sein kann, ist evident und sollte uns zum Handeln bringen. Denn die Literaturen der Welt sollten in unseren *Literatur*wissenschaften nicht mehr nur bloße Objekte, sondern auch handelnde und verändernde Subjekte sein.

Und mehr noch: Ohne eine kreative Auseinandersetzung mit gesellschaftlichen Ansprüchen und ohne eine Öffnung hin auf das, was Friedrich Schiller zeitgebunden mit dem Begriff der Universalgeschichte belegte, wird es kaum möglich sein, jenen Gefahren der Selbstzerstörung im Bereich der Geisteswissenschaften auszuweichen, von denen Hannah Arendt sprach. Romanistik ist eine Wissenschaft mit ihren eigenen disziplinären Regeln und Grenzen: Wissenschaft ist stets den beiden Ebenen von Gesellschaft und Gemeinschaft ebenso im lokalen und nationalen wie im arealen und transarealen Sinne verpflichtet. Denn eine Wissenschaft, die ihr Wissen nicht in die Gesellschaft schafft, verkennt ihre gesellschaftliche Bringschuld und ist zumindest mittelfristig selbst schuld, wenn die Gesellschaft sie immer mehr um ihre Mittel bringt.

Sie würde sich aber zugleich ihrer eigenen Mittel begeben, verstünde sie ihre Verpflichtung gegenüber der Gesellschaft als fatale Verstrickung in eine einzige dominante Logik – wäre diese ökonomischer, politischer oder religiöser Natur. Die Literaturen der Welt haben ihre jeweiligen gesellschaftlichen, politischen, sozialen oder ideologischen Kontexte gerade deshalb überlebt, weil sie sich bei all ihrer Fragilität nicht auf die jeweils vorherrschenden und segmentierten Mono-Logiken ihrer Zeit reduzieren ließen, sondern auf kunstvolle Weise viellogische Relationalitäten entfalteten. Eine viellogische Philologie unternimmt den Versuch, sich derartiger Verfahren zu bedienen, um sich mit Hilfe dieses Korrektivs allen Verführungen zur Selbstzerstörung entgegenzustellen.

Wenn nicht die Verwissenschaftlichung der Gesellschaft, sondern die Vergesellschaftung des Wissens das Ziel einer lebenswissenschaftlich ausgerichteten Philologie ist, die sich neu zu legitimieren vermag, dann wird für die Geistes- und Kulturwissenschaften ein grundlegend veränderter, ein neuer und zukunftsoffener ‚Sitz im Leben' erkennbar, welcher auch derjenige der Romanistik sein wird. Es handelt sich dabei, wie sollte es anders sein, um eine Verortung im *Leben* in einem zumindest doppelten Sinne.

Zwischen den Biowissenschaften, die gewiss nicht für die Gesamtheit des Lebens einstehen können, und den Geistes- und Kulturwissenschaften lassen sich neue Schnittstellen (er)finden, welche jenseits der längst überalterten und überholten Zwei-Kulturen-Hypothese von Charles Percy Snow[60] eine sich aus vielen Logiken entwickelnde Lebenswissenschaft entstehen lassen, die diesen Namen wahrlich verdient. In einer Welt, in der sich ebenso die alten wie die ständig neuen Krisen in bedrohlich voraussehbarer, aber scheinbar unaufhaltsamer Weise zuzuspitzen pflegen, wird jenes Wissen überlebenswichtig, das uns aus den unterschiedlichsten Kulturen, Jahrhunderten und Sprachen zur Verfügung steht.

Die Literaturen der Welt, aber auch die sich mit ihnen beschäftigenden Philologien sind überlebenswichtig. Sie sind, um es mit einer in unseren Corona-Zeiten gängigen Wendung zu sagen, im höchsten Maße systemrelevant. Dieses Wissen vom Leben im Leben, dieses Wissen vom Überleben und mehr noch vom Zusammenleben vermag uns bei der lebenswissenschaftlichen Entfaltung und Ausprägung neuer Wissensformen wie Wissensnormen helfen, die Logiken der Einstimmigkeit in ihrer Einfältigkeit, aber auch in ihrer Gefährlichkeit philologisch vor Augen zu führen und zu Gehör zu bringen. Gerade in Zeiten, in denen autoritäre Systeme, Autokraten und monologische Strukturen wieder um sich zu greifen pflegen, muss auch die Romanistik ihren erneuerten Platz bei dem polylogischen Versuch finden, den – um es mit einer Formulierung Erich Auerbachs zu sagen – „Ort des Menschen im Universum"[61] neu zu bestimmen.

---

60 Vgl. hierzu Snow, C.P.: *The Two Cultures*. With Introduction by Stefan Collini. Cambridge: Cambridge University Press 1993.
61 Auerbach, Erich: *Mimesis*, S. 493.

Salman Rushdie oder die Suche nach einem neuen (H)Ort

Bevor wir uns mit Salman Rushdie und mit seiner literarischen Suche nach einem Ort in der Geschichte beschäftigen, sollten wir uns in der gebotenen Kürze mit einigen zusätzlichen Fragestellungen beschäftigen, die den Kern unserer Vorlesung betreffen und die von hoher kulturtheoretischer Bedeutung sind. Ich strebe für unsere Vorlesung an, dass wir uns keineswegs ausschließlich mit theoretischen Fragen und Problemen auseinandersetzen, sondern immer wieder literarische Texte zu unserer Diskussion heranziehen und damit mittels der verschiedensten Literaturen der Welt einen alternierenden Rhythmus schaffen. Denn beide Bereiche, Literatur- und Kulturtheorie sowie Literatur- und Textanalyse, sollen zusätzlich zu den bisherigen Vorlesungen miteinander verzahnt werden.

Das Schreiben im Zeichen der Postmoderne, dem ich eine weitere, ausführliche Vorlesung gewidmet habe,[1] ist keineswegs eine Erfindung oder auch nur ein Phänomen der westlichen Literaturen. Denn bei einer genaueren Analyse zeigt sich, dass viele Spuren der Entstehung von Literaturen im Zeichen der Postmoderne nach Lateinamerika führen, nicht zuletzt zu Jorge Luis Borges, dem großen literarischen Magier des zurückliegenden Jahrhunderts. Keineswegs selten findet man jedoch literarhistorische Darstellungen, die so tun, als wäre ,die Postmoderne' eine US-amerikanische Erfindung, als wären die postmodernen Literaturen in den USA entstanden. Dies ist eine verbreitete, aber leider irreführende Darstellung, die viel über die Bestimmungs- und Definitionsgewalt der US-amerikanischen Literaturkritik und der in den USA beheimateten Verlagswelt aussagt.

Abb. 7: Jorge Luis Borges (1899–1986) im Jahr 1951.

---

1 Vgl. den dritten Band der Reihe „Aula" in Ette, Ottmar *Von den historischen Avantgarden bis nach der Postmoderne. Potsdamer Vorlesungen zu den Hauptwerken der Romanischen Literaturen des 20. und 21. Jahrhunderts.* Berlin – Boston: Walter de Gruyter 2021, S. 607 ff.

Auch wenn die Dominanz der Ersteren mittlerweile abgenommen hat und weitere Länder mit zum Teil wesentlich längeren philologischen Traditionen als die Vereinigten Staaten wie etwa China oder einzelne europäische Länder in Wettstreit mit diesen getreten sind, herrschen im sogenannten ‚Westen' doch noch immer derlei Deutungen der Postmoderne vor. Vergessen wir daher nicht, dass nicht nur Jorge Luis Borges und seine Erzählungen, insbesondere seine *Ficciones*, die wohl wichtigsten Impulsgeber jener veränderten Art des Schreibens und des Denkens in der Moderne waren, die in ganz grundlegender Weise die Entwicklungen hin zur Postmoderne geprägt haben, sondern dass auch viele andere Vorstellungen aus Denktraditionen stammen, die weder in Europa noch in den USA heimisch waren oder fabriziert wurden.

Der postmoderne Versuch, die Moderne oder besser ‚die Modernen' hinter sich zu lassen, ist dabei in vielfacher Weise an die Moderne selbst gebunden; eine durchaus paradoxe Tatsache, die nicht zuletzt auch im Begriff der Postmoderne selbst zum Vorschein kommt und zugleich ein Schlaglicht auf die Asymmetrie transatlantischer literarischer Beziehungen wirft.[2] Wenn die umfangreiche und in vielen Ländern verzögerte und dadurch immer wieder von neuem angeheizte Postmoderne-Diskussion ein grundlegendes Ergebnis gehabt hat, dann sicherlich das – langfristig spürbare – Resultat, dass es nicht nur eine einzige, sondern verschiedene und divergierende Modernen gibt, welche unterschiedliche areale und transareale Voraussetzungen und Zielsetzungen haben sowie hochgradig ungleich und heterogen sind. Diese Feststellung bildete eine wichtige Grundlage für die Theorie eines literarischen Weltsystems, in dem nicht mehr wie zu Zeiten Johann Wolfgang von Goethes von einer einzigen und jeweils an verschiedenen Orten des Westens zentrierten ‚Weltliteratur', sondern von den polylogischen Literaturen der Welt gesprochen werden kann.

Das programmatische postmoderne Denken – wenn wir es ganz abstrakt auf den Punkt bringen wollen – versuchte, sich dezidiert der Moderne gegenüberzustellen und dabei mit den alten Schemata der Moderne gerade *nicht* zu brechen. Denn die Ästhetiken und die Verfahren des Bruchs sind für die Moderne typische Verfahren, wie wir sie besonders in den Historischen Avantgarden Europas beobachten können. Dass die historischen Avantgarden in Lateinamerika gerade *nicht* der von Peter Bürger für ‚die' Avantgarde aufgestellten Theorie[3] entsprachen,

---

2 Vgl. hierzu Ette, Ottmar: Asymmetrie der Beziehungen. Zehn Thesen zum Dialog der Literaturen Lateinamerikas und Europas. In: Scharlau, Birgit (Hg.): *Lateinamerika denken. Kulturtheoretische Grenzgänge zwischen Moderne und Postmoderne*. Tübingen: Gunter Narr Verlag 1994, S. 297–326.
3 Vgl. hierzu insbesondere Bürger, Peter: *Theorie der Avantgarde*. Frankfurt am Main: Suhrkamp 1974.

kann bereits als eine wesentliche Voraussetzung, ja vielleicht sogar als vitaler Impuls auf dem Weg zum Schreiben im Zeichen der Postmoderne gedeutet werden. Denn in den Literaturen Lateinamerikas ließen sich schon früh Entwicklungen beobachten, diese modernen Kanones und Schemata gleichsam stillschweigend zu unterlaufen, dadurch zu subvertieren und vermeintlich hinter sich zu lassen.

Die Ästhetiken des Bruchs, wie sie also die historischen Avantgarden insbesondere in Europa inszenierten, gehören ganz charakteristisch einer europäischen Moderne an, sind als ästhetische Verfahren wie viele andere historisch akkumulierte Verfahren aber durchaus verfügbar für eine spätere Verwendung in einem anderen Kontext, welcher sehr wohl differierenden Zielsetzungen gehorchen kann. So kann an die Stelle homogener Denkvorstellungen und logozentrischer Philosophien in der Postmoderne ein Denken, Schreiben und Agieren treten, das gerade nicht auf Homogenität, sondern auf Heterogenität, nicht auf Einheitlichkeit sondern auf Vielheit und Widersprüchlichkeit, nicht auf Binarismen sondern auf Fragmentierung und Zerstückelung setzt.

Diese Überlegungen mögen sich für Sie recht paradox anhören. Denn mit solchen Festlegungen oder Thesen wird ja gerade ein Binarismus – etwa der zwischen moderner Homogenität und postmoderner Heterogenität – behauptet und ins Feld geführt. Aber gerade dieses Paradox ist ein Wasserzeichen der Postmoderne und ihrer internen Widersprüche. Dabei geht es dem postmodernen Denken und Schreiben nicht länger um eine Verfolgung der Ursprünge und Genealogien, sondern um eine Einblendung der verschiedensten Zeiten in eine Gleichzeitigkeit, in der alles verfügbar gemacht wird und wie in einem Warenlager auch verfügbar ist. Zugleich werden damit nicht allein die Grenzen zwischen verschiedenen Zeiten aufgehoben, sondern auch zwischen verschiedenen Räumen, jedenfalls dann, wenn wir Jean-François Lyotards *La condition postmoderne*[4] als theoretisches Unterfutter postmoderner Debatten heranziehen.

Mir geht es an dieser Stelle unserer Vorlesung nicht um die Darstellung einer Theorie der Postmoderne im Schnellverfahren, sondern um die Betonung der Tatsache, dass im Verlauf der späten sechziger und der siebziger Jahre eine spezifische Sensibilität für Prozesse, Verfahren und Ästhetiken entstand, die sich deutlich zumindest von einem höchst schematischen Bild, vielleicht sogar von einem Zerrbild der Moderne abzusetzen suchten. Jene Ästhetiken und Verfahren zielten nicht mehr auf Gegensätzlichkeit und Binarismen, nicht mehr auf nationale Homogenität und Einheitlichkeit, nicht mehr auf lineare und kausale, letztlich in einer Identitätsphilosophie verankerte Prozesse, sondern auf ein Ineinander-Blenden von Zeiten und Räumen.

---

4 Vgl. hierzu Lyotard, Jean-François: *La condition postmoderne*. Paris: Minuit 1979.

Diese neuen ‚postmodernen' Ästhetiken fanden ihr literarisch vielleicht überzeugendstes, ja sicherlich faszinierendstes Exempel in Jorge Luis Borges' Erzählung *El Aleph*, wo sich – auf der Kellertreppe irgendeines Hauses in Buenos Aires – dem Ich in Form eines Auges eine Kotemporalität und Kospatialität aller Räume und aller Zeiten der Welt so zeigt, dass sich nicht alles in allem auflöst, sondern auf geheimnisvolle Weise zugleich und doch different wahrgenommen werden kann. Ich habe in einer anderen Vorlesung diese Erzählung ausführlich analysiert und kann an dieser Stelle nicht darauf zurückkommen.[5] Doch sollen einige der von Borges entfalteten Bilder uns dazu dienen, die Literatur von Salman Rushdie besser zu verstehen.

Recht schnell kam ein postmodernes Denken und Schreiben aber unter Beschuss gerade von jener Seite, die ‚der Postmoderne' eine absolute Beliebigkeit vorwarf und sie als eine große Gefahr für eigene emanzipatorische Projekte ansah. Die Postmoderne wurde mit „Anything goes" identifiziert und damit als potenziell bedrohlich für alle ‚linken' Vorhaben empfunden, welche einen genauen Plan und eine lineare Folgerichtigkeit der eigenen Aktionen betonten. Postmoderne galt etwa in der alten Bundesrepublik sehr schnell als erzkonservativ, neoliberal und konsumistisch; Positionen, wie Sie sie etwa in der Debatte zwischen Jürgen Habermas und Jacques Derrida beziehungsweise Jean-François Lyotard nachlesen können.

Es ging damit um jene grundsätzliche Debatte, die zunächst plakativ als Kampf zwischen ‚französischen Fritten' und ‚Frankfurter Würstchen' bezeichnet wurde und schließlich zu einer totalen Funkstille auf diesem Gebiet zwischen der deutschen und der französischen Philosophie führte. Man hatte sich nicht mehr allzu viel zu sagen. Ich erinnere mich noch gut an die besorgte und zugleich eindringliche Miene, mit welcher der bundesdeutsche Philosoph Karl-Otto Apel, einer der geistigen Ziehväter von Jürgen Habermas, mich bei einer Tagung in Mexiko fragte, ob ich denn Derrida verstanden hätte? Jede Seite sah die andere als letztlich *unverständlich* an; eine etwas nettere Art der Verunglimpfung, die laut Roland Barthes' *Mythologies* hervorragend dazu geeignet ist, dem jeweils anderen völlige Dummheit zu bescheinigen.[6] Und ich habe bis heute nicht vergessen, dass man am Berliner Wissenschaftskolleg Sektkorken knallen ließ, als man im Oktober 2004 – ich war gerade als Fellow im Berliner Grunewald angekommen – von Jacques Derridas Tod hörte.

---

5 Vgl. das Borges gewidmete Kapitel im dritten Band der Reihe „Aula" in Ette, Ottmar: *Von den historischen Avantgarden bis nach der Postmoderne* (2021), S. 494 ff.

6 Vgl. hierzu Ette, Ottmar: Von hergestellter Dummheit und inszenierter Intelligenz. In: Wertheimer, Jürgen / Zima, Peter V. (Hg.): *Strategien der Verdummung. Infantilisierung in der Fun-Gesellschaft*. München: Beck 2001, S. 119–138.

Emanzipatorische Projekte schienen qua Definition Projekte zu sein, die klar zwischen Feinden und Helfern unterschieden; und zu den Helfern schien die Postmoderne nicht zu passen. Tatsächlich aber gab es eine Reihe von Bewegungen, die sich in der Postmoderne sehr wohlfühlten. Denn letztere entwickelte eine besondere Aufmerksamkeit und Sensibilität für jene Bereiche, die zuvor als marginal oder nebensächlich angesehen wurden. Dies betraf sowohl Minderheiten ebenso im kulturellen wie im ethnischen Sinne als auch breit gefächerte geschlechterspezifische Fragen, ohne dass man deshalb die Emanzipation und Gleichstellung von Frauen, die Respektierung der Rechte männlicher wie weiblicher Homosexueller oder weitere Formen biopolitischer Diversität als spezifisch ‚postmodern' etikettieren dürfte.

Gleichwohl erhielten Bewegungen und Entwicklungen, welche historisch einen wesentlich längeren Vorlauf hatten, im Kontext postmoderner oder vom postmodernen Denken beflügelter Fragestellungen nicht selten eine neue Ausrichtung, insofern dem Bereich der Körperpolitiken eine wesentlich größere Aufmerksamkeit zuteil wurde. Eine derartige Aufwertung erhielten etwa die Geschlechterforschung, die Fragen nach der biologischen und nach der Geschlechteridentität (also *Sex* und *Gender* im Sinne Judith Butlers)[7] sowie unzählige weitere Fragestellungen, die uns verdeutlichen, dass allgemein der Fokus von der Politik („la politique") auf das Politische („le politique") umschwenkte. Ich wollte Ihnen mit all diesen Beispielen nur verdeutlichen, dass die ursprüngliche Verteufelung alles ‚Postmodernen' und ‚Beliebigen' durch die klassische Linke keinen Bestand, sondern vielmehr allen Grund hat, ihr überkommenes Bild von einer ultrakonservativen Postmoderne zu verändern.

Mit guten Gründen geriet ‚die Postmoderne' zugleich in die Schneise der Kritik von Ländern, die sich trotz der affichierten Inwertsetzung der sogenannten ‚Ränder' noch immer von einem als westlich dominiert verstandenen postmodernen Denken als marginal behandelt fühlten. Hieraus entwickelte sich – um es ganz pauschal zum Ausdruck zu bringen – eine Aufwertung jener Studien, die sich mit den postkolonialen Bedingungen auf allen Kontinenten weltweit auseinandersetzten, eine postkoloniale Fragestellung, die im Übrigen gerade in den neunziger Jahren im Kontext der Globalisierungsdebatten an zusätzlicher Schärfe und Präzision gewann.

Dadurch, dass viele der maßgeblichen postkolonialen Denkerinnen und Denker wie Gayatri Chacravorti Spivak oder Homi K. Bhabha aus ihren Ländern in die USA kamen und von dort aus die internationalen Bewegungen lenkten

---

7 Vgl. hierzu die längst klassische Studie von Butler, Judith: *Gender trouble. Feminism and the subversion of identity.* New York – London: Routledge 1990.

und leiteten, erklärt sich der Eindruck, dass es sich bei den *Postcolonial Studies* um eine weitere Bewegung handle, die in den Vereinigten Staaten von Amerika entstanden sei. Auch in diesem Falle gilt es wie bei der Frage der Postmoderne vorsichtig zu sein, auch wenn die Postcolonial Studies in den USA hochgradig gefördert und institutionalisiert, zugleich aber auch politisch instrumentalisiert wurden und werden, um hinter dem zu Recht gebrandmarkten europäischen Kolonialismus den US-amerikanischen Neokolonialismus und Imperialismus zu eskamotieren und fast zum Verschwinden zu bringen.

Manche Lehrstuhlinhaber in befreundeten Fächern meinen, dass der Post-kolonialismus auf seinem Gebiet der Postmoderne entgegenstünde und ein gänzlich anderes Programm entwickelt habe; ich sehe das keinesfalls so. Zwei-fellos ist es so, dass gerade die Postkolonialismus-Debatten von den USA aus geführte Debatten sind; denn gerade jene Vertreter von Minderheiten, die in den USA groß wurden und von dortigen Lehrstühlen aus sprechen konnten, wurden wahrgenommen, während alternative Positionen aus Lateinamerika oder Afrika weitgehend ungehört verhallten. Insofern gab und gibt es eine klare Differenz zwischen dem Anliegen des eigentlichen ‚Gründervaters‘ der Postcolonial Studies, des Palästinensers Edward Wadie Saïd, der sich gegen die im *Orientalismus*[8] sichtbaren Asymmetrien und damit gegen alle Zentrierungen wandte, und den Strukturen der Postcolonial Studies, die insbesondere durch die starke Institutionalisierung und damit die weltweite Meinungsführerschaft der USA zu einem Unterlaufen gleichrangiger Beziehungen gerade in der aka-demischen Welt führten.

Wenn die Praxis auch anders aussehen mag: Die Postkolonialismus-Forschung oder – wie es Neudeutsch heißt – die ‚Postcolonial Studies‘ betonen in ihrer Theorie die Notwendigkeit, aus kulturtheoretischer Sicht nun nicht mehr von den Zentren her zu fragen, sondern dies von den Rändern und für die Ränder zu tun; also eine Umkehrung der Perspektive vorzunehmen: *The Empire Writes Back*, um einen Buchtitel zu zitieren.[9] Dies hat freilich lange zuvor schon eingesetzt, wenn wir etwa an die Frage der Darstellung von Alterität und die von der Alteritätsforschung auf-geworfenen Problemstellungen denken.

In diesem Zusammenhang ist aufschlussreich, dass das Postkolonialismus-Konzept ein im Grunde wesentlich anglophones Forschungs- und Institutionali-sierungsprojekt ist. Denn es waren gerade die englischsprachigen Länder, die aus dem Britischen *Empire* hervorgingen beziehungsweise sehr stark neokolo-

---

8 Vgl. Said, Edward W.: *Orientalism*. New York: Vintage Books 1979.
9 Vgl. Ashocroft, Bill / Griffiths, Careth / Tiffin, Helen: *The Empire Writes Back. Theory and Tractice in Post-Colonial Literature*. London: Routledge 1989.

nial von den USA beherrscht wurden, welche nun ihre Stimme erhoben. Dieses Empire schlug oder schrieb nun zurück, wie es der Buchtitel eindrucksvoll formulierte – freilich in einer Art und Weise, die nicht für alle Nationen mit postkolonialen Phasen charakteristisch waren.

Früh schon meldeten sich Gegenstimmen, die freilich weitgehend ungehört verhallten. Denn die Begrifflichkeit des Postkolonialismus, die sich an den Ländern und Kulturen sowie Literaturen ausrichtet, die erst nach dem Zweiten Weltkrieg und dem Zusammenbruch des British Empire emergierten, war mitnichten ganz einfach auf gänzlich andere historische Kontexte übertragbar. Dies wird unmittelbar einsichtig, denken wir in der Romania etwa nur an die Länder Lateinamerikas, die nicht Mitte des 20., sondern Anfang des 19. Jahrhunderts ihre Unabhängigkeitskriege ausfochten beziehungsweise unter politisch und kulturell ganz anderen Bedingungen die koloniale Unterdrückung ihrer europäischen Beherrscher abschüttelten. Es wäre daher völlig falsch, diese Länder und ihre Literaturen im selben Sinne als postkolonial zu bezeichnen, verfügen sie doch über eine Geschichte nationaler Eigenständigkeit, die weitaus länger als die etwa Italiens oder Deutschlands oder Norwegens ist. Ihre nationale Emergenz erstreckt sich nicht auf wenige Jahrzehnte der zweiten Hälfte des 20. Jahrhunderts, sondern über lange Dekaden des Jahrhunderts der Romantik zwischen zwei Welten.[10] Es handelt sich mithin um miteinander völlig unvergleichbare historische Kontexte und Entwicklungen. Und dennoch werden sie häufig im selben Sinne und im selben Atemzug als ,postkolonial' bezeichnet.

Gleichwohl gibt es eine Reihe von Fragestellungen, die sich aus den Postkolonialismus-Debatten auch in veränderter Form übernehmen lassen: Entscheidend ist vor allem, dass im Zeichen des Postkolonialismus der Blickwinkel des Denkens und Schreibens so verändert wurde, wie dies im Grunde bereits in den Anfängen des postmodernen Denkens der Fall war. Unglücklicherweise wurde dies aber durch die wachsende Ausrichtung an der englischsprachigen Welt und insbesondere an der US-amerikanischen Institutionalisierung der Postcolonial Studies mit ihrer spezifischen Interessenlage jedoch verdeckt. Lateinamerikanische Stimmen, wenn sie wie die von Alejandro Losada, Beatriz Sarlo, Néstor García Canclini oder Ana Pizarro – um nur die bekanntesten zu nennen – aus Lateinamerika und nicht von Professuren in den USA kamen, wurden eher überhört, lateinamerikanische Stimmen aus den USA und innerhalb der Postcolonial Studies wie die von Walter Mignolo hingegen entsprechend verstärkt.

---

10 Vgl. zu diesem langen Prozess den vierten Band der Reihe „Aula" in Ette, Ottmar: *Romantik zwischen zwei Welten* (2021), S. 251 ff.

Lassen Sie uns nun aber zu einer weiteren wichtigen Verschiebung kommen, die sich in neuerer Zeit deutlich abzeichnet! Stand die Moderne ganz eindeutig im Zeichen der Zeitlichkeit, der Temporalität, die ständig nach Neuem, Unerhörtem, Innovativem suchte und zugleich stets die Geschichte als Grundlage ihres Denkens – und auch ihrer Wissenschaften – verstand, so entwickelte sich in der Postmoderne unverkennbar ein Zusammenblenden verschiedener Zeitachsen, ohne dass damit die Zeitlichkeit als wichtige Grundstruktur völlig verlorengegangen wäre.

Gerade im Bereich der Postkolonialismus-Forschung freilich bekamen ausgefeilte Raumkonzepte ein immer größeres Gewicht. Dieses Gewicht ließe sich vielleicht so stark akzentuieren, dass sich eine Entwicklung von der Zeit zum Raum als grundlegender Kategorie abzeichnete.[11] Doch ging es wirklich darum, im Raume die Zeit zu lesen? Und war nicht in Wirklichkeit die Kombination von Zeit und Raum, mithin die Bewegung, das eigentliche Ziel dieser Entwicklungen?

Anders als in der europäischen Moderne war nun die Zeitachse nicht mehr die unhinterfragbare Grundlage allen Denkens – und schon gar nicht mehr die Zeitachse abendländischer Geschichte, deren Zeitrechnung ja weltweit präsent ist. Ich möchte bei dieser zusammenfassenden Analyse nicht übersehen, dass es nach wie vor eine übergroße Mehrheit von Menschen, von Politiker*innen, von Wissenschaftler*innen und Intellektuellen gibt, für welche nach wie vor die Geschichte in ihrem modernen Sinne die zentrale Denk- und Handlungskategorie sowie die Grundlage allen Denkens darstellt. Ich beschreibe in diesem Zusammenhang lediglich Entwicklungstendenzen, die mir signifikant erscheinen.

Denn auch wenn sich das zeitorientierte und geschichtsbasierte Erkenntnismodell der Moderne noch immer im Postmodernen aufrecht erhält, so ist doch weder von der Zeit noch vom Raum her der Weg hin zur Bewegung sehr ferne. Denn zugleich scheint sich – und hier würde ich meine eigene Position bestimmen – eine Entwicklung herauszukristallisieren, die nicht nur die Frage nach dem Raum, sondern nach der Bewegung, der Vektorizität von Kulturen stellt. An dieser Nahtstelle der Veränderungen sind ebenso meine *Literaturen in Bewegung*[12] sowie meine *Literaturen ohne festen Wohnsitz*[13] anzusiedeln. Ich hatte zu Beginn des neuen Jahrtausends versucht, auf jene epistemischen Ver-

---

11 Am in jeglichem Sinne populärsten war in Deutschland die durchaus diskussionswürdige Studie von Schlögel, Karl: *Im Raume lesen wir die Zeit. Über Zivilisationsgeschichte und Geopolitik.* München – Wien: Carl Hanser Verlag 2003.

12 Vgl. Ette, Ottmar: *Literatur in Bewegung. Raum und Dynamik grenzüberschreitenden Schreibens in Europa und Amerika.* Weilerswist: Velbrück Wissenschaft 2001.

13 Vgl. Ette, Ottmar: *ZwischenWeltenSchreiben. Literaturen ohne festen Wohnsitz (ÜberLebenswissen II).* Berlin: Kulturverlag Kadmos 2005.

änderungen aufmerksam zu machen, die sich im Bereich der Literaturen der Welt sehr früh und gleichsam seismographisch abzeichneten.

Denn die allgegenwärtige *vektorielle* Dimension des Schreibens ist nach meinem Dafürhalten von überragender Bedeutung, um die aktuellen Sinnbildungsprozesse im Bereich der Literaturen der Welt verstehen zu können. Diese Sinnbildungsprozesse sind nicht nur vektoriell epistemisch verankert, sondern zugleich prospektiv auf die Zukunft gerichtet, ohne darüber die Vergangenheit aus dem Blick zu verlieren. Vor allem aber beweist sich einmal mehr das System der Literaturen der Welt als künstlerisches Frühwarnsystem. Und das Diktum von Roland Barthes bestätigt sich aufs Neue: „La littérature est toujours en avance sur tout."

Neben die Achse der Zeit und diejenige des Raums tritt also eine weitere wichtige Dimension: die der Vektorizität und Bewegung, die sich auf allen Ebenen etabliert und eine entscheidende Rolle spielt – sowohl im Bereich der demographischen Migration als auch der literarischen Übersetzung, sowohl auf Ebene der Inhalte von Literatur als auch auf jener der Ausdrucksformen, die sich nicht mehr einer bestimmten Gattung zuordnen lassen, sondern die Bewegungen und Grenzüberschreitungen zwischen den verschiedenen Bereichen kultivieren. Es scheint also, dass sich im Verlauf der zurückliegenden vierten Phase beschleunigter Globalisierung Formen der Vektorisierung herausgebildet haben, die als solche im Verlauf früherer Beschleunigungsphasen selbstverständlich nichts absolut Neues darstellen.[14] Doch gibt es Spezifika, die etwa mit Blick auf die Herausbildung der Literaturen ohne festen Wohnsitz in früheren Phasen bei weitem nicht jene Massivität erreichten, die sie zu Beginn des 21. Jahrhunderts innerhalb der Literaturen der Welt besitzen.

Zu diesen Spezifika gehören unter anderem ebenso die vektoriell analysierbare Bewegung von einer Kultur, Literatur und Sprache zu einer anderen Kultur, Literatur und Sprache oder auch der Wechsel zwischen verschiedensprachigen literarischen Traditionen, wie wir dies etwa in den Übergangsbereichen zwischen dem Portugiesischen und dem Spanischen und bei den kreativen Verfertigungsformen einer Literatur beobachten können, die im Süden der Amerikas zwischen beiden Weltsprachen oszilliert.[15] Dazu gehören selbstverständlich das Schreiben von anderen Orten und Räumen aus in Sprachen, die entweder translingual von den Autorinnen und Autoren übernommen oder in anderen Sprachformaten gewählt wurden, wie dies etwa bei dem im heutigen Ghana geborenen Anton Wil-

---

14 Vgl. hierzu Ette, Ottmar: *TransArea. Eine literarische Globalisierungsgeschichte.* Berlin – Boston: Walter de Gruyter 2012.

15 Vgl. hierzu u. a. Lisboa de Mello, Ana Maria / Andrade, Antonio (Hg.): *Translinguismo e poéticas do contemporâneo.* Rio de Janeiro: Editora 7Letras 2019.

helm Amo der Fall war, der in der ersten Hälfte des 18. Jahrhunderts im deutschsprachigen Raum seine philosophischen Schriften in lateinischer Sprache verfasste. Dazu zählen etwa auch Autor*innen, die sich wie Yoko Tawada alternierend in Deutschland und in Japan aufhalten und ebenso in japanischer wie in deutscher Sprache publizieren.[16] Diese translingualen Bewegungsräume sind gerade im Bereich der globalisierten Weltsprachen der Romania von ungeheurer Bedeutung und gehören unbedingt zum zentralen Gegenstandsbereich heutiger Romanistik.

Ich habe damit in wenigen Worten eine komplexe historische Entwicklung aufzuzeigen versucht, in die sich all jene Überlegungen einordnen, welche wesentliche Orientierungspunkte für unsere Vorlesung darstellen. Diese orientierenden Überlegungen sollen es uns ermöglichen, Phänomene zu erklären und bislang marginale oder nicht berücksichtigte Dimensionen der Romanistik zu eröffnen, die selbst den Autorinnen und Autoren unserer Zeit nicht notwendig bewusst sein müssen, die ihre Texte und Literaturen aber zum Ausdruck bringen.

Ich bin davon überzeugt, dass der Besuch der beiden französischen Schriftsteller Jacques Lindecker und Philippe Braz in unserer Vorlesung gezeigt hat – und ich bedaure dabei sehr, dass deren Performanz nicht in die Buchform transferiert werden kann –, wie sehr auch das Schaffen dieser beiden jungen Autoren im Spannungsfeld einer allgegenwärtigen Bewegung angesiedelt ist und wie sehr schon im Titel von Braz' Theaterstück *Transit*, das uns der Autor selbst vorlas, jene Fragestellungen erscheinen, die wir nur ungenügend allein auf das Problem demographischer Migrationen zurückführen können. Die Literaturen der Welt gehen gerade innerhalb der Romania wesentlich subtiler und differenzierter auf Phänomene der Vektorisierung ein, als dies projektorientierte sowie disziplinär gebundene wissenschaftliche Forschungen leisten könnten.

Ich möchte daher nach unserem theoretischen Exkurs an dieser Stelle unseren Faden wieder aufnehmen und Salman Rushdie nun in aller Kürze vorstellen, einen Autor also, der wie wohl kaum ein anderer im Übergang vom 20. zum 21. Jahrhundert in der Bewegung und vielleicht mehr noch in der Transgression unterschiedlichster Grenzen lebt. Dabei ist es kein Zufall, dass ich einen nicht den romanischen Literaturen der Welt zuzurechnenden Schriftsteller an den Beginn unserer kurzen Textanalysen stelle: Denn Romanistik ist, indem sie mehr ist, als sie ist. Romanistik besteht, wie bereits betont, aus ihrer Geschichte heraus im Überschreiten der ihr eigentlich gesetzten disziplinären Grenzen.

---

16 Vgl. hierzu Ette, Ottmar: Über die Brücke Unter den Linden. Emine Sevgi Özdamar, Yoko Tawada und die translinguale Fortschreibung deutschsprachiger Literatur. In: Arndt, Susan / Naguschewski, Dirk / Stockhammer, Robert (Hg.): *Exophonie. Anders-Sprachigkeit (in) der Literatur.* Berlin: Kulturverlag Kadmos 2007, S. 165–194.

Abb. 8: Salman Rushdie (*1947).

Zunächst will ich Sie mit einigen Biographemen dieses großen und zugleich tragischen Schriftstellers und Dichters unserer Gegenwart vertraut machen.[17] Ahmed Salman Rushdie wurde am 19. Juni 1947 als Sohn eines wohlhabenden Geschäftsmannes im indischen Bombay, heute Mumbai, in eine muslimische Familie geboren. Der moderat muslimisch erzogene Autor verbrachte dort seine Kindheit, besuchte die Cathedral School und die John-Connon-Boys' Highschool. Salman Rushdie betonte später stets, dass seine eigene religiöse Erziehung niemals doktrinär gewesen sei; vielmehr habe er häufig mit Freunden hinduistischen Glaubens hinduistische Feste begangen und habe in seinem Geburtsland Indien offen zwischen verschiedenen Religionen und Weltanschauungen gelebt. Diese Grundeinstellung gegenüber Religionen und Konfessionen sollte sich im weiteren Leben des künftigen Schriftstellers fortsetzen.

Im Alter von vierzehn Jahren schickte der Vater seinen Sohn auf die Public School im englischen Rugby, also in der kolonialen Metropole, wo der Junge aus betuchtem Hause später auch am King's College der Universität von Cambridge studierte. So lebte er seit 1961 überwiegend im Zentrum des British Empire, wo er eine bilderbuchartige englische Erziehung genoss. Sein Studium der Geschichte bezog sich vorwiegend auf den Schwerpunkt Islam, dessen historische Entwicklung er gründlich studierte. 1968 zog er für kurze Zeit zu seinen Eltern nach Pakistan, versuchte sich dort in der Inszenierung von Theaterstücken, kehrte aber wegen daraufhin einsetzender staatlicher Repressionen nach London zurück.

Die unbeschwerten Zeiten eines Jungen aus gutem Hause waren längst zu Ende: Salman Rushdie musste sich mit Gelegenheitsarbeiten durchschlagen, bevor er von der Schriftstellerei leben konnte. Wieder zurück in London, arbeitete er vier Jahre als Werbetexter, freier Journalist und in der Theaterszene und hielt sich so über Wasser. Seit 1964 ist Salman Rushdie britischer Staatsbürger; er lebte in Kentish Town und Islington, London. Konvivenz beziehungsweise das friedli-

---

17 Vgl. u. a. Priskil, Peter: *Salman Rushdie. Porträt eines Dichters.* Freiburg i.Br.: Ahriman 1989.

che Zusammenleben unterschiedlicher Gruppen liegen dem britisch-indischen Schriftsteller sehr am Herzen: Rushdie engagiert sich für die Integration der verschiedenen ethnischen Gruppen, und dies nicht nur in Großbritannien. Er bereiste Europa, Nordamerika und den Iran. Im Sommer 1986 führte ihn eine Reise nach Nicaragua, das zu jenem Zeitpunkt noch als die schon verlöschende Inkarnation eines ‚dritten Weges' zwischen Kapitalismus und Kommunismus und mit Dichtern wie Ernesto Cardenal[18] als Hochburg der Literatur erschien.

Nach dem Erscheinen der *Mitternachtskinder* wurde der bis dahin eher unbekannte Autor durch die prompte Reaktion der literarischen Öffentlichkeit und die Auszeichnung Rushdies mit dem renommierten Booker-Preis gleichsam über Nacht berühmt. 1983 erschien sein dritter Roman unter dem Titel *Scham und Schande*, dem freilich wie sein Debütroman ein geringeres Interesse zuteil wurde. Die heftigen Auseinandersetzungen um seinen vierten Roman, *Die Satanischen Verse*, veränderten dann aber schlagartig und auf dramatische, ja tragische Weise sein gesamtes Leben.

Denn nun brach eine Katastrophe über den Mann aus Mumbai herein. Die erwähnten Auseinandersetzungen brachten Rushdie Ende 1988 für Monate in die Schlagzeilen und machten ihn zum vielleicht einsamsten und eingesperrtesten, von der literarischen Szene isoliertesten Schriftsteller unserer Zeit. Schon kurz nach ihrer Veröffentlichung wurden *Die Satanischen Verse* wegen der von Fundamentalisten erhobenen Blasphemie-Vorwürfe in den meisten islamischen Ländern verboten. Der iranische Staatschef und Ayatollah Chomeini verhängte am 14. Februar 1989 eine Fatwa gegen den britisch-indischen Schriftsteller und forderte Muslime in aller Welt bei Ausschreibung eines hohen Kopfgeldes auf, Rushdie wegen seiner angeblich gegen den Islam gerichteten Schrift schnellstmöglich zu töten.[19] Der Romancier erfuhr davon durch eine Reporterin just an dem Tage, an dem man seinen langjährigen Freund, den für seine Reisen berühmten Schriftsteller Bruce Chatwin, beisetzte. Rushdies Ausdruck des Bedauerns gegenüber allen Muslimen und seine begründete Versicherung, niemals gegen den Islam geschrieben zu haben, fruchteten nichts: Das Todesurteil gegen ihn blieb bestehen – bis zum heutigen Tag. Auch wenn sich eine Vielzahl von muslimischen Institutionen und Autoritäten gegen die Verhängung der Fatwa und damit des Todesurteils wandten, blieb die Todesdrohung doch be-

---

18 Vgl. die Laudatio auf Cardenal anlässlich seiner Ehrendoktorwürde an der Universität von Wuppertal in Ette, Ottmar: Türme Gottes! Dichter! Laudatio für Ernesto Cardenal. In: *Romanische Studien Blog* (Regensburg) (4.3.2017) <http://blog.romanischestudien.de/laudatio-cardenal>.
19 Vgl. zur sogenannten ‚Rushdie-Affäre' Aubert, Raphaël: *L'Affaire Rushdie*. Paris: Le Cerf 1990.

stehen, so dass der Schriftsteller seit diesem Zeitpunkt aus Sicherheitsgründen unter Polizeischutz steht, seine Wohnsitze wechselt und geheim hält.

Salman Rushdies Bücher wurden öffentlich verbrannt und es kam zu zahlreichen Ausschreitungen mit Verletzten und Toten. Der Mordaufruf hatte verheerende Folgen, nicht nur für den Autor selbst oder einige der aufgebrachten Fanatiker: Neben vielen Anschlägen auf Verlage weltweit wurde unter anderem auch ein Übersetzer Rushdies umgebracht. Der in zweiter Ehe mit der US-amerikanischen Schriftstellerin Marianne Wiggins verheiratete Autor und Vater zweier Kinder ist seither untergetaucht, gleichsam auf der Flucht. Dennoch taucht er immer wieder überraschend in der Öffentlichkeit und bei Veranstaltungen auf oder erscheint in Kinofilmen als lächelnder Nebendarsteller. Doch bis heute erhält der Iran die Fatwa aufrecht und erhöhte noch zweimal das Kopfgeld für die Tötung des Schriftstellers auf mehr als drei Millionen Dollar. Selbst wenn der Iran die Fatwa aufheben würde, wäre Salman Rushdie auf Grund der zahlreichen islamistischen Fanatiker seines Lebens nicht mehr sicher. So wurde Salman Rushdie gleichsam zur lebendigen Ikone der Unterdrückung freier Meinungsäußerung und der Vernichtung jeglicher Opposition in totalitären Regimes.[20]

Ich möchte Ihnen aus dem reichen und international vielbeachteten Schaffen Salman Rushdies nichts von *The Satanic Verses* oder *The Moor's Last Sigh* berichten, sondern ein weniger im Rampenlicht stehendes Erzählwerk zumindest kurz vorstellen, den Erzählband *East, West*, der erstmals 1994 erschien. Einzelne Erzählungen waren wesentlich früher publiziert worden, doch bilden sie in diesem Band eine Einheit, wie bereits ein Blick auf das Inhaltsverzeichnis verdeutlicht – auch wenn wir nicht vergessen wollen, dass diese Erzähltexte sich äußerst stark voneinander unterscheiden.

Der Band ist in seiner Gesamtheit in drei Teile aufgeteilt, denen jeweils drei Erzählungen zugeordnet sind. Der erste Teil trägt den Titel „East", der zweite Teil den Titel „West"; und der dritte Teil schließlich den nicht anders zu erwartenden Titel „East, West". Ich möchte Ihnen gerne aus diesem Band zunächst den Eröffnungstext vorstellen, der damit seinem internationalen Lesepublikum zugleich den gesamten Band und dessen ersten Teil mit dem Titel „East" präsentiert. Dabei liest sich das Incipit der Erzählung „Good Advice Is Rarer than Rubies" wie folgt:

---

20 Zur historischen Dimension vgl. Hirsch, Bernd: *Geschichte und Geschichten. Zum Verhältnis von Historizität, Historiographie und Narrativität in den Romanen Salman Rushdies*. Heidelberg: Universitätsverlag Winter 2001.

Am letzten Dienstag des Monats brachte der Bus im Morgengrauen, noch mit hell aufge-blendeten Scheinwerfern, Miss Rehana zu den Toren des Britischen Konsulats. Er kam in einer Staubwolke an, die ihre Schönheit vor den Augen der Fremden verschleierte, bis sie hinunter auf die Straße stieg. Der Bus war mit vielen bunten Arabesken auffällig bemalt, an seiner Frontseite stand geschrieben: „MACH RÜBER SCHATZ" in grünen und goldenen Lettern; an seinem Hinterteil stand hinzugefügt: „TATA-BATA" sowie „O.K GENIESS DAS LEBEN". Miss Rehana sagte dem Fahrer, es sei ein schöner Bus, und er sprang herunter und hielt ihr die Türe auf, wobei er sich theatralisch verneigte, als sie hinabstieg.

Miss Rehanas Augen waren groß und schwarz und strahlten ausreichend hell, um keinerlei Kosmetikhilfen zu benötigen, und als sie der Antragsberater Muhammad Ali sah, fühlte der sich augenblicklich wieder jung. Wie das Licht heller wurde, betrachtete er sie, wie sie den Toren des Konsulats näherkam, und sie fragte den bärtigen Lala, der zu diesem Zeitpunkt in einer Khaki-Uniform mit Goldknöpfen und Kokardenturban da-stand, wann sie aufmachen würden. Der Lala, der gewöhnlich so rau war zu den Diens-tagsfrauen am Konsulat, antwortete Miss Rehana mit so etwas wie Höflichkeit:

„In einer halben Stunde", sagte er knapp. „Vielleicht auch in zwei Stunden. Wer weiß das schon? die Sahibs nehmen gerade ihr Frühstück ein."

Die staubige Anlage zwischen der Bushaltestelle und dem Konsulat war schon voller Dienstagsfrauen, einige von ihnen verschleiert, einige wenige so barfuß wie Miss Rehana. Sie alle schauten ängstlich und lehnten schwer auf den Armen von Onkeln oder Brüdern, die allesamt versuchten, zuversichtlich dreinzuschauen. Aber Miss Rehana war alleine gekommen, und sie schien in keinster Weise aufgeregt zu sein.

Muhammad Ali, der sich darauf spezialisiert hatte, die am verwundbarsten ausse-henden dieser wöchentlichen Bittsteller zu beraten, fühlte, wie ihn seine Füße hin zu dem seltsamen, unabhängigen Mädchen mit den großen Augen zogen.[21]

In dieser sehr gelungenen, ironisch eingefärbten Eingangspassage, die – wie sich bei der weiteren Lektüre herausstellt – durchtränkt ist von höchst witzigen, und zugleich humorvollen Beobachtungen, haben wir es ohne jeden Zweifel mit einer Szene in Indien, offenbar in einer größeren Stadt, zu tun. Alles ist in ein rätsel-haftes, deutlich noch vom Kolonialismus geprägtes Licht getaucht. So erfahren wir gleich von einem prachtvoll gekleideten Torhüter des Konsulats, dass die bri-tischen Sahibs mal früher, mal später aufmachen, je nachdem, wie ihnen ihr Frühstück mundet: Sie sind die Herren, und sie bestimmen – mit aller Willkür.

Es ist ein ganz normaler Dienstag. Und es geschieht etwas, das eigentlich alle Tage – genauer: alle Dienstage – geschieht: Denn es warten viele Frauen, viele Dienstags-Frauen darauf, dass sich für sie die Tore des Britischen Konsu-lats öffnen und sie ihre Anträge stellen können. Anders als all diese Frauen, die sich von ihren Onkeln oder Brüdern, also von Männern begleiten lassen, taucht

---

21 Rushdie, Salman: *East, West.* London: Jonathan Cape 1994, S. 5. Alle Übersetzungen ins Deutsche stammen in diesem Band, wo nicht anders angegeben, vom Verfasser. Die Prosa-Zitate in der Originalsprache finden die Leser*innen im Anhang des Bandes (O.E.).

an diesem Dienstag eine junge wunderschöne Frau auf, die ganz offensichtlich in jeder Hinsicht unabhängig ist. Sie braucht keinen Mann, der sie begleitet, und will auch keinen Mann, der ihr Ratschläge erteilt. Genau hierfür ist aber Muhammad Ali zuständig, ihr Partner und Gegenspieler in dieser Erzählung, die den Band *East, West* von Salman Rushdie eröffnet.

Bevor wir uns dem weiteren Verlauf der Erzählung zuwenden, sollten wir zunächst festhalten, dass Miss Rehana eine Erscheinung wie aus *Tausendundeiner Nacht* ist. Nicht von ungefähr taucht sie wie aus einer Wolke, in diesem Falle einer Staubwolke des Busses, der sie herbrachte, auf. Selbst der Fahrer des bunt bemalten Gefährts verneigt sich tief (und theatralisch) vor ihr, ist sie doch eine wahre Erscheinung. Sie wird als eine mit Augenzwinkern beschriebene typische Vertreterin des Orients vorgestellt, des Ostens; und mit einer genussreichen Verbeugung vor dem Orientalismus, mit dem Rushdie natürlich bestens vertraut und dessen ironischer Meister er ist, lässt er sie wie aus einer magischen Wolke auftauchen, so als wäre sie ein Geist aus der Flasche, der irgendwo in seinen schönsten Formen plötzlich in die Welt gekommen ist. Genau auf dieselbe Weise, in einer magischen Staubwolke, wird am Ende der Erzählung Miss Rehana wieder verschwinden. Wir haben es folglich zweifellos – dies zeigen die beiden Rahmenmarkierungen der Erzählung an – bei der Geschichte um dieses Mädchen mit den großen Augen, die alle in ihren Bann ziehen, mit einem modernen Märchen aus dem Orient, aus dem Osten, aus Indien zu tun: aus jenem Lande also, aus dem die Rahmenerzählung von *Tausendundeiner Nacht* stammt.

Dieses Märchen aber spielt vor dem Britischen Konsulat und im Britischen Konsulat, das wir als Leserinnen und Leser freilich von innen nicht zu Gesicht bekommen. Im Allgemeinen suchen die Frauen, bevor sie ins Konsulat gehen, den guten Rat Muhammad Alis; und dieser macht sich auch an die junge Frau heran, die einräumt, dass guter Rat kostbarer als Rubine sei, ein Satz, der der Erzählung ihren Titel gibt. Als Muhammad ihr seine Ratschläge anbietet, verweist sie jedoch darauf, dass sie ein sehr armes Ding sei und verzichtet lieber. Damit hätte die Geschichte enden können, noch bevor sie recht begann.

Dann aber bemächtigt sich der von der schönen Frau überwältigte Körper Muhammads, der ihn schon zu ihr getragen hatte, der Szenerie und sagt Dinge, die er niemals hätte sagen wollen. Vor allem aber bietet er ihr seine Dienste als Ratgeber kostenlos an. Dadurch erfahren wir einiges aus dem Leben der schönen Fremden, die offensichtlich zu ihrem Verlobten nach England will, ohne mit den notwendigen Informationen und Requisiten für die Antragstellung bei den britischen Behörden vertraut zu sein.

Muhammad aber warnt sie, England sei ein großes Land, bewohnt von den kältesten Fischen der ganzen Welt, wie er hinzufügt. Er klärt sie auf, dass sie sich hier im Konsulat an einen Ort begeben habe, der schlimmer als jedes Polizeirevier sei. Wie eigenwillig und eigenmächtig die britischen Sahibs sind, haben wir schon in der Eingangsszene erfahren, weiß man doch nie, wie lange sie frühstücken. Und so erhaschen wir den einzigen Blick in das Innere des Konsulats, der uns in dieser Erzählung gegönnt wird, ein Blick, wie er uns von Muhammad Ali geschildert wird.

Wir erfahren von einer Welt mit britischen Männern im Konsulat, die Augen wie Falken hätten und ihr Fragen stellen würden, die ihr Intimleben berührten und die sie niemals beantworten könne. Die Tiervergleiche des Ratgebers sind, wie Sie merken, recht hübsch gewählt: Auch er kann Geschichten aus dem Orient erzählen. Muhammad Ali ist ganz in seinem Element und lässt nun jenen Diskurs wirken, den er immer auf seine Opfer loslässt, wobei er diesmal aber nicht versuchen wird, materielle Vorteile für sich daraus zu ziehen.

> Nachdem er einen weiteren Atemzug zur Beruhigung holte, legte er mit seiner üblichen Ansprache los. Er erzählte ihr, dass die Sahibs dächten, dass alle Frauen, die am Dienstag kamen und behaupteten, Angehörige von Busfahrern in Luton oder von bestellten Buchhaltern in Manchester zu sein, nichts als Gauner und Lügner und Betrüger wären.
>
> Sie protestierte, „Na, dann sage ich Ihnen aber einfach, dass ich kein solches Ding bin!"
>
> Ihre Unschuld ließ ihn erschauern, aus Furcht um sie. Sie sei ein Spatz, sagte er ihr, und die dort waren Männer mit verdeckten Augen, wie Falken. Er erklärte ihr, dass sie ihr Fragen stellen würden, sehr persönliche Fragen, Fragen, welche selbst der eigene Bruder aus Scham einer Dame niemals stellen würde. Sie würden sie fragen, ob sie noch Jungfrau sei, und, falls die Antwort ein Nein wäre, welche die üblichen Liebestechniken ihres Verlobten seien und welche geheimen Kosenamen sie füreinander erfunden hätten.
>
> Muhammad Ali sprach brutal und dies voller Absicht, um den Schock zu mindern, den sie empfinden würde, wenn so etwas oder so Ähnliches tatsächlich geschähe. Ihre Augen veränderten sich nicht, aber ihre Hände begannen an der Tischkante zu flattern.
>
> Er machte weiter:
>
> „Die werden Sie fragen, wie viele Zimmer es im Haus Ihrer Familie gibt und welche Farbe die Wände tragen und an welchem Tag Sie den Müll fortbringen. Sie werden Sie nach dem zweiten Vornamen der Stieftochter der Tante des dritten Cousins der Mutter Ihres Mannes fragen. Und all diese Dinge haben sie schon Ihren Mustafa Dar in seinem Bradford gefragt. Und wehe, Sie machen einen Fehler, dann ist es aus mit Ihnen."
>
> „Ja", sagte sie, und er konnte hören, wie sie ihre Stimme in den Griff bekam. „Und was ist Ihr guter Rat, alter Mann?"[22]

Nun, der Ratschlag des alten Mannes, der sich nicht gerne so angesprochen fühlt, wird darin bestehen, ihr einen gefälschten Pass zu besorgen, mit dem sie sich dieses unwürdige Verfahren ersparen und ganz einfach nach England einreisen könnte. Denn Muhammad scheint einen der britischen Beamten etwas

---

22 Ebda., S. 9f.

näher zu kennen; und so verweist er auf Mittel und Wege, um mit Hilfe von Be-
stechungsgeldern Reisepässe aus dem Britischen Konsulat zu beziehen.

Die Herstellung falscher britischer Pässe ist kein einfaches Unterfangen:
Eine ganze Infrastruktur hat sich an die Problematik der Auswanderung und
Einwanderung, an die Migrationsströme zwischen Indien und England ange-
hängt und hält alle Elemente für die Ausreisewilligen bereit. Wir erfahren nur
deshalb gleichsam aus der Innensicht davon, weil Muhammad Ali der Schönheit von Miss Rehana nicht widerstehen kann und seine Geschäftstüchtigkeit
wider Willen in den großen Augen des Mädchens (zumindest vorübergehend)
verliert. So bietet er ihr also selbstlos einen gefälschten britischen Pass an.
Genau dies aber wird sie entschieden ablehnen. Warum?

Nun, sie scheint an die Szenerie, die von Muhammad Ali skizziert wird,
nicht zu glauben. Doch wird Rehana am Ende der Erzählung eben daran, an
ihrem Unglauben an Muhammads Worte, gescheitert sein. Denn in der Tat war
sie nicht fähig, einige dieser Fragen, die der ‚alte Mann‘ ihr vorsorglich genannt
hatte, zu beantworten. Allerdings erfahren wir ganz nebenbei, dass Muhammad
Ali normalerweise seine Kundinnen zu betrügen pflegt, und dass diese Frauen,
erst einmal wieder in ihr Provinznest in weiter Ferne zurückgekehrt, den Betrug
an ihnen zu spät bemerken, als dass sie noch wirkungsvoll reagieren könnten.
Denn Muhammad Ali scheint doch keine wirklich gut gefälschten Pässe weiter-
vermitteln zu können, er scheint nur so zu tun, als wäre er dazu in der Lage.
Hätte er vielleicht aber nicht doch eine Lösungsmöglichkeit für das Problem,
vom Osten in den Westen, von Indien nach England zu kommen, parat gehabt?

Mag sein, dass man diese Erzählung als ein Narrativ darüber lesen kann, wie
von britischen Kolonialbehörden die Würde einer Inderin missachtet wird, die zu
ihrem Verlobten nach England ziehen will. Aber das wäre doch etwas zu einfach.
Denn zugleich taucht eine zweite, interkulturelle Dimension auf, die die britischen Konsulatsbeamten nicht berücksichtigen: Die junge Inderin wurde in zar-
tem Alter von ihren Eltern mit einem älteren Mann, der mittlerweile Busfahrer im
englischen Bradford geworden ist, verheiratet und kennt ihren einundzwanzig
Jahre älteren Mann – abgesehen von Telefongesprächen – bislang noch überhaupt nicht. Die inquisitorischen Fragen der Konsulatsbeamten können von der
jungen Frau mit den großen Augen folglich gar nicht beantwortet werden. Die
Folgen hatte der alte Mann angedeutet – und genauso geschieht es: Ihr Gesuch
wird abgelehnt. Muhammad Ali hatte ihr geraten, nicht in das Konsulat zu
gehen, würde sie dort doch nur ihre Würde als Frau in einer durch patriarcha-
lische Gesellschaftsstrukturen doppelt benachteiligten Situation als indische
Bittstellerin und als Frau verlieren. Auch diese Vorhersage trifft ein und die
phallogozentrische Falle schnappt unerbittlich zu.

Doch erobert sich Miss Rehana ihre verlorene Würde nach der Ablehnung ihres Gesuchs wieder zurück. Denn sie ist nicht etwa verzweifelt, nicht zu ihrem Verlobten nach England reisen zu können, sondern umgekehrt sogar erleichtert und froh, nun doch Indien nicht verlassen zu müssen. Die englischen Sahibs sind nicht in ihren Augen ertrunken; doch sie auch nicht in den Reizen des weit entfernten England, das Muhammad zufolge von den kältesten Fischen bewohnt sei. Am Ende der Erzählung steht ihr letztes Lächeln. Und dieses Lächeln war und bleibt das Glücklichste, das er jemals in seinem Leben gesehen hatte – bevor dieses Lächeln mitsamt der Schönheit der jungen, unabhängigen Frau wieder in einer Staubwolke verschwand. So enden orientalische Märchen im Stil der Erzählungen von Scheherazade: Es bleibt ein glückliches Gefühl zurück und man möchte mehr davon hören.

Dieses orientalische Märchen sagt uns aber etwas aus über die migratorischen Bewegungen, die in der Erzählung thematisiert werden. Sehen wir hier nicht die transarealen Migrationsströme, die von der Peripherie in ein koloniales Zentrum führen? Doch werden diese *Flows* an Menschen, an biopolitisch höchst relevanten Transplantationen, aus der Perspektive der Peripherie und nicht des Zentrums dargestellt. Wir erfahren von der Entwürdigung der Antragstellerin und ihrer im Grunde geringen Neigung, ihr Heimatland mit dem Einwanderungsland Großbritannien zu vertauschen. Migration erscheint zugleich als Prozess, der in den Herkunftsländern eine Reihe von Schiebern und Gelegenheitsvermittlern hervorbringt, die sich der vitalen Bedürfnisse ihrer Opfer bedienen, um sich selbst im eigenen Land über Wasser halten zu können. Und wir erfahren etwas über die Außenperspektive eines Ziellandes von Migration, das sich höchst willkürlicher Methoden bedient, um im Herkunftsland potenzieller Migrantinnen und Migranten selbst eine biopolitische Kontrolle auszuüben. Denn das Einwanderungsland Großbritannien, das Arbeitskräfte benötigt, ist als Insel mit dem Subkontinent Indien über diskontinuierliche, archipelische Relationen verbunden, die scharf kontrolliert werden müssen. In dieser Hinsicht wird sich die koloniale Situation von der bald eintretenden und beginnenden postkolonialen Situation nicht grundsätzlich unterscheiden: Sie sind beide durch scharfe Asymmetrien und Grenzen zwischen Zentrum und Peripherie gekennzeichnet.

In Salman Rushdies hintergründiger Erzählung freilich endet die Bewegung hin zum Britischen Konsulat in der Bewegung zurück nach Hause, in die indische Provinz. Miss Rehana bleibt in Indien – und sie scheint darüber erleichtert zu sein. Was will uns der der orientalische Geschichtenerzähler damit sagen?

In der uns aus den Erzählungen von *Tausendundeiner Nacht* vertrauten literarischen Gestalt des orientalischen Märchens wird uns eine Entzauberung der abendländisch-westlichen Welt vorgeführt, deren schön glänzender Schein im Grunde nur alle möglichen Arten von Händlern und Schiebern auf den Plan ruft, die entweder Fleischspießchen verkaufen oder Reisepässe. Der zwischen Osten und Westen, zwischen Morgenland und Abendland hin- und herpendelnde Salman Rushdie hat hier ein modernes Märchen vorgelegt, das eine Literatur in Bewegung darstellt, welche die migratorische Massenbewegung nur thematisiert, um sie letztlich *ad absurdum* zu führen. Denn der Weg nach England würde die junge Frau nicht nur in ein fremdes Land, sondern auch zu einem ihr im Grunde fremden Mann führen, mit dem sie dann als doppelt Fremde ihr Leben in Bradford, England führen müsste. Dies mag das schöne Lächeln der schönen Rehana am Ende der Erzählung begründen.

An diesem Beispiel dürfte anschaulich geworden sein, auf welche Weise – und der Erzähler hat all diese Geschichten in der Geschichte eher zurückhaltend erzählt – rechtsfreie Räume geschaffen werden für Migranten und mehr noch Migrantinnen, die im Grunde gänzlich auf das Wohlwollen bestimmter Konsulatsbeamter angewiesen sind. Das kolonialpolitisch Besondere an der Erzählung Salman Rushdies ist sicherlich darin zu sehen, dass dieser rechtsfreie Raum im Grunde schon im Heimatland der möglichen Migrantin geschaffen wird; ein Raum, der allein von den weißen Sahibs mit ihren Falkenaugen beherrscht wird und für die Draußenstehenden im Grunde nicht einsehbar ist. Es ist ein ebenso patriarchalisch wie kolonialistisch ausgestatteter Raum, der für die Asymmetrien des Kolonialismus stellvertretend stehen kann. Die indische Schönheit und die Schönheit Indiens bleiben in Indien.

Wir haben es in dieser Erzählung folglich durchaus mit biopolitischen Fragestellungen zu tun: gleichsam dem nackten Leben[23] der Migranten, das hier – zumindest aus der Perspektive Muhammad Alis – tatsächlich auch eine Frage nach dem nackten Leben, nach der Jungfernschaft, den intimen Liebespraktiken ist. Nichts scheint selbst den Körper der möglichen künftigen Migrantin schützen zu können: Er ist der Willkür der Konsulatsbeamten mit ihren Falkenaugen schutzlos preisgegeben – Miss Rehana begehrt jedoch gegen ein solches System auf.

Die nachfolgenden Erzählungen von Salman Rushdies Band bewegen sich alle im Spannungsfeld der Bewegungen zwischen Indien und England, zwischen Außereuropa und Europa, zwischen Orient und Okzident. Dabei handelt es sich zum einen um fast orientalisch-märchenhaft erscheinende Erzählungen wie „The Prophet's Hair", beim Haare des Propheten, wobei hier freilich zugleich die antifundamentalistische und antidogmatische Stoßrichtung im Schreiben Salman Rushdies deutlich wird. Denn aus guten Gründen macht sich sein Erzähler lustig

---

23 Vgl. hierzu Agamben, Giorgio: *Homo sacer. Die souveräne Macht und das nackte Leben.* Aus dem Italienischen von Hubert Thüring. Frankfurt am Main: Suhrkamp 2002.

über allzu orthodoxe Anschauungen, die mit größter Rücksichtslosigkeit auf Kosten anderer Menschen aufrecht erhalten werden.

Dann wiederum gibt es andere Erzählungen, die im Grunde eher eine kritische Revision großer europäischer Literatur und ihrer Gestalten sind, insbesondere „Yorick" im zweiten Teil, das eine kritische und hintergründige, wenn auch bisweilen etwas in die Länge geratene Auseinandersetzung mit William Shakespeares *Hamlet* ist. Übrigens ist Shakespeare schon sehr früh, im Grunde seit dem 19. Jahrhundert, zu *dem* europäischen Autor schlechthin geworden, an dem sich ein gegen die europäische Tradition gerichtetes Anschreiben vollzog, also ein ‚Writing Back', das keineswegs erst in der zweiten Hälfte des 20. Jahrhunderts oder gar in unserer Gegenwart entstand.

Gerade Shakespeares *The Tempest*, in dem im Übrigen auch eine koloniale Problematik durchscheint, ist sowohl in den Literaturen Lateinamerikas und der Karibik als auch in jenen Afrikas zu einem ständigen Bezugspunkt geworden, zum Gegenstand eines immer neuen ‚Rewriting', in dem die koloniale Dimension gleichsam postkolonial ein ums andere Mal reflektiert und neu durchdacht wird.[24] Daneben gibt es freilich auch viele textuelle Elemente einer globalisierten Massenkultur westlicher Prägung, die immer wieder in die Erzählungen Eingang finden. Am stärksten dürfte dies in der Erzählung „Chekov and Zulu" aus dem dritten Teil „East, West" der Fall sein, wo sich die indischen Protagonisten, die zwischen Indien, Pakistan und England hin- und hergerissen werden, seit ihrer Jugend mit jenen Gestalten auch namentlich identifizierten, die sie nicht einmal vom Kino- oder Fernsehbildschirm, sondern aus kreativen massenkulturellen Weiterverarbeitungen kannten: mit den illustren Gestalten von *Raumschiff Enterprise*. Der britisch-indische Autor spielt souverän mit diesen Versatzstücken.

Diese Einblendungen von Massenkultur westlicher Prägung finden sich auch im letzten Teil in der den Band abschließenden Erzählung, werden doch dort bestimmte Handlungsmuster wiederholt mit Verweisen auf Popsongs der sechziger Jahre oder auf Filme, insbesondere mit Marilyn Monroe und Clark Gable, unterlegt und gewürzt. Immer wieder erkennen sich die Protagonisten einschließlich des Erzählers in bestimmten Song-Texten wieder, leben ihr Leben also mit Hilfe derartiger Elemente der Massenkultur, die als ihr persönliches Lebenswissen erscheinen. Bemerkenswert und zugleich literarisch bestimmend ist diese Erzählung aber auch, insofern sie gleichsam den am Anfang des Erzählzyklus eröffneten Kreis wieder schließt und die sich andeutende migratorische Bewe-

---

24 Sehr früh hat auf diese postkoloniale Literaturtradition aufmerksam gemacht Bader, Wolfgang: Von der Allegorie zum Kolonialstück. Zur produktiven Rezeption von Shakespeares „Tempest" in Europa, Amerika und Afrika. In: *Poetica* (Amsterdam) XV, 3–4 (1983), S. 247–288.

gung von Indien nach England mit einer doppelten Rückkehr nach Pakistan und nach Indien abrundet. Das Ich freilich kehrt nicht zurück nach Indien oder nach Pakistan: Es bleibt und an dieser Stelle ließen sich leicht Parallelen zu den Biographemen Salman Rushdies ziehen – in England zurück, geht dort auf ein Internat und erhält schließlich einen britischen Pass, welcher ihm eine wesentlich größere persönliche Freiheit erlaubt – wenn auch nicht die Freiheit schlechthin.

Ich kann an dieser Stelle unserer Vorlesung nicht die gesamte Erzählung, die längste dieses Erzählbandes, zusammenfassen und referieren. Nur soviel soll hier erwähnt sein, dass wir uns in einem guten Viertel Londons, in Kensington, befinden, wo sich die Familie des Erzählers mitsamt des blindwütigen und einsame Entscheidungen treffenden Vaters niedergelassen hat und unter anderem ein älteres Kindermädchen, die treue Seele und Perle der Familie, beschäftigt. Es handelt sich dabei um die aus Bombay stammende Mary, die auf Grund ihrer Angewohnheit, immer das ‚Ja‘ mit einem ‚Gewiss‘ zu verbinden, auch den Spitznamen „Certainly-Mary" trägt.

Diese Mary beherrscht das Englische nur mühsam, kann auch nicht schreiben und hat im englischen außerdem einen kuriosen Sprachfehler entwickelt, der sie das ‚P‘ ständig mit dem ‚C‘ verwechseln lässt; eine Verwechslung, die ihr im Hindi offensichtlich nicht passiert. Sie lebt gemeinsam mit der indischen Familie des Erzählers schon sehr lange in England, ist hier aber nie richtig heimisch geworden. Doch im Alter entfaltet sich für Mary eine veritable Liebesgeschichte mit einem alten Portier, den sie nicht „Porter", sondern auf Grund ihres Sprachfehlers „Corter" nennt, also gleichsam – soweit der Sprachwitz Rushdies – ein Portier, der ihr den Hof macht.

Die Erzählung berichtet viel vom Zusammenleben dieser beiden ungleichen Liebespartner, nicht zuletzt von der großen Vergangenheit des Portiers, der einstmals Großmeister im Schach war und nun auf Grund eines Schlaganfalls die Sprache weitgehend verloren hat. Der Portier des Hauses, in dem viele indische Familien und auch zwei Maharadschas wohnen, die wohl offensichtlich entweder finanzielle und sexuelle Seitensprünge vollzogen haben, wird in einen Händel mit Engländern hineingezogen und erhält schließlich von zwei fremdenfeindlichen Schlägern, die wie die Beatles angezogen und ausstaffiert sind, einen Messerstich in den Bauch, von dem er sich nur noch schwer erholt.

Seine Lebensgefährtin Certainly-Mary ist daraufhin ebenfalls betroffen und getroffen. Schon bald stellen sich bei ihr ernste Herzrhythmusstörungen ein, deren Ursache keiner der zu Rate gezogenen britischen Ärzte klären kann. Zu diesem Zeitpunkt nun beschließt Mary, dass ihre Herzprobleme etwas mit ihrem Heimatland Indien, mit dem Heimweh und damit mit ihrem Aufenthaltsort England zu tun haben müssen, eine Vermutung, die sich – wie der Erzähler später zu berichten weiß – als zutreffend herausstellt. Denn es geht ihr nach ihrer Rückkehr nach Indien viel besser. Die Kreisstruktur zwischen Certainly-Mary und Miss Rehana schließt sich.

Interessanterweise bringt der Erzähler Marys Herzrhythmusstörungen mit dem Auseinanderrennen der Wildpferde in *The Misfits* in Verbindung, in jenem berühmten Film mit Marilyn Monroe, der später ebenfalls noch einmal auftauchen und dann eine Erklärungsschablone für bestimmte Handlungsweisen und Verstehensmuster bilden wird. Ich möchte Ihnen aber gerne die Szene des Entschlusses von Certainly-Mary vorstellen, wieder nach Indien zurückzugehen und England zu verlassen:

> „Gott allein weiß, für was alles wir hierher in dieses Land gekommen sind", sagte Mary. „Aber jetzt nicht länger bleiben. Nein. Gewiss nicht." Ihre Entschlossenheit war absolut.
>
> So war es England, das ihr das Herz brach, das es ihr brach, weil es nicht Indien war. So brachte London sie um, weil es nicht Bombay war. Und *Mixed-Up*? Ich fragte mich das schon. Brachte sie auch der Courter um, nur weil er nicht mehr er selbst war? Oder war es, dass ihr Herz von zwei verschiedenen Lieben gefesselt, wiehernd und ausschlagend zugleich ebenso nach Osten wie nach Westen getrieben wurde, wie diese Pferde im Film, die von Clark Gable in die eine Richtung und von Montgomery Clift in die andere gerissen wurden, und sie wusste, dass sie wählen musste, wollte sie leben?
>
> „Ich muss fort", sagte *Certainly-Mary*. „Ja, gewiss. *Bas*. Genug."[25]

In dieser Passage wird die Zerrissenheit der indischen Migrantin deutlich; eine Zerrissenheit, die im Grunde schon einmal plastisch vor Augen geführt wurde, indem sich der Sari Marys in einer Rolltreppe verhedderte und sie von dieser Gewalt der Moderne gleichsam im Kreis gedreht und förmlich aus ihrem Sari ausgewickelt wurde. Und dies, noch bevor der alte Portier, der selbst ein Migrant war, aus dem Osten stammte, Mecir hieß, noch Kinder im Ostblock, hinter dem Eisernen Vorhang hatte, wegen seines für Inder aber schwer auszusprechenden namens nur *Mixed-Up* genannt wurde, auf einen Halteknopf drücken konnte.

Diese turbulente Szenerie ist aber ihrerseits nur das Vorspiel zu einer zweiten Passage, in der das Ich nun vor eine ähnlich existenzielle Alternative gestellt wird. Denn der Vater hat in seiner unangreifbaren Allmachtsposition beschlossen, ebenfalls zurückzukehren – und zwar nach Pakistan, was übrigens auch in der Familiengeschichte Salman Rushdies ähnlich der Fall war. Denn zeitweise versuchte Rushdie in seinem eigenen Leben selbst, in Pakistan Fuß zu fassen.

Doch während der Rest der Familie auf den indischen Subkontinent und damit nach Osten zurückkehrt, bleibt der Ich-Erzähler in England, geht dort in ein Internat und erhält schließlich auch einen britischen Pass, wird also zu

---

25 Rushdie, Salman: *East, West*, S. 209.

einem vollgültigen englischen Staatsbürger. Damit ist das Thema des Passes, das wir in der ersten Erzählung in seiner großen Bedeutung bereits erkannt hatten, hier nun in veränderter Form wieder eingeflochten. In gewisser Weise, so ließe sich sagen, erfüllt sich damit an ihm der Traum all jener Dienstagsfrauen, die wir zu Beginn beim Warten vor den Toren des Britischen Konsulats gesehen hatten. Schauen wir uns diese Passage etwas näher an:

> In diesem Jahr wurde ich zu einem britischen Staatsbürger. Ich war einer von den Glücklichen, so nehme ich an [...]. Und mein Reisepass befreite mich in vielerlei Hinsicht. Er erlaubte mir ein Kommen und Gehen oder Entscheidungen zu treffen, die meine Familie nicht gerne sah. Doch ich bin auch mit einem Seil um meinen Nacken angeseilt, und dies bis zum heutigen Tage, und es zieht mich einmal hierhin und dann dorthin, Osten und Westen, und die Schlingen zogen sich enger und befahlen mir *Wähle, wähle*.
>
> Ich bocke, ich schnaube, ich wiehere, ich schlage aus, ich trete. Nein, ihr Seile, ich wähle nicht zwischen euch. Ihr Lassos und schlingen, keinen von euch wähle ich und doch beide zugleich. Hört ihr? Ich weigere mich zu wählen.[26]

In dieser Passage, in der die Stimme des Erzählers absichtsvoll die Nähe zum textexternen Autor Salman Rushdie simuliert, wird die Zerrissenheit des indischen Autors mit britischem Pass gleichsam als *Performance* vorgeführt. Zwischen Osten und Westen, zwischen Orient und Okzident scheint sich der nun britische Staatsbürger entscheiden zu müssen. Eine Selbstaufsprache dieser Passage durch den Autor Salman Rushdie selbst wirft übrigens ein sehr faszinierendes, quasi mitreißend grelles Licht auf diese bewegliche Position zwischen zwei Richtungen, zwischen zwei Vektorizitäten, wobei sich das Ich weigert, zwischen beiden Vektoren wählen zu müssen. Es entscheidet sich dafür, beiden Bewegungen verpflichtet zu bleiben.

In jedem Falle zeigt sich, dass die Migration nicht einfach zu einer Deterritorialisierung und einer Reterritorialisierung an einem anderen Ort führt. Der Ort dieses Menschen im Universum ist ein *Bewegungsort*, eine ständige, unabschließbare Bewegung zwischen verschiedenen Richtungen. Es geht nicht um ein Entweder-Oder; die Wahl fällt weit mehr auf ein Sowohl-als-Auch. Es handelt sich um eine Art doppelten Gewinn in Form eines doppelten Verlusts, wobei Salman Rushdie einmal in einem Interview betonte, er habe nicht eine Heimat, sondern gleich zweie verloren. Sein Schreiben ist im grundlegendsten Sinne ein ZwischenWeltenSchreiben. Und gerade darum ist es für unsere Vorlesung und deren Fragestellung so wichtig, weil es ganz fundamental auf der Bewegung zwischen Welten basiert.

---

26 Ebda., S. 210f.

Dieses Schreiben realisiert eine ständige Bewegung des Zerrissen-Seins und die Weigerung, zwischen zwei Räumen, zwischen denen der Erzähler alternativ wählen könnte, überhaupt zu wählen. Denn er entscheidet sich für beide Räume. Es geht folglich nicht um eine einfache De- und Reterritorialisierung, sondern um ein Hin- und Her-gerissen-Sein, das für Migrationen und Migrationsbewegungen in den Literaturen der Welt charakteristisch ist. Dabei würde ich diese Bewegungen nicht in das vorherrschende Zeichen des Verlusts, sondern in das eines vielfachen Gewinns stellen – jedenfalls dann, wenn sich die kreativen Energien anders als bei Certainly-Mary durchsetzen.

Die gesamte literarische Arbeit von Salman Rushdie beruht auf diesem Gewinn, zwischen zwei oder mehr Welten pendeln beziehungsweise oszillieren zu können. Denken wir an Salman Rushdie, so denken wir sofort an die gegen ihn verhängte Fatwa. Aber dies wird seinem Schreiben nicht gerecht, sondern ist nur Ausfluss eines totalitären und dogmatischen Systems und Denkens, gegen das er sich in seinen viellogischen literarischen Schöpfungen stets wandte. Er hat mehrere seiner literarischen Figuren mit eben jenem Lebenswissen aufgeladen, das für ihn selbst das Ergebnis eines langen vitalen Prozesses war und das er nun mit literarischen Mitteln neu erproben konnte. In seinen Erzählwerken bewegt sich Rushdie zwischen zwei, zwischen mehreren Logiken zugleich – und in der literarischen Ausgestaltung dieses Spannungsfeldes zwischen Orient und Okzident, zwischen dem Osten und dem Westen, liegt die besondere Bedeutung dieses britisch-indischen Schriftstellers.

Gloria Anzaldúa oder translinguale Friktionen in Grenzräumen

In diesem Abschnitt unserer Vorlesung über die Frage, was es heißt und zu welchem Ende man Romanische Literatur- und Kulturwissenschaft studiert, möchte ich Sie von der spannungsvollen Bewegung zwischen Osten und Westen, zwischen Orient und Okzident herausholen und zu einer Bewegung führen, die zwischen Norden und Süden pendelt. Mit Salman Rushdie sind wir in den Bereich der Literaturen ohne festen Wohnsitz gelangt. Ich möchte Ihnen gerne diese Literaturen des ZwischenWeltenSchreibens[1] nunmehr an einem weiteren Text vorführen, der uns jetzt im Übergang von der anglophonen zur hispanophonen Welt begleitet und genau die Grenzproblematik und die Problematiken ständiger Transgressionen genau in jenem Teil der Erde vor Augen führt, der als der vielleicht paradigmatischste unter allen möglichen paradigmatischen Grenzräumen gelten kann.

Wir hatten bereits besprochen, dass eine besondere Bedeutung für die Romanistik die Einbeziehung jener Grenz- und Überlappungsräume besitzt, die sich zwischen verschiedenen romanischen Sprachen wie etwa im Überlappungsbereich des Portugiesischen und Spanischen ergeben, wo sich translingual verschiedene literarische Formen des *Portuñol* herausgebildet haben. Wichtig für die Romanistik sind aber ebenso unterschiedliche transkulturelle und damit auch translinguale Phänomene, welche sich zwischen den Sprachen der Romania und der Anglophonie entwickeln konnten.

Dabei soll es im Folgenden um den paradigmatischen Grenzraum der *Borderlands*, um den Grenzbereich zwischen mexikanischer Hispanophonie und US-amerikanischer Anglophonie und damit zugleich um Grenzräume zwischen Erster und Dritter Welt, zwischen Angloamerika und Hispanoamerika, zwischen den USA im Norden und Mexiko im Süden gehen. Dass die Dinge freilich nicht so einfach sind und sich nicht leicht in ein Hier und ein Dort, in ein ‚Anglo' und ein ‚Hispano' aufteilen lassen, soll uns ein hochkomplexer Text aus der Feder von Gloria Anzaldúa zeigen. Wie in Salman Rushdies *East, West* sind auch in diesem Textbeispiel beide Welten nicht strikt voneinander geschieden, sondern inkarnieren die verschiedenartigsten Verwebungs- und Vernetzungsphänomene, die wir uns gleich ein wenig näher anschauen wollen.

---

1 Vgl. hierzu Ette, Ottmar: *ZwischenWeltenSchreiben. Literaturen ohne festen Wohnsitz (ÜberLebenswissen II)*. Berlin: Kulturverlag Kadmos 2005.

Vorausgeschickt sei – und mir ist diese Anmerkung wichtig –, dass Sie bei der Auswahl unserer Textbeispiele jetzt bitte nicht denken, dass wir uns von den ‚Rändern‘, von der ‚Peripherie‘ einem bestimmten ‚Zentrum‘ oder ‚Kern‘ der Romanistik annähern wollten. Nichts wäre irriger und irreführender als dies anzunehmen. Denn die hier zu Grunde gelegte Konzeption der Romanistik als Archipelwissenschaft bedeutet und bringt mit sich, dass es kein Zentrum und keine Peripherie mehr gibt, sondern dass die Beziehungen zwischen den verschiedensten Inseln und Inselwelten der Romanistik nicht länger von Asymmetrie geprägt sind, sondern als solche, als Relationalität, im Mittelpunkt stehen.

Es gibt daher keine Unterscheidung zwischen wichtigen und nicht so wichtigen Bereichen der Romanistik mehr: Gustave Flaubert ist nicht *per se* um so vieles wichtiger als Gloria Anzaldúa. Vielmehr hängt es von der jeweiligen Romanistin oder dem jeweiligen Romanisten ab, die komplexen Wechselbeziehungen und Kontextualisierungen der untersuchten literarischen Phänomene in ihrer Komplexität aufzuzeigen und damit auf die spezifische Wichtigkeit eines Gegenstandsbereichs vermittels dessen Vielbezogenheit aufmerksam zu machen.

Ich erinnere mich noch gut – und sehen Sie mir diese kleine persönliche Anekdote nach – an die Feier zu Ehren all der Freiburger Doktorandinnen und Doktoranden, die in den Geisteswissenschaften an der Albert-Ludwigs-Universität promoviert hatten. Da war diese diffuse Unterscheidung zwischen ‚wichtig‘ und ‚weniger wichtig‘ noch mit Händen zu greifen oder Ohren zu hören. Ich hatte ursprünglich bei Erich Köhler über Marcel Proust promovieren wollen. Doch der überraschende, allzu frühe Tod von Köhler stellte alles wieder in Frage. Wäre alles anders gekommen und hätte ich über Marcel Proust promoviert, so wäre meine Arbeit, drei bis vier Jahre für Recherche und Schreiben vorausgesetzt, zu einem Zeitpunkt erschienen, als in ganz Deutschland damals sage und schreibe siebzehn Dissertationen zu Marcel Proust vorgelegt wurden.

Abb. 9: Erich Köhler (1924–1981).

Auch bei der Freiburger Abschlussfeier, bei der man die Promotionsurkunde erhielt und jeweils nach dem Aufruf des Namens einen langen Gang in der Mitte umgeben von Applaus vor zum Rednerpult gehen musste, gab es eine dieser zahlreichen Dissertationen über Marcel Proust, den ich ja als Schriftsteller – wie Sie aus anderen Vorlesungen wissen – sehr verehre. Als beim Vorlaufen der Doktorand*in der Name des französischen Schriftstellers genannt wurde, ging ein Raunen durch den Saal und ein starker, kräftiger Applaus zeigte die Wertschätzung an, die das geneigte Publikum von seinem Gegenstand her einer solchen Doktorarbeit entgegenbrachte. Als ich selbst nach vorne gerufen und mein Thema über José Martí genannt wurde, gab es kaum einen im Saal, der gewusst hätte, was es mit diesem kubanischen Dichter, den wir in unserer Vorlesung noch kennenlernen werden, auf sich hatte. Ich war bei der schönen Doktorand*innen-Feier in keiner Weise wegen des etwas schwächeren Applauses beleidigt; doch dachte ich damals schon, dass sich an derlei Dingen in der Romanistik etwas ändern müsse. Kommen wir aber nun zu unserem zweiten Textbeispiel und der ersten weiblichen Schriftstellerin!

1987 legte die am 26. September 1942 im texanischen Rio Grande Valley geborene Chicana-Autorin Gloria Anzaldúa ihr erstes Buch vor, dessen Titel uns bereits im Grunde viel von dem verrät, was wir im Verlauf unserer Überlegungen in dieser Vorlesung bereits entwickelt haben: *Borderlands / La Frontera. The New Mestiza*. Bereits im Titel dieses Texts wird zum einen eine gewisse ,Durchmengung', eine Transgression der Grenzen zwischen zwei Sprachen angekündigt. Zugleich werden inhaltlich die Grenzräume der *Borderlands* wie die Grenzlinie der mexikanisch-US-amerikanischen Grenze in den Fokus gerückt. Zum anderen verweist die Rede von der „New Mestiza" auf einen kulturtheoretischen Diskurs, der ohne jede Frage aus dem Süden kommt, aus Lateinamerika also, und in dieses Denken der Grenze zwischen Erster und Dritter Welt miteinbezogen werden soll.

Abb. 10: Gloria Anzaldúa (1942–2004).

Lassen Sie mich kurz einige Biographeme der in Texas geborenen und am 15. Mai 2004 im kalifornischen Santa Cruz verstorbenen Autorin nachtragen,[2] die unter anderem in der Gewerkschaft der Farmarbeiter politisch aktiv war. Sie war die erste in ihrer Familie, die ein Studium aufnehmen konnte, das sie mit Bachelor und Master auch abschloss. Als die Aktivistin und Autorin im Jahre 2004 an Diabetes verstarb, stand ihre Doktorarbeit kurz vor dem Abschluss; im Jahre 2005 verlieh ihr die University of California in Santa Cruz, wo Anzaldúa hatte promovieren wollen, posthum die Doktorwürde.

Schon Anfang der achtziger Jahre veröffentlichte Gloria Anzaldúa erste Schriften zum Teil auch in Ko-Autorschaft mit Cherríe Moraga, unter anderem eine Anthologie mit Texten der „Women of Color". Die erste eigene Buchpublikation waren aber dann ihre *Borderlands*,[3] die ihren Ruf als Autorin begründeten. Weitere Veröffentlichungen folgten, darunter auch mehrere zumeist zweisprachige Kinderbücher.[4] Wie Moraga zählt auch Gloria Anzaldúa sich selbst zu den „Women of Color" wie auch zu den „Lesbian of Color" und den „Chicanas", also mehrfach marginalisierte Gruppen, die für viele andere Autorinnen ebenfalls den Boden boten, von dem aus sie ihr Schreiben begannen. Gerade im Bereich der *Lesbian Studies* wurde Anzaldúa mehrfach mit Preisen ausgezeichnet. Da es sich bei dem heute auch in Deutschland gebräuchlichen Begriff „People of Color" um die simple Übernahme einer rassistischen Bezeichnung handelt, die sich – wie etwa „Gens de Couleur" – auch in anderen Sprachen findet, gestatten Sie mir bitte, derlei ‚farbige' Begriffe stets mit uneigentliche Zitate anzeigenden erhobenen Zeigefingern (und Augenbrauen) nur unter Vorbehalt zu verwenden.

Vielleicht sollte ich an dieser Stelle zunächst erläutern, was unter „Mestiza", unter „Mestizaje" und Mestizisierung zu verstehen ist. Wir hatten diese Problematik bereits gegen Ende unserer Vorlesung über den Ausgang des 19. Jahrhunderts zwischen zwei Welten gestreift.[5] Zunächst einmal meint Mestize oder Mestizin das Kind einer Verbindung von Weißen und Indianern oder – bisweilen auch weiter gefasst – von Weißen und Nicht-Weißen überhaupt. Der Begriff ist so alt wie die Conquista, wie die Eroberung des amerika-

---

2 Vgl. u. a. die biographische Skizze in Tatum, Charles M. (Hg.): *Encyclopedia of Latino culture. From Calaveras to Quinceaneras.* Greenwood 2004.

3 Vgl. hierzu den nach ihrer Potsdamer Dissertation über Gloria Anzaldúa vorgelegten neuen Essay über die Wirkung von Anzaldúas Text von Bandau, Anja: Borderlands revisited: ‚La frontera norte' in contemporary Mexican fiction. In: *iMex Revista* (17.2.2020), S. 19–35.

4 Vgl. Keating, Ana Louise (Hg.): *The Gloria Anzaldúa Reader.* Duke University Press 2009.

5 Vgl. hierzu den vierten Band der Reihe „Aula" in Ette, Ottmar: *Romantik zwischen zwei Welten* (2021), insb. S. 243 ff.

nischen Kontinents selbst[6] und gibt die bereits früh einsetzende geschlechtliche Praxis einer im Zeichen des Kolonialismus stehenden Verbindung zumeist von weißen Männern mit indigenen Frauen wieder. Die überwiegend spanischen Männer waren in aller Regel ohne Frauen nach Amerika gekommen, so dass sie ganz im phallogozentrischen Sinne im Zuge ihrer Eroberung auch die geschlechtliche Eroberung gleichsam als ihr gutes Erobererrecht verstanden.[7] Die umgekehrte Verbindung, also die zwischen männlichen Indigenen und weißen Frauen, blieb bis heute äußerst rar und stellte noch im 19. Jahrhundert etwa in der argentinischen Literatur oder im 20. Jahrhundert im US-amerikanischen Western eine geradezu unvorstellbare, diffus Angst einflößende Verbindung dar. In jedem Falle sind die Mestizenkinder, die „Mestizos" oder „Mestizas" die Früchte einer Verbindung, die erst sehr viel später legalisiert werden sollte.

Die Frage nach der *New Mestiza* stellt freilich nicht diese bis auf die Epoche der Conquista zurückreichende Verbindung ins Zentrum, sondern letztlich ein Denken, das sich am „Mestizaje" orientiert. Gehen wir kurz auf die Geschichte dieses Denkens ein! An den realen Mestizaje knüpfte sich eine Kulturtheorie und eine Projektion der künftigen Entwicklung Lateinamerikas an, die ganz ohne jeden Zweifel in der zweiten Hälfte des 19. Jahrhunderts mit José Martí und insbesondere seinem 1891 erschienenen Essay *Nuestra América* ihren ersten literarischen wie kulturtheoretischen Höhepunkt erreichte.[8]

In diesem wegweisenden Essay sprach José Martí von „Nuestra América mestiza" und von der Notwendigkeit, eine Existenz verschiedener ‚Rassen' mit jeweils sehr unterschiedlichen Voraussetzungen, die zu einer Hierarchie der ‚Rassen' überleiten könnte, als pure Projektion und als Rassismus von – wie er sich ausdrückte – weltfremden Schreibtischlampendenkern zu verurteilen. An die Stelle derartiger Vorstellungen setzte er ein Denken, das – wie wir heute feststellen können – durchaus auch Züge der Hybridität enthielt und entwickelte, vor allem aber den Gedanken eines mestizischen Amerika propagierte, das gleichsam die verschiedensten Kulturen, Traditionen und Herkünfte zu einer einzigen Einheit verbinden sollte. Bei seinen Überlegungen zum Mestizaje im lateinischen Amerika handelte es sich folglich um eine Zukunftsvision.

Was bei José Martí als ein höchst positives Ergebnis der Rassenmischung gesehen wurde, erschien bei anderen Denkern wie etwa Carlos Octavio Bunge als

---

6 Vgl. daher auch die Erörterungen im siebten Band der Reihe „Aula" in Ette, Ottmar: *Erfunden Gefunden* (2022).
7 Vgl. Hölz, Karl: *Das Fremde, das Eigene, das Andere. Die Inszenierung kultureller und geschlechtlicher Identität in Lateinamerika.* Berlin: Erich Schmidt Verlag 1998.
8 Vgl. zur Deutung von *Nuestra América* den vierten Band der Reihe „Aula" in Ette, Ottmar: *Romantik zwischen zwei Welten* (2021), S. 1010 ff.

durchaus gefährlich und negativ, sei ein mestizisiertes Volk doch letztlich ein krankes Volk, das den starken Völkern des Nordens nicht länger Paroli bieten könne.[9] Wir stoßen in diesem Kontext auf eine Denktradition, die sich bereits im 16. Jahrhundert finden lässt, ihrerseits auf antike Traditionen zurückgeht und letztlich beinhaltet, dass auf Grund anderer Klimabedingungen bereits die Wohngebiete des Planeten in gemäßigten Breiten und Klimazonen die besseren und für die Entwicklung des Menschengeschlechts günstigeren seien.

Einem solchen Denken schloss sich die Entwicklung des Rassedenkens und vor allem des Rassismus im 19. Jahrhundert an, das – wie etwa bei Houston Stewart Chamberlain – auf Vorstellungen des 18. Jahrhundert von der naturgegebenen Rückständigkeit, Dekadenz und Schwäche aller Lebensformen in den heißeren Klimazonen speziell auch in Amerika ausging. Wir haben uns in einer anderen Vorlesung mit derlei Vorstellungen etwa bei Cornelius de Pauw auseinandergesetzt[10] und in diesem Zusammenhang auch gesehen, dass sie Eingang etwa in Georg Wilhelm Friedrich Hegels Philosophie der Weltgeschichte fanden. Ein Alexander von Humboldt wehrte sich in der ersten Hälfte des 19. Jahrhunderts nach Kräften gegen alle pseudowissenschaftlichen Vorstellungen, die von einer Dekadenz all jener Organismen, Tiere und Menschen daherschwadronierten, die etwa aus Europa in die heißen Regionen des ‚Neuen Kontinents‘ übergewechselt waren.

All dies bedeutet letztlich, dass die Frage nach dem Mestizaje eine sehr lange und zumeist pejorative Tradition besitzt, die sich auch im Kontext der spanischen Vorstellungen von der „Limpieza de sangre" finden lassen. Für unseren Denkzusammenhang aber ist interessant, dass sich eine positive Wertung des Mestizaje-Prozesses und seiner Ergebnisse gerade im hispanoamerikanischen Modernismo und vor allem bei José Martí finden lässt. Über den großen Kubaner des 19. Jahrhunderts und sein Denken verläuft eine Traditionslinie, die nicht nur später in Kuba – und übrigens auch teilweise in Brasilien –, sondern ebenso in Mexiko aufgegriffen und weitergeführt wurde.

So hat der mexikanische Intellektuelle, Philosoph und zeitweilige Bildungsminister Mexicos José Vasconcelos um 1926 in einer wichtigen Schrift unter dem Titel *La raza cósmica* eine Entwicklungsgeschichte der gesamten Menschheit skizziert, die nach dem Durchlaufen der Herrschaft jeweils bestimmter ‚Rassen‘ – also der schwarzen, der gelben, der kupferfarbenen und der weißen – nun auf ein Zusammenlaufen, auf eine Konfluenz, auf eine Vermischung aller ‚Rassen‘

---

9 Vgl. zur Metapher vom ‚kranken Kontinent‘ den siebten Band der Reihe „Aula" in Ette, Ottmar: *Erfunden Gefunden* (2022).

10 Vgl. hierzu den fünften Band der Reihe „Aula" in Ette, Ottmar: *Aufklärung zwischen zwei Welten* (2021), S. 296 ff.

hinauslaufen werde.[11] Im Fluchtpunkt all dieser Entwicklungen – so befand das ehemalige Mitglied des mexikanischen *Ateneo de la Juventud* – müsse nunmehr aber Amerika und zwar vor allem und an erster Stelle Lateinamerika stehen. Denn in diesem ‚lateinischen' Amerika fanden sich alle ‚Rassen' dieses Planeten, mithin die Indianer, die Schwarzen, die Asiaten und die Weißen zu einer einzigen, eben kosmischen Rasse zusammen, die nun den höchsten und fortgeschrittensten Entwicklungsstand innerhalb einer langen und verwickelten Menschheitsgeschichte markieren werde. Sie sehen: In José Vasconcelos' *Raza cósmica* wird die positive Entwicklungslinie des Mestizaje fortgeschrieben und zugleich auf die gesamte Menschheitsgeschichte bezogen. Man kann in den vor allem seit den ausgehenden siebziger Jahren geführten und unter frankophonen Vorzeichen stehenden Debatten um die zunehmende ‚Kreolisierung' der Menschheit eine Fortsetzung dieser Diskussionen um Mestizisierung sehen.

Wir waren bereits in einer anderen Vorlesung[12] auf die Tatsache gestoßen, dass die Idee des Mestizaje auf einer fusionellen Rhetorik basiert, einer Verschmelzung, wie Sie sie als Ideal auch lange in den USA etwa in der Metapher des „Melting Pot" nachweisen können, also gleichsam einer Art Eintopf, in der sich alles miteinander vermischen werde. Ich gehe hier nicht auf die Rede von der Salatschüssel, vom „Salad Bowl" ein, die vielleicht der Sache stärker gerecht wird, sind hier doch alle Ingredienzien, also Tomaten und Paprika und grüner Salat, nicht miteinander vermischt, sondern liegen multikulturell schön nebeneinander, gleichsam in getrennten Stadtvierteln. Böse Zungen sprechen statt des Melting Pot übrigens gerne von einem Säurebad, in welches in den USA alle Kulturen hineingeworfen werden mit dem Effekt, alles an ihnen Eigene abzugeben und zu verlieren. Doch zurück zu den kulinarischen Metaphern!

Die Eintopfmetapher hatte vor allem unter karibischen Vorzeichen Fortüne und findet sich etwa bei dem kubanischen Anthropologen und Kulturtheoretiker Fernando Ortiz, der im Verlauf der ersten Hälfte des 20. Jahrhunderts die von lateinamerikanischer Seite aus wohl wichtigsten Beiträge zur Kulturtheorie nicht allein Lateinamerikas und der Karibik vorlegte. Mit seinem berühmten, erstmals 1940 erschienenen *Contrapunteo cubano del tabaco y el azúcar* schuf er den Neologismus der „Transculturación", unter der er nun nicht mehr eine Akkulturation im Sinne einer Assimilation einer zuvor kulturlosen menschlichen Gruppe an einen vorgegebenen kulturellen Standard verstand, sondern eine Art mobiler Übereinanderlagerung verschiedener Kulturen, bei der es nicht

---

11 Vgl. ausführlich zu José Vasconcelos den siebten Band der Reihe „Aula" in Ette, Ottmar: *Erfunden Gefunden* (2022).
12 Vgl. hierzu ebda, ...

zuletzt durch Migrationen, Vertreibungen und Deportationen zu Entwicklungen kommt, die durchaus auch kulturelle Verluste, eine Inkulturation und Dekulturation, mitbeinhalten können. Mit Fernando Ortiz und seinem *Contrapunteo* tritt die Diskussion, so ließe sich sagen, in eine wissenschaftlich geführte Phase differenzierter Auseinandersetzungen ein.

Entscheidend aber für uns ist, dass der Begriff der Transkulturation sich bereits auf mehr als halbem Wege zu einem Denken befindet, das man unter das Stichwort ‚kulturelle Heterogenität' oder ‚kulturelle Hybridität' stellen könnte. Zu diesem Diskussions- und Forschungsbereich kam bereits in den achtziger Jahren eine schöne kommentierte Bibliographie heraus, die Hunderte von Titeln, Aufsätzen und Büchern vermerkte und anzeigte, dass es sich bei dieser Frage um eine der wohl am meisten diskutierten Problematiken im Bereich der Kulturtheorie der näheren Gegenwart handelt. Heute haben die meisten Debatten um Fragen der Transkulturalität den großen Vorteil, nicht mehr von statischen Kulturfeldern, sondern von *bewegungsgeschichtlich* zu erfassenden Mobilitäten auszugehen, in denen Kulturbegriffe nicht länger als immobil und wesenhaft, sondern als sich rasch verändernde Bewegungsbegriffe aufgefasst werden.

Anders als die Rede vom Mestizaje hat die These von der kulturellen Heterogenität oder Hybridität den Blick dafür geschärft, dass es im Grunde nicht zu Verschmelzungsprozessen kommt, sondern zu einer Hybridisierung, in der sich die beiden oder mehreren Kulturen wechselseitig zwar beeinflussen, aber durchaus ihr Eigenleben, ihren Eigen-Sinn bewahren. Dies öffnet zugleich den Blick für ein Verständnis, das von der gleichzeitigen Koexistenz verschiedenartiger Logiken ausgeht. Dies kann natürlich sowohl multikulturell als auch interkulturell oder transkulturell gedeutet werden, wobei wir unter *multikulturell* ein mehr oder minder berührungsloses Nebeneinander verschiedener Kulturen, unter *interkulturell* eine Dialogsituation von Kulturen, die sich gleichzeitig aber nicht durchdringen, und unter *transkulturell* eine wechselseitige Durchdringung mit einer starken Veränderung der beteiligten Kulturen verstehen wollen.

Diese klare Begrifflichkeit soll Ihnen das Verständnis in einem kulturtheoretischen Diskussionsbereich erleichtern, der bisweilen so verwirrend schön wie eine tropische Mangrovenlandschaft wirkt. Doch auf die Landschaftsformationen der Mangroven komme ich an späterer Stelle in unserer Vorlesung noch zurück. In jedem Falle läuft alles nicht einfach auf eine kulturelle Verschmelzung, sondern auf die Entwicklung neuer, ja neuartiger kultureller Phänomene hinaus, die auch noch *nach* der vierten Phase beschleunigter Globalisierung von größter Bedeutung sind.

Halten wir uns diesen hier nur sehr kurz skizzierten Entwicklungsgang in der Theoriebildung vor Augen, so erscheint der Rückgriff Gloria Anzaldúas auf den Begriff der „Mestiza" beziehungsweise „New Mestiza" folglich als etwas antiquiert, zumal er im Verlauf des Bandes auch explizit von José Vasconcelos her bezogen wird. Allerdings ist Vorsicht geboten, denn immerhin erscheint die Mestizin – und die Verwendung der weiblichen Form ist wichtig – ja als *neue* Mestiza, wobei noch zu klären sein wird, was denn an Gloria Anzaldúas Mestizinnen-Konzept neu sein kann. Doch darauf wollen wir noch näher eingehen!

Interessanterweise wählte die Chicana-Autorin, Feministin und lesbische Aktivistin just jenen geographischen Bereich der „Borderlands", der Grenzräume zwischen Mexico und den USA, zwischen San Diego und Tijuana, El Paso und Las Cruces aus, in dem just Néstor García Canclini, der argentinische Nestor der lateinamerikanischen Hybriditätsforschung im Bereich der Anthropologie, Jahre zuvor seine Zelte aufgeschlagen und von hier aus jene Theorien aufgestellt hatte, die dann fast zeitgleich mit Gloria Anzaldúas *Borderlands / La Frontera* erstmals 1988 in seinem berühmten Buch *Culturas híbridas* kulminierten.[13] Wir sehen also: Die mexikanische Nordgrenze zu den USA, die auf mexikanisch schlicht „La Frontera" heißt, war im Verlauf der achtziger Jahre auf Grund der Migrationen und Grenzüberschreitungen, die sich dort täglich massenhaft abspielten, zu einem bevorzugten kulturtheoretischen Untersuchungs- und Reflexionsgegenstand geworden. Sie ist dies nicht nur bis heute geblieben,[14] sondern auch zu einem Spielball politischer Emotionen geworden, die Donald Trump in seinem Wahlkampf wie in seiner wahlkämpferischen Amtszeit auf unsägliche Weise populistisch ausschlachtete.

Gloria Anzaldúas Buch trägt eine Widmung: „This book is dedicated *a todos mexicanos* on both sides of the border." Bitte verzeihen Sie mir, wenn ich die Zitate dieser Autorin anders als in allen meinen Vorlesungen nicht selbst ins Deutsche übersetze, da ich Ihnen auch das Zusammenspiel von Englisch und Spanisch zeigen möchte, das sich in ihren Texten zeigt. Ich gehe einfach davon aus, dass Sie das Englische schon verstehen werden und die spanischsprachigen Einsprengsel darin leicht als Formen des Spanglischen verstehen werden.

Die Widmung gerade an die Mexikaner, hier freilich in einem etwas fragwürdigen Spanisch, enthüllt in gewisser Weise ihre Sympathien für jene, die als die Schwächeren in diesem Prozess der asymmetrischen Macht-, Wirtschafts- und Ausbildungsverhältnisse erscheinen und darin eher die Opferrolle einnehmen.

---

13 Vgl. hierzu García Canclini, Néstor: *Culturas híbridas. Estrategias para entrar y salir de la modernidad.* México: Grijalbo 1990.

14 Vgl. die auf nicht ungefährlichen Feldforschungen in den *Borderlands* beruhende schöne Potsdamer Dissertation von Herrera Bórquez, Kenya: ‚*La cabrona aquí soy yo'. Cuerpos y subjetividades femeninas en la narcocultura de la frontera norte de México.* Potsdam: Universitätsverlag Potsdam 2019.

Es handelt sich dabei um einen Prozess, der sich gerade im Verlauf der achtziger und neunziger Jahre verschärfte und sich in einer immer stärker auf mittelamerikanische Migrationsströme ausdehnenden Weise sukzessive zuspitzte.

Aufschlussreich ist in diesem Zusammenhang der sprachliche Aspekt, demzufolge der „Border" immer auch den „Order", die Ordnung und die Anordnung, beinhaltet. Donald Trump hat populistisch bei seinen Wählern an diese Ordnung appelliert und dafür eine Mauer aus dem Wüstenboden gestampft, die so hoch und so stark als irgend möglich sein musste. Wenn die Umfragen nicht täuschen, ist ihm das Wahlvolk der USA dafür noch immer dankbar: „Border means Order."

Doch in Gloria Anzaldúas Widmung ihres Bandes wird bereits deutlich gemacht, dass die Grenzen des Nationalstaats längst nicht mehr mit jenen der geburtsmäßigen Herkunft übereinstimmen, Nationalität also nicht länger mit Nativität in eins fällt. Ich möchte Ihnen gerne zu Beginn unserer Beschäftigung den Auftakt in der „Preface" zu Gloria Anzaldúas *Borderlands / La Frontera* zeigen; widmen wir uns also einem weiteren Paratext dieses Bandes:

> The actual physical borderland that I'm dealing with in this book is the Texas – U.S Southwest/Mexican border. The psychological borderlands, the sexual borderlands and the spiritual borderlands are not particular to the Southwest. In fact, the Borderlands are physically present wherever two or more cultures edge each other, where people of different races occupy the same territory, where under, lower, middle and upper classes touch, where the space between two individuals shrinks with intimacy.
>
> I am a border woman. I grew up between two cultures, the Mexican (with a heavy Indian influence) and the Anglo (as a member of a colonized people in our own territory). I have been straddling that *tejas*-Mexican border, and others, all my life. It's not a comfortable territory to live in, this place of contradictions. Hatred, anger and exploitation are the prominent features of this landscape.
>
> However, there have been compensations for this *mestiza*, and certain joys. Living on borders and in margins, keeping intact one's shifting and multiple identity and integrity, is like trying to swim in a new element, an 'alien' element. [...]
>
> The switching of 'codes' in this book from English to Castilian Spanish to the North Mexican dialect to Tex-Mex to a sprinkling of Nahuatl to a mixture of all of these, reflects my language, a new language – the language of the Borderlands. There, at the juncture of cultures, languages cross-pollinate and are revitalized, they die and are born. Presently this infant language, this bastard language, Chicano Spanish, is not approved by any society. But we Chicanos no longer feel that we need to beg entrance, that we need always to make the first overture – to translate to Anglos, Mexicans and Latinos, apology blurting out of our mouths with every step. Today we ask to be met halfway. This book is our invitation to you – from the new mestizas.[15]

---

15 Anzaldúa, Gloria: *Borderlands / La Frontera. The New Mestiza*. San Francisco: Aunt Lute 1987, Preface.

Bereits im Vorwort wird überdeutlich, wie sehr in diesem ganzen Band die Problematik der Grenze und der Grenzüberschreitung alles dominiert. Dies reicht bis hin zur Selbstbezeichnung der Autorin beziehungsweise Erzählerin in diesem Schwellentext des Vorworts als „border woman", als Grenz-Frau, in deren Körper all diese Grenzen zusammenlaufen. Das Vorwort identifiziert gleichsam die Ich-Stimme mit jener der realen textexternen Autorfigur. Doch sollten wir dieser Stimme nicht auf den Leim gehen und eine simple Identifikation zwischen textinterner und textexterner Erzählinstanz vornehmen: Beachten wir also die Grenze und beobachten wir eventuelle Grenzverschiebungen! Wir haben es schließlich mit einem literarischen Text zu tun, der freilich – wie wir noch sehen werden – in vielfältigster Weise einen *friktionalen* Status besitzt.[16]

Gleichzeitig wird in diesen Formulierungen klar, dass sich die Frage des Grenzlands und der Grenzen – trotz aller Insistenz auf dem Begriff des Territorialen – nicht auf das Räumlich-Territoriale beschränkt, sondern auch andere, metaphorische Dimensionen und Aspekte mitaufnimmt. Diese Integration anderer Isotopien betrifft insbesondere die der sexuellen Grenzen und Grenzziehungen, also die Problematik von Körper und Körperlichkeit beziehungsweise von *Sex* und *Gender*, wobei sich deutlich der Bezug zu den sich zeitgenössisch stark entwickelnden *Queer Studies* herstellen lässt.

Mit diesen Grenzziehungen – übrigens auch im spirituellen Bereich – ist im weiteren Verlauf des Bandes ebenfalls die Grenzüberschreitung von hetero- zu homosexuellen Geschlechterbeziehungen mitgemeint, insoweit die Erzählerinnenfigur und das lyrische Ich ebenso wie die reale Autorin aus Fleisch und Blut sich zur gleichgeschlechtlichen lesbischen Liebe bekennen. Die sich als indigene Frau mexikanischer Abstammung im texanischen Grenzbereich outende und für ihre Rechte eintretende Chicana bringt auf diese Weise eine Vielzahl konventioneller Grenzziehungen ins Spiel und zugleich in Bewegung. Man könnte mit Fug und Recht formulieren, dass sich die Position dieses Texts in den texanisch-mexikanischen ‚Borderlands des Mestizaje' als zugleich homosexuell und heterokulturell umschreiben ließe. Die daraus resultierende ‚multiple Identität' – die uns bereits ein wichtiges Element der Selbstdeutung mitgibt – zeigt an, dass diese Fragestellung im Text selbst auch kritisch reflektiert werden wird. Man könnte mit guten Gründen daraus den Schluss ziehen, dass der gesamte Text von einer Vielzahl von *Zugehörigkeiten* durchzogen wird, die wechselseitig miteinander in Konflikt stehen.

---

16 Vgl. hierzu ausführlicher Kapitel 5 sowie Ette, Ottmar: *Roland Barthes. Eine intellektuelle Biographie.* 3., unveränderte Auflage. Berlin: Suhrkamp Verlag 2012, S. 308–312.

Des Weiteren erfolgt bereits im Vorwort eine generelle Ausweitung dieser Thematik weit über die konkrete Grenze und den damit gemeinten Raum hinaus, gleichsam die Universalisierung einer Lebenssituation, in der nicht allein die sozialen Klassen und die Klassenzugehörigkeit, sondern auch andere Zugehörigkeiten zu ‚Rassen', Kulturen und Gruppen weltweit miteinbezogen sind. *En filigrane* paust sich an diesen Stellen bereits José Vasconcelos' Diskurs aus *La raza cósmica* durch.

Der Anspruch der indigenen Chicana Gloria Anzaldúa ist daher ein allgemeiner, ja die gesamte Menschheit umfassender, der weit über die Chicana-Problematik in den Borderlands zwischen den USA und Mexiko hinausreicht. Wir werden noch sehen, dass diese Fragestellungen in besonderem Maße die Women-of-Color-Bewegung, die Lesbischen und Gay-Gruppen und die spezifische Mestiza-Zugehörigkeit zwischen im Grunde drei Gruppen betrifft: Diese Zugehörigkeiten beziehen sich jenseits der Grenze zwischen den USA und Mexiko auf die Latinas, auf die „Indias" und auf die „Anglos". Dies ist also grob skizziert der kulturelle Rahmen, in den sich dieses aufrüttelnde Grenzbuch vom Ende der achtziger Jahre des 20. Jahrhunderts einschreibt.

Schließlich kommt noch ein weiterer und ganz entscheidender Aspekt hinzu: die Sprache, derer sich Gloria Anzaldúa bedient. Im Vorwort zu *Borderlands / La Frontera* wird auf die Vielsprachigkeit dieses Texts aufmerksam gemacht, dessen Grundsprache – um es so auszudrücken – das Englische ist, zugleich aber in einer Form, die das Code-Switching – wie wir bereits sahen – mit anderen Sprachen, hauptsächlich dem Spanischen, aber auch mit indigenen Sprachen wie dem Náhuatl oder mit weiteren Dialekten miteinschließt.

Aufschlussreich ist damit die ostentativ präsentierte Vielsprachigkeit, die Verwendung dialektaler oder nicht-standardisierter Sprachvarietäten und die Tatsache, dass dieses Oszillieren unter Einschluss mancher Náhuatl-Ausdrücke zu einem Charakteristikum des gesamten Grenz-Texts wird. Wie sehr diese Dimension in der Tat mit der Frage der Körperlichkeit und anderen Grenzerfahrungen verbunden ist, können wir an einer Passage sehen, die unsere Ich-Erzählerin beim Zahnarzt in einer Situation zeigt, in der man zwar des Öfteren nicht gut sprechen kann, aber gleichwohl die Zunge nicht immer ruhig hält – jedenfalls nicht so ruhig, wie der Zahnarzt dies möchte.

Im nachfolgenden Zitat hat dies damit freilich seine besondere Bewandtnis. Daher beginnt das fünfte Kapitel unter dem Titel „How to Tame a Wild Tongue", also wie man eine wilde Zunge zähmen kann, mit einer Szene, in der ein männlicher Zahnarzt zur Durchführung seiner dentalen Behandlung mit wachsendem Verdruss versucht, die Zunge der weiblichen Ich-Figur irgendwie stillzustellen:

"We're going to have to control your tongue," the dentist says, pulling out all the metal from my mouth. Silver bits plop and tinkle into the basin. My mouth is a motherlode.
The dentist is cleaning out my roots. I get a whiff of the stench when I gasp. "I can't cap that tooth yet, you're still draining," he says.
"We're going to have to do something about your tongue," I hear the anger rising in his voice. My tongue keeps pushing out the wads of cotton, pushing back the drills, the long thin needles. "I've never seen anything as strong or as stubborn," he says. And I think, how do you tame a wild tongue, train it to be quiet, how do you bridle and saddle it? [...]
I remember being caught speaking Spanish at recess – that was good for three licks on the knuckles with a sharp ruler. I remember being sent to the corner of the classroom for 'talking back' to the Anglo teacher when all I was trying to do was tell her how to pronounce my name. If you want to be American, speak 'American'. If you don't like it, go back to Mexico where you belong.
I want you to speak English. *Pa'hallar buen trabajo tienes que saber hablar el inglés bien. Qué vale toda tu educación si todavía hablas inglés con un* 'accent,' my mother would say, mortified that I spoke English like a Mexican. At Pan American University, I, and all Chicano students were required to take two speech classes. Their purpose: to get rid of our accents.[17]

Der männliche Englischsprecher repräsentiert die Herrschaft des Englischen über die spanische Muttersprache, jene – um einen Ausdruck von Emine Sevgi Özdamar zu verwenden – *Mutterzunge,* die in Gloria Anzaldúas Text mit feministischem Zungenschlag körperlich und in emanzipatorischer Aktion vorgeführt wird. Auch diese Zunge hat wie in Özdamars Erzähltext keine Knochen, „wohin man sie dreht, dreht sie sich dorthin" – wie die türkisch deutsche Vertreterin der Literaturen ohne festen Wohnsitz sagen würde. Stillzustellen ist sie nicht: Sie bewegt sich unablässig zwischen den verschiedenen Sprachen, Kulturen und Gesellschaften, Klassen, Ethnien und Dialekten. Und sie pfeift auf die Assimilation und unterwürfige Anpassung an ein angloamerikanisches Berufssystem, das ein akzentfreies Englisch erwartet.

Es ist diese gedrehte Zunge, die Sprachstörung in einem körpersprachlichen Sinne, die ein weibliches Schreiben ermöglicht, das sich bei Gloria Anzaldúa wie bei Emine Sevgi Özdamar, bei Gabriela Mistral wie bei Juana Borrero[18] in unterschiedlichen historischen und kulturellen Kontexten aus einer Krise der Sprache heraus konstituiert und Sprachkritik im Sinne einer unbändigen Bewegung eigener Subjektwerdung manifestiert. Die effektvolle Inszenierung der

---

17 Anzaldúa, Gloria: *Borderlands / La Frontera*, S. 53.
18 Vgl. zu diesen Autorinnen insbesondere die Bände drei und vier der Reihe „Aula" in Ette, Ottmar: *Von den historischen Avantgarden bis nach der Postmoderne* (2021), S. 423 ff. u. S. 989 ff.; sowie *Romantik zwischen zwei Welten* (2021), S. 1038 ff. sowie den sechsten Band mit dem Titel *Geburt Leben Sterben Tod* (2022), S. 924 ff.

sprachgestörten Frau beinhaltet eine Sprachstörung, die stets auch ein Sprachenstören als Störung einer herrschenden Sprache ist.

Diese Zunge, die ständig die Normen verletzt und die Ordnung stört, kann nicht gezähmt werden, da es für sie keinen sicheren Bereich des Eigenen, keine fest umgrenzbare Territorialität geben kann. Auch für sie wäre „Border" schlicht „Order". Die Bewusstwerdung der eigenen Fremdheit (in) der Mutterzunge eröffnet ein aus weiblicher Perspektive geschärftes Verständnis einer Krise der Sprache, die – im Sinne der deutschen Philosophin Hannah Arendt – ohne eine „nie nachlassende Wachheit und Schmerzfähigkeit"[19] in ihren Bewegungen niemals nachgezeichnet werden könnte. Doch führen wir diesen kurzen Auszug aus Hannah Arendts Biographie von Rahel Levin Varnhagen noch etwas näher aus! Es geht darum, wie und auf welche Weise man ein Bewusstsein des eigenen Schicksals erlangen könne: „Dies gelingt, indem man in der Reflexion sich selbst und anderen die eigene Geschichte immer wieder vor- und nacherzählt; dadurch wird sie zum Schicksal: ‚Es hat ein jeder ein Schicksal, der da weiß, was er für eines hat.' Die einzigen Eigenschaften, die man hierzu haben oder in sich mobilisieren muß, sind eine nie nachlassende Wachheit und Schmerzfähigkeit, um treffbar und bewußt zu bleiben."[20]

Bemerkenswert in der obigen Szene ist des Weiteren, dass die Körpererfahrung und das Ausgeliefert-Sein auf dem Zahnarztstuhl gegenüber dem männlichen und englischsprachigen Zahnarzt und der damit verbundenen Wurzelbehandlung mit den Versuchen in Kindheit, Jugend und Studentenzeit verbunden wird, an der Ich-Erzählerin eine Sprachreinigung durchzuführen, sie von ihrem Spanischen, von ihrem Dialekt, von ihren sprachlichen ‚Fehlern' zu befreien. Mit anderen Worten: sie für diese (noch) von weißen Anglos beherrschte Gesellschaft zu *anglonormieren*.

Damit aber wird letztlich die Vielsprachigkeit in einem dominant anglophonen Sprachkontext nicht nur marginalisiert: Die Erzählerin empfindet dies sogar als eine Zerstörung ihrer eigenen Sprache, deren Herkünfte im Englischen, aber auch im Spanischen und Náhuatl sowie in dialektalen Formen liegen. Das beharrliche, insistierende und um das eigene Schicksal bekümmerte Schreiben hat gerade mit diesem Aspekt zu tun: mit der Rückgewinnung einer Mutterzunge, auch wenn hier – und dies ist aufschlussreich – die Mutter gerade jene ist, die sich wünscht, dass ihre Tochter keinerlei Akzent – und schon gar keinen mexikanischen – mehr besitzen möge. Denn sie hofft inständig darauf,

---

19 H. Arendt, *Rahel Varnhagen. Lebensgeschichte einer deutschen Jüdin aus der Romantik*, München – Zürich ⁶1985, p. 10.
20 Ebda.

dass ihre Tochter nicht länger wie sie selbst in dieser US-amerikanischen Gesellschaft marginalisiert leben müsse.

Das Code-Switching ist in diesem Zusammenhang also unverkennbar ein Dagegenhalten, ein Sich-Wehren gegen eine monolinguale Sprachsituation, die von außen aufgezwungen und durch Anpassungsdruck, durch Strafen und Sprachkurse hergestellt werden soll. Die Autorin wie ihre Erzählerin wehren sich als Chicanas vehement gegen diese *Anglonormierung*. Aus dieser Grenzsituation, aus dieser Marginalisierung aber erfolgt genau das eigene Schreiben, über alle Grenzen hinweg. So also sieht die Sprache der Borderlands, gesprochen und geschrieben von einer selbstinszenierten „Border Woman", aus.

Die unaufhörliche Bewegung – wie etwa die der ‚losen' Zunge im offenen Mundraum – ist das Grundmotiv des gesamten Buchs. So heißt auch der erste Teil „Atravesando fronteras / Crossing borders", während auch der zweite Teil letztlich die Bewegung im Wind des Titels trägt: „Un agitado viento / Ehécatl, the wind." Der erste Teil ist in Prosa abgefasst, der zweite Teil wiederum enthält Gedichte, so dass sich quer durch das Buch auch immer wieder die Beziehung zwischen erstem und zweitem Teil, zwischen den Grenzräumen von Prosa und Lyrik zieht. Beide Teile sind wechselseitig auf sich und auf einander bezogen, können also gleichsam parallel gelesen werden.

Die theoretischen Grundlagen von *Borderlands / La Frontera* freilich werden im ersten Teil gelegt, so dass ich mich im Kontext unserer Vorlesung auch etwas stärker mit diesem beschäftigen möchte, ohne den zweiten Teil auszuschließen. Dieser erste, diskursive – wenn auch Gedicht- und Liedformen integrierende – erste Teil ist in sieben Abschnitte eingeteilt, der zweite Teil in deren sechs. Diese Grundstruktur ist wichtig – bitte achten Sie stets auf derartige einfach zu identifizierende paratextuelle Elemente! Denn gleichsam im Zentrum des Buches findet sich das siebte Kapitel, zu dem alle anderen Kapitel und Abschnitte hinführen. Ich werde mich mit diesem siebten Kapitel gegen Ende unserer Beschäftigung mit Gloria Anzaldúa etwas näher auseinandersetzen.

Die Erzählerin betont immer wieder ihre vielfältigen Beziehungen zu indigenen Kulturen und Mythologien. Von Beginn an ist das mythische Ursprungsland der Azteken, *Aztlán* im heutigen Südwesten der USA, präsent. Es erscheint immer wieder als territorialisierbarer und doch nie völlig territorialisierter Ursprungsort einer Bewegung, die gleichsam migratorisch wieder von Mexiko aus in den Norden, in die Vereinigten Staaten des Nordens[21] zurückgekommen ist. Dieser Teil des ehemaligen Mexiko gehört zu jenem riesigen Territorium, das in

---

21 Vgl. zu dieser an José Martí angelehnten Ausdrucksweise den siebten Band der Reihe „Aula" in Ette, Ottmar: *Erfunden Gefunden* (2022).

der sogenannten „Guerra de rapiña", im Beutezug der USA gegen den Nachbarn im Süden Mitte des 19. Jahrhunderts, verloren ging. Doch die Geschichte dieses Landes, dieses Territoriums, die in *Borderlands / La Frontera* ausgebreitet wird, geht weit hinter diese geschichtliche Epoche zurück.

Denn Gloria Anzaldúa schreckt nicht davor zurück, die Herkunft der Chicanos bis auf die ältesten Ureinwohner in diesem Raum zurückzuführen, welche bis auf das Jahr 35000 vor Christus zurückdatieren sollen. Davon ausgehend entfaltet sich eine Geschichte der Migrationen, die von Beginn an in ihrer ganzen historischen Breite und Tiefe im Buch erscheint, lange vor der Conquista durch die Spanier und dem räuberischen Krieg gegen die Mexikaner einhundertfünfzig Jahre vor der Niederschrift ihres Bandes.

Mit der Conquista, dies verdeutlicht dieser erste Teil der *Borderlands* aber ebenfalls, sei eine ‚Rasse' entstanden, die niemals zuvor bestanden habe: die ‚Rasse' der Mestizen.[22] Gloria Anzaldúas Rassebegriff ist von José Vasconcelos ererbt und wird hier in Anführungszeichen gesetzt, um unsere Distanz zu diesem Konzept zu signalisieren. Etwa gut einhunderttausend Mexikaner blieben nach der Grenzziehung durch die USA trotz angloamerikanischem Terrorismus in den USA, wenn viele auch wegzogen und sich nach México aufmachten. Gloria Anzaldúa vergisst nicht, den Traum aller Mexikaner zu erwähnen, nämlich das Land im Norden zurückzuerobern und in den Armen blonder „Gringas" zu liegen.[23] Dies wird in den Kontext des illegalen massenhaften Überquerens der schon vom republikanischen US-Präsidenten Ronald Reagan so genannten ‚Frontlinie', des Río Grande, eingebettet. Auf diese Weise entsteht im Kontext des den Grenzfluss durchquerenden „Mojado" eine dritte Kultur, eine Grenz-Kultur, wie uns Anzaldúas Text in seiner Diskursivität versichert.

Die Ich-Erzählerin sieht sich als erste von insgesamt sechs Generationen, die erstmals das angestammte Tal ihrer Eltern, ihrer Urgroßeltern und Ururgroßeltern verlassen wird. Auch in diesem Zusammenhang ist wieder die (migratorische) Bewegung von zentraler Bedeutung für diese Literatur, für dieses Schreiben ohne festen Wohnsitz, das weder bezüglich des Territoriums noch der Sprachen, weder bezüglich der Kulturen noch ihrer Geschlechtlichkeit Grenzen und damit eine feste Ordnung akzeptiert.

So wird diese Bewegung folgerichtig ebenfalls geschlechterspezifisch als Grenzüberschreitung, als ein *Queren* der Grenzen gedeutet. Denn früher habe es für die Frauen nur drei Bewegungen und Richtungen gegeben: erstens in die Kirche als Nonne, zweitens auf die Straße als Prostituierte und drittens ins

---

22 Anzaldúa, Gloria: *Borderlands / La Frontera*, S. 5.
23 Ebda., S. 10.

Haus als Ehefrau.[24] Heute gebe es freilich noch einen vierten Weg: den der Erziehung, Bildung und Karriere, was aber nur sehr wenige betreffe, nur sehr wenigen gelinge. Die Ich-Erzählerin gehört wie die Autorin von *Borderlands / La Frontera* durch den Besuch der im letzten Zitat erwähnten Universität dazu.

Die Behauptungen im fortlaufenden Text werden dabei immer wieder durch absichernde, zum Teil wissenschaftliche Fußnoten unterstützt: Keine Überraschung also, dass Gloria Anzaldúa später mit einer neuen Arbeit ihren akademischen Doktortitel im Bereich der *Queer Studies* anstrebte. Vor allem aus der mestizisch konstruierten Herkunft resultiert die Notwendigkeit, eine eigene mestizische Kultur zu schaffen, eine Kultur, die nicht mehr männlich beherrscht sein darf und die im Grunde auch Geschlechtergrenzen querende Züge aufweisen müsse. So ist das Bild der schon im Titel des Bandes auftauchenden *New Mestiza* zu verstehen.

Auch in diesem Zusammenhang und für diesen Zweck fehlt es nicht an Genealogien und genealogischen Verankerungen, etwa zu den Erdgöttinnen und insbesondere zu Coatlicue, einer zentralen Figur aus der Náhuatl-Mythologie. Die zuerst von einem Indiojungen aufgefundene und gegen die spanischen Jungfrauen im Vorfeld der Unabhängigkeitsbewegung[25] aufgebotene „Virgen de Guadalupe" wird in diesen historischen Kontext gestellt;[26] und sie werde als religiöse und nationale Identifizierungsfigur der Mexikaner*innen im Grunde noch heute mehr verehrt als Jesus oder Gott Vater, wie es im Text heißt. Gloria Anzaldúa hat ihren Text so stark mit diskursiven Teilen gespickt, dass dem Lesepublikum dann auch für die Interpretation der Gedichte grundlegende Vorgaben mitgeliefert werden: Es ist, als sollte eine völlige Offenheit der Deutung von Seiten der Leserschaft unterbunden werden.

Ich möchte Ihnen gerne an dieser Stelle eines der Gedichte aus dem letzten Abschnitt des zweiten Teils dieses Buches vorstellen; ein Gedicht, das erneut die Frage der Grenze thematisiert und zugleich zeigt, wie sehr die ständige Überquerung von Grenzen und Grenzziehungen auch auf durchaus diskursive Weise in der Lyrik in Szene zu setzen ist:

To live in the Borderlands means you
    are neither *hispana india negra española*
    ni gabacha, eres mestiza, mulata, half-breed
    caught in the crossfire between camps

---

24 Ebda., S. 17.
25 Vgl. hierzu den fünften Band der Reihe „Aula" in Ette, Ottmar: *Aufklärung zwischen zwei Welten* (2021), S. 522 ff.
26 Vgl. zum Gesamtzusammenhang dieser Symbole den siebten Band der Reihe „Aula" in Ette, Ottmar: *Erfunden Gefunden* (2022), insb. S. 363–365.

while carrying all five races on your back
not knowing which side to turn to, run from;

To live in the Borderlands means knowing
that the *india* in you, betrayed for 500 years,
is no longer speaking to you,
that *mexicanas* call you *rajetas*,
that dening the Anglo inside you
is as bad as having denied the Indian or Black;

Cuando vives en la frontera
people walk through you, the wind steals your voice,
you're a *burra, buey*, scapegoat,
forerunner of a new race,
half and half –both woman and man, neither–
a new gender;
[...]

In the Borderlands
you are the battleground
where enemies are kin to each other;
you are at home, a stranger,
the border disputes have been settled [...]

To survive in the Borderlands
you must live *sin fronteras*
be a crossroads.[27]

Charakteristischerweise endet dieses Gedicht gerade mit dem Unterlaufen der Grenzmetapher, obwohl deren Negation natürlich immer noch die Grenze und deren Metaphorik im Bewusstsein hält: Die Grenze wird nicht negiert oder ignoriert, sondern als solche *missachtet* und im Bewusstsein gehalten. Es geht deutlich um eine stärkere Orientierung an der Kreuzung, an der Bewegung, an der *Vektorisierung* des Denkens, Fühlens, Schreibens und sich immer wieder neu Suchens. Dies, so scheint mir, ist der *spiritus rector* des gesamten Bandes: ein *spiritus vector*.

Es ist in diesem Gedicht überdeutlich, dass die eigentliche Bewohnerin der Grenze die Marginalisierte und Beschimpfte, die Ausgestoßene und Belächelte ist, die über keine soziale Anerkennung verfügt und ebenso sozial wie ethnisch sowie gendermäßig als Frau benachteiligt und disqualifiziert ist. Die Mestizin und Mulattin wird im Gegenzug zur eigentlichen Heldin, die Indigene und

---

27 Anzaldúa, Gloria: *Borderlands / La Frontera*, S. 194 f.

Schwarze wird zur charakteristischen Figur all derer, die als Ausgestoßene und Deterritorialisierte in den Borderlands reterritorialisiert werden. Jedoch nicht in dem Sinne, dass sie in den Grenzen ihren Ort, sondern ihren besten *Bewegungs-raum*, ihre „Crossroads", finden.

Im siebten Kapitel des ersten Teils, das durch seine Zählung wie betont im Zentrum des Buches steht, finden wir viele theoretisch beziehungsweise diskur-siv dargestellte Metaphern und Theoriefragmente wie etwa auch „Crossroads", die wie im oben angeführten Gedichtauszug eine lyrische Form annehmen. Sie alle werden hier in Form eines diskursiven Theorie-Lagers versammelt. Ein ähn-liches Verfahren findet sich verstreut in vielen anderen Passagen von Anzal-dúas *Borderlands / La Frontera*, so dass ich an dieser Stelle gerne abschließend auf das zentral gestellte Kapitel des ersten Prosateils eingehen möchte.

Dort finden wir in zwei Abschnitten, die unter den Titeln „A Tolerance for Ambiguity" und „El camino de la mestiza / The Mestiza Way" stehen, wichtige Orientierungspunkte für eine kurze abschließende Deutung dieses Bandes, der auf ständigen und unabschließbaren Bewegungen basiert und wie die Zunge der Erzählerin nicht stillgestellt werden kann. Ich will Ihnen gerne einen Aus-zug aus beiden Abschnitten präsentieren:

> The new *mestiza* copes by developing a tolerance for contradictions, a tolerance for ambi-guity. She learns to be an Indian in Mexican culture, to be Mexican from an Anglo point of view. She learns to juggle cultures. She has a plural personality, she operates in a plu-ralistic mode — nothing is thrust out, the good the bad and the ugly, nothing rejected, nothing abandoned. Not only does she sustain contradictions, she turns the ambivalence into something else.
> [...]
> She reinterprets history and, using new symbols, she shapes new myths. She adopts new perspectives toward the dark skinned, women and queers. She strengthens her tole-rance (and intolerance) for ambiguity. She is willing to share, to make herself vulnerable for foreign ways of seeing and thinking. She surrenders all notions of safety, of the fami-liar. Deconstruct, construct. She becomes a *nahual*, able to transform herself into a tree, a coyote, into another person. She learns to transform the small 'I' into the total Self. *Se hace moldeadora de su alma. Según la concepción que tiene de sí misma, así será.*[28]

In diesen beiden Passagen wird das Problem der Toleranz, aber auch der Into-leranz angesprochen.[29] Dabei geht es in erster Linie gleichsam um eine intern gedachte Toleranz, um das Widersprüchliche, um das Andere in sich selbst

---

28 Ebda., S. 79–83.
29 Vgl. zu dieser Problematik Ette, Ottmar: El respeto de la diferencia genera la tolerancia. Seis tesis. In: *Humboldt* (Bonn) XLIV, 135 (2002), S. 22–27.

zuzulassen. Man könnte dies als eine Toleranz gegenüber dem *Viellogischen*, dem Paradoxen, dem sich eigentlich Widersprechenden bezeichnen.

Es handelt sich dabei um eine kulturtheoretisch wie philosophisch interessante, ja spannende Konzeption, die durchaus mit dem Konzept Kristevas und dem *Etrangers à nous-mêmes* sehr direkt in Verbindung gebracht werden kann,[30] zumal beide Ansätze auch relativ zeitgleich in Buchform vorlagen. Das Thema einer Problematisierung von Alterität lag offenbar zum damaligen Zeitpunkt in der Luft. Implizit zeichnet sich in beiden Ansätzen ein Hinausgehen über die binär strukturierte Konzeption der Alterität ab, insofern sich jenseits des Anderen ein *Weiteres*, eine Erweiterung des Denkens jenseits einer Opposition von ,Eigenem' und ,Anderem' oder ,Fremdem' eröffnet.[31] Dort, wo Kristeva nicht zuletzt unter psychoanalytischen Vorzeichen das Andere in das Eigene hineinholt, arbeitet Anzaldúa den Mythos von der neuen, queeren *Mestiza* aus, auf welche die üblichen Gegensätze der anglonormierten Gesellschaft nicht mehr angewandt werden können.

Dabei ist das einfache Ich nun in *Borderlands / La Frontera* nicht mehr das allein beherrschende, sondern ein Selbst als Identitätsform gleichsam im Plural, abhängig unter internen, aber auch – wie wir deutlich sehen – unter äußeren Gesichtspunkten. Das Ich ist zu einem facetten- und identitätsreichen Wesen, zu einer vielperspektivischen Persönlichkeit geworden, was interne Widersprüche, die ausgehalten und toleriert werden müssen, beinhaltet. Denn dieses Ich ist zu einer schillernden *Figura*[32] und zugleich zu einem vielgestaltigen Mythos geworden, der in den verschiedensten Seins-Formen im Grenzland auftritt. Die *New Mestiza*, deren nicht unproblematische kulturtheoretische Herkunft wir bis hin zu José Vasconcelos untersucht haben, avanciert so bei Gloria Anzaldúa zur mythischen Inkarnation aller autobiographisch unterlegten Projektionen ihrer *queeren* Schöpferin.

Daher ist es bemerkenswert, dass wir es in *Borderlands / La Frontera* mit einer sehr bestimmten Form von Autobiographie zu tun haben, die als experimentelle Form vielleicht am deutlichsten in den siebziger Jahren, genauer im Jahre 1975 mit *Roland Barthes par Roland Barthes* sehr überzeugend ausgeführt

---

30 Vgl. Kristeva, Julia: *Etrangers à nous-mêmes*. Paris: Librairie Arthème Fayard 1988.
31 Vgl. hierzu Ette, Ottmar: Weiter denken. Viellogisches denken / viellogisches Denken und die Wege zu einer Epistemologie der Erweiterung. In: *Romanistische Zeitschrift für Literaturgeschichte / Cahiers d'Histoire des Littératures Romanes* (Heidelberg) XL, 1–4 (2016), S. 331–355.
32 Vgl. hierzu Gwozdz, Patricia: *Ecce figura. Anatomie eines Konzepts in Konstellationen*. Potsdamer Habilitationsschrift 2022.

und in Szene gesetzt wurde.[33] Es handelt sich dabei um ein grammatikalisches Heraustreten aus dem Ich mit Hilfe einer Rede in der dritten Person Singular, was Distanzierungen, neue Fokalisierungen und ständig wechselnde Perspektiven nicht nur zulässt, sondern geradezu erfordert.

Dies bedeutet freilich im Falle Anzaldúas keineswegs die Aufgabe eines Ich-Standpunkts, wie wir bereits sehen konnten. Aber es ist der Einstieg in eine literarische Form, die sich ihrer selbst durch beständige Querungen zwischen fiktionalen und diktionalen Schreibweisen versichert und diese Widersprüche ebenfalls für das eigene Schreiben nutzt. Das Ich setzt sich nicht länger aus Kontinuitäten, sondern aus voneinander weitgehend unabhängigen, paradoxen, von Widersprüchen überschatteten Positionen zusammen, welche dieses Ich nicht länger in eine kontinuierliche Seelenlandschaft, sondern in eine von zahlreichen Diskontinuitäten durchzogene archipelische Landschaft verwandeln. Das Ich ist ein Archipel: Es setzt sich aus unterschiedlichen Sprachen und Kulturen zusammen, die nicht mehr einfach miteinander identifizierbar sind und keine stabile Einheit mehr bilden. Denn ist dieses Ich für die *Anglos* eine Mexikanerin, so ist diese Mexikanerin für die Mexikaner eine *Indígena*, eine Indianerin, die aus der *Náhuatl*-Mythologie Elemente versammelt, die sie in die US-amerikanischen Borderlands einspeist.

Gloria Anzaldúas *Borderlands / La Frontera* ist ein zutiefst *friktionaler* Text, der gerade aus diesen ständigen Querungen seine Reibungen, seine Spannungen erzeugt und von daher auch rezeptionsgeschichtlich stark gewirkt hat. Es handelt sich um eine Literatur ohne festen Wohnsitz, die auch die Bilder vom Selbst in ständiger Bewegung zu halten versucht, weil das ZwischenWelten-Schreiben in den Borderlands ständige Mobilität voraussetzt. Die texanischen Borderlands von Gloria Anzaldúa sind keine Fläche, kein kontinuierliches kontinentales Territorium, sondern eine Welt, die aus Inseln gemacht ist, eine *Insel-Welt* und *Inselwelt*, deren paradoxe Logiken relationaler Natur sind.

---

33 Vgl. hierzu das entsprechende Kapitel in Ette, Ottmar: *LebensZeichen. Roland Barthes zur Einführung*. 2., unveränderte Auflage. Hamburg: Junius Verlag 2013.

Die Archipel-Wissenschaft Romanistik und ihre Zukünfte

Unsere bisherigen Textanalysen, die mit einem nicht den romanischen Literaturen der Welt zurechenbaren Erzählband von Salman Rushdie begannen und sich mit einem in den US-amerikanischen *Borderlands* der *Chicana*-Schriftstellerin Gloria Anzaldúa fortsetzten, sollten uns bei unserer Suche nach einer künftigen Romanistik zeigen, in welch fundamentalem Maße die Bewegung, die Vektorizität, die Grundlage allen literarischen Schreibens ist. Dies reicht selbstverständlich von der Produktion der Literaturen der Welt mit dem Akt des Schreibens, der auf der Bewegung eines Schriftzeichen markierenden Instruments – seien es Meißel, Pinsel, Schreibfeder oder Computer – und damit auf der Reise über einen materiellen oder virtuellen Support beruht, über die kleinräumige oder weltumspannende Distribution bis hin zur Rezeption dieser Literaturen, deren konkrete Schöpfungen von einer höchst verschiedenartigen Leserschaft in der *Zeitkunst* Literatur im Akt des Lesens wie auf einer Reise nach-gedacht, nach-gelesen und nach-erlebt werden müssen. Diese Zeitkunst der Literaturen der Welt schafft sich in den unterschiedlichsten Kulturen ihren eigenen vektoriellen Zeit-Raum.

Vor diesem Hintergrund ist es unvermeidlich, die Romanistik *bewegungswissenschaftlich* zu verstehen und sie sich als eine Vernetzungswissenschaft zu denken, deren Logiken wie in den beiden bereits behandelten Textbeispielen relationaler Natur sein müssen. Wir sollten sie uns nicht als einen homogenen Kontinent mit durchgängigen Straßen und Verbindungen vorstellen, sondern dafür ein anderes Bild, eine andere *Landschaft der Theorie*[1] entwerfen. Denn einen Kontinent Romanistik, ich wiederhole es gerne, gibt es nicht!

Die nur scheinbar zusammenhängende Landmasse der Romania wie der Romanistik ist in eine Vielzahl verschiedenartiger Inseln aufgespalten, die es stärker als bislang miteinander zu vernetzen gilt. Diese Inseln befinden sich, um es mit einem politisch derzeit angesagten Begriff auszudrücken, auf gleicher Augenhöhe. Es gibt keine wichtigeren und keine unwichtigeren Inseln in diesem Archipel, wohl aber Inseln, die stärker innerhalb wie außerhalb vernetzt sind als andere. Dies bedeutet, dass sie sich einer starken und bestärkten Relationalität erfreuen. An einem solchermaßen hohen Relationalitätskoeffizienten lassen sich beispielsweise historische Asymmetrien ablesen.

---

1 Vgl. hierzu Ette, Ottmar: *Roland Barthes. Landschaften der Theorie.* Konstanz: Konstanz University Press 2013.

Fassen wir also die Überlegungen und Ergebnisse dieses ersten Teiles unserer Vorlesung zusammen und versuchen wir zugleich, daran weiterführende Vorstellungen anzuknüpfen: Die Romanistik ist in vollgültigem Sinne eine Archipel-Wissenschaft, eine Inselwelt von (Teil-)Wissenschaften und Wissenskonstellationen, die keine homogene und vor allem keine kontinuierliche, im Wortsinn kontinental zusammenhängende Fläche ausbilden. Die einzelnen Inseln sollten vielmehr einer doppelten Bewegung folgen: Sie sollten sich einerseits als Insel-Welten verstehen, die ihre jeweils eigene Logik, den Eigen-Sinn ihres Gegenstandsbereichs und ihrer veränderbaren Gegenstandskonstituierung selbständig weiterentwickeln, andererseits aber ihre je spezifische Insel-Welt als Teil einer vielfältig verbundenen Inselwelt begreifen, die einen weltweiten Zuschnitt besitzt. Romanistik ist nicht allein die Spezialisierung auf eine wie auch immer beschaffene Insel, die als vollumfängliche Welt gedeutet und interpretiert wird, sondern auch das Bewusstsein dieser relationalen Gemeinschaft, die niemand in ihrer Gesamtheit intensiv zu erforschen vermag, die gleichwohl aber als Landschaft der Theorie vor dem inneren Auge der Forscherin und des Forschers, der Romanistin und des Romanisten stehen sollte. Denn Romanistik hat auch etwas mit weltumspannender Vergegenwärtigung zu tun.

Es wird in Zukunft entscheidend darauf ankommen, die einzelnen Inseln (und Teilgebiete) der Romanistik miteinander in eine möglichst komplexe, vielschichtige und intensive Austauschbeziehung zu setzen, wobei zu dieser internen Relationalität innerhalb der Romanistik zugleich auch eine externe Relationalität bewusst entwickelt und vorangetrieben werden muss. Ich wollte Ihnen dies nicht zuletzt ganz pragmatisch in der Auswahl unseres ersten textanalytischen Beispielstexts vor Augen führen. Denn erst auf diese Weise können etwa im Bereich der Literaturwissenschaft neue Konfigurationen und Objektbereiche wie die zwischen (den Konzepten von) Nationalliteratur und Weltliteratur oszillierenden *romanischen Literaturen der Welt* präzise herausgearbeitet und beschrieben werden. Mit der Entwicklung hin zu diesen Literaturen der Welt werden wir uns im folgenden Teil beschäftigen.[2]

Darüber hinaus ist die Romanistik eine für die Analyse des ZwischenWelten-Schreibens prädestinierte und auch aus diesem Grunde höchst zukunftsträchtige Wissenschaft, deren Traditionslinien in vielerlei Hinsicht als Horizontlinien für aktuelle Entwicklungen taugen. Ihre fachgeschichtlichen Traditionen[3] sind tragfähig und wirken auch heute noch in vielerlei Hinsicht prospektiv.

---

2 Vgl. hierzu aber auch Ette, Ottmar: *WeltFraktale. Wege durch die Literaturen der Welt.* Stuttgart: J.B. Metzler Verlag 2017.
3 Vgl. hierzu besonders das zweite und dritte Kapitel in Ette, Ottmar: *ÜberLebenswissen. Die Aufgabe der Philologie.*

Zweifellos ist die Romanistik aus ihrer historisch entfalteten Tradition heraus eine Vernetzungswissenschaft, die von jeher nationale Grenzziehungen überspannt und stets eine vergleichende Perspektivierung angestrebt hat. Charakteristisch für eine derartige Traditionslinie sind ebenso Ernst Robert Curtius' *Europäische Literatur und lateinisches Mittelalter* wie Erich Auerbachs *Mimesis. Dargestellte Wirklichkeit in der abendländischen Literatur.* Die Romanistik kann daher mit guten Gründen und im bewussten Rückgriff auf diese erfolgreiche, auf viele andere Disziplinen abstrahlende Wissenschafts- und Fachgeschichte ein in die Zukunft gerichtetes Konzept verfolgen, das sich jenseits einzelsprachlicher und nationalliterarischer Grenzziehungen ansiedelt – und ganz selbstverständlich die Grenzen der Romanistik überschreitet, um deren Grenz-Länder und *Borderlands* fruchtbar zu machen.

Dies bedeutet zunächst, dass (wie in anderen philologischen Disziplinen) Spezialisierungen innerhalb bestimmter Sprachen, Nationen und Jahrhunderte nicht vernachlässigt werden dürfen, sondern weiter im Kontext internationaler wissenschaftlicher Ausdifferenzierung von Teilgebieten zu vertiefen sind. In diesen Feldern fortgesetzter Spezialisierung steht die deutschsprachige Romanistik in lebhaftem Austausch mit den Fragestellungen und Problematiken, die in den jeweiligen Ländern wie auf einer internationalen Ebene aufgeworfen werden. Zugleich aber sind diese Spezialisierungen – und dies macht auf Ebene internationaler Kooperation und Konkurrenz das spezifische ‚Mehr' an Attraktivität der Romanistik aus – in ein gesamtes Netzwerk romanistischer Forschungen einzubinden, das ganz selbstverständlich vielsprachig ist. Es gilt folglich, diese Traditionslinien der Romanistik als ‚Traditionen auf Reisen', als *Travelling Traditions* in den unterschiedlichsten Gegenstandsbereichen fruchtbar werden zu lassen. Dass dieses „Travelling" gerade auch die Borderlands der Romanistik erfasst, versteht sich von selbst.

Die so oft mit Recht eingeforderte fachwissenschaftliche Spezialisierung darf nicht länger nur als Konzentration auf bestimmte Sprachen und Nationalliteraturen und dort angesiedelte monographische Themen verstanden werden, sondern ist in keineswegs geringerem Maße als eine Spezialisierung zu begreifen, die auch darin bestehen kann, mehrfach (und transversal) spezialisiert zu sein. In der bisherigen Fachtradition der Romanistik war dies meist auf zwei Sprachen und Literaturen in unterschiedlichen Epochen begrenzt. Bei dieser Begrenzung muss es nicht bleiben. Es geht folglich um die Entfaltung unterschiedlicher Insel-Welten im Horizont einer umfassenden Inselwelt. Dies beinhaltet gerade auch den Vorteil, gegenüber vielen und internationalen Fachdisziplinen und Fragestellungen anschlussfähig und kompatibel zu sein. Denn die Romanistik ist auch in einem externen Sinne eine ausgesprochene Vernetzungswissenschaft.

Eine solche Vernetzung ist durchaus nicht (wie dies immer wieder zu hören und zu lesen ist) gleichbedeutend mit der Notwendigkeit, die Romanistik ‚in ihrer gesamten Breite' zu vertreten. Nur allzu gerne stehen derartige Formulierungen in romanistischen Stellenausschreibungen, aber nicht für einen dahinter stehenden Plan. Ein wesentliches Ziel sollte vielmehr darin bestehen, ein fächerübergreifendes Netzwerk zwischen einzelnen Bereichen aufzubauen, dessen Spezialisierung einer relationalen Logik – und damit der Akzeptanz partikularer Logiken – gehorcht.

Innerhalb der Romanistik wird und sollte es gerade auch mit Blick auf den internationalen Wettbewerb selbstverständlich verstärkt themenbezogene wie methodologische Spezialisierungen geben; daneben aber ist es erforderlich, gerade im Kontext dieses internationalen Wettbewerbs das Spezifikum der Romanistik, eine Einzelsprachen und Nationalliteraturen übergreifende Wissenschaft darzustellen, im Sinne der Relationalität von Forschungsansätzen konsequent weiterzuentwickeln. Einer so verstandenen Romanistik gehört die Zukunft: Sie gibt ihren Eigen-Sinn nicht auf, sondern entwickelt ihre transversalen Traditionen im Kontext neuer wissenschaftlicher, kultureller und politischer Konfigurationen zielstrebig weiter. Der in den letzten beiden Jahrzehnten massiv angestiegene Druck, in Drittmittelprojekten präsent zu sein, sollte nicht dazu führen, dass die Romanistik ihr eigenes Profil verliert, sondern dieses Profil in neuen, internationalisierten Forschungshorizonten weiterentwickeln kann. Die Tendenz zu immer größeren Forschungsverbünden und Wissenschaftskonsortien, die in Deutschland etwas sehr Eigenständiges hat und bisweilen die Erinnerung an die dunkelsten Zeiten geisteswissenschaftlicher Großprojekte wachruft, darf nicht zu einem Profilverlust der deutschsprachigen Romanistik führen.

Die Romanistik ist sicherlich kein Zauberfach. Aber innerhalb der aktuellen wissenschaftlichen Entwicklungen nicht nur in den Geistes- und Kulturwissenschaften, sondern in den Wissenschaften überhaupt, in denen eine wachsende Spezialisierung mit einem wachsenden Vernetzungsdruck einhergeht, bietet die Romanistik anders als andere Philologien den unschätzbaren Vorteil, über eine – in ihren Konsequenzen freilich bislang noch nicht ‚ausgedachte' – relationale Logik zu verfügen, die an den veränderten wissenschaftlichen und gesellschaftlichen Herausforderungen und Anforderungen kreativ und innovativ ausgerichtet werden kann. Daran hat auch die Tatsache nichts geändert, dass die vierte Phase beschleunigter Globalisierung seit mehreren Jahren historisch geworden ist und wir uns heute in einer Übergangsepoche bewegen, in welcher eine Renationalisierung und Abschottung eigener Märkte, Institutionen und Spielfelder allenthalben voranschreitet.

Sicherlich ist die deutschsprachige Romanistik heute keine Leitdisziplin mehr. Die im Übrigen bis heute erfolgreichsten Konzepte der Romanistik, die ihren einstigen Anspruch, als Leitwissenschaft fungieren zu können, begründet haben, sind (wie es die Beispiele von Erich Auerbach und Ernst Robert Curtius zeigen) relationaler Natur und reichen stets über die Grenzen der ‚eigentlichen' Disziplin hinaus. Die Romanistik verlangt nach einem bewussten Wandel hin zu einer relationalen Archipel-Wissenschaft, die im Übrigen auch in der Lage sein sollte, die ‚Zwei-Kulturen-Spaltung' in Sprachwissenschaft und Literaturwissenschaft mit Hilfe neuer gemeinsamer Projekte und Perspektiven – und zwar nicht nur im Bereich einer individuellen, von einzelnen wissenschaftlichen Persönlichkeiten getragenen Forschung – zu überwinden. Die Kulturwissenschaften stellen fraglos eine quasi natürliche Brücke zwischen den *Two Cultures* dar. Eine so konzipierte Vernetzungswissenschaft schließt die Vielfalt der Ansätze, aber auch die Vielfalt je spezifischer Logiken – von der Fachgeschichte bis zur Feldforschung, von der Grundlagenforschung bis zur Gedichtinterpretation – selbstverständlich mit ein. Die Romanistik muss in dieser Hinsicht ihre kreativen Potenziale erweitern und in jeglicher Hinsicht couragiert *weiter* denken.

In diesem Zusammenhang ist die Schaffung pragmatischer und zukunftsorientierter Win-Win-Konstellationen für die Romanistik heute von übergeordneter Bedeutung und schlicht überlebenswichtig. Denn es ist keineswegs ausgemacht, dass es auch in fünfzig Jahren noch eine Romanistik in nennenswerter Größe gibt. Schon heute kann man immer deutlicher erkennen, dass für Vertreterinnen und Vertreter anderer Disziplinen immer unklarer ist, womit sich die Romanistik beschäftigt und was sie zu gemeinsamen Forschungshorizonten konkret beizutragen hat. Die Romanistik muss – wie andere Fächer und Philologien auch – um ihr Überleben kämpfen und daher ein Überlebenswissen entwickeln, welches ihr nicht allein dabei helfen soll, sich über Wasser zu halten, sondern aus ihrer existenziellen Bedrohung einen Antrieb zugunsten einer neuen disziplinären und transdisziplinären Entfaltung zu schmieden.

In den unterschiedlichsten disziplinären wie disziplinenübergreifenden Feldern der Geistes- und Kulturwissenschaften scheint (durchaus im Kontrast zu den anders strukturierten Naturwissenschaften) heute eine Logik vorzuherrschen, die man wohl am besten mit der eines Tennisspiels vergleichen könnte: Entweder die eine Seite gewinnt oder die andere. Mit dieser ebenso zerstörerischen wie selbstzerstörerischen Logik gilt es zu brechen. Die Wissenschaften sind kein Match, auch wenn dies manchen ihrer Zuschauer bisweilen lieber wäre.

In den Wissenschaften geht es – vereinfacht gesprochen – um die Erzielung von Komplexität und von Komplexifizierung. Dies lässt sich nicht auf die simple Logik eines Fußballspiels reduzieren. Gerade vor dem Hintergrund eines schärfer gewordenen Verteilungskampfes um Mittel und Ressourcen wird es wesentlich darauf ankommen, auf den verschiedensten Ebenen Win-Win-Situationen zu schaffen, die es ermöglichen, ganz gezielt und bewusst die divergierenden und zum Teil gegenläufigen Interessen und Positionen der unterschiedlichen Partner – seien dies ganze Disziplinen, einzelne Forschungsinstitutionen oder individuelle Forscherinnen und Forscher – zum jeweils wechselseitigen Nutzen miteinander zu verknüpfen. An dieser Stelle sollen exemplarisch vier Felder herausgegriffen werden, auf denen die strategische Herbeiführung von Win-Win-Konstellationen als besonders dringlich erscheint.

An erster Stelle sei auf die Ebene gesellschaftlicher Breitenwirkung verwiesen. Sie war bei den von Gumbrecht so bezeichneten ,großen Romanisten'[4] geradezu selbstverständlich, wirkten Vossler oder Curtius, Auerbach, Spitzer oder Krauss doch unmittelbar auf eine breite Öffentlichkeit ein und lösten Diskussionen aus, die weit über die fachwissenschaftliche Öffentlichkeit hinausgingen. Spezifische Interessen der Wissenschaft und davon zum Teil stark abweichende Interessen einer breiteren Öffentlichkeit sind weniger als konträre denn als komplementäre Interessenlagen zu verstehen, die zugunsten beider Seiten miteinander verknüpft werden sollten.

Eine Romanistik, die (vor allem auch im deutschsprachigen Raum) die Öffentlichkeit nicht mehr erreicht, hat das Zeug zu einer Geheimwissenschaft, deren Zirkel – auch im hermeneutischen Sinne – immer enger werden. Mit Sorge muss man die abnehmende Bedeutung des Fachs in der breiten Öffentlichkeit zur Kenntnis nehmen. Will die Romanistik in der Breite überleben, wird sie sich – ohne ihr Forschungsprofil zu verlieren – auch mit den Bedürfnissen einer möglichst breiten Öffentlichkeit auseinandersetzen und ihr Publikum (von neuem) finden, erfinden und begeistern müssen.

Ein Beispiel hierfür ist die für beide Seiten möglichst erfolgreiche Zusammenarbeit ebenso mit wissenschaftlich spezialisierten Fachverlagen wie mit auf das Erreichen größerer und heterogener Lesergruppen spezialisierten Publikumsverlagen, um eine Vermittlung wissenschaftlicher Forschungen und Ergebnisse so zu befördern, dass ein Transfer wissenschaftlicher Inhalte in die Gesellschaft vervielfacht und erheblich beschleunigt wird und zugleich die wirtschaftlichen Interessen (und Existenzen) von Verlagen angemessen berücksichtigt werden. Dafür eignen sich im Bereich der Literatur- und Kulturwissenschaften der Romanistik so gut wie alle Themenstellungen: Es kommt nur darauf an, sie für ein breiteres Publikum aufzubereiten. Dass alle Möglichkeiten, auch mit Hilfe von

---

4 Vgl. Gumbrecht, Hans Ulrich: *Vom Leben und Sterben der großen Romanisten. Karl Vossler, Ernst Robert Curtius, Leo Spitzer, Erich Auerbach, Werner Krauss*. München – Wien: Carl Hanser Verlag 2002.

Open Access-Publikationen nicht nur eine Fachleserschaft, sondern zugleich ein studentisches Publikum zu erreichen, heute ausgeschöpft werden müssen, versteht sich von selbst.

Daneben aber sollte ganz besonders gelten: Romanistische Texte und Editionen sollten wieder mehr als zum gegenwärtigen Zeitpunkt für Leserinnen und Leser wie für Fach- und Publikumsverlage spannend und attraktiv sein. Dafür sind gewisse fachwissenschaftliche Konzessionen bisweilen notwendig. Die dadurch erhöhte Sichtbarkeit der Romanistik ist für beide Seiten existenzsichernd und gewinnbringend. Der behauptete und zum Teil auch nachweisbare Rückgang des Interesses an der Welt der Romania ist kein Naturgesetz, sondern erfordert ein medienbewusstes Gegensteuern von Seiten der gesamten Romanistik. Gerade im Bereich von Texteditionen sollte die gesamte Spannbreite von den digitalen und hochspezialisierten Editionen für ein wissenschaftliches Fachpublikum über fachwissenschaftliche Verlage bis hin zu breitenwirksamen Editionen in großen Publikumsverlagen bedient werden. Man kann nicht ohne Weiteres erwarten, dass sich eine breite Öffentlichkeit auf die Lektüre mehrtausendseitiger Editionen einlässt; daher sollten editorische Formen gefunden werden, um mehr Editionen aus der Romania für ein breites Lesepublikum parallel zu fachwissenschaftlichen Publikationen zugänglich zu machen.

An zweiter Stelle sei, auch wenn Sie dies vielleicht weniger interessieren wird, die Ebene der romanistischen Verbandsstrukturen angesprochen. Die einzelnen Teilfächer innerhalb der Romanistik und ihre jeweiligen Verbände dürfen keine Politik auf Kosten ihrer Partner verfolgen, sondern müssen Strukturen entwickeln, welche die Romanistik in ihrer Gesamtheit stärken und in einer einheitlicheren und solidarischen Außendarstellung voranbringen. Romanistik sollte wieder als kompaktes Fach erscheinen. Noch einmal: Eine Tennismatch-Logik hat im Verbandsspiel der Romanistik sicherlich nichts zu suchen und ist durch die gezielte Schaffung möglichst zahlreicher Win-Win-Situationen zu ersetzen! Für alle Beteiligten erfolgversprechende Konstellationen erst intensivieren ein Zusammenspiel (und das Zusammendenken) der einzelnen romanistischen Insel-Welten zu einer Archipel-Wissenschaft und bringen damit den Mehr-Wert der Romanistik in den verschiedenen Öffentlichkeiten wirksam und überzeugend zur Geltung. Romanistik ist gewiss ein komplexes Fach, aber die Außendarstellung der Romanistik darf ruhig unterkomplex sein.

Entscheidend ist, dass das Fach mit einer Stimme spricht und die Fachinteressen so stark als irgend möglich gebündelt werden. Nur von einer wechselseitigen Stärkung der einzelnen Teilfächer ist eine nachhaltige Konsolidierung der Romanistik in ihrer Gesamtheit zu erwarten: Denn die Schwächung einzelner Teile schwächt stets auch das Ganze. Wenn es schon unterschiedliche Teilverbände gibt und wohl auch geben muss, so sollte für sie gelten, was auch für die einzelnen

Inseln im Archipel der Romanistik gilt: Kein Verband ist *per se* wichtiger als ein anderer. Es geht aber darum, die Außendarstellung der Romanistik möglichst kompakt in Szene zu setzen.

Drittens darf auch die Ebene der Institute und Romanischen Seminare nicht vergessen werden. Das Verschwinden oder die Stellenkürzungen einzelner Seminare und Institute für Romanistik kann für kein anderes Institut Anlass zur (klammheimlichen) Freude sein, da die Hoffnung, das eigene Institut auf Kosten anderer, etwa benachbarter Einrichtungen zu retten, nicht nur erwiesenermaßen trügerisch, sondern falsch und selbstzerstörerisch ist. Und doch scheint das Sankt-Florians-Prinzip noch immer brandaktuell zu sein. Es ist folglich nicht nur ein Gebot intellektueller Redlichkeit, sondern auch einer institutionellen Vernunft, andere Lehr- und Forschungseinrichtungen der Romanistik zu stützen, und – gerade auch durch den Aufbau von Verbundsystemen – in ihrer jeweiligen Profilierung zu unterstützen. Eine Romanistik in Hauptstadtnähe und im Verbund mit naheliegenden und ausdifferenzierten Instituten für Romanistik hat andere Aufgaben als eine Romanistik, die in einem weiten Umfeld der einzige romanistische Ansprechpartner ist.

Nicht zuletzt für die romanistischen Institute und Seminare mag die skizzierte Landschaft der Theorie Geltung beanspruchen: Innerhalb einer Archipel-Struktur schützen sich die einzelnen Inseln wechselseitig vor Gezeiten und anderen erosiven Gewalten: Das Verschwinden kleinerer Inseln stärkt nicht die größeren, sondern gibt sie (auf einer nach oben offenen Richter-Skala) einer umso leichteren Zerstörung preis. Philosophische Fakultäten ohne Romanistik sind zwar nicht mehr nur denkbar, sondern längst auch realisierbar, auf Grund ihrer Horizontverengung aber bar jeder (philologischen) Vernunft: Für diese Einsicht gilt es einzutreten, auch an universitären Standorten, an denen romanistische Institute nicht selbstverständlich sind.

Schließlich sei viertens die Ebene fächer- oder disziplinenübergreifender Zusammenarbeit hervorgehoben und als Beispiel diskutiert. Das Zusammenspiel mit anderen Fächern und Disziplinen im Sinne einer nicht nur internen, sondern auch externen Relationalität schwächt nicht die jeweils beteiligten Fächer, sondern stärkt sie gerade dadurch, dass synergetische Effekte erzielt und die unterschiedlichen disziplinären Logiken überprüft und im inter- und transdisziplinären Austausch verändert werden können. Romanistik kann sich vor dem Hintergrund der Fülle an spezialisierten Fachlogiken in ihrem Feld auf unterschiedlichste inter- und transdisziplinäre Kooperationen einlassen, ohne ihr eigenes Profil zu verlieren.

Dabei ist es von enormer Bedeutung für die Fortentwicklung der Romanistik, dass die in derartigen fächer- und disziplinenübergreifenden Win-Win-Konstellationen erzielten Ergebnisse und Einsichten nach ,innen' vermittelt und in ihrer Wirkung nach ‚außen' diskutiert und bewertet werden können. Die Romanistik muss gleichsam eine Fähre zwischen unterschiedlichsten Inseln in ihrem eigenen wie in weiteren Archipelen sein. Und sie sollte diese Fähr-Funktion insofern für sich nutzen, federführende Positionen in Akademien-Vorhaben, Forschungsverbünden oder Wissenschaftskonsortien einzunehmen. Die Romanistik muss gerade in diesem Einzeldisziplinen übergreifenden Kontext auf ihre Anschlussfähigkeit achten – und dies bedeutet nicht, auf die eigenen Traditionen zu verzichten, sondern sie mit auf die gemeinsame Reise zu nehmen. Mit anderen Worten: Romanistinnen und Romanisten sollten in einer derartigen Landschaft der Theorie vermittelnde und verbindende Funktionen übernehmen.

Dies gilt ebenso für die externen Relationen wie für die internen. Die Romanistik sollte sich deshalb tunlichst nicht – entgegen des bei anderen Disziplinen zunehmend verbreiteten Bildes – als prekäre Einheit sich untereinander hart bedrängender und bekämpfender Teilfächer präsentieren, sondern neue Konzepte der Zusammenarbeit erproben und vor allem ebenso wissenschaftspolitisch wie institutionell für die Öffentlichkeit erkennbar an *einem* Strang – und nicht an einem Strick – ziehen. Das ‚unmögliche Fach' (um am Ende dieses Teils unserer Vorlesung noch einmal diese zu Beginn eingeführte Formel zu verwenden) sollte wo irgend möglich mit *einer* Stimme (wenn auch nicht immer derselben) sprechen. Dies setzt keine künstliche oder erzwungene Homogenisierung der ‚Romanistiken' voraus, wohl aber die Einsicht, dass die Schaffung möglichst zahlreicher Win-Win-Konstellationen für das gesamte Fach überlebensnotwendig ist.

Die mitunter spannungsgeladene Auseinanderentwicklung und Autonomisierung der einzelnen Verbände und Teildisziplinen ist mit Blick auf die Wahrung der Interessen des gesamten Fachs eine zwar historisch nachvollziehbare, aber untunliche Fehlentwicklung. Mir ist bewusst, dass in den zurückliegenden Jahren durchaus erfolgreiche Bemühungen stattfanden, sich auf Verbandsebene in eine derartige Richtung zu entwickeln. Die Gefahr scheint also erkannt zu sein; gebannt aber ist sie nicht.

Denn noch immer ist ein disziplinärer Mentalitätswechsel erforderlich, der gerade in der aktuellen Situation drohender Stellenkürzungen in der Romanistik von einem neuen (wenngleich an sehr erfolgreiche Traditionen anknüpfenden) vernetzten Verständnis des Fachs her verhindert, dass interne Spannungen und Reibungsverluste zum Verlust weiterer Stellen im Bereich der Romanistik beitragen. Um in einem intern wie extern rauer gewordenen Klima dem sogenannten wissenschaftlichen Nachwuchs, der im Grunde das scientifische Rückgrat unseres Fachs darstellt, ausreichend Zukunftschancen sichern und die Beschäftigung mit der romanischen Welt im Konzert der Geistes- und Kulturwissenschaften in einer starken Stellung halten zu können, muss die Romanistik insgesamt offensive Strategien und relationale Logiken entwickeln, welche kurz- und mittelfristig Win-Win-Konstellationen generieren.

Allein auf eine solche Weise kann die Romanistik nachhaltig den Eigen-Sinn und die spezifische Kreativität ihrer unterschiedlichen Teilgebiete weiter entfalten und – jenseits jeglicher nostalgischen Rückbesinnung – ihrer drohenden Marginalisierung im multidisziplinären Fächerensemble der Universitäten und Hochschulen entgegenwirken. Aus all diesen Gründen muss sich die Romanistik ihrer gesellschaftlichen Bringschuld bewusst werden und Strategien einer demokratischen Öffnung ihrer Wissensbereiche entwickeln. Eine Öffnung auf die Gesellschaft ist für die Philologien – und nicht nur für sie – schlicht überlebensnotwendig.

Ich werde in dieser Vorlesung über die Zukünfte der Romanistik nicht müde, diese Einsicht zu wiederholen: Eine Wissenschaft, die ihr Wissen nicht in die Gesellschaft schafft, verkennt ihre gesellschaftliche Bringschuld und ist am Ende zumindest mittelfristig selbst schuld, wenn die Gesellschaft sie zunehmend um ihre Mittel bringt. Machen wir es uns nicht zu einfach: Diese Bringschuld kann sich nicht allein auf die Lehre beziehen und mit dem Verweis auf die Ausbildung von Lehramtskandidatinnen und -kandidaten als abgegolten gelten! Die deutschsprachige Öffentlichkeit hat noch immer ein offenes Ohr für Impulse und Themen aus der Romania: Wir müssen diese Themen wieder stärker besetzen und unsere Wissenschaft nicht nur salonfähig, sondern in einem wesentlich breiteren Maße *gesellschaftsfähig* machen.

Dazu gehört zunächst, dass die Romanistik auf die Vermittlung ihres Wissens in die Gesellschaft größeren Wert legt und den Aufbau spezifischer Kompetenzen der Vermittlung vorantreibt. Dies muss auch Konsequenzen für die Ausbildung von Romanistinnen und Romanisten haben. Insbesondere der sogenannte ‚wissenschaftliche Nachwuchs‘ sollte gerade mit Blick auf eine zu erhöhende gesellschaftliche Vermittlungskompetenz in der Ausbildung mit stärker performativen Potentialen in schriftlichen wie mündlichen Ausdrucksformen, aber auch in vielen spezifischen – etwa (wissenschafts-)politischen – Kommunikationssituationen gefördert und ausgestattet werden. Die Romanistik darf zweifellos mit ihrer kulturellen und thematischen Mannigfaltigkeit in der außerakademischen Öffentlichkeit wieder stärker wahrnehmbar sein. Sie bedarf dazu aber einer hohen *performativen Kompetenz.*

Die Stärkung derartiger performativer Kompetenzen ist dabei in die Entwicklung von Strategien zu integrieren, die darüber hinaus auf eine demokratische Öffnung romanistischer Wissensbereiche abzielen. Wenn es eine humanistische Verpflichtung unseres philologischen Fächerensembles gibt, dann ist sie in der Vermittlung von Inhalten an die Gesellschaft, an die Menschen in unseren Gesellschaften, zu sehen. Die Romanistik muss stärker als bisher ihre Zugänglichkeit überprüfen und als faszinierender Wissensbereich sichtbar und *erlebbar* werden. Nicht nur die Logik, sondern auch die Erotik, die Anziehungskraft des Wissens sollten dabei zusammen mit der großen Bedeutung und Vielfalt der romanischen Welt immer wieder anders in Szene gesetzt werden: Romanistik als Erlebenswissen für eine möglichst breite Öffentlichkeit.

Die Frage der Erotik des Wissens ist keine nebensächliche. Anziehungskraft, Faszination, Ereignishaftigkeit, Offenheit und Unabschließbarkeit des Wissens als spannendes Erlebenswissen nachvollziehbar zu machen, dürfte für die Philologien (und insbesondere für die Romanistik) zu einer Überlebensfrage werden. Dabei lässt sich von der Selbstdarstellung der Naturwissenschaften und ihrer Strategie, ‚große' und für eine breite gesellschaftliche Öffentlichkeit interessante Themen zu besetzen, vieles lernen.

Die Welt der europäischen wie der außereuropäischen Romania im öffentlichen Bewusstsein zu halten, gehört sicherlich zu den (überlebens-) wichtigsten Aufgaben des Fachs. Es mangelt nicht an ‚großen' Themen, die auch – wie in anderen Wissenschaften – von der Warte einer hochspezialisierten Forschung aus angegangen und besetzt werden können. Und doch ist die Romanistik in der heutigen Mediengesellschaft in vielfacher Weise zum Gegenstand einer ‚klassischen Dämpfung'[5] geworden: An die Stelle einer direkten Vermittlung ihrer Inhalte sind oftmals Botenberichte getreten, insofern andere Disziplinen und ihre Vertreter*innen die Vermittlung von Inhalten übernommen haben, die wesentlich im Bereich der Romanistik erarbeitet oder mitgestaltet wurden.

An derartigen Kreuzungsstellen gilt es, der disziplinenübergreifenden Beweglichkeit anderer Boten mit einem transdisziplinären Dialog oder Polylog zu antworten, in dem weniger die Anschließbarkeit romanistischer Inhalte als die Anschlussfähigkeit eines nicht allein mit sich selbst beschäftigten Fachs unter Beweis gestellt werden sollte. Eine demokratische Öffnung der Romanistik sollte daher einhergehen mit einer möglichst effizienten Vermittlung romanistischer Inhalte – direkt und ohne ‚klassische Dämpfung': Mehr Romanistik pur in der Informations- und Wissensgesellschaft unserer Tage!

So sollten Sie als Studierende der Romanistik möglichst frühzeitig lernen, wie man Rezensionen schreibt, wie kleine Artikel verfasst werden können, wie ein komplexes Thema in einem kurzen Vortrag auf den Punkt gebracht werden kann. Aber auch Habilitandinnen und Habilitanden der Romanistik sollten immer wieder

---

5 Vgl. die Verwendung dieses klassischen Begriffs durch Spitzer, Leo: Der Bericht des Théramène in Racines „Phèdre". in Theile, Wolfgang (Hg.): *Racine.* Darmstadt: Wiss. Buchgesellschaft 1976, S. 43–98.

ermuntert werden, neben ihrer fachwissenschaftlichen Spezialisierung komplexe Inhalte in schriftlicher wie in mündlicher Form öffentlichkeitswirksam in Szene zu setzen. Gerade auch als Korrektiv zu dominanten gesellschaftlichen, kulturellen und politischen Entwicklungen gilt es, die Faszinationskraft der Romania in ihrer historischen Tiefe wie in ihrer transarealen Vielfalt stärker ins öffentliche Bewusstsein zu rücken. Wir müssen die Romanistik und deren Fragestellungen wieder stärker ebenso selbstbewusst wie selbstkritisch am gesellschaftlichen *Leben* beteiligen und in dieses Leben hineinführen.

Dazu gehört – und ich werde im weiteren Verlauf unserer Vorlesung auf diesen Punkt noch ausführlicher eingehen –, dass sich die Romanistik zunehmend als eine *Lebenswissenschaft* begreifen sollte. Denn wie kein anderes philologisches Fach ist sie darauf zugeschnitten, unterschiedlichste Kulturen und Sprachen zusammenzudenken und damit einen wesentlichen Beitrag zur zentralen Frage unserer Zeit zu leisten: dem Zusammenleben unserer Kulturen in Differenz.

Ohne jeden Zweifel ist die Reflexion des Zusammenhangs zwischen Wissenschaft und Leben auf den verschiedensten Ebenen für die Romanistik von hoher Bedeutung. Die Romanistik muss aus ihrer eigenen Fachtradition heraus Strategien entwickeln, um Fragen des Lebens und des Zusammenlebens stärker ins Zentrum unterschiedlich perspektivierter Forschungsansätze zu rücken, damit der Begriff des Lebens nicht länger allein den sogenannten ,Lebenswissenschaften' in einem rein biowissenschaftlich bestimmten Sinne überlassen bleibt.

Auf diesem Feld geht es in grundlegender Weise um die Entwicklung neuer Schnittstellen zwischen den Geistes- und den Naturwissenschaften, wobei die erstgenannten nicht als ornamentale Zutat missverstanden werden dürfen, sondern sich als Grundlagenwissenschaft vom Leben entschlossener als bisher fundamentalen Fragen von Lebensentwurf, Lebenswirklichkeit und Lebenspraxis zuwenden müssen. Dabei besteht das Ziel nicht in einer – wie auch immer deutbaren – Verwissenschaftlichung der Gesellschaft, sondern in einer Vergesellschaftung des Wissens, gerade und in besonderer Weise als Beitrag zum öffentlichen Leben selbst. Und dazu gehört auch die Vermittlung der Einsicht, dass das *Leben* in all seiner Vielfalt nicht auf die Fragestellungen und Methoden eines biowissenschaftlichen Fächerensembles reduziert werden kann.

Denn so, wie die höchst wirksamen semantischen Exklusionsmechanismen in den Naturwissenschaften zunehmend den Wissenschaftsbegriff in Beschlag nehmen und längst nicht mehr nur in der englischsprachigen Welt eine vermeintlich klare Trennung zwischen (naturwissenschaftlichen) „Scientists" und in den „Humanities" beheimateten „Scholars" vornehmen, ist auch der Lebensbegriff längst zur Beute einer einzigen Fächergruppe innerhalb der Wissenschaftssystematik geworden. Diesen anhaltenden semantischen Enteignungsprozessen, die sich gerade im Begriff der *Life Sciences*, der sogenannten ‚Lebenswissenschaften‘, in besonders deutlicher Weise abzeichnen, müssen neue zukunftsweisende Konzepte entgegengestellt werden. Erfolgt dies nicht, fällt es nicht schwer vorauszusehen, dass die Romanistik weiter an Boden verlieren wird.

Denn die wissenschaftliche Bandbreite der Biowissenschaften ist gewiss ein wichtiger, aber keineswegs der einzige Bereich der Lebenswissenschaften. Der Bereich der Literaturen der Welt reicht um Jahrtausende früher in ein sorgfältig gepflegtes und tradiertes Wissen der Menschen vom Leben, von den Formen und Normen des Lebens, zurück. Die Gleichsetzung der Biowissenschaften mit den Lebenswissenschaften ist folglich nicht nur irreführend, sie geht gezielt zu Lasten der Geistes- und Kulturwissenschaften. Diese aber müssen ihrer ethischen Verantwortung mit neuen Entwürfen und Selbstentwürfen sowie einer Hinwendung zu Grundfragen menschlichen und gesellschaftlichen Lebens aus inter- und transkultureller Sicht gerecht werden. Es gilt, in diesem Zusammenhang die Trümpfe der Literaturen der Welt in Gestalt ihres Wissens vom Leben in und durch die Lebensprozesse selbst auszuspielen und den Blick dafür zu öffnen, wie menschliches Leben und ein Zusammenleben des Menschen mit Natur und Landschaft, mit der Tierwelt und nicht zuletzt mit Menschen anderer Herkunft und anderer Lebensformen gedacht und organisiert werden kann.

Selbstverständlich ist dies eine Herausforderung, die nicht allein die Romanistik angeht, sondern alle Philologien in ihrem genuinen breiten Gegenstandsbereich betrifft. Doch ist eine sich als Archipel-Wissenschaft verstehende Romanistik, die an die Kopräsenz unterschiedlicher Logiken gewöhnt ist und spezifische Formen des Zusammendenkens entwickelt, besser als andere Disziplinen dafür geeignet, Beiträge zu dieser überaus zukunftsweisenden Problemstellung vorzulegen. Sie hat dabei in ihrer Fachgeschichte bereits Lösungsansätze vorgelegt, wie – etwa der später noch zu diskutierende Begriff der ‚Literaturen der Welt‘ – nun in neuen Zusammenhängen verschüttete Traditionen freigelegt und wieder nutzbar gemacht werden können.

Folglich sollte die Vernetzungswissenschaft Romanistik in grundlegender, vielleicht sogar prägender Weise an einer transdisziplinären Diskussion über Leben und Zusammenleben beteiligt sein; sie darf diese Fragen nicht den Biowissenschaften einerseits und der Philosophie andererseits (die sich weit besser auf diese Herausforderungen eingestellt hat) überlassen, sondern muss sich in die öffentlichen wie wissenschaftsinternen Debatten stärker als bisher einmischen. Die Philologien besitzen auf diesem Gebiet einen unschätzbaren Vorteil, insbesondere dann, wenn sie sich der Tatsache gewahr werden, dass es nicht nur abendländische, sondern insbesondere mit Blick auf China auch andere und sehr eigenständige Philologien gibt, die noch über längere Traditionsstränge verfügen als sie selbst.

Denn eines steht außer Frage: Die romanischen Literaturen und Kulturen der Welt bilden einen gigantischen interaktiven Speicher von Lebenswissen, eines Wissens über Leben und Zusammenleben wie eines Wissens des Lebens von sich selbst, und dies in einer kulturellen und sprachlichen Vielfalt, wie sie keine andere Disziplin des philologischen Fächerkanons vorweisen kann! Diese Spezifik der Romanistik ist ihr Trumpf für eine Zukunft, in der sich die Philologien in stärkerem Maße *auch* als Lebenswissenschaften begreifen und nach neuen Formen inter- und transdisziplinärer Zusammenarbeit Ausschau halten. Diese Dimensionen einer Zukunftsphilologie gehören zweifellos zum Spannendsten, was die aktuellen Geistes- und Kulturwissenschaften an potentiellen Entwicklungen und Chancen zu bieten haben.

Vor diesem Hintergrund sollte sich die Romanistik gerade in der Übergangsphase nach Abschluss der vierten Phase beschleunigter Globalisierung als eine weltweit und relational denkende und agierende Wissenschaft verstehen und transregionale, transnationale und transareale Forschungsperspektiven federführend mitgestalten. In diesem Zusammenhang wird es notwendig sein, je nach geographisch-kultureller Area die Berührungs- und wechselseitigen Beeinflussungsphänomene zwischen den globalisierten Weltsprachen der Romania und etwa den unterschiedlichen afrikanischen, indigenen oder Kreolsprachen zu einem Schwerpunkt romanistischer Forschung zu machen, um eine fundamentale Transkulturalität besser zu verstehen, welche die romanischen Literaturen der Welt nicht erst seit der Kolonialzeit, sondern – wenn auch in beschränkterem Umfang – von ihren Anfängen an mitgeprägt haben. Dies ist keine Arbeit an den ‚Rändern‘ der Romania, sondern Forschung in ihrem ureigensten Kernbereich.

Die Romanistik ist ein unverzichtbarer Bestandteil vieler Einzeldisziplinen übergreifender Verbünde der Regionalstudien sowie perspektivisch der *Trans-Area Studies*. Diese transarealen Studien beschäftigen sich keineswegs nur mit Beziehungen zwischen verschiedenen romanischen Sprach-, Literatur- und Kulturräumen, sondern beziehen sich wesentlich auf Relationen, welche die Romania mit anderen nicht-romanischen Literaturen und Kulturen verbinden. Verabschiedete sich die Romanistik von den außereuropäischen Fragestellungen innerhalb ihrer Disziplin, dann wählte sie damit bewusst oder unbewusst die (sich im Verlauf der vergangenen Jahrzehnte immer deutlicher abzeichnende) Nischenlage einer Klassischen Philologie. Die Romanistik aber hat das Zeug zu einem in jeglicher Hinsicht großen Fach.

Ob die Romanistik ihre Chancen wahrnimmt, dies müssen wir zweifellos einräumen, steht freilich auf einem anderen Blatt. Denn es ist durchaus vorstellbar, dass sie sich auf die Dimensionen eines ‚kleinen Fachs' zurückzieht. Ein Ausklinken der deutschsprachigen Romanistik aus den gegenwärtigen Diskussionen und Debatten, in denen gerade der romanisch-sprachigen Welt im globalen Kontext eine enorme Bedeutung zukommt, hätte ohne jede Frage kurz- wie langfristig verheerende Folgen für unser Fach.

Denn eine vermeintliche ‚Rückbesinnung' auf das ‚Eigentliche' der Romanistik, worunter in der Regel die Ausklammerung der Untersuchung von Gegenwartsliteraturen und der gesamten außereuropäischen Romania verstanden wird, käme im Horizont der aktuellen Entwicklungen einer weitgehenden Selbstzerstörung des Fachs gleich. Dies gilt es all jenen entgegenzuhalten, die offen oder weniger offen für eine ‚Rückbesinnung' der Romanistik auf ihre Fachtraditionen eintreten. Darunter wird zumeist verstanden, dass in der Zeit von Karl Vossler oder Ernst Robert Curtius noch kaum von Gegenwartsliteratur die Rede war und außereuropäische Literaturen hinter dem bestenfalls europäischen Horizont des Fachs verschwanden. Dabei hatte gerade der Curtius von *Europäische Literatur und lateinisches Mittelalter* die Tür zu den Gegenwartsliteraturen weit geöffnet. Doch noch in meiner eigenen Studienzeit am Romanischen Seminar der Albert-Ludwigs-Universität zu Freiburg konnte ich weder bei Hugo Friedrich noch bei Erich Köhler, den damals renommiertesten Romanisten, Veranstaltungen hören, die zeitlich über Marcel Proust und den Beginn des 20. Jahrhunderts in die Gegenwart hinausreichten. Auch war beiden nie ein Wort über außereuropäische Literaturen zu entlocken.

Sollten wir zu einem solchen Verständnis von Romanistik zurückkehren? Sicherlich nicht. Von diesen zweifellos großen Romanisten sollten wir jedoch übernehmen, was auch heute noch zukunftsfähig ist.[6] Die Romanistik hat die Herausforderungen (wie auch die Risiken und Chancen) der historischen Phasen beschleunigter Globalisierung anzunehmen und kritisch zu durchdenken. Eine Beschränkung auf europäische Gegenstände und damit den vermeintlichen ‚Kern' des Fachs wäre die Bankrotterklärung einer Disziplin, die dank ihrer Vielsprachigkeit und der Komplexität multi-, inter- und transkultureller Beziehungen innerhalb wie außerhalb der traditionellen Grenzen der Romania besser als jede andere philologische Disziplin auf die Herausforderungen und Diskussionen entscheidender Globalisierungsphänomene der vergange-

---

6 Vgl. hierzu Ette, Ottmar: Ein Fest des Intellekts, ein Fest der Lust. Hugo Friedrich, Paul Valéry und die Philologie. In: *Jahrbuch der Deutschen Schillergesellschaft – Internationales Organ für neuere deutsche Literatur* (Göttingen) LVII (2013), S. 290–321.

nen Jahrhunderte wie der Gegenwart vorbereitet ist. Die Romanistik ist und bleibt in der Pflicht, ihre Wissensbestände öffentlich wahrnehmbar einzubringen und dadurch die aktuellen Debatten zu bereichern. Mit diesem Ziel einer deutlichen Erweiterung des Horizonts damaliger Philologie wurde sie gegründet; und daran und nicht an der anfänglichen Gegenstandsbestimmung sollten wir festhalten.

Damit geht die Forderung einher, dass die Beschäftigung mit außereuropäischen (insbesondere frankophonen, hispanophonen und lusophonen) Themenstellungen nicht einfach an Regionalforschungszentren ausgelagert und delegiert werden darf. Derartige Forderungen wurden immer wieder erhoben und sind auch gegenwärtig nicht völlig vom Tisch. Wo immer es derartige Zentren für *Area Studies* unter Beteiligung der Romanistik gibt, ist diese Präsenz selbstverständlich zu stärken und dort einzufordern, wo die Romanistik – wie etwa im Bereich moderner Orientforschung – nur selten institutionell vertreten ist und wahrgenommen wird.

Gerade vor dem Hintergrund einer aktuellen Krise der Regionalstudien und der Entwicklung transregionaler Konzepte aber sollte die Beschäftigung mit außereuropäischen Themen integrativer Bestandteil einer Romanistik sein, die ihre europäischen Gegenstandsbereiche nicht vernachlässigt, aber in globale Zusammenhänge jenseits zunehmend kritisch diskutierter und teilweise überkommener Konzepte der ‚Regionalwissenschaft' einbringt. Sie sollte dies stets in dem Bewusstsein tun, dass es einen Kontinent Romanistik nicht gibt.

Romanistik ist eine Archipel-Wissenschaft. Zu einer weitgehenden Auslagerung ‚lediglich' regional und areal ausgerichteter Forschungsbereiche der Romanistik darf es nicht kommen, wäre dies doch der Einstieg in den Abstieg unseres Faches. Die Unterscheidung zwischen einem ‚Kern' und seinen bloß als regional zu verstehenden Varianten macht insofern auch epistemologisch keinen Sinn, als auch die Erforschung etwa der spanischen, französischen oder italienischen Literatur selbstverständlich regionalbezogen ist. Die Vernetzungsstrukturen der Romanistik sind nicht wie bei einem Spinnennetz zentriert, sondern ähnlich wie in einem Mangrovenwald rhizomatisch verzweigt.

Sich nach dem vor Jahrzehnten erfolgten *Cultural turn* aus diesen dynamischen Wissenschaftsfeldern zurückzuziehen, die Frage etwa der großen spanischsprachigen Minderheit in den USA der anglophonen Nordamerikaforschung oder die Problematik des europäisch-arabischen oder arabisch-amerikanischen Kulturaustauschs allein dem Bereich der Internationalen Beziehungen in der Politologie zu überlassen, wäre mit Blick auf die Zukunftspotentiale des Fachs unverantwortlich. Unsere Beschäftigung mit Gloria Anzaldúas *Borderlands / La Frontera*, aber auch mit Salman Rushdies *East, West* sollte uns aufgezeigt haben, wie sichtig derartige Forschungsfelder für eine international agierende Romanis-

tik sind. Es wird in Zukunft in verstärktem Maße darauf ankommen, mit historischer Tiefenschärfe spezifisch romanistische Antworten auf die Herausforderungen des 21. Jahrhunderts zu finden und dabei an Vorstellungen einer weltoffenen
Philologie anzuknüpfen, wie sie um die Mitte des 20. Jahrhunderts, des ‚Jahrhunderts der Migrationen‘, gerade in der Romanistik angedacht wurden. Wir werden
dies im nächsten Teil unserer Vorlesung näher beleuchten.

Bedeuten derlei Zukunftsvorstellungen aber nicht, die Romanistik einer Zerreißprobe zu unterwerfen und die ‚Einheit des Faches‘ aufs Spiel zu setzen? Wäre
es nicht vielmehr angezeigt, in der Romanistik kleinere Brötchen zu backen und
sie vor Zukunftsentwürfen zu schützen, in denen manche Fachvertreter*innen
vielleicht schieren Utopismus vermuten? Die Antwort auf diese Fragen findet
sich im Auftakt unserer Überlegungen. Dank ihrer Fächerstruktur befindet sich
die Romanistik – so die Ausgangsthese dieser Überlegungen – in einer Archipel-
Situation: Sie kann nur dann als wahrnehmbares Fach überleben, wenn sie die
Beziehungen zwischen den unterschiedlichen Inseln mit ihrem jeweiligen Eigen-
Sinn intensiviert und nicht die Autarkie der einzelnen Insel-Welten über alle
Maßen und auf Kosten anderer fördert.

Lassen Sie mich an dieser Stelle unserer Überlegungen ebenso klar wie einfach sagen: Die ‚Einheit des Faches‘ wird nicht dadurch hergestellt, dass Themenbereiche, die erst im vergangenen Jahrhundert hinzukamen, wieder ‚abgestoßen‘
oder an Regionalforschungszentren konzentriert werden; diese Einheit ist nicht
durch ein ‚Zurückschneiden‘ auf einen bestimmten Kanon, sondern nur durch intensivierte Relationalität und Vielverbundenheit zu erreichen! Die bisherigen Er-
weiterungsphasen der Romanistik sind irreversibel und Teil einer Fachgeschichte,
die es in eine nächste Phase zu übersetzen gilt.

Die deutschsprachige Romanistik hat ihre Möglichkeiten und Chancen, als
eine von Haus aus vielkulturelle Disziplin mit (literar- und kultur-) geschichtlicher Präzision agieren zu können, für die aktuellen Debatten um ein Zusammenleben der Kulturen jenseits des zu Beginn unseres Jahrtausends prophezeiten
Clash of Civilizations noch nicht wirklich erkannt geschweige denn genutzt. Das
weitgehende Schweigen des Faches in der Öffentlichkeit gerade auf diesem Feld
ist nicht zu überhören und ist dem Ruf der Romanistik – die zunehmend jenseits
ihrer Grenzen als eine hochgradig mit sich selbst beschäftigte und in sich selbst
verkeilte Disziplin wahrgenommen wird – höchst abträglich. Es geht mir daher
in dieser gesamten Vorlesung auch nicht darum, vorhandene Entwicklungen
und Positionen romanistischer Forschung einer Kritik zu unterwerfen, sondern
vielmehr den Blick nach vorne zu richten und zu fragen, auf welchen Gebieten
im besonderen Maße die Zukunftschancen künftiger Romanistik und der Zukunft
zugewandter romanistischer Forschung liegen.

Keinen Zweifel kann es aus meiner Sicht an einer simplen Tatsache geben: Zusätzlich zu der in Schwung zu bringenden internen Relationalität ist dringend eine stärkere externe Einbindung in Einzeldisziplinen übergreifende Zusammenhänge aufzubauen. Die Romanistik als Vernetzungswissenschaft hat sich als selbstbewusstes Fach in unterschiedlichste inter- und transdisziplinäre Forschungs- und Lehrzusammenhänge einzubringen, so dass eine verstärkte Vernetzung unseres Fachs auch nach außen dringend geboten ist. Die Romanistik sollte sich nicht vordringlich über sich selbst beugen und mit sich selbst beschäftigen, sondern sich in innovativen Fächerzusammenhängen – wie andere Disziplinen auch – ständig neu erfinden!

Daher muss sich die Romanistik intensiver in eine sowohl interdisziplinär als auch transdisziplinär ausgerichtete Verbundforschung integrieren und Angebote entwickeln, um translokale, transregionale, transnationale, transareale und transkontinentale Arbeitsvorhaben zu unterschiedlichen Epochen auf den Weg zu bringen.

Abb. 11: Harald Weinrich (1927–2022).

In diesen Tagen ist Harald Weinrich von uns gegangen, einer der ganz Großen unseres Fachs, der unter vielen anderen Auszeichnungen auch ans Collège de France berufen wurde. Er hat nicht nur die Verbindung zwischen Literatur-, Kultur- und vor allem auch Sprachwissenschaft gesucht, sondern weit über die Fachgrenzen hinaus als Gründerfigur für Deutsch als Fremdsprache, aber auch für Schriftstellerinnen und Schriftsteller gewirkt, die allesamt in seiner Konzeption einer romanistischen *Literatur*wissenschaft Platz fanden. Ich gestehe Ihnen gerne, dass ich diesen wunderbaren Menschen und Vollblut-Romanisten sehr bewundert habe.

Ich habe Harald Weinrich an diesem Ort erwähnt, weil ich einmal mehr verdeutlichen wollte, dass es in der Fachgeschichte der Romanistik durchaus Vorbilder gibt, an denen sich unsere Vorlesung orientieren kann, ja vielleicht sogar orientieren muss. Und dass es keineswegs utopisch ist, heute einen Entwurf der Romanistik zu wagen, wie er in dieser Vorlesung umrissen wird. Denn unsere Fachgeschichte – und Harald Weinrich ist längst ein wichtiger Teil von ihr – zeigt uns auf, in welchem Maße die Romanistik eine impulsgebende Vernetzungswissenschaft ist.

All dies bedeutet, dass sich die Romanistik als ‚Einzelsprachen' und ‚Einzelliteraturen' miteinander vernetzende Wissenschaft nicht auf die interne Verbundenheit und Selbstbezogenheit ihrer unterschiedlichen Gegenstandsbereiche beschränken darf, sondern attraktive Anschlussmöglichkeiten für eine verstärkte externe Relationalität entwickeln sollte. Auf Grund ihrer Vertrautheit mit unterschiedlichsten europäischen und außereuropäischen Kulturen auf verschiedenen Kontinenten könnte die Romanistik stärker als bisher wichtige Funktionen innerhalb wissenschaftlicher Netzwerke übernehmen. Auch hier gilt, dass Spezialisierung nicht nur im monothematischen, sondern auch im transversal vernetzenden Sinne möglich und dringlich ist.

Vielleicht wäre es in diesem Zusammenhang auch weniger wichtig, danach zu fragen, *was* Romanistik sei, als vielmehr auszuloten – und ich habe dabei die Hauptthesen von Harald Weinrichs schönem Band *Tempus* im Kopf –, *wann* Romanistik ist. Denn eine statische Bestimmung der Romanistik würde ihr gerade jene Entwicklungsmöglichkeiten nehmen, deren sie heute dringender denn je bedarf. Mobilität ist auch und gerade für die Zukunftsphilologie Romanistik Trumpf.

So brauchen wir vor allem eine vielfältige Romanistik, die sich nicht auf eine einzige Ausrichtung, nicht auf eine einzige Selbstbestimmung verständigt, sondern – von einer übergreifenden Solidarität innerhalb des Faches getragen – deren viele entfaltet und miteinander verbindet. Mir scheint es in diesem Zusammenhang wichtig, innerhalb der deutschsprachigen Romanistik den Anteil in anderen Sprachen und Kulturen aufgewachsener Kolleginnen und Kollegen zu erhöhen, um innerhalb des deutschsprachigen Raumes selbst die arabischen Literaturen aus der Sicht französischer Kollegen, die französische Literatur aus der Sicht lateinamerikanischer Forscherinnen und die europäische Romania aus der Sicht chinesischer Spezialist*innen kennenzulernen.

Es gilt folglich, den beständigen Blickwechsel in unser Fach selbst zu holen. Die Reduktion auf einen ‚eigentlichen Kern' dessen, was Romanistik ist, führt letztlich zur Reduktion des Faches und damit zu einer ‚Romanosklerose', die jegliche Entwicklung hemmt und neue Visionen prinzipiell unter Utopie-Verdacht stellt. Die ‚traditionellen' Bereiche der Romanistik dürfen nicht vernachlässigt, sondern müssen weiterentwickelt werden – wenn auch nicht auf Kosten erst später hinzugetretener Forschungsgebiete. Mittelalterforschung ist *nicht out*, bloß weil es eine romanistische Afrikaforschung gibt.

Gerade in einer inhaltlichen, methoden- und gegenstandsbezogenen Offenheit und Vielverbundenheit bündeln sich die Traditionslinien dieses faszinierenden Fachs zu dem, was Romanistik ausmacht. Einer Romanistik, die ihre Aufgabe ernst nimmt, ihr Wissen (sei es über Dante oder die Diphtongierung, Proust oder postkoloniale Literaturen) in die Gesellschaft zu tragen, wird jener Wissenstransfer gelingen, der für das Überleben des Fachs *in seiner Diversität* unverzichtbar ist. In diesem Sinne ist Romanistik *queer*. Es gibt – wie bisweilen geschehen – keinen vernünftigen Grund, die Zukunft der Romanistik in Fragezeichen zu setzen: Denn die Faszinationskraft des Fachs liegt in seiner Vielfalt und Diversität – und in seinem Vermögen, einer geistigen und kulturellen Verarmung und Vereinfachung selbstbewusst und überzeugend gesellschaftsfähig entgegenzutreten.

Die romanische *Literatur*wissenschaft hat ohne jeden Zweifel neue und vielversprechende Forschungsfelder ausgemacht. Greifen wir aus der Logik des bisher Gesagten eines davon heraus: Die Erforschung des *ZwischenWelten-Schreibens* eröffnet der Romanistik die Chance, eine Lebenswissenschaft vom Zusammenleben in Differenz zu entwickeln und die Aufgabe der Philologie neu zu bestimmen. Denn die größte und zugleich bedrohlichste Herausforderung für das 21. Jahrhundert ist – wie im vorliegenden Band mehrfach betont – die Zukunftsfrage des Zusammenlebens in Differenz auf unserem Planeten. Der aktuelle Vernichtungskrieg Russlands gegen die Ukraine mag Ihnen in dramatischer Form vor Augen führen, was ich mit der Frage nach einer friedlichen Konvivenz in Differenz meine.

Konvivenz ist ein sehr weitgespannter Begriff:[7] Auf diesem Gebiet sind integrative oder der von uns zu verbrauchenden Ressourcen in einer endlichen Welt. Denn auch das ist Konvivenz: mit dem Planeten in Frieden zusammenzuleben. Wie in der Narratologie oder in der Metrik brauchen wir auch auf diesem konvivenziellen Gebiet eine wissenschaftliche Grundlagenforschung. An ihr muss die Romanistik als vielsprachiges und vielkulturelles Fach maßgeblich beteiligt sein.

Menschenverachtende terroristische Attentate und militärische Gegenschläge haben ein Bewusstsein – wenn auch nicht immer ein Verständnis – dafür geschärft, dass mit den beschleunigten Globalisierungsprozessen an der Wende vom 20. zum 21. Jahrhundert keineswegs nur Prozesse einer zunehmenden Annäherung zwischen den unterschiedlichen Kulturen einhergehen (müssen). Nach dem Ende der vergangenen vierten Phase beschleunigter

---

7 Vgl. hierzu Ette, Ottmar: *ZusammenLebensWissen. List, Last und Lust literarischer Konvivenz im globalen Maßstab (ÜberLebenswissen III)*. Berlin: Kulturverlag Kadmos 2010; sowie ders.: *Konvivenz. Literatur und Leben nach dem Paradies*. Berlin: Kulturverlag Kadmos 2012.

Globalisierung müssen wir wie bei früheren Ausgängen beschleunigter Globalisierungen einsehen, dass mit derartigen Phasen nicht allein zunehmende Nationalismen und Abschottungen nationaler Märkte, sondern auch zunehmende Konflikte und kriegerische Auseinandersetzungen verbunden sind. Die Feststellung schmerzt, aber ist evident: Bislang hat die Menschheit keinen pragmatischen Mechanismus geschaffen, um Kriege zu vermeiden, ja nicht einmal, um einen die ganze Erde vernichtenden nuklearen Weltkrieg zu verhindern. Dies ist nach all den Jahrhunderten höchst leidvoller Erfahrungen der Menschheit mit Kriegen zwar erstaunlich, aber leider ein Faktum. Es scheint keine Schule des friedlichen Zusammenlebens in Differenz zu geben.

Eine solche Schule der Konvivenz dürfte keinesfalls auf einer einzigen kulturellen Logik beruhen. Denn monologische Strukturen sind ungeeignet, um Konflikte beizulegen: Selbst wenn sie eine Auseinandersetzung zeitweise ruhigzustellen vermögen, brechen die alten Konfliktlinien doch bei nächster Gelegenheit wieder auf. Vielmehr haben sich quer und gegenläufig zum multikulturellen Nebeneinander, das sich keineswegs nur in allen westlichen Metropolen beobachten lässt, zum dialogischen interkulturellen Miteinander, bei dem die ‚Gesprächspartner‘ ihre kulturellen Positionen austauschen, aber nicht vertauschen, und zum transkulturellen Durcheinander, in dem verschiedenkulturelle Traditionen und Positionen immer wieder gewechselt werden, virulente Bruch- und Konfliktlinien aufgetan, die in hohem Maße nach neuen kulturellen und affektiven Politiken verlangen.

Hier ist nicht allein in der Politik die Gefahr groß, zu unstatthaften oder irreführenden Vereinfachungen und Verallgemeinerungen zu greifen, um Menschen zu manipulieren und gefügig zu machen. Die Putin'sche Propagandamaschinerie bietet hierfür auf den verschiedensten Ebenen propagandistischer Kriegsführung ein reiches Anschauungsmaterial. Aber auch im sogenannten ‚Westen‘ sind wir vor derlei propagandistischen Aktionen keineswegs sicher, denken Sie nur an das gezielte Gerede von den „Weapons of Mass Destruction" vor dem Irak-Krieg, das auf Fälschungen westlicher Geheimdienste beruhte. Oder denken Sie daran, wie der Whistleblower Edward Snowden wegen seiner Aufdeckungen von Machenschaften westlicher Geheimdienste ebenso brutal verfolgt und mit lebenslanger Haft bedroht wird wie der investigative Journalist und Gründer von *WikiLeaks* Julian Assange. Schlechte Fiktionen sind ein fundamentaler Bestandteil unseres gesellschaftlichen Lebens.

Unsere Welt ist ebenso während wie nach der vierten Phase beschleunigter Globalisierung von massiven Migrationen geprägt. Die biopolitischen Rahmenbedingungen haben im Verbund mit massiver kultureller De- und Reterritorialisierung zum Phänomen eines massenhaften Auftauchens delokalisierten Wissens geführt, das außerhalb seines ursprünglichen Entstehungskontexts als migratorisches Wissen nicht ohne weiteres in die aufnehmenden Gesellschaften integriert werden und diese bereichern kann. Gerade auf dem Gebiet der Literatur(wissenschaft) benötigen wir Forschungen zu Formen und Funktionen eines delokalisierten Lebenswissens und Überlebenswissens, das sich im migratorischen Umfeld herausbildet. Die Analyse der Literaturen ohne festen Wohnsitz gibt uns hier entscheidende Hinweise für wissenschaftliche Ansatzpunkte und transareale Neuausrichtungen im Kontext der Frage nach einem friedvollen Zusammenleben in Differenz. Die romanischen Weltsprachen Spanisch, Portugiesisch und Französisch sind als sprachliche Supports der Literaturen der Welt bestens geeignet, in diesen testimonialen Ausdrucksformen ebenso in spezifisch literarischer Form als auch digitalisiert auf Internet-Plattformen darüber Auskunft zu geben, wie dieses Wissen entsteht, wie es sich strukturiert und wie es analysiert werden kann.

Ein hohes konfliktuelles und konfrontatives Potential lässt sich insbesondere bei all jenen Konzeptualisierungen feststellen, welche auf die hier nur kurz skizzierten Entwicklungen mit essentialisierenden und weitgehend statischen Vorstellungen und Begriffsbildungen reagieren. Hatte Samuel P. Huntington 1996 in *The Clash of Civilizations* noch das Bild einer Welt entworfen, in der sich Kulturen mit bestimmten Territorien und letztere mit nationalstaatlichen Grenzen in Übereinstimmung bringen lassen, so dass sich die amerikanische Hemisphäre auf dem beigefügten Kartenmaterial in zwei fein säuberlich voneinander geschiedene Kulturkreise auftrennen ließ, so entwirft er in seinem neuen Buch unter dem Titel *Who Are We?* ein freilich nur auf den ersten Blick dynamischeres Bild.[8] Längst seien die Außengrenzen der Vereinigten Staaten unter dem Ansturm lateinamerikanischer Einwanderergruppen – allen voran Kubaner und insbesondere Mexikaner – wirkungslos geworden: Miami sei seit geraumer Zeit in kubanischer Hand, die Rückeroberung des Südwestens der USA durch die Mexikaner in vollem Gange.[9] Angesichts derartiger biopolitischer Entwicklungen darf man sich in der Tat fragen: ‚Wer sind wir denn?'

Ohne viel Federlesen wird „Die Krise der amerikanischen [sic!] Identität" erneut und nach bewährtem Muster in ein plakativ entworfenes Bedrohungsszenario projiziert, das angesichts einer spanischsprachigen *Reconquista* nach

---

8 Vgl. hierzu die nahezu zeitgleich erschienene deutschsprachige Übersetzung von Huntington, Samuel P.: *Who Are We? Die Krise der amerikanischen Identität.* Aus dem Amerikanischen von Helmut Dierlamm und Ursel Schäfer. Hamburg – Wien: Europa Verlag 2004.
9 Vgl. hierzu auch die plastische Präsentation der Hauptthesen dieses Buchs in Huntington, Samuel P.: The Hispanic Challenge. In: *Foreign Policy* (Washington, DC) (15.3.2004) (<www.fo reignpolicy.com/story/cms.php_id=2495>).

politischem Handeln und leitkulturellem Durchgreifen ruft.[10] Folgenreich wird auf der Grundlage einer ebenso beträchtlichen wie bewussten Komplexitätsreduktion der vom Star-Politologen, Präsidentenberater und Mitbegründer der Zeitschrift *Foreign Policy* selbst ausgerufene ‚Kampf der Kulturen' in die Vereinigten Staaten von Amerika selbst verlagert.

Die anglo-protestantischen Fundamente und Werte der Vereinigten Staaten erscheinen in dieser vorperspektivierten (Schreckens-)Vision als zutiefst bedroht. Und mag man im vereinigten Europa über die Chancen der Mehrsprachigkeit auch noch so viel nachsinnen: Für Huntington erscheint bereits jede Abweichung von anglophoner Einsprachigkeit als Zeichen und Ausdruck einer tiefgreifenden Krise, ja mehr noch: eines rasch im Innern voranschreitenden Kulturkampfs bedrohlichen Ausmaßes. Der *Clash of Civilizations* findet damit nicht mehr an fernen Grenzen, sondern vor der eigenen Haustüre, ja im ‚eigenen' Hause selbst statt.

Ist es angesichts derartiger Propaganda, die nur wegen der aktuellen Kriegsereignisse in Osteuropa in den USA in den Hintergrund getreten ist, aber mit dem Aufkommen der Anhängerschaften eines Donald Trump wieder tagesaktuell sein wird, nicht notwendig, textanalytisch gerade auch von Seiten der Romanistik einzugreifen und diese schlechten Fiktionen als in Gang gesetzte Stereotype mit kulturtheoretischen Traditionssträngen in Verbindung zu bringen? Ich habe dies in einer anderen Vorlesung zu unternehmen versucht.[11] In der aktuellen Situation unserer Gesellschaften benötigen wir gewiss eine kritische und keine beschwichtigende Debatte über Grundwerte, die nicht den Massenmedien und ihren „fast-thinkers"[12] allein überlassen werden darf.

---

10 Vgl. hierzu vor allem das Kapitel „Mexikanische Immigration und Hispanisierung" in Huntington, Samuel P.: *Who Are We?*, S. 283–325. Es endet wie folgt: „Bei gleichbleibend hohen Immigrationsraten der Mexikaner und anderer Hispanics und angesichts der langsamen Assimilation dieser Immigranten an die amerikanische Gesellschaft und Kultur könnte sich Amerika am Ende in ein Land mit zwei Sprachen, zwei Kulturen und zwei Völkern verwandeln. Dies wird nicht nur Amerika verändern. Es wird auch drastische Konsequenzen für die Hispanics haben, die in Amerika leben, aber nicht zu Amerika gehören. […] Es gibt keinen Amerikano-Traum. Es gibt nur einen amerikanischen Traum, den die angloprotestantische Gesellschaft geschaffen hat. Mexiko-Amerikaner werden an diesem Traum und dieser Gesellschaft nur teilhaben, wenn sie auf Englisch träumen." Im siebten Band der Reihe „Aula" haben wir uns mit den *American Dreams* im Plural auseinandergesetzt und zugleich gesehen, wie rassistisch der sogenannte ‚American Dream' geprägt ist; vgl. Ette, Ottmar: *Erfunden Gefunden* (2022), insb. Teil 7 u. Teil 8.
11 Vgl. hierzu ebda., S. 533 ff. u. 738 ff.
12 Vgl. zu diesem Begriff und einer Kritik an der Darstellung komplexer Inhalte im Fernsehen u. a. Bourdieu, Pierre: *Sur la télévision, suivi de L'emprise du journalisme*. Paris: Liber Editions 1996.

In diesem Zusammenhang zeigt sich die alternativlose Notwendigkeit, dass auch die Romanistik sich mit den neuen elektronischen Medien auseinandersetzt. Wenn nicht alles täuscht, zerfällt das Fach der Romanistik in Romanist*innen, die von den technischen Entwicklungen der *Digital Humanities* abgehängt wurden und mit den neuen Möglichkeiten nicht viel anzufangen wissen, und in solche, die sich stark oder gänzlich auf diese Herausforderungen eingelassen haben. Dahinter verbirgt sich sicherlich auch ein Generationenproblem. Ich glaube nicht, dass es notwendig ist, zum Spezialisten für *Digital Humanities* zu werden, um etwa editionsphilologisch auf dem Stand zu bleiben. Ich glaube aber auch, dass es nicht mehr länger möglich ist, wissenschaftliche Texteditionen immer noch rein in Printform, rein als Buch anzugehen, sondern dass wir in einer Zeit leben, in welcher die Möglichkeiten genutzt werden müssen, die uns die *Digital Humanities* bieten. Gleichwohl sollte die Romanistik aufpassen, bei der Analyse von Blogs oder Internet-Plattformen nicht zu dilettieren, da andere Disziplinen auf diesem Gebiet der Romanistik leicht den Rang ablaufen können – in etwa so, wie die Filmwissenschaften mit Blick auf die Filmanalyse wesentlich präzisere analytische Methoden entwickelt haben.

Die *Digital Humanities* sind kein schwarzes Loch, in dem die Romanistik verschwinden wird. Es ist wichtig, derlei Ängsten entgegenzuwirken! Ich erinnere mich an Diskussionen in der Berlin-Brandenburgischen Akademie der Wissenschaften, in denen diese Ängste spürbar waren und sich daraus ein Festklammern an den Grenzen der sogenannten ‚Buchwissenschaften‘ ableitete. Die künftigen Debatten sollten sich – doch das tun sie bereits immer häufiger – nicht um ein Entweder-Oder, sondern um ein Sowohl-als-Auch drehen. Zentrale methodologische Bereiche der Romanistik werden fortbestehen, auch wenn sie im Lichte neuer *Tools* weiterentwickelt werden müssen.

Doch gerade bei der Analyse und Interpretation von Texten, die mit propagandistischen Absichten im Internet Verbreitung finden und diese Verbreitung mit Hilfe neuester digitaler Technologien und Algorithmen umsetzen, ist auch die Romanistik mit diesen Herausforderungen konfrontiert. Es gibt auf diesem Gebiet längst herausragende Ansätze, so dass mir um die Romanistik als digitaler Disziplin nicht bange ist. Zugleich heißt es auch stets, sich ausreichend bewusst zu machen, dass die Zugangsmöglichkeiten zum Internet nicht nur areal – etwa mit Blick auf weite Teile Afrikas oder Lateinamerikas –, sondern auch soziologisch begrenzt sind – ein Faktum, das bei aller bisweilen aufkommenden Euphorie die Reichweite elektronisch distribuierter Texte (und selbstverständlich auch deren Haltbarkeit) begrenzt. Denn noch immer ist das Medium des Buchs um ein Vielfaches länger archivierbar als digitalisierte Texte – und daran wird sich wohl auch in absehbarer Zeit zumal in einer Welt, die künftig wohl auch technologisch in verschiedene Blöcke mit unterschiedlichen Standards zerfallen wird, nichts Grundlegendes ändern.

Doch zurück zur Behauptung eines „Clash of Civilizations" und den sich daraus ableitenden Leitlinien konkreten politischen Handelns in den sogenannten ‚Ländern des Westens'. Das Beispiel Huntington zeigt in aller Deutlichkeit auch, dass sich die Wissenschaft der Darstellung komplexer Zusammenhänge gerade im Bereich des Zusammenlebens verschiedener Kulturen nicht begeben kann, ohne ihre ethische Verpflichtung zu globaler Verantwortung aufs Spiel zu setzen. Sie verkommt sonst zur simplifizierenden Legitimationswissenschaft und verliert ihre Funktion als kritisches Korrektiv von Öffentlichkeit und Politik.

Als (potentiellen) Wissenschaften vom Zusammenleben kommt den Geistes- und Kulturwissenschaften – und aus den genannten Gründen gerade der Romanistik – eine besondere Bedeutung und Rolle dabei zu, komplexe Probleme differenziert zu erfassen und darzustellen. Fachintern wurde diese bedeutsame Rolle bislang noch nicht mit der wünschenswerten Dringlichkeit erkannt: Zu sehr scheint die Romanistik mit sich selbst beschäftigt. Das Beispiel der so öffentlichkeits- und politikwirksam vorgetragenen Vorstellungen Samuel P. Huntingtons mag belegen, wie wichtig es ist, wissenschaftlich nicht haltbaren Handlungsanweisungen für affektgeleitete (Bio-)Politiken – und stammten sie von Wissenschaftlern – möglichst frühzeitig argumentativ entgegenzutreten. Die Analyse der verschiedenen Traditionsstränge der Literaturen ohne festen Wohnsitz kann anhand sehr unterschiedlicher Beispiele vor Augen führen und sichtbar machen, wie wichtig das in diesen Literaturen des ZwischenWeltenSchreibens gespeicherte Wissen ist, um allzu reduktionistischen Vorstellungsmustern widerstehen zu können.

Es ist folglich höchste Zeit, den nationalliterarisch bislang zumeist als Ausnahme und Randphänomen behandelten Literaturen ohne festen Wohnsitz aus unterschiedlichen (fachwissenschaftlichen) Blickwinkeln eine verstärkte Aufmerksamkeit zukommen zu lassen. Dies aber sollte im Rahmen eines Verständnisses der Literaturen der Welt erfolgen, das nicht länger von zentrierten und zentrierenden Vorstellungen beherrscht wird, die sich bisweilen an europazentrischen, bisweilen an US-zentrischen Modellen orientieren. Wir werden uns mit diesen Problematiken in dem sich nun anschließenden zweiten Teil unserer Vorlesung beschäftigen und die Frage stellen, welche Konzepte es *jenseits* beziehungsweise *nach* der Weltliteratur geben kann und wie die Romanistik auf diese Veränderungen zu reagieren hat.

Gerade im Bereich der Romanistik gilt es, den Schatz des in den Literaturen der Welt beziehungsweise den Literaturen ohne festen Wohnsitz verdichteten Zusammenlebenswissens zu heben und spezifische Gnoseme herauszuarbeiten, die durch die Forschungen auf literarischer Ebene ermittelt werden konnten.

Eine möglichst vielgestaltige, die multiperspektivische Anlage einer Archipel-Wissenschaft nutzende Erforschung der in unserer Vorlesung aufgezeigten Blick- und Analyserichtungen eröffnet gerade im Kontext der romanischen Literaturen der Welt alle Chancen, fernab jeglicher selbstzerstörerischer Kräfte auf innovative Weise mit der ebenso unverzichtbaren wie verlockenden Arbeit an der Aufgabe der Philologie von neuem zu beginnen.

Ich möchte daher im zweiten Teil dieser Vorlesung die Frage stellen, wie und auf welche Weise die Romanistik *aus ihrer eigenen Fachtradition heraus* den berechtigten Wunsch nach nicht zentrierten – und sicherlich auch nicht eurozentrischen – Verstehens-Modellen für die Literaturen der Romania befriedigen kann, die sich innerhalb eines offenen und polylogischen Systems der Literaturen der Welt bewegen. Auch im folgenden Teil sollen den theoretischen Überlegungen wiederum Beispiele an die Seite gestellt werden, um konkret an literarischen Texten nicht allein literaturwissenschaftliche Analyseverfahren durchzuführen, sondern auch das Wissen, Lebenswissen, Erlebenswissen und Zusammenlebenswissen dieser Textbeispiele abzuschöpfen und für unsere Vorlesung nutzbar und fruchtbar zu machen.

Erich Auerbach oder von der Philologie der Weltliteratur zur Philologie der Literaturen der Welt

Vielleicht mag manche die im Folgenden gewählte Vorgehensweise überraschen, zunächst in der eigenen romanistischen Fachtradition nachzusehen, ob es dort Konzepte gibt, welche brauchbare und tragfähige Orientierungen für die Zukunft der Romanistik bieten können. Befinden wir uns nicht in der dritten Dekade des 21. Jahrhunderts in einer Epoche, in welcher wie bereits skizziert die *Digital Humanities* die Entwicklung unseres Fachs umzuprägen scheinen? Ist es nicht irreführend, in der ersten Hälfte des 21. Jahrhunderts nach Konzepten Ausschau zu halten, die in der ersten Hälfte des 20. Jahrhunderts entwickelt wurden? Und wäre es nicht völlig verkehrt, nach dem Ende der vierten Phase beschleunigter Globalisierung Begriffe zur Beschreibung von Literatur heranzuziehen, die lange vor dem Beginn dieser historisch gewordenen Phase konzipiert worden sind?

Ich glaube, dass es ein gerechtfertigtes Anliegen ist, die Entwicklung eines Fachs anhand der Entwicklung seiner Konzepte zu vergegenwärtigen und prospektiv den Versuch zu unternehmen, in die Konfigurationen der Zukunft Elemente einzuspeisen, die aus der Vergangenheit, die aus der Geschichte dieses Fachs stammen. Denn die Reise des Schiffleins der Romanistik durch die Zeit bedeutet nicht, dass man dieses Schiff an jedem Haltepunkt durch ein neueres und moderneres ersetzte, sondern dass man vielmehr Bereiche des Schiffes umbaut und modernisiert, um den zukünftigen Herausforderungen gerecht zu werden. Und dass man sich deshalb darum bemüht, Bauplan und Struktur des Transportmittels durch die Zeit nicht einfach über Bord zu werfen, sondern aus der Geschichte des Schiffs heraus zu entwickeln. Dies ist nicht nur ein Gebot der Nachhaltigkeit, sondern auch eines fachgeschichtlichen Bewusstseins, wie es die Romanistik auf ihrer Reise durch die Zeit bislang ausgezeichnet hat.

Wir haben in unserer Vorlesung bislang noch nicht ausreichend erörtert, was genau unter ‚romanischer Literaturwissenschaft' zu verstehen ist. Welcher philologische Gegenstandsbereich und welche Tätigkeitsfelder fallen darunter? Und wie lässt sich die Romanische Literaturwissenschaft in jenen Kreis der literarischen Phänomene und Ideen einbauen, der über lange Zeit und dominant noch bis in die Gegenwart hinein als ‚Weltliteratur' bezeichnet wurde?

Verfolgen wir diese Fragestellungen am Beispiel eines der aus meiner Sicht größten Romanisten des 20. Jahrhunderts, am Beispiel von Erich Auerbach, der mit seinem im Exil aus Nazideutschland verfassten Hauptwerk *Mimesis. Darge-*

stellte Wirklichkeit in der abendländischen Literatur sowie mit seinem literatur-theoretisch angelegten Essay *Philologie der Weltliteratur* um die Mitte des 20. Jahr-hunderts entscheidende Impulse und Akzente rund um jenen Bereich setzte, den wir als Romanische Literaturwissenschaft bezeichnen!

Wir warten aber noch einen Augenblick mit der Lektüre des Hauptwerks dieses Berliner Romanisten, das bis heute lesenswert geblieben ist und das ich Ihnen sehr ans Herz legen möchte. Nur soviel: Der höchst ambivalente, von Ängsten wie Hoffnungen geprägte Ausblick des abschließenden Kapitels von Erich Auerbachs zwischen Mai 1942 und April 1945 im türkischen Exil niederge-schriebenen Bandes *Mimesis* steht ganz im Zeichen jener Überlegungen, die der große Romanist in einem Brief vom 3. Januar 1937 aus dem Refugium in Istan-bul an seinen Freund Walter Benjamin im Pariser Exil schickte. Dort heißt es einigermaßen resigniert, ja fast defaitistisch – und ich habe diese Stelle bereits in einem anderen Zusammenhang angeführt –, dass sich die Welt auf einem blutigen Wege hin auf eine „Internationale der Trivialität und zur Esperanto-kultur" bewege.[1] Doch Auerbach war weder resigniert noch defaitistisch, wie sich gleich zeigen wird.

Warum aber verfiel der Romanist in seinem Istanbuler Exil der ihn beunru-higenden Vorstellung, die ganze Welt bewege sich auf eine Trivialkultur und die Dominanz einer einzigen Sprache – und zwar nicht des Esperanto, sondern des Englischen – zu? Er sah bereits zu diesem frühen Zeitpunkt den kulturellen Suizid Europas unter den Schergen der Naziherrschaft und den Aufstieg einer englischsprachigen Massenkultur voraus, die sich in der Tat mit dem Eintritt der Vereinigten Staaten in den Zweiten Weltkrieg und dem Sieg der Alliierten über die Nazibarbarei erheblich verbreiten sollte. Aber sprach da aus Erich Au-erbach nicht ein kultureller europäischer Überlegenheitsdünkel gegenüber einer demokratischen Massenkultur, welche die letzten Feinheiten eines viel-sprachigen Europa mit einem milden Lächeln überging?

Nun, ich glaube nicht: Wie in dieser Briefpassage erscheint auch am Aus-gang von *Mimesis* (und in vielen anderen Texten Auerbachs) die große Sorge um die Gefahr, die der aus Nazideutschland Exilierte für die unterschiedlichs-ten Formen kultureller Vielfalt nicht allein in Europa, sondern in der gesamten Welt heraufziehen sah. Denn wiesen nicht alle Indizien darauf hin, dass es im weiteren Verlauf des 20. Jahrhunderts zu einer Reduzierung kultureller Aus-drucksformen und zu einer homogenisierenden Vereinheitlichung im globalen

---

1 Auerbach, Erich: Brief vom 3.1.1937 an Walter Benjamin. In: Barck, Karlheinz (Hg.): 5 Briefe Erich Auerbachs an Walter Benjamin in Paris. In: *Zeitschrift für Germanistik* (Berlin) 6 (1988), S. 692.

Maßstab kommen musste? Zeichnete sich nicht bereits am Horizont der Epoche ab, dass mit dem kulturellen Untergang des ‚Alten Europa' eine junge Nation ans Steuer der Weltgeschichte treten würde, welche bereits nach Aussage von Alexis de Tocqueville in den dreißiger Jahren des 19. Jahrhunderts[2] für politische Gleichmacherei und demokratische Massenkultur stand?

In der forcierten *Modernisierung als Okzidentalisierung*, wie er sie in seinem Exilland unter der Herrschaft von Mustafa Kemal Atatürk gleichsam hautnah miterlebte[3] (und gewiss durch seine universitäre Arbeit auch mitbeförderte), erkannte Auerbach nicht nur eine ganze Vielzahl an Chancen und Möglichkeiten – die ihm und seiner Familie letztlich auch das Leben gerettet hatten –, sondern zugleich auch einen Prozess einseitiger kultureller Verwestlichung, deren Expansion er als zunehmende Nivellierung, Verdrängung und Gleichmacherei begriff. Wie war einem derartigen Prozess entgegenzutreten?

Gerade nach der Erfahrung zweier Weltkriege und des Entsetzens der Shoah musste – und dies zeigt die Niederschrift des gewiss wichtigsten Buches der deutschsprachigen Romanistik[4] in aller Deutlichkeit – diese Entwicklung zum einen als ein Versprechen zukünftig gemeinsamer Entfaltung erscheinen, andererseits aber auch auf der Ebene einer kulturellen Entdifferenzierung Rückwirkungen auf die Weltgeschichte, die Weltgesellschaft, die Weltkultur und nicht zuletzt die Weltliteratur zeitigen. Was also war zu tun? Welche Visionen und Entwürfe konnten hier neue philologische wie gesellschaftliche Perspektiven eröffnen?

Kein anderer Text aus der Feder Erich Auerbachs reflektiert diese unerhörte Spannung und Ambivalenz, aber auch die Horizonte künftiger Entwicklung genauer, ja seismographisch präziser als sein erstmals im Jahre 1952 veröffentlichter Versuch über die *Philologie der Weltliteratur*. In diesem Essay, den man auch als eine tiefgründige Reflexion über die Voraussetzungen und die Konsequenzen seiner Arbeit an *Mimesis* begreifen kann, geht Auerbach von einer

---

2 Vgl. zu Alexis de Tocqueville und den von ihm kommentierten Aufstieg der USA das entsprechende Kapitel im vierten Band der Reihe „Aula" in Ette, Ottmar: *Romantik zwischen zwei Welten* (2021), S. 471 ff.
3 Vgl. hierzu u. a. Vialon, Martin: Erich Auerbach. Zu Leben und Werk des Marburger Romanisten in der Zeit des Faschismus. In: Berns, Jörg Jochen (Hg.): *Marburg-Bilder. Eine Ansichtssache. Zeugnisse aus fünf Jahrhunderten.* Marburg: Rathaus-Verlag 1996, Bd. 2, S. 383–408; sowie ders.: Exil – Literatur – kulturelle Gegenwart. Suheyla Artemel, Müge Sökme und Saffet Tannan im Gespräch mit Martin Vialon. In: *Jahrbuch der Deutschen Akademie für Sprache und Dichtung* (Darmstadt) (2010), S. 62–100.
4 Zur historischen wie fachgeschichtlichen Kontextualisierung vgl. auch Ette, Ottmar: Atlanten. Die Aufgabe der Philologie. Von Klassikern romanistischer *Literatur*wissenschaft. In (ders.): *ÜberLebenswissen. Die Aufgabe der Philologie.* Berlin: Kulturverlag Kadmos 2004, S. 51–96.

Feststellung aus, die sich unmittelbar an seinen Brief an Walter Benjamin sowie an den Ausklang seines Hauptwerkes anschließt:

> Unsere Erde, die die Welt der Weltliteratur ist, wird kleiner und verliert an Mannigfaltigkeit. Weltliteratur aber bezieht sich nicht einfach auf das Gemeinsame und Menschliche überhaupt, sondern auf dieses als wechselseitige Befruchtung des Mannigfaltigen.[5]

Und genau an diesem Punkt der Mannigfaltigkeit, der Vielgestaltigkeit und Verschiedenartigkeit der Kulturen der Welt, sah Erich Auerbach das heraufziehende Problem einer Menschheit, die auf ihrem Planeten immer enger zusammenrücke. Die Welt werde kleiner; und damit auch die Differenzen zwischen den Kulturen. Die „Welt der Weltliteratur" ist folglich nichts statisch Gegebenes, sondern entsteht aus ihren jeweiligen Wechselwirkungen im Kontext einer Mannigfaltigkeit, die es für Auerbach sozusagen gegen den Strom der Zeit zu erhalten gilt.

Diese Wechselwirkungen zwischen den Kulturen wie zwischen den Literaturen aber setzen im Grunde größtmögliche Differenz und Ausdifferenzierung, nicht aber sich verstärkende Entdifferenzierung im literarischen, sprachlichen, wissenschaftlichen und gesellschaftlichen Zusammenhang voraus. Schärfer noch als bereits in *Mimesis* konstatierte Auerbach 1952 eine Zeitenwende oder vielleicht hoffnungsvoller: einen Kreuzungspunkt in der Geschichte der Menschheit. Nicht zuletzt aus diesem Grunde kann man in dem kleinen, aber wichtigen Artikel Erich Auerbachs Vermächtnis als Philologe sehen. Was aber, so ließe sich fragen, konnte ein Philologe alleine schon gegen diese weltumspannenden Kulturentwicklungen tun?

Die Antwort auf diese Frage fällt einfach aus: Er konnte die Vielgestaltigkeit, die Mannigfaltigkeit der Literaturen rekonstruieren und mit Hilfe literaturwissenschaftlicher Techniken in den Mittelpunkt seines engagierten Schreibens stellen. Denn das Schreiben Erich Auerbachs, des Philologen der irdischen Welt,[6] ist ein engagiertes Schreiben: engagiert zugunsten der Mannigfaltigkeit der Literatur und ihrer Ausdrucksmöglichkeiten. An dieser Stelle seiner Überlegungen konnte Erich Auerbach dank seiner großen Erfahrung bei der Neukonzeption von Lehr- und Studienbereichen, wie er sie in Marburg, vor allem aber in der Türkei und in den USA sammeln konnte, grundlegende Gedanken zu einer Epistemologie der Philologie entwickeln, wie sie nicht zuletzt aus den weltgeschichtlichen und weltpolitischen Veränderungen, die ihn mit aller Un-

---

5 Auerbach, Erich: Philologie der Weltliteratur, S. 301.
6 Vgl. hierzu Auerbach, Erich: *Dante als Dichter der irdischen Welt*. Berlin – New York: Walter de Gruyter 1929.

mittelbarkeit betrafen und sein eigenes Lebenswissen prägten, als Konsequenzen zu ziehen waren.

Dabei erkannte er präzise die gegenwärtigen wie die bereits heraufziehenden Probleme philologischer Arbeit in einer – wie er meinte – kulturell kleiner und ärmer gewordenen Welt. Denn die von ihm konstatierte (und zweifellos nicht nur unvermeidliche, sondern gewiss auch wünschenswerte) Spezialisierung aller Forschungsbereiche durfte nicht dazu führen, jenen Gesamtzusammenhang des Mannigfaltigen aus den Augen zu verlieren, den Erich Auerbach mit Blick auf die dargestellte Wirklichkeit in der abendländischen Literatur in *Mimesis* gerade in seinem Durchgang durch die Jahrhunderte vor Augen hatte führen wollen. Sein Ziel war es, den Reichtum und die Verschiedenartigkeit jener Literaturen des Abendlandes herauszuarbeiten, dem er sich fundamental verbunden fühlte.

In diesem epistemologischen Zusammenhang müssen wir begreifen: Die Stärke von Auerbach lag nicht im Prophetischen, sondern im Prospektiven. Der zeitgenössische historische Kontext war entscheidend: Sein Hauptwerk *Mimesis* entstand in den Jahren des Höhepunkts und des Abstiegs des menschenverachtenden Nationalsozialismus in Deutschland und Europa. Dieser philologische Entwurf begleitet, durchquert, unterläuft und verabschiedet die barbarischen Jahre des Nationalsozialismus und der Shoah, denen so viele seiner Freunde und Mitstreiter zum Opfer gefallen waren. Daraus ergibt sich die Notwendigkeit, Auerbachs *Mimesis* nicht als eine ‚Ästhetik des Widerstands' im Sinne von Peter Weiß, sondern als philologische Darstellung der Widerständigkeit des Ästhetischen zu begreifen, wobei in diesem Zusammenhang nicht allein die Mnemosyne, sondern vor allem die prospektive Dimension der Literatur von zentraler Bedeutung ist. Erich Auerbach vertraute dieser Dimension des literarisch Prospektiven.

Es ist nicht unbedingt notwendig, die *Memoria* von der Zukunftsdimension abzutrennen, gibt es doch in der antiken Rhetorik laut Harald Weinrich in seinem Standardwerk *Tempus*[7] auch eine ‚memoria futura'. Die *Memoria* bildet ganz selbstverständlich die Voraussetzung jeglicher Zukunftsdimension, auch wenn sie im allgemeinen allein auf die Vergangenheit und oftmals auf die Vergangenheitsbewältigung bezogen zu werden pflegt. Gerade im Exil eröffnet die *Memoria*, die Erinnerung an die literarische Tradition des Abendlandes, die Offenheit einer Zukunft, die von Istanbul aus, gleichsam von den ‚Rändern' des

---

7 Vgl. Weinrich, Harald: *Tempus. Besprochene und erzählte Welt*. Dritte Auflage. Stuttgart: W. Kohlhammer 1977, S. 193.

damaligen Europa, möglicherweise präziser als von anderen Orten aus für Auerbach erkennbar war.

Ich möchte uns an dieser Stelle nicht mit der Frage quälen, warum die maßgeblich von Hans Robert Jauss geführte sogenannte ‚Konstanzer Schule‘ den Mimesis-Begriff des bei diesen Forschern als Literatursoziologe ‚verschrienen‘ Auerbach ignorierte oder ausschloss. War es, weil die rassistischen und zutiefst antisemitischen Nationalsozialisten Auerbach als Juden ins Exil gejagt hatten und diese Erinnerung für einen Jauss unangenehm sein musste, der in seinem ersten Leben die steilste Karriere innerhalb von Adolf Hitlers Waffen-SS[8] hingelegt hatte? Jauss' Antipathie gegen diesen Hitler-Feind Auerbach, der Deutschland nach dem Krieg den Rücken kehrte und wie Leo Spitzer in sein zweites Exilland, die USA, migrierte, erklärt aber noch nicht, warum auch die theoretischen Köpfe dieser rezeptionsästhetisch ausgerichteten Konstanzer Schule um den Anglisten Wolfgang Iser Auerbach weitgehend aus ihrem Theoriehorizont exkludierten.

Die von Jauss und Iser gemeinsam vorangetriebene Rezeptionsästhetik vertrat in der damaligen bundesrepublikanischen Öffentlichkeit ästhetisch durchaus avancierte Positionen, verbarg dahinter aber einen diffusen und auf den ersten Blick weitaus weniger sichtbaren Konservatismus, der – lassen Sie mich dies aus persönlichem Blickwinkel anmerken – weit bis in die aktuelle Romanistik ausstrahlt. Dieses keineswegs erstaunliche Faktum stellt sich – um es einfach zu sagen – in etwa so dar, wie die *Frankfurter Allgemeine Zeitung*, zu der die Konstanzer Schule über eine Vielzahl direkter Verbindungen verfügte, ein spannendes Feuilleton mit schicken linken Zwischentönen besaß, was aber am politischen Grundton dieses Presseorgans rein gar nichts änderte.

Es ist in Erich Auerbachs *Mimesis* aufschlussreich zu beobachten, dass der deutsche Philologe in seinem Opus Magnum zwar die Weltuntergangsstimmung eines James Joyce oder eines Marcel Proust durchaus kritisch anmerkte, zugleich aber für sein eigenes Buch strukturell auf eine Reihe von Verfahren dieser Autoren bei der Niederschrift von *Mimesis* zurückgriff. Dies war ohne jeden Zweifel ein großes *literatur*wissenschaftliches Wagnis, das Auerbach aber offenkundig bewusst einging. In der Folge haben nicht alle Rezensenten – und darunter auch prominente – die spezifische ‚Machart‘ dieses Bandes und seine Behandlung der abendländischen Literatur nicht in einem kontinentalen, sondern in einem ausgeprägt archipelischen Sinne begriffen. Hat das Erfahren und

---

8 Vgl. hierzu Ette, Ottmar: *Der Fall Jauss. Wege des Verstehens in eine Zukunft der Philologie.* Berlin: Kulturverlag Kadmos 2016; vgl. hierzu auch die Stellungnahmen aus Lateinamerika in Buj, Joseba / Ugalde, Sergio (Hg.): *Jauss nacionalsocialista: una recepción de la „Estética de la recepción".* México: Universidad Iberoamericana 2021.

mehr noch das Erleben des griechischen Archipels, den Auerbach 1938 erstmals kennenlernte, zu dieser strukturellen Konzeption eines Literatur-Archipels in *Mimesis* beigetragen?

Wie dem auch immer sei: Man könnte sicherlich von der Ethik der Philologie und vielleicht mehr noch von der Ethik des Philologen Erich Auerbach sprechen. Diese hat wesentlich mit dem Lebensbegriff zu tun, den Auerbach nicht zuletzt aus seiner kritischen Beschäftigung mit Nietzsche und dessen *Vom Nutzen und Nachteil der Geschichte für das Leben*[9] bezog. Zu den Fundamenten der Ethik des Marburger Romanisten gehörte zweifellos, dass er sich nicht für einen *enkratischen*, das heißt an der Macht befindlichen Diskurs, aber auch nicht für einen *akratischen*, gegen die herrschende Macht militant vorgehenden Diskurs vereinnahmen oder mobilisieren ließ. Er optierte vielmehr für eine Ethik, deren Wurzeln tief in die Geschichte der Philologie hineinreichen. Sprechen wir bei Auerbach folglich von einer Ethik der Bewegung, die zwischen den verschiedenen Diskursen eine Relationalität herstellt, wodurch sich ein viellogisches Spiel entfaltet, das keineswegs eine neutrale Positionslosigkeit oder einen völligen Relativismus beinhaltet. Man könnte vielmehr von einer besonderen ethischen Positionalität sprechen, welche darauf abzielt, in mehreren Logiken gleichzeitig zu denken, was wesentlich den Verzicht auf einen *akratischen*, sich frontal gegen die politische Macht wendenden Diskurs mitbeinhaltet. Doch kommen wir zurück zum literaturwissenschaftlichen Vermächtnis Erich Auerbachs!

Die 1952 in den USA geronnenen, aber vor allem auf seinem Erleben und Erleiden einer Tätigkeit als Philologe ohne festen Wohnsitz[10] gewonnenen Einsichten machten einen neuen Zuschnitt der Disziplinen und in letzter Konsequenz auch eine veränderte Schwerpunktsetzung innerhalb einer offenen, an wechselseitigen Beziehungen so reichen und interessierten Philologie erforderlich, wie sie – dies scheint mir evident – für Auerbach die zu seiner Zeit praktizierte Komparatistik nicht wirklich leisten konnte. So heißt es in dieser kleinen, aber folgenreichen Schrift programmatisch:

> Jedenfalls aber ist unsere philologische Heimat die Erde; die Nation kann es nicht mehr sein. Gewiß ist noch immer das Kostbarste und Unentbehrlichste, was der Philologe ererbt, Sprache und Bildung seiner Nation; doch erst in der Trennung, in der Überwindung

---

9 Vgl. hierzu Ette, Ottmar: Literaturwissenschaft als Lebenswissenschaft. Eine Programmschrift im Jahr der Geisteswissenschaften. In: *Lendemains* (Tübingen) XXXII, 125 (2007), S. 7–32.

10 Vgl. hierzu Ette, Ottmar: ,Spiritus Vector'. Vaterländer, Muttersprachen und die Literatur (wissenschaft)en ohne festen Wohnsitz. In: Huget, Holger / Kambas, Chryssoula / Klein, Wolfgang (Hg.): *Grenzüberschreitungen. Differenz und Identität im Europa der Gegenwart*. Wiesbaden: Verlag für Sozialwissenschaften 2005, S. 29–63.

wird es wirksam. Wir müssen, unter veränderten Umständen, zurückkehren zu dem, was die vornationale mittelalterliche Bildung schon besaß: zu der Erkenntnis, dass der Geist nicht national ist.[11]

Dies waren zweifellos Folgerungen, wie sie den Erfahrungen und Erlebnissen eines Philologen entsprangen, der aus seiner Nation vertrieben worden war und in der Türkei wie später in den USA Schutz und Lebensunterhalt suchen musste. Und der zugleich für ein kulturelles und literarisches Erbe einstehen wollte, das nicht mehr national begrenzt, sondern offen für die verschiedenen Kulturen der Welt sein sollte.

In diesem Aufbruch, in dieser Bewegung lag ein wesentlicher Antriebsgrund dafür, dass Auerbach von der *abendländischen* Literatur in seinem Buch *Mimesis* ausging und nun in seinem Aufsatz *Philologie der Weltliteratur* als *Romanist* eine weltumspannende globale Dimension suchte und aufsuchte, die es für ihn nach dem Vorbild mittelalterlicher abendländischer Literatur neu zu durchdenken galt. Denn der Geist konnte nach der europäischen Geschichte der ersten Hälfte des 20. Jahrhunderts, nach der Shoah und der Ermordung von weit mehr als fünf Millionen Juden, nicht mehr national sein.

Man kann in Auerbachs Rückverweis auf das europäische Mittelalter einen gewissen Eurozentrismus erkennen – aber nur, wenn man zugleich verkennen will, auf welch grundsätzliche Weise sich Erich Auerbach nun dieser den ganzen Planeten umspannenden Weltliteratur zuwandte. Sein geistiger Reiseführer bei dieser Bewegung war, wie er mehrfach als ‚Goetheaner' bekannte, der Schöpfer des modernen Begriffs der Weltliteratur, Johann Wolfgang Goethe.

Ich kann an dieser Stelle unserer Vorlesung nicht ausführlich darlegen,[12] sondern nur darauf verweisen, dass sich im Zwischenbereich zwischen Nationalliteratur und Weltliteratur eben jene Literaturbereiche ansiedeln, die sich im Zuge der vier verschiedenen Phasen beschleunigter Globalisierung als Hispanophonie, als Lusophonie, als Frankophonie und als Anglophonie transareal konstituierten. Transversal hierzu siedeln sich die Literaturen ohne festen Wohnsitz an, die bereits im Verlauf der zurückliegenden Globalisierung erheblich an Bedeutung gewannen und auch in der aktuellen Übergangsphase *nach* dem zurückliegenden vierten Globalisierungsschub infolge weiterer Fluchtbewegungen und

---

11 Auerbach, Erich: Philologie der Weltliteratur, S. 310.

12 Vgl. hierzu Ette, Ottmar: Die Literaturen der Welt. Transkulturelle Bedingungen und polylogische Herausforderungen eines prospektiven Konzepts. In: Lamping, Dieter / Tihanov, Galin (Hg.): *Vergleichende Weltliteraturen / Comparative World Literatures. DFG-Symposion 2018.* Unter Mitwirkung von Mathias Bormuth. Stuttgart: J.B. Metzler – Springer 2019, S. 115–130.

Migrationen zusätzlich wachsen werden. Wir werden auf die damit verbundenen Fragen für die Entwicklungen künftiger Romanistik noch später eingehen.[13]

Die im obigen Zitat zweifellos hegelianisch gedachte Kategorie des Geistes ist in ihrer Verbindung mit dem Weltgeist die geschichtsphilosophische Voraussetzung für den Rückgriff nicht nur auf eine vormoderne, mittelalterliche Einsicht, wie sie Auerbach in *Mimesis* herausarbeitete, sondern weit mehr noch auf die von Goethe entscheidend konzipierte Begrifflichkeit der Weltliteratur, die sich von ihrem Beginn an polemisch gegen die (vordringende) Nationalliteratur erhoben hatte. Goethes vieldiskutierter Ausspruch vom 31. Januar 1827 mag diese polemische und zugleich programmatische Dimension, in die sich Auerbachs Aufsatz bewusst einschreibt, in gedrängter Form vor Augen führen: „Nationalliteratur will jetzt nicht viel sagen, die Epoche der Weltliteratur ist an der Zeit, und jeder muß jetzt dazu wirken, diese Epoche zu beschleunigen."[14] Dem „Humanisten Goethescher Prägung",[15] als der sich Auerbach verstand, musste eine derartige Frontstellung unter dem Banner von Goethes Weltliteratur einleuchten – gerade im Zeichen jenes „Seminar[s] in Weltgeschichte, an dem wir teilgenommen haben und noch teilnehmen",[16] jenes *Erlebens* von Geschichte also, das Auerbach gerade erst durcherlebt und mit viel Glück überlebt hatte. Ein Weg zurück zur Nationalliteratur schien im angesichts der politischen Ereignisse seiner Zeit unmöglich. Und philologisch hatte sein Band über die dargestellte Wirklichkeit in der abendländischen Literatur ohnehin die Grundlagen für eine romanistische Neubetrachtung weltliterarischer Prozesse gelegt.

Goethes Konzept der Weltliteratur schien ihm ein großes Zukunftsversprechen zu sein. Zu dieser vom Autor des *Wilhelm Meister* prognostizierten Beschleunigung wollte Auerbach ebenso mit seinem Band über die dargestellte Wirklichkeit in der abendländischen Literatur sowie programmatischer noch mit seinem Entwurf einer künftigen *Philologie der Weltliteratur* Entscheidendes beitragen. Damit aber zielte er auf nichts Geringeres als auf *das* Grundproblem in der Geschichte der Philologie, die sich in ihrer Entstehung im ausgehenden 18. und vor allem im weiteren Verlauf des 19. Jahrhunderts ebenso aus nationalen und nationalistischen wie aus einem dem Rassedenken verpflichteten und

---

13 Vgl. hierzu auch Ette, Ottmar: Zukünfte der Romanistik im Lichte der TransArea Studien. In: Lamping, Dieter (Hg.): *Geisteswissenschaft heute. Die Sicht der Fächer.* Stuttgart: Alfred Kröner Verlag 2015, S. 93–116.
14 Eckermann, Johann Peter: *Gespräche mit Goethe in den letzten Jahren seines Lebens.* Herausgegeben von Fritz Bergemann. Frankfurt am Main: Insel Verlag 1981, Bd. 1, S. 211.
15 Auerbach, Erich: Philologie der Weltliteratur, S. 304.
16 Ebda., S. 306.

in einem den zeitgenössischen Rassismus wissenschaftlich befeuernden Zusammenhang heraus entfaltet hatte.[17]

Der Rückgriff auf den von Goethe umgeprägten Begriff, der in einer langen Tradition von Welt-Komposita steht, die im Deutschen fast ausnahmslos auf die zweite Phase beschleunigter Globalisierung zurückgehen, bezweckte vor allem, den Horizont der Philologie vom Nationalen auf die Erde, auf einen planetarischen Zusammenhang auszuweiten. Darin bestand die emanzipatorische und zugleich gegen die vorrückende Vorstellung von Nationalliteratur gerichtete Bedeutung. Die hieraus ableitbare weltumspannende Dimension konnte im Goethe'schen Sinne als ‚Welt' noch immer in eine abendländische Tradition zurückgebunden werden, welche für Auerbach notwendig jenseits von Nationalismus, aber auch jenseits von Rassismus und Antisemitismus anzusiedeln war. Wie aber sah die Welt dieser abendländisch konzipierten Weltliteratur aus? Wie ließe sie sich aus heutiger Sicht philologisch adäquat beschreiben? Und wohnt ihr nicht ein zentrierender, alles an der europäischen Entwicklung ausrichtender Kern inne?

Erich Auerbachs Essay von 1952 blieb im besten Sinne ein Versuch über die Philologie der Weltliteratur, in dem die Konturen des Künftigen gleichsam als Forschungsintention erkennbar waren, ohne doch schon klare methodologische oder institutionelle Optionen und Strukturen vorzustellen. Zugleich gilt es zu bedenken, dass sein sechs Jahre zuvor erstmals veröffentlichter Band *Mimesis* bereits für sich in Anspruch nehmen durfte, zu einem guten Teil ein postnationalphilologisches Buch über die abendländische Literatur, über die Mannigfaltigkeit und Einheit der Literaturen Europas, zu sein. Auerbach spitzte 1952 zu, was sich fast notwendig aus *Mimesis* ergeben musste: ein verändertes *Mapping* der abendländischen Literatur im Zeichen dessen, was er beschleunigt als ‚Weltliteratur' heraufziehen sah. Sein Versuch von 1952 ging bei aller Reflexion des bereits von ihm Geschriebenen noch einmal weit über die Grenzen von *Mimesis* hinaus und entwarf ein Stück Zukunftsphilologie.

Ohne die Arbeit an *Mimesis. Dargestellte Wirklichkeit in der abendländischen Literatur* wäre dieser Versuch freilich nicht möglich gewesen. Auf eben diesem Gebiet ist die *prospektive* Kraft von *Mimesis* zu erblicken; eine Dimension, die in *Philologie der Weltliteratur* programmatisch und aus lebensgeschichtlich veränderter Perspektive auf den Punkt gebracht werden sollte. Denn Erich Auerbachs Meisterwerk war bewusst aus der Perspektive von Flucht und Peripherie, von

---

17 Vgl. hierzu Messling, Markus / Ette, Ottmar (Hg.): *Wort Macht Stamm. Rassismus und Determinismus in der Philologie (18. / 19. Jh.).* Unter Mitarbeit von Philipp Krämer und Markus A. Lenz. München: Wilhelm Fink Verlag 2013; sowie die schöne Dissertation von Lenz, Markus Alexander: *Genie und Blut. Rassedenken in der italienischen Philologie des neunzehnten Jahrhunderts.* Paderborn: Wilhelm Fink Verlag 2014.

Exil und Transterritorialität, im Bewusstsein seiner *Ausbürgerung zum Weltbürger* geschrieben. Und anders als der Odysseus seines Eingangskapitels war der Verfasser von *Mimesis* nach 1945 nicht nach Deutschland zurückgekehrt, sondern hatte jene Konstellation einer Philologie ohne festen Wohnsitz für sein Denken fruchtbar zu machen gesucht, welche für sein Schreiben doch von so eminenter Bedeutung war. Wäre Auerbach ins ausgebombte, aber noch immer von zahlreichen autoritären Strukturen beherrschte Deutschland zurückgekehrt, dann wäre dieser Versuch über die Philologie der Weltliteratur niemals entstanden.

Auerbachs Weg wurde in diesem Aufsatz zur Skizze einer literaturwissenschaftlichen Methode, die sich am Ende ein letztes Mal ihrer abendländischen Wurzeln versichert und in jenem lateinischen Zitat des in Sachsen geborenen und in Paris verstorbenen Hugo von St. Viktor, „*mundus totus exilium est,*"[18] umfassend ausmündet. Zwei allerletzte Sätze schlossen sich dieser Reflexion über Außerhalbbefindlichkeit noch an: „Hugo meinte das für den, dessen Ziel Loslösung von der Liebe zur Welt ist. Doch auch für einen, der die rechte Liebe zur Welt gewinnen will, ist es ein guter Weg."[19] Wie bereits in *Mimesis* bildet die Liebe des Philologen zur Geschichte, zur Welt, zum Leben auch hier den eigentlichen Schlussakkord, in dem sich die Spannungen und Gegensätze aufzulösen scheinen. Liebe als Kraft ist der Philologie schon von ihrem Namen her inhärent.

Hierin lässt sich zum einen die große Stärke in Auerbachs so innovativer philologischer Tätigkeit erkennen: Sie ist in einem fundamentalen Sinne ethisch orientiert. Denn diese Tätigkeit ist in der Liebe zur Welt verankert und bekräftigt seinen eigenen Weg der Exilierung, eines Lebens ohne festen Wohnsitz, aus dem er die Bezugspunkte für seine Philologie der Weltliteratur gewann. Ein Weg zurück nach Deutschland, wo er mit so vielen mit dem Nationalsozialismus verstrickten Kollegen hätte zusammenarbeiten müssen,[20] wäre ein Irrweg gewesen.

Zum anderen sollte man freilich nicht übersehen, dass die abendländische Fundierung nicht allein Auerbachs *Mimesis*, sondern auch seinen Entwurf einer Philologie der Weltliteratur prägt. Nicht diese Ausrichtung an *der* Literatur *des* Abendlands bildet für Auerbach in seinem programmatischen, in den USA zu Papier gebrachten Versuch das Hauptproblem, sondern die Materialität und unüberblickbare Fülle des Stoffes:

---

18 Auerbach, Erich: Philologie der Weltliteratur, S. 310.
19 Ebda.
20 Vgl. hierzu ausführlich Hausmann, Frank-Rutger: ‚*Vom Strudel der Ereignisse verschlungen'. Deutsche Romanistik im ‚Dritten Reich'.* Frankfurt am Main: Vittorio Klostermann 2000; ders.: *Anglistik und Amerikanistik im ‚Dritten Reich'.* Frankfurt am Main: Vittorio Klostermann 2003.

> Oben wurde gesagt, dass wir grundsätzlich dazu fähig sind, die Aufgabe einer Philologie
> der Weltliteratur zu erfüllen, da wir über unendliches Material verfügen, das ständig
> wächst, und da wir noch den geschichtlich-perspektivischen Sinn besitzen, den wir von
> dem Historismus der Goethezeit ererbt haben. So hoffnungsvoll es aber im ganzen aus-
> sieht, so groß sind die Schwierigkeiten im einzelnen und Praktischen. Damit die Aufgabe
> der Durchdringung und Gestaltung erfüllt wird, muß es wenigstens noch einige geben,
> die das gesamte der Weltliteratur oder doch wenigstens große Teile derselben aus eigener
> Erfahrung und Forschung beherrschen. Das aber ist, wegen der Überfülle des Materials,
> der Methoden und der Anschauungsweisen beinahe unmöglich geworden. Wir besitzen
> Material aus sechs Jahrtausenden, aus allen Teilen der Erde, in vielleicht fünfzig Litera-
> tursprachen. Viele der Kulturen, von denen wir jetzt Kenntnis haben, waren vor hundert
> Jahren noch unentdeckt, von anderen kannte man nur einen Bruchteil der heute vorlie-
> genden Zeugnisse.[21]

Noch hat der Philologe nicht vor der Überfülle des Materials kapituliert: Das „beinahe" lässt selbst hier noch ein hoffnungsvolles Hintertürchen offen. Der Überfülle
des Materials stellt Auerbach aber vor allem *den* „geschichtlich-perspektivischen
Sinn" entgegen, der als das aus der Goethezeit Ererbte die eigentliche Hoffnung
wachhält, aus dem weltweit Verstreuten, neu „Entdeckten", grundlegend Heterogenen doch noch den einen, den ersehnten Sinn heraus zu meißeln. Selbst in diesen Formulierungen ist noch etwas von Hegels Geschichtsphilosophie zu spüren,
weht ein Wind des deutschen Idealismus. Denn jenen Sinn, den die europäische
(und im Zeichen von Kant und Hegel insbesondere deutsche) Philosophie der
Weltgeschichte gab, vermag auch die Philologie der Goethezeit auf die im 19. Jahrhundert geschaffene Begrifflichkeit der Weltliteratur zu projizieren.

Diese offenkundigen Begrenzungen seines Konzepts ändern nichts an der
Tatsache, dass Auerbach mit *Mimesis* eine Reflexion über den Okzident gelang,
die ihre Nachteile – das Fehlen einer großen Bibliothek, die Schwierigkeiten der
Materialbeschaffung, den Ausschluss aus der angestammten *Scientific Community*, aber auch Verfolgung, Flucht und Exil – in Vorteile verwandelte und eine
Sichtweise aus der Peripherie Europas errang, die alles bei weitem in den Schatten stellt, was Niall Ferguson als Vertreter der aktuellen US-amerikanischen *Global History* in seinem Bestseller *Civilization. The West and the Rest* noch im Jahr
2011 über die abendländische Zivilisation zu sagen wusste.[22] Wie ärmlich und
propagandistisch nimmt sich dieser Bestseller eines gehypten Präsidentenbera-
ters doch gegen das profunde Wissen eines Philologen aus!

---

21 Auerbach, Erich: Philologie der Weltliteratur, S. 304.
22 Vgl. Ferguson, Niall: *Civilization. The West and the Rest.* New York: Penguin Books 2011.

Unbestreitbar jedenfalls bleibt, dass das Innovationspotential einer derartigen Literaturwissenschaft der Grundprobleme,[23] einer Literatur-Wissenschaft, die sich stets ihres Bezugs zum Leben bewusst bleibt, auch heute noch bei weitem nicht ausgeschöpft ist.[24] Die sich in Erich Auerbachs wissenschaftlicher Tätigkeit wie in seinem bewegten Leben andeutende Philologie ohne festen Wohnsitz steht noch heute erst an ihrem Anfang: Denn sie ist weit mehr als der Weg von der Romania zur Weltliteratur und wäre gänzlich missverstanden, würde man sie als Weg von der Romanistik zur Komparatistik deuten. In einer Zeit, in der Gewaltherrschaft, Autoritarismus, Vertreibung, Flucht, Exil und Diaspora in ihrer Bedeutung weltweit wachsen, wird auch die Bedeutung einer Philologie ohne festen Wohnsitz zweifellos zunehmen.

In jedem Fall hätte der Anspruch, den Auerbach an sich selbst, aber auch an seine Philologie der Weltliteratur stellte, umfassender und ambitionierter nicht sein können. Formulierte er doch am Ausgang seiner Überlegungen von 1952 eine Forderung, die nicht allein auf einen disziplinären, sondern auch auf einen bildungspolitischen und vor allem ethischen Paradigmenwechsel abzielte:

> Wir besitzen, soviel ich weiß, noch keine Versuche zu synthetischer Philologie der Weltliteratur, sondern nur einige Ansätze dieser Art innerhalb des abendländischen Kulturkreises. Aber je mehr die Erde zusammenwächst, um so mehr wird die synthetische und perspektivistische Tätigkeit sich erweitern müssen. Es ist eine große Aufgabe, die Menschen in ihrer eigenen Geschichte ihrer selbst bewußt zu machen; und doch sehr klein, schon ein Verzicht, wenn man daran denkt, dass wir nicht nur auf der Erde sind, sondern in der Welt, im Universum. Aber was frühere Epochen wagten, nämlich im Universum den Ort der Menschen zu bestimmen, das scheint nun ferne.[25]

Diese Passage deutet an, dass sich Auerbach ebenso des Mangels an Forschungen auf diesem Gebiet wie auch der Tatsache durchaus bewusst war, seine Konzeption einer weltliterarischen Philologie allein im ‚abendländischen Kulturkreis‘ epistemologisch fundiert zu haben. Insofern scheint mir auch die Pluralbildung wichtig, mit der er nicht vom Ort *des* Menschen, sondern vom Ort *der* Menschen im Universum sprach. Denn vor dem Hintergrund der enormen kulturellen, religiösen und geistigen Diversität der Menschen ist es in der Tat ratsam, das Menschengeschlecht in seiner Differenz nicht über einen Leisten zu schlagen. Deutet sich in dieser Formulierung nicht noch immer der Versuch an, jenem nun welt-

---

23 Vgl. Krauss, Werner: *Grundprobleme der Literaturwissenschaft. Zur Interpretation literarischer Werke.* Erweiterte Neuausgabe. Reinbek bei Hamburg: Rowohlt 1973.

24 Vgl. hierzu Ette, Ottmar: *Erich Auerbach oder Die Aufgabe der Philologie.* In: Estelmann, Frank / Krügel, Pierre / Müller, Olaf (Hg.): *Traditionen der Entgrenzung. Beiträge zur romanistischen Wissenschaftsgeschichte.* Frankfurt am Main – Berlin – New York: Peter Lang 2003, S. 39–42.

25 Auerbach, Erich: *Philologie der Weltliteratur,* S. 310.

weit zu untersuchenden „Lebensreichtum"[26] gerecht zu werden, von dem Auerbach im Ausgang von *Mimesis* gesprochen hatte?

Und doch ist der Rückgriff auf ein letztlich einheitliches, rein abendländisch geprägtes Konzept von *einer* Weltliteratur in unserer Zeit gewiss nicht mehr geeignet, der nicht nur multi- und interkulturellen, sondern weit mehr noch transkulturellen Komplexität der Literaturen der Welt gerecht zu werden. Denn wir können aus heutiger Perspektive unschwer bemerken, dass sich bestimmte Literaturen wie etwa die chinesische vor allem nationalliterarisch weiterentwickelt haben, während etwa karibische Literaturen sich quer zu den Sprachen und Kulturen archipelisch und transarchipelisch entfalten. Wie aber könnte ein möglicher Weg aus dieser epistemologischen Sackgasse aussehen? Welche Ausblicke finden sich in Auerbachs *Philologie der Weltliteratur* selbst, um sich dieser methodologischen Herausforderung zu stellen?

Eine aufmerksame Lektüre des letzten Kapitels von *Mimesis* kann zeigen,[27] wie problematisch Auerbachs Deutung der großen, wenn auch zum damaligen Zeitpunkt noch mitten in ihrem jeweiligen Kanonisierungsprozess begriffenen Werke von Virginia Woolf, Marcel Proust oder James Joyce war. Die enormen Beschleunigungen, die Auerbach für diesen Zeitraum konstatierte und die wir aus einer globalen Perspektivik mit der dritten Phase beschleunigter Globalisierung am Ausgang des 19. und zu Beginn des 20. Jahrhunderts bis zum Ausbruch des Ersten Weltkrieges in Verbindung bringen dürfen, erlauben es zwar selbstverständlich, *To the Lighthouse, À la recherche du temps perdu* und *Ulysses* an die großen Traditionsstränge des Abendlands zurückzubinden, dynamisieren aber auch einen wesentlich weiter – nämlich *weltweit* – gefassten Horizont, innerhalb dessen diesen Werken neue Bedeutungsdimensionen zugewachsen sind und weiter zuwachsen. Dabei ist Ihnen zweifellos aufgefallen, dass Virginia Woolf oder James Joyce nicht zum Kerngebiet eines klassischen Romanisten zählen.

Doch halten wir an dieser Stelle unserer Vorlesung unmissverständlich fest: Was unter ‚abendländischer Literatur' zu verstehen ist, kann nicht mehr allein vom ‚Abendland' her bestimmt werden und befindet sich nicht länger im Ermessensspielraum allein deutscher oder englischer, französischer oder italienischer, polnischer oder portugiesischer Interpretinnen und Interpreten. Die Figur des Interpreten in Auerbachs *Mimesis* ist aber noch immer die eines europäischen Zeichendeuters, der in erster Linie für ein Publikum in Europa und in zweiter Linie für ein europäisch geprägtes Publikum forscht, schreibt und ver-

---

26 Auerbach, Erich: *Mimesis*, S. 493.
27 Vgl. hierzu Ette, Ottmar: Toward a Polylogical Philology of the Literatures of the World. In: *Modern Language Quarterly* (Seattle) LXXVII, 2 (June 2016), S. 143–173.

öffentlicht. Denn es ist dieses europäische Publikum, nach dem sich der Interpret in Auerbachs *Mimesis* immer wieder sehnt und zu dem er vom ersten Satz seines Hauptwerkes an ein enges, bisweilen sogar intimes Verhältnis aufzubauen versucht. Vom ersten Satz bis zur letzten Seite ist der (abendländisch geprägte) Leser als Figur präsent.

Mit den Überlegungen in seinem Versuch über die *Philologie der Weltliteratur* öffnet Erich Auerbach diese Konfiguration, die in *Mimesis* ebenso eine figurale und erzähltechnische wie schreibstrategische und epistemologische ist, um gleichsam aus der zeitlichen Distanz zu *Mimesis* und aus der räumlichen Distanz zu Europa noch ein letztes Mal den Blick des Philologen, den Blick der Philologie zu weiten und grundlegend zu *erweitern*.[28] Es ist ein für die Auerbach'sche Zeit mutiger Versuch, ein kraftvoller Vorstoß, ganz in der Auerbach'schen Ethik des Philologen fundiert und sich einer Dimension gewiss: *„mundus totus exilium est."*[29]

Dass hierfür der als Antwort auf die vorrückenden Nationalliteraturen, aber auch auf die grundlegenden Veränderungen, die mit der zweiten Phase beschleunigter Globalisierung einhergingen, konzipierte Begriff von Goethes Weltliteratur bereits nicht mehr genügte und dass er längst nicht mehr in der Lage war, jenen Beschleunigungen gerecht zu werden, die wir mit der dritten Phase beschleunigter Globalisierung verbinden, dürfte Auerbach selbst sehr wohl gespürt haben. Daher rühren seine oben angeführten Einschränkungen, was den ‚abendländischen Kulturkreis' angeht. Wenn die Welt aber in ihrer Gänze fremd und ein Exil ist, wo ist dann der Ort der Menschen im Universum? Und wie ließe sich dann die Diversität der Kulturen und Literaturen jenseits eines abendländisch geprägten Vorstellungsmodells philologisch beziehungsweise literaturwissenschaftlich abbilden?

Erich Auerbach vorzuwerfen, für diese Problematik kein adäquates terminologisches Gegenmittel ersonnen zu haben, kann der Arbeit jenes Philologen, der wie nur sehr wenige seiner Zeit eine Sensibilität dafür entwickelte, in welchem Maße sich die wiederholten Perspektivenwechsel auf sein eigenes Schaffen und sich seine Wege auf seine Methode ausgewirkt haben, gewiss in keiner Weise gerecht werden. Und doch sollten Erich Auerbachs *Mimesis* und sein Entwurf einer *Philologie der Weltliteratur* zwar immer noch immenser Ansporn und Anspruch für all jene sein, die sich mit literatur- und kulturtheoretischen Phä-

---

28 Vgl. zu dieser Bewegung Ette, Ottmar: Weiter denken. Viellogisches denken / viellogisches Denken und die Wege zu einer Epistemologie der Erweiterung. In: *Romanistische Zeitschrift für Literaturgeschichte / Cahiers d'Histoire des Littératures Romanes* (Heidelberg) XL, 1–4 (2016), S. 331–355.
29 Auerbach, Erich: Philologie der Weltliteratur, S. 310.

nomenen auf der Suche nach einer Philologie der Zukunft auseinandersetzen. Allerdings besitzt das von Auerbach entwickelte und 1952 vorgestellte methodologische Konzept, so sehr auch bei ihm aus dem Durcherleben des Exils eine Literaturwissenschaft ohne festen Wohnsitz vielleicht zum ersten Mal aufscheint, nicht mehr die Fähigkeit, auf einer epistemologischen Ebene die fundamentalen Bezugspunkte für die Konzepte künftiger Philologie, künftiger Kritik in einem weltweiten Maßstab zu liefern.

Von Erich Auerbach und den Aporien seiner beherzten und zukunftsweisenden Romanistik der Weltliteratur ausgehend möchte ich in diesem Teil unserer Vorlesung ein Modell erarbeiten, das den Ort oder besser die Orte der Romanistik im Universum weltumspannender Theoriebildungen näher zu bestimmen hilft. Denn wenn Weltliteratur begriffsgeschichtlich nicht ohne den Prozess der Globalisierung gedacht werden kann, so ist dieses Konzept doch historisch geworden in dem Sinne, dass es in seinem historischen Geworden-Sein geöffnet werden muss auf die Problematiken aktueller Globalisierungsphänomene – und die mit ihnen verbundenen neuen Herausforderungen. ‚Weltliteratur' bedarf im konzeptionellen Sinne einer Übersetzung und Umstrukturierung für Gegenwart und Zukunft – auch und gerade für den Bereich einer kritischen Philologie, die prospektiven Zuschnitts ist. Aber wenn Weltliteratur historisch und als tragendes Konzept obsolet geworden ist, so stellt sich dringlich die Frage, mit Hilfe welcher Begriffe wir das heutige und künftige System literarischer Produktionen weltweit besser beschreiben können.

Es scheint heute dringlich an der Zeit, nicht länger in einem ganz an den Formen und Normen Europas ausgerichteten Sinne von Weltliteratur, sondern in einem offenen, viellogischen Sinne von den *Literaturen der Welt* zu sprechen.[30] Wie bei der bereits erwähnten Pluralbildung in der Rede vom Ort *der* Menschen blitzt bereits bei Auerbach[31] diese Pluralisierung auf, wenn im Essay von 1952 von Goethes Wissen „von den Literaturen der Welt"[32] die Rede ist. Und doch führt Auerbach unter namentlicher Nennung von Vico und Herder den Erfolg der Philologie darauf zurück, „den Erwerb einer in ihrer *Vielfalt einheitlichen* Vorstellung vom Menschen"[33] zu ihrer eigentlichen Aufgabe gemacht

---

30 Ich greife hier zurück auf die ausführliche Darstellung in Ette, Ottmar: *Viellogische Philologie. Die Literaturen der Welt und das Beispiel einer transarealen peruanischen Literatur.* Berlin: Verlag Walter Frey – edition tranvía 2013, S. 47–59.

31 Vgl. hierzu Muft, Aamir R.: Erich Auerbach and the death and life of world literature. In: D'haen, Theo / Damrosch, David / Kadir, Djelal (Hg.): *The Routledge Companion to World Literature*, S. 71–80.

32 Auerbach, Erich: Philologie der Weltliteratur, S. 302.

33 Ebda. (Kursivierung O.E.).

zu haben. Diese ebenso für die Philologie wie für die Weltliteratur, darüber hinaus aber auch für Auerbachs Philologie der Weltliteratur charakteristische Bewegung führt von einer Vielfalt in die Einheitlichkeit *einer* Vorstellung und ist hier in ihrer auf Einheit bedachten Geste in aller Deutlichkeit erkennbar. Erich Auerbachs Liebe zur Philologie, zu den von ihm so apostrophierten Literaturen der Welt, ist stets mit einer ethisch fundierten philosophischen Reflexion über die *Conditio humana* verbunden.

Ich möchte an dieser Stelle unserer Überlegungen noch einmal betonen: Eine derartige, aus europäischer, ,abendländischer' Sicht zentrierte Vorstellung der Weltliteratur vermag der Komplexität und viellogischen Strukturierung der Literaturen der Welt nichts konzeptuell wie methodologisch Adäquates an die Seite zu stellen. Was zu Goethes Zeit gegenüber der sich etablierenden Nationalliteratur fortschrittlich und emanzipatorisch war, ist längst zu einem Klumpfuß der Philologie geworden, solange sie sich derartiger Begriffe bedient oder sie sich gar programmatisch auf die Fahnen geschrieben hat. Denn es gibt – das wollen wir nicht vergessen! – im heutigen Westen mehrere Zeitschriften und viele Institute, die sich nach der Goethe'schen Weltliteratur benannt haben. Anekdotenhalber darf ich noch anmerken, dass in Bibliotheken der ehemaligen Deutschen Demokratischen Republik die *W*-Signaturen für alle nicht-deutschsprachigen Literaturen standen, die damit augenblicklich zur *W*eltliteratur wurden.

Aber könnte nicht die Vorstellung von den Literaturen der Welt nicht ebenso wie die ,Weltliteratur' selbst eurozentrisch oder US-zentrisch sein? Sicherlich. Aber das heutige viellogische System der Literaturen der Welt ist – und dies gilt es zu bedenken – nicht von einem einzigen Ort aus erfunden worden, wurde nicht von einem einzigen Raum aus verbreitet, ist nicht von einer einzigen Vorstellung *des* Menschen geleitet, sondern verfügt über die verschiedensten kulturellen wie geographischen Herkünfte und Traditionen. Die so unterschiedlichen Welten des *Gilgamesch*-Epos[34] und des *Shi Jing*[35] belegen nur als kulturhistorisch wie medienästhetisch besonders herausragende Beispiele verschriftlichter und zirkulierter Texte, dass die Literaturen der Welt von ihren ,Anfängen' an, die stets auf andere Anfänge verweisen, nicht allein viellogisch sind, sondern zugleich auch vielsprachig; dass sie nicht nur von ihren Herkünften her über die unterschiedlichsten ästhetischen Ausdrucksformen verfügten, sondern stets durch ihre Vieldeutigkeit, durch ihre niemals zu disziplinierende Polysemie nach Kommentaren und Deutungen, nach Fortschreibungen und Überschreibungen verlangten,

---

34 Vgl. hierzu das Nachwort zur deutschsprachigen Ausgabe *Das Gilgamesch-Epos*. Neu übersetzt und kommentiert von Stefan M. Maul. München: C.H. Beck 2005.
35 Vgl. hierzu Owen, Stephen: Reproduction in the "Shijing" (Classic of Poetry). In: *Harvard Journal of Asiatic Studies* (Harvard) LXI, 2 (2011), S. 287–315.

die ihrerseits wieder die Komplexität dieses polylogischen Systems der Literaturen der Welt erhöhten.

Die Fäden der Literatur kommen von vielen Enden her und sind seit allen Anfängen zu Texten, zu Geweben verwoben, die sich an einem einzigen Muster, an einem einzigen Stoff nicht ausrichten lassen – und reichte dieser vom Gewebe der Penelope im ersten Kapitel von *Mimesis* bis zum braunen Strumpf bei Virginia Woolf am Ende von Auerbachs ‚Summa‘. Auch wenn sich in *Philologie der Weltliteratur* nach meinem Wissen zum ersten Mal der Ausdruck ‚Literaturen der Welt‘ findet, so war doch Auerbachs *Mimesis* fraglos an einem einzigen Gewebe einer abendländischen Literatur wie von Literatur weltweit ausgerichtet.

Erich Auerbach stellt Fragen an die Literatur, die nach seinem Wort früher an die Literatur herangetragen worden waren, in unserer Gegenwart aber nicht mehr opportun scheinen. Ja mehr noch: Man wage es nicht mehr, derartige Fragen an die Literatur zu stellen. Erich Auerbach aber versucht, derartig *unzeitgemäße* Fragen – um mit Nietzsche zu sprechen – aufzuwerfen und zu wagen. Es sind Fragen nach dem Menschen, nach dessen Leben und Existenz, nach den Bedingungen menschlichen Lebens und nach einem Wissen über die *Conditio humana*, welches nur die Literatur zu vermitteln in der Lage ist.[36] Sollten wir nicht auch an dieser Stelle, auf dieser Ebene eine Fachtradition fortsetzen, welche einer der Großen der romanistischen Fachgeschichte gestellt hat und uns mit Wissensformen vom Menschen und dessen Leben beschäftigen, die unzeitgemäß zu sein scheinen?

Das Wissen vom Leben im Leben und für das Leben, das auf unterschiedlichste Weise die Literaturen der Welt quer durch die Jahrhunderte und Jahrtausende, quer durch die Kontinente und Inselwelten, quer durch die Kulturen, quer durch die Sprachen auszeichnet, wirkt in den verschiedenartigsten Filiationen in die gegenwärtigen wie die künftigen Literaturen hinein, besitzt folglich nicht nur eine historische und präsentische, sondern auch prospektive ästhetische Kraft,[37] die sich gemäß überaus unterschiedlicher Logiken entfaltet, aber auch wissenschaftlich erschließen lässt. Wie aber ist das Wissen der Literatur, das Wissen der Literaturen der Welt bestimmbar und greifbar?

Darauf können wir zunächst eine notwendig komplexe Antwort geben. Das Lebenswissen, Erlebenswissen, Überlebenswissen und Zusammenlebenswissen der Literaturen der Welt wird gerade dadurch konserviert, dass es unablässig transformiert wird und ebenso auf translatorische wie auf intertextuelle Weise

---

36 Vgl. hierzu die sechste Vorlesung der Reihe „Aula" in Ette, Ottmar: *Geburt Leben Sterben Tod* (2022), passim.

37 Vgl. zu diesem Begriff die Ausführungen von Menke, Christoph: *Kraft. Ein Grundbegriff ästhetischer Anthropologie.* Frankfurt am Main: Suhrkamp 2008.

zwischen den Kulturen transkulturell zirkuliert. Es handelt sich also nicht um ein statisches Wissen, das wir einfach abgreifen können, sondern um ein Wissen, das sich in ständiger Bewegung und Transformation befindet. Die Arbeit der Philologie, die Arbeit der Literaturwissenschaft zeigt auf, wie sehr dieses Wissen mobil ist und wie sehr es je nach geschichtlichem und kulturellem Kontext immer *weiterer* Deutungen, Analysen und Interpretationen bedarf. Aber ergibt sich dabei ein klar bestimmtes Wissen, wie es etwa die Wissenschaften zumindest anzielen? Ist dieses Wissen der Literaturen der Welt also eindeutig und ,handfest' überprüfbar?

An dieser Stelle muss ich Sie vielleicht ein wenig enttäuschen: Das Wissen der Literaturen der Welt ist nicht das Wissen disziplinärer und disziplinierter Wissenschaften; es besitzt einen anderen Status, der es gleichwohl Wissen sein lässt. Von keiner einzelnen, singulären Logik – und wäre dies die einer dargestellten Wirklichkeit in der abendländischen Literatur – ließe sich dieses komplexe System relational miteinander vernetzter Logiken noch umfassend begreifen und auf *eine* Vorstellung vom Menschen reduzieren. Die Literaturen der Welt bilden ein Laboratorium, aber auch eine Schule des Denkens in verschiedenartigen Logiken zugleich. Ausgehend von diesem viellogischen Zirkulationsraum ist daher heute eine am Lebensbegriff orientierte und lebenswissenschaftlich strukturierte Ethik der Philologie zu entfalten. Dies gilt auch und gerade für die an vielen Sprachen und vielen Kulturen beteiligte und gestaltende Romanistik.

Als Erprobungsräume des Lebens in seinen unterschiedlichen kulturellen oder biopolitischen Zusammenhängen offerieren die Literaturen der Welt Verstehens-Modelle von höchster Verdichtung und ästhetischem Anspruch, die von anderen kulturellen oder epochalen Positionen aus übersetzbar und lesbar sind beziehungsweise lesbar gemacht werden können. Darauf zielt die Frage des großen Romanisten in seiner *Philologie der Weltliteratur*, wenn es um die Bestimmung des Ortes der Menschen im Universum und um ein Wissen vom Leben dieser Menschen geht.

Denn bereits in Erich Auerbachs *Mimesis. Dargestellte Wirklichkeit in der abendländischen Literatur* ist diese ungeheure Bedeutung des Lebens in der erstaunlichen Frequenz des Lexems ,Leben' erkennbar markiert, wenn auch noch nicht literatur- und kulturtheoretisch durchdacht und ausgedacht. Diese Lesbar-Machung und diese Lesbar-Werdung lassen in den Literaturen der Welt eine vielstimmige Graphosphäre und Logosphäre entstehen, durch welche die Lesbarkeit der Welt[38] selbstverständlich auch außerhalb der abendländischen

---

38 Vgl. hierzu Blumenberg, Hans: *Die Lesbarkeit der Welt.* Frankfurt am Main: Suhrkamp 1986.

Traditionen von vielen Orten her, durch viele Orte und für viele Orte ermöglicht wird. Denn ein Werk der Literaturen der Welt mag an einem ganz präzise bestimmbaren Ort entstanden sein; stets aber richtet es sich zumindest potentiell an Leserinnen und Leser an unendlich vielen Orten, in unendlich vielen Zeiten.

Die Reduktion der Vielfalt des Lebens auf eine einheitliche Vorstellung vom Menschen – und wäre dies die von uns bereits untersuchte und von Roland Barthes so lustvoll attackierte Metaphorologie von der *Grande famille des hommes*[39] – kann das Ziel einer viellogischen Philologie nicht sein. Denn ihr geht es nicht um jenen „mythe ambigu de la ‚communauté' humaine",[40] nicht um jenen ambivalenten Mythos von der menschlichen Gemeinschaft, der für die *Mythologies* von Barthes nichts anderes als das Alibi eines längst überkommenen Humanismus darstellte. Aber wie können wir die Geschichte der Menschheit in ihren Wechselwirkungen denken, ohne in ein patriarchalisch (oder auch matriarchalisch) zentriertes Denksystem der Familienstruktur mit Enkeln, Kindern, Eltern und Großeltern, aber auch mancherlei Onkeln und Tanten, Nichten, Neffen und Kusinen, Halbschwestern und Schwiegermüttern zurückzufallen?[41]

Die Literaturen der Welt entfalten aus der im Folgenden erläuterten Perspektivik keineswegs notwendig eine planetarische Totalität, tragen aber der in Auerbachs *Philologie der Weltliteratur* abschließend hervorgehobenen Tatsache Rechnung, dass „unsere philologische Heimat die Erde" – und nicht eine Nation, nicht eine Nationalliteratur – ist.[42] Wir sollten uns dies gerade auch in unserer Epoche *nach* der vierten Phase beschleunigter Globalisierung vor Augen halten, in der es wieder verstärkt um Renationalisierung, wirtschaftlichen Protektionismus, nationale Abschottung und die übelsten Formen des Chauvinismus, des Rassismus, der Zollkriege bis hin zu den heißen Kriegen zwischen unterschiedlichen Nationen geht. Denen, die Konflikte schüren, die von Identitäten sprechen und sogenannte Andere ausgrenzen, wird in solchen Zeiten wie den unseren begeistert zugejubelt.

All dies mahnen die Literaturen der Welt kritisch und Alarm schlagend an; allein die Menschheit scheint ihre Ohren lieber den Populisten zu öffnen und aus der Geschichte nichts zu lernen. Und glauben Sie mir: Ich meine das nicht defaitistisch, sondern letztlich hoffnungsvoll nach vorne blickend! Denn das Wissen der Literaturen der Welt ist da, steht vor unseren Augen und ist nicht,

39 Vgl. Barthes, Roland: La grande famille des hommes. In (ders.): *Mythologies*. Paris: Editions du Seuil 1957, S. 173–176.
40 Ebda., S. 173.
41 Vgl. hierzu den Schlussteil des siebten Bandes der Reihe „Aula" in Ette, Ottmar: *Erfunden Gefunden* (2022), S. 715 ff.
42 Auerbach, Erich: Philologie der Weltliteratur, S. 310.

auch wenn es die kleinen wie die großen Diktatoren auf diesem Planeten gerne tun würden, aus der Welt zu schaffen. Selbst jene Texte, die uns wie das *Gilgamesch-Epos* oder das *Shi Jing* um Jahrtausende in die Geschichte wie in andere kulturelle Horizonte zurückführen, sprechen von der Notwendigkeit des Menschen, in Frieden und Differenz zusammenzuleben.

Die notwendige Konsequenz aus alledem ist, das Wissen der Literaturen wieder gesellschaftsfähig zu machen, wieder in die Gesellschaften hineinzuführen. Eine künftige Philologie der Literaturen der Welt muss zugleich dem Faktum verpflichtet sein, dass ihr Gegenstand, die Literaturen der Welt, dank ihres zutiefst vielstimmigen, polylogischen Systems von jeglichem totalisierenden Einheitsgedanken wie von jeder damit einhergehenden Essentialisierung weit entfernt ist. Die Zukünfte der Philologie sind viellogisch. Wie aber ließe sich diese offene viellogische Strukturierung näher bestimmen und mit dem Entwurf einer ethisch fundierten viellogischen Philologie in Verbindung bringen, die den Gefahren einer Reduktion auf die Alternative von Nationalliteratur versus Weltliteratur zu trotzen verstünde?

Wenn es uns die Literaturen der Welt ermöglichen, ausgehend von den unterschiedlichsten Blickwinkeln und Sprachen unsere Welt viellogisch zu begreifen, dann muss eine in diesem Sinne verstandene Philologie der Zukunft im transarealen[43] Zusammenhang der Polylogik eines derartigen Systems der Wissenszirkulation verpflichtet sein und bleiben. Ihr Gegenstand – und dies galt schon für den mutigen Philologie-Entwurf des Romanisten Erich Auerbach – reicht selbstverständlich weit über den Bereich des Literarischen hinaus. Denn ich wiederhole es gerne: Literatur ist, weil sie mehr ist, als sie ist.

Gerade in unseren Zeiten des Umbruchs, gerade in der Epoche, die Sie alle weit mehr als ich erleben werden, geht es um ein Zusammenleben zwischen den Menschen, aber auch um ein Zusammenleben der Menschen mit Flora und Fauna, mit den Landschaften und den Gesteinen, mit der Natur unseres Planeten. Es geht dabei nicht um Toleranz, um ein Tolerieren der Natur oder anderer Kulturen, sondern um Achtung und Respekt.[44] Und die Schule, in der wir uns dieses viellogische Denken erwerben können, sind die Literaturen der Welt.

Denn diese künftig zu entfaltende viellogische Philologie der Literaturen der Welt will im Sinne von Erich Auerbach *wagen*, was doch längst als ethischer Anspruch wie als epistemologische Herausforderung ein für alle Mal vergessen und verloren schien: jenseits aller Totalität und jeglicher Totalisierung den Ort

---

43 Ich erinnere hier an die Begrifflichkeit im Band von Ette, Ottmar: *TransArea. Eine literarische Globalisierungsgeschichte.* Berlin – Boston: Walter de Gruyter 2012.
44 Vgl. hierzu das Schlusskapitel von Ette, Ottmar: *ÜberLebensWissen*, den ersten Band der Trilogie.

und mehr noch die Choreographien der Menschen im Universum zu bestimmen – und buchstäblich erlebbar und nacherlebbar zu machen. In der Frage nach der Weltliteratur oder nach den Literaturen der Welt geht es um weit mehr als um eine bestimmte Sichtweise und Perspektivierung von Literatur. Es geht letztlich um die Frage, wie wir mit Hilfe der von vielen Orten und von vielen Worten und Kulturen herkommenden Literaturen eine Welt zu entwerfen und zu gestalten vermögen, die nicht *eine* Welt im Sinne einer ‚großen Familie' und damit einer einzigen vorherrschenden Logik sein darf, sondern *eine Welt* im Sinne ihrer letztlich unbegrenzten Logiken des Lebens, des Erlebens, des Überlebens und vor allem des Zusammenlebens.

Mit anderen Worten: Es geht um eine Welt der Konvivenz jenseits des Eurozentrismus und aller anderen Zentrismen, die vorstellbar sind. Und dies ist eine Zukunftsfrage allererster Ordnung, die in ihren Konsequenzen fast gleichzeitig mit Auerbachs *Philologie der Weltliteratur* um die Mitte des 20. Jahrhunderts vom mexikanischen Dichter und Essayisten Octavio Paz reflektiert wurde. Denn er schrieb in seinem *Laberinto de la soleedad*,[45] dass die vormals für Lateinamerika charakteristischen Abhängigkeiten von Europa und den USA sich mehr und mehr auflösten:

> Doch es handelt sich um eine universale Situation, die von allen Menschen geteilt wird. Davon ein Bewusstsein zu besitzen heißt damit anzufangen, ein Bewusstsein von uns selbst zu haben. In der Tat haben wir an der Peripherie der Geschichte gelebt. Heute hat sich das Zentrum, der Kern der Weltgesellschaft, aufgelöst und wir haben uns alle in periphere Wesen verwandelt, selbst die Europäer und die Nordamerikaner. wir befinden uns alle am Rande, weil es kein Zentrum mehr gibt.[46]

Mit der Sensibilität eines großen Poeten erspürte Octavio Paz eine Situation, die sich um die Mitte des 20. Jahrhunderts erst allmählich andeutete und die selbst in der vierten Phase beschleunigter Globalisierung von einer weltweiten Vorherrschaft und Dominanz der USA übertönt wurde, unter der sich die ‚Tiefengeschichte' im Sinne Miguel de Unamunos[47] und damit eine langfristige Tendenz zur Auflösung aller Gegensätze zwischen Zentren und ihren Peripherien deutlicher herausschälte. Gewiss ist dies auch heute noch zu einem Zeitpunkt, zu dem sich nicht mehr ein einziges Zentrum, sondern verschiedene politische, militärische und ökonomische Machtzentren weltweit herauskristallisieren, eine utopiebehaftete Vorstellung. Doch weisen die seismographisch zu

---

45 Vgl. Paz, Octavio: *El laberinto de la soledad*. México – Madrid – Buenos Aires: Fondo de Cultura Económica [10]1983.

46 Ebda., S. 152.

47 Vgl. hierzu Ette, Ottmar: *Geburt Leben Sterben Tod*, S. 740 ff.

deutenden Entwicklungen im Bereich der Literaturen der Welt eindeutig in genau diese Richtung einer nicht länger von scharfen Asymmetrien geprägten weltumspannenden Relationalität.

Auch wenn in Erich Auerbachs programmatischem Entwurf in einer bereits zitierten Passage seiner Überlegungen zu einer Philologie der Weltliteratur einmal kurz die Wendung „Literaturen der Welt"[48] aufblitzt, so ist sein Denken doch noch immer stark vom Goethe'schen Gründungsdiskurs der Rede von der Weltliteratur aus ihrem Gegensatz zur Nationalliteratur geprägt. Dies bedeutet, dass sich auch Auerbach in jene Kampflinie einschreibt, die dem gerade auch institutionell so erfolgreichen Entwurf einer Nationalliteratur den Begriff der Weltliteratur entgegenhält und polemisch entgegenstellt, um damit den Bereich der Literatur von jeglicher nationalen oder nationalistischen (ganz zu schweigen von einer nationalsozialistischen) Begrenztheit zu befreien. Erich Auerbach hatte in seinem „Seminar in Weltgeschichte"[49] die Lektion seiner Zeit gelernt.

Dass dies für ihn nach der brutalen Lektion, die im Zeichen des Nationalsozialismus gezeigt hatte, mit welcher kunstverachtenden Radikalität und menschenverachtenden Brutalität die Logik des Nationalismus auf den Bereich von Wissenschaft und Kunst übertragen werden konnte, eine Herzensangelegenheit und das Gebot der Stunde sein musste, versteht sich angesichts der Verfolgung aller Andersdenkenden im nationalsozialistischen ‚Reich' und weit darüber hinaus von selbst. An dieser vitalen Stelle war Auerbachs philologische Ästhetik tief in seiner historisch geprägten und von seinem LebensWissen und ÜberLebensWissen getragenen Ethik verwurzelt. Romanistik war für ihn keine Tätigkeit und schon gar keine Disziplin, die frei im Raum schwebte und unabhängig von allen zeitgeschichtlichen Kontexten betrieben werden konnte, sondern eingebunden in das menschliche Leben in all seinen Aspekten.

Dieses von einer klaren Frontlinie zwischen Nationalliteratur und Weltliteratur geprägte Selbstbewusstsein und Weltbewusstsein seines Entwurfs einer *postdiktatorialen* Literaturwissenschaft, einer Romanistik nach der Diktatur, ist folglich mehr als verständlich, vergisst jedoch in grundlegender Weise, die Frage nach dem Dazwischen, nach dem also zu stellen, was sich *zwischen* Nationalliteratur und Weltliteratur befindet und bewegt. Diese Frage nach den Zwischenräumen oder, mit anderen Worten, nach der Überführung einer scharfen Trennungslinie zwischen dem Nationalliterarischen und dem Weltliterarischen in einen komplexen Zwischenraum ambivalenter und nicht selten widersprüchlicher Bewegungen aber ist entscheidend, soll ein Verständnis dessen gelingen,

---

48 Auerbach, Erich: Philologie der Weltliteratur, S. 302.
49 Ebda., S. 306.

was das heutige Zusammenspiel der unterschiedlichsten Literaturen im globalen Maßstab ausmacht. Vor welchem Hintergrund, vor welchen Hintergründen aktueller Theorie und Praxis von Weltliteratur[50] aber lassen sich jene Perspektiven entwickeln, die in den Überlegungen zu den Literaturen der Welt soeben kurz eingeblendet wurden?

In ihrer 1999 erschienenen und stark (wenn auch schon früh kontrovers) rezipierten[51] Monographie *La République mondiale des Lettres* hat Pascale Casanova das Konzept der Weltliteratur in die sehr französische Metaphorik einer literarischen ‚Weltrepublik‘ überführt, die – so belehrt uns schon der Klappentext des Bandes – als eine „puissante fabrique de l'universel littéraire" notwendig „son méridien de Greenwich" besitze, „auquel se mesurent la nouveauté et la modernité des oeuvres".[52] Diese Metaphorik ist keineswegs unschuldig, entstammt sie doch der Geschichte jener im Dienste unterschiedlicher Machtinteressen stehenden Kartographien und Kartographen, die von Europa aus seit der ersten Phase beschleunigter Globalisierung ihre Kartennetze über die Welt auswarfen.

Dabei legten die einzelnen europäischen Seemächte wie Spanien oder Portugal, Frankreich oder England ihre jeweils gültigen Nullmeridiane ebenso unterschiedlich wie willkürlich fest, indem sie sich an ihren eigenen Territorien und Besitzungen orientierten. Mit der Internationalen Meridiankonferenz von 1884 – und folglich mitten in der dritten Phase beschleunigter Globalisierung – wurde dann orientiert an der Londoner Sternwarte Greenwich jener bis heute gültige Bezugsmeridian festgelegt, von dem aus noch immer die Koordinaten der Welt berechnet werden: ausgerichtet an der damals führenden imperialen Macht, deren Aufstieg bereits in der zweiten Phase beschleunigter Globalisierung begonnen hatte.[53] Die grünen Hügel von Greenwich stehen für mehr als nur eine kartographische Markierung: Sie schreiben Macht in jegliche Kartierung der Welt ein.

Die Weltrepublik wird damit auf ganz besondere Weise kartiert. Denn die *eine* Welt einer literarischen Weltrepublik ist in diesem knapp fünfhundert Seiten starken Versuch, die Weltliteratur neu zu durchdenken und zu ordnen, folg-

---

50 Vgl. hierzu auch den historisch angelegten Überblick von D'haen, Theo / Damrosch, David / Kadir, Djelal (Hg.): *The Routledge Companion to World Literature*. London – New York: Routledge 2002.

51 Vgl. hierzu etwa Jurt, Joseph: L'espace littéraire international. A propos de „La République mondiale des Lettres" de Pascale Casanova. In: *Lendemains* (Berlin 93 (1999), S. 63–69.

52 Casanova, Pascale: *La République mondiale des Lettres*. Paris: Seuil 1999, U4.

53 Zu den vier Phasen beschleunigter Globalisierung vgl. Ette, Ottmar: *TransArea. Eine literarische Globalisierungsgeschichte*, S. 1–49.

Abb. 12: Pascale Casanova (1959–2018).

lich von Beginn an mit jener Expansionsgeschichte Europas verknüpft, auf die sich schon der Goethe'sche Entwurf in seiner Reflexion der Beschleunigungs-phänomene seiner eigenen Zeit beziehen lässt. Nicht umsonst sind die Welt-Komposita wie ‚Weltliteratur' mit dieser europäischen Expansionsgeschichte verquickt und tragen die Zeichen dieser ‚Welteroberung' in ihrer DNA.

Die globale Dimension von Literatur wird von Pascale Casanova mit dem postulierten Ausnahmecharakter des großen literarischen Werks insofern in eine Verbindung gebracht, als es mit einer unsichtbaren Totalität verbunden sei, gebildet aus „tous les textes littéraires à travers et contre lesquels elle a pu se construire et exister, et dont chaque livre apparaissant dans le monde serait un des éléments":[54] einer Totalität folglich, welche aus allen Büchern der Welt besteht. Zu dieser Zusammensetzung gehöre alles, was jemals publiziert, übersetzt oder kommentiert worden sei: „Tout ce qui s'écrit, tout ce qui se traduit, se publie, se théorise, se commente, se célèbre serait l'un des éléments de cette composition."[55] Handelt es sich um eine Totalität des Allumfassenden, präsent und ko-präsent in jedem großen literarischen Werk, das in dieser Weltrepublik entsteht? Fast will es so scheinen: „Chaque livre écrit dans le monde et déclaré littéraire serait une infime partie de l'immense 'combinaison' de toute la littérature mondiale."[56] Aber eben nur fast. Denn in die absolute Totalität alles Geschriebenen und Publizierten schleichen sich Fissuren, kleine Risse und Brüche, ja scharfe Asymmetrien und Gegensätze ein.

Also: Vorsicht ist geboten! Was hier als die Welt dieser Weltliteratur und was als Weltliteratur dieser Welt erscheint, ist hochgradig eingeschränkt und reglementiert. Denn schon wenige Zeilen später wird dieser scheinbar so weite „espace littéraire mondial"[57] oder weltliterarische Raum mit einem „ordre littér-aire"[58] in Verbindung gebracht, mit einer literarischen Ordnung und mit einem

---

54 Casanova, Pascale: *La République mondiale des Lettres*, S. 13.
55 Ebda., S. 13 f.
56 Ebda., S. 14.
57 Ebda.
58 Ebda.

„univers où s'engendre ce qui est déclaré littéraire, ce qui est jugé digne d'être considéré comme littéraire, où l'on dispute des moyens et des voies spécifiques à l'élaboration de l'art littéraire".[59] Nicht alles, nicht jedes Schriftstück geht in die Totalität der Weltliteratur ein; vielmehr legt eine klare Ordnung fest, was überhaupt dem Bereich der Literatur zugeschlagen werden kann und was literarische Kunst ist.

Wer aber legt wie und von wo aus fest, was die Literatur, das Literarische und die literarische Kunst sind und zu sein haben? So kippt das Bild einer offenen Landschaft noch auf derselben Seite und binnen weniger Zeilen um in das Verständnis einer, nein *der* literarischen Weltrepublik, die notwendigerweise ihr spezifisches Zentrum, ihre Hauptstadt besitzen müsse:

> Gebiete, wo allein der Wert, wo allein die Ressource die Literatur ausmachten; ein Raum, der von verschwiegenen Kräftebeziehungen bestimmt wäre, die aber die Form der Texte bestimmten, die geschrieben würden und die überall in der Welt zirkulierten; ein zentralisiertes Universum, das seine eigene Hauptstadt, seine Provinzen und weitläufigen Grenzen fixierte, wo die Sprachen zu Instrumenten der Macht würden. An diesen Orten würde ein jeder dafür kämpfen, um als Schriftsteller geweiht zu werden; wo man spezifische Gesetze erdächte, welche die Literatur zumindest in den von politischen und nationalen Unwägbarkeiten unabhängigsten Regionen befreien würde.[60]

Das in diesem Zitat noch im Konjunktiv skizzierte Bild einer Weltliteratur ist dasjenige einer Republik, die sich der Herrschaft des Politischen und des Nationalen entzogen und sich insofern von den nationalen Zwängen befreit habe, als die Literatur nun ihre eigene Kapitale, ihr eigenes weltweites Zentrum besitze. Man ahnt schon in dieser Passage, was später ein ums andere Mal in Szene gesetzt wird: Der Nullmeridian dieser *République mondiale des Lettres* verläuft nicht durch London, denn die Hauptstadt dieser Weltrepublik kann keine andere sein als Paris; die Hauptstadt jenes Landes, das sich über so lange Zeit als „exception culturelle" – und für Pascale Casanova gilt dies noch immer – begriff. Nicht umsonst empfiehlt der später noch zu diskutierende David Damrosch in seinem Entwurf der Weltliteratur nicht ohne Spott unter Verweis auf eine brasilianische Rezension, man hätte Casanovas Band vielleicht besser den Titel *La République parisienne des Lettres* geben sollen.[61] In der Tat ist dieser Entwurf der französischen Literaturwissenschaftlerin

---

59 Ebda.
60 Ebda., S. 14.
61 Vgl. Damrosch, David: *What Is World Literature?* Princeton – Oxford: Princeton University Press 2003, S. 27. Zur Rezeption von Casanovas Ansatz vgl. auch Carvalhão Buescu, Helena: Pascale Casanova and the Republic of Letters. In: D'haen, Theo / Damrosch, David / Kadir, Djelal (Hg.): *The Routledge Companion to World Literature*, S. 126–135.

hochgradig frankozentrisch, genauer: auf Paris als Hauptstadt der Republik der Weltliteratur zentriert.

Denn es geht Pascale Casanova – am Ende der neunziger Jahre ganz offenkundig vor dem Hintergrund des damals längst ausgerufenen *spatial turn* – um eine „histoire spatialisée" und darum, ebenso die Schriftsteller wie deren Werke zu situieren („situer"), folglich fest zu verorten.[62] Ihr ist es nicht um eine Bewegungsgeschichte zu tun, sondern um eine Raumgeschichte, die an klaren, gleichsam evidenten und zentralisierten Raumstrukturen interessiert und ausgerichtet ist. Es geht ihr um ein fixiertes und fixierendes *Mapping* einer Literatur im weltumspannenden Sinne. Auf diese Weise kann in der Folge auch die Zentriertheit und Zentralisierung einer literarischen „République mondiale" postuliert werden, die letztlich von einem kleinen Raum aus die Koordinaten aller literarischen Phänomene weltweit festzulegen imstande ist. Denn Paris ist wie eh und je die „exception culturelle".

Um diese These zu erhärten, geht Pascale Casanova nicht ungeschickt vor. Denn für die sich sehr rasch herausschälende frankreichzentrische Sichtweise der Weltliteratur werden keineswegs nur französische Autoren, sondern auch Bewunderer der französischen Literatur und Kultur weltweit ins Feld geführt. Mit erstaunlicher Häufigkeit wird von Beginn an auf die nachgelassene Schrift *De la littérature allemande* von Friedrich dem Großen von Preußen verwiesen, den man nicht gerade als den Literaturpapst des 18. Jahrhunderts bezeichnen kann. Dies ist eine der in französischer Sprache abgefassten Schriften des preußischen Monarchen und Gastgebers Voltaires in Sanssouci, die mit Bedacht als Motto dem Kapitel über die „Prinzipien einer Weltgeschichte der Literatur" („Principes d'une histoire mondiale de la littérature")[63] vorangestellt wird.

Pascale Casanova verweist aber auch auf den modernistischen nicaraguanischen Dichter Rubén Darío,[64] der wie viele andere seiner lateinamerikanischen Dichterkollegen jener Zeit Paris – um es mit den Worten des von Auerbach verehrten Walter Benjamin[65] zu sagen – als die ‚Hauptstadt des 19. Jahrhunderts' bewunderte. Gerne werden auch die geschmeidigen Formulierungen von Charles Ferdinand Ramuz angeführt, der 1938 in seinem Essay über Paris die Hauptstadt Frankreichs als „banque universelle des changes et des échanges" bezeichnete.[66]

---

62 Casanova, Pascale: *La République mondiale des Lettres*, S. 16.

63 Ebda., S. 21.

64 Ebda., S. 35.

65 Vgl. Benjamin, Walter: Paris, die Hauptstadt des XIX. Jahrhunderts. In (ders.): *Das Passagen-Werk*. Band 1. Frankfurt am Main: Suhrkamp 1983, S. 45–59.

66 Ramuz, Charles Ferdinand: *Paris. Notes d'un Vaudois*. Lausanne: Editions de l'Aire 1978, S. 65; angeführt bei Casanova, Pascale: *La République mondiale des Lettres*, S. 41.

Daraus wird eine weltweite Anerkennung von Paris als literarischer Welthauptstadt, eine „reconnaissance universelle d'une capitale littéraire"[67] abgeleitet und definiert als „un lieu où convergent à la fois le plus grand prestige et la plus grande croyance littéraire".[68] Alles und alle laufen in Paris zusammen, daran gibt es für die Pariser Literaturwissenschaftlerin keinen Zweifel! So kann es in dieser „République mondiale", in dieser „littérature mondiale", nur eine einzige Hauptstadt, nur ein einziges überragendes Zentrum geben: die „Ville lumière" Paris, der selbsterklärte Mittelpunkt der weitgespannten literarischen Welt.

Wie wenig ein derartiger literaturtheoretischer Entwurf erlaubt, die Komplexität und die verschiedenartigen Logiken des Literarischen weltweit zu begreifen oder gar adäquat darzustellen, liegt angesichts seiner Frankreichlastigkeit auf der Hand. Die Besonderheit des von Pascale Casanova entworfenen Weltmodells ist wohl vor allem darin zu erblicken, dass ein nationales und vor allem nationalliterarisches Modell – das an Paris als unbestrittenem französischen Zentrum orientiert und wie im obigen Zitat von Provinzen und weit entfernten „confins" zu sprechen gewohnt ist – auf die Dimensionen einer Globalität ausgeweitet wird, deren Koordinaten von einem letztlich unhinterfragbaren Zentrum auf einem Null-Meridian aus situiert und festgelegt werden können. Die Weltrepublik der Weltliteratur ist im Grunde nichts anderes als die Ausweitung des Pariser Zentralismus.

Dabei bildet das Nationale von Beginn dieses Bandes an zwar ein Gegenmodell, wird paradoxerweise aber so eingesetzt, dass es gleichsam ‚natürlich' – und dies im Sinne von Roland Barthes' Funktionsweise des Mythos[69] – in die Rolle des Universellen schlüpft. Denn das Universelle ist das vorgeblich weltweit akklamierte ausgeweitete nationale Modell. Die französische Hauptstadt Paris verkörpere nicht allein die Figur des Universalen,[70] sondern ist die „ville de la littérature",[71] die Stadt der Literatur schlechthin. Wie keine andere Stadt steht für Casanova die französische Hauptstadt damit für beide Bestandteile der Weltliteratur: für die Literatur *und* für die Welt. Pascale Casanova macht sich fraglos den Mythos von Paris zunutze.

Wenn in der Folge von jenen Autorinnen und Autoren die Rede ist, die von den „confins du monde" aus nach Paris blicken, dann erscheinen sie allesamt als Produkte einer „décolonisation au Maghreb, en Amérique latine ou

---

67 Ebda.
68 Ebda.
69 Barthes, Roland: Le mythe, aujourd'hui. In (ders.): *Mythologies*, S. 191–247.
70 Casanova, Pascale: *La République mondiale des Lettres*, S. 44.
71 Ebda.

en Afrique noire".[72] Diese Entkolonialisierung des Maghreb, Lateinamerikas oder ‚Schwarzafrikas' ist unabhängig von dem historischen Detail, dass es sich hierbei um sehr verschiedenartige Prozesse handelt, zwischen denen im übrigen Jahrhunderte liegen. Doch Pascale Casanova nimmt es – ähnlich wie die *Postcolonial Studies* vorwiegend in den USA – bei derartigen Fragen nicht so genau: Alles und alle werden über denselben theoretischen Leisten geschlagen.

> Die Vereinheitlichung des literarischen Raumes im und durch den Wettbewerb setzt die Etablierung eines gemeinsamen Maßes der Zeit voraus: Ein jeder stimmt mit der vollständigen und ohne jede Widerspruchsmöglichkeit gegebenen Anerkennung eines absoluten Orientierungspunktes und einer Norm überein, an der es (sich) zu messen gilt. Es ist zugleich ein im Raum verortbarer Ort, das Zentrum aller Zentren, mit dem sich selbst seine Wettbewerber durch ihren Wettbewerb selbst einverstanden erklären, ein Ort, den es als das Zentrum zu begrüßen gilt, ein Punkt, von dem aus man die Eigenzeitlichkeit der Literatur aus misst. [...] Ebenso wie die *fiktive* Linie, die man auch als ‚Ursprungsmeridian' bezeichnet und die völlig arbiträr zur Bestimmung der Längen gezogen wurde, zu einer *realen* Organisation der Welt beiträgt und das Maß der Distanzen und die Einordnung der Positionen auf der Oberfläche unseres Globus möglich macht, so erlaubt auch das, was man als den ‚Literaturmeridian von Greenwich' bezeichnen könnte, die Distanz all jener vom Zentrum zu bemessen, die zum literarischen Raume zählen. Denn auch die ästhetische Distanz misst man in zeitlichen Begriffen: Der Ursprungsmeridian setzt die Gegenwart, das heißt in der Ordnung der literarischen Schöpfung die Modernität fest. Man kann folglich die Distanz eines Werkes oder eines Korpus von Werken zum Zentrum gemäß seiner zeitlichen Abweichung von jenen Kanones bemessen, welche zum genauen Zeitpunkt der Bewertung die präsentische Gegenwart der Literatur definieren.[73]

Wie in einem Brennspiegel werden in dieser (wie manch anderer) Passage von Pascale Casanovas Entwurf des Jahres 1999 die Grundprobleme einer Literaturwissenschaft deutlich, die von *der* Weltliteratur spricht und diese als ein durchgängiges, kontinuierliches System mit klaren und selbstverständlichen Hierarchisierungen versteht. Wie in den lange zurückliegenden unterschiedlichen Phasen beschleunigter Globalisierung werden von Europa aus Kartennetze über eine Welt ausgeworfen, die als ein homogener Raum verstanden wird, sich aber an seinem Abstand zum Zentrum in Europa bemisst. Der Unterschied besteht freilich darin, dass in diesem literaturtheoretischen Entwurf vom Ausgang des 20. Jahrhunderts nicht die Oberfläche unseres Planeten ausgemessen wird, sondern der literarische Raum einer Weltliteratur, die sich nach diesem einen Zentrum auszurichten und an dessen festgelegten Normen und Kanones zu orientieren hat. Hier noch von Eurozentrismus zu sprechen, wäre geradezu ein freundlicher Euphemismus.

---

72 Ebda., S. 117.
73 Ebda., S. 127.

Denn alles wird von einem einzigen Standpunkt, von einer einzigen Kapitale aus beurteilt und von einer einzigen Logik her beherrscht. Die Welt wird in ein weitgespanntes Territorium verwandelt, das sich gegenüber einem einzigen Zentrum in Zeit und Raum zu situieren hat, das sich gegenüber einer einzigen – ‚natürlich‘ europäischen – Modernität ausrichten muss, das nach denselben Werten und Kriterien, nach denselben Formen und (weit mehr noch) Normen funktionieren muss, welche Europa allen schöpferischen Menschen auf dem Erdenrund vorgibt.

Auf dieser vollständig fiktiven und von Pascale Casanova als literarischer Kosmographin entworfenen Weltkarte werden alle Navigationsinstrumente – und vor allem die Uhren – nach einer einzigen maßgeblichen Zeit gestellt. Und die Distanz ist (wie dies schon seit der zweiten Phase beschleunigter Globalisierung mit Hilfe von Seechronometern sehr präzise geschah) in einem nicht nur räumlichen, sondern auch zeitlichen Abstand vom Zentrum aus messbar und quantifizierbar. Es gibt eine einzige Modernität, und an dieser einzigen Modernität, die Europa oder genauer noch: die Kapitale Paris vorgibt, muss alles andere ästhetisch gemessen und bewertet werden. Die *République mondiale des Lettres* ist ein hochgradig zentralisierter Staat, der nur eine Zeit, einen Raum, eine Moderne, eine Norm anzuerkennen vermag. Der Rest ist Abweichung oder „écart“ – und zugleich „à l'écart“: Abweichung am Rande der *einen* Weltgeschichte der Weltliteratur.

Paris und Frankreich bilden das unbestrittene und unbestreitbare Zentrum einer Republik der Weltliteratur, die sich am universellen Modell der französischen Republik ausrichtet. Es überrascht daher nicht, dass sich die Phasen der in diesem Buch entworfenen Weltgeschichte der Literatur am nationalliterarischen Modell der französischen Literatur ausrichten und als erste von drei Phasen jene erscheint, die mit dem Jahre 1549 durch den Verweis auf die französische Pléiade und Joachim Du Bellays *La Deffence et Illustration de la langue françoyse* eine exakte Datierung erhält.[74] Sie schmunzeln und ich gebe zu: Diese Selbstüberschätzung einer eigenen nationalliterarischen Tradition kennt kaum Grenzen. In Frankreich aber – und auch das ist nicht überraschend – wurde Pascale Casanovas Entwurf sehr wohlwollend aufgenommen.

Der Blick der beredten Historikerin der Weltliteratur ist von einer befremdlichen Begrenztheit. Dass hier noch nicht einmal andere europäische Literaturen – etwa Spaniens, Portugals, Englands oder Italiens – geschweige denn außereuropäische Literaturen – wie die altamerikanischen, die indischen oder

---

74 Ebda., S. 72.

chinesischen – in den Blick genommen werden, kann in diesem Kontext nicht verwundern. Die *Fülle* dieser in ihrer scheinbaren Totalität kartierten Weltliteratur wird von der Kapitale einer literarischen Weltrepublik aus ausgerufen und regiert, die ihr nationales Paradigma ins Universale ausgeweitet hat. Die Weltliteratur zeigt sich in den trikoloren Farben einer ausgeweiteten Nationalliteratur, die nicht mehr wie bei Goethe einen Gegensatz zur Weltliteratur darstellt, sondern zum eigentlichen Wesenskern der Weltliteratur geworden ist. Der Weimarer Dichter wäre in der Tat erstaunt gewesen.

Es kann kein Zweifel daran bestehen, dass die beiden Weltkriege des 20. Jahrhunderts mit ihrem übersteigerten Nationalismus gerade auch bei Philologen, die wie Karl Vossler, Ernst Robert Curtius, Erich Auerbach oder Werner Krauss mehr als eine Nationalliteratur überblickten, ein großes Misstrauen gegen jeglichen Versuch erzeugten, die Grenzen einer Literatur mit den jeweiligen politischen, nationalstaatlichen Grenzen zu identifizieren und gleichzusetzen. Dabei zeigte sich bei vielen – wenn es sich dabei auch nur um eine Minderheit handelte – unverkennbar ein zunehmendes kritisches Nachdenken über die Geschichte einer Philologie, die von ihrer Entstehung her quer durch das 19. Jahrhundert in jene Grenzziehungen nationaler und rassistischer Art verstrickt war, welche die Indienstnahme philologischer Verfahren und Klassifikationen auch und nicht zuletzt durch faschistische und nationalsozialistische Ideologien ermöglicht und befördert hatten. Ich habe in unserer aktuellen wie auch in vielen meiner früheren Vorlesungen auf die Verstrickungen der Philologie mit dem Rassismus verschiedentlich aufmerksam gemacht[75] und will auf diese Problematik nicht nochmals zurückkommen.

All dies bedeutete innerhalb eines derartigen Kontexts zugleich, dass der fortgesetzte Spezialisierungsdruck gerade dann, als er absurde Blüten zu treiben begann, auf einen Romanisten wie Erich Auerbach geradezu unerträglich wirken musste. Für Auerbach galt es, bei allen disziplinären Spezialisierungen doch nicht die Ausrichtung der romanischen Philologie und deren Zielsetzungen aus den Augen zu verlieren. Dabei legte Auerbach mit wachsender Entschiedenheit nicht nur den besonderen Akzent seiner Argumentation auf den wechselseitigen Austausch zwischen unterschiedlichen Sprachen und Literaturen, sondern auch

---

74 Ebda., S. 72.

75 Vgl. hierzu Messling, Markus: *Gebeugter Geist. Rassismus und Erkenntnis in der modernen europäischen Philologie.* Göttingen: Wallstein Verlag 2016; sowie die Dissertation von Lenz, Markus Alexander: *Genie und Blut. Rassedenken in der italienischen Philologie des neunzehnten Jahrhunderts.* Paderborn: Wilhelm Fink Verlag 2014; siehe auch Messling, Markus / Ette, Ottmar (Hg.): *Wort Macht Stamm. Rassismus und Determinismus in der Philologie (18. / 19. Jh.).* Unter Mitarbeit von Philipp Krämer und Markus A. Lenz. München: Wilhelm Fink Verlag 2013.

auf den wissenschaftlichen Austausch über alle Spezialisierungen und disziplinären Grenzziehungen hinweg. So machte er auch in seinem Essay *Philologie der
Weltliteratur* unmissverständlich klar: „Wer heute etwa ein Provenzalist sein will
und nichts anderes beherrscht als die einschlägigen Teile der Linguistik, der Pa-
läographie und der Zeitgeschichte, der ist kaum auch nur noch ein guter Provenzalist."[76] Man kann diese Auffassungen problemlos auf die Größenordnungen
der Romanistik sowie auf die an Romanistinnen und Romanisten zu stellenden
Anforderungen übertragen.

Für Erich Auerbach ging mit dieser kritischen Reflexion (des eigenen) wissenschaftlichen Tuns notwendig einher, im Zeichen seiner Philologie der
Weltliteratur die Grenzziehungen zwischen unterschiedlichen Disziplinen zu
überwinden und jene Disziplinierungen wissenschaftlicher Art zu hinterfragen, welche nationalliterarischen Konzeptionen des Faches einen geradezu
‚natürlichen' Status gewährleisteten. Seinem philologischen Weltentwurf kam
dabei eine durchaus als transversal zu bezeichnende Grundausrichtung zu,
zielte dieser doch auf eine fundamentale Fragestellung, die den Horizont
eines traditionellen Philologieverständnisses – insbesondere dann, wenn es
sich nationalphilologisch definierte – weit übersteigen musste. Auerbach zog
die Konsequenzen aus der langen und blutigen Geschichte des europäischen
Nationalismus wie der europäischen Nationalismen und verwandte die Arbeit
seiner letzten Jahre darauf, neue Konzeptionen für sein Fach im Kontext anderer philologischer Fächer zu erarbeiten.

Doch Erich Auerbach war unter den Philologen, ja selbst unter den Romanisten keineswegs der einzige, der unter dem Eindruck der fachhistorischen Entwicklungen im Zeichen zunehmender Spezialisierungen und Ausdifferenzierungen,
aber sicherlich auch unter dem Eindruck der bei weitem nicht nur politischen,
militärischen und sozialen Katastrophen die beherrschende Funktion des nationalen beziehungsweise nationalistischen Paradigmas in Frage stellte. Wir können
aus dieser wohlbegründeten Abkehr vom Nationalen heute wieder sehr viel lernen. Erich Auerbachs Position war vergleichbar mit der jener Mitstreiter seiner Generation, die sich nicht an den Machenschaften des Hitler-Regimes und der
großdeutschen Großprojekte im Bereich der Geisteswissenschaften beteiligt hatten. So heißt es aus einer gänzlich anderen Perspektivik etwa in einem Brief von
Ernst Robert Curtius an Karl Eugen Gass vom 18. Mai 1944:

---

76 Auerbach, Erich: Philologie der Weltliteratur, S. 305.

> Der ganze Unsinn der modernen Arbeitsteilung nach Nationalsprachen, Nationalliteratu-
> ren und nationalen Philologien ist noch niemandem aufgegangen. Was würde man aber
> von einem mittelalterlichen Historiker denken, der nur deutsche Vorgänge berichtete und
> nur deutschsprachliche Quellen verfolgte?[77]

Das Brüchig-Werden des Nationalen im Schatten des deutschen Nationalsozialismus, aber auch anderer totalitärer nationalstaatlicher Systeme des 20. Jahrhunderts war zweifellos ein nicht zu unterschätzendes Movens für die kritische
Infragestellung vormals ‚selbstverständlicher‘ disziplinärer Einteilungen, wie
sie gerade die nationalliterarischen Strukturen europäischer Philologie im 19.
und 20. Jahrhundert – und dominant noch bis in die Gegenwart – geprägt hatten und noch weiter prägen.

Zeitgleich lassen sich in grundlegend anderen kulturellen Konstellationen –
fernab von jeglichem fiktiven Greenwich-Meridian der Weltliteratur – Entwicklungen konstatieren, die für eine Öffnung der simplen Gegenüberstellung von
Nationalliteratur und Weltliteratur sowie für die Gestaltung einer viellogischen
Philologie von wohl entscheidender Bedeutung sind. Daher soll an diesem
Punkt unserer Argumentation noch einmal die Zeit von Auerbachs hier erwähnten Arbeiten aufgerufen werden, wobei wir freilich den Meridian unserer Kartierung bewusst aus Europa herausbewegen.

Im Jahr 1940 legte der kubanische Anthropologe, Historiker und Kulturtheoretiker Fernando Ortiz sein nicht nur theoretisch, sondern auch literarisch
ausgefeiltes Meisterwerk *Contrapunteo cubano del tabaco y el azúcar*[78] vor, das
eine neue Deutung der kubanischen Geschichte aus der Bewegung, aus der
Vektorisierung aller Lebensbezüge vorschlug. Ortiz' *Kubanischer Kontrapunkt
von Tabak und Zucker* entwarf ein durch und durch bewegungsgeschichtliches
Modell, um der Besonderheit seines karibischen Heimatlandes gerecht werden
zu können.

Diese Akzentverlagerung von einer eher statischen Raumgeschichte zu
einer überaus mobilen und weltweit konzipierten Bewegungsgeschichte deutet
sich in vielen Passagen dieses Grundlagenwerks an und ist nicht nur für die ‚Erfindung‘ des Begriffs der Transkulturalität, sondern auch für einen veränderten
Blickwinkel auf Fragen der Beleuchtung des Territorialen bahnbrechend geworden. So heißt es bei Fernando Ortiz:

---

77 Curtius, Ernst Robert: Brief vom 18.5.1944 an Karl Eugen Gass. In: Universitätsbibliothek
Bonn, Nachlass Curtius, E.R.I. Hier zitiert nach Kraume, Anne: *Das Europa der Literatur.
Schriftsteller blicken auf den Kontinent (1815–1945)*. Berlin – Boston: Walter de Gruyter 2010,
S. 18.
78 Ortiz, Fernando: *Contrapunteo cubano del tabaco y el azúcar*. Prólogo y Cronología Julio Le
Riverend. Caracas: Biblioteca Ayacucho 1978.

Es gab für die Kubanität keine transzendenteren menschlichen Faktoren als diese kontinuierlichen, radikalen und kontrastierenden geographischen, wirtschaftlichen und sozialen Transmigrationen der Kolonisten, als diese beständige Vergänglichkeit an Vorhaben und als dieses Leben immer aus der Entwurzelung von der bewohnten Erde, in einem ständigen Auseinanderklaffen gegenüber der aufrecht erhaltenen Gesellschaft. Menschen, Ökonomien, Kulturen und Sehnsüchte, alles fühlte sich hier fremd, provisorisch, veränderlich an, wie ‚Zugvögel' über dem Land, an seiner Küste, stets seinem Willen und Wollen entgegen.

Mit den Weißen kamen die Schwarzen, zuerst aus Spanien, dann in einer Ausbreitung von Guinea- und Kongosklaven, schließlich aus ganz Nigritien. Mit ihnen kamen ihre verschiedenartigen Kulturen, einige so wild wie die der Siboneyes, andere von fortgeschrittener Barbarei wie die der Tainos, einige aus größerer wirtschaftlicher und sozialer Komplexität wie etwa die Mandingas, die Wolofs, Haussas, Dahomeys und Yorubas, andere wieder mit Ackerbau, Sklaven, Geld, Märkten, Außenhandel sowie zentralisierten und effizienten Regierungsmächten über Territorien und Ansiedlungen, die so groß wie Kuba waren; Kulturen, die in der Mitte zwischen denen der Tainos und der Azteken lagen; schon mit Metallen, aber noch ohne Schrift.[79]

Der Versuch des kubanischen Anthropologen, das zu bestimmen und abzugrenzen, was in der zeitgenössischen kubanischen Diskussion als „Cubanidad" bezeichnet wurde, zielt anders als bei anderen Entwürfen nicht auf die Herstellung einer festgefügten und festgestellten nationalen und territorialen Identität des Inselstaates. Vielmehr wird die ‚Kubanität' gerade aus den Bewegungen und Querungen sehr unterschiedlicher Kulturen *vektoriell* bestimmt, wobei die ursprüngliche Herkunft des Kulturhistorikers aus der mit der italienischen Philologie in enger Beziehung stehenden Kriminologie Cesare Lombrosos in der Evaluierung der unterschiedlichen Kulturen ebenso durchscheint wie die rassistische Unterströmung, welche gerade die frühen Arbeiten von Fernando Ortiz gekennzeichnet hatte. Wieder kommt an dieser Stelle eben jener Cesare Lombroso[80] ins Spiel, der für die Verbindungen von Philologie und Rassismus, aber auch für Ortiz' frühe anthropologische Arbeiten Pate stand.

Entscheidend für unsere Fragestellung aber ist weniger die Rückbeziehung auf ein eurozentrisches Rassedenken, wie es immer wieder selbst noch im *Contrapunteo cubano* zum Ausdruck kommt, als die neue Horizontlinie, die dieser komplexe, zwischen Literatur und Wissenschaft oszillierende Text des Jahres

---

79 Ebda., S. 95.
80 Vgl. hierzu das Lombroso gewidmete Kapitel in Lenz, Markus Alexander: *Genie und Blut. Rassedenken in der italienischen Philologie des neunzehnten Jahrhunderts.* Paderborn: Wilhelm Fink Verlag 2014, S. 297–301.

1940 freizulegen vermochte.[81] Denn das scheinbar Statische erweist sich aus der neuen Perspektivik von Fernando Ortiz als hochgradig mobil und ständigen Veränderungen und Verwerfungen, Transfers und Transformationen unterworfen.

Fernando Ortiz war zweifelsfrei kein Romanist, sondern Anthropologe und Kulturtheoretiker; aber die Auffassungen des karibischen Intellektuellen sind gleichwohl für die Romanistik von großem Belang. Das Territorium im Sinne von Fernando Ortiz konstituiert sich nicht aus einer ein für alle Mal gegebenen Geographie und Topographie, sondern entsteht durch all jene Querungen und Migrationen, die diesen Raum durchlaufen und dadurch mobil konstituieren. Und eine nationale Identität wird nicht als etwas Essentielles, Intrinsisches in Szene gesetzt, sondern erweist sich als ein grundlegend prekäres Zusammenleben unterschiedlichster Kulturen, die auf den verschiedensten ‚Stufen' stehend in einen wahren Wirbel der Transkulturalität miteinbezogen werden. Die Frage der Konvivenz wird in einem Spannungsfeld kolonialer wie postkolonialer Bewegungen, von Migrationen und Deportationen, von entscheidender Bedeutung für das (Über-)Leben des jungen Staatsgebildes. Zugleich werden all die verschiedenartigen Kulturen, von denen im obigen Zitat die Rede ist, in eine Beziehung zur Cubanidad wie zur kubanischen Kultur und Literatur gesetzt, so dass sie in den Orbit einer weltumspannenden und transareal ausgerichteten Romanistik gelangen.

Die Beziehung zu Territorium und Nation verschwindet bei Fernando Ortiz keineswegs, wird aber fundamental anders strukturiert und bewegungsgeschichtlich perspektiviert. Im Vordergrund stehen in seiner gesellschaftlichen Vision und anthropologischen Analyse die Zugvögel, die Einwanderer, die Migranten, die aus Afrika verschleppten Sklaven und ihre Nachfahren – all jene Dislokationen, die auch und gerade das Zusammenleben unterschiedlichster Kulturen auf der karibischen Insel prägen.

Kein Bild eines auf Vereinigung angelegten „Mestizaje" – wie es noch die Konzeptionen José Martís im letzten Drittel des 19. Jahrhunderts oder jene von José Vasconcelos in den ersten Dekaden des 20. Jahrhunderts gekennzeichnet hatte[82] – charakterisiert das Gemeinwesen, kein Bild einer Fusion oder eines „Melting Pot", wie es selbst noch in der zweiten Hälfte des 20. Jahrhunderts im Zeichen anzustrebender nationaler Homogenität propagiert wurde. Vielmehr werden Territorium, Nation und Identität gleichsam zu Bewegungsbegriffen

---

81 Zu Fernando Ortiz vgl. insbesondere die Bände drei und sieben der Reihe „Aula" in Ette, Ottmar: *Von den historischen Avantgarden bis nach der Postmoderne* (2021), S. 741 ff.; sowie ders.: *Erfunden Gefunden* (2022), S. 772 ff.
82 Zu den *Mestizaje*-Konzepten von José Martí und José Vasconcelos vgl. ebda., S. 575 ff. u. S. 666 ff.

umdefiniert und damit in komplexe Bewegungsbilder integriert, die sich weder auf eine homogene Logik noch auf eine Logik des Homogenen reduzieren lassen. Auch der vormals statische und essentialistische Begriff der ‚Identität' wird beweglich gemacht und verflüssigt – und damit zugleich auch von seinem politisch so gefährlichen Kern befreit.

Innerhalb des von Fernando Ortiz aufgespannten Raums, der als transatlantisches Spannungsfeld zwischen Europa, Afrika und Amerika erscheint, werden alle Räume zu Bewegungs-Räumen, die durch das Queren der Zugvögel geschaffen werden: jener „Aves de paso", die letztlich für ein Leben ohne Verwurzelung, für eine „vida siempre en desarraigo de la tierra habitada", stehen. Es berührt eigenartig, denkt man bei den Zugvögeln von Fernando Ortiz zurück an jene Vögel, die den Kurs der Schiffe von Christoph Columbus in eben jener Karibik so entscheidend veränderten, von der der kubanische Anthropologe aus schreibt.[83] Die „Aves de paso" repräsentieren darüber hinaus ein Leben ohne festen Wohnsitz, das in jeden begrenzten Raum die Koordinaten der Welt einträgt und damit zugleich ein LebensWissen und ÜberLebensWissen einbringt, das nicht von einem einzigen Ort aus gedacht werden kann. Die Geschichte der Welt ist bewegungsgeschichtlich und nicht von einem einzigen Zentrum aus zu schreiben.

Die neue Deutung der Geschichte Kubas, aber auch Amerikas insgesamt wird von Fernando Ortiz sehr bewusst mit dem Schicksal des von ihm geschaffenen Neologismus der ‚Transkulturation' verknüpft. Dieser von Ortiz erfundene Begriff soll jene neue Sichtweise des Transits und des Transitorischen eröffnen, die nach Ansicht des kubanischen Kulturtheoretikers alle Erscheinungsformen des kubanischen Lebens – von der Arbeit über das Essen bis hin zum Wohnen – beherrschen. So heißt es am Ende des der „transculturación" gewidmeten Kapitels seines *Contrapunteo cubano*:

> Diese Fragen der soziologischen Nomenklatur sind für ein besseres Begreifen der sozialen Phänomene nicht trivial, und dies noch weniger in Kuba, wo wie in jedwedem Volke in Amerika die Geschichte eine überaus intensive, komplexe und unaufhörliche *Transkulturation* verschiedener Menschenmassen ist, welche allesamt im Übergang begriffen sind. Das Konzept der *Transkulturation* ist kardinal und auf elementare Weise unverzichtbar, um die Geschichte Kubas und, aus analogen Gründen, die Geschichte generell von ganz Amerika zu begreifen.[84]

---

83 Zum Kurs der Schiffe des Columbus vgl. ebda., S. 25 ff.

84 Ortiz, Fernando: *Contrapunteo cubano del tabaco y el azúcar*, S. 97.

Wie bewusst sich Fernando Ortiz zum Zeitpunkt der Erfindung seines transkulturellen Neologismus der künftigen Karriere bewusst war, welche dieser Begriff bis heute haben würde, sei einmal dahingestellt. Viel wichtiger ist es zu verstehen, welch grundlegende Veränderungen die Einführung dieses Begriffs für Studien im Bereich der Ethnologie und Anthropologie, der Kulturtheorie und nicht zuletzt der Philologien zeitigen sollte. Diese 1940 vorgelegte innovative Interpretation der Geschichte Amerikas führte die Notwendigkeit vor Augen, auch die Historie anderer Teile der Welt mit verändertem Blick und aus der Bewegung zu betrachten.

Denn selbstverständlich gilt das Paradigma der Bewegung nicht allein für die amerikanische Hemisphäre. Zeigt nicht der Mythos von Europa selbst die ganze Spannung auf zwischen Verführung und Entführung, zwischen Verpflanzung und Fortpflanzung, zwischen Verbringung und Vergewaltigung, zwischen kontinentaler Herkunft und insulärer Zukunft: eingebettet in die Unmöglichkeit, Europa außerhalb seiner zirkummediterranen wie globalen, außereuropäischen Kontexte zu verstehen?

Das Beispiel Kubas, aber gerade auch das Beispiel Europas und jeder einzelnen seiner in ständiger Bewegung befindlichen Nationen zeigt mit aller Deutlichkeit die Dringlichkeit auf, die simple Gegenüberstellung von Nation und Welt, von Nationalkultur und Weltkultur, von Nationalliteratur und Weltliteratur aufzugeben zugunsten einer Sichtweise, innerhalb derer den Bewegungen von Transfer und damit einhergehender Transformation, von Versetzung und damit einhergehender Übersetzung die entscheidende Bedeutung zukommt. Es geht um die Entfaltung einer fundamentalen Poetik der Bewegung. Und Fernando Ortiz tat einen der entscheidenden Schritte hin zu diesem wissenschaftlichen Paradigma.

Für den Bereich der Literatur im Besonderen, aber auch der Kultur im Allgemeinen hat wohl kein anderer früher als der kubanische Dichter und Romancier José Lezama Lima hieraus wichtige und wegweisende Konsequenzen gezogen. Wir befinden uns noch immer in der Epoche um die Mitte des 20. Jahrhunderts. Der als großer Poet hochgeschätzte, aber als Kulturtheoretiker bis heute unterschätzte Autor hat in seinen faszinierenden literarischen Essay *La expresión americana* die archipelische Strukturierung jener fünf Vorträge zusammengefasst, die er am 16., 18., 22., 23. und 26. Januar 1957 im Centro de Altos Estudios des Instituto Nacional de Cultura von Havanna gehalten hatte.[85]

---

85 Zu einer ausführlichen Lektüre von *La expresión americana* vgl. die Bände drei und sieben der Reihe „Aula" in Ette, Ottmar: *Von den historischen Avantgarden bis nach der Postmoderne* (2021), S. 745 ff.; sowie ders.: *Erfunden Gefunden* (2022), insb. S. 767 ff.

Abb. 13: José Lezama Lima (1910–1976).

Schon aus literaturtheoretischer Sicht stellen sich diese zu einem Band vereinigten Vorträge von José Lezama Lima im höchsten Maße spannend dar. Denn man könnte im Versuch des mit der europäischen, insbesondere der spanischen und der deutschen Philologie bestens vertrauten kubanischen Schriftstellers, die kulturelle Ausdruckswelt der Amerikas aus ihren weltweiten Wechselbezügen zu erhellen, zugleich einen wohldurchdachten Beitrag dazu erblicken, die Literaturen Amerikas jenseits des Nationalen und diesseits des Weltliterarischen neu zu begreifen. *La expresión americana* stellt aus dieser Perspektive eine mit den Mitteln der Literatur durchgeführte Erkundungsreise dar, welche die Räume zwischen dem Nationalen und dem Globalen auf neue Weise *als Bewegungs-Räume* zu verstehen gibt.

Nicht umsonst bilden Ausdrucksformen des sich Entziehenden, des Entschwindenden, des sich Transformierenden und durch Metamorphose Umbildenden, die entscheidenden Konfigurationen, welche die Lyrik des eigentlichen Kopfs der legendären Zeitschrift *Orígenes* auszeichnen. Im gesamten schriftstellerischen Werk Lezamas bilden Formen des Entschwindenden, des Vorübergehenden, des Zusammenfließenden, des sich neu Konstituierenden die Bewegungsachsen für ein poetisches und poetologisches Verständnis einer Welt, die niemals als statisch gedacht werden kann. Die Literatur, die Lyrik Lezama Limas verleiht allem eine vektorielle Dimension.

Gleich zu Beginn des ersten Vortrages erscheint unter dem Titel „Mitos y cansancio clásico" die für Lezama Limas Denken so charakteristische „forma en devenir",[86] jene nicht nur ihre Herkünfte, sondern auch ihre Zukünfte enthaltende Form, die gleichsam die Bewegungsbahnen ihrer vektoriellen Zeichenhaftigkeit in sich versammelt und vereinigt. Diese Form in ihrem Entstehungsprozess, diese Form als ständiges und unabschließbares Werden, wird zum literarisch verdichteten Wasserzeichen allen Schreibens José Lezama Limas. Die vektorielle Verfasstheit dieser Form-in-diskontinuierlichem-Werden umfasst daher nicht nur die retrospektiven, sondern zugleich – und vor allem – auch die prospektiven Di-

---

86 Lezama Lima, José: *La expresión americana*. Madrid: Alianza Editorial 1969, S. 9.

mensionen einer kulturellen Landschaft, die sich bei Lezama Lima leicht mit der offenen Strukturierung des kubanischen wie des karibischen Archipels verbindet.[87]

So stoßen wir auch bei diesem großen kubanischen Dichter auf das Archipelische. Anders als Erich Auerbach entfaltet der dem Inselraum der Karibik entstammende Dichter seine archipelische und transarchipelische Landschaft der Theorie[88] aber mit voller Kraft und im vollen Bewusstsein aller literarischen wie kulturtheoretischen Möglichkeiten. Von Beginn an kommt dabei transarealen Konfigurationen eine überragende Bedeutung zu: Nichts wird aus einem statischen Raum, nichts aus einer fixierten Territorialität heraus perspektiviert, sondern vielmehr in vektorielle Bahnungen integriert, die wenig mit einer Raumgeschichte, viel aber mit einer transkulturellen Bewegungsgeschichte zu tun haben.

In seinem abschließenden, am 26. Januar 1957 gehaltenen und unter dem Titel „Sumas críticas del americano" als letztes Kapitel in *La expresión americana* einmontierten Vortrag macht sich der kubanische Essayist über alle Versuche lustig, die unterschiedlichsten Formen der Kunst zu territorialisieren und damit auf einen einzigen Herkunftsort zu reduzieren. Denn jegliche Fixierung, jegliche Fest-Stellung eines Gegenstandes ist ihm suspekt:

> Picasso wollte man bezüglich seiner ersten Äußerungsformen herausnehmen aus der französischen Tradition in dieser Säkularisierung, aus der Ära des Experimentierens und der Mutationen, um ihn nach seinem eigenen Geschmack als zeitgenössischer Luchs an die spanische Tradition zu kleben, die weniger risikofreudig mit geringerem Tempo vorrückt und eben darum widerständiger ist gegenüber den Anforderungen jeglichen Unwetters. (Man vergaß jene maliziöse Tradition, der zufolge ebenso El Greco wie Goya sich der historischen Synthese und nicht den Erzeugnissen des Indigenismus verdankten).[89]

Die Rückführung ebenso des Künstlers wie seiner Kunst auf eine wie auch immer geartete nationale Tradition und Bestimmung wird in den „Sumas críticas del americano" von Lezama Lima ad absurdum geführt, eben weil für den kubanischen Essayisten die Kunst aus der Perspektive einer amerikanischen Ausdruckswelt nicht auf ein Nationales reduzierbar ist. Zugleich aber wird auch deutlich, dass in *La expresión americana* die weltweite Vielverbundenheit aller kulturellen Hervorbringungen Kubas, der Karibik oder der Amerikas ge-

---

87 Vgl. hierzu Ette, Ottmar: Weltsichten Amerikas. Hemisphärische Konstruktionen in José Lezama Limas ‚La expresión americana'. In: *Romanistische Zeitschrift für Literaturgeschichte / Cahiers d'Histoire des Littératures Romanes* (Heidelberg) XXXVI, 1–2 (2012), pp. 175–208.
88 Vgl. zu diesem Begriff Ette, Ottmar: *Roland Barthes. Landschaften der Theorie.* Konstanz: Konstanz University Press 2013.
89 Lezama Lima, José: *La expresión americana*, S. 159.

rade nicht dazu führen darf, alles im Globalen, gleichsam in der Weltkultur oder der Weltliteratur, aufgehen zu lassen und auflösen zu wollen. José Lezama Lima gibt damit beiden Polen des Nationalliterarischen wie des Weltliterarischen, des Nationalkulturellen wie des Weltkulturellen eine deutliche Absage und konzentriert sich auf das, was zwischen beiden Polen sich bewegt.

Das, was in den TransArea Studies aus einer Episteme der Bewegungsgeschichte heraus als Transit und Translation, als Transfer und Transformation zwischen verschiedenen Areas neu perspektiviert wird, um die Abgeschlossenheit und Exklusionslogik der Area Studies kritisch zu überwinden, ist in *La expresión americana* bereits angelegt. Vergessen wir Roland Barthes' Diktum nicht: „La littérature est toujours en avance sur tout."[90] All dies erfolgt gerade aus den stets wechselnden Blickpunkten eines amerikanischen Schriftstellers, der wie Jorge Luis Borges in *El escritor argentino y la tradición*[91] nicht nach der territorialen Verwurzelung einer Kultur fragt, sondern den Traditionsbegriff selbst entessentialisiert und von ‚seinem' Territorium abtrennt. Tradition und Territorialität werden nicht einfach ausgeblendet, sondern in einen bewegungsgeschichtlichen Zusammenhang gebracht: Gerade das scheinbar Statische verwandelt sich so unter den Augen des Lesepublikums in einen Bewegungsbegriff.

Wie Jorge Luis Borges war auch José Lezama Lima mit der deutschsprachigen Philologie und den Entfaltungen der ‚klassischen' deutschen Ästhetik wohlvertraut. So verweist der kubanische Dichter und Denker auch darauf, dass es die synthetisierende Kraft der Goethezeit von zeitgenössischen Formen künstlerischer beziehungsweise literarischer Synthese abzugrenzen gelte:

> Die großen Figuren der zeitgenössischen Kunst haben Regionen entdeckt, die überspült zu sein schienen, Formen des Ausdrucks oder der Erkenntnis, die man nicht länger gepflegt hatte, die aber schöpferisch blieben. Joyces Kenntnis des Neuthomismus, mag sie auch dilettantisch sein, war kein spätes Echo auf die Scholastik, sondern eine mittelalterliche Welt, welche wieder in Kontakt mit ihm gekommen seltsam schöpferisch wurde. Die Berührung von Strawinsky mit Pergolesi war keine neuklassische Schlauheit, sondern die Notwendigkeit, einen Faden in jener Tradition zu finden, welche dem Geheimnis der Mystik, dem Kanon der Schöpfung, der Festheit in den Mutationen, dem Rhythmus der Rückkehr so nahe gekommen war. Die große Ausnahme eines Leonardo oder eines Goethe verwandelte sich in unserer Epoche in die signierte Ausnahme, welche eine intuitive und schnelle Kenntnis der vorangegangenen Stile erforderte, Antlitze dessen, was auch weiterhin, nach so vielen Schiffbrüchen und einer passenden Situation innerhalb der zeitge-

---

90 Barthes, Roland: *Comment vivre ensemble. Simulations romanesques de quelques espaces quotidiens*. Notes de cours et de séminaires au Collège de France, 1976–1977. Texte établi, annoté et présenté par Claude Coste. Paris: Seuil – IMEC 2002, S. 167.
91 Vgl. zu diesem Essay von Jorge Luis Borges den dritten Band der Reihe „Aula" in Ette, Ottmar: *Von den historischen Avantgarden bis nach der Postmoderne* (2021), S. 512 ff.

nössischen Polemik, schöpferisch geblieben ist, am Kreuzungspunkt dessen, was sich in den Schatten zurückzieht, und des Wasserstrahls, der aus den Wassern springt.

Wenn Picasso vom Dorischen zum Eritreischen, vom Chardin zum Provenzalischen sprang, so erschien uns dies als ein optimales Zeichen der Zeiten, aber wenn ein Amerikaner Picasso studierte und assimilierte: *horror referens*.[92]

Nichts kann das Paradigma einer Poetik der Bewegung besser verkörpern als diese lyrisch verdichteten Bilder Lezama Limas „am Kreuzungspunkt dessen, was sich in den Schatten zurückzieht, und des Wasserstrahls, der aus den Wassern springt".[93] Diese poetologischen Bilder-Folgen sind nicht fest-zustellen. In der angeführten Passage wird eine Landschaft der Theorie aufgespannt, die mit ihren Wasserflächen, ihren versunkenen Stellen und ihren Schiffbrüchen unverkennbar archipelisch strukturiert ist.

Der Sprung und nicht die kontinuierliche (kontinentale) Bewegung, das Hinabtauchen zum Überfluteten, zum Untergegangenen, avancieren zu jenen Bewegungsformen, aus denen die Künste im 20. Jahrhundert – die Literatur, die Malerei, die Musik – die neuen Normen ihres Verstehens formen: im Bewusstsein der unmittelbaren Verfügungsgewalt über das historisch Gewordene. Alles findet seine Form in der ständigen Trans*form*ation, alles übersteigt die Grenzen der Norm im lyrisch Ab*norm*en.

Diskontinuität und Relationalität erscheinen in diesen dichterischen Wendungen aus einer gleichsam aquatischen Perspektive, welche die Formen oberhalb, aber auch unterhalb der Wasseroberfläche im Blick hat, wodurch das Sichtbare und das gemeinhin Unsichtbare miteinander in Verbindung gebracht werden.[94] Das Gegenargument, dass bereits Leonardo und Goethe „ese tipo de cultura, hecho de grandes síntesis vivientes",[95] diesen aus großen lebendigen Synthesen geschaffenen Typus von Kultur geschaffen und bewerkstelligt hätten, lässt Lezama Lima nicht gelten. Dem Goethe'schen Modell von Kontinuitäten – und wohl auch dem Goethe'schen Modell von Weltliteratur – setzt er eine Akzentuierung der Diskontinuitäten, der gleichsam unterseeischen, unter dem Meeresspiegel liegenden und folglich überspülten Verbindungen entgegen, die bisweilen dort auftauchen, wo man sie wie im Falle von Joyce am wenigsten erwartet.

---

92 Lezama Lima, José: *La expresión americana*, S. 162 f.
93 Ebda.
94 Vgl. hierzu Ette, Ottmar / Müller, Gesine (Hg.): *Paisajes sumergidos, Paisajes invisibles. Formas y normas de convivencia en las literaturas y culturas del Caribe*. Berlin: Verlag Walter Frey – edition tranvía 2015.
95 Lezama Lima, José: *La expresión americana*, S. 162.

Nicht die lebendige – und gelebte – Synthese des Mannigfaltigen steht hier im Vordergrund, sondern die (nicht weniger gelebte) Feier des Verschiedenen, der verschiedenartigen Logiken, die in keine Kontinuität und Kontinentalität mehr überführt zu werden brauchen. Das Archipelische steht in Lezamas Landschaft der Theorie für das Diskontinuierliche, das paradoxerweise unter der Meeresoberfläche aber gleichwohl miteinander verbunden ist. Die Künste sind auf eine Form, auf *eine* Norm nicht länger zu reduzieren. Die „Sumas críticas del americano" zielen nicht auf eine Addition kultureller Elemente, sondern auf eine offene und kritische Gesamtheit relationaler Logiken. Und sie sind sich aus der Perspektive der fünfziger Jahre der fortdauernden Hierarchien im transatlantischen Spannungsfeld mehr als bewusst.

Die in der obigen Passage aus *La expresión americana* umschriebene Suche von Kunst und Literatur in untergetauchten Räumen und versunkenen Zeiten legt nicht die kontinuierlichen Spuren alter Traditionen frei, sondern bringt auf überraschende Weise das miteinander in Verbindung, was auf den ersten Blick nicht zusammenzugehören scheint und damit keiner durchgängigen Logik unterzuordnen ist. Lezama Lima entscheidet sich stets für das Archipelische, für das Diskontinuierliche, das paradoxerweise dennoch zusammenhängt. Längst konnten die Amerikaner, dies hatte Lezama in seinem Essay-Band eindrucksvoll demonstriert, mit guten Gründen Anspruch darauf erheben, das Wissen aus anderen Breitengraden und aus dem ehemaligen kulturellen Meridian des europäischen Zentrums nicht nur zu delokalisieren, mithin an einen anderen (peripheren) Ort zu verbringen, sondern in der Tat so zu translokalisieren, dass es von verschiedenen Logiken aus neu denkbar, schreibbar und lebbar werden konnte. Im europäisch-amerikanischen Bewegungsraum impliziert jeder Transfer seine Transformation, jeder Transit schließt auch seine Translatio in sich ein: Das *Über*setzen bedingt das Über*setzen*.

Am Ende von *La expresión americana* wird unmissverständlich auf die Absurdität einer Vorstellung aufmerksam gemacht, die davon ausgeht, dass Ideen, Entwürfe und Innovationen nur von einem einzigen Ort aus gedacht und verbreitet werden könnten, während sich die Orte abseits des zentrierenden Meridians immer nur nachahmend bemühen müssten, den ästhetischen Abstand, den „écart", möglichst zu verringern und gering zu halten. Wie könnte sich eine Welt mit und in ihren Differenzen, in ihren unterschiedlichen Blickwinkeln friedlich entfalten, wenn ein derartiges Zwangsregime der *einen* Logik, der *einen* Literatur vorherrschte?

Es ist, als hätte José Lezama Lima geahnt, was fast ein halbes Jahrhundert später Pascale Casanova als *La République mondiale des Lettres* ausrufen würde – und seine Reaktion darauf wäre eindeutig gewesen! Daher auch die Widerständigkeit der ästhetischen Praxis des kubanischen Dichters und Theoretikers gegenüber jeglichem Versuch, den Weg eines einzigen Geschichtsverlaufs, einer einzigen Moderne zu zelebrieren. Nein, nicht von Paris aus wird proklamiert, was die einzige „Modernité" zu sein hat und was das Maß aller Dinge für den Rest der literarischen Welt sein muss!

Wie aber konnte man sich gegenüber derartigen Ansprüchen verteidigen? Was konnte man solchen normierenden Vorschlägen, nur der periphere Teil der von Europa bestimmten Weltgeschichte, der von Europa bestimmten Weltliteratur zu sein, entgegenhalten? Aus dieser Frage rührt das abgründige und souveräne Lachen, mit dem der kubanische Intellektuelle Hegel und dessen sich verselbständigenden europäischen Konzeptionen – mit dem eingestandenen „propósito de burlarlo",[96] also mit der Absicht, sich über ihn lustig zu machen – den amerikanischen Spiegel, den Spiegel des nicht allein mit den europäischen Traditionen vertrauten Amerikaners, selbstbewusst entgegenhält.

Und dies nicht allein mit Blick auf die Amerikas: Georg Wilhelm Friedrich Hegel, mit dessen weltgeschichtlichen Vorstellungen wir uns in einer anderen Vorlesung auseinandergesetzt haben,[97] habe in seiner *Philosophie der Weltgeschichte* allein den weißen Kreolen noch geachtet,[98] den „continente negro" aber vollständig verachtet, da er ihn jeglichen Fortschritts und jeglicher Bildung für unfähig gehalten habe.[99] Und mit Hegel greift Lezama Lima keinen Geringeren als den eigentlichen Gewährsmann für den philosophischen Diskurs der Moderne[100] an – freilich der *einen* Moderne, folglich einer Moderne im Sinne Europas, im Sinne eines Europa, das sich für das Zentrum der Welt hält. Lezama Lima hat dafür nur ein tiefes Lachen übrig.

Denn derart vereinheitlichende Vorstellungen und Ansprüche wischte er in seiner kritischen Bilanz mit Verweis auf die offenen Landschaften der amerikanischen Ausdrucksweise hinweg. In *La expresión americana* stoßen wir immer wieder auf den Stolz des Kubaners und Amerikaners auf die eigenen transarealen Traditionen, die sich weit jenseits europäischer Hegemonialfiktionen hegelianischer wie nachhegelianischer Provenienz in ihrem Eigen-Leben entwickelt haben.

Eine Weltliteratur, die sich nach *einem* einzigen Nullmeridian, nach einem Zentrum, nach einer vorgegebenen Zeit zu entwickeln habe, wäre für ihn eine absurde Vorstellung geblieben: Das Wissen der Literatur und ihr – wie es im

---

96 Ebda., S. 177.
97 Vgl. hierzu den siebten Band der Reihe „Aula" in Ette, Ottmar: *Erfunden Gefunden* (2022), insb. S. 544 ff.
98 Lezama Lima, José: *La expresión americana*, S. 178.
99 Ebda., S. 179.
100 Vgl. hierzu Habermas, Jürgen: *Der philosophische Diskurs der Moderne. Zwölf Vorlesungen*. Frankfurt am Main: Suhrkamp 1985.

abschließenden Satz des Bandes heißt – „espacio gnóstico"[101] waren keiner singulären Logik, gleich welchen Breitengrades, zu unterwerfen. Lezama Lima gelang in *La expresión americana* der prospektive Entwurf einer künftigen Welt, einer – wie er es nannte – „era imaginaria", die sich in seiner Landschaft der Theorie bereits präfiguriert: einer Welt als Archipel, die aus der Vielfalt und dem Eigen-Sinn ihrer Inseln jene neuen und sich stets verändernden Kombinatoriken generiert, die weder von einem einzigen Ort aus erdacht noch von einem einzigen Ort aus beherrscht werden können.

Für die Poetik der Bewegung des kubanischen Schriftstellers José Lezama Lima waren weltumspannende literarische Beziehungen selbstverständlich. Er wäre aber nie auf die Idee gekommen und hätte eine derartige Vorstellung auch niemals akzeptiert, dass eine „République mondiale des Lettres" von einem einzigen Zentrum aus gelenkt werden könnte und so ein einziger homogener Raum der Weltliteratur entstünde, dessen Positionen sich an einer einzigen, von wo aus auch immer befohlenen Modernität auszurichten hätten. Die weltweite Relationalität der Literaturen der Amerikas reduziert ihre lebendigen Formen nicht auf die Normen einer Weltliteratur, deren Spielregeln einer kolonialistisch angeordneten(kulturellen) Logik gehorchen. Gerade weil dieser Relationalität eine solche Logik aus der eigenen kolonialen Geschichte bestens bekannt ist, wird sie nicht von dieser Logik erfasst.

Doch nicht nur von Paris aus wurden Vorschläge für eine Weltliteratur und ein weltliterarisches System gemacht. Und nicht nur in Paris blühten Träume von einer eigenen Zentralität, die ganz selbstverständlich vom eigenen Standpunkt aus die Phänomene einer ‚Weltliteratur' vermessen zu können glaubte. Untersucht man derartige Phänomene, so wird einem nach einiger Zeit klar, dass derlei Vorstellungen von einer Zentralität, von der Existenz eines Zentrums mit seinen Peripherien, im Konzept der Weltliteratur selbst begründet sind und dass eine geheime Verbindung zu Friedrich Schillers Vorstellung von verschiedensten Völkern besteht, die – wie er in seiner Jenenser Antrittsvorlesung *Was heißt und zu welchem Ende studiert man Universalgeschichte?* ausführte – um uns herum gelagert sind.

Freilich kam ein neuer, wenige Jahre später vorgelegter Vorschlag etwas vorsichtiger als bei Pascale Casanova daher und kleidete sich zunächst in eine Frage. In seinem erstmals im Jahre 2003 erschienenen und breit rezipierten Band *What is World Literature?*[102] hat der in Harvard lehrende Komparatist

---

101 Lezama Lima, José: *La expresión americana*, S. 189.
102 Damrosch, David: *What is World Literature?* Princeton – Oxford: Princeton University Press 2003.

David Damrosch im Kontext seiner Erörterungen von Gedichtübertragungen Nabokovs festgehalten:

> Einige literarische Werke mögen sich gewiss in so enger Abhängigkeit von einem detaillierten kulturellen Wissen befinden, so dass sie bedeutungsvoll nur für Mitglieder der Ursprungskultur oder für Spezialisten dieser Kultur sind; dies sind Werke, die innerhalb der Sphäre einer Nationalliteratur verbleiben und niemals ein tatsächliches Leben innerhalb der Weltliteratur genießen. Viele Werke aber beginnen wie die vorliegenden Verse ihre Magie schon auszuspielen, noch bevor all ihre Verweise verstanden und all ihre kulturellen Annahmen erhellt werden.[103]

Wir sehen in diesem Zitat ohne jede Mühe, dass sich die Argumentation David Damroschs charakteristischerweise zwischen jenen beiden Polen bewegt, die schon für Goethe in seinen *Gesprächen mit Eckermann* das Koordinatensystem für alle sich anschließenden Argumentationen bildeten: Nationalliteratur versus Weltliteratur. Goethes diskursive Setzungen in seiner Polemik gegen die Nationalliteratur sind noch für den Literaturwissenschaftler aus Harvard die selbstverständliche Norm, an der er sich ‚natürlich' ausrichtet. Anders als bei José Lezama Lima gilt sein Interesse nicht jenen Bereichen, die sich etwa zwischen Nationalliteratur und Weltliteratur auftun könnten oder anderen diskursiven Logiken, die sich nicht an diesem ‚klassischen' Gegensatz abarbeiten.

Doch wir stoßen zugleich auf eine interessante Wendung: In diesen Überlegungen wird eher beiläufig der Begriff des *Lebens* verwendet und zugleich in eine Beziehung mit dem Begriff des *Wissens* gestellt; eine Konstellation, die außerordentlich spannungsvoll ist. Der erste Teil des Zitats behauptet, was der zweite Teil der angeführten Passage wieder deutlich relativiert, ja sogar zurücknimmt: dass nämlich ein Leben der Literatur nur dort entstehen könne, wo ein Wissen entweder im Rahmen derselben Gemeinschaft („members") geteilt oder zumindest durch spezifische Forschungen („specialists") erarbeitet werden kann. Wann aber ist Leben in der Literatur und was bedeutet das Leben (in) der Literatur? Was meint „effective life" im Rahmen eines Diskurses über Weltliteratur, von dem alle Werke ausgeschlossen sind, die nur auf dem isolierten Wissen einer (nationalen) Gemeinschaft oder auf einem Wissen von Spezialisten beruhen, die sich in ihrer Arbeit dem Wissen dieser (nationalen) Gemeinschaft gewidmet haben?

David Damrosch verknüpft mit den Oppositionen Leben versus Nicht-Leben und Wissen versus Nicht-Wissen in einem zweiten Schritt die Opposition Nationalliteratur versus Weltliteratur: ein erstaunlicher Vorgang, wüssten wir nicht, dass die Konzeption der Weltliteratur von ihrem traditionsbildenden Ausgang

---

103 Ebda., S. 158 f.

bei Goethe an stets den Begriff der Nationalliteratur als ihr Anderes etwa so mit sich führt, wie die Schnecke von ihrem Haus nicht zu trennen ist. Stets ruft der eine Begriff quasi automatisch den anderen auf den Plan und weist die Spuren jener normativen diskursiven Setzung Goethes auf, die doch einer ganz bestimmten und historisch verankerten Polemik entstammt.

Die Argumentation Damroschs hat es durchaus in sich: Aus dem Leben (in) der Weltliteratur wird ausgeschlossen, was nur von einer nationalen Gemeinschaft (oder deren Erforschern) gewusst werden kann, aber keinen weltweiten Status erreicht. Wer aber bestimmt, was weltweit nicht nur gelesen, sondern auch verstanden werden kann? Wird das Gelesene nur dann zu einem Gelebten, wenn es auch ein (zuvor) Gewusstes ist? Oder anders: Ist das LebensWissen der Literatur nur dann ein lebbares LebensWissen, wenn es mit dem *selben* LebensWissen der Leserinnen und Leser unmittelbar verbunden werden kann?

Der Begriff des ‚Lebens‘ fällt eher selten in David Damroschs *What is World Literature?* Aber erstaunlicherweise taucht ein ihm sehr nahestehender Begriff auf – der des Wohnens oder Bewohnens, unmittelbar nach der geradezu obligatorischen Referenz und Reverenz gegenüber dem Goethe'schen Gründungsakt in den Gesprächen des Siebenundsiebzigjährigen mit dem jungen Eckermann: „The term crystallized both a literary perspective and a new cultural awareness, a sense of an arising global modernity, whose epoch, as Goethe predicted, we now inhabit."[104] Wieder also ist von einer „globalen Modernität" die Rede. Gibt es hierfür bei David Damrosch so wie bei Pascale Casanova einen normierenden Nullmeridian? Und wo genau verläuft ein solcher Nullmeridian?

Und weitere Fragen drängen sich bei der Lektüre von *What is World Literature?* auf. Wohnen wir, leben wir wirklich in jener globalen Epoche, die Goethe heraufziehen sah? Oder war sich der Schöpfer des Wilhelm Meister nicht vielmehr bewusst, selbst eine Epoche globaler Beschleunigung erlebt zu haben, also die *seiner* Zeit und nicht jene, in der wir heute leben? Denn just in den Jahren zwischen 1825 und 1827 – und damit noch vor seiner Prägung oder Umprägung des Begriffs der Weltliteratur – benutzte Goethe den Begriff des Velociferischen, um eine Entwicklung anzudeuten, die aus seiner Sicht mit großer Geschwindigkeit, ja eigentlich teuflisch schnell vonstattenging.[105]

Diese Entwicklung war eben jene zweite Phase beschleunigter Globalisierung, in der die Mehrzahl der im Deutschen so häufigen Welt-Komposita – vom

---

104 Ebda., S. 1.
105 Vgl. hierzu Bohnenkamp, Anne: „Den Wechseltausch zu befördern". Goethes Entwurf einer Weltliteratur. In: Goethe, Johann Wolfgang: *Ästhetische Schriften 1824–1832. Über Kunst und Altertum V–VI.* Hg. v. Anne Bohnenkamp. Frankfurt am Main: Deutscher Klassiker Verlag 1999, S. 937–964.

Weltverkehr und Welthandel über die Weltgeschichte bis zum Weltbewusstsein – entstand. Von dieser raumzeitlichen Kontextualität der Goethe'schen Begriffsprägung aber wird zumeist abstrahiert, um die Aussagen des alten Goethe gleichsam überzeitlich, transtemporal zu verstehen. Doch Goethe selbst hat sehr wohl von einer Epoche, also einem Zeitraum, der einen Anfang besitzt, aber auch ein Ende hat, gesprochen.

Wenn wir also eine geschichtliche Epoche bewohnen und in ihr leben, dann ist es gewiss nicht jene, auf die Goethes Begriff einer Weltliteratur – in den Formulierungen Eckermanns mit dem Ausdruck der Beschleunigung verknüpft – in der polemischen Auseinandersetzung mit der immer stärker aufkommenden Rede von der Nationalliteratur eine überaus kreative Antwort gab. Die vor mehr als einem Jahrfünft zu Ende gegangene vierte Phase beschleunigter Globalisierung teilt eine Reihe struktureller Merkmale mit der die Begriffswelt Johann Wolfgang Goethes oder Alexander von Humboldts prägenden Epoche, ist selbstverständlich aber nicht auf diese reduzierbar. Wir bewohnen längst nicht mehr, was für Goethe „an der Zeit"[106] war und was seinen konkreten Reflexionshintergrund darstellte.

Bevor wir uns aber der Frage stellen, wie die Goethe'sche Begrifflichkeit in die aktuelle historische Übergangsphase zu übersetzen wäre – Begriffsbildungen wie die Rede von der „Neuen Weltliteratur"[107] weisen auf die Notwendigkeit einer derartigen Übersetzung hin –, sollten wir nochmals auf die Frage des Lebens zurückkommen: und zwar des ‚Lebens (in) der Weltliteratur'. Wie aber wird dieser letztgenannte Term definiert? David Damrosch teilt mit Pascale Casanova eine Reihe von Grundannahmen, gibt dem Begriff der Weltliteratur aber aus US-amerikanischer Sicht eine neue Wendung:

> Die Idee der Weltliteratur kann weiterhin sinnvoll eine Gesamtheit eines Plenums an Literatur bedeuten. Ich freilich nehme Weltliteratur, um darunter alle literarischen Werke zu verstehen, die jenseits ihrer Ursprungskultur zirkulieren, und zwar entweder in Übersetzung oder in ihrer Originalsprache (Vergil wurde in Europa lange Zeit in lateinischer Sprache gelesen). Im expansivsten Sinne könnte Weltliteratur jedwedes Werk miteinschließen, das jemals jenseits seines Heimatbereiches gelesen wurde, aber Guilléns eingeschränkter Fokus auf aktuelle Leserinnen und Leser macht durchaus Sinn: Ein Werk besitzt nur ein *effektives* Leben als Weltliteratur, wenn es wo auch immer aktiv in einem Literatursystem jenseits seiner Herkunftskultur präsent ist.[108]

---

106 Eckermann, Johann Peter: *Gespräche mit Goethe in den letzten Jahren seines Lebens*, Bd. 1, S. 211.
107 Vgl. beispielsweise Sturm-Trigonakis, Elke: *Global playing in der Literatur. Ein Versuch über die Neue Weltliteratur*. Würzburg: Königshausen & Neumann 2007.
108 Damrosch, David: *What is World Literature?*, S. 4.

Dies geht von der selbstverständlichen Annahme oder Behauptung aus, dass jedes Werk einen bestimmten Entstehungskontext besitzt und an einem Ort entstand, der sozusagen territorial, kulturell und sprachlich die Heimat dieses Werks darstellt. Das Leben eines literarischen Werks als Teil der Weltliteratur wird hier mit der tatsächlichen Zirkulation außerhalb seines *originären* Kontexts verknüpft und damit eine Territorialisierung vorgenommen, die ein Werk stets an einen Ort und eine Sprache oder Gemeinschaft des Ursprungs zurückbindet.

Dies macht allein dann schon Probleme, wenn wir an die Literaturen ohne festen Wohnsitz oder andere translinguale Literaturen wie etwa die der *Borderlands* Gloria Anzaldúas oder des „Portuñol" zwischen Brasilien und dem Cono Sur, aber auch an literarische Texte von Autorinnen wie Emine Sevgi Özdamar oder Melinda Nadj Abonji denken. Was etwa ist mit den Literaturen, die in arabischer Sprache in Argentinien, die in deutscher Sprache in Chile oder die in japanischer Sprache in Brasilien entstanden? Auf die spezifischen Probleme des Exils, von Migration und diasporischem Schreiben weltweit muss ich an dieser Stelle nicht eigens eingehen, sondern nur aufmerksam machen.

Halten wir fest: Die von David Damrosch vorgenommene Neuausrichtung des Terms Weltliteratur im Zeichen der Zirkulation und Verbreitung bildet zweifellos einen wichtigen innovativen Aspekt innerhalb der Diskussionen um Weltliteratur, setzt jedoch eine (oftmals, wenn auch keineswegs immer national beziehungsweise nationalliterarisch definierte) Herkunft des Werks (oder vielmehr seines Urhebers oder seiner Urheberin) voraus! Diese aber ist nicht immer einfach zu bestimmen. Wäre es denn wirklich sinnvoll, die Frage nach der Zugehörigkeit des *Shi Jing*, der *Bibel*, von Leo Africanus, Vladimir Nabokov oder Melinda Nadj Abonji zur Weltliteratur mit der Frage nach der jeweiligen „original culture" zu verbinden? Wäre es nicht wesentlich überzeugender, nicht nach einer wie auch immer konstruierten ,Ursprungskultur', sondern nach kulturellen Bewegungsräumen, Spannungsfeldern oder Bahnungen zu fragen?

Die Beschäftigung mit den beiden kubanischen Autoren Fernando Ortiz und José Lezama Lima sollte uns gezeigt haben, wie schwierig und widersprüchlich eine nur auf den ersten Blick überzeugende fixe Verortung und Zuordnung ist. Einem statischen *Mapping* steht eine grundsätzlich *bewegungs*geschichtlich ausgerichtete Sichtweise gegenüber. Der bereits erwähnte Nabokov selbst wäre als Vertreter der Literaturen ohne festen Wohnsitz – sehen wir einmal davon ab, dass alle Heimatlosen laut Pascale Casanova in Paris ihre eigentliche Heimat erblicken (sollten)[109] – ein gutes Beispiel für die Notwendigkeit, statisch angelegte Begriffe durch mobile, vektorielle Begrifflichkeiten zu ersetzen. Dabei macht es

---

109 Vgl. Casanova, Pascale: *La République mondiale des Lettres*, u. a. S. 48–50.

auch keinen Sinn, die Literaturen ohne festen Wohnsitz beziehungsweise deren Vertreterinnen und Vertreter nachträglich zu renationalisieren und in die Nationalliteraturen jener Länder einzugliedern, in deren Sprache sie schreiben.

Adäquater bestimmbar als die „original culture" eines Autors oder die ‚Ursprünge' eines Werks sind im Grunde oftmals die Orte, von denen aus ein Text gelesen, kommentiert, interpretiert wird – also die Orte seiner Zirkulation und Verbreitung. In der Tat geht es David Damrosch ja vorrangig um Weltliteratur in ihrer Zirkulation und um „the ways in which works of world literature can best be read",[110] um die Weisen und Wege also, durch die Werke der Weltliteratur am besten gelesen werden können. Diese (wenn man so will) rezeptionsästhetische Ausrichtung erzeugt durch ihren bewussten Perspektivenwechsel weg von der Liste eines etablierten Kanons und hin zu den – wie wir es nennen könnten – Formen und Normen kultureller, bisweilen vielleicht auch transkultureller Aneignung eine neuartige Spannung mit Blick auf das weltweite Lesen von Weltliteratur. Auf diesem Gebiet liegt ganz zweifellos die Stärke dieses weltliterarischen Ansatzes.

Zugleich aber wird auch deutlich, von welchem Ort aus der in Harvard lehrende Damrosch diese Lektüren seinerseits liest. Denn das gelesene Lesen ist seinerseits lesbar und sagt etwas aus über das hier analysierte, aber auch inszenierte sowie arrangierte ‚Leben' der Weltliteratur. Es erstaunt durchaus, mit welcher Selbstverständlichkeit die *MLA International Bibliography* als unparteiischer Gradmesser für die weltweite Präsenz eines afrikanischen Romans (drei Einträge in 25 Jahren[111] zeugten von einer vernachlässigbaren Verbreitung) – für die Bedeutung von Goethes *Egmont* mit Blick auf die Weltliteratur[112] (der Text werde im Übrigen in keiner einzigen US-amerikanischen Anthologie von Weltliteratur angeführt) oder für das schwindende Interesse an Thomas Mann sowie das stetig steigende Interesse an Franz Kafka – angeführt wird. Befinden und entscheiden also literaturwissenschaftliche Institutionen der USA und Bibliographien wie Anthologien in englischer Sprache darüber, was man als Zirkulation jenseits des ursprünglichen Heimatlandes und damit als Weltliteratur verstehen kann? Können sich nur jene literarischen Texte als Weltliteratur etikettieren, die es durch Übersetzung oder auf anderem Wege in die Bibliographien und Statistiken US-amerikanischer Institutionen und Unternehmen geschafft haben? Dies ist zweifellos der Fall.

---

110 Ebda., S. 5.
111 Ebda., S. 116.
112 Ebda., S. 134.

Eurozentrisch ist David Damroschs Verständnis von Weltliteratur sicherlich nicht; aber eine Zentrierung auf die Vereinigten Staaten von Amerika macht den Begriff der Weltliteratur und die Sache, um die es Damrosch zu tun ist, auch nicht besser. Denn sein Verfahren ist ein für die USA reichlich charakteristisches: So prangern die Postcolonial Studies in den USA zwar mit guten und wichtigen Gründen den Kolonialismus vieler europäischer Länder und die Machenschaften eines europäischen Kolonialsystems zurecht an, schweigen aber mit Blick auf die imperialen beziehungsweise imperialistischen Vorgehensweisen, deren sich die USA seit ihrem Aufstieg zur Weltmacht bedienen.

Die statistischen Grundlagen für die Einstufung als Weltliteratur sind allesamt der zweifellos wichtigen US-amerikanischen Bibliographie der Modern Language Association entnommen. David Damrosch nimmt es hier genau und setzt seine Leserinnen und Leser einem wahren Zahlengewitter aus: In den sechziger Jahren 142 Einträge für Thomas Mann bei lediglich 111 Einträgen für Kafka, wobei Kafka in den siebziger Jahren dann gleichzog (476 zu 478), bevor er sich den ‚entscheidenden Vorsprung' in den Achtzigern (289 zu 530 verschaffte), den er dann in den neunziger Jahren auch nicht wieder abgab (277 zu 411). Wohlgemerkt: Zahlen und Statistiken der USA, nicht etwa von China, Russland oder Indien, um nur drei in Sachen ‚Welt' ebenfalls in Betracht kommende Länder zu erwähnen!

Was sagt dies über das ‚Leben' der Weltliteratur aus? Dass auch bei David Damrosch wie schon bei Pascale Casanova wieder mit Freude gemessen wird. Mit dem Unterschied allerdings, dass der Nullmeridian nicht länger durch Greenwich oder die großen Verlagshäuser an der Seine verläuft, sondern durch den größten Verband in den Geisteswissenschaften weltweit, die Modern Language Association of America, und selbstverständlich auch durch die US-amerikanischen Universitäten, von denen aus David Damrosch schreibt. Wenn Damrosch mit Blick auf Casanova genüsslich von „La République parisienne des Lettres" sprach, so könnte diese umgekehrt nicht ohne Belege Damroschs Titel ebenfalls leicht abändern: „What is US-American World Literature?"

Bei aller Verschiedenartigkeit der Ansätze und bei allen Unterschieden im Ertrag, welche die beiden Bände von Pascale Casanova und David Damrosch voneinander trennen: Sie teilen ebenso aus produktionsästhetischer wie aus rezeptionsästhetischer Sicht die Neigung, die Weltliteratur als Einheit zu begreifen und in einer durchgängigen, ungebrochenen Kartographie zu erfassen. Für ihr unterschiedliches Mapping der „Littérature mondiale" beziehungsweise der „World Literature" glauben sie jeweils klare und für die ganze Welt unstrittige Bezugsmeridiane angeben zu können. Weltliteratur erscheint als Phänomen im Singular, das abbildbar wird in einer Kartographie, die zwar von klaren Hierarchien, schroffen Asymmetrien und unverkennbaren Machtstrukturen durchzo-

gen wird, zugleich aber noch immer einen einzigen kontinuierlichen Raum (ab)-
bildet, der nicht ohne Vermessenheit von den vermeintlichen Zentren aus vermessen und angemessen ausgemessen werden kann. Und der selbstverständlich
nach einer einzigen Logik, sei es der von der Seine oder der von der Ostküste der
USA, funktioniert.

Die Welt dieser Weltliteratur ist daher gar nicht so kompliziert. Auch wenn
sich innerhalb dieses „espace littéraire mondial"[113] unterschiedliche Perspektiven aufzeigen lassen, so ist doch alles von einer einzigen Logik, von einem einzigen Blickwinkel her erfassbar und erklärbar. Denn alles lässt sich an einem
Nullmeridian ausrichten, der weltweite Gültigkeit beansprucht. David Damroschs kritisches Bewusstsein hinsichtlich mancher Aspekte des Begriffs Weltliteratur lässt sich sicherlich nicht bezweifeln, fragte er doch bereits auf der
ersten Seite seines Bandes: „Which literature, whose world?"[114] Doch scheint
die diskursive Pragmatik, die sich mit dem Diskurs der „World Literature" verbindet, von so ungeheurer Stärke zu sein, dass sich ein Zurückfallen in ein
„mental mapping", das von einem bestimmten Ort aus seine Netze über die
Welt auswirft, nur sehr schwer vermeiden lässt.

Da zeugt es von einem unerschütterlichen Humor, dass der US-amerikanische
Komparatist seinem Band als Umschlaggestaltung eine historische, dem *Voyage
dans la Basse et la Haute Egypte* von 1802 entnommene Darstellung französischer
Wissenschaftler mitgab, die damit beschäftigt sind, im Rahmen des Napoleoni-
schen Ägyptenfeldzugs die ägyptischen Altertümer und insbesondere die Sphinx
nach allen Regeln europäischer Kunst zu vermessen. Aber keine Angst: Das waren
ja die eurozentrischen Europäer auf der anderen Seite des Atlantik, auf der anderen Seite der Geschichte!

Wenn die wirklich entscheidenden Kanonisierungsprozesse einzelner Werke
der Weltliteratur – wie implizit behauptet – fast ausschließlich in den USA stattfinden,[115] dann verrät dies weniger über die Logiken dessen, was hier als „World
Literature" bezeichnet wird, als über die Logik, mit der eine weltweite Kartographie von den USA aus entworfen wird. Dies geschieht nie ohne Interesse, ist nie
interesselos, sagt die Reflexion derartiger Kanonisierungen doch viel über den
vorherrschenden Glauben an die Existenz eines einzigen weltweiten Literatursystems sowie über dessen angenommene Verfasstheit aus. Denn nicht von ungefähr ist ,Weltliteratur' ein Begriff im Singular.

---

113 Casanova, Pascale: *La République mondiale des Lettres*, S. 14.
114 Damrosch, David: *What is World Literature?*, S. 1.
115 Vgl. hierzu ebda., S. 232.

Zugleich aber beantwortet all dies die gestellte Frage, was denn Weltliteratur beziehungsweise „World Literature" sei, auf eine Weise, die der angegebenen Intention des Autors doch in weitem Maße widerspricht. Gerade am Beispiel von Rigoberta Menchús auf höchst komplexe Weise entstandenem testimonialen Text werden sehr schön die „vicissitudes that can attend a work's life in the world"[116] erkennbar, zugleich aber auch, wie spezifisch die Sichtweise auf die Autorin, auf Guatemala, auf den Katholizismus oder die Mayas ist, die hier stellvertretend für *die* Perspektive *der* Welt von den Vereinigten Staaten aus entwickelt wird. Es geht nicht um das Leben dieses guatemaltekischen „Testimonio" in der Weltliteratur, sondern darum, wie Rigoberta Menchú in den Vereinigten Staaten wahrgenommen werden kann. Wie aber ließe sich das Leben (innerhalb) eines weltliterarischen Systems präziser beschreiben, das nicht an die Vorherrschaft einer einzigen Logik rückgebunden wäre?

Will man den Orbit einer immer wieder neu zentrierenden, an immer wieder anderen Nullmeridianen ausgerichteten Sichtweise der einen Weltliteratur verlassen – denn selbstverständlich findet man in der vorhandenen Literatur zum Thema nicht nur Paris oder New York als Bezugsmeridiane weltliterarischer Entwicklungen, sondern (je nach Herkunft der Verfasser) beispielsweise auch London, Peking oder Barcelona –, so gilt es zunächst, jene fundamentale Opposition zu überwinden, die von jenem Januartag des Jahres 1827 an jedweder Rede von der Weltliteratur ihre Grundstruktur vermittelt und zur weiteren Verwendung überlassen hat. Es handelt sich dabei um jene Bipolarität von Nationalliteratur und Weltliteratur, die man im historischen Kontext von Goethes Diskursbegründung sehr wohl nachvollziehen kann, kaum aber auf die deutlich komplexeren Verhältnisse nach der mittlerweile historisch gewordenen vierten Phase beschleunigter Globalisierung übertragen darf. Der zentrale Gegensatz, die diskursbegründende Opposition von Nationalliteratur versus Weltliteratur ist dem Weltliteraturdiskurs ebenso bei Goethe wie bei Auerbach, bei Casanova wie bei Damrosch inhärent.

Die Untersuchung des historischen Geworden-Seins dieser auf fundamentale Weise diskursbegründenden Opposition sollte nicht davon abhalten, das Historisch-geworden-Sein dieses Gegensatzes zu erkennen und terminologische wie epistemologische Konsequenzen hieraus zu ziehen. Wir stehen im literarischen System unserer Tage schon lange nicht mehr vor dem Gegensatz zwischen Nationalliteratur und Weltliteratur. Man könnte dies auch anders formulieren: Das, was sich auf unserer Erde an Literaturen entwickelt hat und weiter entwickeln wird, lässt sich nicht anhand des Gegensatzes von Weltliteratur und Nationallite-

---

116 Ebda., S. 259.

ratur adäquat erfassen und denken. Eine Komplexitätssteigerung ist unumgänglich. Es wird folglich in Zukunft erstens darum gehen, die keineswegs nur unversöhnliche, sondern oft komplizenhafte Frontstellung beider Begriffe nachhaltig zu öffnen, um innerhalb des sich daraus ergebenden Denkraums zu untersuchen, was sich gleichsam *zwischen* Nationalliteratur und Weltliteratur bewegt.

Wollen wir diese ebenso wirksame wie simple Opposition in der Tat dauerhaft hinter uns lassen, so sollten wir zweitens den Versuch unternehmen, das, was auf unserer Erde an Erzeugnissen der Literatur verfasst wird, nicht länger auf der Grundlage von raumgeschichtlichen, sondern von bewegungsgeschichtlichen Parametern zu erkennen und zu begreifen. Wir haben diesen bedeutungsvollen epistemologischen Shift bereits anhand unserer literarischen Beispiele von Salman Rushdie und Gloria Anzaldúa, aber auch an den Überlegungen der Kubaner Fernando Ortiz und José Lezama Lima nachvollzogen.

Wir müssen lernen, *nach* der Epoche der Weltliteratur, von der die Johann Wolfgang Goethe sprach, zu denken. Es kann nicht länger wie noch in der ersten oder auch noch in der dritten Phase beschleunigter Globalisierung um eine statische Kartierung mit der Festlegung dafür notwendiger Bezugsmeridiane gehen; vielmehr muss es uns darum zu tun sein, eine Vektorisierung aller Bezüge so zu erreichen, dass die mobilen Relationalitäten in ihren Bahnungen und Bewegungsbahnen sowohl mit Blick auf die Vergangenheit und Gegenwart als auch auf die Zukunft deutlich herausgearbeitet werden. Auf diese Weise müssen wir die Literaturen in Bewegung erfassen und damit die prozesshafte Vektorizität der Literaturen der Welt begreifen. Denn Literatur ist Bewegung und ist stets in Bewegung.

Es geht folglich keineswegs um eine Art bloßer Umbenennung, die vom Terminus der Weltliteratur abrückte, um einen anderen Begriff aufs Schild zu heben; es geht vielmehr um eine grundlegende epistemologische Veränderung! Diese nicht mehr allein retrospektive und präsentische, sondern auch prospektive Sichtweise bedarf einer Poetik der Bewegung und der Fundierung durch die *TransArea Studies*, in der jeder (sich wandelnde) Raum durch die ihn querenden und mit anderen Bewegungs-Räumen verbindenden Bewegungen entsteht und in eine mobile Relationalität eingebunden wird.

Diese Vektorizität aller Raumbezüge beinhaltet zugleich, dass alle Bewegungen Räume erzeugen, die aus der mobilen Perspektivik unterschiedlicher Bewegungs-Räume auch entsprechend unterschiedlich wahr-genommen werden. Oder anders: Das jeweilige Weltbewusstsein ist vektoriell geprägt, hängt von den bisherigen Bewegungsbahnen ab und erzeugt eine Situierung der eigenen Positionierung in Vergangenheit, Gegenwart und Zukunft, welche sich grundlegend von jener in anderen Bewegungs-Räumen unterscheidet – Statische Kartierungen machen keinen Sinn mehr. Entscheidend ist hingegen, ebenso die interne Relationalität dieser Bewegungsräume zu überprüfen wie deren externe Relationalität, die Beziehungen also, die raumintern und raumextern eine zu analysierende Positionalität vektoriell bestimmen.

Dies wiederum bedeutet drittens, dass es zum einen darauf ankommt, aus der Sichtweise einer Poetik der Bewegung die viellogische Strukturierung des gesamten zwischen Nationalliteratur und Weltliteratur eröffneten Zwischenraums einschließlich seiner bipolaren Rahmenbegriffe von ‚Nation‘ und ‚Welt‘ zu erfassen, um vor diesem Hintergrund zum anderen auch Methodologien zu entwickeln, die es bei aller notwendigen Komplexitätsreduktion verdienen, als viellogisch bezeichnet zu werden.[117] Die transareal in ihrer globalen Vektorisierung zu erfassenden Bewegungen sind in ihrer mobilen Relationalität folglich nur dann adäquat denkbar und analysierbar, wenn ihre viellogische offene Strukturierung auch von einer viellogischen Philologie, von einer viellogischen Wissenschaft aus beleuchtet werden kann. Das Denken in verschiedenen Logiken gleichzeitig ist die Voraussetzung künftigen philologischen Tuns und zugleich die Grundlage für eine Didaktik der Philologien, welche Literaturen als die besten Schulen viellogischen, polylogischen Lernens und Begreifens versteht.

Fassen wir literarische Werke selbst als viellogische ästhetische Strukturierungen auf, die ihre Leser*innen oder Zuhörer*innen seit dem *Gilgamesch*-Epos oder dem *Shi Jing* dazu auffordern, das Zusammenspiel, ja die Konvivenz unterschiedlicher Logiken im selben Text zu erleben beziehungsweise nachzuerleben, dann ist das hieraus resultierende ErlebensWissen, das in den unterschiedlichsten Literaturen unterschiedlich gespeichert und abrufbar ist, eine grundlegende Voraussetzung dafür, viellogische Denkformen wie viellogische Lebensformen zu entwerfen. Dies ist bislang in der Vermittlung von Literatur viel zu wenig berücksichtigt worden. Und das Zurückdrängen von Literatur auf allen Ebenen des Unterrichts – ebenso an den Gymnasien wie an den Universitäten – bildet einen gewichtigen Schritt in eine völlig falsche Richtung, der die Lernenden des besten Anschauungsmaterials beraubt, wie wir Konflikte der Konvivenz lösen und in Differenz zusammenleben können. Nach dem Zweiten Weltkrieg wurden gerade auch an Technischen Universitäten Philologien als ein Korrektiv für eine ausschließliche Vermittlung rein instrumentellen Wissens eingeführt. Die Abschaffung dieser Philologien ist an vielen dieser Einrichtungen größtenteils vollzogen. Bedarf es erst wieder neuerlicher Kriege, um ein Umdenken zu bewirken?

---

117 Vgl. hierzu Ette, Ottmar: *Viellogische Philologie. Die Literaturen der Welt und das Beispiel einer transarealen peruanischen Literatur.* Berlin: Verlag Walter Frey – edition tranvía (Reihe POINTE *essay* – Potsdamer inter- und transkulturelle Texte, Bd. 1) 2013.

Das LebensWissen, das durch ein Erleben der verschiedenartigsten Logiken etwa der unterschiedlichen Figuren eines Romans, der divergierenden Gattungskonventionen eines Gedichts oder der ambivalenten Inszenierungsformen eines Theaterspiels entsteht, lässt den Umgang mit Literaturen zu einem Erprobungsraum des Viellogischen werden, innerhalb dessen wir einen Gegenstand, eine Handlung oder einen Habitus gleichzeitig aus unterschiedlichen Perspektiven *wahr*nehmen und diese Wahrheiten miteinander zu konfrontieren lernen, ohne in ein Entweder-Oder oder ein Weder-Noch zu verfallen. Diese Spielräume des Nachdenkens und Nacherlebens gilt es wieder zu schaffen – gerade auf der Ebene unterschiedlicher europäischer und außereuropäischer Kulturen, wie sie die Romanistik ganz selbstverständlich bietet.

Es ist folglich an der Zeit, zur Kenntnis zu nehmen, dass der Begriff der ‚Weltliteratur' eine historische Position begreiflich machte, die längst historisch geworden ist. ‚Weltliteratur' will jetzt nicht viel mehr sagen, als dass damit eine spezifische Epoche bezeichnet werden kann, die einen prominenten Platz innerhalb einer literarischen Globalisierungsgeschichte einnimmt. Ohne die Einbeziehung der Literatur – oder mehr noch: der Literaturen der Welt – könnten wir die Phänomene des jahrhundertelangen und in verschiedenen Schüben vor sich gehenden Globalisierungsprozesses nicht mit ausreichender polyperspektivischer Komplexität und mit großer Lebensnähe verstehen. Denn kein anderes diskursives Wissen wäre vergleichbar mit der Literatur in der Lage, aus unterschiedlichsten Zeiten, unterschiedlichsten (Bewegungs-)Räumen, unterschiedlichsten Kulturen, unterschiedlichsten Sprachen und unterschiedlichsten Gesellschaften *zugleich* zu uns heute zu sprechen. Dass sich in englischsprachigen Ländern und allen voran im Vereinigten Königreich der Unterricht und die Beschäftigung mit fremden Sprachen und Literaturen entgegen aller internationalen Abmachungen auf eine Schwundstufe zurückgeführt sehen, verheißt für diese Kulturen nichts Gutes. Sie wiegen sich in der schlechten Fiktion, das Englische sei die globale Sprache schlechthin.

Es ist aus all diesen Gründen höchste Zeit, den noch immer so verbreiteten Begriff der ‚Weltliteratur' zwar noch mit Blick auf eine bestimmte Epoche zu verwenden, ansonsten aber (angesichts seines historischen Geworden-Seins wie seines Historisch-geworden-Seins) durch den Begriff der *Literaturen der Welt* zu ersetzen. Es ist absurd, ‚Weltliteratur' daran zu messen, ob ein bestimmtes literarisches Werk ins Englische übersetzt und von englischsprachigen Verlagen publiziert worden sei. Innerhalb der historischen Entfaltung der Literaturen der Welt steht die Epoche der Weltliteratur für die spezifische Herausbildung eines bestimmten literarischen Korpus und genauer noch eines Kanons, dem das Attribut ‚Weltliteratur' verliehen wurde. Und gewiss: Solange es einen Diskurs der Weltliteratur gibt, wird die diskursive Existenz, das Fortleben dieses immer wieder veränderten Korpus beziehungsweise Kanons, auch unbestreitbar sein. Nur wird dies längst nicht mehr der Situation eines weltumspannenden und viellogischen literarischen Systems gerecht.

Entscheidend für unsere Fragestellung ist, dass die (jeweils dominante) Logik dieser Weltliteratur nur eine Logik unter vielen verschiedenen Logiken innerhalb der Literaturen der Welt darstellen kann – und dies ebenso auf Ebene der Analysekategorien wie der pragmatischen Dimension von Literatur (einschließlich ihrer weltweiten Vermarktung). *Die* Weltliteratur stellt somit eine diskursive Setzung dar, die auf Ebene etwa der Vermarktung von Literatur sicherlich noch immer von Relevanz ist, die der polylogischen Komplexität der Literaturen der Welt jedoch in keiner Weise mehr gerecht zu werden vermag. Es mag weiterhin literaturwissenschaftliche Sammelbände zur Weltliteratur oder Anthologien von Weltliteratur geben, so wie auch weiterhin das Phänomen der sogenannten ,Airport-Literatur' weiterbestehen mag. Der lange schon beobachtbaren Weiterentwicklung hin zu einem weltumspannenden System der Literaturen der Welt werden diese diskursiven Setzungen aber auf adäquate Weise nicht gerecht.

Der Begriff der *Literaturen der Welt* ist hingegen in der Lage, die Frontstellung zwischen Nationalliteratur und Weltliteratur zu unterlaufen, eine transareale Bewegungsgeschichte literarischer Entwicklungen zu erfassen und den Vorstellungen von einer viellogischen Philologie gerecht zu werden, insofern diese den Versuch unternimmt, sich auf wissenschaftlich fundierte Weise im Spannungsfeld vieler unterschiedlicher Logiken zugleich einem höchst diversifizierten und radikal offenen System zu nähern, das nicht auf das Funktionieren einer einzigen Logik – sei es eine politische oder ästhetische, eine ökonomische oder literarische, eine technologische oder mediale – reduziert werden darf. Der Begriff der Literaturen der Welt ruft eine Pluralität von Literaturen auf, die jeweils ihren Eigen-Logiken gehorchen und sich nicht einer einzigen, von welchem Greenwich-Meridian auch immer aufoktroyierten Logik unterordnen müssen. Die Literaturen der Welt bilden keine kontinuierliche, sondern vielmehr eine diskontinuierliche Gesamtheit, innerhalb derer sich diese Literaturen zueinander wie die Inseln eines weit verzweigten Archipels verhalten.

Wie aber lässt sich der Bewegungsraum beschreiben, der sich zwischen dem Konzept der Nationalliteratur und jenem der Weltliteratur eröffnet? An erster Stelle, so scheint mir, ist hier die enorme Vielfalt der unterschiedlichen Sprachen zu unterscheiden, in denen literarische Texte verfasst werden. Wenn wir den Bereich der Romania überblicken, so können wir etwa für die Amerikas feststellen, dass sich eine Vielzahl indigener Sprachen mittlerweile als eigenständige Literaturen zu konstituieren begonnen hat. Nicht allein in Guatemala gibt es Literaturpreise, die für Texte in den jeweiligen indigenen Sprachen vergeben werden, in Sprachen, die einst von den kolonialen Eroberern ausgelöscht werden sollten.

Dabei gilt es sich vor Augen zu führen, dass in der ersten Phase beschleunigter Globalisierung drei europäische Sprachen, das Portugiesische, das Spanische und das Lateinische, durch die iberische Expansionsbewegung nach Amerika, aber auch in den afrikanischen und asiatischen Raum hinein globalisiert wurden. In der zweiten Phase beschleunigter Globalisierung kommen die Sprachen der Führungsmächte dieses zweiten Expansionsschubs hinzu, folglich das Französische und das Englische. Das Niederländische spielt in diesem Zusammenhang eine untergeordnete und räumlich wie zeitlich höchst begrenzte Rolle. Während in der dritten Phase beschleunigter Globalisierung, die mit der Expansion der USA in den karibischen wie in den pazifischen Raum erstmals einen nicht-europäischen (wenn auch europäisch geprägten) Global Player aufweist, keine weitere europäische Sprache (auch nicht das Deutsche durch die kurzfristige Expansion des neugegründeten Deutschen Reichs) hinzukommt, lassen sich in der Mitte des zweiten Jahrzehnts des 21. Jahrhunderts zu Ende gegangenen vierten Phase Ansätze zu einer weiteren grundlegenden Veränderung bereits erkennen. Denn in sehr absehbarer Zeit könnte mit dem Chinesischen beziehungsweise Mandarin erstmals eine nicht-europäische Sprache globalisiert werden; eine Prognose, die zum gegenwärtigen Zeitpunkt allerdings noch von mancherlei unbekannten Faktoren, Unwägbarkeiten und Entwicklungen abhängt.

Vor diesem Hintergrund lassen sich die Literaturen der Lusophonie (insbesondere in Europa, Amerika und Afrika), der Hispanophonie (hauptsächlich in Europa und den Amerikas), der Frankophonie (vor allem in Europa, Afrika und Amerika) sowie der Anglophonie (die auf allen Kontinenten vertreten ist) unterscheiden, wobei wir es hier jeweils mit sehr unterschiedlichen Logiken zu tun haben, die ungeachtet ihres strukturell miteinander verbundenen Entstehungszusammenhangs nicht miteinander gleichzusetzen sind. Aufstieg, Verbreitung und Abstieg des Lateinischen als Weltsprache und Gelehrtensprache bilden ihrerseits ein eigenes Forschungsfeld, auf das ich im nachfolgenden Beispielsteil in der gebotenen Kürze eingehen möchte.

Die unterschiedlichen Logiken der einzelnen globalisierten Literatursprachen können an dieser Stelle nur stichprobenartig beleuchtet werden. So weist beispielsweise die Frankophonie[118] im Bereich der Literaturen der Welt eine stark an Frankreich und speziell an der Pariser Verlagswelt ausgerichtete Struktur auf, die in der dominanten Verwendung des Begriffs ,frankophone Literatur'

---

118 Zur Verwendung dieses Begriffs vgl. Erfurt, Jürgen: *Frankophonie. Sprache – Diskurs – Politik*. Tübingen – Basel: Francke Verlag – UTB 2005.

für die nicht-französischen Literaturen als im Verlauf der zurückliegenden Jahre vielfach kritisierter Exklusionsmechanismus zutage tritt.[119] Denn die französische Literatur grenzt sich gewöhnlich rundweg von der frankophonen ab und verhält sich dabei grundlegend different zu den Entwicklungen im lusophonen, hispanophonen und anglophonen Bereich.

Die Anglophonie wiederum weist ein multipolares, folglich an verschiedenen Polen (wenngleich ebenfalls asymmetrisches) Strukturgeflecht auf, während in der Lusophonie eine immer stärker an Brasilien (also der einstmaligen Kolonie) ausgerichtete, wenn auch Lissabon nicht ausklammernde Relation deutlich wird. Vermehrt in den letzten Jahren kam den Kapverden eine im literarischen Bereich vermittelnde Rolle zu, welche auch für eine Einbeziehung der afrikanischen wie der asiatischen Lusophonie stand.

Immer wieder starken (und vor allem politisch bedingten) Veränderungen unterlag der Bewegungsraum der spanischsprachigen Literaturen, wobei im Verlauf des 20. Jahrhunderts mit den iberischen Verlagszentren Barcelona und Madrid immer wieder amerikanische Bezugspunkte wie Buenos Aires oder Mexico-Stadt rivalisierten. Diktaturen auf beiden Seiten des Atlantik sorgten dabei für große Einschnitte in den Bereichen von Distribution und Zirkulation der Literaturen. Diese hier auf wenigen Zeilen nur holzschnittartig präsentierten Unterschiede üben einen grundlegenden Einfluss darauf aus, was in diesen transarealen Literaturräumen an Literatur geschrieben, gedruckt, vertrieben und gelesen wird.

Ohne ausführlicher auf diese sehr unterschiedlichen (Feld-)Logiken eingehen zu können,[120] die von größter Bedeutung für die sehr differenzierten Bewegungsmuster von Schriftsteller*innen und Verlagen, für sehr verschiedenartige produktions- und rezeptionsästhetische Bedingungen sowie für sehr ungleiche Distributions- und Zirkulationsverhältnisse sind, soll hier doch deutlich gemacht werden, dass die Zugehörigkeit zu einem bestimmten sprachlich determinierten Literatursystem – so heterogen es auch immer sein mag – eine wesentliche Voraussetzung für bestimmte Schreib- und Lesevorgänge und damit für sehr differenziert zu betrachtende produktions-, rezeptions- und distributionsästhetische Entwicklungen sowie entsprechende Schreib- und Publikationsstrategien ist.

---

119 Vgl. hierzu das von zahlreichen herausragenden Intellektuellen unterzeichnete „Manifeste pour une *littérature-monde* en français." In: *Le Monde* (Paris) (16.3.2007).
120 Vgl. hierzu insgesamt das Einleitungskapitel in Ette, Ottmar: *TransArea. Eine literarische Globalisierungsgeschichte*, sowie die frühen theoretischen Überlegungen in (ders.): Asymmetrie der Beziehungen. Zehn Thesen zum Dialog der Literaturen Lateinamerikas und Europas. In: Scharlau, Birgit (Hg.): *Lateinamerika denken. Kulturtheoretische Grenzgänge zwischen Moderne und Postmoderne*. Tübingen: Gunter Narr Verlag 1994, S. 297–326.

Dass innerhalb der Lusophonie, Hispanophonie, Frankophonie und Anglophonie die Logiken verschiedenartig ausgestatteter nationalliterarischer Systeme, aber auch minoritärer Regionalliteraturen greifen, liegt überdies auf der Hand: Selbstverständlich sind insbesondere nationalliterarisch ausgerichtete Konsekrationsinstanzen und Preisvergaben – um nur dieses Beispiel zu nennen – noch immer von hoher Relevanz für das Verständnis der Literaturen der Welt. Vielsprachige Nationen wie etwa der Libanon oder die Schweiz sind in unterschiedlichem Maße an den arabischen, anglophonen, frankophonen, deutschen, italienischen und rätoromanisch-ladinischen Verbundsystemen beteiligt und weisen zudem noch lokale Literaturentwicklungen wie das Boltz im Schweizerischen Fribourg aus.

Die besonderen Beziehungen, die innerhalb der Romania zwischen den frankophonen, hispanophonen und lusophonen Literaturen bestehen, haben sich stets in einer höheren wechselseitigen Aufmerksamkeit sowie in Sonderkonjunkturen geäußert, in denen die Austauschprozesse etwa zwischen dem Spanischen und Französischen, aber auch zwischen dem Französischen und Italienischen, dem Italienischen und dem Galicischen, dem Galicischen und dem Portugiesischen oder dem Portugiesischen und dem Katalanischen sprunghaft oder längerfristig an Bedeutung gewannen. Die romanischen Literaturen der Welt bilden ein komplexes archipelisches System, das transarchipelisch mit anderen Archipelen der Literaturen der Welt vernetzt ist und höchst unterschiedliche Logiken der Relationalität ausgebildet hat. Alles ist innerhalb der Romania mit allem wechselseitig verbunden, wenn auch nicht immer alles gleichzeitig und mit gleicher wechselseitiger Intensität. Eine sich über Jahrhunderte erstreckende „Special Relationship" ist innerhalb dieser romanischen Literaturen der Welt aber ebenso unbestreitbar wie unübersehbar.

Selbstverständlich sind die transarealen Beziehungsgeflechte nicht auf die globalisierten europäischen Sprachen beschränkt; sind sie jedoch in nichteuropäischen Sprachen angesiedelt, dann bewegen sie sich freilich nicht innerhalb wirklich weltumspannender Zirkulationssysteme. Gleichwohl gehören sie ganz selbstverständlich zu den Literaturen der Welt. Die auf Arabisch verfasste Literatur in Argentinien oder die in indischen Sprachen verfassten Literaturen in Surinam oder auf Mauritius bilden wie die auf Deutsch geschriebene Literatur in Brasilien eigene und höchst komplexe Logiken aus, konfigurieren doch gerade Bewegungs-Räume wie Surinam oder Mauritius als hochverdichtete Kreuzungspunkte unterschiedlicher Globalisierungsschübe vielsprachige Literatursysteme, die vom Begriff der Nationalliteratur ebenso weit entfernt sind wie von dem der Weltliteratur.

Sehr wohl aber lassen sie sich in ihren lokalen, regionalen, nationalen, arealen, transarealen oder weltweiten Beziehungsgeflechten aus der viellogischen

Perspektivik der Literaturen der Welt erfassen. Begrifflichkeit und Polylogik der Literaturen der Welt reduzieren sie nicht auf die jeweils *eine* Logik einer Weltliteratur, so dass sie auch nicht *en passant* und unauffällig aus dem Bereich literaturwissenschaftlicher Betrachtung exkludiert werden. Die Literaturen der Welt bilden ein flexibles und anpassungsfähiges System unterschiedlicher Logiken, das sich beweglich allen Bewegungen der Literaturen anzupassen vermag.

Quer zu den soeben angesprochenen Phänomenen und quer zu den globalisierten hispanophonen, lusophonen, anglophonen und frankophonen Entwicklungen lassen sich freilich jene Literaturen ohne festen Wohnsitz beschreiben, die insbesondere durch ihre translinguale, also unterschiedliche Sprachen querende wie ihre sehr spezifische transkulturelle wie Transareale Dimension hervortreten.[121] Ohne auf diese wiederholt von mir beschriebenen und stetig an Bedeutung gewinnenden Phänomene näher eingehen zu können, für die innerhalb der deutschsprachigen Literatur etwa Autorinnen wie Emine Sevgi Özdamar (im Spannungsfeld zwischen der Türkei und Deutschland) oder Yoko Tawada (im Geflecht zwischen Japan und Deutschland) stehen mögen, gilt es hier doch anzumerken, dass die translinguale Sprachenquerung und das Schreiben jenseits der eigenen Muttersprache zu weltweit verbreiteten Charakteristika geworden sind, welche die Unterscheidung nationalliterarischer ‚Herkunft‘ und weltliterarischer ‚Zukunft‘, zwischen ‚Herkunftssprache‘ und ‚Übersetzungssprache‘, ja zwischen ‚Original‘ und ‚Übersetzung‘ überhaupt mehr als nur brüchig werden lassen. Ein Begriff wie ‚Weltliteratur‘ wird diesen massiven Entwicklungen im Bereich der Literaturen der Welt in keiner Weise gerecht.

Mithin fungieren die Literaturen ohne festen Wohnsitz, die im 20. Jahrhundert, dem Jahrhundert der Migrationen,[122] zunächst im Zeichen von Deportation und Shoah, von Exil und Vertreibung standen, nach 1945 aber zunehmend durch Migrationsschübe aus dem globalen Süden in den Norden sowie aus dem Osten in den Westen abgelöst wurden, als fundamentaler Bestandteil jener Literaturen der Welt, für die sie aus vektorieller, bewegungsgeschichtlicher Sicht nicht länger Randphänomene bilden, sondern Lebensformen der Literatur darstellen, die für das 21. Jahrhundert prägend, vielleicht sogar bestimmend werden dürften. Ich kann Sie an dieser Stelle nur auf den aktuellen Angriffskrieg Russlands auf die Ukraine und die dadurch ausgelösten Migrationsströme verweisen, die ein weiteres Mal die Entwicklungen der Literaturen in unserem

---

121 Zu den kulturtheoretischen und textanalytischen Herausforderungen dieser Literaturen vgl. Ette, Ottmar: *ZwischenWeltenSchreiben. Literaturen ohne festen Wohnsitz.* Berlin: Kulturverlag Kadmos 2005.
122 Vgl. hierzu Bade, Klaus J.: *Europa in Bewegung. Migration vom späten 18. Jahrhundert bis zur Gegenwart.* München: Beck 2000, S. 11–16.

Jahrhundert ebenso mitprägen werden wie die Fluchtbewegungen aus Afghanistan oder Syrien. Diese massiven Migrationsströme sind zu fundamentalen Formen wechselseitigen Austauschs im Leben der Literaturen der Welt geworden und speisen vermehrt die transkulturellen Literaturen ohne festen Wohnsitz, deren Anteil an den Literaturen weltweit sich weiter vervielfachen wird.

Aus all diesen komplexen Entwicklungsschüben ergibt sich eine weltumspannende Situation, die nichts mehr mit der normierenden Logik eurozentrischer oder US-zentrischer oder vielleicht irgendwann einmal chinazentrischer Weltliteratur zu tun haben kann. Die sich tendenziell immer stärker ausdifferenzierenden Logiken der Lusophonie, Hispanophonie, Frankophonie und Anglophonie sowie die in einer Vielzahl von Sprachräumen beobachtbare Ausweitung all jener literarischen Phänomene, die wir im Zeichen translingualer, transkultureller und transarealer Schreibformen als Literaturen ohne festen Wohnsitz bezeichnen können,[123] haben in wesentlicher Weise dazu beigetragen, dass alle produktions-, distributions- und rezeptionsästhetischen Dimensionen und Aspekte, aber auch die nationalliterarisch fundierten Konsekrations- und Legitimationsinstanzen der jeweiligen literarischen Felder – die veränderten, sehr viel stärker international geöffneten Preisvergabepolitiken wären hierfür ein gutes Beispiel – weitaus radikaler als je zuvor ‚aus den (nationalphilologischen) Fugen‘ geraten und folglich an rein nationalliterarische Bezugsräume allein nicht länger zurückzubinden sind.

Wir dürfen auch und gerade von der Romanistik und den romanischen Literaturwissenschaften aus unsere Augen nicht vor diesen zum Teil dramatischen Entwicklungen im Bereich der Literaturen der Welt verschließen. Allein bewegungsgeschichtlich beziehungsweise an Mobilität und Vektorizität ausgerichtete Kultur- und Literaturtheorien scheinen heute in der Lage zu sein, der verwirrenden Vielfalt an Veränderungen durch die Betrachtung vektorieller Bahnungen insofern gerecht zu werden, als sie das Zusammenspiel, Zusammenkommen und Zusammentreffen verschiedener Logiken aus einer gleichsam kubistischen, vielperspektivischen Sichtweise zu erfassen vermögen, ohne die strukturellen Asymmetrien der Machtstrukturen auszublenden. Wie sollten die

---

123 Vgl. hierzu Mathis-Moser, Ursula / Mertz-Baumgartner, Birgit (Hg.): *La Littérature „française" contemporaine. Contact de cultures et créativité.* Tübingen: Gunter Narr Verlag 2007; Mathis-Moser, Ursula / Pröll, Julia (Hg.): *Fremde(s) schreiben.* Innsbruck: Innsbruck University Press 2008; sowie zum Verhältnis zwischen der Exilliteratur und den Literaturen der Welt Ette, Ottmar: „Ma patrie est caravane". Amin Maalouf, die Frage des Exils und das ZusammenLebensWissen der Literaturen ohne festen Wohnsitz. In: *Romanistische Zeitschrift für Literaturgeschichte / Cahiers d'Histoire des Littératures Romanes* (Heidelberg) XXXII, 3–4 (2009), S. 413–445.

Literaturen der Welt diese komplexen Situationen nicht in ästhetischer Form und gleichsam seismologisch wiedergeben? Wir werden freilich gleich noch anhand eines afrikanischen Autors sehen, dass sich diese Entwicklungen keineswegs auf das 20. oder 21. Jahrhundert beschränken.

Die Objekte einer viellogischen Forschung, einer viellogischen Philologie, können dabei auch leicht zu Subjekten avancieren, die ihre eigenen Theorien und Deutungsmuster entfalten. Die *Literaturen der Welt* als das sicherlich komplexeste und zugleich die unterschiedlichsten Zeiten, Räume, Sprachen und Kulturen erschließende Speicher- und Transformationsmedium von Wissen bieten uns hier eine Vielzahl literarisch entfalteter Lebensformen und Lebensnormen des Mobilen an, die uns auf effiziente Art mit Hilfe der ästhetischen Erkenntnis erlauben, unsere Welt polyperspektivisch und polylogisch neu zu lesen, zu durchdenken und vor allem (im Dilthey'schen Sinne) *durchzuerleben*.[124] Die Polylogik einer transarealen, an den Literaturen der Welt ausgerichteten Wissenschaft unterläuft letztlich jeglichen Versuch, die Welt von *einem* Punkt aus, von einem einzigen Ort des Schreibens oder Lesens aus allumfassend zu kartographieren und zu systematisieren. Denn diesen einen Punkt, diesen einen Bezugs- oder Nullmeridian, von dem aus die Welt und die Weltliteratur in ihrer jeweiligen Gesamtheit zu überblicken wäre, gibt es nicht. „Mapping World Literature" ist daher ein zweifelhaftes Unternehmen, das letztlich einer zentrierenden Logik aufsitzt.

Anders als der von Goethe geprägte Begriff der Weltliteratur erweisen sich die Literaturen der Welt nicht als von Europa her zentriert und statisch, sondern bilden ein hochdynamisches Kräftefeld, das von ständigen Wechseln zwischen kulturellen Logiken, Sprachen, literarischen und akademischen Feldern gekennzeichnet ist und das nicht mehr allein von Europa oder den USA, von Weimar, Paris, Barcelona oder New York aus gedacht, ‚bewertet' und hierarchisiert werden kann. Selbst wenn sich der Nullmeridian nach Peking verschöbe, wäre damit rein gar nichts gewonnen – außer einer zusätzlichen zentrierenden Logik.

Dabei bilden die translingualen Phänomene der Literaturen ohne festen Wohnsitz zweifellos neue Herausforderungen für eine Theorie des Translationalen, die zurecht von David Damrosch in seinen Entwurf eines vorrangig rezeptionsästhetisch ausgerichteten Konzepts von Weltliteratur integriert wurde und zugleich zunehmend aus dem alleinigen Anspruch einer linguistisch konzipierten Übersetzungswissenschaft herausgetreten ist.[125] Die Literaturen ohne festen

---

124 Vgl. hierzu Dilthey, Wilhelm: Goethe und die dichterische Phantasie. In (ders.): *Das Erlebnis und die Dichtung. Lessing – Goethe – Novalis – Hölderlin*. Göttingen: Vandenhoeck & Ruprecht ¹⁶1985, S. 139.
125 Vgl. hierzu Bachmann-Medick, Doris: Introduction: The Translational Turn. In: *Translational Studies* (London) II, 1 (2009), S. 2–16.

Wohnsitz führen gleichzeitig eindrucksvoll vor Augen, dass in der einen (literarischen) Sprache immer schon[126] (oder immer noch) die sprachlichen Strukturen und literarischen Horizonte anderer Sprachen und Literaturen gegenwärtig und präsent sind.

Dabei kann es sehr unterschiedliche Positionen und Bewegungen im translingualen Geflecht zwischen zwei oder mehreren Sprachen, zwischen zwei oder mehreren Literaturen geben. Sie können von den Ausdrucksformen eines in einer Fremdsprache einsamen lyrischen Schreibens wie etwa bei Dragica Rajcic über die zwei Sprachen miteinander dialogisch verbindenden Beziehungen wie bei Yoko Tawada bis hin zu den eine translinguale Bezugssprache verändernden Positionen wie etwa bei Emine Sevgi Özdamar reichen oder wie bei neueren Autor*innen im Bereich des „Portuñol" ein eigenes Idiom als Literatursprache kreieren, wie dies freilich in der Sprache der Rajcic'schen Lyrik *in nuce* und auf rein individueller Ebene ebenfalls präsent ist. Je nach der spezifischen Position der jeweiligen Texte sind Translationen in andere Sprachen aus den Literaturen ohne festen Wohnsitz daher ebenso komplexe wie gewagte Unterfangen: Denn wie lässt sich Zwei- oder Mehrsprachigkeit, wie lassen sich Misch- und Hybridsprachen in andere Idiome adäquat übersetzen?

Anhand der Lebens- und Denkwege Erich Auerbachs konnte darauf aufmerksam gemacht werden, dass sich – gleichsam parallel zu den Literaturen ohne festen Wohnsitz – im 20. Jahrhundert ebenfalls eine Literaturwissenschaft ohne festen Wohnsitz zu entwickeln begann, die sich aus den gekappten, durchschnittenen Wurzeln des Exils speiste. Eine derartige Literaturwissenschaft vermag, auch in (wie im Falle Auerbachs) existenziell bedrohlichen Situationen eine Vervielfachung der Perspektiven auf den Weg zu bringen, wie dies innerhalb eines nationalliterarisch geprägten Literatursystems oder eines national strukturierten akademischen Feldes schlechterdings kaum möglich wäre.

Vor diesem Hintergrund zielen die *TransArea Studien* auf eine institutionell abgesicherte Polyperspektivik ab, insofern innerhalb einer transareal konzipierten Literaturwissenschaft ohne festen Wohnsitz indische Wissenschaftler in Mexiko über Deutschland, deutsche Wissenschaftlerinnen in Canada über China, chinesische Wissenschaftler in Brasilien über Afrika und afrikanische Wissenschaftlerinnen in Deutschland über die Karibik arbeiten können sollten. Die Perspektiven chinesischer Wissenschaftler*innen auf Lateinamerika sind nicht weniger wichtig als afrikanische Forschungen über einzelne europäische Länder und deren Literaturen. Doch es ist noch ein weiter Weg, bis philologische

---

126 Vgl. hierzu Sakai, Naoki: *Translation and Subjectivity. On 'Japan' and Cultural Nationalism*. Minneapolis – London: University of Minnesota Press 2009, S. 3 f.

Gesichtspunkte nicht national und disziplinär vorsortiert werden und wirkliche Literaturwissenschaften ohne festen Wohnsitz entstehen.

Die Entscheidung Erich Auerbachs, aber vor ihm auch Leo Spitzers, nicht nach Deutschland zurückzukehren, ohne doch den Kontakt zu Deutschland aufzugeben, hat für den Bereich der Romanistik die Entwicklung hin zum polyperspektivischen Schreiben philologischer Texte fachgeschichtlich angebahnt und vorbereitet. Aus der Erfahrung und den Grenzen der vierten Phase beschleunigter Globalisierung mit ihren fundamental verbesserten infrastrukturellen Möglichkeiten ist es nunmehr an der Zeit, systematische epistemologische und institutionelle Konsequenzen aus den veränderten Rahmenbedingungen von Literatur und Literaturwissenschaft, aber auch von anderen künstlerischen Aktivitäten und wissenschaftlichen Disziplinen zu ziehen.

Gewiss ist die aktuelle Übergangsphase derartigen Entwicklungen nicht besonders günstig. Die Errichtung neuer Grenzziehungen, sogar die Spaltung der Welt in zwei einander ausschließende Blöcke verfestigen sich immer stärker. Doch dies sollte nur umso größerer Ansporn zur Verwirklichung des Zieles grenzüberschreitender Aktivitäten auf jeglicher Ebene sein. Denn dadurch werden neue Lebensformen und Wissensformen auch und gerade im Bereich der Künste und Wissenschaften programmiert; und die Produktion eines dadurch ausgelösten neuartigen Wissens wird das Leben der Literaturen der Welt wie der Wissenschaften ohne festen Wohnsitz weiter vorantreiben.

Johann Wolfgang Goethes Rede von der Weltliteratur steht in ihrer Polemik gegen die Beschränkungen und Beschränktheiten des Nationalen und der Nationalliteratur im Zeichen einer Fülle, die selbst dort, wo sie noch nicht weltliterarisch erreicht wurde, doch sicherlich sehr bald zu erreichen sein sollte. Diesen Prozess, so Goethe in Eckermanns ‚Übersetzung‘, gelte es mit vereinigten Kräften zu beschleunigen, um die Epoche der Weltliteratur heraufzuführen. Denn Nationalliteratur wolle jetzt nicht mehr viel sagen.

Der Diskurs der Weltliteratur beruht in seinen diskursbegründenden Goethe'schen Setzungen auf jener Fülle, die all jenen versprochen wird – seien es Spezialisten oder schlichte Leser –, die bereit sind, sich auf die Werke der Weltliteratur einzulassen. Die Rede von der Weltliteratur inszeniert auf den unterschiedlichsten Ebenen einen Diskurs der Fülle gegenüber einem Diskurs des Fehlens, entfaltet ein Über-die-Grenzen-Hinausgehen als additives Movens, insofern Zeugnisse etwa der serbischen, der indischen oder der chinesischen Literatur von Goethe in die Reflexionen über Literatur *tout court* miteinbezogen werden. Goethes Neugier und seine Leselust waren wahrlich nicht an die Nation gebunden, sondern gingen weltumspannend weit über Europa hinaus.

Von diesen diskursbegründenden Setzungen aus entwirft noch der heute gepflegte Diskurs der Weltliteratur das Tableau einer Fülle, die sich freilich als

Falle insofern erweist, als sie das gegenüber dem Nationalen Hinzugewonnene in dieselbe, letztlich vom Nationalen niemals zu trennende Rhetorik und mehr noch Logik einspeist und dieser unterordnet. Gerade bei Pascale Casanova konnten wir die Ausweitung des nationalen Modells zum weltliterarischen Paradigma deutlich erkennen. Die versprochene Fülle vermag es folglich nicht, das festgefügte Tableau, das einmal gewählte Mapping von Literatur grundsätzlich zu verändern und in Bewegung zu setzen: Weltliteratur verwandelt das Nationale gleichsam in einen Weltmaßstab.

Die Begrifflichkeit der Literaturen der Welt setzt hingegen eine derartige Fülle nicht voraus. In ihrem viellogischen Denken ist stets präsent, dass eine Vielzahl anderer Logiken noch immer nicht einbezogen ist, ja dass die Präsenz dieser noch unerforschten, unbekannten Logiken dem eigenen Diskurs und der je eigenen Konzeption von den Literaturen der Welt in grundlegender Weise fehlt. Und die Literaturen der Welt machen dieses *Fehlen* zum Dreh- und Angelpunkt ihrer eigenen Konzeption von Literatur im Weltmaßstab.

So steht der Diskurs von den Literaturen der Welt nicht im Zeichen der Falle einer Fülle, sondern im Zeichen eines Fehlens, eines Mangels, einer Entbehrung, welche durch keinerlei quantitative Anhäufung literarischer Exempla und Beispielstexte überspielt werden können. Denn in den unabschließbaren und räumlich nicht begrenzbaren Literaturen der Welt eröffnen sich kontinuierlich diskontinuierliche Brüche und Lücken, die auf die Existenz weiterer Logiken, weiterer gebrochener Strukturierungen aufmerksam machen, welche in die viellogische Strukturierung noch nicht einbezogen wurden.

Das Bewusstsein für alle denkbaren, erahnbaren Lücken, für alles Diskontinuierliche schafft zugleich ein Gegengewicht gegen jeglichen Versuch einer Totalisierung, ja gegen jeglichen Hang zur diskursiven Schaffung von Totalität, wobei das Bewusstsein für das Fehlen, für das (noch) nicht Sichtbare zugleich mit jenem Brüchen, mit jenen untergegangenen Teilen einer Landschaft, mit jenem Begriff des „sumergido", des von den Fluten Überspülten in Verbindung gebracht werden darf, dem – wie wir sahen – bei José Lezama Lima eine so große Bedeutung zukommt. Die Landschaft der Theorie sollte in den Literaturen der Welt daher eine archipelische und transarchipelische sein, in der nicht versucht wird, totalisierende und leicht an einem Zentrum auszurichtende Kontinuitäten zu projizieren.

Dieser Diskurs des Fehlens eröffnet mit derselben Geste und im selben Maße einen weiten Raum der Selbstbefragung und der Selbstkritik, einer paradoxen da nie abschließbaren Komplettierung im Sinne einer Komplexifizierung, welche die Perspektiven der Betrachtung unablässig verändert und verstellt. Nichts kann in diesem Bewegungsbild zur Ruhe kommen: Stets ergeben sich andere, quasi-kubistische Überblendungen und Perspektivierungen, so dass die Gestalt eines Mobile entsteht. So ist das strukturelle Fehlen paradoxerweise ein Mehr im Zeichen einer Unabschließbarkeit, einer radikalen Offenheit gegenüber immer neuen Transformationen, immer neuen Transkulturationen, die unablässig weitere Lebensformen prospektiv ermöglichen. Im Zeichen des Fehlens, des Mangels, der Entbehrung öffnen sich die Literaturen der Welt auf das Künftige, das erst noch Kommende, das sie selbst wiederum weiter verändern wird.

Dabei ist Literatur nicht dargestellte Wirklichkeit – wie Erich Auerbach einst formulierte –, sondern die Darstellung *gelebter,* erlebter oder *erlebbarer* Wirklichkeiten. Sie führt sinnlich vor Augen, wie wir einstmals hätten leben können, wie wir derzeit leben könnten oder wie wir unser Leben künftig verändern sollten, wenn dafür diese oder jene Lebensbedingungen bestünden. Die Literaturen der Welt sind ein ernstes Spiel mit den potentiellen Lebensmöglichkeiten.

Das Gelebte oder Erlebte wird mit den Mitteln literarischer Ästhetik, mit Hilfe der ästhetischen Kraft der Literatur, in ein Lebbares und Nacherlebbares übersetzt, wobei für die direkte, unvermittelte Übertragung in eine Lebenswirklichkeit von jeher Warnschilder in der Literatur selbst aufgestellt wurden. In Cervantes' *Don Quijote de la Mancha* oder in Flauberts *Madame Bovary* wird der Leserschaft eindrücklich demonstriert, wie enden kann, was Jahre zuvor mit ungezügelten Lektüren sehnsuchtsvoll begann. Denn ein derartiges Ende kann finden, wer Literatur eins zu eins in die Wirklichkeit kopiert.

Doch ist die Literatur als eine hochdifferenzierte Form des Lebenswissens und Erlebenswissens zugleich auch darauf spezialisiert, in experimenteller Weise all jenes mit den Leserinnen und Lesern durchzuspielen, was nacherlebbar ist, weil es prinzipiell als lebbar erscheint. Denn Literatur ist ein Wissen vom Leben im Leben und für das Leben, ohne doch mit dem (textexternen) Leben identifiziert werden zu können. Die Literaturen der Welt erlauben es, unser Leben in anderen Formen und nach anderen Normen neu durchzuspielen.

Sie bieten folglich vielen verschiedenen Logiken zugleich verpflichtete Lebensformen an, die es dem Lesepublikum (das in seinen jeweils spezifischen Lebensnormen zu leben gelernt hat) ermöglichen, gänzlich andere Formen und Normen des Lebens zu erproben und durchzuerleben, von denen es ansonsten kaum berührt und herausgefordert würde. Dabei kommt dem ZusammenLebensWissen insofern eine besondere Rolle und Funktion zu, als die Vereinbarkeit verschiedener Normen, als die Verknüpfbarkeit gegenläufiger Logiken, als die Lebbarkeit gegensätzlicher Lebensformen im Lesen selbst getestet und mit dem eigenen Lebenswissen in Übereinstimmung oder Dissonanz gebracht werden kann. In diesem Sinne sind die Literaturen der Welt als Schule polylogischen Wissens experimentell. Sie sind daher anders als die Weltliteratur keiner durchgängigen Logik zu unterwerfen und fordern vielmehr vehement dazu heraus, das eigene (individuelle oder kollektive, gemeinschaftliche oder gesellschaftliche) Leben aus der Konvivenz verschiedenster Logiken heraus zu gestalten.

Vom Leben in den Literaturen der Welt wird folglich wenig erfahren, wer sich bemüht, sie auf eine einzige politische, mediale, kartographische, geokulturelle oder ästhetische Logik zu reduzieren. Derartige monoseme Vereindeutigungen laufen Polysemie und Polylogik der Literaturen zuwider. Wer sich dem viellogischen Leben der Literaturen der Welt aber so annähert, dass sich das LebensWissen in ein ErlebensWissen transformiert und aus dem ÜberLebens-Wissen ein ZusammenLebensWissen entsteht, der hat die Chancen gut genutzt, welche die Literaturen der Welt all jenen bieten, die sich nicht der Falle der Zufriedenheit im Zeichen einer vorgeblichen Fülle, sondern der unabschließbaren Suche im Zeichen eines Fehlens, eines Mangels, eines Entbehrens anvertrauen.

Wenn also vom Leben der Literaturen der Welt sowie vom Leben in den Literaturen der Welt die Rede ist, dann sollte es nicht vorrangig darum gehen, den unterschiedlichsten Phänomenen *einen* Sinn zuschreiben zu wollen, sondern die Polysemie und Polyphonie der verschiedenartigen Texte und Kontexte, Räume und Träume, Fiktionen und Friktionen in aller Intensität durchzuspielen und durchzuerleben. Im Vordergrund steht dabei der ernsthafte Spielcharakter der Literaturen der Welt. Denn in einer Poetik der Bewegung, wie sie die *TransArea Studien* entwerfen, werden die Orte unter den Orten, die Worte unter den Worten, die Vernünfte unter der Vernunft und die vielen Wahrheiten unter der einen Wahrheit so zum Vorschein gebracht und in Bewegung gesetzt, dass sie niemals mehr an einem einzigen weltliterarischen Bezugsmeridian gemessen werden können.

Denn so, wie die Welt nicht aus dem Blickwinkel einer einzigen Sprache adäquat verstanden werden kann, so sind die Literaturen der Welt auch nicht auf eine einzige Weltliteratur mehr zurückzuschrauben. So wie es keine Weltsprache gibt, gibt es auch keine Weltliteratur (mehr): Sie war eine höchst wirksame Fiktion, die Goethe für eine Epoche erfand, die längst zu Ende gegangen ist. Denn Literatur im Singular – die gibt es eigentlich nicht: Literatur ist nur, wenn und weil sie weit mehr ist, als sie ist. Mehr aber ist sie dann, wenn sie sich in der Vielfalt der Literaturen der Welt stets der Lücke, des Fehlens, des Mangels, des nicht Beendbaren bewusst ist: des Endes, das niemals ein Ende ist. In diesem Archipel der Literaturen der Welt situieren sich mit ihren mannigfaltigen Beziehungen die romanischen Literaturen der Welt.

Anton Wilhelm Amo Afer oder ein lateinischer Denker zwischen Afrika und Deutschland

Wir wollen uns im Folgenden gleichsam mit der Mutter der romanischen Sprachen und Literaturen befassen, dem Lateinischen, das als Sprache der Gelehrten vor der immer stärkeren Ausdifferenzierung von Nationalsprachen für eine Einheit des Wissens einstand. Ich möchte Sie dabei gerne in eine Zeit und eine Epoche mitnehmen, die sich in der ersten Hälfte jenes Jahrhunderts ansiedelt, das wir zu Beginn unserer Vorlesung mit Schillers Antritt in Jena im Revolutionsjahr 1789 kennengelernt hatten. Und ich möchte am Beispiel des Autors, mit dem ich mich in der Folge beschäftigen will, zugleich auch eine der Aufgaben und Chancen der romanischen Literaturwissenschaft aufzeigen; nämlich verschüttete Traditionen aus einem weltumspannenden Blickwinkel auch und gerade in Deutschland aufzugreifen und neu zu perspektivieren.

Abb. 14: Anton-Wilhelm Amo (1703–1784).

Es handelt sich um Anton Wilhelm Amo der ein knappes halbes Jahrhundert vor Friedrich Schiller ebenfalls in Jena lebte und arbeitete – und der doch von der Geschichte des Denkens und Schreibens in Deutschland, von der Geschichte der Philosophie in Deutschlands wie der deutschen Philosophie für lange Zeit und aus offenkundig rassistischen Gründen getilgt worden ist.[1] Wer aber ist Anton Wilhelm Amo? Haben Sie jemals von diesem Unbekannten gehört?

Anton Wilhelm Amo gehört zu den faszinierendsten Gestalten der ersten Hälfte des 18. Jahrhunderts. Um 1700 an der damaligen afrikanischen ‚Goldküste‘ geboren, als Sklave von Holländern an den Wolfenbütteler Hof verschenkt, mutierte er vom ‚Hofmohren‘ und exotischen Ausstellungsstück zu einem brillanten

---

[1] Vgl. zum Folgenden die Monographie von Ette, Ottmar: *Anton Wilhelm Amo: Philosophieren ohne festen Wohnsitz. Eine Philosophie der Aufklärung zwischen Europa und Afrika.* Berlin: Kulturverlag Kadmos 2014.

Denker der Aufklärung. Als ‚schwarzer Philosoph' an den Universitäten von Halle, Wittenberg und Jena legte er Werke vor, die noch zu Zeiten Friedrich Schillers vom Göttinger Anthropologen Johann Friedrich Blumenbach oder vom berühmten französischen Bischof, Politiker, jakobinischem Philosophen und Kämpfer gegen den Sklavenhandel Henri Grégoire mit größter Hochachtung genannt und mit großem Lob bedacht wurden. Die deutsche Philosophie aber kümmerte sich schon bald nicht mehr um ihn; und ein Immanuel Kant hat ihn, man kann es nicht anders nennen, schlicht totgeschwiegen. Wir können in dieser Vorlesung nur ausschnitthaft versuchen, die verschüttete Tradition eines Denkens zwischen Europa und Afrika sowie jenseits des Biographischen die Konturen eines Philosophierens ohne festen Wohnsitz freizulegen, das unseren Blick auf das 18. Jahrhundert, auf das Jahrhundert der Aufklärung, verändert.[2]

Um uns in dieses Thema einzustimmen und die potentiell weltweite Dimension dieser Figur zu signalisieren, möchte ich gerne einen kleinen Auszug aus dem einflussreichen Werk des neuspanischen Philosophen Francisco Javier Clavijero[3] anführen, der in seiner *Historia antigua de México*, in seiner *Geschichte des antiken Mexiko*, im Kontext des berühmten Disputs um die Neue Welt schrieb:

> Wollte ein Philosoph aus Guinea ein Werk unternehmen, das sich am Modell von Cornelius de Pauw ausrichtete und den Titel *Philosophische Untersuchungen über die Europäer* trüge, so könnte er sich desselben Arguments wie de Pauw bedienen, um etwa die Schädlichkeit des Klimas von Europa und die Vorzüge des Klimas von Afrika zu beweisen.[4]

Wusste der neuspanische, im späteren Mexico aufgewachsene Philosoph Francisco Javier Clavijero, der die Schriften von Leo Africanus kannte, in seiner erstmals 1780 in vier Bänden erschienenen *Alten Geschichte Mexicos* noch von der Existenz des Anton Wilhelm Amo? Hatte er, der die rücksichtslose Übertragung europäischer Konzepte durch europäische Philosophen wie den Holländer de Pauw auf die außereuropäische Welt kritisierte und sich jedweder Klimatheorie im Sinne Buffons oder Montesquieus entgegenstellte, noch Kenntnis von den Thesen jenes Philosophen, der sich selbst mit Vorliebe als „Amo Afer" und als „Afrikaner aus Guinea" bezeichnete? Aus der Perspektive Amerikas eröffnet die Möglichkeit einer Philosophie Afrikas die Kritik an einem Europa, dessen Dialek-

---

2 Aus diesem Grunde wurde Anton Wilhelm Amo eine größere Rolle eingeräumt im fünften Band der Reihe „Aula" in Ette, Ottmar: *Aufklärung zwischen zwei Welten* (2021), S. 146 ff.

3 Vgl. zu Clavijero das entsprechende Kapitel in ebda, S. 267 ff.

4 Clavijero, Francisco Javier: *Historia Antigua de México*. Prólogo de Mariano Cuevas. Edición del original escrito en castellano por el autor. México: Editorial Porrúa ⁷1982, S. 462.

tik der Aufklärung sich von ‚außerhalb' gesehen bereits deutlich abzuzeichnen begann. Aber beginnen wir nun unsere Beschäftigung mit dieser weithin unbekannten und doch herausragenden Figur der ersten Hälfte des 18. Jahrhunderts aus romanistischer Sicht mit der generellen Frage, warum sich Anton Wilhelm Amo oder Antonius Guilielmus Amo – so sein Name bei seiner Immatrikulation – des Lateinischen bediente! Zur Beantwortung dieser Frage müssen wir etwas ausholen.

Es sprechen gute Gründe dafür, sich den bedeutungsvollen Namen dieses jungen Studenten an der Universität von Halle an der Saale einzuprägen, zumal sich dieser Name[5] aus sehr verschiedenen Bestandteilen zusammensetzt, die uns im Grunde einen schon in sich differenzierten Zugang zu jener ebenso für die afrikanische wie die europäische Ideengeschichte wichtigen Persönlichkeit erlauben. Denn bereits der Name wirft ein bezeichnendes Licht auf die transareale Verfasstheit des Denkens dieses herausragenden Kopfs in der Philosophie der Frühaufklärung in Deutschland, wenn Amo auch aus offenkundig tradierten rassistischen Gründen bislang nicht in die Geschichte der Disziplin eingegangen ist.

Wenn sich auch die lange Rezeptionsgeschichte dieses Philosophen und Rechtswissenschaftlers nicht nur in Deutschland, sondern auch international nur höchst schleppend zu entwickeln vermochte: Der Lebensweg wie die philosophische Entfaltung des Anton Wilhelm Amo beleuchten aus heutiger Sicht Aspekte, wie sie für ein Verständnis der nicht nur europäischen Aufklärung wie auch des philosophischen Diskurses der (ebenfalls nicht allein europäischen) Moderne[6] von großer Bedeutung sind. Anton Wilhelm Amo ist sicherlich keine Schlüsselfigur für das Denken der Aufklärung; und doch vermag er uns einen wichtigen Schlüssel für ein anderes, adäquateres Verständnis von Aufklärung und Moderne an die Hand zu geben.

Denn in diesem deportierten Sklaven und verehrten Doktor der Philosophie, in diesem ‚Versuchsobjekt' gnädiger Fürsten und selbstbewusster Denker der Frühaufklärung in Preußen blitzt etwas auf von dem, was sich als die verschüttete Geschichte der europäischen Moderne(n) bezeichnen ließe; einer Geschichte,

---

5 Zur Problematik des Nachnamens ‚Amo' vgl. u. a. Mabe, Jacob Emmanuel: *Anton Wilhelm Amo interkulturell gelesen.* Nordhausen: Verlag Traugott Bautz 2007, S. 16 f. Die oftmals spekulativen Dimensionen vieler Recherchen zum Nachnamen des verschleppten Jungen sind in der Amo-Literatur kaum zu übersehen.
6 Vgl. hierzu Habermas, Jürgen: *Der philosophische Diskurs der Moderne. Zwölf Vorlesungen.* Frankfurt am Main: Suhrkamp 1985.

die in der weltweit rezipierten Berliner Debatte um die Neue Welt[7] im letzten Drittel des 18. Jahrhunderts ihren ersten genuinen (wenn auch lange Zeit verdrängten) Höhepunkt erreichte. Es war die Frage, wie wir in Differenz und Frieden zusammenleben wollen und wie sich ein in sich selbst zerstrittenes und doch immer ähnliche Interessen verfolgendes Europa im weltweiten Kontext definiert.

Etwa zwanzig Jahre vor seiner Immatrikulation, am 29. Juli 1707, war der Knabe in der Schlosskapelle Salzthal zu Wolfenbüttel evangelisch getauft worden, wodurch sich erstmals ein schriftliches Zeugnis seines von den scharfen Widersprüchen seiner Zeit zutiefst geprägten Lebens findet. Denn der um die Wende zum 18. Jahrhundert im heutigen Ghana geborene, wohl zu den westafrikanischen Nzema und damit zur ethnischen Gruppe der Akan gehörende[8] und zunächst in seiner Heimat aufgewachsene Junge war seinen Eltern entrissen und versklavt worden, wonach er wohl im Jahre 1704 von der holländischen West-Indischen Kompanie nach Amsterdam verbracht wurde; ein Weg, der ihn mit großer Wahrscheinlichkeit an Bord eines holländischen Sklaven- oder Handelsschiffs zunächst in die Karibik (wo sein Bruder später als Sklave in der Kolonie Surinam arbeiten musste) und von dort aus dann in den Westen Europas führte. Ein ungewöhnlicher Weg, meinen Sie? Nicht für die Millionen von Opfern des europäischen „Slave Trade" über den *Black Atlantic*.[9]

Es war die geballte koloniale Handels- und Kriegsmacht der Holländer, welche den kleinen schwarzen Jungen im Namen der West-Indischen Kompanie dem Herzog von Braunschweig-Wolfenbüttel überbrachten und gewiss zur Pflege

---

7 Vgl. Ette, Ottmar: Von Rousseau und Diderot zu Pernety und de Pauw: Die Berliner Debatte um die Neue Welt. In: Dill, Hans-Otto (Hg.): *Jean-Jacques Rousseau zwischen Aufklärung und Moderne*. Akten der Rousseau-Konferenz der Leibniz-Sozietät der Wissenschaften zu Berlin am 13. Dezember 2012 anlässlich seines 300. Geburtstages am 28. Juni 2012 im Rathaus Berlin-Mitte. Berlin: Leibniz-Sozietät der Wissenschaften (= *Sitzungsberichte der Leibniz-Sozietät der Wissenschaften* 117) 2013, S. 111–130; zur Perspektivik dieser Debatte mit Blick auf das 19. Jahrhundert vgl. ders.: *Alexander von Humboldt und die Globalisierung. Das Mobile des Wissens*. Frankfurt am Main – Leipzig: Insel Verlag 2009.
8 Zu dieser durchaus umstrittenen Zugehörigkeit vgl. Firla, Monika: Anton Wilhelm Amo (Nzema, Rep. Ghana). Kammermohr – Privatdozent für Philosophie – Wahrsager. In: *Tribus* (Stuttgart) 51 (2002), S. 55–90.
9 Vgl. hierzu die längst klassische Studie von Gilroy, Paul: *The Black Atlantic. Modernity and Double Consciousness*. London: Verso 1993; sowie den Band *Der Black Atlantic*. Herausgegeben vom Haus der Kulturen der Welt in Zusammenarbeit mit Tina Campt und Paul Gilroy. Berlin: Haus der Kulturen der Welt 2004.

weiterhin guter Geschäftsbeziehungen zum ‚Geschenk' machten.[10] So ging der Sklave in das Eigentum eines kunst- und feinsinnigen Herzogs über. Dass die Vertreter der so mächtigen Handelsgesellschaft dies tun konnten, weist unzweifelhaft darauf hin, dass es sich um einen Sklaven handelte, über den man selbstverständlich frei zu verfügen können glaubte. In der Tat gibt es (wie bereits erwähnt) Zeugnisse und Indizien, die dafür sprechen, dass zumindest ein Bruder des Knaben als Sklave nach Surinam[11] verschleppt und damit in das Sklaverei-System der holländischen Karibik, der holländischen „West Indies", verbracht wurde. Vieles deutet im Übrigen darauf hin, dass die Herzöge von Braunschweig-Wolfenbüttel auf vielfache Weise in den Sklavenhandel verstrickt waren.[12] Eine Ausnahme bildeten sie diesbezüglich weder auf deutscher noch auf europäischer Ebene.

Mit der physischen Überführung des jungen Westafrikaners von der im europäischen beziehungsweise holländischen Kolonialsystem verankerten Institution der Sklaverei[13] in das Herzogtum Braunschweig-Wolfenbüttel, in dem nominell eine Sklaverei nicht bestand, war letztlich eine Fortführung dieses versklavten Zustandes außerhalb der Institution der Sklaverei verbunden. Denn war damit für Amo ein Ende der Sklaverei gegeben? Keinesfalls. So spricht der Historiker und Sklaverei-Experte Michael Zeuske mit Blick auf Anton Wilhelm Amo wie auch auf viele andere historische Figuren mit guten Gründen davon, dass es sich hier um „versklavte Schwarze in Europa" im Rahmen einer „Eigentums-Sklaverei" gehandelt habe.[14] Als lebendiges ‚Geschenk' war Amo in das ‚Eigentum' eines deutschen Fürsten übergegangen.

Mit Blick auf eine Vielzahl global vergleichbarer Phänomene kann man hier folglich pointiert von „„Sklaven ohne Sklaverei""[15] sprechen. Der Vorgang des Verschenkens eines (versklavten) Schwarzen an befreundete Fürstenhäuser

---

10 Vgl. hierzu Abraham, William E.: Anton Wilhelm Amo. In: Wiredu, Kwasi (Hg.): *A Companion to African Philosophy*. Advisory Editors William E. Abraham, Abiola Irele and Ifeanyi A. Menkiti. Blackwell Publishin 2004, S. 191; Vorbehalte gegen diese dominante Annahme formulierte Mabe, Jacob Emmanuel: *Anton Wilhelm Amo interkulturell gelesen*, S. 13.
11 Vgl. zur Einschätzung dieses Faktums auch Brentjes, Burchard: *Anton Wilhelm Amo. Der schwarze Philosoph in Halle*, S. 30. Verwiesen sei hier auch auf das Zeugnis des Schweizer Schiffsarztes Gallandat, das gegen Ende dieser Arbeit ausführlich zitiert wird.
12 Vgl. hierzu Mabe, Jacob Emmanuel: *Anton Wilhelm Amo interkulturell gelesen*, S. 14f.
13 Vgl. hierzu den einführenden Essay „Sklavereien statt Sklaverei: Ein historisch-anthropologischer Essay" in Zeuske, Michael: *Handbuch Geschichte der Sklaverei. Eine Globalgeschichte von den Anfängen bis zur Gegenwart*. Berlin – Boston: Walter de Gruyter 2013, S. 1–26.
14 Ebda., S. 517; vgl. auch Arndt, Susan: *Die 100 wichtigsten Fragen: Rassismus*, S. 142f.
15 Ebda. Vgl. zur Tätigkeit dieser Art von Sklaven auch Mougnol, Simon: *Amo Afer. Un Noir, professeur d'université, en Allemagne au XVIIIe siècle*. Paris: L'Harmattan 2007, S. 22f.

oder Geschäftspartner war dabei keineswegs selten: Ungezählte Schwarze dienten seit dem 16. Jahrhundert an europäischen Fürstenhäusern als sogenannte ,Hofmohren' oder ,Kammermohren',[16] als exotische Ausstellungsstücke und abhängige Diener und Pagen, die im Grunde über keinerlei Rechte verfügten und in einem absoluten Sinne als Rechtlose betrachtet werden müssen.

Braunschweig-Wolfenbüttel unterschied sich hier nicht von anderen europäischen Höfen:[17] Denn auch dort scheint es unter anderem ein schwarzes Dienerpaar gegeben zu haben, das im Übrigen den Nachnamen ,Mohr' führte.[18] So schrieb auch Wolfram Suchier, dem das Verdienst zukommt, als Bibliothekar in Halle an der Saale im Jahr 1916 den „Privatdozenten" Anton Wilhelm Amo gleichsam wiederentdeckt zu haben: „denn in jenen Zeiten wurden oft kleine Mohrenknaben und besonders Mädchen an fürstliche Höfe gebracht, um dort zum ,Staat und Vergnügen' zu dienen."[19] Und er fügte hinzu: „Man kann sich also denken, welche Rolle dem kleinen Amo am braunschweigischen Hofe zugefallen ist."[20] Dies ist die Welt, in der Anton Wilhelm Amo dem Besitz des gebildeten und belesenen Herzogs Anton Ulrich zufiel.

Anton Ulrich, der für sein engagiertes Eintreten für die Künste und Wissenschaften wie auch als Verfasser zweier Romane bekannte regierende Herzog von Braunschweig-Wolfenbüttel, nahm das ihm von der West-Indischen Kompanie überbrachte Geschenk an und verlieh zusammen mit seinem nicht weniger der

---

16 Anne Kuhlmann-Smirnov hat diesem bedrückend weit verbreiteten Phänomen eine beeindruckende Monographie gewidmet, in deren tabellarischer Ausrichtung namentlich 380 sogenannte ,Mohren' im deutschen Raum erfasst werden, darunter allein vierzehn für Wolfenbüttel; vgl. Kuhlmann-Smirnov, Anne: *Schwarze Europäer im Alten Reich. Handel, Migration, Hof.* Göttingen: V&R unipress 2013, S. 371–373. Hier wird Anton Wilhelm Amo explizit als ,Kammermohr' (S. 371) bezeichnet.

17 Vgl. ebda.; sowie Mougnol, Simon: *Amo Afer. Un Noir, professeur d'université, en Allemagne au XVIIIe siècle*, S. 23. Vgl. hierzu auch Arndt, Susan: *Die 100 wichtigsten Fragen: Rassismus.* München: Verlag C.H. Beck 2012, S. 142.

18 Zur Geschichte dieses Paares, die ein beredtes Zeugnis der Umgangsformen mit schwarzen Sklaven im europäischen Adel ablegt, und zur nicht unbedingt überraschenden Namensgleichheit mit ,unserem' Anton Wilhelm vgl. Glötzner, Johannes: *Anton Wilhelm Amo. Ein Philosoph aus Afrika im Deutschland des 18. Jahrhunderts.* Vortrag anlässlich der 500-Jahrfeier der Universität Wittenberg-Halle am 27. Juni 2002 in Halle. München: Editionen Huber 2002, S. 9f; vgl. auch Mabe, Jacob Emmanuel: *Anton Wilhelm Amo interkulturell gelesen*, S. 15 sowie Kuhlmann-Smirnov, Anne: *Schwarze Europäer im Alten Reich. Handel, Migration, Hof*, S. 373.

19 Suchier, Wolfram: *A.W. Amo. Ein Mohr als Student und Privatdozent der Philosophie in Halle, Wittenberg und Jena 1727 / 1740.* In: *Akademische Rundschau. Zeitschrift für das gesamte Hochschulwesen und die akademischen Berufsstände* (Leipzig) IV, 9–10 (Juni – Juli 1916), S. 443.

20 Ebda.

Aufklärung zuneigenden Sohn Wilhelm August dem schwarzen Jungen die fürstlichen Vornamen als Taufnamen. Die bereits erwähnte Taufe des Jahres 1707, die in die Zeit vor den Übertritt des Herzogs im Jahre 1709 zum katholischen Glauben fiel und deren Durchführung im Übrigen der von William E. Abraham vorgetragenen These[21] widerspricht, dass der Junge aus einer bereits christlichen (und damit notwendig getauften) Familie aus einem Dorf bei Axim im heutigen Ghana[22] stammen könnte, führt damit im Zeichen des christlichen Glaubens den wahrscheinlich, wenn auch nicht unumstritten von der damaligen Goldküste stammenden Namen Amo[23] mit den Vornamen eines europäischen Fürstenhauses zusammen, das sich ganz ‚natürlich‘ im Besitz afrikanischer Diener befand.

Auf diese Weise wurde der kleine Anton Wilhelm Amo zu einem Teil jener schwarzen Dienerschaft, die man sich wie auch an vielen anderen Fürstenhöfen als exotistisches Statussymbol und Zeichen eigener Machtfülle zur eigenen Verfügung wie zum eigenen Vergnügen ‚hielt‘. Er fügte später, seit dem Ende seiner Studienjahre, seinen christlichen Taufnamen und seinem afrikanischen Familiennamen ein lateinisches „Afer" hinzu, um selbstbewusst auf seine afrikanische Herkunft aufmerksam zu machen.

Anton Wilhelm Amo spannte damit durch seinen Namen ein Spannungsfeld auf, das in *geographischer* Hinsicht von Westafrika und der Karibik, Holland und Deutschland gebildet wurde; eine Tatsache, die schon auf dieser Ebene die spezifisch *transareale* Dimension des Lebens, aber auch des Schaffens Anton Wilhelm Amos unübersehbar vor Augen führt. Dazu kam der keineswegs unwichtige Zusatz in lateinischer Sprache. Wie hätte er, der von der westafrikanischen Goldküste Verschleppte, diese grundlegende *conditio* seines Lebens je vergessen können? Und wie hätte sie sich seiner sich später entwickelnden Philosophie nicht auf die unterschiedlichste Weise einschreiben sollen?

Gerade die Hinzusetzung der Bezeichnung „Afer" macht deutlich, dass dieses selbstgewählte Attribut einen Rückbezug auf Afrika darstellt, der nur außerhalb Afrikas, in Europa, Sinn machen kann. Die Wahl des Lateinischen signalisiert in jener Zeit zugleich, dass sich der Namensträger innerhalb einer internationalen

---

21 Vgl. Abraham, William E.: The Life and Times of Anton Wilhelm Amo, the First African (Black) Philosopher in Europe, S. 426.

22 Vgl. Brentjes, Burchard: Anton Wilhelm Amo, First African Philosopher in European Universities. In: *Current Anthropology* (Chicago) XVI, 3 (September 1975), S. 443.

23 Schon Wolfram Suchier mutmaßte, es könne sich um einen Familiennamen von der Goldküste handeln, aber auch um eine Benennung durch die christliche Liebe, wobei der kleine ‚Mohr‘ am Hofe von Anton Ulrich aber auch bisweilen den Amor dargestellt haben könnte; vgl. Suchier, Wolfram: A.W. Amo, S. 443.

Gelehrtenwelt bewegt, die sich als Kommunikationssprache des Lateinischen bedient. Ganz ähnlich etwa hatte der berühmte, in Granada geborene, in Nordafrika aufgewachsene und schließlich nach Italien verschleppte und dem Papst zum Geschenk gemachte Johannes Leo Africanus alias al-Hassan al-Wazzan alias Giovan Leone L'Africano den Taufnamen seines Besitzers, des kunstsinnigen und machtbewussten Medici-Papstes Leo X., die Herkunftsbezeichnung ‚der Afrikaner' hinzugefügt, um in italienischer wie lateinischer Sprache gleichsam die *vektorielle* Dimension seines Namens wie seines Lebensweges zu unterstreichen.[24] Der Zusatz zielt nicht auf eine Verortung, auf eine Fixierung, sondern auf die Bewegung, die historisch akkumulierte Vektorizität: Der Name wird zum Narrativ, das eine fundamental transareale Bewegung signalisiert – ein unverkennbares ZwischenWeltenSchreiben[25] findet seinen adäquaten Ausdruck. Und zugleich wird der Namenszusatz „Africanus" oder „Afer" – wie schon Jahrhunderte zuvor bei dem aus Nordafrika stammenden Terenz – zum Markenzeichen. Anton Wilhelm Amo Afers Name erzählt uns eine Bewegungsgeschichte, die wir nun entschlüsselt haben. Denn das „Afer" meint kein Territorium, sondern eine gewaltsame, zugleich aber auch im vielfachen Sinne *angenommene* Bewegung, Transplantation und Vektorizität.

Es war an preußischen Universitäten durchaus üblich, die Studenten in lateinischer Sprache zu immatrikulieren. Weitaus weniger üblich war die Vielsprachigkeit des jungen Studiosus. Denn auch in *sprachlicher* Hinsicht war das Spannungsfeld, in dem sich der in Afrika Geborene bewegte, unverkennbar transareal geprägt. Zwischen der nicht eindeutig bestimmbaren afrikanischen Sprache, in welcher er in seinem Dorf bei Axim an der damaligen Goldküste[26] aufgewachsen war, und der Gelehrtensprache des Lateinischen, die an den deutschen Universitäten in der ersten Hälfte des 18. Jahrhunderts noch vorherrschte, ergibt sich in der Tat ein weites Spannungsfeld, in das sich das Niederländische seiner Jahre in Amsterdam und das Deutsche seiner fürstlichen Herren in Wolfenbüttel ebenso integrierte wie das Griechische, Hebräische, Französische und das Englische, die der junge Mann – seine Schriften zeigen es deutlich an – ebenso erlernt hatte und zumindest zu lesen verstand. Immer wie-

24 Zu dieser herausragenden transarealen Figur vgl. den ersten Band der Reihe „Aula" in Ette, Ottmar: *ReiseSchreiben* (2020), S. 319 ff.
25 Vgl. hierzu Ette, Ottmar: *ZwischenWeltenSchreiben. Literaturen ohne festen Wohnsitz (Über-Lebenswissen II)*. Berlin: Kulturverlag Kadmos 2005.
26 Vgl. hierzu die zeitgenössischen Berichte über die europäischen kolonialistischen Aktivitäten insbesondere im Raum Axim, u. a. Romer, Ludewig Ferdinand: *A reliable account of the coast of Guinea (1760)*. Translated from the Danish and edited by Selena Axelrod Winsnes. Oxford – New York: Oxford University Press 2000, insbes. S. 49 und 201.

der finden sich in seinen Schriften Zitate und Begrifflichkeiten aus anderen Sprachen: Die Vielsprachigkeit Amos bildet ein wichtiges Faktum, ohne welches ein Verständnis seines Denkens auf adäquate Weise kaum möglich ist.

Als Anton Wilhelm Amo nach Halle und damit in eines der Zentren der deutschen Frühaufklärung kam, hatten dort die Auseinandersetzungen zwischen den Pietisten und den Rationalisten ihren ersten großen Höhepunkt überschritten, hatte der preußische König doch auf Betreiben der Klerikalen die Verbannung des längst international renommierten Aufklärungsphilosophen Christian Wolff verfügt, als dessen glühender Anhänger Amo als junger Student wie später als Dozent lange Zeit galt. Doch auch wenn Carl Günter Ludovici, selbst ein vehementer Vertreter Wolffs, seinen Zeitgenossen Amo auch als „einen fürnehmlichen Wolffianer"[27] bezeichnete – eine Verortung, die bis heute höchst umstritten ist[28] –, so kann der in Afrika geborene Philosoph doch zumindest in sprachlicher Hinsicht nicht als ein Wolffianer gelten. Denn zählte Christian Wolff zu jenen Philosophen der deutschen Frühaufklärung, die sich maßgeblich und nachhaltig für die Entfaltung des Deutschen als Sprache der Philosophie in Wort und Tat einsetzten, so wählte Anton Wilhelm Amo doch von Beginn an, aber auch in seiner späteren wissenschaftlichen Entwicklung die lateinische Sprache als das Idiom seiner akademischen Kommunikation. Ein eher ‚konservativer‘, rückschrittlicher Akt? Oder gar ein stilles Einverständnis mit den orthodoxen Kräften an der Universität?

Keineswegs. Denn für die langfristige Sprachenwahl Amos dürften verschiedene Gründe ausschlaggebend gewesen sein, die sich leicht rekonstruieren lassen. Zum einen war Latein an deutschen Universitäten nach wie vor die (wenn auch keineswegs mehr unbestritten) dominante Sprache der Wissenschaft, verfügte es gerade in Deutschland doch noch immer über ein hohes Prestige als international verständliche Gelehrtensprache. Wissenschaftliches wurde in lateinischer Sprache mitgeteilt und verbreitet.

Zum anderen befand sich das Deutsche im Bereich der Philosophie zweifellos noch in den Kinderschuhen, folglich in einer Phase der Konstituierung und

---

27 Ludovici, Carl Günter: *Entwurf einer vollständigen Historie der wolffischen Philosophie*. Teil III. Bd. 1,3. Leipzig 1738, S. 230. Vgl. hierzu kritisch die Dissertation von Edeh, Yawovi Emmanuel: *Die Grundlagen der philosophischen Schriften von Amo. In welchem Verhältnis steht Amo zu Christian Wolff, daß man ihn als einen ‚führnehmlichen Wolffianer‘ bezeichnen kann?* Essen: Verlag Die Blaue Eule 2003, S. 11 u. *passim*.
28 Die soeben angeführte Dissertation von Yawovi Emmanuel Edeh bemüht sich vollumfänglich um den wissenschaftlichen Beleg dafür, dass Amo nicht den Wolffianern zuzurechnen sei; vgl. hierzu auch das abschließende Kapitel seines Bandes in ebda., S. 144–162. Die entgegengesetzte Position findet sich u. a. auch bei Abraham, William E.: Anton Wilhelm Amo, S. 195f.

begrifflichen Ausdifferenzierung, deren Ergebnis noch offen war. Offen war zum damaligen Zeitpunkt die Frage, ob sich das Deutsche als Wissenschaftssprache würde durchsetzen können angesichts der Dominanz des Latein, das anders als das damals noch wenig gefestigte und wenig verbreitete Deutsche eine internationale Kommunikation gewährleistete. Das Lateinische war – und dies dürfte für Amo das entscheidende Element seiner Sprachenwahl gewesen sein – bereits zu Beginn der ersten Phase beschleunigter Globalisierung neben dem Spanischen und dem Portugiesischen zu einer globalisierten Weltsprache geworden, in der grundlegend wichtige Schriften nicht allein in Europa, sondern gerade auch in den außereuropäischen Kolonien insbesondere Amerikas verfasst und gelesen wurden.

Demgegenüber konnte das Deutsche bestenfalls als eine regionale Sprache gelten, der im Übrigen im weiteren Verlauf des 18. Jahrhunderts innerhalb der sich herausbildenden „République des Lettres" der europäischen Aufklärung – ihres unbestreitbaren Aufstiegs gerade im Bereich der Philosophie zum Trotz – auch nur eine sekundäre Rolle zufiel. Die Verwendung des Lateinischen hingegen bot zumindest prinzipiell die Chance, von einem spezialisierten Lesepublikum weit über die Grenzen der deutschen Fürstentümer hinaus gelesen werden zu können.

Somit stand die Sprachwahl Amos ohne jeden Zweifel im Zeichen einer überregionalen und die Grenzen Europas überspannenden Kommunikationsfähigkeit, die den jungen Afrikaner jenseits seiner Sprachkompetenzen im Bereich des Deutschen, Niederländischen, Französischen, Englischen, Lateinischen, Griechischen oder Hebräischen interessieren musste. Gerade in der Sonderkonjunktur einer Globalisierung unter holländischen Vorzeichen musste dem Studenten und Doktoranden in Halle, Wittenberg und Jena deutlich vor Augen stehen, dass das Deutsche keine Weltsprache war, das Lateinische – das noch immer erhebliche Kommunikationsaufgaben gerade auch in einem globalen Kontext erfüllte – aber sehr wohl. Amos mündliche wie schriftliche Sprachverwendung stand als Sprechen und Schreiben jenseits der eigenen Muttersprache ohnehin im Zeichen einer *translingualen* Sprachenquerung, die von Beginn an eine der zahlreichen weitreichenden Folgen seiner menschenverachtenden kolonialen Verschleppung aus Westafrika darstellte.

Dies musste für einen Menschen, der in einer (Mutter-)Sprache aufgewachsen war, die er niemals beherrscht hatte, zu der er von Deutschland aus keinen Zugang mehr finden konnte und die nur von lokaler und regionaler Bedeutung gewesen sein dürfte, von großer geistiger Tragweite sein. Dass der Nachname Amo auf die verlorene Muttersprache verwies und damit eine der Zugehörigkeiten signalisierte, zugleich aber auch mit dem Lateinischen in einer evidenten Beziehung stand, dürfte für Anton Wilhelm Amo einen wichtigen zusätzlichen

204 — Anton Wilhelm Amo Afer oder ein lateinischer Denker

Aspekt dargestellt haben. In der definitiven Form des Namens Antonius Guilielmus Amo Afer stehen damit zwei von außen auferlegte Namen – Anton Wilhelm – zwei selbstgewählten Namen und zugleich zwei Sprachen und Kulturen
einander gegenüber, welche die ganze Komplexität, aber auch transareale Vektorizität der Situation des jungen Mannes markieren. So bildet der Name des
Philosophen gleichsam seinen ersten und fundamentalen Text, der sich bewusst und selbstbewusst in unterschiedliche Traditionen, Sprachen, Kulturen,
Herkunftsbezeichnungen und Zugehörigkeiten einschreibt. Im Namen ist die
transareale Dimension von Leben, Denken und Schreiben dieses Philosophen
vital (und für alle sichtbar) verankert.

Zugleich ist das Schreiben des ‚schwarzen Philosophen‘ in einem mehrfa-
chen Sinne ein Schreiben jenseits und in Ermangelung der Muttersprache: ein
Gewinn, der auf einem gewaltsam erzwungenen Mangel beruht. Nicht in seiner
Muttersprache zu schreiben, stellt freilich im 18. Jahrhundert – gerade auch im
Zeichen der sich herausbildenden „République des Lettres" – keineswegs ein
Novum oder gar eine Ausnahme dar. Anton Wilhelm Amo freilich wusste, dass
viele wissen mussten, dass er aus einer im Europa der Frühaufklärung nicht als
Kultur wahrgenommenen Sprachgemeinschaft deportiert worden war, um die
Sprache und die Sprachen seiner Herren zu erlernen und zu sprechen.

Dass mit diesem Bewusstsein ein besonderes Verhältnis nicht nur zur Sprache, sondern zur Vielsprachigkeit verbunden ist, zeigt sich in seinem Leben wie
in seinen Schriften sehr deutlich. Seine nicht allein begriffliche Arbeit an der
Sprache war zweifellos auch dem Versuch geschuldet, mehr als „his Master's
voice" zu sein und mehr als nur die Sprache des kolonisierten Objekts zu sprechen. Wir können diesen langwierigen Prozess, den Amo durchlief, als ein eigentliches Zur-Sprache-Kommen begreifen, in dessen Verlauf sich Amo als
Subjekt seiner eigenen Geschichte zu konstituieren lernte. Das koloniale Objekt
wird zum Subjekt, indem es sich seiner eigenen Sprache bemächtigt und diese
formt.

Auf diese Weise gelangte Anton Wilhelm Amo *translingual* zur Sprache des
Lateinischen, jener ‚toten‘ Sprache aus einer vergangenen Zeit, die seit dem Ausgang des 15. Jahrhunderts wieder im Zuge der europäischen Expansion zu einer
Weltsprache geworden war. Amos Arbeit an der Sprache ist freilich niemals mo-
nolingual. Selbst dort, wo es um auf den ersten Blick einsprachige Ausdruckswei-
sen etwa im akademischen Diskurs geht, erscheint doch immer wieder der Bezug
zu anderen Sprachen im Text – in seiner Wittenberger Dissertation bis hinein in
die Titelgebung lateinischer und griechischer Begrifflichkeit: *Dissertatio inaugu-
ralis philosophica de humanae mentis **APATHEIA** seu sensionis ac facultatis senti-
endi in mente humana absentia et earum in corpore nostro organico ac vivo
praestantia.* Translinguale Bewegungen sind bei Antonius Guilielmus Amo Afer

folglich eine Konsequenz der transarealen Erfahrungsmuster, die er von Kindheit an auf allen Ebenen seines Daseins durchzuerleben hatte. Die Vielsprachigkeit gab ihm zugleich aber auch die Möglichkeit zur Entwicklung einer viellogischen Denkweise, einer polylogischen Grundeinstellung, die sich in seinen Schriften immer wieder herausarbeiten lässt. Hieraus entsteht ein überaus komplexes Verhältnis zwischen dem Zur-Sprache-Kommen und dem Zur-Sprache-Bringen.

Wohl im November 1729, etwa zweieinhalb Jahre nach seiner Immatrikulation, hielt Amo an der Universität Halle unter dem Vorsitz des renommierten Juristen, Diplomaten und Spezialisten für Internationales Recht, dem damaligen Kanzler der Universität Johann Peter von Ludewig, seine Disputatio zum Thema *De iure Maurorum in Europa* ab; eine öffentliche Präsentation, mit welcher er sein Studium an der preußischen Universität abschloss. Ich möchte auf diese Arbeit, die wohl aus Bibliotheken entfernt wurde, in dieser Vorlesung nicht eingehen. Nur soviel sei gesagt: In dieser Studienabschlussarbeit ging es in erster Linie um die rechtliche Stellung jener ‚Mohren', jener Afrikaner in Europa, die in einer weitgehend rechtlosen Stellung, gleichsam als „,Sklaven ohne Sklaverei'",[29] in Europa lebten.

So schrieb Amo folglich über die Rechte der Afrikaner in Europa und über die Rechte dieses Afrikaners in Europa. Wolfram Suchier betonte in seiner wichtigen, für die Amo-Forschung bahnbrechenden Schrift aus dem Kriegsjahr 1916 die koloniale Herkunft dieses bald schon eine akademische Laufbahn einschlagenden Philosophen: „*Anton Wilhelm Amo* war im östlichen Guinea, in der heutigen britischen Kolonie Goldküste geboren, in der vor über 200 Jahren der Große Kurfürst, die Holländer, Dänen und Engländer einige feste Plätze besaßen, aber noch einheimische Könige herrschten [...]."[30] Für eine akademische Karriere konnte freilich eine Beschäftigung mit der eigenen Herkunft keine Grundlage bilden. Doch Amo wandte sich spezifisch philosophischen Themen zu, ohne dass er doch seine für ihn charakteristische Position des ZwischenWeltenSchreibens aufgegeben hätte.

Wenn der zitierte Bibliothekar aus Halle in seinen Ausführungen zurecht darauf verwies, dass es gerade an der westafrikanischen Küste seit dem 17. Jahrhundert kolonialistische Aktivitäten Brandenburgs gegeben hatte, die zur Gründung von Groß-Friedrichsburg und zur Verschleppung afrikanischer Sklaven in die Karibik führten,[31] dann machte er damit nicht nur auf ein heute aus dem kollekti-

---

29 Zeuske, Michael: *Handbuch Geschichte der Sklaverei*, S. 517.
30 Suchier, Wolfram: A.W. Amo, S. 441 f.
31 Vgl. hierzu Ette, Ottmar: Archeologies of Globalization. European Reflections on Two Phases of Accelerated Globalization in Cornelius de Pauw, Georg Forster, Guillaume-Thomas Ray-

ven Gedächtnis Brandenburgs wie Deutschlands weitgehend verdrängtes historisches Faktum aufmerksam. Vielmehr stellte er zurecht eine eminente Beziehung zwischen dem (im Grunde keineswegs überraschenden) ‚Auftauchen' Anton Wilhelm Amos im Herzogtum Braunschweig-Wolfenbüttel und dem auf Massendeportation von Sklaven beruhenden Kolonialismus europäischer Seemächte her, auch wenn es sich im ‚Falle Amo' um Akteure der Westindischen Compagnie der Niederländer und nicht der Brandenburgisch-Afrikanischen beziehungsweise der Brandenburgisch-Afrikanisch-Amerikanischen Kompanie gehandelt hatte.[32]

Die Exklusion von Anton Wilhelm Amo nicht allein aus der Universitäts- und Wissenschaftsgeschichte, sondern auch aus der Geschichte der Philosophie in Deutschland stellt eine Tatsache dar, die jenseits des Rassedenkens und des Rassismus der weiteren Geschichte nicht nur des 18. und des 19. Jahrhunderts gewiss ohne diesen historischen Hintergrund nicht zu verstehen ist. Und gerade in einem Deutschland, das bestrebt war, in den Rang einer großen Kolonialmacht aufzurücken, konnten die Interessen nur dahin gehen, den ‚Fall' eines Afrikaners zu vertuschen, der sich eine so brillante Karriere an deutschen Universitäten erarbeitet hatte.

Bereits die Entscheidung Amos für das Lateinische und gegen jene Hinwendung zum Deutschen, für welche Thomasius und vor allem Wolff[33] eingetreten waren, mag anzeigen, wie sehr sich Amo um einen eigenen Weg jenseits der unmittelbaren Frontlinien bemühte. Auch wenn man ihn zeitgenössisch, wie bereits betont, als „einen fürnehmlichen Wolffianer"[34] bezeichnen konnte, so haben neuere Studien doch überzeugend belegt;[35] wie sehr sich Amo darum bemühte, selbst dort, wo es manche Parallele zu Wolff gab, Zitate des großen Frühaufklärers zu vermeiden und sich nicht einfach innerhalb des akademischen Feldes zu fixieren oder fixieren zu lassen.

---

nal and Alexander von Humboldt. In: *Culture & History Digital Journal* (Madrid) I, 1 (June 2012) <http://dx.doi.org/10.3989/chdj.2012.003>.

32 Vgl hierzu Lennert, Gernot: Kolonisationsversuche Brandenburgs, Preußens und des Deutschen Reiches in der Karibik. In: Carreras, Sandra / Maihold, Günther (Hg.): *Preußen und Lateinamerika. Im Spannungsfeld von Kommerz, Macht und Kultur.* Münster LIT-Verlag 2004, S. 11–23.

33 Vgl. hierzu Mabe, Jacob Emmanuel: *Anton Wilhelm Amo interkulturell gelesen*, S. 44.

34 Ludovici, Carl Günter: *Entwurf einer vollständigen Historie der wolffischen Philosophie*, S. 230.

35 Vgl. nochmals Edeh, Yawovi Emmanuel: *Die Grundlagen der philosophischen Schriften von Amo. In welchem Verhältnis steht Amo zu Christian Wolff, daß man ihn als einen ‚führnehmlichen Wolffianer' bezeichnen kann?*.

Ich möchte Sie nicht mit Amos erkenntnistheoretischer Dissertation konfrontieren, deren Titel man aus dem Lateinischen etwa mit *Die Apatheia der
menschlichen Seele oder über das Fehlen der Empfindung und der Fähigkeit des
Empfindens in der menschlichen Seele und das Vorhandensein von beiden in unserem organischen lebenden Körper* übersetzen könnte. Es handelt sich um eine
1734 vorgelegte lebenswissenschaftliche, die Leib-Seele-Problematik diskutierende Studie aus erkenntnisphilosophischer Perspektive, die alle Anforderungen im akademischen Feld erfüllte, mit deren Ergebnissen wir uns jedoch nicht
zu beschäftigen brauchen. Wir sollten uns vielmehr mit Anton Wilhelm Amos
philosophischem Hauptwerk, dem *Tractatus de arte sobrie et accurate philosophandi* aus dem Jahre 1738, in der gebotenen Kürze auseinandersetzen.

Dass dieser *Tractatus de arte sobrie et accurate philosophandi*[36] im Lager der
Pietisten kaum positiv aufgenommen werden konnte, zeigt sich bereits im paratextuellen Bereich dieses Werks. Dort bedankt sich der Verfasser in seiner umfangreichen und auf den 6. Juli 1737 datierten Widmung nicht allein bei Johann
Peter von Ludewig, sondern auch bei anderen Vertretern eines rationalistischen,
kirchlichen Zwängen nicht unterworfenen und deutlich antipietistischen[37] Philo-
sophieverständnisses höchst wortreich, wobei er seine Dankbarkeitsbeweise und
Ehrerbietungen mit einem denkwürdigen Bescheidenheitstopos abschloss:

> Wollen *Sie* daher diese meine wie immer gearteten Versuche, mich um die Öffentlichkeit
> verdient zu machen, freundlich aufnehmen und Nachsicht üben, sollte mir dabei etwas
> Menschliches zugestoßen sein; das ist's, worum ich inständig bitte. Im Übrigen möge
> Gott *Sie, meine Mäzene*, für beide Gemeinwesen, den Staat und die Gelehrtenrepublik,
> um die beide Sie sich auf das beste verdient gemacht haben und bis zur Stunde verdient
> machen, bis in die spätesten Tage in vollkommenem Wohlstand erhalten und noch viele
> Jahre zurücklegen lassen. Leben Sie wohl und bleiben Sie mir gewogen![38]

> Quare vt qualescunque hos meos, de publico bene merendi conatus, serena fronte acci-
> piatis, & quidquid humani passus fuerim ignoscatis, est, quod vehementer rogo. Cae-
> terum Deus *Vos, Maecenates*, rei utrique, publicae ciuili, ac literariae, de que vtraque

---

36 Amo, Anton Wilhelm: *Tractatus de arte sobrie et accurate philosophandi*. Halle: Kitler 1738;
ich greife zurück auf die Übersetzung ins Deutsche unter dem Titel Traktat von der Kunst
nüchtern und sorgfältig zu philosophieren. In: Antonius Guilielmus Amo Afer: *Übersetzung
seiner Werke*, S. 103–281. Die lateinischen Originalzitate sind in der Folge jeweils entnommen
dem *Tractatus de arte sobrie et accurate philosophandi*. Antonii Guilielmi Amo Guinea-Afri,
Philosophiae et artium liberalium magistri. Nendeln: Kraus Reprint 1971.
37 Vgl. hierzu auch Glötzner, Johannes: *Anton Wilhelm Amo. Ein Philosoph aus Afrika im
Deutschland des 18. Jahrhunderts*, S. 14.
38 Amo, Anton Wilhelm: *Traktat*, S. 106.

optime meriti estis, & adhuc meremini, diutissime sospites seruet, pluresque annos pe-
rennare faxit. Valete & fauete![39]

Erstmals wird ein öffentliches Agieren, wird eine veröffentlichte Schrift von
Anton Wilhelm Amo nicht mehr mit dem Verweis auf seine Gönner, Herren und
,Eigentümer‘, die Herzöge von Braunschweig-Wolfenbüttel, ,gerahmt‘, sondern
mit der Nennung jener Förderer eröffnet, die Amo – und dafür dürfte er gute
Gründe gehabt haben – als seine Mäzene bezeichnet. Damit ist zweifellos eine
deutlich markierte Eigenständigkeit verbunden, welche die (versklavte) Dienst-
barkeit hinter sich lässt und sich im Bereich eigener persönlicher und geistiger
Freiheit weiß.

In dieser Passage macht Amo zwei unterschiedliche Felder auf, die er mit
den Bezeichnungen ,Staat‘ und ,Gelehrtenrepublik‘ belegt, wobei die Autonomie der letzteren – wie Amo sehr wohl wusste – nur eine höchst relative und
stets prekäre sein konnte. Doch wird gleich zu Beginn seines „Second Book“
unverkennbar signalisiert, dass sich der Verfasser explizit als Afrikaner aus
Guinea in dieser Gelehrtenrepublik, dieser „République des Lettres“, frei bewegt und nunmehr frei seine eigenen Wege wählen will; gerade auch als Afrikaner aus Guinea, denn hieran lässt er keinen Zweifel. Und dies sehr wohl im
Bewusstsein der Tatsache, wie prekär seine Situation nicht nur im finanziellen
Bereich in der Tat zum damaligen Zeitpunkt geworden war. Zeichnet sich hier
nicht deutlich der Anspruch von Anton Wilhelm Amo Afer ab, dass Philosophie
nicht länger das ,Eigentum‘ der Europäer sein kann?

Hatte sich Amo in *De iure Maurorum in Europa* einer juristischen und in *De
humanae mentis **apatheia*** einer anthropologisch-medizinisch-philosophischen
Fragestellung mit erkenntnistheoretischer Grundlage bedient, so bewegt er sich
in seinem Traktat über das Philosophieren, in seinem *Tractatus de arte sobrie
et accurate philosophandi*, von Beginn an auf dem genuin philosophischen Gebiet der Logik. Dabei geht er in einem seiner Arbeit vorangestellten allgemeinen
Teil von Frage und Begrifflichkeit der Intention aus und verbindet sie mit ihrer
Beziehung zu Gott, aber auch und gerade der menschlichen Seele,[40] so dass er
in seinem *Tractatus* im Grunde unmittelbar an seine Inaugural-Dissertation
wieder anzuknüpfen vermag. Der Bewegungskoeffizient der Amo'schen Philosophie ist in thematischer, gegenständlicher und methodologischer Hinsicht
hoch; doch lassen sich sehr wohl die starken Kontinuitäten seiner Kunst des
Philosophierens erkennen.

---

39 Amo, Anton Wilhelm: *Tractatus*, o.P.
40 Amo, Anton Wilhelm: *Traktat*, S. 107.

In diesem Sinne weist das Werk zudem eine ähnlich klare und konzise Struktur auf, wie dies schon in *De humanae mentis* **apatheia** zu beobachten gewesen war. Auch hier zeigt sich die klar erkenntnistheoretisch ausgerichtete Blickrichtung Amos, die in der Regel von der terminologischen Klärung und danach der begrifflichen Entfaltung ihres jeweiligen Terms ausgeht.

Wie in *De iure Maurorum in Europa* und in *De humanae mentis* **apatheia** lässt sich auch hier ein optimistisches Menschenbild erkennen, das überdies von der Wirkkraft des Denkens, von der Deutungsmacht der Philosophie fraglos überzeugt ist. Auch wenn Amo von Wolffianern zeitgenössisch als Wolffianer bezeichnet worden ist und Burchard Brentjes (im Verein mit vielen, die ihm darin nachfolgten) dieser Einschätzung in seiner Monographie bedingungslos beipflichtete,[41] so sollte man doch unbedingt zur Kenntnis nehmen, dass gerade mit Blick auf die expliziten intertextuellen Relationen Amo sehr wohl – wie Yawovi Emmanuel Edeh[42] in der ersten dem Denken Amos gewidmeten Dissertation zeigte – eine deutliche Distanz gegenüber dem ihm zweifellos vertrauten Denken Christian Wolffs (und sei es aus feldtaktischen Gründen) markierte. Anton Wilhelm Amo präsentiert sich in seinem *Traktat* als ein eigenständiger Denker, der zwar Mäzene, aber keine ‚Vor-Denker‘, keine eigentlichen Diskursbegründer kennt.

Mithin ist es höchst spannend zu sehen, wie Amo unter der Überschrift „Definition der Philosophie" unter Paragraph 1 sein eigenes Tun bestimmt:

> Die Philosophie ist also ein Habitus des *Intellekts* und des *Willens*, kraft dessen wir uns beständig mit den Dingen an sich beschäftigen, um sie in ihrer Gewissheit möglichst determiniert und adäquat zu erkennen, damit durch die Anwendung einer derartigen Erkenntnis die Vervollkommnung des Menschen möglichste Mehrung erfahre.[43]

> Philosophia itaque est: Habitus *intellectus* atque *voluntatis*, quo perpetuo versamur circa res ipsas, in sua certitudine quoad poterit, determinate & adaequate cognoscendas; ut per eiusmodi cognitionis applicationem, perfectio hominis possibilia capiat incrementa.[44]

Wenn das Ziel der Philosophie aber – in einem ganz und gar aufklärerischen Sinne, wie er sich später noch deutlicher in Jean-Jacques Rousseaus Begriff der

---

41 Auch mit Blick auf den *Tractatus*, vgl. Brentjes, Burchard: *Anton Wilhelm Amo. Der schwarze Philosoph in Halle*, S. 52 f.
42 Vgl. Edeh, Yawovi Emmanuel: *Die Grundlagen der philosophischen Schriften von Amo*, u. a. S. 163 f.
43 Amo, Anton Wilhelm: *Traktat*, S. 126.
44 Ebda., S. 24.

„Perfectibilité" des Menschen[45] äußern sollte – die Vervollkommnung des Menschen (wie auch des Menschengeschlechts) ist, dann ist die Philosophie als *Habitus* selbst in diesem Denken eine Prozessualität, in der diese Vervollkommnung ihrerseits am Werke ist. Philosophie als Habitus ist damit der Habitus eines Philosophierens, das Intellekt und Willen in ein zutiefst dynamisches Wechselverhältnis setzt. Denn die Tätigkeit des Philosophen, so Amo mit Blick auf die Definitionsweise der Philosophie,[46] berücksichtige keineswegs nur den Intellekt, sondern gerade auch den „Willen und dessen Handlungen".[47] Dies schließt eine Kritik Amos an all jenen mit ein, welche „die pragmatischen Teile" aus ihrem Verständnis der Philosophie ausschließen.[48] Hierbei kommt eine spezifisch ethische[49] und moralische Dimension zum Vorschein, insofern sich die Philosophie *„mit der Erkenntnis und der Übung der Tugend"*[50] auseinandersetzt. Das Prinzip der Vervollkommnung ist damit ein ethisches Grundprinzip jedweder Philosophie im Sinne Anton Wilhelm Amos.

Damit erscheint Philosophie als ein Habitus des Philosophen in dem Sinne, in dem sich dieser *„beständig mit den zu erkennenden Dingen selbst beschäftigen"* muss.[51] Wir könnten formulieren, dass sich das Hauptwerk Amos als ein systematisches und zugleich intimes Bekenntnis des Philosophen zur Philosophie lesen lässt. Als Habitus (des Intellekts wie des Willens) ist die Philosophie damit ein fundamentaler Bestandteil des Lebens und erscheint bei Amo bereits im Titel seines Traktats als ein *Philosophieren*.

Durch den Rückgriff auf den Begriff des Habitus wird die Philosophie damit, so scheint mir, von einer abstrakten Entität in eine *gelebte* Prozessualität überführt, ein wichtiger Transfer, der zugleich auch die Transformation all dessen beinhaltet, was wir bereits mit Blick auf *De humanae mentis* **apatheia** als Lebenswissen bezeichnen dürfen. Dabei ist aufschlussreich, dass Amo seine Überlegungen mit diesem Satz abschließt: *„Es gibt keine sichere Erkenntnis und*

---

45 Vgl. hierzu den fünften Band der Reihe „Aula" in Ette, Ottmar: *Aufklärung zwischen zwei Welten* (2021), S. 304, 309 u.343.

46 Vgl. Amo, Anton Wilhelm: *Traktat*, S. 126; im lateinischen Original: „Genus definitionis philosophiae est, *habitus intellectus* atque *voluntatis*." (*Tractatus*, S. 25.)

47 Amo, Anton Wilhelm: *Traktat*, S. 126; im lateinischen Original: „sed etiam voluntatem eiusque actiones" (*Tractatus*, S. 25).

48 Amo, Anton Wilhelm: *Traktat*, S. 126.

49 Vgl. zur Wichtigkeit der ethischen Dimension Mabe, Jacob Emmanuel: *Anton Wilhelm Amo interkulturell gelesen*, S. 64.

50 Amo, Anton Wilhelm: *Traktat*, S. 126; im lateinischen Original: *„sapientia*, sapientia *virtus"* (*Tractatus*, S. 25).

51 Amo, Anton Wilhelm: *Traktat*, S. 126; im lateinischen Original: „perpetuum veritatis cognitae exercitium" (*Tractatus*, S. 25).

Wahrheit von veränderlichen Dingen, weil es immer geschehen kann, dass das Gegenteil eintritt."[52] Wie aber soll, wie aber kann die Philosophie mit dieser problematischen Tatsache umgehen?

Damit tritt ein dynamisches, veränderliches Element in die Philosophie Amos, die sich aus der gewählten erkenntnistheoretischen Sicht als ein *Philosophieren* versteht, das ohne eine Veränderung des Menschen selbst – im Sinne seiner Vervollkommnung – nicht auskommt. Auch wenn sich bei Amo immer wieder der Versuch findet, durch Definitionen, also Grenz-Ziehungen, eine Setzung des Gegenstands und damit dessen Stabilisierung durchzusetzen, so durchlaufen doch mehr denn je die Dynamiken der Veränderung seine Kunst, nüchtern und sorgfältig zu philosophieren.

Die lebenswissenschaftlichen Komponenten der Philosophie Amos sind erneut leicht erkennbar. Geist und Körper werden zusammengedacht, sei der „Zweck der Philosophie" doch auf die „moralische Vollkommenheit sowohl hinsichtlich des Geistes als auch hinsichtlich des Körpers" gerichtet.[53] Auch in Amos habilitationsähnlicher Qualifikationsschrift ist also der Körper – wie der Geist, wie die Seele – nicht etwas ein für alle Mal Gegebenes, sondern etwas Veränderbares, etwas zu Vervollkommnendes, das im Habitus des Philosophierens, im Spiel von Intellekt und Willen, form- und veränderbar ist. Die dynamischen, gleichsam mobilen und mobilisierbaren Elemente haben in der Philosophie Anton Wilhelm Amos deutlich an Gewicht gewonnen.

Der in eine Vielzahl von Teilen, Abschnitten, Unterabschnitten und Paragraphen aufgeteilte Text entfaltet wie schon in *De humanae mentis* **apatheia** ein Feuerwerk an Untergliederungen, Begriffsbestimmungen und Differenzierungen, die ein beredtes Zeugnis von der wissenschaftlichen Sozialisation Amos in Halle und Wittenberg ablegen. Amo ist stets um die größtmögliche Präzision seiner Ausdrucksweise bemüht. Wir haben es bei ihm mit einer diskursiven Zergliederungstechnik zu tun, wie sie in nicht wenigen Schriften der deutschen Frühaufklärung sichtbar ist. Die Philosophie erscheint als eine Untergliederungskunst, als eine Kunst der Teilung und Einteilung, der kontinuierlichen Arbeit an den Begriffen zu einem besseren Begreifen der auf diese Weise konstruierten Objekte. Mag sein, dass dieses Ringen um Genauigkeit und Präzision wesentlich mit der prekären Situation des ZwischenWeltenSchreibens zu tun hat, des Schreibens zwischen Afrika und Deutschland.

---

52 Amo, Anton Wilhelm: *Traktat*, S. 127; im lateinischen Original: „*Nulla cognitio & veritas certa, rerum mutabilium*, quia semper fieri potest ut contrarium contingat" (*Tractatus*, S. 26).
53 Amo, Anton Wilhelm: *Traktat*, S. 128; im lateinischen Original: „Finis philosophiae perfectio moralis est, & ratione animi & ratione corporis" (*Tractatus*, S. 28).

Aber Präzision war auch ein Gebot der Stunde: Nicht umsonst hatte Christian Wolff die Blitze des Himmels in Gestalt schärfster Angriffe des pietistischen Lagers auf sich gezogen, als er an der Universität Halle am 12. Juli 1721 bei der Übergabe seines Amts als Pro-Rektor an einen seiner schärfsten Gegner und Verfolger, Johann Joachim Lange,[54] die Rede *De Sinarum philosophia practica* hielt.[55] Als Wolff bezüglich der praktischen Philosophie der Chinesen die Moralphilosophie des Konfuzius lobte, brach der Sturm der Theologen – allen voran Lange und August Hermann Francke – gegen ihn los. Wie konnte er es wagen, einen Nicht-Europäer, einen Nicht-Christen, einen Chinesen und dessen Denken ins Spiel zu bringen? Dies war der Anlass für den Sturm, der letztlich zur Entfernung Christian Wolffs aus dem Dienst und zu seiner bereits erwähnten Verbannung durch den preußischen König Friedrich Wilhelm I. im Jahre 1723 führte. Wie sollte Amo von diesen Verfolgungen in Halle an der Saale nicht in allen Details gehört haben und nicht wissen, wie gefährlich auch nur die Erwähnung eines Denkers, ja eines philosophischen Denkens außerhalb Europas sein konnte?

Die Überschneidungsbereiche der Felder Philosophie und Theologie waren auch in der Folgezeit häufig zu Ausgangspunkten hitziger Auseinandersetzungen nicht zuletzt in Halle geworden, so dass es als höchst mutig, vielleicht sogar als verwegen oder halsbrecherisch gelten darf, wenn sich Amo gerade auf diesem Feld im Abschnitt IX gleich des ersten Kapitels seines Hauptwerks mit einer Definition der Theologie aus der Deckung wagte. Dort heißt es nach einer ersten, heilsgeschichtlich fundierten Definition der *„christliche[n] Theologie"* als „Habitus der intellektuellen und effektiven Intention, kraft dessen wir uns mit der echten und soliden Erkenntnis der Wahrheit befassen"[56] unvermittelt: *„Ich sage ausdrücklich: Die Theologie der Christen. Es gibt nämlich außerdem eine Theologie der Heiden, der Türken usw., ferner je nach Verschiedenheit der Völker."*[57] Wie denn: Eine Theologie außerhalb der christlichen Theologie? Und eine Verschiedenheit der Völker ganz ohne Hierarchie?

---

54 Vgl. hierzu Abraham, William E.: The Life and Times of Anton Wilhelm Amo, the First African (Black) Philosopher in Europe, S. 435.
55 Vgl. Edeh, Yawovi Emmanuel: *Die Grundlagen der philosophischen Schriften von Amo*, S. 21.
56 Amo, Anton Wilhelm: *Traktat*, S. 117; im lateinischen Original: „Habitus intellectivae & effectivae intentionis, quo versamur circa veram & solidam veritatis cognitionem" (*Tractatus*, S. 15).
57 Amo, Anton Wilhelm: *Traktat*, S. 118; im lateinischen Original: *„Notantur dico, Theologia Christianorum. Alia enim Theologia Gentilium, alia Turcarum, alia & alia pro diversitate Gentium"* (*Tractatus*, S. 15).

Damit stellte Anton Wilhelm Amo nicht nur den alleinigen Anspruch des Christentums auf eine (von Gott selbst begründete) Theologie in Frage, sondern eröffnete auch, wenn auch nur blitzartig, den Einblick wie den Ausblick auf eine Verschiedenartigkeit der Religionen wie eine Verschiedenartigkeit der Kulturen, ja erkannte die „*Verschiedenheit der Völker*"[58] in einer Formulierung ohne jede Abwertung dieser Völker. Man darf in Amos mutigen Formulierungen einen unterschwelligen Angriff auf die Definitionsallmacht der Kirche und zugleich die gewagte Behauptung einer Polylogik sehen, in welcher ohne eine klare Hierarchie verschiedene Logiken nebeneinander bestehen.

Angesichts der Präzision der Amo'schen Diktion und des sehr kontrollierten Aufbaus seiner terminologischen Konstruktionen kann es sich hier nicht um eine Nachlässigkeit, sozusagen um einen ‚Betriebsunfall' der Philosophie Amos handeln. Die Tatsache, dass er gerade an einem so heiklen Punkt seiner Überlegungen, bei der Frage nach der Definition der Theologie aus philosophischer Sicht, im ersten Kapitel seiner Arbeit diskursiv eine religiöse und letztlich kulturelle Verschiedenartigkeit und Mannigfaltigkeit einführt, ist von grundlegender Relevanz für die Einschätzung seines Denkens. Die Beibehaltung eines philosophischen Schreibens in lateinischer Sprache war folglich kein Zeichen einer konservativen Grundhaltung oder einer Opposition gegenüber Wolff, sondern unverkennbar auf eine mögliche internationale Lesbarkeit und Rezeption gerichtet.

Man kann mit guten Gründen vermuten, dass sich Amo „des Widerstandes und Unmutes, den diese Behauptung auslösen" würde, bewusst gewesen sein musste,[59] und daran die Auffassung anschließen, dass selbst ein Wolff im Jahre 1721 nicht so weit gegangen war.[60] Vor allem aber scheint hier eine Perspektivik auf, in der die Innerhalbbefindlichkeit *und* gleichzeitige Außerhalbbefindlichkeit der Denkpositionen Amos deutlich erkennbar wird. Viel ist hier von jenem Bewegungskoeffizienten zu spüren, der in Amos Philosophie der deutschen Frühaufklärung immer stärker zum Ausdruck drängte. An derartigen Stellen blitzt die Komplexität der Positionierung Anton Wilhelm Amos auf, der sich in seiner Religionszugehörigkeit auf dem Boden des Christentums bewegt, sich in seiner Herkunft auf die afrikanische Provenienz aus Guinea bezieht und sich in seiner Philosophie in zunehmendem Maße auf dynamisierende Elemente verlegt, die eine festgefügte, statisch fixierte Philosophie in ein deutlich offeneres, beweglicheres Philosophieren in seiner unbedingten Prozesshaftigkeit überführen.

---

58 Amo, Anton Wilhelm: *Traktat*, S. 118; im lateinischen Original: „*pro diversitate Gentium*" (*Tractatus*, S. 15).
59 Edeh, Yawovi Emmanuel: *Die Grundlagen der philosophischen Schriften von Amo*, S. 151.
60 Ebda., S. 152.

Die philosophierende Philosophie Anton Wilhelm Amos lässt sich vor diesem Hintergrund in eine Entwicklungslinie einreihen, die man – keineswegs nur im Bereich der Literaturen der Welt – als ein *ZwischenWeltenSchreiben*[61] bezeichnen muss. Wir können daher sehr wohl mit Blick auf Amo und im Rahmen der historisch gegebenen Möglichkeiten von einer Philosophie ohne festen Wohnsitz sprechen, die sich in seinen Arbeiten auszuprägen begann. Denn sie ist nicht einem einzigen Ort, einer einzigen Perspektive verpflichtet und zuzuordnen, sondern entfaltet sich auf der Ebene der bislang genannten Spannungsfelder auf eine zutiefst vektorielle Weise. Sie lässt die Blickpunkte anderer auf dieselben Gegenstände hervortreten und macht seit *De iure Maurorum in Europa* immer wieder deutlich, dass sie Europa aus seinem Spannungsverhältnis zu anderen Kontinenten, zu anderen Religionen, zu anderen Völkern und Kulturen begreift. Sie erweitert damit beträchtlich die Denkmöglichkeiten der Philosophie in Deutschland in der ersten Hälfte des 18. Jahrhunderts. Denn in seiner Philosophie zeigen sich unverkennbare Ansätze dazu, das Denken auf Grundlage der Verschiedenheiten in einem geographischen, translingualen, körperpolitischen und akademischen Spannungsfeld auf Möglichkeiten hin zu öffnen, diesseits wie jenseits einer abendländischen Orthodoxie *zugleich* zu denken.

Auf welche Weise Amo die mobilen, beweglichen Elemente seiner Philosophie verstärkte, bemerkt man auch, wenn man sich seinem Abschnitt über „Die intellektuellen Ideen" nähert. Dort heißt es, die Idee sei „entweder *gewiß* oder *wahrscheinlich* oder *möglich*".[62] Dabei wird die wahrscheinliche Idee einer Erkenntnis zugeschlagen, „die auf einer Beweisführung von Ähnlichem auf Ähnliches beruht, die immer mit Zweifel verbunden" sei.[63] Die *mögliche* Idee aber „ist eine wegen *Äquipollenz* der gegeneinander streitenden Gründe nach beiden Seiten disputable Erkenntnis".[64] Was ist darunter zu verstehen?

Die Äquipollenz bezeichnet eine Gleichmächtigkeit, meint das Gleichviel-Geltende, zielt damit – wenn man so will – auf eine *Gleich-Gültigkeit*, die aber nicht mit Gleichgültigkeit zu verwechseln ist. Dieser aus der traditionellen Logik stammende Begriff, den Amo selbstverständlich nicht erfunden und der ebenso in den Rechtswissenschaften wie den Sprachwissenschaften Verwen-

---

61 Vgl. zur Entfaltung dieses Begriffs Ette, Ottmar: *ZwischenWeltenSchreiben. Literaturen ohne festen Wohnsitz (ÜberLebenswissen II)* (2005).

62 Amo, Anton Wilhelm: *Traktat*, S. 170; im lateinischen Original: „Idea alia *certa*, alia *probabilis*, alia *possibilis*" (*Tractatus*, S. 79).

63 Amo, Anton Wilhelm: *Traktat*, S. 170; im lateinischen Original: „Cognitio consistens in argumentatione a similibus ad similia, Semper cum dubitatione" (*Tractatus*, S. 79).

64 Amo, Anton Wilhelm: *Traktat*, S. 171; im lateinischen Original: „Cognitio in utramque partem disputabilis, ob aequipollentiam rationum pugnantium inter se" (*Tractatus*, S. 79).

dung gefunden hat, ist insofern für das Philosophieren im *Tractatus de arte sobrie et accurate philosophandi* wichtig, als hier äquipollente Begriffe als das Disputable schlechthin jeweils unterschiedliche Blickwinkel und Sichtweisen auf einen Gegenstand zulassen und damit ein Moment des Oszillierens in ein Denken integrieren, das sich seines Standorts, seines Gesichtspunkts nicht (mehr) sicher sein kann. Oder anders: eines Denkens, das sich der gleichen Gültigkeit unterschiedlicher Perspektiven, unterschiedlicher Traditionen, unterschiedlicher Blicke zunehmend bewusst wird. Äquipollenz gerät so zu einem Schlüsselbegriff für ein Verständnis des philosophischen Gesamtwerks Amos.

Der Verfasser des *Tractatus* bedient sich spezifischer Begriffe der Logik nicht nur, um terminologische Definitionen zu fixieren, sondern auch, um die Möglichkeit der Engführung verschiedener Blickpunkte – und damit letztlich auch verschiedener religiöser und kultureller – Logiken einzuführen. Dabei werden die äquipollenten Terme als Zwillingsbegriffe auf den ersten Blick durchaus stark miteinander verstrebt, zugleich aber auch mit dem Begriff der *Fiktion* in Verbindung gebracht:

> Die Zwillingsform der möglichen Idee ist die fiktive; sie ist eine andere Vorstellung eines Dinges, als es an sich ist. [...] Die Fiktion selbst erfolgt in doppelter primärer Weise: indem geistig zusammengesetzt und getrennt wird, hinsichtlich des Ausspruchs bejaht und verneint wird.[65]

> Gemina possibili idea ficta, quae: Repraesentatio rei aliter ac secundum se est. [¼] Fictio ipsa duplici sit modo primario, componendo & separando mentaliter, affirmando & negando qua enunciationem.[66]

Ohne an dieser Stelle die von Amo ausgeführte ‚Ideenlehre' weiter verfolgen zu können, dürfte doch deutlich geworden sein, dass gegenüber der Inaugural-Dissertation *De humanae mentis* **apatheia** deutlich Elemente eines beweglicheren, gleichsam freieren Philosophierens in den *Tractatus de arte sobrie et accurate philosophandi* eingeführt wurden, Elemente und Philosopheme, die – wie es das Beispiel von Amos Definition der Theologie zeigt – nicht ohne gewisse Gefährdungspotentiale für den Philosophen selbst bleiben konnten. Denn es handelt sich bei diesem *Traktat* nicht allein um Leitlinien der Vorlesungen und Veranstaltungen Amos, sondern um eine umfangreiche philosophische Schrift, die mit einer gewissen zeitlichen Verzögerung im Jahre 1738 in Halle erscheinen konnte.

---

65 Amo, Anton Wilhelm: *Traktat*, S. 171.
66 Amo, Anton Wilhelm: *Tractatus*, S. 79.

Anton Wilhelm Amo legte damit zweifellos eine mutige, selbstbewusste (da sicherlich auch der möglichen Gefahren bewusste) Veröffentlichung vor, in der die Äquipollenz so etwas wie das Wasserzeichen einer sich unterschiedlichen Logiken gegenüber öffnenden Prozessualität der Philosophie darstellt. Der *Tractatus de arte sobrie et accurate philosophandi* steht für ein sich abzeichnendes Philosophieren ohne festen Wohnsitz, mit dem der sich selbst insistierend (und geradezu obsessiv) als „Afrikaner aus Guinea" bezeichnende deutsche Philosoph gewiss auch zunehmend das Risiko in Kauf nahm, in einem ganz konkreten Sinne und mit Blick auf seine Alma Mater in Preußen buchstäblich wohnsitzlos zu werden.

Wollten wir die Kategorien von David Damrosch oder Pascale Casanova an die Schriften des Afrikaners aus Guinea anlegen, so würden wir augenblicklich sehen, dass sie für ein solches Werk ebenso inadäquat und nicht pertinent wären wie für die Literaturen ohne festen Wohnsitz überhaupt. Es zeigt sich bei Anton Wilhelm Amo bereits in der ersten Hälfte des 18. Jahrhunderts, wie stark ein ZwischenWeltenSchreiben auf Ebene der Analyse eine *bewegungs*geschichtliche Perspektivik voraussetzt; und wie sehr polylogische Gesichtspunkte notwendig sind, um einen so zentralen Begriff wie den der Äquipollenz adäquat zu erfassen.

Anton Wilhelm Amo war spätestens mit seinem zweiten Buch Teil eines hochspezialisierten akademischen Lehrkörpers geworden. Doch zugleich wusste er sich als Teil eines akademischen Prekariats; er kannte die Bedingungen einer beruflichen Existenz unter den Bedingungen eines Rassedenkens in Europa wie im deutschsprachigen Raum. Amos ‚Besitzer', die Herzöge von Braunschweig-Wolfenbüttel, waren am Horizont verschwunden: In diese koloniale ‚Herkunft' und Dienstbarkeit führte für ihn kein Weg mehr zurück. Amos ‚Mäzene' hatten ihm wiederholt zur Seite gestanden, konnten ihm aber gewiss nicht überall behilflich sein. Einer eigentlichen Denkschule gehörte er nicht an: Er hatte sich stets seine wissenschaftliche wie akademische Eigenständigkeit erarbeitet und bewahrt. Wie also konnte er sich selbst verorten, wo konnte er ‚seinen Ort' finden? Und wie konnte es für ihn weitergehen?

Als ‚Amo Afer' hatte er sich seit seiner rechtswissenschaftlichen Disputatio *De iure Maurorum in Europa* einen Namen gemacht. Das von ihm durchgängig verwendete Herkunftsattribut war für Europäer gedacht und für das deutsche Universitätssystem zur Kennzeichnung des Verfassernamens gemacht. Denn es umschreibt nicht *eine* Zugehörigkeit, sondern weist im Kontext der gesamten Namensgebung auf eine Vielzahl an Zugehörigkeiten.[67] Die komplexe Textualität

---

67 Zur Gefährlichkeit einer einzigen identitären Zuweisung und zum differenzierenden, gleichsam befreienden Spiel vervielfachter Zugehörigkeiten vgl. Maalouf, Amin: *Les Identités meurtrières*. Paris: Grasset 1998.

seiner Namensgebung reflektiert die Machtverhältnisse seiner Zeit und vektorisiert sie zugleich, beleuchtet sie gleichsam aus der Bewegung aus unterschiedlichen Perspektiven. Hatte er nicht seine Versklavung und seine Verwandlung in ein ‚Geschenk' hinter sich gelassen?

Die öffentliche Rückbindung des ‚Afrikaners aus Guinea' an eine Herkunft bedeutete aber zugleich die Ausrichtung an einer Zukunft, welche – dies deuten alle von Amo unternommenen Schritte seiner akademischen Laufbahn an – für ihn in Deutschland und im dortigen Universitätssystem liegen sollte. Es ging *de iure* um das Recht, die Rechtsstellung und den Ort von Amo *in Europa* – und dies von einem Ort des Schreibens aus, der ein Bewegungsort sein musste: ein ZwischenWeltenSchreiben. Diesen Ort *innerhalb* des akademischen Feldes seiner Zeit konnte er offenbar aus Gründen des ansteigenden Rassismus in Deutschland nicht finden. Denn sein *Tractatus* erfüllte zwar die Bedingungen einer wissenschaftlichen Qualifikation für das Professorat und machte ihn gleichsam zum Privatdozenten,[68] doch tat sich ihm die Türe zu einem festen Lehrstuhl im akademischen Betrieb nirgendwo auf. Er wusste, wie sehr Vorurteile und ein verbreitetes Rassedenken ihn in seiner beruflichen Laufbahn behinderten. Es ist daher aufschlussreich zu beobachten, wie er im *Tractatus* im Abschnitt „Die Vorurteile" die Funktions- und Wirkungsweisen von Vorurteilen behandelt und dabei betont, auf welche Weise Vorurteile bestätigt zu werden pflegen: „Weit gefehlt, dass ein Vorurteil durch Beweisführung beglaubigt werde, es geschieht vielmehr durch bloße Anführung von Beispielen, Zeugen und Zitierung von Zeugnissen."[69] Das Vorurteil erscheint damit gerade als das, was keines Beweises bedarf. Und sich damit letztlich unangreifbar, unausrottbar macht.

Wie durchaus vieldeutig beziehbar seine Überlegungen und Setzungen sind, mag am Ende des Traktats, am Ende seiner Ausführungen zu Disputationen, der folgende aristotelisch abgeleitete Satz verdeutlichen: „Es genügt nicht, die Wahrheit zu sagen, wenn nicht auch die Ursache der Unwahrheit bestimmt

---

68 Vgl. Suchier, Wolfram: A.W. Amo. Ein Mohr als Student und Privatdozent der Philosophie in Halle, Wittenberg und Jena 1727 / 1740; sowie auch Mabe, Jacob Emmanuel: *Anton Wilhelm Amo interkulturell gelesen*, S. 25; demnach wurde die Bezeichnung ‚Privatdozent' in Preußen erst 1810 eingeführt. Amo als Professor zu bezeichnen, wie dies sicherlich mit bester Absicht Mabe tut (S. 25), ist freilich irreführend.
69 Amo, Anton Wilhelm: *Tractatus*, S. 211; im lateinischen Original: „Tantum abest ut praeiudicium probetur demonstratione, ut potius sola inductione exemplorum, testium, testimoniorumque allegatione" (*Tractatus*, S. 128).

wird."[70] Dies sind Sätze und Setzungen, die mit jeglicher Orthodoxie unverein-
bar sind und auf ein Philosophieren als Prozess abheben, das sich stets als
Handeln im öffentlichen Raum und damit als gesellschaftliches Handeln versteht. Die ethische Fundierung, aber auch die unbedingte Verpflichtung gegenüber der Wahrheit sind einer solchen Philosophie buchstäblich auf den Leib
geschrieben.

Blicken wir in den 1751 erschienenen Supplementband des von Johann
Heinrich Zedler erstmals 1732 herausgegebenen Nachschlagewerks *Großes vollständiges Universal Lexicon aller Wissenschaften und Künste*, so zeigt sich, dass
der ,schwarze Philosoph' in der zeitgenössischen Szene durchaus Spuren hinterlassen hatte. Amos Rezeptionsgeschichte setzt bereits zu seinen Lebzeiten
ein. Denn in diesem *Universal Lexicon*, einer Art *Wikipedia* des 18. Jahrhunderts,
finden wir unter dem Namen ,Amo':

> Amo (Anton Wilhelm), ein getaufter Mohr, gebürtig aus Guinea in Africa. Se. Hochfürstl.
> Durchl. von Braunschweig-Wolffenbüttel ließen ihn auf Dero Kosten einige Jahre zu Halle
> die Philosophie und Rechtsgelehrsamkeit studiren. Im Jahr 1729 im Monat November
> hielte er unter dem Vorsitze des Herrn Kanzlers von Ludwig eine Juristische Dissertation
> *de jure Maurorum in Europa*, oder vom Mohrenrechte. Er hat darinnen aus deren Gesetzen
> und Geschichten gezeiget, dass der Mohren ihr König bey dem Römischen Kaiser ehedem
> zu Lehen gegangen, und jeder von denselben ein Königspatent, welches auch Justinianus
> ausgetheilet, hohlen müssen. Hiernächst untersuchte er, wie weit der von Christen er-
> kauften Mohren in Europa ihre Freyheit oder Dienstbarkeit sich nach denen üblichen
> Rechten erstrecke. Ludwigs Universal-Historie, Th. V, p. 251. Er hat nachmals die Magis-
> terwürde angenommen, und einige Zeit zu Halle Collegia privatissima gelesen. Drey
> haupts. Beschreib. des Saalkreises Th. II, p. 28. Er muß aber nachmals auch die Witten-
> bergische Universität besucht haben, immaßen wir von ihm besitzen *Disputationem philo-
> sophicam, continentem ideam disctinctam eorum, quae competunt vel menti vel corpori
> nostro vivo & organico*, die er zu Wittenberg als Präses 1734 den 29. May öffentlich verthei-
> digt hat. In eben dieser Dissertation bezieht er sich etliche mal auf eine andere von ihm
> gehaltene *Diss. de humana [sic] mentis **apatheia**.*[71]

Die Tatsache der Existenz eines derartigen Lexikoneintrags wie auch der in ihm
enthaltenen Informationen und bibliographischen Verweise belegt, dass Anton
Wilhelm Amo zeitgenössisch zu einem nicht nur bemerkenswerten, sondern
auch bemerkten Repräsentanten der Philosophie in Deutschland geworden

---

70 Ebda., S. 277; im lateinischen Original: „Nec sufficit verum dicere, nisi & falsi causa adsi-
gnetur" (*Tractatus*, S. 208).
71 Dieser Lexikoneintrag findet sich in Zedler, Johann Heinrich (Hg.): *Großes vollständiges
Universal Lexicon aller Wissenschaften und Künste. Halle (1732), Supplementband A.* Leipzig
1751, Spalte 1369. Auf der Internetseite von „The Amo Project" wird die Abfassung dieses Lexikoneintrags auf das Jahr 1739 datiert: <http://www.theamoproject.org> (Zugriff am 22.11.2013).

war. Zwar wirken die verdoppelte Zuweisung zu einer afrikanischen Herkunft wie auch die Rückbindung an ein fürstliches, über ihn in Grunde gebietendes Adelsgeschlecht wie die Mechanik einer Exklusion; doch erfolgt in einem zweiten Schritt zugleich eine Inklusion in ein philosophisches Denken wie auch in eine philosophische Institutionalität, die allerdings aus der Perspektive des Jahres 1751 – zumindest zwischen den Zeilen und wie die Retrospektive auf Amos Karriere belegt – etwas Abgeschlossenes besitzt. Wusste der Verfasser dieses Lexikoneintrags davon, dass Anton Wilhelm Amo längst der deutschen Universitätslandschaft, ja Deutschland und Europa selbst den Rücken gekehrt hatte?

Rekapitulieren wir kurz, bevor wir von einer sogenannten ‚Rückkehr' Amos nach Afrika sprechen, einige Biographeme aus dem Leben des Philosophen. Anton Wilhelm Amo Afer wurde im Bereich der damals von verschiedenen europäischen Kolonialmächten ausgebeuteten ‚Goldküste' geboren, wuchs dort aber nur während eines kurzen Zeitraums auf, wurde er doch im Alter von drei, vier oder fünf Jahren nach Europa verschleppt. Über einen Zeitraum von etwa vierzig Jahren lebte er weit überwiegend in jenem Raum, den wir heute als Deutschland bezeichnen, bevor er im Alter von mehr als fünfzig Jahren seine Reise nach Axim antrat. Höchst wahrscheinlich ist es, dass der kleine Junge in einer Logosphäre aufwuchs, die von einer oder mehreren afrikanischen Sprachen geprägt war. Doch die einzige uns bekannte sprachliche Reminiszenz aus jener Zeit blieb sein ‚Familienname' Amo, dem er affirmativ das ‚Afer' hinzusetzte. Anton Wilhelm Amo sprach zwar eine beeindruckende Vielzahl an Sprachen – afrikanische aber waren nicht darunter. Wie kommunizierte er nach seiner ‚Rückkehr' nach Afrika mit den Bewohnern einer Heimat, deren Sprache er nicht sprach?

Amos gesamte Sozialisation – einschließlich jener in der spezifisch wissenschaftlichen Welt – erfolgte am Hof in Braunschweig-Wolfenbüttel sowie an den Universitätsstädten Halle, Wittenberg und Jena, wobei die Aufenthalte in der damals preußischen Stadt an der Saale zweifellos die am nachhaltigsten prägende Zeit darstellten. Ob Amo tatsächlich, wie Blumenbach es vermeldete, eine Zeit als ‚Hofrat' am preußischen Königshof verbrachte, konnte bislang durch Forschungen nicht bestätigt werden. Aber es ist ohne jede Frage so, dass der Verfasser von *De humanae mentis **apatheia***, der sich nicht umsonst in seiner ersten Disputatio mit der rechtlichen Situation der Schwarzen in Europa beschäftigt hatte, nicht eben viel von Afrika sowie den afrikanischen Kulturen und Sprachen – und weniger noch vom Alltagsleben – wissen konnte, als er in Rotterdam das Schiff der West-Indischen Kompanie bestieg, das ihn nach Afrika brachte. Mit anderen Worten: Der Philosoph trat eine Reise in eine ihm selbst weitgehend unbekannte Herkunft an.

Für den Mut, eine derartige Reise und damit ein solches Risiko auf sich zu nehmen, kann man Amo nur bewundern. Wir wissen, dass Amos Reise an Bord eines Schiffs der West-Indischen Kompanie eine Reise in ein für den Reisenden selbst weitestgehend unbekanntes Land und sicherlich keine ‚Heimkehr' war – auch wenn die Reise aus unterschiedlichsten Blickpunkten und mit höchst verschiedenartigen Interessen stets zu einer solchen stilisiert wurde und wird. Was bedeutete es, an Bord eines solchen Handels- und Sklavenschiffes die „Passage to Africa" zu absolvieren? Der deutsche Philosoph der Frühaufklärung scheint am Ende seines Lebens zu einer einsamen und zugleich geachteten Figur geworden zu sein, die ihren letzten Lebensabschnitt freilich in einem holländischen Fort zubrachte, das Antonius Guilielmus Amo Afer Gefängnis oder Zuflucht, vielleicht aber auch Zuflucht *und* Gefängnis war.

Wir sollten damit aufhören, Anton Wilhelm Amo auf eine einzige Zugehörigkeit zu reduzieren und zu bestimmen, wo der für ihn relevante Bezugsmeridian seines Lebens wie seines Werks verlief. Folgt man Kwasi Wiredu, so ging es bei der ‚Heimkehr' von Amo um ein kulturelles Überleben, sei Amo doch Afrikaner und Philosoph, mithin ein afrikanischer Philosoph gewesen.[72] Die Rede von unbewussten afrikanischen Spuren und von einer „racial identity"[73] zielt auf eine an die ‚Heimkehr' bewusst anknüpfende ‚Rückführung' auch und gerade als Philosoph ab, die den Verfasser von *De iure Maurorum in Europa* zum ausschließlich afrikanischen Denker zu stilisieren sich abmüht.

Auf der anderen Seite ließe sich anmerken, dass dieser Bewegung der Inklusion eine wohlfeile Bewegung der Exklusion auf nicht zufällig komplementäre Weise entspricht. Denn es wäre ein Leichtes zu belegen, dass die Schriften und wissenschaftlichen Aktivitäten Anton Wilhelm Amo Afers aus der Geschichte der Philosophie weitestgehend getilgt wurden: Selbst die biographischen Einträge, die noch zu Lebzeiten Amos etwa in Zedlers *Großem vollständigem Universal Lexicon aller Wissenschaften und Künste* erschienen waren, verschwanden ebenso wie sein Name, ja selbst die Erinnerung an seinen Namen – Amo wurde buchstäblich totgeschwiegen.

Man kann dem eigentlichen ‚Wiederentdecker' Amos für den zumindest deutschsprachigen Raum, dem Bibliothekar Wolfram Suchier, nur zustimmen, wenn er betont, dass die Beschäftigung mit Amo „weitere Bausteinchen zur deutschen Gelehrtengeschichte"[74] erbringen werde. Diese Beschäftigung aber sei begründet, sei Amo doch „denkwürdig" wegen „des Aufsehens, das er zu seiner

---

72 Vgl. Wiredu, Kwasi: Amo's Critique of Descartes` Philosophy of Mind, S. 205.
73 Ebda.
74 Suchier, Wolfram: Weiteres über den Mohren Amo, S. 7.

Zeit in Deutschland erregte, und wegen seiner Schriften für die Universitäts-, Gelehrten- und Kulturgeschichte".[75] Die mit Blick auf Afrika vollzogene Inklusion und die hinsichtlich der deutschen und europäischen Wissenschafts-, Geistes- und Philosophiegeschichte sehr weitreichend durchgeführte Exklusion sind komplementär miteinander verwobene Prozesse, die es in ihrer wechselseitigen Stützung aufzubrechen gilt. Denn sie beruhen stets auf simplen Territorialisierungen und exklusiven Zurechnungen wie Ausschlüssen, welche die Komplexität von Leben und Werk Anton Wilhelm Amos in vielen Fällen wissentlich und willentlich zu reduzieren suchen. Ein solches (re)territorialisierendes Mapping aber gilt es zu vermeiden.

Selbstverständlich ist Antonius Guilielmus Amo Afer, der sich stets in der der internationalen Gelehrtenrepublik zugänglichen Sprache des Lateinischen ausdrückte, ein Teil der deutschen wie der europäischen Philosophie und Philosophiegeschichte – wie wäre dies auch angesichts einer gänzlich in Deutschland verlaufenen wissenschaftlichen Karriere im Bereich der Philosophie anders denkbar? Und selbstverständlich ist der Verfasser des *Tractatus de arte sobrie et accurate philosophandi* zugleich Teil einer afrikanischen Philosophie und Philosophiegeschichte, wie dies der „Magister legens" in seinem oft variierten Namenszusatz selbst signalisierte. Amo Afer lässt sich daher fraglos in eine Geschichte der afrikanischen Philosophie[76] wie auch der *Africana Philosophy*[77] aufnehmen, wie sie in neuerer Zeit entwickelt wurde.

Amo war keineswegs der erste in einer langen Liste vieler afrikanischer Künstler, Dichter und Denker in Europa,[78] für die mit Blick auf das 16. Jahrhundert exemplarisch die Namen von Juan Latino, aber auch von Johannes Leo Africanus (al-Hassan al-Wazzan)[79] stehen mögen. Auch aus der Perspektive einer anderen transarealen Relation ließe sich hier der bereits erwähnte Garcilaso de

75 Ebda.

76 Vgl. Hountondji, Paulin J.: *African Philosophy: Myth and Reality.* Bloomington: University of Indiana Press 1983.

77 Vgl. Gordon, Lewis R.: *An Introduction to Africana Philosophy.*

78 Vgl. hierzu u. a. Fikes Jr., Robert: Black Scholars in Europe during the Renaissance and the Enlightenment. In: *Negro History Bulletin* (Washington D.C.) XLIII, 3 (1980, S. 58–60; oder Mougnol, Simon: *Amo Afer. Un Noir, professeur d'université, en Allemagne au XVIIIe siècle,* S. 25 und S. 39–41.

79 Vgl. zu dieser ebenfalls mit dem Beinamen des ‚Afrikaners' spielenden faszinierenden Figur u. a. Davis, Natalie Zemon: *Trickster Travels. A Sixteenth-Century Muslim Between Worlds.* New York: Hill and Wang 2006, sowie Ette, Ottmar: *TransArea. Eine literarische Globalisierungsgeschichte,* S. 99–106.

la Vega el Inca nennen, wenn es darum ginge, eine weltweite Vieldimensionalität viellogischer Denk- und Austauschprozesse zu entfalten.[80]

Der systematischen und bis heute wirkungsvollen Ausklammerung Amos aus der deutschen und europäischen Philosophiegeschichte entspricht auf struktureller Ebene der Versuch, Amo zum Denker einer rein afrikanischen Tradition und Identität zu stilisieren. Wir sollten an seinem Denken, an seinem Schreiben aber erkennen, dass Anton Wilhelm Amo als europäischer Denker und als Vertreter der deutschen Frühaufklärung zugleich ein afrikanischer Philosoph war, wobei wir jeglichen Versuch unterlaufen sollten, ihn entweder ‚nur' als das eine noch ‚nur' als das andere zu begreifen. Glücklicherweise sind die Zeiten, in denen er weder das eine noch das andere war, definitiv vorüber.

Doch ist Amos ganzes Schaffen auch nicht einfach auf den gemeinsamen Nenner eines rein additiven Sowohl-als-auch zu bringen. Könnte hiermit nicht die Tatsache zusammenhängen, dass die interkulturelle Philosophie sich bislang so wenig für sein Denken aufgeschlossen gezeigt und ihn ebenfalls weitgehend exkludiert hat?[81] Denn Anton Wilhelm Amo ist weit mehr als die Addition beider Einschreibungen und Traditionen, sondern vielmehr der kühne und zugleich immer prekäre Versuch, nicht die Addierung, sondern die *Bewegung* zwischen diesen Traditionssträngen zu sein und explizit als Afrikaner an der deutschen Frühaufklärung teilzuhaben – und zwar ohne sich auf sie alleine reduzieren zu lassen. Es gilt also, mit Blick auf eine neue Phase der Rezeptionsgeschichte Anton Wilhelm Amo aus den bisherigen Mappings herauszunehmen und als eine Bewegungsfigur zu begreifen.

Amos Philosophie ist ganz im Sinne seines *Tractatus de arte sobrie et accurate philosophandi* eine Kunst des *Philosophierens*, eines Denkens und Schreibens aus der Bewegung, einer nicht stillzustellenden transarealen Dynamik. Seine Philosophie ist ein Philosophieren ohne festen Wohnsitz, das sich nicht auf eine einzige Perspektivik, auf eine einzige Zugehörigkeit, auf einen einzigen Standpunkt reduzieren lässt. Die transareale Vektorisierung eines Lebenswissens, das sich als Überlebenswissen gerade auf dem Feld des Denkens erprobte, hat Amos Philosophieren stark bestimmt, insofern die Querung unterschiedlicher Sprachen, verschiedenartiger Kulturen und oft widersprüchlicher Traditionen eine dynamische Polylogik entstehen ließ, die Theologie wie gewiss auch Philosophie in Amos Denken nachdenklich, aber auch nachdrücklich in den Plural setzte.

---

80 Vgl. hierzu Ette, Ottmar: *Viellogische Philologie. Die Literaturen der Welt und das Beispiel einer transarealen peruanischen Literatur.* Berlin: Verlag Walter Frey – edition tranvía 2013; sowie den siebten Band der Reihe „Aula" in Ette, Ottmar: *Erfunden Gefunden* (2022), S. 370 ff.
81 Vgl. hierzu Mabe, Jacob Emmanuel: *Anton Wilhelm Amo interkulturell gelesen*, S. 103.

Einem Philosophieren, wie es Antonius Guilielmus Amo Afer in lateinischer Sprache praktizierte, kommt kein fester Ort, kein sicheres Koordinatensystem und gewiss auch keine ‚Heimat' zu, die es in Amos Leben ohnehin nie gab. Es geht vielmehr um ein Philosophieren zwischen Afrika und Europa, das als ein Philosophieren ohne festen Wohnsitz zu bezeichnen ist. Noch vor der Mitte des 18. Jahrhunderts und damit vor dem Beginn der zweiten Phase beschleunigter Globalisierung griff er dabei auf das Lateinische zurück, das von den iberischen Mächten gleich zu Beginn der ersten Phase beschleunigter Globalisierung neben dem Spanischen und dem Portugiesischen weltweit verbreitet wurde. Anders als andere Sprachen der Philosophie war das Lateinische im 18. Jahrhundert keinem Ort und keinem Territorium verpflichtet: Eben dies war die beste Voraussetzung für ein Schreiben ohne festen Wohnsitz für eine internationale Gelehrtenrepublik, deren faszinierendes Mitglied Anton Wilhelm Amo war.

TEIL 3: **Transarchipelische Welten und
die Zukünfte der TransArea Studien:
Von der Karibik und anderen literarischen
Experimentierräumen**

Archipel hispanophon oder vom Kolonialen zum Postkolonialen

Bei den antillanischen Inselwelten und insgesamt bei dem riesigen Bewegungs-Raum, den man als *Greater Caribbean* bezeichnet, handelt es sich um einen bevorzugten Erprobungsraum globalen Zuschnitts sowie um eine sehr spezifische Area des amerikanischen Kontinents, in welcher Antworten auf die Frage nach den Möglichkeiten und Grenzen eines auf den Respekt vor Differenz gegründeten Zusammenlebens im weltweiten Maßstab gefunden werden könnten. Dies hat entscheidend mit der weltweit verknüpften Geschichte dieser Area zu tun, wie sie in dieser Intensität kein anderer geographischer Raum unseres Planeten erfahren und erlebt hat. Wie ließe sich diese einzigartige Geschichte in wenigen Sätzen zusammenfassen?

Im Verlauf der ersten, zweiten und dritten Phase beschleunigter Globalisierung erreichten diesen von unterschiedlichen indigenen Völkern besiedelten Raum Einwanderungswellen erobernder Spanier, Holländer, Franzosen, Briten oder Dänen, auf brutalste Weise deportierter Sklaven aus verschiedenen Teilen Afrikas, Kontraktarbeiter und Coolies aus Indien, China und anderen Teilen Asiens, kurz: Der Bewegungsraum im Schnittpunkt des amerikanischen Doppelkontinents wurde zu *der* biopolitischen Drehscheibe im weltweiten Getriebe von Globalisierenden und Globalisierten, von Plantagenbesitzern und Sklaven, von Zuckerbaronen, einfachen Packerinnen und Söldnern, die im Dienste unterschiedlichster Kolonialmächte standen. In diesem Raum konnten sich über Jahrhunderte Piraten und Freibeutergesellschaften halten, welche von den ungeheuren Bewegungen der gesamten Area buchstäblich lebten. Die Karibik erweist sich so als eine transareal konstituierte Area verdichtetsten Zusammenlebens von Kulturen, Ethnien, Religionen und Sprachen in einem von *Insel-Welten* wie von *Inselwelten* geprägten Bewegungsraum.

Nicht nur in den ehemals Spanien zugehörigen kolonialen Kontinentalräumen, die durch den komplexen Prozess der „Independencia" die politische Unabhängigkeit erlangten,[1] sondern auch in der karibischen Inselwelt, die stets auch eine Insel-Welt darstellte, innerhalb derer jede einzelne Insel ihre eigene Logik und Prozessualität entwickelte, bildete das 19. Jahrhundert (zumindest auf den großen Antilleninseln) die entscheidende Sattelzeit für die Anlage und Herausbildung nationalliterarischer Strukturen. Kuba und Haiti darf innerhalb

---

1 Vgl. zur Unabhängigkeitsbewegung des künftigen Lateinamerika auch den vierten Band der Reihe „Aula" in Ette, Ottmar: *Romantik zwischen zwei Welten* (2021), insb. S. 264 ff.

dieses langanhaltenden und widersprüchlichen Prozesses – unbeschadet der Tatsache, dass die eine Insel ihre politische Unabhängigkeit durch eine Revolution bereits 1804 erreichte,[2] während die andere Insel erst ein Jahrhundert später, im Jahre 1902, politisch unabhängig wurde – fraglos eine Vorreiterrolle zugewiesen werden. Dies zeigt sich gerade auf dem Feld der Literatur, bietet die Karibik insgesamt doch eine der literarisch verdichtetsten Weltregionen, die nicht zuletzt eine ganze Reihe an Literaturnobelpreisträgern hervorgebracht hat.

Denn der Prozess der Herausbildung einer nationalen Literatur und Kultur wird dabei zutiefst von einer transarealen Logik mitgeprägt, innerhalb derer dem Phänomen des Exils wie dem diasporischen Schreiben eine außerordentlich wichtige und in vielen Fällen beschleunigende Rolle zukam.[3] Diese Ausnahmestellung der Karibik gilt ebenso für die Großen Antillen wie auch für die kleineren Inseln der Karibik, nicht zuletzt aber auch für die zirkumkaribischen Meeresräume, die ebenfalls von höchst unterschiedlichen Ethnien, Sprachen und Kulturen geprägt waren und weiterhin geprägt sind.

Dabei ist es im Falle Kubas faszinierend zu sehen, dass die sicherlich herausragenden Vertreter dieser sich früh als Nationalliteratur konstituierenden Schreib- und Publikationspraktiken stets zumeist aufgrund politischer Verfolgungen zwischen mindestens zwei verschiedenen Räumen bewegten: der Dichter José María Heredia zwischen Kuba und Mexiko, die Dichterin Gertrudis Gómez de Avellaneda zwischen Kuba und Spanien, der Romancier Cirilo Villaverde zwischen Cuba und den USA und der Lyriker, Essayist und Revolutionär José Martí zwischen Kuba und Spanien, Mexiko, Guatemala, Venezuela und schließlich den USA.[4] Von dort aus sollte Martí dann auch der entscheidende Schlag gegen die letzten Reste des spanischen Kolonialreichs in der Karibik und auf den Philippinen führen. Zusammen mit José Rizal auf den Philippinen steht er als große Gestalt der Literatur am Ende der spanischen Kolonialzeit in der Karibik beziehungsweise auf den Philippinen.

---

2 Vgl. zu den komplexen Facetten dieses Prozesses ebda. insb. S. 100 ff., S. 191 ff. u. S. 1010 ff., sowie Ette, Ottmar: *Aufklärung zwischen zwei Welten* (2021), passim.
3 Vgl. insbesondere zum haitianischen Raum am Übergang zum 19. Jahrhundert sowie zur postkolonialen Dimension des Exils Bongie, Chris: *Friends and Enemies. The Scribal Politics of Post/Colonial Literature.* Liverpool: Liverpool University Press 2008; sowie ders.: *Islands and Exiles. The Creole Identities of Post/Colonial Literature.* Stanford: Stanford University Press 1998.
4 All diese verschiedenen Schriftstellerinnen und Schriftsteller habe ich im vierten Band der Reihe „Aula" ausführlich besprochen; vgl. hierzu in Ette, Ottmar: *Romantik zwischen zwei Welten* (2021) die entsprechenden Kapitel.

Deshalb ließe sich mit guten Gründen sagen, dass sich die kubanische Literatur – und sie nimmt hier viele Entwicklungen vorweg, die sich innerhalb eines
zum Teil sehr differenten politischen und ökonomischen Kontexts in der weiteren postkolonialen Geschichte der Karibik manifestieren sollten – als eine *Literatur ohne festen Wohnsitz* konstituiert und gerade hierin einen grundlegenden und
prägenden Zug entfaltet, der sie bis heute als Nationalliteratur auszeichnet. Die
kubanische Literatur ist dabei in gewisser Weise „Exception culturelle" und Paradigma zugleich.

Denn auch für die weitere Entwicklung der kubanischen Literatur im 20. wie
im beginnenden 21. Jahrhundert gilt, dass es absurd wäre, sie allein auf die Territorialität der Insel Kuba zu reduzieren, wurde doch seit Beginn des 19. Jahrhunderts unter verschiedenartigsten politischen Konstellationen ein wesentlicher, ja
maßgeblicher Teil der kubanischen Literatur fernab der Insel geschrieben und
veröffentlicht.[5] Die kubanische Literatur ist trotz aller Versuche, sie immer wieder
zu reterritorialisieren und an den Raum der größten der Antillen-Inseln zu binden, eine Literatur, die weltweit geschrieben wird.

Wenn sie ihre Zukunftsfähigkeit bis heute gerade daraus entfaltete, dass sie
sich als Nationalliteratur vor allem jenseits des Nationalstaats und vielleicht
mehr noch des nationalen Territoriums entwickelte, weist sie als Literatur ohne
festen Wohnsitz auf die Risiken, vor allem aber auch – mit Blick auf ihre so erfolgreiche Geschichte – auf die Chancen einer derartigen transarealen Literaturentwicklung. Die über lange Phasen tragische Geschichte der Insel Kuba hat im
Gegenzug eine herausragende Literatur hervorgebracht. Autoren wie Reinaldo
Arenas oder die Dichterinnen und Dichter im Umkreis der „Generación de Mariel" rund um die Zeitschrift *Mariel*[6] haben es selbst unter widrigsten Umständen
vermocht, literarische Lebenszeichen auszusenden, die in einer intensiven Wechselbeziehung mit den großen Dichtern der kubanischen Literaturgeschichte
standen.

Denn dass diese spezifische Konfiguration bis heute zu einem Erfolgsmo-
dell geworden ist, das der kubanischen Literatur einen großen und wichtigen
Platz innerhalb der Literaturen der Welt einbrachte, dürfte sich wohl kaum be-
streiten lassen. Dies ist ebenso auf dem Feld der Dichtkunst mit Dichterinnen
und Dichtern von Gertrudis Gómez de Avellaneda oder José María Heredia über

---

5 Vgl. hierzu Ette, Ottmar: Eine Literatur ohne festen Wohnsitz. Fiktionen und Friktionen der
kubanischen Literatur im 20. Jahrhundert. In: *Romanistische Zeitschrift für Literaturgeschichte /
Cahiers d'Histoire des Littératures Romanes* (Heidelberg) XXVIII, 3–4 (2004), S. 457–481.
6 Vgl. hierzu Ette, Ottmar: La revista "Mariel" (1983–1985): acerca del campo literario y polí-
tico cubano. In: Bremer, Thomas / Peñate Rivero, Julio (eds.): *Hacia una historia social de la
literatura latinoamericana*. Tomo II. Actas de AELSAL 1985. Gießen-Neuchâtel 1986, S. 81–95.

Juana Borrero und José Martí bis hin zu José Lezama Lima oder Dulce María Loynaz der Fall wie im Bereich des Romans oder der Erzählkunst, für die stellvertretend nur Autoren wie Cirilo Villaverde, Alejo Carpentier, Miguel Barnet, Virgilio Piñera oder Reinaldo Arenas genannt seien.

Wählen wir einen sanften, von leichten Übergängen geprägten Zugang zur karibischen Insel-Welt – und zwar nicht von Europa, sondern vom Norden Amerikas, vom Norden des amerikanischen Doppelkontinents her! Auch wenn die schwedische Autorin Fredrika Bremer bei ihrer Reise nach Kuba die Entwicklungen der kubanischen Literatur wohl in keiner Weise überblickte, sondern weitestgehend übersah und sich in ihren ästhetisch gelungenen Reiseeindrücken auf die karibischen Landschaften, die kubanische Pflanzenwelt und die immer wieder aufscheinende Bewunderung für die herkulischen Körper der schwarzen Sklaven konzentrierte, so wurde doch auch in ihren *Briefen aus Cuba* die zutiefst archipelische und transarchipelische Struktur der karibischen Inselwelt deutlich. Die ungeheuer reiche Literatur zahlloser Reisen kreuz und quer durch die Karibik verwandelt diese reiseliterarischen Texte und Tagebücher in einen wichtigen Bestandteil der Literaturen der Karibik, den wir nicht einfach übergehen sollten. So ist auch das Reisetagebuch der Fredrika Bremer fast schon zu einem Teil der kubanischen Literatur geworden.

Doch ist es sicherlich kein kubanisches Buch, das die schwedische Autorin in Händen hält, als sie am 28. Januar 1851 – auf den Tag genau zwei Jahre vor der Geburt José Martís in Havanna – von New Orleans aus auf einem Schiff, das von vielen Reisenden benutzt wird, um möglichst rasch die Gebiete der Goldfunde in Kalifornien zu erreichen, die Überfahrt nach Havanna antritt, der ‚Perle der Karibik‘. Begleiten wir die schwedische Autorin ein Stück auf ihrer Frauenreise,[7] einer Gattung, die für das 19. Jahrhundert so charakteristisch war!

Fredrika Bremer hat es meisterhaft verstanden, die Faszination der Übergänge zwischen kontinentalen und insularen, zwischen territorial klar abgrenzbaren und amphibischen Landschaften zu entwerfen, wie sie die Karibik sowohl in ihren zirkumkaribischen wie in ihren inselkaribischen Räumen in starkem Maße prägen. Damit entstehen gleichsam Zwischenformen zwischen dem Kontinentalen und dem Insularen, die wir uns im nachfolgenden Zitat einmal etwas genauer anschauen wollen:

> Wir legten ab, und mit einem Buch in der Hand setzte ich mich, um das Ufer vom Sonnendeck des Achterschiffs aus zu betrachten, und es war wundervoll für mich. Denn so

---

7 Vgl. hierzu die Bände eins und vier der Reihe „Aula" in Ette, Ottmar: *ReiseSchreiben* (2020), S. 510 ff.; sowie ders.: *Romantik zwischen zwei Welten* (2021), S. 438 ff. u. S. 493 ff.

konnte ich alleine bleiben, wobei mir das Schauspiel der Ufer wie eine magische Vision der Länder des Südens erschien. Wir fuhren jenen Arm des Mississippi hinunter, der in die Bucht von Atchafalaya mündet, und von dort aus weiter zum Golf von Mexico. Eine Plantage nach der anderen erschien an den Ufern mit ihren weißen, von Orangenhainen, Zedernwäldchen, blühendem Oleander, Aloe und Zwergpalmen gesäumten Häusern. Stück für Stück präsentierten sie sich in immer größerer Entfernung voneinander. Die Ufer wurden immer niedriger, bis sie sich in schlammiges Land mit Gräsern und Schilf verwandelten, nun ohne Bäume, Büsche und Häuser. Sie ragten kaum noch über die Wasseroberfläche hervor: Etwas später versanken sie in ihr, wobei sie die einförmige und eigenartige Figur dessen annahmen, was man aufgrund der Ähnlichkeit mit der Form des griechischen Buchstabens als das ‚Delta des Mississippi' bezeichnet. Einige Gräser wiegten sich noch über dem Wasser, das von Wellen und Wind bewegt wurde. Schließlich verschwanden auch sie. Allein die Wellen beherrschten nun alles. Und jetzt lag das Land hinter mir, der immense Kontinent von Nordamerika, und vor mir der große Golf von Mexiko mit seiner unermesslichen Tiefe, das Meer des Südens mit all seinen Inseln.[8]

Es wäre sicherlich spannend zu untersuchen, ab welchem Zeitpunkt die Reisenden Kuba vorrangig mit einem kubanischen oder die Karibik insgesamt mit einem karibischen Buch in der Hand erreichen. Hier dürfte das 19. Jahrhundert nicht mehr als eine erste Sattelzeit und der Ort einer Vorgeschichte sein. Das literarisch wunderbar gestaltete „Travelling" von Fredrika Bremers Reisebericht, der uns keine Einfahrt, sondern eine Ausfahrt aus einem Hafen liefert, soll uns aber einmal mehr auf jene Vielverbundenheit, jene komplexe Relationalität aufmerksam machen, die stets die Inselwelten im ständigen Schwinden, Verschwinden und Wiederauftauchen von Land charakterisiert.

Neben Alexander von Humboldt und Fredrika Bremer ließen sich derartige Beschreibungen mit Gertrudis Gómez de Avellaneda, Eugenio María de Hostos oder Lafcadio Hearn leicht häufen, wobei letzterer die Karibik dank seiner weitgespannten Reisen an der Wende zum 20. Jahrhundert mit dem japanischen Archipel verbinden wird.[9] Eine andere, nicht weniger eindrucksvolle Reiseszenerie mit dem Buch in der Hand entwarf gegen Ende des Jahrhunderts die peruanische Schriftstellerin Clorinda Matto de Turner in ihrem Roman *Aves sin nido*.[10] Doch insgesamt kann man gerade für den karibischen Raum, für die *Area* der Karibik festhalten: Den Literaturen ohne festen Wohnsitz gelingt es im Verlauf eines lan-

---

8 Bremer, Fredrika: *Cartas desde Cuba*. Edición Redys Puebla Borrero. Traducción Matilde Goulard de Westberg. La Habana: Fundación Fernando Ortiz 2002, S. 17 f.
9 Vgl. Hearn, Lafcadio: *Two Years in the French West Indies*. Oxford: Signal Books 2001; ders.: *the ghostly Japan*. London: Kegan Paul 1905; ders.: *A Japanese Miscellany*. London: Kegan Paul 2005. Vgl. hierzu auch den ersten Band der Reihe „Aula" in Ette, Ottmar: *ReiseSchreiben* (2020), S. 562 ff.
10 Vgl. zu Clorinda Matto de Turner den sechsten Band der Reihe „Aula" in Ette, Ottmar: *Geburt Leben Sterben Tod* (2022), S. 924 ff.

gen 19. Jahrhunderts, neue, vektoriell geprägte Literaturbeziehungen zu entfalten, welche Landschaften *in Bewegung* und *aus der Bewegung* erlebbar und nacherlebbar machen.

Mit feiner Feder werden im obigen Zitat, gleichsam in der Gestik Petrarcas mit dem Buch in der Hand, die kleinsten Veränderungen aufmerksam notiert, die sich auf dem Weg durch das Delta des Mississippi dem Auge der Betrachterin zeigen. Das schwindende Land, der verschwindende Kontinent gibt zunehmend unterbrochenen, diskontinuierlichen Formen Raum, so dass wir auf dem Weg von der zirkumkaribischen zur inselkaribischen Landschaft begreifen, dass alles zwar von der die gesamte Karibik umfassenden Plantagenwirtschaft buchstäblich beherrscht wird, dass sich zugleich aber nun das Wasser zwischen die ausfransenden Landstücke schiebt und eine komplexe amphibische Übergangsstruktur entsteht. Wo endet der riesige Kontinent des Nordens? Bis wohin reicht das ‚feste Land'? Wo beginnt die See des Südens mit ihren vielen Inselchen und Inseln?

Das literarästhetisch überzeugende kinematographische „Travelling" von Fredrika Bremers Reisebericht, der sich in eine ganze Vielzahl von Frauenreisen einordnen lässt, deren Briefe, Reisetagebücher oder andere Schriften erhalten geblieben sind,[11] enthüllt die langsamen Übergänge zwischen Kontinent und Inselwelt, zwischen Kontinuierlichem und Diskontinuierlichem, zwischen festem Land und offener See. Dabei lässt die diskontinuierliche Struktur zunehmend die Vielverbundenheit einer Inselwelt erkennen, in der alles mit allem verbunden sein kann und alles einer relationalen Logik gehorcht. Das Wasser trennt und verbindet zugleich: Es bildet das mobile Element *par excellence* und lässt ein Dahingleiten zu, welches das Differente und Diskontinuierliche gleichsam *im Vorübergehen* miteinander verbindet.

Auf diese Weise entsteht kunstvoll unter der geübten literarischen Feder der schwedischen Autorin eine Landschaft der Theorie, in der sich New Orleans auf eine Karibik hin öffnet, die in der Diskontinuität ihrer eingeblendeten Inselformen eine weltweite Multirelationalität entfaltet. Als erster Verdichtungsraum der ersten Phase beschleunigter Globalisierung wurde die Karibik seit der Wende zum 16. Jahrhundert in ein weltumspannendes Netz an Schiffsverbindungen integriert, das seit der Gründung Manilas im Jahr 1571 und der Einrichtung einer über zweihundertfünfzig Jahre lang funktionierenden Verbindung zwischen Manila und Acapulco im Jahr 1573 nicht nur transarchipelische Bezüge insbesondere

---

11 Vgl. hierzu die Arbeit von Abel, Johanna: *Transatlantisches KörperDenken. Reisende Autorinnen des 19. Jahrhunderts in der hispanophonen Karibik*. Berlin: Verlag Walter Frey – edition tranvía 2015.

zum Archipel der Kanarischen Inseln, sondern auch zu den Philippinen herstellte. Selbst noch am Ende der spanischen Kolonialzeit, in der Epoche kurz vor dem Untergang der spanischen Flotten vor Manila und Santiago de Cuba im Kanonenfeuer der hochgerüsteten US-amerikanischen Flotte, waren diese transarchipelischen Verbindungen zwischen dem karibischen Archipel und dem pazifischen Archipel unverändert stark.

Zusätzlich zu einer *Insel-Welt*, in der jede Insel in der Karibik über ihre eigene Logik – und dies bedeutet: über ihre eigene naturräumliche Ausstattung, ihr eigenes Klima, ihre eigene Geschichte, Sprache oder Ökonomie – verfügt, entfaltet sich eine *Inselwelt* relationaler Beziehungen, insofern jede Insel mit einer Vielzahl anderer Inseln ebenso archipelisch wie transarchipelisch verbunden ist. Wie bei Lafcadio Hearn wird gleichsam hinter dem karibischen Archipel ein Archipel des Pazifik, ein Archipel der Südsee spürbar.

Fredrika Bremers Fahrt von New Orleans nach La Habana führt uns auf diese Weise nicht nur eine lineare Reisebewegung, sondern zugleich eine weltumspannende Vektorizität vor Augen, in die nicht nur das Festland Nord-, Zentral- wie Südamerikas, nicht nur Kalifornien oder der Binnenraum des nordamerikanischen Kontinents, sondern selbstverständlich auch Afrika und Europa eingebunden sind. Die Reiseschriftstellerin entfaltet auf ihrem literarisch gekonnt in Szene gesetzten Weg eine Landschaft der Theorie, in der New Orleans als karibische Metropole mit weltweiten Verbindungen erscheint und sich auf die Insel Kuba hin öffnet, für die sie über lange Jahrzehnte ein wichtiger ökonomischer wie geostrategischer Bezugspunkt bleiben sollte.[12]

Beim kulturtheoretisch fundierten Terminus *Landschaft der Theorie* handelt es sich – um dies noch einmal kurz anzumerken – um eine Begriffsbildung, in der Natur und Kultur zusammengedacht werden und nicht voneinander abtrennbar sind.[13] So wie der Begriff der Naturlandschaft seit geraumer Zeit bereits keinen Sinn mehr macht, weil alle Landschaften unseres Planeten im Anthropozän längst vom Menschen mitgeprägt und überformt worden sind, so wäre es nicht weniger zwecklos, im Begriff einer *Landschaft der Theorie* Kultur und Natur fein säuberlich voneinander trennen zu wollen. Denn was an all den Dingen, die Fredrika Bremer an den Augen ihrer Leserschaft vorbeiziehen lässt, wäre allein der ‚Natur', was allein der ‚Kultur' zuzuweisen? Weder die Kanäle noch die Plantagen, weder die mehr oder minder hohen Flussufer noch die

---

12 Vgl. hierzu den transarealen Tagungsband von Ette, Ottmar / Müller, Gesine (Hg.): *New Orleans and the Global South. Caribbean, Creolization, Carnival.* Hildesheim – Zürich – New York: Georg Olms Verlag 2017.
13 Vgl. hierzu Ette, Ottmar: *Roland Barthes. Landschaften der Theorie.* Konstanz: Konstanz University Press 2013.

Sträucher oder Blumen, weder die Pflanzungen noch die Pflanzen selbst ließen sich allein der einen oder der anderen Seite zuordnen.

So ist es eine vom Menschen geformte Landschaft, die zugleich eine bestimmte naturräumliche Ausstattung aufweist, welche diesen Bereich der amerikanischen Hemisphäre in eine sehr eigentümliche Scharnierfunktion überführt und welche von unterschiedlichsten Logiken gequert wird. Wir hatten dies bereits an der Metapher der Zugvögel von Fernando Ortiz' Transkulturalitätstheorie gesehen. Und es war sicherlich kein Zufall, dass diese transkulturelle Theorie gerade in dieser Landschaft der Karibik entstand.

Die Landschaft der Theorie, in die Fredrika Bremer New Orleans und die sich südlich anschließenden Flussgebiete einschreibt, verkörpert ein Denken, das zutiefst transareal geprägt ist und gerade im Rückgriff auf das, was ,Natur' zu sein scheint, eine große Reflexionstiefe entfaltet. Nichts in dieser Landschaft ist nur ,natürlich', nichts ist allein ,kulturell' generiert. Dem Einen kann nicht das Andere einfach entgegengesetzt werden. Die Theorie versucht, dieser Komplexität und Vielverbundenheit adäquate Denk- und Schreibformen an die Seite zu stellen, ohne die grundlegende vektorielle Polysemie des Begriffs der Landschaft – in dem sich augenfällig Natur und Kultur miteinander vermengen – zu reduzieren. Der Begriff der Landschaft der Theorie zielt auf eine Konvivenz von Natur und Kultur, die sich ihrer (politischen) Ökologie bewusst ist. Dies wollen wir uns vor Augen halten, wenn wir uns in diesem Teil unserer Vorlesung mit weiteren karibischen Texten auseinandersetzen! Außerdem werden wir auch in einem anderen Zusammenhang auf diese Frage zurückkommen.

Die Literaturen der seit der Wende zum 16. Jahrhundert hochgradig globalisierten Karibik haben sich nicht nur im Verlauf des 19. und vor allem des 20. Jahrhunderts zu einem der verdichtetsten Literaturräume der Welt entwickelt, sondern zugleich auch die außerordentliche Kreativität und Produktivität von Literaturen ohne festen Wohnsitz unter Beweis gestellt. Sie sperren sich gegen jeglichen Versuch einer simplen Territorialisierung, gegen jede reduktionistische Zuordnung zu einem bestimmten Territorium, ohne doch zugleich darauf zu verzichten, einer Nationalliteratur (oder protonationalen Literatur) zuzugehören. Erfahrungen des Exils und diasporische Schreibformen gehören ganz selbstverständlich zur Literaturgeschichte der karibischen Literaturen.

Mithin haben sich die Literaturen der Karibik, die an vielen Orten unseres Planeten geschrieben werden, zu einer höchst mobilen Relationalität konfiguriert, die mit Blick auf die weiteren Entwicklungen im 21. Jahrhundert durchaus paradigmatischen Zuschnitts sein dürfte. Denn wäre es nicht möglich, auch die Literatur Europas in ihrer Vielsprachigkeit zwar nicht als im engeren Sinne insularen, wohl aber als einen multirelationalen Bewegungs-Raum zu denken, der aufgrund des langanhaltenden Prozesses unterschiedlicher Globalisierungsphasen ohne die Berücksichtigung seiner außereuropäischen Dimensionen gar nicht adäquat verstanden werden könnte?[14] Wäre es nicht sogar geboten, die Literaturen Europas demgemäß nicht als eine einzige Insel, sondern als Archipel zu begreifen, der transarchipelisch mit anderen Inseln und Archipelen weltweit verbunden wäre?[15]

Die Transferprozesse, die den karibischen Raum seit seiner erzwungenen Integration in welthistorische und weltumspannende Entwicklungen, wie sie bereits die Karte des Jahres 1500 von Juan de la Cosa[16] dokumentiert, zutiefst geprägt haben, stellen an uns heute die Herausforderung, weltliterarische Prozesse künftig auch und gerade vor dem Hintergrund der karibischen Literatur(en) wie der karibischen Theoriebildungen auf eine neue Weise zu begreifen. Wir müssen sie uns künftig eingebunden denken in viellogische, relationale Austauschbeziehungen jenseits nationalliterarischer Konzepte traditioneller europäischer Provenienz.

Die herausragende Bedeutung des 19. Jahrhunderts für die Zirkulationen und Zirkulationsformen des Wissens im transatlantischen wie im transpazifischen Raum steht außer Frage, haben doch im Bereich der gesamten amerikanischen Hemisphäre und in ganz spezifischem Maße in der Karibik die Migrationen aus verschiedensten Teilen Europas und die Deportationen aus verschiedensten Teilen Afrikas, aber auch die Einwanderungen etwa aus China, aus Indien und aus der arabischen Welt hochkomplexe transareale Kulturbeziehungen entstehen lassen, die nicht von ungefähr gerade im karibischen Raum – und insbesondere in Kuba – noch in der ersten Hälfte des 20. Jahrhunderts Theorien der Transkulturalität entstehen ließen. Das 19. Jahrhundert kann in den Amerikas insgesamt als Erprobungsraum transkultureller Migrationsbewegungen und Biopolitiken verstanden werden, in welchem sich jene Prozesse ankündigen, die unsere Gegenwart entscheidend prägen.

Es wäre ein Leichtes, eine Vielzahl derartiger Entwicklungen anhand der Texte des wohl herausragenden Beobachters und Theoretikers der dritten Phase beschleunigter Globalisierung, anhand der Schriften also des Kubaners José Martí, zu beleuchten und eine Theorie dieser dritten Phase aus seinen überragenden Texten insbesondere über die Vereinigten Staaten von Amerika zu gewinnen.

---

14 Vgl. hierzu Ette, Ottmar: Europäische Literatur(en) im globalen Kontext. Literaturen für Europa. In: Ezli, Özkan / Kimmich, Dorothee / Werberger, Annette (Hg.): *Wider den Kulturenzwang. Migration, Kulturalisierung und Weltliteratur*. Bielefeld: transcript Verlag 2009, S. 257–296.
15 Vgl. hierzu Ette, Ottmar: Europa transarchipelisch denken. Entwürfe für eine neue Landschaft der Theorie (und Praxis). In: *Lendemains* (Tübingen) XXXIX, 154–155 (2014), S. 228–242.
16 Vgl. hierzu die Bände eins und fünf der Reihe „Aula" in Ette, Ottmar: *ReiseSchreiben* (2020), S. 57 ff.; sowie *Erfunden Gefunden* (2022), S. 105 ff.

Denn sein gesamtes Werk ist wohl die früheste und zugleich entschlossenste Antwort auf die hier skizzierten Globalisierungsphänomene nicht nur aus kubanischer und karibischer, sondern auch aus lateinamerikanischer wie hemisphärischer Sicht. Eine monographische Studie seines gesamten literarischen und speziell essayistischen Schaffens aus dieser Perspektive wäre ein dringliches Desiderat.[17]

Abb. 15: José Martí (1853–1895).

José Martí war zweifellos der schärfste und weitsichtigste Beobachter einer veränderten Außen- und Militärpolitik der USA. Mit ihrer Politik einer militärischen Aufrüstung und insbesondere des gezielten Aufbaus einer „American Sea Power" seit den achtziger Jahren des 19. Jahrhunderts hatten die Vereinigten Staaten damit begonnen, ihre zuvor an kontinentaler Territorialität und vorrückender „Frontier" ausgerichtete raumgeschichtliche Politik an einer vektoriellen, unübersehbar bewegungsgeschichtlich deutbaren Praxis zu orientieren, die rasch zur unverzichtbaren Grundlage und Voraussetzung ihres imperialen Ausgreifens werden sollte. Martí erkannte früh, dass die atlantische und pazifische Expansion der USA schon bald zu einem vehementen Konflikt mit der alten Kolonialmacht Spanien führen musste. Seine eigene politische Ausrichtung der Zukunft Kubas und des karibischen Raums maß er an dieser überaus zutreffenden und hellsichtigen Analyse.

Kein anderer Schriftsteller hat zum damaligen Zeitpunkt mit derselben Pertinenz die Chancen, aber auch die Risiken jener Beschleunigung durchdacht, die Martí bereits in den ersten Sätzen seines berühmten, am 1. Januar 1891 an seinem damaligen Wohnort New York erschienenen Essays *Nuestra América* evozierte. Es waren Reflexionen buchstäblich im Angesicht einer ungeheuer raschen Entwicklung, innerhalb derer mit den USA auch erstmals ein nicht-

---

17 Ein Buchprojekt zum Thema *José Martí: Denker der Globalisierung* befindet sich in Vorbereitung und soll als Teil 2 der in der Reihe „Mimesis" erschienenen Monographie zum Schöpfer der *Versos sencillos* erscheinen.

europäischer (wenn auch europäisch geprägter) Protagonist in die Reihe der Weltmächte, der globalen Riesen mit den Siebenmeilenstiefeln trat:

> Es glaubt der selbstgefällige Dörfler, dass die ganze Welt sein Dorf sei, und schon billigt er die Weltordnung, wenn er Bürgermeister wird, seinen Rivalen demütigt, der ihm die Braut stahl, oder wenn die Ersparnisse in seinem Sparstrumpf anwachsen; doch er weiß weder von den Riesen, die Siebenmeilenstiefel tragen, mit denen sie ihm den Stiefel aufdrücken können, noch vom Kampf der Kometen im Himmel, die durch die schläfrige Luft ziehen und Welten verschlingen. Was von solchem Dörflergeist noch in Amerika geblieben ist, muß erwachen. Dies sind nicht die Zeiten, sich mit einem Tuch auf dem Kopf hinzulegen; es gilt vielmehr, wie die Männer von Juan de Castellanos zu handeln, deren Kopf nur auf Waffen ruhte – auf den Waffen der Vernunft, die andere Waffen besiegen. Schützengräben aus Ideen sind denen aus Stein überlegen.[18]

Es handelt sich fraglos um ein Incipit, wie es nur von einem Dichter geschrieben werden konnte: in jener für Martí so charakteristischen Symbolik und mit jenen Bildern, die der kubanische Schriftsteller in seinen modernistischen Gedichten wie in seinen Essays zuvor schon entwickelt hatte. José Martí darf zweifellos als derjenige karibische Autor gelten, der die Herausforderungen, die das 19. Jahrhundert an das heraufziehende 20. Jahrhundert im Weltmaßstab stellte, mit größter Weitsicht analysierte. Wenn Martí auf Adelbert von Chamisso und dessen *Peter Schlemihls wundersame Geschichte* mit dem Element der Siebenmeilenstiefel zurückgriff, dann tat er dies, um eine bereits heraufgezogene Phase beschleunigter Globalisierung im Lichte einer früheren Expansionsphase zusätzlich zu beleuchten und um klarzumachen, dass sich die Siebenmeilenstiefel der Chamisso'schen Erzählung rasch in Militärstiefel von Truppen verwandeln konnten, welche die geballte Militärmacht der USA zunächst in den karibischen Raum, später aber auch in andere Areas von *Nuestra América* tragen würde.

Diese auch in vielen anderen Texten Martís entfaltete Vision der künftigen Geschichte entsprach ziemlich genau den Ereignissen, die mit dem „Desastre" über Spanien[19] und nach dem Krieg von 1898 über Lateinamerika hereinbrechen sollten. Doch dürfen die in unserer Vorlesung diskutierten Überlegungen nicht ausschließlich mit einem karibischen Autor des 19. Jahrhunderts erfolgen. Vielmehr soll ihm aus transarchipelischer Sicht ein mit der Karibik eng verbun-

---

18 Vgl. Martí, José: Unser Amerika [Übersetzung Ottmar Ette]. In: Rama, Angel (Hg.): *Der lange Kampf Lateinamerikas. Texte und Dokumente von José Martí bis Salvador Allende.* Frankfurt am Main: Suhrkamp Verlag 1982, S. 56.
19 Vgl. hierzu Ette, Ottmar: Visiones de la guerra / guerra de las visiones. El desastre, la función de los intelectuales y la Generación del 98. In: *Iberoamericana* (Frankfurt am Main) XXII, 71–72 (1998), S. 44–76.

dener Schriftsteller und Denker an die Seite gestellt und zum Zeugen jener Verknüpfungen von Archipel zu Archipel genommen werden, welche in neuerer Zeit vielerorts eine verstärkte Aufmerksamkeit auf sich zu ziehen scheinen.

Dass es sich dabei mit José Rizal um einen großen philippinischen Schriftsteller und Intellektuellen handelt, ist – dies sollten die hier analysierten Entwicklungen gezeigt haben – keineswegs dem Zufall geschuldet. José Rizal steht wie José Martí am Ausgang des spanischen Kolonialreiches als große literarische *und* politische Gestalt, die verdeutlicht, dass die Sicht auf die weltweiten Entwicklungen in Kolonien wie Kuba oder den Philippinen längst klarer als im untergehenden spanischen Mutterland war.

Denn José Martí und José Rizal, diesen beiden sich in so vielem ähnlichen Nationalhelden Kubas und der Philippinen, sollte es in einer erstaunlichen Vergleichzeitigung des Ungleichzeitigen gelingen, die einzelnen Teile des kolonialen Kaleidoskops aus ihren angestammten Abhängigkeiten herauszulösen – auch wenn sie es selber nicht mehr erleben sollten, wie rasch sich die Asymmetrien des postkolonialen Dilemmas auf ihren vom spanischen Kolonialismus befreiten Archipelen etablierten. Zum besseren Verständnis dieser Entwicklungen sei noch einmal ein kurzer geschichtlicher Rückblick in unsere Überlegungen eingeblendet.

Mit dem im ersten Drittel des 19. Jahrhunderts erfolgenden Zusammenbruch des kontinentalen Kolonialreichs Spaniens in Amerika wurden zwar mit Blick auf die Beziehungen zwischen den Philippinen und Mexiko viele der über Jahrhunderte entstandenen Fäden im globalen Webmuster der iberischen Weltmächte durchtrennt. Doch sorgte die Tatsache, dass neben den Philippinen auch Kuba, Puerto Rico und zumindest zeitweise der östliche Teil Hispaniolas im spanischen Kolonialreich verblieben, nicht nur – bei allen insbesondere kulturellen Differenzen und Gegensätzen – für eine Vielzahl struktureller Ähnlichkeiten und Übereinstimmungen, sondern auch für verstärkte inter- und transarchipelische Beziehungen zwischen der philippinischen Inselwelt und der (insbesondere spanischen) Karibik. Vieles der „special relationship" zwischen beiden Archipelen, in denen die spanische Flotte von den Panzerkreuzern der USA fast gleichzeitig versenkt wurde, lässt sich auch heute noch spüren.

Als Beleg für die herausragende Bedeutung des philippinischen Nationalhelden mögen Leben und Werk des am 6. Juli 1861 in Calamba auf den Philippinen geborenen und am 30. Dezember 1896 als Vordenker der Revolution von spanischen Soldaten hingerichteten José Rizal gelten. Nicht zu Unrecht wurde er schon des Öfteren – etwa vom mexikanischen Philosophen Leopoldo Zea – mit dem Autor von *Nuestra América* in Verbindung gebracht, dessen Reisebewegungen auf dem amerikanischen Kontinent und insbesondere im zirkumkaribischen Raum gewiss nicht weniger rastlos waren als die Reisen des Verfassers von *Filipi-*

nas dentro de cien años. Hatte José Martí – wie wir sahen – lange Jahre seines Lebens in Verbannung und Exil verbracht, so hielt sich José Rizal ebenfalls in Spanien, Frankreich und den USA, aber auch in Deutschland, Österreich und der Schweiz, in Hongkong, Japan, England und Belgien auf, bevor er 1895 vergeblich beantragte, als Arzt die wegen des von Martí ausgelösten Kriegsausbruchs nach Kuba verlegten spanischen Truppen begleiten zu dürfen. Den letztgenannten Wunsch aber verwehrte man dem erprobten Mediziner und Ophthalmologen.

Vor diesem Hintergrund zeichnen sich Parallelen zwischen Lebenswegen und Schreibbedingungen Rizals und Martís ab, die weder aus nur nationalliterarischer noch aus allgemein weltliterarischer Perspektive adäquat erfasst werden könnten. Auch in diesem Falle würde ein derartiges methodologisches Zweitaktsystem von National- versus Weltliteratur auf ganzer Linie versagen. Denn Martí und Rizal verkörpern als herausragende Repräsentanten ihrer Archipele jene Entwicklungen, die ebenso mit dem antikolonialistischen Freiheitskampf wie mit dem Aufstieg der USA zur am stärksten expandierenden Weltmacht in Zusammenhang stehen. Die allergrößten Teile der literarischen Werke dieser beiden Autoren entstanden nicht auf dem Meridian ihrer Heimatländer, sondern in unterschiedlichsten kulturellen Areas des Planeten und können nicht in einem stabilen und statischen Mapping eingetragen werden.

Doch wie von Martí angenommen, waren Havanna und Manila längst gleichzeitig ins Fadenkreuz der US-amerikanischen Begehrlichkeiten gerückt und zu Orten geworden, an denen die Vereinigten Staaten von Amerika das koloniale Erbe Spaniens antreten konnten. Das sicherlich bis heute berühmteste Werk José Rizals ist sein 1887 in Berlin veröffentlichter Roman *Noli me tangere*, wobei die Tatsache, dass Martís einziger Roman *Amistad funesta* (wenn auch postum 1911 im zehnten Band der Werkausgabe von Quesada y Aróstegui) ebenfalls in Berlin erstmals in Buchform erschien, auf ähnlich problematische Verlagsstrukturen aufmerksam macht. Doch ist diese Koinzidenz zwischen Rizal und Martí eher anekdotischer Natur. In weit mehr als nur biographischer Hinsicht aber darf das Werk des philippinischen Autors einer Literatur ohne festen Wohnsitz zugerechnet werden, der wir auch schon die kubanische wie – in weiten Teilen – die karibische Literatur zugeordnet hatten. Prekäre Verlagsstrukturen in den jeweiligen Heimatregionen der entsprechenden Autor*innen sind Teil eines solchen Bildes von hoher Mobilität.

Noch vielsprachiger als José Martí hatte José Rizal, der auch in deutscher, französischer, englischer und lateinischer Sprache zu lesen und sich auszudrücken wusste, neben seiner Muttersprache, dem Tagalog, in seiner Kindheit ein höchst unvollkommenes Spanisch erlernt, was ihn dazu zwang, anders als ein das Spanische muttersprachlich beherrschender Autor ständig vor einem vielsprachigen Hintergrund an seinen Ausdrucksmöglichkeiten zu feilen. Er tat dies so, wie dies ein translingualer Autor, der nicht in seiner Muttersprache schreibt, an den Wendungen seiner literarischen Zielsprache tut.

Mit gutem Grund stellte der bereits erwähnte mexikanische Philosoph Leopoldo Zea diesen Kampf Rizals um die Sprache seiner Literatur in den geschichtlichen Kontext eines Archipels, der sich nach der Niederlage der spanischen Flotte gegen die hochgerüsteten Geschwader der USA vor Manila vom Spanischen, der Sprache der kolonialen Unterdrücker, ab- und dem Englischen zuwenden sollte. Es ist, als hätte der philippinische Autor, der sein Lebenswerk in einem translingualen Kontext entfaltete, mit dem Verlust seines Lebens auf den Philippinen zugleich seinen sprachlichen Wohnsitz verloren: „Ahora, las palabras, los escritos de Rizal, máximo héroe de Filipinas, no están al alcance de su pueblo. No están a su alcance en la lengua con que se expresó."[20]

Ist es bei einem translingualen, nicht in seiner eigentlichen Muttersprache schreibenden Autor wie Rizal nicht ein einzigartiges Phänomen, dass seinem individuellen Sprachwechsel hin zum Spanischen bald ein kollektiver Sprachwechsel der Philippinen weg vom Spanischen folgen sollte, der den Verfasser von *Noli me tangere* dauerhaft von seinem Lesepublikum abschnitt? Und dürfen wir nicht auch hierin ein Zeichen für die inselhaften Diskontinuitäten sehen, welche die kulturellen Landschaften ebenso kolonialer wie unmittelbar postkolonialer Länder prägen?

Dass Martí 1895 und Rizal 1896 ihr Leben im Kampf gegen eine marode spanische Kolonialherrschaft lassen mussten, deren technologisch weit unterlegene Flotte wenige Jahre später, im Sommer 1898, von der hochmodernen Feuerkraft der US-Panzerkreuzer vor Santiago de Cuba und vor Manila erbarmungslos versenkt wurde, soll in diesem Kontext gegenüber der Tatsache zurücktreten, dass sich weder Martí noch Rizal trotz ihres rast- und ruhelosen Kampfs für ihre Heimat auf eine Beschäftigung mit ,ihrem' karibischen beziehungsweise philippinischen Archipel beschränkten. Der Spiel- und Bewegungsraum ihres Denkens wie ihrer Reisen war ein unverkennbar transarealer und transarchipelischer, insofern auf ihren Wegen wie in ihrem Denken – um mit dem Excipit von Martís *Nuestra América* zu sprechen – „las islas dolorosas del mar",[21] folglich die schmerzensreichen Inseln des Meeres, stets mit einer globalen Dimension verwoben waren. Ihren Archipelen kam dabei – in ihren politischen wie vor allem in ihren literarischen Texten – die Funktion dynamisierender, mobiler ZwischenWelten zu.

---

20 Zea, Leopoldo: Prólogo. In: Rizal, José: *Noli me tangere*. Edición y cronología Margara Russotto. Caracas: Biblioteca Ayacucho 1976, S. xxix.
21 Martí, José: Nuestra América. In (ders.): *Obras Completas*. Bd. 6. La Habana: Editorial de Ciencias Sociales 1975, Bd. 6, S. 23.

Denn war nicht die ganze Welt für sie zu einem Archipel unterschiedlichster Inseln mit ihren jeweiligen Eigenlogiken geworden?

Keineswegs zufällig setzt das erste von dreiundsechzig Kapiteln des in der
Hauptstadt Deutschlands auf Spanisch veröffentlichten, auf den Philippinen
rasch bekannt gewordenen und alsbald von der spanischen Kolonialverwaltung
nach behördlicher sowie akademischer Prüfung verbotenen Romans mit der
Darstellung eines großen Festessens ein. Denn Feste sind stets – gerade auch
in einer vom „Costumbrismo" geprägten Literaturtradition[22] – dank ihrer spezifischen Raumzeitlichkeit besondere Formen der Selbstverständigung auf kollektiver, (proto-)nationaler Ebene; abgesehen davon, dass ihnen in der Form
des Festmahls im asiatischen, speziell im chinesischen Kontext eine besondere
Bedeutung zukommt. So ist das literarische Festessen auch mit viel „couleur
locale" gewürzt und will dem direkt angesprochenen Lesepublikum vor Augen
führen, wie derartige Formen der Soziabilität in der „Perla del Oriente"[23] von-
statten zu gehen pflegten.

Abb. 16: José Rizal (1861–1896).

Vergessen wir dabei nicht, dass José Rizal offiziell bei den spanischen Kolonialbehörden als chinesischer Mestize galt, da er in fünfter Generation von einem
aus der Provinz Fujian eingewanderten chinesischen Händler abstammte und
seine Mutter eine spanisch-philippinische Mestizin war: Das Lokalkolorit war für
ihn kein ferner Autoexotismus! Im zweifellos kostumbristischen Auftakt von *Noli
me tangere* wird von Beginn an in die nur kurz evozierte tropische Flussland-
schaft und ihre erst rudimentär entwickelte Stadtlandschaft (*Cityscape)* sehr bewusst mit den „acordes de la orquesta" und dem „significativo *clin-clan* de la

---

22 Vgl. hierzu González Echevarría, Roberto: Fiestas y el origen de la nación cubana: Francisco,
de Anselmo Suárez y Romero. In: Ette, Ottmar / Müller, Gesine (Hg.): *Caleidoscopios coloniales.
Transferencias culturales en el Caribe del siglo XIX. Kaléidoscopes coloniaux. Transferts culturels
dans les Caraïbes au XIXe siècle.* Madrid – Frankfurt am Main: Iberoamericana – Vervuert 2010,
S. 67–81.
23 Rizal, José: *Noli me tangere* Prólogo Leopoldo Zea. Edición y cronología Margara Russotto.
Caracas: Biblioteca Ayacucho 1976, S. 8.

vajilla y de los cubiertos"[24] eine Klanglandschaft, ein *Soundscape* integriert, der wiederum durch eine Landschaft unterschiedlichster Düfte, einen spezifischen *Smellscape*, ergänzt wird. Somit wird vom philippinischen Autor auf höchst sinnliche Weise eine (literarische) Bezugslandschaft aufgebaut, die dank ihrer fraktalen Strukturierung einen fraglos archipelischen Grundzug aufweist. Verweilen wir einen Augenblick bei diesem kostumbristischen Auftakt des Romans, dem durchaus spektakuläre Züge eignen!

Dabei ist das Fest selbst – als wohlüberlegte Mise en abyme gleich zu Beginn des Texts – einer fraktalen Strukturierung verpflichtet. Die Gastfreundschaft steht von Beginn an im Zeichen der Orchestrierung globalisierter Sinnesreize und Tischsitten, so dass die lokale Einfärbung vor dem Hintergrund einer weltweiten Zirkulation von Gütern und Gewohnheiten gleichsam translokalisiert wird: Die Philippinen werden literarisch innerhalb weltweiter Relationen und Verbindungen sinnlich nacherlebbar gemacht.

Nicht umsonst stellt sich im zweiten Kapitel die Hauptfigur des Romans, der blonde und weitgereiste Crisóstomo Ibarra, kurzerhand selbst der anwesenden Damenwelt – den Philippininnen und Spanierinnen und allen, die sich dazwischen bewegen, also „unas cuantas jóvenes entre filipinas y españolas"[25] – wie den Militärs, Klerikern und anderen Vertretern der Kolonialgesellschaft mit folgenden Worten vor: „—¡Señores! —dijo—, hay en Alemania una costumbre, cuando un desconocido viene a una reunión y no halla quién le presente a los demás, él mismo dice su nombre y se presenta [...]."[26] In Deutschland gebe es eine Sitte, dass derjenige, der neu zu einer Gesellschaft hinzustößt und keinen findet, der ihn einführen und vorstellen könnte, sich kurzerhand selbst namentlich vorstellt. Gesagt, getan! Warum sollten Formen deutscher Soziabilität nicht auch auf ein spanisches und philippinisches Publikum übertragen werden?

Wie auf Ebene der Gastronomie oder der Umgangsformen bleibt die gelungene literarische Inszenierung von Geselligkeit auf den Philippinen keineswegs auf den Archipel oder allein auf die Beziehungen zwischen der asiatischen Inselwelt und der iberischen Halbinsel beschränkt. Denn jenseits der Tatsache, dass der Roman in spanischer Sprache abgefasst ist und vom ersten Kapitel an die peninsulare Variante mit einer von Philippinismen durchsetzten Sprache unterschiedlicher sozialer Kontexte kontrastiert wird, was auch beinhaltet, dass kürzere Einschübe und Passagen in Tagalog eingefügt werden, greift *Noli me tangere* bereits im Titel mit seinem Zitat aus dem Lukas-Evangelium auf das

---

24 Ebda.
25 Ebda., S. 9.
26 Ebda., S. 18.

Lateinische zurück, während dem Roman – ebenfalls im paratextuellen Bereich – als Motto ein Zitat aus Friedrich Schillers *Shakespeares Schatten* in deutscher Sprache vorausgeschickt wird. Das sind allein schon durch die expliziten intertextuellen Verweise hohe Anforderungen an ein Lesepublikum, das Rizal sicherlich nicht allein in seiner Heimat, auf den Philippinen, erreichen wollte.

Daneben finden sich aber auch Einsprengsel und Hinweise auf das Französische, Englische und Italienische, was nicht nur angesichts der Vielzahl an Sprachen, die José Rizal sprach, sondern auch mit Blick auf den in der Welt weit herumgekommenen Crisóstomo Ibarra y Magsalin nicht verwundert, antwortet dieser doch einem spanischen Mönch, der sich länger in Hongkong aufhielt und daher „Pidgin-English"[27] spricht, er liebe die Länder des freien Europa („Europa libre") und spreche mehrere seiner Sprachen.[28] Aber taten dies, so ließe sich einwenden, auch seine Leserinnen und Leser? Kann man überhaupt mit der dargebotenen Sprachenvielfalt dieses philippinischen Romans mithalten?

Die sehr bewusst in Szene gesetzte Vielsprachigkeit ist ohne jeden Zweifel programmatischer Natur. Denn José Rizals Roman führt in seiner eigenen sprachlichen Gestaltung einen weltweiten Archipel der Sprachen vor, wobei er auch auf diesem Gebiet die unübersehbaren Zeichen einer Literatur ohne festen Wohnsitz setzt. Ist nicht die Welt zum Archipel geworden, wo man auf verschiedenen Inseln die unterschiedlichsten Sprachen spricht? Und ist nicht das Spanische zwar eine globalisierte Sprache, die aber durch andere Sprachen aus ihrer Einsprachigkeit befreit werden muss?

Ohne an dieser Stelle im Kontext der hier behandelten Fragen eine ausführlichere Analyse von *Noli me tangere* vorlegen zu können, sei doch zumindest betont, welch enorme Rolle von Beginn an dem Haus als fraktalem Muster, als „fractal pattern",[29] zukommt. Es lässt sich ohne jede Übertreibung als ein Fraktal der gesamten Welt und damit als ein *WeltFraktal* bezeichnen.[30] Doch *Noli me tangere* wird auf den verschiedensten Ebenen von fraktalen Mustern durchzogen, so dass derartige Modellierungen en miniature eines der auffälligsten Strukturmerkmale des Romans darstellen.

Denn wie die ganze Persönlichkeit des Gastgebers, Don Santiago de los Santos alias Capitán Tiago, in jenem Ölgemälde an der Wand zum Ausdruck kommt, das einen „hombre bonito, de frac, tieso, recto, simétrico como el bas-

---

27 Ebda., S. 22.
28 Ebda.
29 Vgl. zum fraktalen Muster des Insel-Hauses Ette, Ottmar: Von Inseln, Grenzen und Vektoren, S. 161–167. Dort liegt der Schwerpunkt im Bereich der französisch-, englisch- und spanischsprachigen Literatur der Karibik im 20. Jahrhundert.
30 Vgl. hierzu Ette, Ottmar: *WeltFraktale* (2017), passim.

tón de borlas que lleva entre sus rígidos dedos cubiertos de anillos"[31] zeigt, so konzentriert auch das Haus mit seinem Interieur, seinen weithin berühmten Gelagen, dem ostentativen, an Luxusgütern jedweder Provenienz orientierten Konsum seines Besitzers und den sich hier begegnenden Menschen, wie in einem Brennspiegel die spannungsvolle Welt der kolonialspanischen Philippinen. Und diese Perspektivik situiert die Philippinen wohlgemerkt im Verbund mit und als Teil der kolonialen Inselwelten Spaniens.

Die fraktale, eine höchst heterogene Totalität in sich wie in einem „Modèle réduit" im Sinne von Claude Lévi-Strauss vereinigende Struktur dieses Hauses leuchtet schon in dessen erster Schilderung im Roman auf. Sehen wir uns daher diesen ‚Auftritt' des Hauses einmal genauer an:

> Das Haus, auf das wir anspielen, ist etwas niedrig und von einer nicht sehr korrekten Linienführung: Der Architekt, der es entwarf, mag nicht recht gesehen haben oder alles war die Auswirkung der Erdbeben und Hurrikane, wer wollte dies schon mit Sicherheit sagen. Eine breite Treppe mit grünen Geländern und teils ausgelegten Teppichen führt vom mit bemalten Kacheln geschmückten Eingang oder Portal gesäumt von Blumenampeln und Blumentöpfen, welche auf gesprenkelten chinesischen Absätzen voller fantastischer farbiger Zeichnungen standen, empor zum Hauptgeschoß.[32]

Auf diese Weise bündelt dieses Haus auf den Philippinen, das sich von seiner Umgebung wie eine Insel abhebt, bereits im ersten Kapitel von Rizals Roman wie in einer *Mise en abyme* jenen weltweiten kolonialen und – in der Figur des in seinem Namen nicht zuletzt die spanische und philippinische Herkunft vereinigenden Ibarra y Magsalin – zumindest perspektivisch postkolonialen Bewegungsraum der Kulturen, der sich im Archipel und mehr noch in der weltweit vernetzten Inselwelt der Philippinen ausdrückt. Natur und Kultur, Erdbeben und Hurrikane, aber auch spanische Raumgestaltungen sowie Kacheln und chinesische Drachenzeichnungen schaffen einen Bewegungs-Raum, in welchem die verschiedensten Kulturen, aber auch Kultur und Natur zusammenzufließen scheinen.

Gleichviel, ob es der (koloniale) Architekt oder die Erschütterungen und Wirbelstürme der Zeit waren, welche die Geradlinigkeit dieses Hauses aus dem Lot brachten: Der Archipel der Philippinen steht wie jener der spanischen Karibik am Ausgang des 19. Jahrhunderts vor dem Zusammenbruch einer Kolonialgesellschaft, die im Zeichen der dritten Phase beschleunigter Globalisierung von den geradlinigen und gut gebauten Panzerkreuzern der USA nur wenige

---

31 Rizal, José: *Noli me tangere*, S. 9.
32 Ebda., S. 8.

Jahre später hinweggefegt werden wird. Aber dies kann man bei der Lektüre derartiger Passagen von Rizals Roman nur erahnen.

Doch die heraufziehende Katastrophe kündigt sich auch auf anderen Ebenen an: Im Scheitern der positiv gezeichneten Hauptfiguren des Romans wird auf der individuellen wie auf der kollektiven Ebene der epochale Schiffbruch des „Desastre" von 1898 erkennbar, zu dessen Zuschauern uns der Roman von seiner ersten Zeile an macht; ein Schiffbruch mit Ansage, der nicht nur den Untergang der letzten Reste des spanischen Kolonialreichs auf beiden Archipelen, sondern auch des Spanischen auf den Philippinen mit sich bringen wird.

Da nutzt es nichts, wenn die spanische Kolonialmacht die Aufständischen als „filibusteros", als Freibeuter und Piraten, denunziert: Kein „Espejo de Paciencia" kann das einst stolze iberische Schiff wieder flottmachen oder zumindest vor dem Untergang retten. Eine neue Zeitrechnung deutet sich an, die – auch wenn sie sich noch einmal den alten Kräften, die auch Rizal selbst ermorden werden, unterwerfen muss – bald all das historisch und dysfunktional werden lässt, was auf beiden Archipelen noch als in sich abgeschlossene und nur auf sich bezogene Insel-Welt geblieben ist. Das koloniale Kaleidoskop der Karibik wie der Philippinen hat – und daran lässt *Noli me tangere* keinen Zweifel – längst damit begonnen, sich in seine Einzelteile aufzulösen und definitiv auseinanderzufallen. *Noli me tangere* ist ein gutes Stück Literatur, das die künftige Geschichte bereits aufscheinen lässt.

Denn die koloniale Situation der Philippinen ist innerhalb des hier diskutierten transarchipelischen Kontexts mit jener Kubas beziehungsweise des kubanischen Archipels durchaus vergleichbar. Kein anderer Schriftsteller und Philosoph hat den Zusammenbruch jedweden selbstbezogenen, provinziellen Denkens angesichts einer sich beschleunigenden, alles mit sich fortreißenden Globalisierung eindrucksvoller formuliert als José Martí in seinem bereits zitierten Incipit seines sicherlich berühmtesten Essays *Nuestra América*. Die alten Bewegungsräume des ‚Dörflerischen' und der Selbstbezogenheit des Lokalen sind fortan einer ungeheuren Beschleunigung ausgesetzt, der sich nichts und niemand mehr zu entziehen vermag.

Gewiss hegte der Kubaner José Martí am Ende seines Lebens noch die Hoffnung, die Inselketten der Karibik einer aus dem Norden des Kontinents vorrückenden neuen Weltmacht als Bollwerk entgegenstellen und damit die Expansion der Vereinigten Staaten noch verhindern zu können. So schrieb er in einem berühmten, auf den 18. Mai 1895 datierten, aber unvollendet gebliebenen Brief an seinen mexikanischen Freund Manuel Mercado aus dem Campamento de Dos Ríos unweit des Ortes, an dem ihn wenige Stunden später der Tod ereilen sollte:

> Alle Tage schon bin ich der Gefahr ausgesetzt, mein Leben für mein Land und für meine Pflicht hinzugeben – denn so verstehe ich es und bin beseelt davon, alles so in die Tat umzusetzen –, um mit der Unabhängigkeit Kubas rechtzeitig zu verhindern, dass sich die Vereinigten Staaten über die Antillen ausbreiten und um diese Kraft verstärkt über unsere Länder Amerikas herfallen. Alles, was ich bis heute getan und tun werde, ist dafür.[33]

Ebenso wenig wie Rizal gelang es Martí, „impedir que en Cuba se abra, por la anexión de los Imperialistas de allá y los españoles, el camino que se ha de cegar, y con nuestra sangre estamos cegando, de la anexión de los pueblos de nuestra América, al Norte revuelto y brutal que los desprecia“.[34] Denn es gelang ihm nicht, dem brutalen und entfesselten, den Süden verachtenden Norden jenen Weg zu versperren, der diesen durch die imperialistische Annexion weiter Länder zu einem neuen Weltreich führen sollte.

Und doch war beider Werk nicht nur mit Blick auf ihre Erfolge im Kampf gegen den spanischen Kolonialismus letztlich nicht vergebens – auch wenn es ihnen selbst unter günstigsten Bedingungen nicht gelingen konnte, ihre Inselwelten vor dem Eintritt in eine Phase neuer Abhängigkeiten nun nicht mehr von der alten Kolonialmacht, sondern vom neuen, aufstrebenden Imperium zu bewahren. Ja man könnte sogar so weit gehen zu behaupten, dass José Martí mit dem antikolonialen Krieg gegen Spanien den Kriegseintritt der USA noch beschleunigte und damit deren Ausbreitung über jene Antillen förderte, von denen die neue Weltmacht die alte Kolonialmacht Spanien vertrieb. Freilich fiel die US-amerikanische Intervention in den kubanisch-spanischen Kolonialkrieg in eine Zeit, in welcher José Martí schon seit Jahren unter der Erde lag – gleichviel, ob wir seinen Tod in Dos Ríos als einen Tod im Gefecht, als einen von ihm gesuchten und herbeigesehnten Tod oder als einen Selbstmord betrachten wollen.

Im Zeichen einer auch lebensweltlich spürbaren Akzeleration, die José Martí wie José Rizal dank ihrer weitläufigen Perspektivik weitaus früher und klarer als andernorts beobachten und begreifen konnten, wird erkennbar, in welchem Maße sich aus Insel-Welten transareale Inselwelten bilden mussten, wollten Kubaner und *Filipinos* Richtung und Geschwindigkeit innerhalb dieses transarealen Bewegungs-Raums eigenständig mitbestimmen. Doch es war ein verzweifelter und letztlich zum Scheitern verurteilter Kampf gegen eine marode Kolonialmacht, die sich selbst noch ein letztes Mal ihrem absehbaren Untergang mit aller Kraft entgegenstemmte.

---

33 Martí, José: *Obras Completas*, Bd. 4, S. 156.
34 Ebda., S. 168.

Denn die militärisch untersetzte Beschleunigung kam allzu rasch, so dass beide Intellektuelle und Schriftsteller noch der alten Kolonialmacht zum Opfer fielen, während sich in deren Rücken längst eine neue weltpolitische Situation herausgebildet hatte. Die literarische Inszenierung des eigenen Todes im Lichte einer künftigen Freiheit ist beiden Autoren gemeinsam und bildet eine weitere Parallele zwischen Martí und Rizal. So könnte auch Martís Feder entstammen, was Rizal im letzten Kapitel seines Romans einen seiner beiden Helden sprechen ließ:

> Der Unbekannte drehte sein Gesicht gen Osten und murmelte, als ob er betete:
> — Ich sterbe, ohne die Sonne über meinem Vaterlande aufgehen gesehen zu haben ...!, Ihr, die Ihr sie noch sehen werdet, begrüßt sie ... Und vergesst dabei all jene nicht, die während der Nacht dafür gefallen sind!
> Er hob seine Augen zum Himmel, seine Lippen erbebten, als murmelten sie ein Bittflehen, danach senkte er den Kopf und sank langsam hinunter zur Erde ... [35]

Auch Martí wusste – wie er in einem seiner sicherlich berühmtesten Gedichte schrieb –, dass er zwei Vaterländer besaß, nämlich Kuba und die Nacht: "Dos patrias tengo yo: Cuba y la noche. / ¿O son una las dos?"[36] Doch wird die Literatur auch bei ihm stets zu jenem Ort, von dem aus das Neue nicht nur denkbar und lesbar, sondern als ästhetisches Erlebenswissen sinnlich erfahrbar werden kann. Denn sowohl bei José Martí als auch bei José Rizal entfaltete das Schreiben jene nicht unterdrückbare Sehnsucht nach einer künftigen Freiheit, nach einer besseren, gerechteren Welt, die in der Realität zu ihrer Zeit unter den kolonialen Verhältnissen noch nicht verwirklichbar schien.

Vielleicht lag genau hierin, in der Kraft und Stärke ihrer Literatur, auch langfristig die größte von beiden Autoren ausgehende Gefahr. So wurden sie zu Opfern eines Kolonialismus, den sie zugleich mit Hilfe ihres Schreibens doch überwanden. Sie hatten verstanden, dass das koloniale Kaleidoskop nicht länger funktionstüchtig war und früher oder später zerfallen musste. Und beide hatten in verschiedenen literarischen Gattungen versucht, ihrer tiefen Überzeugung ästhetischen Ausdruck zu geben, dass eine gerechtere, von kolonialen Abhängigkeiten befreite Welt trotz alledem doch möglich war.

José Rizals und José Martís Schreiben hat vieles von dem ästhetisch erfahrbar und nacherlebbar gemacht, was beide Schriftsteller und Revolutionäre an Neuem auf politischer Ebene noch nicht in Gang zu setzen vermochten. Ihr literarisches

---

35 Rizal, José: *Noli me tangere*, S. 351.
36 Martí, José: *Poesía Completa*. Edición crítica. La Habana: Editorial Letras Cubanas 1985, S. 127. Vgl. zur Martí'schen Lyrik vom Sterben und vom Tod den sechsten Band der Reihe „Aula" in Ette, Ottmar: *Geburt Leben Sterben Tod* (2022), S. 666 ff.

Schaffen aber lässt eine Umwandlung von multi- in transarchipelische Strukturen erkennen, wie sie im Grunde erst an der Wende vom 20. zum 21. Jahrhundert – denken wir etwa an den *Eloge de la Créolité*[37] von Jean Bernabé, Patrick Chamoiseau und Raphaël Confiant oder vielleicht mehr noch an Entwürfe, wie sie Amin Maalouf in seinen *Origines*[38] vorstellte – entfaltet werden konnten. Wir werden uns im Fortgang unserer Vorlesung mit weiteren archipelischen Ansätzen auseinandersetzen, wie sie im Verlauf des 20. Jahrhunderts ausgehend vom Raum der Karibik entwickelt worden sind.

Die Zeit für die Verwirklichung vielverbundener und archipelischer wie transarchipelischer Vorstellungen war zu Lebzeiten José Rizals und José Martís noch nicht gekommen. Denn derartige Vorstellungen zerbrachen – auch weit über den spanischsprachigen Bereich hinaus – die Logik jenes jahrhundertealten kolonialen Kaleidoskops, an dem diese beiden avancierten Autoren aus unterschiedlichen Archipelen selbst noch zugrunde gehen sollten. Ihre Literatur aber war längst im besten Sinne des Begriffes zu einer Literatur ohne festen Wohnsitz geworden, die ihre Visionen von verschiedensten Punkten, aus der Perspektivik unterschiedlicher Kulturen und auf der Folie vielsprachiger Ausdrucksmöglichkeiten entfaltete. Nicht allein für Martí, sondern auch für Rizal gilt José Lezama Limas schönes, dynamisches Bild[39] vom selbstgeschaffenen Wirbel, der alles mit sich fortreißt – von einem ungeheuren Wirbel, in dem sich alles auflöst, um sich auf Neues hin zu öffnen. Fassen wir an dieser Stelle des Übergangs vom 19. zum 20. Jahrhundert noch einmal die bewegungsgeschichtlichen Besonderheiten archipelischer Landschaften und insbesondere der Antillen beziehungsweise der Karibik zusammen!

Wie eine transareale Untersuchung der Karibik – in der sich die unterschiedlichsten Wege des Wissens[40] aus Afrika und Europa, aus Süd-, Mittel- und Nordamerika, aus Indien und China oder von den Philippinen queren und überkreuzen – als Teil der Welt der Tropen[41] zeigt, dürfte es wohl kaum

37 Bernabé, Jean / Chamoiseau, Patrick / Confiant, Raphaël: *Eloge de la Créolité*. Paris: Gallimard – Presses Universitaires Créoles 1989 M vgl. hierzu auch die nachfolgenden Ausführungen.
38 Maalouf, Amin: *Origines*. Paris: Editions Grasset & Fasquelle 2004; vgl. hierzu den siebten Band der Reihe „Aula" in Ette, Ottmar: *Erfunden Gefunden* (2022), S. 757 ff.
39 Vgl. Lezama Lima, José: *La expresión americana*. Madrid: Alianza Editorial 1969, S. 116. Vgl. hierzu auch die Deutung im siebten Band der Reihe „Aula" in Ette, Ottmar: *Erfunden Gefunden* (2022), S. 767 ff.
40 Vgl. hierzu Ette, Ottmar: Wege des Wissens. Fünf Thesen zum Weltbewusstsein und den Literaturen der Welt. In: Hofmann, Sabine / Wehrheim, Monika (Hg.): *Lateinamerika. Orte und Ordnungen des Wissens. Festschrift für Birgit Scharlau*. Tübingen: Gunter Narr Verlag 2004, S. 169–184.
41 Vgl. hierzu Ette, Ottmar: Diskurse der Tropen – Tropen der Diskurse: Transarealer Raum und literarische Bewegungen zwischen den Wendekreisen. In: Hallet, Wolfgang / Neumann,

einen anderen Großraum auf diesem Planeten geben, der intensiver und über längere historische Zeiträume als diese Weltregion mit anderen Areas vernetzt war und ist.

Die Tropen ihrerseits stellen auf Grund ihrer komplexen externen Vernetzung und einer hochgradig diskontinuierlichen und vielfältigen inneren Relationalität eine geradezu idealtypische TransArea dar, in welcher sich folgerichtig auch eine Vielzahl an Theorien entwickelte, die von José Martí über Fernando Ortiz oder José Lezama Lima bis hin zu Edouard Glissant reichen und weit über den karibischen Raum hinaus Bedeutung für eine Welt erhalten haben, die sich in ein mehrpoliges und vielverbundenes Archipel verwandelt. Daher soll dieser Welt des „Greater Caribbean" in diesem besonders den Archipelen gewidmeten Teil unserer Vorlesung eine noch weitergehende Aufmerksamkeit zuteil werden.

Das Beispiel der Beziehungen zwischen den Archipelen der Philippinen und jenen der Karibik beziehungsweise Kubas hat gezeigt, dass sich die Tropen keineswegs in voneinander isolierten Areas befinden oder nur über koloniale oder postkoloniale Zentren miteinander verbunden wären. Vielmehr bilden sie die transtropische Mitte unseres Planeten, die schon allein durch ihre Benennung als *Tropen* (vom Altgriechischen für ‚Wendung') auf die ständigen Bewegungen dieses Raumes aufmerksam macht. Bereits bei Fernando Ortiz waren wir beim Stichwort Transkulturalität auf die Tatsache gestoßen, dass sich die tropischen und subtropischen Räume unseres Planeten in einer unmittelbaren Austauschbeziehung befinden und sozusagen *transareal* miteinander verbunden sind.

Es wäre aus einer so reflektierten Sichtweise abwegig, die Tropen in ihrer schon begrifflich gegebenen Pluralität allein anhand von Ekliptik und Sonnenhöhen, Klima und Vegetation, Wind- und Meeresströmungen, der Land-Wasser-Verteilung oder bestimmter ökologischer, ökonomischer, sozialer oder politischer Indikatoren einzugrenzen und damit zu fixieren. Denn jede Migration, jede Vektorisierung hat im Verbund mit den unterschiedlichen Phasen beschleunigter Globalisierung eigene Logiken auf die Tropen projiziert und in die Tropen exportiert. Die Tropen lassen sich daher als der globale Bewegungs- und Transitraum schlechthin begreifen. Nicht umsonst ließ der durch seine Tagebuchaufzeichnungen aus der Zeit des Nationalsozialismus berühmt gewordene Romanist Victor Klemperer in einem auf den 12. August 1935 datierten Fragment seiner *Lingua Tertii Imperii* unter dem Titel „Café Europe" jüdischen Auswanderern, die sich auf den Weg ins peruanische Exil ge-

Birgit (Hg.): *Raum und Bewegung in der Literatur. Die Literaturwissenschaften und der Spatial Turn.* Bielefeld: transcript Verlag 2009, S. 139–165.

macht hatten, hinterherrufen: „Habt ihr Sehnsucht nach Europen? / Vor euch liegt es in den Tropen; / denn Europa ist Begriff!"[42]

Nicht nur für Europa waren die Tropen stets ein Reflexions- und Projektionsraum eigener Hoffnungen und Ängste, eigener Schöpfungen, Störungen und Zerstörungen. In gewisser Weise lassen sich Anfang und Ende jener Mikroerzählungen, die der Kubaner Guillermo Cabrera Infante 1974 in seinem Band *Vista del amanecer en el Trópico* vereinigte, wie die Geschichte jener europäischen Tropen der Tropen, jener Expansion und Apokalypse lesen, die uns bei unseren Überlegungen auch in anderen Vorlesungen[43] immer wieder bislang begleitet haben. Denn im ersten Text dieser *Vista* tauchen zunächst Insel und Inseln aus dem Ozean auf, um einen (freilich kubanischen) Archipel in der Karibik zu bilden:

> Die Inseln stiegen aus dem Ozean empor, zunächst wie isolierte Eilande, danach wurden aus den Inselkernen Gebirge und die flachen Wasser wurden zu Tälern. Später verbanden sich die Inseln, um eine große Insel zu bilden, die bald grün wurde, wo sie nicht golden oder rötlich war. Daneben tauchten weiterhin Inselchen auf, die zu Inselkernen wurden, und die Insel verwandelte sich in einen Archipel: eine längliche Insel nahe bei einer großen runden Insel, welche von Tausenden von Inselchen, Eilanden und selbst von weiteren Inseln umgeben ward. Aber da die längliche Insel eine bestimmte Form besaß, beherrschte sie das Ensemble, und niemand hat den Archipel gesehen, wobei man es vorzog, die Insel Insel zu nennen und die Tausenden von Inselkernen, Eilanden, Inselchen zu vergessen, welche die große Insel umsäumten wie das Koagulierte aus einer großen grünen Wunde.
> Hier ist die Insel, die noch immer mitten aus dem Ozean und dem Golf emporsteigt: Hier ist sie.[44]

Diese poetische, literarisch höchst gelungene Genesis des kubanischen *Archipels* – denn jedes kubanische Schulkind lernt schon, dass Kuba keine Insel, sondern ein Archipel ist – lässt eine sich ständig verändernde Welt unermesslich vieler tropischer Inseln und Inselchen entstehen, die auf der Ebene der Raumstruktur erst vom Menschen künstlich zentriert wird, da sich aus Sicht des Menschen alles auf die große Insel konzentriert. Denn denken wir an die europäische Entdeckungsgeschichte zurück:[45] Kein Geringerer als Christoph Columbus höchstselbst hatte die Insel Kuba nicht für eine gewaltige Insel, sondern

---

42 Klemperer, Victor: *LTI. Notizbuch eines Philologen.* Leipzig: Verlag Philipp Reclam jun. ²1968, S. 195.

43 Vgl. etwa zu den *Tristes Tropiques* von Claude Lévi-Strauss im siebten Band der Reihe „Aula" in Ette, Ottmar: *Erfunden Gefunden* (2022), S. 715 ff.

44 Cabrera Infante, Guillermo: *Vista del amanecer en el trópico.* Barcelona: Plaza & Janés 1984, S. 15.

45 Vgl. hierzu den siebten Band der Reihe „Aula" in Ette, Ottmar: *Erfunden Gefunden* (2022), insb. S. 25 ff.

für einen ganzen Kontinent gehalten, was er zur Sicherheit seine Mannschaft auch schwören ließ! Der Fehler im System der Aneignung des Raums durch den Menschen, ja gleichsam dessen ,Ursünde' besteht hier darin, dass sich alles an einer dominanten Territorialität ausrichtet, dabei aber die mobile Vielverbundenheit einer verwirrenden Inselwelt in ihrer unabschließbaren Mobilität und Offenheit möglichst weitgehend auszublenden sucht. Alles soll zentriert, an einer einzigen großen Insel ausgerichtet werden, wodurch die anderen Inseln aus dem Blick verschwinden. Man könnte diese beeindruckende Passage mit all den Inseln und Inselchen, die aus dem Nichts auftauchen, danach aber wieder im Nichts zu verschwinden scheinen, als eine Kritik an jeglicher Zentrierung durch den Menschen lesen.

Guillermo Cabrera Infante hat gleich zu Beginn von *Vista del amanecer en el trópico* auf diesen Grundfehler aufmerksam gemacht, alles Bewegungsgeschichtliche auf ein einziges festes Territorium zu fixieren. Keine Geschichte – so zeigen die bewegenden Seiten dieses Buchs – wird diesen Irrtum des Menschen freisprechen, um einmal mit Ihrer Erlaubnis Fidel Castros propagandistischen Spruch „Die Geschichte wird mich freisprechen" anders zu zitieren. Folglich zeigt sich am Ende spiegelsymmetrisch zu diesem Incipit eine ,traurige, unglückliche und lange Insel', die sich – erst nachdem sie der letzte Indianer, der letzte Spanier, der letzte Afrikaner, der letzte Amerikaner und schließlich auch der letzte Kubaner verlassen haben – endlich ihrer Lage im tropischen Golfstrom erfreuen darf: „Y ahí estará. [...] sobreviviendo a todos los naufragios y eternamente bañada por la corriente del golfo: bella y verde, imperecedera, eterna."[46] Und da also ist sie und wird sie sein: Sie überlebt alle Schiffbrüche, ewig vom Golfstrom bespült ist sie schön und grün, unvergänglich, ewig: eine – so könnten wir formulieren – von der Last des Menschen endlich befreite Insel-Natur, die sich ihrer Insel- und Archipelhaftigkeit innegeworden ist.

Kuba, die Insel der Inseln[47], steht sinnbildlich für eine Tropenwelt, die in ihrer unvergänglichen Schönheit des Menschen nicht bedarf. Der Mensch zerstört nur ihre Schönheit, die gleichwohl unzerstörbar, unvergänglich bleibt. Das Incipit führt vor, wie die stabilen und zentrierenden Konstruktionen des Menschen diesen Bewegungsraum der Schönheit rücksichtslos zerstören und alles zum Verschwinden bringen, was sich der Zentrierung widersetzt. Es ist, als wollte man die vielgestaltige und vielverbundene Polylogik der Literaturen

---

46 Cabrera Infante, Guillermo: *Vista del amanecer en el trópico*, S. 229.
47 Vgl. hierzu Ette, Ottmar: Kuba – Insel der Inseln. In: ders. / Franzbach, Martin (Hg.): *Kuba heute. Politik, Wirtschaft, Kultur*. Frankfurt am Main: Vervuert Verlag 2001, S. 9–25.

der Welt mit all ihren Inseln, Inselchen und Archipelen auf die Maße und Meridiane einer Weltliteratur künstlich, aber nicht kunstfertig zurechtstutzen.

Denn schon der erste Eingriff des Menschen in der von Guillermo Cabrera Infante entworfenen Schöpfungsgeschichte dieser Welt der Inseln bestand darin, zwischen einer Hauptinsel, einer größeren Nebeninsel und vielen kleinen Nebeninselchen zu unterscheiden und zentralisierende Hierarchien einzuführen. Dies ist eine Logik, eine abendländisch-hierarchisierende Logik, wie sie jeglicher Rhizomatik widerspricht, jeglicher Mangrovenlogik zuwiderläuft. Ich werde auf Letzteres gleich zurückkommen. Die bewusste und gezielte Herstellung zentrierter Bewegungs- und Verstehensmuster aber übergeht die Tatsache, dass sich die ‚Hauptinsel' selbst aus mehreren kleineren und größeren Inseln herausbildete, nun aber einer langen Wunde gleicht, in der sich vor dem Anbruch aller Geschichte das geschichtlich Kommende bereits ankündigt. Aus einer langen Wunde der Geschichte strömt das Blut: eine traurige Geschichte in traurigen Tropen, fürwahr!

Der Eintritt des tropischen Archipels in die Geschichte aber ist Eintritt in eine europäische *Bewegungs*geschichte, die sich im Übergang vom Mittelalter zur Renaissance – wie wir bereits mehrfach sahen – mit ungeheurer Beschleunigung globalisiert und ihre Zentralperspektiven gewaltsam durchsetzt. Denn die Festlegung des Äquators und die Fixierung der Zentralperspektive[48] sind – beiderseits gewiss auf arabischen Grundlagen fußend – fast gleichzeitig erfolgende Erfindungen der Renaissance in Kunst und Kartographie, in Architektur, Malerei und Erdwissenschaft. Die Zentrierung der Welt auf der berühmten Weltkarte des Juan de la Cosa aus dem Jahr 1500 ist hierfür nur das erste kartographische Abbild.[49]

Diese mathematisch fundierten Fiktionen erfolgen vom Abendland aus und für das Abendland, sind wissenschaftlich fundiert und zugleich Erfindungen. Beide Erfindungen einer Zentrierung der Welt und einer Zentrierung der Welt durch Europa erscheinen uns in ihren Erzeugnissen heute – wohlgemerkt aus okzidentaler Perspektive – längst als völlig ‚natürlich': ganz so, wie wir Photographien unserer Erde aus dem Weltall ‚natürlich' nur in geordneter Form – mit Europa und Nordeuropa selbstverständlich ‚oben' – zu verbreiten pflegen. Europa kann niemals unten liegen! Doch handelt es sich bei diesen sorgsam konstruierten Kartennetzen und Fokussierungen – wie uns ein Blick auf andere Kulturen zeigt – um kulturelle Kodierungen, die ihre höchst eigene Geschichte

---

48 Vgl. hierzu Belting, Hans: *Florenz und Bagdad. Eine westöstliche Geschichte des Blicks* (2008).
49 Vgl. zur Weltkarte des Juan de la Cosa den siebten Band der Reihe „Aula" in Ette, Ottmar: *Erfunden Gefunden* (2022), S. 105 ff.

und ihre eigenen, wenn auch kulturell verwobenen Entstehungsbedingungen besitzen und mitreflektieren. Wir müssen lernen, die Welt aus mehreren Blickpunkten, von mehreren Perspektiven aus *zugleich* zu sehen und diese Polylogik zur Grundlage unseres Denkens zu machen.

Sind die Tropen seit ihrer kulturell kodierten Genesis in der ersten Phase beschleunigter Globalisierung immer wieder vom scheiternden Experiment des Zusammenlebens verschiedener Kulturen und Herkünfte geprägt, so ist es heute an der Zeit, sie transareal zu verstehen und dank ihrer weltweiten Vernetzungen und verschiedenartiger, auch diskontinuierlicher Bewegungsmuster *aus verschiedensten mobilen Perspektiven gleichzeitig* und damit transareal neu zu erfinden. Jenseits der aus der europäischen Perspektive stets privilegierten Abhängigkeitsbeziehungen von Europa eröffnet sich das bislang sträflich vernachlässigte Feld eines vielgestaltigen und diskontinuierlichen Raums, der durch komplexe globale Bewegungen, die diesen weltumspannenden breiten Gürtel des Planeten queren, immer wieder von neuem vektoriell konfiguriert und in seiner Pluralität erzeugt wird. Der kubanische Archipel ist im Sinne von Guillermo Cabrera Infante dafür nur das Beispiel einer transtropischen Bewegungswelt.

Blicken wir heute nach den Tropen, so gilt es gewiss, die über Jahrhunderte tradierten *Tropen* dieses Bewegungsraums nicht aus den Augen zu verlieren. Sie sind als Tropen unseres Diskurses, die in *Vista del amanecer en el trópico* aus einer kubanischen beziehungsweise karibischen Sicht aufgezeigt und mikrotextuell entfaltet werden, historisch unhintergehbar und können – dies ruft uns die Literatur in Erinnerung – nicht einfach verdrängt, vernichtet und vergessen werden. Sie sind tief in unser Bewusstsein, tief in unser Verständnis der Welt eingesenkt.

Ein adäquates Verständnis der Tropen aber wird man aus den unterschiedlichsten Perspektiven nur dann entwickeln können, wenn mit einer transarealen Logik die Tropen nach den Tropen ins Blickfeld einer Bewegungsgeschichte rücken, die ihres Namens würdig ist. Sie sind stets, wenn man so will, Grenzverschiebungs- und Sprung-Tropen und damit kontinuierlich und diskontinuierlich zugleich: Inseln, die einen unsichtbaren Kontinent skizzieren, und Kontinente, die sich aus ihren Archipelen besser begreifen lassen. In diesem Sinne sind die Tropen paradigmatisch: Sie sind die *TransArea* par excellence und erlauben es, neue mobile Wissens- und Verstehensformen von Kultur, Geschichte und Literatur in weltweiten Wechselwirkungen zu denken und zu entfalten. Wir brauchen sie, um unsere transarealen Vorstellungen der Literaturen der Welt, aber auch dessen, was wir unter Romanistik verstehen, weiter entwickeln zu wollen.

Innerhalb einer – um die von Foucault so populär gemachte Metaphorik zu benutzen – ‚Archäologie' derartiger Denkformen kommt der zweifellos wichtigsten literarischen Gestalt des kubanischen 20. Jahrhunderts eine kaum überschätzbare Bedeutung zu. Dies ist der Grund dafür, warum wir bereits zuvor die fünf Vorträge und den Essayband von *La expresión americana* von José Lezama Lima zusammen mit dem *Contrapunteo cubano del tabaco y el azúcar* von Fernando Ortiz zum Ausgangspunkt unserer Überlegungen gemacht haben. Für beide Kubaner ist die Figur von José Martí eine wichtige Orientierung, die es ihnen erlaubt, nicht allein die spanischen, europäischen und nordamerikanischen, sondern auch die präkolumbischen, indigenen und asiatischen Beziehungen der Karibik weiterzuspinnen. José Martí konnte gerade deshalb für José Lezama Lima zur Inkarnation der „expresión americana" werden, weil er sich nicht auf eine wie auch immer geartete kontinentale Territorialität Amerikas reduzieren ließ, sondern – wie sein ebenfalls gegen die kolonialspanische Macht aufbegehrender Zeitgenosse José Rizal von den Philippinen es tat – neue, weltumspannende Horizonte für das Denken und Schreiben in spanischer Sprache erschloss.

Während sich die Kämpfer gegen die Batista-Diktatur im Zeichen der Jahrhundertfeiern auf Martí als den ‚geistigen Urheber' ihres revolutionären Denkens und Handelns beriefen und den großen kubanischen Intellektuellen schon bald in die Ikone einer Revolution verwandelten, die Martí in den nachfolgenden Jahrzehnten in unterschiedlicher Weise für die wechselnden Zwecke und Ziele einer kubanischen Machtpolitik funktionalisieren sollte,[50] griff Lezama Lima auf jene Ausdrucksformen des Martí'schen Schreibens zurück, in denen sich der Wirbel, der Hurrikan bildet, der geschaffen sei, um alles – einschließlich dessen, der ihn hervorrief – mit sich fortzureißen. Entscheidend dabei ist die Berufung auf ein spezifisches Wissen der Dichtkunst, auf ein allein der Literatur zugängliches Wissen, das sehr wohl in die konkrete Umgestaltung von Wirklichkeit umschlagen kann, wie es das Beispiel von José Martí selbst vorführt.

Beschränken wir uns an dieser Stelle unserer Vorlesung aber nicht auf den Bereich der spanischsprachigen Karibik, sondern erweitern wir unsere Beispiele entschieden um den französischsprachigen Raum, den wir in anderen Bänden der Vorlesungsreihe unserer „Aula" bereits mehrfach angesprochen und thematisiert haben![51] Ich möchte dies in unserer aktuellen Vorlesung anhand anderer Beispiele tun, um Ihnen aus einer *weiteren* Perspektivik vor Augen zu führen, wie vielgestaltig die Schreibmodelle wie die Theorien der Karibik sind und in welchem Maße sie uns Bilder an die Hand geben, welche weit über den Bereich der Antillen hinaus eine große Bedeutung gerade für unser Nachdenken über die Romanistik erlangen können.

---

50 Zur ebenso komplexen wie spannenden Geschichte der Rezeption José Martís vgl. Ette, Ottmar: *José Martí. Teil I: Apostel – Dichter – Revolutionär. Eine Geschichte seiner Rezeption.* Tübingen: Max Niemeyer Verlag 1991.

51 Vgl. hierzu u. a. den dritten Band der Reihe „Aula" in Ette, Ottmar: *Von den historischen Avantgarden bis nach der Postmoderne* (2021), passim.

Archipel frankophon oder Inselwelten und Mangroven

In einer Gesprächsrunde mit den beiden martinikanischen Schriftstellern Patrick Chamoiseau und Raphaël Confiant am 5. April 1992 in Fort-de-France antwortete der letztgenannte Autor auf die Frage, wie denn die antillanische Gemeinschaft zu fassen und ihre verschiedenen Faktoren und Kommunikationsmodi zu definieren seien, mit dem Hinweis auf die vor der europäischen Kolonisation entstandenen Beziehungen und Austauschformen innerhalb der karibischen Inselwelt, sei doch „lange vor der Ankunft der Europäer" eine „Archipel-Konzeption" („conception archipélienne") entstanden.[1]

Wir sind mit solchen Vorstellungen wohlvertraut – gerade auch vor dem Hintergrund der Überlegungen von Guillermo Cabrera Infante. Doch Confiant ging in seiner Bestimmung der aktuellen Entwicklungen und Prozesse noch einen Schritt weiter:

> Unsere Inseln sind gleichsam ein menschliches Laboratorium in dem Sinne, dass auf jeder dieser Inseln sich von Angesicht zu Angesicht einander weiße Herren, die zumeist Zuckerrohr anbauten, und eine versklavte Bevölkerung, die überwiegend aus Afrika stammte, gegenüberstanden. Gleichgültig, ob diese Herren Engländer, Spanier, Holländer oder Franzosen und ob diese Afrikaner von der Küste von Guinea, dem Kongo oder anderswoher stammten, so waren doch die Laborbedingungen auf jeder dieser Inseln in etwa die gleichen, sehen wir von bestimmten Varianten einmal ab. Folglich werden die Gesellschaften, die diesem menschlichen Laboratorium entspringen, untereinander große Ähnlichkeiten aufweisen. [...] Gewiss, auf juristischer und politischer Ebene war es für diese Inseln schwierig, sich miteinander zu verbünden: Es war für einen Martinikaner leichter, nach Paris als nach St. Lucia zu gehen. Aber unterschwellig weiteten sich die rudimentären Beziehungen, die sich gebildet hatten, immer mehr aus, und es lässt sich heute sagen, dass die Mehrheit der französischsprachigen Antillaner, selbst wenn sie Frankreich und Europa im allgemeinen aus häufig materiellen Gründen verbunden bleibt, ein vollständiges Bewusstsein dafür besitzt, zur Karibik zu gehören. Denn alle Stimmen der Karibik sind auf Martinique repräsentiert: die haitianische Musik ist hier präsent, das kubanische Kino ist beim Festival präsent, das Theater der Dominikanischen

---

[1] Ette, Ottmar / Ludwig, Ralph: Points de vue sur l'évolution de la littérature antillaise. Entretien avec les écrivains martiniquais Patrick Chamoiseau et Raphaël Confiant. In (dies., Hg.): Littératures caribéennes – une mosaïque culturelle. Dossier der Zeitschrift *Lendemains* (Marburg) XVII, 67 (1992), S. 6–16, hier S. 10.

Republik oder von St. Lucia. Es gibt eine Art wechselseitiger Durchdringungen (*interpéné-tration*), die mittlerweile von der Macht vor Ort frei akzeptiert wird. Bleibt die ökonomische Frage, gewiss. Denn die Einheit von Völkern, die nichts untereinander austauschen, ist vielleicht künstlich.[2]

Dies ist eine der zahlreichen Passagen frankophoner Autorinnen und Autoren, in denen auf die Vielverbundenheit antillanischer Kulturbeziehungen aufmerksam gemacht wird. Nicht die Territorien stehen im Vordergrund, sondern ihre Relationen. Dies ist ein wichtiger Perspektivenwechsel, aus dem wir für unsere Betrachtung der Literaturen der Welt viel lernen können.

Immer wieder ist es diese komplexe Verflochtenheit, die im Mittelpunkt aller Überlegungen zu den Inseln der Antillen wie zum Gesamtraum des „Greater Caribbean" steht. Raphaël Confiant, der Verfasser von *Eau de café*, betont in diesen Aussagen die Kontinuität und Wirkmächtigkeit eines kulturhistorischen Prozesses, der sich aller politischen, rechtlichen oder wirtschaftlichen Hindernisse zum Trotz in einer bei ihren Bewohnern tief verankerten mobilen Raumkonzeption der karibischen Inselwelten niedergeschlagen habe. Die Kopräsenz unterschiedlicher kultureller beziehungsweise massenkultureller Phänomene sorge heute in einem noch verstärkten Maße dafür, dass alle Stimmen der Karibik sich innerhalb des beschränkten Raums einer einzigen Insel begegnen und gegenseitig befruchten können. Sie ertönen gleichsam in derselben Echokammer, in der sich all diese Stimmen wechselseitig durchdringen und verstärken.

Aufschlussreich ist, dass die von Raphaël Confiant genannten kulturellen Ausdrucksformen stets die akustische Dimension, bisweilen auch in der Form einer sekundären oder tertiären Oralität, beinhalten und so in der Tat als Stimmen präsent sind. Eine Insel wird gleichsam zur Echokammer, in der diese Stimmen nicht nur in einen Dialog, sondern mehr noch in eine akustische Brechung und Spiegelung der einzelnen klanglichen Phänomene eintreten. Es handelt sich um einen Klangraum, der eine gemeinsame karibische Logosphäre schafft, in welcher jede einzelne Stimme identifizierbar bleibt, aber doch zur polyphonen Gesamtheit ihre eigene Tonalität beiträgt.

Die von Raphaël Confiant insistierend benutzte Metaphorik ist jene des ‚menschlichen Laboratoriums', die sich im Übrigen auch immer wieder in der Forschungsliteratur zum Thema findet. So sprach etwa Hans-Jürgen Lüsebrink in seiner 1995 gehaltenen Antrittsvorlesung an der Universität Saarbrücken davon, dass der „frankophone Kulturraum" insgesamt „in stärkerem Maße als irgendein anderer Kulturraum dieser Erde" ein „Laboratorium interkultureller

---

2 Ebda., S. 10 f.

Konstellationen von faszinierender Vielgestaltigkeit" darstelle.[3] Ich verberge Ihnen meine Skepsis, ja meine sogleich begründete Abneigung gegenüber der Metaphorik eines menschlichen Laboratoriums nicht. Doch halten wir zunächst fest: Mit Hilfe der Metaphorik des „laboratoire humain" wird die von Confiant für den karibischen Inselraum skizzierte Entwicklung nicht nur auf die Abgeschlossenheit und den Experimentcharakter eines quasi wissenschaftlichen (Menschen-)Versuchs oder Versuchs am Menschen bezogen, sondern zugleich in ihrer Bedeutung und Einzigartigkeit auf die gesamte Menschheit ausgeweitet. Die Karibik wird verstanden als Labor für den gesamten Planeten.

Der für die Kultur- und Literaturtheorie von Confiant und Chamoiseau zentrale Begriff ist jener einer im französischen Wortsinne verstandenen Kreolität. Anders als in der spanischsprachigen Welt, wo die Kreolen die in Amerika geborenen Nachfahren spanischer Eltern sind, deckt der Begriff der „Créoles" einen Raum ab, den man an jenes des spanischsprachigen „Mestizo" annähern kann. Doch gibt es gegenüber dem spanischsprachigen Konzept des „Mestizaje" im französischsprachigen Raum durchaus Unterschiede und Umbesetzungen, welche den Begriff der „Créolité" betreffen.

Bereits in ihrem ursprünglich als Vortrag auf dem Festival Caraïbe de la Seine-Saint-Denis am 22. Mai 1988 präsentierten und im darauffolgenden Jahr einflussreich in der französischen Hauptstadt bei Gallimard publizierten kulturtheoretischen Manifest *Eloge de la Créolité* hatten Jean Bernabé, Patrick Chamoiseau und Raphaël Confiant diese Dimension ins Auge gefasst, wollten sie doch ihren „Blick in das Chaos dieser neuen Menschheit, die wir darstellen", werfen.[4] Die vor dem Hintergrund eines positiven, von Edouard Glissant übernommenen Chaos-Begriffs entfaltete planetarische Dimension, innerhalb welcher das kollektive ‚Wir' der Kreolität sich als Repräsentant einer neuen (Schöpfungsgeschichte der) Menschheit in Szene setzt, beinhaltet auch eine nicht ganz so neue, insbesondere an Frantz Fanon, René Depestre und erneut Edouard Glissant entwickelte Konzeption einer „noch stotternden und unbeweglichen karibischen Zivilisation".[5] Charakteristisch ist für die französischsprachige Karibik, dass ihre Konzepte von Kultur und Literatur häufig Versuche sind, das frankophone karibische Modell in ein weltweites Paradigma zu verwandeln und für die Entwicklung der Menschheit zentral zu stellen.

---

3 Lüsebrink, Hans-Jürgen: „Identités mosaïques". Zur interkulturellen Dimension frankophoner Literaturen und Kulturen. In: *Grenzgänge* (Leipzig) II, 4 (1995), S. 21. Zahlreiche weitere Beispiele ließen sich leicht beibringen.
4 Bernabé, Jean / Chamoiseau, Patrick / Confiant, Raphaël: *Eloge de la Créolité*. Paris: Gallimard – Presses Universitaires Créoles 1989, S. 22.
5 Ebda.

Dabei funktioniert die Annahme der „amerikanischen Dimension" als „unserem Raum in der Welt"[6] gleichsam im Sinne Homi K. Bhabhas als ein „third space",[7] ein dritter Raum, der sich jenseits der Bipolarität der „Hypnosen Europa und Afrika"[8] anbot. Dem kolonialen, an Europa ausgerichteten und dem antikolonialen, sich an Afrika orientierenden Diskurs kann auf diese Weise ein postkolonialer Diskurs folgen, der eine neue Raumkonzeption ermöglicht, die beide Konzeptionen in gewisser Weise zusammenführt. Es gibt somit Ähnlichkeiten zwischen diesem kreolistischen Diskurs und José Vasconcelos' Begriff der „Raza cósmica", der kosmischen Rasse,[9] in welchem es ebenfalls um ein Modell für die gesamte Menschheitsentwicklung geht.

Ziel der damals noch jungen Autoren des breit rezipierten Manifests war es, „diese antillanische Zivilisation in ihrem amerikanischen Raum"[10] zu verstehen und damit in der amerikanischen, also neuweltlichen Hemisphäre anzusiedeln. Die Verortung in Amerika, die vor dem Hintergrund der Geschichte insbesondere der Kleinen Antillen keineswegs selbstverständlich ist, ergibt sich aus einer doppelten Frontstellung gegen den kolonialen wie den neokolonialen Diskurs einer Ausrichtung an Europa und insbesondere Frankreich (unter Einschluss der Departementalisierung und Reterritorialisierung im Sinne von „Départements d'Outre-Mer") einerseits und dem Gegen-Diskurs einer sich an Afrika ausrichtenden „Négritude" andererseits. Die „Créolité" ist folglich tief eingesenkt in die französischsprachigen Diskurstraditionen und keineswegs nur am Zentrum der frankophonen Welt Paris[11] ausgerichtet.

Die Re-Präsentation des Eigenen im amerikanischen Raum erhält gleichwohl in einem dialektischen Prozess die transarealen Beziehungen im kollektiven Gedächtnis lebendig, so dass der Anspruch, paradigmatisch für die ‚neue Menschheit' sprechen zu dürfen, untermauert werden kann. Die Antillen erscheinen nicht länger als der Ort des Dispersen, sondern als ein Ort, an dem

---

6 Ebda.

7 Vgl. Bhabha, Homi: The Third Space. Interview. In: Rutherford, Jonathan (Hg.): *Identity, Community, Culture, Difference*. London: Lawrence and Wishart 1990, S. 207–221.

8 Bernabé, Jean / Chamoiseau, Patrick / Confiant, Raphaël: *Eloge de la Créolité*, S. 21.

9 Vgl. zur Theorie von José Vasconcelos den siebten Band der Reihe „Aula" in Ette, Ottmar: *Erfunden Gefunden* (2022), S. 666 ff.

10 Bernabé, Jean / Chamoiseau, Patrick / Confiant, Raphaël: *Eloge de la Créolité*, S. 22. Die oftmals auftretende Synonymie zwischen *caribéen* und *antillais*, die bisweilen auch einer wechselseitigen Abgrenzung im antillanischen Diskurs Platz macht, soll uns an dieser Stelle unserer Vorlesung nicht weiter beschäftigen.

11 Zur Zentralstellung von Paris in der frankophonen Welt vgl. Müller, Gesine: *Die koloniale Karibik. Transferprozesse in hispanophonen und frankophonen Literaturen*. Berlin – Boston: Walter de Gruyter 2012.

das Disperse künftig zusammengeführt, zusammengefügt werden kann. In derartigen Vorstellungen zeigen sich deutliche Parallelen zum Konzept der „Raza cósmica", wobei der mexikanische Intellektuelle José Vasconcelos freilich die menschheitsgeschichtlichen Etappen in seinem letztlich auf einem Rassedenken basierenden Geschichtsmodell stärker in den Vordergrund schiebt.

Die Autoren des *Eloge de la Créolité* sind anders als José Vasconcelos in keiner Weise durch ein Rassedenken vorbelastet. Die Zukunftsdimension ihrer Labormetaphorik ist sicherlich unübersehbar, aber doch keineswegs neu. Gerade in den auf die amerikanische Hemisphäre bezogenen kulturwissenschaftlichen und kulturtheoretischen Arbeiten der achtziger und neunziger Jahre findet sie sich mit großer Regelmäßigkeit. So sprach der in Mexiko lebende argentinische Kulturtheoretiker Néstor García Canclini, die zentrale Figur der lateinamerikanischen Kulturtheoretiker der achtziger Jahre, mehrfach in seinen Schriften von einem ‚interkulturellen Laboratorium‘, wobei er in seinem einflussreichen, 1990 erschienenen Hauptwerk *Culturas híbridas* in New York und vielleicht mehr noch in Tijuana die „Laboratorien der Postmoderne" auszumachen glaubte.[12]

García Canclinis ‚Laboratorien der Postmoderne‘ zielen freilich nicht auf eine Fusion unterschiedlicher Ingredienzien, sondern eher auf eine Potenzierung heterokliter Reibungsflächen ab, ein Umstand, in dem wohl der weitreichendste Unterschied gegenüber dem Kreolitätsdiskurs der frankokaribischen Autoren zu erkennen ist. In der Tat sind neben dem karibischen Raum die Borderlands zwischen Mexiko und den USA zum bevorzugten Gegenstand ‚territorialisierender‘ Erörterungen und Auseinandersetzungen über Fragen der Kulturtheorie geworden, wie wir am Beispiel von Gloria Anzaldúas *Borderlands / La Frontera* allein schon auf dem Gebiet translingualer Sprachenquerung gut erkennen konnten.

Diese konkrete areale Situierung im besten Sinne als Landschaften der Theorie verfügt über eine lange Tradition. Seit mehr als hundert Jahren stellen neben den USA die Karibik und der mexikanische Raum bevorzugte Regionen für Theorien dar, die hier die künftige Entwicklung der Menschheit vorgezeichnet sehen. Dabei soll an dieser Stelle nicht nur auf die Tatsache aufmerksam gemacht werden, dass sich von dem 1895 im Freiheitskampf gefallenen José Martí bis hin zu dem 1959 an die Macht gekommenen Fidel Castro die innerhalb sehr unterschiedlicher historischer Kontexte funktionierende Überzeugung beobachten lässt, der karibische Raum sei in politischer Hinsicht jener Ort, an dem sich die weitere Geschichte der Menschheit notwendig entscheiden werde.[13] Denn nicht weniger

---

12 García Canclini, Néstor: *Culturas híbridas*, S. 293; vgl. auch S. 301.
13 Zahlreiche Beispiele für diese Auffassung finden sich in Ette, Ottmar: *José Martí. Teil I: Apostel – Dichter – Revolutionär. Eine Geschichte seiner Rezeption.* Tübingen: Niemeyer 1991.

aufschluss- und folgenreich ist die von mehreren Vertretern des mexikanischen *Ateneo de la Juventud* ins Feld geführte These, dass sich gleichsam im Herzen der amerikanischen Hemisphäre jene Verschmelzungsprozesse herausbilden würden, welche für die Menschheitsgeschichte insgesamt von größter Tragweite seien. Als das wohl literarisch beeindruckendste Beispiel dürften die Schriften des großen mexikanischen Schriftstellers und Kritikers Alfonso Reyes gelten, mit dem wir uns in anderen Vorlesungen ausführlich beschäftigt haben.[14] Ich darf Ihnen aber auch noch einmal die Formulierungen von Vasconcelos in Erinnerung rufen:

> Wir haben damit vier Etappen und vier Stammwurzeln: Schwarze, Indianer, Mongolen und Weiße. Nachdem er sich in Europa organisierte, hat sich der Weiße in den Invasoren der Welt verwandelt und sich ebenso wie die vorangegangenen Rassen – eine jede in der Epoche ihrer Macht – zur Vorherrschaft berufen gefühlt. Es ist klar, dass auch die Vorherrschaft des Weißen zeitlich begrenzt ist, aber seine Mission ist von jenen seiner Vorgänger verschieden; seine Mission ist es, als Brücke zu dienen. Der Weiße hat die Welt in die Lage versetzt, dass nun alle Typen und alle Kulturen miteinander verschmolzen werden können. Die von den Weißen eroberte und in unserer Epoche organisierte Zivilisation hat die materiellen und moralischen Grundlagen für die Vereinigung aller Menschen in einer fünften universellen Rasse, die die Frucht ihrer Vorgängerinnen und die Überwindung alles Vergangenen ist, gelegt.[15]

Ich möchte Sie an dieser Stelle auf die in diesem Zitat verwendete Baum- und Wurzelmetaphorik aufmerksam machen, auf die wir gleich in einem anderen, rhizomatischen Zusammenhang zurückkommen werden. Die gesamte Passage steht aber in erster Linie im Lichte einer menschheitsgeschichtlichen Teleologie, einer zielgerichteten und irreversiblen Ausrichtung der Geschichte an einem einzigen, fast hegelianisch gedachten Endzweck. Derartige Teleologien werden bis zum heutigen Tag ganz selbstverständlich auch auf andere Regionen und Staaten der amerikanischen Hemisphäre (wie etwa die USA oder Brasilien) projiziert. So findet sich beispielsweise eine derartige Projektion beim brasilianischen Essayisten und Anthropologen Darcy Ribeiro,[16] was belegen mag, dass solche ‚ungewöhnlichen Versuche' keineswegs historisch geworden sind.

---

14 Vgl. etwa die Bände drei und sieben der Reihe „Aula" in Ette, Ottmar: *Von den historischen Avantgarden bis nach der Postmoderne (2022)*, S. 196 ff.; sowie *Erfunden Gefunden* (2022), S. 691 ff.

15 Vasconcelos, José: La raza cósmica (Fragmento, 1925). In (ders.): *Obra selecta*. Estudio preliminar, selección, notas, cronología y bibliografía de Christopher Domínguez Michael. Caracas: Biblioteca Ayacucho 1992, S. 88.

16 Vgl. hierzu den ursprünglich 1968 erschienenen Entwurf der Menschheitsgeschichte des Brasilianers Ribeiro, Darcy: *Der zivilisatorische Prozeß*. Herausgegeben, übersetzt und mit einem Nachwort von Heinz Rudolf Sonntag. Frankfurt am Main: Suhrkamp 1983.

José Vasconcelos wie Darcy Ribeiro waren – wenn auch zu unterschiedlichen Zeiten – Erziehungsminister ihrer jeweiligen Länder Mexiko und Brasilien und damit qua Amt für die Kulturentwicklung zuständig. Die hemishärischen Verbindungen eines solchen Diskurses liegen auf der Hand, schließen selbstverständlich auch Nordamerika mit ein, entwickeln allerdings in allen Regionen unterschiedliche Varianten. Denn auch der „Melting Pot" der Vereinigten Staaten von Amerika präsentierte sich einst als Zukunftsmodell für die gesamte Menschheit. Doch auch er ist, wie wir aus heutiger Perspektive feststellen können, längst historisch geworden.

In einem die lateinamerikanischen Selbstfindungsdebatten während des gesamten 20. Jahrhunderts mitprägenden geschichtsphilosophischen Rundumschlag, der ein fünfstufiges Modell der Menschheitsentwicklung entwarf, sah Vasconcelos mithin nach der Dominanz der Schwarzen, der Indianer, der Asiaten und der Weißen nun eine fünfte Epoche heraufziehen, die freilich von der vierten, der aktuellen Epoche der Herrschaft der Weißen her geprägt und vorbereitet sei. Wichtig ist für uns weniger, dass sich Vasconcelos' Konzeption an einer kulturellen Vorherrschaft der weißen, okzidentalen, ‚lateinischen' Kultur als unhinterfragbarem Leitschema orientierte. Entscheidend ist in Hinblick auf unsere Fragestellung vielmehr, dass die neue, die ‚kosmische' Rasse wie in einem gigantischen Laboratorium in der Neuen Welt in Entstehung begriffen sei und gleichsam die Zukunft der gesamten Menschheit in sich tragen solle. Wir sehen, wie stark eine solche Leitidee, der zufolge Amerika das biopolitische Menschheitslabor der Zukunft sei, in unterschiedlichsten kulturellen Areas der Neuen Welt wilde Früchte trug und wohl auch immer noch trägt.

Die terminologischen Benennungen dessen, was der *Eloge de la Créolité* im frankophonen Raum verkörpert, mögen sich im spanischsprachigen Amerika zwar scheinbar grundlegend verändern. Doch bleiben die Grundlinien derartiger Vorstellungen durchaus miteinander vergleichbar. Die mythologische Dimension dieses genetisch, kulturell wie geschichtsphilosophisch begründeten Prozesses der Mestizisierung („Mestizaje" beziehungsweise „Métissage") mag vor dem biopolitischen Hintergrund zeitgenössischer Kulturkonzepte zwar auf der Hand liegen.[17] Doch verfehlte dieser Diskurs seine Wirkung auf viele Zeitge-

---

17 Vgl. die auf den frankophonen Kontext bezogene interessante Studie von Toumson, Roger: *Mythologie du métissage.* Paris: Presses Universitaires de France 1998. Dort heißt es ohne Umschweife: „Die Geschichte des *métissage* ist eine Mythologie." (S. 12) Und nicht weniger unzweideutig ist die polemische Verurteilung der Kreolität, die Toumson auf einen simplen Nenner zu reduzieren sucht: „Der Diskurs der Kreolität ist die neue dialektale Form, die im frankophonen literarischen Feld der alte koloniale und paternalistische Mythos des *métissage* annimmt" (ebda., S. 20).

nossen nicht, die – wie Alfonso Reyes – geradezu triumphierend ihr eigenes neues Selbstverständnis aus der modellgebenden Anbindung des kollektiven ‚Wir' an die Menschheitsgeschichte gewinnen konnten; so jubelte schon der Schöpfer von *Ifigenia cruel*: „Wir sind eine Rasse menschlicher Synthese. Wir sind der wahre historische Saldo."[18] Die Tonlage im *Eloge de la Créolité* verhält sich im Vergleich kaum anders.

Hinter diesen und ähnlichen Formulierungen verbirgt sich nicht zuletzt die Umkehrung eines Raumkonzepts, insoweit nun die Ränder der ehemaligen Hegemonialkultur sich in postkolonialem Kontext in die dynamischen Zentren der ‚eigentlichen', der fundamentalen Entwicklung verwandelt zu haben schienen. Wir wissen, dass diese Hoffnungen in Lateinamerika wie in der frankophonen Karibik noch immer ihrer Erfüllung harren. Doch die Euphorie einer derartigen Vision ist noch heute den letztlich auf den „Métissage"-Gedanken aufruhenden Identitätskonzepten und ihrer oftmals bemühten Metaphorik des Laboratoriums anzumerken. Sie speist sich offenkundig aus der Anschauung, unter zumindest kulturell postkolonialen Vorzeichen sich in ein neues Zentrum, in eine biokulturalistische Avantgarde der Menschheitskultur verwandelt zu haben.

So dürfen wir konstatieren: Seine Attraktivität scheint das Ideologem des „Mestizaje" oder „Métissage" noch immer nicht eingebüßt zu haben, ebenso wenig wie ihre grundlegende Tendenz zu einer sich letztlich stets homogenisierenden und verfestigenden, ihre Dynamik verlierenden Konzeption einer stabilen und klar umrissenen Identität. Nur der Topos scheint seinen Ort verändert zu haben und in der *frankophonen* Karibik heimisch geworden zu sein. Dieser Problematik und ihrer kulturellen Ortsveränderung, aber auch manchen kreativen Gegenentwürfen soll daher im Folgenden unsere Aufmerksamkeit gelten. Denn vergessen wir nicht, wie diese Identität stolz ausgerufen wird!

Mit der Geste eines Manifests oder einer Proklamation setzt der *Eloge de la Créolité* von Bernabé, Chamoiseau und Confiant ein: „Weder Europäer noch Afrikaner noch Asiaten: wir proklamieren uns als Kreolen. Dies wird für uns eine innere Haltung sein, besser: eine Wachsamkeit, oder besser noch: eine Art mentaler Hülle, in der sich unsere Welt bei vollem Bewusstsein der Welt erbauen wird."[19]

Die vom ersten Satz des Manifests an ausgerufene Identität betont ihr Bewusstsein und ihre Offenheit für die Welt, beruht zugleich aber auf scharf formulierten Ausgrenzungsmechanismen, die Europa, Afrika und Asien – als ‚reine' Verkörperungen des Anderen – aus dem eigenen kreolischen Identitäts-

---

18 Reyes, Alfonso: *Obras Completas*, Bd. 11, S. 134.
19 Bernabé, Jean / Chamoiseau, Patrick / Confiant, Raphaël: *Eloge de la Créolité*, S. 13.

entwurf ausschließen. Identität funktioniert auch im *Eloge de la Créolité* wie immer: als eine Ausschließungsmaschinerie, die ganz wie in unseren Tagen rechtsradikaler identitärer Bewegungen alles exkludiert, was jemals in den Verdacht kommen könnte, politisch, geschlechtlich, kulturell, religiös oder wie auch immer ‚anders' zu sein.

Die diskursive Mechanik derartiger Ausschlussverfahren ist selbstverständlich auch im karibischen Raum nicht ohne Vorbild. Nennen wir an dieser Stelle zunächst René Ménil, der schon 1964 in einem Vortrag in Fort-de-France seine Sichtweise der antillanischen Gesellschaft wie folgt zum Ausdruck beziehungsweise auf den Punkt brachte: Weder afrikanisch noch chinesisch noch indianisch und nicht einmal französisch, sondern schlussendlich antillanisch: *Antillanisch ist unsere Kultur, weil sie im Verlauf der Geschichte in einem originellen Synkretismus all diese Elemente vereint und miteinander kombiniert hat, die aus den vier Himmelsrichtungen der Welt herkamen, ohne doch ein einzelnes dieser Elemente im Besonderen zu sein.*[20]

Die Anklänge an die *Raza cósmica*, die ‚kosmische Rasse', sind in diesen Formulierungen nicht deutlicher herauszuhören, werden doch die Afrikaner, die Chinesen und auch die Indigenen Amerikas namentlich neben den Europäern in Gestalt der Franzosen erwähnt und damit jene ‚Rassen', auf die sich José Vasconcelos' Entwurf explizit bezogen hatte. Gegenüber René Ménil präsentiert der *Eloge de la Créolité* freilich signifikante Umbesetzungen. Denn an die Stelle des ‚Antillanischen' ist in der Konfrontation beider Passagen das ‚Kreolische' auf eben jene Weise gerückt, in welcher die „Créolité" die „Antillanité" zwar nicht zerstören, wohl aber weiterführend verdrängen und letztlich überwinden will.

So überrascht auch nicht, dass das *Lob der Kreolität* in einem langen, eben dieser Kreolität gewidmeten Abschnitt ein kreisförmiges Raummodell präsentiert, in dessen Zentrum (und in Fettschrift) die *Martiniquais, Guadeloupéens, Haïtiens, Jamaïcains, Sainte-Luciens, Dominicains, Trinidadiens, Guyanais, Curaçolègnes* und schließlich *Surinamiens* gerückt wurden.[21] Dies ist, um es vorsichtig zu sagen, ein konzentrisches und damit zentrierendes Mapping, das zeigt, wie sehr Identitätskonstruktionen zu Zentrierungen neigen, deren Meridian durch sie selbst, durch das ‚Eigene' dieser Konstruktion, läuft.

Außerhalb des Kernbereichs der Kreolität finden sich – mit dem Zentrum nur durch die Achse ‚geopolitischer Solidarität' verbunden, Inseln wie Kuba, Puerto Rico oder Barbados wieder, während eine Achse ‚anthropologischer Solidarität'

20 Ménil, René: Problèmes d'une Culture Antillaise. In (ders.): *Tracées. Identité, négritude, esthétique aux Antilles.* Paris: Robert Laffont 1981, S. 32.
21 Bernabé, Jean / Chamoiseau, Patrick / Confiant, Raphaël: *Eloge de la Créolité*, S. 33.

die ebenfalls randständigen Seychellen, Kapverden, Hawaii oder Sansibar mit dem Kern um die Französischen Antillen verbindet. Nicht nur eine neue Identität, sondern auch eine neue Zentralität wird manifest: Und beides ist auf intimste Weise miteinander verbunden. Die hierarchische Strukturierung des Raumes kann trotz aller nuancierenden Kommentare das grundlegende Problem nicht vergessen machen, dass ein dichotomisch verankertes Raummodell von Zentrum und Peripherie nun aus der Karibik für die Karibik vorgeschlagen wird. Dies ist ein Mapping, das nur einer Logik, nur einer Identitätskonstruktion und dem Versuch entspricht, relationale Logiken zugunsten einer einzigen zentrierenden Logik aufzugeben.

Der „Ninisme", die Logik des Weder-Noch, der bereits den ersten Satz des Manifests von 1988 wie auch die angeführte Passage des Vortrags von 1964 charakterisiert, legt einen Identitätsentwurf nahe, der nach außen auf Hierarchisierung und gradueller Ausgrenzung und nach innen – nicht zuletzt auch über die Verwendung der ersten Person Plural – auf einer angestrebten Homogenisierung beharrt. Ich entlehne den Begriff des „Ninisme" nicht nur den angeführten Zitaten, sondern zugleich Roland Barthes, der im theoretischen Teil seiner 1957 in Buchform erschienenen *Mythologies* einige Hauptfiguren des bürgerlichen Mythos herausarbeitete, deren fünfte er als „Ninisme" bezeichnete und wie folgt definierte:

> Ich nenne so jene mythologische Figur, die darin besteht, zwei Gegensätze aufzustellen, den einen mit Hilfe des anderen ins Gleichgewicht zu bringen und sie dann beide zu verwerfen. (Ich will *weder* dies *noch* jenes.) Es ist eher eine Figur des bürgerlichen Mythos, denn sie geht aus einer modernen Form des Liberalismus hervor. Man findet hier auch die Figur der Waage wieder: Das Reale wird zunächst auf Analoga reduziert; diese werden dann gewogen; schließlich, nachdem man die Gleichheit festgestellt hat, befreit man sich von ihnen. Auch hier liegt ein magisches Verhalten vor: Man stellt einander gegenüber, zwischen dem zu wählen unangenehm war; man entflieht dem unerträglichen Realen, indem man es auf zwei Gegensätze zurückführt, die sich nur in dem Maße das Gleichgewicht halten, indem sie formal und um ihr spezifisches Gewicht erleichtert sind. Das Weder-Noch kann degradierte Formen annehmen: In der Astrologie zum Beispiel folgt auf die Übel gleichartiges Gutes; dies wird immer vorsichtig in einer Perspektive des Ausgleichs vorausgesagt: Ein Schlussgewicht macht die Werte, das Leben, das Schicksal usw. unbeweglich; man braucht nicht mehr zu wählen, man muss ertragen.[22]

---

22 Barthes, Roland: Mythologies. In (ders.): *Œuvres complètes*. Edition établie et présentée par Eric Marty. 3 Bde. Paris: Seuil 1993–1995, hier Bd. 1, S. 715.

Es ist überdeutlich, dass der „Ninisme" eine Figur des Mythos, zugleich aber auch der Dummheit ist.[23] Denn er bedient sich einer in die Irre führenden Logik, die auf den ersten Blick einfach und verständlich ist. Doch längst, und ich sage es mit großem Bedauern, ist ein sich auf den „Ninisme" gründender Identitätsdiskurs zu einem wichtigen Versatzstück antillanischer Autorinnen und Autoren geworden. Ein schönes Beispiel hierfür bieten die beiden Guadeloupaner Hector Poullet und Sylviane Telchid, bei denen man gleich zu Beginn eines ebenfalls den Begriff der Identität umspielenden Essays liest: „In ganz außergewöhnlicher Form hat die Geschichte aus uns, Männern und Frauen der Kreolität, Wesen der Grenze gemacht. Weder Schwarze noch Weiße noch Afrikaner noch Europäer noch Indianer und nicht einmal Amerikaner: Unsere kulturelle und genetische Hybridisierung, die uns lange Zeit behindert hat, werden wir nunmehr dazu verwenden, um unsere eigene Milchstraße zu erforschen."[24]

Überaus aufschlussreich ist es, einen Zusammenhang zwischen diesen Ausgrenzungsmechanismen des „Ninisme" und einem auf der Karibikinsel Jamaica verfassten, auf Kingston, den 6. September 1815 datierten Brief herzustellen, der schon einmal, freilich aus einem gänzlich anderen Blickwinkel, im Zentrum unserer Aufmerksamkeit in einer Vorlesung stand.[25] Der Verfasser dieser „Antwort eines Amerikaners an einen Herren von dieser Insel", die den Charakter eines politischen Manifests trägt und unter dem Titel *Carta de Jamaica* in die Geschichtsbücher eingegangen ist, war kein Geringerer als der südamerikanische Freiheitsheld und „Libertador" Simón Bolívar, an den die Autoren des *Eloge de la Créolité* sicherlich nicht gedacht haben dürften. Aber Diskurstraditionen vererben sich oft ohne eine genaue Kenntnis der jeweiligen Bezugstexte oder Bezugsautoren.

Simón Bolívar jedenfalls schrieb in seinem Aufruf zur Einheit im fortgesetzten Kampf gegen die spanische Kolonialherrschaft nicht nur, dass „wir" („nosotros") eine „kleine Menschheit" seien und „eine Welt für sich" besäßen, die, „von weiten Meeren umzäunt, neu in fast allen Künsten und Wissenschaften, wenn auch in gewisser Weise alt in den Gebräuchen der zivilen Gesellschaft" sei, sondern fuhr nach dieser Feststellung der Insellage des unter dem spanischen Joche leidenden Amerika fort:

---

23 Vgl. hierzu Ette, Ottmar: Von hergestellter Dummheit und inszenierter Intelligenz. In: Wertheimer, Jürgen / Zima, Peter V. (Hg.): *Strategien der Verdummung. Infantilisierung in der Fun-Gesellschaft*. München: Beck 2001, S. 119–138.

24 Poullet, Hector / Telchid, Sylviane: „Mi bèl pawòl mi!" ou Eléments d'une poétique de la langue créole. In: Ludwig, Ralph (Hg.): *Ecrire la „parole de nuit". La nouvelle littérature antillaise*. Paris: Gallimard 1994, S. 181.

25 Vgl. hierzu den siebten Band der Reihe „Aula" in Ette, Ottmar: *Erfunden / Gefunden* (2022), S. 289 ff.

[...] aber wir, die wir kaum Überreste dessen, was in anderer Zeit einmal war, besitzen, und die wir andererseits weder Indianer noch Europäer sind, sondern eine mittlere Spezies zwischen den rechtmäßigen Eigentümern des Landes und den spanischen Usurpatoren: dass wir folglich Amerikaner von Geburt und unsere Rechte die von Europa sind, wir also müssen den einen das Land streitig machen und uns der Invasion der Invasoren zum Trotz in ihm halten; so befinden wir uns in dem außerordentlichsten und kompliziertesten Falle; dessen ungeachtet ist es eine Art Weissagung, wollte man angeben, welches das Ergebnis der politischen Linie sein könnte, welche Amerika einschlagen wird, und doch will ich es wagen, einige Vermutungen zu äußern, welche ich selbstverständlich für arbiträr halte, sind sie doch von einem rationalen Wunsche und nicht von einer Wahrscheinlichkeitsrechnung diktiert.[26]

Wir finden bei Simón Bolívar alle Grundstrukturen und Bausteine jenes Diskurses, der uns ausgehend vom *Eloge de la Créolité* beschäftigt: einschließlich einer klaren Zugewandtheit zu einer Zukunft, die zu ergründen und zu gestalten die politische und kulturelle Hauptaufgabe darstellt. Auch in diesem über einhundertsiebzig Jahre früher verfassten Manifest wird die Zuflucht in einem Zwischenraum, einem dritten Raum gesucht, wobei – freilich in einem gänzlich anderen historischen Kontext – die Konstruktion dieses Zwischenraums mit Hilfe von Ausgrenzungsmechanismen erfolgt, welche die Heterogenität der eigenen Situation durch den insistierenden Rekurs auf ein als homogen angenommenes kollektives Subjekt in der ersten Person Plural überspielen soll. Es musste Simón Bolívar um die Konstruktion eines homogenen Wir gehen, das sich überzeugt von den eigenen Zielen freudig und erfolgreich in den Kampf gegen die spanische Kolonialmacht wirft.

Daraus ergeben sich für den eigenen Diskurs und den Diskurs des Eigenen eine Reihe kaum hintergehbarer Konsequenzen, die selbstverständlich nicht nur Elemente der Inklusion, sondern vor allem der Exklusion beinhalten. Denn jede Bestimmung einer stabilen und festen Identität ist auf den Ausschluss anderer und eben nicht auf ein Zusammenleben mit diesem Anderen gegründet. Gerade die Ausgrenzungsmechanismen des „Ninisme", der Figur und Logik des Weder-Noch, belegen, wie sehr die Tendenz besteht, den Gegen-Identitäten eine eigene, möglichst kohärente Identität entgegenzustellen. Der Identitätsdiskurs ist im Grunde ein Ausschließungs-, ja nicht selten ein Vernichtungsdiskurs, der seinen Namen nicht sagt.

Die Parallelen zu jenem Manifest der Kreolität, die sich auf Identität reimt, liegen offen auf der Hand: *Créolité = Identité*. So erweist sich das Manifest der Créolité als wahrhaft amerikanischer Diskurs mit independentistischen Traditio-

---

26 Bolívar, Simón: *Carta de Jamaica. The Jamaica Letter. Lettre à un Habitant de la Jamaïque.* Caracas: Ediciones del Ministerio de Educación 1965, S. 69 f.

nen und macht uns auf die nicht notwendigerweise immer bewussten *gesamt-amerikanischen* Diskursverbindungen aufmerksam. Gerade angesichts dieser gro-ßen historischen Kontinuität von Diskursmustern ist jedoch Skepsis nicht fehl am Platze: Denn es handelt sich letztlich nicht um den Entwurf wirklich *pluraler* Identitäten, sondern um die Durchsetzung eines Wir im Zeichen einer neuen Ver-teilung und Rezentrierung von (nicht immer rein diskursiver) Macht. Denn jeder Identitätsdiskurs, so bescheiden er sich auch immer geben mag, strebt nach Macht über das, was er als das Eigene bezeichnet und von dem er das Andere kategorisch ausschließt.

Dies ist die eher traurige Seite aus der Sicht einer sozialen und politischen Konvivenz, eines ZusammenLebensWissens, das sich um Integration bemüht. Denn schnell wird aus dem menschlichen Laboratorium ein nationales Territo-rium, das sich als Zentrum diskursiver Macht etabliert. Man könnte die These wagen, dass die evidenten diskursiven Parallelen zwischen den Texten von Ménil, Bernabé, Chamoiseau, Confiant, Poullet oder Telchid sowie Bolívar nicht immer auf intertextuellen Relationen, sondern vielmehr auf der Teilhabe an be-stimmten Grundstrukturen einer postkolonialen Situation aufruhen. Mit ande-ren Worten: Sie basieren auf einem Diskurs des Widerstands, nicht auf einem Diskurs der Widerständigkeit.

Nicht umsonst hat Eric Williams in seinem erstmals 1970 erschienenen Buch *From Columbus to Castro* – das Maryse Condé zusammen mit ihrem späteren Ehe-partner ins Französische übersetzte[27] – auf den möglicherweise ephemeren Sta-tus der französischen Übersee-Departements aufmerksam gemacht: „Während die Ansicht der Mehrheit auf Martinique und Guadeloupe heute die Beibehaltung der engen Verbindungen mit Frankreich bevorzugt, wird die Zeit – dafür spre-chen gute Gründe – sicherlich zeigen, dass die gegenwärtigen Arrangements keine endgültige Lösung des Problems dieser Territorien darstellen.“[28]

In ihrem Band über die Karibik stimmte Frauke Gewecke mit dieser Einschät-zung im Grunde überein: „Für die große Mehrheit der Bevölkerung ist der Preis der politischen und wirtschaftlichen Abhängigkeit, den sie für ihren relativen Wohlstand zahlt, ein bereitwillig erbrachtes Opfer.“[29] Der in einem „Annexe“ dem *Eloge de la Créolité* beigegebene politische Entwurf betont die ‚insuläre‘ Souverä-

---

27 Williams, Eric: *De Christophe Colomb à Fidel Castro. L'histoire des Caraïbes 1492–1969.* Tra-duction de Maryse Condé avec la collaboration de Richard Philcox. Paris: Présence Africaine 1975.
28 Williams, Eric: *From Columbus to Castro: The History of the Caribbean 1492–1969.* New York: Vintage Books 1984, S. 514.
29 Gewecke, Frauke: *Die Karibik. Zur Geschichte, Politik und Kultur einer Region.* Frankfurt am Main: Vervuert 1984, S. 59.

nität Martiniques und Guadeloupes, wobei eine „mono-insuläre Souveränität" nur eine möglichst kurze Etappe auf dem Weg zu einer „Karibischen Konföderation" sein solle.[30] Auf diesen höchst strategischen und politischen Punkt komme ich in Zusammenhang mit der rhizomatischen Mangroven-Metaphorik bei Maryse Condé sogleich zurück. Doch unverkennbar sind die politischen Ansprüche auf eine wie auch immer geartete Souveränität, die im *Eloge de la Créolité* bewusst eine Beendigung der politisch tolerierten Wohlstandssituation befürworten und eine politische Unabhängigkeit auf die Agenda setzen.

Im Kontext der Debatten um die Zukunft der französischen Überseedepartements kommt Identitätsentwürfen – gerade in auf öffentliche Wirkung bedachten Gattungen wie dem Manifest oder der Proklamation – eine eminent politische Bedeutsamkeit zu. Sie orientieren sich notwendig an exkludierenden Konzepten, die dem auszuschließenden Anderen schroffen Widerstand entgegensetzen. Ob dem in das *Lob der Kreolität* integrierten Identitätsdiskurs eine strategische oder doch eher eine taktische, auf die Schaffung einer Einheit abzielende Bedeutung eignet, wird erst künftig abschließend zu beurteilen sein. Vielleicht ist – aus heutiger Perspektive betrachtet – aber auch einfach nur die Zeit über dieses Lob einer kreolischen Identität hinweggegangen.

Gleichwohl lässt sich klar formulieren, dass der sich im *Eloge de la Créolité* manifestierende Identitätsentwurf noch immer mehr einer „verwurzelten Identität" („identité-racine") als einer „relationalen Identität" („identité-relation") zuneigt. Um dies nachvollziehen zu können, muss ich ganz kurz auf einen weiteren Denker der französischen Antillen zurückgreifen.

Edouard Glissant hat in seiner *Poétique de la Relation* versucht, die „identité-racine" dahingehend zu bestimmen, dass sie sich auf einen Schöpfungsmythos gründe, von dem sich eine (gewaltsam durchgesetzte) Filiation ableiten lässt; deren Rechtfertigung erhebt den Anspruch auf ein Stück Erde, das dadurch in ein eigenes Territorium verwandelt werden kann.[31] Die „identité-relation" hingegen gründe sich nicht auf einen Schöpfungsmythos, sondern auf ein bewusstes und widersprüchliches Erleben von Kulturkontakten, werde nicht von der „Filiation" sondern der „chaotischen Verkettung der Relation" geprägt, poche nicht auf eine Legitimität, sondern zirkuliere innerhalb einer „neuen Ausdehnung", sei nicht an ein Territorium und dessen Prozesse des BeGreifens und Er-Greifens rückgebunden, sondern feiere das „Denken der *errance* und der Totalität".[32] Auch wenn man jeglicher Form von Identitätsdiskurs

---

30 Bernabé, Jean / Chamoiseau, Patrick / Confiant, Raphaël: *Eloge de la Créolité*, S. 58.
31 Vgl. Glissant, Edouard: *Poétique de la Relation*. Paris: Gallimard 1990, S. 157 f.
32 Ebda., S. 158.

wie ich skeptisch gegenübersteht: Diese von Edouard Glissant, dem Schöpfer des *Discours antillais* eingeführte Unterscheidung erweist sich als durchaus hilfreich, führt sie doch das Element des Relationalen ein.

Angesichts der von Glissant angestrebten Verabschiedung eines ‚verwurzelten' Identitätsbegriffes und seines Plädoyers zugunsten einer relationalen Identitätskonzeption wäre aus der aktuellen Perspektive sehr wohl zu fragen, ob man das zurückliegende Jahrhundert – just so, wie eine bestimmte Phase in der Entwicklung der historischen Avantgarden als „Die Zeit der Ismen"[33] benannt werden konnte – in Hinblick auf postkoloniale Identitätsentwürfe nicht als die Zeit der *Täten* (beziehungsweise der „Ités" oder „Dades") bezeichnen könnte. Das Problem bei einer derartigen Sichtweise wäre freilich die Tatsache, dass sich im 21. Jahrhundert allerorten und insbesondere am Ausgang der vierten Phase beschleunigter Globalisierung diese *Täten* und damit die Identitätsdiskurse rund um (imaginierte) Nationalitäten wieder rapide verstärkt haben. Überall stehen Identitätsdiskurse hoch im Kurs. Und fast überall sind Konflikte, nicht selten kriegerische Auseinandersetzungen die beinahe zwangsläufige Folge.

Auch auf dem amerikanischen Kontinent ist dies seit langem wieder der Fall. Begriffsprägungen vorwiegend des ausgehenden 19. und vor allem der ersten Hälfte des 20. Jahrhunderts haben wieder Hochkonjunktur. Denn Neologismen wie ‚Argentinität', ‚Kubanität' oder ‚Mexikanität' („Argentinidad", „Cubanidad", „Mexicanidad" etc.) sowie „Américanité", „Canadianité", oder in neuerer Zeit im karibischen Raum „Haïtianité", „Antillanité" und mehr noch „Créolité" beinhalten spatiale und identifikatorische Elemente, die als Analogiebildungen ihrerseits auf letztlich stabilisierende Entwürfe kollektiver Ident*ität* verweisen. Den jeweiligen Nachbarn schließen sie einfach aus, eine Konvivenz steht nicht im Vordergrund. Die Menschheit – so darf man ruhig und gefasst konstatieren – hat aus der Gefährlichkeit derartiger Begriffsprägungen nichts gelernt.

Die alten wie die neuen *Täten* haben zwar Wortschöpfungen wie „Doudouisme", „Indigénisme" / „Indigenismo" oder „Afrocubanismo", „Negrismo" und „Criollismo" (die bisweilen in einer größeren Nähe zu den Ismen der histo-

---

33 Vgl. Asholt, Wolfgang / Fähnders, Walter (Hg.): Manifeste und Proklamationen der europäischen Avantgarde, S. 195. Die Herausgeber verweisen darauf, dass dieser Begriff auf die von El Lissitzky und Hans Arp bereits 1925 vorgelegte Zusammenschau der europäischen Avantgarde der Jahre 1914 bis 1924 unter dem Titel *Die Kunstismen / Les Ismes de l'Art / the Ismes of Art* zurückgeht. Eine Kritik an den ‚-tés' und ‚-tudes' und den Gefahren ihrer Verfestigung findet sich auch im letzten Abschnitt der vom Konzept der ‚Insularisierung' ausgehenden Studie von Rosello, Mireille: Caribbean insularization of identities in Maryse Condé's work. From "En attendant le bonheur" to "Les derniers rois mages". In: *Callaloo* XVIII, 3 (1995), S. 577.

rischen Avantgarde stehen) ebenso wie die „Négritude" konzeptionell abgelöst und überwunden, scheinen nunmehr aber ebenso wie jener Begriff an eine Grenze gekommen zu sein, der im Zentrum dieser identitätsheischenden Wortbildungen steht. Dieser begriffliche Kern ist unzweifelhaft der auf einer Entität und Essentialität aufruhende Begriff der Identität selbst. Denn dieser scheint letztlich doch immer *radikal* im Sinne einer alles um sich gruppierenden Wurzel zu sein und kann in den aktuellen kulturtheoretischen Debatten kaum noch ohne zusätzliche Hinzufügungen verwandt werden, die – wie auch das Beispiel *Transitional Identities / Identités transitoires*[34] zeigen mag – einem tendenziell immer wieder dem Statischen zuneigenden Konzept Vielfalt und Bewegung nachträglich einzuschreiben, aufzuprägen versuchen. So ist etwa von ‚pluralen', ‚multiplen' oder ‚nomadischen' Identitäten die Rede, ohne dass derartige Oxymora doch der Gefahr einer Fest-Schreibung gänzlich entgingen. Der Identitätsbegriff ist prinzipiell gefährlich, er beschreibt nicht, sondern handelt und schließt aus. Mit ihm ist durchaus Staat zu machen, aber nur auf Kosten von Minderheiten und auf Kosten der Nachbarn: Er agiert und agitiert.

Die Proliferation, das Wuchern der Identitätsbegriffe ist am Ende des 20. Jahrhunderts, vor allem aber zu Beginn des neuen Jahrtausends so augenfällig, die Allgegenwart von Identitätsdiskursen weltweit so erdrückend, dass man bisweilen nicht umhin kann, im rhizomatischen und dezentralen Wachstum von Identitätsbegriffen selbst das Verfahren zu erkennen, kraft dessen kollektive Identität den sich verändernden soziokulturellen Bedingungen noch angepasst werden kann. Mit Hilfe von Identitäten und Identitätsdiskursen grenzen sich Menschen ab, schließen aus und vernichten.

Man darf sich angesichts der an dieser Stelle unserer Vorlesung nur skizzierten, im Folgenden anhand der Analyse einiger Aspekte von Maryse Condés *Traversée de la Mangrove* entwickelten Problemstellungen sehr wohl fragen, ob der Begriff der Identität zumindest für ‚imaginierte' oder ‚konstruierte' Gemeinschaften als solcher überhaupt noch geeignet ist, jene kulturellen wie kulturtheoretischen, literarischen wie literaturwissenschaftlichen Verschiebungen zu fassen, welche die Identitätsdiskussion langer Jahrzehnte geprägt haben. Und diese Problematik jeglichen Diskurses über Identität ist hier nur milde zum Ausdruck gebracht. Mit anderen, Goyas berühmtem „Capricho" *El sueño de la razón produce monstruos* entliehenen Worten: Noch ist unklar, ob es der Traum oder der Schlaf der Identität und mehr noch der identifikatorischen Vernunft ist, der die Ungeheuer erzeugt. Doch die Ungeheuer sind in der Welt und werden durch Identitätsdiskurse nur weiter angefeuert.

---

34 So etwa der Titel eines im April 2000 an der Universität Mainz stattgefundenen Symposions.

Die Wucherungen des Identitätsbegriffs innerhalb eines längst nicht mehr überschaubaren semantischen Feldes zeigen an, um welchen Preis Identität noch zu haben ist: um den Preis einer unendlichen Verkettung von Begriffen, deren Wachstum nicht mehr linear und hierarchisch, sondern mehrdimensional und rhizomatisch ist. Doch auch strikte Eingrenzungen und Verfestigungen des Identitätsbegriffes lassen sich beobachten und führen wieder von Neuem, wie eh und je, Konflikte und Auseinandersetzungen herauf. Identitäre Bewegungen nutzen die diskursiven Grauzonen für sich aus.

In diesem Sinne – so scheint mir – geht es in Hinblick auf die Entwicklungen des Identitätsbegriffs im letzten Viertel des 20. Jahrhunderts und nochmals verstärkt im ersten Viertel des 21. Jahrhunderts weniger um eine Explosion[35] dieses Terminus als vielmehr um eine Wucherung, welche durch die Einbeziehung transnationaler, postkolonialer, genderspezifischer, transkultureller und hybridisierter Problematiken ungeheuer intensiviert worden ist. Wo immer diese Problematiken aber auf einen stabilen Identitätsbegriff zurückgreifen, ist Vorsicht das Gebot der Stunde.

Die ‚Wiederherstellung‘ eines einheitlichen, ‚zentrierten‘ Identitätsbegriffs ist leider auch im 21. Jahrhundert selbst innerhalb demokratischer, pluralistischer und vielkultureller Strukturen – seien sie multikulturell-statisch oder transkulturell-mobil – wieder verstärkt möglich geworden. Man kann den Begriff der Identität als Kampfbegriff sicherlich nicht ausrotten, ist es doch selbst im wissenschaftlichen Bereich überaus schwierig, ihn als kulturtheoretisches Konzept – wofür ich vehement plädieren würde – endgültig auszumustern. Gerade *nach* dem Ende der vierten Phase beschleunigter Globalisierung erscheint es in unserer Epoche der Neuorientierung angesichts der Flut an Nationalismen, Protektionismen und Chauvinismen als schwierig, aufwendig und bisweilen unmöglich, die verschiedenartigsten Identitätsdiskurse bis hin zu jenen der identitären Bewegungen einzudämmen. Doch wenden wir uns nun einem Roman zu, dessen Erscheinen in den Beginn der vierten Phase beschleunigter Globalisierung fällt!

Der im Jahr 1989, also am Ende des 1918 begonnenen ‚kurzen‘ 20. Jahrhunderts fast zeitgleich mit dem *Eloge de la Créolité* erschienene Roman *Traversée de la Mangrove*[36] markiert im Schaffen der guadeloupanischen Autorin Maryse

---

35 So die Einschätzung des britischen Kulturtheoretikers Stuart Hall, der von einer „wirklichen diskursiven Explosion um das Konzept der ‚Identität‘ im Verlauf der letzten Jahre" spricht; vgl. Hall, Stuart: Introduction: Who Needs „Identity"? In: Hall, Stuart / Du Gay, Paul (Hg.): *Questions of Cultural Identity*. London – Thousand Oaks – New Delhi: SAGE Publications 1996, S. 1.

36 Condé, Maryse: *Traversée de la Mangrove. Roman*. Paris: Mercure de France 1989.

Condé und weit über die karibischen Literaturen hinaus ohne jeden Zweifel einen literarischen Höhepunkt. Die 1937 in Pointe-à-Pitre geborene Autorin hatte 1953 ihre Heimatinsel wie viele Bewohner der 1946 in „Départements d'Outre-Mer" umgewandelten französischen Ex-Kolonien in Richtung Paris verlassen, lange Jahre in verschiedenen Ländern Afrikas und erneut in Europa verbracht und war 1986 nach Guadeloupe zurückgekehrt, von wo aus sie seither regelmäßig Gastdozenturen in den USA wahrnahm. Nach einer ersten Reihe von Romanen, die sich vorwiegend in Afrika ansiedeln und antillanisch-afrikanischen Kulturbeziehungen widmen, zählt *Durchquerung der Mangrove* zu einer zweiten Phase in Condés Romanschaffen, die sich seit der Veröffentlichung von *La vie scélérate* 1987 auf den antillanischen Raum konzentriert.[37]

Abb. 17: Maryse Condé (*1937).

Auf das Thema des Spiels mit dem Motiv der Rückkehr komme ich zurück. Bereits jetzt sei aber angedeutet, dass Maryse Condé sicherlich die paratextuelle Präsentation ihrer Texte wie ihrer Biographie sehr bewusst wahrgenommen und wohl auch kontrolliert hat. Die paratextuelle Dimension des Condé'schen Schaffens, in dem sich stets wichtige Angaben für die ‚Vermarktung' ihrer Texte und mehr noch aufschlussreiche Interpretationsangebote finden, harrt noch einer genaueren Untersuchung.[38]

---

37 Der bei Seghers in der Reihe „Wege der Identität" (*Chemins de l'identité*) veröffentlichte Roman *La vie scélérate* brachte bereits auf dem Klappentext Biographie und Romandiegese in Deckung: „Nach *Ségou* und *Moi Tituba, sorcière* (Grand prix littéraire de la Femme) legt Maryse Condé hier endlich den Roman vor, der die Rückkehr der großen Romanautorin nach Guadeloupe, ihrem Heimatland, markiert."
38 Einen Überblick über die räumliche Dimension bietet die Analyse der vier Romane *Hérémakhonon*, *Une Saison à Rihata*, *La vie scélérate* und *Traversée de la Mangrove* in Fendler, Ute: *Interkulturalität in der frankophonen Literatur der Karibik. Der europäisch-afrikanisch-amerikanische Intertext im Romanwerk von Maryse Condé.* Frankfurt am Main: Verlag für Interkulturelle Kommunikation 1992; sowie Bouge, Sylvie: *Ecriture féminine / Escritura femenina im Zeichen des Postkolonialismus. Weibliches (An-)Schreiben gegen das Patriarchat bei Maryse Condé und Albalucía Angel.* Saarbrücken: Verlag Dr. Müller 2007.

Traversée de la Mangrove ist in vielfacher Hinsicht ein weit über die Entstehungsepoche hinausreichender Erzähltext, der sicherlich zum Bedeutendsten gehört, was diese mit dem alternativen Literaturnobelpreis im Jahr der Krise des Nobelpreis-Komitees ausgezeichneten karibische Schriftstellerin schuf. Im Gegensatz zu ihren früheren Romanen bedient sich die guadeloupanische Autorin, die 1973 an der Sorbonne in Vergleichender Literaturwissenschaft promovierte und die nicht nur deswegen oder aufgrund ihrer zahlreichen literaturkritischen und kulturtheoretischen Veröffentlichungen, sondern auch wegen ihres weiten Lesehorizontes als ‚Poeta docta‘ angesprochen werden kann, in *Traversée de la Mangrove* des Verfahrens einer enormen raum-zeitlichen Konzentration. Sehen wir uns dies einmal näher an!

Maryse Condés Roman ist klar strukturiert und gliedert sich in die drei Teile „Abenddämmerung" („Le serein"), „Nacht" („La nuit") und „Morgendämmerung" („Le devant-jour"), wobei der Bereich der Nacht, der seinerseits in zwanzig verschiedene, mit Titeln versehene Kapitel untergliedert ist, den eigentlichen Hauptteil darstellt. Der erste und der dritte Teil weisen alle Charakteristika einer „exposition" und eines „dénouement" auf. Die sich in dieser Einteilung bereits andeutende temporale Progression umfasst inhaltlich die Zeit zwischen Abenddämmerung und Morgendämmerung und quantitativ mit einem Umfang von zweihundertfünfundsechzig Seiten einen Lesestoff, der bei einer durchschnittlichen Lesegeschwindigkeit innerhalb von zwölf Stunden bewältigt werden kann.[39] Der Roman kann damit zwischen Abend- und Morgendämmerung gelesen werden, die Erzählzeit (verstanden als Zeitdauer des Erzählens) fällt mit der Lesezeit (als Zeitdauer des Lesens) in eins. Dieses zeitliche Zusammenfallen ist für unsere Deutung des Romans überaus relevant.

Die doppelte, produktions- wie rezeptionsästhetisch fundierte Einheit der Zeit findet wie in einem ‚klassischen‘ Theaterstück ihre Fortsetzung in der Einheit des Raums. Die innerhalb der genannten Zeitspanne angesiedelten Ereignisse situieren sich in Rivière au Sel, einem von der Außenwelt recht abgeschlossenen Weiler der Insel Guadeloupe, so dass auch in einem umfassenderen Sinne die Einheit des Raums gewährleistet ist. Vor diesem Hintergrund verwundert es bei der *poeta docta* nicht mehr, dass sich Maryse Condé auch an die Einheit der Handlung hielt und somit die für die klassische französische Tragödie des 17. Jahrhunderts geltende Regel der drei (aristotelischen) Einheiten berücksichtigte.

Das theatralische Spiel mit den Einheiten kommt nicht von ungefähr. Als Theaterautorin hatte Maryse Condé mit dieser ‚klassischen‘ Regel bereits erfolgreich experimentiert, wie ihr am 14. April 1988 in Pointe-à-Pitre und am

---

39 Eine mir vorliegende Textaufsprache umfasst eine Dauer von circa elfeinhalb Stunden.

26. April 1988 in Fort-de-France aufgeführtes Stück *Pension Passatwind*[40] belegen mag. Nicht umsonst ist dieser Text bereits im Untertitel als *Pièce en cinq
tableaux* und damit als ein in die klassischen fünf Akte aufgeteilles Stück charakterisiert und stellt in Hinblick auf die Fokalisierung von Zeit, Raum und
Handlung in gewisser Hinsicht ein Vorspiel von *Durchquerung der Mangroven*
dar. Der Roman nimmt damit Elemente auch des zeitgenössischen Theaters
auf. Doch bleiben wir noch etwas bei der strukturellen Anlage dieses karibischen Romans!

Die Einheit der Handlung wird dadurch hergestellt, dass die inhaltliche
Grundstruktur – um den Roman eines anderen (circum-)karibischen Schriftstellers zu zitieren – einer Art ‚Chronik eines angekündigten Todes‘[41] folgt. Im
Unterschied zur 1981 erschienenen *Crónica de una muerte anunciada* des Kolumbianers Gabriel García Márquez geht es in *Traversée de la Mangrove* nicht –
wie die Leserin oder der Leser des ersten Teils „Abenddämmerung" noch glauben könnte – um einen Mordfall, dessen nähere Umstände im Modus des Kri-
minalromans erkundet und präsentiert würden. Auch in Condés Roman ist der
Tod angekündigt, jedoch nicht als Echowirkung einer Verkündigung durch die
Mörder selbst, welche die Mitbewohner des Provinzstädtchens in Mittäter verwandelt, sondern durch ein Fatum, das in einer langen Geschichte jener Familie,
der die Hauptfigur des Romans angehört, stets die männlichen Nachkommen im
Alter von fünfzig Jahren auf mysteriöse Weise tödlich trifft. Diese dem Mythos
verpflichtete Grundstruktur zeichnet den karibischen Roman der guadeloupanischen Schriftstellerin aus.

Dieses unabänderliche Fatum wirft über die gesamte Handlung ihren Schatten. Daher ist der angekündigte Tod, von dem Francis Sancher selbst immer wieder den Bewohnern des Weilers berichtet und der ihn ereilt hat, bevor sich
gleichsam der Vorhang des Erzählstückes hebt, auch nicht in allen Einzelheiten
zu analysieren und zu rekonstruieren. Die Gründe für den Tod bleiben im Dun-
keln und verweisen auf jene Unbestimmtheitsstellen,[42] die Maryse Condé in großer Zahl in ihren Roman eingewoben hat und die auf der Inhaltsebene jene
unregelmäßigen Lücken bilden, die der Leserschaft sehr unterschiedliche Deu-

---

40 Condé, Maryse: *Pension Les Alizés. Pièce en cinq tableaux*. Paris: Mercure de France 1988.
41 García Márquez, Gabriel: *Crónica de una muerte anunciada*. Barcelona: Bruguera 1981;
vgl. hierzu den dritten Band der Reihe „Aula" in Ette, Ottmar: *Von den historischen Avantgarden bis nach der Postmoderne* (2022), S. 830 ff.
42 Vgl. hierzu etwa Iser, Wolfgang: Die Appellstruktur der Texte [sowie] Der Lesevorgang. In:
Warning, Rainer (Hg.): *Rezeptionsästhetik. Theorie und Praxis*. München: Fink ²1979, S. 228–252
und S. 253–276.

tungsmöglichkeiten überantworten. Diese Polysemie von *Traversée de la Mangrove* ist bereits in der mythischen Anlage des Romans begründet.

Bevor wir uns näher mit der Struktur und mehr noch mit der Strukturierung des Romans beschäftigen, dürfen wir bereits festhalten, dass die Einheit von Raum, Zeit und Handlung, die an die experimentelle, verschiedene Kettenreaktionen ermöglichende Ausgangssituation von *Chronik eines angekündigten Todes* erinnert und mit diesem Roman der hispanoamerikanischen Karibik eine Reihe von strukturellen Parallelen teilt, *Traversée de la Mangrove* in eine Art menschliches und zugleich literarisches Laboratorium verwandelt. Nicht die Inszenierung einer naturwissenschaftlich begründeten Kausalität wird behauptet, wie sie im Naturalismus produktiv geworden ist, oder die Herstellung einer Versuchssituation angenommen, wie sie den französischen Surrealisten als Basislager für die Erkundung ihrer von Sigmund Freud mitgeprägten Vorstellungen von der Funktionsweise des menschlichen Unbewussten diente. Es geht vielmehr – und dies ist in gewisser Weise ein kubistisches Unterfangen – um die Darstellung eines Ereignisses aus möglichst unterschiedlichen Perspektiven, so dass die Abgeschlossenheit und Wiederholbarkeit der Versuchsbedingungen eines Labors nicht zwischen einer Vielzahl von Objekten und einer zentral gestellten und als objektiv ausgegebenen Perspektive trennen. Denn der Roman präsentiert uns keinerlei Zentralstellung, welche den wahren, den eigentlichen Sinn und dessen Bezugsmeridian verkörpern könnte. Er präsentiert uns verschiedenste Ansichten zur selben Zeit.

Dergestalt werden die Versuchsobjekte selbst zu Subjekten, zu Akteuren innerhalb eines erzähltechnisch wie kulturtheoretisch bedeutsamen Versuches, in dem die Ränder und die Grenzen literarischer Repräsentationen, menschlicher Selbstfindungsprozesse und kulturwissenschaftlicher Begrifflichkeiten erprobt und ausgetestet werden. Der Ort dieser Erprobung ist eine *Insel-Welt* mit ihren Eigen-Gesetzlichkeiten, eine kleine Welt in ihrer Abgeschlossenheit und mit ihren eigenen Spielregeln, eine Welt aber auch, die als *Inselwelt* transareal mit den unterschiedlichsten Teilen unseres Planeten verbunden ist und sich aus all diesen Bezügen speist.

So lässt sich *Traversée de la Mangrove* – freilich in einem ganz anderen Sinne als bei Raphaël Confiant in der eingangs angeführten Passage – als ein ‚menschliches Laboratorium' deuten und verstehen, in welchem die Dimension der Menschlichkeit, der Humanität, in der Tat als ethisch-moralisches Fundament des gesamten Erzählvorgangs dient.[43] Denn weit mehr als ein Labor ist es

---

43 Vgl. hierzu Lionnet, Françoise: Toward a New Antillean Humanism: Maryse Condé's "Traversée de la mangrove". In (dies.): *Postcolonial Representations. Women, Literature, Identity.* Ithaca – London: Cornell University Press 1995, S. 69–86.

ein Erprobungsraum für unterschiedliche Logiken, für verschiedenartige Verstehensprozesse, die sich kubistisch rund um einen präzise bestimmten und bestimmbaren Gegenstand gruppieren – wie unterschiedliche Menschen rund um einen aufgebahrten Leichnam.

Lassen Sie uns nun zur Romanstruktur und zu einer Raumstruktur kommen, die sich in ständiger Bewegung befindet und einen Raum durch die diesen kreuzenden Bewegungen konstruiert. Zu Beginn von Maryse Condés Roman ist dessen Hauptfigur gerade verstorben. Folglich setzt der erste Teil von *Traversée de la Mangrove* mit einer Retrospektive ein, im Verlauf derer sich „Mademoiselle Léocadie Timothée, eine seit gut zwanzig Jahren pensionierte Lehrerin",[44] an die Umstände erinnert, wie sie bei einem nächtlichen Spaziergang zu ihrem großen Schrecken auf die Leiche von Francis Sancher stieß. Erstmals wird jener Mann skizziert, der die ambivalente, zugleich anwesende und abwesende Zentralfigur des Romans darstellt, die von den verschiedenen Blickwinkeln der Figuren aus in immer neuen Ansichten porträtiert wird. Wir befinden uns im Text unmittelbar nach dem Incipit, nach dem ersten Abschnitt des Romans:

> Kein Zweifel, er war es.
> Mit dem Gesicht im fetten Dreck steckend und mit seinen verdreckten Kleidern konnte man ihn an seinen breiten Schultern und seinem lockigen, leicht angegrauten Haarschopf erkennen.[45]

Der Leichnam ist folglich erkennbar, identifizierbar, auch wenn der ganze Körper sich im Dreck, im Morast befindet. Das Gesicht jenes Mannes, um dessen in einem Sarg mit Glasfenster aufgebahrte Leiche sich fünf Tage später – Parallelen zur Geschichte der Auferstehung Christi sind keineswegs rein zufälliger Natur – viele Bewohner von Rivière au Sel zur Totenwache versammelt haben, ist zum Boden gewendet, fast mit der Erde schon eins geworden; und doch ist dieser Mann durch Körperbau und Haarfarbe kenntlich, ohne jeden Zweifel identifizierbar. Es konnte nur er sein, der da im Dreck liegt.

Von Beginn des Romans an werden wir mit dem Fatum, werden wir mit dem Schicksal konfrontiert. Dieses von Francis Sancher selbst angekündigte Schicksal hat sich an seinem eigenen Leib vollzogen: Seine gesichtslose Gestalt im Schlamm verweist voraus auf jene Passage, in der sich die aus ihrem Zuhause geflohene und bei Sancher Zuflucht suchende Vilma an ihr erstes Zusammentreffen in seinem geheimnisumwitterten und von Dobermann-Hunden bewachten Haus erinnert. Francis saß gerade an seiner Schreibmaschine und schrieb an einem Text, dessen Titel wir bereits kennen:

---

44 Condé, Maryse: *Traversée de la Mangrove*, S. 11.
45 Ebda., S. 12.

„Du siehst, ich schreibe. Frag' mich nicht, wozu das gut ist. Im Übrigen werde ich dieses Buch niemals beenden, denn bevor ich überhaupt die erste Zeile fand und wusste, was ich an Blut, an Lachen, Weinen, an Angst und Hoffnung, all dem eben, was ein Buch zu einem Buch und nicht einer nervtötenden Abhandlung macht, hineintun würde, hatte ich schon, halb wirr im Kopf, seinen Titel gefunden: ‚Durchquerung der Mangrove'."
Ich zuckte mit den Schultern.
„Man durchquert keine Mangrove. Man spießt sich an den Wurzeln dieser Mangle-bäume auf. Man versinkt und erstickt in dem brackigen Dreck."
„So ist es, genau so ist es."[46]

Die Erfüllung des Fatums ist nicht nur durch die Lexemrekurrenz von „Dreck" („boue") mit dem Schreibakt verbunden, sondern auch durch die Präsenz der Mangroven, die ebenso Maryse Condés wie Francis Sanchers Buch den Titel geben. Dass der Held und Autor des Romans gleich an dessen Anfang tot im Dreck liegt, ist daher bedeutungsvoll, ja die Lektüre des gesamten Romans bestimmend.

Für den literarisch in Szene gesetzten romaninternen Romanautor ist der Schreibakt zugleich mit dem Bewusstsein von Endlichkeit, mit der Gewissheit des eigenen Todes noch vor Abschluss des Buchs und dadurch mit dem eigenen Schei-tern verknüpft. Gleichviel, ob wir Maryse Condés Roman für eine Fortsetzung oder eine Ersetzung von Francis Sanchers Buchprojekt halten: Er schreibt sich ein in eine Verdoppelungsstruktur, die ein Selbstreflexiv-Werden des Schreibens durch die Spiegelung in einem anderen, einem männlichen *alter ego* erlaubt.

Verschiedene Parallelen zu Biographemen der aus Guadeloupe stammenden Autorin tun sich auf. Diese Parallelität betrifft auch das Gefühl der Fremdheit und des Fremdseins, das Maryse Condé noch Jahre nach ihrer ‚Rückkehr' nach Guadeloupe dort – nicht zuletzt auch in den Massenmedien – entgegenschlug. Ein schönes Beispiel hierfür ist ein 1995, aus Anlass eines ihr zu Ehren veranstal-teten Kolloquiums in Pointe-à-Pitre durchgeführtes Interview, in welchem ebenso wie in seiner paratextuellen Einbettung sogar ein wenig Feindseligkeit gegenüber der damals in ihrer Heimat umstrittenen Schriftstellerin durchzuhören ist.[47] Doch zurück zum Romantext!

Damit ist der Raum des Schreibens mit einer transsexuellen, die Geschlech-tergrenzen querenden geschlechterspezifischen Dimension von karibischer Lite-ratur verbunden. Der Roman ordnet sich zugleich ein in ein semantisches Feld, innerhalb dessen das Schreiben, das Verfassen eines Buchs, mit Zeit, Raum und Handlung – mit der Erfahrung der Endlichkeit von Existenz im Bild des Todes,

---

46 Ebda., S. 202 f.
47 Vgl. Condé, Maryse: Interview à l'occasion du VI Salon du Livre à Pointe-à-Pitre: Hommage à Maryse Condé. In: *Tévé-Magazine* (Pointe-à-Pitre) 285 (11–17 mars 1995), S. 3–4.

mit der Erfahrung von Raum im Zwischenraum der rhizomatisch sich verästeln-
den und weiter wuchernden Mangroven und mit der Erfahrung von Bewegung
im Versuch, diese Mangrovennatur zu queren – untrennbar verknüpft ist. Das
Schreiben von Literatur ist wie das Durchqueren der wie diese rhizomatisch
strukturierten Mangroven prinzipiell unmöglich und eben dadurch als verführeri-
sches Ziel wohl möglich. Doch bevor wir uns weiteren Aspekten dieser bereits paratextuell durch den Titel des Romans gegebenen Strukturierung widmen, soll
die *Struktur* des Condé'schen Romans in ihren Grundzügen abschließend herausgearbeitet werden.

Denn die Gesamtstruktur von *Traversée de la Mangrove* ist die eines Frak-
tals, in welchem wir im Körper des Toten das alle Blicke spiegelnde Fraktal der
gesamten Welt, der gesamten Insel-Welt und Inselwelt, erblicken können.[48] Die
Erinnerung Léocadie Timothées, mit welcher der Roman einsetzt, führt hin zu
einer Struktur, in der sich in zwanzig Kapiteln insgesamt neunzehn verschiedene Romanfiguren an den anwesenden Abwesenden, den einer Autopsie, die
keine Indizien für eine Mordtat ergab, unterzogenen und nun aufgebahrten
Toten erinnern und dabei ihr persönliches Verhältnis ebenso zu Francis Sancher wie zu anderen Bewohnern des Dorfes reflektieren.

Die Tatsache, dass neben Léocadie, die nicht nur im ersten,[49] sondern auch
im zweiten Teil des Romans zu Wort kommt, auch die junge Mira Lameaulnes,
die ein Kind von Francis Sancher zur Welt gebracht hat, das Privileg besitzt,
zweimal zu sprechen, bewirkt nicht nur, dass die Romanstruktur dadurch eine
kleine Abweichung erfährt,[50] sondern weist auch beiden Frauen eine Sonderstellung innerhalb des gesamten Romangeschehens zu. Beide jagen bei ihrem
ersten Treffen Francis Sancher einen gehörigen Schrecken ein, sieht er sich
doch in beiden mit dem von ihm erwarteten Tod (frz. „*la mort*") konfrontiert;
beide stolpern über ihn in der Nacht, wobei das erste Zusammentreffen zwischen Mira und Francis zu einer körperlichen Vereinigung führt, die Leben und
Tod, Todesangst und Lebenslust miteinander verschmelzen lässt; und beide
Frauen, auch die schon über achtzigjährige Léocadie, behaupten von sich, in
einer bestimmten (und gewiss sehr verschiedenen) Weise Geliebte von Francis
Sancher gewesen zu sein. Der Tote, so isoliert und vereinzelt, von Hunden be-
wacht er auch auf der Insel, in dem kleinen Örtchen, gelebt haben mag, ließ
niemanden kalt.

---

48 Vgl. zu den Dimensionen von Weltfraktalen Ette, Ottmar: *WeltFraktale. Wege durch die Literaturen der Welt*. Stuttgart: J.B. Metzler Verlag 2017.
49 Freilich sind Léocadies Worte rückgebunden an eine Erzählerstimme, die im Grunde die
Schwundstufe einer auktorialen Erzählerfigur markiert.
50 Dies mag ein erster Hinweis auf das Durchkreuzen absolut symmetrischer Strukturen sein.

Innerhalb der weitgehend, wenn auch – wie bereits betont – nicht vollständig symmetrischen Struktur des Romans umschließen das zehnte und elfte Kapitel rein numerisch die Zentralachse des Erzähltexts: Es handelt sich um jene Kapitel, in denen zunächst Léocadie Timothée (zum zweiten Male) und danach „Cyrille, der Geschichtenerzähler" zu Wort kommen. Ginge man von der Präsenz von neunzehn sich direkt äußernden Romanfiguren aus, so verliefe die Zentralachse durch das zehnte, mithin Léocadie gewidmete Kapitel. Es scheint mir freilich überzeugender, von der Anzahl der Kapitel (und nicht der berichtenden Romanfiguren) auszugehen und so im Zentrum des gesamten Buches einen Zwischenraum, einen Leerraum zwischen dem zehnten und dem elften Kapitel zu konstatieren, so wie sich die Romanfiguren selbst bei der Totenwache um ein leeres Zentrum versammeln, um die Gegenwart des schon Abwesenden.

Anhand der Figur der mit dem Jahrhundert geborenen Léocadie wird nicht nur die individuelle, von sexuellem Begehren und Unerfüllt-Sein geprägte Biographie der Schulgründerin von Rivière au Sel dargestellt, sondern zugleich auch die kollektive Geschichte des 20. Jahrhunderts mit ihren politischen, ökonomischen, gesellschaftlichen und kulturellen Veränderungen Guadeloupes[51] in wichtigen Aspekten wie in einem Brennspiegel repräsentiert. Der Geschichtenerzähler Cyrille wiederum steht für die orale Kulturtradition der Antillen und eröffnet den Konventionen entsprechend seine Performanz, seinen Auftritt im Rahmen der Totenfeier, mit der standardisierten Formel „Yé krik, yé krak!",[52] die den ‚Pakt' zwischen Erzähler und Zuhörerschaft bekräftigt.

Das Reich dieses Geschichtenerzählers ist die Nacht: Cyrille bringt jenes „nächtliche Wort", jene „parole de nuit"[53] zu Gehör, die den kulturtragenden Kern der oralen Kulturen nicht nur der frankophonen Karibik ausmacht. Dies ist ein Charakteristikum der karibischen und zirkumkaribischen Welt überhaupt. Gleichzeitig verweist er aber auf die Tatsache, dass Maryse Condé selbst den Hauptteil ihres Romans in der Nacht ansiedelt; sie hat die Tradition der „Oraliture" (zusammen mit anderen volkskulturellen Elementen wie den eingestreuten Vignetten) mithin sehr bewusst in ihre schriftkulturelle Romanschöp-

---

51 Vgl. zu diesem Aspekt Piriou, Jean-Pierre: Modernité et tradition dans „Traversée de la mangrove". In: *L'Œuvre de Maryse Condé. A propos d'une écrivaine politiquement incorrecte*. Actes du colloque sur l'œuvre de Maryse Condé, organisé par le Salon du Livre de la ville de Pointe-à-Pitre (Guadeloupe), 14–18 mars 1995. Paris – Montréal: L'Harmattan 1996, S. 115–125.
52 Condé, Maryse: *Traversée de la Mangrove*, S. 161.
53 Vgl. die Entfaltung dieses glücklich gewählten Begriffs durch den 1927 in Französisch-Guyana geborenen und zum Teil auf Guadeloupe aufgewachsenen Schriftsteller und Kritiker Berthène Juminer: La parole de nuit. In: Ludwig, Ralph (Hg.): *Ecrire la „parole de nuit"*, S. 131–149; sowie die „Introduction" zu diesem Band von Ralph Ludwig (S. 13–25) mit ihrer wichtigen Thematisierung des Verhältnisses von Mündlichkeit und Schriftlichkeit.

fung integriert. Cyrille wird – neben dem Lokalhistoriker Emile Etienne und dem Möchtegernromancier Lucien Evariste – aus dieser Perspektive zu einer weiteren ‚Erzähler'-Figur, in der sich Genese und Akt des Erzählens *und* Schreibens autoreflexiv im Anderen spiegeln.

Wie Francis Sancher gelingt aber auch diesen männlichen Figuren nicht, was Maryse Condé gelingt: einen Roman (über das Erzählen und damit das „nächtliche Wort") zu schreiben. Genauer besehen, stoßen wir auf eine ganze Reihe gescheiterter literarischer Existenzen, welche die Autorin bewusst in ihren Roman als Alternativen zu ihrem eigenen Tun aufgenommen hat. Die geschlechterspezifische Dimension des Romans ist folglich in Bezug auf das Schreiben sehr wohl gewichtet und wird im Bewusstsein der Leserschaft gehalten. Ihre kreative Grenze verläuft entlang der Scheidung zwischen romaninternen und romanexternen Elementen, zwischen den männlichen Erzählerfiguren und der realen Autorin und beinhaltet damit eine starke Selbstreflexion bezüglich der eigenen Position als Schriftstellerin in einer patriarchalisch strukturierten Welt, in welcher den Männern das (mündlich oder schriftlich) *veröffentlichte* Wort zu gehören scheint. Doch kehren wir zu den beiden gegensätzlichen Figuren der zentral gestellten Kapitel von *Traversée de la Mangrove* zurück!

Mit Cyrille und Léocadie treten uns im Zentrum des Romans zwei gegensätzliche und zugleich komplementäre Figuren entgegen: Steht der eine für die Kraft einer oralen Erzählkultur, so steht die pensionierte Lehrerin und Schuldirektorin für die Stärke einer schriftkulturellen Bildungsinstitution, die sich im Verlauf des Jahrhunderts selbst in Rivière au Sel immer mehr festigen konnte; steht der eine für die Präsenz des männlichen, so die andere für jene des weiblichen Elements; ist Cyrille ein umherziehender „Conteur", so ist Léocadie eine Figur des Sesshaften, deren Bewegungen sich größtenteils um Schule und Haus anordnen. Beide verkörpern sie aber auch die Zweigliederung des Raums, der im Zentrum der Romandiegese steht: Innenraum und Außenraum einer Totenfeier, an der die Leserschaft gleichsam präsentisch teilnimmt.

Denn die „Veillée" findet in jenem etwas außerhalb des Weilers befindlichen ‚exzentrischen' und von zwei Höllenhunden bewachten Haus statt, jenen Dobermanns, die ihren Herrn so sehr liebten, ihn jedoch nicht vor dem Tode schützen konnten und nun, nach seinem Ableben, von den Bewohnern des Ortes nicht mehr gefüttert werden, so dass sie pausenlos „aus Hunger und Verzweiflung" toben.[54] Die eigentliche Totenwache ist zweigeteilt und gliedert sich in einen Innenraum, wo sich vor allem die Frauen um den Leichnam versammelt haben,

---

54 Condé, Maryse: *Traversée de la Mangrove*, S. 25.

und einen Außenraum, wo Cyrille seine Rätselspiele und Geschichten präsentiert.[55] Auch bei der Totenwache selbst wird traditionsgemäß getrauert und gefeiert, gebetet und getrunken, ein Fest des Todes und des Lebens begangen, in welchem Leben und Tod gleichermaßen als Bestandteile des Lebenswissens der Menschen, des Lebenswissens der Literatur, zelebriert werden.

Von diesem in mehrfacher Hinsicht folglich zweigeteilten Raum aus entsteht durch die individuelle Arbeit der Erinnerung an den Toten ein komplexes Bild nicht nur des Francis Sancher und der Bewohner von Rivière au Sel, sondern auch der Insel-Welt selbst. *Traversée de la Mangrove* ist ein Gedächtnisbuch, in dem die individuelle Erinnerung ein kollektives Gedächtnis bildet, ohne doch in diesem aufzugehen. Denn die Literaturen der Welt sind weit davon entfernt, lediglich die Funktion der *Memoria*, die Bedeutung einer rückwärtsgewandten Geschichte in ihren Mittelpunkt zu stellen.

Der gesamte Roman ist höchst präzise konstruiert: Noch einmal sei auf die Autorin als *poeta docta* verwiesen. So entsteht aus der Doppelung von Innenraum und Außenraum in der Art ineinandergesteckter chinesischer Schachteln eine Romandiegese, deren Raumstruktur vom ,leeren' (da leblosen) Zentrum des Sarges über das Haus Sanchers und den Mikrokosmos des Weilers, der über Petit Bourg – einen kleinen Ort höherer Zentralität – an Pointe-à-Pitre angebunden ist, reicht und sich auf eine sich ständig erweiternde Raumgliederung hin öffnet, in der zunächst die zweigekammerte Insel, dann die Französischen Antillen und Guyana, sodann die karibische Inselwelt mit Kuba und Haiti, die circumkaribischen Küstensäume von „Tierra firme" bis Louisiana, danach der amerikanische Kontinent insgesamt, die Beziehung zu Europa mit der Sonderstellung der ehemaligen Kolonialmacht Frankreich, endlich aber auch Afrika und – zumindest am Horizont – Indien (etwa in den Träumen Sylvestre Ramsarans von einer künftigen Indienreise) erscheinen.

Auf diese kunstfertige Weise entfaltet sich ebenso zwanglos wie gleichsam magisch aus den Erinnerungen der Romanfiguren eines gottverlassenen, auf den ersten Blick von der Außenwelt weitgehend abgeschnittenen Ortes auf Gu-

---

55 Vgl. zu diesen Präsentationsformen Poullet, Hector / Telchid, Sylviane: „Mi bèl pawòl mi!" ou Eléments d'une poétique de la langue créole, S. 184 f.: „—*Krik?*, sagt der Erzähler („Hört ihr mir zu? Folgt ihr mir? Seid ihr noch immer bei mir?"). —*Krak!* antworten die Zuhörer („Ja, wir hängen an deinen Lippen"). Im Spiel, das der Erzähler mit seinem Publikum veranstaltet, spielen die „tim-tim" – Rätsel-Formeln, die der Erzählung der kreolischen Geschichte vorausgehen – eine wichtige Rolle." Dort findet sich auch die Feststellung, die *veillée mortuaire* sei „eine Manifestation des Lebens (Musik, Trommeln, Essen, Getränke), aber auch der Freude (Lachen, Scherze, Spiele), als wollte man den Angehörigen des Verstorbenen dabei helfen, ihren Schmerz besser zu ertragen, indem man ihre Aufmerksamkeit auf anderes lenkt (das Schweigen hätte den Tod wirksamer, schmerzhafter gemacht)" (ebda., S. 189).

adeloupe das faszinierende Bild einer wahrhaft globalisierten Welt, anhand derer das literarische Verfahren einer scheinbaren Beschränkung, in Wahrheit aber der brennspiegelartigen Konzentration und Verdichtung in Raum, Zeit und Handlung seine Kraft und auch sein Faszinosum gewinnt. Der gesamte Roman ist wie ein selbstreflexives und selbstähnliches Modell, wie ein Welt-Fraktal *en miniature* gebildet.

Kommen wir nun zu *Strukturierung* und Bewegung dieses karibischen Romans. Lässt sich die Raumstruktur in ihrer Anlage in der Tat mit Russischen Puppen oder ineinandergesteckten chinesischen Schachteln vergleichen, deren Zentrum ‚leer' bleibt, so krankt diese Metapher an der in ihr zum Ausdruck kommenden Statik, wenn wir nach der spatialen Strukturierung des Romans fragen und darunter eben nicht mehr die abstrakte, also ‚abgezogene' und zugleich stillgestellte Raumgliederung verstehen, sondern ein Bild der miteinander kommunizierenden Teile und Bereiche entwerfen. Erst auf dieser Ebene ergibt sich eine in Bewegung gesetzte Struktur, eine *Strukturierung* also, die sich nicht nur durch ihre große Offenheit und hohe Mobilität, sondern mehr noch durch ihre Multipolarität und Verbindungsvielfalt auszeichnet. Man könnte von einer archipelischen Vielverbundenheit sprechen. Denn Leserin und Leser bemerken bald, dass sich im weiteren Fortgang des Romans ein immer dichteres Netzwerk herausbildet, das die unterschiedlichen Positionen nicht vermittelt über einen zentralen Blickpunkt, sondern unmittelbar und direkt miteinander verknüpft. Auf diese Weise entstehen einander überlappende kubistische Bewegungs-Bilder.

Schon in der Exposition von *Traversée de la Mangrove* wird deutlich markiert, dass die vielfältigen Bewegungen ebenso individueller wie kollektiver beziehungsweise gesellschaftlicher Natur sind. Umstrukturierung und Abbau der Zuckerindustrie und damit der traditionellen, von den Sklavenhaltergesellschaften ererbten wirtschaftlichen Basis werden bereits im ersten Teil des Romans eingeblendet, um in der Folge darauf aufmerksam zu machen, dass Carmélien, der Sohn des aus einer indischen Kontraktarbeiterfamilie stammenden und zu Wohlstand gekommenen Sylvestre Ramsaran nach Paris geht, um dort Medizin zu studieren. In erlebter Rede wird die Reaktion der Dorfbewohner wiedergegeben:

> Was denn, ein Ramsaran als Mediziner! Dass die Leute nicht an ihrem Platz bleiben können! Der Platz der Ramsaran war auf dem Land, Zuckerrohr oder was immer! Ein Glück, Gott ist groß! Carmélien war mit Höchstgeschwindigkeit aus Bordeaux zurückgekehrt, wo ihn eine Krankheit gepackt hatte. Das war nur gerecht. Man soll nicht höher pfurzen, als

der Arsch ist. In derlei Fällen tut das Leben seine Pflicht und bringt den Ehrgeizigen wieder zur Räson.[56]

Das Lebenswissen dieser Perspektive ist ein Wissen von einer sozialen Hierarchie, welche die nach der Abschaffung der Sklaverei eingewanderten indischen Kontraktarbeiter gleichsam an die Stelle der Sklaven bugsierte und für die „Coolies" die unterste Stufe in der Hierarchie der Inselgesellschaft vorsah. Diese sind ihrer indischen Heimat entrissen, aber nicht in ihre Zielgesellschaften integriert.[57] Doch diese traditionalistische „Vernunft" („raison"), die sich auf die Sprichwörter der mündlichen Kultur stützt und am liebsten jedwede soziale Mobilität in der Gesellschaft unterbinden würde, wird nicht Recht behalten, sondern grundlegende Bewegungen ebenso individueller wie kollektiver, ebenso topographischer wie sozialer Natur akzeptieren müssen.

Wie die gesamte Karibik ist die Insel Guadeloupe in einen beschleunigten und nicht mehr zu bremsenden Umwandlungsprozess eingetreten, den – so scheint es – nichts aufzuhalten vermag. Die gesellschaftlichen Grenzlinien sind längst nicht mehr undurchlässig, sondern geben immer stärker nach. Demgemäß zeichnen sich die verschiedenen Bewegungen von Beginn an nicht nur vor der Hintergrundfolie einer Gesellschaft ab, die fundamentalen Veränderungen unterworfen wird; sie ordnen sich zugleich in eine Diachronie ein, die Bewegungen sowohl im Raum als auch in der Zeit aufzeichnet.

Die Dynamik dieses Condé'schen Raum- und Romanmodells ist beeindruckend. Mit dem zweiten Teil des Romans erreichen wir die Nacht und damit den Raum einer oft quälenden Selbstvergewisserung der Romanfiguren und eines Erzählens, das in direkter, indirekter und erlebter Rede, im inneren Monolog wie im Dialog, im Singular wie im Plural der ersten wie der dritten Person, aus der Perspektive von Geschäftsleuten und Tagelöhnern, von Briefträgern und Vagabunden, von Lehrerinnen und Schülerinnen, von Geschichtenerzählern und angehenden Historikern, von Studentinnen und rechtlosen haitianischen Immigranten, von Heilerinnen und Behinderten, von Hausfrauen und Prostituierten, von weißen „békés" und den Nachfahren schwarzer Sklaven, von hellen Mulattinnen und dunkelhäutigen Mestizen die einzelnen Bruchstücke einer Romandiegese und mehr noch einer „histoire" sammelt, die doch niemals vollständig sein und immer ungezählte Zwischenräume, Unbestimmtheitsstellen, Fragmentierungen und Brüche enthalten werden.

56 Condé, Maryse: *Traversée de la Mangrove*, S. 20.
57 Vgl. hierzu Carter, Marina / Torabully, Khal: *Coolitude. An Anthology of the Indian Labour Diaspora*. London: Anthem Press – Wimbledon Publishing Company 2002.

Ihre Raumstruktur ist uns bereits bekannt und ließe sich wohl am besten als archipelisch beschreiben; ihre Zeitstruktur reicht bis in die Frühzeit der französischen Kolonialherrschaft zurück und führt bis in die unmittelbare Nähe der Erzählzeit (verstanden als die Zeitebene der Totenwache gegen Ende der 1980er Jahre auf Guadeloupe), ja greift perspektivisch in die Zukunft aus. Denn die Literaturen der Welt erforschen und verdichten nicht allein die *Memoria* der vergangenen Geschichte, sondern beleuchten prospektiv auch das Kommende, das Künftige.

Am Eingang dieser Nacht des Erzählens erklingt – freilich noch vermittelt durch eine Erzählerfigur, die im weiteren Verlauf des Romans stärker zurücktritt – die Stimme von „Moïse, Maringoin genannt, der Briefträger",[58] die Stimme jener Figur also, die Francis Sancher nach dessen Ankunft in Rivière au Sel als erste (und einzige) half. Moïse ist zugleich der einzige, der – wie er sich stolz wiederholt – den wahren Namen des Fremden kannte; von ihm erfahren wir, dass die an Francis Sancher gerichteten Briefe als Adressaten einen gewissen Francisco Alvarez-Sanchez [sic!] nannten. Er stellt den Kontakt mit dem Fremden her und bemerkt, dass dieser weder von der Insel stammt noch ein „Négropolitain", also ein Antillaner ist, der lange Zeit in der „Métropole" gelebt hätte, und er bietet dem Ausländer von Beginn an seine Hilfe an.[59] Francis Sancher tritt also von außen und als Fremder in die frankophone Gesellschaft der karibischen Inselwelt ein und wird diese Außerhalbbefindlichkeit während seines Lebens auf der Insel auch nicht mehr verlieren.

Dass es sich bei dieser ersten Romanfigur des Hauptteils um einen Briefträger handelt, dürfte kaum dem Zufall geschuldet sein. Denn zum einen ist ein Briefträger qua Amt „ein Mann für jeden Einzelnen",[60] zum anderen ist er die Figur, die in vieldeutiger Weise die Verbindung mit dem ‚Mutterland' Frankreich hält. Er wird uns bei seiner Tätigkeit vorgestellt: „Da man ihm in allen Häusern, wo er anhielt, um Zahlungsanweisungen von Kindern im Mutterland auszuzahlen oder Kataloge von La Redoute in Roubaix oder der Trois Suisses zu verteilen, etwas anbot, hatte er ein wenig Schlagseite, war nicht wirklich betrunken, aber gerade genug, um die alten Wunden zu vergessen und die Straßen singend oder hupend herunterzuscheppern."[61] Der Briefträger ist eine Figur, welche die unterschiedlichen Teile des kleinen Örtchens an der Karibikküste im Innersten zusammenhält.

---

58 Ebda., S. 29.
59 Ebda., S. 31.
60 Ebda., S. 30.
61 Ebda.

Er ist in dieser Rolle und auch in dieser Situation beständig in Bewegung. Er stellt die finanzielle ‚Rückversicherung' vieler Antillaner mit Hilfe der Geldtransfers der in Frankreich lebenden Angehörigen ebenso sicher wie die Verteilung jener französischen Kataloge, die die bunte Welt der Konsumgüter vor den Augen der Inselbewohner ausbreiten. Auf diese Weise ist er so etwas wie eine Nabelschnur dieser (post)kolonialen Gesellschaft zur Metropole Frankreich und eine Verbindung, welche den schönen Schein westlicher Konsumwelt in jedes einzelne Haus und noch in die letzte Hütte bringt.

Der Briefträger avanciert auf diese Weise zu einer Art desakralisiertem Götterboten, der in seinen ständigen Bewegungen ebenso die Geldmittel wie die Verlockungen einer an die Europäische Union rückgebundenen Gesellschaft sichert und zudem pausenlos auch mündliche Nachrichten von einem Ende von Rivière au Sel zum anderen mit oder ohne Auftrag, kostenpflichtig oder portofrei überbringt. Er ist in einer Epoche *vor* dem *WorldWideWeb* gleichsam die Verkörperung der Netzfigur, die alles mit allem verbindet.

Darüber hinaus aber ist der Briefträger literarischer Ebene eine für Romangeschehen und -strukturierung emblematische Figur, die von Beginn an die Bedeutung der Bewegungsmuster erkennen lässt, welche den gesamten Roman prägen. Moïse, dessen Name ironisch auf die quasi göttliche Dimension einer bei ihm freilich nicht mehr in die Heimat zurückführenden Bewegung verweist, scheint zu Beginn einen privilegierten Zugang zur Wahrheit zu besitzen. So sagt ihm Francis Sancher: „Du bist der Briefträger, nicht wahr? Ich brauch' dir also erst gar nicht Geschichten zu erzählen. Ich heiße Francisco Alvarez-Sanchez. Bekommst du Briefe für diesen Namen, dann sind es meine. Im Übrigen bin ich für alle hier Francis Sancher, verstanden?"[62]

Es ist höchst bemerkenswert, dass das Erzählen von Geschichten („histoires") hier auf Ebene der Namen mit dem Vertuschen von Wahrheiten gleichgesetzt wird. Folglich lässt sich der wackere Briefträger auch nicht beeindrucken, als kurz nach der Ankunft von Francis Sancher bereits die wildesten Gerüchte über den Herkunftsort, die dunklen Machenschaften und die mutmaßlichen Verbrechen des Fremden zu wuchern beginnen – als Briefträger und Nachrichtenspezialist ist er daran gewöhnt, Informationen mit gebührender Distanz und Skepsis aufzunehmen und nicht mit Tatsachen zu verwechseln.

Auch der Briefträger hat selbstverständlich seine eigene Geschichte, die ihm ins Gesicht geschrieben steht. Der Beweggrund für seine eigenen Bewegungen ist vor allem darin zu suchen, dass er als „mi-Chinois mi-Nègre",[63] als

---

62 Ebda., S. 33.
63 Ebda., S. 40.

Sohn eines schwarzen Vaters und einer chinesischen Mutter schon als Kind ge-
hänselt und aus der ebenso dem Rassismus preisgegebenen wie rassistisch denkenden Gemeinschaft ausgeschlossen wurde. An diesem Punkt liegt eine Art
rassistischer „Ninisme" vor, der zeigen kann, dass es in diesem ‚menschlichen
Laboratorium' auch gesellschaftlich nicht akzeptierte, als ‚schlecht' bewertete
Formen des „Métissage" gibt. Moïse verkörpert genau diesen Fall und zeigt einmal mehr, wie schlecht die aus Indien und China eingeführten Kontraktarbeiter
in der frankophonen Karibik angesehen waren.

Moïse ist als Sohn einer Coolie ein in einer dominant schwarzen Gesellschaft Ausgestoßener. Als ihn selbst die respektierliche Prostituierte des Örtchens mit der rhetorischen Frage zurückweist, was denn die anderen sagen
würden, wenn sie ihn gewähren ließe,[64] bleibt dem Verstoßenen nur noch ein
Leben allein, als Briefträger und bewegliches Kommunikationsmedium, das
alle mit allen verbindet. Moïse findet keinen eigenen Raum in dieser Gesellschaft, die ihn allenthalben ausgrenzt. Trotz seiner Träume, Rivière au Sel zu
verlassen, bleibt er doch dem Weiler treu, so dass seine Bewegungsmuster einerseits einen begrenzten Radius aufweisen, andererseits aber stets unstet und
dezentriert, also ohne ein eigentliches orientierendes Zentrum sind. Beschäftigen wir uns nun mit der Beziehung zwischen hermeneutischer Bewegung und
transitorischem Identitätsentwurf!

Traversée de la Mangrove präsentiert eine erstaunliche Vielzahl unterschiedlicher Bewegungsmuster und hermeneutischer Bewegungsfiguren. Am Beispiel
von Carmélien hatten wir bereits ein Muster kennengelernt, das in der Literatur
wie in der Realität der karibischen Inselwelt von enormer Bedeutung ist und
einen Weg vom Weiler oder Dorf über ein kleineres Zentrum und die Inselhaupt-
stadt schließlich zu einer europäischen oder nordamerikanischen Großstadt
nachzeichnet, von der aus oftmals kein Weg mehr zurück auf die Heimatinsel
führt.[65] Das klägliche Scheitern dieses so häufig vorgezeichneten Weges ist nicht
nur im Falle Carméliens symptomatisch für Maryse Condés Roman – viele andere
Romanfiguren, darunter auch Moïse und Désinor werden immer wieder mit diesem Weg als Verlockung konfrontiert. Zwar finden sich in *Traversée de la Mangrove* ebenso zentrifugale wie zentripetale Bewegungsmuster, doch gehen die
erstgenannten oftmals überraschend in (stets von der Heimatinsel aus gesehene)
zentripetale Bewegungen über. Der Weiler auf Guadeloupe wird auch dank die-

---

64 Ebda.
65 Vgl. hierzu Sánchez, Yvette: „Passagers en transit vers la terre promise." Migration in der
inselkaribischen Prosa. In: Ette, Ottmar / Ludwig, Ralph (Hg.): Littératures caribéennes – une
mosaïque culturelle, S. 36–43.

ser Bewegungsmuster zu einem die gesamte Karibik und deren Geschichte modellhaft abbildenden Fraktal.

Die Gründe hierfür sind nicht nur in der Tatsache zu sehen, dass Maryse Condés eigene, nach mehr als drei Jahrzehnten in Europa und Afrika erfolgte (zumindest vorläufige und von regelmäßigen längeren Aufenthalten in den USA begleitete) Rückkehr nach Guadeloupe[66] der Bevorzugung einer Reflexion derartiger Bewegungsmuster Vorschub geleistet haben könnte. Zweifellos gehen die für das Leben der Schriftstellerin so charakteristischen transarealen Lebenserfahrungen auf verschiedenen Kontinenten und in unterschiedlichen Inselwelten in ihre Romanfiktion von 1989 grundlegend ein.

Doch ein gewichtigeres Motiv ist sicherlich darin zu erkennen, dass die skizzierte Raumstruktur und die mit dieser verbundene Darstellung von Guadeloupe im allgemeinen und Rivière au Sel im Besonderen als Mikrokosmos geradezu nach zentripetalen Bewegungen verlangt, die Guadeloupe (verbunden mit mancherlei xenophoben Begleiterscheinungen) im Lichte eines Einwanderungslandes nicht nur für Haitianer und Dominikaner erscheinen lassen. Jene Inselbewohner, die Rivière au Sel und mehr noch die Insel längst verließen, kommen nicht zu Wort, haben sie sich doch längst aus dem Insel-Kosmos verabschiedet. Gleichwohl sind auf der Insel von *Traversée de la Mangrove* – ganz in jenem Sinne, in dem Raphaël Confiant im Eingangszitat von Martinique behaupten konnte, dass dort „alle Stimmen der Karibik" zu hören seien – in der Tat viele unterschiedliche Stimmen des karibischen Raums und weit darüber hinaus r*epräsent*iert und hörbar gemacht.

Wie im literarischen Reisebericht können die einzelnen Bewegungsmuster, die in *Durchquerung der Mangrove* von den Romanfiguren verkörpert werden, als hermeneutische, für die Gesamtdeutung des Romans relevante Bewegungen verstanden werden.[67] Betrachten wir daher Maryse Condés Roman aus der Perspektivik einer Poetik der (transarealen) Bewegung! Als Bewegungsmodellen des Verstehens ebenso einzelner Romanfiguren wie auch der gesamten literarischen Strukturierung des Romans kommt dabei bestimmten Grundfiguren eine

---

66 Maryse Condé kleidete ihren 1986 auf Haiti gehaltenen Vortrag in den ironisch auf Aimé Césaires berühmten *Cahier d'un retour au pays natal* anspielenden Titel *Notes sur un retour au pays natal*. In: *Conjonction: Revue franco-haïtienne* 176 (supplement 1987), S. 7–23. In neuerer Zeit wurde diese Art von „return narrative" einer kritischen Beleuchtung ausgesetzt und gar von einem „Césaire'schen Komplex der Rückkehr zum Heimatland" gesprochen; vgl. Rosello, Mireille: Caribbean insularization of identities in Maryse Condé's work. From "En attendant le bonheur" to "Les derniers rois mages", S. 568.

67 Vgl. das Auftaktkapitel nach der Eröffnung im ersten Band der Reihe „Aula" in Ette, Ottmar: *ReiseSchreiben* (2020), S. 19 ff.

große, strukturierende Bedeutung zu. Ein kurzer Überblick soll uns mit fünf Grundtypen oder Grundfiguren vertraut machen, die wir von unserer Vorlesung über die Beziehungen von Reisen und Schreiben bereits kennen und daher nur kurz aufzurufen brauchen. Versuchen wir also, diese Bewegungsfiguren anhand der Figuren des Romans zu diskutieren!

So findet sich als *erste* zu unterscheidende Grundfigur das *kreisförmige* Bewegungsmuster ebenso bei Carmélien Ramsaran wie auch bei Emmanuel Pélagie, der dem für die Karibik typischen Weg des Aufstiegs folgt, seine berufliche Karriere in Afrika fortsetzen kann, nach der Rückkehr aber dann aufgrund politischer Disziplinierungsmaßnahmen aus seiner gesellschaftlich angesehenen Stellung entfernt und nach Rivière au Sel strafversetzt wird. An seinem Beispiel werden die durch koloniale beziehungsweise neokoloniale Karrieremuster ausgelösten Entfremdungsmechanismen aufgezeigt. Diese Kreisstruktur besitzt eine lange koloniale Vorgeschichte.

Doch auch die seit der ersten Reise des Cristóbal Colón alias Christoph Columbus Europa und Amerika verbindende ‚kolonialistische' Kreisstruktur[68] fehlt nicht: Emmanuel Pélagies Frau Dodose ist eine stürmische, sie zunächst erfüllende Liebesbeziehung mit dem unvermittelt auftauchenden Franzosen Pierre-Henri de Vindreuil eingegangen. In den blauen, „dem Himmel gleichen Augen"[69] des jungen Ingenieurs glaubt Dodose endlich das ersehnte liebevolle Verständnis zu finden, das ihr Mann ihr nie gab; und doch verschwindet der „Métropolitain" ebenso schnell, wie er gekommen war, nachdem er seiner Geliebten brutal und rücksichtslos mitgeteilt hatte, er sei wieder in die französische Hauptstadt zurückbeordert worden. Pierre-Henri de Vindreuils Kreisstruktur ist die einer politischen und wirtschaftlichen, aber auch sexuellen Ausbeutung: Dodose Pélagie wird nie wieder etwas von ihm hören, sie wird als koloniales Objekt schnöde zurückgelassen.

Eine kreisförmige Struktur findet sich aber auch bei Francis Sancher, sobald man nicht nur dessen individuelle Reisebewegungen, sondern jene seiner gesamten Familie einschließlich des Vorfahren, der einst auf Guadeloupe gelebt hatte, berücksichtigt. Das Motiv der Rückkehr nach Guadeloupe muss dabei nicht – wie dies in Bezug auf Maryse Condés eigenen Lebensweg im zitierten Klappentext von *La vie scélérate* anklingt – im Modus einer Vollendungsstruktur und positiven Erfüllung erscheinen, sondern kann auch das Scheitern, das Zurück-geworfen-Sein auf die Insel oder die Resignation angesichts eines unausweichlichen Schicksals

---

68 Vgl. hierzu auch den siebten Band der Reihe „Aula" in Ette, Ottmar: *Erfunden Gefunden* (2022), S. 7 ff. u. S. 51 ff.
69 Condé, Maryse: *Traversée de la Mangrove*, S. 219.

signalisieren. Maryse Condé selbst hat durch ihr Pendeln zwischen Guadeloupe und den USA sowie Europa jeglicher Reduktion auf eine Kreisstruktur zäheste Widerständigkeit entgegengesetzt.

In der Tat deutet Francis Sancher seine Rückkehr an den Ort des Verbrechens seiner Vorfahren als das Eingeständnis, den Teufelskreis des Fluchs, der auf den männlichen Familienmitgliedern lastet, nicht mehr durchbrechen zu können und dieser geschlossenen, ausweglosen Kreisstruktur ausgeliefert zu sein und letztendlich zu erliegen. Er selbst räumt ein: „Ich bin hierher gekommen, um Schluss zu machen. Den Kreis schließen. Den Schlussstrich ziehen, du verstehst. In das Ausgangsfeld zurückkehren und alles stoppen."[70] Daher erscheint es nur als folgerichtig, wenn er gegen seinen eigenen Willen mit Mira und Vilma zwei Söhne zeugt, die ihrerseits diesem Teufels-*Kreis* mit seiner blinden Gewalt ausgesetzt sein werden.

Elternschaft oder Kinderlosigkeit konfigurieren wichtige Aspekte, da durch sie gegebenenfalls überindividuelle Bewegungsmuster in den Roman eingebaut werden können. Betrachten wir also Sanchers Identitätskonfiguration aus genealogischer Perspektive, so zeigt sich, dass wir mit Edouard Glissant von einer (freilich als Falle und Unglück empfundenen) „identité-racine", die letztlich die Rückkehr zur (territorialen) Wurzel allen Unheils einfordert, sprechen können. Francis Sancher ist in diesen Boden, in diese Erde verwurzelt und kann ihr nicht entfliehen. Nicht umsonst spricht Edouard Glissant hinsichtlich dieser wurzelartigen oder verwurzelten Identität von „der verborgenen Gewalttätigkeit einer Filiation, die sich streng aus dieser Gründungsepisode ableitet".[71] Bei Francis Sancher wird die ‚(Be-) Gründungsepisode' letztlich zu einem Gründungsmythos, da sich die Umstände jenes ursprünglichen Verbrechens niemals mehr gänzlich aufklären lassen. Wie in der griechischen Tragödie erkennen wir hierin das Fatum.

Die *genealogische Filiation* übt dabei eine ebenso überindividuelle wie übermenschliche Gewalt auf den Fremden aus, der er schließlich erliegen muss und erliegen wird. Denn die individuelle Geburt erweist sich nicht als Anfang und Ursprung, sondern verweist nur auf eine Kette vergangener Menschen, vergangener Leiber, die sich in ihm – ohne ihn zu konsultieren – fortpflanzten. So erläutert er dem Briefträger und Götterboten in markanten Worten:

> Glaubst du, wir werden an dem Tag geboren, an dem wir auf die Welt kommen? An dem wir ganz klebrig und mit verbundenen Augen in den Händen einer Hebamme landen? Ich sage dir, wir werden lange vorher geboren. Kaum haben wir den ersten Schnaufer Luft ge-

---

70 Ebda., S. 115.
71 Vgl. Glissant, Edouard: *Poétique de la Relation*, S. 158.

schluckt, sind wir schon haftbar für alle Ursünden, für alle Sünden der Tat oder der Unter-
lassung, für alle Blut- und Todsünden, die von Männern und Frauen begangen wurden, die
längst wieder zu Staub geworden sind, aber die ihre Verbrechen intakt in uns hinterlassen.
Ich habe geglaubt, der Strafe entgehen zu können! Es ist mir nicht gelungen!

Moïse hatte ihn wie das Kind, das er nie haben würde, in seine Arme nehmen und
ihm eines jener Wiegenlieder singen müssen, die Shawn ihm früher gesungen hatte:

Da oben in den Wäldern
Ist ein Ajoupa
Niemand weiß wer wohl dort wohnt
Ist ein Zombi Kalanda
Der dort isst ...[72]

Moïses Wiegenlied ist eine verdichtete Form in „Français créole", eine Gedicht-
und Sprachform, welche die Spezifik der sprachlichen Situation der Diglossie
nicht allein auf Guadeloupe, sondern in nahezu der gesamten Karibik reflektiert. Daher musste die Autorin für ein französischsprachiges Publikum, das
dieser kreolischen Sprachformen nicht mächtig ist, das Wiegenlied auch unten
auf der Seite ihres Originaltexts ins Französische übersetzen, wobei bestimmte
Zentralbegriffe nicht übersetzbar waren und die gesamte Sprachsituation vor
Augen beziehungsweise vor Ohren führen.

Die Toten sind nicht wirklich tot, sie leben noch in uns und lasen uns für
ihre Schulden zahlen. Glauben Sie, um kurz ein zeitgeschichtliches Ereignis
einzublenden, dass die aktuelle Politik der Bundesrepublik gegenüber der Ukraine und ihren Flüchtlingen so ausgefallen wäre, wie sie sich derzeit darstellt,
wenn es den Überfall von Nazideutschland nicht nur auf Russland, sondern
auch auf die Ukraine nicht gegeben hätte? So sind die Toten eben nicht wirklich tot, wir müssen mit ihrem Erbe und mit ihrem Andenken – ob wir es wollen
oder nicht – in Konvivenz leben.

Es ist spannend, in diesem Kontext die Äußerungen Maryse Condés in ihrer
Untersuchung der Romane frankophoner Schriftstellerinnen der Karibik zu
dem von ihr angeführten Zitat „Die Toten sind nicht tot" von Birago Diop heranzuziehen: „Diese zunächst afrikanische Vorstellung ist zutiefst antillanisch.
Durch alle magischen Praktiken hindurch bleiben die Toten unweit der Lebenden. Man kann jederzeit mit ihnen ins Gespräch kommen [...]."[73] Aus dieser Perspektive lässt sich *Traversée de la Mangrove* auch als ein vielfacher Dialog mit
dem Toten und mit den Toten verstehen. Denn die Toten sind uns nahe: Ihr Lei-

---

72 Condé Maryse: *Traversée de la Mangrove*, S. 42 f.
73 Condé, Maryse: *La parole des femmes. Essai sur des romancières des Antilles de langue française.* Paris: L'Harmattan 1993 (Erstausgabe 1979), S. 55.

den, ihre Sünden und Verbrechen führen – wie dies auch mehrere Kinder und Eltern im Roman an sich selbst erkennen – stets zur Kreisstruktur, bisweilen zum Teufels-Kreis zurück.

Und doch ist stets auch die Hoffnung vorhanden, dieser Kreisstruktur zu entfliehen, aus ihrem Zirkel, der bisweilen die Form der Insel annimmt, auszubrechen und alles hinter sich zu lassen. Folglich werden am Ende des Buchs auch nicht Francis Sancher – halb Christus, halb Zombie – und seine in einen Vers von Saint-John Perse gekleideten Worte der Wiederkehr stehen, sondern die nicht zufällig von einer Frau entworfene gerade Linie eines Ausbrechens aus der geschlossenen insulären Kreisstruktur, aus der Wiederkehr des immer Gleichen:

> Wer war er in Wirklichkeit, dieser Mann, der sich entschlossen hatte, bei ihnen zu sterben? War er nicht ein Gesandter, ein Botschafter irgendeiner übernatürlichen Kraft? Hatte er es nicht immer und immer wieder gesagt: ‚In jeder Jahreszeit werde ich mit einem grünen und geschwätzigen Vogel auf meiner Faust zurückkehren'? Damals achtete niemand auf seine Worte, die sich im Tumult des Ruhms verloren. Vielleicht musste man von nun an die nassen Luken des Himmels ausspähen, um ihn als Souverän wiedererscheinen und endlich den Honig seiner Weisheit sammeln zu sehen? Als einige sich dem Fenster näherten, um die Farbe des Morgengrauens zu erspähen, sahen sie, wie sich ein Regenbogen abzeichnete, und dies erschien ihnen als ein Zeichen, dass der Verstorbene wahrlich kein Gewöhnlicher gewesen war. Verstohlen bekreuzigten sie sich.
> Dinah schüttelte die Müdigkeit von sich ab und sah vor sich die gerade, schöne und nackte Straße ihres Lebens; sie schlug das Buch der Psalmen wieder auf, und alle antworteten ihrer Stimme.[74]

Doch bislang haben wir uns nur mit einer einzigen Bewegungsfigur beschäftigt; ich hatte Ihnen aber mehrere versprochen: Die *zweite* Grundfigur räumlicher Verstehens-Bewegung, das *Pendeln zwischen zwei oder mehreren Orten*, finden wir auf der biographischen Ebene der Autorin mehrfach – auch zum Zeitpunkt der Niederschrift des Romans. Mira, die von ihrem Stiefbruder Aristide in eine inzestuöse Verbindung gezwungen wird, verkörpert in ihrem ständigen Pendeln zwischen dem Haus des ungeliebten Vaters und der erotisch aufgeladenen matriarchalisch-aquatischen Welt des Sturzbachs, der „Ravine",[75] diese Figur vielleicht am deutlichsten. Als „Chabine", als ‚weiße Mulattin', ist die bisweilen dem Wahnsinn nahekommende schöne junge Frau, von der die Männer in Rivière au Sel träumen, selbst ein Pendelwesen, ein Wesen der Grenze. Nicht

---

74 Condé, Maryse: *Traversée de la Mangrove*, S. 265.
75 Ebenso wie Mira weiß auch Xantippe um diese Dimension der Schlucht: „Ich habe die Sturzbäche benannt, die wie ein weit geöffnetes Geschlecht im feinen Grund der Erde liegen" (ebda., S. 255).

umsonst spricht man den „Chabins" oder „Chabines" in den mündlichen Volkskulturen der Karibik traditionell magische Kräfte zu. Das Oszillieren zwischen den beiden gegensätzlichen Räumen, das nur kurzzeitig im Haus Francis Sanchers zur Ruhe zu kommen schien, markiert einen Selbstfindungsprozess, der in äußerster Spannung verläuft und erst mit dem Tod des Fremden für Mira eine neue, emanzipatorische Richtung erhalten kann.

Doch es gibt noch weitere Variationen dieser hermeneutischen Bewegungsfigur. Ein Pendeln zwischen Haus und Schule, wie es Léocadie Timothées Lebensrhythmus jahrzehntelang prägte, kann freilich auch für die Ambivalenz eines Selbstfindungsprozesses stehen, dessen endgültige Fixierung spätestens mit dem Eindringen der Schuldirektorin in die Wohnung von Déodat Timodent und mit dem Scheitern ihres letzten Versuches, einen Mann und so aus ihrer Sicht eine Erfüllung als Frau zu finden, unabänderlich geworden ist. Ihre Schlaflosigkeit und ihre nächtlichen Spaziergänge, bei denen sie gleich zu Beginn des Romans – wie wir sahen – auf die Leiche des Fremden trifft, führen diesen nicht zur Ruhe kommenden Prozess vor Augen.

Den gesellschaftlichen Identitätszuschreibungen, die sich in ihrem ,Schulweg' ausdrücken, kann Léocadie ebenso wenig entrinnen wie ihrer radikalen Vereinzelung und Verhärtung, die sie selbst nach dem Scheitern ihres letzten Ausbruchsversuchs in eine Liebesbeziehung durch einen langen Blick in den Spiegel feststellt: „Als ich am nächsten Morgen wach wurde, schaute ich mich im Spiegel an und sah mich noch hässlicher, noch schwärzer und mit einem Ausdruck, den ich nicht an mir kannte: eine bösartige und harte Erscheinung, verschlossen wie eine Gefängnistüre."[76]

Hier führt die Auseinandersetzung mit dem eigenen nackten Spiegelbild zur Nachholung einer Spiegelphase im Lacan'schen Sinne, die den Identitätsbildungsprozess freilich als vorzeitig fixiert und durch die bedrohliche Präsenz des Fremden im Eigenen als ,abgeschlossen' und verhärtet erkennen lässt. Wie hinter einer Gefängnistüre scheint die Bewegung zum Stillstand gekommen zu sein: Nichts bewegt sich mehr, keinerlei Prozessualität ist mehr erkennbar. Die Pendelbewegung ist daher ebenfalls eine ambivalente Figur, die nicht nur für die Unabgeschlossenheit eines Lebensprozesses, sondern auch für die Abgeschlossenheit eines gefängnisartigen Raums stehen kann.

die *dritte* räumliche Grundfigur stellt die *lineare Reise* von einem Ausgangspunkt zu einem Zielpunkt dar. Wir hatten bereits anhand der letzten Sätze des Romans gesehen, dass diese Linie für Offenheit und Freiheit, für die ,Geradlinigkeit' eines Entschlusses stehen kann. Dabei handelte es sich freilich bereits

---

76 Ebda., S. 155.

um eine Variante dieser linearen Figur, führt Dinahs Bewegung doch in einen offenen Raum, innerhalb dessen kein Endpunkt angegeben wird. So bleibt die weitere Entwicklung dieses Lebenswegs völlig, man könnte auch sagen: radikal offen.

Eine andere, ‚klassische' lineare Reisebewegung wird durch die von ihrem Vater und ihrem künftigen Mann allein ausgehandelte Heirat Rosas, der Mutter Vilmas, mit Sylvestre Ramsaran ausgelöst. In diesem Falle steht die Linie für einen fremden Entscheidungsprozess. Völlig überraschend hatte ihr Vater ihr eines Tages mit dürren Worten erklärt: „Sylvestre Ramsaran kommt heute zum Essen. Du wirst sehen, das ist ein anständiger Kerl. Du wirst in Rivière au Sel wohnen. Das ist weit weg, in Basse-Terre. Aber jeden Monat bringt er dich bei uns vorbei, und zudem werdet ihr Weihnachten immer mit uns verbringen."[77]

Doch die versprochenen regelmäßigen pendelnden Bewegungen können die Wirkung der fremdbestimmten linearen Reise, welche die Kleinkammerung der Insel in zwei gegensätzliche Räume unterstreicht, nicht aufheben. Die lineare Bewegung erweist sich als Einbahnstraße, als Herrschaft über den Bewegungsraum Rosas wie über den Innenraum des weiblichen Körpers, der dem patriarchalischen Willen gefügig gemacht wird:

> Als wir in Rivière au Sel ankamen, war es dunkel geworden. [...]
> Sylvestre hat mir wehgetan, er hat mich zerrissen.
> Als die Sonne aufging, bin ich auf die Galerie hinausgelaufen, und was ich sah, hat mich erdrückt. Eine dunkelgrüne Masse von Bäumen, Lianen, Parasiten, alles miteinander vermischt und hier und da hellere Lücken von Bananenpflanzungen.[78]

Die an der jungen Frau ausgeübte sexuelle Gewalt lässt diese auch ihre Umgebung voller tropischer Pflanzen, die kaum einmal eine Lücke in der Vegetation lassen, anders sehen. Alles in dieser Landschaft wirkt erdrückend, verschlungen, ja verschlingend. Die tropische Natur mit ihren wuchernden und sich wechselseitig durchdringenden Pflanzen und Gewächsen wird von Rosa wie ein Gefängnis empfunden, so dass sie fassungslos ihre künftige Bewegungslosigkeit (und die Ausweglosigkeit ihrer Lage) feststellt: „Guter Gott, hier werde ich also bleiben."[79]

Auch wenn Rosa in der Folge eine aktivere Beziehung zu dieser Landschaft und ihren Pflanzenformationen aufbauen wird, ist sie doch – ohne je gefragt worden zu sein – durch einen doppelten männlichen Akt auf eine Identität festgelegt worden, die durch einen einmaligen linearen Reisevorgang, eine Art

---

77 Ebda., S. 170.
78 Ebda., S. 171.
79 Ebda., S. 172.

‚Überführung' im doppelten Wortsinn, veranschaulicht wird. Ich werde sogleich auf die Landschaft und ihre Vegetationsformen zurückkommen. Doch erst eine doppelte, sich in der Zeit überlagernde Bewegung zum Haus von Francis Sancher eröffnet die Chance, diese scheinbar ein für alle Mal fixierte, verfestigte Identität wieder in Bewegung zu setzen.

Hatte sie Francis Sancher in seinem Haus besucht und durch ein Gespräch mit ihm erstmals Klarheit über ihr bisheriges Leben erlangt, so flößt ihr der zweite Besuch in diesem Haus des nun verstorbenen Fremden anlässlich der Totenwache den Wunsch ein, ihr seit der Geburt von Vilma negatives Verhältnis zu ihrer Tochter aufzubrechen und den menschlichen Kontakt, die körperliche Berührung[80] mit Vilma zu suchen. Wieder einmal zeigt sich die Kraft des Fremden, selbst noch durch seinen Tod die Dinge von der Starre, von der sie auf der Insel ergriffen werden, zu befreien und zu erlösen. Francis Sancher verkörpert nicht nur die von außen kommenden und auf der Insel wirkenden Bewegungen, er setzt als neues, fremdes und mobiles Element auch alles in Rivière au Sel in Bewegung. Doch verfolgen wir die unterschiedlichen, in Maryse Condés Roman meisterhaft in Szene gesetzten Bewegungsfiguren weiter!

Die *vierte* Grundfigur stellt eine *sternförmige* Bewegung dar, die in *Traversée de la Mangrove* am deutlichsten bei Xantippe zu beobachten ist. Er hatte seine sesshafte Lebensweise gegen eine nomadisierende eingetauscht, nachdem ein Brand – in einer Szenerie, die sich als Hommage an Simone Schwarz-Barts Roman *Pluie et vent sur Télumée Miracle* lesen läßt[81] – seine Lebensgefährtin Gracieuse getötet und all seinen Besitz wie auch sein Lebensglück für immer zerstört hatte.[82] Auch an dieser Romanfigur vollzieht sich ein Fatum, gerinnt Schicksal zu einem menschlichen Leben, das außerordentlich ist.

Denn seither irrt der Schwarze über die Insel, deren Bäume, Pflanzen und Weiler er in einem gleichsam zweiten Schöpfungsakt benennt, allem mithin seine Namen gibt. Er beobachtet als aus der Gemeinschaft Ausgestoßener die raschen sozialen, wirtschaftlichen und kulturellen Veränderungen Guadeloupes im Verlauf des 20. Jahrhunderts und verweist damit auf eine Sozialgeschichte, die zurückhaltend in das Grundmuster des Romans eingewoben ist. Wie Léocadie ist er ein Zeuge dieses Jahrhunderts, doch stehen ihm eine andere Welt jenseits der abendländischen Logik, eine andere Ausdrucksweise, eine veränderte Syntax

---

80 Ebda., S. 182.
81 In ihrer bereits angeführten Untersuchung *La parole des femmes* widmete Maryse Condé diesem längst zum Klassiker der antillanischen Literatur avancierten Roman der guadeloupanischen Autorin größte Aufmerksamkeit.
82 Ebda., S. 257.

und eine andere Wahrnehmungsfähigkeit zur Verfügung. Seine Stimme erweckt andere Logiken der Wahrnehmung zum Leben:

> Rivière au Sel, ich habe dem Ort seinen Namen gegeben.
>
> Ich kenne seine ganze Geschichte. Auf den Wurzeln wie Krücken seiner *Mapous lélé* ist die Lache meines Bluts getrocknet. Denn hier ist ein Verbrechen begangen worden, genau hier, in sehr alter Zeit. Schreckliches Verbrechen, dessen Gestank die Nase des lieben Gottes verpestet hat. Ich weiß, wo die Leichen der Gefolterten verscharrt sind. Ich habe ihre Gräber unter den Moosen und Flechten entdeckt. Ich habe die Erde aufgekratzt, weiß geworden unter den Lambi-Schnecken, und jeden Abend komme ich in der Dämmerung hierher, um mich niederzuknien, auf beiden Knien. Niemand ist in dieses Geheimnis eingedrungen, das unter dem Vergessen verschüttet ist. Nicht einmal der, der wie ein verrücktes Pferd herumrennt und im Wind die Witterung aufnimmt, die Luft einsaugt.[83]

Xantippe ist bereits im ersten Teil des Romans präsent, er taucht immer wieder als beunruhigende Figur in den Erzählungen der Dorfbewohner auf, beobachtet auch die Teilnehmer an der Totenwache und beschließt mit seinen Erinnerungen den Hauptteil des Romans und damit die lange Reise ans Ende der Nacht, die sich freilich auf einen neuen Morgen hin öffnet. Der Logik Xantippes, die zugleich wirr und klar ist wie der Name, kommt daher eine außerordentliche Bedeutung zu. Denn seiner Logik erschließt sich, was allen anderen verborgen bleibt, seinen Sinnen wird offenbar, was alle anderen nicht wahrzunehmen vermögen.

Xantippe hat an der Stelle des Jahrhunderte zurückliegenden Verbrechens, dessen Gestank Francis Sancher nie wirklich wahrnehmen konnte, der von seinem eigenen Leichnam dann aber so sehr ausging, dass Léocadie Timothée sich zunächst übergeben musste, einen Ort gefunden, zu dem seine ruhelosen Bewegungen immer wieder zurückkehren. E hat im Grunde jenes Verbrechen aufgedeckt, das noch immer das Leben eines Francis Sancher beherrscht und diesem Leben als Nachfahre von Mördern und Folterern ein Ende setzt.

Die Toten sind für ihn nicht wirklich tot, auch wenn die Zeit der Rache für ihn vorüber ist. Wie Albert Flagie zu Recht bemerkte, ist die antillanische Kosmogonie und die damit verbundene Problematik ständiger Selbstsuche eng mit dieser Anwesenheit der Abwesenden, mit der Präsenz der toten Sklaven verbunden: „Je vergessener die Toten sind, [...] desto mehr sind sie präsent und wenden sich an die Lebenden."[84] Leben und Tod stehen einander nicht als Gegensätze gegenüber. Im Dickicht der Rhizome der Mangroven und der Lianen

---

83 Ebda., S. 259.

84 Vgl. Flagie, Albert: Cosmogonie Antillaise et Identité. In: Kremser, Manfred (Hg.): *Ay BoBo – Afro-karibische Religionen. Afro-Caribbean Religions.* Zweite internationale Tagung der Gesellschaft für Karibikforschung Wien 1990. Bd. 1: *Kulte / Cults.* Wien: WUV Universitätsver-

hat Xantippe, eine dem Wahnsinn wie der absoluten Erkenntnis nahe und daher selbst von Francis Sancher gefürchtete Gestalt, eine neue Verwurzelung der eigenen Problematik der Selbstsuche gefunden. Diese ist nicht zentriert, sondern rhizomatisch strukturiert. Die Ruhelosigkeit erzeugt ein sternförmiges Bewegungsmuster, das immer wieder beunruhigt und damit der von Maryse Condé eingeforderten Rolle des Schriftstellers sehr nahe kommt: „Ist dies nicht die schönste Rolle eines Schriftstellers: zu beunruhigen?"[85]

Die *fünfte* und letzte Grundfigur hermeneutischer Bewegung, die ich in dieser Vorlesung vorstellen möchte,[86] ist zumindest auf den ersten Blick wesentlich diffuserer Natur und betrifft *diskontinuierliche*, fragmentarische, von Sprüngen und anschließenden längeren Aufenthalten gekennzeichnete Deplatzierungen und Reisebewegungen. Diese diskontinuierlichen Bewegungen lassen sich nicht in ein klares Bewegungsmodell mit Ausgangspunkt und Zielort einordnen und bedürfen einer kurzen Erläuterung.

Betrachten wir Francis Sancher nicht aus der genealogischen, die gesamte Familiengeschichte berücksichtigenden kollektiven, sondern vielmehr aus der individuellen Perspektive, so bilden seine Ortsveränderungen kein kontinuierliches, einer der bisher genannten Grundfiguren zuzuordnendes Bewegungsmuster. Es ergibt sich vielmehr ein von Sprüngen, Brüchen, raschen und weite Distanzen überbrückenden diskontinuierlichen Bewegungen geprägtes Bild, in dem die einzelnen, von den Romanfiguren jeweils in der Rückerinnerung an Gespräche und Gerüchte zusammengetragenen Biographeme des Fremden die wahrscheinliche Geburt in Kolumbien, Aufenthalte in verschiedenen Ländern des südamerikanischen Subkontinents wie in den Vereinigten Staaten, Reisen und Aufenthalte auf Kuba, in Europa und in Afrika erkennbar werden lassen. Ein geradezu archipelisches, auf Diskontinuitäten gegründetes Bewegungsmuster entsteht.

Doch zu einer stringenten Biographie fügen sich diese Biographeme nicht zusammen. Stets dienen die sprunghaften Bewegungen Sanchers Ziel, eine individuelle Lebens- und Seinsweise jenseits der genealogisch vorgezeichneten zu entfalten. Die Hoffnung auf eine Wiedergeburt und Neuschöpfung einer eigenen, stabilen und festen ‚Identität' im revolutionären Kuba Fidel Castros erfüllt sich aber ebenso wenig wie das zwanghafte Bemühen, sich durch die Teilnahme am Befreiungskrieg in Angola auf die Seite der Entrechteten und Un-

---

lag 1996, S. 44. Flagie spricht bezüglich dieser Toten, die nicht tot sind, auch recht anschaulich von *morts en stand by* (S. 46).

85 Condé, Maryse: *La parole des femmes*, S. 77.

86 Zu weiteren Bewegungsfiguren vgl. den ersten Band der Reihe „Aula" in Ette, Ottmar: *ReiseSchreiben* (2020), S. 194 ff.

terdrückten zu schlagen, um so der eigenen Familiengeschichte der Entdecker, Eroberer, Plantagenbesitzer und Ausbeuter endgültig zu entgehen. Wie in der griechischen Tragödie, wie in der *Orestiade* bleibt der Held an seine Abkunft gefesselt und von den Rächerinnen der Bluttat, den Erinnyen, verfolgt, ohne dass ein Areopag in Sicht wäre.[87] Keine Entrückung auf eine Insel kann ihm wie einstens Iphigenie helfen.[88]

Die doppelte Namensgebung, die uns im Übrigen daran erinnert, dass auch Maryse Condé nach ihrer Trennung von dem guineischen Schauspieler Mamadou Condé ihren „nom de plume" beibehielt, obwohl sie durch ihre Wiederverheiratung im zivilrechtlichen Sinne einen neuen Namen hinzugewonnen hatte (und auch hier dürfte der Briefträger Bescheid wissen), mag uns darauf hinweisen, dass sich für Francis Sancher und Francisco Alvarez-Sanchez nicht nur zwei gegensätzliche (genealogische und individuelle) Bewegungsmuster ergeben, welche die verschiedenen Elemente der Raumstruktur innerhalb der gesamten Romandiegese in sehr unterschiedlicher Weise miteinander in Verbindung bringen und zugleich in Bewegung setzen. Sie sollte uns auch darauf aufmerksam machen, dass wir in dieser Figur, die wir bei einer biographischen Lesart wohl als ,transsexuelles' *alter ego* der guadeloupanischen Autorin bezeichnen dürften, simultan die beiden von Edouard Glissant genannten Identitätskonzepte verwirklicht sehen. Bereits die Namensgebungen deuten an, dass es sich bei Francis um eine diskontinuierliche, komplexe Romangestalt handelt.

Denn Francisco alias Francis ist – wohlgemerkt: im Sinne Edouard Glissants – sowohl einer „identité-racine", einer verwurzelten Identität, die „über lange Zeiträume in einer Vision, einem Mythos der Weltschöpfung gründet"[89] als auch einer „identité-relation", einer relationalen Identität verbunden, die nicht mit einem Schöpfungsmythos (beziehungsweise einem Ursprungsmythos allen verbrecherischen Geschehens), sondern mit dem „bewusst und widersprüchlich Gelebten der Kulturkontakte"[90] verwoben ist. Mit dieser existentiellen Erfahrung kultureller Pluralität wollen wir uns sogleich beschäftigen.

Der Roman verfügt mit seiner Einheit von Ort, Raum und Handlung über eine durchaus zentrierte Handlungsstruktur. Im Mittelpunkt aller Erinnerungs-

---

87 Vgl. hierzu Ette, Ottmar: Apuntes para una orestiada americana. José Martí y el diálogo intercultural entre Europa y América latina. In: *Revista de crítica literaria latinoamericana* (Lima, Peru) XI, 24 (2° semestre 1986), S. 137–146.
88 Vgl. hierzu Ette, Ottmar: Orest und Iphigenie in Mexico. Exilsituation und Identitätssuche bei José Martís und Alfonso Reyes' Beschäftigung mit dem Mythos. In: *Komparatistische Hefte* (Bayreuth) 14 (1986), S. 71–90.
89 Glissant, Edouard: *Poétique de la Relation*, S. 157.
90 Ebda., S. 158.

und Erzählvorgänge steht das Haus von Francis/Francisco, in dem die Teilnehmer an der Totenwache mit ihren so unterschiedlichen Geschichten und Perspektiven zusammenkommen. Hier ist die kubistische Entfaltung aller Gesichtspunkte
und Ansichten angesiedelt. Die Verschiedenartigkeit der Wege und Bewegungsmuster aller Romanfiguren konvergiert in einem einzigen Zeit-Punkt, dessen zeitliche Ausdehnung – wie wir sahen – der Lesedauer entspricht. Auf diese Weise
finden sich auch die Romanfiguren und Leser*innen an diesem Ort in *Traversée
de la Mangrove* zusammen.

So zentralisiert dieses Raster auch scheinen mag und so sehr alle Stimmen
im letzten Satz des Romans noch einmal gemeinsam erklingen: Die verschiedenen Identitätszuschreibungen wollen sich doch nicht zu einer homogenen und
kompakten kollektiven Identität der Bewohner*innen von Rivière au Sel zusam-
menfügen: Von jeder Person, von jeder Perspektive aus ergeben sich jeweils
neue und sich verändernde Bestimmungen dessen, was diese Gemeinschaft,
diese Gesellschaft und dieses Guadeloupe ausmacht. Auf diese Weise entsteht
kunstvoll eine multifokale Netzstruktur, in der alle mit allen verbunden sind
und in der kaum noch für den Einzelnen, gewiss aber nicht mehr für die Gesellschaft deutlich erkennbar und definierbar ist, was dem Eigenen und was dem
Fremden, was dem Selbst und was dem Anderen angehört.

Mithin sind die Grenzen zwischen ‚Eigenem‘ und ‚Fremdem‘ nachhaltig
verwischt, die Möglichkeit klarer, griffiger Identitätszuschreibungen ist signifikant geschwunden. Ein Mischungsprozess hat stattgefunden, der jedoch nicht
als Prozess eines „Métissage“, eines „Mestizaje“ bezeichnet und damit begrifflich oder terminologisch auf *den* Punkt gebracht werden kann.

Der bereits angeführte antillanische Theoretiker Roger Toumson hat in seiner
Mythologie du métissage die Problematik eines mestizischen Identitätsbildungs-
prozesses aus seiner Sicht wie folgt beschrieben: „Die eigentliche Grundlage der
mestizischen Ideologie bleibt eine Vorstellung vom Subjekt als Gegensatz zwischen dem *Selben* und dem *Anderen*. *Sich Mestize nennen*, das heißt ein *Anderer*
vom *Selben* sein zu wollen, ohne aufzuhören, ein *Selber* des *Anderen* zu sein, das
heißt das *Andere* in sich zu verschmelzen, ohne aufzuhören, man selbst zu sein.
Die Ideologie der Mestizisierung schließt eine Negation der Alterität mit ein. Sie
verbindet sich mit einer Rhetorik des Effusiven, also mit einer *fusionellen Psycho-
logie der Bewusstseinsbeziehungen.*“[91]

In Maryse Condés *Traversée de la Mangrove* gibt es keine derartige „psycho-
logie fusionnelle“, die sich aller Beziehungen bemächtigen und sich in eine
kontinuierliche, kohärente mestizische (oder kreolische) Identitätskonstruktion

---

[91] Toumson, Roger: *Mythologie du métissage*, S. 260.

übersetzen lassen könnte. Vor diesem Hintergrund hatte Maryse Condé nicht zufällig, einem literarischen Brauch der Antillen folgend, keinen anderen als Patrick Chamoiseau gebeten, ihr „Premier lecteur", ihr erster öffentlicher Leser zu sein. In einem Schreiben an den Mitverfasser des *Lobes der Kreolität* und späteren Preisträger des Prix Goncourt hatte sie ihrer Hoffnung Ausdruck gegeben, eine von der „Theorie der Kreolität" her perspektivierte „kritische Lektüre" zu erhalten, die ungeachtet der „unterschiedlichen Romanauffassungen" zu einem Dialog führen könnte.[92]

Der literarische Ansprechpartner war gut gewählt, Patrick Chamoiseau entledigte sich dieser Aufgabe nicht ohne Eleganz, und die dialogische Verbindung zur Position der „Créolité" war paratextuell hergestellt. In der Tat bezieht *Traversée de la Mangrove* die Problematik einer kreolischen Identitätskonstruktion etwa in ihrer Hauptfigur (aber auch bezüglich vieler anderer Aspekte kollektiver Selbstfindung) mit ein; sie lässt diese aber nie zu jenem imaginären Punkt gelangen, wo es zu einer harmonischen, ‚ausgewogenen' Fusion kommen könnte. Dies markiert eine fundamentale Differenz.

Francis Sancher ist eine eigentümliche Bewegungs-Figur, welche die Insel und Rivière au Sel in gewisser Weise nur quert. Der Fremde geht nicht in der heterogenen Gemeinschaft von Rivière au Sel auf, er *durch*quert sie nur, verändert ihre Kraftlinien und verschwindet wieder durch seinen Tod. Die Bewegung, die Querung, die Durchquerung ist in *Traversée de la Mangrove* entscheidend. Francis' Kinder sind nicht das Ergebnis eines Verschmelzungsprozesses, sondern die unbeabsichtigte Folge eines flüchtigen, durch vorübergehende Interessenlagen, eine ununterdrückbare Lebenslust und ein ungeheures Liebesbedürfnis begünstigten Kontakts.

Wo im *Eloge de la Créolité* Kreolität definiert wird als „*interaktionelles oder transaktionelles Aggregat* der karibischen, europäischen, afrikanischen, asiatischen und levantinischen Kulturelemente, die das Joch der Geschichte auf demselben Boden zusammengeführt hat",[93] wo von „wahrhaften Schmieden einer neuen Menschheit"[94] und schließlich vom „*Erglühen dieses Magmas*"[95] die Rede ist, in dem sich die Metaphorik des „Melting Pot" mit der vulkanischen Bildersprache der Antillen mischt, ist für Francis Sancher alias Francisco Alvarez-Sanchez der Vulkan nur jener Ort, von dem aus die ersehnte Apokalypse ausgehen könnte, die allen Bewegungen und allen vermeintlich festen Identitä-

---

92 In englischer Übersetzung zitiert in Chamoiseau, Patrick: Reflections on Maryse Condé's "Traversée de la Mangrove". In: *Callaloo* XIV, 2 (1991), S. 389 f.

93 Bernabé, Jean / Chamoiseau, Patrick / Confiant, Raphaël: *Eloge de la Créolité*, S. 26.

94 Ebda.

95 Ebda., S. 27.

ten endlich ein Ende setzen wird. So erzählt Cyrille, wie ihm Francis einmal mit Blick auf den Soufrière-Vulkan sagte: „Am liebsten hätte ich, es würde ihn zerreißen, diesen Vulkan! Soll er alles in Blut und Feuer schleudern! Dann wäre ich nicht der einzige, der ginge."[96] Die Figuren des Romans stehen sich fremd gegenüber, sie verschmelzen nicht miteinander, sondern erfahren ihre eigene Fremdheit ebenso in ihrer Beziehung zu den anderen wie gegenüber sich selbst.

Die aus Bulgarien stammende französische Literaturtheoretikerin und Psychoanalytikerin Julia Kristeva hat – fast zeitgleich mit Maryse Condé, wenn auch aus anderer Perspektive – versucht, eine derartige Problematik, an der jeder Diskurs einer kohärenten Identitätsvorgabe scheitern muss, zu präzisieren:

> Angesichts der Abwesenheit einer neuen gemeinschaftlichen Verbindung – einer heilbringenden Religion, welche die Masse der Umherirrenden und voneinander Verschiedenen in einen neuen Konsens integrieren könnte, der anders wäre als ‚Mehr Geld und Güter für jedermann' – sind wir erstmals im Verlaufe unserer Geschichte dazu aufgefordert, mit von uns Verschiedenen auf der Grundlage unserer persönlichen moralischen Codices zusammenzuleben, ohne dass irgendeine Gemeinsamkeit unsere Besonderheiten zu transzendieren vermöchte. Eine paradoxe Gemeinschaft ist im Begriff zu entstehen, die aus Fremden besteht, welche sich in dem Maße akzeptieren, in dem sie sich selbst als Fremde anerkennen. Die multinationale Gesellschaft wäre so das Ergebnis eines extremen Individualismus, wäre sich zugleich aber ihrer Mängel und Grenzen bewusst und würde allein die unhinterfragbaren Mittel sofortiger wechselseitiger Hilfe in ihrer Schwäche anerkennen, einer Schwäche, deren anderer Name unsere radikale Fremdheit ist.[97]

Traversée de la Mangrove lässt sich sehr wohl als ein Dialog mit der „Créolité" lesen; gleichwohl vermied es Maryse Condé hier wie auch in anderen Fällen, sich von bestimmten Theorien vereinnahmen zu lassen.[98] Der Roman steht, so scheint mir, in größerer Nähe zum in mancherlei Hinsicht wesentlich radikaleren Ansatz Edouard Glissants, wie ihn dieser 1981 in *Le discours antillais* entwickelte und 1990 in *Poétique de la Relation* im kritischen Dialog mit der ‚Kreolität' fortführte. Wir werden in unserer Vorlesung noch einmal kurz auf Edouard Glissant zurückkommen.

Doch bereits an dieser Stelle sei festgehalten: Edouard Glissants Raumkonzeption der Antillen ist zugleich relational und amerikanisch, wobei die letztge-

---

96 Condé, Maryse: *Traversée de la Mangrove*, S. 163.
97 Kristeva, Julia: *Etrangers à nous-mêmes*. Paris: Librairie Arthème Fayard 1988, S. 290; vgl. hierzu auch ausführlich den dritten Band der Reihe „Aula" in Ette, Ottmar: *Von den historischen Avantgarden bis nach der Postmoderne* (2021), S. 762 ff.
98 Völlig zurecht wurde darauf hingewiesen, dass sich die Autorin von *Hérémakhonon* stets den unterschiedlichsten Schulen und Theoriebildungen einschließlich des Feminismus bislang entzogen habe; vgl. Shelton, Marie-Denise: Condé: The Politics of Gender and Identity. In: *World Literature Today* LXVII, 4 (autumn 1993), S. 717–722.

nannte Präzisierung alles andere als eine umgangssprachlich längst nicht nur in Europa gewohnte Reduktion auf die USA beinhaltet[99] – Sie wissen ja, dass ich den Begriff ‚amerikanisch' stets auf die gesamte Hemisphäre bezogen verwende:

> Was sind die Antillen also wirklich? Eine Multi-Relation. Wir fühlen es alle, wir drücken es durch alle möglichen verborgenen oder karikaturalen Formen aus, oder wir verneinen es mit wilden Gesten. Aber wir empfinden es wohl, dass dieses Meer dort in uns ist mit seiner Ladung an endlich entdeckten Inseln.
>
> Das Meer der Antillen ist nicht der See der USA. Es ist der Ästuar der Amerikas.[100]

Das Meer der Antillen, das wie das Mittelmeer Albert Cohens[101] in der Welt im Kopf der Subjekte seine Wellen schlägt, ist nicht allein auf das Amerika der Vereinigten Staaten, sondern insgesamt auf die Amerikas der Neuen Welt bezogen. Francis/Francisco verbindet trotz seiner weltweiten Reisen die Französischen Antillen mit der karibischen Inselwelt, mit Kuba und Haiti, wie mit der Welt Südamerikas und (in freilich geringerem Maße) Nordamerikas. Maryse Condé hat selbst vielfach auf die Einheit und Vielgestaltigkeit dieser Welt hingewiesen, so etwa in ihrer Willensbekundung in ihrer Einleitung zu *La parole des femmes*: „Wir wollen an die Einheit der ‚karibischen Welt' glauben und verweigern daher jegliche Klassifizierung Insel für Insel." Im weiteren Verlauf ihrer aufschlussreichen Studie fügte die Autorin hinzu: „Die Haitianität kann nur im Innern einer Aussage als eine Art und Weise wahrgenommen werden, sich die Realität anzueignen. Sie schien uns auf uns selbst bezogen keineswegs ‚entwaffnend', und dies erlaubt es uns, unseren Glauben an die antillanische Einheit aufrechtzuerhalten.".[102]

Dieser Glaube an die Einheit gründet auf der Überzeugung von der transarealen Vielverbundenheit der Welt der Antillen. Nicht zuletzt darum ist Francis auch als eine transareale Bewegungsfigur gestaltet, welche die unterschiedlichsten Kontinente und Insel-Welten miteinander in Verbindung bringt. Mehr noch: Die Bewegungen der Romanfiguren zeigen bei einer Analyse deutlich auf, dass die umfassende, fast weltweite Diegese ihr weitaus dichtestes Netzwerk in der amerikanischen Hemisphäre entfaltet. Wie aber sind diese Relationen im Roman der guadeloupanischen Schriftstellerin gestaltet?

---

99 Vgl. hierzu das zweite Kapitel in Ette, Ottmar: *Literatur in Bewegung. Raum und Dynamik grenzüberschreitenden Schreibens in Europa und Amerika.* Weilerswist: Velbrück Wissenschaft 2001.

100 Glissant, Edouard: *Le discours antillais.* Paris: Seuil 1981, S. 249.

101 Vgl. Kapitel 9 in Ette, Ottmar: *Literatur in Bewegung.*

102 Condé, Maryse: *La parole des femmes*, S. 5 und 82.

Kuba fällt im Schnittpunkt des Kontinents als karibischer Insel mit traditionell weltpolitischem Anspruch eine besondere Rolle zu. Nach Europa bestehen noch immer vielfältige Beziehungen, und doch ist gerade Frankreich als ehemalige Kolonialmacht, für deren „Libération" Déodat Timodent in der Zeit des Zweiten Weltkriegs illegal Antillaner für die europäischen Schlachtfelder mobilisiert hatte, trotz aller auch im Text evidenten wirtschaftlichen und kulturellen Verbindungen seltsam in den Hintergrund gerückt. Die Distanz zum afrikanischen Kontinent hat sich in *Traversée de la Mangrove* gegenüber den früheren Romanen Maryse Condés freilich so sehr vergrößert, dass Raphaël Confiant und Patrick Chamoiseau in ihren literatur- und kulturgeschichtlichen *Lettres créoles* mit einem gewissen Recht behaupten konnten: „Mit Maryse Condé ist der afrikanische Spiegel, in dem sich viele antillanische Intellektuelle betrachteten, zersprungen. Eine erwachsenere, losgelöstere und dem Tatsächlichen entsprechendere Beziehung ist entstanden."[103]

Lange vor jeglicher politischen Unabhängigkeit haben sich die Literaturen der Antillen wie diejenigen der Karibik auf eine fundamentale Weise emanzipiert, auch wenn im Falle der französischen Antillen die Abhängigkeit von der Verlagswelt der „Métropole" noch immer bestimmend ist und nicht wegdiskutiert werden soll. Die gesamte Welt der Frankophonie ist trotz aller Veränderungen noch immer am (ehemaligen) Zentrum Paris als Nullmeridian ausgerichtet und von daher in einer klaren ökonomischen Abhängigkeit. Doch haben sich die Literaturen der Karibik einen eigenen Bewegungsraum innerhalb der weltumspannenden Literaturen der Welt geschaffen, der den gesamten vektoriellen Raum auf transareale Weise archipelisiert. Diese Archipelisierung im gesamten Bereich der Frankophonie wollen wir uns an zwei Beispielen in der Folge näher anschauen.

---

103 Chamoiseau, Patrick / Confiant, Raphaël: *Lettres créoles. Tracées antillaises et continentales de la littérature. Haïti, Guadeloupe, Martinique, Guyane 1635–1975.* Paris: Hatier 1991, S. 152.

Weltweite Archipele oder Inseln als Kontinente und Kontinente als Inseln

Archipele und rhizomatische Strukturen stehen auch im Zentrum von Jean-Marie Gustave Le Clézios Reisetext *Raga. Approche du continent invisible*, der bereits in seinem Titel auf die Problematik eines unsichtbaren Kontinents aufmerksam macht, der unsichtbar zu sein scheint, weil er ‚nur' aus Inseln besteht. Er besitzt daher nicht die kompakte Kontinuität eines Kontinents, sondern ist von der durchbrochenen Strukturierung von Inselwelten geprägt, die transarchipelisch gleichsam einen Kontinent hervorbringen. Im fünften, den Lebensmitteln gewidmeten Kapitel seines 2006 im Rahmen von Edouard Glissants Projekt „Die Völker am Wasser"[1] erschienenen Bandes zeigt sich, dass es dabei nicht allein um das Leben der Menschen, sondern auch um das Leben der Inseln und die nachhaltige Sicherung dieses Lebens wie dieses Lebens- und Bewegungsraums geht.

Abb. 18: Jean-Marie Gustave Le Clézio (*1940).

Dabei spielt die Querung der Opposition zwischen Kontinent und Insel eine vom Paratext des Titels an zentrale Rolle. Denn die Inseln Ozeaniens wurden von ihren ursprünglichen Bewohnern nicht einfach ‚kontinental' besetzt, so wie dies später unter der Herrschaft der verschiedenen Kolonialmächte der Fall war. Sie wurden vielmehr sehr sorgfältig bestellt und geradezu liebevoll als lebendige Wesen behandelt, die einen jeweils sehr eigenen Charakter besitzen. Der Erzähler beschreibt aufmerksam den rituellen Vorgang der Besitznahme einer Insel und schließt diesen Vorgang mit den folgenden Worten ab:

> Sobald sie mit alledem fertig sind, gehört die Erde ihnen. Nicht, als ob sie sie für alle Ewigkeit besäßen, aber damit sie davon leben und sie genießen. Diese Erde ist ihnen von den Geistern der Toten geschenkt worden, um ihre Geschichte fortzusetzen. Sie ist ein le-

---

1 Vgl. zu diesem Projekt ausführlich den ersten Band der Reihe „Aula" in Ette, Ottmar: *Reise-Schreiben* (2020), S. 646 ff.

bendiges Wesen, das sich mit ihnen bewegt und sich ausbreitet, ist ihre Haut, auf der sie erschauern und begehren können.[2]

In dieser Passage aus dem Kapitel „Taro, Yams, Kava" wird nicht allein eine lebendige Verbindung zwischen den Lebenden und ihren Toten, die ihnen das Land und ihre Geschichte vermacht und übergeben haben, sondern auch eine am Zusammenleben ausgerichtete Beziehung zwischen den Menschen und ‚ihrer' Insel, ihrem Land, ihrer Erde, hergestellt. Der Erzähler verwendet für die Insel nicht umsonst den Begriff der „terre" und damit ein Wort, das zugleich für die ganze Erde, „toute la terre", stehen kann. Denn Konvivenz meint niemals nur das Zusammenleben der unterschiedlichsten Menschen miteinander, sondern auch das (möglichst verantwortliche und auf Zukunft gestellte) Zusammenleben von Mensch und Natur. Wir können dieses Zusammenleben des Menschen mit den Göttern, mit den Tieren, den Pflanzen und den Steinen bereits in den frühesten Texten der Menschheit, ebenso im *Gilgamesch*-Epos wie im *Shi Jing*, genauestens beobachten. Konvivenz umfasst nicht nur das Zusammenleben der Menschen mit weiteren Menschen, auch wenn dieses zumeist im Mittelpunkt literarischer Darstellungen steht.

Jean-Marie Gustave Le Clézio greift in *Raga* damit auf die Fundamente menschheitsgeschichtlicher Entwicklung zurück. Dabei handelt es sich um ein Zusammenleben im fundamentalsten Sinne, geht es hier doch um eine *Symbiose*, in der die beiden verschiedenen Lebewesen, Menschen und Inseln, ein gemeinsames Leben mit all ihren Ängsten, all ihrem Begehren teilen. Die Insel wird daher nicht unterworfen und benutzt, wird nicht mit Pflanzungen, Plantagen und Polizeistationen überzogen, um möglichst kontrolliert hohen Profit aus dem Land ziehen zu können, sondern in ein Lebenswissen einbezogen, das zugleich ZusammenLebensWissen und ÜberLebensWissen ist. Die Literatur wird zum Träger dieses tradierten Wissens.

Denn dieses Lebens-, Erlebens-, Überlebens- und Zusammenlebenswissen, auf das wir gesondert im nächsten Teil unserer Vorlesung eingehen werden, soll es ermöglichen, auch unter schwierigen Bedingungen die Lebensgrundlagen aller Lebewesen nachhaltig sicherzustellen. Dies ist im Grunde die Urform allen ökologischen Denkens. Alles, die Erde, die Pflanzen, die Tiere, die Menschen, alles wird dabei von Leben durchströmt – und die Toten, die Vorfahren, sind selbstverständlich gegenwärtig und präsent. Die Inseln leben und bewegen sich, schwimmen mit den Menschen mitten in einem unermesslichen, eigentlich men-

---

2 Le Clézio, J.M.G. [Jean-Marie Gustave]: *Raga. Approche du continent invisible.* Paris: Seuil 2006, S. 65.

schenfeindlichen Ozean, dessen gewaltige Ausmaße im Text immer wieder beschworen werden.

Über dieses über lange Besiedlungszeiträume hinweg aufgebaute Ökosystem brechen – wie Le Clézios *Raga* eindrucksvoll vorführt – die verschiedenen Phasen beschleunigter Globalisierung mit aller Wucht herein. Weder die Inseln noch deren Bewohner*innen sind auf dieses Hereinbrechen vorbereitet. Dabei ist aufschlussreich, dass die Erzählerfigur jenen Zeitraum, den wir als vierte Phase beschleunigter Globalisierung bezeichnet haben, mit jener „Welle, die heute alle Küsten der Welt überschwemmt, bis in den entlegensten Archipel hinein",[3] gleichsetzt und identifiziert. Die beschleunigte Globalisierung erscheint quasi mit der Gewalt eines Naturphänomens.

Diese Welle der Globalisierung ist nicht zuletzt eine biologische, von Erregern gekennzeichnete Flut, wie sie die verschiedenen Globalisierungswellen die Menschheit seit der ersten Phase mit der Pandemie der Syphilis begleitet. Dementsprechend meint der Erzähler, dabei auf historische Erfahrungen zurückgreifend: „La mondialisation, c'est sans doute avant tout celle des épidémies."[4] Globalisierung ist vor allem diejenige der Epidemien. Die Menschheit vergisst diese Erfahrung immer wieder gerne; doch alle Phasen beschleunigter Globalisierung wurden von unterschiedlichsten Pandemien begleitet.[5]

Zu Beginn der vierten Phase beschleunigter Globalisierung war dies die weltweite Ausbreitung des AIDS-Virus. Jean-Marie Gustave Le Clézio fokussiert die AIDS-Problematik auf diesen Inseln, die lange Zeit sich selbst überlassen blieben. Nicht weniger schlimm als die Verfehlungen einzelner, die ihre Liebespartner ganz bewusst mit dem Virus anstecken, seien aber die großen pharmazeutischen Konzerne „qui refusent de distribuer à moindre coût les médicaments qui retardent l'évolution du sida, et condamnent à mort les malades des pays les plus pauvres".[6] So seien es die großen westlichen Konzerne, die aus rein finanziellen Gründen und wegen ihres absoluten Gewinnstrebens Tausende von Menschenleben in den ärmsten Ländern auf dem Gewissen haben. Die Krankheiten erscheinen in Le Clézios *Raga* nicht als Geißeln der Natur: Sie sind auf vielfältige Weise mit dem Handeln des Menschen und seinen sehr spezifischen Interessenlagen verbunden.

---

3 Ebda., S. 93.
4 Ebda.
5 Vgl. zur Existenz dieser weltweiten Epidemien in den vier Phasen beschleunigter Globalisierung Ette, Ottmar: *TransArea. Eine literarische Globalisierungsgeschichte*. Berlin – Boston: Walter de Gruyter 2012.
6 Le Clézio, J.M.G. [Jean-Marie Gustave]: *Raga. Approche du continent invisible*, S. 94.

Le Clézio lässt seinen Erzähler tief in die Geschichte Ozeaniens eindringen. Während die iberischen Seefahrer und ‚Entdecker' der ersten Welle diesen aus Inseln bestehenden Kontinent nur auf der Suche nach reicheren Regionen durchsegelt hätten und auf ihrem Weg nach dem sagenumwobenen Südkontinent diese Inselwelt ebenso wenig als Kontinent zu erkennen vermochten, wie dies die Bougainville und Cook der zweiten Phase taten, brach mit der dritten Phase beschleunigter Globalisierung das Unheil über die Welt Ozeaniens herein. Im Kapitel „Blackbirds" wird unter Verweis auf wissenschaftliche Untersuchungen herausgearbeitet, was die sogenannten ‚Entdeckungen' und Forschungsreisen der Europäer und US-Amerikaner im pazifischen Raum an Menschenleben kosteten. Dies ist die verborgene Seite der Expansionen ebenso europäischer Kolonialmächte wie der Vereinigten Staaten von Amerika; eine Seite, die in deren Geschichte(n) kaum einmal Erwähnung findet.

Die nackten Zahlen der Bevölkerungsentwicklung sind schockierend und erinnern an jene der Bewohner der Antillen, die im Verlauf der ersten Phase beschleunigter Globalisierung der Vernichtung preisgegeben wurden. Die schlichten Zahlenkolonnen lesen sich wie die Sterberegister und Opferzahlen einer Entwicklung, die wie eine Naturkatastrophe über die *Area* der Neuen Hebriden hereingebrochen war. Und doch haben wir es hier nicht mit den Folgen einer Pandemie zu tun, sondern mit einer von Menschenhand gemachten Katastrophe, von der man nicht anders als in Begriffen eines Genozids sprechen kann:

1800: estimation à 1000000 d'habitants
1882: 600000 (estimation de Speiser)
1883: 250000 (estimation de Thomas)
1892: moins de 100000 (Colonial Office de Londres)
1911: 65000 (recensement du gouvernement britannique)
1920: 59000 (*idem*)
1935: 45000 (*idem*)[7]

Der scharfe, katastrophenartige Einbruch der Bevölkerungszahlen während des Zeitraums der dritten Phase beschleunigter Globalisierung verweist nicht allein auf die Auswirkungen von Epidemien, die von den Globalisierern eingeschleppt wurden, sondern vor allem auf die Folgen einer rücksichtslosen Ausplünderung der Bevölkerung, die unter Sklaverei-ähnlichen Bedingungen zur Zwangsarbeit in den Plantagen der Globalisierer von den sogenannten ‚Blackbirds' herangezogen wurde.

Mit dem Begriff der ‚Biopolitik' will ich nicht von der Furchtbarkeit des Genozids ablenken. Ich will Ihnen vielmehr ein Gefühl dafür geben, dass dies be-

---

7 Ebda.,S. 47.

wusst und rational konzipierte Politiken sind, welche westliche Staaten zu verantworten hatten: Es geht um Verbrechen, die an unschuldigen Inselbewohner*innen verübt wurden, die diesen fremden Mächten schutzlos ausgeliefert waren. In einer Biopolitik brutalsten Ausmaßes also wurden die Inselbewohner in französische, britische, US-amerikanische, australische und deutsche Kolonien deportiert. Und dies alles hatte langanhaltende Konsequenzen:

> Insgesamt hatte diese zweite Hälfte des 19. Jahrhunderts mehr als 100000 Melanesiern das Leben gekostet, Männer und Frauen, von denen der größte Teil niemals mehr auf ihre Heimaterde zurückkehrte. Es war ein Ausbluten, das man noch heute, hundert Jahre später, wahrnimmt. Der Eindruck der Furcht, der über diesen Ufern schwebt, die Isolierung der Dörfer, die an den Flanken der Gebirge kleben, all dies erzählt von der verfluchten Zeit, als jedes Erscheinen eines Segels am Horizont Angst bei den Bewohnern auslöste.[8]

Warum hatte man sich in der dritten Phase beschleunigter Globalisierung damit begnügt, Statistiken des Genozids zu erheben, anstatt konkret und wirkungsvoll gegen die massive Ermordung der Inselbevölkerungen vorzugehen? Sehr wahrscheinlich wogen die Kolonialinteressen der beteiligten Mächte schwerer als eine unbequeme kritische Einsicht in Verhältnisse, wie sie der ersten Phase beschleunigter Globalisierung auf den Antillen ähneln. Gerade in der vergangenen vierten Phase beschleunigter Globalisierung scheint aber eine spezifische Sensibilität für all jene Prozesse und Entwicklungen, Zerstörungen und Grausamkeiten entstanden zu sein, die sich in der dritten Phase in so starkem Maße beobachten lassen, die aber in der europäischen Geschichtsschreibung lange Zeit ignoriert und vorsätzlich ausgeblendet wurden. Die ästhetische Auseinandersetzung mit früheren Globalisierungsphasen ist zu einem festen Bestandteil der Gegenwartsliteraturen an der Wende vom 20. zum 21. Jahrhundert geworden: Die Literaturen der Welt haben damit begonnen, diese verschüttete Seite der nicht nur europäischen, sondern auch US-amerikanischen und australischen Expansionsgeschichte zu thematisieren und kritisch in Erinnerung zu rufen.

Dabei geht es keineswegs nur um die *Memoria*-Funktion von Literatur. Die Literaturen der Welt haben längst die Funktion übernommen, diese zerstörerischen Phänomene nicht nur punktuell, sondern in einem transarealen Bewegungszusammenhang aufzunehmen und dabei nicht allein mit den Mitteln und Möglichkeiten eines historiographischen Gedächtnisses beziehungsweise einer geschichtswissenschaftlichen Erinnerungspolitik, sondern auch mit anderen Formen einer kritischen Darstellung aus unterschiedlichen Perspektiven betrachteter Wirklichkeiten zu experimentieren, die nicht bloß der schieren ‚Aufarbeitung' des Vergangenen, sondern weit mehr der prospektiven Gestaltung von Zukunft

---

8 Ebda., S. 54.

zugewandt sind. So heißt es im abschließenden Kapitel „Iles" mit unüberhörbar prospektiver, der Zukunft zugewandter da verpflichteter Akzentuierung:

> In Wahrheit stellt die Insel zweifellos einen der Orte dar, wo das stillgestellte Gedächtnis die geringste Bedeutung besitzt. Die Antillen, Maskarenen, aber auch die Atolle des Pazifik, die Archipele der Gesellschafts- oder Gambier-Inseln, Mikronesien, Melanesien, Indonesien: Sie alle haben die Vergewaltigungen und so unerträgliche, so entsetzliche Verbrechen gesehen, dass es sehr wohl eines Augenblicks in ihrer Geschichte bedurfte, damit ihre Bewohner den Blick abwenden und wieder neu zu leben lernen, da sie sonst Gefahr liefen, in Nihilismus und pure Verzweiflung abzugleiten.[9]

Es geht in dieser wichtigen Passage nicht um ein Ausradieren oder ein Verdrängen des Vergangenen und seiner Schrecken, sondern um eine Erinnerungskultur, die im Moment des Vergessens von neuem die Möglichkeit eröffnet, wieder leben zu lernen, um selbstbestimmt leben zu können. Der Zentralbegriff ist in dieser Passage das Leben. Das Vergangene ist damit nicht verschwunden, sondern vielmehr im doppelten Wortsinn *aufgehoben*: ein paradox erinnerndes Vergessen, das auf Zukunft zielt und auf die Wiedergewinnung des Lebens aus ist.

Raga kommt damit der wichtigen Aufgabe der Literaturen der Welt nach, Lebenswissen für ihre Leserinnen und Leser bereitzustellen. In diesem wichtigen Gnosem eines ÜberLebensWissens – dass nämlich Leben nicht allein mit dem Erinnern und einer individuellen wie kollektiven *Memoria*, sondern auch mit einem zumindest zeitweiligen Vergessen gekoppelt ist – scheint das fundamentale Versprechen der Literatur auf: ein Wissen vom Leben *im* Leben bereitzuhalten, das auf lebendige Weise *zum* Leben angeeignet und *für* das eigene Leben fruchtbar transformiert werden kann. Literatur versteht sich auf diese Weise als LebensMittel, als ein Mittel zum Leben.

Doch es sind keineswegs nur die Inseln, die im Fokus eines in den Literaturen der Welt weit verbreiteten Schreibens stehen, das sich im Bewusstsein der damaligen Globalisierungsphase früheren Phasen beschleunigter Globalisierung kritisch zuwendet. Denn auf dieselbe Weise, wie in der obigen *Passage* die Beziehungen und Verbindungen zwischen den unterschiedlichsten Archipelen von den Antillen bis nach Indonesien ins Bewusstsein gerückt werden, so lassen sich auf nicht weniger transareale Weise auch Kontinente miteinander in Beziehung setzen, die vergleichbar von der Wucht der Globalisierungsphänomene erfasst wurden. Denn wenn von einer Archipelisierung die Rede ist, so beziehe ich mich damit keineswegs nur auf Inseln und auf Inselwelten: Auch die Archipelisierung von Kontinenten ist eine durchaus grundlegende, epistemologisch begründete Sichtweise und eine literarisch höchst fruchtbare Darstellungsweise in den Lite-

---

9 Ebda., S. 123.

raturen der Welt. Greifen wir auf ein anderes literarisches Beispiel diesmal aus der spanischsprachigen Welt zurück!

Der 1936 im peruanischen Arequipa geborene Mario Vargas Llosa, wie Le Clézio einer der großen Literaturnobelpreisträger aus den romanischen Literaturen der Welt, hat sich in seinem Gesamtwerk zunächst mit seiner peruanischen Heimat, insbesondere Lima, bald auch den Anden und dem Amazonasraum seines Heimatlandes, später aber auch (in *La guerra del fin del mundo*) mit Brasilien und (in *La fiesta del chivo*) mit der Inselwelt der Karibik auseinandergesetzt. In dieser sukzessiven Ausweitung der Diegesen seiner Romane und Erzähltexte kommt zweifellos seinem 2010, im Jahr seiner Stockholmer Auszeichnung veröffentlichten Roman *El sueño del celta*[10] eine besondere Bedeutung zu – und nicht nur, weil dieser Roman bei der erneuerten Kandidatur des Peruaners wohl das für den Literaturnobelpreis ausschlaggebende Moment war.

Abb. 19: Mario Vargas Llosa (*1936).

Denn in *Der Traum des Kelten* werden in einer sehr bewusst transareal angelegten Romandiegese Europa, Afrika und Amerika so miteinander verbunden, dass die drei Kontinente nicht voneinander getrennt gedacht werden können: Sie sind Bestandteile eines interdependenten kolonialen, politischen und vor allem wirtschaftlichen Systems, dessen Herrschaftswissen freilich sehr ungleich verteilt ist. Was aber haben diese drei Areas im Fin de siècle vor Ausbruch des Ersten Weltkriegs miteinander zu tun?

Bereits in der gelungenen, von Pep Carrió entworfenen Umschlaggestaltung des Romans wird in den Umrissen des Kopfs von Roger Casement, dem Protagonisten dieser Geschichte, eine Weltkarte sichtbar, in der die Orte dieses in der dritten Phase beschleunigter Globalisierung angesiedelten Geschehens wie Inseln erscheinen, welche durch Blutstropfen miteinander verbunden sind.[11] Die

---

10 Vargas Llosa, Mario: *El sueño del celta*. México: Santillana – Alfaguara 2010.
11 Eine ausführliche Analyse des Romans findet sich im dritten Band der Reihe „Aula" in Ette, Ottmar: *Von den historischen Avantgarden bis nach der Postmoderne* (2021), S. 913 ff.

historische Figur des 1864 in der Nähe von Dublin geborenen und 1916 in London wegen Hochverrats hingerichteten Roger Casement verbindet dabei seine beiden so asymmetrischen Herkunftsinseln Irland und England mit den Schauplätzen jener extremen kolonialen und neokolonialen Ausbeutung, denen zum damaligen Zeitpunkt der Kongo und das Gebiet des Putumayo im peruanischen Amazonastiefland ausgeliefert waren. Durch die hautnahe körperliche Erfahrung der Ausbeutung der beiden neokolonialen Räume in Afrika und Amerika durch die britische Wirtschaftsmacht wird dem Protagonisten diejenige seines eigenen Heimatlands Irland durch England schlagartig deutlich. Casement wird zum öffentlichkeitswirksam auftretenden Ankläger gegen all diese Formen brutaler Ausbeutung.

Mögen auch die riesigen Ströme des Kongo und des Amazonas auf die Tatsache verweisen, dass es sich hier keineswegs um Inseln in einem geographischen Sinne, sondern um Teile riesiger Kontinente handelt, so wird doch im Verlauf des von Vargas Llosa klug, wenn auch mit mancherlei Wiederholungen orchestrierten Geschehens deutlich, dass wir es mit Inseln in einem globalen, weltwirtschaftlichen Sinne zu tun haben. Denn beim Kongo wie beim Putumayo, aber auch im Falle Irlands handelt es sich um abgrenzbare Inselgebilde, die in scharf asymmetrischen Abhängigkeitsverhältnissen von einem einzigen Machtzentrum stehen: London. Dass der Nullmeridian just in jenen Jahren der dritten Phase beschleunigter Globalisierung auf Greenwich festgelegt wurde, unterstreicht nur die Tatsache, dass die weltumspannende Macht britischen Kapitals keine Grenzen mehr zu kennen scheint. Denn diese kontinentalen Inseln befinden sich – ganz so wie die geographische Insel Irland gegenüber England – in einer Situation extremer Unfreiheit und Abhängigkeit von jenen Zentren des Welthandels und der Weltpolitik, welche den Globalisierungsschub im letzten Drittel des 19. Jahrhunderts rücksichtslos zum eigenen Vorteile bündelten und vorantrieben.

In der Figur des hochdekorierten und in den Adelsstand erhobenen britischen Diplomaten und des später gegen England rebellierenden irischen Nationalhelden Roger Casement selbst kulminieren immer wieder gleichsam transarchipelisch die verschiedenen Landschaften, Asymmetrien und Formen der Ausbeutung, die den Kongo, das Gebiet am oberen Putumayo und schließlich Irland über all ihre Differenzen hinweg miteinander verbinden. Wir befinden uns im Netz und mitten im Herzen einer archipelisch aufgebauten und rational durchkonstruierten Ausbeutungsmaschinerie. Denn stehen letztlich hinter allen politischen und wirtschaftlichen Aktionen nicht dieselben Interessen, dieselben Kräfte? Und ist – wie es im Roman wiederholt heißt – der Kongo nicht überall?

Roger fühlte sich in Raum und Zeit an den Kongo transportiert. Dieselben Menschen, dieselbe Verachtung der Wahrheit. Der einzige Unterschied bestand darin, dass Zumaeta auf
Spanisch sprach und die belgischen Beamten auf Französisch. Sie verleugneten das Augen-
scheinliche mit derselben Leichtigkeit, weil sie jeweils daran glaubten, dass Kautschuk zu
sammeln und Geld zu verdienen ein Ideal der Christen waren, das die schlimmsten Misse-
taten gegen diese Heiden rechtfertigte, welche selbstverständlich immer Menschenfresser
und Mörder ihrer eigenen Kinder waren.[12]

Der kolonialistische europäische Diskurs, der die schlimmsten Gräueltaten
rechtfertigt, hat längst alles überwuchert und ist zur Selbstverständlichkeit, zur
zweiten Natur der sogenannten ‚Zivilisierten' geworden. Erst aus einem tiefe-
ren, im Sinne Wilhelm Diltheys *durcherlebten*[13] Verständnis der kolonialen und
neokolonialen Situationen in Afrika und Amerika erwächst dem leidenschaft-
lich für seine Ideale an Menschlichkeit kämpfenden britischen Diplomaten
nicht nur eine Einsicht in die menschenverachtende Rücksichtslosigkeit der
sich als so ‚zivilisiert' in Szene setzenden europäischen ‚Mutterländer', sondern
auch ein Gespür für die Tatsache, dass seine eigene irische Heimat denselben
Prinzipien britischer Machtpolitik unterworfen und ausgesetzt ist. Irlands Situation wird für Roger Casement erst im Lichte der Rohkautschukgewinnung am
Putumayo und am Kongo neu lesbar, schreibbar, erlebbar – und damit transfor-
mierbar. Denn konsequent verwandelt er sich von einem aufmerksamen Beobachter in einen engagierten Kämpfer gegen das britische beziehungsweise
europäische Machtsystem und für die Freiheit seines irischen Heimatlandes.

Dabei ist für den kritischen Bewusstwerdungsprozess von Roger Casement
die Tatsache entscheidend, dass er sich einen weltweiten Überblick über die
katastrophalen Folgewirkungen eines vom Nullmeridian aus agierenden Kolonialismus verschafft hat und selbst erleben konnte, wie brutal und menschenverachtend die gesamte koloniale Maschinerie durchorganisiert ist. Denn nur
aus einer weltweiten Perspektive wird dem Romanhelden klar, dass Irland
letztlich nichts anderes als eine Kolonie in den Händen britischen Kapitals
ist – nicht anders als die gut getarnten Mechanismen der Peruvian Amazon
Company, die solange die Reichen reicher und die Armen ärmer machen, bis
Casement wie schon in seinem Bericht über die belgische Ausplünderung des
Kongo Öffentlichkeit herstellt und die ganze Unmenschlichkeit aufdeckt, auf
welcher die Aktiengewinne dieses untadeligen Unternehmens an der Londoner Börse wirklich beruhen. Bis es ihm also gelingt, in grellen Farben den

---

12 Vargas Llosa, Mario: *El sueño del celta*, S. 174.
13 Vgl. hierzu Dilthey, Wilhelm: Goethe und die dichterische Phantasie. In (ders.): *Das Erlebnis und die Dichtung. Lessing – Goethe – Novalis – Hölderlin*. Göttingen: Vandenhoeck & Ruprecht [16]1985, S. 139.

dunklen Raum hinter den blendenden Fassaden blühender britischer Wirtschaftsunternehmen kritisch auszuleuchten.

Hatte er nicht „crímenes atroces contra pueblos primitivos y comunidades indígenas de dos continentes"[14] und damit grausamste Verbrechen gegen die indigenen Bevölkerungen auf zwei Kontinenten lückenlos erforscht? Und hatte er nicht auf diese Weise die Spielregeln in jener Phase beschleunigter Globalisierung erkannt, die bis zum Ausbruch des Ersten Weltkriegs galten, jenes schmutzigen interessegeleiteten Krieges, unter dessen günstigen Bedingungen er selbst das Schicksal Irlands in einer Allianz mit Berlin gegen London zu verknüpfen suchte? Hatte er nicht alles, was einem einzelnen Menschen möglich ist, gegen das Fortwirken eines Systems unternommen, hinter dessen ‚zivilisierter' Fassade die barbarischsten Praktiken geradezu selbstverständlich ausgeübt wurden?

Der gesamte Aufbau des Romans, der sich in die Kapitel „El Congo", „La Amazonía", „Irlanda" und einen nachfolgenden Epilog untergliedert, lässt von Beginn an keinen Zweifel daran, dass sich die Tropengebiete Afrikas und Amerikas trotz ihrer sehr unterschiedlichen politischen Situation – auf der einen Seite eine belgische Kolonie, auf der anderen der wirtschaftlich abhängige und korrupte peruanische Nationalstaat – transtropisch in einer strukturellen Analogie befinden. Sie unterliegen den Rahmenbedingungen einer im Wettlauf der Mächte um die letzten zu verteilenden Kolonialgebiete gezielt beschleunigten Globalisierung, wobei sie ganz wie das England so nahe Irland wie abhängige Inseln mit ihren Machtzentren in Europa verbunden und deren Interessen gnadenlos unterworfen sind. Es ist ein archipelisches System, das gnadenlos weltweiten kolonialen Wirtschaftsinteressen ausgeliefert ist.

Entscheidend in diesem globalen Wettlauf um Profite und Macht sind jeweils möglichst billig einsetzbare Arbeitskräfte, ohne deren Verfügbarkeit die angestrebte Gewinnmaximierung der die wirtschaftliche Globalisierung vorantreibenden Konzerne niemals möglich wäre. Unter dem Vorwand der Missionierung und Zivilisierung werden – zeitgleich zu den Deportationen von Arbeitssklaven im pazifischen Raum, von denen Jean-Marie Gustave Le Clézios Text berichtet – ganze Völker in die als Lohnarbeit getarnte Versklavung oder in den Tod getrieben; ein Prozess von höchster Brutalität, den *El sueño del celta* in allen Details menschlicher Grausamkeit nachzuzeichnen und mehr noch sinnlich nachvollziehbar zu gestalten sucht.

War in Le Clézios *Raga* die brutale Ausplünderung auf allen Inseln und Archipelen klar und deutlich, aber ohne die Evozierung von Schreckensbildern literarisch zum Ausdruck gebracht worden, so wird Vargas Llosas Roman sehr wohl

---

14 Vargas Llosa, Mario: *El sueño del celta*, S. 194.

explizit: Auspeitschungen, Verstümmelungen, Folter und Mord. Wie schon in seinem in der Dominikanischen Republik angesiedelten Diktatorenroman *La fiesta del chivo* ist das Arsenal an Grausamkeiten und Gewalttaten, das der peruanische Schriftsteller vor den Augen seines Helden (und seiner Leserschaft) entfaltet, schier unerschöpflich. Auf sehr verschiedenartige Weise beleuchten die literarischen Texte der beiden Literaturnobelpreisträger die Ausbeutungen und Machtasymmetrien der dritten Phase beschleunigter Globalisierung in einem transarealen Verbundsystem, das in Afrika wie am Amazonas, im Pazifik wie in der Irischen See unverkennbar einen archipelischen beziehungsweise transarchipelischen Status besitzt.

Die Literaturen der Welt weisen uns somit deutlich einen Weg, um bei unserem Verständnis dieser historischen Ereignisse nicht nur gebannt auf eine einzige Area zu schauen, sondern bewusst eine transareale, verschiedenste Areas miteinander verbindende und querende Beobachter-Perspektive einzunehmen. Die Literaturen der Welt sind folglich für die Epistemologie all jener Wissenschaften, die sich um ein Verständnis von Phänomenen in ‚fernen Weltregionen‘ bemühen, prospektiv von entscheidender Bedeutung. Wir können nicht länger im Bereich der auf bestimmte geographische Räume spezialisierten *Area Studies* verharren, die zwar wesentliche Erkenntnisse zu Tage fördern, aber nicht in der Lage sind, die weltumspannenden Prozesse, in welche ihre jeweiligen Areas auf politischer oder sozialer, auf ökonomischer oder kultureller Ebene eingebunden sind, adäquat wiederzugeben. Wir müssen von den Literaturen der Welt lernen, diese Phänomene und Problematiken aus einer Perspektive der *TransArea Studies* zu begreifen. Wie aber sieht die Zukunft der *TransArea Studies*, der transarealen Studien aus und welche Bedeutung haben diese Studien für die Romanistik und für die Erforschung der romanischen Literaturen der Welt?

Vor dem Hintergrund dieser Fragestellungen ist es kein Zufall, dass *El sueño del celta*, der wie stets bei Vargas Llosa auf Feldforschungen des Schriftstellers vor Ort beruht, die über ein Jahrhundert zurückliegende Globalisierungsphase aus einer Perspektive betrachtet, die ohne das Erleben der zum Zeitpunkt der Niederschrift des Romans noch aktuellen Phase beschleunigter Globalisierung undenkbar gewesen wäre. Stets ist es wichtig und relevant, sich vor Augen zu halten, aus welchen spezifischen Beobachtungsperspektiven ein bestimmtes Geschehen geschildert und dargestellt, aber auch gelesen und analysiert werden kann, um die Reflexion dieser *Orte des Lesens*[15] mit in die transareale Analyse zu integrieren.

---

15 Vgl. hierzu die Überlegungen zum ‚Ort des Lesens‘ in Ette, Ottmar: *José Martí. Teil I: Apostel – Dichter – Revolutionär. Eine Geschichte seiner Rezeption*. Tübingen: Max Niemeyer Verlag 1991.

Mag der in seiner Präsidentschaftskampagne in Peru knapp an dem späteren Diktator Fujimori gescheiterte Autor in seinen politischen Überzeugungen auch noch so sehr ein dem Neoliberalismus huldigender Schriftsteller sein: Sein Roman präsentiert einer nach dem Literaturnobelpreis mehr denn je weltweiten Leserschaft die ganze Wucht und Zerstörungskraft einer wirtschaftlichen, politischen, religiösen und kulturellen Expansion, die einen Grad an internationaler Verflechtung und Abhängigkeit schuf, wie diese erst in den sechziger Jahren des 20. Jahrhunderts wieder erreicht werden sollte. *El sueño del celta* impliziert – jenseits aller nicht immer glücklichen politischen Statements des Schriftstellers, die sich nie auf der Höhe seines literarischen Schaffens befinden – auch eine Stellungnahme gegenüber all jenen Kräften, welche selbst noch den Globalisierungsschub der vor wenigen Jahren zu Ende gegangenen Phase vorantrieben.

Die ‚Entdeckung‘ verschiedener Phasen beschleunigter Globalisierung erfolgte seit Alexander von Humboldt stets aus dem Vergleich einer aktuellen mit einer historischen Beschleunigungsphase. So erkannte der Verfasser der *Vues des Cordillères et Monumens des Peuples Indigènes de l'Amérique* erst vor dem Hintergrund jener zweiten Phase, zu welcher er selbst noch Wichtiges beitrug, die historischen Dimensionen jener ersten Phase beschleunigter Globalisierung,[16] deren Grundstrukturen wir selbst heute noch in der zu Ende gegangenen vierten Phase wiedererkennen können.

Es ist daher nicht von anekdotischer, sondern von struktureller Bedeutung, dass sich auch in diesem transareal angelegten Roman des peruanischen Literaturnobelpreisträgers verschiedene Phasen beschleunigter Globalisierung wechselseitig beleuchten und in ihren Kontinuitäten hinterfragen. Dies erfolgt schon an einer frühen Stelle des Romanverlaufs, als der Protagonist noch an die zivilisatorische Mission der Europäer glaubt und für die Sanford Exploring Expedition just an einem Ort arbeitet, bis zu dem „vier Jahrhunderte zuvor die Karavelle des Diego Cao“[17] vorgestoßen war. Doch ausgerechnet dort, wo der portugiesische Seefahrer einst auf einem Felsen seinen Namen – der damals noch lesbar war – verewigt hatte, beginnt nun eine deutsche Ingenieursfirma mit dem Aufbau einer Stadt für europäische Kolonialbeamte, deren Häuser aus europäischem Holz zum ausschließlichen Nutzen europäischer Konzerne errichtet werden.

Wie schon in Le Clézios Text *Raga*, in welchem die deutsche Kolonie Samoa nicht unerwähnt blieb, wird auch im Roman Vargas Llosas mit Blick auf die

---

16 Vgl. hierzu Ette, Ottmar: *Alexander von Humboldt und die Globalisierung. Das Mobile des Wissens.* Frankfurt am Main – Leipzig: Insel Verlag 2009.
17 Vargas Llosa, Mario: *El sueño del celta*, S. 54.

dritte Phase deutlich, dass das neu gegründete Deutsche Reich verzweifelt Anschluss an die großen Kolonialmächte zu finden suchte und bereit war, zur Erreichung dieser Ziele höhere Risiken einzugehen. Bismarcks Schatten ist – dies zeigen beide Texte deutlich auf – nicht nur in Europa, sondern auch in Afrika, Amerika und Ozeanien allgegenwärtig, auch wenn das Deutsche Reich anders als die USA nicht vor 1914 in die erste Reihe expandierender Mächte vorzudringen vermochte. Der Schaden, den das Deutsche Reich binnen weniger Jahrzehnte weltweit anrichtete, war massiv und ist durch nichts entschuldbar. Wir sollten im Bewusstsein dieser Schäden, dieser Massaker und dieser Zwangsmaßnahmen des deutschen Kolonialismus gleichwohl nicht aus den Augen verlieren, wie ungeheuer groß die Schäden und Folgen anderer Kolonialmächte waren, die wie Spanien und Portugal, wie Holland, Frankreich und England nicht über wenige Jahrzehnte, sondern über lange Jahrhunderte ihre koloniale Macht über weite Gebiete der Welt ausübten.

Mario Vargas Llosa versucht, vor dem Hintergrund seiner lateinamerikanischen Erfahrungen einer weltweiten Leserschaft eine historische Tiefe vor Augen zu führen, wie sie so oft in den Debatten um den europäischen oder US-amerikanischen Kolonialismus und Imperialismus fehlt. Die wiederholte Einbeziehung der ersten, der iberischen – und in Afrika vor allem portugiesischen – Phase beschleunigter Globalisierung[18] lässt keinen Zweifel daran aufkommen, dass *El sueño del celta* die Prozesse der Globalisierung als Phänomen „de longue durée", als eine sich über mehrere Jahrhunderte erstreckende Entwicklung, zu begreifen und anschaulich zu machen bemüht ist.

Die Bezeichnung Roger Casements als „el Bartolomé de las Casas británico ",[19] als der große Freund indigener Völkerschaften[20] seines Jahrhunderts – ein Satz, der dem Schriftsteller Joseph Conrad zugeschrieben wird –, stellt nicht nur mit einem Augenzwinkern aus Blickrichtung der vierten Phase beschleunigter Globalisierung eine direkte Beziehung zwischen der ersten und der dritten Phase her, sondern macht zugleich deutlich, dass über die Verbindungen zwischen Afrika und Amerika hinaus längst die gesamte Tropenwelt zum Bewegungsraum europäischer Interessen geworden ist. Auf der Hauptinsel des Empire liefen im Norden Europas alle Fäden zusammen, mit deren Hilfe die kolonialen Inseln im globalen Süden – von Indien bis Ozeanien, von der Karibik bis nach Südafrika – kontrolliert und nach Belieben manövriert werden konnten. Der Nullmeridian dieses ungeheuren Machtzentrums, dieses Mittelpunkts rücksichtsloser kolonialer wie postkolonialer

---

18 Ein weiterer Verweis findet sich u. a. auf S. 73; weitere Hinweise *passim*.
19 Ebda., S. 74.
20 Vgl. zu Bartolomé de las Casas den siebten Band der Reihe „Aula" in Ette, Ottmar: *Erfunden Gefunden* (2022), S. 173 ff.

Machtentfaltung und weltweiter Ausbeutung, verlief über die grünen Hügel von Greenwich.

Aber was, so darf man sich bei all diesen nicht allein transarealen, sondern auch transhistorischen Verknüpfungen zwischen verschiedenen Räumen und Zeiten der Globalisierung fragen, hat eigentlich die (europäische wie US-amerikanische) Menschheit aus all diesen Katastrophen, aus Genozid und Zerstörung, die nicht zuletzt aus Glaubenseifer oder Profitgier über die (gesamte) Erdbevölkerung gebracht wurden, gelernt? Ist über all den Erkenntnissen, die in den Literaturen der Welt, die in den Geschichts- und Sozialwissenschaften zusammengetragen wurden, jemals die Einsicht gereift, diesen hemmungslosen Ausbeutungen ein Ende zu setzen und Kurs auf eine Konvivenz zu nehmen, welche uns wirklich von *United Nations* sprechen lassen könnte? Wir alle kennen die Antwort auf diese Fragen. Und doch sollten wir gemeinsam und im Geiste der Literaturen der Welt nicht die Hoffnung fahren lassen, sondern auf ein friedliches Zusammenleben dieser Menschheit quer zu allen Kulturen, Sprachen und Religionen hoffen und versuchen, all jene Elemente im Bewusstsein zu halten, die auf eine weltumspannende friedliche Konvivenz aller Völker und aller Menschen dieses Planeten Erde abzielen.

Ich möchte zum Abschluss dieses Teils unserer Vorlesung auf einen karibischen Text zurückkommen, der nicht in der Karibik angesiedelt ist und als so etwas wie das Testament, wie das Vermächtnis seines berühmten frankophonen Autors anzusehen ist.[21] In seinem erstmals im November 2007 veröffentlichten Prosatext *La terre magnétique. Les errances de Rapa Nui, l'île de Pâques*, der im Rahmen der vom Verfasser selbst herausgegebenen und bereits erwähnten Buchreihe „Peuples de l'Eau" erschien, entwarf der martinikanische Dichter, Kulturtheoretiker und Philosoph Edouard Glissant das literarische Bild einer Insel, die sich auf verschiedensten Ebenen – wie es schon der Untertitel dieses Werkes ankündigte – in unsteter Bewegung befindet.

Dabei sprach er wie Le Clézio in *Raga* von der Insel als von einer „Terre", von einer Erde; und wie bei dem französischen Literaturnobelpreisträger ist dies auch beim mit zahlreichen Literaturpreisen ausgezeichneten Antillaner ein direkter Verweis auf die Absicht, von einer Insel zu sprechen und damit wie in einem WeltFraktal zugleich die ganze Erde mit zu meinen. Und es ist in der Tat ebenso zutreffend wie verlockend, wie bei Mario Vargas Llosa auch bei Edouard Glissant eine zunehmende Ausweitung der diegetischen, aber auch der analytischen und

---

21 Zu einer Untersuchung aus anderer Perspektive vgl. nochmals den Schlussteil des ersten Bandes der Reihe „Aula" in Ette, Ottmar: *ReiseSchreiben* (2020), S. 646 ff.

philosophischen Horizonte seines literarischen Schreibens ebenso in der Prosa wie in der Lyrik in einem weltweiten Maßstab zu konstatieren.

Im Zentrum dieses Bandes steht wie so oft bei Edouard Glissant eine Insel; aber es handelt sich nicht um eine Insel in der Karibik, nicht um eine Antilleninsel, sondern um ein Eiland inmitten des Pazifik. Die im Titel des Bandes angedeuteten ‚Irrfahrten' der Osterinsel inmitten der sie umgebenden Meeresflächen (aus amerikanischer Sicht) weit draußen im Pazifik stehen dabei stets im Zeichen des Weltweiten, eines den gesamten Planeten umfassenden Koordinatensystems, innerhalb dessen die Insel zum im mehrfachen Sinne *verrückten* Fokus, ja zum sichtbaren Bezugspunkt des gesamten Erdballs wird:

> Die Zugvögel bringen das Ei hierher, das erste Ei (das die Welt enthält) garantiert, nachdem man die Meeresströmungen und das Schwindelgefühl der Lüfte beherrscht hat, die Macht für das laufende Jahr. Ebenso nimmt der runde, heilige Stein, den man *den Nabel der Welt* nennt, in etwa die Form eines Eis an, er ist poliert und aus einer Materie gemacht, die man anderswo auf der Insel nicht findet; und er befindet sich am Meeresufer und nicht im Zentrum der Erde (*terre*). Er liegt am Zusammenfluss der Winde mit den Meeresströmungen.[22]

Besitzt die Welt, besitzt die Erde also doch ein verborgenes Zentrum? Man würde den Kulturtheoretiker der *Poétique de la Relation*[23] gründlich missverstehen, wollte man in dieser Passage die Abkehr von einem Denken vermuten, das sich über lange Jahrzehnte vehement gegen alle und alles zentrierende Strukturen zur Wehr setzte. Wir waren auf dieses Grundaxiom Glissant'schen Schreibens bereits bei unserer Beschäftigung mit Maryse Condés *Traversée de la Mangrove* gestoßen. Sollte der große Denker aus Martinique nun in seinem letzten Buch seinem eigenen Denken und dessen Grundlagen untreu geworden sein?

Keineswegs: Dieser ‚Nabel der Welt' von dem wir gleich eingangs erfahren, dass ihn japanische Pilger aufsuchen und verehren,[24] bildet für Glissant sehr wohl einen Kreuzungspunkt aller Konfluenzen von Wasser, Luft und Erde, bündelt ein planetarisches Beziehungsgeflecht der vier Elemente, das zwischen den Luft- und den Meeresströmungen am Rande des magnetischen Landes der Osterinsel in einer dezentrierten Position entstand und mit einem alten Mythos verwoben wird, demzufolge die Zugvögel das Ei, das die Welt enthält, hierher, auf dieses Eiland, gebracht hätten.

---

22 Glissant, Edouard: *La terre magnétique. Les errances de Rapa Nui, l'île de Pâques. En collaboration avec Sylvie Séma*. Paris: Seuil 2007, S. 39.

23 Vgl. Glissant, Edouard: *Poétique de la Relation*. Paris: Gallimard 1990.

24 Glissant, Edouard: *La terre magnétique*, S. 17.

Diese Szenerie erinnert an den kubanischen Dichter der *Confluencias*, an José Lezama Lima, der in den Strömungen und Zusammenflüssen unterschiedlichster Elemente die wahren Beweg-Gründe allen Lebens in seinem lyrischen Universum wie auf seiner Heimatinsel erblickte. Wir erkennen aber auch noch die Spuren eines anderen kubanischen Denkers, des Anthropologen Fernando Ortiz, der mit der Metapher der Zugvögel seine Einführung des Begriffs der Transkulturalität fundierte, sei doch alles in der langen Geschichte der Insel Kuba eine Abfolge von Bewegungen, von Mobilitäten, von Migrationen gewesen, insofern unablässig verschiedenste Menschen mit ihren Sprachen, ihren Kulturen, ihren Anbauarten, ihren Gesellschaftssystemen die Geschichte der Insel erweitert und nochmals erweitert hätten, bis die transkulturelle Querung unterschiedlichster kultureller Horizonte das gegenwärtige Kuba ergab. Fernando Ortiz' „Aves de paso" aber fliegen ruhelos weiter.

Abb. 20: Edouard Glissant (1928–2011).

Edouard Glissants Rapa Nui bildet kein übergeordnetes Zentrum, demgegenüber alles andere bloße Peripherie wäre. Es gibt keinen Mittelpunkt und keine Ränder. Zugleich lässt der lyrische und vielfach fragmentierte Text Edouard Glissants von Beginn an keinen Zweifel aufkommen: Dieses Land ist mit der ganzen Welt, mit dem gesamten Erdkörper auf intime Weise verbunden und verwoben. Die Osterinsel ist *ein* Mittelpunkt – aber in Form eines Schnittpunkts ohne jede Hierarchie. Die Insel, die so weit von anderen Ufern, von anderen Kontinenten entfernt ist wie keine andere Insel auf unserem Planeten, liegt als ein Punkt mitten im Stillen Ozean, ohne doch dessen Mittelpunkt zu sein; sie bildet eine Welt für sich, ohne dass sie für sich das Zentrum der Welt wäre.

Die Osterinsel ist ein Eiland, das sich dieses Namens als würdig erweist. Die mehrfach beschworene Eiform – in der auch das berühmte Ei des Columbus und damit die planetarische Rundung der Welt wie die Macht über den Erdball mitbedacht sein mag – vereinigt die Bildung des Steins mit der alle Totalität umspannenden Form des Organischen und des Lebens schlechthin, erfahren wir doch an anderer Stelle, dass dieses Ei-Land *einen* (und folglich keineswegs *den*) Nabel der Welt enthält, „un des nombrils du monde: des endroits de mort et de naissance".[25] Es geht um Tod und es geht um Geburt: Das Ei steht wie das Eiland für die Welt, für das in ihm, für das in ihr Entstehende, birgt mit dem Leben aber zugleich immer auch den Tod, der in allem Leben ist und ihm niemals äußerlich bleibt. Dass hierin auch ein Ostern liegt, ein Osterfest der Auferstehung und der Fortführung des Lebens nach und durch den Tod,[26] kann bei einem Dichter wie Edouard Glissant vorausgesetzt werden.

Die Osterinsel wird von dem martinikanischen Dichter nicht als ein ruhender Pol in der Mitte des Ozeans beschworen. Das magnetische Land ist kein sicheres, gefestigtes Land: Seine Existenz bleibt stets prekär und gefährdet. Es ist vielmehr eine Erde, und wie diese in ständiger Bewegung. Kann das Eiland nicht jederzeit vom Meer verschlungen werden? Nicht umsonst wird die Vorstellung eingeblendet, dass die ganze Insel auf einem Süßwasserspiegel entlanggleite und dabei dem Verlauf der tektonischen Erdplatten folge: Die Insel ist „un bateau errant, dont seuls les oiseaux migrateurs connaissent la course".[27] Rapa Nui ist ein umherirrendes Schiff, dessen Kurs allein die Zugvögel kennen. Wie die Insel des heiligen Brandanus[28] ist Rapa Nui immer in Bewegung.

Die Insel evoziert sofort das Bild des Schiffs, mit dem sie in den unterschiedlichsten Formen – sei es in der langen Tradition der schwimmenden Insel, sei es in der Kette von Transferprozessen, die jede Insel oder Inselgruppe erst konfigurieren – verbunden ist. In der Doppelprojektion von Insel und Schiff, von der Insel als Schiff, wird dem Insularen jegliche Statik genommen: Die Insel ist nicht fest als Fels an geologische Tiefen gefesselt, sondern navigiert und verliert sich im mobilen Element des Meeres. Sie ist kein in der Tiefe verankerter Fixpunkt, sondern ein mobiles Phänomen der Fläche, der Oberfläche, von der sie plötzlich eines Tages verschwinden könnte.

Die nur den migratorischen Zugvögeln, nicht aber den Menschen bekannten Wege der Insel als Schiff auf einer Irrfahrt bewirken, dass die Insel *zugleich* von Dauer und vergänglich, dauerhaft und flüchtig ist: „l'île est éphémère, et perdure."[29] In diese flüchtige Beständigkeit, die gewiss auch jene der Literatur und des Schreibens selbst ist, schreiben sich die plattentektonisch getriebenen Bewegungen der Insel wie der Vorstellungen und Phantasien ihrer Bewohner ein:

---

25 Ebda., S. 71.
26 Vgl. zu dieser Problematik auch den sechsten Band der Reihe „Aula" in Ette, Ottmar: *Geburt Leben Sterben Tod* (2022), passim.
27 Glissant, Edouard: *La terre magnétique*, S. 41.
28 Vgl. Vázquez de Parga y Chueca, María José: *San Brandán, navegación y visión*. Aranjuez: Ediciones Doce Calles 2006.
29 Glissant, Edouard: *La terre magnétique*, S. 42.

> Die Insel wandert, und niemand weiß, wie viele Zentimeter im Jahr, und so wird sie viel-
> leicht das Schicksal der archipelischen Länder erfahren, die eines Tages, von dem eben-
> falls niemand weiß, von den unvermeidlichen Reibungen zwischen den Platten in die
> Tiefe gerissen werden, und das Imaginäre der Bewohner der Osterinsel steuert durch den
> Raum des Pazifik und unter dem Mond des großen Dreiecks, auf der Suche nach dem ver-
> lorenen Wort. Das ist fast wahr.[30]

Die archipelischen Länder stehen für das in ständiger Bewegung Befindliche, stehen für eine mobile Inselwelt, in welcher nichts an Ort und Stelle bleibt und sich
alles unablässig verändert. Zugleich sind diese Archipele auch gefährdet, sind sie
stets prekär, da selbst kleine tektonische Veränderungen im Untergrund – und
die Vulkane der antillanischen Heimatregion geben Edouard Glissant Recht – den
Bestand dieser Inseln gefährden können. Rapa Nui ist als Insel-Welt in derselben
Situation wie die Inselwelten der Archipele und bewegt sich ständig auf einem
Untergrund, der nur für eine trügerische Sicherheit stehen kann.

Dieses Fast-Wahre, dieses „presque vrai" der Literatur nimmt die Bewegungen der Insel und ihrer Bewohner auf und gibt beiden jenes ‚verlorene Sprechen' wieder, wann und wo auch immer die Insel für immer im Meer versinken
mag. Ihre (zweifellos mit dem Attribut des göttlichen Auges versehene) Dreiecksform nimmt die Dreiecksform des gesamten polynesischen Archipels in
sich auf und bildet somit das fraktale Muster einer Insel, die eine Insel der Inseln ist: „triangle ouvert, c'est le triangle polynésien, que marque à l'un de ses
angles cet autre triangle, le plus éloigné et le plus solitaire, qui tient fermée la
boucle, qui soutient toute cette surface, et qui est la terre magnétique."[31] So
wird die Osterinsel, so wird Rapa Nui zum Dreieck der Dreiecke, zum Fraktal
der polynesischen, mikronesischen oder melanesischen Archipele und nimmt
deren archipelische Inselwelten in sich auf. Die Osterinsel wird zum magnetischen Land, zur magnetischen Erde, die sie in sich bündelt und miniaturisiert.

In dieser Dreiecksform, die in der christlichen Ikonographie das Göttliche
in seiner Anwesenheit repräsentiert, aber auch das Dreieck im Zentrum eines
menschlichen Körpers sein könnte, vergegenständlicht und objektiviert sich
eine *Landschaft der Theorie*, die im Rahmen jener Tradition, die den karibischen Raum schon so früh prägte, ganz selbstverständlich eine Theorie im weltweiten Maßstab ist. Es geht Edouard Glissant in keinster Weise nur um ein
Eiland inmitten des Pazifik, nur um die Antillen inmitten des Atlantik, sondern
um deren miniaturisierte Modellfunktion für die gesamte Erde. Eine einzelne,
solitäre Insel umgeben von Abertausenden Quadratkilometern reiner Wasser-

---

30 Ebda., S. 48 f.
31 Ebda., S. 48.

fläche wird damit zu einem Archipel, wird damit im obigen Zitat auf eine Weise archipelisiert, die uns auf einer epistemologischen Ebene Anregungen für die Archipelisierung der Romanistik gibt.

Vergessen wir dabei nicht, dass die Landschaft für Edouard Glissant zugleich Natur und Kultur – und damit letztlich auch etwas Lebendiges ist; so heißt es in *Le discours antillais*: „Notre paysage est son propre monument: la trace qu'il signifie est repérable par-dessous. C'est tout histoire."[32] Das Monumentale der Inselwelten beruht nicht auf ihrer Natur, sondern auf ihrer Geschichte, auf ihrer Kultur. Ich werde auf die Beziehungen zwischen Natur und Kultur ein wenig später in unserer Vorlesung zurückkommen.

Das (lebendige) Dreieck der Insel Rapa Nui im Dreieck des polynesischen Archipels[33] bildet die fraktale Konfiguration nicht allein der Insellandschaften des Pazifik, sondern beinhaltet zugleich als Eiland in der Eiform des von Zugvögeln (hervor)gebrachten Eis jenen Nabel der Welt, von dem aus die Rundung der Erde gedacht und in ihren weltweiten Dimensionen überdacht werden kann. Das Eiland ist im vollkommensten Sinne ein *WeltFraktal*.[34] Denn einerseits ist die Osterinsel auf eine geradezu extreme Weise eine *Insel-Welt*, die eine in sich abgeschlossene Welt mit ihrem eigenen Raum, ihrer eigenen Zeit und folglich auch ihren eigenen Bewegungsmustern repräsentiert. Wie keine andere Insel auf diesem Planeten ist sie – wie gleich zu Beginn des Bandes betont wird – von anderen Ufern, von anderen Ländern durch gewaltige Distanzen getrennt und damit *isoliert*.[35] Sie bildet daher ein quasi ideales, von anderen Inseln und Kontinenten isoliertes und zugleich miniaturisiertes Modell der gesamten Erde.

Die isolierte Lage der Insel hat nicht zuletzt die Folge, dass Rapa Nui schwierig zu erreichen ist. Dies ist ein Faktum, das in der Darstellung der Genese des

---

32 Glissant, Edouard: *Le discours antillais*. Paris: Gallimard – Folio 1997, S. 32; Verstärkend hierzu sei ein Zitat Edouard Glissants aus einer Pressekonferenz am 26. Juni 2006 im Madison-Hotel in Berlin genannt: „Dans la Caraïbe comme en général dans les Amériques le paysage est le véritable monument historique et cette dimension-là a beaucoup influencé ce que je fais en poésie. Le paysage devient un personnage à la fois des romans et de la pensée et de la poésie. C'est pourquoi dans tout ce que j'ai écrit, romans poésie, essais, le paysage est un personnage vivant." Ich danke Gesine Müller für den Hinweis auf diese beiden Zitate, welche die Qualifizierung als *Landschaften der Theorie* rechtfertigen.
33 Vgl. zur spezifischen Problematik Rapa Nuis im Schnittpunkt unterschiedlicher Geschichten und Insel-Projektionen McCall, Grant: Rapanui: Traum und Alptraum. Betrachtungen zur Konstruktion von Inseln. In: Weinhäupl, Heide / Wolfsberger, Margit (Hg.): *Trauminseln? Tourismus und Alltag in Urlaubsparadiesen*. Wien: Lit Verlag 2006, S. 263–278.
34 Vgl. zu diesem Begriff Ette, Ottmar: *WeltFraktale. Wege durch die Literaturen der Welt*. Stuttgart: J.B. Metzler Verlag 2017.
35 Vgl. Glissant, Edouard: *La terre magnétique*, S. 10.

Texts auch durch die Tatsache bewusst in Szene gesetzt wird, dass es dem martinikanischen Dichter und Kulturtheoretiker in seinem fortgeschrittenen Alter nicht mehr möglich war, eine so weite und anstrengende Reise selbst zu unternehmen. Vergessen wir nicht, dass der Dichter bereits am 3. Februar 2011 nach langer Krankheit in Paris verstarb! So sollte anstelle Edouard Glissants dessen Lebenspartnerin Sylvie Séma die Reise unternehmen und dem gleichsam zuhause gebliebenen Verfasser dieses poetischen Reiseberichts durch Skizzen und Notizen, durch Zeugnisse und Zeichnungen mit jenen Grundlagen für ein Schreiben versorgen, das explizit auf die Beglaubigung durch das eigene In-Augenschein-Nehmen verzichtet, um von einem anderen Ort des Schreibens aus diese Welt literarisch zusammenzufügen. „Une île peut en cacher une autre" – auch wenn das heimatliche Martinique, die Insel Rapa Nui oder die Ile de France sehr unterschiedliche Inseln konfigurieren.

La terre magnétique ist folglich ein Reisebericht, der nicht auf der Reise des Schriftstellers aufruht. Er zielt auf eine Insel, die kein Archipel ist, aber als Archipel aufgefasst wird. Die Funktionen von Reisendem und Schreibendem werden weitgehend aufgetrennt und damit Grundlagen der Gattung des Reiseberichts insofern aufgekündigt, als der Schreibende auf den Bericht einer – ihm freilich sehr vertrauten – Reisenden wie auch auf andere Zeugnisse zurückgreift. Ich habe diese reiseliterarische Innovation in meiner Vorlesung über das *ReiseSchreiben* stark gemacht.[36]

In unserer aktuellen Vorlesung aber geht es wesentlich mehr um die Archipelisierung einer Insel, die im Sinne von Jean-Marie Gustave Le Clézio wie ein unsichtbarer Kontinent behandelt und im selben Atemzug *archipelisiert* wird. Was aber bedeutet dies für einen Kontinent, für eine kontinuierliche Landfläche von enormer Größenausdehnung oder auch für eine Insel, die eine solche kontinuierliche Landfläche *en miniature* darstellt? Und wird einem je nach Maßstab der Abbildung nicht klar, dass sich der Kontinent Australien und die Insel Rapa Nui ebenfalls im Pazifik nicht in großer Selbstähnlichkeit modellhaft gegenüberstehen?

Zugleich sehen wir ein Ineinanderfließen von Erfundenem und Gefundenem, wie es die gesamte Geschichte der Amerikas seit ihrer Auffindung durch Christoph Columbus am Ende des 15. Jahrhunderts darstellt.[37] Es gibt zwischen Kontinent und Insel ebenso wenig eine trennscharfe Grenze wie zwischen Erfundenem und Gefundenem oder – wie wir noch sehen werden – zwischen

---

36 Vgl. hierzu den ersten Band der Reihe „Aula" in Ette, Ottmar: *ReiseSchreiben* (2020), passim.
37 Vgl. hierzu den siebten Band der Reihe „Aula" in Ette, Ottmar: *Erfunden Gefunden* (2022), passim.

Natur und Kultur. Das von der auf die Osterinsel gleichsam stellvertretend Reisenden Vorgefundene wird mit dem am heimischen Schreibtisch Erfundenen zu etwas gemeinsam Hergestelltem und mehr noch gemeinsam Erlebtem. Denn das Schreiben beruht nicht allein auf einem Lebenswissen, es erzeugt auch ein Erlebenswissen und ein Nacherlebenswissen, das wiederum in den Schreibprozess zurückgespeist werden kann. Erfundenes und Gefundenes, Beschriebenes und Bereistes, Natürliches und Kulturelles bilden in einer Welt, in der es im Zeichen des Anthropozäns keine reinen Naturlandschaften mehr geben kann, eine einzige und unzertrennliche Gesamtheit.

Dabei sei nicht verschwiegen, dass dem Text zugleich eine geradezu testamentarische Dimension zuwächst, insofern der Schriftsteller aus der Perspektive der Reisenden in eine ‚andere Welt' rückt, als wollte er die Wege der Reisenden aus einem Jenseits kommentieren und mit seinem literarischen Wort begleiten. Durch den Tod des Schriftstellers ist diese Dimension des Texts offenkundig geworden. Sie ist präsent in der Isotopie ständigen Werdens und Vergehens in *La terre magnétique*. So schaffen sich in dem kleinen Eiland Rapa Nui mit seinen Vulkanen die vier Elemente von Feuer und Erde, Luft und Wasser in den Meeres- und Luftströmungen, aber auch in den Bewegungen der tektonischen Erdplatten wie des feurigen Magmas, das mit dem pazifischen Feuerring verbunden ist, einen Bewegungs-Ort vielfältigster planetarischer Konfluenzen, an dem sich eine Welt von Inseln immer wieder neu konfiguriert.

Am Ende des dritten von insgesamt sechs Teilen dieses Bandes – und damit genau im Zentrum der gesamten Textstruktur von *La terre magnétique* – lässt sich eine bemerkenswerte Konfluenz der verschiedenen Blicke und Blickrichtungen, die den Text in ihrer Vereinigung erzeugen, feststellen. Die Vielgestaltigkeit dieser Konfluenzen durchzieht den gesamten Band von Beginn an ebenso wie das fraktale Muster einer Insel, die in der lyrischen Prosa dieser verdoppelten Reise zur Osterinsel von Beginn an diese Insel mit der Welt verknüpft, ja diese magnetische Erde in ein miniaturisiertes Modell der Erde verwandelt. Immer wieder weitet sich die Perspektivik, werden explizite Beziehungen der Osterinsel nicht allein zum polynesischen Archipel und nach Tahiti, sondern auch zum amerikanischen Mittelmeer der Antillen wie zum europäischen Mittelmeer mit seinen Inseln Sardinien und Korsika, aber auch nach Island hergestellt, das schon Columbus auf seinen frühen Fahrten kennengelernt hatte.[38] Waren nicht die Inseln für Christoph Columbus ebenso wichtig wie für Louis Antoine de Bougainville oder für Edouard Glissant, der in seinem Projekt der „Peuples de

---

38 Ebda., S. 62f.

l'Eau" – einem Schreibprojekt, dem ebenso *La terre magnétique* wie Le Clézios *Raga* angehören – den Spuren in den Meeren Bougainvilles folgte?

Auf diese Weise generiert und manifestiert sich eine transarchipelische Sicht, die über alle „routes du monde"[39] von Insel zu Insel, von Archipel zu Archipel sich so entfaltet, wie der französische Dreimaster La Boudeuse unter der Schirmherrschaft der UNESCO und unter dem Kommando von Kapitän Patrice Franceschi am 27. Juli 2004 vom korsischen Bastia aus eine Weltumsegelung in Angriff nahm, in deren Verlauf von 1063 Tagen und etwa 60000 zurückgelegten Kilometern zwölf verschiedene Schriftsteller und Journalisten, die von Edouard Glissant zuvor ausgewählt worden waren, jeweils Expeditionen zu einzelnen ‚Völkern am Wasser' unternahmen, bevor das französische Segelschiff am 25. Juni 2007 – und folglich nur wenige Monate vor Erscheinen von *La terre magnétique* – nach Korsika zurückkehrte. Das literarische und philosophische ist vom maritimen Vorhaben ebenso wenig isolierbar wie die Osterinsel von den anderen der auf dieser Seefahrt besuchten Inseln: Die Insel und das Schiff reflektieren sich wechselseitig und setzen als bewegliche Heterotopien die unterschiedlichsten Transferprozesse in Szene. Denn aus der mobilen, sich stets verändernden Perspektive der Boudeuse erscheint die gesamte Welt mit ihren Inseln und Inselchen wie mit ihren Koninenten als ein einziges Archipel.

Diese archipelische und transarchipelische Sichtweise, die sich immer wieder gerade zwischen der Osterinsel und den Antillen entwickelt, prägt das alles in seinen Wirbel reißende archipelisierende Schreiben Edouard Glissants und knüpft zweifellos an seine berühmte ‚Poetik der Relation' an, die er ausgehend von den Antillen zunächst innerarchipelisch entwickelte, bevor er sie hemisphärisch auf den gesamten amerikanischen Kontinent ausweitete. In seiner 1981 in *Le discours antillais* angelegten und 1990 in *Poétique de la Relation* entfalteten Theorie, die sich in einem kritischen Dialog mit wesentlich stärker zentrierenden Vorstellungen schärfte, wie sie Jean Bernabé, Patrick Chamoiseau und Raphaël Confiant in ihrem vielbeachteten, in unserer Vorlesung bereits analysierten, aber auch vielüberschätzten *Eloge de la créolité* von 1989 ausformulierten,[40] ließ Glissant keinen Zweifel daran aufkommen, dass seine Raumkonzeption der Antillen zugleich relational und hemisphärisch gedacht war.

Edouard Glissants Schreibprojekt der ‚Völker am Wasser' sowie *La terre magnétique* weitet dieses Hemisphärische ins Weltweite aus und erkennt in unserer Erde im weltumspannenden Maßstab nichts anderes mehr als Archipele. Es han-

---

39 Ebda., S. 63.
40 Vgl. Bernabé, Jean / Chamoiseau, Patrick / Confiant, Raphaël: *Eloge de la Créolité*. Paris: Gallimard – Presses Universitaires Créoles 1989.

delt sich dabei um eine Universalisierung, die sich – wie Gesine Müller eindrucksvoll aus der Perspektivik der Konvivenz herausarbeitete[41] – bereits im 19. Jahrhundert ebenso in der französisch- wie in der spanischsprachigen Karibik zeigte. Bei Glissant entsteht freilich eine transarchipelische Dynamik, deren Relationalität sich nunmehr weltweit entspannt und zugleich auch den amerikanischen Kontinent umfasst: ein Polynesien, ein Vielinselland im globalen Maßstab. Dies demonstriert der folgende Mikrotext im Zentralstück des gesamten Bandes mit seiner makrogeographischen Dimensionierung in aller Deutlichkeit:

> Rapa Nui sein, Aufbewahrungsort des Einzigartigen und des ganz Gewöhnlichen, dieser Kräfte, welche die Völker des Pazifik und Südamerikas getragen haben. [...] Papa Kiko singt ein Klagelied der Quechua von den Höhen der Anden, und er tanzt zum Schlag des Tambourins annäherungsweise eine Schrittfolge aus Vanuatu, mit einer totalen Tiefgründigkeit. Pirù perfektioniert das Einsammeln des Mülls, wenn dieser auch ständig überquillt. Der Insel-Körper der Insel ist in ihnen, seine Geheimnisse haben in den Venen der Vulkane der Bewohner Wohnsitz, untrennbar zirkulierend. Da die Insel so weit entfernt ist von jedem Maß und von jeder Berechnung und von jedem Blick und von jeder Annäherung, liegt sie für immer im *Blickwinkel von oben*, der mit seinen Gaben die dort unten versammelten Archipele gesegnet hat.[42]

„Le corps-île de l'île est en eux": Die Archipelisierung der Welt ist erfolgt und gelungen. Die Verbindung der aufgrund der gewaltigen Distanzen scheinbar isolierten Insel-Welt mit den Inselwelten der Archipele, aber auch den Anden des kontinentalen Amerika lässt eine Welt entstehen, die im Blick von oben wie aus der Perspektive des Schöpfers die dynamische, mobile Relationalität eines Planeten hervorbringt, in der die Gesänge räumlich weit voneinander entfernter Kulturen von verschiedenen Punkten aus hörbar werden, ohne doch miteinander zu verschmelzen. Die offenkundig transkulturelle Anlage dieser polyphonen Orchestrierung des Pazifik und Amerikas dynamisiert eine transareale Modellierung im weltweiten Maßstab, welche die Gegenstände aus multirelationalem Blickwinkel anders zu sehen erlaubt. Von der Insel-Welt und Inselwelt der Osterinsel wird das Planetarische neu begreifbar, rundet sich zu einer Erde, welche die Erde aller menschlichen Stimmen, aller Menschen ist. Ein nicht nur vielstimmiges, sondern auch viellogisches System ist entstanden, in welchem zugleich alles mit allem zusammenhängt.

---

41 Vgl. hierzu Müller, Gesine: „Nunca se llega a ser caribeño del todo." *ZusammenLebensWissen* in transkolonialer Dimension. Oder: karibische Literaturen im 19. Jahrhundert. In: Ette, Ottmar (Hg.): *Wissensformen und Wissensnormen des ZusammenLebens. Literatur – Kultur – Geschichte – Medien*. Berlin – Boston: Walter de Gruyter 2012, S. 192–205.
42 Glissant, Edouard: *La terre magnétique*, S. 92.

Der rasch voranschreitende Klimawandel verändert unsere Erde. Zum gegenwärtigen Zeitpunkt ist Amerika bekanntlich durch den Treibhauseffekt und die damit einhergehende Verringerung der polaren Eismassen im Norden wieder zu einer Insel geworden, die sich sehr wohl als große, kontinuierliche und zusammenhängende Landmasse präsentiert, nicht aber zugleich auch jene zweite Bedeutungsebene von *continens* erfüllt, die darauf beruht, dass die Kontinente Afrikas, Asiens und Europas untereinander zusammenhängen, so dass man ohne die Überquerung von Meeren oder Meerengen von einem Kontinent zum anderen ‚wandern' kann. Ist Amerika folglich wie die Archipele in seinem vielsprachigen und vielkulturellen Zentrum eine Insel?

Wenn die hemisphärische Konstruktion Amerikas aus geographischer Perspektive durch die Abschmelzung der Polarkappen längst eine insulare Struktur *innerhalb* der kontinentalen Masse zum Vorschein gebracht hat, dann ist eine transarchipelische Vision als Blickgeflecht von Insel-Bewohnern der Entwurf einer Welt, die in der doppelten Logik von Insel-Welt und Inselwelt gerade auch in der nordsüdlichen Erstreckung des Neuen Kontinents anschaulich wird. Mit anderen Worten: Die Beziehung zwischen Insel und Kontinent lässt sich nicht mehr nur als Gegensatzstruktur, sondern auch als komplementäre Verweisungsstruktur und mehr noch als ein fraktales Muster begreifen, das in den gebrochenen Selbstähnlichkeiten zwischen Kontinent und Insel oszilliert.

Noch evidenter ist dies zweifellos im Verhältnis zwischen dem ‚Kontinent' Australien und jenem ‚unsichtbaren Kontinent', der – schließt man sich Jean-Marie Gustave Le Clézios *Approche du continent invisible*[43] an – von Polynesien, Melanesien oder Mikronesiens gebildet wird. Sein Insel-Text *Raga* führt uns folglich ein in eine Welt, die sich nicht nur durch ihre Vielsprachigkeit, sondern auch durch ihre archipelische Epistemologie charakterisiert. Die von Edouard Glissant und Jean-Marie Gustave Le Clézio ausgehende Archipelisierung von Inseln wie von Kontinenten verlangt folglich nach veränderten Untersuchungsmethoden, die einer Poetik der Bewegung und der Suche nach einer viellogischen Philologie gehorchen.[44] In diesem Bereich liegt die Zukunft der *TransArea Studies*.

Eine veränderte, eine neue Landschaft der Theorie ist entstanden, der sich die Romanistik als künftig archipelische Wissenschaft wird anpassen müssen. In diesen einem ersten, nur an der Meeresoberfläche haftenden Blick eher verborgenen theoretischen Konstellationen ließe sich ein zusätzlicher Grund dafür erken-

---

43 Le Clézio, J.M.G.: *Raga. Approche du continent invisible.*
44 Vgl. hierzu Ette, Ottmar: *Viellogische Philologie. Die Literaturen der Welt und das Beispiel einer transarealen peruanischen Literatur.* Berlin: Verlag Walter Frey – edition tranvía 2013.

nen, warum Edouard Glissant seinem Band nicht den Titel *L'île magnétique*, sondern vielmehr *La terre magnétique* gegeben hat. Denn diese „Terre", diese Erde ist in seinen Augen fundamental archipelisch. Das französische „terre" schließt (vergleichbar mit dem deutschen ‚Erde') die – wie wir sahen – so wichtige planetarische Dimension mit ein. Die so skizzierte mobile, dynamische Sichtweise des Planeten eröffnet ein transareales und zugleich transarchipelisches Verständnis von Welt: Dieses ist nicht an Territorien und feste Grenzziehungen gebunden, sondern versteht Räume aus den sie querenden Bewegungen, um die so entstandenen Bewegungs-Räume in sich wechselseitig transformierende Beziehungsgeflechte zu überführen. Nichts auf diesem Planeten ist fest, ein für alle Mal fixiert: *La terre magnétique* entwirft die oftmals verborgenen Anziehungs- und Abstoßungskräfte, die das Kräftefeld unseres polynesischen, vielinseligen Globus bestimmen.

Vor diesem Hintergrund bleibt der Eigen-Sinn, die Eigen-Logik einer Insel-Welt bestehen; im selben Augenblick aber wird offenbar, dass auch diese Eigen-Logik eines gegebenen Eilands nicht zu begreifen ist, solange sie nicht auf die transarealen Spannungsverhältnisse weltumspannender Inselwelten bezogen wird. Dies aber ist nicht mehr und nicht weniger als eine *lebendige* Strukturierung, die auf keine ein für alle Mal fixierte Begrifflichkeit festzustellen ist. Im Magnet- und Kräftefeld der Erde und ihrer Inseln kommt es zu immer neuen Choreographien, zu immer neuen „errances": Wanderungen und Migrationen, die – so will es zumindest scheinen – keiner ideologischen, weltanschaulichen oder geschichtsphilosophischen Teleologie mehr verpflichtet sind und gehorchen.

Ich gebe zu: Wir sind einen weiten Weg von Erich Auerbach und seinem Vermächtnis einer archipelischen Buchstrukturierung in seinem Hauptwerk *Mimesis* gegangen, um schließlich in den romanischen Literaturen der Welt bei Le Clézio und Glissant auf literarische Vorschläge zu treffen, wie unsere Welt und in ihr die Literaturen anders gedacht werden können! In Auerbachs *Mimesis* aber, das hatten wir von Beginn an gesehen, war dem kleinen Wörtchen ‚Leben' eine enorme Bedeutung zugekommen. Just an dieser Stelle schließt sich der Kreis und verbinden sich die Bemühungen, eine Poetik der Bewegung und die Entwicklung von TransArea Studien voranzutreiben, mit dem Ziel, die Wissenschaften von den Literaturen der Welt als eine *Lebenswissenschaft* zu betreiben.

Mag sein, dass eine solche *lebendige* Poly-Logik sich nicht immer leicht erschließt, obwohl Edouard Glissant sich redlich bemühte, sie am Beispiel einer viel-logischen Landschaft der Theorie – eben am Exempel des polynesischen Pazifik – durchzubuchstabieren; mag sein, dass wir in den abschließenden Überlegungen des Erzählers, der sich wohl mit Blick auf den oft zu Unrecht als ‚schwierig', ja ‚unverständlich' geltenden Glissant darüber beklagt, gleich wieder die alte Leier, die immer gleiche „litanie" hören zu müssen („Qu'est-ce que ça veut dire je ne sais pas"),[45] die Angst des karibischen Dichters und Theoretikers vor dem Unverständnis seines Lesepublikums durchhören können. Doch wir sollten uns bemühen, Glissant auch dort noch zu verstehen, wo er und seine Texte – auch die lyrischen Prosa- und Theorietexte – uns als obskur und auf den ersten Blick als unverständlich erscheinen könnten.

Denn im Grunde genommen ist alles ganz einfach, macht man sich erst einmal insulare und transarchipelische Logiken zu eigen oder zunutze, die wie die Literaturen nicht nach *der* Wahrheit, sondern bestenfalls nach Wahrheiten im Plural fragen. Und so endet der Text, indem das Schwierige, das Schwere, ja Schwerverständliche ganz wie in *La expresión americana* von José Lezama Lima aufgelöst wird und in den gefundenen oder erfundenen, in jedem Falle aber erlebten und gelebten Worten von Inselbewohnern eine ungewohnte Leichtigkeit gewinnt: „Nichts ist in Wahrheit wahr, alles ist total lebendig, ja es ist die Übersetzung, welche jene Personen von jenem wütenden Atemzug des Steines vorlegen, ja ja, sagt Ammy: Nichts ist wahr, alles ist lebendig."[46]

Derartige Textpassagen machen klar: Die Literaturen der Welt sind ein Experimentierfeld des Lebendigen, ein Erprobungsraum des Lebens im Leben selbst. Ein Eiland als WeltFraktal wie Edouard Glissants magnetisierende Osterinsel, in der sich in größter räumlicher Isolierung die unterschiedlichsten Inseln – geradezu magnetisch voneinander angezogen – transarchipelisch überlagern und verdichten, lässt sich so mit guten Gründen als ein privilegierter Bewegungs-Ort konzeptualisieren, in welchem das Leben zu seinem auch durch den Tod nicht zu beendenden Recht kommt.[47] Von diesem mobilen Punkt aus kann die Welt – und ist dies nicht die Leistung der Literaturen der Welt und zugleich die Aufgabe der Philologie, der Literaturwissenschaft? – mit neuen Begriffen für ein neues und vor allem *lebendiges* Begreifen prospektiv geöffnet werden. Diesem unstillbaren, diesem niemals abzuschließenden Leben der Literaturen der Welt wollen wir uns im folgenden Teil unserer Vorlesung nun zuwenden.

---

45 Ebda., S. 118.
46 Ebda.: „Rien n'est vrai de vérité, tout est totalement vivant: oui, c'est la traduction que ces personnes donnent de ce souffle enragé de la pierre, oui oui, dit Ammy: rien n'est vrai, tout est vivant."
47 Vgl. hierzu die zahlreichen Beispiele im sechsten Band der Reihe „Aula" in Ette, Ottmar: *Geburt Leben Sterben Tod* (2022), passim.

TEIL 4: **Vom Leben(swissen) der Literaturen der Welt oder warum das Leben in der Literatur wichtig ist**

Literaturwissenschaft als Lebenswissenschaft

Ich sage dies keineswegs, weil mit dem Angriffskrieg Russlands gegen die Ukraine plötzlich der Krieg, der doch überall auf unserer Erde tobt, in unsere Nähe gekommen ist und unseren nur Jahrzehnte dauernden Frieden als keineswegs stabil oder gar ewig entlarvt: Die zentrale Frage des 21. Jahrhunderts wird es sein, wie wir in unserer Welt in Frieden und in Differenz zusammenleben wollen und zusammenleben können. Dies schließt vor allem das Zusammenleben zwischen den Menschen unterschiedlichster Kulturen, Religionen, Sprachen und Ideologien mit ein, umfasst aber auf ebenso fundamentale Weise ebenso die Konvivenz des Menschen mit der Natur oder dem, was er als Natur begreift oder für Natur hält.

Auf die Verflechtungen von Kultur und Natur werde ich ein wenig später eingehen. Widmen wir uns aber zunächst dem Begriff des Lebens, der sich erneut am Ausgang des vorigen Teiles unserer Vorlesung in den Vordergrund unserer Überlegungen drängte und nun einer schlüssigen Antwort aus romanistischer und vergleichender Perspektive bedarf. Denn nicht nur in den Gattungen von Biographie und Autobiographie steht das Leben – gr. *bios* – im Zentrum. Während ihrer langen Geschichte im Abendland war und ist Literatur stets ein interaktiver, dynamischer Speicher von Lebenswissen, der ungeheure Schätze für uns bereit hält – ebenso auf Ebene des individuellen wie des kollektiven Zusammen-Lebens. Im Mittelpunkt dieses Teils unserer Vorlesung steht folglich die faszinierende Beziehung zwischen dem Leben, der Literatur und dem Wissen. Und ich verstehe dabei unter Wissen keineswegs allein die Wissenschaft, die nur einen kleinen Teil des Wissens der Menschheit ausmacht.

Unsere literarischen Beispiele stammen in dieser Vorlesung vorwiegend aus den romanischen Literaturen der Welt: insbesondere aus den französisch- und spanischsprachigen Literaturen, aber auch aus anderen romanischen Literaturen sowie aus dem deutsch- wie englischsprachigen Raum. Jenseits einer heute noch immer gängigen, aber wissenschaftlich unzulässigen Reduktion des Lebensbegriffs auf die *Life Sciences*[1] werden literaturgeschichtlich relevante Entwürfe vom Leben durch die Literaturen der Moderne(n) zwischen zwei Welten vorgestellt, wobei in der Folge diese Fragen nach dem Lebenswissen, dem Erlebenswissen, dem Überlebenswissen und dem Zusammenlebenswissen den Eigen-Sinn der Literatur ebenso exemplarisch an konkreten Beispielen vorführen werden wie die ästhetischen und poetologischen Herausforderungen, welche dem Studium der

---

[1] Vgl. hierzu Ette, Ottmar: *ÜberLebenswissen. Die Aufgabe der Philologie*. Berlin: Kulturverlag Kadmos 2004.

Literatur neue Aufgaben und Bereiche eröffnen. In dieser der Zukunft unserer Fächer zugewandten und optimistischen Sichtweise möchte ich Ihnen die in diesem Teil unserer Vorlesung versammelten Aspekte des Themas näherbringen sowie dabei unsere Überlegungen vierfach unterteilen: In einem ersten Abschnitt möchte ich mit Ihnen die Grundlagen für unsere Frage nach der Beziehung zwischen Literatur und Leben erarbeiten, also eine Reihe ebenso literaturtheoretischer wie kulturtheoretischer und bisweilen auch philosophischer Fragen erörtern, um Leben und Wissen fruchtbar aufeinander beziehen zu können. Man könnte es auch etwas deftiger formulieren: um herauszufinden und herauszubekommen, was die Literatur mit dem Leben zu tun hat oder was die Literatur mit dem Leben überhaupt zu schaffen hat. Denn dass beide sehr wohl miteinander verbunden sind, ist sozusagen die Ausgangshypothese unserer Frage nach dem Leben in den Literaturen der Welt. Die Frage ist nur, wie und auf welche Weise dies geschieht. Es geht folglich zunächst um einen theoretischen Grundlagenteil, wobei ich versuchen will, ihn nicht allzu grundsätzlich und allzu ausfernd zu gestalten, um für die Analyse literarischer Beispiele genügend Platz zu haben.

Ein zweiter Abschnitt wird sich dann mit dem Komplex des ÜberLebenswissens beschäftigen und dabei von Extremsituationen ausgehen, in denen die Beziehung zwischen Literatur und Leben mit Blick auf das Überleben von Subjekten, insbesondere Erzählersubjekten, aber selbstverständlich auch realen textexternen Autorsubjekten virulent wird. In diesem Zusammenhang werden wir uns ohne jeden Zweifel auch mit der Frage beschäftigen können, inwieweit Literatur nicht nur ein Wissen vom Überleben speichert und zur Verfügung stellt, sondern auch selbst das Überleben überhaupt erst ermöglicht, also zu jener künstlerischen Tätigkeit wird, welche bestimmte Autorinnen und Autoren buchstäblich – und ich meine dies in der doppelten Bedeutung des Wortes – am Leben hält. Dabei werden sich unsere Überlegungen insbesondere auch mit Literaturen beschäftigen, die auf das „Univers concentrationnaire" bezogen sind. Ich werde dies in dem entsprechenden Abschnitt jedoch nur exemplarisch tun, da ich mich mit dem Universum der ‚Konzentrationäre' im Sinne Hannah Arendts bereits in einer anderen Vorlesung ausführlicher auseinandergesetzt habe.[2]

Der dritte Abschnitt dieses Teiles unserer Vorlesung wendet sich sodann der Frage zu, inwiefern sich Literatur als Erlebenswissen begreifen lässt und welche Aspekte für ein derartiges Wissen zentral sind. Dieser Abschnitt wird sicherlich weniger Raum einnehmen und soll an literarischen Beispielen exemp-

---

[2] Vgl. hierzu den sechsten Band der Reihe „Aula" in Ette, Ottmar: *Geburt Leben Sterben Tod* (2022), S. 217 ff.

larisch vorgeführt werden. Dennoch ist er wichtig; und er nimmt auch einige der Grundfragen des ersten Abschnitts wieder auf – etwa die Frage, inwieweit die Literatur das von den Leserinnen und Lesern Erlesene als ein Erlebendes oder besser zu Erlebendes und letztlich als ein Erlebtes präsentiert.[3] Die Frage nach der Literatur als Erlebenswissen schließt dabei ganz selbstverständlich gleichzeitig die Frage ein, inwieweit Literatur damit einen anderen Status als andere Wissensformen verkörpert, die gleichsam eine distanziertere Position zum Leben im Sinne von Lebensvollzug und Lebenspraxis einnehmen. Im Mittelpunkt wird in diesem Kontext immer wieder die Frage stehen, inwiefern dieses Erlebenswissen oder auch Nacherlebenswissen eine spezifische Bedeutung für unsere Aneignungsformen dieses Wissens der Literaturen der Welt haben. Abschließend soll dann der Versuch unternommen werden, die Frage nach dem Leben mit den Fragen transarealer Forschung in Verbindung zu bringen.

Wenden wir uns folglich in der Romanistik als Archipelwissenschaft und als Lebenswissenschaft beherzt der Frage nach der Beziehung zwischen Literatur und LebensWissen beziehungsweise ZusammenLebensWissen zu!

Es steht für mich außer Frage, dass die Problematik der Konvivenz – wie schon eingangs in diesem Teil betont – die entscheidende Frage für das Überleben der Menschheit im 21. Jahrhundert darstellt. Gelingt es uns nicht, Möglichkeiten zu entwickeln, die das Zusammenleben in Frieden und unter Achtung der Differenz sicherstellen, so ist bei der wachsenden Zerstörungskraft – und damit einhergehender Selbstzerstörungskraft – der aktuellen Waffensysteme absehbar, dass die gewalttätigen Auseinandersetzungen, die die Schwelle des Krieges (oder sagen wir eines traditionellen Krieges) nicht einmal zu überschreiten brauchen, die Möglichkeiten und Wahrscheinlichkeiten einer Zerstörung und Selbstzerstörung zumindest von Teilen der Menschheit weiter enorm ansteigen lassen werden. Ich möchte Ihnen damit vor Augen führen und mit auf den Weg durch das Studium geben, dass Sie ein gesellschaftlich, kulturpolitisch wie konvivenzpolitisch ungeheuer wichtiges Fach studieren, so dass Sie eventuellen Fragen nach dem Sinn Ihres Studiums gelassen entgegensehen können.

In diesem Zusammenhang einer auf Mensch wie Natur bezogenen Konvivenz[4] gehe ich davon aus, dass Literatur sich mit dieser Frage im Abendland seit mehreren tausend Jahren – und blicken wir nach Asien, nach China, etwa

---

3 Vgl. zu diesen Fragestellungen des Zusammenhangs von Literatur, Leben, Liebe und Lesen den zweiten Band der Reihe „Aula" in Ette, Ottmar: *LiebeLesen* (2020).
4 Vgl. hierzu den dritten Band der Trilogie *ÜberLebensWissen* in Ette, Ottmar: *ZusammenLebensWissen. List, Last und Lust literarischer Konvivenz im globalen Maßstab (ÜberLebenswissen III)*. Berlin: Kulturverlag Kadmos 2010.

zum *I Ging* oder zum *Shi Jing*, seit nunmehr viertausendachthundert Jahren – beschäftigt und damit ein Wissen über die Jahrtausende angehäuft hat, das auf Grund der unterschiedlichsten Verfahren wie etwa der Intertextualität (auf explizitem wie auf implizitem Wege) ein Wissen im Gedächtnis der Literatur hält, das über eine ungeheure historische und kulturelle Tiefenschärfe verfügt. Denn die Intertextualität, also die Beziehung zu anderen Texten anderer Autor*innen, ist nichts anderes als das schlagende Herz der Literaturen der Welt, welches das Wissen in diesen Literaturen wie in einem ständig sich anreichernden Kreislauf in dauerhafter Zirkulation erhält.

Bei all diesen Aspekten sind die Literaturen der Welt zweifellos anderen Künsten überlegen, denken wir etwa an den Film, der über keine auch nur vergleichbar tiefgründige historische Erfahrung in der Praxis dieser Kunst zurückzublicken vermag. Andere Kunstformen, die wie etwa Malerei oder Musik nicht minder weit in der Geschichte der Menschheit zurückreichen, greifen nicht auf das diskursive, das sprachliche Material zurück, mit Hilfe dessen gesellschaftliche Konfliktregelungsprozesse durchgeführt werden können. Als diskursiv angelegte und fundierte Kunstform dürfen die Literaturen der Welt folglich ein – im Beamtendeutsch ausgedrückt – unverkennbares Alleinstellungsmerkmal für sich verbuchen.

Die Literaturen der Welt nehmen eine Sonderstellung ein, die es ihnen – so meine ich – erlaubt, eine spezifische Relation zwischen ihnen selbst und dem Leben, dem Erleben, dem Überleben und dem Zusammenleben aufzubauen und nicht zuletzt daraus ihre ästhetische Kraft zu entwickeln. Ich bin überzeugt davon, dass dieses Wissen erreichbar, gleichsam abrufbar ist, wenn man den Literaturen der Welt die richtigen Fragen stellt, so wie ich es in meiner Trilogie zum *ÜberLebensWissen* bereits versucht habe. Wir sollten gerade in einem mit so unterschiedlichen Kulturen der Welt betrauten Fach wie der Romanistik lernen, wie wir die Frage des Lebens an die Literaturen der Welt zu stellen vermögen. Dass damit eine neue Aufgabe der Philologie, aber auch eine neue gesellschaftliche Relevanz von Literatur wie Literaturwissenschaft verbunden ist, versteht sich beinahe von selbst. Scheitert die Romanistik und scheitern die Literaturwissenschaften an dieser Problematik, so besteht sehr wohl die Gefahr, dass sich diese anspruchsvolle Aufgabe der Philologie in eine unbeabsichtigte Aufgabe der Philologie verwandeln könnte. Doch lassen Sie uns die Dinge mit Optimismus angehen!

Und mit einem Blick für die Historie, aus der wir vieles für unsere Gegenwart, aber auch für unsere Zukunft lernen können. Im Vorwort zur zweiten, Ende 1873 entstandenen und wohl bis heute wirkungsmächtigsten seiner „Unzeitgemäßen Betrachtungen" *Vom Nutzen und Nachteil der Historie für das Leben*, die eine längst historisch gewordene ‚Philosophie des Lebens' wesentlich mitprägte, hat Friedrich Nietzsche unter Rückgriff auf Goethe betont, dass

ihm alles verhasst sei, was bloß belehre, ohne unmittelbar zu *beleben*. Und er
fügte hinzu:

> Gewiß, wir brauchen Historie, aber wir brauchen sie anders, als sie der verwöhnte Müßig-
> gänger im Garten des Wissens braucht, mag derselbe auch vornehm auf unsere derben
> und anmutlosen Bedürfnisse und Nöte herabsehen. Das heißt, wir brauchen sie zum
> Leben und zur Tat, nicht zur bequemen Abkehr vom Leben und von der Tat, oder gar zur
> Beschönigung des selbstsüchtigen Lebens und der feigen und schlechten Tat. Nur soweit
> die Historie dem Leben dient, wollen wir ihr dienen: aber es gibt einen Grad, Historie zu
> treiben, und eine Schätzung derselben, bei der das Leben verkümmert und entartet: ein
> Phänomen, welches an merkwürdigen Symptomen unserer Zeit sich zur Erfahrung zu
> bringen jetzt eben so notwendig ist, als es schmerzlich sein mag.[5]

Hier wird von Friedrich Nietzsche die Historie unmittelbar mit dem Leben ver-
klammert, ja wird dem Leben gar als diesem dienendes Wissen zugeordnet.
Diese unzeitgemäßen Überlegungen des am 15. Oktober 1844 in Röcken in der
preußischen Provinz Sachsen geborenen Philosophen zu einem Symptom seiner Zeit entfalten sicherlich bis heute eine ebenso beunruhigende wie belebende Wirkung auf das Denken von Geschichte in ihrem Bezug zum Leben,
unabhängig davon, ob wir diese Relation mit Nietzsche auf die Ebene eines einzelnen Menschen, eines Volkes oder einer ganzen Kultur beziehen wollen. Wie
kann die Historie dem Leben dienen?

Abb. 21: Friedrich Nietzsche (1844–1900).

Nicht die Antworten des Philosophen auf die von ihm selbst gestellte Frage
nach dem Leben, nicht die Auftrennung in eine monumentalische, eine anti-
quarische und eine kritische Art, Geschichte zu betreiben,[6] oder die bis heute
verstörende und gewiss auch gefährliche nietzscheanische Rede von der ‚Entar-
tung' der Historie wie des Lebens sollen uns mit Blick auf unsere eigenen Überlegungen interessieren. Vielmehr soll die Frage selbst im Mittelpunkt stehen,

---

5 Nietzsche, Friedrich: Vom Nutzen und Nachteil der Historie für das Leben. In (ders.): *Werke
in vier Bänden*. Mit einem Nachwort von Alfred Baeumler. Stuttgart: Alfred Kröner Verlag 1955,
S. 97.
6 Ebda., S. 111–119.

der sich der Verfasser von *Die fröhliche Wissenschaft* stellte: Wie lässt sich das Verhältnis der Historie und der Wissenschaft allgemein zum individuellen wie zum kollektiven Leben jenseits dessen bestimmen, was Nietzsches geißelnder Spott als „das widrige Schauspiel einer blinden Sammelwut, eines rastlosen Zusammenscharrens alles einmal Dagewesenen" und als den „Staub bibliographischer Quisquilien"[7] verhöhnte?

Eine vielleicht noch erstaunlichere, zugleich aber für die Philologien noch belebendere Wirkung könnten Nietzsches Betrachtungen dann entfalten, wenn wir sie nicht nur auf die Geschichte und die Geschichtswissenschaft, sondern auf die Literaturgeschichte und die Literaturwissenschaft übertragen und (uns) nach dem Nutzen und Nachteil der Literaturwissenschaft(en) für das Leben fragen würden. Ich habe zuvor bereits erörtert, dass dies weder eine unpassende und unzeitgemäße noch eine impertinente und nicht hierher gehörende Frage ist. Gehen wir deren schrittweise Beantwortung im Folgenden an.

Was also wäre eine solche Wissenschaft – und deren Theorie –, wenn wir sie nach ihrer Bedeutung für das Leben befragten und nach ihren Möglichkeiten, die Grenzen eines ‚Gartens des Wissens' zu überschreiten, als dessen Intensivkultur – ich spreche nicht von Treibhaus – man die akademische und universitäre Literaturwissenschaft und Literaturtheorie betrachten könnte. In welcher Weise diese in der Tat mit dem Leben etwas zu tun haben könnte, darf man sich sehr wohl fragen. Wie also wäre die Beziehung zwischen diesem *hortus*, dessen relative Autonomie hier in keiner Weise unterlaufen werden soll, und jenem Leben zu denken, dessen Begriff auf eigentümliche Weise aus dem philologischen Garten des Wissens oder dem Garten des philologischen Wissens ausgeklammert scheint?

Gewiss darf und sollte man sich zunächst sehr wohl der Frage stellen, ob eine solche Fragestellung überhaupt zulässig und ‚erlaubt' ist, scheint sie doch den Fragehorizont disziplinärer Erkundigungsinteressen bei weitem zu übersteigen. Warum, so ließe sich kritisch einwenden, sollte sich Literaturtheorie überhaupt mit dem Leben oder zumindest mit dem Bezug der Literatur zum Leben auseinandersetzen? Oder derber: Was hat die Literaturwissenschaft mit dem Leben zu schaffen? Denn haben wir nicht gerade im Verlauf der zweiten Hälfte des 20. Jahrhunderts in den westlichen Demokratien lange genug gebraucht, um die relative Autonomie des Feldes der Literatur, des „champ littéraire", wie auch des intellektuellen Feldes, des „champ intellectuel",[8] zu begreifen und in einem nie ganz abzuschließenden Prozess auch zu erstreiten? Da ist doch die Befürch-

---

7 Ebda., S. 123.

8 Immer noch lesenswert ist die Studie des akademischen Feldes durch Bourdieu, Pierre: *Homo academicus*. Paris: Les Editions de Minuit 1984; zur Theorie Pierre Bourdieus insbesondere mit Blick auf das intellektuelle wie das literarische Feld vgl. Jurt, Joseph: *Das literarische*

tung naheliegend und legitim, die Herstellung einer Beziehung zwischen der Philologie und dem Leben könnte über die Eigengesetzlichkeit literarischer wie literaturtheoretischer Wissensproduktion hinweglügen und unsere historisch gewachsene Einsicht in die Komplexität und den Eigen-Sinn, die Eigen-Logik dieses Gartens des Wissens zerstören. In diesem abgeschotteten Garten des Wissens will alles Disziplinierte aber möglichst ungestört lustwandeln.

Seien wir also auf der Hut davor, bei unserer Frage nach der Zukunft oder besser den Zukünften der Romanistik allzu leichtfertig akademische Spielregeln zu verletzen, zu denen ganz selbstverständlich eine weitgehende Autonomie des jeweiligen Fachs zählt – und damit auch eine weitgehende Ungestörtheit. So sei vorsorglich den nachfolgenden – und ich hoffe in einem positiven Sinne unzeitgemäßen da sehr wohl zeitbezogenen – Überlegungen vorausgeschickt, dass es nicht darum gehen kann, den Grad an Komplexität zu vermindern oder einzuschränken, der unser Verständnis von Literatur und literarischer Produktion wie von Literaturtheorie und literaturwissenschaftlicher Reflexion heute im Allgemeinen prägt.

Denn es kann uns nicht darum zu tun sein, die Literatur als bloßen Reflex einer Gesellschaft im Sinne einer wie auch immer – vulgärmarxistisch oder positivistisch – gewendeten Widerspiegelungstheorie misszuverstehen, die Intertextualitätstheorie auf eine bloße positivistische Quellenforschung zu reduzieren oder die inter- und transmedialen wie die inter- und transkulturellen Dimensionen literarischen Schreibens auf fahrlässige Weise auszublenden. Auch ist im Zusammenhang unserer Überlegungen keine Rückkehr zu längst historisch gewordenen lebensphilosophischen Betrachtungsweisen beabsichtigt, die in der Literaturwissenschaft noch nie viel Nennenswertes hervorgebracht haben. Kein Zweifel aber kann daran bestehen, dass die Frage nach Literaturwissenschaft und Literaturtheorie stets eine Frage nach den jeweils spezifischen historischen, kulturellen, sozio-ökonomischen und nicht zuletzt auch wissenschaftspolitischen Kontexten miteinschließt. Und diese haben sich – wie mir scheint – gerade in jüngster Zeit in grundlegender und für den Bestand der Philologien keineswegs günstiger Weise verändert, so dass eben diese Philologien auf diesen Tatbestand dringlich reagieren müss(t)en.

Denn längst sind die Philologien im öffentlichen wie auch im wissenschaftspolitischen Diskurs ins Hintertreffen geraten und nehmen im Kampf um die Verteilung von Ressourcen – wie die verschiedenen Runden der Exzellenz-Initiative in Deutschland ein weiteres Mal in aller Deutlichkeit vor Augen führ-

---

Feld. Das Konzept Pierre Bourdieus in Theorie und Praxis. Darmstadt: Wissenschaftliche Buchgesellschaft 1995.

ten – einen unverkennbar marginalen Platz ein. Die großen finanziellen Ressourcen werden für Natur- und Biowissenschaften verausgabt und damit für
Wissenschaften, welche für die Lösung der vordringlichen Problematiken der
Konvivenz im kulturellen Bereich wenig anzubieten haben. Sicherlich wird
man einräumen müssen, dass die Philologien ihre Hausaufgaben nicht gemacht und ihre Relevanz für die Lösung zentraler Menschheitsprobleme in keiner Weise unter Beweis gestellt haben. Genau dies aber gilt es zu verändern.
Schauen wir einen Augenblick auf die spezifisch deutsche Gemengelage!

In einer Situation, in der die neuen Bundesländer schon bei der ersten und
entscheidenden Verteilungsrunde in ihrer Gesamtheit kaum mehr als 3 Prozent
dieser zusätzlichen, für die Entwicklung aber unabdingbaren Mittel erhielten,
könnte man sagen, dass die Geisteswissenschaften so etwas wie das Ostdeutsch-
land der deutschen Forschungslandschaft repräsentieren. Und dies zu einem
Zeitpunkt, in dem gerade sie dringend dazu gebraucht würden, nicht nur die
Lehrerausbildung sicherzustellen und die chronische Bildungsmisere zu be-
kämpfen, sondern einen substanziellen Beitrag zu einem der wohl drängendsten
Probleme des 21. Jahrhunderts zu leisten, zu dessen Lösung gerade die Naturwissenschaften eher wenig anzubieten haben: dem Zusammenleben verschiedenster
Kulturen in Differenz und gegenseitiger Achtung. Sollten wir in dieser Situation
nicht auf den ungeheuren Fundus der Literaturen der Welt quer durch die Sprachen und Kulturen und quer durch die kulturellen Areas und Jahrhunderte
zurückgreifen?

Es gibt gewiss eine in unserer Vorlesung nicht zu erörternde Vielzahl von
Gründen dafür, warum die Geisteswissenschaften – und allen voran die Philologien – derart an öffentlicher Wertschätzung verloren haben und zugleich
die Zahl ihrer Studierenden umgekehrt proportional ist zum Umfang ihnen zu-
gestandener Mittel. Die Attraktivität von Geistes- und Kulturwissenschaften für
junge Menschen ist – alle Statistiken zeigen es – noch immer groß. Angesichts
neuester Entwicklungen ist ungewiss, ob der Bestand aller geisteswissenschaftlichen Fächer gesichert und ihr Über- und Weiterleben in vertretbaren Größenordnungen garantiert werden kann. Ein Beispiel für die sträfliche Vernachlässigung
geisteswissenschaftlicher Anliegen ist die dramatische Abnahme fremdsprachli-
chen Unterrichts in vielen Ländern weltweit, aber auch in Ländern der Europäischen Union oder Großbritanniens, die eigentlich eine Akte zur Förderung von
Fremdsprachen unterzeichnet haben. Junge Britinnen und Briten aber erlernen
diese kaum noch – in dem Irrglauben, dass man überall mit der sogenannten
Weltsprache Englisch durchkommen könne. Es wird darauf ankommen, innerhalb eines veränderten Umfelds konzeptionelle Neuausrichtungen zu entwickeln
und sich nicht zuletzt auch der von Nietzsche in einem anderen historischen Kon-

text aufgeworfenen (Gretchen-)Frage zu stellen: Sag, wie hältst Du es mit dem Leben?[9]

Ein gerade mit Blick auf die künftigen Entwicklungschancen der Kultur- und Geisteswissenschaften im allgemeinen und der Literaturwissenschaften im besonderen entscheidender Punkt scheint mir die Tatsache zu sein, dass mit den Life Sciences, den sogenannten ‚Lebenswissenschaften‘, eine biowissenschaftliche Fächerkonstellation den Lebensbegriff auf derart öffentlichkeitswirksame und geradezu selbstverständliche Weise okkupiert hat, dass die *Humanities* gegenüber den *Life Sciences* in eben jenem Maße von einem Wissen vom Leben ausgebürgert erscheinen, wie die „Scholars" gegenüber den „Scientists" aus dem Bereich ‚wirklicher‘ Wissenschaften zumindest begrifflich ausgeschlossen wurden. Diese Begrifflichkeiten sind mehr als signifikant, sie sind im höchsten Maße relevant nicht zuletzt für das Selbst-Bewusstsein der Geisteswissenschaften selbst.

Denn diese begrifflichen Vereinseitigungen bleiben nicht ohne Folgen: Die Reduktion eines breit angelegten und gerade auch die kulturellen Dimensionen miteinbeziehenden Verständnisses von *bios* auf ein biowissenschaftlich-naturwissenschaftliches Konzept stellt eine Gefahr für das Leben einer Gesellschaft und ihrer kulturellen wie wissenschaftlichen Entwicklung dar. Können die Kulturwissenschaften, werden die Literaturwissenschaften überzeugende Antworten auf diese Herausforderungen finden und effiziente Gegenstrategien entwickeln und ins Werk setzen? Wenig deutet derzeit – und leider schon seit geraumer Zeit – darauf hin. Gerade die Romanistik scheint vor allem mit sich selbst beschäftigt und lässt –wie etwa die zweimalige Einladung des sicherlich verdienstvollen Wissenschaftsjournalisten Jürgen Kaube zur Eröffnung eines Romanistentages zeigte – jegliche Programmatik vermissen. Hat die Romanistik keine umfassenden Probleme mehr, die sie unbedingt programmatisch diskutieren müsste?

Doch, sie hat – und mit Blick auf die Zukunft mehr davon, als ihr lieb sein kann! Mir scheint es vor dem soeben skizzierten Hintergrund an der Zeit und in einem ganz konkreten Sinne für die hier zu diskutierenden Disziplinen und Fächer nachgerade überlebenswichtig zu sein, dass sich die Literaturwissenschaften als Lebenswissenschaften begreifen und im Sinne einer geisteswissenschaftlichen *Grundlagenforschung* nach dem Nutzen und dem Nachteil der Literaturwissenschaften für das Leben fragen.

---

[9] Dass sich die Biowissenschaften immer wieder – und auch in öffentlichkeitswirksamer und zugleich fundierter Form – der Auseinandersetzung mit dieser Frage widmen, belegen umfangreiche Bände wie die von Ganten, Detlev / Deichmann, Thomas / Spahl, Thilo: *Leben, Natur, Wissenschaft. Alles, was man wissen muss.* Frankfurt am Main: Eichborn 2003.

Die Neubesinnung der Philologien auf den Lebensbegriff sollte dabei nicht als eine vordergründige und kurzatmige Taktik, sondern als ein auf die Inhalte wie die Methoden dieser Fächer selbst zurückgreifender strategischer Versuch verstanden werden, die nicht wegzudiskutierende gesellschaftliche Bringschuld der „Sciences humaines" neu zu reflektieren und bislang bestenfalls von der Philosophie genutzte gewaltige Potentiale für die innere Entwicklung dieser Disziplinen und Fächer abzurufen. *Denn eine Wissenschaft, die ihr Wissen nicht in die Gesellschaft schafft, missachtet ihre gesellschaftliche Bringschuld und ist am Ende mit schuld, wenn die Gesellschaft sie um ihre Mittel bringt.*[10]

Wir sollten uns den Titel eines neuen Bandes von Alexandre Gefen, der Interviews mit sechsundzwanzig französischen Schriftstellern versammelt, zu eigen machen, der eigentlich eine Selbstverständlichkeit formuliert, die freilich immer wieder gerne in Vergessenheit gerät: *La littérature est une affaire politique.*[11] Diese politische Dimension ebenso der Literatur wie der Literaturwissenschaften zählt zum Kernbestand unseres literaturwissenschaftlichen Tuns. Sollten die Kulturwissenschaften folglich auf Konfrontationskurs mit den Naturwissenschaften gehen und um die Meinungsführerschaft wie die Ressourcen innerhalb des Feldes der Wissenschaften streiten?

Dies wäre ebenso simplistisch gedacht wie kurzsichtig. Eine Doppelstrategie wäre weitaus sinnvoller und effizienter. Denn jenseits einer durchaus konfrontativen Auseinandersetzung mit dem semantischen Reduktionismus eines biowissenschaftlich formulierten Lebensbegriffs dort, wo dieser Anspruch erhebt, für die Gesamtheit einer wissenschaftlichen Erforschung des Lebens einstehen zu können, ist es gerade für die Philologien lebenswichtig, auf kooperative Weise im wissenschaftlichen Dialog mit den Biowissenschaften eine Entwicklung anzubahnen, die unter fundamentaler Einbeziehung kultur- und geisteswissenschaftlicher Erkenntnisse die transdisziplinäre Gewinnung eines Verständnisses des Lebens wie der Lebenswissenschaften ermöglicht, welches die letztlich imaginäre und doch immer wieder gerne imaginierte und zementierte Grenze zwischen den von Charles Percy Snow so genannten ‚zwei Kulturen'[12] überwindet. Gerade in Zeiten, in denen der Krieg in Europa immer größere Dimensionen annimmt, die unser friedliches Zusammenleben in ganz Europa bedrohen, müssen sich die Philologien auf der Grundlage der Literaturen der Welt der Frage stellen, was

---

10 Vgl. hierzu ausführlicher Ette, Ottmar: *ZwischenWeltenSchreiben. Literaturen ohne festen Wohnsitz (ÜberLebenswissen II)*. Berlin: Kulturverlag Kadmos 2005, S. 269 f.

11 Vgl. Gefen, Alexandre: *La littérature est une affaire politique*. Paris: Editions de l'Observatoire 2022.

12 Vgl. Snow, C.P.: *The Two Cultures*. With Introduction by Stefan Collini. Cambridge: Cambridge University Press 1993.

diese Literaturen und ihr Lebenswissen zum friedlichen Zusammenleben der Kulturen beizutragen haben.

Wir scheinen in Europa aufgrund weniger Jahrzehnte des Friedens die Tatsache vergessen zu haben, dass Kriege jederzeit dorthin zurückkehren können. Kriege und Konflikte sind seit Jahrtausenden in den Literaturen der Welt und seit Jahrhunderten in den romanischen Literaturen der Welt dargestellt worden. Befragen wir die Gnoseme, befragen wir das Wissen, das in den unterschiedlichsten historischen Kontexten von diesen Literaturen gesammelt wurde und stellen wir die Frage, welche Wissenselemente gedeihlich für eine friedliche Konvivenz sind! Denn schon Scheherazade verstand es, in *Tausendundeiner Nacht* dem brutalen Gebaren der Mächtigen den Widerstand des Wortes und des Erzählens entgegenzusetzen, um ein Leben in Frieden und wechselseitiger Achtung der Geschlechter sicherzustellen.[13] Wir müssen die Gnoseme der Konvivenz und die Macht der Literatur gerade auf dem Gebiet der in vielen Kulturen und Sprachen beheimateten Romanistik herausarbeiten. Die Literaturen der Welt weisen uns den Weg – und genau aus diesem Grunde ist es mir wichtig, Ihnen immer wieder zahlreiche Beispiele aus diesen Literaturen analytisch vor Augen zu führen. Dies soll auch in diesem Teil unserer Vorlesung geschehen.

Es geht folglich um eine zugleich kontrastive und komplementäre Vernetzung der unterschiedlichsten Wissenschaften im Bereich des Gegenstands der Philologien: im Bereich der Literaturen der Welt. Dies bedeutet für die Romanistik eine weltweite Aufgabenstellung, kann sie doch den Begriff der Literaturen der Welt in ihrem Fachgebiet transareal mit Leben füllen. Für die Kulturwissenschaften insgesamt ist es von vitalem Interesse, in das wissenschaftliche Gesamtsystem und die Zirkulation des Wissens in der Gesellschaft nicht nur im besten Falle als Kompensationswissenschaften eingebunden zu sein und damit letztlich Gefahr zu laufen, auf den Status reparaturwissenschaftlicher Hilfstrupps reduziert zu werden, die – wie vor einigen Jahren noch etwa die Arabistik und die Islamwissenschaften – in den Genuss mehr oder minder kurzfristiger Kompensationszahlungen gelangen. Auch die Slawistik profitiert derzeit von einem erhöhten Interesse der Öffentlichkeit, das aber rasch erlahmen wird, sobald die Waffen in der Ukraine wieder schweigen. Es ist augenfällig, dass wir in diesen Wochen und Monaten wenig über die kulturellen Hintergründe dieses Konflikts gehört haben, obwohl es dazu doch breitesten Anlass gegeben hätte.

---

13 Vgl. hierzu die entsprechenden Ausführungen in Ette, Ottmar: *ZusammenLebensWissen. List, Last und Lust literarischer Konvivenz im globalen Maßstab (ÜberLebenswissen III)*. Berlin: Kulturverlag Kadmos 2010.

Es wird für die Zukunft gerade auch der Philologien und ihrer Theoriebildungen entscheidend sein, ob ihnen die Entwicklung wissenschaftlicher Strategien und Ansätze gelingt, die sie als vollgültige und nicht wegzudenkende Bestandteile in eine nicht-reduktionistische Konzeption der Lebenswissenschaften einbinden. Welch besseren Zugang zu den jeweiligen Kulturen gäbe es als die Literaturen der Welt? Doch leider ist die Zwei-Kulturen-These zumindest auf diskursiver, aber gewiss auch auf wissenschaftspolitischer Ebene kein Schnee von gestern. Es scheint nicht nur, sondern *ist* eine Tatsache, dass all jene Forschungen und Untersuchungen, welche Autorinnen und Autoren der vergangenen Jahrhunderte auf dem Gebiet der Literatur angestellt haben, in den Hintergrund getreten oder gar in Vergessenheit geraten sind. Doch haben sie alle ein Lebenswissen, ein Erlebenswissen, ein Überlebenswissen und Zusammenlebenswissen entfaltet, das es als Schatz dieser Literaturen philologisch zu heben gilt.

Umso wichtiger ist es in diesem Zusammenhang, die kritische Funktion und das kritische Potential gerade auch der Literaturtheorie zu nutzen, um auf dialogische und theoretisch, nicht ideologisch[14] fundierte Weise „im Dienste des Lebens"[15] nach einem offenen Lebensbegriff und einem Wissen vom Leben als Wissen im Leben zu fragen. Diese doppelte Zielrichtung könnte gerade die Literaturwissenschaften davor bewahren, sich in einem im Sinne Nietzsches verstandenen und vom Leben wie vom Lebensbegriff immer stärker abgekoppelten behaglichen Garten des Wissens einzurichten, in welchem man arglos und auf sich selbst beschränkt schlendern könnte. Denn, so Nietzsche am Ende seines Vorwortes: „Ich wüßte nicht, was die klassische Philologie in unserer Zeit für einen Sinn hätte wenn nicht den, in ihr unzeitgemäß – das heißt gegen die Zeit und dadurch auf die Zeit und hoffentlich zugunsten einer kommenden Zeit – zu wirken."[16] Vielleicht ist es gerade dieses *Unzeitgemäße* in einer Zeit, in der es um Krieg und um klare Frontstellungen, in der es um ein konfrontatives Verhältnis zur Natur und nur um zwangsweise Rückführungen extremer Auswüchse von Ausbeutungen der Natur geht, auf das wir in den Philologien künftig setzen müssen.

Mit Friedrich Nietzsche ist dieses Unzeitgemäße gegen den zeitbedingten Mainstream gerichtet, der trendbewusst immer neue Wendungen im Eigen-Logischen bevorzugt. Vor einigen Jahren hat der Herausgeber der *Romanistischen Zeitschrift für Literaturgeschichte* anlässlich des Erscheinens des dreißigsten Jahrgangs dieses angesehenen Periodikums darauf verwiesen, dass der

---

14 Zur Unterscheidung zwischen Theorie und Ideologie vgl. Zima, Peter V.: *Ideologie und Theorie. Eine Diskurskritik.* Tübingen: A. Francke Verlag 1989.
15 Nietzsche, Friedrich: Vom Nutzen und Nachteil der Historie für das Leben, S. 124.
16 Ebda., S. 99.

Anspruch der Gründungsherausgeber dieser maßgeblich von Erich Köhler geprägten Zeitschrift auch nach drei Jahrzehnten – und „wie viele schnellzüngig dekretierte Paradigmenwechsel und *turns* liegen hinter uns?" –„seine Gültigkeit" bewahrt habe.[17] Der entscheidende Ausgangspunkt für Köhlers Gründung der RZLG sei die Überzeugung gewesen, dass die Literaturwissenschaft ihre Aufgabe nur erfüllen könne, wenn sie sich als eine historische Disziplin verstehe und „mit dem Gesamtprozess der Geschichte als der Geschichte der menschlichen Gesellschaft vermittelt" sei.[18]

Um es gleich vorwegzunehmen: Die vorliegenden Überlegungen in diesem lebenswissenschaftlichen Teil unserer Vorlesung führen zwar keinen lebenswissenschaftlichen *Turn* der Literaturwissenschaften im Schilde, versuchen aber sehr wohl, die Frage nach dem Bezug der Literatur zur Geschichte der menschlichen Gesellschaft dadurch eine neue Wendung zu geben,[19] dass sie die Frage nach dem individuellen wie kollektiven Leben in den unmittelbaren Horizont literaturwissenschaftlichen Tuns rücken. Literaturwissenschaftliche Analysen sollten mit Fragen des Lebens aufs Engste verbunden sein.

Mit der Einführung der Begriffsprägung ‚Lebenswissen' verbindet sich der Versuch, mit Hilfe dieses Horizontbegriffs die in der Produktion, Distribution und Rezeption von Kunst und Literatur beobachtbaren Wissensbestände und Logiken von Lebensvorgängen verstärkt in den Fokus literatur- und kulturwissenschaftlicher Analysen zu rücken. Was aber ist unter dieser neuen begrifflichen Prägung zu verstehen und wie lässt sie sich mit jenen Problemen des Transarealen wie des Transarchipelischen verknüpfen, die bislang im Vordergrund unserer Überlegungen in dieser Vorlesung standen? Versuchen wir, den Terminus möglichst griffig zu umreißen!

Lebenswissen entfaltet terminologisch die komplexe Beziehung zwischen den beiden semantischen Polen des Kompositums und beinhaltet ein Wissen über das Leben und vom Leben wie ein Wissen des Lebens von sich selbst, ein Wissen zum und im Leben wie ein Wissen als fundamentale Eigenschaft und als Bestandteil von Leben wie von Lebensprozessen überhaupt. Die Selbstreflexivität dieser Prozesse ist sinnfällig: Lebensformen, Lebensweisen und Lebenspraktiken setzen immer ein bestimmtes Lebenswissen voraus, sind mit diesen –

---

17 Krauss, Henning: Editorial. In: *Romanistische Zeitschrift für Literaturgeschichte / Cahiers d'Histoire des Littératures Romanes* (Heidelberg) XXX, 1–2 (2006), S. iii.

18 Ebda.

19 Das hiermit verbundene fachgeschichtliche Selbstverständnis behandelt das Kapitel „Die Aufgabe der Philologie. Von Klassikern romanistischer *Literatur*wissenschaft" in Ette, Ottmar: *ÜberLebenswissen. Die Aufgabe der Philologie.* Berlin: Kulturverlag Kadmos 2004, S. 51–96.

selbst auf der Ebene des Habitus oder des Life Style – auf höchst komplexe Weise rückgekoppelt und verbunden.

Lebenswissen ist in diesem Zusammenhang ein hochdynamischer Begriff. Denn es wird nicht zuletzt durch Praxis und Reflexion konkreter Lebensformen kontinuierlich transformiert und readaptiert: Es gibt kein Lebenswissen, das stabil und statisch wäre und nicht sogleich wieder Veränderungen und Umbesetzungen erfahren würde. Diese dynamischen Veränderungen und Neuanpassungen von Lebenswissen werden aber auch in grundlegender Weise durch Simulakra, durch fiktionale Lebensmodelle, durch inszenierte Lebensformen mitgeprägt. So lernen wir etwa Liebe, so wie wir Schreiben oder Rechnen lernen, aus Büchern und aus dem Lebenswissen von Modellen, denen wir bewusst oder unbewusst nachstreben.[20] Lebenswissen impliziert – in einer kulturell und sozial freilich sehr unterschiedlich gegebenen Varianzbreite – ein geschärftes selbstreflexives Bewusstsein von der Vorläufigkeit, Modellierbarkeit und Optimierbarkeit eines derartigen Wissens: Die eigenen Vorstellungen können prinzipiell wie pragmatisch in bestimmtem Maße zur Disposition gestellt werden. Denn Lebensformen und Lebensnormen bewegen sich innerhalb mobiler und sich dynamisch verändernder Strukturen.

Der Fragehorizont von Lebenswissen ist in erster Linie philologischkulturtheoretisch sowie philosophisch bestimmt und impliziert eine Neuorientierung von Literaturtheorie auch insoweit, als die Einbeziehung des Lebensbegriffs eine zumindest interdisziplinäre, idealiter aber auch transdisziplinäre und damit die verschiedenen Disziplinen nicht nur miteinander in Dialog setzende, sondern in fundamentaler Weise querende Auseinandersetzung mit ethischen wie biowissenschaftlichen Ansätzen und Diskursen erforderlich macht. Der Begriff Lebenswissen beinhaltet damit von Beginn an eine *doppelte* Zirkulation des Wissens, insofern zum einen Leben und Wissen in einem sich gegenseitig bedingenden Austausch stehen, wobei – wie erwähnt – die unterschiedlichsten wechselseitigen Konnexionen zwischen Leben und Wissen ins Spiel gebracht werden.

Dabei sind sowohl das Leben als auch das Wissen kulturell bedingt: Das über die Liebe verfügbare Lebenswissen hängt etwa in der jeweiligen Literatur entscheidend von kulturell bedingten Lebensnormen ab. Dazu greifen – wie in den vorherigen Teilen unserer Vorlesung besprochen – transareale und transkulturelle Konzepte, die einen direkten Einfluss auf die jeweiligen Liebeskonzeptionen entfalten. Zum anderen beinhaltet der Begriff aber auch eine Zirkulation des Wissens auf fächerübergreifender Ebene, wobei sich die verschiedenartigsten Anschlussmöglichkeiten zwischen stärker natur- oder kulturwissenschaftlich ausge-

---

20 Vgl. hierzu Ette, Ottmar: *LiebeLesen* (2020), passim.

richteten Disziplinen ergeben und transdisziplinär entfalten lassen. Lebenswissen ist folglich ein Terminus, der in grundlegender Weise von transarealen Bedingungen und Fragestellungen bei der Zirkulation des in ihm zum Tragen kommenden Wissens vom Leben – beziehungsweise in diesem Falle von der Liebe – geprägt ist.

Aus literaturtheoretischer Sicht kommt der Literatur innerhalb dieser Zirkulation des Wissens auf beiden genannten Ebenen keineswegs eine ‚sekundäre', sondern eine (theoretisch wie lebenspraktisch) herausragende Bedeutung zu. Sie agiert gleichsam als modellbildender Faktor. Denn Literatur lässt sich begreifen als sich wandelndes interaktives Speichermedium von Lebenswissen, das nicht zuletzt Modelle von Lebensführung simuliert und aneignet, entwirft und verdichtet und dabei auf die unterschiedlichsten Wissenssegmente und wissenschaftlichen Diskurse zurückgreift. Darüber hinaus ist unsere Konzeption von Liebe im Abendland[21] entscheidend von Einflüssen geprägt, die uns aus dem ‚Morgenland' zukamen, die folglich transarealer Natur sind und aus transarealer und transkultureller Sicht verstanden werden müssen.

So formulierte Roland Barthes in seinem im September 1967 ursprünglich im *Times Literary Supplement* erschienenen Essay „De la science à la littérature":

> Es gibt ganz gewiss keinen einzigen wissenschaftlichen Gegenstandsbereich, der nicht zu einem bestimmten Zeitpunkt von der Weltliteratur (*littérature universelle*) behandelt worden wäre: Die Welt des Werkes ist eine totale Welt, in der das ganze (soziale, psychologische, historische) Wissen seinen Platz findet, so dass die Literatur für uns jene große kosmogonische Einheit besitzt, an der sich die alten Griechen erfreuten, die uns aber der kleinparzellierte Zustand unserer Wissenschaften heute versagt. Überdies ist die Literatur wie die Wissenschaft methodisch: Sie besitzt ihre eigenen Forschungsprogramme, die je nach Schulen und Epochen (ganz wie im Bereich der Wissenschaft) variieren, verfügt über eigene Regeln der Erforschung, ja erhebt bisweilen experimentelle Ansprüche.[22]

Dem französischen Literatur- und Kulturtheoretiker Roland Barthes kommt das große Verdienst zu, die Literaturen der Welt als eine künstlerische *Erforschung* komplexester Probleme dargestellt zu haben, die sich bestimmter experimenteller Forschungsmethoden bedienen und ganz wie die Wissenschaften systematisch vorgehen, ohne sich allerdings in Spezialisierungen und Spezialgebieten

---

21 Vgl. hierzu unsere Vorlesung zum Zusammenhang von Lieben und Lesen sowie die klassische Studie von Rougemont, Denis de: *Die Liebe und das Abendland*. Mit einem Post-Scriptum des Autors. Aus dem Französischen von Friedrich Scholz und Irene Kuhn. Zürich: diogenes 1987.

22 Barthes, Roland: De la science à la littérature. In (ders.): *Œuvres complètes*. Edition établie et présentée par Eric Marty. 3 Bde. Paris: Editions du Seuil 1994, Bd. 2, S. 428.

zu verlieren. Die Literaturen der Welt sind immer an einer Ganzheit, an einer Totalität ausgerichtet, welche sie vollständig zu analysieren versuchen.

Da Literatur darauf spezialisiert ist, weder disziplinär noch lebensweltlich spezialisiert zu sein und als verdichtetes und verdichtendes Zirkulationsmedium unterschiedlichster Wissensbereiche und Wissensfragmente angesehen werden darf, kommt ihr als Kommunikations- und Aneignungsform ästhetischer Erfahrung in besonderem Maße die Fähigkeit zu, nicht nur in unterschiedlichsten Formen Lebenswissen bereit zu halten und zur Verfügung zu stellen, sondern Lebensformen künstlerisch – durchaus im Sinne eines sekundären modellbildenden Systems[23] – zu modellieren und ästhetisch erfahrbar zu machen. Wie aber lässt sich dieses Vermögen mit der historisch so erfolgreichen Entwicklung naturwissenschaftlicher Diskurse vom Leben im Kontext der Moderne verbinden?

In seinem 1966 erschienenen Grundlagenwerk *Les mots et les choses* hat Michel Foucault bekanntlich die Veränderungen, die sich zwischen 1775 und 1795 auf dem Gebiet der Naturgeschichte vollzogen, analysiert[24] und daraus den Schluss gezogen, dass die „allgemeinen Prinzipien der *taxinomia*, die die Systeme von Tournefort und von Linné, die Methode von Adamson bestimmten, [...] für Jussieu, für Vicq d'Azyr, für Lamarck und für Candolle immer noch auf gleiche Weise Geltung"[25] besessen hätten. Dennoch seien die Beziehungen zwischen sichtbaren und unsichtbaren Strukturen in diesem Zeitraum deutlich modifiziert worden, insofern man „auf die Existenz für das Lebewesen wesentlicher Funktionen"[26] orientiert und den „Begriff des Lebens für die Anordnung der natürlichen Wesen unerläßlich"[27] gemacht habe.

Damit aber veränderte sich das Verständnis der Klassifikation selbst, insofern die Einführung der Tiefendimension, des Lebens und des Lebendigen in die wissenschaftliche Systematik deren epistemische Grundlagen fundamental verändert habe:

> Klassifizieren heißt also nicht mehr, das Sichtbare auf sich selbst beziehen, indem man einem seiner Elemente die Aufgabe überträgt, die anderen zu repräsentieren, sondern heißt, in einer die Analyse drehenden Bewegung, das Sichtbare wie auf seine tiefe Ursache auf das Unsichtbare zu beziehen, dann aus dieser geheimen Architektur wieder zu

---

23 Vgl. Lotman, Jurij M.: *Die Struktur literarischer Texte.*Übersetzung von Rolf-Dietrich Keil. 2. unveränderte Auflage. München: W. Fink Verlag 1986.
24 Foucault, Michel: *Die Ordnung der Dinge. Eine Archäologie der Humanwissenschaften.* Aus dem Französischen von Ulrich Köppen. Frankfurt am Main: Suhrkamp 1974, S. 279.
25 Ebda., S. 280.
26 Ebda., S. 281.
27 Ebda., S. 282.

deren manifesten Zeichen hinaufzusteigen, die an der Oberfläche der Körper gegeben sind. Wie Pinel als Naturforscher sagte: „Heißt, sich an die äußeren Merkmale zu halten, die von den Nomenklaturen bestimmt werden, nicht, sich die fruchtbarste Quelle an Instruktionen zu verschließen und sozusagen das Aufschlagen des großen Buches der Natur abzulehnen, die zu erkennen man sich dabei vorgenommen hat?" Künftig nimmt das Merkmal seine alte Rolle als sichtbares Zeichen wieder an, das auf eine verborgene Tiefe zielt. Worauf es aber hindeutet, ist nicht ein geheimer Text, ein eingehülltes Wort oder eine, um exponiert zu werden, zu kostbare Ähnlichkeit. Es ist die kohärente Gesamtheit einer Organisation, die im einheitlichen Gewebe ihrer Souveränität das Sichtbare wie das Unsichtbare aufnimmt.[28]

Parallel zur Entstehung des modernen Begriffs der Geschichte entsteht im Abendland auch der moderne Begriff des Lebens. Das Grundlegend-Werden des Gegensatzes zwischen Organischem und Anorganischem geht einher mit der „Opposition zwischen Lebendigem und Nicht-Lebendigem"[29] und markiert von Seiten der sich postnaturgeschichtlich neu konstituierenden Wissenschaften vom Leben her jene neue Ordnung der Disziplinen wie der Kulturen, in der sich um 1800 die Moderne in den sie prägenden epistemologischen – und das heißt nicht nur naturwissenschaftlichen, sondern gerade auch kulturellen – Differenzen konstituiert.[30]

Die von Michel Foucault oder im deutschen Sprachraum von Wolf Lepenies[31] untersuchten Wissenssysteme und Taxonomien des Klassifizierens verdeutlichen darüber hinaus, dass diese Unterscheidungen zugleich beinhalten, dass das Leben in einem biowissenschaftlichen Sinne zum Objekt wird und sich das Wissen über diesen Gegenstand *außerhalb* desselben akkumuliert, ihm also äußerlich ist. Leben objektiviert sich in Formen, welche ab der Wende zum 19. Jahrhundert wissenschaftlich von verschiedenen Disziplinen aus untersucht werden können.

Dies gilt es zu bedenken, wenn man die im Kontext öffentlicher Debatten um die Stammzellenforschung aufgestellte Forderung Jürgen Habermas' an

---

28 Foucault, Michel: *Die Ordnung der Dinge. Eine Archäologie der Humanwissenschaften.* Aus dem Französischen von Ulrich Köppen. Frankfurt am Main: Suhrkamp 1974, S. 283.
29 Foucault, Michel: *Die Ordnung der Dinge*, S. 286.
30 Vgl. den Tagungsakten von Bay, Hansjörg / Merten, Kai (Hg.): *Die Ordnung der Kulturen. Zur Konstruktion ethnischer, nationaler und zivilisatorischer Differenzen 1750–1850.* Würzburg: Königshausen & Neumann 2006; sowie Ette, Ottmar / Hermanns, Ute / Scherer, Bernd M. / Suckow, Christian (Hg.): *Alexander von Humboldt – Aufbruch in die Moderne.* Berlin: Akademie Verlag 2001. Für eine Diskussion unterschiedlicher Modernen vgl. auch die Bände vier und fünf der Reihe „Aula" in Ette, Ottmar: *Romantik zwischen zwei Welten* (2021) sowie ders.: *Aufklärung zwischen zwei Welten* (2021).
31 Lepenies, Wolf: *Das Ende der Naturgeschichte. Wandel kultureller Selbstverständlichkeiten in den Wissenschaften des 18. und 19. Jahrhunderts.* Frankfurt am Main: Suhrkamp 1978.

die Philosophen auch auf die Literaturwissenschaftler und insbesondere die Literaturtheoretiker*innen bezieht:

> Wollen wir uns überhaupt noch als normative Wesen verstehen, gar als solche, die voneinander solidarische Verantwortung und füreinander gleichen Respekt erwarten? Welchen Stellenwert sollen Moral und Recht für einen sozialen Umgang behalten, der auch auf normfrei-funktionalistische Begriffe umgestellt werden könnte? Vor allem naturalistische Alternativen sind im Gespräch. Dazu gehören nicht nur die reduktionistischen Vorschläge von Naturwissenschaftlern, sondern auch die adoleszenten Spekulationen zur überlegenen künstlichen Intelligenz künftiger Robotergenerationen.
>
> Damit wird die Ethik des Selbstseinkönnens zu einer unter mehreren Alternativen. Die Substanz dieses Selbstverständnisses kann sich gegenüber konkurrierenden Antworten nicht länger mit formalen Argumenten behaupten. Vielmehr scheint sich heute die philosophische Ursprungsfrage nach dem ‚richtigen Leben‘ in anthropologischer Allgemeinheit zu erneuern. Die neuen Technologien drängen uns einen öffentlichen Diskurs über das richtige Verständnis der kulturellen Lebensform als solcher auf. Und die Philosophen haben keine guten Gründe mehr, diesen Streitgegenstand Biowissenschaftlern und Science-Fiction-begeisterten Ingenieuren zu überlassen.[32]

Wir dürfen Jürgen Habermas an dieser Stelle ergänzen: Auch all jene, die sich mit den Literaturen der Welt beschäftigen, haben dafür längst keine guten Gründe mehr. Es sei denn, sie zögen es vor, sich ganz bewusst im Elfenbeinturm einer vom Leben getrennten Wissenschaft zu isolieren oder sich an einem reinen Glasperlenspiel des Wissens zu erfreuen. Anders als die Biowissenschaften und Biotechnologien besitzt das Leben im Bereich der Literatur, die sich stets über ihren Nutzen und Nachteil für das Leben befragt und unterschiedlichste Antworten auf diese Frage gefunden hat, in privilegierter (da *nicht* durch disziplinäre Zwänge systematisierter) Form ein Wissen von sich selbst, so dass Leben und Wissen im konkreten Lebensvollzug wie in ihren Lebensformen und Lebensentwürfen zusammengedacht werden können. Sie tun dies selbstverständlich in Abhängigkeit von den jeweils involvierten Kulturen und von den von ihnen zur künstlerischen Form gebrachten Sprachen, wobei gerade den romanischen Literaturen der Welt im Horizont der Vielzahl ihrer transarealen und transkulturellen Relationen eine besondere, ja eine überragende Bedeutung zukommt.

Die Differenzqualität geistes- und kulturwissenschaftlicher Erkenntnisprozesse auf Grundlage der Literaturen der Welt ist kein Manko, sondern eine enorme Chance. Inwiefern sich in der aktuellen Genetik und Stammzellenforschung neue Wissensmodelle entwickeln, welche die biowissenschaftliche ‚Au-

---

32 Habermas, Jürgen: *Die Zukunft der menschlichen Natur. Auf dem Weg zu einer liberalen Eugenik?* Vierte, erweiterte Auflage. Frankfurt am Main: Suhrkamp 2002, S. 33.

ßerhalbbefindlichkeit' des Wissens gegenüber den konkret vollzogenen Lebensprozessen, die gleichsam nichts von sich selber wissen, relativieren oder gar
unterlaufen, bleibt abzuwarten. Jürgen Habermas' Einschätzung mancher tech-
nikorientierter Vorstellungen als adoleszent bleibt nichts hinzuzufügen. Für die
Literaturwissenschaften wie die Literaturtheorie jedoch gilt, dass Lebenswissen
ebenso auf der Objektebene im Gegenstand selbst wie auf der Subjektebene im
forschenden Individuum (mit seinem jeweiligen Lebenskontext) in den Erkennt-
nisprozess unhintergehbar einbezogen ist. Auf diese ‚Ubiquität' von Lebenswissen auf der textinternen wie der textexternen Ebene wird im Zusammenhang mit
der Frage nach der dynamischen Modellierung von Lebenspraktiken und Lebensformen in der Literatur zurückzukommen sein.

Bereits jetzt aber sei festgehalten: Werden die Lebenswissenschaften lediglich
als interdisziplinär vernetztes und stark anwendungsorientiertes und zugleich experimentelles Ensemble biochemischer, biophysikalischer, biotechnologischer
und humanmedizinischer Forschungsfelder aufgefasst, so besteht die unübersehbare Gefahr, dass die breite kulturelle Auffächerung des Lebensbegriffs im Sinne
von gr. *bios* definitiv verloren geht. In der breiten Öffentlichkeit scheint diese
‚Schwundstufe' des Lebens kaum mehr Probleme zu machen, da man sich au-
genscheinlich zunehmend daran gewöhnt hat, dass ‚Leben' die Domäne der Biowissenschaften ist. Wir sollten aber schon aus ethischen Gründen mit Jürgen
Habermas eine fundamentale Öffnung des Lebensbegriffes einfordern, um eine
sträfliche Reduktion auf ein ganz bestimmtes Fächerensemble zu vermeiden oder
zu verhindern.

Diesem Gefahrenpotential sucht sich ein kulturwissenschaftlich fundierter
und literaturtheoretisch pointierter Begriff von Lebenswissen entgegenzustellen,
indem er darauf abzielt, die von Giorgio Agamben gleich zu Beginn seines *Homo
sacer* ins Zentrum gerückte Unterscheidung zwischen *zoë* (das „die einfache Tatsache des Lebens, die allen Lebewesen gemein ist")[33] und *bios* (als Bezeichnung
für die „Form oder Art und Weise des Lebens, die einem einzelnen oder einer
Gruppe eigen ist")[34]" zurückzugewinnen. Nicht umsonst steht der italienische
Philosoph hier in der Traditionslinie großer Intellektueller, deren Denken wie bei
Hannah Arendt oder Michel Foucault – dessen Werk beständig nach der biopolitischen Dimension, nach Zucht und Regelung, nach Ausgrenzung und Eingrenzung des Lebens fragt – in hohem Maße um die epistemologische Relevanz der
Lebensformen wie des Lebensbegriffs kreiste. Giorgio Agambens Überlegungen

---

33 Agamben, Giorgio: *Homo sacer. Die souveräne Macht und das nackte Leben.* Aus dem Italienischen von Hubert Thüring. Frankfurt am Main: Suhrkamp 2002, S. 11.
34 Ebda.

sind von hohem Belang für die Entwicklung und Entfaltung lebenswissenschaftlicher Vorstellungen und Begriffe in den Kulturwissenschaften, auch wenn sie –
dies gilt es kritisch hinzuzufügen – einem rein abendländischen Denkhorizont
entspringen und nicht transareal überdacht sind. Wie aber können wir die spezifische Qualität jenes Wissens genauer fassen, welches die Literaturen der Welt
enthalten?

Nun, Literatur zeichnet sich als verdichtete und hochgradig dynamische
Zirkulationsform von Wissen gerade dadurch aus, dass sie die soeben skizzierte
Trennung weder negiert noch zementiert oder sich gar ausschließlich entweder
dem ‚natürlichen‘, dem ‚nackten‘ Leben oder den unterschiedlichen kulturell
geprägten Lebensformen zuwendet. Vielmehr bearbeitet die Literatur diese Unterscheidung beständig mit Hilfe der ihr zur Verfügung stehenden Mittel und
entfaltet so ein komplexes Verständnis von Leben, welches einer semantischen
Reduktion des Lebensbegriffs entgegenwirkt. Dass hierbei in den Literaturen
der Welt stets die kulturellen Differenzen eine zentrale Rolle spielen, muss ich
nicht eigens immer wieder betonen.

Die Literatur ist in ihrer Gesamtheit daher bestens auf die von Jürgen Habermas signalisierte, durch neueste biotechnologische Entwicklungen hervorgeru-
fene Situation vorbereitet, denn: „Die Grenze zwischen der Natur, die wir ‚sind‘,
und der organischen Ausstattung, die wir uns selber ‚geben‘, verschwimmt."[35]
Der literarische Schöpfungsakt hat diese Grenze, hat diese *Borderlands* schon
immer bearbeitet und eine quasi-demiurgische Position ästhetisch reflektiert.

Eine am Fragehorizont des Lebenswissens ausgerichtete Literaturtheorie
sollte daher gerade angesichts der biotechnologischen Herausforderungen tunlichst darauf achten, möglichst zahlreiche Anschlusspotenziale zugunsten einer
transdisziplinären Verknüpfung unterschiedlicher kulturwissenschaftlicher wie
naturwissenschaftlicher Wissensbereiche zu schaffen. Mag sein, dass für die *Literatur* – und nicht nur für die ‚zeugnishafte‘ Literatur – das gilt, was Giorgio
Agamben in seiner Erörterung dessen, was von Auschwitz bleibt, vom *Menschen*
sagte: die „zentrale Schwelle" zu sein, „über die unaufhörlich die Ströme des
Menschlichen und des Un-menschlichen [sic!], der Subjektivierung und Entsub-
jektivierung, des Sprechendwerdens des Lebewesens und des Lebendigwerdens
des *lógos* hinweggehen".[36] Ein Beispiel kann diese zentrale Schwellensituation
der Literatur erläutern – und ich möchte dieses Beispiel einmal mehr nicht aus

---

35 Habermas, Jürgen: *Die Zukunft der menschlichen Natur*, S. 28.
36 Agamben, Giorgio: *Was von Auschwitz bleibt. Das Archiv und der Zeuge (Homo sacer III)*.
Aus dem Italienischen von Stefan Monhardt. Frankfurt am Main: Suhrkamp 2003, S. 118.

dem europäischen Bereich der Literatur wählen, sondern in den uns schon vertrauten karibischen Raum zurückkehren.

Am 11. Januar 1896, an einem Sonntagmorgen um 9 Uhr, öffnet sich eine junge, erst achtzehnjährige Frau die Adern und schreibt mit ihrem eigenen Blut, „mit dieser Art von Tinte, welche Dir die Hälfte meiner Gedanken suggerieren wird",[37] einen verzweifelten und zugleich entschlossenen Brief an ihren Geliebten, den kubanischen Modernisten Carlos Pío Uhrbach. Die Poetin und Malerin, die aus einer der großen Dichterfamilien Kubas stammt und von frühester Kindheit an dichtete und malte, schrieb mit ihrem Blut zunächst ein eigenes Gedicht nieder, bevor sie einen langen Brief folgen ließ, in welchem sie den jungen Mann zum letzten entschlossen vor eine Lebens- und Liebesalternative stellte – zwischen dem Kampf im Unabhängigkeitskrieg der Insel und ihr selbst, der unbedingten Liebe zu ihr, zu wählen:

> Wie man es auch immer drehen und wenden mag: Ist die vaterländische Nation (*la Patria*) nicht eine Rivalin wie jede andere auch? Und eine glückliche Rivalin überdies, denn Du opferst mich ihr auf! *Dir scheint* es schändlich, nicht ihrem Ruf zu folgen ... und es erscheint Dir nicht als verbrecherisch, mit einem einzigen Schlage alle Hoffnungen einer Seele wie der meinen auszulöschen? Wenn Dich meine Tränen nicht bewegen, und wenn Dich die Gewissheit meines Todes nicht rührt, woraus ist dann Dein Herz gemacht? [...] Deine *Patria*. oder *Deine Juana*: wähle. Gehst Du, verlierst Du mich.[38]

Die kubanische Modernistin Juana Borrero,[39] die kaum zwei Monate später im Exil, im US-amerikanischen Key West, wohl an Tuberkulose und völliger physischer und psychischer Erschöpfung sterben sollte, verflüssigte und *liquidierte* ihr Leben, ihr Lesen und ihr Lieben in einem einzigen Kraftakt, der verhindern sollte, dass sich Uhrbach wie der Vater der Dichterin dem Kampf Kubas für die „Independencia" anschloss. Die erkaltete Herzensschrift[40] ihres eigenen Bluts verbindet sich mit der Körperflüssigkeit der Tränen, die ihre Spuren auf so vielen Briefen Juana Borreros hinterlassen haben, zu einer wahrhaft körperlichen Präsenz der Dichterin auf dem Papier, in ihrem Text, in ihrem Schreiben. Dass auch José Martí in seiner frühen mexikanischen Lyrik, die noch im Zeichen der Romantik stand, auf diese Metaphorik der erkalteten

---

37 Borrero, Juana: *Epistolario*. 2 Bde. La Habana: Academia de Ciencias de Cuba 1966–1967, hier Bd. 2, S. 256 (Übers. O.E.).
38 Ebda., Bd. 2, S. 257 (Interpunktion und Schreibweise im Original).
39 Zu Juana Borrero im Kontext des Spannungsfeldes zwischen Lieben und Lesen vgl. den zweiten Band der Reihe „Aula" in Ette, Ottmar: *LiebeLesen* (2020), S. 552 ff.
40 Vgl. Schneider, Manfred: *Die erkaltete Herzensschrift. Der autobiographische Text im 20. Jahrhundert*. München – Wien: Carl Hanser Verlag 1986.

Abb. 22: Juana Borrero (1877–1896).

Herzensschrift zurückgriff, macht den gemeinsamen Schreibhorizont der beiden kubanischen Schriftsteller*innen erkennbar.[41]

Doch die Konzeption der Liebe und die damit eng verbundene Konzeption des Schreibens sind bei Juana Borrero einzigartig. Die Absolutheit ihres Liebesanspruchs wie die Radikalität ihres Besitzanspruchs gegenüber jenem Mann, den sie in einem anderen Brief verpflichtete, sie auch nach einer Heirat niemals körperlich zu lieben, generieren hier einen Text-Körper, bei dem sich das nackte, das bloße Leben nicht von seiner kulturellen Dimension und der den Lebensvollzug leitenden literarischen Praxis abtrennen lässt.

Denn Tausende von Briefseiten der kubanischen Dichterin und Malerin zeigen eindrucksvoll, in welchem Maße es unmöglich geworden ist, bei der großen, wenn auch jung verstorbenen Modernistin Leben vom Lesen und Lieben von der Literatur zu scheiden.[42] Alles ist aufs Engste miteinander verwoben. Das Schreiben ist hier längst lebensbedrohlich geworden, presst es doch das Blut aus dem eigenen Kreislauf, um im wahrsten Sinne dieses Begriffs zu einer Körper-Schrift zu gerinnen, die uns bis heute als Original-Kunstwerk, gleichsam als frühe Form weiblicher „Body Art", überliefert ist: mit der Schrift aus dem Blut des eigenen Körpers, mit der Herzensschrift, die nicht mehr im eigenen Körper der Liebenden, sondern in den Botschaften an ihren Liebhaber zirkuliert. Die Kunst dringt in den Körper ein, der Körper drängt in die Kunst und der artifizierte Körper verkörpert künstlerisch sein eigenes Lebenswissen in der Schrift, die sich wieder zum Leben öffnet und den Anderen, den ersehnten, aber zugleich gefürchteten Liebespartner sucht.

---

41 Zur frühen Lyrik José Martís im Kontext der Darstellung existenzieller Herausforderungen vgl. den sechsten Band der Reihe „Aula" in Ette, Ottmar: *Geburt Leben Sterben Tod* (2022), S. 587 ff.

42 Vgl. hierzu Ette, Ottmar: Juana Borrero: convivencia y transvivencia. In: Rodríguez Gutiérrez, Milena (Hg.): *Casa en la que nunca he sido extraña. Las poetas hispanoamericanas: identidades, feminismos, poéticas (Siglos XIX – XXI)*. New York – Bern – Frankfurt am Main: Peter Lang 2017, S. 268–307.

Für kaum eine andere Autorin, für kaum einen anderen Autor gilt in so absoluter Weise, was Roland Barthes in seinen *Fragments d'un discours amoureux* formulierte, in seinen Fragmenten eines Diskurses der Liebe:

> Manchmal gelingt es mir, die Abwesenheit leidlich zu ertragen. Ich bin dann ‚normal'; ich richte mich nach der Art und Weise, wie ‚jedermann' die Trennung von einer ‚teuren Person' erträgt. Ich unterwerfe mich sachkundig der Dressur, mittels deren man mich sehr früh an die Abwesenheit der Mutter gewöhnt hat – was gleichwohl anfangs nicht aufhörte schmerzlich zu sein (um nicht zu sagen: beängstigend). Ich handele als ordentlich entwöhntes Kind; *wartend* weiß ich mich von anderen Dingen zu ernähren als von der Mutterbrust.
>
> Diese leidlich ertragene Abwesenheit ist nichts anderes als das Vergessen. Ich bin gelegentlich untreu. Das ist die Bedingung meines Überlebens; denn wenn ich nicht vergäße, stürbe ich. Der Liebende, der nicht *manchmal* vergisst, stirbt an Maßlosigkeit, Ermattung und Gedächtnisüberreizung (wie Werther).[43]

Die pathologische Dimension im Schaffen Juana Borreros ist ebenso unverkennbar wie die künstlerische Produktivität eines Liebesdiskurses, der gerade nicht vergessen will, sondern alles, was von ihm ablenken könnte, zum Schweigen verdammt. Borrero stirbt gleichsam an Maßlosigkeit, an Ermattung und Gedächtnisüberreizung in der ersehnten Präsenz und zugleich herbeigewünschten Absenz des Liebenden. Damit wird ein Wissen um die Möglichkeiten und Bedingungen des eigenen Überlebens negiert und zugleich ein konkreter Lebensvollzug des Gedichts *La virgen triste* angestrebt, in dem Juanas große Jugendliebe, der kubanische Dichter Julián del Casal, den frühen Tod dieser ‚traurigen Jungfrau' vorhersagte und somit zugleich literarisch vorprogrammierte. Ich werde auf diese Ausweglosigkeit der frühen Bindung an den großen modernistischen Dichter Casal in einem kurzen, Juana Borrero und José Martí gewidmeten Teil unserer Vorlesung zurückkommen. Doch sei bereits jetzt bezüglich dieser Bindung und der von Casal in Gedichtform gebrachten Prophezeiung festgehalten: Wie so oft bei Juana Borrero gab der Diskurs der Literatur ihrem Leben den Kurs und weiteren Verlauf vor.

So schreibt sich das literarische Schaffen Juana Borreros gleichzeitig in einen poetologischen und einen pathologischen beziehungsweise medizinisch-ärztlichen Diskurs ein. Nicht umsonst darf an dieser Stelle nicht vergessen werden, dass ihr Vater Esteban Borrero zugleich Arzt *und* Dichter war. Als Tochter eines Arzts und mit vielen medizinischen Handhabungen vertraut, öffnete sich Juana Borrero nicht nur bewusst, sondern auch gekonnt die Venen.

Entscheidend für unsere lebenswissenschaftliche Fragestellung ist weniger, dass die kubanische Autorin zwischen Literatur und Leben eine ganz andere Entscheidung fällte als jene, die der spanische Schriftsteller Jorge Semprún in fran-

---

43 Barthes, Roland: *Fragments d'un discours amoureux*. Paris: Seuil 1977, S. 20.

zösischer Sprache in seinem friktionalen Text *L'écriture ou la vie* darstellte.[44]
Dass das Lebenswissen der Literatur ein Überlebenswissen ist, das auch in sein
Gegenteil umschlagen und zum Tode führen kann, wird an diesem Beispiel nicht
weniger deutlich als die Tatsache, dass der Körper in Borreros Schreiben in radikaler Weise als jener Ort präsentiert wird, in dem sich Natur und Kultur unauflöslich
miteinander verbinden und pathologische und poetologische, naturwissenschaftliche und kulturwissenschaftliche Diskurse einander durchdringen.

Juana Borrero ist mit der engen Verflechtung ihres eigenen Körpers in ihr
Schreiben sicherlich ein Extrembeispiel, an dem sich aber zentrale Bedeutungsebenen dieser Relation in einem allgemeinen Sinne aufzeigen lassen. So verstanden ist ihr Schreiben höchst außerordentlich und zugleich exemplarisch:
auch in einem genderspezifischen Sinne, wie wir in diesem Teil unserer Vorlesung noch sehen werden. Der in die Schrift verflüssigte Körper der Dichterin
modelliert im Sinne Helmuth Plessners[45] einen Körper-Leib, in dem sich das
Leib-Sein und das Körper-Haben allerdings auf gänzlich andere Weise als im
Liebesakt überschneiden.

Ihr Schreiben mit ihrem eigenen Blut führt verschiedene Isotopien oder Bedeutungsebenen zusammen. Der blutrote Brief an den Geliebten entwickelt ein
Lebenswissen, das von seinem Nicht-Überleben-Können kündet, weil es weiß,
dass sich nur so die Verfügung über den eigenen Körper als Objekt auf eine In-
tensivierung aller Sinneswahrnehmungen, aller Schmerzen und aller Lust des
Leib-Seins hin öffnen kann. Erst so, in einer literarisch ins Ungeheure und Unge-
heuerliche gesteigerten Intensität, kann der Literatur am eigenen Leib der eigene
Körper als Objekt und Artefakt, gleichsam als Spur (in) der Schrift, geopfert und
dargebracht werden. Literatur oder Leben: Leben um der Literatur willen.

Das Lebenswissen der Literatur ist hier auf die vielleicht engste und zugleich verstörendste Art mit jener Erkenntnis und Wahrnehmungslehre verbunden, mit Hilfe derer Helmuth Plessner eine philosophische Anthropologie zu
entwickeln suchte, welche „die spezifischen Konkretisierungsmodi der Verleib-
lichung unseres eigenen Körpers zu erkennen"[46] bestrebt war. Der auf Tausen-
den von Briefseiten auf seine literarische Spitze getriebene Liebesdiskurs weist

---

44 Vgl. Semprún, Jorge: *L'écriture ou la vie*. Paris: Gallimard 1994. Zu diesem Text und dem
Lebens- und Überlebenswissen dieses translingualen Schriftstellers vgl. den sechsten Band
der Reihe „Aula" in Ette, Ottmar: *Geburt Leben Sterben Tod* (2022), S. 340 ff.
45 Vgl. Plessner, Helmuth: *Gesammelte Schriften*. Bd. 3: *Anthropologie der Sinne*. Herausgegeben von Günter Dux, Odo Marquard und Elisabeth Ströker. Frankfurt am Main: Suhrkamp
1980.
46 Plessner, Helmuth: Die Einheit der Sinne. Grundlinien einer Ästhesiologie des Geistes
(1923). In (ders.): *Gesammelte Schriften*, S. 383.

das medizinische und damit gleichsam biowissenschaftliche Wissen vom Leben *im Leben* ebenso energisch zurück, wie es das Wissen des Lebens von sich selbst in jenen immer erschöpfenderen Wirbel hineinzieht, den man auch die Literatur nennt. Aus diesem Wirbel gibt es für Juana Borrero, gibt es für jene junge, künstlerisch frühreife Frau, welcher der Dichterfreund Julián del Casal einen frühen Tod geweissagt hatte, kein entkommen. Juana Borrero: ein Leben jenseits des Lebens, ein Über-Leben (in) der Literatur, die stets ein Wissen von den Grenzen der Gültigkeit des eigenen, in ihr in Szene gesetzten Lebenswissens besitzt.

An diesem Punkt des Schreibens wird der *experimentelle* Charakter von Literatur auf eine gewiss ungewöhnlich spektakuläre Weise vorgeführt: Sie gerät zum Selbstversuch am eigenen Körper-Leib. Ein vom Poetologischen und vom Pathologischen genährtes Schreiben macht den Körper zu jenem Ort, an dem die unterschiedlichsten Felder, Formen und Funktionen des Wissens vom Leben, des Wissens zum Leben und des Wissens im Leben als Bestandteil von Lebensprozessen überhaupt in verdichteter Weise zusammengeführt werden. Auf diese Art exekutiert die Modernistin an ihrem eigenen Körper ein experimentelles Schreiben, das alle Grenzen kennt, aber bewusst missachtet.

Dieser experimentelle Charakter von Literatur ist für eine lebenswissenschaftlich orientierte Literaturwissenschaft, die sich einer unreflektierten Ausblendung des Lebensbegriffs keineswegs nur dort entgegenstellt, wo die Literatur das Leben explizit ins Zentrum rückt, mit der biowissenschaftlich fundierten Einsicht in die fundamental-komplexe Prozesshaftigkeit des Lebens zu verknüpfen. Denn die „Komplexität des Lebendigen",[47] so Friedrich Cramer, der langjährige Direktor des Max-Planck-Instituts für Experimentelle Medizin in Göttingen, impliziert die Notwendigkeit, die Netzwerkstrukturen in „hochrückgekoppelten Multi-Parameter-Systemen"[48] auf der Grundlage der Einsicht zu analysieren, dass diese Systeme nicht reduzierbar sind: Das Ganze lässt sich nicht in die Summe seiner Teile zerlegen. In derartigen fundamental-komplexen Systemen des Lebendigen, die sich durch eine Nicht-Prognostizierbarkeit von Lebensprozessen charakterisieren, gibt es weder eine Reversibilität dieser Prozesse noch die Möglichkeit, etwa in Bereichen der Biochemie oder der Neurophysiologie das „Gesamtbild eines Lebewesens aus Mosaiksteinchen"[49] zusammenzusetzen.

---

47 Cramer, Friedrich: *Chaos und Ordnung. Die komplexe Struktur des Lebendigen*. Frankfurt am Main – Leipzig: Insel Verlag 1996, S. 222.
48 Ebda., S. 223.
49 Ebda., S. 224.

Aus dem Blickfeld eines biowissenschaftlichen Lebensbegriffs lässt sich genauer begreifen, in welchem Maße Literatur mit den drei Aspekten der Irreversibilität und der Unvorhersehbarkeit des Lebens sowie der Tatsache, dass Leben mehr ist als die Summe seiner Bestandteile, experimentiert und spielt. Wie Honoré de Balzacs *Comédie humaine* oder Emile Zolas „roman expérimental", die schon immer wesentlich mehr und grundsätzlich *anderes* waren als die naturgeschichtlichen beziehungsweise biowissenschaftlichen Wissenschaftsmodelle, deren Vorstellungen sie in den Bereich der Literatur zu übersetzen vorgaben, beschränken sich literarische Schöpfungen keineswegs darauf, bloße Inszenierungen vorgängiger Wissenschaftsdiskurse vom Leben zu sein.

Denn gerade das Zola'sche Romanprojekt zielt auf eine Simulation von Leben im Laborbereich des Romans ab, um daraus in einem zweiten, textexternen Schritt Veränderungen für die konkrete Lebenspraxis nicht nur von Individuen, sondern vor allem ganzer gesellschaftlicher Gruppen und – wie etwa in *La débâcle* – ganzer Nationen ziehen zu können. Man könnte dies sehr wohl – trotz der zeitlichen Distanz – mit den heutigen Vorstellungen der Molekularbiologie von biologischen Maschinen und ihrem damit zusammenhängenden Lebensbegriff in Beziehung setzen: „Auf einer Ebene versteht die Molekularbiologie das Leben als selbstreproduzierende biologische Maschine. Auf einer zweiten Ebene reproduziert sie diese Maschinen im Labor, wie man sagen könnte, in Zeitlupe, und, während sie sie rekonstruiert, optimiert sie einige Teile und substituiert ihre eigenen Ziele für diejenigen der Biologie."[50]

Das Lebenswissen der Literatur steht in einem zugleich kontrastiven und komplementären Verhältnis zu diesen Wissenschaftsdiskursen, vor allem aber: Es entfaltet eine experimentelle Beziehung zu den unterschiedlichsten Diskursen vom Leben, seien sie ästhetisch-künstlerischer, philosophisch-sozialwissenschaftlicher, pathologisch-klinischer oder medizinisch-biowissenschaftlicher Provenienz. Dabei kann das sich so entfaltende ÜberLebenswissen der Literaturen der Welt in ein Leben zum Tode umschlagen, sei es – wie im Falle Juana Borreros – in eine von den Prinzipien der Kunst her modellierte Lebensführung einer modernistischen Lyrikerin, sei es – wie im Falle der Rezeption von Goethes *Werther* – in die suizidäre Lebenspraxis eines Lesepublikums, welches in den Wirbel der Literatur hineingezogen wird.

Wie schon das Beispiel von Gustave Flauberts *Madame Bovary* zeigen mag: Das Ineinander-Fallen, ja der Kurzschluss von Literatur und Leben hat in solchen Fällen fatale Konsequenzen und kann für die Beteiligten tödlich enden. Auch das

---

50 Knorr Cetina, Karin: *Wissenskulturen. Ein Vergleich naturwissenschaftlicher Wissensformen.* Frankfurt am Main: Suhrkamp 2002, S. 219.

Ergebnis dieses Experiments – und Literatur impliziert immer das experimentelle Erproben von Lebenswissen – produziert wieder neues Wissen vom Leben und im Leben. Literatur vermittelt stets ein spezifisches Wissen davon, wie man lebt oder leben könnte – und eben darum auch ein Wissen davon, wie man nicht (über-)leben kann. Dies schließt selbstverständlich auch ein Lebenswissen mit ein, wie man seinem Leben ein wie auch immer geartetes und in Szene gesetztes Ende setzen kann.

Für die Literatur, die die Gesamtheit eines Lebens – weit über den Tod eines Protagonisten hinaus – überblicken, gestalten und semantisieren kann, ist der Tod nur ein relativer Bezugspunkt, vermag die Literatur es doch, innerhalb des Rahmens ihrer historisch je gegebenen relativen Eigen-Gesetzlichkeit mit der Irreversibilität aller biologischen Lebensprozesse zu experimentieren. Denn die Irreversibilität ist für die Literatur keine Grenze: Sie kann jederzeit die Vektorizität von Lebensprozessen umkehren und einen Lebenslauf in anderer Richtung ablaufen lassen. Wir haben dies ausführlich am Beispiel von Alejo Carpentiers *Reise zum Ursprung* in einer anderen Vorlesung[51] gesehen, wo ein Leben experimentell vom Verlöschen bis zur Geburt durchgespielt wird. Bleiben wir daher für einen Augenblick noch im karibischen Raum, in der kubanischen Literatur und beschäftigen wir uns mit zwei herausragenden Dichter*innen jenes „Modernismo", der lange Zeit ausschließlich als Domäne der Männer galt! Die Literaturgeschichte dieses hispanoamerikanischen Modernismus aber muss dringend umgeschrieben beziehungsweise ergänzt werden.

---

51 Vgl. hierzu Ette, Ottmar: *Geburt Leben Sterben Tod* (2022), S. 153 ff.

José Martí, Juana Borrero oder die Geschlechtermodellierungen des *Modernismo*

„Trabaja. Un beso. Y espérame"[1] – Arbeite; ein Küsschen; und wart auf mich: Mit dieser Schlussformel endet ein auf Cabo Haitiano, den 9. April 1895 datierter Abschiedsbrief, der zugleich einer der ergreifendsten Liebesbriefe (nicht allein) der kubanischen Literaturgeschichte ist. Nach der Unterzeichnung einer Kriegserklärung, die manches von einer Liebeserklärung hat und unter dem Titel *Manifiesto de Montecristi* eher in die Literatur- als in die Militärgeschichten Eingang finden sollte, stand sein Absender im Begriff, zusammen mit Máximo Gómez und wenigen Getreuen ins benachbarte Kuba überzusetzen; und der Autor des Briefs wusste nur zu genau, dass ihn dort sein eigener Tod erwarten konnte, ja erwarten würde. Nach den Worten des kubanischen Dichters José Lezama Lima[2] tauchte Martí in den von ihm selbst geschaffenen Wirbel des Krieges ein, ohne jede Aussicht auf Rückkehr.

Das Leben, so der Verfasser von *Nuestra América*,[3] habe er auf der einen Seite des Tisches, den Tod auf der anderen sowie ein ganzes Volk in seinem Rücken – und doch schreibe er seiner geliebten María so viele Seiten.[4] Es sollten die letzten neunzehn Seiten dieses Briefwechsels des kubanischen Dichters, Revolutionärs und Essayisten José Martí werden,[5] deren sich verändernde Handschrift eine neuere Faksimileausgabe deutlich erkennbar zeigt. In der für ihn extremen existenziellen Situation gab er seiner Briefpartnerin eine Aufgabe, verbunden mit der erpresserischen Formel, sie solle sie erfüllen, wenn sie ihn liebe, und übergehen, wenn sie ihn nicht liebe.[6] Denn José Martí bat seine María, jeden Tag eine Seite aus zwei französischsprachigen Büchern, die sich mit der Geschichte der

---

1 Martí, José: *Cartas a María Mantilla*. La Habana: Editorial Gente Nueva – Centro de Estudios Martianos 1982, S. 102. Dieser neuere, in einem Kinder- und Jugendbuchverlag erschienene, aber nicht nur für jugendliche Leser gedachte Faksimileband bietet zugleich die entsprechenden Transkriptionen der handschriftlichen Briefe Martís.
2 Vgl. hierzu die Bände drei und sechs der Reihe „Aula" in Ette, Ottmar: *Von den historischen Avantgarden bis nach der Postmoderne* (2021), S. 745 ff.; sowie ders.: *Geburt Leben Sterben Tod* (2022), S. 587 ff. u. S. 666 ff.
3 Vgl. hierzu den vierten Band der Reihe „Aula" in Ette, Ottmar: *Romantik zwischen zwei Welten* (2021), S. 1010 ff.
4 Martí, José: *Cartas a María Mantilla*, S. 84.
5 Vgl. zur Rezeptionsgeschichte des kubanischen Nationalhelden Ette, Ottmar: *José Martí. Teil I: Apostel – Dichter – Revolutionär. Eine Geschichte seiner Rezeption*. Tübingen: Max Niemeyer Verlag 1991.
6 Martí, José: *Cartas a María Mantilla*, S. 72.

Menschheit und der Geschichte der Pflanzen beschäftigen, zu übersetzen. Wozu dieses Insistieren?

Die aufschlussreichen Überlegungen zur Kunst des Übersetzens, die der kubanische Intellektuelle, der schon in jungen Jahren selbst einen Text von Victor Hugo ins Spanische übertragen hatte, seiner nachhaltig formulierten Bitte folgen ließ, sollen uns weniger beschäftigen als die auf den ersten Blick erstaunliche Tatsache, dass hier ein Mann im Angesicht des eigenen Todes einem jungen Mädchen Ratschläge zur Praxis des Übersetzens gibt. Warum aber maß Martí dem Übersetzen eine solche Bedeutung bei?

Denn bedeutungsvoll ist es sehr wohl, welch hoher Stellenwert der Tätigkeit des Übersetzens und damit einer interkulturellen Fähigkeit und Kompetenz in dieser dringlichen Bitte kurz vor dem eigenen Tode des Briefeschreibers zugewiesen wird. Martís Menschenbild war gerade an dieser Fähigkeit in besonderem Maße orientiert, blieb er sich doch stets der enormen Bedeutung bewusst, die der interkulturellen Vermittlung gerade in der kubanischen Kultur zukam.[7] Er wusste, dass Kultur in der Moderne – und in seinem *Nuestra América* mehr als anderswo – Translation ist: Kultur als Übersetzung, als Übertragung. Die neue, im hispanoamerikanischen Modernismo im Entstehen begriffene Sprache Amerikas musste das Ergebnis ständiger Übersetzungsvorgänge sein, um nicht zur Imitation eines bestimmten Sprachzustandes zu verkommen. Wir kommen nicht umhin, dem translatorischen Aspekt in Martís Entwurf des modernen Subjekts eine herausragende Stellung einzuräumen. So konnte, ja musste fast aus dem Abschiedsbrief an das geliebte Mädchen eine Schule der Übersetzung werden, eine Schule in der Fähigkeit, Sprache und damit Realitäten zu bilden.

Aber wer ist María Mantilla? Bei der jungen Dame, deren Photographie Martí auf seiner letzten Reise stets mit sich führte und die er noch bei seinem Tod in Dos Ríos bei sich trug, handelt es sich um die Tochter von Manuel Mantilla und Carmen Miyares, die nach dem Tode ihres Mannes in den Jahren des zweiten New Yorker Exils zur Lebenspartnerin des Kubaners wurde, nachdem Martís Frau Carmen Zayas Bazán ihm den Rücken gekehrt und ihren gemeinsamen Sohn zurück nach Kuba gebracht hatte. So handelt es sich bei den Briefen an María Mantilla um Briefe an ein zum damaligen Zeitpunkt noch nicht fünfzehnjähriges Mädchen, für das José Martí zum geistigen Vater geworden war, obwohl der Ton seiner Briefe bis auf den heutigen Tag Anlass zu Spekulationen gab, es könnte sich bei María auch um die uneheliche Tochter des kubanischen Autors handeln. Wie dem auch sei: Die Tochter von Carmen Miyares

---

7 Vgl. hierzu Pérez Firmat, Gustavo: *The Cuban Condition. Translation and identity in modern Cuban literature.* Cambridge: Cambridge University Press 1989.

machte den Autor des 1882 seinem Sohn gewidmeten Gedichtbandes *Ismaelillo* – und zwischen diesen Gedichten und den Briefen an María gibt es eine Vielzahl bislang unentdeckter Bezüge – ein zweites Mal zum Vater. José Martí nahm diese Rolle mit großer Zärtlichkeit für das Mädchen an.

All dies blieb nicht ohne Folgen: In ihrer Gesamtheit sind die uns überlieferten Briefe von einem eigenartigen Wechsel zwischen väterlicher Strenge und verliebter Leidenschaft geprägt, die oft genug um die Geschlechterdifferenz kreist. Immer wieder kommt Martí dabei auf Fragen der Bildung und Erziehung zu sprechen und entwirft ganz nebenbei ein Frauenbild, das er nicht nur auf María Mantilla projizierte. Dabei durften Überlegungen zur Frage der Kleidung nicht fehlen; so gab der patriarchalisch denkende Martí der kleinen María mit:

> Die Eleganz der Kleidung – ich meine die große und wahrhaftige – liegt in der Hoheit und Stärke der Seele. Eine ehrenhafte Seele, intelligent und frei, vermittelt dem Körper mehr Eleganz und damit der Frau mehr Macht als die reichsten Moden der Boutiquen. Viel Boutique, wenig Seele. Wer viel drinnen besitzt, braucht draußen wenig. Wer viel draußen trägt, besitzt wenig drinnen und will das Wenige weg lügen. Wer seine Schönheit fühlt, die innere Schönheit, sucht keine geborgte äußere Schönheit: Man weiß sich als schöne Frau, und diese Schönheit verstrahlt Licht.[8]

José Martís Diskurs über die (weibliche) Kleidung und über die Mode ist ein zutiefst moralisierender Diskurs, der scharf zwischen einem Innen der wahren Werte und einer Äußerlichkeit unterscheidet, die nur Fassade bleibt. Der (äußerlichen) Kleidung, die als Mode für Martí gerade nicht das Moderne, sondern bestenfalls das Ephemere und Oberflächliche, ja maskenhaft Verstellte repräsentiert, wird ein essentialistischer Diskurs der Innerlichkeit entgegengestellt, in dessen Zentrum die Seele steht, die erst dem weiblichen Körper Eleganz, Macht („poderío") und Licht zu geben vermöge.

Dieser Diskurs über die weibliche Kleidung ist nicht von Martís Bild der Frau zu trennen. Dieses Frauenbild war schon in Martís frühen Schriften – etwa seinem Theaterstück *Adúltera* – immer von einer fundamentalen (und topischen) Ambivalenz geprägt, insoweit die Reinheit der Frau als Jungfrau, Mutter und Engel stets von der Fleischlichkeit und Sünde bedroht schien. Nicht zufällig hieß bereits in der ersten Fassung des genannten Theaterstücks die einzige Protagonistin (im spanischen Original) *Fleisch*, ein Name, der im Gegensatz zu denen der männlichen Protagonisten auch in der zweiten Fassung beibehalten wurde.

Die Erfahrungen im US-amerikanischen Exil führten überdies dazu, in dieses Frauenbild eine (inter-)kulturelle Opposition einzuführen, die er der in

---

8 Martí, José: *Cartas a María Mantilla*, S. 88–90.

New York lebenden María Mantilla in einem Brief aus Mexiko, wo er seinem Freund Manuel Mercado und dessen Töchtern einen Besuch abstattete, wie folgt erläuterte: „Aber hier ist das Bewundernswerte die Scham der Frauen, nicht wie dort, wo sie den Männern eine zu hautnahe und hässliche Haltung zubilligen. Dies hier ist ein ganz anderes Leben, meine geliebte Maria. Und sie sprechen mit ihren Freunden mit aller nötigen Freiheit; aber mit Abstand, ganz wie der Abstand zwischen Blume und Wurm."[9]

Der spätere kubanische Nationalheld will die Frauen durchaus nicht in Unwissenheit und völliger Abhängigkeit von den Männern wissen. Aber er beharrt auf klaren Trennungen, auf fundamental unterschiedlichen Geschlechtermodellierungen im spanisch-amerikanischen Raum. Martí setzt auf die Bildung der Frau und ihre eigene berufliche Tätigkeit, will sie aber getrennt von der Männerwelt wissen, die sie in ihrer Reinheit bedroht. Stets wird die Frau topisch auf das Innere von Räumen, aber auch auf die Innerlichkeit bezogen, so dass es nicht verwundert, wenn sich in den Briefen an María Mantilla bisweilen liebevolle, bisweilen auch bedrohliche Metaphern einer Allgegenwart des Liebhabers und einer väterlichen Überwachung finden lassen, die Martí seiner María immer wieder vor Augen führt.

So fragt er nicht nur, wie er es anstellen könnte, ganz klein zu werden und im eigenen Briefe mitzureisen „a darte un abrazo",[10] sondern stellt dem jungen Mädchen noch eine weitere Frage: „Siehst Du dort den großen Kirschbaum, der den Hühnerställen Schatten spendet? Nun, der bin ich, mit so vielen Augen, wie es Blätter an ihm gibt, und mit so vielen Armen, Dich zu umarmen, wie es Zweige an ihm hat. Und alles, was Du tun und denken magst, werde ich sehen, so wie es der Kirschbaum sieht. Du weißt, dass ich ein Hexer bin und dass ich die Gedanken selbst aus der Ferne errate."[11]

Alles ist in einen liebevollen väterlichen Diskurs eingebettet. Doch die Klang- und Bedeutungsspiele zwischen „ojos" und „hojas", zwischen „brazo" und „abrazo" sind ebenso schön wie gefährlich und verweisen darauf, dass der Dichter hier die Macht seiner lyrischen Sprach-Bilder einsetzt. Zwischen Freund

---

9 Ebda., S. 28–30: „Pero lo admirable aquí es el pudor de las mujeres, no como allá, que permiten a los hombres un trato demasiado cercano y feo. Esta es otra vida, María querida. Y hablan con sus amigos, con toda la libertad necesaria; pero a distancia, como debe estar el gusano de la flor."

10 Ebda., S. 46.

11 Ebda., S. 16: „¿Ves el cerezo grande, el que da sombra a la casa de las gallinas? Pues ese soy yo, con tantos ojos como tiene hojas él, y con tantos brazos, para abrazarte, como él tiene ramas. Y todo lo que hagas, y lo que pienses, lo veré yo, como lo ve el cerezo. Tú sabes que yo soy brujo, y que adivino los pensamientos desde lejos [...]."

und Vater, zwischen Liebhaber und Hexenkünstler schwanken die Rollenmasken, die sich Martí in seinen Briefen an María Mantilla selbst überzieht. Doch stehen sie stets im Zeichen einer paternalistischen Omnipräsenz und Ubiquität, die sich gerade durch die andere Rolle, die sich in seinen Augen die Frauen in den USA erobert hatten, bedroht sah. Martí aber blieb seinem patriarchalischen Frauenbild treu und versuchte, in diesem Sinne auf die geschlechterspezifische Erziehung von María Mantilla Einfluss zu nehmen.

In einem auf den 17. Oktober 1886 in New York datierten Korrespondentenbericht für die in Mexiko erscheinende einflussreiche Tageszeitung *El Partido Liberal*, der dort am 7. November 1886 abgedruckt wurde, schilderte Martí seinen mexikanischen Leserinnen und Lesern den unerschrockenen Einsatz von Lucy Parsons, einer „mestiza de indio y mexicano",[12] einer Mestizin aus Indianer und Mexikaner, welche die USA bereise und überall versuche, die öffentliche Meinung zugunsten ihres zum Tode verurteilten Mannes zu mobilisieren. Aber war das in den Augen des Kubaners statthaft?

Trotz aller Bewunderung, die Martí für eine Frau empfinden musste, die sich mit aller Macht gegen die Vollstreckung des Todesurteils an den Anarchisten von Chicago einsetzte, überwogen doch die negativen Qualifizierungen einer in den USA fälschlich als ‚Mulattin' titulierten Frau, da ihre Aktivitäten in krassem Widerspruch zu Martís eigenem Frauenbild standen. Denn Lucy Parsons hatte ihren ihr angestammten und von den Männern zugedachten Ort als Frau verlassen.

So folgten geradezu zwangsläufig der Berichterstattung allgemeine Anmerkungen über die Rolle der Frau in den USA, die sich auch in anderen Publikationen Martís finden lassen. Selten aber kommen sie in so unmissverständlicher Form zum Ausdruck:

> Ein einzigartiges Spektakel ist das dieser Frau, die quer durch die Vereinigten Staaten reist und dabei von den Bühnen herab, auf den Bürgersteigen und von den öffentlichen Plätzen aus Gerechtigkeit fordert für ihren eigenen Ehemann, der zum Tode verurteilt wurde. Doch es erscheint als gar nicht so seltsam, zieht man die höchst bemerkenswerte herausragende Stellung in Betracht, welche die Frau im nordamerikanischen Leben spielt. Es handelt sich nicht allein um jene rüde Ungezwungenheit und hässlich anzusehende Freiheit, welche die Frau hier genießt; sondern um ihre Kondensierung im Verlaufe der Zeit in einer männlichen Stärke, die sich in ihren Wirkungen und in ihren Methoden mit der Stärke des Mannes vermengt. Diese Bedingung, die nützlich für das Individuum, aber todbringend für die Spezies ist, entsteht aus der Häufigkeit, mit der sich

---

12 Martí, José: Correspondencia particular de *El Partido Liberal*: La mujer norteamericana. In (ders.): *Nuevas cartas de Nueva York*. Investigación, introducción e índice por Ernesto Mejía Sánchez. México: Siglo XXI 1980, S. 81.

hier die Frau sich selbst überlassen sieht durch die schnellen Veränderungen des Schicksals in diesem Lande von Wagnissen und des Ungewissen der ehelichen Beziehungen.
Jene bezaubernde Abhängigkeit unserer Frauen, welche derjenigen, die leidet, eine solche Herrlichkeit verleiht und so sehr den Mann dazu stimuliert, sie dankbar zu stimmen,
verwandelt sich hier im allgemeinen durch das Interessegeleitete der Geister in eine
feindliche Beziehung, in welcher das Morgengrauen der Hochzeitsnacht zerstiebt und der
Mann nicht mehr sieht als die Verpflichtung und die Frau nicht mehr als ihre Bequem-
lichkeit und ihren Rechtsanspruch. Und so weicht die Frau auch nicht so süß und vollständig ihrer Mission der Selbstaufgabe, so wie sich das Licht der Sterne der Nacht
hingibt [...].[13]

José Martí rühmt die süße und so schöne Abhängigkeit der Frau in den spanischsprachigen Ländern Amerikas und setzt von diesem idyllischen Frauenbild eines sich als selbstverständlich erachtenden Patriarchats die unabhängige
und freie Stellung der Frau in den USA ab, die nicht ihrem Manne ergeben sei
und auf ihre eigenen Rechte achte. Dies aber mache sie hässlich, eine Formulierung, die Martí auch in seinem Brief an María Mantilla fand. Martís Sichtweise
und Verständnis von Lucy Parsons' Engagement im öffentlichen Raum wird
von einem Phänomen ‚gestört‘, das eine essentielle Dimension dessen ausmacht, was die US-amerikanische Philosophin und Feministin Judith Butler in
ihrem vielleicht einflussreichsten Buch als *Gender trouble* bezeichnet hat.[14] Das
Verstehbare, Intelligible am Geschlechtlichen wird von seinem ‚natürlichen‘
Platz gleichsam deplatziert und wirkt daher auch deplatziert, scheint seine ‚innere Wahrheit‘ als Wahrheit des Inneren verloren zu haben:

No longer believable as an interior 'truth' of dispositions and identity, sex will be shown
to be a performatively enacted signification (and hence not 'to be'), one that, released
from its naturalized interiority and surface, can occasion the parodic proliferation and
subversive play of gendered meanings. This text continues, then, as an effort to think
through the possibility of subverting and displacing those naturalized and reified notions
of gender that support masculine hegemony and heterosexist power, to make gender
trouble, not through the strategies that figure a utopian beyond, but through the mobili-
zation, subversive confusion, and proliferation of precisely those constitutive categories
that seek to keep gender in its place by posturing as the foundational illusions of
identity.[15]

Der *Trouble* besteht hier in der verdoppelten Deplatzierung von Kulturen und Geschlechtern, welche die kulturell erzeugten und zugewiesenen Identitäten in
einer Bewegung unterlaufen, die an die semiologische Dekodierung des schein-

---

13 Ebda., S. 83.
14 Cf. Butler, Judith: *Gender trouble. Feminism and the subversion of identity.* New York – London:
Routledge 1990.
15 Ebda., S. 33 f.

bar ‚Natürlichen' in Roland Barthes' *Mythologies* erinnern.[16] Denn was als natürlich erscheint, entpuppt sich bei genauerem Hinsehen als kulturelle Setzung, als reine Kultur, die sich als Natur bloß tarnt, um noch effizientere Wirkungen auszulösen.

Die Frauen, so musste Martí feststellen, hatten in den Vereinigten Staaten von Amerika die Innenräume verlassen, die öffentlichen Plätze ‚erreicht' und zugleich ein Rollenverhalten entwickelt, das dem in vielerlei Hinsicht traditionalistischen und paternalistischen Frauenbild des Kubaners nicht nur zuwider lief, sondern als ‚unnatürlich' zuwider war. Zugleich verstand Martí sehr wohl, dass diese andere Position der Frau in der Gesellschaft eng mit der Ausbildung anderer Geschlechterrollen verknüpft war, die auf die ökonomischen und sozialen Veränderungen innerhalb der angloamerikanischen Gesellschaft zurückverwies. Doch all diesen Veränderungen im Verständnis des Frauenbildes stand der Verfasser von *Nuestra América* skeptisch bis ablehnend gegenüber.

Martí hatte sehr wohl die Hintergründe dafür verstanden, warum sich das Verständnis der Rolle der Frau in den USA so stark verändert hatte. Die in dieser Einsicht zugleich enthaltene Zivilisationskritik beleuchtete nicht allein das Frauenbild Martís, das nach der Lektüre eines wenige Monate später, am 3. Januar 1887 in der renommierten Bonaerenser Tageszeitung *La Nación* erschienenen Artikels bereits von dem argentinischen Schriftsteller und Politiker Domingo Faustino Sarmiento kritisiert wurde, sondern zeigte ebenso auf, wie sehr der kubanische Essayist und Kulturtheoretiker das Projekt einer Moderne zu entwickeln trachtete, die sich grundlegend von der so erfolgreich in den USA praktizierten unterscheiden sollte. Denn Martí war sehr wohl für die Modernisierung der Gesellschaften und ihrer technologischen Möglichkeiten wie ihrer sprachlichen Diskurse, wandte sich aber deutlich gegen jede Veränderung einer den Traditionen verpflichteten Rolle der Frau.

Schon der nicht gerade für feministische Positionen bekannte Argentinier Domingo Faustino Sarmiento hatte bemängelt, dass Martís Sichtweise der nordamerikanischen Frau für seinen Geschmack zu sehr von der „conciencia sudamericana, española, latina",[17] also von einem südamerikanischen, spanischen oder lateinischen Bewusstsein geleitet sei. Dabei verbarg sich hinter Sarmientos Kritik unüberhörbar eine andere Sichtweise der Moderne, die sich stärker am nordamerikanischen Vorbild orientieren wollte: „Quisiera que Martí nos diera menos Martí, menos latino, menos español de raza y menos americano del Sur, por un

---

16 Cf. Barthes, Roland: *Mythologies*. Paris: Seuil 1957.
17 Sarmiento, Domingo Faustino: La mujer en los Estados Unidos [inédito]. In (ders.): *Obras Completas*. Bd. XLVI. Buenos Aires: Páginas Literarias 1953, S. 162.

poco más del yankee, el nuevo tipo del hombre moderno":[18] Martí solle gefäl-
ligst etwas weniger Martí auftischen, weniger die Sichtweise eines Südameri-
kaners, eines wackeren Spaniers, eines Latino vertreten, sondern bei seinen
renommierten Korrespondentenberichten aus den USA vielmehr die Sichtweisen eines Yankee, des modernen Menschen- oder Männertypus präsentieren.
Martí aber blieb Martí.

Es ist spannend, José Martí in diesem Punkt mit Domingo Faustino Sarmiento zu vergleichen. Bild der Frau und Bild der Moderne sind bei den beiden großen Essayisten aufs Engste miteinander verknüpft. Doch Martí hätte Sarmientos
Kritik, wäre sie ihm denn zu Ohren gekommen, nur schwerlich verstanden: Zu
natürlich wären ihm seine eigenen Bedenken erschienen, zu naturgemäß kam
ihm eine dienende, sich unterordnende und hingebende Rolle der hispanoamerikanischen Frau vor. Immer wieder stoßen wir in seinen Chroniken wie in seinen
fiktionalen Texten vom erwähnten *Adúltera* bis hin zu seinem einzigen Roman
Lucía Jerez oder *Amistad funesta* auf dieses traditionalistische und paternalistische Bild der Frau, das Martí für *Nuestra América* unverändert vorsah.

José Martí war ohne jeden Zweifel ein entschlossener Revolutionär, der für
die radikale Veränderung der kolonialen Dependenz seiner Heimatinsel eintrat.
Er wollte seine Heimat weder in Abhängigkeit von der damaligen Kolonialmacht
Spanien noch von den Vereinigten Staaten des Nordens sehen. Doch seine politisch in vielerlei Hinsicht revolutionäre Position erstreckte sich nicht auf die Problematik der Geschlechter, erstreckte sich nicht auf die Rolle der Frau, fand er
doch schon in seiner Ehe keine Brücke mehr zu seiner Ehefrau Carmen Zayas
Bazán, die ihn zusammen mit seinem Söhnchen verließ. Sein Menschenbild
blieb Männerbild nicht nur, wo er wie in *Nuestra América* männliche Protagonisten wählte, sondern gerade auch dort, wo er über die Rolle der Frauen in einer
künftigen Gesellschaft sprach. Fast will es scheinen, als ob Friedrich Nietzsches
Worte aus seiner „Gaya Scienza" auf Martí gemünzt wären:

> Aller große Lärm macht, dass wir das Glück in die Stille und Ferne setzen. Wenn ein
> Mann inmitten *seines* Lärms steht, inmitten seiner Brandung von Würfen und Entwürfen:
> da sieht er auch wohl stille, zauberhafte Wesen an sich vorübergleiten, nach deren Glück
> und Zurückgezogenheit er sich sehnt, – *es sind die Frauen*. Fast meint er, dort bei den
> Frauen wohne sein besseres Selbst: an diesen stillen Plätzen werde auch die lauteste
> Brandung zur Totenstille, und das Leben selber zum Traume über das Leben.[19]

---

18 Ebda., S. 159.
19 Nietzsche, Friedrich: Die fröhliche Wissenschaft. In (ders.): *Werke in vier Bänden*. Salzburg:
Verlag Das Bergland-Buch 1985, Bd. 4, S. 38.

Mit unverkennbar misogynem Unterton können wir diese Passage Nietzsches weiterverfolgen: „Jedoch! Jedoch! Mein edler Schwärmer, es gibt auch auf dem schönsten Segelschiffe so viel Geräusch und Lärm, und leider so viel kleinen, erbärmlichen Lärm! Der Zauber und die mächtigste Wirkung der Frauen ist, um die Sprache der Philosophen zu reden, eine Wirkung in die Ferne, eine actio in distans: dazu gehört aber, zuerst und vor allem –*Distanz!*"[20]

An der bezaubernden Abhängigkeit, an der „encantadora dependencia de la mujer nuestra" sollte sich aus Martís Sicht im künftigen *Nuestra América* nichts ändern; die ‚bezaubernde Abhängigkeit' sollte vielmehr zu einem konstitutiven Element einer kulturellen Differenz gegenüber dem Norden Amerikas, gegenüber den USA werden, deren beschleunigte soziale Modernisierung die biologische Differenz (*Sex*) auf der Ebene der Geschlechteridentität (*Gender*) zunehmend zu unterlaufen schien. All dies erschien dem Kubaner – durchaus im Sinne Sigmund Freuds – als unheimlich.

Martís Menschenbild war ohne Zweifel ein Männerbild, das er für ‚natürlich' hielt. Jegliche Abweichung davon erschien ihm als unnatürlich und suspekt. Die Subjektwerdung war innerhalb des Martí'schen Moderneentwurfs männlich gelenkt und männlich bestimmt, im Possessivpronomen von *Nuestra América* wird die männliche Determination der „mujer nuestra" zwar nicht mitgedacht, aber mitgeschleppt. Fragwürdig ist das Martí'sche Subjekt der Moderne dort, wo es für die Frau zu sprechen vorgibt, aber anstelle der Frau spricht. Auch dies dürfte Martí einmal mehr als natürlich erschienen sein. Das weibliche Subjekt wird zum Objekt einer männlich modellierten Moderne: *Sie* spricht nicht, sondern wird gesprochen.

In diesem Zusammenhang sollten wir nicht vergessen, dass José Martí die Schlüsselfigur einer Figuraldeutung der kubanischen Geschichte im Sinne Erich Auerbachs[21] darstellt: Sein Leben und sein Handeln, vielleicht mehr noch aber sein spezifischer Mythos wurden auf vielerlei Weise dazu benutzt, ‚eine' kubanische Identität immer wieder aufs Neue zu entwerfen, die den jeweiligen Interessen der an der Macht befindlichen Regierungen und Regimes angepasst war und dienen sollte. Martí wurde zu der *Figura* der gesamten kubanischen Geschichte.

In diesem Sinne ist die *Figura* des ‚geistigen Vaters' und des ‚intellektuellen Autors' tief in all ihren Dimensionen mit der Konstruktion von (männlicher und weiblicher) Subjektivität in der kubanischen Gesellschaft verbunden. Daher soll im Folgenden ein zeitgleich vorgetragenes Lebensprojekt aus weiblicher

---

20 Ebda.

21 Vgl. Auerbach, Erich: Figura. In (ders.): *Gesammelte Aufsätze zur romanischen Philologie.* Herausgegeben von Fritz Schalk und Gustav Konrad. Bern – München: A. Francke Verlag 1967, S. 55–92.

Sicht in eine dialogische Beziehung zu jener individuellen und kollektiven Identitätsbestimmung gestellt werden, die in den Essays, aber auch den Briefen des Maestro zum Ausdruck kam. Dieses weibliche Lebensprojekt trägt einen Namen, den wir bereits kennen: den der so jung verstorbenen kubanischen Dichterin Juana Borrero.[22]

Im Februar 1895, zu einem Zeitpunkt also, zu dem José Martí intensiv und ruhelos mit den Vorbereitungen ,seines' Krieges und der Invasion Kubas beschäftigt war, ohne ,seine' gerade erst vierzehn Jahre alte María Mantilla zu vergessen, notierte eine junge Frau des Nachts in ihrem Tagebuch:

> Ich habe sehr schnell und ohne mich aufzuhalten die Verse von Federico gelesen. Sie faszinieren mich. Aber ich weiß nicht, warum mich Carlos ... mich mit seinem rätselhaften und traurigen Aussehen anzieht. Ich lese noch einmal seine Strophen. *Eingeschlossen ...* Wird er aufrichtig sein?! Oh mein Gott, so sieht der Mann aus, von dem ich geträumt! Warum hast Du ihn so weit entfernt von mir gestellt? [...]
> Nacht.
> Es ist halb drei Uhr. Ich habe nicht geschlafen und werde es auch nicht. Ich habe gerade etwas Unerhörtes, Unmögliches, Hochgewagtes gedacht. Hör zu, Carlos. *Noch ehe zwei Monate vorüber sind, wirst Du mein sein oder ich tot.*[23]

In diesen Tagebuchzeilen fällt zunächst die Entschlossenheit auf, mit der eine junge Frau agiert und den Partner ihrer Liebe anhand seines Fotos, aber auch auf Grund seiner Verse ohne jede Rücksprache und ohne jedes Einverständnis des Mannes auswählt. Es ist eine Liebeserklärung (an sich selbst), aber zugleich eine Herrschaftserklärung (an den Liebespartner). Die siebzehnjährige Juana Borrero sollte das sich selbst gegebene Versprechen, die dem Mann in Abwesenheit entgegengeschleuderte Herausforderung einlösen und Carlos Pío Uhrbach schon bald zu dem ,Ihren' machen. Ohne freilich die gegen das eigene Ich geschleuderte Todesdrohung gänzlich aufzuheben. Rufen wir uns kurz einige Biographeme Juana Borreros ins Gedächtnis!

Die Tagebucheinträge der 1877 geborenen Kubanerin, die aus einer Familie von Literaten stammte,[24] bereits mit vier Jahren erste Gedichte schrieb, mit fünf Jahren die beeindruckende Zeichnung einer Nelke und einer Rose mit dem Titel

22 Vgl. die vor kurzem in der Reihe „Mimesis" erschienene Potsdamer Dissertation zu dieser kubanischen Modernistin in Kern, Anne: *Todo o nada. Choreografien der kubanischen Künstlerin Juana Borrero.* Potsdam: Potsdam Phil. Diss. 2020.
23 Borrero, Juana: *Epistolario.* 2 Bde. La Habana: Academia de Ciencias de Cuba 1966–1967, hier Bd. 1, S. 41.
24 Vgl. hierzu Cuza Malé, Belkis: *El clavel y la rosa. Biografía de Juana Borrero.* Madrid: Ediciones Cultura Hispánica 1984.

Romeo y Julieta versah[25] und seit Ende der achtziger Jahre als Lyrikerin wie als Malerin zu den großen Hoffnungen der kubanischen Kunst der Jahrhundertwende zählte, hatte ihr Bild des Geliebten aus der Literatur bezogen und mit dem Bild des von ihr erträumten Mannes in Übereinstimmung zu bringen versucht. Alles beginnt wie ein literarisches Spiel mit einer nächtlichen Bettlektüre, die aber rasch zum spielerischen und letztlich tödlichen Ernst wird.

Als sie wenige Monate zuvor den soeben erschienenen Gedichtband *Gemelas* der beiden kubanischen Lyriker Carlos Pío und Federico Uhrbach erhielt, fragte sie sich bereits *vor* der Lektüre, die sie sich für die Nacht vornahm: „¿Será un compañero de mis insomnios?"[26] Wird er ein Gefährte meiner schlaflosen Nächte sein? Schien damit zunächst das Buch gemeint zu sein, so sprang die Sehnsucht nach einem Gefährten der schlaflosen Nächte schnell auf den älteren der beiden Uhrbach-Brüder über, dessen Verse sie ebenfalls faszinierten und unwiderstehlich anzogen. Das rasch sich bei der jungen Malerin durch die Lektüre hypotypotisch einstellende Bild und Porträt war sicher und unsicher zugleich:

> Ich habe mehrere Seiten gelesen, oh Carlos!, und ich kann Dir jubilierend sagen, dass ich keinerlei Enttäuschung fühlte. In diesen Versen ist etwas Originelles, das faszinierend anzieht und anziehend ... fasziniert. Das erste Portrait ...! Es ist ein stolzes Antlitz. Carlos muss wohl bleich sein, ein Kranker. Da ist auf seiner edlen Stirne ein unmerklicher Zug von Überdruss. Vielleicht täusche ich mich — Ich werde heute Nacht nicht weiterlesen ... Ich nehme an, dass ich ganz im ersten Teil des Bandes *verweilen werde*. Carlos muss wohl leiden ... Aber alles in allem, was kümmert mich das ...? Denn ich werde ihn niemals sehen noch wird er jemals wissen, dass ich jetzt beim Einschlafen seinen Namen murmele ... [27]

Wieder springt die Entschlossenheit der jungen Frau ins Auge. Sie wählt die Gedichte, die sie lesen will, so aus, wie sie auch ihren möglichen künftigen Liebespartner auswählt. Der Liebespartner selbst spielt eine untergeordnete Rolle. Sie sieht ihn als einen Leidenden, und sie wird ihn zu einem Leidenden machen. Ist die teilweise auftretende Agrammatikalität – die nicht mit einem krankhaften Agrammatismus zu verwechseln ist – Beleg einer raschen Niederschrift oder des Stils dieser Tagebuchaufzeichnung, der sie in den Bereich des „Stream of consciousness" rückt?

---

25 Diese später berühmt gewordene Zeichnung, die auch der Borrero-Biographie der im Exil lebenden kubanischen Lyrikerin Belkis Cuza-Malé den Namen gab, findet sich auf Umschlag und Titelseite der beiden Bände des angeführten *Epistolario*.
26 Borrero, Juana: *Epistolario*, Bd. 1, S. 39.
27 Ebda.

In jedem Falle können wir festhalten – und dies ist ein recht spannender Fall von „Gender trouble": Juana Borreros Männerideal ist idealerweise kein Mann: „Además ¿realizará él el ideal del hombre que he soñado? sus rimas lo prometen, pero ¿acaso no es un hombre?"[28] Ist er denn vielleicht kein Mann? Diese Formel verrät viel über das paradoxe Verhältnis von Leben, Lesen und Lieben,[29] das sich um den imaginierten Mann aufbaut und Juana Borrero bis zu ihrem tragischen Tod im US-amerikanischen Exil im März 1896 nicht mehr loslassen sollte. Dabei die von der bulgarisch-französischen Literaturtheoretikerin und Psychoanalytikerin Julia Kristeva vorgetragene Behauptung ebenso denkwürdig wie in ihrer Absolutheit fragwürdig, wenn sie nämlich nach der Art und Weise fragt, wie eine Frau liebt: „Qu'est-ce aimer, pour une femme, la même chose qu'écrire."[30] Was heißt lieben für eine Frau, dasselbe wie schreiben.

Auf die Agrammatikalität auch dieser Sätze sei ebenfalls nur hingewiesen. Wurde Juana Borrero zu einem simplen Opfer der Lektüre in der Nachfolge von Dantes Paolo und Francesca oder Gustave Flauberts *Madame Bovary*? Fast will es so scheinen, zumal die Nähe zur romantischen Disposition imaginierter Männlichkeit gerade durch einen Vergleich mit der in Puerto Príncipe, dem heutigen Camagüey – auch Juanas Vater, der Lyriker und Arzt Esteban Borrero stammte von dort – geborenen Gertrudis Gómez de Avellaneda deutlich wird. Doch auf diese Nähe hatten wir bereits in einer anderen Vorlesung hingewiesen.[31]

Juana Borrero war in einer Dynastie von Lyrikern und Künstlern aufgewachsen, und ihre Sozialisation als junges Mädchen im damaligen Kuba dürfte deutlich unter diesen künstlerisch-literarischen Vorzeichen gestanden haben. Das Leben war für sie die Literatur; und die Literatur war ein ganz wesentlicher Bestandteil ihres Lebens. Ihr Lebenswissen speiste sich in erheblichem Maße aus Büchern, und Bücher waren es, die ihr dabei halfen, das Leben in seiner Komplexität zu entziffern. Ihr Lieben entwickelte sich – um mit Julia Kristeva zu sprechen – ganz im Rhythmus des Schreibens; und das Schreiben gab ihrer Liebe und ihren Liebesansprüchen den Rhythmus vor.

Wie Emma Bovary suchte und fand Juana Borrero ihr Lebenswissen in Bänden der Romantik und insbesondere bei den romantischen Lyrikerinnen und Lyrikern, auf die sie schon in ihrer eigenen Familiengeschichte stieß. Bis in die Liebesmetaphorik hinein verband gewiss vieles die große Vertreterin und Hoffnung des „primer

---

28 Ebda., Bd. 1, S. 40f.
29 Vgl. zu dieser Konfiguration den zweiten Band der Reihe „Aula" in Ette, Ottmar: *LiebeLesen* (2020), S. 568ff.
30 Kristeva, Julia: *Histoires d'amour*. Paris: Editions Denoël 1983, S. 296.
31 Vgl. hierzu Ette, Ottmar: *Liebe Lesen* (2020), S. 557ff.

modernismo entre nosotros"[32] mit den Lyrikerinnen und Lyrikern des „Romanticismo"; doch hatten sich trotz aller Kontinuitäten die ästhetischen Parameter zwischen Juana Borrero und einer ‚Romantik zwischen zwei Welten' geändert. Die
paradoxe Konstruktion der Lese-, Liebes- und Lebensverhältnisse Juana Borreros
warf hierauf bereits ein erstes Licht, insofern ihre erste große literarische Liebe, der
kubanische Dichter Julián del Casal, kein Romantiker mehr war, sondern als Verfasser von Chroniken wie als hochsensibler Dichter eine modernistische Ästhetik
pflegte.

Denn so, wie sich der von ihr erträumte Mann, Carlos Pío Uhrbach, zumindest über einen langen Zeitraum bemühte, dem auf ihn projizierten Männerbild
eines Nicht-Mannes zu entsprechen, so sah Juana Borrero ihr eigenes Bild und
mehr noch ihr eigenes Schicksal durch ein Gedicht vorgeformt, das just ihre
erste große literarische Liebe, der große Dichter des inselkubanischen Modernismo, Julián del Casal, unter dem Titel *Virgen triste, Traurige Jungfrau*, mit
Blick auf die junge Kubanerin veröffentlicht hatte. Die letzte Strophe dieses Gedichts wurde ihr zur Weissagung des eigenen frühen Todes sowie – und auch
dies war ein Versprechen der Literatur, welches das Leben einlöste – ein Lebenswissen, das zugleich auch ein Todeswissen war:

> Ach, ich werde stets Dich wie ein Bruder anbeten,
> Nicht allein, weil Du alles als eitel beurteilst
> Und den himmlischen Ausdruck Deiner Schönheit zeigst,
> Sondern weil ich in Dir bereits die Trauer sehe
> Jener Wesen, die früh schon sterben müssen!

> ¡Ah, yo siempre te adoro como un hermano,
> no sólo porque todo lo juzgas vano
> y la expresión celeste de tu belleza,
> sino porque en ti veo ya la tristeza
> de los seres que deben morir temprano![33]

In einer Juana Borrero gewidmeten Studie, die zunächst in *La Habana Literaria*
erschien und von Casal später in seine berühmten *Bustos y Rimas* aufgenommen
wurde, beschrieb der 1893 kurz vor seinem dreißigsten Geburtstag jung verstor-
bene Dichter, wie er nach einem Besuch im Hause Borrero in Puentes Grandes
vor den Toren Havannas erstmals ihr literarisches Porträt auf dem Nachhauseweg

---

32 Vitier, Cintio: Las cartas de amor de Juana Borrero. In: Borrero, Juana: *Epistolario*. Bd. 1, S. 31.
33 Casal, Julián del: *Poesías*. Edición del Centenario. La Habana: Consejo Nacional de Cultura
1963, S. 189.

(„esbocé su retrato por el camino")[34] gleichsam im Gehen entworfen habe. Auch hier lag der Schwerpunkt des Gedichts in dessen letzter Strophe:

> Zwölf Jahre! Doch in ihren Zügen
> Zeigte sich in tiefer Bitterkeit
> Die allzu verfrühte Traurigkeit
> Der großen, großen Herzen.

> ¡Doce años! Mas sus facciones
> Veló ya de honda amargura
> La tristeza prematura
> De los grandes corazones.[35]

Juana Borrero bewegte sich voll und ganz in einer Welt, die sich aus dem Lebenswissen der Literatur speiste. Frühe Gemälde der jungen Borrero zeigen sie mit ihren Schwestern bei der Lektüre. Alles Wissen vom Leben und über das Leben war ihr ein Wissen, das sie bevorzugt aus der lyrischen Verdichtung gewann und das sie selbst wiederum in ihre eigene Dichtung verwandelte. Systole und Diastole ihres Lebens waren Lesen und Schreiben, Lesen und Lieben (wie bei der Entdeckung der *Gemelas* der Uhrbachs) sowie Schreiben als Lieben (wie in ihren eigenen *Cartas de amor*).

Man kann diesen Prozess einer Anverwandlung des Intertextuellen bei ihr auf Schritt und Tritt beobachten: Intertexte verwandeln sich in Lebenstexte, kondensieren sich zu Lebenswissen, das nach dem Handeln im Leben drängt. Und dieses Bild ermöglicht uns zugleich zu verstehen, dass das Schreiben von Gedichten für sie dasselbe, ja weitaus mehr noch war als das Lieben in einem Leben, das letztlich Lesen war um des Liebens willen.

Das Spiel der Literatur mit dem Leben und der Liebe blieb hierbei freilich nicht stehen, ,antwortete' doch gleichsam die erste Strophe des von Julián del Casal in seiner Studie als erstes zitierten Gedichts Juana Borreros unter dem Titel *¡Todavía!* auf dieses literarische Porträt mit der eigenen Feder:

> Warum so früh, oh Welt!, schenktest Du mir ein
> Dein bitterstes und tödlichstes Gift ...?
> Warum gefällt es Dir, von meiner Kindheit noch
> Das offene Linnen zu zerreißen?

---

34 Casal, Julián: Juana Borrero. In (ders.): *Prosas*. Edición del Centenario. La Habana: Consejo Nacional de Cultura 1963, Bd. 1, S. 266.
35 Ebda., Bd. 1, S. 267.

¿Por qué tan pronto ¡oh mundo! me brindaste
Tu veneno amarguísimo y letal ...?
¿Por qué de mi niñez el lino abierto
Te gozas en tronchar?[36]

Diese Echowirkungen der Literatur über das Leben verliehen Juana Borrero von
Beginn an eine im doppelten Wortsinn gemeinte *literarische* Existenz, welche den
Interpretationen ihres umfangreichen Schaffens als Künstlerin des Pinsels und der
Feder eine grundlegende und bei den bis heute wenig zahlreichen Deutungen un-
verrückte Leitlinie vorgab, die Literatur Juana Borreros mit ihrem Leben kurzzu-
schließen und geradezu unausweichlich einer ausschließlich autobiographischen
Lektüre zuzuführen. Dies gilt mit Ausnahme der Potsdamer Dissertation von Anne
Kern für die genannten Studien ebenso wie für neuere Arbeiten, die mit einem
eher dilettantischen Rückgriff auf Lacan operieren.[37] Aus einer Perspektive, welche
die ausschließliche Orientierung an einer autobiographischen Lesart hinterfragt,
wäre auch die Ansicht Cintio Vitiers kritisch zu beleuchten, Juana Borreros Liebesbriefe seien „su mayor obra", weil sie „su confesión mayor", ihr größtes Geständ-
nis darstellten.[38] Eine derartige Einschätzung läuft Gefahr, die künstlerische,
ästhetische Dimension einem ausschließlich autobiographischen Interesse zu opfern. Es gilt aber, die Verschränktheit und Interdependenz von Leben und Kunst,
von Kunst als Leben und Leben als Kunst im Gesamtwerk der kubanischen Autorin
wieder zum Vorschein zu bringen. die literarisch-künstlerische Schaffensdichte der
kubanischen Dichterin sollte daher in Mittelpunkt jeder Analyse stehen.

Wir sollten uns überdies vor der Fehldeutung hüten, Juana Borrero hätte
einem von Männern entworfenen Frauenbild nur nachgeeifert, ihre Subjektwerdung gar an einem romantischen Gemeinplatz ausgerichtet. Ihre Liebeskonzeption sei rein männlichen Vorbildern geschuldet, sie habe sich als Frau nur von
derartigen virilen Vorstellungen leiten lassen. Irrte sich Julián del Casal auch
mit seiner Einschätzung, die junge „artista de tan brillantes facultades" werde
binnen kurzer Zeit „la marca candente de la celebridad" empfangen, so gab er
den künftigen Lesern dieser bis heute noch immer kaum bekannten Lyrikerin
einen wichtigen Hinweis, als er abschließend betonte, aller Erfolg werde Juana
Borrero niemals von ihrem „más absoluto desprecio" und der „más profunda
indiferencia" gegenüber den „opiniones de los burgueses de las letras"[39] ab-
bringen. Die bourgeoisen Geister der Literatur seien niemals in der Lage, die

---

36 Ebda., Bd.1, S. 268.

37 Vgl. Hauser, Rex: Juana Borrero: The Poetics of Despair. In: *Letras Femeninas* (Ithaca) XVI,
1–2 (primavera – otoño 1990), S. 113–120.

38 Vitier, Cintio: Las cartas de amor de Juana Borrero, S. 25.

39 Casal, Julián del: Juana Borrero, S. 271.

kubanische Lyrikerin von ihrer tiefen Verachtung herkömmlicher und traditioneller Meinungen und Vorstellungen abzubringen.

Casal hatte sehr wohl begriffen, wer sich da in ihn verliebt hatte. Denn Juana Borreros Kunstauffassung war radikal, genauer noch: absolut. In eine nur bürgerliche Kunstauffassung, in eine nur bürgerliche Lebensauffassung ließ sich ihr Lebensprojekt nicht einzwängen. Die Dreiecksbeziehung von Lesen, Lieben und Leben lässt sich quer durch ihr gesamtes Schaffen verfolgen und findet sich auch personifiziert in Konstellationen, die den Vorrang der Literatur in allen Lebensdingen radikal und absolut einklagen.

Wir hatten bereits gesehen, wie vehement sie sich in ihrem mit dem eigenen Blut geschriebenen Brief gegen das Eindringen des kubanischen Freiheitskampfes in ihr Leben wehrte und wie vehement sie ihrem Carlos Pío Uhrbach verbot, sich an dieser von Martí geschaffenen Unabhängigkeitsbewegung gegen ihren blutig zu Papier gebrachten Willen zu beteiligen. Die „Patria" sah sie dabei nur als eine Rivalin ihres absoluten Liebesanspruchs an.[40]

In ihrem blutroten Brief vom 11. Januar 1896 verflüssigte die modernistische Lyrikerin ihren absoluten Anspruch auf ein Leben und auf ein Lieben, das sich nach ihren eigenen Vorstellungen als Frau zu richten hatte. Sie ging dabei das Risiko ein, ‚mit einem einzigen Schlage' Leben, Liebe und Lesen für immer zu *liquidieren*. Doch das Leben schrieb diesmal die Geschichte anders, denn Juana sollte als erste im Exil sterben, bevor noch Carlos Pío, der sich schließlich den aufständischen Truppen anschloss, am Weihnachtstag des folgenden Jahres – wie lange vor ihm Martí, den Juana in Begleitung ihres Vaters bei einer „velada" in New York kennengelernt hatte – fiel. Die großen Figuren der kubanischen Lyrik erlebten die Jahrhundertwende – und damit die Gründung der kubanischen Republik – nicht mehr. Es gibt ein Schweigen in der kubanischen Geschichte und Kultur, das wir vom Anfang des 20. Jahrhunderts an nicht länger überhören sollten; ein Schweigen, das sich ohne jeden Zweifel durch die erste Hälfte des 20. Jahrhunderts zieht, aber selbst heute noch hörbar ist.

Mit ihrem Blut unterstrich Juana Borrero buchstäblich ihren mehrfach geäußerten Anspruch, (wie Martí) in ihrer Gänze in den Briefen anwesend zu sein.[41]

---

40 Ebda., S. 257.

41 Cintio Vitier hat zutreffend darauf hingewiesen, dass die Verwandlung der handschriftlichen Briefe in ein gedrucktes Buch mit identischen Druckbuchstaben eine mediale ‚Übertragung' darstellt, bei der ungeheuer viel verloren gehe – nicht zuletzt auch die zahlreichen Tränen, die Flecke auf dem Briefpapier hinterließen. Und der Lyriker, der einst der kubanischen *Orígenes*-Gruppe um José Lezama Lima angehörte, fügte einfühlsam hinzu: „El hecho de pasar esas letras en que vibra apresado el pulso de la mano y el corazón que las escribió, esas letras tantas veces mojadas por lágrimas cuyas huellas oscurecen el papel y destiñen la tinta, esas febriles, diminutas, irrestaña-

Ihre Briefe bilden die literarische Körperlichkeit der Künstlerin und Dichterin, sie sind eine „Art Body" Art avant la lettre. Als erkaltete Herzensschrift nahm die Literatur ihren Körper auf und verwandelte ihren Frauenkörper in Literatur. Das von Juana Borrero verschriftlichte Herzblut stellt eine nochmalige Radikalisierung eines körperlichen Schreibens mit einer anderen Körperflüssigkeit, jener der Tränen dar, welche bis heute sichtbar das Briefpapier der kubanischen Künstlerin punktieren. Eine Grenze ist hier überschritten, die lebensgefährlich ist für den Lesenden wie für die Liebende und (noch) Lebende, wird damit doch ihr Blut aus dem Kreislauf herausgepresst, um in der Schrift zu erstarren. In einer Schrift allerdings, die der radikale Ausdruck des Lebenswissens einer Frau ist, die sich jedwedem männlichen Herrschaftsanspruch verweigert und dabei auf das Wissen der Literatur – und nicht der Literaten – setzt.

Nur vor einem solchen Horizont kann es als geradezu moderat erscheinen, dass Juana Borrero ‚ihrem' Carlos Monate zuvor das Versprechen abnötigte, ihre rein(e) symbolhafte Liebe niemals körperlich zu vollziehen. Das weibliche Subjekt schützt sich davor, zum weiblichen Objekt zu werden, indem es ‚sein' Liebesobjekt zugleich vergöttlicht und fest-stellt, für immer in der Unkörperlichkeit des Nicht-Mannes in ihrem eigenen Nie*mann*sland fixiert. Der Mann wird mit seinen Ansprüchen damit stillgestellt, gleichsam ent-mannt.

In den ersten Junitagen des Jahres 1895, als José Martí längst in dem von ihm entfesselten Krieg gestorben war – ob den Heldentod oder den Freitod, war in Abhängigkeit von der jeweiligen ideologischen Position in Kuba seit jeher umstritten –, schickte die keusche Ehefrau, die süße Braut, „tu casta esposa", „tu dulce novia", „tu Yvone"[42] Carlos Pío Uhrbach einen Brief, der mit der Gebetsformel „Oh Maria! ¡bendita eres entre todas las mujeres!"[43] absichtsvoll marienhaft begann.

Die Formel ‚Gebenedeit seist Du unter allen Frauen' war gut gewählt, wurde im nachfolgenden Brief doch gleichsam ein Ehevertrag als unverzichtbares Dokument (als „un *documento* indispensable")[44] bekräftigt und unterzeichnet, das als Eheversprechen den (körperlichen) Vollzug der Ehe auf immer aussetzte. Beunruhigt erkundigte sich Juana Borrero bei ‚ihrem' Mann, ob er verstanden habe, dadurch auf „la lógica de tus *derechos*", auf die Logik seiner *Rechte*, zu verzich-

---

bles letras cierta vez escritas con sangre de las venas cortadas y siempre con sangre del alma, a la letra abstracta de la máquina o la imprenta, equivale a trasladar el texto de una lengua viva al hieratismo de una escritura muerta." (Vitier, Cintio: Las cartas de amor de Juana Borrero, S. 8).

42 Borrero, Juana: *Epistolario*, Bd. 1, S. 158.
43 Ebda., Bd. 1, S. 155.
44 Ebda.

ten, um sofort hinzuzufügen: „Quiero que seas siempre mi ídolo ...“[45] Ich will,
dass Du immer mein Idol bleibst. Und triumphierend fügte sie hinzu:

> Verstehst Du mich? ... Für dann ist es! ... Denke und überlege. [...] Du hast Recht! Du und
> ich, wir sind außergewöhnliche Wesen ... Wir haben die Verbindung zwischen Körper
> und Seele zerbrochen, wir haben das dumpfe und degradierende Joch der körperlichen
> Heimsuchungen abgeworfen ... Wir können stolz darauf sein, rein zu sein ... aus einer an-
> deren Erde als die Allgemeinheit gemacht zu sein![46]

Im Ausdruck des Glücks über die „nupcia ideal, celeste de dos almas *gemelas*
que se entregan una a otra seguras de sí mismas“,[47] über die ideale Hochzeit,
in welcher sich zwei sich sichere Eheleute miteinander vermählen, war jene
ideale Liebesformel gefunden, die nicht nur die sakralisierte Jungfräulichkeit
Marias,[48] sondern auch die Literatur der *Gemelas* – jenes Lyrikbandes der Brüder Uhrbach, der Juanas Liebe nicht auslöste, aber ihr eine neue Richtung
gab – in die erträumte Lebenspraxis überführte.

Auch im Rückgriff auf den Titel dieses Lyrikbandes erweist sich die ab-
sichtsvolle Vernetzung von Lesen, Leben, und Lieben in Juana Borreros Denken
und Schreiben. Diese Selbstbemächtigung des Subjekts, diese Subjektwerdung
lässt zugleich die ästhetische Tragweite jener paradoxen Verschränkung hervortreten, die Leben, Lieben und Lesen in Juana Borreros Lebens-Werk bilden
und die am treffendsten vielleicht in einem ihrer berühmtesten Gedichte, dem
Sonett *Apolo*, zum Ausdruck kommen:

> Marmorn, stolz, strahlend und schön,
> Als Krone dieses Antlitzes die Süße

---

45 Ebda.
46 Ebda.
47 Ebda., Bd. 1, S. 157.
48 Oder wäre diese Jungfräulichkeit, die einen langen dogmengeschichtlichen Streit innerhalb der
Katholischen Kirche auslöste, der erst um die Mitte des 19. Jahrhunderts mit der Verkündung des
Dogmas von der unbefleckten Empfängnis Mariens kirchenrechtskräftig ‚entschieden‘ wurde, ein
schlichter Übersetzungsfehler? „Il semblerait que l'attribut 'vierge' pour Marie soit une erreur de traduction, le traducteur ayant remplacé le terme sémitique désignant le statut socio-légal d'une jeune
fille non mariée, par le terme grec *parthenos* qui spécifie quant à lui une situation physiologique et
psychologique: la virginité. On pourra y déchiffrer la fascination indo-européenne, analysée par
Dumézil, pour la fille vierge comme dépositaire du pouvoir paternel; on peut y voir aussi une conju-
ration ambivalente, par spiritualisation excessive, de la déesse mère et du matriarcat sous-jacent
avec lequel se débattaient la culture grecque et le monothéisme juif. Toujours est-il que la chrétienté
occidentale orchestre cette 'erreur de traduction', qu'elle y projette ses propres fantasmes et y produit une des constructions imaginaires les plus puissantes que l'histoire des civilisations ait con-
nues.“ Kristeva, Julia: *Histoires d'amour*, S. 298 f.

Und in die Stirne falln wie Himmels Grüße
Die Locken ihm, so herrlich anzusehn.

Meine Arm' um seinen Hals ich schlingend stöhne
Und seine strahlend Schönheit ich dann küsse,
Lechzend nach Glück umfass ich seine Füße,
Die weiße Stirn bekränzen meiner Lippen Töne.

Seine unbewegliche Brust an mich gedrückt
Bet' ich sie an, oh teilnahmslose Schönheit,
Will sie beleben, doch verzweifelt und bedrückt

Merk' ich, wie liebend ich verspüre,
Trotz Tausender Küsse voller Zärtlichkeit,
Wie sie vergehn und ich am Marmor friere!

Marmóreo, altivo, refulgente y bello,
Corona de su rostro la dulzura,
Cayendo en torno de su frente pura
En ondulados rizos sus cabellos.

Al enlazar mis brazos a su cuello
Y al estrechar su espléndida hermosura
Anhelante de dicha y de ventura
La blanca frente con mis labios sello.

Contra su pecho inmóvil, apretada
Adoré su belleza indiferente,
Y al quererla animar, desesperada,

Llevada por mi amante desvarío,
Dejé mil besos de ternura ardiente
Allí apagados sobre el mármol frío![49]

Das erotische in diesem ganz im Sinne Nietzsches Apoll und nicht Dionysos gewidmeten Sonett, in dem die bildhauerische Plastizität des französischen „Parnasse" unüberhörbar mitschwingt, wird die Schönheit eines Männerbildes vorgetragen, das in die Regungslosigkeit eines „ídolo" oder – wie sich Juana Borrero in ihrem Tagebuch ausdrückte – eines „ideal del hombre que he soñado",[50] der als Mann

---

49 Borrero, Juana: Apolo. In (dies.): *Poesías*, S. 77. Die von Casal in seinem Portrait Juana Borreros zitierte Fassung weist eine Reihe interessanter Varianten auf; vgl. Casal, Julián del: Juana Borrero, S. 269.
50 Borrero, Juana: *Epistolario*, Bd. 1, S. 40.

kein Mann mehr wäre, überführt wurde. Auch in diesem Sinne ist ‚ihr' Apoll in-different: „indiferente" und teilnahmslos.

Die Umwandlung des Männerbildes in ein Marmorbild, die Verwandlung der erotischen Umarmung in das Versiege(l)n tausender Küsse, die chromatische Einbettung einer Regungslosigkeit, die durch die Betonung von „indiferente"[51] psychologisiert, aber vergeblich animiert wird, überlässt dem lyrischen Ich jenen Spiel-Raum, in dem die Gesten und mehr noch die *Figuren* der Liebe[52] erprobt und in Szene gesetzt werden können. In dieser Choreographie der Liebe, die das „sujet amoureux"[53] zugleich konstituiert und aufführt, wird das männliche lie-bende Subjekt zugleich fest-gestellt und kalt-gestellt, entfaltet die „ternura ar-diente" ihr Liebes-Spiel doch auf der plastischen Oberfläche des „mármol frío", des kalten Marmors, auf dem die Tausende von heißen Küssen rasch verglühen.

Die romantische Überhitzung der Figuren wird in die distante Chromatik modernistischer Ästhetik übersetzt, ohne doch ‚ihr' Göttliches, ihr „ídolo" aus dem Blick zu verlieren. Die Kunst gestaltet hier ein Leben, das sich selbst als Kunstwerk inszeniert und gerade darum immer schon Leben ist: Leben erzeugt Kunst, und Kunst erzeugt Leben.

Auch wenn aus dem hier gewählten Blickwinkel die Spannbreite modernisti-schen Schreibens allein in Kuba schon als gewaltig erscheint, sollten wir doch nicht vergessen, dass José Martí, Julián del Casal und Juana Borrero ein Absolutheitsan-spruch eint, der die Kunst stets in das Leben eingreifen lässt und umgekehrt das Leben als ein Kunstwerk inszeniert. Denn auch ein Martí selbst verstand sein eige-nes Leben als ein Kunstwerk, das er seiner Nachwelt möglichst vollkommen über-lassen wollte. Lyrik und Leben waren auch beim kubanischen Nationaldichter aufs Engste und so miteinander verwoben, dass er nach seinem Tode noch unter dem Grase wachsen würde: „Mi verso crecerá: bajo la yerba / Yo también creceré"[54] – Mein Vers wird wachsen; und unter dem Grase werde auch ich wachsen.

Mit José Martí und Juana Borrero stoßen wir ins Zentrum opponierender Geschlechtermodellierungen des Modernismus auf Kuba vor. Auf die Objekti-vierung der Frau durch den Mann antwortet die Objektivierung des Mannes durch die Frau. Stets herrscht höchste Kontrolle über die Bilder, gleichviel, ob

---

51 Die von Casal zitierte Fassung des Gedichts betonte das in Versendstellung hervorgeho-bene „indiferente" durch eine Lexemrekurrenz noch zusätzlich, indem sie bereits im ersten Vers ein „indiferente" enthält, das später (?) durch „refulgente" ersetzt wurde. Die Dichtkunst Juana Borreros steckt voll derartiger intertextueller Echowirkungen.
52 Barthes, Roland: *Fragments d'un discours amoureux*. Paris: Seuil 1977, S. 7.
53 Ebda., S. 11.
54 Martí, José: *Antes de trabajar*. In (ders.): *Poesía completa. Edición crítica*. Edición Centro de Estudios Martianos. La Habana: Ed. Letras Cubanas 1985, Bd. 1, S. 126.

es sich um das Bild des Kämpfers für das Vaterland,[55] das Bild des filigranen Dekadenten oder das kreativ und mit letzter Konsequenz angeeignete Bild der „Virgen triste" handelt.

So unterliegt den *Versos libres* Martís, den *Bustos y Rimas* Casals und den *Rimas* Juana Borreros das gleiche ästhetische Streben, die Absolutheit des Anspruchs auf Subjektwerdung in ein selbstgewähltes Lebensprojekt zu transfigurieren, das in der ‚Reinheit', der „pureza" des selbstbestimmten Zieles Baudelaires Diktum vom absoluten Modernsein in die zeitgenössischen Kontexte übersetzt. Stets ist dieses Modernsein aber auch geschlechtlich modelliert. Just an dieser Stelle wird der „Gender trouble", der nur zum Teil ein ‚Unbehagen' der Geschlechter ist, von größter Wichtigkeit für Juana Borrero, Julián del Casal oder José Martí, ist diese Art des Trouble doch stets auf bestimmten Ebenen mit Revolte, Rebellion oder Revolution verknüpft. So heißt es bei Judith Butler:

> To make trouble was, within the reigning discourse of my childhood, something one should never do precisely because that would get one *in* trouble. the rebellion and its reprimand seemed to be caught up in the same terms, a phenomenon that gave rise to my first critical insight into the subtle ruse of power: The prevailing law threatened one with trouble, even put one in trouble, all to keep one out of trouble. Hence, I concluded that trouble is inevitable and the task, how best to make it, what best way to be in it.[56]

An die Stelle der Beziehung zwischen den Kulturen tritt bei Juana Borrero der Versuch, die Beziehung zwischen den Geschlechtern neu zu regeln, ohne dass ihr dabei der Fund eines Amerika in der ersten Person Plural vergönnt gewesen wäre. Selbst ihre Krankheit zum Tode, der sie symbolhaft erst im Exil erlag, war noch das Signum einer Rebellion, die keine männliche Stimme, auch nicht jene Julián del Casals, an die Stelle ihrer eigenen Stimme treten ließ und duldete. Ihre Stimme war die einer *anderen*, der männlichen Variante entgegengestellten Moderne, deren Impuls aus dem „Gender trouble" kam.

In Juana Borreros Schreiben manifestiert sich mit nicht geringerem Nachdruck als in jenem Martís ein Anspruch auf eine eigene Teilhabe an der Moderne und am hispanoamerikanischen Modernismo. Da ist kein Zweifel möglich: Der „Gender trouble" wirft ein neues Licht auf José Martís und Juana Borreros (poetische) Weltsicht und ihre divergierenden Beziehungen zwischen Leben, Lieben und Lesen! Beide sind herausragende Stimmen der Moderne, denen es in unter-

---

55 Zur Beziehung dieses Bildes zum Lebensprojekt Martís und der Anfachung des Krieges vgl. Ette, Ottmar:: Imagen y poder – poder de la imagen: acerca de la iconografía martiana. In: Ette, Ottmar / Heydenreich, Titus (Hg.): *José Martí 1895 / 1995. Literatura – Política – Filosofía – Estética*. Frankfurt am Main: Vervuert 1994, S. 225–297.
56 Butler, Judith: *Gender trouble*, S. vii.

schiedlichen künstlerischen und existenziellen Genres, die sich in ihren wechselseitigen Überlagerungen verstärken, gelang, die verschlungenen Bezüge zwischen *Modernismo*, *Modernización* und *Modernidad* zu Gehör zu bringen.

Als die Kubanische Republik entstand, waren diese Stimmen längst ver-
stummt. An ihre Stelle traten im einen Fall ein ungeheures Echo und im anderen ein nicht weniger ungeheures Schweigen. Wenn es bisweilen auch schwer,
aber doch unverzichtbar ist, José Martís Stimme durch eine lange Geschichte
von Übersetzern und Bauchrednern noch zu vernehmen, dann fordern Juana
Borreros Briefe und Verse weit geöffnete Ohren, um gemeinsam die Rhythmen
eines anderen– und noch immer möglichen – Kuba zu hören, „la isla posible".

Wiederholen wir es noch einmal deutlich: Das Thema der Konvivenz, folglich
die Frage nach den Formen und Normen des Zusammenlebens,[57] bildet ohne
jeden Zweifel eine der großen, entscheidenden Lebensfragen im Schaffen der be-
deutenden kubanischen Dichterin und Malerin! Die am 17. Mai 1877 geborene
und zusammen mit ihren zahlreichen Geschwistern[58] im elterlichen Haus in Puentes Grandes unweit der kubanischen Hauptstadt aufgewachsene Künstlerin,
die bereits im Alter von achtzehn Jahren in Cayo Hueso, dem US-amerikanischen
Key West am 9. März 1896 im kubanischen Exil verstarb, hat dieses Thema in
ihrem Schreiben, aber auch in ihrem Malen immer wieder von neuem liebevoll,
bisweilen aber auch mit der ganzen Wucht des Aufeinanderprallens unterschiedlicher Lebensentwürfe auf faszinierende Weise gestaltet. Bleiben wir noch für
einen Augenblick bei der großen kubanischen Künstlerin Juana Borrero!

Das ‚Wunderkind' Juana Borrero war für viele ihrer kubanischen Zeitgenossen Faszinosum und Rätsel zugleich. Dies betrifft auch ihre frühen Bilder. Bei diesen beeindruckt immer wieder die scheinbare Schlichtheit, mit
der die junge Kubanerin ihre künstlerischen Bildentwürfe ästhetisch durch-
formte. Das Museo Nacional de Bellas Artes in Havanna zeigt bis heute
eines ihrer wohl gelungensten Ölgemälde, das wohl im Jahre 1895 entstand
und unter dem Titel *Las niñas* zu den wohl bekannteren Werken der früh
verstorbenen Künstlerin zählt (Abb. 23).

---

57 Zu Begriff und Problematik der Konvivenz vgl. Ette, Ottmar: *ZusammenLebensWissen. List,
Last und Lust literarischer Konvivenz im globalen Maßstab (ÜberLebenswissen III)*. Berlin: Kulturverlag Kadmos 2010; sowie (ders.): *Konvivenz. Literatur und Leben nach dem Paradies*. Berlin: Kulturverlag Kadmos 2012.
58 Die Namen der Geschwister von Juana Borrero (1877–1896) und deren ermittelbare Lebens-
daten sind Manuel (1874 [?] – 1875 [?]), Dolores ‚Lola' (1876[?] – 1934), Elena (1879 – [?] –
1946), Sara de los Angeles ‚Sarita' (1880–1890), Dulce María ‚Dulcita' (1883–1945), Ana María
(1884–1947), Esteban ‚Estebita' (1889 [?] – [?]), Mercedes ‚Mercita' (1892–1980), Manuel Antonio Adolfo (1894 [?] – 1914) sowie Carlos Manuel (1895–1958).

Abb. 23: Juana Borrero: Las niñas, Öl auf Leinwand 42,5 cm x 89 cm.

Es ist eine der Lektüreszenen, von denen bereits die Rede war, und zeigt uns vier in etwa vier- oder fünfjährige Mädchen, die wie kleine Puppen vor einem aufgeschlagenen Buch sitzen, in ihrer linearen Reihung entweder in das überproportional scheinende Buch blickend oder direkt ihre Betrachter anschauend, sich in einer eigenartig konzentrierten Spannung befinden. Das Gemälde ist eine tiefgründige Reflexion über die Lektüre und über die Erziehung junger Mädchen. Nur auf den ersten Blick handelt es sich bei dem wenig kommentierten und noch weniger eingehend analysierten Gemälde um die ebenso kunst- wie liebevolle Darstellung einer Idylle.

Auch wenn die geradezu serielle Anlage der vier Mädchenköpfe, ihre geschwungene Höhe in der raffinierten Bildkomposition gemeinsam mit dem Buch eine flache Ellipse konfiguriert und eine lippenartige Struktur bildet, die sich quer über die gesamte Leinwand erstreckt, so ist doch angesichts des gewählten Sujets auffällig und augenfällig, dass sich nur schwerlich die vom Thema her im Grunde erwartbare Heiterkeit der Szenerie, dieser kleinen ‚Idylle‘ kindlich-mädchenhafter Unschuld, einstellt. Nicht nur, weil sich unter den Mädchen kaum ein wechselseitiger Austausch herzustellen scheint, nicht nur, weil das am äußeren rechten Rand und am weitesten aus dem Umfeld des aufgeschlagenen Bandes heraustretende Mädchen, das wohl mit der damals knapp vierjährigen Mercedes Borrero identifiziert werden kann,[59] mit eher traurigen Augen die Betrachter oder auch die Malerin anblickt: Es handelt sich vielmehr insgesamt um

---

59 Vgl. hierzu den Kommentar zur Wiedergabe des Gemäldes in Borrero, Juana: *Poesías*. Ordenación y notas a cargo de Fina García Marruz y Cintio Vitier. Prólogo de Fina García Marruz. La Habana: Academia de Ciencias de Cuba 1966, S. 200. Dieser Schwester von Juana ist es zu verdanken, dass die Liebesbriefe an Carlos Pío Uhrbach für die Öffentlichkeit freigegeben und ediert werden konnten; vgl. Borrero y Piedra, Mercedes: Al lector. In: Borrero, Juana: *Epistola-*

eine wohldurchdachte und höchst hintergründige Komposition, in der die körperliche Nähe der vier ausdrucksstarken Mädchenbilder eine Kommunikation der weiblichen Figuren und Figurationen wohl nur über das Buch vermitteln und herstellen kann. In gewisser Weise wird somit das Buch zum eigentlichen Protagonisten dieses Gemäldes. Es ist, als wäre die Kindheit in das Licht einer vergangenen Zukunft eingetaucht, die ihre Versprechen auf ein künftiges Leben nicht einzulösen vermochte. Die autobiographische Dimension im Blick der achtzehnjährigen Malerin auf ihre eigene vergangene Kindheit ist ebenso unübersehbar wie die Kritik an der spezifischen Erziehung der Mädchen im Hause Borrero.

Las niñas präsentiert uns vier kleine Kubanerinnen, die in ihrer Serialität und Seriosität höchst diszipliniert, ja mehr noch: einer strengen Disziplin und Verhaltensnorm unterworfen erscheinen. Blicken wir hier nicht schon in Frauengesichter eines kubanischen „Fin de Siglo"?[60] Die „niñas" (und dieser Begriff ist für Juana Borrero hochgradig semantisiert) sind sehr wohl individuell gezeichnet und gestaltet, aber in eine Ordnung eingebettet, die nicht allein ihre gleichförmige Haartracht und Kleidung, sondern auch ihre Körper wie ihre Gesichter ergriffen und eingeregelt, *norm*alisiert hat. Es sind Kinder, die geschlechterspezifisch ihre Rolle im Leben bereits gelernt zu haben scheinen, und sie sind von dieser Rolle allesamt nicht nur ergriffen, sondern auch gezeichnet.

Konfrontieren wir diese „niñas" mit dem zweiten Ölgemälde Juana Borreros, das im selben Museo Nacional de Bellas Artes unter dem Titel *Los pilluelos* ausgestellt ist (Abb. 24), so erkennen wir in diesem letzten Gemälde, das die Künstlerin wenige Wochen vor ihrem Tod 1896 in Cayo Hueso schuf, eine gänzlich andere, wenngleich nicht weniger durchdachte Anlage, in der die drei dargestellten Kinder stark miteinander interagieren, sehr unterschiedlich gekleidet sind und von einer gemeinsamen Fröhlichkeit getragen werden. Aus dem Kontrast zwischen beiden Werken erhellt zugleich: Die vier kubanischen „niñas", die wir zuerst betrachteten, sind weiß und gehören anders als *Los pilluelos* in einer Gesellschaft, in der erst wenige Jahre zuvor zumindest offiziell die Sklaverei abgeschafft wurde, einer gehobenen Gesellschaftsschicht an. Sie sind die (traurigen) Produkte dieser patriarchalischen bürgerlichen Gesellschaft. Sie sind als Mädchen bereits von ihrer künftigen Rolle in einer kolonialspanisch geprägten kubanischen Gesellschaft also buchstäb-

---

rio. Ordenación y notas a cargo de Fina García Marruz y Cintio Vitier. Prólogo de Cintio Vitier. 2 Bde. La Habana: Academia de Ciencias de Cuba 1966, hier Bd. 1, S. 37–38.

60 Zum Begriff des *Fin de Siglo* in der hispanoamerikanischen Literatur vgl. noch immer die Studien von Meyer-Minnemann, Klaus: *Der spanisch-amerikanische Roman des Fin de siècle*. Tübingen: Niemeyer 1979; sowie ders.: La novela modernista hispanoamericana y la literatura europea del 'fin de siglo': puntos de contacto y diferencias. In: Schulman, Ivan A. (Hg.): *Nuevos Asedios al Modernismo*. Madrid: Taurus Ediciones 1987, S. 246–261.

lich *gezeichnet* und – durchaus vergleichbar mit *Las Meninas* von Diego Velázquez, wenn auch in einer gänzlich anderen Bildkomposition – an ihrem jeweiligen gesellschaftlichen Platz festgeheftet und fixiert.

Abb. 24: Juana Borrero: *Los pilluelos* 1896, Öl auf Leinwand, 76 cm x 52,5 cm.

Vergessen wir nicht, dass Juana Borrero schon seit dem Jahre 1886, lange vor ihrem zehnten Geburtstag also, bei der angesehenen Malerin Dolores Desvernine Zeichen- und Malunterricht genommen hatte und sich schon bald, im Folgejahr, an der renommierten Academia de Bellas Artes de San Alejandro in La Habana, wo ihre engagierte Lehrerin unterrichtete, einschreiben durfte! Hier studierte sie bei dem berühmten kubanischen Maler Armando Menocal wie auch bei anderen herausragenden Vertretern der kubanischen Kunst des ausgehenden 19. Jahrhunderts.[61] Sie gelangte so im Bereich der Bildenden Kunst in den Genuss einer ausgezeichneten Ausbildung, die ihr künstlerisches Talent

---

61 Vgl. hierzu Morán, Francisco: *La pasión del obstáculo. Poemas y cartas de Juana Borrero.* Madrid: Stockcero 2005, S. xv f.; sowie Cuza Malé, Belkis: *El clavel y la rosa. Biografía de Juana Borrero.* Madrid: Ediciones Cultura Hispánica 1984, S. 55–57.

maßgeblich förderte und sie bereits in jungen Jahren zu einer beeindruckenden Bildchronistin jener kolonialspanischen Gesellschaft werden ließ, die sie – darin durchaus vergleichbar mit Julián del Casal, aber selbstverständlich nicht mit José Martí – als einzige kannte.

Gewiss war die junge Juana Borrero hochtalentiert; doch übersieht man angesichts des bis heute strapazierten Topos vom ‚Wunderkind', von der „niña prodigiosa" leicht, dass sie ebenso im Bereich der Schönen Künste wie auf dem Gebiet der Literatur hochgebildet (und dies heißt auch: bestens ausgebildet) war. Nicht von ungefähr hat Roland Barthes sich in seinen 1957 erschienenen *Mythologies* auch dem Mythos des Wunderkinds in der Form des „enfant-poète"[62] zugewandt, um mit seiner mythenkritischen Ironie sogleich darauf zu verweisen, dass es sich hierbei um „le mythe central de l'art bourgeois" handele: „celui de l'irresponsabilité (dont le génie, l'enfant et le poète ne sont que des figures sublimées)".[63] Die Rede vom ‚Wunderkind' bildet in den Worten des französischen Gesellschaftskritikers den zentralen Mythos einer bürgerlichen (und phallogozentrischen) Gesellschaft, die für Barthes zwar eine europäische war, was freilich in diesem Falle aber auch leicht auf die an den europäischen Gesellschaften orientierte kubanische Kolonialgesellschaft übertragen werden kann.

Wir sollten angesichts dieser Warnung folglich behutsam mit diesem Versatzstück der Rede vom ‚Wunderkind' umgehen, da es dessen Tun zugleich jegliche Verantwortung und Verantwortlichkeit entzieht, agiert das Wunderkind doch direkt, unvermittelt und gleichsam inspiriert. Denn das Kind der Wunder, über die sich eine konformistische bürgerliche Kunstauffassung wundere, werde letztlich zum Opfer der Gesellschaft und von dieser – wie die kleine Minou Drouet – zur Märtyrerin gemacht und verschlungen:

> Das sühnende Opfer wird geopfert, damit die Welt klar sei, damit die Dichtung, das Genie und die Kindheit, in einem Worte: die *Unordnung*, zu guter Letzt gezähmt werden, und damit auch die wahre Revolte, sobald sie erscheint, ihren Ort in den Tageszeitungen finde, Minou Drouet ist das Märtyrerkind des Erwachsenen, dem es an poetischem Luxus mangelt, sie ist die Entführte oder Gekidnappte einer konformistischen Ordnung, welche die Freiheit auf das Wunder reduziert.[64]

Das „enfant poète" folglich als „enfant martyr"? Diese These des französischen Mythenkritikers und Kulturtheoretikers ist aufschlussreich, zeigt sie doch den

---

62 Barthes, Roland: La Littérature selon Minou Drouet. In (ders.): *Œuvres complètes*. Edition établie et présentée par Eric Marty. 3 Bde. Paris: Seuil 1993–1995, hier Bd. 1, S. 657.
63 Ebda.
64 Ebda., S. 661.

Mechanismus auf, mit der sich eine konformistische Weltordnung die Unordnung der Welt vom Leibe hält. Versuchen wir also, die junge Kubanerin davor zu bewahren, was ihr zu Lebzeiten und während weiter Teile ihrer bisherigen Rezeptionsgeschichte[65] widerfuhr: als Wunderkind zugleich bewundert und entschärft, in die alles dominierende Ordnung der Gesellschaft und der Geschlechter, in die herrschende Ordnung der Künste und der Kultur zurückgeholt und daher ihrer Eigenverantwortung wie ihrer so eigenen *Revolte* entkleidet zu werden!

Wir sollten Juana Borrero nicht als Ausnahme-Wunderkind zu sehen versuchen, sondern die Kontexte ihrer Bildung und Erziehung, ja ihres ganzen Lebens genauer rekonstruieren und zu analysieren. Denn das in Puentes Grandes inmitten einer damals durchaus noch idyllischen Landschaft aufgewachsene Mädchen ist nicht vom Himmel gefallen, sondern in einer Künstlerfamilie erzogen worden, in der große Ambitionen nicht nur mit Blick auf Kunst und Literatur, sondern auch auf den politischen Kampf um die Unabhängigkeit Kubas von Spanien vorherrschten. Juana Borreros radikale Revolte bezog sich ebenfalls auf eine Unabhängigkeit: und zwar vordringlich *ihre eigene*. Die Frage dieser Unabhängigkeit stellte sich folglich für sie weniger im kolonialpolitischen als im geschlechter- und körperpolitischen Bereich, kurz: in alledem, was sie direkt und hautnah als werdende Frau anging.

Halten wir gegen den bis heute zäh verteidigten Mythos vom Wunderkind also fest: Juana Borrero war weder als Malerin noch als Lyrikerin eine Autodidaktin, sondern verfügte in ihrem gesamten künstlerisch-literarischen Ausbildungsprozess über eine ausgezeichnete Schulung, stammte sie doch aus einer Familie, in welcher ebenso väterlicher- wie mütterlicherseits zwei jeweils mehrere Generationen übergreifende Dichtergenealogien zusammenflossen! Das Mädchen war zweifellos hochbegabt, mit großen Gaben versehen, aber kein vom Himmel gefallenes Wunderkind.

In ihrer Familie gab keineswegs allein ihr Vater Esteban Borrero, der als Dichter in der zeitgenössischen Literaturszene Kubas mit seinen Werken wie mit seiner literarischen Tertulia zweifellos eine wichtige Position einnahm und über beste Kontakte verfügte,[66] den poetischen Pol in der Familie vor. Die fraglos weit überdurchschnittlichen künstlerischen und literarischen Fähigkeiten der kleinen Juana wurden von Beginn an systematisch gefördert, ihre Arbeiten wurden diskutiert und bald schon weit über den Familienkreis hinaus bekannt

---

65 Vgl. Rivero, Eliana: Pasión de Juana Borrero y la crítica. In: *Revista Iberoamericana* (Pittsburgh) 56 (1990), S. 829–839.

66 Vgl. etwa Toledo, Arnaldo: Esteban Borrero y 'El ciervo encantado'. In: *Islas* (Santa Clara) 79 (1989), S. 51–70.

gemacht. Man versteckte sie nicht, sondern war stolz auf sie und stellte sie gleichsam ins Schaufenster; zugleich versuchte man, sie möglichst an genaue (und eher konformistische) Verhaltensregeln zu gewöhnen und sie vor allzu zudringlichen Verehrern ihrer Kunst zu schützen.

Selbst in der exilkubanischen Gemeinschaft in den USA war Juana, das ‚Wunderkind‘, bald schon keine Unbekannte mehr, sondern gleichsam ein Symbol für die hohe Intelligenz und Kunstfertigkeit eines kubanischen Volke, das nicht mehr länger unter dem spanischen Joch leben durfte. Denn ihr Vater war als Vertreter der Unabhängigkeit Kubas bekannt. Ihre Gedichte erschienen seit 1891 in den damals renommiertesten literarischen Periodika wie *La Habana Elegante*, *La Revista Cubana*, *El Fígaro*, *La Habana Literaria* oder *Gris y Azul*[67] und wurden einem größeren zeitgenössischen Publikum bekannt. Juana Borrero wurde von allen Seiten bewundert und verehrt. Ahnte sie, dass sie als „enfant poète" bald schon zu einem „enfant martyr" werden würde?

In einem wesentlich von Männern beherrschten und geprägten kulturellen Kontext im finisekularen kolonialspanischen Kuba wurde Juana Borrero zu einem Wunderkind und einem Naturtalent hochgelobt und abgestempelt, wie dies mit den besten Absichten etwa der renommierte kubanische Kritiker Aniceto Valdivia tat, der unter seinem „nom de plume" Conde Kostia als einflussreicher Kritiker gleich zu Beginn seiner Einleitung in Juana Borreros erstem (und zu Lebzeiten einzigen) Gedichtband, der mit Unterstützung ihres Vaters 1895 in der wichtigen *Biblioteca de Gris y Azul* in Havanna erschien, jene Formulierungen fand, die für lange Jahrzehnte die Rezeptionsgeschichte der kubanischen Lyrikerin prägen sollten:

> *Das Musen-Mädchen, die mädchenhafte Magierin, die geweiht mit dem süßen Öle ihrer Prosa alles den bleichen Erzengel der Poesie widmete, der einen ewigen Schlaf in seiner Krypta aus Marmor schläft und ein ewiges Leben in seinen Bustos wie in seinen Reimen lebt. Sie ist die Blüte der Dichtkunst, welche alle Lüfte einer anhebenden Popularität in Balsam tunkt und dem initialen Wohlgeruche weitere Wohlgerüche beimengt.*[68]

Bereits in diesen ersten Zeilen des damaligen kubanischen Literaturpapstes wird die junge Frau zum Mädchen, zur „niña" verkleinert, die sich als Muse und Magierin, aber vor allem als *„inspirada niña"*[69] in einer Szenerie bewegt, deren Ord-

---

67 Vgl. hierzu Vitier, Cintio: Las cartas de amor de Juana Borrero. In: Borrero, Juana: *Epistolario*, Bd. 1, S. 44.
68 Conde Kostia [Aniceto Valdivia]: Juana Borrero. In: Borrero, Juana: *Poesías*, S. 59: *„La niña-musa, la niña-maga, que consagró, ungiéndola con el óleo dulce de su prosa, el pálido arcángel de la poesía que duerme sueño eterno en su cripta de mármol y vive vida eterna en sus Bustos y rimas. La flor de poesía que todas las brisas de una popularidad naciente embalsaman, añadiendo perfumes al perfume inicial."*
69 Ebda., S. 60.

nung von den Männern, vom Kritiker Conde Kosta, vom Vater Esteban Borrero oder vom damals bereits verstorbenen Verfasser der *Bustos y rimas*, Julián del Casal, der als Erzengel der Poesie aus dem Jenseits grüßt, bestimmt wird. Von allen Seiten wird das Mädchen von Männern umgeben, die ihr Porträt bestimmend und patriarchalisch rahmen. Anhand derartiger Formulierungen lässt sich ermessen, welche enorme semantische Aufladung das schlichte Lexem „niña" für Juana Borrero beinhalten musste und wie es in eine von Männern beherrschte Gesellschaft integriert werden konnte.

Just aus jenem Jahr, in dem ihre *Rimas* erschienen und sie dem Lesepublikum einmal mehr als wundersame „niña" vorgestellt wurde, stammt jenes Ölgemälde, jener „óleo", mit dem die hochtalentierte, aber zugleich auch hochgebildete Juana Borrero ihre vier „niñas" wie Püppchen in Serie bildlich *fest*hielt. Die „niña-maga" wusste sehr genau, was das Schicksal der „niñas" in einer Gesellschaft zu sein pflegte, deren patriarchalisches System ein Konvivenzmodell vorhielt, in das sich die braven, wohlerzogenen und wohlangezogenen Mädchen zu fügen hatten.

Las niñas präsentiert und repräsentiert mit aller denk- und fühlbaren Eindringlichkeit jene auf den ersten Blick harmlos wirkenden weiblichen Geschlechtermodelle, gegen die Juana Borrero gerade gegen Ende ihres Lebens so virulent aufbegehrte und jenen im Sinne Judith Butlers[70] verstandenen „Gender trouble" auslöste,[71] welcher sie gegen die Formen und Normen[72] ihrer Zeit auf der Ebene der Geschlechterbeziehungen rebellieren ließ. Dabei suchte Juana Borrero nach *ihrer* Form der Revolte, nach *ihrer* – um mit Barthes zu sprechen – Unordnung gegen eine konformistische Ordnung. Dafür aber gab es einen Raum nur in Kunst und Literatur, genauer: in den zu findenden oder zu erfindenden experimentellen Zonen des kolonialspanischen Kulturbetriebs auf Kuba. Und Juana Borrero versuchte, ihre Revolte als Frau, als Dichterin, als Malerin zu leben: und wenn es sein musste, auf Kosten ihres eigenen Lebens.

Die stark autobiographische Einfärbung ihres Gemäldes *Las niñas* ist folglich nicht allein aufgrund der Darstellung von Juanas jüngerer, 1892 geborener Schwester Mercedes („Mercita') offenkundig, verstärkt durch die Tatsache, dass

---

70 Vgl. Butler, Judith: *Gender trouble. Feminism and the subversion of identity.* New York – London: Routledge 1990.

71 Vgl. Ette, Ottmar: Gender Trouble: José Martí and Juana Borrero. In: Font, Mauricio A. / Quiroz, Alfonso W. (Hg.): *The Cuban Republic and José Martí. Reception and Use of a National Symbol.* Lanham – Boulder – New York – Toronto – Oxford: Lexington Books 2006, S. 180–193 u. 230–233.

72 Vgl. Ette, Ottmar (Hg.): *Wissensformen und Wissensnormen des ZusammenLebens. Literatur – Kultur – Geschichte – Medien.* Berlin – Boston: Walter de Gruyter 2012.

Juana neben der bereits 1890 verstorbenen Schwester Sarita mit Dolores, Elena, Dulce María und Ana María noch vier weitere Schwestern besaß, die zwischen 1876 und 1892 auf die Welt gekommen waren. Diese Schwestern tauchen nicht nur im umfangreichen Briefwerk Juanas, sondern auch in all ihren anderen Schöpfungen immer wieder auf und sind bis in Juanas letztes Gedicht, ihre *Ultimas rimas*,[73] die sie wenige Tage vor ihrem Tod ihrer Schwester Elena diktierte, allgegenwärtig. Auch wenn die anderen „niñas" aus der Borrero-Familie, die mit ihr auf sehr intime Weise verbunden sind, nicht nur in der Liebe einen anderen, normenkonformeren Weg wählten, sind die Schwestern in all ihrem Denken und all ihrem Tun ganz im Gegensatz zu ihren Brüdern omnipräsent. Die Konvivenz im Hause Borrero ist auch auf der Ebene der zahlreichen Geschwister nicht geschlechterneutral, sondern spiegelt deutlich die vorherrschenden Geschlechterhierarchien.

Ganz so, wie das große und bis auf wenige klägliche Reste heute längst verschwundene stattliche Haus der Familie Borrero vor den Toren Havannas einerseits als Idylle und herrschaftlicher Wohnsitz einer vielköpfigen und kunstbeflissenen Dichterfamilie beschrieben werden konnte, während es andererseits aber auch mit Blick auf einige tragische Ereignisse, die sich im Hause abspielten, weit mehr jedoch auf die Abgeschlossenheit, in der insbesondere die Bewohnerinnen des Hauses dort unter väterlicher Kontrolle lebten, als ein Gefängnis und als eine Wohnstätte im Zeichen von Mord und Selbstmord bezeichnet worden ist,[74] so zeichnet sich auch Juanas Ölgemälde *Las Niñas* durch jene hochgradige Ambivalenz aus, die das gesamte Schaffen der Künstlerin durchzieht. Das Gemälde führt uns eine Konvivenz vor Augen, die gewiss im Zeichen des Buches und der Lektüre, im Zeichen von Kunst und Literatur steht, die zugleich aber auch in ihren inneren Spannungen wie in ihrer aufoktroyierten Ordnung deutlich erkennbar ist.

Es handelt sich dabei um eine Ordnung, die sich in *Las Niñas* gleich in mehreren Augenpaaren, in den Pupillen der Puppen, selbst reflektiert, simultan zeigt und verbirgt. In ihrer durchdachten Anordnung bilden die aufgereihten „niñas" zusammen mit dem vor ihnen aufgeschlagenen Buch eine geradezu sinnlich geschwungene lippenförmige Einheit; doch ist ihr Zusammenleben weit von jener Freude und Heiterkeit entfernt, von denen jene noch kindlichen und fröhlichen Figuren erfüllt sind, die Juana Borrero – als hätte sie das kom-

---

73 Vgl. Borrero, Juana: Ultimas rimas. In (dies.): *Poesías*, S. 94. Dieses Gedicht erschien erstmals in *El Fígaro* (La Habana) XI, 16 (1896), S. 184 mit dem in Klammern hinzugesetzten Hinweis: „(Escrito días antes de morir en Key West.)".
74 Vgl. hierzu Morán, Francisco: *La pasión del obstáculo. Poemas y cartas de Juana Borrero*, S. 14 f.

388 — José Martí, Juana Borrero oder die Geschlechtermodellierungen des *Modernismo*

plementäre Gegen-Bild zu *Las niñas* zu entwerfen gesucht – kurze Zeit vor ihrem eigenen Tod in Key West in Gestalt von *Los pilluelos* malte.

Die Gelassenheit und Heiterkeit, ja die *Apatheia* dieses doch gewiss im Angesicht des eigenen Todes fertiggestellten Gemäldes berühren zutiefst. Kein Zwang scheint auf diesen Gesichtern, auf diesen Körpern unmittelbarer Nachfahren von Sklaven, die uns als Einheit aus sehr unterschiedlichen Haltungen anblicken, zu lasten: ein Bild entspannter Konvivenz, ein Bildnis lustvollen Zusammenlebens, das in seinem Kontrast zum geordneten Leben der weißen „niñas" die ganze Revolte der Juana Borrero als Mädchen und als Frau zum Ausdruck bringt.

Graphische Entwürfe begleiten und durchdringen als Visualisierungen Juana Borreros ganzes Leben – und ganz gewiss auch ihr Schreiben. Die so oft (und so gefährlich) als ‚Wunderkind' apostrophierte Tochter von Esteban Borrero und Consuelo Pierra y Agüero, die bereits mit vier Jahren ihre ersten Gedichte verfasste, entwarf mit fünf Jahren schon jene kunstvolle Zeichnung einer Rose und einer Nelke, der sie selbst – so wird überliefert – den Titel ‚Romeo y Julieta' gab.[75] Die stilisierten Umrisse der beiden Blumen, die sich berühren, eröffnet den langen Reigen jener Liebespaare, der von Romeo und Julia über Heloïse und Abaelard bis hin zu Dantes Paolo und Francesca reicht und damit eine Konvivenz in den Mittelpunkt rückt, die im Zeichen nicht mehr einer elterlichen oder geschwisterlichen, sondern einer geschlechtlichen Liebe steht, einer Liebe, die mit aller Intensität vor allem das literarische Oeuvre der kubanischen Schriftstellerin prägt und durchzieht.

Die Formen und Normen der geschlechtlichen Liebe, aber auch deren Entsagung und Transzendenz avancieren insbesondere im ‚Spätwerk' der Achtzehnjährigen zum großen Thema ihrer literarischen Ausarbeitungen zwischenmenschlicher Konvivenz, die stets nicht nur Konflikt und Krise, sondern Revolte und Katastrophe sowie das Signum versuchter Befreiung als Frau in sich trägt.[76]

Das Buch, das die vier Mädchen in *Las niñas* vor sich haben und das die Betrachterinnen und Betrachter des Ölgemäldes nicht einsehen können, hat es in sich: Es steht für eine eigene Welt von Literatur und Kunst, welche das Spannungsverhältnis zu der im Gemälde unübersehbaren Ordnung – einer Geschlechterordnung, der die vier Mädchen längst ausgesetzt sind – konstituiert.

---

75 Die kubanische Lyrikerin und Essayistin Belkis Cuza Malé hat in ihrer bereits erwähnten (und bislang einzigen) Biographie Juana Borreros *El clavel y la rosa* diese berühmt gewordene Zeichnung als Titel ihres Buches gewählt. Nelke und Rose finden sich ebenso auf dem Umschlag der bereits angeführten Ausgabe der *Poesías* Juana Borreros wie in der ebenfalls von Fina García Marruz und cintio Vitier besorgten Ausgabe ihrer Briefe; vgl. hierzu Borrero, Juana: *Epistolario*. 2 Bde. La Habana: Academia de Ciencias de Cuba 1966–1967.

76 Vgl. hierzu Ette, Ottmar / Kasper, Judith (Hg.): *Unfälle der Sprache. Literarische und philologische Erkundungen der Katastrophe*. Wien – Berlin: Verlag Turia + Kant 2014.

Im Dreieck von Liebe, Leben und Literatur beziehungsweise Kunst spiegeln sich die ersten Arbeiten der vier- oder fünfjährigen Dichterin und Zeichnerin im Gemälde der etwa gleichaltrigen Mädchen, welche die reife, wenn auch erst achtzehnjährige Künstlerin im letzten Jahr ihres Lebens als Szenerie keineswegs nur kindlicher Konvivenz entwarf; einer Konvivenz, in der Juana sich selbst spiegeln und einem ganzen Leben, ihrem eigenen Leben in seiner Gesamtheit, ästhetisch wie aisthetisch[77] begegnen und ebenso abstrakt wie sinnlich gegenübertreten konnte. Wie die Literatur, wie die Dichtkunst ist auch die Mal- und Zeichenkunst ein Experimentierraum, in dem sich die frühreife kubanische Künstlerin in unterschiedlichen Rollen und mit verschiedenen Gesichtern erproben konnte.

Rose und Nelke begegnet man im lyrischen Werk der kubanischen Dichterin immer wieder. Am Ende ihrer 1895 erschienenen *Rimas* mag das Gedicht *Himno de vida* dafür beispielhaft stehen:

Im Mysterium, im blätterdichten Walde,
Breitet die Liebe aus ihr herrschend Reich:
Dort entbrennt auf der duftend Nelke am Teich
In Leidenschaft der Schmetterling schon balde.

Dass von der geschäft'gen Biene flink erhalte
Den köstlichen Honig aus der Lilie so bleich,
Den befruchtend Pollen trägt die Aura gleich
Zum jungfräulich Kelch der Rose in der Falte.

Hörst Du die Lerche, wie sie jauchzend schlägt
Wie aus der Ferne ein Konzert ertönt,
Wenn strahlend sich das Licht des Tages hebt?

In diesem hellen Licht erglühet die Natur
Und wird von ihrer süßen Stimm verwöhnt,
Unterm Gestirne blitzt's lebendig nur!

En el misterio de la selva hojosa
Extiende amor su imperio dominante:
Allí al posarse en el clavel fragante
Se enciende de pasión la mariposa!

---

77 Vgl. hierzu auch Kern, Anne: "¿Adónde van mis locos sueños?" Paisajes soñados en la obra poética de Juana Borrero. In: Ette, Ottmar / Müller, Gesine (Hg.): *Paisajes sumergidos, Paisajes invisibles. Formas y normas de convivencia en las literaturas y culturas del Caribe.* Berlin: edition tranvía – Verlag Walter Frey 2015, S. 117.

Allí la abeja ardiente y afanosa
Liba la miel del lirio palpitante
Y el aura lleva el polen fecundante
Al cáliz virgen de la fresca rosa.

¿Oís ese rumor, que de la umbría,
Como vago concierto se levanta
Cuando aparece el luminar del día?

Es que a su luz enciéndese Natura,
Y en dulce voz su desposorio canta
Con el astro que vívido fulgura![78]

Es ist unschwer zu erkennen, dass es sich bei diesem ‚Hymnus an das Leben' um ein romantisches Naturgedicht handelt, das die Allgegenwart des Lebens feiert und zugleich über die weibliche Rose und die (im Spanischen männliche) Nelke hinaus erotisch aufgeladen ist. Dieses an das Ende des Gedichtbandes von 1895 und damit in eine besonders hervorgehobene Position gerückte Sonett ist auf 1893 datiert, erschien aber in differierenden Varianten bereits 1892 in *El Fígaro*[79] sowie in dem unter der Schirmherrschaft der Excma. Señora Doña Manuela Herrera de Herrera 1893 herausgegebenen Band *Escritoras cubanas*,[80] nicht zuletzt aber – und dort datiert auf 1891 in New York – in der Familienanthologie der Borreros, die unter dem Titel *Grupo de Familia*[81] in La Habana vorgelegt wurde. Dieser ‚Lebenshymnus' zeigt uns eine von Liebe erfüllte Natur, in der sich Flora und Fauna in einer sinnlichen, erotisch aufgeladenen Umgebung liebevoll befruchten. Und in der Tat sind Rose und Nelke, „la rosa" und „el clavel", noch immer als heterosexuelles Paar präsent und lassen das blätterbewehrte magische Mysterium des Lebens im Glanz der Liebe, im Glanz des Lichts erstrahlen.

Alles in diesem Gedicht ist – wie in Juana Borreros Zeichnung von Romeo und Julia – geradezu unschuldig erotisiert. In dieser „selva hojosa" ist freilich neben „el clavel fragante" und „la fresca rosa" auch die Lilie, „lilio palpitante", hinzugetreten, was die in Vers- und Strophendarstellung besonders hervorgehobene *weibliche* Rose mit ihrem weit geöffneten Kelch jungfräulich resemanti-

78 Borrero, Juana: Himno de vida. In (dies.): *Poesías*, S. 81.
79 Vgl. ebda.: *El Fígaro* (La Habana) VIII, 34 (1892), S. 2.
80 *Escritoras cubanas. Composiciones escogidas de las más notables autoras de la Isla de Cuba.* La Habana: Imprenta La Universal 1893.
81 Die Gedichte Juana Borreros finden sich hier in *Grupo de Familia. Poesías de los Borrero.* Prólogo de Aurelia Castillo de González. Habana: Imprenta La Moderna 1895, S. 55–70. Zu den Varianten vgl. die Kommentare von Cintio Vitier und Fina García Marruz in Borrero, Juana: *Poesías*, S. 81.

siert. Flora und Fauna wirken intensiv zusammen, um die Fruchtbarkeit all dieser Liebesvereinigungen mit Schmetterling und jener fleißigen Biene, die niemals fehlen darf, noch zu verstärken.

Die Erotisierung der gesamten Landschaft dieses blätterreichen Waldes, ja Urwaldes lässt eine Landschaft der Theorie entstehen,[82] in der geradezu topisch die Überfülle der Natur in einem Hymnus an das Leben gefeiert wird. Alles ist von Liebe („amor"), Leidenschaft („pasión") und Fruchtbarkeit („fecundante") erfüllt, alles ist in dichte Düfte („fragante"), ekstatische Bewegungen („palpitante") und in einen Honig („miel") gehüllt, so dass in Naturas Reich der Liebe („amor su imperio dominante") sich alles in Klängen und Gesängen auf der Erde wie in den Sphären des Kosmos orchestriert und ganz dem sinnlichen Erleben hingibt. Dieser Hymnus an das Leben ist zugleich ein Hymnus an die Liebe, die zweifellos im Zentrum der gesamten Lebenssymbolik der Juana Borrero steht.

Mit Blick auf die frühe Zeichnung von ‚Romeo y Julieta' könnte man hier geradezu von einer transmedialen Übersetzung und einer kosmischen Ausweitung eines so früh schon bei Juana Borrero präsenten Themas sprechen, das hier freilich in einer Art jungfräulicher Erotisierung in eine ganze Landschaft der Liebe überführt wird. Wenn auch die Jungfräulichkeit als Hymen in diesen Hymnus eingebaut ist: Alles ist hier mit allem verbunden und im Gesang des Lebens als treibender Kraft verfangen. Zugleich bot das Gedicht den Vorteil, sich eher konventionellen, die Erotisierung übergehenden Lektüremustern zu öffnen und damit alles als die Bilder eines reimenden ‚Wunderkindes' abzutun. Für diese dominante Lektüre jedenfalls spricht die mehrfache Veröffentlichung des Sonetts in unterschiedlichen Publikationen.

Welch einen Gegensatz bildet dieses der Natur verpflichtete und die Natura direkt ansprechende Sonett zu jenem bereits besprochenen Gedicht der kubanischen Lyrikerin, das sich in der Wendung an Apoll in gänzlich anderem Lichte zeigt! Denn dort, nur wenige Seiten zuvor im selben Band, findet sich in Juana Borreros *Rimas* ein ganz anderes der Kultur verpflichtetes Gedicht mit einer gänzlich anderen Landschaft der Theorie, die sich in *Apolo* als kalte Körperlandschaft präsentiert, auf der die tausend heißen Küsse am fest-gestellten Männerbild ver-

---

82 Vgl. zu diesem Begriff der Landschaft der Theorie Ette, Ottmar: *Roland Barthes. Landschaften der Theorie.* Konstanz: Konstanz University Press 2013; sowie die Akten zweier diesem Thema gewidmeter Symposien: Ette, Ottmar / Müller, Gesine (Hg.): *Paisajes vitales. Conflictos, catástrofes y convivencias en Centroamérica y el Caribe. Un simposio transareal.* Berlin: Verlag Walter Frey – edition tranvía 2014; sowie Ette, Ottmar / Müller, Gesine (Hg.): *Paisajes sumergidos, Paisajes invisibles. Formas y normas de convivencia en las literaturas y culturas del Caribe.* Berlin: Verlag Walter Frey – edition tranvía 2015.

392 ⸺ José Martí, Juana Borrero oder die Geschlechtermodellierungen des *Modernismo*

glühen. In diesem weiten Spannungsfeld entfaltet sich die Dichtkunst der Kubanerin, die zu ihrer Malkunst doch immer in wechselseitig sich erhellender Beziehung steht.

An diesen beiden Gedichten kann man das gesamte literarische, aber auch literaturgeschichtliche und ästhetische Spannungsfeld abmessen, innerhalb dessen sich Juana Borreros lyrisches Schaffen bewegte. Denn anders als in dem dionysischen Natura-Bild einer erotisierten Landschaft, in der nicht nur eine Theorie der allbefruchtenden Liebe, sondern eine ästhetisch weitgehend der Romantik verpflichtete Literatur-, Natur- und Kunstauffassung zu uns spricht, stehen wir in *Apolo* vor einem zweifellos von der Plastizität des französischen „Parnasse" geprägten modernistischen Männerbildnis, das uns die Landschaft eines männlichen, aber nicht menschlich belebten Körpers enthüllt, welches von den Lippen eines weiblichen Ich in Besitz genommen wird. So lässt sich aus dem Kontrast zum Naturgedicht des ‚Hymnus an das Leben' eine zusätzliche Isotopie gewinnen, welche ein neues Licht auf das fordernde weibliche Ich des modernistischen Sonetts wirft.

Die ferne, kühle, zum Objekt des weiblichen Blickes gewordene Schönheit des Männerbildes entspricht ganz jenem männlichen Ideal, das Juana Borrero in einem Tagebucheintrag von 1894 im Zeichen der Lektüre des Gedichtbandes *Gemelas* von Federico und Carlos Pío Uhrbach mit Blick auf den letzteren in ihrem Schwanken zwischen verschiedenen Varianten eines (hundert Jahre nach ihrer Geburt in Frankreich zusammengeführten) *Diskurses der Liebe*[83] so formulierte:

> Wie denn? Kann ich denn hoffen, ihn eines Tages kennenzulernen und seine Freundin zu werden? Ich bin hochfahrend genug, als dass ich mich durch ein Gefühl besetzen ließe, das mich versklavt. Nicht daran zu denken! Wird er im Übrigen das Ideal des von mir erträumten Mannes verwirklichen? Seine Verse versprechen es, aber ist er vielleicht kein Mann? Alles in allem übertreibe ich. Ich bewundere ihn, nichts weiter. Was für eine Einbildungskraft ich habe![84]

Die Abkehr von jeglichem *versklavenden* Gefühl – eine fürwahr starke Metapher auf einer Insel, die unter kolonialen Bedingungen gerade erst die Sklaverei zumindest *de iure* abgeschafft hatte! – und damit gegenüber jeglicher Liebe, die eine vollständige Abhängigkeit vom geliebten Manne mit sich bringt, führt hier in diesen Tagebucheinträgen von 1894 zur Herausbildung eines Ideals von Mann, der zwar Gedichte schreiben darf (und soll), aber kein Mann (und damit auch kein Herr oder „Amo") ist. Ein Bild von einem Mann, ganz gewiss, aber kein Mannsbild. Juana Borrero sieht sich sogleich in der Gefahr, durch ein sol-

---

83 Vgl. Barthes, Roland: *Fragments d'un discours amoureux*. Paris: Seuil 1977.
84 Borrero, Juana: *Epistolario*, Bd. 1, S. 40.

ches Mannsbild versklavt zu werden, zu einer gänzlich abhängigen und auf den Mann angewiesenen Sklavin zu werden, die ihren eigenen Willen, ihre eigene Entscheidungskraft verliert. Doch als Sklavenhalter hat Apoll, hat Eros, schon bei Juana Borrero ausgedient.

Bereits in Borreros *Apolo* lässt sich viel von jener weiblichen Macht über den männlichen Körper nicht nur erahnen, sondern unübersehbar demonstrieren, ergreifen hier doch die weiblichen Lippen Besitz von einem Gott, der so apollinisch erscheint, wie ein Friedrich Nietzsche – der im hispanoamerikanischen Modernismo so breiten Widerhall erfuhr[85] – ihn sich nur hätte erträumen können. Doch wäre er in seinem patriarchalisch vorstrukturierten Blick dann nicht der Peitsche in der Hand der Frau, des Weibes, ansichtig geworden?

Dem weiblichen Ich ist Apoll, ,ihr' Apoll, als aktiver (und damit potentiell versklavender) Spiel-Partner in-different geworden. Juana Borrero fragt sich von Beginn ihrer Bettlektüre der *Gemelas* an, wie sie eine erotische Verbindung zu Carlos Pío Uhrbach bewerkstelligen könnte, in welcher nicht länger der Mann die Forderungen stellt und die Frau diejenige ist, die ihr Ja-Wort zögernd gibt und ihren eigenen Willen damit aufgibt. Wir hatten dies zu Beginn unserer Lektüre von Juana Borreros Tagebucheinträgen bereits in Umrissen gesehen und als radikale weibliche Entschlossenheit gekennzeichnet. Nun wissen wir mehr, welche erotischen und geschlechterspezifischen Modellierungen in dieser von der Frau geradezu erzwungenen heterosexuellen Beziehung vorherrschen. Einer heterosexuellen Beziehung freilich ohne Sexualität.

Noch einmal zu dem Apoll und seinem Marmorbildnis gewidmeten Sonett, das einen so ganz anderen Charakter entfaltet als das dem romantischen Kanon weitaus mehr verpflichtete Natur-Gedicht. In seinem Zentrum steht in der Kühle der französischen „Parnassiens" die Marmorstatue. An seiner kühlen Oberfläche zeigt sich keinerlei männliche Regung – und soll sich auch nicht zeigen. Apoll ist kühl und keusch. Die Umwandlung des Männerbildes in ein Marmorbild, die Verwandlung der erotischen Umarmung in das Versiege(l)n eines Kusses, die chromatische Einbettung einer Regungslosigkeit, die durch die Betonung von „indiferente"[86] psychologisiert, aber vergeblich reanimiert wird, überlässt dem lyrischen Ich jenen Spiel-Raum, in dem die Gesten und mehr noch die

---

85 Vgl. hierzu Ette, Ottmar: 'Así habló Próspero'. Nietzsche, Rodó y la modernidad filosófica de 'Ariel'. In: *Cuadernos Hispanoamericanos* (Madrid) 528 (junio 1994), S. 48–62.
86 Die von Casal zitierte Fassung des Gedichts betonte das in Versendstellung hervorgehobene „indiferente" durch eine Lexemrekurrenz noch zusätzlich, indem sie bereits im ersten Vers ein „indiferente" enthält, das später (?) durch „refulgente" ersetzt wurde.

Figuren der Liebe[87] wie in einem Labor literarisch erprobt und experimentell in Szene gesetzt werden können. Borrero allerdings weiß (und hierauf weist ganz deutlich auch das angeführte Zitat aus ihrem Tagebuch): Die Potenz des Mannes bleibt potentiell präsent und könnte rasch das weibliche Spiel durchkreuzen. Die Frau muss vor dem Manne auf der Hut sein.

Wann ist ein Mann ein Mann? Ist sich nicht ein solches Experiment, das Juana Borrero im Labor ihres Gedichts am fernen und doch nahen, aber entschärften Objekt Mann vielleicht zum ersten Male durchführt, ganz jener extremen Einsamkeit des Liebesdiskurses bewusst, die Roland Barthes seinen *Fragments d'un discours amoureux* voranstellte:

> Die Notwendigkeit dieses Buches beruht auf der folgenden Beobachtung: dass nämlich der Liebesdiskurs heute *von einer extremen Einsamkeit* ist. Dieser Diskurs wird vielleicht von Tausenden von Subjekten (wer weiß das schon?) gesprochen, doch er wird von niemandem gestützt; er ist gänzlich von den umgebenen Sprachen aufgegeben: Er wird entweder ignoriert oder verachtet, oder aber sie machen sich darüber lustig, abgeschnitten ist er nicht nur von der Macht, sondern auch von ihren Mechanismen (den Wissenschaften, Wissensfeldern, Künsten). Wird ein Diskurs auf diese Weise von seiner eigenen Kraft in ein Abdriften ins Inaktuelle gezogen, wird er außerhalb jeglichen Herdenverhaltens verschlagen, dann bleibt ihm nichts anderes mehr übrig, als zum Ort, so verengt dieser auch sein mag, einer *Affirmation* zu werden.[88]

Vielleicht können wir aus dieser Einführung in den Liebesdiskurs lernen, dass der Diskurs der Juana Borrero zunächst und vor allem eine Affirmation des eigenen liebenden Ichs ist. Oder, um mit Augustinus zu sprechen, ein „amabam amare" umschreibt.[89] Der Liebesdiskurs erscheint auf diese Weise als paradoxe Affirmation des liebenden Ich.

Dem bliebe nur hinzuzufügen, dass diese Affirmation des Subjekts, die wir anhand von Juana Borreros Liebesbriefen an Carlos Pío Uhrbach nachvollziehen können, zugleich auch eine Revolte beinhaltet gegen jene Formen und mehr noch Normen des Diskurses einer Liebe, die versklavt, gerade weil sie der (bei Barthes im Übrigen immer nietzscheanisch gedachten) „grégarité," weil sie dem Herdentrieb folgt und tut, was alle tun, und liebt, wie alle lieben. Eine Sklavin aber wollte Juana Borrero nicht werden, sie wollte sich auf keinen Fall einem Manne unterordnen, sondern suchte nach anderen Formen der Konvi-

---

87 Barthes, Roland: Fragments d'un discours amoureux. In (ders.): *Œuvres complètes*, Bd. 3, S. 461–463. Die Beziehungen zur Barthes'schen Liebeskonzeption und seinen Figuren der Liebe erscheinen im zweiten Band der Reihe „Aula" in Ette, Ottmar: *LiebeLesen* (2020), S. 71 ff. u. S. 563 ff.

88 Barthes, Roland: *Fragments d'un discours amoureux*, S. 459.

89 Zum *amabam amare* vgl. Ette, Ottmar: *LiebeLesen* (2020), S. 151 f.

venz. Diese müssen folglich neu oder zumindest gegen oder mehr noch *jenseits* einer diskursiven oder sexuellen Gregarität in der Konvivenz der Körper geregelt werden – und eben dies deutet sich in Juana Borreros Sonett *Apolo* aus der hier eingenommenen Perspektive unverkennbar an. Alles in der Natur ist erfüllt von Liebe, wie der *Himno a la vida* zeigt; alles in der Kultur – wie *Apolo* demonstriert – ist erfüllt von Relationen, von Abhängigkeiten, welche die Vektorizität der Liebe beherrschen.

Dies bedeutet freilich nicht, dass Liebe in der Kultur *ab initio* zum Scheitern verurteilt ist. Denn Juana Borreros *Apolo* blieb kein reines Lippenbekenntnis. Wenn das Sonett *Himno de vida* für einen im Zeichen der Romantik verfassten literarischen Diskurs steht, so weist *Apolo* in eine Richtung der Moderne, die sich zwar ebenfalls dem Baudelaire'schen Gebot des Absolut-modern-Seins verpflichtet weiß, aber dem männlich dominierten hispanoamerikanischen und kubanischen Modernismo[90] eine Position gegenüberstellt, die als Affirmation des weiblichen Subjekts zugleich eine Revolte dieses weiblichen Subjekts gegen jegliche Form der Versklavung – ob als Hausklavin oder als Liebessklavin – beinhaltet. Juana Borrero wollte keines von beiden sein.

All dies bringt und bedeutet „Gender trouble" – und ist doch im Zeichen von Ästhetik und Revolte wesentlich mehr. Denn in dieser im Sonett *Apolo* erprobten Choreographie der Liebe, die das liebende Subjekt zugleich konstituiert und affirmiert, wird das männliche liebende Subjekt mit ein und derselben Geste fest-gestellt und kalt-gestellt, entfaltet die „ternura ardiente" ihr Liebes-Spiel doch auf der plastischen Oberfläche eines „mármol frío" so, dass sich das männliche Subjekt in ein göttliches Objekt der Frau, die nicht zur abhängigen Liebessklavin verkommen will, verwandelt. Die sinnenfrohe romantische Überhitzung der Figuren wird in die distante, kühle Chromatik modernistischer Ästhetik übersetzt, ohne doch ‚ihr' Göttliches, die Transzendenz ihres „ídolo", aus dem Sinne(n) zu verlieren: jene Transzendenz, welche sich jenseits des Liebesobjekts eröffnet, jenseits des Körpers mit Haut und Haaren.[91]

Die Kunst der jungen Dichterin gestaltet hier ein Leben, das sich selbst als Kunstwerk inszeniert und gerade darum immer schon Leben ist, das *weiter* gelebt werden will und doch immer schon in seiner Kunst, in seiner Dichtung fortlebt. Die Konvivenz der Körper setzt ein Spiel in Gang, welches das Leben im

---

90 Vgl. hierzu die Einschätzung des Modernismus-Spezialisten Schulman, Ivan A. (Hg.): *Nuevos Asedios al Modernismo*. Madrid: Taurus Ediciones 1987, S. 246–261.

91 Vgl. hierzu Ette, Ottmar: Mit Haut und Haar? Körperliches und Leibhaftiges bei Ramón Gómez de la Serna, Luisa Futoransky und Juan Manuel de Prada. In: *Romanistische Zeitschrift für Literaturgeschichte / Cahiers d'Histoire des Littératures Romanes* (Heidelberg) XXV, 3–4 (2001), S. 429–465.

ernsten Spiel als Kunst begreift, welche als Lebens-Kunst Leben, Lieben und Lesen miteinander zu einem magischen Dreieck zu verbinden vermag. Bereits im Februar 1895 war die Entscheidung über dieses Spiel, das zumindest für Juana Borrero ein Spiel auf Leben und Tod war und kein Lippenbekenntnis bleiben durfte, gefallen: „Passage à l'acte."

So erklärt sich Juana Borreros geradezu wilde Entschlossenheit, Carlos Pío Uhrbach zu dem ‚Ihren' zu machen. Mit dem Tagebucheintrag der jungen Frau hat das ernste Spiel einer Liebe zum Tode eben erst begonnen. Es ist ein Experiment, das an die Grenzen des Schreibens, der Liebe, aber auch des Lebens gehen und – so weit die Kräfte reichen – weit darüber hinausführen wird. Kommen wir daher nochmals kurz auf die ersten Tagebucheintragungen zurück!

Denn wie in einer ganz bewusst konstruierten Versuchsanordnung legt sich Juana Borrero den mit einer persönlichen Widmung versehenen Band *Gemelas* der Brüder Uhrbach zurecht, um ihn erst dann zu öffnen, wenn alle Bewohnerinnen („todas") des Hauses bereits schlafen. Denn Einsamkeit wird zur Grundlage allen Liebens. Ausgangspunkt des Experimentes, dieses radikalen Selbstversuches, ist so das (gleichsam verdoppelte) Buch des Brüderpaares, das zum „compañero" werden und damit auf dem Weg der Lektüre in eine Konvivenz einrücken soll, deren Koordinaten und Körper noch unbestimmt sind. Und zu Beginn sind auch die Vektoren der Liebe zwischen beiden Brüdern noch nicht fixiert.

Doch am Anfang – wenn es denn einen Anfang des Liebeswissens der Literatur gibt – war die Sehnsucht der Juana Borrero nach Liebe. Diese Sehnsucht nach einem Zusammenleben auf einer distant intertextuellen Ebene (die bereits mit den ersten Zeilen des Tagebucheintrages begonnen hat) öffnet sich über die handschriftliche (und damit körper-schriftliche) Widmung der Brüder auf die beiden Verfasser der *Gemelas* selbst, die der jungen Frau nur durch wenige Verse, aber nicht persönlich bekannt sind. Dann folgt die zweite Szene des ersten Akts.

Die intertextuelle Beziehung wandelt sich in eine verdoppelte heterosexuelle, nachdem zuvor alle anderen potentiellen Leserinnen, die Juana über die Schulter hätten schauen können, ausgeschlossen wurden, bevor sich im Folgenden der entstehende Diskurs der Liebe, des Begehrens und des Besitzanspruches auf ein einzelnes Objekt, den kränklicher wirkenden der beiden unverstandenen Barden, richtet und fixiert. Wir haben uns diese Stelle gleich zu Beginn unserer Beschäftigung mit der kubanischen Dichterin angesehen. So fällt die Wahl folglich auf Carlos Pío Uhrbach: Eine freie Wahl des Liebespartners und weit mehr als bloße systemaffirmierende Damenwahl, fürwahr.

Wie in *Las niñas* ist die Präsenz des Buchs Ausgangspunkt einer (wie auch immer zu gestaltenden) Konvivenz, die das Subjekt freilich nicht aus seiner Einsamkeit befreit und auch nicht wirklich befreien soll. Vielmehr wird das Buch zum Beginn eines asymmetrischen Dialogs, in dem der Liebesdiskurs von diesem lyrischen Anfang an ganz im Sinne von Roland Barthes von einer absoluten Einsamkeit bestimmt ist. Diese fundamentale oder – mit Barthes gesprochen – extreme Einsamkeit konstituiert aber auch das liebende Subjekt als Subjekt.

Ohne dass es auch nur zu einem einzigen Treffen oder persönlichen Gespräch mit Carlos Pío Uhrbach gekommen wäre, wird gleichsam *in vitro*, wie in einer künstlichen In-vitro-Fertilisation, und ausgehend von einem noch ungelesenen Gedichtband eine Liebesbeziehung gezeugt, die im Zeichen ihres Mottos ,Alles oder Nichts‘, eines „Todo o Nada",[92] steht und in dem es um Leben und Lieben oder Sterben und Tod gehen wird, ohne dass der ausgewählte Liebespartner zu Beginn auch nur das Geringste davon hätte ahnen können. Mag sein, dass Juana Borrero in Carlos Pío Uhrbach eine *Figura* oder gar eine *Figuration* von Julián del Casal erblickte. Doch ihre Wahl eines „compañero de mis insomnios",[93] eines Gefährten meiner Schlaflosigkeit, als Partner ihres Selbstversuchs hätte auch andere betreffen oder treffen können.

Das Umschlagen des Intertextuellen ins Heterosexuelle sowie das Kippen der Selbstaffirmation des isolierten Ich in ein Alles oder Nichts öffnet sich auf eine Experimentalanordnung, innerhalb derer die an die Adresse von Carlos geschleuderte (aber diesem niemals so mitgeteilte) Herausforderung die erträumte Konvivenz mit dem erwählten männlichen Objekt mit einer (allerdings noch impliziten) Suiziddrohung verbindet. Diese öffnet sich ihrerseits hin auf eine (im Tagebuch freilich noch nicht ausgeführte, aber im Briefwerk des *Epistolario* sehr früh schon präsente) Transzendenz. Die Faktoren und Bedingungen des Experiments sind damit festgelegt: Es ist ein Selbstversuch am offenen Herzen. Und die Aufschreibesysteme,[94] künstlerischen Medien und Diagramme stehen bereit.

Wenn sich die Lyrik in ihrer langen und viellogischen, unterschiedlichste Kulturen und Sprachen querenden Geschichte insgesamt als verdichtete Bewegung[95] verstehen lässt, so erfüllte das poetische, verdichtende Schreiben für Juana Borrero früh schon die Aufgabe, das Imaginierbare in das Imaginierte, das

---

92 Vgl. hierzu Vitier, Cintio: Las cartas de amor de Juana Borrero. In: Borrero, Juana: *Epistolario*, Bd. 1, S. 18 f.
93 Ebda., Bd. 1, S. 39.
94 Vgl. hierzu ausführlich die Habilitationsschrift von Kittler, Friedrich: *Grammophon Fil Typewriter*. Berelin: Brinkmann & Bose 1986.
95 Vgl. hierzu Ette, Ottmar: La lírica como movimiento condensado: miniaturización y archipelización en la poesía. In: Ette, Ottmar / Prieto, Julio (Hg.): *Poéticas del presente. Perspectivas críticas sobre poesía hispanoamericana contemporánea*. Madrid – Frankfurt am Main: Iberoamericana – Vervuert 2016, S. 33–69.

Denkbare in das Gedachte, das Schreibbare in das Geschriebene, das Lesbare in das Gelesene und das Lebbare in das Gelebte im Wechselspiel von Literatur und Leben zu übersetzen. Dadurch wird all das, was als „inaudito, imposible, temerario"[96] bezeichnet wird, aus dem Bereich des Unerhörten und Unmöglichen in den des Möglichen und Lebbaren überführt, so dass das scheinbar unüberwindliche Hindernis[97] zur eigentlichen Herausforderung wird, um das eigene Leben mit den Mitteln einer verdichtenden und verdichteten Sprache *weiter* (und auch gewagter) so zu gestalten, dass die Formen und Normen eines tradierten, herkömmlichen Lebenswissens, Erlebenswissens, Überlebenswissens und Zusammenlebenswissens deutlich überschritten werden. Welche Art von Wissen aber strebte die kubanische Modernistin Juana Borrero an?

Versuchen wir, uns in verschiedenen Zwischenschritten an die Antwort auf diese Frage heranzutasten! Das Unerschrockene („temerario") liegt bei Juana Borrero darin, dass sie dabei Literatur und Lyrik nicht nur als ein abstraktes Experimentierfeld, sondern zugleich als höchst konkretes Labor ihres Lebens begreift und dieses eine Leben einsetzt. In diesem extremen, geradezu absoluten Anspruch, Literatur und Leben in einen direkten und unbeugsamen Zusammenhang zu bringen, ist sie mit den beiden anderen großen kubanischen Modernisten José Martí und Julián del Casal sehr wohl vergleichbar: Auch der Dichter der *Versos libres* wie jener der *Bustos y rimas* betrachteten ihr Leben selbst als Kunstwerk und ihre Literatur als eine mit ihrem Leben aufs Engste verzahnte künstlerisch-politische Lebensform. Ich hatte bereits auf diese Gemeinsamkeiten innerhalb der Dichtkunst des kubanischen Modernismo hingewiesen.

Allzu simpel wäre es, Juana Borrero diese politische Dimension abzuerkennen oder grundsätzlich zu verweigern, weil sie für solche politische Positionierungen noch nicht alt oder reif genug gewesen sei. Denn entfalten ihre Reflexionen über die Konvivenz der Körper und die Versklavung durch den männlichen Beherrscher nicht eine körperpolitische Tragweite, die *das Politische* („le politique") ihres Denkens nicht auf *die Politik* („la politique") ihrer Zeit reduzierbar macht?

Das poetische Schreiben Juana Borreros lässt sich gewiss auf die skizzierte modernistische Tradition, die sich außerhalb Kubas auch bei so unterschiedlichen Autoren wie José Enrique Rodó, Rubén Darío oder Manuel Gutiérrez Nájera findet, beziehen. Gleichwohl ist Juana Borrero zugleich, wie Judith Moris Campos zutreffend formulierte, eine der rätselhaftesten Figuren innerhalb der kubani-

---

96 Borrero, Juana: *Epistolario*, Bd. 1, S. 41.
97 Vgl. hierzu Morán, Francisco: *La pasión del obstáculo. Poemas y cartas de Juana Borrero*. Madrid: Stockcero 2005, S. ix–xxvi.

schen Dichtkunst, also „una de las figuras más enigmáticas de la literatura cubana"[98] und eine Autorin, deren Werk aus einer psychoanalytisch fundierten Perspektive im Zeichen einer künstlerischen Neurose lesbar gemacht werden könnte. Aus diesen Gründen kann man mit einigem Grund von einer „pasión neurótica",[99] von einer neurotischen Leidenschaft, sprechen und von Juana als einer ‚neurotischen Geliebten'.[100]

Doch sollte man sich zugleich auch der Tatsache bewusst sein, dass eine Pathologisierung ihres künstlerischen Lebensanspruchs – wie dies im Übrigen auch mit Blick auf Julián del Casal und weit mehr noch auf José Martí immer wieder einmal unternommen wurde – Gefahr läuft, die hochbegabte junge Frau an eine angenommene ‚Normalität' zurückzubinden und ihren ästhetischen wie aisthetischen Absolutheitsanspruch, Leben, Lieben und Literatur miteinander so eng und unmittelbar als irgend möglich zu verflechten und vertexten, auf einen Ausfluss des Neurotischen zu reduzieren. Davon sollten wir uns gerade vor dem Hintergrund der Überlegungen, die wir auf den Spuren von Roland Barthes zum Begriff des ‚Wunderkindes' angestellt haben, ferne halten.

Nicht umsonst wandte sich Juana Borreros unbedingte Liebe zwei *modernistischen* Dichtern ihrer Zeit zu, zunächst Julián del Casal und nach dessen Tod Carlos Pío Uhrbach. Der hispanoamerikanische und kubanische Modernismo stellte die ästhetischen Voraussetzungen dafür bereit, neue Lebensformen und gewiss auch neue Lebensnormen zu entwickeln, wie sie sich in den höchst unterschiedlichen Lebens-Welten von José Martí, Julián del Casal, Carlos Pío Uhrbach und Juana Borrero entfalteten. Es ging dabei freilich um Lebens-Welten, die in ihrer ästhetisch fundierten Unbedingtheit jenseits aller Pathologisierung durchaus miteinander vergleichbar waren. Für Juana Borrero formulierte ihre Kunst, formulierte ihre Literatur den Anspruch, ihr Leben *weiter* zu leben als jenes Repertoire an Lebensnormen, welche die kolonialspanische Gesellschaft auf Kuba für sie als Frau bereithielt. Sie versuchte, mit Hilfe literarisch-lyrischer sowie künstlerischer Mittel das ihr von der Literatur und ihrer Familie bereitgestellte Lebenswissen wo irgend möglich zu durchbrechen und weiter gespannte Spiel-Räume des weiblichen Lebens in der Moderne zu erkunden.

---

98 Moris Campos, Judith: La ¿'virgen triste'? Hacia una retórica de la corporalidad en el 'Epistolario' de Juana borrero. In: Calafell, Nuria / Farrúz Antón, Beatriz (Hg.): *Escribir con el cuerpo*. Barcelona: UOC 2009, S. 185.

99 Ebda.

100 Identische Formulierungen finden sich verschiedentlich in anderen Beiträgen derselben Autorin; vgl. u. a. Moris Campos, Judith: La saga / fuga de J.B. El mito de la crítica en torno a Juana Borrero. In: *Revista Encuentro* (Madrid) 51–52 (invierno – primavera 2009), S. 105.

Denn die Normen der kolonialspanischen Gesellschaft lasteten schwer auf der jungen Dichterin. Mit dieser ‚Normalität' wie auch mit der ständigen Überwachung durch ihren Vater aber konnte sie sich nicht zufrieden geben. Dies bedeutete nicht nur eine unentwegte Arbeit an der Sprache ebenso im Bereich der Lyrik wie der Prosa, wo Juana Borrero immer wieder die sprachlichen und orthographischen Ausdrucksmöglichkeiten zu erweitern und die Fremdheit (in) der eigenen Vater- und Muttersprache darzustellen suchte.[101] Ihr Streben nach Erweiterung implizierte vielmehr den vielfachen und immer wieder anders in Stellung gebrachten Versuch, der völligen Ausradierung einer weiblichen Subjektivität nicht mit einer einzigen weiblichen Subjektkonstruktion, sondern mit möglichst vielen, also einer Proliferation weiblicher Rollen, zu begegnen. So entstand ein gesellschaftliches und genderspezifisches Rollen-Spiel, das wir noch heute in ihrer Kunst bewundern können.

All dies als Zeichen einer Neurose zu deuten, dürfte deutlich zu kurz greifen. Es handelt sich vielmehr um ein sehr bewusst unternommenes Streben nach einer Ausweitung an möglichen Lebensformen, das in den Briefen Juanas deutlich signalisiert wird und ebenso ikonisch wie textuell zum Ausdruck kommt. Denn unablässige Spiegelungen, Verdoppelungen und Kombinatoriken prägen die Schreibweise der kubanischen Schriftstellerin, die ihre Liebesbriefe bisweilen mit ihrem eigenen Namen, aber nicht selten auch mit ‚Carlota' oder ‚Desdemona' und häufiger noch mit ‚Yvone', der Protagonistin eines romantischen Gedichts des Kolumbianers Abraham Z. López Penha unterzeichnet.

Juana Borrero zeigt uns dabei ebenso in Texten wie in Zeichnungen die verschiedenartigsten Gesichter. Es sind unterschiedlichste Frauenrollen, die Juana in ihren Briefen an Carlos Pío Uhrbach einnimmt; Frauenrollen, die sie mit Vorliebe aus der Literatur der Romantik wie des Fin de siècle bezieht, die es ihr erlauben, dem männlichen Objekt ihres Begehrens bisweilen mit sadistisch, bisweilen mit masochistisch eingefärbten Lust- und Qualvorstellungen zu begegnen, die sich aber immer wieder dem fixierten, *fest*gestellten männlichen Objekt entziehen. Juana Borrero ließ sich nicht auf eine einzige weibliche Rolle, nicht auf eine wie auch immer definierte ‚normale' Identität reduzieren: Denn ‚Normalität' meinte patriarchalisch fixierte rollennormierte Geschlechteridentität: Und aus dieser schlüpfte sie behänd heraus.

---

101 Vgl. hierzu Ette, Ottmar: Die Fremdheit (in) der Mutterzunge. Emine Sevgi Özdamar, Gabriela Mistral, Juana Borrero und die Krise der Sprache in Formen des weiblichen Schreibens zwischen Spätmoderne und Postmoderne. In: Kacianka, Reinhard / Zima, Peter V. (Hg.): *Krise und Kritik der Sprache. Literatur zwischen Spätmoderne und Postmoderne*. Tübingen – Basel: A. Francke Verlag 2004, S. 251–268, hier S. 260–265.

Immer wieder machte Juana Borrero in ihren insgesamt mehr als zweihundertdreißig oft sehr umfangreichen Liebesbriefen,[102] die zwischen März 1895 und ihrem Tod im März 1896 entstanden, ‚ihren' Carlos auf diese ständigen Verknüpfungen und Rollenwechsel aufmerksam. So schrieb sie neben der bereits erwähnten Verwendung unterschiedlichster durchsichtiger Pseudonyme beispielsweise in einer besonders prägnanten Formulierung an ihren distanten Geliebten erklärend und herausfordernd zugleich: „yo sé ser santa y sé ser pantera"[103] – Ich kann eine Heilige sein, aber auch eine Pantherin.

Immer wieder hat Juana Borrero nicht nur diese oft komplementären weiblichen Subjektkonstruktionen literarisch ausgearbeitet und sich buchstäblich *einverleibt*, sondern auch wiederholt graphisch ins Bild gesetzt. So zeigt etwa eine auf 1895 datierte Zeichnung in Habitus und Ausdruck wohl das Antlitz einer Heiligen, während andere Frauenbildnisse deutlich romantischen wie finisekularen literarischen Vorlagen entsprechen und das Porträt einer Königin, aber auch einer in erotisierter Körperdarstellung entworfenen Femme fatale bildhaft zu lesen geben. Es ist, als ob Juana Borrero diese Vervielfachung von Subjektpositionen schon am Beispiel eines kleinen vierjährigen Mädchens in *Las niñas* ikonotextuell, mithin aus einer engen Verwebung von Bild und Text heraus, künstlerisch durchgespielt und uns zugleich im Verbund mit anderen Arbeiten vor Augen geführt hätte, wie eng begrenzt doch das Arsenal an zur Verfügung stehenden Frauenbildern war. Doch sie wollte zu dessen Bereicherung für ihr eigenes Leben unbedingt beitragen. So wurden Literatur und Kunst zu ihren bevorzugten Erprobungsräumen.

Denn auch an dieser Stelle ist es zweifellos notwendig, die Vervielfachung derartiger Frauenbilder und Frauenrollen nicht aus der Perspektive einer Pathologisierung, sondern als literarische und künstlerische Versuchsanordnungen von Entwürfen eigener weiblicher Subjektaffirmation zu verstehen, die sich in ihren Kombinatoriken immer wieder in den Liebesbriefen finden und versuchen, jedweder Versklavung weiblicher Subjektivität, jedweder Reduktion auf angestammte Rollen *durch ihre oft überraschende Kombinatorik* entgegenzuwir-

---

102 Vgl. auch die nach der Veröffentlichung des zweibändigen *Epistolario* edierten Briefe in Borrero, Juana: *Espíritu de estrellas. Nuevas cartas de amor*. Compilación y prólogo de María del Rosario Díaz. La Habana: Editorial Academia 1997; vgl. auch die Ausgabe von Borrero, Juana: *Poesías y cartas*. Ordenación, prólogo y notas a cargo de Fina García Marruz y Cintio Vitier. La Habana: Editorial Arte y Letras 1977.

103 Borrero, Juana: *Epistolario*, zitiert nach Moris Campos, Judith: 'Yo sé ser santa y sé ser pantera': realidad y ficción en el 'Epistolario' de Juana Borrero. In: Regueiro Salgado, Begonia / Rodríguez, Ana María (Hg.): Lo real imaginado, soñado, creado. Realidad y literatura en las letras hispánicas. Vigo: Editorial Academia del Hispanismo 2009, S. 224–235, hier S. 235.

ken. Pinsel, Stift und Feder werden hier zu Werkzeugen in einem Laboratorium, in dem das (literarisch wie lebensweltlich) Vorgefundene gemeinsam mit dem Erfundenen zum Erlebten und – riskanter noch – zum Lebbaren und Gelebten wird. Wie das Dreieck von Lesen, Lieben und Leben wird dieses zweite Dreieck von Vorfinden, Erfinden und Erleben zur Keimzelle jener ungeheuren Dynamik, die Juana Borrero immer rascher vorwärtstreibt. Wie José Martí – nur auf einer anderen, individuellen und geschlechterspezifischen Ebene – schafft Juana Borrero den Wirbel, in dem sie selbst vergehen, in dem sie selbst verglühen sollte.

Immer wieder werden die Liebesbriefe an Carlos Pío Uhrbach auch zu Experimentierflächen für neue Gedichte oder für das Umschreiben zuvor bereits veröffentlichter Verse. Beispielsweise setzt Juana ihrem neunten, aus den ersten Wochen der Korrespondenz stammenden Brief an Carlos Pío Uhrbach die beiden Terzette des uns bereits bekannten und in ihre *Rimas* aufgenommenen *Himno de vida* voran, die sie freilich gänzlich umstrukturiert und mit ihren Initialen ‚J.B.' versieht:

> *Hörst Du sie, die süßesten Harmonien,*
> *Die aus dem Schoße dieses Waldes hierher klingen,*
> *Wenn das Licht erscheint, die Schatten fliehen?*
>
> *Denn in dem gütigen Lichte erstrahlt in Dur*
> *Und in des Morgens Früh erschauernd singt*
> *Den Hymnus allumfassender Liebe die Natur!*
>
> *¿Oís esa dulcísima armonía*
> *Que del seno del bosque se levanta,*
> *Cuando aparece el luminar del día?*
>
> *Es que a su luz que plácida fulgura*
> *al despertar estremecida canta*
> *Himno de amor universal Natura!*[104]

In diesen beiden Terzetten kombiniert Juana die in der zuvor schon gedruckten Fassung des Hymnus vorhandenen Lexeme neu, so dass sich der „Himno de vida" in einen „Himno de amor", in den Hymnus einer allumfassenden Liebe, verwandelt. Neue Kombinatoriken eines quasi vorgefundenen Materials eröffnen auch hier neue Semantiken: gewiss ein für J.B. wichtiges Schreibverfahren, von dem sie in ihrer Dichtung wie in ihrer Prosa des Öfteren Gebrauch machte.

---

104 Borrero, Juana: *Epistolario*, Bd. 1, S. 62.

Die Terzette des Hymnus gehen gleich zu Beginn des Briefes über in eine morgendliche Naturstimmung („Amanece … las estrellas palidecen, el espacio se aclara poco a poco …");[105] die Sterne verdunkeln und machen dem Tageslicht Platz, um sich dann in einer verdichteten, poetischen Prosa an die „Naturaleza"[106] wie an das Leben zu wenden, bevor die Anrufung des Schöpfers der Natur, der sehr bewusst als „Supremo Artista",[107] als Allerhöchster Künstler, apostrophiert wird, folgt. Die geradezu klassische Wendung an den literarischen Geliebten („¡Oh amor mío!")[108] leitet über zur Anbindung des Liebesdiskurses an die eigene Einsamkeit: „¡Por qué entre tanta vida estoy sola?"[109] (wie bin ich denn allein in all dem Leben?) – und zugleich wird das eigene Leben von der Liebe des Anderen abhängig gemacht: „Sin ti no quiero la vida … sin ti para qué vivir?"[110] – ohne Dich will ich das Leben nicht, da ich ohne Dich nicht leben kann.

In dem von „Yvone" unterzeichneten Brief wird vor der abschließenden Bitte, geliebt und angebetet zu werden, in den angeführten Versen des Gedichts *Pedro Abelardo* des spanischen Dichters Emilio Ferrari das Liebespaar Héloise und Abaelard beschworen, um die Worte von „Eloysa" mit der Liebe des weiblichen Ich zu vergleichen[111] und mehr noch zu vermengen. Es handelt sich um einen Liebesbrief, der in seiner komplexen Konstruktion eine Kombinatorik unterschiedlichster Stimmen entfaltet, so als ginge es hier um eine möglichst durchkonstruierte Verbindung von Fragmenten einer Sprache der Liebe. Klare Grenzen zwischen dem Vorgefundenen, dem Erfundenen und dem Erlebten sind nicht länger zu ziehen: Lesen, Lieben und Leben sind im Schreiben vielstimmig (und auch vieldeutig) miteinander verwoben. Daraus entsteht der lyrische Gesang einer allumfassenden Liebe, welche freilich vom männlichen Du auch vehement eingefordert wird.

Bereits in diesem geradezu klassisch durchkomponierten Brief Juana Borreros wird deutlich, wie rasch die Sprecherpositionen zwischen ‚J.B.' und ‚Yvone', zwischen der Autorin der *Rimas* und Emilio Ferrari, zwischen der schreibenden Juana und dem angesprochenen Geliebten hin- und herwechseln, als ginge es um die Orchestrierung eines literarischen „discours amoureux", einer lyrischen Sprache der Liebe. Die Subjektposition des Mannes aber geht in all diesen Wech-

---

105 Ebda.
106 Ebda.
107 Ebda., Bd. 1, S. 63.
108 Ebda.
109 Ebda.
110 Ebda.
111 Ebda.

seln verloren und wird vom weiblichen Subjekt in den eigenen Liebes- und Lebensdiskurs übernommen: „So schau denn, mein Gut, so liebe ich Dich! Und so möchte ich, bei Gott!, dass Du mich liebst! Vergiss mich nicht, vergiss mich nicht! Du bist mein, mein allein, selbst wenn Du nicht wolltest, ich habe Dich mit meiner Zärtlichkeit versklavt ... Du gehörst mir, *von Rechts wegen als Eroberung*. So ist wahr, dass Du mein bist?"[112]

Hier ist die im Tagebuch formulierte Herausforderung („*Antes de dos meses tú serás mío*")[113] bereits nach wenigen Briefen eingelöst: Das männliche Objekt ist erobert, in Besitz gebracht und wird in der Folge nach Belieben besessen. Juana Borreros absoluter Wille ist eingelöst, ihre Strategie aufgegangen. Dabei wird die starke Formel der Versklavung nun weg vom weiblichen Subjekt auf das männliche Objekt projiziert und somit ein Besitzanspruch propagiert, der dem vom Ich Besessenen keine eigene wirksam werdende Subjektposition mehr einräumt. Carlos Pío Uhrbach ist Juana Borreros Sklave.

Was also mit der Umwandlung des „Himno de vida" in einem „Himno de amor" und die Naturlandschaften eines Morgens in Puentes Grandes so filigran und zurückhaltend begann, ist wenig später in die Versklavung des Liebesobjekts, dem ein eigener Diskurs rechtmäßig abgesprochen wird, umgeschlagen. Carlos Pío Uhrbach wird sich aus dieser Umklammerung durch einen „discours amoureux", der in seiner Radikalität wie in seiner Revolte immer den Tod vor Augen hat, bis zu seinem eigenen Tode kaum mehr zu lösen vermögen. Auch Juana Borrero wird sich aus ihrer eigenen Chronik eines angekündigten Todes nicht mehr selbst befreien können. Aber hätte sie sich eine derartige Befreiung überhaupt gewünscht oder erhofft? Wie und wo hätte sie *weiter* leben können als in der Literatur?

Denn vergessen wir nicht, dass im Tagebucheintrag als Alternative das „*o yo estaré muerta*"[114] stand: Oder ich werde tot sein. Diese Präsenz des Todes, dieses Schreiben im Angesicht des eigenen Todes aber wird durch die Inbesitznahme des Geliebten keineswegs verschwinden, sondern sich im Verlauf des gesamten letzten Lebensjahres (und Liebesjahres) Juana Borreros vielmehr verzweigen und vervielfachen, wie eine unaufhaltsame Proliferation alles überwuchern, was da noch an anderem Leben ist – Selbstverständlich auch das kollektive Leben und

---

112 Ebda.: „¡Pues mira bien mío, así te amo yo! Y así quisiera ¡oh Dios! que tú me amaras! No me olvides, no me olvides! Eres mío, mío aunque no quisieras serlo, te he esclavizado con mi ternura ... me perteneces *por derecho de conquista*. Verdad que eres mío?".
113 Ebda., Bd. 1, S. 41.
114 Ebda.

den antikolonialen Freiheitskampf der Insel Kuba, die ja höchstens noch als Rivalin in der Liebe angesehen wird.

Der Tod ist folglich in den Liebesbriefen Juana Borreros allgegenwärtig. Er taucht in den unterschiedlichsten Figuren und Figurationen auf, bindet sich oft an den labilen und sich verschlechternden Gesundheitszustand der Schriftstellerin, wird im Rückgriff auf die Krankheit bisweilen auch zur Todesdrohung, unabhängig davon aber auch zur obsessiv wiederkehrenden Inszenierung des eigenen Selbstmords, der im Übrigen auch immer wieder zum Mittel der Erpressung, zum Mittel sadistischer Lust, zum Mittel der Versklavung des Partners in diesem so ins Außer-Ordentliche gesteigerten Liebesspiel wird. Carlos Pío wurde zum Sklaven Juanas gemacht: Er ist *ihr* Sklave. Aber ist all dies im Grunde nicht ein literarisch verdichtetes todernstes Spiel, das zum Leben wird und jede bestehende Ordnung – allen voran die bestehenden Geschlechterordnungen – in Frage stellt?

Eine Umstürzung aller Geschlechterverhältnisse, dies war Juana Borrero höchst bewusst, konnte ihr Schreiben, konnte ihr Lieben, konnte ihr Leben in der Wirklichkeit nicht bewirken. Auf faszinierende Weise lässt sich jene Liebe zum Tode, die Juanas *Epistolario* umschreibt, als eine Liebe lesen, die auch ein Leben und Lieben nach dem Tode miteinbezieht, ja mehr noch: gerade hierauf abzielt. Dabei sind die von Juana literarisch gestalteten Phantasmen des Todes höchst vielfältig und variantenreich. Von besonderer ästhetischer Kraft[115] ist dabei die Gestaltung eines Traumes, den Juana ‚ihrem' Carlos in einem Brief vom 7. September 1895 wie folgt erzählt:

> Jetzt werde ich Dir meinen Traum erzählen, meinen traurigen Traum von letzter Nacht. Ich träumte, Du wärest nicht nach Matanzas gezogen, sondern würdest nun am Strand ... von Marianao leben. Seit einem Monat schon hatte ich Dich nicht mehr gesehen. Plötzlich fehlten mir Deine Briefe. Mir fehlte das Licht ... wenig später fehltest Du mir. Eines Tages erfuhr ich, dass Du Dich verheiratet hattest ... Ich fand die genaue Adresse Deines Hauses heraus und eines Nachts, während Du und *sie* sorglos aßen, schlich ich in das Schlafgemach und versteckte mich hinter den Vorhängen. Dort wartete ich. Mit vor Angst zitternden Lippen und einem kleinen Dolch zwischen den Fingern, einer Art langem Messer, das mir Tage zuvor Rosalía geschenkt hatte. So hörte ich Dich kommen und vernahm das Schleifen ihres Rockes über den Teppich. Solange ich lebe werde ich niemals jene Frau vergessen, jene nicht existierende Unbekannte, die auf Deine Schulter gestützt ging. Zwei Minuten gingen vorüber. Ihr gingt langsam und ins Gespräch vertieft. Ich hob die Hand und versenkte den Dolch im Herzen. Danach geschah etwas, dessen Erinnerung mich erschreckt ... Jene Frau war ich selbst. In einem Anflug wilder Eifersucht hatte ich mich soeben selbst umgebracht. Das Leid Deiner Verzweiflung und das unerklärliche Gefühl,

115 Vgl. zum Begriff der ästhetischen Kraft Menke, Christoph: *Kraft. Ein Grundbegriff ästhetischer Anthropologie*. Frankfurt am Main: Suhrkamp 2008.

mich selbst auf immer tot zu sehen, waren so heftig, dass ich schluchzend hochschreckte. Welch seltsamer Traum! Ich, wie ich mich selbst umbringe und meinen eigenen Leichnam betrachte. Träume sind manchmal wahrhaftig dunkel und rätselhaft.[116]

Wie in einem Brennspiegel kreuzen sich in diesem ‚rätselhaften' Traum eine Vielzahl von Motiven, welche die Liebesbriefe an Carlos Pío Uhrbach, aber auch das gesamte Schaffen der kubanischen Autorin durchziehen. Der Brief steckt voller Ängste, die immer wieder in Juana Borreros Schreiben geradezu obsessiv auftauchen. Da sind zum einen die „celos salvajes", die ständigen Ausdrucksformen einer wilden Eifersucht, die Teil des Liebesdiskurses sind und dem versklavten Liebenden immer wieder als Druckmittel entgegengeschleudert werden. Da ist das Motiv jenes Dolches, jener kleinen „daga", die wohl ein Geschenk von Julián del Casal für die in ihn verliebte Juana war; ein Motiv, das sich in den verschiedensten Briefen findet, aber wohl auch jenem kleinen Dolch entspricht, den die kubanische Lyrikerin bisweilen des nachts unter ihr Kopfkissen legte. Es handelt sich folglich um eine Fülle an biographischen Details, die wir in diesem Teil unserer Vorlesung leider nicht ausführlicher aufarbeiten können – Elemente aber, die aus dem realen Leben wie aus dem Gelesenen Eingang in das Schreiben von Juana Borrero finden und zu wichtigen Bestandteilen eines literarisch bestimmten Lebenswissens werden, das nach den Ausdrucksformen einer abgrundtiefen Verzweiflung sucht.

Weiterhin stoßen wir in dieser Passage auf das Motiv der Vervielfachung der Subjektposition, die bedeutet, dass sich das Ich verdoppelt als Mordende und Ermordende, als Meuchlerin und Selbstmörderin sieht. Damit wird der Mord an der anderen Geliebten, an der überdies mit Carlos Pío verheirateten Rivalin, zum Mord an sich selbst, mithin zum mörderischen Selbstmord – ein im Übrigen durchaus literarisches Motiv, das über eine lange Tradition verfügt. Das Ich bleibt tot auf dem Boden liegen, „muerta para siempre". Doch ist das Ich nicht tot, sondern betrachtet sich als (schöne)[117] Leiche, deren langer Rock doch gerade noch den Teppich flirrend berührt hatte, nun aber auf dem Boden hingestreckt erscheint. Das Ich ist tot, ‚tot für immer', und lebt zugleich doch weiter.

Juana Borreros Auffassung von Kunst und Literatur, vor allem aber von einer alles verdichtenden Sprache zielt, wie wir sahen, auf eine Weitung, Ausweitung und Erweiterung jener Lebensformen und Lebensnormen, die ihr in

---

116 Borrero, Juana: *Epistolario*, Bd. 1, S. 371f.
117 Vgl. hierzu Bronfen, Elisabeth: *Nur über ihre Leiche. Tod, Weiblichkeit und Ästhetik.* München: Kunstmann 1994; sowie dies. (Hg.): *Die schöne Leiche. Weibliche Todesbilder in der Moderne.* München: Goldmann 1992.

der kubanischen Gesellschaft am Ausgang des 19. Jahrhunderts möglich waren. Sie kämpfte mit den Mitteln ihres Schreibens, mit den Mitteln ihrer Kunst um eine Weitung ihrer Wahrnehmung, um ein erweitertes Bewusstsein, um eine Ausweitung ihres Blickes wie ihrer Visionen über die Zwänge des Alltäglichen hinaus.[118] Ihre künstlerische Kreativität erlaubte es ihr, ihr eigenes Leben *weiter* zu leben, als es ihr in ihren konkreten Lebensverhältnissen jemals möglich gewesen wäre.

Zugleich aber tritt zu dieser Ausweitung der Lebensformen durch Literatur und Kunst ein Weiterleben, das just auf der eigenen Schöpfung, auf Literatur und Kunst beruhen sollte. Es ist der Wunsch nach einem Weiterleben im Medium der Literatur, in den Ausdrucksformen, Wendungen und Bildern, welche die Präsenz der kubanischen Dichterin perpetuieren – das Motiv eines Weiterlebens, das sich schon sehr früh bei Juana Borrero findet. Früh schon wurde in ihrer Kunst die Verewigung des eigenen Namens durch die Lyrik, durch die Malerei im Zeichen des Lorbeers als eine Möglichkeit gefeiert, dem Vergessen und damit dem unwiderruflichen Tod zu entgehen und den eigenen Namen im Gedächtnis der Nachwelt lebendig zu halten. Vor allem in die Schrift ist der Wunsch nach Weiterleben tief eingesenkt.

Damit steht Juana Borrero unter den kubanischen Modernisten selbstverständlich keineswegs allein. Denn auch José Martí zählte zu jenen großen modernistischen Autoren, die nicht nur während ihrer Lebenszeit mit ungeheurer Energie ebenso für ihre politischen wie für ihre ästhetischen Ideale kämpften, sondern zugleich auch auf die Nachwelt setzten: Wir haben dieses Streben des kubanischen Nationalhelden nach einem Weiterleben in seiner Dichtung wie in seinem politischen Wirken bereits erwähnt und untersucht. Und die Geschichte seiner langen und fruchtbaren Rezeption, ebenso im politischen wie im literarischen Bereich, sollte ihm recht geben.[119]

Bei Juana Borrero tat sich die Nachwelt deutlich schwerer mit dem Nachleben, mit dem literarischen Weiterleben der Dichterin. Und doch haben sich in der zweiten Hälfte des 20. Jahrhunderts und erneut zu Beginn des 21. Jahrhunderts die Zeugnisse gehäuft, die für die wachsende Resonanz ihres so kurzen Lebens, vor allem aber ihrer Literatur und Kunst sprechen. Ihre Hoffnung also auf ein Weiterleben ihres Schreibens und Malens, weit über ihren physischen

---

118 Vgl. zu einer Poetik der Erweiterung Ette, Ottmar: Weiter denken. Viellogisches denken / viellogisches Denken und die Wege zu einer Epistemologie der Erweiterung. In: *Romanistische Zeitschrift für Literaturgeschichte / Cahiers d'Histoire des Littératures Romanes* (Heidelberg) XL, 1–4 (2016), S. 331–355.
119 Vgl. hierzu Ette, Ottmar: *José Martí. Teil I: Apostel – Dichter – Revolutionär. Eine Geschichte seiner Rezeption.* Tübingen: Max Niemeyer Verlag 1991.

Tod hinaus, war begründet: Das Schaffen von J.B. ist heute lebendiger denn je und wird, so lässt sich unschwer prognostizieren, in Zukunft noch wichtiger werden.

Doch die Frage hinsichtlich eines Weiterlebens nach dem Tode bleibt bei ihr keineswegs auf den Bereich eines Weiterlebens in Literatur und Kunst begrenzt. In einem Brief vom Oktober 1895 berichtet die Schriftstellerin von einer Vision, die sie gleichsam heimgesucht habe:

> Ah! Du wirst mich verstehen! Jener Schwindel verschwand zuletzt, und in der Nacht der Rückkehr vom letzten Tanze fühlte ich das definitive Erzittern, das mich für immer zu einer Anderen machte. Am anderen Tage kam ich wieder nach Hause. Ich ging auf mein Zimmer und sah von neuem meine Bücher meine Gemälde meine Reime ... Von all diesen Objekten ging ein jungfräulicher Windstoß aus, der meinen Geist süß umwehte. Ich setzte mich auf den Bettrand und weinte, als ich mich alleine sah, die bittersten Tränen meines Lebens! Es war gegen sechs Uhr abends. Eines traurigen und regnerischen Abends, der den Träumereien günstig war. Ich kniete unwillentlich nieder und betete lange Zeit in Gebet, an das ich mich nicht erinnere .... Es war etwas so angsterfüllt Flehendes wie am Ende von *Decrepitud*. Hörten sie mich? ... Ich weiß nur, dass ich damals die definitive Erscheinung des Glückes hatte, das wir in die Wirklichkeit umsetzten. Mit geschlossenen Augen und den Kopf zwischen meinen Händen verharrte ich lange Zeit. Wozu sollte es gut sein, die Visionen zu definieren, die meinen Geist heimsuchten? .... Ich erblickte Maria, weißer als alle Lilien, wie sie aus den Nebeln meiner Delirien auftauchte, mit ihren Augen übervoll von einem sanften Sternenlichte. Glaube nicht, dass ich poetisiere ... Jene Vision begleitet mich immer, immer. Wie schön war sie! Ihre Haare umschloss ein silberner Nimbus, ein wenig ins Opalfarbene spielend, das den Nebel der Nacht um Selene gürtet. Ihr Blick war anfangs streng und wurde so süß, dass ich beim Erinnern nur fühle, wie mich die Ekstase erfasst ... Sie sagte mir ich weiß nicht was. Sie verkündete mir die Ankunft eines Wesens wie ich, ganz rein, und dann löste sie sich in der Luft auf, wobei sie in meiner Seele ein Sternenfunkeln hinterließ! Seither *bin ich wie ich bin*. Ich habe niemals herausbekommen, ob die Vision, die mich damals heimsuchte, eine Verwirrung war, die Ausgeburt meines von vielfältigen Empfindungen verwirrten Gehirns .... Jedenfalls war jene Erscheinung von entscheidendem Einfluss auf unser Schicksal! Bisweilen denke ich, wenn ich mich daran erinnere, dass es Deine Seele war, die als weiße Botin Deiner Leidenschaft zu mir kam. Seit jenem Tage lebte ich das Leben des Geistes, ich floh in meine Träume und trat zum ersten Male in den Heiligenraum meiner Seele ein.[120]

In dieser langen Passage stoßen wir erneut auf eine ganze Reihe charakteristischer Motive und Verfahren, die in Juana Borreros verdichteter Sprache von zentraler Bedeutung sind. Dazu gehört nicht nur das uns bereits bekannte Doppel-Motiv einer Verwandlung, einer Transformation des Ich, das ergänzt wird durch die Verwandlung in eine Andere, die zugleich von innen und von außen

---

120 Borrero, Juana: *Epistolario*, Bd. 2, S. 86 f.

gesehen wird: in eine Andere, die letztlich das eigene Ich festlegt und so sein lässt wie sie selbst ist. Dabei ist das „no sé qué" – ganz wie in der langen Literaturgeschichte der Formel des „je ne sais quoi"[121] – ein Indikator der Präsenz jenes unauflösbaren irrationalen Rests, der kenntlich gemacht und zugleich in seiner Opazität dem Leser als letztlich unauflösbar präsentiert wird. Doch soll dieser Leser, mithin Carlos Pío Uhrbach, vor allem in das eigene literarische und lebenspraktische Spiel des Ich unentwirrbar verwickelt werden. Denn die Vision Mariens gipfelt in der Ankündigung eines anderen Ich, des männlichen Ich, eines Carlos Pío Uhrbach, der nicht als Mann, sondern als vergeistigte und gleichsam transzendente Seele erscheint und in dieser Verkündigungsszene kein Geschlecht besitzt.

Denn die Erscheinung der Jungfrau Maria, die hier als Vision bei geschlossenen Augen – und damit ganz der ursprünglichen Bedeutung des Begriffs der ‚Mystik' entsprechend – narrativ entfaltet wird, bildet die Szene einer Verkündigung, die Juana mahnend an ihren virginalen Zustand erinnert. Es ist kein Zufall, dass in dieser Passage jene beiden Lexeme „virgen" und „triste" erscheinen, die den Titel jenes Gedichtes bildeten, mit dem Julián del Casal ein hochgradig literarisches, lyrisch stark verdichtetes Bildnis der jungen Juana Borrero schuf, das nicht nur bei den Zeitgenossen, sondern bis in unsere Gegenwart hinein eine – wie wir bereits sahen – starke Wirkung in der Rezeptionsgeschichte entfaltete.[122] So vermengt sich die Verkündigung Mariens mit jener Ankündigung eines frühen Todes, den Julián del Casal Juana Borrero prophezeite.

In ihrer Vision der Erscheinung Marias werden ihre eigene, von Casal geradezu in einen literarischen Topos verwandelte triste Jungfernschaft und die Möglichkeit ihres frühen Todes in eine sakrale, mystische Atmosphäre gehüllt und zugleich auf den längst zum Objekt gewordenen ‚Nicht-Mann' Carlos Pío Uhrbach übertragen. Denn in Marias Verkündigung erscheint nicht allein die Jungfräulichkeit der jungen Frau, sondern auch die Reinheit und Keuschheit des Mannes in einem transzendenten Licht, gegen welches irdische Argumente kaum noch etwas auszurichten vermochten. Und die (heidnische) Göttin Selene taucht als Mondgöttin alles in ein opalfarbenes Licht.

Schon früh war in Juana Borreros Schreiben die Isotopie der Jungfräulichkeit in Verbindung mit der Keuschheit aufgetaucht. Wir hatten in ihrem *Himno*

---

121 Vgl. zu dieser spannenden Literaturgeschichte den Aufsatz von Köhler, Erich: ‚Je ne sais quoi'. Ein Kapitel aus der Begriffsgeschichte des Unbegreiflichen. In (ders.): *Esprit und arkadische Freiheit. Aufsätze aus der Welt der Romania*. Frankfurt am Main: Athenäum 1966, S. 230–286.
122 Vgl. hierzu Moris Campos, Judith: La saga / fuga de J.B. El mito de la crítica en torno a Juana Borrero, S. 104–113.

de vida gesehen, wie sich *zwischen* Rose und Nelke, ihren frühen Symbolblu-
men der geschlechtlichen Liebe, die Lilie als Repräsentantin der Keuschheit
stellte, jene Lilie, die als topische Metapher in der Erzählung von der Erscheinung der Jungfrau Maria wiederkehrt und in der poetischen Sprache des Briefes
als „lirios" mit den „delirios" des Ich in einen Echoeffekt eingebunden wird.
Mit einem immer stärker werdenden Drängen suchte Juana in ihren Briefen
auch ihren Carlos auf diese Keuschheit einzuschwören, wobei sie schließlich
von ihm das Versprechen abverlangte, im Falle der von ihr durchaus angestrebten Heirat niemals die Ehe geschlechtlich vollziehen zu wollen, um auf diese
Weise als ein ‚reines Paar' gleichsam den Sündenfall von Adam und Eva[123] (der
bekanntlich aber nicht in der von Gott ja gemäß der *Genesis* gewollten Geschlechtlichkeit bestand) rückgängig zu machen. Hätte dies Juana nicht die
Möglichkeit geboten, die geschlechtliche mit der keuschen, jungfräulichen
Liebe zu kombinieren und damit die Liebe in heterosexueller Ungeschlechtlich-
keit als (freilich höchst relative) Neuerfindung an ihren eigenen wie an Carlos'
Namen zu binden sowie literarisch unsterblich zu machen?

Juanas Vision Mariens umfasst daher auf sehr direkte Weise ihren Brief
und potentiellen Ehepartner: Er wird hier in eine Weissagung und Verkündigung miteinbezogen, der zufolge das geforderte Keuschheitsgebot nun nicht
mehr nur irdisch, sondern himmlisch eingefordert wird. In dieser sakralen
Überhöhung wird wohl der Grund dafür zu sehen sein, dass die junge Frau
ihrem Liebhaber diese Vision mitteilte und ihm dabei zugleich untersagte, ihre
Worte als eine Poetisierung zu verstehen. Juana Borrero wollte in ihrem Liebesbrief wortwörtlich genommen werden.

Die junge kubanische Lyrikerin eröffnet auf diese Weise die Dimension
einer Transzendenz, die auch dem Tod, ihrem eigenen, literarisch so oft durch-
gespielten Tod, eine wesentlich weitere, fundamental ausgeweitete und in den
astralen Himmelsraum reichende Semantik eröffnet. Denn das Weiterleben von
Juana erhält in dieser mystischen Schau, in diesem ganz im Sinne von Santa
Teresa de Jesús verstandenen mystischen Sehen mit geschlossenen Augen, die
Dimension einer Transzendenz, in der die Konvivenz in eine allem Irdischen
entrückte Transvivenz übersetzt werden kann. Der brennende Wunsch, *weiter
zu leben*, ist längst zum absoluten Wunsch geworden, auf literarische wie auf
transzendente Weise *weiterzuleben*.

Spätestens an dieser Stelle unserer Überlegungen, die wir mit Blick auf
Juana Borrero langsam zu einem Ende führen müssen, wird deutlich, in wel-

---

123 Vgl. hierzu auch Moris Campos, Judith: ‘Yo sé ser santa y sé ser pantera': realidad y ficción en el ‘Epistolario' de Juana Borrero, S. 234.

chem Maße die Kunst, vor allem aber die Literatur jenes Laboratorium darstellt, mit Hilfe dessen Juana Borrero eine Weitung ihrer Wahrnehmung und eine fundamentale Ausweitung der spezifischen Denk- und Realisierungsmöglichkeiten ihres eigenen *Lebens* zu erproben vermag. In ihrer Lyrik hat Juana Borrero – vergleichbar mit Casal, vergleichbar aber auch mit Martí – die Grenze bearbeitet, welche die Literatur vom Leben zu trennen pflegt, und gerade im Bereich sehr unterschiedlicher Konzeptionen der Liebe – von der elterlichen und geschwisterlichen, über die platonischen und geschlechtlichen Liebesentwürfe, bis hin zu einer göttlichen und transzendenten Liebeskonzeption – jene Möglichkeiten identifiziert, Lesen, Lieben und Leben, aber auch Vorfinden, Erfinden und Erleben auf eine höchst unmittelbare, bisweilen auch unvermittelte Weise miteinander in Austausch zu setzen. Dass all dies im Lichte einer irdischen Unverwirklichbarkeit erscheinen musste, störte die kubanische Dichterin und Malerin nicht wirklich: Sie wusste, dass sich ihr eigenes Schicksal früh erfüllen musste.

Die Aufhebung einer Trennung zwischen Literatur und Leben, wie sie nur wenige Jahre später die europäischen wie die lateinamerikanischen Avantgardistinnen und Avantgardisten einfordern sollten, ist für Juana Borrero in jenem Übergang von der Romantik zum hochgradig divergierenden, aber nicht selten absoluten Moderneversprechen des hispanoamerikanischen Modernismo angelegt. Im Verlauf einer früh schon erkennbaren, sich aber erst in ihren beiden letzten Lebensjahren radikalisierenden Revolte hat sich das einstige ‚Wunderkind‘ mit den Mitteln ihrer Künste aus einer ihr zugedachten Rolle als weibliches Objekt männlicher Fixierung befreit und eine Subjektbildung entfaltet, die in der soeben angeführten Passage der Vision Mariens in einem nicht umsonst hervorgehobenen, unverkennbar trotzigen und dann schon transzendent begründeten „*soy como soy*"[124] kulminiert. Diese Selbstaffirmation der Liebenden bildet wohl den Kernsatz der Borrero'schen Lebenslehre. Denn sie signalisiert ihrem Carlos, dass ihr eigener Subjekt- und Selbstwerdungsprozess seit dieser Vision der Maria gleichsam auf göttlichen Zuruf und im Zeichen einer heiligen, göttlichen Jungfrau abgeschlossen ist.

Juana Borreros Lebenswissen ist zugleich ein Todeswissen, das transzendente Züge aufweist. In dieser die Literatur, die Liebe und das Leben untrennbar miteinander verbindenden Bewegung weiblicher Subjektwerdung hat sich Juana Borrero dabei selbstverständlich nicht allein mit der Grenze zwischen Literatur und Leben, sondern auch mit jener zwischen Leben und Tod auf intensive Weise auseinandergesetzt, war ihr doch selbst ein früher Tod literarisch

---

124 Borrero, Juana: *Epistolario*, Bd. 2, S. 87.

prophezeit, dessen Kommen sie sich wie in einer für sie unentrinnbaren „self-fulfilling prophecy" ausgesetzt sah. Wie aber schreibt man, wenn einem ein früher Tod geweissagt ist? Wie schreibt man, wenn man sich als Auserwählte fühlt, einen eigenen frühen Tod zu sterben?

Juana Borreros Ausgesetzt-Sein umschreibt und beschreibt keineswegs einen passiven Zustand, sondern ein höchst aktives und ästhetisch hochkomplexes Revoltieren und Dagegenhalten, dem sehr bald schon auch jede klare und strikte Grenzziehung zwischen Leben und Tod zum Opfer fällt. Denn sie begriff, wieviel ästhetische Kraft in einer vergangenen Zukunft wie jener von *Las niñas* ebenso vorhanden ist wie in einer künftigen Vergangenheit, aus der sie ihr vergangenes Leben aus der Perspektive ihres eigenen Todes immer stärker literarisch zu bearbeiten lernte. Ihr künstlerisches Ausdrucksvermögen wuchs und entwickelte sich an der Erfahrung ihres eigenen, unfehlbar nahen Todes.

Mit guten Gründen ließe sich daher sagen, dass Juana Borrero gerade in ihrem *Epistolario* nicht allein in ihren wiederholten Drohungen, sich das Leben zu nehmen, und in ihren vielfältigen Repräsentationen des eigenen Todes wie ihres Selbstmordes jene Grenze zwischen Leben und Tod von einer klaren Linie in eine breite Fläche des Überganges verwandelte, in welcher der Tod im Leben ebenso allgegenwärtig ist wie das Leben im Tod und mehr noch *nach* dem Tod. Der Tod wird nicht nur zu einem Teil des Lebens, sondern das Leben auch zu einem Teil des Todes als ein Leben durch den Tod hindurch. Es ist faszinierend, auf diesem Gebiet die Parallelen zwischen Juana Borrero und José Martí zu beobachten: Denn auch dieser verstand es, einen Selbstmord nicht wirklich auszuführen, sondern diesen so zu inszenieren, dass er als ein Tod in einem Schusswechsel mit spanischen Truppen postum überhöht werden konnte.

Es handelt sich im Grunde um zwei parallele Todes*art*en kubanischer Dichter des Modernismo. Der Literatur, so ließe sich an dieser Stelle hinzufügen, ist es ohnehin gegeben, in ihren Narrativen und verdichteten Entwürfen gerade in jene Bereiche vorzustoßen, die unserem individuellen menschlichen Bewusstsein weitestgehend entzogen sind. So erlaubt uns die Literatur, in das unserem eigenen Bewusstsein offene Erleben unserer eigenen Geburt wie in das Erleben und Reflektieren unseres eigenen Todes einzudringen und damit ein Leben in seiner Gesamtheit einschließlich seiner pränatalen und postmortalen Dimensionen bei höchstem Bewusstsein *durcherleben*[125] zu können.

---

125 Vgl. Dilthey, Wilhelm: Goethe und die dichterische Phantasie. In (ders.): *Das Erlebnis und die Dichtung. Lessing – Goethe – Novalis – Hölderlin*. Göttingen: Vandenhoeck & Ruprecht [16]1985, S. 139.

In diesem existenziellen Zusammenhang ist das interaktiv gespeicherte Lebenswissen der Literaturen der Welt[126] ohnehin seit ihren verschiedensten Anfängen und spätestens seit dem *Gilgamesch*-Epos in der Lage, unser Lebenswissen als ein Erlebenswissen so zu orchestrieren, dass es sich zugleich als ein Überlebenswissen[127] und ein Zusammenlebenswissen zu entfalten vermag. Gibt es aber auch, so drängt sich an dieser Stelle unserer Reflexionen die Frage auf, ein *Weiterlebenswissen*, das sich in den Literaturen der Welt jenseits eines Überlebenswissens, das die Grenze zwischen Leben und Tod noch respektiert, entfaltet hat und weiter zu entfalten vermag?

Vor dem hier skizzierten Fragenhintergrund dieses Teiles unserer Vorlesung ließe sich begreifen, auf welch faszinierende Weise Juana Borrero die Chronik ihres eigenen angekündigten Todes zu leben verstand und durch das literarisch gestaltete Leben ihres Todes die Entfaltung einer *Transvivenz* vorzuführen suchte. Diese Transvivenz implizierte zugleich die Präsenz ihres Lebens nach dem Tod und die Entwicklung eines diesseitigen Weiterlebenswissens. Mit anderen Worten ließe sich eine Antwort auf die Frage nach dem Schreiben im Angesicht des eigenen Todes bei Juana Borrero wohl am besten so formulieren: Die Grenze zwischen Leben und Tod wird von der kubanischen Künstlerin zwar immer wieder signalisiert, aber nicht länger respektiert. Dies ist weit mehr als ein bloßes Aufbegehren gegen den Tod als fundamentalen Bestandteil des Lebens. Wir werden in unserer Vorlesung noch im Anschluss an dieses Kapitel sehen, wie auch Jorge Semprúns Schreiben in einem gänzlich anderen Zusammenhang um diesen Punkt auf der Grenze zwischen Leben und Tod kreiste und die Frage erörterte, inwiefern der Tod ein Teil des Lebens ist.

Juana Borrero bediente sich eine zweifellos traditionellen, vorwiegend christlich geprägten Arsenals an Vorstellungen und Symbolen. Durchaus naheliegende Überlegungen, in welch starkem Maße – und dies mögen ihre Ausführungen zur Erscheinung und Verkündigung der Jungfrau Maria belegt haben – die Vorstellungen Juana Borreros in einer auf Kuba verbreiteten christlichen Spiritualität und Mystik verankert sind, können wohl kaum in Zweifel gezogen werden. Doch erfasst dies nur einen Teil von Juanas komplexer, kombinatorischer Vorstellungswelt.

---

126 Vgl. Ette, Ottmar: *TransArea. A Literary History of Globalization.* Translated by Mark W. Person. Berlin – Boston: Walter de Gruyter 2016; sowie (ders.): *Writing-Between-Worlds. TransArea Studies and the Literatures-without-a-fixed-Abode.* Translated by Vera M. Kutzinski. Berlin – Boston: Walter de Gruyter (Reihe mimesis – Romanische Literaturen der Welt, Bd. 64) 2016.
127 Vgl. hierzu Ette, Ottmar: *ÜberLebenswissen. Die Aufgabe der Philologie.* Berlin: Kulturverlag Kadmos 2004.

Denn ihr Stoßgebet zum Himmel stammt durchaus nicht aus der christlichen Tradition der Fürbitten, sondern verweist – wie wir im obigen Zitat sahen – auf „el final de *Decrepitud*".[128] Hierbei aber handelt es sich um ein Sonett von Carlos Pío Uhrbach, das Juana in dem initialisierenden Gedichtband *Gemelas* gelesen hatte und dessen abschließende Terzette – um auch den modernistischen Dichter zuletzt ebenfalls zu Wort kommen zu lassen – lauten:

> In meiner Angst, oh Herr, verlass' mich nicht,
> Gib mir zurück der Illusionen Licht,
> So wie am Baume frische Blätter grünen,
>
> Oh, lass' in des Todes dichtem Schatten
> Die Härten allen Schicksals schnell ermatten,
> Das ich mit tödlicher Furcht muss sühnen.
>
> En mi angustia, Señor, no me abandones,
> haz que vuelvan a mí las ilusiones
> como brotan del árbol nuevas hojas,
>
> O que la densa sombra de la Muerte
> esfume los rigores de la suerte
> que me abruman con fúnebres congojas.[129]

Mag dieses Sonett auch seinerseits in einer langen Tradition christlicher Rhetorik stehen: Es ist doch ein Gedicht und kein Gebet, und wäre dies selbst apokrypher Natur. Längst ist im langen 19. Jahrhundert die Kunst an die Stelle der Religion gerückt und hat in einem komplexen Prozess den Künstler zum Schöpfer[130] und den ‚eigentlichen' „Créateur", den göttlichen Schöpfer, zum – wie Juana Borrero es im obigen Zitat ausdrückte – „Supremo Artista",[131] zum allerhöchsten Künstler, gemacht. Dieses „chassé-croisé" zwischen sakraler und profaner Sphäre hat Folgen: Im Dichter wird der Schöpfer und im Schöpfer wird der Dichter verehrt und angebetet. Das Sakrale ist profan und das Profane jetzt sakral geworden.

Der Tod ist in der angeführten Herausforderung an die Adresse von Carlos Pío Uhrbach noch vor Beginn des Briefwechsels, noch vor Beginn der zweihun-

---

128 Borrero, Juana: *Epistolario*, Bd. 2, S. 87.
129 Zit. nach ebda.
130 Vgl. hierzu u. a. Jurt, Joseph: *La réception de la littérature par la critique journalistique. Lectures de Bernanos 1926–1936*. Paris: Editions Jean-Michel Place 1980, S. 13–16; sowie den vierten Band der Reihe „Aula" in Ette, Ottmar: *Romantik zwischen zwei Welten* (2021), S. 577 ff.
131 Borrero, Juana: *Epistolario*, Bd. 1, S. 63.

dertdreißig Liebesbriefe präsent. Hören wir noch einmal Juanas Worte: „Oye Carlos. *Antes de dos meses tú serás mío o yo estaré muerta.*"[132] Aber dieser Tod wird im Verlauf der Briefe immer stärker nicht als ein Ende, sondern als eine Kontinuität gedacht, die nicht die Alternative zur Versklavung des männlichen Liebesobjekts, sondern zur treuen Begleiterin eines in extremer Einsamkeit konzipierten und vorgetragenen Liebesdiskurses wird. Aus dem trotzigen ,Ich will Dich besitzen oder sterben' wird ein viel tieferes ,Ich will dich besitzen und werde sterben'. Aus Juana Borreros Fragmenten eines Diskurses der Liebe ist der Tod, der keinen Endpunkt mehr darstellt, nicht mehr herauszulösen: Tod und Liebe sind miteinander inniglich verwoben.

Die Briefe der Juana Borrero arbeiten konsequent und unbeugsam, mit einer oft selbstzerstörerischen ästhetischen Kraft, an der Grenze von Literatur und Leben, an der Grenze von Leben und Tod sowie an der Grenze von Lyrik und Prosa als lebensverdichtenden Diskursivitäten. Stets durchdringen sich in der erhitzten Glashausatmosphäre der Liebe die Prosa der Briefeschreiberin und die Lyrik der Dichterin, aber auch die Gedichte aus den *Gemelas* ihres Geliebten wie aus einer langen Tradition europäischer Lyrik unauflöslich auf Seiten, die sich auf unterschiedliche Papierqualitäten erstrecken – bis hin zum Trauerpapier, das Juana mit großer Entschlossenheit bisweilen gezielt einsetzte. Die Materialität des Schreibens sowie die Materialität des Trägers der Schrift gehen in die Sinnbildungsprozesse ein, wie wir dies bereits anhand des mit blutroter Tinte verfassten Liebesbriefes Juana Borreros gesehen hatten.

Die Besiedelungstechniken jeder einzelnen Seite erzeugen und ergeben ein höchst verschiedenartiges Bild, insofern sich unterschiedlich ,ruhige' oder ,fieberhafte' Handschriften mit eingewobenen Versen und Strophen, aber auch mit einer Vielzahl an Zeichnungen und Ausschmückungen von der Hand der jungen Künstlerin bereichern. Auf besonders kunstvolle Weise hat die Malerin beispielsweise ein Blumengebinde in ihre so genannte „Misiva floreal" eingefügt, die von einer großen und ihr selbst höchst bewussten künstlerischen Erfahrung in der Besiedelungstechnik ihrer Briefseiten zeugt. Damit verweist sie ein ums andere Mal auf den Kunstcharakter ihrer Briefe, die sich gleichwohl nicht vom Leben abkoppeln. Kunst, Literatur und Leben durchdringen sich in ihren *Korrespondenzen* wechselseitig und bilden eine Einheit zur Liebe, eine Einheit zum Tode.

Zugleich aber hat Juana Borrero auch Briefkunstwerke geschaffen, die über das Sagbare und Verstehbare weit hinausweisen und darüber in der Tat auch in bewusster, kühner Erweiterung hinausgehen. So schickte Juana an Carlos

---

132 Ebda., Bd. 1, S. 41.

auch einen Brief, in dem sie eine „reine Graphie der Leidenschaft"[133] eine von jeder Alphabetschrift abgelöste *abstrakte, absolute* Graphie der Zeichen zum Aufscheinen bringt, ohne dass diesen graphischen Signifikanten noch ein Signifikat entspräche: folglich ohne dass diesen reinen Zeichen der Schrift eine in konkrete Worte einer Sprache auflösbare Sinnkette gegenüberzustellen wäre.

Wo hört die Schrift auf und wo fängt das Bild an? Um eine „Carta sin sentido",[134] um einen Brief ohne Sinn, wie die Bildlegende der bislang einzigen Ausgabe uns glauben machen will, handelt es sich ganz gewiss nicht. Und dies nicht nur, weil diesem Brief eine Note beigefügt ist: „Misiva ‚trascendental'. Para mi Carlos de su Yvone. *Contéstame esta con sinceridad.* Sé franco conmigo. Enteramente franco: no me ocultes nada y perdóname si esta carta te hace sufrir."[135] Carlos solle ihr verzeihen, wenn diese transzendente Botschaft ihn leiden lasse, doch müsse er ehrlich, ganz ehrlich zu ihr, zu seiner Yvonne, sein: Er solle ihr aufrichtig antworten.

Die wiederholt geäußerte Forderung nach absoluter Transparenz des Liebespartners geht mit der selbstbehaupteten Transzendenz des eigenen Schreibens als opakem, hermetischem Nicht-Schreiben im Modus der Kunst (und nicht etwa des Sudelns) einher. Die der „Misiva trascendental" beigefügte Note ist nicht nur für eine bestimmte Umgangsform und einen Umgangston von Juana in ihren Briefen an Carlos charakteristisch, insofern hier mit Carlos in Befehlsform umgegangen und er zu Handlungen aufgefordert wird, die auf einem höchst paradox – da keinen Widerspruch duldenden – Zwang zur absoluten Transparenz und ‚Aufrichtigkeit' beruhen. Diese Anweisungen lassen auch erkennen, dass die Schaffung rein graphischer Zeichen, die auf keine wortkonkreten Bedeutungen in einer Einzelsprache zurückgeführt werden können, einen Absolutheitsanspruch affirmieren, der zu Verletzungen und zum Leiden des Adressaten zu führen vermag. Doch dieses Leiden des männlichen Objekts ist für das weibliche Subjekt nicht ausschlaggebend.

Die Sprache der Kunst (und nicht mehr die spanische Sprache) affirmiert: „soy como soy." Ich bin so, wie ich bin: So bin ich eben. Darüber hinaus aber belegt diese „Misiva trascendental", auf welch radikale Weise Juana Borrero an die Grenzen von Kunst und Literatur, von Zeichnen und Schreiben, von Graphie und Schrift zu gehen versteht, um einen transzendenten Sinnhorizont heraufzuführen und sinnlich präsent zu machen, der gewiss von dieser Welt ist, aber

---

133 Vitier, Cintio: Las cartas de amor de Juana Borrero, S. 9: „esa especie de grafía pura de la pasión."
134 Kommentar in Borrero, Juana: *Epistolario*, Bd. 1, Bildanhang.
135 Borrero, Juana: *Epistolario*, Bd. 1, ebda.

zugleich in eine Transzendenz weist. Eine Transzendenz freilich, die Kunst und Schöpfung ist und voller Leben: voller Leben zum Tode.[136]

Juana Borrero schuf sich mit ihren Gedichten und vielleicht mehr noch mit ihren Liebesbriefen eine eigene Welt, die freilich niemals von der kubanischen ‚Außenwelt' abgetrennt sein konnte. Längst hatte José Martí *seinen* Krieg für die Unabhängigkeit Kubas auf die Insel geholt, längst war die „Guerra de Martí" entbrannt und hatte zu einem erbitterten Kampf zwischen der Kolonialmacht Spanien und den kubanischen „Mambises" geführt; und längst hatte José Martí – den Worten José Lezama Limas zufolge – in diesem gewaltigen Wirbel, den er selbst geschaffen hatte, den Tod gefunden. José Martí hatte als Künstler und als Dichter das vermocht, was wohl kein anderer zu leisten imstande gewesen wäre: „crear el remolino que lo destruye."[137] Doch einen solchen Wirbel, der sie selbst verschlang, wusste – wie wir sahen – auch Juana Borrero hervorzubringen.

Denn auch sie, die José Martí als kleines Mädchen einst bei einer Velada in New York kennengelernt hatte, als sie ihren Vater Esteban Borrero auf einem konspirativen Treffen mit dem geistigen Führer des kubanischen Exils in die USA begleitete, hatte mit Erfolg versucht, sich in jenen karibischen Orkan aufzulösen, den sie selbst erdacht und in Bewegung gesetzt hatte. Wie bei José Martí kann man bezüglich ihres Todes nicht von Selbstmord sprechen, jedoch einen solchen Suizid auch nicht ausschließen.

Viele Jahre waren vergangen, seit das kubanische ‚Wunderkind' den Mitgliedern der exilierten und auf Unabhängigkeit sinnenden kubanischen „comunidad" in den USA als Zeichen der Zukunft vorgeführt worden war und ihr Vater stolz einige ihrer Zeichnungen José Martí übergeben hatte. Nun aber, gegen Ende des ersten Kriegsjahres, musste die Familie Borrero aufgrund der fortgesetzten konspirativen Tätigkeit des Vaters, der weiterhin für die Unabhängigkeit der Insel eintrat, um Leib und Leben fürchten und aus Gründen der persönlichen Sicherheit ins Exil im nahen Florida übersetzen. Man verließ Kuba wohl zu Beginn des Jahres 1896 in Richtung Florida, wo Juana wenige Wochen später, am 9. März 1896, gänzlich entkräftet und von Fieber geschüttelt in Cayo Hueso (Key West) versterben sollte. Sie war weit über die körperlichen Grenzen hinausgegangen, die ihr physisch gesetzt waren.

Zu diesem Zeitpunkt war José Martí bereits zehn Monate tot und eine demokratisch fundierte Unabhängigkeit Kubas nicht mehr in Sicht. Die Hoffnungen

136 Zu dieser Dimension des Lebens und des Lebenswissens vgl. den sechsten Band der Reihe „Aula" in Ette, Ottmar: *Geburt Leben Sterben Tod* (2022), passim.
137 Lezama Lima, José: *La expresión americana*. Madrid: Alianza Editorial 1969, S. 116.

der kubanischen Modernisten waren dahingeschwunden. Juana Borrero verstarb als die einzige große Dichterin, die der kubanische Modernismo hervorgebracht hatte, noch bevor sich ihr Werk in seiner Gänze zeigen konnte. Immer wieder war in ihrem Briefwechsel mit Carlos Pío Uhrbach am Horizont von der politischen Situation die Rede gewesen; immer wieder war auch die alles bedrohende Möglichkeit aufgetaucht, Kuba überstürzt verlassen zu müssen. Der Krieg hatte alles verändert und längst auch die Konvivenz in der scheinbar zurückgezogenen Idylle von Puentes Grandes erreicht.

In dieser bedrohlichen Situation schrieb Juana Borrero, sich dem Ende ihres Lebens bereits nahe fühlend, am 11. Januar des Jahres 1896 – also keine zwei Monate vor ihrem Tod – Carlos Pío Uhrbach jenen bereits eingangs zitierten Brief, der auf erschütternde Weise vor Augen führt, dass die Betonung von Jungfräulichkeit und Keuschheit nicht etwa den Körper zum Verstummen bringt und aus den Seiten ihres Briefwechsels verbannt, sondern mit ungeheurer Wucht und Gewalt gerade in diese Seiten presst und ihn im tiefsten Wortsinne verflüssigt und *liquidiert*. Nach zwei Terzetten in blutroter Farbe, die ihrer Verzweiflung[138] und dem Zweifel an ihrem Geliebten Ausdruck verleihen, erläutert die junge Frau mit jener Präzision, die ihr der ärztliche Blick ihres Vaters wohl bei allen Körperbeschreibungen einzuhalten gelehrt hatte:

> Mein einziges Gut meiner Seele, niemals habe ich mich, wenn ich Dir zu schreiben begann, so traurig gefühlt. Niemals war die Sprache unbeugsamer und niemals war sie ebenso unzureichend. Aus diesem Grunde wollte ich Dir in dieser Art von Tinte schreiben, welche Dir die Hälfte meiner Gedanken nahelegen wird ... Ich habe mir die Venen des linken Armes geöffnet, des Armes, der so sehr der Deinige ist und den ich so vertrauensvoll und zärtlich stets auf Deine Schulter stütze. Dies wird Dir meine absolute Unerschütterlichkeit angesichts physischer Folter beweisen. Mit derselben Indifferenz wirst Du *es von meiner Stirne oder aus meinem Herzen laufen sehen*. Darüber hinaus will ich, dass Du die Worte dieses Briefes niemals mehr vergisst.[139]

Mit ihrer sehr individuellen Interpunktion und einer erschütternden Präzision sind die Bedingungen des Schreibens eines langen Briefes mit dem Eigenen Blut umrissen und zugleich die Anordnungen erteilt, denen Carlos Folge zu leisten hat. Die Sprache hebt das Ungenügen der Sprache hervor, um den Körper, um den Lebenssaft für die Dichterin sprechen zu lassen. Nichts, auch nicht der Umschlag selbst, lässt an dem Absolutheitsanspruch der jungen Frau Zweifel aufkommen: „Für den, der alles für mich ist. *Für meinen Carlos von der, die*

---

138 Vgl. Hauser, Rex: Juana Borrero: The Poetics of Despair. In: *Letras Femeninas* (Ithaca) XVI, 1–2 (primavera – otoño 1990), S. 113–120.
139 Borrero, Juana: *Epistolario*, Bd. 2, S. 256.

ihn wirklich liebt. Von der, die kein anderes Gewissen, kein anderes Ideal, keine andere Religion und kein anderes Vaterland hat als ihre Liebe. Von *seiner Juana.*"[140]

Wir stoßen in diesen Zeilen Juana Borreros auf den höchsten Ausdruck ihrer Liebe – aber eben *ihrer* Liebe, *ihrer* Form von Liebe, die sich in ihrer Liebe liebt und deutlich vom erwähnten *amabam amare* herrührt. Dieser mit der Substanz des Lebens, ihrem eigenen Blut, geschriebene Brief stellt den Empfänger, der sich den kubanischen Aufständischen auf der Insel anschließen will, vor eine ausweglose Lebens- und Liebesalternative, da für Juana nur *ihre eigene* Liebe und keine anderen Liebesobjekte wie das Vaterland zählen. Wir haben die Alternative, vor die die kubanische Modernistin ihren modernistischen kubanischen Liebhaber stellte, bereits zitiert: Der Kreis unserer Überlegungen zu Juana Borrero schließt sich.

Es geht nicht um Kuba, „la patria", sondern um *Juana*: Und der Vorname der Dichterin wird als die alte, frühere Bezeichnung für die größte der Antilleninseln zum Schlachtruf ihrer eigenen Liebe, mit der sie Carlos Pío Uhrbach für immer an sich binden will. Die Flüssigkeit des Blutes geht in die Schriftzüge des Briefs ebenso ein wie die Flüssigkeit der Tränen, die auf das Papier tropfen und in aller Radikalität den Körper Juana Borreros zu Papier bringen. Juana Borreros Schreiben ist eine an ihre extremsten Grenzen geführte Body Art.

Ihre Briefe an Carlos Pío Uhrbach sind ein Experimentierfeld des Wissens vom Leben im Leben, jenes Wissens, wie man leben und erleben kann. Die kubanische Dichterin und Malerin treibt dieses Wissen an seine äußersten Grenzen, an jenen Punkt, wo ein Lebenswissen zum Todeswissen gerinnt und in einem Blutverlust koaguliert, der dem Leben keine Chance mehr lässt. Lesen, Leben und Lieben werden in einen Blutkreislauf überführt, der in seiner Absolutheit und Radikalität dem Überleben selbst keine Bedeutung mehr zuweist, jegliches Überlebenswissen folglich verabschiedet. Ein Körper wird liquidiert, dem in dieser Welt nur noch wenige Wochen bleiben, um das Absolute, eine transzendente Unsterblichkeit in einer nur schemenhaft erkennbaren Transvivenz zu erreichen. Die blutroten Züge von Juanas Schrift zeigen an, wie dieser Körper mit den Mitteln der Schrift wie mit den Mitteln der Kunst in ein Weiterleben katapultiert werden kann, das noch heute in jenem Brief vom 11. Januar 1896 den verflüssigten Körper der kubanischen Künstlerin wie in einer Reliquie, wie bei einem neapolitanischen Blutwunder, kunstvoll enthält.

---

140 Ebda., Bd. 2, S. 258: „Para el que lo es todo para mí. Para *mi Carlos de la que lo ama de veras. De la que no tuvo ni más conciencia, ni más ideal ni más religión ni más patria que su amor. De su* Juana."

Juana Borrero entfaltet in der letzten Phase ihres kurzen Lebens ein Wissen von der Transvivenz, das als Weiterlebenswissen die Grenzen zwischen Leben und Tod verflüssigt. Dies geht weit über ein Weiterleben in der Literatur hinaus und bleibt auch bei einer Körperlichkeit („corporéité") nicht stehen, die uns in den Tränen der Augen, die uns in der Flüssigkeit eines Blutes, das Juanas Körper-Schrift und Körper-Bild formt, in all seiner Materialität noch mehr als ein Jahrhundert nach Juana Borreros Tod ganz materiell und nicht zu Staub zerfallen entgegentritt. Die blutrote Herzensschrift der Romantik[141] öffnet sich bei der Modernistin Juana Borrero auf eine Transzendenz, von der bereits die Romantiker träumten.

Immer wieder spricht Juana Borrero in ihren Briefen in der Metaphorik des Märtyrertums, in jenen Bildern von Blutzeugen, deren Blutzeugenschaft stets auf ein Jenseits und ein Leben in diesem Jenseits gerichtet ist. Das kubanische Wunderkind ist, um es mit den angeführten Worten aus Roland Barthes' *Mythologies* zu sagen, vom „enfant poète" zum „enfant martyr" geworden. Doch mit den Mitteln ihrer eigenen Kunst, die ihr erlaubte, weiter zu leben und weiterzuleben. Juana Borreros Transzendenz mag christlich inspiriert und zugleich in der Sprache ihrer Zeit verankert sein, betrachtete sich doch auch José Martí als Märtyrer und wurde in einer langen Rezeptionsgeschichte auch als solcher verehrt. Juana Borreros Transzendenz aber ist kein von uns getrenntes Jenseits, sondern eine Transvivenz, welche die scharfe Linie, die vermeintlich den Tod vom Leben trennt, als Grenze kennzeichnet, aber entschlossen missachtet und auf ein *weiteres* Wissen hin öffnet. Ihr Schreiben wie ihr Malen erkundet die Grenzen des Lebens und die Grenzen des Todes.

---

141 Vgl. hierzu den vierten und den sechsten Band der Reihe „Aula" in Ette, Ottmar: *Romantik zwischen zwei Welten* (2021), S. 1051 ff.

Jorge Semprún oder die Formel lebendiger Konvivenz

Ziehen wir nun ein weiteres literarisches Beispiel heran und gestatten Sie mir einige Überlegungen zu den oszillierenden Bewegungen zwischen der Todesnähe des Schreibens und dem Überlebenswissen der Literatur, wie sie sich etwa im „Univers concentrationnaire" und bei jenen Schriftstellerinnen und Schriftstellern zeigen lassen, die mit diesem verbunden sind! Denn in einer Literatur aus dem Erleben und Überleben der Konzentrations- und Vernichtungslager ist die Reflexion über den Tod und mehr noch die Gegenwart des Todes omnipräsent – geradezu wie ein Leben zum Tode, wie ein Schreiben zum Tode:

> Ich betrachte den blauen Himmel über dem Grab von César Vallejo auf dem Friedhof von Montparnasse. Vallejo hatte recht. Ich besitze nichts anderes als meinen Tod, meine Erfahrung des Todes, um mein Leben zu sagen, um es auszudrücken, um es nach vorne zu stellen. Es muss sein, dass ich mit all diesem Tod Leben fabriziere. Und die beste Art, dies erfolgreich zu tun, ist das Schreiben. Aber das Schreiben führt mich zum Tod zurück, schließt mich ein, dreht mir die Luft ab. Genau dort bin ich jetzt: Ich kann nur noch leben, indem ich durch das Schreiben diesen Tod annehme, aber das Schreiben verbietet mir buchstäblich zu leben.[1]

In dieser dichten und verdichteten Passage über den peruanischen Dichter César Vallejo,[2] die sich exakt im Zentrum von Jorge Semprúns erstmals 1994 erschienenen Buch *L'écriture ou la vie* befindet, entwickelt der Ich-Erzähler das den gesamten Text, letztlich aber auch das Gesamtwerk des am 10. Dezember 1923 in Madrid geborenen Autors strukturierende Paradox von Schreiben und Leben. Leben, Schreiben und Tod sind unauflöslich miteinander verbunden, erzeugen ein Schreiben, das Leben ist um den Preis, sich dem Tode auszusetzen, um doch das Leben wiederzuerlangen, das in sich den Tod, den eigenen Tod, buchstäblich trägt.

Abb. 25: Jorge Semprún (1923–2011).

---

1 Semprún, Jorge: *L'écriture ou la vie*. Paris: Editions Gallimard 2006, S. 215.
2 Vgl. zu César Vallejo die Bände drei und sechs der Reihe „Aula" in Ette, Ottmar: *Von den historischen Avantgarden bis nach der Postmoderne* (2021), S. 261 ff.; sowie ders.: *Geburt Leben Sterben Tod* (2022), S. 866 ff.

Der keineswegs zufällig gewählte Ausgangspunkt für diese Überlegungen ist das Grabmal des peruanischen Dichters César Vallejo in Paris und damit ein „lieu de mémoire", ein Gedächtnisort, von dem aus nicht nur die ganz selbstverständlich nationale Grenzen überschreitende Dimension spanischsprachiger Lyrik, sondern auch die Situation des Exils und vor allem die Allgegenwart des Todes als Produktivkraft für die Literatur eingeblendet werden. Der am Grabmal Vallejos vollzogene Rückgriff auf das Wissen der Literatur – das im Sinne Semprúns zum Lebenswissen und Überlebenswissen erst dadurch werden kann, dass es dem Tod die künstlerische Schöpfung entgegenstellt, die als solche die Präsenz über den eigenen physischen Tod hinaus in Aussicht stellt – bildet einen genialen Kunstgriff des Erzählers wie seines in französischer Sprache schreibenden Autors.

Jorge Semprún gibt dem Blick vom Friedhof auf Paris, der spätestens seit Balzacs *Père Goriot* zum Topos existentieller Entscheidungen wurde, eine neue Richtung, indem er den Tod nicht als einen Endpunkt, sondern buchstäblich als einen Ausgangspunkt markiert: Von hier aus verkörpert sich ein Überlebenswillen und ein Überlebenswissen, das vom Überleben der Literatur wie des Schreibenden kündet. Nur Schriftsteller vermögen es, so Semprún in seiner Ansprache am 10. April 2005 in Weimar aus Anlass des sechzigsten Jahrestages der Befreiung der nationalsozialistischen Konzentrationslager, „die lebendige und vitale Erinnerung wieder zum Leben [zu] erwecken".[3] Denn die Literatur verkörpert das Leben und mehr noch das Lebendige, das stets in Bewegung Befindliche, das in ihr auf experimentelle Weise kunstvoll entsteht.

Im Zentrum des gesamten literarischen und philosophischen Schaffens von Jorge Semprún, der als Schriftsteller, Essayist und Intellektueller zu den wenigen ganz herausragenden und weltweit renommierten Stimmen des europäischen Denkens und Schreibens an der Wende zum 21. Jahrhundert zählt, steht ohne jeden Zweifel der immer wieder neu, immer wieder anders perspektivierte Begriff des Lebens. Der Semprún'sche Lebensbegriff aber ist paradox strukturiert und keineswegs einfach fassbar. Er bedarf der Fiktion, um experimentell Leben herstellen, Leben sein zu können.

Denn erst in einem langen, schmerzhaften Reflexionsprozess begreift der Ich-Erzähler von *L'écriture ou la vie*, dass der Tod, dass die Todeserfahrung der einzige Besitz sind, von dem aus das Leben sagbar, ja herstellbar ist. Das Erleben des eigenen Todes wird zur Voraussetzung, ja zur Grundlage, das Leben

---

3 Semprún, Jorge: Rede am 10. April 2005 im Weimarer Nationaltheater anlässlich der zentralen Gedenkveranstaltung zum 60. Jahrestag der Befreiung der nationalsozialistischen Konzentrationslager. Internet-Ausdruck http://landesarbeitsgericht.thueringen.de/de/politisch.veranstaltungen (11.12.2006), S. 2.

schreibend zu gewinnen. Das Schreiben dieses Todes aber – so erkennt der Semprún'sche Erzähler – führt aus der Todeserfahrung nicht zum Leben zurück, sondern zu einem TodSchreiben, zu einem „death-writing", in welches das „life-writing" eines Augenzeugen, der allein vom Erlebten berichtet, notwendig zurückfällt.

Daraus erklärt sich die vehemente Forderung nach einer Literatur, die in grundlegender Weise „über die Zeugnis- oder Erinnerungsliteratur hinausgeht",[4] über jene Literatur, die beteuert: Ich habe es gesehen, ich habe es erlebt. Auch in *L'écriture ou la vie* ist diese fundamentale Konstellation des Semprún'schen Schreibens allgegenwärtig. Die wie aus dem Nichts kommende Nachricht vom Selbstmord des italienischen Schriftstellers und KZ-Überlebenden Primo Levi, aus dessen *Se questo è un uomo* (1947) und *La tregua* (1963) italienische Originalzitate in den französischen Text einmontiert werden,[5] führt dies dem Erzähler just am 11. April 1987, dem Jahrestag der Befreiung des Konzentrationslagers Buchenwald, in aller Schärfe vor Augen. Die lebensbedrohende Alternative des Titels ‚Schreiben oder Leben' lässt sich nicht – wie der Ich-Erzähler erkennen muss – mit den simplen Mitteln des Augenzeugenberichts außer Kraft setzen. Doch welchen Ausweg, welche Lösung bietet sich an und führt aus dieser tödlichen Zwickmühle heraus?

Die Antwort auf diese Frage gibt schon der Titel des Semprún'schen Bandes: *L'écriture ou la vie*. Wohlgemerkt: Schreiben oder Leben, nicht Literatur oder Leben. Ein beträchtlicher Teil der Faszinationskraft des literarischen Oeuvre Jorge Semprúns und dessen philosophischer Fundierung speist sich aus der Tatsache, dass er „écriture" und „littérature" nicht miteinander gleichsetzt. Denn vergessen wir nicht: Es ist immer wieder die Literatur, die hier – wie an so vielen Orten und Zeiten im Labyrinth des Semprún'schen Gesamtwerks – ihr Lebenswissen und Überlebenswissen bereithält!

Nicht nur im Zentrum des Buchs, zu Beginn des sechsten von zehn Kapiteln, tauchen in *L'écriture ou la vie* unter der Überschrift „Le pouvoir d'écrire" Verse von Vallejo auf Spanisch wie auch in französischer Übersetzung auf: „*En suma, no poseo para expresar mi vida, sino mi muerte ...*"[6] Wenige Seiten später betont der Erzähler, er habe immer Glück gehabt und sei stets zur rechten Zeit auf ein lyrisches Werk gestoßen, das ihm dabei geholfen habe, weiterleben zu können: „l'œuvre poétique qui pouvait m'aider à vivre, à me faire avancer dans l'acuité de ma conscience du monde."[7] Literatur ist für den Erzähler – und

---

4 Ebda.
5 Semprún, Jorge: *L'écriture ou la vie*, S. 304 f.
6 Ebda., S. 190.
7 Ebda., S. 219.

auch für Jorge Semprún – ein Lebens-Mittel, ein Mittel zum Leben und zum Überleben, das für ihn unabdingbar ist.[8]

Die Lyrik César Vallejos eröffnet nicht nur ein Weiterleben und die Schärfung des eigenen Selbst- und Weltbewusstseins, sie diente dem Erzähler – wie wir später erfahren – auch dazu, dem Tod im Konzentrationslager von Buchenwald die Macht verdichteter Sprache entgegenzustellen: die demiurgische Kraft eines Schöpfertums, das sich der Vernichtung allen Lebens entgegenstellt. Als unmittelbar nach der Befreiung des Lagers im April 1945 Diego Morales, ‚Rotspanier‘ wie der Erzähler selbst, einen doppelt absurden Tod stirbt, findet das Ich in seinem Gedächtnis jenes berühmte Gedicht aus dem Zyklus *España aparta de mí este cáliz*, das Vallejo mit Blick auf die Toten des Spanischen Bürgerkriegs, in dem Morales einst sein Leben für die Republik aufs Spiel setzte, verfasst hatte:

> *Al fin de la batalla,*
> *y muerto el combatiente, vino hacia él un hombre*
> *y le dijo: "No mueras, te amo tanto!"*
> *Pero el cadáver ¡ay! siguió muriendo ...*[9]

Übersetzen wir diese Verse ins Deutsche, um die Auflehnung gegen den omnipräsenten Tod im Kampf vergegenwärtigen zu können:

> *Am Ende der Schlacht,*
> *und der Kämpfer schon tot, kam zu ihm ein Mensch*
> *und sagte ihm: „Stirb nicht, ich liebe Dich so sehr!"*
> *Doch der Kadaver, ach!, starb weiter.*[10]

Das Wissen der Literatur vom Leben wird gerade im Augenblick und im Angesicht des Todes zu einem Wissen im Leben und für das Leben, auch wenn Vallejos utopische Vision eines Leichnams, der dank der Bemühungen aller wieder ins Leben zurückkehrt,[11] nicht einfach realiter in Erfüllung gehen kann. Doch die Präsenz der Literatur verleiht einem Tod, der sinn- und würdelos gestorben wird, jenen Sinn und jene Würde, die das Sterben transfigurieren und den physischen Tod transzendieren. Und dies in einem Krieg, der wie jeder andere

8 Vgl. hierzu auch Ette, Ottmar / Sánchez, Yvette / Sellier, Veronika (Hg.): *LebensMittel. Essen und Trinken in den Künsten und Kulturen.* Zürich: diaphanes 2013.
9 Ebda., S. 251.
10 Vgl. zur Deutung des gesamten Gedichts und dieser Übersetzung den sechsten Band der Reihe „Aula" in Ette, Ottmar: *Geburt Leben Sterben Tod* (2022), S. 344 ff.
11 Vgl. Vallejo, César: Masa. In (ders.): *Obra poética completa.* Introducción de Américo Ferrari. Madrid: Alianza Editorial 1983, S. 300.

Krieg absolut sinnlos und menschenverachtend ist, so wie wir dies derzeit auch im Krieg Russlands gegen die Ukraine erleben. Doch auch nach den grässlichen Weltkriegen des 20. Jahrhunderts haben die Menschen keinerlei Mechanismen entwickelt, um die Welt, um die Menschen vor dem Krieg zu schützen.

Diese Transfiguration des Todes und der gelungene Versuch, dem Sterben und damit dem sterbenden Menschen zumindest seine Würde zurückzugeben, findet sich auch an anderer Stelle in Semprúns *L'écriture ou la vie*. Denn nicht anders hatte der Erzähler Maurice Halbwachs, der einst der Lehrer des Philosophiestudenten Jorge Semprún an der Sorbonne gewesen war und dessen posthum erschienenes Buch *La mémoire collective*[12] vielfältig ins Schaffen seines früheren Schülers Eingang gefunden hat, kurz vor dessen Tod in Buchenwald Verse von Baudelaire ins Ohr geraunt: „Ô mort, vieux capitaine, il est temps / levons l'ancre ...“[13] – Tod, Du alter Kapitän, Zeit ist's, lichten wir die Anker!

Dieses Gedicht Baudelaires, so der Erzähler, habe als Sterbegebet seine Wirkung nicht verfehlt, sei Halbwachs doch von einem immensen, ‚schrecklichen' Stolz erfüllt gewesen: „son regard avait brillé d'une terrible fierté.“[14] Noch stärker akzentuierte Semprún die Wirkung der Verse Baudelaires in seinen Reflexionen über *Mal et Modernité*, wo es heißt: „un mince frémissement s'esquisse sur les lèvres de Maurice Halbwachs. / Il sourit, mourant, son regard sur moi, fraternel.“[15] Er sei in den Armen des Erzählers, diesen anblickend und mit einem Lächeln auf den Lippen würdevoll gestorben. In derartigen Passagen wird mit literarischen Mitteln ‚demonstriert', in welchem Maße das Lebenswissen der Literatur gerade auch den Tod herauszufordern und die menschliche Schöpferkraft allem Vernichtungs- und Zerstörungswillen entgegenzustellen vermag.

Betrachten wir die unterschiedlichen Inszenierungsweisen dieses Abschieds des Erzählers von Maurice Halbwachs, so wird deutlich: Wir befinden uns im Reich der Zeichen, im Reich der Literatur, und wir sollten uns vor dem so häufig begangenen Fehler hüten, den Ich-Erzähler mit dem realen Autor Jorge Semprún gleichzusetzen. Denn so oft diese Szene auch in *L'écriture ou la vie* wie auch in anderen Texten Semprúns geradezu obsessiv wiederkehrt: In *L'évanouissement* wird von Maurice Halbwachs' Tod auf andere, gleichsam komplementäre Weise

---

12 Vgl. Halbwachs, Maurice: *La mémoire collective*. Ouvrage posthume publ. par Jeanne Alexandre née Halbwachs. Paris: Presses Universitaires de France 1950.
13 Semprún, Jorge: *L'écriture ou la vie*, S. 250.
14 Ebda.
15 Semprún, Jorge: *Mal et Modernité: le Travail de l'Histoire, suivi de „... vous avez une tombe dans les nuages ...“*. Marseille: Editions Climats 1995, S. 47.

berichtet, erfährt hier der Erzähler doch vom Tod ‚seines' Soziologieprofessors an der Sorbonne durch die Sterbelisten in der ‚Arbeitsstatistik' des KZ Buchenwald.[16] Wie aber ist diese ‚Abweichung', wie ist dieser offensichtliche Widerspruch, wie ist diese Gestaltung unterschiedlicher erzählerischer ‚Wahrheiten' möglich und erklärbar?

Jorge Semprúns Schreiben findet seinen Sitz im Leben nicht durch den Rekurs auf Augenzeugenschaft: Es nutzt die testimoniale Dimension vielmehr für die Spiel-Räume, die allein die Kunst der Literatur bietet. Anders als das testimoniale Schreiben findet sich die Literatur dabei auf der Seite des Lebens wieder und bildet – bezieht man die in den Text eingeblendeten Frauenbeziehungen mit ein – ein geradezu magisches Dreieck von Lesen, Leben und Lieben.[17] Dies sind Konfigurationen, die für das Semprún'sche Schreiben von fundamentaler Bedeutung sind und zugleich verdeutlichen, wie tief eingetaucht sich der in Spanien geborene und vorwiegend auf Französisch schreibende Schriftsteller in den abendländischen Schreibtraditionen bewegt.

Das Lesen ist dabei sehr häufig selbstbezüglich und höchst produktiv. Immer wieder entfaltet Jorge Semprún als Leser seiner eigenen Texte bestimmte Schlüsselszenen in nachfolgenden Texten neu. In jedem neuen Text scheinen zuvor veröffentlichte Texte durch, so dass auf intratextueller Ebene ein Text-Mobile entsteht, in dem der nie enden wollenden Bewegung des Schreibens immer neue und sich wandelnde Textkonfigurationen entsprechen. Wo das Schreiben zum Durchleben des Todes zurückzuführen und an einem Endpunkt, gleichsam an einem toten Punkt anzukommen droht, wird der Tod durch das Leben der Literatur immer wieder in Bewegung, in die der Semprún'schen Schreibkunst so eigentümliche „Mouvance" versetzt.

So findet das Schreiben bei Jorge Semprún nie ein Ende. Immer wieder gibt es ein neues Aufbrechen, gibt es neue Aufbrüche, die sich einem definitiven Schlusspunkt entziehen: Das Weiterschreiben ist der kategorische Imperativ Jorge Semprúns. Denn zugleich entfalten Semprúns Texte ein intertextuelles Beziehungsgeflecht, das den Zurückblickenden stets ins lebensrettende Spiel der Literatur miteinbezieht und nach vorne blicken lässt: ein wieder und wieder neu einsetzendes Schreiben, das sich auf die Zukunft, auf ein nächstes Buch hin öffnet.

---

16 Vgl. hierzu Schoeller, Wilfried F.: *Jorge Semprún. Der Roman der Erinnerung*. München: edition text&kritik 2006, S. 188. Freilich findet sich in dieser Untersuchung sehr häufig die direkte Gleichsetzung von textinterner Erzählerfigur und textexternem Schriftsteller.
17 Zu diesem Dreieck vgl. auch den zweiten Band der Reihe „Aula" in Ette, Ottmar: *LiebeLesen* (2020), passim.

So entsteht das Werk eines Lebens, das dank seiner kontinuierlichen ästhetischen Selbstreflexion nicht in den Fehler verfällt, beim Gelebten und Erfahrenen
des Widerstandskämpfers und Exilanten, des Gefolterten und Lagerinsassen,
aber auch des Organisators im Untergrund gegen die Franco-Diktatur und späteren Ministers im Kabinett von Felipe González stehenzubleiben. Jorge Semprún
hatte in der Tat viel zu erzählen, und ich darf sagen, dass ich die Stunden stets
genoss, wenn ich ihn bei meinen Besuchen im Hause Semprún mit ebenso großer Freude wie Kunst erzählen hörte. Er war mit seiner ganzen Person und Persönlichkeit im Sinne der deutsch-jüdischen Lyrikerin Emma Kann,[18] der das Exil
und die Erfahrung des südfranzösischen Konzentrationslagers Gurs nicht fremd
waren, ein zutiefst lebendiges, ein „stets sich erneuerndes Buch",[19] das immer
über die reine Augenzeugenschaft weit hinausging.

Die poetologischen Reflexionen des Zentralkapitels von *L'écriture ou la vie* lassen keinen Zweifel daran, dass das ‚Ich' im Text „nourri de mon expérience mais
la dépassant, capable d'y insérer de l'imaginaire, de la fiction ..."[20] sein müsse.
Dieser Verweis auf die Fiktion ist ein deutliches Warnschild für all jene, die Semprúns Texte als Zeugenberichte missverstehen. Semprún aber ging es nicht um
das Testimoniale, ihm ging es um die Literatur in ihrer gesamten Breite und Tiefe.
Seine literarischen Texte oszillieren vielmehr auf eine höchst kunstvolle Weise
zwischen der diktionalen Darstellung gelebter Erfahrung und dem fiktionalen Entwurf eines Erlebens, das weit über das Gelebte, das Erlittene hinausreicht. In dieser *friktionalen* Bewegung entsteht aus dem Erfahrungswissen des Gelebten und
dem Lebenswissen des Gelesenen ein Erlebenswissen und Überlebenswissen, das
den Tod ins eigene Erleben holt und zum Ausgangspunkt einer Literatur des Über-
LebenSchreibens macht. Denn eben darum ging es bei Jorge Semprún: um eine
Literatur des ÜberLebenSchreibens.

Es ist dieses zwischen Diktion und Fiktion friktional oszillierende Ich, das
sich im Alter von 18 Jahren mit dem leitmotivartig wiederkehrenden Satz aus
Wittgensteins *Tractatus* auseinandersetzt: „*Der Tod ist kein Ereignis des Lebens.
Den Tod erlebt man nicht* ..."[21] Die von Pierre Klossowski stammende Überset-

---

18 Vgl. zu Emma Kann unter anderem das Interview des Verfassers „Was über die Zeit hinausgeht. Interview mit der Lyrikerin Emma Kann (Konstanz, 24.4.1991)." In: *Exil* (Frankfurt am
Main) XIII, 2 (1993), S. 33–40; sowie Ette, Ottmar: ‚Ein stets sich erneuerndes Buch'. Warum es
an der Zeit ist, Emma Kann zu entdecken. In: *Orientierung* (Zürich) LXXI, 8 (April 2007),
S. 93–96.
19 Kann, Emma: *Im Anblick des Anderen. Gedichte 1989.* Konstanz: Hartung-Gorre Verlag
1990, S. 31. Vgl. hierzu auch Ette, Ottmar: ‚Ein stets sich erneuerndes Buch'. Warum es an der
Zeit ist, Emma Kann zu entdecken. In: *Orientierung* (Zürich) LXXI, 8 (April 2007), S. 93–96.
20 Semprún, Jorge: *L'écriture ou la vie*, S. 217.
21 Ebda., S. 223.

zung – „La mort n'est pas un événement de la vie. La mort ne peut être vécue"[22] befriedigt den jungen Spanier, der sich im Pariser Exil im Französischen einzurichten beginnt, keineswegs. So übersetzt er den zweiten Teil mit „On ne peut vivre la mort",[23] eine Lösung, die er im 1967 erschienenen Roman *L'évanouissement* wiederum verändert: „La mort n'est pas une expérience vécue."[24]

Die interlinguale Schwierigkeit, so erkennt der Ich-Erzähler – und wir erinnern uns daran, dass Jorge Semprún längere Zeit als Übersetzer tätig war –, liegt darin begründet, dass dem deutschen ,Erleben' zwar das spanische „vivencia", aber keine adäquate französische Entsprechung an die Seite zu stellen ist. Das Französische weist hier eine bedeutsame Lücke auf, die nur durch das Pendeln zwischen verschiedenen Sprachen deutlich erkennbar wird. Dass Jorge Semprún von 1946 bis 1952 als Übersetzer bei der UNESCO und seit 1950 als Leiter der spanischen Übersetzungsabteilung arbeitete, machte den späteren Romancier gewiss für derartige Problematiken sensibel und hellhörig. Gerade die literarische Übersetzung schärft das Bewusstsein für die jeweils gegebenen Ausdrucksmöglichkeiten von Sprachen ungeheuer.[25]

Das hier nur angedeutete Verfahren der Übersetzungsprobe ist für Semprúns Schreib- und Denkstil charakteristisch: Dem transnationalen Lebensweg entspricht ein translationales Sprachen- und Weltbewusstsein. Wie viele andere Texte des nach Ausbruch des Spanischen Bürgerkriegs als Jugendlicher mit seiner Familie ins Exil geflohenen Schriftstellers bietet *L'écriture ou la vie* Passagen und Zitate in spanischer und deutscher, aber auch in italienischer oder englischer Sprache. Diese Vielsprachigkeit ist dabei keine wohlfeile Staffage, sondern schriftstellerisches wie ethisches Programm.

Denn die Sprache Semprúns ist eine nicht nur durch interlinguale Übersetzungsvorgänge, sondern mehr noch durch translinguale Prozesse geformte Sprache, in der ,hinter' der einen immer auch andere Sprachen hörbar werden und gleichsam durchscheinen. Gewiss hat der gebürtige Madrilene – von seinen spanischsprachigen Veröffentlichungen einmal abgesehen – das Französische, die Sprache seines Exils, zu seiner dominanten Literatursprache gemacht; doch ist in seinem Schreiben jenseits der Muttersprache stets die Sprache seiner

---

22 Ebda., S. 225.
23 Ebda.
24 Ebda.
25 Vgl. hierzu Ette, Ottmar: Mit Worten des Anderen. Die literarische Übersetzung als Herausforderung der Literaturwissenschaft. In: Armbruster, Claudius / Hopfe, Karin (Hg.): *Horizont-Verschiebungen. Interkulturelles Verstehen und Heterogenität in der Romania. Festschrift für Karsten Garscha zum 60. Geburtstag.* Tübingen: Gunter Narr Verlag 1998, S. 13–33.

geliebten, aber bereits 1932 verstorbenen Mutter vernehmbar. Die Abwesenheit der Mutter war für Jorge Semprún stets eine allgegenwärtige Präsenz.

An diesem fragilen Punkt seiner Biographie setzt auch das Deutsche ein. Denn an die Stelle der Mutter waren früh schon deutschsprachige Gouvernanten getreten – und eine von ihnen sollte zu seiner ungeliebten Stiefmutter werden. Durch die deutschsprachigen Kindermädchen wurde das Deutsche zur ersten Fremdsprache Semprúns, ein Geschenk für den späteren Philosophiestudenten, der Hegel und Marx, Kant und Schelling, Heidegger, Husserl oder Jaspers im Original zu lesen verstand. Man merkt dem Philosophieren Semprúns diese Sprachkompetenz an, auf die der Spanier stets stolz war.

So ist es vor allem die deutschsprachige Philosophie, die Semprúns Arbeit an und mit der Sprache eine sprachphilosophische Dimension und seinem Schreiben stets eine geradezu übersetzungstheoretische Sensibilität mitgegeben hat. Kein Zufall also, dass die Relevanz des Übersetzens gerade an Wittgenstein, gerade am Beispiel der Philosophie vorgeführt wird. Diese Ausrichtung an der deutschsprachigen Philosophie verhinderte zweifellos, dass für den Konzentrationär Jorge Semprún das Deutsche zur Sprache des Hitlerregimes und der SS-Wachmannschaften verkam, sondern sich bei ihm vielmehr eines hohen Prestiges und seiner gesamten Ausdrucksschärfe erfreute.

In seinem Eröffnungsvortrag zum Ersten Europäischen Kulturforum in Luxemburg am 24. Mai 2004 hat Jorge Semprún in seiner humorvollen Art darauf hingewiesen, auf seinem Tagungsausweis habe man etwas unsicher ,Spanien – Frankreich' vermerkt. Doch man hätte gerne noch ,Deutschland' hinzufügen können, was der (auch damals anwesenden) Jutta Limbach gewiss nur recht sein könne.[26] Der Titel von Semprúns Ansprache, *Die kulturelle Vielfalt leben,* weist auf sein Verständnis von Europa und auf „dieses tiefe Bewusstsein [hin], dass Europa vor allem diese Vielfalt ist".[27] Die sogenannte Repatriierung aus Buchenwald war für Semprún, wie er des Öfteren betonte, eine Rückkehr nach Frankreich und damit nicht in sein Herkunftsland, sondern ins Exil. All dies hatte folglich nichts mit einer wirklichen Repatriierung in eine „Patrie" oder „Patria" zu tun.

Der Erzähler nimmt dies in *L'écriture ou la vie* zum Anlass, darüber nachzudenken „que je ne pourrais plus jamais revenir dans aucune patrie. Il n'y avait plus de patrie pour moi".[28] Semprúns Erzähler reflektiert folglich darüber, dass es für ihn keine Rückkehr in irgendein Vaterland mehr geben könne. Aber müsse

---

26 Vgl. Semprún, Jorge: Die kulturelle Vielfalt leben. Eröffnungsvortrag des Ersten Europäischen Kulturforums in Luxemburg am 24. Mai 2004 Internet-Ausdruck, S. 1.
27 Ebda., S. 2.
28 Semprún, Jorge: *L'écriture ou la vie,* S. 153.

es dann nicht viele Vaterländer für ihn geben? Der Vervielfachung des Vaterlands in Vaterländer aber entspricht nicht nur die Einsicht, entspringt nicht nur der Gedanke, dass man nicht für zwei Vaterländer sterben könne,[29] sondern weit mehr noch das Bewusstsein, für lange Zeit, vielleicht ein ganzes Leben lang, einem Zwischenbereich anzugehören: der unablässigen oszillierenden Bewegung zwischen verschiedenen Ländern.

Dies kommt sehr deutlich in seinem 1998 erschienenen Band *Adieu, vive clarté …* zum Ausdruck, wo von einem Grab genau auf der Grenze zwischen Spanien und Frankreich die Rede ist, einem Grab in einem Grenzort als möglicher Heimat der Heimatlosen.[30] Von diesem Ort aus aber lässt sich Semprúns Literatur – nicht in der Muttersprache, sondern in der Sprache des Exils verfasst – in ihrer fundamentalen Ungeborgenheit als eine Literatur ohne festen Wohnsitz begreifen und zugleich als eine Literatur, die dank ihrer Heimatlosigkeit, dank der Vervielfachung ihrer Vaterländer in einem fundamentalen Sinne *europäisch* ist. Wenn man es denn von einem Schriftsteller behaupten darf, dass er europäische Literatur, die Literatur Europas schreibe, dann von dem gebürtigen Madrilenen Jorge Semprún.

In seiner Friedenspreis-Rede von 1994 bekannte er, dass er eine Zeitlang gedacht habe, in der französischen Sprache „ein neues Vaterland" gefunden zu haben.[31] Doch von einer derartigen Einschätzung war er nun abgerückt. Doch kann man in einem positiven Sinne heimatlos sein? Schon Friedrich Nietzsche skizzierte in *Die Fröhliche Wissenschaft* gegen alle nationalistische Kleingeisterei die Heimatlosigkeit als jene Situation, welche „*gute Europäer*"[32] auszeichne. So könnte Jorge Semprúns eigene „gaya scienza" mit dem Autor von *Ecce homo* sagen: „Es fehlt unter den Europäern von Heute nicht an solchen, die ein Recht haben, sich in einem abhebenden und ehrenden Sinne Heimatlose zu nennen, ihnen gerade sei meine geheime Weisheit und gaya scienza ausdrücklich an's Herz gelegt!"[33]

Jorge Semprúns Literatur ist in diesem Sinne eine zutiefst europäische Literatur, die im Übrigen – die Bezugnahme auf den peruanischen Dichter César

---

29 Ebda., S. 154.
30 Vgl. hierzu Schoeller, Wilfried F.: *Jorge Semprún*, S. 43.
31 Semprún, Jorge: *Blick auf Deutschland*. Aus dem Spanischen und dem Französischen übersetzt von Michi Strausfeld u. a. Frankfurt am Main: Suhrkamp 2003, S. 62.
32 Nietzsche, Friedrich: Die fröhliche Wissenschaft (‚La Gaya Scienza'). In (ders.): *Sämtliche Werke. Kritische Studienausgabe in 15 Einzelbänden*. Herausgegeben von Giorgio Colli und Mazzino Montinari. München – Berlin: Deutscher Taschenbuch Verlag – Walter de Gruyter ³1988, Bd. 3, S. 631.
33 Ebda., S. 628.

Vallejo zeigte es deutlich – eine wirklich europäische nur sein kann, wenn sie sich ihrer außereuropäischen Beziehungsgeflechte bewusst ist. Nur eine solche Literatur kann im Sinne Semprúns jenes Europa der verschiedensten Sprachen, Kulturen und Nationen heraufführen, für das sich der Intellektuelle – immer wieder seinem philosophischen Vorbild Edmund Husserl und dessen Wiener Vortrag von 1935 folgend[34] – über Jahrzehnte bis zu seinem Lebensende unermüdlich einsetzte. Es ist die Idee von einem Europa, das sich seiner supranationalen Zukunft mutig stellt und die Achtung vor der Differenz als wesentlichen Reichtum begreift.

Damit ist allerdings kein Europa von Nationalstaaten gemeint, welche ihre nationalen bis nationalistischen Interessen rücksichtslos durchzusetzen versuchen und nicht an einer gemeinsamen Idee von Europa, sondern an möglichst positiven Geldflüssen ausgerichtet sind. In dem Jahrzehnt seit seinem Tod am 7. Juni 2011 hätte der begeisterte Europäer Semprún die Entwicklung der Europäischen Union zweifellos mit großer Skepsis betrachtet und vor den Auswüchsen eines immer stärker um sich greifenden Nationalismus und einer damit verbundenen Xenophobie gewarnt. Simplen Zuschreibungen dominanter Identitäten war der gebürtige Madrilene stets energisch entgegengetreten. Als translingualer Schriftsteller schrieb er an gegen ein literarisches Europa der Nationalliteraturen, zwischen denen er immer wieder verblüffende Verbindungen herzustellen wusste. Die translinguale, verschiedenste europäische Sprachen integrierende Literatur Jorge Semprúns lässt vor diesem Hintergrund allein den Schluss zu, dass sein Werk gleichsam *auf Europäisch* geschrieben ist.

Exilerfahrung und Widerstand, Deportation und Zwangsarbeit, aber auch die Verwandlung einer zunächst fremden Sprache in die Sprache des eigenen Schreibens, die Umformung der eigenen Lebenserfahrung von Vielsprachigkeit in die Entwicklung einer sehr eigenen kraftvollen, dynamischen Literatursprache sowie die Entbindung der Möglichkeit, die unterschiedlichsten Formen menschlichen Wissens – von den Diskursen der Politik wie der Literatur bis hin zu jenen der Wissenschaften – für den Entwurf einer im Schreiben und Handeln beziehungsweise im Schreiben als Handeln Gestalt annehmenden konkreten Utopie fruchtbar zu machen, durchziehen das Gesamtwerk dieses großen europäischen Schriftstellers.

Jorge Semprún steht als ein Sinnbild für eine Epoche der Literatur in Europa, aber auch für ein offenes und humanistisches Verständnis von Europa,

---

34 Vgl. Semprún Jorge: Commémorer deux destins européens. Dankesrede anlässlich der Entgegennahme der Ehrendoktorwürde der Université Catholique de Louvain am 2. Februar: <www.ucl.ac.be/actualites/dhc2005/dSemprún.html> (11.12.2006), S. 2.

das in der aktuellen Konstellation der Europäischen Union vielleicht bereits historisch geworden ist. Der Autor von *L'écriture ou la vie* hat die Bewegungsspielräume zwischen den Sprachen, zwischen den Vaterländern entschlossen für sich – und damit zugleich für uns – genutzt. Sie bilden die Voraussetzung für seine stets ethisch fundierte Ästhetik wie für sein politisches Handeln, das von einem unerschütterlichen Glauben an eine bessere Zukunft geprägt war.

Jorge Semprún war ein unermüdlicher Übersetzer. Seine beständige Übersetzungsarbeit bezieht sich nicht allein auf verschiedene Sprachen Europas: Er übersetzte vor allem auch zwischen den Sprachen der Philosophie und der Literatur. Die Philosophie ist im Gesamtwerk des Verfassers von *Le grand voyage* (1963), seines im Folgejahr mit dem internationalen Prix Formentor ausgezeichneten fulminanten Erstlingswerks, allgegenwärtig. Dies verwundert nicht: Denn noch bevor Semprún das Studium der Philosophie an der Sorbonne aufnahm, war er als angehender Absolvent des renommierten Pariser Lycée Henri IV in einem nationalen Wettbewerb für eine Arbeit über Edmund Husserl mit dem Preis für Philosophie ausgezeichnet worden. Vielleicht wäre die Philosophie zur Heimat der „écriture" von Jorge Semprún geworden; doch das Leben wollte es anders.

Denn auch wenn er, der sich 1941 der französischen Résistance anschloss (und im darauf folgenden Jahr der Kommunistischen Partei beitrat), wegen seiner Verhaftung durch die Gestapo und seiner anschließenden Verschleppung ins Konzentrationslager Buchenwald sein Philosophiestudium niemals abschließen konnte, war für ihn selbst im „Univers concentrationnaire" – wo er sich bei der Registrierung als Philosophiestudent bezeichnete – neben der Welt der Literatur die Welt der Philosophie noch immer von ungeheurer Wichtigkeit. Dies sollte sich auch in den Jahrzehnten nach der Befreiung des Konzentrationslagers Buchenwald sowie nach seiner Abberufung von der Koordination der Untergrundarbeit für die Kommunistische Partei Spaniens in Madrid 1963 (und der damit einhergehenden Entscheidung für die Schriftstellerkarriere) nicht ändern: Kant und Schelling, Hegel und Marx, Husserl und Heidegger bilden kontinuierliche Bezugspunkte eines literarischen Schreibens, das sich stets zugleich auch der Philosophie verschrieben hat. die Literatur war wegen ihrer Möglichkeit, die Fiktion offen ins Spiel zu bringen, die für ihn bessere Art und Weise, die von ihm dargestellten Gegenstände und Lebensumstände philosophisch zu reflektieren.

So folgte der bereits zitierten Passage aus *L'écriture ou la vie* ganz selbstverständlich eine Reflexion des Erzählers zu Immanuel Kants Überlegungen zum radikal Bösen oder Schellings idealistischer Naturphilosophie,[35] Reflexionen, die an dieser wie an anderen Stellen des Gesamtwerks häufig zur Frage nach

---

35 Vgl. Semprún, Jorge: *L'écriture ou la vie*, S. 216.

den Möglichkeiten und Grenzen der menschlichen Freiheit überleiten. Dabei ist es Semprún stets gelungen, die Philosophie dadurch in den Raum der Literatur zu übersetzen, dass er ihre Positionen von bestimmten Erzählern oder anderen literarischen Figuren dialogisch oder besser polylogisch vertreten lässt und ins literarische Spiel einbringt. In der Tat könnte man das Verhältnis des Schriftstellers zur Philosophie insgesamt als ein zutiefst dialogisches charakterisieren. Dieses Verfahren nimmt den philosophischen Diskursen nichts von ihrer Prägnanz, montiert sie aber als gleichsam importierte und ‚zitierte' Sprachen in den Kontext einer Sprachen- und Redevielfalt, die ihnen jeglichen Ausschließlichkeitsanspruch verwehrt. Es ging Semprún nie um eine Philosophie in ihrer Dogmatik, in ihrer Systematik, in ihrem Anspruch auf eine überlegene Wahrheit, sondern um ein *Philosophieren*, um ein Bewegen der Philosophie, so dass diese ihren oft inhärenten Ausschließlichkeitsanspruch verliert.

Die Literatur wird damit zum Erprobungsraum für Philosophie: Ein experimenteller Umgang bisweilen – wie im angeführten Falle Wittgensteins – mit einzelnen Philosophemen, bisweilen aber auch mit komplexen philosophischen Architekturen, die – wie etwa im Falle von Martin Heideggers *Sein und Zeit*, das der junge Philosophiestudent einst in einer deutschen Buchhandlung in Paris gekauft hatte – auf ihre Konsistenz, aber auch auf ihre gesellschaftlichen Folgewirkungen hin befragt werden. Semprúns Literatur zielt auf eine Kritik jeglicher Form totalitären Denkens. Die Philosophie liegt daher als eine permanente (wenn auch gewiss nicht alles beherrschende) Gesprächspartnerin der schriftstellerischen Arbeit Semprúns zu Grunde. Freilich nicht in dem Sinne, dass sie das Fundament der Semprún'-schen „écriture" bilden würde, sondern vielmehr deren intertextuellen Bewegungs-Raum.

Es überrascht daher nicht, dass sich Jorge Semprún nicht nur in zahlreichen Reden und Ansprachen, sondern auch in seinem ursprünglich 1990 als Vortrag gehaltenen und 1995 unter dem Titel *Mal et Modernité: le Travail de l'Histoire* erschienenen Band einer spezifisch geschichtsphilosophisch perspektivierten Fragestellung nach der Herkunft des Bösen widmete, die seit *Le grand voyage* kontinuierlich sein literarisches Schaffen durchzog.[36] Auch in dieser Schrift ist die privilegierte Stellung der deutschsprachigen Philosophie, die das Denken Jorge Semprúns ausweist, nicht zu übersehen.

Denn aus der Erfahrung dessen, was die deutsche Philosophie (und Literatur) ihm gaben, und aus dem Erleben von all jenem, was ihm ein bestialisches nationalsozialistisches Deutschland antat, ist Semprúns Beziehung zu Deutschland seit jeher von einer ungeheuren Intensität geprägt. Diese Intensität machte

---

36 Vgl. nochmals Semprún, Jorge: *Mal et Modernité*, op. cit.

sich bei ihm stets ebenso auf emotionaler wie auf intellektueller Ebene bemerk-
bar. Sie nahm nach dem Fall der Berliner Mauer und dem engagierten Eintreten
des politisch denkenden und handelnden Schriftstellers zugunsten demokratischer Prozesse in ganz Europa noch weiter zu.

Ihren konzisesten und wohl prägnantesten Ausdruck findet diese jahrzehntelange Entwicklung sicherlich in *Mal et Modernité*, jenem philosophisch-
literarischen Versuch, der ursprünglich im Rahmen der Conférences Marc Bloch
an der Pariser Sorbonne und damit an jener Alma Mater gehalten wurde, an welcher der junge Student sich einst begeistert dem Studium der Philosophie und
wohl auch dem Werk von Maurice Halbwachs gewidmet hatte.

Auf diesen Seiten entfaltet die Reflexion Semprúns über das radikal Böse,
die sich an den Bezugspunkten von Immanuel Kants bekannter, 1793 erschiene-
ner Schrift *Die Religion innerhalb der Grenzen der bloßen Vernunft* bis zu Hermann Broch – den er nicht nur als Schriftsteller, sondern auch als großen
„penseur politique" und „philosophe de l'histoire" versteht[37] –, von Schelling
über Heidegger bis Jaspers, aber auch von Marc Bloch und Léon Blum über
Jacques Maritain bis Paul Ricoeur orientiert, eine spannende Auseinandersetzung mit dem deutschen Idealismus, die sich im interkulturellen Dialog auf
weitere grundlegende Positionen der deutschen wie der französischen Philosophie im 20. Jahrhundert hin öffnet.

Für Semprún steht dabei die Philosophie Martin Heideggers immer wieder für
jenen nationalsozialistischen Sündenfall ein, den die Philosophie in Deutschland
gegenüber dem Bösen beging. Umgekehrt aber vermerkt Semprún ebenso die positiven Kontinuitäten zwischen einer Philosophie *vor* dem Nationalsozialismus und
einem Denken, für das immer wieder auch Jürgen Habermas im bundesdeutschen
Nachkriegsdeutschland stehen kann. In welchem Maße die philosophische Reflexion Jorge Semprúns sich immer wieder um Rolle und Bedeutung Deutschlands
dreht, mag die abschließende Passage aus *Mal et Modernité* belegen:

> In diesem Augenblick, in dem Deutschland „den Riss, der sein Herz zerreißt", auslöscht,
> in welchem es dies in der Ausweitung der demokratischen Vernunft tut, in dem die
> Mächte des Ostens als solche zusammenbrechen, in dem die apokalyptischen Vorhersa-
> gen Heideggers von der Arbeit der Geschichte der Lüge überführt werden, ist es tröstlich,
> jenes deutsche Denken in Erinnerung zu rufen, welches von Herbert Marcuse 1935 über
> das unermessliche Werk von Karl Jaspers bis zu Jürgen Habermas heute die zerreisende
> Hellsichtigkeit der Vernunft aufrecht erhalten hat.[38]

---

37 Ebda., S. 11.
38 Ebda., S. 87.

Denn Jorge Semprúns Glaube an die Kraft der Vernunft war zeit seines Lebens ungebrochen. Zweifellos richten sich seine Überlegungen vor allem einschränkend gegen die Philosophie Martin Heideggers, bestehe der eigentliche Skandal doch nicht darin, dass Heidegger eine Rektoratsrede gehalten und in die NSDAP eingetreten sei, sondern in der Tatsache, dass sein so originelles und einflussreiches Denken im Nationalsozialismus ein Bollwerk gegen eine massifizierte Warengesellschaft auszumachen vermochte, ohne sich später von dieser Position je eindeutig zu distanzieren.[39] Semprún macht im gesamten Schaffen Heideggers denselben „fil conducteur",[40] denselben Leitfaden aus, der die Frontstellung des Philosophen von Todtnauberg insbesondere gegen eine technifizierte Moderne und gegen eine demokratische Massengesellschaft markiere. Man könnte Jorge Semprúns Haltung gegenüber Heidegger mit jener Haltung vergleichen, wie sie Hannah Arendt nach dem Zusammenbruch der Naziherrschaft gegenüber ihrer alten (philosophischen) Liebe einnehmen musste, auch wenn sich bei der Königsberger Philosophin sicherlich noch andere, von der Geschlechterdifferenz ausgelöste Dimensionen hinzugesellen.[41] Doch die Geschichte und die barbarischen Schandtaten des deutschen Nationalsozialismus hatten Jorge Semprún eine eindeutige Lektüre und eine eindeutige Verurteilung von Heideggers Philosophie auferlegt.

Semprúns Abrechnung mit Heidegger ist der Versuch, angesichts der transhistorischen Präsenz des Bösen in der Geschichte der Menschheit jene „déchirante lucidité de la raison",[42] jene zerreißende Klarheit der Vernunft wiederherzustellen, die für das deutsche und zugleich für das europäische Denken von so entscheidender Bedeutung sei. *Mal et Modernité* bietet den philosophischen Reflexionshintergrund für die Semprún'sche Literatur, zeigt zugleich aber auch auf, dass nicht nur Philosophie in Literatur, sondern auch Literatur in Philosophie übersetzbar ist und dass einer allzu sorgsamen Scheidung beider Diskurswelten etwas Schematisches – und zugleich (im Sinne von Jorge Luis Borges)[43] Fiktionales – eignet.

Das Semprún'sche Werk zielt gerade darauf ab, Philosophie und Literatur so miteinander zu verschränken, dass sie als Formen des Denkens wie als For-

---

39 Ebda., S. 64.

40 Ebda., S. 67.

41 Vgl. hierzu Ette, Ottmar: ‚Unheimlich nahe mir verwandt': Hand-Schrift und Territorialität bei Hannah Arendt. In: *Potsdamer Studien zur Frauen- und Geschlechterforschung* (Potsdam) V, 1–2 (2001), S. 41–54.

42 Semprún, Jorge: *Mal et Modernité*, S. 87.

43 Vgl. hierzu die ausführliche Beschäftigung mit dieser Problematik im dritten Band der Reihe „Aula" in Ette, Ottmar: *Von den historischen Avantgarden bis nach der Postmoderne* (2021), insb. S. 494 ff.

men des Schreibens auf den zentralen Fragenkomplex einer vom „Univers con-centrationnaire" geprägten Welt[44] bezogen werden können: die Frage nach der Beziehung zwischen Wissen und Leben, Wissen und Überleben, die am Beispiel des Todes von Maurice Halbwachs im Semprún'schen Grundlagenwerk *L'écri-ture ou la vie* wie folgt formuliert wird:

> Halbwachs hatte dafür keine Kraft mehr. Oder keine Schwäche mehr, wer weiß das schon? Er hatte jedenfalls keine Möglichkeit mehr. Oder kein Begehren. Zweifellos ist der Tod die Erschöpfung jeglichen Begehrens, dasjenige zu sterben eingeschlossen. Erst vom Leben her, vom *Lebenswissen* her, kann man das Begehren haben, einfach zu sterben. Das todbringende Begehren ist noch immer ein Reflex des Lebens.
> [...]
> Eine Art physischer Traurigkeit erfüllte mich. Ich bin in diese Traurigkeit meines Körpers dunkel hinabgetaucht. In jene fleischliche Unordnung, die mich für mich selbst unbewohnbar werden ließ. Die Zeit ist vorübergegangen, Halbwachs war tot. Ich hatte den Tod von Halbwachs gelebt.[45]

Der Ich-Erzähler konstatiert in dieser Szene des Todes von Maurice Halbwachs, dass man den Tod doch leben könne, den Tod eines anderen, der zu so etwas wie dem eigenen Tode im eigenen, unbewohnbar gewordenen Körper wird. Damit gibt das Ich dem bereits diskutierten Philosophem Wittgensteins, dass man den Tod nicht leben könne und der Tod damit kein Element des Lebens sei, eine andere Wendung, die zeigt, wie mit den Mitteln der Literatur die Grenzerfah-rung zwischen Leben und Tod anders perspektiviert, anders erprobt und auch (nach)erlebt werden kann. Eine klare Grenzlinie oder Trennung zwischen Leben und Tod verschwimmt; und der Tod wird zu einem fundamentalen Bestandteil des Lebens, ganz so, wie er in unserer eigenen Vorlesung über *Geburt Leben Ster-ben Tod* schon im Titel zu einem Bestandteil des Lebens wurde. Denn für die Lite-ratur, für die Literaturen der Welt ist der Tod ein fundamentaler Teil des Lebens.

Noch das Begehren nach dem Tode, noch die Todessehnsucht ist ein Lebens-reflex, ja mehr noch: eine Lebensreflexion im Zeichen eines sich stets neu konfigu-rierenden Lebenswissens. Im Zwischenbereich zwischen Leben und Tod, zwischen „écriture" und „littérature", nutzt der Schriftsteller, Intellektuelle und Philosoph

---

44 Vgl. hierzu Agamben, Giorgio: *Homo sacer. Die souveräne Macht und das nackte Leben.* Aus dem Italienischen von Hubert Thüring. Frankfurt am Main: Suhrkamp 2002; sowie ders.: *Was von Auschwitz bleibt. Das Archiv und der Zeuge (Homo sacer III).* Aus dem Italienischen von Stefan Monhardt. Frankfurt am Main: Suhrkamp 2003.
45 Semprún, Jorge: *L'écriture ou la vie*, S. 61 (Kursivierung O.E.).

Jorge Semprún die Spiel-Räume von Philosophie und Literatur, um die Lebenswissenschaft der Philosophie in das Erlebenswissen einer Literatur zu übersetzen, die zugleich auch ein Zusammenlebenswissen[46] entfaltet.

Mal et Modernité zeigt es deutlich an: Der sich selbstironisch auch als „Revenant" bezeichnende Überlebende des Konzentrationslagers Buchenwald hat sich als Intellektueller und als Philosoph, als Publizist und als Übersetzer, als zweisprachiger Schriftsteller und als spanischer Kulturminister herausragende Verdienste um eine tiefgreifende künstlerische wie um eine ebenso pointierte wie profunde kritische Auseinandersetzung mit Denkformen und Praktiken totalitärer Herrschaft, mit den vielfältigsten Formen von Ausgrenzung, Unterdrückung und Ermordung Andersdenkender sowie mit jenen schöpferischen Möglichkeiten erworben, die es dem Menschen im Angesicht des radikal Bösen erlauben, sein Menschsein zu bewahren und im reflektierten Zusammenspiel unterschiedlichster Kulturen, Religionen und Zugehörigkeiten eine ethische Fundierung der Durchsetzung demokratischer und auf dem Respekt vor dem Gegenüber basierender Werte zu erreichen. Für all dies steht Jorge Semprún mit seinem gesamten schöpferischen Lebenswerk ein.

Jorge Semprún hat nicht nur durch seine vielbeachtete Dankesrede anlässlich der Entgegennahme des Friedenspreises des Deutschen Buchhandels 1994 oder seine bereits erwähnte Rede vom 10. April 2005 im Weimarer Nationaltheater[47] mit Blick auf die europäische Zukunft Deutschlands Zeichen seines Vertrauens in die Kraft der „raison", in das Vermögen des Geistes und der Wissenschaft gesetzt, dass gerade von einem demokratisch wiedervereinigten Deutschland aus die Vielfalt der Kulturen in einem vielsprachigen Europa entscheidend vorangetrieben werden könne. Er hat damit die besondere Rolle und Verpflichtung, aber auch die Entwicklungen und Fortschritte dieses Landes auf all diesen Gebieten anerkannt.

Lassen Sie es mich so formulieren – und ich gestehe, dass ich dabei immer das Bild Jorge Semprúns bei der Verleihung der Ehrendoktorwürde der Universität Potsdam an ihn vor Augen habe: Sein Gesamtwerk entwirft aus dem Spannungsfeld von Literatur und Philosophie, von Politik und Wissenschaft den entschlossenen Versuch, im Rückgriff auf die Traditionsstränge deutschsprachiger Philosophie und Literatur aus einer gleichsam *doppelten* Perspektivik – vom Ettersberg der Spaziergänge Goethes und Eckermanns sowie vom Etters-

---

46 Vgl. zu dieser Fragestellung Barthes, Roland: *Comment vivre ensemble. Simulations romanesques de quelques espaces quotidiens*. Notes de cours et de séminaires au Collège de France, 1976–1977. Texte établi, annoté et présenté par Claude Coste. Paris: Seuil – IMEC 2002.
47 Vgl. hierzu u. a. die bereits zitierte, 2003 erschienene wichtige Textsammlung von Semprún, Jorge: *Blick auf Deutschland*, op. cit.

berg des Konzentrationslagers Buchenwald aus – das spezifische Gewicht und die besondere Verantwortung Deutschlands in und für ein humanes, vor Totalitarismen jeglicher Couleur geschütztes Europa herauszuarbeiten.[48] Ich glaube mit Jorge Semprún im Übrigen, dass diese beiden Perspektiven – die des Konzentrationslagers und die der Goethe'schen Spaziergänge– auch für das gesamte 21. Jahrhundert nicht mehr voneinander abzukoppeln sein werden.

Nicht umsonst hat Jorge Semprún wiederholt den Vorschlag unterbreitet, Weimar-Buchenwald zu einem „lieu de mémoire et de culture internationale de la Raison démocratique"[49] und damit zu einem internationalen Gedächtnisort für die demokratische Vernunft zu machen. Auf der literarischen Ebene hat Semprún diesem Gedächtnisort in jüngster Zeit aber einen zweiten „lieu de mémoire" an die Seite gestellt, auf den ich Sie an dieser Stelle unserer Vorlesung gerne aufmerksam machen möchte.

Denn sein Theaterstück *GURS: une Tragédie européenne*,[50] das vom Centro Andaluz de Teatro in Sevilla, dem Kapuzinertheater in Luxemburg und dem Théâtre National de Nice als Auftragsarbeit der Europäischen Theaterkonvention vergeben und in Sevilla 2004 uraufgeführt wurde,[51] stellt auf verschiedenen Zeitebenen die Problematik von Flucht, Vertreibung und Migration ins Zentrum. Die bewusst europäische Dimension des in seiner Anlage mehrsprachigen Stückes wird bereits im Titel der Auftragsarbeit markiert. Semprún *konzentriert* hier in wenigen Szenen die tragische Geschichte Europas im 20. Jahrhundert von einem Konzentrationslager aus, ein Verfahren, wie wir es aus der besten ästhetischen Tradition der Lagerliteratur kennen.[52] Ich habe mich mit der Lagerliteratur und den literarischen Prämissen des „Univers concentrationnaire" in einer anderen Vorlesung beschäftigt und kann an dieser Stelle nicht ausführlich darauf zurückkommen.[53]

Jorge Semprúns literarisches Universum ist ein Ort ungeheurer Verzweiflung, aber zugleich einer noch viel größeren Zuversicht und eines Lebenswissens, das der Zukunft zugewandt ist. Dies gilt in besonderem Maße für sein Theaterstück. Jenseits der verstreuten und noch immer gefährlichen Splitter der

---

48 Vgl. zum Europa-Gedanken auch Semprún, Jorge / Villepin, Dominique de: *Was es heißt, Europäer zu sein*. Aus dem Französischen von Michael Hein. Hamburg: Murmann 2006.
49 Vgl. u. a. Semprún, Jorge: *L'écriture ou la vie*, S. 392.
50 Das Stück ist nach meinem Wissensstand noch unveröffentlicht; mir liegt eine auf April 2006 datierte Manuskriptfassung vor, die auf die Inszenierung von Daniel Benoin verweist.
51 Vgl. hierzu Semprún, Jorge: Die kulturelle Vielfalt leben, S. 4.
52 Vgl. hierzu Ette, Ottmar: *ÜberLebenswissen. Die Aufgabe der Philologie*. Berlin: Kulturverlag Kadmos 2004, insbes. S. 189–225.
53 Vgl. hierzu nochmals den sechsten Band der Reihe „Aula" in Ette, Ottmar: *Geburt Leben Sterben Tod* (2022), S. 217 ff.

europäischen Geschichte totalitärer Ideologien zeichnet sich bereits ein neues Europa ab, das sich auf Vielsprachigkeit gründet: So soll das Theaterstück im Theaterstück zumindest in den drei (Semprún'schen) Sprachen Spanisch, Französisch und Deutsch aufgeführt werden.[54]

Die Figur des Regisseurs in *GURS* erinnert – nicht zufällig unter Rückgriff auf den von Maurice Halbwachs geprägten Begriff des ,kollektiven Gedächtnisses' – alle Mitspieler daran: „Nous sommes dans le domaine de la mémoire collective, du devoir de mémoire ..."[55] Wir befinden uns alle folglich im Reich des kollektiven Gedächtnisses und der Erinnerung. Freilich deutet der europäische Schriftsteller den Begriff der Halbwachs'schen Memoria nicht – wie dies heute manche recht populären Gedächtnistheorien tun – in einem rein retrospektiven Sinne und nicht allein auf die (gelebte und erlebte) Vergangenheit bezogen.

Denn die Semprún'sche Erinnerungskultur ist nicht nur rückwärtsgewandt, sondern dezidiert zukunftsbezogen angelegt: Die Konzentrationslager werden zum Schmelztiegel einer neuen europäischen Kultur, deren Schöpfungskraft fraglos in der Erfahrung des „Univers concentrationnaire" wurzelt und jeglichem Totalitarismus abgeschworen hat. Die Hannah Arendt der *Elemente und Ursprünge totaler Herrschaft*,[56] die wie die erwähnte Lyrikerin und ,Konzentrationärin' Emma Kann das Lager von Gurs selbst durchlaufen hat, hätte sich in dieser Konzeption eines künftigen Europa gewiss wiedergefunden. Denn es ist ein Europa der Vielsprachigkeit, der diskursiven Offenheit, des lebendigen Miteinanders hin zu einer europäischen Konvivenz.

In einer so verstandenen und nicht blind rückwärtsgewandten Verpflichtung zur „Mémoire collective" scheint in diesem Stück wie in allen Texten des europäischen Autors etwas von der Suche nach Gemeinschaft, jener Suche nach Brüderlichkeit auf, die das Überlebenswissen der Semprún'schen Texte hin auf ein prospektives Zusammenlebenswissen ausrichtet. Die Sonntage in der Baracke 56 des Kleinen Lagers von Buchenwald, die Gespräche mit Maurice Halbwachs und vielen anderen der von den Nationalsozialisten verschleppten Menschen, werden zur Keimzelle des Künftigen, einer auf der Achtung des Anderen basierenden Gemeinschaft, die sich dem Grauen und der massifizierten Vernichtung entgegenstellt. Es ist der mit den Mitteln der Literatur durchgeführte und an einem offenen Zusammenlebenswissen ausgerichtete Versuch, aus der Vernichtung heraus eine Konvivenz unterschiedlichster Sprachen und

---

54 Semprún, Jorge: GURS, S. 20.
55 Ebda., S. 23.
56 Vgl. die englischsprachige Originalausgabe von Arendt, Hannah: *The Origins of Totalitarianism*. New York: Harcourt Brace Jovanovich 1951.

verschiedenartigster Logiken zu schaffen, um gegenüber der heraufziehenden Zukunft und ihren Herausforderungen gewappnet zu sein.

Der Ort des Konzentrationslagers von Gurs wird zu einem Ort der Hoffnung; der Hoffnung auf die Konstruktion eines besseren, auf friedliche Konvivenz gegründeten Europa. Dass das „Univers concentrationnaire" zu jenem Ort wird, an dem sich ein neues Europa, eine künftige Gemeinschaft herauskristallisiert, die zwischen den Kulturen, zwischen den Muttersprachen und zwischen den Vaterländern ihre eigene Dynamik, ihre eigene Bewegung entwickelt, gehört zu den faszinierenden Einsichten, die das Werk dieses Europäers *par excellence* für seine Leserinnen und Leser bereit hält. Jenseits aller nationalen Zuordnungen konstruiert sich diese Literatur einen Bewegungsraum, der Europa *in* Bewegung[57] weiß und *als* Bewegung[58] versteht. Jorge Semprún entwickelt eine viellogische Konzeption eines künftigen Europa, der man die archipelischen Züge nicht absprechen kann.[59]

Von Gurs aus erscheint Europa als ein Archipel der Sprachen und Kulturen; und es erscheint in ständiger Bewegung. In diesem doppelten Sinne haben wir es so mit einem Oeuvre zu tun, das auf ganz fundamentale Weise *europäische* Literatur ist, da es Europa mit seinen Migrationen als Bewegung begreift. Versuchen Sie bitte einmal, den aktuellen Krieg Russlands gegen die Ukraine als Gegenmodell zu begreifen, insofern es dabei ausschließlich um beanspruchte Territorien und um vorgebliche Identitäten geht, mit deren Hilfe eine territoriale Expansionspolitik begründet wird! Diese Identitäten mit ihren eindeutigen Zugehörigkeiten zum Russentum und letztlich einer panslawistischen Tradition produziert unablässig neue Territorien, die besetzt werden müssen, neue Kriege, die geführt werden müssen, neue Grenzen, die korrigiert und verschoben werden müssen.

Sie verstehen nun, so hoffe ich, besser, worum es Jorge Semprún in seinem Entwurf geht: um die Unterminierung aller faschistoiden autoritären Regime, die auf Territorialität und eine einzige identitäre Zugehörigkeit setzen, was uns alle zurück in die Logiken des 19. und 20. Jahrhunderts führen würde! Meine Generation hatte fälschlicherweise geglaubt, dass zumindest in Europa mit derartigen Logiken ein für alle Mal Schluss sei. Wir haben uns getäuscht und

---

57 Vgl. Bade, Klaus J.: *Europa in Bewegung. Migration vom späten 18. Jahrhundert bis zur Gegenwart*. München: C.H. Beck 2000.

58 Vgl. Ette, Ottmar: Europa als Bewegung. Zur literarischen Konstruktion eines Faszinosum. In: Holtmann, Dieter / Riemer, Peter (Hg.): *Europa: Einheit und Vielfalt. Eine interdisziplinäre Betrachtung*. Münster – Hamburg – Berlin – London: LIT Verlag 2001, S. 15–44.

59 Vgl. hierzu Ette, Ottmar: Europa transarchipelisch denken. Entwürfe für eine neue Landschaft der Theorie (und Praxis). In: *Lendemains* (Tübingen) XXXIX, 154–155 (2014), S. 228–242.

sehen überall in Europa wieder derartiges dummes und menschenverachtendes Gedankengut aufblühen.

Dagegen steht das gesamte Lebenswerk jenes Autors, der in einem so grundlegenden Sinne ein idealer Schriftsteller der Romania ist. Man könnte schon im doppelten Autornamen diese vektorielle und translinguale Dimension aufleuchten sehen: Es genügt eine kleine Akzentuierung, um den französischen „nom de plume" Jorge Semprun in den spanischen Herkunftsnamen Jorge Semprún zu verwandeln. Es geht dem Verfasser von *Mal et Modernité* um multiple Zugehörigkeiten jenseits aller mörderischen Identitäten.[60] Und es geht ihm um das in den Literaturen der Welt aufbewahrte „Savoir de la vie", um ein Lebenswissen, Erlebenswissen, Überlebenswissen und Zusammenlebenswissen, das gegen die grenzenlose Dummheit oder – um mit Gustave Flaubert zu sprechen – gegen die „éternelle bêtise de tout" in Stellung gebracht werden muss.

Semprúns Formulierung vom „Savoir de la vie" ist aufschlussreich, suchte der Romancier doch nach einer Formel, um auf die bestmögliche Weise zum Ausdruck zu bringen, welche Art von Wissen in seinem Schreiben und in seiner Literatur enthalten sind. Er hätte keinen besseren Ausdruck dafür finden können. Wie in *Le grand voyage* im Grunde schon alle Themen im Schaffen Semprúns präsent sind oder zumindest doch anklingen, so bildet *L'écriture ou la vie* wie kein anderer Text dieses Autors den eigentlichen Knotenpunkt des Semprún'schen Gesamtwerks. Hier läuft das Wissen vom Leben und im Leben („savoir de la vie") mit jenem Wissen des Todes zusammen, das sich im „langage meurtrier de l'écriture",[61] im todbringenden (da allein zum Tod zurückführenden) Schreiben buchstäblich konkretisiert.

Doch der Kämpfer in der Résistance, der Gefangene der Gestapo und der Überlebende des Konzentrationslagers Buchenwald war sich einer simplen Tatsache bewusst: Um eine Geschichte erzählen zu können, muss man sie erst einmal überleben. Aber man muss auch wieder ins Leben zurückfinden – so die Lektion von *L'écriture ou la vie* –, um dabei dem Tod ins Auge schauen zu können, um folglich den Tod als einen fundamentalen Bestandteil des Lebens zu akzeptieren. Erst die Literatur vermag es – wie wir sahen –, ein testimoniales Schreiben aus dem Reich der Toten neu zu perspektivieren, die bloße Zeugenschaft ins Leben zurückzuführen und in eine *friktionale* Dimension des Literarischen einzuspannen, für die das Ich stets ein Anderer ist, damit dem Anderen im Ich neue Spielräume eröffnet werden. Die vielen Anderen des Ich ergeben

---

60 Vgl. hierzu Maalouf, Amin: *Les Identités meurtrières*. Paris: Editions Grasset & Fasquelle 1998.
61 Semprún, Jorge: *L'écriture ou la vie*, S. 292.

letztlich eine Weitung, eine Erweiterung des Ich, welche die Zugehörigkeiten des Ich beständig zu erweitern vermag.[62]

Zugleich führt dieses Semprún'sche Grundlagenbuch der Literatur überzeugend vor, wie intensiv und durchgängig die Philosophie im Werk dieses gelernten Philosophen präsent ist. Weit mehr als eine autobiographische Reflexion bietet *L'écriture ou la vie* in seiner Wechselbeziehung mit *Mal et Modernité* eine Philosophie des ÜberLebenSchreibens, die aus der Verpflichtung gegenüber Maurice Halbwachs' „Mémoire collective" ein Überlebenswissen destilliert, das sich zugleich – vor dem Hintergrund der europäischen Gemeinschaft der Konzentrationäre – als ein Zusammenlebenswissen erweist. Dass die *Memoria* keine Kraft ist, die nur in die Vergangenheit schaut, sondern ganz wesentlich nach vorne orientiert ist, hatten wir bereits betont.

Dabei ist es das eigene Erleben („vivencia") und Erlebenswissen, von dem aus der engagierte Kämpfer gegen die Franco-Diktatur immer wieder versucht hat, die Spannung zwischen der intensiven Beschäftigung mit der deutschen Philosophie und der eigenen Erfahrung der Nazi-Barbarei literarisch und philosophisch zu reflektieren. Diese „vivencia" bildet die Basis des Semprún'schen Schreibens; aber dieses Schreiben beschränkt sich keineswegs auf das Bezeugen dieses Erlebten, sondern geht grundlegend darüber hinaus. Wie konsequent Jorge Semprún seine Arbeit an einer Philosophie des ÜberLebenSchreibens fortzuführen und zu vertiefen gedachte, deutet auch der sich abzeichnende Titel eines neuen, von ihm noch geplanten Buches an: *Exercices de survie*.[63] Dieses Buch bildet so etwas wie die „Exercices de style" dieses großen europäischen Schriftstellers.

Nur vor dem Hintergrund dieser spezifischen Konstellation ist die politische Dimension im Schaffen Semprúns wirklich verstehbar als auf die Spitze getriebener Versuch, die *Conditio humana* mit den Mitteln der Literatur, der Philosophie und der Politik auf ihre Möglichkeiten hin zu befragen, ästhetisch zum Ausdruck gebracht zu werden. Es geht in Semprúns literarischem Schaffen darum zu erproben, wie eine Welt geschaffen werden kann, in deren Mittelpunkt ein menschenwürdiges Leben und – um mit Erich Auerbach zu sprechen – die Frage nach dem Ort des Menschen im Universum steht.

---

62 Zur Epistemologie der Erweiterung vgl. Ette, Ottmar: Weiter denken. Viellogisches denken / viellogisches Denken und die Wege zu einer Epistemologie der Erweiterung. In: *Romanistische Zeitschrift für Literaturgeschichte / Cahiers d'Histoire des Littératures Romanes* (Heidelberg) XL, 1–4 (2016), S. 331–355.
63 Vgl. hierzu die Dankesrede Jorge Semprúns anlässlich der Entgegennahme der Ehrenpromotion durch die Philosophische Fakultät der Universität Potsdam am 25. Mai 2007.

Mit seinem Leben wie mit seinem Werk verkörpert Jorge Semprún wie kein anderer die kritische Reflexion der europäischen Geschichte des 20. und beginnenden 21. Jahrhunderts – und die Antworten, welche die Kunst als ÜberLebenSchreiben auf das Gelebte zu geben vermag. So stellt der Ich-Erzähler in einer Diskussion um die Möglichkeiten, von den Konzentrationslagern später erzählen zu können und dabei verstanden zu werden, eindeutig fest: „Gut zu erzählen, das heißt, um gut verstanden zu werden. Dies kann einem aber nicht gelingen ohne ein wenig Kunstfertigkeit (sans un peu d'artifice), ohne eine ausreichende Kunstfertigkeit, damit es Kunst wird."[64]

In *L'écriture ou la vie* werden die Grenzen, aber auch die immensen Möglichkeiten der Literatur vor Augen geführt, vom Tod in einer dem Leben zugewandten Kunstform zu berichten. Gerade weil sich die Kunst in Semprúns Lebenswerk dem Erleben des Todes stellt und aus diesem ein ums andere Mal (Nach-)Erlebten den Funken des Lebens schlägt, musste *L'écriture ou la vie* eine besonders kunstvolle Gestaltung erfahren. Die sich ständig verändernden aber gleichwohl insistierend vorgetragenen Wiederholungsstrukturen lassen eine geradezu musikalische Anlage des Textes erkennen, deren Komplexität auf der Ebene der narrativen wie der semantischen Verfahren wohl am besten mit einer Kunst der Fuge verglichen werden könnte. Dabei weist diese Semprún'sche Kunst der Fuge durchaus Besonderheiten auf.

Auch für sie gibt es intertextuelle Vorbilder oder Modelle. Nicht zufällig quert der Name Paul Celans ein ums andere Mal die Seiten von *L'écriture ou la vie*, wird seine berühmte *Todesfuge* in den Semprún'schen Text eingeblendet.[65] Aber anders als bei dem von Semprúns Erzählerfigur realitätsnah in Szene gesetzten Treffen Paul Celans mit Martin Heidegger im Schwarzwald[66] – ein Treffen, das ergebnislos blieb – steht hier kein Selbstmord eines Schriftstellers am Ende des literarischen Textes: Es geht vielmehr um das genaue Gegenteil!

Denn nicht die Freitode von Primo Levi oder von Maurice Halbwachs' Sohn, sondern die Seite(n) des Lebens behalten die Oberhand. Semprúns Kunst der Fuge hat gleichsam kontrapunktisch zu Celan aus *L'écriture ou la vie* eine Lebensfuge gemacht, ein Buch, dessen tiefgründige Philosophie sich dem *Savoir de la vie* – das weit mehr ist als ein *savoir-vivre* – zuwendet. So könnte der Erzähler – und mit ihm wohl auch sein Schöpfer – in die zitierten Verse von César Vallejo einstimmen:

---

64 Semprún, Jorge: *L'écriture ou la vie*, S. 165: „Raconter bien, ça veut dire: de façon à être entendus. On n'y parviendra pas sans un peu d'artifice. Suffisamment d'artifice pour que ça devienne de l'art!"
65 Ebda., S. 372.
66 Ebda., S. 369 f.

Das Leben gefällt mir ganz enorm,
aber selbstverständlich
mit meinem geliebten Tod und meinem Kaffee
und mit Blick auf die breiten Kastanien von Paris ...

Me gusta la vida enormemente
pero, desde luego,
con mi muerte querida y mi café
y viendo los castaños frondosos de París ... [67]

Von Jorge Semprún könnte man wohl behaupten, was seine Erzählerfigur von Franz Kafka sagt. Dessen Werk nämlich besitze „valeur et visée d'éternité",[68] sei also auf die Ewigkeit berechnet; und doch sei sein Oeuvre sehr wohl von dieser Zeit, „impensable hors de ce temps, qu'elle transcende cependant sans cesse et de tous côtés".[69] Kafkas wie Semprúns Werke sind von dieser Zeit, von unserer Zeit, welche diese Werke freilich ständig und von allen Seiten transzendieren.

Wiederholen wir an dieser Stelle unserer Vorlesung noch einmal: Wir sollten uns davor hüten, die Literatur mit dem Leben und das Leben mit der Literatur zu verwechseln! Dies ist eine Lektion, die wir gerade aus den Texten des in Madrid geborenen und in Paris verstorbenen Jorge Semprún lernen können. Literatur und Leben sind miteinander aufs Engste, ja aufs Intimste verbunden, aber die Literatur lässt sich nicht eins zu eins ins Leben übersetzen und das Leben geht nicht eins zu eins in Literatur ein. Es braucht „un peu d'artifice", ein wenig Kunstfertigkeit, ein wenig ‚guter' Fiktion, um das, was erlebt wurde, künstlerisch zu gestalten und über das konkrete Leben hinausragen zu lassen.

Literatur und Leben müssen miteinander vermittelt werden. Es sind – so hätte man früher gesagt – verschiedene komplexe Vermittlungsebenen zwischen beiden modellhaft einzubauen; und die Literatur besitzt – wie im Übrigen auch die Literaturwissenschaft – ihre eigene Logik, insofern sie ein eigenes Teilfeld im Sinne des Feldsoziologen Pierre Bourdieu bildet. Diese Eigen-Logik der Literatur, diese Eigen-Logiken der Literaturen der Welt gilt es an ganz zentraler Stelle immer wieder mitzudenken und neu zu beleuchten, um der Komplexität der Zeit-Kunst Literatur, mithin der Bewegungs-Kunst Literatur, gerecht zu werden.

In einem 1998 erschienenen autobiographischen Text mit dem Titel *Adieu, vive clarté ...* hat der Ehrendoktor der Philosophischen Fakultät der Universität

---

67 Ebda., S. 220; vgl. hierzu auch die Ausführungen im sechsten Band der Reihe „Aula" in Ette, Ottmar: *Geburt Leben Sterben Tod* (2022), S. 340 ff.
68 Semprún, Jorge: *L'écriture ou la vie*, S. 340.
69 Ebda.

Potsdam Reflexionen über die Bedeutung und den Wert des Lebens angestellt, die mir im Kontext unserer Vorlesung wichtig sind:

> Wenn der Sinn des Lebens ihm insgesamt immanent ist, dann ist ihm sein Wert transzendent. Das Leben wird von Werten transzendiert, die es übersteigen: Selbst ist es nicht der höchste Wert. Im Übrigen wäre es desaströs, wenn das Leben dies wäre. Es war immer ein geschichtliches Desaster, wenn man das Leben in der historischen Praxis für einen höchsten Wert hielt. Die reale Welt wäre ständig in die Sklaverei, die gesellschaftliche Entfremdung oder den glückseligen Konformismus zurückgefallen, hätten die Menschen beständig das Leben als einen höchsten Wert angesehen.
>
> Das Leben an sich und für sich ist nicht heilig: Man muss sich sehr wohl an diese schreckliche metaphysische Nacktheit gewöhnen, an die moralische Forderung, die sich daraus ableitet, um daraus die Konsequenzen zu ziehen. Das Leben ist bloß in abgeleiteter, behelfsmäßiger Form heilig: Wenn es die Freiheit, die Autonomie, die Würde des menschlichen Wesens garantiert, welche höhere Werte darstellen als das Leben an sich und für sich selbst, also das gänzlich nackte Leben. Die mithin Werte darstellen, die es transzendieren.[70]

Dass in dieser Passage ein Überlebender eines Konzentrationslagers, dass also ein Jorge Semprún mit diesen Worten zu bedenken gibt, dass das Leben keineswegs der höchste Wert ist, sondern sich auf andere Werte öffnet, die transzendenten Charakter besitzen, scheint mir von größter Bedeutung, wollen wir in ihrem gesamten Umfang die Relation von Tod und Leben adäquat erfassen. Denn diese Beziehung war ja ausgehend von der Übersetzung Wittgensteins der *Basso continuo* unserer Überlegungen zur Literatur dieses translingualen europäischen Schriftstellers gewesen.

Dem Lebensbegriff konnte gerade in der Generation von Jorge Semprún keine überragende Bedeutung mehr zukommen. Zuviel Schindluder war mit dem Begriff des Lebens, gerade auch von den Nationalsozialisten, aber auch von Seiten anderer politischer Bewegungen getrieben worden. Denn die historischen Ereignisse, auf die Semprún anspielt, umfassen auch einen hochproblematischen Lebensbegriff, wie ihn etwa die Nationalsozialisten ebenso auf der kollektiven Ebene – etwa in ihrer Propaganda vom Lebensraum im Osten, der für das Leben des deutschen Volkes von so zentraler Bedeutung sei – wie auf individueller Ebene – mit der Beurteilung dessen, was als des Lebenswert und des Lebens unwert angesehen werden müsse – verwendet haben.

Im Zusammenhang seiner Erörterungen des Lebensbegriffes verwendet Jorge Semprún den Begriff des ‚nackten Lebens‘, den wir bei Giorgio Agamben bereits kennengelernt haben. Im Denken dieses italienischen Philosophen bildet das ‚nackte Leben‘ eine zentrale Dimension der biopolitischen Geschichte der Mensch-

---

70 Semprún, Jorge: *Adieu, vive clarté* ... Paris: Gallimard 2005, S. 33 f.

heit; demzufolge stellt das Konzentrationslager für Agamben den eigentlichen „Nómos" der abendländischen Moderne dar. Bei Jorge Semprún öffnet sich der Wert des Lebens auf andere, höhere Werte wie Freiheit, Würde oder Autonomie des Menschen. Ich würde für meinen Teil einen Begriff hinzustellen, der mit dem Leben intim verflochten ist: den Wert und das transzendente Ziel des Zusammenlebens in Differenz und in Frieden – also den Wert der auch in diesem Teil unserer Vorlesung in den Mittelpunkt zu rückenden Konvivenz.

Dies scheint mir der im Grunde höchste Wert im menschlichen Leben zu sein, nicht der Erhalt des eigenen Lebens, nicht der Erhalt eines Vaterlandes oder einer Nation, nicht die Aufrechterhaltung einer Religion oder eines Glaubens. Für all diese Werte sind Generationen von Menschen gestorben, haben sich Generationen von Menschen aufgeopfert, sind Menschenmassen in den Tod gegangen. Doch ein Zusammenleben in Freiheit und Differenz scheint mir das zu sein, was der *Conditio humana*, was dem Ort des Menschen im Universum am höchsten entspricht: eine Konvivenz, in welcher die Erfüllung des Menschengeschlechts liegt.

Sie können daraus ersehen, welche Bedeutung vor einem derartigen Hintergrund die Literatur besitzt, welcher Wert damit den Literaturen der Welt zukommt, die ein Wissen vom Zusammenleben der Menschen mit anderen Menschen speichern und entfalten, aber auch mit dem Transzendenten, mit der Fauna und der Flora unseres Planeten und mit dessen Landschaften und geologischen Bedingungen, kurz mit der gesamten bioökologischen Diversität an Lebensformen und Lebensnormen, welche unsere Erde bevölkern. Den Literaturen der Welt kommt daher eine fundamentale Rolle im *Leben der Menschheit* zu, die sie begleiten, die sie zum Ausdruck bringen und die sie immer wieder aufs Neue befeuern und im Geiste der Konvivenz zusammenführen.

Literaturwissenschaft ist Lebenswissenschaft!

Ich möchte diesen Teil unserer Vorlesung nicht abschließen, ohne nochmals zur Frage der Literaturwissenschaft als Lebenswissenschaft Stellung zu beziehen. Die Debatte um diese Fragestellung ist sicherlich noch längst nicht abgeschlossen und erweist sich in den unterschiedlichsten Bereichen und Literaturen als quicklebendig. Ich hoffe, dass die von mir gewählten literarischen Beispieltexte eindrücklich waren und Sie von den unendlichen Verbindungen zwischen Leben und Literatur überzeugt haben. Zugleich wollte ich Ihnen die Tatsache vor Augen führen, dass Leben und Literatur niemals gleichzusetzen sind, obwohl sie in einem so engen und von den Literaturwissenschaften stets zu erkundenden Verhältnis stehen. Die Erkundung dieses Verhältnisses, so scheint mir, sollte idealiter der Sitz im Leben der Literaturwissenschaften sein.

Bereits die über ein Jahr in der romanistischen Zeitschrift *Lendemains* geführte Debatte hat gezeigt, dass es hier um Grundfragen von Literatur und Lebenswissen, von Literaturwissenschaft und Lebenswissenschaft und damit um hochaktuelle Probleme philologischer Grundlagenforschung ging und geht.[1] Denn diese Frage berührt die Grundlagen und somit die Aufgabe der Philologie[2] wie wohl kaum eine andere. Denn dass die am 12. April 2007 im Simón Bolívar-Saal des Ibero-Amerikanischen Instituts unweit des Potsdamer Platzes in Berlin veranstaltete Vorstellung meiner damaligen Programmschrift zu einer – wie Toni Tholen im Titel seines Beitrags (H. 128) formulierte – „anhebenden Debatte" werden würde, konnte man angesichts des so zahlreich erschienenen und diskussionsfreudigen Publikums allenfalls erhoffen oder erahnen.

Gewiss hatte es seit der Veröffentlichung einiger auf Vorträge im April 2002 zurückgehender Aufsätze des Jahres 2003[3] sowie zweier Bände über Lebenswissen

---

1 Vgl. zu einer Zusammenfassung der in drei *Lendemains*-Heften geführten Diskussion Asholt, Wolfgang / Ette, Ottmar (Hg.): *Literaturwissenschaft als Lebenswissenschaft. Programm – Projekte – Perspektiven*. Tübingen: Gunter Narr Verlag 2010.

2 Vgl. hierzu die Trilogie von Ette, Ottmar: *ÜberLebensWissen I–III*. Drei Bände im Schuber. Berlin: Kulturverlag Kadmos 2004–2010.

3 Vgl. Ette, Ottmar: Erich Auerbach oder Die Aufgabe der Philologie. In: Estelmann, Frank / Krügel, Pierre / Müller, Olaf (Hg.): *Traditionen der Entgrenzung. Beiträge zur romanistischen Wissenschaftsgeschichte*. Frankfurt am Main – Berlin – New York: Peter Lang 2003, S. 21–42; Alexander von Humboldt: Perspektiven einer Wissenschaft für das 21. Jahrhundert. In: Hamel, Jürgen / Knobloch, Eberhard / Pieper, Herbert (Hg.): *Alexander von Humboldt in Berlin. Sein Einfluß auf die Entwicklung der Wissenschaften. Beiträge zu einem Symposium*. Augsburg: ERV 2003, S. 281–314; Das verdoppelte Leben. Hannah Arendts „Rahel Varnhagen". In: Plocher, Hanspeter / Kuhnle, Till R. / Malinowski, Bernadette (Hg.): *Esprit civique und Engagement*.

in den Jahren 2004 und 2005,[4] der Einrichtung des im Oktober 2005 an den Universitäten von Potsdam und Frankfurt/Oder gestarteten DFG-Graduiertenkollegs „Lebensformen & Lebenswissen" oder auch beim Eröffnungsvortrag der Ringvorlesung der Mainzer Universitätsgespräche zum Themenschwerpunkt „Lebenswissen: vom Umgang mit Wissenschaft" an der Johannes Gutenberg-Universität Mainz am 18. April 2007 viele positive Reaktionen gegeben. Doch war zunächst nicht absehbar gewesen, wie spannend sich die Diskussion der Programmschrift in der Folge entwickeln würde und wie sehr die Debatten und Schriften zum Lebenswissen ebenso im spanisch-[5] wie im portugiesischsprachigen[6] Amerika sowie in den USA[7] kreativ rezipiert wurden und werden. Gerade in diesen Tagen, im Mai 2022, ist wieder ein Band mit brasilianischen Beiträgen zu den Problematiken des Lebenswissens, des Überlebenswissens und der Literaturen ohne festen Wohnsitz erschienen.[8]

Bereits zu Beginn der Debatte war es ein wichtiges Anliegen gewesen, nicht nur die Frage nach dem Lebenswissen mit den Lebenswissenschaften, sondern auch die Frage nach der Literaturwissenschaft mit der Literatur diesseits und jenseits der Romania zu verbinden – und dies, ohne die Literatur zu einem simplen Vehikel der Literaturtheorie zu degradieren. Die nicht nur im deutschsprachigen Raum vielfach preisgekrönte Schriftstellerin Emine Sevgi Özdamar hatte mit ihrer Lesung u. a. aus ihrem Roman *Das Leben ist eine Karawanserei* wie mit ihren Anmerkungen schon die Präsentation der Programmschrift literarisch ungeheuer bereichert. Mit seiner am 25. Mai 2007 gehaltenen Rede zur Verleihung der Ehrendoktorwürde der Universität Potsdam trug Jorge Semprún, der Autor von *L'écriture ou la vie*, unter dem Titel *Philosophie als Überlebenswis-*

Festschrift für Henning Krauß zum 60. Geburtstag. Tübingen: Stauffenburg Verlag 2003, S. 125–143.

4 Damit sind die beiden ersten Bände der angeführten Trilogie gemeint.

5 Vgl. u. a. Ette, Ottmar / Ugalde Quintana, Sergio (Hg.): *La filología como ciencia de la vida.* México, D.F.: Universidad Iberoamericana 2015.

6 Vgl. u. a. die Übersetzungen der beiden ersten Bände der Trilogie in Ette, Ottmar: *SaberSobreViver. A (o)missão da filologia.* Tradução e Revisão Rosani Umbach e Paulo Astor Soethe. Curitiba: Editora UFPR 2015; sowieders.: *EscreverEntreMundos. Literaturas sem morada fixa (SaberSobreViver II).* Tradução Rosani Umbach, Dionei Mathias, Teruco Arimoto Spengler. Curitiba: Editora UFPR 2018. Das Erscheinen des dritten Bandes ist für dieses Jahr geplant.

7 Vgl. hierzu u. a. Ette, Ottmar: Literature as Knowledge for Living, Literary Studies as Science for Living. Edited, translated, and with an introduction by Vera M. Kutzinski. In: Special Topic: "Literary Criticism for the Twenty-First Century," coordinated by Cathy Caruth and Jonathan Culler, in: *PMLA. Publications of the Modern Language Association of America* (New York) CXXV, 4 (october 2010), S. 977–993.

8 Vgl. Neumann, Gerson Roberto / Boechat, Fernanda Boarin / Ramos Lemus, Víctor Manuel (Hg.): *Cosmos Littera. Estudos de Literatura Comparada.* Porto Alegre: Editora Zouk 2022.

senschaft zentrale Aspekte aus dem Überkreuzungsbereich von Literatur und Philosophie bei. Wir haben deshalb in diesem Teil unserer Vorlesung einen zentralen Text des spanisch-französischen Schriftstellers analysiert. Schließlich stand Amin Maalouf, der Verfasser von *Les Identités meurtrières*, auf der Ile d'Yeu zu einem ausführlichen Interview zur Verfügung, das unter dem Titel *Vivre dans une autre langue, une autre réalité* in diese lebenswissenschaftliche Debatte Eingang gefunden hat. Bei der Einbeziehung von Schriftstellerinnen und Schriftstellern war eines der Ziele ohne jeden Zweifel, die vielen Stimmen der Literatur mit diesem philologischen Projekt zu verbinden und Literatur wie Literaturwissenschaften an einer lebenswissenschaftlichen Ausrichtung des philologischen Tuns zu beteiligen.

Unabhängig von der spezifischen theoretischen Ausrichtung war es mir stets ein Anliegen, die Literaturen der Welt in die Tätigkeiten der Literaturwissenschaften einzubinden. Denn es sollte den Philologien nicht nur darum gehen, die Texte dieser Literaturen zu erschließen und gegebenenfalls zugänglich zu machen, sondern auch jenes Wissen miteinzubeziehen, das sich diese Literaturen erarbeitet haben. Dieses Lebenswissen, Erlebenswissen, Überlebenswissen und Zusammenlebenswissen ist für die friedliche Konvivenz zwischen den Kulturen, Sprachen und Religionen von unschätzbarem Wert und lässt sich bereits aus den frühesten Texten der Menschheitsgeschichte herauslösen. Denn schon im *Gilgamesch*-Epos geht es an erster Stelle um die Möglichkeiten und Grenzen des Zusammenlebens des Menschen mit den Göttern, mit anderen Menschen und anderen Geschlechtern, mit den Tieren und den Pflanzen, aber auch mit den Steinen und Gesteinen, den spezifischen Umweltbedingungen, in denen wir Menschen aufwachsen. Das Verhältnis zwischen Natur und Kultur ist dabei von herausragender Bedeutung, wie wir im folgenden Teil unserer Vorlesung noch sehen werden.

Die Literaturwissenschaft muss aus meiner Sicht also stets eng verzahnt sein mit den Literaturen der Welt. Als Horizontbegriff kommt dem Begriff des Lebenswissens die Aufgabe zu, im Feld bereits vorhandene Fragen mit Blick auf einen anderen Horizont neu zu perspektivieren und zugleich durch die Konturierung einer veränderten Untersuchungslandschaft neue Fragestellungen im Bereich der Philologien wie der Kulturwissenschaften insgesamt zu generieren. Den Literaturen der Welt kommt dabei eine fundamentale Rolle zu.

Denn Literatur besitzt eine oft übersehene prospektive Dimension, die von der Literaturtheorie produktiv genutzt werden kann. Mit Blick auf die Untersuchung von Lebenswissen in der Literatur darf man sehr wohl davon ausgehen, dass die Philologien kraft ihrer eigenen Untersuchungsmethoden in der Lage sind, ihrerseits die zu Tage geförderten Fragmente von Lebenswissen in eigene Formen des Lebenswissens umzuwandeln und folglich für Künftiges bereit zu halten. Das Lebenswissen der Literaturwissenschaften speist sich aus dem Lebenswissen der Literaturen der Welt.

In einem ursprünglich 1972 in englischer Sprache erschienenen Aufsatz über den Lesevorgang aus phänomenologischer Sicht hat Wolfgang Iser auf drei wichtige Aspekte des Verhältnisses zwischen Text und Leser aufmerksam gemacht. Indem „das Lesen den Text durch Vorgriff und Rückkoppelung entfaltet", gewinne es „den Charakter des Geschehens", was wiederum den „Eindruck der Lebensnähe" erzeuge.[9] Wir sehen an dieser Stelle die Nähe zur Konzeption des Erlebenswissens in unseren Vorstellungen von dem, was das „Savoir de la vie" ausmacht. Die Nötigung des Lesers zur „kontinuierlichen Konsistenzbildung" führt ihrerseits wiederum zu einem „Verstricktsein des Lesers in die von ihm hervorgebrachte Textgestalt",[10] so dass sich die Erfahrung des „Erlebens"[11] – eines Erlebens folglich in Anführungszeichen einstelle. Insofern im Leseakt ein „Bereich, der unserer Bewußtheit nicht unmittelbar gegenwärtig ist,", miteinbezogen ist, biete Literatur mithin stets „die Chance, durch Formulierung von Unformuliertem uns selbst zu formulieren".[12]

An diese Formulierungen der Konstanzer Schule kann man mit guten Gründen und – wir werden das noch sehen – ideologisch unbesorgt anschließen. Die Fiktionalität schafft – wie sich im Anschluss an Wolfgang Iser festhalten ließe – einen Erprobungsraum, innerhalb dessen die Leserinnen und Leser in einem ernsten Spiel andere Lebenssituationen testen, sich diesen aussetzen und dabei Erfahrungen machen können, die ihnen ansonsten ‚im richtigen Leben' verwehrt blieben. Die Fokussierung von Lebenswissen kann auf eine lange Theorietradition innerhalb der abendländischen Literaturentwicklung zurückgreifen, in der seit Aristoteles' Konzeption des Katharsis-Begriffs die Frage nach dem durch Literatur in Szene gesetzten Lebenswissen und darauf bezogenen Aneignungsformen von zentraler Bedeutung sind. Wir haben, so scheint mir, nur verlernt, die Frage nach dem Leben zu stellen, weil dies andere Disziplinen für uns übernommen haben.

Wolfgang Isers an anderer Stelle geäußerte Ansicht, dass „fiktionale Texte unserer Lebenspraxis immer schon voraus" seien,[13] berührt eine jener Fragestellungen, die die Rezeptionsästhetik sehr wohl angerissen, aber doch niemals

9 Iser, Wolfgang: Der Lesevorgang. Eine phänomenologische Perspektive. In: Warning, Rainer (Hg.): *Rezeptionsästhetik. Theorie und Praxis*. München: W. Fink Verlag – UTB 1975, S. 271.
10 Ebda.
11 Ebda., S. 272.
12 Ebda., S. 275.
13 Iser, Wolfgang: Die Appellstruktur der Texte. Unbestimmtheit als Wirkungsbedingung literarischer Prosa. In: Warning, Rainer (Hg.): *Rezeptionsästhetik*, S. 250.

grundlegender behandelt hat: eben jenes Verstrickt-Sein von Literatur und Lebenspraxis, das aus anderer Perspektive, vom Begriff des Lebenswissens her, wesentlich klarer zu konturieren ist. Denn gerade in dem Maße, in dem die Literatur die unterschiedlichsten Fragmente von Lebenswissen integriert, dynamisiert und prozessualisiert, vermag sie Lebenswissen als ein *Erlebenswissen* hervorzubringen, das die diskursiven Strukturen dessen, was man mit einem Augenzwinkern an die Adresse Roland Barthes' als die „Fragments d'un discours vital" bezeichnen könnte, in eine narrative Modellierung übersetzt.

Um diese narrativen Modellierungen soll es uns im Folgenden gehen. Die Fähigkeit zur Übersetzung von Lebenswissen in Erlebenswissen, das – anders als im Bereich der Philosophie – durch keine disziplinierenden wissenschaftlichen Diskursregeln gebändigt und auf den Begriff gebracht wird, zählt zusammen mit der Möglichkeit, multiple Logiken *gleichzeitig* zu integrieren, zu den großen Trümpfen der Literatur. Es geht ihr – um mit Rudolf zur Lippe zu sprechen – um mehr als nur „Wissen *über* das Leben sammeln",[14] Literatur führt vor, wie sich im Leben „das Erleben als der gesuchte Zusammenhang"[15] zeigt. Literatur und Leben sind aufs Engste miteinander verwoben, ohne doch – ich habe dies bereits betont – miteinander identisch zu sein oder in eins zu fallen.

Der knappe Rekurs auf das noch immer Uneingelöste in den Theoriebildungen Wolfgang Isers bedeutet keineswegs, dass zentrale Theoreme der Rezeptionsästhetik vom Mannheim'schen (und diesem entwendeten) ‚Erwartungshorizont' bis zur Jauss'schen ‚ästhetischen Erfahrung' wiederaufgenommen werden müssten, wohl aber, dass die ‚Blickrichtung' dieser Konzepte verändert und für eine literaturtheoretische Auseinandersetzung mit dem Lebensbegriff fruchtbar gemacht werden könnte, die in der Lage wäre, am ‚bloßen Leben' ausgerichtete *Life Sciences* zu Lebenswissenschaften in einem vollgültigen Sinne zu erweitern. So belastet der Rekurs auf Theoreme der sogenannten ‚Konstanzer Schule' auch sein mag: Der Rückgriff auf bestimmte Theoreme Wolfgang Isers ist durchaus angebracht.

Vor diesem Hintergrund wird erklärbar, inwiefern eine zumindest zweifache Anwendbarkeit und Funktionalität des Begriffs Lebenswissen in literarischen Texten gegeben ist. Denn die Untersuchung von Lebenswissen ist sowohl textintern (beispielsweise mit Blick auf die Figurenmodellierung in Erzähltexten) als auch textextern (etwa bezüglich der Aneignungsmodi von Kunst in einer gegebenen Gesellschaft) möglich und relevant. Ich möchte für Sie beide Bereiche in der notwendigen Kürze beleuchten!

---

14 Lippe, Rudolf: *Sinnenbewusstsein. Grundlegung einer anthropologischen Ästhetik.* Band II: *Leben in Übergängen – Transzendenz.* Baltmannsweiler: Schneider-Verlag Hohengehren 2000, S. 331.
15 Ebda.

Auf der *textinternen* Ebene geht es unter anderem darum, die dynamische Modellierung literarischer Figuren als komplexe *Choreographien* mit Lebenswissen unterschiedlich ausgestatteter Individuen zu verstehen. Dies hat viel mit der immanenten Poetik eines literarischen Textes zu tun. So finden sich an der Wiege des europäischen Romans der Moderne in Miguel de Cervantes *Don Quijote de la Mancha* zwei Romanfiguren, die von Beginn an über ein sehr unterschiedliches Lebenswissen verfügen, das in immer neuen Wendungen – und Ausritten – gegeneinander geführt und im fiktionalen Erprobungsraum gleichsam experimentell ,getestet', reflektiert und modifiziert wird. Das Erfolgsrezept des Cervantinischen Romans besteht gerade darin, diese zwei gänzlich voneinander verschiedenen Formen von Lebenswissen mit ihren jeweiligen Lebensnormen immer wieder von Neuem zur Freude der Leserschaft aufeinanderprallen zu lassen.

Dabei entfaltet sich die Komik des Romans – die im Vordergrund der ersten Rezeptionsweisen des *Quijote* stand – aus dem so Mechanischen und Vorhersehbaren beider unterschiedlich verankerten Formen von Lebenswissen. Während sich Sancho Panza etwa jener Welt des spanischen Sprichworts und damit jener Form des im „proverbio" akkumulierten Wissens iberischer Populärkultur bedient, die Werner Krauss so wegweisend und zugleich unterhaltsam präsentierte,[16] steht das Lebenswissen Don Quijotes für Glanz und Gefahr, Kreativität und Kollaps einer mit den Mitteln der Fiktion erschaffenen Welt ein, die ebenso unvermittelt wie fatal in direkte Lebenspraxis drängt. Der Roman setzt diese unterschiedlich, ja gegensätzlich geprägten Fragmente von Lebenswissen in Gang und zeichnet die Folgen dieser Bewegungen und Zusammenstöße auf. Er partizipiert dabei an jener Lachkultur des Mittelalters, auf deren Dialogizität wir gleich bei Michail M. Bachtin aufmerksam werden.

Die experimentelle Versuchsanordnung kann sich dabei für bestimmte Figuren als sehr schmerzhaft erweisen, so wie dies nicht von ungefähr Gustave Flauberts Emma Bovary in ihrer textinternen Konstellation mit dem Landarzt Bovary, dem Apotheker Homais, dem Händler Lheureux oder dem Gutsbesitzer Rodolphe peinvoll erfahren musste. Emmas Lebensprojekt geht im Zusammenstoß mit diesen unterschiedlichen und soziokulturell verorteten Diskursen der Mittelmäßigkeit und ihren Flaubert faszinierenden „idées reçues" unrettbar zu Bruch.

---

16 Vgl. Krauss, Werner: *Die Welt im spanischen Sprichwort.* Spanisch und Deutsch. Leipzig: Verlag Philipp Reclam 1971; sowie Die Welt im spanischen Sprichwort. In (ders.): *Cervantes und seine Zeit.* Berlin: Akademie-Verlag 1990, S. 308–333.

Die Welt des Romans lässt sich so verstehen als ein Mikrokosmos unterschiedlichsten Lebenswissens, insofern die von Bachtin[17] so nachdrücklich beschworene Redevielfalt eine möglichst offene Dialogizität innerhalb eines „hochrückgekoppelten Multi-Parameter-Systems"[18] von Strukturierungen des Lebenswissens bezeichnen kann. Michail M. Bachtins Überlegungen verweisen zugleich aber auf die für uns wichtige Konfiguration der Zusammenschau und ‚Überblendung': auf den unhintergehbaren Totalitätsanspruch, den der Roman der Moderne von jeher seiner Theorie aufgebürdet hat:

> Im Roman müssen alle sozioideologischen Stimmen der Epoche vertreten sein, das heißt, alle wesentlichen Sprachen der Epoche, kurz, der Roman muß ein Mikrokosmos der Redevielfalt sein. [...] Eine Sprache offenbart sich in ihrer Eigenart nur dann, wenn sie mit allen anderen Sprachen korreliert ist, die Bestandteil ein und derselben widersprüchlichen Einheit des sozialen Werdens sind. Jede Sprache ist im Roman ein Standpunkt, ein sozioideologischer Horizont realer gesellschaftlicher Gruppen und ihrer Repräsentanten.[19]

Bezieht man diese Überlegungen auf das im Roman ebenso auf der Ebene der Figuren wie auf jener der Erzählinstanzen choreographisch gespeicherte Lebenswissen, so wird deutlich, in welch starkem Maße dieses nicht nur individualpsychologisch oder erziehungsgeschichtlich, sondern durch kulturelle, soziale, politische oder ökonomische Zugehörigkeiten charakterisiert wird und differenziert ist. Begreifen wir Literatur – wie bereits entwickelt – als interaktives Speichermedium von Lebenswissen, so verweist der Bachtin'sche Kosmos der Redevielfalt seinerseits auf ebenso unterschiedlich gestaltete wie verschiedenartigst anzueignende Lebensformen, Lebensnormen und Lebensweisen.[20]

Die Selbstreferentialität und Selbstreflexivität aller Prozesse des Lebenswissens sind in der Literatur insgesamt, aber in besonderer Weise in jenen translingualen literarischen Ausdrucksformen, die man als Literaturen ohne festen Wohnsitz[21] und damit als Formen des ZwischenWeltenSchreibens begreifen kann, eingebunden in je spezifische multi-, inter- und transkulturelle Kontexte.

---

17 Vgl. Bachtin, Michail M.: *Die Ästhetik des Wortes*. Herausgegeben und eingeleitet von Rainer Grübel. Aus dem Russischen übersetzt von Rainer Grübel und Sabine Reese. Frankfurt am Main: Suhrkamp 1979.
18 Cramer, Friedrich: *Ordnung und Chaos*, S. 223.
19 Bachtin, Michail M.: *Das Wort im Roman*, S. 290.
20 Vgl. hierzu Ette, Ottmar (Hg.): *Wissensformen und Wissensnormen des ZusammenLebens*. *Literatur – Kultur – Geschichte – Medien*. Berlin – Boston: Walter de Gruyter 2012.
21 Vgl. hierzu auch Ette, Ottmar: *Writing-Between-Worlds. TransArea Studies and the Literatures-without-a-fixed-Abode*. Translated by Vera M. Kutzinski. Berlin – Boston: Walter de Gruyter 2016.

Formen eines lokalen Lebenswissens beziehungsweise von „local knowledge“, wie sie Clifford Geertz aus anthropologischer Sicht bestimmte,[22] finden sich hier ebenso wie Erscheinungsweisen weltweiter Zirkulationsformen von Wissen, das spezifisch delokalisierte oder translokalisierte Lebenspraktiken auf der textinternen Ebene repräsentiert. Der Formenschatz dieser translingualen Modi des ZwischenWeltenSchreibens ist – gerade in Zeiten verstärkter Migration wie heute – in ständiger Bewegung und soll im abschließenden Teil dieser Vorlesung behandelt werden.

Kommen wir aber nun, wie versprochen, zu einer zweiten Ebene literarischer Modellierungen. Denn auf dieser *textexternen* Ebene rücken stärker die kulturell wie soziohistorisch sehr spezifischen Aneignungsformen literarisch entfalteten Lebenswissens ins Zentrum der Aufmerksamkeit. Dort, wo von ‚Lebensnähe‘ und der Erprobung einer ‚Lebenspraxis‘ mit den Mitteln der Fiktion die Rede ist, stellt sich die Frage nach einer wie auch immer kulturell gestalteten (und zweifellos nicht simplistisch zu handhabenden) *Übersetzung* in den eigenen Lebensvollzug, vielleicht sogar in den Alltag bestimmter Zielgruppen.

Die Geschichte des aristotelischen Begriffs der *Katharsis* mag belegen, in welchem Maße die Übersetzbarkeit und Übertragbarkeit von Lebenswissen die abendländische Literatur, aber auch die okzidentale Literaturtheorie beschäftigt und mitgeprägt haben. Die Literatur ist stets in ihrer Prägekraft für die Vorstellungen von einem guten Leben, aber auch – wie der französische Immoralismus-Prozess des 19. Jahrhunderts gegen Roman und Lyrik,[23] das Verfahren gegen *Lady Chatterley's Lover*, Scherbengerichte gegen ‚diversionistische‘ Autoren in Kuba oder die Fatwa gegen Salman Rushdie in verschiedensten Kontexten zeigen – in ihrem Gefährdungspotential für ‚unschuldige‘ und zugleich ‚empfängliche‘ Leser problematisiert worden. Stets stand innerhalb dieser langen Tradition die Reflexion der Möglichkeiten im Vordergrund, wie ein textinternes Lebenswissen in eine textexterne Lebenspraxis umgewandelt oder eben diese Umwandlung, diese Aneignung verhindert werden könne. Literatur besitzt einen Zugriff auf das Lebenswissen ihrer Leserinnen und Leser, gleichviel, ob sie diesen sucht oder nicht. Vertreter autoritärer Systeme und Diktatoren haben diese Tatsache nicht vergessen, manche Theoretiker der Literatur – unabhängig von der relativen Autonomie des jeweiligen literarischen Feldes – aber schon.

Die wechselseitigen Verschränkungen von textinterner und textexterner Ebene, die durch die Distributionsinstanzen des literarischen Betriebs befördert

---

22 Geertz, Clifford: *Local knowledge. Further Essays in Interpretative Anthropology.* New York: Basic Books 1983.
23 Vgl. hierzu die klassische Studie von Heitmann, Klaus: *Der Immoralismus-Prozeß gegen die französische Literatur im 19. Jahrhundert.* Bad Homburg – Berlin – Zürich: Verlag Gehlen 1970.

werden können, stellen einen zentralen Zielbereich gerade für den paratextuellen Apparat eines Texts oder eines Werks – also insbesondere für Vor- und Nachworte, Titel und Zwischentitel, Illustrationen und Autorinterviews – dar. Dabei lassen sich auch große zeitliche und räumliche Distanzen überwinden, insofern Formen transtemporaler und translokaler Aneignung von Lebenswissen innerhalb des globalen Systems der Literaturen der Welt längst keine Randerscheinungen mehr bilden.

Denn es scheint gerade die Verschiedenartigkeit von kulturell geprägten Deutungsmustern und Aneignungspraktiken zu sein, welche Autorinnen und Autoren zu faszinieren vermag, die ein weltweites Publikum erreichen. So hielt etwa der im Libanon geborene, in Paris lebende und seine in zahlreiche Sprachen übersetzten Romane in französischer Sprache verfassende Amin Maalouf in einem Interview des Jahres 2001 fest:

> Ganz richtig, die Tatsache, dass Menschen, die unterschiedlichen Kulturen zugehören, dieselben Geschichten lesen, darauf reagieren, über dieselben Texte lächeln oder sich erregen können, stellt gewiss eine Möglichkeit dar, Durchgänge zwischen verschiedenartigen Kulturen zu schaffen. Dies eben ist eine der Funktionen von Kunst. [...] Es stimmt: Wenn ich schreibe, habe ich niemals Lust, mich an ein spezifisches Publikum, an Leute zu wenden, die einer einzigen Kultur zugehören.[24]

Idealer Adressat für diesen translingualen Schriftsteller ohne festen Wohnsitz ist folglich kein monokulturelles Lesepublikum. Die Aneignung von Literatur in unterschiedlichen kulturellen Umfeldern kann damit, folgen wir Amin Maalouf, neue Verbindungen zwischen diesen Kulturen schaffen und weltweit Einfluss auf das Verhalten, ja auf die Lebensführung unterschiedlichster Lesergruppen nehmen. Gleichwohl herrschen noch immer, wie zu vermuten steht, eher national oder einzelsprachlich eingrenzbare Aneignungsgeschichten literarischen Lebenswissens vor.

Die längst mehr als hundertjährige Geschichte der Rezeption des kubanischen Lyrikers, Essayisten und Revolutionärs José Martí,[25] die auch mit dem Tode Fidel Castros sicherlich nicht abbrechen wird, vermag ein Licht darauf zu werfen, in welch starkem und nachhaltigem Maße nicht nur bestimmte diskursive Formen oder politische Inhalte für nachfolgende Generationen literarisch abrufbereit gehalten werden können, sondern auch Lebensnormen und Lebensformen bis hin zur Übernahme bestimmter Handlungsmuster und Lebenswei-

---

24 Babouin, David: Amin Maalouf: „Je parle du voyage comme d'autres parlent de leur maison" (Interview). In: *Magazine littéraire* (Paris) 394 (2001), S. 101.
25 Vgl. Ette, Ottmar: *José Martí. Teil I: Apostel – Dichter – Revolutionär. Eine Geschichte seiner Rezeption*. Tübingen: Max Niemeyer Verlag 1991.

sen eine nicht enden wollende Geschichte von Aneignungsprozessen zu prägen vermögen. Es wäre ein Leichtes, aus den unterschiedlichsten Regionen und Kulturen Beispiele für derartige textexterne Aneignungsprozesse von Lebenswissen anzuführen, die stets auf spezifische Bedürfnisse der Sinnstiftung reagieren. Ich kann an meinen chinesischen Doktorand*innen ersehen, wie stark sie etwa von Schriftstellerinnen und Schriftstellern geprägt wurden, die sich stark an Texten und Schriften von Mao Zedong orientierten. Eine derartige Orientierung ist für andere Kulturkreise, das ist offenkundig, nicht vorhanden. Prägungen dieser Art sind freilich nicht selten.

Von nicht geringer Bedeutung ist auf dieser textexternen Ebene die oft beobachtbare Selbstinszenierung von Lebensformen durch Schriftsteller und Intellektuelle, die kraft der Modellierung ihrer eigenen Person auf die Aneignungsformen ihrer Texte durch ein konkretes oder diffuses Lesepublikum Einfluss zu nehmen versuchen. Französische Intellektuelle wie etwa Simone de Beauvoir oder Jean-Paul Sartre haben mit ihren Lebensformen breit in die französische Gesellschaft und weit darüber hinaus gewirkt. Die sehr charakteristischen Aneignungsformen ihrer Texte blieben davon gewiss nicht unberührt.

Die in Szene oder ins Bild gesetzten Lebensweisen und Life Styles eines Intellektuellen, der sich bevorzugt am heimischen Schreibtisch, in einer Bibliothek oder bei Demonstrationen auf offener Straße, mit oder ohne Zigarre, mit oder ohne Weggefährten der Mit- wie der Nachwelt präsentiert, entwerfen ein selbstreferentielles und zugleich aneignungsfähiges Lebenswissen, das sich unterschiedliche Lesergruppen jeweils anzueignen vermögen. All dies ist oftmals von größter Bedeutung für Verständnis und Aneignungsformen jenes Lebenswissens, das in den Texten dieses Autors oder dieser Autorin gespeichert ist und dank seiner (der textuellen Verfasstheit eingeschriebenen) Polysemie unterschiedliche Sinnbildungsprozesse ermöglicht. Gerade visuelle Inszenierungen wirken stark auf den Habitus bestimmter Lesergruppen ein und entfalten eine Wirkung, die nicht selten die Aneignungsformen von literarischen Texten steuert.

Auch in solchen Fällen haben wir es mit hochrückgekoppelten Multi-Parameter-Systemen zu tun, durch deren Untersuchung ein Wissen über individuelle und kollektive Lebensformen, aber auch die Inszenierungsformen eines Wissens des Lebens von sich selbst zugänglich gemacht werden können, ohne deren Einbeziehung die Konstituierung einer Lebenswissenschaft im eigentlichen Sinne nicht vorstellbar scheint. Zu den Literaturen der Welt gehören immer ihre entsprechenden Inszenierungsformen von Lebenswissen, dies dürften die Beispiele von José Martí oder Juana Borrero in diesem Teil unserer Vorlesung ausreichend deutlich gezeigt haben. Im komplexen Phänomen Literatur bündeln sich auf diese Weise textinterne wie textexterne, produktions- wie rezeptionsästhetische, praktische wie entpragmatisierte Dimensionen von Lebenswissen, die in ihrer Gesamtheit wesentliche Aspekte eines Zusammenlebenswissens bereit halten, das gerade in unseren Zeiten wachsender Konflikte und militärischer Auseinandersetzungen in einer Epoche *nach* der vierten Phase beschleunigter Globalisierung von großer Relevanz ist.

Die gesellschaftspolitische Bedeutung eines solchen Lebenswissens als Zusammenlebenswissen steht außer Frage. Ihr ausgeprägtes Interesse könnte eine lebenswissenschaftlich ausgerichtete Philologie gerade jenen Themenfeldern schenken, an denen oftmals das Lebenswissen der verschiedenen literarischen Figuren – ob im Roman, im Drama oder in der Dichtkunst – explizit gemacht wird. Zu diesen semantischen Verdichtungsräumen von Lebenswissen zählen ohne Zweifel neben der Darstellung existenzieller Grenzerfahrungen, wie sie in der Literatur des „Univers concentrationnaire" thematisiert werden, literarische Darstellungen von Geburt, Sterben und Tod. Wir haben in diesem Teil unserer Vorlesung anhand zentraler Texte Jorge Semprúns gesehen, welche Bedeutung das Zusammenspiel von „écriture" und „vie" für ein gedeihliches Zusammenleben, aber auch für die des Lebenswissens hochbewusste Verfertigung von Literatur besitzt.

Es ist zugleich aufschlussreich zu beobachten, in wieweit Sprichwörter und Ausdrucksformen des „common sense", längst topisch gewordene literarische Muster, Glaubensvorstellungen unterschiedlicher religionsgeschichtlicher Provenienz oder ideologische Überzeugungen und Bekenntnisse, psychologisch oder psychoanalytische, medizinische oder naturwissenschaftliche Diskurse herangezogen werden, um diese Passagen literarisch verdichteten Lebenswissens zu gestalten. Die Sterbeszenen von Cervantes' Don Quijote oder Flauberts Emma Bovary, von Balzacs Père Goriot oder Cambaceres' argentinischem Hacienda-Besitzer, von Jarrys Père Ubu oder García Márquez' Santiago Nasar[26] entfalten nicht nur eine höchst komprimierte, aber darum nicht weniger aussagekräftige Literaturgeschichte, sondern erlauben eine Analyse der Zirkulation jenes Wissens, das sich in einer bestimmten Gesellschaft, einer gegebenen Epoche und einem jeweiligen kulturellen Kontext auf Anfang und Ende des Lebens bezieht. Denn es sind gerade Anfang und Ende des Lebens, welche insbesondere in abendländischen Traditionszusammenhängen das gesamte Leben semantisieren und mit Bedeutung aufladen.

Von größter Bedeutung ist in diesem Zusammenhang auch die künstlerische Gestaltung bestimmter Lebens-Räume, stellen doch eine Stadt, ein Haus

---

[26] Zu all diesen Autorinnen und Autoren vgl. die literarhistorisch ausgerichteten Bände der Reihe „Aula" in Ette, Ottmar: *Von den historischen Avantgarden bis nach der Postmoderne* (2021); sowie ders.: *Romantik zwischen zwei Welten* (2021), op. cit.

oder ein Zimmer fraktale Muster dar, die wie ein „modèle réduit" (Claude Lévi-Strauss), wie eine „mise en abyme" (André Gide) funktionieren können und die Lebensformen wie das Lebenswissen und Zusammenlebenswissen einer gegebenen Gemeinschaft paradigmatisch modellieren. In den Literaturen der Welt lässt sich eine überragende Funktion von *WeltFraktalen* beobachten,[27] welche Lebenswissen miniaturisieren[28] und weltumspannend modellieren. Die Untersuchung dieser Lebens-Räume in den Literaturen der Welt erlaubt uns daher, spezifische Formen des Zusammenlebens, wie es sich in literarischen Texten manifestiert, herauszuarbeiten, kulturell, historisch oder gesellschaftlich zu kontextualisieren und daraus auf ein hochgradig dynamisches (da notwendig anpassungsfähiges) Wissen zu schließen, das man wohl am präzisesten als Zusammenlebenswissen bezeichnen darf.[29]

Im Kern handelt es sich hierbei um ein Wissen von den Bedingungen, Möglichkeiten und Grenzen des Zusammenlebens, wie sie von den Literaturen der Welt ästhetisch gestaltet und aus den unterschiedlichsten kulturellen Perspektiven experimentell erprobt werden. In diesem Zusammenhang zeigen sich auch Extremformen einer Konvivenz, wie sie beispielsweise Juana Borrero in ihren hochliterarischen Liebesbriefen an Carlos Pío Uhrbach entwickelte. Diese Konvivenzvorstellungen beinhalten nicht nur soziale, politische oder ökonomische, sondern auch biopolitische, kulturelle und ethische Dimensionen, wie sie in einem multikulturellen ‚Nebeneinander-Leben', einem interkulturellen ‚Miteinander-Leben' und einem transkulturellen ‚Durcheinander-Leben' relevant werden. Zugleich zeigt sich gerade am Beispiel der modernistischen Lyrikerin, wie sich die kollektive und die individuelle Ebene rivalisierend gegenüberstehen können.

Dabei könnte man in vielen Fällen zweifellos von einer Potenzierung und Verdichtung von Lebenswissen zu einem Zusammenlebenswissen sprechen. Doch bildet dieses quer durch unterschiedlichste Kulturen literarisch entfaltete Zusammenlebenswissen längst eines der zentralen Themenfelder der Literaturen der Welt, ohne dass diese Wissensakkumulation in strukturierter Form für die aktuellen Diskussionen wirklich übergreifend untersucht und genutzt worden wäre. Den Literaturwissenschaften und der Literatur-

---

27 Vgl. hierzu Ette, Ottmar: *WeltFraktale. Wege durch die Literaturen der Welt.* Stuttgart: J.B. Metzler Verlag 2017.
28 Vgl. hierzu Ette, Ottmar: *Del macrocosmos al microrrelato. Literatura y creación – nuevas perspectivas transareales.* Traducción del alemán de Rosa María S. de Maihold. Ciudad de Guatemala: F&G Editores 2009.
29 Vgl. hierzu Ette, Ottmar: *Konvivenz. Literatur und Leben nach dem Paradies.* Berlin: Kulturverlag Kadmos 2012.

theorie kommt auf diesem Gebiet eine hochaktuelle und eminent politische Bedeutung zu, kann doch kein Zweifel an der Tatsache bestehen, dass die wichtigste und zugleich mit den größten Risiken behaftete Herausforderung des 21. Jahrhunderts die Suche nach einem auf wechselseitiger Achtung und Anerkennung beruhenden Zusammenleben in Differenz ist. Gerade nach Phasen beschleunigter Globalisierung müssen wir freilich – und auch hierbei hilft uns die Literatur – feststellen, wie ein langsam und konsequent aufgebautes Zusammenlebenswissen unter dem Einfluss von Hetzreden und „Hate Speech"[30] sehr rasch zerfallen und zunichte werden kann.

In einer frühen und fruchtbaren Pionierarbeit, die noch alle Spuren des Suchens und Tastens trägt, aber auch viele wichtige Anregungen gibt, hat Roland Barthes unter dem Titel *Comment vivre ensemble* in einer 1976–77 am Collège de France durchgeführten Vorlesung mit Seminar der Frage nach dem Zusammenleben seine Aufmerksamkeit und theoretische Neugier gewidmet. Dabei hielt er in seiner Sitzung am 2. März 1977 unter dem „trait" oder Stichwort „Clôture" (Abschließung) fest, dass die Geburt als ein Verlassen des schützenden Mutterleibs für das Leben und dessen Definition selbst einstehen könne: „Herauskommen, das heißt sich preisgeben: das Leben selbst."[31] Daher verwundert es nicht, dass sich der Semiologe und Zeichentheoretiker ebenso im Bereich des Romans wie der konkreten Lebenspraxis immer wieder mit der Frage der Distanz und des Abstands zum Anderen und zu den Gegenständen auseinander setzte.

So ging es in seiner Vorlesung nicht nur um die Signifikanz der leichten Berührung des Anderen, des „frôlage", der performativ – unter welchem Alibi auch immer – aufzeige, dass mir der Körper des Anderen nicht entzogen, nicht verboten ist.[32] Es ging Barthes auch um die Wichtigkeit der unmittelbaren Umgebung für das Zusammenleben, um jene „proxémie", deren Begrifflichkeit der Autor von *Le Plaisir du texte* bei Edward Twitchell fand. Sie meint den kulturell geprägten Raum, der das Subjekt gleichsam in Greifweite umgibt[33] und dessen vielleicht wichtigste Objekte – als „créateurs de proxémie"[34] – die Lampe und

---

30 Sehr früh hat auf die Bedeutung dieser hasserfüllten Rede aufmerksam gemacht Butler, Judith: *Haß spricht. Zur Politik des Performativen*. Aus dem Englischen von Kathrina Menke und Markus Krist. Berlin: Berlin Verlag 1998.

31 Barthes, Roland: *Comment vivre ensemble. Simulations romanesques de quelques espaces quotidiens*. Notes de cours et de séminaires au Collège de France, 1976–1977. Texte établi, annoté et présenté par Claude Coste. Paris: Seuil – IMEC 2002, S. 96: „Sortir, c'est se déprotéger: la vie elle-même."

32 Ebda., S. 112.

33 Ebda., S. 155.

34 Ebda., S. 156.

das Bett seien. Barthes griff damit wichtige Anstöße aus Gaston Bachelards *La Poétique de l'espace*[35] auf, entwickelte diese Analyseelemente des Raumes aber mit Blick auf die Frage des Zusammenlebens weiter. Denn die Problematik des Raums als das Resultat verschiedenster ihn querender Bewegungen ist eine Grundfrage dessen, wie wir in individuellen und gleichsam intimen Bereich, aber auch auf einer weltumspannenden Ebene zusammenleben wollen und können.

Roland Barthes konzentrierte sich in seiner Vorlesung freilich auf den intimen und gemeinschaftlichen Bereich des Zusammenlebens. Dimensionen eines globalen Zusammenlebens rückten in dieser Vorlesung nicht in seine Vorstellungs- und Theoriewelt ein. Die Untersuchungen unterschiedlichster Formen und Rhythmen insbesondere des klösterlichen und anachoretischen Zusammenlebens entfalten in Barthes' Denken das breite Spektrum eines historisch akkumulierten und nur teilweise tradierten Wissens vom „vivre ensemble", das durch die Analyse unter anderem von Texten von Thomas Mann, Emile Zola, Daniel Defoe oder André Gide zusätzlich zu den vielen Autobiographemen des Forschers selbst wesentlich erweitert wird. Wie Wolfgang Iser in seinen bereits angeführten Schriften geht auch Roland Barthes davon aus, dass die Literatur stets allem voraus, „toujours en avance sur tout"[36] sei, also jene Wissensgebiete und Fragestellungen, die sich die Wissenschaften oder die Psychoanalyse erst mühsam erarbeiten müssten, immer schon für ihre Leser bereit hält.

Ich möchte Ihnen diese Vorstellung, dass die Literatur allen anderen Erkenntnisformen des Menschen immer einen Schritt voraus ist, noch einmal sehr ans Herz legen. Sie konterkariert eine dumpfe Ausrichtung an einer zweifellos gegebenen Memoria-Funktion von Literatur dort, wo diese eine Dominanz oder gar einen Alleinvertretungsanspruch behauptet. Nein: Literatur ist nicht die Darstellung und Vergegenwärtigung des Vergangenen, sie behandelt das Vergangene vielmehr mit einer klaren Perspektive auf die Zukunft. Und auch hier gilt: Literaturwissenschaft ist Lebenswissenschaft!

Aus eben diesem Grunde ist das Lebenswissen der Literaturen der Welt von so überragender Bedeutung für die Literaturwissenschaft. Just diese Funktion von Literatur, ein dynamischer und hochrückgekoppelter Speicher von Lebenswissen zu sein, sollten die Literaturwissenschaften – so scheint mir – in einer Art Grundlagenforschung genauer studieren und nicht nur für eine neue Orien-

---

35 Vgl. Bachelard, Gaston: *La Poétique de l'espace*. Paris: Presses Universitaires de France ⁴1964.
36 Barthes, Roland: *Comment vivre ensemble*, S. 167.

tierung der Literaturtheorie, sondern auch für die konkrete Erörterung spezifischer Lebensformen und Lebensweisen fruchtbar machen.

Dabei geht es keineswegs vorrangig um die ‚Komplexifizierung' – *eine* Aufgabe jedweder Wissenschaft – alltäglichen Zusammenlebens, alltäglicher Konvivenz. Die Literaturen der Welt haben in einem jahrtausendelangen Prozess ein Lebenswissen ausgeformt, das mit Blick auf das Zusammenlebenswissen von größter Bedeutung für die Weiterentwicklung unserer Gesellschaften, für ihr historisch gewachsenes Selbstverständnis wie für ihre aktuellen, der Zukunft zugewandten Herausforderungen ist. Nicht nur die Literaturen der Welt, sondern auch und gerade die Literaturwissenschaften sollten sich dieser Zukunftsdimension ihres Tuns wieder stärker bewusst werden und den Kern ihrer Tätigkeit nicht im Inventarisieren historischer Phänomene, Gattungen und Strickmuster sehen.

Roland Barthes' Frage nach dem *Comment vivre ensemble*, die in vielerlei Hinsicht mit seinen *Fragments d'un discours amoureux* verwoben ist, den zuvor untersuchten Liebesdiskurs aber auf einen neuen Horizont bezieht, zeigt erste Möglichkeiten auf, wie Literatur und Leben in der Analysepraxis miteinander verbunden werden können, ohne ineinander zu fallen und miteinander zu verschmelzen. Die Einsicht in den Eigen-Sinn und die Eigengesetzlichkeit der Literaturen der Welt darf nicht dazu führen, der Ausbürgerung des Lebens aus den Literaturwissenschaften weiter Vorschub zu leisten.

Diese Ausklammerung einer der zentralen Fragen, die die Literatur ihren Lesern stellt, hat die Fortentwicklung literaturwissenschaftlicher Theoriebildung gerade in der zweiten Hälfte des 20. Jahrhunderts allzu stark gehemmt und belastet: Die negativen Folgen dieser Entwicklung sind bis heute massiv zu spüren. Literatur aber sollte für unsere aktuelle Gesellschaft zu einer wichtigen, unverzichtbaren Quelle des Lebenswissens und insbesondere des Zusammenlebenswissens werden, eine Funktion, die andere Funktionen von Literatur selbstverständlich nicht verdrängen darf, nun aber endlich von der Literaturtheorie als genuines Aufgabengebiet verstanden und ernst genommen werden muss. Literaturwissenschaft ist Lebenswissenschaft!

Die aus der Perspektive eines solchen Ansatzes so entscheidende Dimension des Zusammenlebenswissens schließt selbstverständlich auch die Frage mit ein, wie mit kulturell gänzlich anders geprägten Formen des Lebenswissens umgegangen werden kann. Das Zusammenlebenswissen muss insofern gerade auch über die Grenzen von Geltung und Gültigkeit der ‚eigenen' Auffassungen im multikulturellen Nebeneinander, im interkulturellen Miteinander wie im transkulturellen ‚Durcheinander' reflektieren und den Respekt vor dem Anderen mit einem Wissen um die Differenzen – seien sie geschlechtlicher, sozialer, kultureller oder anderer Art – verbinden.

Dies ist gerade nach dem Ende der vierten Phase beschleunigter Globalisierung von größter Wichtigkeit für ein friedvolles Zusammenleben einer Menschheit, die seit der Mitte des zurückliegenden Jahrhunderts über die nuklearen Möglichkeiten ihrer eigenen Vernichtung verfügt und mit diesen Selbstvernichtungsmöglichkeiten auch prahlt. Essentieller Bestandteil jeglichen Lebenswissens muss folglich ein Wissen über die Grenzen der Gültigkeit dieses Wissens sein. Freilich erproben die Literaturen der Welt auch jenseits dieser Grenzen die rationalen wie irrationalen Formen und Normen historischen Selbst-Bewusstseins. Zeitgenössische Figuren autoritären Denkens wie Wladimir Putin oder Donald Trump sind wie im lateinamerikanischen Diktatorenroman Vertreter einer Spezies, bei der die unbedingte Rationalität, mit der sie an die Macht gelangten und die den Kern ihres Herrschaftswissens darstellt, sanft in eine Irrationalität abgleitet, ohne dass zu sagen wäre, wo die Grenze zwischen dem Rationalen und dem Irrationalen verliefe. Denn diese ist genauso unbestimmbar wie es die Grenzen zwischen Demokratie und Diktatur sind.[37]

Wenn Philologie, wie Leo Spitzer in einem von Werner Krauss erbetenen Beitrag für dessen programmatische Zeitschrift *Die Wandlung* einmal formulierte, „die Wissenschaft [ist], die den Menschen zu verstehen sucht, soweit er sich im Worte (Sprache) und in Wortgebilden äußert",[38] und wenn diese Wissenschaft im Sinne von Erich Auerbachs Überlegungen zu einer Philologie der Weltliteratur wieder das wagt, „was frühere Epochen wagten, nämlich im Universum den Ort der Menschen zu bestimmen",[39] dann ist es heute mehr als dringlich, dass sich die Literaturwissenschaften als Lebenswissenschaften begreifen. Dies, so scheint mir, bietet Stoff genug für eine programmatische Neuaufstellung der Philologien, die dringend erforderlich ist.

Dass diese Fragestellung der Literaturwissenschaft als Lebenswissenschaft zumindest einer romanistischen Praxis der Philologie keineswegs fremd ist, mag die auffällige und doch noch nie aufgefallene Frequenz des Lexems ‚Leben' am Ausgang von Auerbachs Grundlagenwerk *Mimesis. Dargestellte Wirklichkeit in der abendländischen Literatur* belegen. Dort geht es um die Neubestimmung und

---

37 Vgl. hierzu Ette, Ottmar: Existe-t-il une frontière entre démocratie et dictature? Hans Robert Jauss, Michel Houellebecq, Cécile Wajsbrot. In: Suter, Patrick / Fournier-Kiss, Corinne (Hg.): *Poétique des frontières. Une approche transversale des littératures de langue française (XXe – XXIe siècles)*. Genève: Metis Presses 2021, S. 37–78.

38 Leo Spitzer, Das Eigene und das Fremde. Über Philologie und Nationalismus. Hier zitiert nach: *Lendemains* (Berlin) XVIII, 69–70 (1993), S. 179.

39 Auerbach, Erich: Philologie der Weltliteratur. In: *Weltliteratur*. Festgabe für Fritz Strich. Bern 1952, S. 39–50; wieder abgedruckt in Auerbach, Erich: *Gesammelte Aufsätze zur romanischen Philologie*. Herausgegeben von Fritz Schalk und Gustav Konrad. Bern – München: Francke Verlag 1967, S. 310.

Neubesinnung einer Philologie vor dem Hintergrund der Katastrophen des Zweiten Weltkriegs und der Shoah, aber auch einer verstärkt wahrgenommenen sprachlichen und kulturellen Homogenisierung, wie sie von Auerbach beobachtet wurde:

> Die Bevölkerungsschichten und ihre verschiedenen **Lebensformen** sind durcheinandergeschüttelt, es gibt auch keine exotischen Völker mehr; vor einem Jahrhundert wirkten (etwa bei Mérimée) die Korsen oder die Spanier noch exotisch, heut wäre das Wort für die chinesischen Bauern von Pearl Buck ganz unangebracht. Unterhalb der Kämpfe und auch durch sie vollzieht sich ein wirtschaftlicher und kultureller Ausgleichsprozeß; es ist noch ein langer Weg bis zu einem gemeinsamen **Leben** der Menschen auf der Erde, doch das Ziel beginnt schon sichtbar zu werden; am sichtbarsten, konkretesten erscheint es schon jetzt in der absichtslosen, genauen, inneren und äußeren Darstellung des beliebigen **Lebensaugenblicks** der verschiedenen Menschen. So scheint der komplizierte Auflösungsprozeß, der zur Zerfaserung der äußeren Handlung, zu Bewußtseinsspiegelung und Zeitenschichtung führte, nach einer sehr einfachen Lösung zu streben. Vielleicht wird sie allzu einfach sein für diejenigen, die unsere Epoche, trotz aller Gefahren und Katastrophen, wegen ihres **Lebensreichtums** und des unvergleichlichen geschichtlichen Standorts, den sie bietet, bewundern und lieben. Aber das sind nur wenige, und sie werden voraussichtlich von jener Vereinheitlichung und Vereinfachung, die sich ankündigt, kaum mehr als die ersten Anzeichen **erleben**.[40]

Es ist kein Zufall, dass das letzte Kapitel von *Mimesis* mit dem kleinen Wörtchen ‚erleben' endet. Auch wenn wir heute besser, als es für Auerbach in der unmittelbaren Nachkriegszeit möglich war, überblicken können, dass der von ihm skizzierte Prozess kultureller Entdifferenzierung von einem gleichzeitigen Prozess kultureller (Neu-)Differenzierung begleitet wird, steht Auerbachs Insistieren auf dem Lebensbegriff für die Einsicht in die heute mehr denn je gegebene Notwendigkeit für die Philologien, sich – im vollen Wortsinne – *um das Leben zu kümmern*. Dies ist eine genuine Aufgabe der Philologie.

Ein als solche verstandenes Konzept des Lebenswissens weiß sich als Beitrag zu einem breiten Verständnis der Lebenswissenschaften und ist in der Lage, einen wichtigen Impuls zugunsten einer produktiveren und der kulturellen Vielfalt menschlichen Lebens angepassteren Wissenschaftslandschaft zu geben. Eine lebenswissenschaftliche Ausrichtung der Literaturwissenschaften tut not. Denn eine kultur- und literaturtheoretisch fundierte Rückgewinnung des Lebensbegriffs und eine damit einhergehende Auffassung vom Lebenswissen erweitern die naturwissenschaftliche Konzeption der Biowissenschaften als Lebenswissenschaften um ihre unverzichtbare kulturelle Dimension und erlauben zugleich

---

40 Auerbach, Erich: *Mimesis. Dargestellte Wirklichkeit in der abendländischen Literatur.* Bern: A. Francke Verlag 1946, S. 493 (Hervorhebungen O.E.).

eine Abgrenzung rein biowissenschaftlicher von umfassend lebenswissenschaftlichen Fragestellungen, Versuchsanordnungen und Analysepraktiken in dem Sinne, wie wir dies zuvor erläutert haben. Um den Ort der Menschen im Universum (wieder) bestimmen zu können, müssen zunächst die Philologien ihren eigenen Ort innerhalb eines veränderten Wissenschaftssystems neu reflektieren, wollen sie sich nicht mit ihrer bereits erkennbaren weitgehenden Marginalisierung abfinden. Denn ein Ende dieser Marginalisierung ist noch nicht abzusehen.

Für Friedrich Nietzsche war es der Historismus, den es als dominante Leitdisziplin zu relativieren und wieder in ein dialogisches Verhältnis zu anderen Wissenschaften zurückzuführen galt. Denn allein auf diese Weise konnte nicht nur der Nachteil beklagt, sondern auch der Nutzen der Historie für das Leben – in der gesamten Breite der Bildung – bestimmt werden. Die in unserer Zeit dominante Wissenschaftskultur[41] bilden fraglos die Naturwissenschaften und –

an ihrer Spitze und gleichsam paradigmatisch – die *Life Sciences*. Ihre Grenzen müssen heute dringlicher denn je aufgezeigt werden, um die Gefahren eines einseitigen Wissenschaftsverständnisses von dem, ‚was Leben ist‘, verringern und dialogische Strukturen jenseits der Trennung zwischen den sogenannten ‚zwei Kulturen‘ schaffen zu können.

Es ist daher aus meiner Sicht unumgänglich, die Philologien lebenswissenschaftlich weiterzuentwickeln und transdisziplinär stärker zu vernetzen. Die unterschiedlichen Gattungen und Subgattungen der Literaturen der Welt können uns ein Wissen darüber vermitteln, wie man leben kann (Roman), wie man gelebt hat (Biographie) oder wie man das eigene (beziehungsweise selbst in Szene gesetzte) Leben in Lebenswissen zu transformieren sucht (Autobiographie). Gerade die unterschiedlichen Spielarten eines autobiographischen ÜberLebenSchreibens entfalten ein Lebenswissen, dessen Analyse für ein umfassendes Verständnis von Leben unverzichtbar ist.

Eine besondere Funktion und Signifikanz kommt gewiss der literarischen Darstellung von Gefühlskulturen zu.[42] Gefühle sind ohne ‚Bewegung‘ und ‚Erregung‘ und damit ohne eine Ökonomie der Vektorizität nicht zu denken.[43] Täuschen wir uns jedoch nicht: Von Kunst und Literatur ist keine Art ‚höheren

---

41 Vgl. hierzu Knorr Cetina, Karin: *Wissenskulturen. Ein Vergleich naturwissenschaftlicher Wissensformen*, a.a.O.

42 Vgl. hierzu Ette, Ottmar / Lehnert, Gertrud (Hg.): *Grosse Gefühle. Ein Kaleidoskop*. Berlin: Kulturverlag Kadmos 2007.

43 Vgl. hierzu u. a. Ette, Ottmar: Angst und Katastrophe / Angst vor Katastrophen. Zur Ökonomie der Angst im Angesicht des Todes. In: Ette, Ottmar / Kasper, Judith (Hg.): *Unfälle der Sprache. Literarische und philologische Erkundungen der Katastrophe*. Wien – Berlin: Verlag Turia + Kant 2014, S. 233–270.

Lebenswissens' zu erwarten. Und doch kommt der Literatur das Vermögen zu, normative Formen von Lebenspraxis nicht nur zu simulieren, sondern auch performativ und damit lebensnah und ‚nacherlebbar' zur Disposition zu stellen, insofern Literatur stets ein Wissen um die Grenzen der Gültigkeit von Wissensbeständen in einer gegebenen Kultur oder Gesellschaft enthält.

Die Literaturen der Welt liefern ihre ‚Gebrauchsanweisung' stets mit. Denn das Wissen der Literatur schließt stets ein Wissen über die Grenzen und Gültigkeiten des *in der Literatur selbst* verdichteten Lebens- und Zusammenlebenswissens mit ein. Kein Zweifel: Ein solches mit den Mitteln der Literatur experimentell erworbenes Wissen ist auch und gerade in seiner Vieldeutigkeit und Offenheit in der gegenwärtigen krisenanfälligen Übergangsepoche nach dem Ende einer Phase beschleunigter Globalisierung von unschätzbarem Wert.

Es ist folglich höchste Zeit, die Philologien als Lebenswissenschaften zu verstehen und eine lebenswissenschaftliche Verbundforschung unter Einbeziehung der Literaturwissenschaften wie der verschiedenen Life Sciences auf den Weg zu bringen. Immer wieder gibt es massenmedial wirksame Sendungen, welche die Frage erörtern, ‚was Leben ist', und dabei – wie etwa in der Sendung *Scobel* in 3sat am 12. Mai 2022 – ausschließlich ein biomedizinisch-technologisches Fächerensemble zu Wort kommen lassen. Mittlerweile ist die Vereinseitigung des Lebensbegriffs auf Grund der durchgängigen Privilegierung der Life Sciences so weit fortgeschritten, dass diese eklatante Reduzierung des Begriffs ‚Leben' schon nicht mehr auffällt.

Die Philologien können diesen Zustand als gottgegeben akzeptieren oder sich gegen die politisch hochsensible und folgenreiche Vereinseitigung des Lebensbegriffes zur Wehr setzen. Die Erweiterung des Begriffs vom Leben könnte einen wichtigen Beitrag zur Entwicklung dessen leisten, was Erich Auerbach in der oben angeführten Passage des letzten Kapitels von *Mimesis* als *Lebensreichtum* bezeichnete. Nicht in einer wie auch immer gearteten ‚Komplexifizierung', sondern in einer kritisch reflektierenden Steigerung des (kulturellen) Lebensreichtums liegt die Aufgabe der Philologien. Diese wären gut beraten, das von ihnen untersuchte Lebenswissen kritisch in die Gesellschaft zu tragen und in die öffentliche Zirkulation des Wissens einzuspeisen. Zur Resignation gibt es keinen Anlass!

Die Komplementarität natur- und kulturwissenschaftlicher Ansätze und Verfahren innerhalb eines breiten Verständnisses von Lebenswissenschaften eröffnet ohne jeden Zweifel neue Perspektiven für die Erforschung von Kunst und Literatur als Erlebenswissen, als Überlebenswissen und als Zusammenlebenswissen. Die entschlossene und *belebende* Nutzung dieser neuen Spielräume der Literaturwissenschaften böte, so scheint mir, eine im nietzscheanischen Sinne unzeitgemäße Antwort auf die immer drängender sich stellende Frage nach dem Nutzen und Nachteil der Philologien für das Leben. Gelingt es diesen aber, „das Chaos in sich

[zu] organisieren", dann werden sie auch – um ein letztes Mal mit Nietzsche zu reden – ihre „echten Bedürfnisse" erkennen.[44]

Eines der wichtigsten Ziele meiner Programmschrift war es gewesen, eine von der Romanistik ausgehende Diskussion anzustoßen, die nicht auf die Romanistik begrenzt bleiben sollte. Von Beginn an waren in der Debatte unterschiedlichste Disziplinen präsent. Über die Jahre hat sich eine angeregte Diskussion entwickelt, die bald auch nicht nur disziplinäre Grenzziehungen, sondern auch nationale und kontinentale Grenzen überschritt. Dabei war mir der Austausch gerade mit unterschiedlichen Ländern und Sprachen Lateinamerikas von großer Wichtigkeit, erlaubte er es doch, verschiedenartige Konzeptionen und Sichtweisen dessen, was *Leben* ist, ins Zentrum zu rücken. Ich habe daher in diesem Teil der Vorlesung ein außereuropäisches und ein europäisches Beispiel aus den vielen Möglichkeiten, die sich mir boten, ausgewählt. Wir haben selbst bei unserer Beschäftigung mit Jorge Semprún gesehen, dass die Bedeutungsebenen des kleinen Wörtchens „vie" oder „vida" bereits im Bereich des Zusammenlebens zwischen dem Spanischen und dem Französischen grundlegend differieren. Dies ist für eine lebenswissenschaftliche Konzeption der Romanistik, wie wir sahen, von großer Bedeutung.

Bisweilen gab es auch aus unterschiedlichen Disziplinen wie Ländern Anmerkungen, dass man sich damit schwertue, den Begriff der Lebenswissenschaft zu verwenden. Gerade in Deutschland ist die Germanistik vor dem Hintergrund ihrer eigenen Fachgeschichte betroffen, hatte doch Walther Linden 1933 den Lebens-Begriff in seiner Konzeption der *Deutschkunde als politische Lebenswissenschaft* unter nationalsozialistischen Vorzeichen verwendet.[45] Doch nicht allein in Deutschland ergeben sich aus historischen Gründen ernst zu nehmende Vorbehalte gegenüber dem Lebensbegriff. Ich gebe zu, dass ich bei Vorträgen in den USA zunächst verblüfft war, dass man den Begriff „Life" kritisch beäugte, da er in den US-amerikanischen Diskussionen in starkem Maße von den Abtreibungsgegnern, von den „Pro-Lifers" also, in Anspruch genommen und vereinnahmt worden war. Das Vorrücken derartiger Positionen selbst in höchste gerichtliche Sphären in den Vereinigten Staaten hat diese Problematik sicherlich nicht entspannt.

Am Begriff des ‚Lebens' entzündete sich folglich eine Diskussion, die vor dem Hintergrund der Fachhistorie der Germanistik wie der inneren Auseinandersetzun-

---

44 Nietzsche, Friedrich: Vom Nutzen und Nachteil der Historie für das Leben, S. 195.
45 Vgl. Linden, Walther: Deutschkunde als politische Lebenswissenschaft – das Kerngebiet der Bildung! In: *Zeitschrift für Deutschkunde* (1933), S. 337–341; sowie ders.: *Aufgaben einer nationalen Literaturwissenschaft*. München: C.H. Beck-Verlag 1933.

gen in den USA leicht nachvollziehbar ist. Selbst bei der Veröffentlichung meiner Programmschrift in den einflussreichen *Publications of the Modern Language Association of America* musste die Übersetzerin und Herausgeberin Vera M. Kutzinski das US-amerikanische Publikum auf diese Schwierigkeit aufmerksam machen.[46]

Diese Schwierigkeiten mit dem Lebensbegriff sind nicht auf die leichte Schulter zu nehmen. Doch sollte man gleichfalls nicht aus den Augen verlieren, dass der Begriff ‚Lebenswissenschaft' selbstverständlich älter ist als seine Aneignung durch die geisteswissenschaftlichen Barbaren des Nazi-Regimes oder die fundamentalistisch ausgerichteten „Pro-Lifers" in den USA (welche ich damit gleichwohl nicht auf dieselbe Stufe stellen möchte). Der Terminus ‚Lebenswissenschaft' findet sich – wie der dem Begriff ebenfalls skeptisch gegenüberstehende Christoph Markschies in seiner Berliner Antrittsvorlesung auf dem Lehrstuhl für Ältere Kirchengeschichte im Mai 2005 nachwies – spätestens an der Wende des 18. zum 19. Jahrhundert.[47] Denn Christoph Meiners schon bediente sich ab dem Jahre 1800 des Begriffs der ‚Lebens-Wissenschaft', um ihn bei seinem Versuch, eine Phänomenologie des gelebten Lebens auf den Weg zu bringen, an die Stelle des Begriffs der Ethik zu setzen.[48] Das Aufkommen dieses Begriffes lässt sich leicht mit der in der Programmschrift signalisierten und von Michel Foucault in *Les mots et les choses* analysierten Emergenz des Lebensbegriffs in den verschiedensten Disziplinen zwischen 1775 und 1795 in Verbindung bringen.[49] Es gibt folglich handfeste Epistemologie-historische Gründe für das Auftauchen dieses Terms, die weit hinter die inkriminierten Verwendungen des Lebensbegriffes zurückgehen.

---

46 Vgl. hierzu die einführenden Kommentare in Ette, Ottmar: Literature as Knowledge for Living, Literary Studies as Science for Living. Edited, translated, and with an introduction by Vera M. Kutzinski. In: Special Topic: "Literary Criticism for the Twenty-First Century," coordinated by Cathy Caruth and Jonathan Culler, in: *PMLA. Publications of the Modern Language Association of America* (New York) CXXV, 4 (october 2010), S. 977–993.

47 Vgl. Markschies, Christoph: *Ist Theologie eine Lebenswissenschaft? Einige Beobachtungen aus der Antike und ihre Konsequenzen für die Gegenwart.* Hildesheim - Zürich - New York: Georg Olms Verlag 2005, S. 5.

48 Vgl. Meiners, Christoph: *Allgemeine kritische Geschichte der ältren und neuern Ethik oder Lebenswissenschaft nebst einer Untersuchung der Fragen: Gibt es denn auch wirklich eine Wissenschaft des Lebens? Wie sollte ihr Inhalt, wie ihre Methode beschaffen seyn?* 2 Bde. Göttingen 1800–1801; sowie ders.: *Grundriß der Ethik oder Lebens-Wissenschaft.* Hannover 1801.

49 Vgl. Foucault, Michel: *Die Ordnung der Dinge. Eine Archäologie der Humanwissenschaften.* Aus dem Französischen von Ulrich Köppen. Frankfurt am Main: Suhrkamp 1974, S. 279–283.

Auch wenn wir derzeit noch über keine detaillierte Geschichte des Begriffs ‚Lebenswissenschaft' verfügen und es nicht unwahrscheinlich ist, dass Meiners keineswegs der Schöpfer dieses Terminus ist, sondern sich seinerseits bei früheren Autoren bediente, ist doch deutlich, dass der Begriff, den sich die germanistischen Nazi-Schergen während der Jahre des totalitären Hitler-Regimes dienstbar machten, aus einem philosophiegeschichtlichen Kontext stammt und dem Bereich der Ethik eng verbunden ist. Auch die Aneignung des Lebensbegriffs durch militante Gegner der Abtreibung in den USA sollte uns nicht dazu bewegen, auf einen für die *Conditio humana* so zentralen Begriff wie das Leben einfach zu verzichten. Die Bedenken von Seiten der Germanistik sind mehr als verständlich, sollten aber eher Anlass dazu geben, die Geschichte des Fachs mit Blick auf den Lebensbegriff kritisch zu durchforsten.

Nun lässt die Programmschrift, in deren terminologischem Kern die Begriffe ‚Lebenswissen', ‚Überlebenswissen' und ‚Zusammenlebenswissen' stehen, keinen Zweifel daran, dass sie sich auf jenes Begriffsverständnis bezieht, das – an Konzept und Praxis der Life Sciences orientiert – spätestens seit dem Jahr 2001, dem „Jahr der Lebenswissenschaften", in Deutschland dank der Massenmedien höchst populär geworden ist. Bereits der Untertitel der Programmschrift spielt auf dieses Faktum an – und nicht zuletzt auch auf die Tatsache, dass das medizinisch-biotechnologische Fächerensemble der ‚Lebenswissenschaften' wenig zu jenen Ereignissen zu sagen hatte, die ab dem 11. September 2001 zumindest in der Öffentlichkeit jedwede weitere Diskussion um die so konzipierten ‚Lebenswissenschaften' zum Verschwinden brachten.

Wir dürfen durchaus konstatieren, dass die jeweils brennenden politischen Probleme wie derzeit etwa der Angriffskrieg Russlands auf die Ukraine von Seiten der Life Sciences keine adäquaten Antworten zu erwarten haben. Wie sollten sie auch, ist der Lebensbegriff dieser ‚Lebenswissenschaften' doch ungeheuer eingeschränkt und fächerspezifisch reduziert. Anders aber sieht es mit den Lebenswissenschaften im Bereich der Philologien aus, die sehr wohl zu Fragen der Konvivenz wichtige Antworten aus den Literaturen der Welt beitragen könnten. Dass sie dies nicht in einem befriedigenden Umfang tun, hat mit den internen (und nicht gemachten) Hausaufgaben dieser Fächer zu tun und mit einem sich daraus ableitenden geringen Interesse der Medien, diese Disziplinen oder die Literaturen der Welt bei der Frage nach Konfliktlösungsstrategien ins Spiel zu bringen und zu befragen. Dass auch Schriftstellerinnen und Schriftsteller von den Medien als Intellektuelle geradezu ausgesperrt werden, tut ein Übriges.

Literaturwissenschaft als Lebenswissenschaft unternimmt als Teil einer Doppelstrategie den Versuch, diese semantische Reduktion des Lebensbegriffs im Sinne von gr. *bios* sichtbar zu machen und Gegenstrategien zu entwickeln, um der Entwendung des Lebensbegriffs durch rein biowissenschaftlich verstandene ‚Lebenswissenschaften' oder besser Life Sciences konzeptionell entgegenzuwirken. Die Arbeit am Begriff ist folglich zentral und hat noch kaum begonnen.

Gerade auch aus Sicht der Romanischen Literaturwissenschaft gehört es ohne jeden Zweifel zu den philologischen Pflichten, im Sinne von Werner Krauss' 1943 im Zuchthaus Plötzensee begonnenen und 1944 im Wehrmachtsgefängnis der Lehrter Straße 61 abgeschlossenen Roman *PLN*[50] und vielleicht mehr noch Victor Klemperers der *Lingua Tertii Imperii* gewidmeten Band *LTI*[51], aber auch im Sinne einer aktuellen Aufarbeitung nationalsozialistischer[52] beziehungsweise totalitärer Verstrickungen unserer jeweiligen Fachgeschichten in die menschenverachtenden Entstellungen vieler Fachtermini zu erinnern. Dies gilt innerhalb des hier erörterten semantischen Feldes nicht nur für den Begriff der ‚Lebenswissenschaft', sondern – denkt man nur an die nationalsozialistischen Experimente in Medizin und Biologie – den des *Lebens* überhaupt.

Es gehört aber zweifellos zu den Pflichten von Philologen, sich auch dort mit problematischen Aspekten der NS-Geschichte beziehungsweise der Geschichte führender Vertreter ihres Faches zu beschäftigen, wo diese über eine starke Anhängerschaft auch noch lange nach ihrem Tod verfügen. Dies gilt etwa für Hans Robert Jauss, der innerhalb des nationalsozialistischen Herrschaftssystems den raschesten Aufstieg innerhalb der SS überhaupt zu verzeichnen hatte.[53] Auch wenn sich angesichts einer lautstarken und einflussreichen Schülerschar des Mitbegründers der sogenannten ‚Konstanzer Schule' die Debatten in Deutschland auf zahlreiche Rezensionen beschränkten und sich medial in Grenzen hielten, ist

50 Vgl. Krauss, Werner: *PLN. Die Passionen der halykonischen Seele.* Roman. 2., durchgesehene Auflage. Frankfurt am Main: Vittorio Klostermann 1983; vgl. hierzu auch Ette, Ottmar: Der Romanist als Romancier. ‚PLN' – eine Literatur der Grenze. In: Hofer, Hermann / Karger, Thilo / Riehn, Christa (Hg.): *Werner Krauss: Literatur Geschichte Schreiben.* Tübingen – Basel: A. Francke Verlag 2003, S. 69–97.
51 Vgl. Klemperer, Victor: *LTI. Notizbuch eines Philologen.* Leipzig: Verlag Philipp Reclam jun. ²1968.
52 Vgl. etwa die grundlegenden Arbeiten des Romanisten Hausmann, Frank-Rutger: *‚Vom Strudel der Ereignisse verschlungen.' Deutsche Romanistik im ‚Dritten Reich'.* Frankfurt am Main: Vittorio Klostermann 2000; ders.: *Anglistik und Amerikanistik im ‚Dritten Reich'.* Frankfurt am Main: Vittorio Klostermann 2003. Es ist bedauernswert, dass seine Arbeiten bislang kaum einmal Nachfolger im Bereich der Romanistik gefunden haben.
53 Vgl. hierzu Ette, Ottmar: *Der Fall Jauss. Wege des Verstehens in eine Zukunft der Philologie.* Berlin: Kulturverlag Kadmos 2016.

doch gerade in den romanischen Ländern[54] die Diskussion des Erbes dieses ,Fachvertreters' bemerkenswert[55] und gibt Anlass zur Hoffnung.

Es gehört aber auch zu den Aufgaben eines Philologen, die jeweiligen aktuellen Kontexte der Verwendung derartiger problematischer Begrifflichkeiten klar herauszuarbeiten und damit kontaminierte Termini nicht einfach kampflos aufzugeben, sondern für neue Fragestellungen zurückzugewinnen. Nur weil die Nazis den Lebensbegriff für sich okkupierten, sollten ein knappes Jahrhundert später die Germanisten nicht auf den Lebensbegriff verzichten! Nur weil sich in den USA die Abtreibungsgegner des Lebensbegriffes bemächtigten, sollten die Literaturwissenschaften in den Vereinigten Staaten von Nordamerika diesen Gruppen nicht die Herrschaft über einen so zentralen Begriff überlassen! Wie sonst könnten wir künftig nicht nur auf Begriffe wie ,Leben' oder ,Lebenswissenschaften', sondern auch auf Termini wie ,Raum' oder ,Forschungsgemeinschaft', ,Kulturwissenschaft' oder ,Germanistik' wissenschaftlich klar begründet zurückgreifen?

Es wäre daher gewiss möglich – und sicherlich auch wünschenswert – gewesen, von philologischer Seite eine reduktionistische Verwendung des Begriffs ,Lebenswissenschaft' und eine damit einhergehende dominant biotechnologische Entwendung des Lebensbegriffs durch die sogenannten ,Life Sciences' zu kritisieren. Die von germanistischer Seite ins Feld geführte Begriffskritik scheint mir daher das Vorhaben, Literaturwissenschaft als Lebenswissenschaft zu begreifen und wissenschaftssystematisch neu auszurichten, zusätzlich zu befördern, ist es doch notwendig, das Begriffsfeld von gr. *bios* nicht länger im wahrsten Sinne stillschweigend Wissenschaften zu überlassen, deren eigene Begriffsverwendung und Wissenschaftspraxis in den Jahren des Nationalsozialismus ebenso wenig verschwiegen werden dürfen. Auch wenn die Germanistik eine hochgradig nationalsozialistisch kontaminierte Disziplin war, ist sie doch weit davon entfernt, die einzige derartige Wissenschaftsdisziplin gewesen zu sein. Lassen Sie mich noch einmal kurz auf die Situation in den Vereinigten Staaten kommen, wo ich vor den Corona-Zeiten sehr regelmäßig – fast so regelmäßig wie in Lateinamerika – Vorträge hielt!

---

54 Vgl. hierzu die Übersetzungen ins Spanische, Französische oder Portugiesische in Ette, Ottmar: *El caso Jauss. Caminos de la comprensión hacia un futuro de la filología.* Traducción de Rosa María Sauter de Maihold, revisión de la traducción de Sergio Ugalde Quintana. México, D.F.: Almadía (Col. Filosofía y Letras) 2018; ders.: *O Caso Jauss. A compreensão a caminho de um futuro para a filologia.* Tradução de Giovanna Chaves. Apresentação de Regina Zilberman. Goiânia: Caminhos 2019; sowie ders.: *L'Affaire Jauss. Les chemins de la compréhension vers un avenir de la philologie.* Traduit de l'allemand par Robert Kahn. Mont-Saint-Aignan: Presses universitaires de Rouen et du Havre 2019.

55 Vgl. etwa Buj, Joseba / Ugalde, Sergio (Hg.): *Jauss nacionalsocialista: una recepción de la "Estética de la recepción".* México: Universidad Iberoamericana 2021.

Dort zeigte mir ein ungeheuer ermutigendes Faculty Seminar mit Vertretern unterschiedlichster natur- und kulturwissenschaftlicher Disziplinen an der Vanderbilt University zum Thema „Philology as Life Science", wie man mit diesen Begrifflichkeiten innerhalb wie außerhalb der terminologisch scheinbar immunisierten Life Sciences sehr verantwortlich umgehen und auch die im Alltagswissen spezifischen Einfärbungen des Terminus „Life" mit in die Diskussionen gewinnbringend einbauen kann. Die ultrakonservative Affizierung des Lebensbegriffs kann auch eine Chance sein, begriffsgeschichtlich präzise voranzukommen.

Denn Reduktionismen und Totalitarismen das Feld zu überlassen, ist keine Alternative, sondern ein Grund mehr, den Begriff des Lebens wieder für den Bereich der Geistes- und Kulturwissenschaften fruchtbar zu machen. Die unterschiedlichsten Literaturen der Welt haben den Begriff des Lebens nicht verbannt. Die Philologien tun folglich gut daran, ihn aus der Falle der semantischen Reduktion durch die Life Sciences zu befreien und vor der Kontamination und Indienstnahme durch totalitäre Ideologien und politische Agitationen zu schützen. Auf diese Weise können die komplexen Beziehungen zwischen Literatur, Leben und Wissen literaturtheoretisch entfaltet und gesellschaftlich relevant gemacht werden – eine evident politische Aufgabe unserer Wissenschaften in Gesellschaften, deren Fokus sich immer weiter von den Literaturen der Welt entfernt.

Wir sollten daher eines der zentralen Ziele philologischen Tuns nicht aus den Augen verlieren: Literaturwissenschaft ist Lebenswissenschaft! Doch wo spielen Fragen des Lebenswissens innerhalb der aktuellen Forschungen in den verschiedenen Philologien theoretisch reflektiert tatsächlich eine Rolle? Es gibt erst wenige Beispiele für eine lebenswissenschaftliche Ausrichtung wissenschaftlicher Arbeiten in den romanischen Literaturwissenschaften. Es dominiert, so scheint mir, vielmehr ein eher ratloses Schweigen, sobald in der Literatur der Begriff des Lebens fällt. Nicht selten hat man den Eindruck, dass der Begriff des Lebens für viele ein zu umfassender Terminus ist und sie den Begriff des Lebens, kommt er denn in den zu analysierenden Werken vor, eher geflissentlich ‚übersehen'.

So analysiert beispielsweise Jochen Hörisch in seinem neuen Buch *Das Wissen der Literatur* ausführlichst und lesenswert die *Ars Poetica* des Horaz, indem er dem berühmten Vers 333 („Aut prodesse volunt aut delectare poetae") in seiner Untersuchung den oft unterschlagenen Vers 334 („Aut simul et iucunda et idonea dicere vitae") folgen lässt. Er führt durchaus Gerd Herrmanns Übersetzung („Helfen wollen die Dichter oder doch uns erfreuen / Oder beides: die Herzen erheitern und dienen dem Leben") an,[56] doch spielt das in Vers-Endstellung besonders betonte „vitae" in seiner Deutung leider keinerlei Rolle. Warum ist das

---

56 Hörisch, Jochen: *Das Wissen der Literatur*. München: Wilhelm Fink Verlag 2007, S. 25 ff.

so, obwohl dieses kleine Lexem in herausgehobenster Stellung steht? Das Leben scheint philologisch so selbstverständlich zu sein, dass es schlicht verschwindet oder im Diskurs zu Begriffen wie ‚Realität' oder ‚Gesellschaft' mutiert. Dies aber, um es vorsichtig zu sagen, ist nicht dasselbe! Wir hatten schon bei Jorge Semprún am Beispiel von *L'écriture ou la vie* gesehen, dass „écriture" nicht gleich Literatur und „vie" nicht gleich Existenz ist.

Wir benötigen in den Literaturwissenschaften im Verhältnis zu den Biowissenschaften eine Doppelstrategie, erlaubt sie es doch, kritisch Begrifflichkeiten und Definitionen, wie sie die *Life Sciences* entwickelt haben und entwickeln, *trans*disziplinär auf die Literaturwissenschaften zu beziehen und zu sehen, welche Differenzen, Konfliktlinien und Entwicklungsmöglichkeiten im fächerübergreifenden, aber nicht bloß *inter*disziplinären Dialog entstehen. Ein Rückzug in ästhetizistisch geschützte Zonen und in kurzfristig ausgemachte ‚Kernbereiche' des Fachs hilft nicht: Es gilt, das Wissen der Philologien weiter zu spezialisieren und auszuweiten, zugleich aber Einzeldisziplinen querend zu vernetzen und zu demokratisieren. In diesem Prozess einer Neuorientierung unserer Wissenschaften stehen wir erst am Anfang, wollen wir es doch erreichen, mit Hilfe der Philologien ein die Jahrhunderte und die Sprachen, ein die Kulturen und die Räume querendes Lebenswissen einzufangen und verfügbar zu machen; ein Lebenswissen und Zusammenlebenswissen, das aus den Literaturen der Welt gewonnen werden kann.

Zweifellos muss die sich fortsetzende Debatte dazu beitragen, ein Bewusstsein dafür zu entwickeln, die Erforschung der Eigen-Logiken und des Eigen-Sinns der Literatur wie auch der jeweiligen Disziplinen auf die wohl zentrale Herausforderung der Philologien zu beziehen: auf die (nicht wirklich selbstverständliche) Notwendigkeit, im Rückgriff auf die Formel Friedrich Nietzsches nach dem Nutzen und Nachteil der Literatur wie der Literaturwissenschaften für das Leben zu fragen. Jenseits einer Reduktion der Philologien auf ministerielle Nützlichkeitserwägungen, auf die Zweckrationalität gesellschaftlich erforderlicher Ausbildungen künftiger Lehrerinnen und Lehrer oder des eigenen wissenschaftlichen Nachwuchses kann die Frage nach dem spezifischen Wissen und Lebenswissen der Literatur einen Prozess in Gang setzen, der die Relevanz der Literatur, aber auch einer sich als Lebenswissenschaft verstehenden Literaturwissenschaft nicht zuletzt darin erkennt, viel-logische, polylogische Strukturen zu entwickeln und zu durchdenken.[57] Die Fähigkeit der Literaturen der Welt, in verdichteter Form unterschiedliche Sprachen und verschiedenar-

---

57 Vgl. hierzu Ette, Ottmar: *Viellogische Philologie. Die Literaturen der Welt und das Beispiel einer transarealen peruanischen Literatur.* Berlin: Verlag Walter Frey – edition tranvía 2013.

tige Logiken gleichzeitig zu Gehör zu bringen und miteinander zu verschränken, kann in ihrer Bedeutung für das individuelle wie für das kollektive Leben schwerlich überschätzt werden.

Literatur ist das Ergebnis und das Erlebnis einer ebenso transgenerationellen wie transkulturellen Tätigkeit, die gewiss zu den komplexesten und kreativsten Aktivitäten gehört, die sich Menschen unterschiedlichster Herkunft bislang geschaffen haben. Kulturen und Gesellschaften entwickeln zu bestimmten Zeiten und innerhalb bestimmter Kontexte ein Zusammenlebenswissen, das sich nicht nur immer weiter anreichern, sondern auch in mehr oder minder starkem Maße verloren gehen kann. Wir sehen dies allenthalben auf unserem Planeten und spätestens seit dem Jugoslawien-Krieg auch wieder in Europa: Politische Populisten, nationalistische Scharfmacher und menschenverachtende Diktatoren finden in der Zerstörung eines nur langsam entstehenden Zusammenlebenswissens ein leider reiches und erfolgreiches Betätigungsfeld.

All dem stellen sich die Literaturen der Welt und die mit ihnen verbundenen Philologien als Hüterinnen eines durch Jahrtausende hindurch gewonnenen Zusammenlebenswissens entgegen. Eine am Lebenswissen der Literaturen der Welt ausgerichtete Literaturwissenschaft vermag die Vielfalt der literarisch geschaffenen polylogischen Strukturen nicht nur zu analysieren, sondern für eine individuelle wie gesellschaftliche Entwicklung fruchtbar zu machen. Sie muss von möglichst komplexen, verschiedene Kulturen und Diskurse querenden Denkweisen geprägt sein. Ein derartiges Wissen ist für unsere Gesellschaften überlebensnotwendig, wollen wir nicht, dass unter dem dünnen Firnis der Zivilisation Barbarei und Dummheit in ihrer Anspruchs- und Grenzenlosigkeit zum Vorschein kommen. Wir können sie in dieser Krisenphase nach der zu Ende gegangenen beschleunigten Globalisierung überall leicht erkennen.

Die Philologie blickt, anders als Charles Percy Snow es wollte, nicht nur historisch ins Vergangene zurück, sondern wendet sich zugleich dem Künftigen zu: Sie hat – wie die Naturwissenschaften – „the future in their bones".[58] Diese prospektive Dimension der Literaturen der Welt, vor allem aber auch der Philologien gilt es allen Versuchen, sie einer allein zurück in die Vergangenheit blickenden *Memoria* zu überantworten, entschlossen, aber auch konstruktiv und kreativ entgegenzutreten.

---

58 Snow, C.P.: *The Two Cultures*. With Introduction by Stefan Collini. Cambridge: Cambridge University Press 1993, S. 10.

Zum Verhältnis zwischen Natur und Kultur

Im Verlauf unserer Vorlesung war schon des Öfteren die Rede vom Verhältnis zwischen Natur und Kultur. Ich möchte mich auf diese Fragestellung im Folgenden konzentrieren, um Ihnen einen Eindruck von den Möglichkeiten philologischen Arbeitens auf diesem riesigen Gebiet zu geben. Dabei sollten wir uns vor Augen halten, dass Konvivenz ein Zusammenleben des Menschen bedeutet, das sich keineswegs allein auf ein Zusammenleben mit anderen Menschen beschränkt! Vielmehr geht es in den Literaturen der Welt vom mesopotamischen *Gilgamesch*-Epos oder vom chinesischen *Shi Jing* an auch um eine Konvivenz des Menschen mit den Tieren, mit den Pflanzen, mit allen Erscheinungen des geologischen Untergrunds, die man insgesamt als natürliche Umgebung des Menschen bezeichnen kann.

In diesem Zusammenhang spielte der Begriff der Landschaft eine wichtige Rolle in unseren Überlegungen und war gerade mit Blick auf die TransArea-Studien von großer Bedeutung für unser Verständnis der Literaturen der Welt. Wir haben etwa hinsichtlich der Archipel-Situation und der Frage nach den Landschaften der Theorie wiederholt uns auf die Problematik einer Natur eingelassen, die immer schon Kultur ist, weil sie von der Kultur aus perspektiviert und wahr-genommen wird.

Dabei ist es keineswegs so, dass es sich bei der Unterscheidung zwischen Natur und Kultur um eine Universalie oder um eine anthropologische Konstante handelte, welche überall auf unserem Planeten Gültigkeit beanspruchen könnte. Vielmehr ist genau das Gegenteil der Fall: Eine Vielzahl von Kulturen, etwa die altchinesische und viele andere asiatische, aber auch Kulturen weltweit auf verschiedenen Kontinenten oder Archipelen kennen die Unterscheidung zwischen Natur und Kultur gar nicht oder nicht in der Form, wie die abendländischen Kulturen diese Grenze zwischen beiden Bereichen ziehen. Auch in der abendländischen Tradition ist diese Unterscheidung zwar seit der griechischen und römischen Antike mit den Begriffen *physis* und *natura* präsent, aber epistemologisch erst gegen Ende des 19. Jahrhunderts so in den Wissenschaften geschieden, dass tatsächlich von einer klaren Trennlinie die Rede sein kann.

Der französische Kulturanthropologe Philippe Descola hat sich überaus intensiv mit dieser Problematik auseinandergesetzt und bereits im Jahre 2005 in seinem Buch *Par-delà nature et culture* grundlegende Einsichten in die Brüchigkeit und Widersprüche dieser auf den ersten Blick so ,natürlichen' Trennung herausgearbeitet und formuliert. Im Jahr 2011 erschien dann sein Buch *L'écologie des autres: l'anthropologie et la question de la nature* in französischer Sprache;

ein Band, der 2014 ins Deutsche übersetzt wurde unter dem Titel *Die Ökologie der Anderen: Die Anthropologie und die Frage der Natur*. In dieser wichtigen Publikation versuchte er, im Kapitel „Schlussfolgerung" einige seiner Leitideen zum Verhältnis von Natur und Kultur zusammenzufassen:

> Man braucht kein Experte zu sein, um vorauszusagen, dass die Frage des Verhältnisses der Menschen zur Natur höchstwahrscheinlich die entscheidendste dieses Jahrhunderts sein wird. Man braucht sich nur umzusehen, um sich davon zu überzeugen: Die klimatischen Umwälzungen, der Rückgang der Artenvielfalt, die Vermehrung gentechnisch veränderter Organismen, das Versiegen der fossilen Energieträger, die Verschmutzung der empfindlichen Naturräume und der Megastädte, das sich beschleunigende Verschwinden der Tropenwälder, dies alles ist auf dem ganzen Planeten ein Thema öffentlicher Debatten geworden und schürt täglich die Ängste seiner Bewohner. Gleichzeitig ist es schwierig geworden, weiterhin zu glauben, dass die Natur ein vom sozialen Leben völlig getrennter Bereich ist, je nach den Umständen hypostasiert als Nährmutter, als nachtragende Rabenmutter oder als zu entschleiernde geheimnisvolle Schöne, ein Bereich, den die Menschen zu verstehen und zu kontrollieren suchten und dessen Launen sie zuweilen ausgesetzt seien, der jedoch ein Feld autonomer Regelmäßigkeiten bildet, in dem Werte, Konventionen und Ideologien keinen Platz hätten.[1]

Philippe Descola formuliert in diesem Auszug in gedrängter Form, welchen Veränderungen unserer Umwelt die Menschen im 21. Jahrhundert ausgesetzt sind und noch in stärkerem Maße in einem aus den Fugen geratenen Planeten ausgesetzt sein werden. Zugleich macht er auf die Dringlichkeit dieser fundamentalen Probleme aufmerksam, die Ihnen allen – da bin ich mir sicher – bewusst sein werden. Damit stellt der französische Anthropologe die Frage, die er für die Gretchenfrage des 21. Jahrhunderts hält: Sag', wie sieht das Verhältnis des Menschen zur Natur künftig aus? Oder in unserer Diktion: Welche Charakteristika wird die ökologische Konvivenz des Menschen mit der Natur in diesem Jahrhundert aufweisen?

Die bemerkenswerten Antworten, die Descola auf diese Fragen gibt, lassen es als unvermeidlich erscheinen, die in unseren abendländischen Gesellschaften so stabil scheinende Trennung zwischen Natur und Kultur in grundlegender Weise in Frage zu stellen. Denn all das, was im Zeichen der Klimaveränderungen und aller anderen scheinbar auf die Natur zurückgehenden Transformationen uns aus guten Gründen als Menschen beängstigt und bedroht, sind Phänomene, bei denen der Mensch eine grundlegende Rolle gespielt hat, spielt und spielen wird. Wir müssen nicht notwendigerweise die aus dem 19. Jahrhundert stammende Metapher vom Anthropozän bemühen, um verstehen zu können, dass es auf unse-

---

1 Descola, Philippe: *Die Ökologie der Anderen. Die Anthropologie und die Frage der Natur*. Aus dem Französischen von Eva Moldenhauer. Berlin: Mathes & Seitz 2014, S. 87.

rem Planeten längst schon keine ‚Naturlandschaften' mehr gibt und keine ‚Naturkatastrophen', sind doch die Auswirkungen, welche ursprünglich natürliche Katastrophen zeitigen, in umfänglicher Weise vom Menschen zu verantworten.

So wurde das enorme Hochwasser im Ahrtal von vom Menschen zu verantwortenden Klimaveränderungen ausgelöst und hatte nur deshalb so gewaltige Folgen und Schäden, weil die Besiedelung durch den Menschen längst Raubbau an den natürlichen Ressourcen trieb. Auch der Vulkanausbruch auf der Kanareninsel La Palma wirkte sich allein deshalb so katastrophal aus, weil überall auf der Insel intensive menschliche Besiedelung und plantagenmäßige Ausbeutung jeden Zentimeter der Inseloberfläche nutzte. Längst sind Hurrikane in der Karibik keine eigentlichen Naturkatastrophen mehr, hat doch der Mensch urbane Strukturen geschaffen, die den zyklischen Bedrohungen der Natur in keinster Weise mehr angepasst sind.

Die Anthropologie ist dabei im Sinne Philippe Descolas jener Bereich, in dem sich Natur und Kultur auf grundlegende Weise überlappen und überschneiden. Mit anderen Worten: Eine Trennung zwischen beiden Bereichen macht schlicht keinerlei Sinn mehr. All dies sind selbstverständlich Problematiken und Fragen, welche die Literaturen der Welt seit langer Zeit in grundlegender Weise zu stellen pflegen. Und es sind diese Literaturen der Welt, die sich auf sehr fundamentale Weise ökologisch verhalten, indem sie in einen direkten Zusammenhang mit dem weiten Feld der Nachhaltigkeit gebracht werden können. Lassen Sie mich dies bitte kurz erläutern!

Dabei eines vorab: Das Wissen der Literaturen der Welt ist ein nachhaltiges Wissen.[2] Es wird aufbewahrt, aber nicht aufgebahrt, denn es befindet sich in ständiger Bewegung und verändert sich rasch unter Rückgriff auf seine historischen Ausformungen. Das Wissen der Literaturen der Welt wird gerade dadurch konserviert, dass es unablässig transformiert wird. Die Intertextualität bietet als grundlegendes Verfahren der Literaturen der Welt die Möglichkeit, das Vorgefundene – also zuvor bekannte Texte – in den je eigenen Text so zu integrieren, dass das Erfundene sich als ein Oszillieren zwischen einem Bewahren des Vorgefundenen und dessen fundamentaler Transformation erweist. Intertextuelle Beziehungen lassen sich damit als lebendige Relationen der Bewahrung *und* Veränderung, der Fortschreibung durch Transformation verstehen. Und die Intertextualität ist, genauer besehen, das schlagende Herz der Literaturen der Welt.

---

2 Zur Geschichte des Begriffs der Nachhaltigkeit vgl. Grober, Ulrich: *Die Entdeckung der Nachhaltigkeit. Kulturgeschichte eines Begriffs*. München: Verlag Antje Kunstmann 2010.

Die Literaturen der Welt entfalten im Sinne dieser Nachhaltigkeit ein Laboratorium des Lebens, in dem die Untersuchungen und Versuche nicht durch Analyse und Segmentierung zur Austreibung des Lebens aus den erforschten Gegen-Ständen vollzogen werden, sondern Lebensmodelle durchgedacht und ausgedacht, durcherlebt[3] und ausgelebt werden können, ohne dass (zumindest in der Regel) die literarischen Erprobungsräume selbst zu einem Ort verkommen müssten, an dem im Falle eines Scheiterns das Leben selbst zu Tode gebracht würde. Auch dies sind Aspekte des Lebenswissenschaftlichen wie des Lebenswissen, die im Vordergrund des vorausgegangenen Teils unserer Vorlesung standen.

Anders als in anderen Bereichen des Wissens und der (Bio-)Wissenschaften wird das Leben in den Literaturen der Welt nicht beim Sezieren zu Tode gebracht. Im Gegenteil: Gerade die Produktivität des Scheiterns kann hier künstlerisch vor Augen geführt werden, weisen die Poetiken des Scheiterns[4] doch die Wege eines Wissens, das ohne sein eigenes Scheitern – und damit ohne ein Wissen von den eigenen Grenzen – niemals hätte entstehen können! Die Logiken im Labor der Literatur sezieren nicht das Leben, um aus der Untersuchung des Toten Rückschlüsse auf das Leben zu ziehen, sondern intensivieren vielmehr das Leben, womit sie zugleich einer Austreibung des Lebens aus den Geistes- und Kulturwissenschaften[5] entgegenwirken. So ist die Nachhaltigkeit der Literatur keineswegs allein auf der thematischen Ebene zu finden, wo es um ein Zusammenleben der Menschen mit den Tieren, den Pflanzen und den Dingen geht, sondern von einer fundamentalen strukturellen Bedeutung für den Erprobungsraum selbst, den die Literatur beständig aufs Neue schafft.

Gewiss ließe sich mit der Literatur und durch die Literatur etwa eine Geschichte der Idee der Nachhaltigkeit in den verschiedensten Kulturen skizzieren. Doch bietet die Literatur selbstverständlich nicht krude Fakten und empirische Untersuchungen an, so dass sie als ‚Dokument' oder ‚Quelle' etwa historiographischer, pflanzengeographischer oder wirtschaftswissenschaftlicher Untersuchungen nur bedingt von Wert sein könnte. Denn der Fokus literarischen Schreibens

---

3 Zum Begriff des Durcherlebens vgl. Dilthey, Wilhelm: Goethe und die dichterische Phantasie. In (ders.): *Das Erlebnis und die Dichtung. Lessing – Goethe – Novalis – Hölderlin*. Göttingen: Vandenhoeck & Ruprecht [16]1985, S. 139.

4 Vgl. hierzu Ingold, Felix Philipp / Sánchez, Yvette (Hg.): *Fehler im System. Irrtum, Defizit und Katastrophe als Faktoren kultureller Produktivität*. Göttingen: Wallstein Verlag 2008; sowie Sánchez, Yvette / Spiller, Roland (Hg.): *Poéticas del fracaso*. Tübingen: Gunter Narr Verlag 2009.

5 In Anspielung auf Kittler, Friedrich A. (Hg.): *Austreibung des Geistes aus den Geisteswissenschaften. Programme des Poststrukturalismus*. Paderborn – München – Wien – Zürich: Schöningh 1980.

liegt auf anderen Schwerpunkten. Dafür aber bieten die Literaturen der Welt in ihrem Experimentierraum ausgefeilte Modelle an, die es erlauben, hochkomplexe Entwicklungen und Abläufe innerhalb eines überschaubaren Lese- und Denk-Raums nachvollziehbar und verstehbar vor Augen zu führen. Sie zeigen uns bei-spielsweise an, in welchen Lebenssituationen die Idee der Nachhaltigkeit in un-terschiedlichen Kulturen eine Rolle spielt und wie diese Vorstellung zu einer Realität im Leben von Menschen werden kann.

Denn Literatur ist ganz gewiss kein Arsenal an Fakten und Dokumenten, lädt uns in kein Archiv historischer ‚Tatsachen' ein, die auf ihren Seiten gespei-chert wären. Sie bietet aber Verstehens-Modelle von höchster Verdichtung und ästhetischem Anspruch, die von anderen kulturellen oder epochalen Positionen aus lesbar sind oder lesbar gemacht werden können. Sie liefert uns die literari-sche Darstellung gelebter oder lebbarer Wirklichkeiten. Diese Lesbar-Machung und Lesbar-Werdung lässt eine vielstimmige Graphosphäre und Logosphäre entstehen, durch welche die Lesbarkeit der Welt[6] selbstverständlich auch au-ßerhalb der abendländischen Traditionen von vielen Orten her und für viele Orte ermöglicht wird. Das Wissen der Literaturen der Welt ist eines, das auf die Fragen und Blickpunkte der Fragenden reagiert und damit die Fragehorizonte der Forschenden miteinbezieht. Die Literaturen der Welt bilden kein abge-schlossenes Archiv des Wissens, sondern entwickeln sich ständig weiter.

Zur Frage der Lesbarkeit gehört zweifellos auch jene der Übersetzbarkeit. Das Wissen der Literaturen der Welt ist ein Wissen, das ohne die Übersetzung[7] der Literaturen, ohne die Übertragung ihrer Welten und Landschaften, weder vor-stellbar noch denkbar ist. Übersetzung ist ein fundamentaler Bestandteil der Lite-raturen der Welt, deren systemisches funktionieren ohne Übersetzungsprozesse nicht möglich wäre. Dabei sind diese Übersetzungsprozesse ebenso *intralingual* (innerhalb einer jeweiligen Sprache) wie *interlingual*[8] (in der Übertragung zwi-schen verschiedenen Sprachen), darüber hinaus aber auch *translingual* (in der komplexen Querung unterschiedlicher Sprachen) angesiedelt und bringen ein Wissen hervor, das nicht von einer einzigen Herkunft, nicht von einer einzigen Zugehörigkeit her gedacht werden kann. Im Übersetzen wird ein Wissen gene-riert, das als das Wissen der Literaturen der Welt noch in der scheinbar ausge-

---

6 Vgl. hierzu Blumenberg, Hans: *Die Lesbarkeit der Welt*. Frankfurt am Main: Suhrkamp 1986.
7 Vgl. zu kulturtheoretischen Aspekten der Übersetzung u. a. Bachmann-Medick, Doris: Intro-duction: The Translational Turn. In: *Translational Studies* (London) II, 1 (2009), S. 2–16.
8 Vgl. hierzu Jakobson, Roman: On linguistic aspects of translation. In (ders.): *Selected Wri-tings. II. Word and Language*. The Hague – Paris: Mouton 1971, S. 260.

prägtesten Einsprachigkeit vielsprachig ist[9] und seinerseits bereits auf die künftigen Übersetzungen vorausweist,[10] ja diese Übersetzungen bereits in sich, in ihren ‚originalen' Texten enthält.[11] Selbst dort, wo keine Übersetzungsprozesse notwendig zu werden scheinen, wo ein Text in einer einzigen Sprache verfasst ist, können im Hintergrund andere Sprachen aktiv sein und die konkrete Herausbildung der Einsprachigkeit generieren, so wie die Präsenz des Rumänischen im Werk der auf Deutsch schreibenden Literaturnobelpreisträgerin Herta Müller allerorten belegt werden kann.

Die implizite oder explizite Polyphonie ist vor diesem Hintergrund keineswegs nur ein Attribut abendländischen Schreibens. Die Vielstimmigkeit des Worts im abendländischen Roman der Moderne[12] ist ein vielfach verstärktes Echo jener Polyphonien, die im *Gilgamesch*-Epos oder dem *Shi Jing*, in der Rahmenerzählung von *Tausendundeiner Nacht* oder dem *Hohelied* immer schon angeklungen sind und immer deutlicher hörbar werden. Die Kommentare und Deutungen, die Fortschreibungen und Überschreibungen, aber auch die Tilgungen und Streichungen, Verbrennungen und Vernichtungen lassen im Zeichen von Zensur und Zerstörung durch die Jahrtausende hindurch erkennen, welches Potential, welche Wirkmächtigkeit dieses Wissen der Literaturen der Welt durch alle Bücherverbrennungen hindurch besitzt. Und es ist von Langzeitwirkung, überlebt nicht selten die Kulturen und Zivilisationen, denen es sich verdankt und verschrieben hat. Literaturen haben ein langes Leben; und nicht selten auch mehrere Leben, welche nicht durch Bücherverbrennungen – seien es die altchinesischer Kaiser oder nationalsozialistischer Machthaber – beendet werden können.

Auch dort, wo die Literatur keinen Widerstand leistet, zeichnet sie sich doch durch Widerständigkeit aus. Was macht die Widerständigkeit ihrer Ästhetiken und Poetiken aus? Warum überdauern sie die Kulturen und Sprachen, Architekturen und Strukturen, Epistemologien und Archäologien? Denn die Literaturen der Welt leben weitaus länger als die solidesten Dynastien, als die festgefügtesten autoritären Systeme, leben länger als Reiche und Staaten, ja selbst die Imperien, die doch kein Ende zu haben schienen.

---

9 Vgl. Derrida, Jacques: *Le monolinguisme de l'autre ou la prothèse d'origine*. Paris: Galilée 1996.

10 Vgl. hierzu Sakai, Naoki: *Translation and Subjectivity. On "Japan" and Cultural Nationalism.* Minneapolis – London: University of Minnesota Press 2009, S. 3 f.

11 Vgl. hierzu den Essay von Tawada, Yoko: Das Tor des Übersetzers oder Celan liest Japanisch. In (dies.): *Talisman.* Tübingen: konkursbuch Verlag Claudia Gehrke 1996, S. 125–138.

12 Vgl. hierzu Bachtin, Michail M.: Das Wort im Roman. In (ders.): *Die Ästhetik des Wortes.* Herausgegeben von Rainer Grübel. Frankfurt am Main: Suhrkamp 1979, S. 154–300.

Der Versuch einer ersten Antwort wäre dies: Die Literaturen der Welt sind nachhaltig und widerständig, weil sie sich nicht disziplinieren lassen. Sie bieten uns daher auch kein diszipliniertes Wissen an. Da sie sich niemals mit bestimmten Wissenssegmenten zufriedengeben, sondern aufs Ganze gerichtet sind, ist ihr Überleben auch nicht an das Überleben dieser Wissenssegmente gebunden. Ihre Wissensformen und Wissensnormen sind weder die der wissenschaftlichen Disziplinen noch die eines technischen Sachwissens, das sie gleichwohl in sich aufzunehmen vermögen. Denn es geht wissenschaftliches wie technisches, empirisch fundiertes wie religiös normiertes Wissen ebenso in die Literaturen der Welt ein wie das Wissen von den Theorien der Literatur selbst, welches keineswegs theoretisches Wissen bleiben muss. Denn Literatur ist ihrer Theorie weder fremd noch fern. Das Verhältnis von Literatur und Theorie ist die Geschichte eines ständigen wechselseitigen Transfers, der für beide Seiten fruchtbar ist.

Damit aber nun wieder zurück zu Philippe Descola und zu seinen Überlegungen zum Verhältnis des menschen zur Natur und zum vermeintlichen Gegensatzpaar Natur versus Kultur, das es weiter zu spezifizieren gilt!

> Dieses Bild gilt heute nicht mehr: Wo hört die Natur auf, wo fängt die Kultur an bei der Klimaerwärmung, bei der Verringerung der Ozonschicht, bei der Herstellung spezialisierter Zellen aus omnipotenten Zellen? Man sieht, dass die Frage keinen Sinn mehr hat. Vor allem erschüttert dieser neue Tatbestand, ganz abgesehen von den vielen ethischen Problemen, die er aufwirft, alte Auffassungen von der menschlichen Person und ihren Bestandteilen wie auch von der Beschaffenheit der individuellen und kollektiven Identität; zumindest in der westlichen Welt, wo wir uns, anders als es anderswo der Fall ist, angewöhnt haben, das Natürliche im Menschen und seiner Umwelt sehr klar vom Künstlichen darin zu unterscheiden. Auf anderen Kontinenten, beispielsweise in China und in Japan, dort, wo die Idee einer Natur unbekannt ist und wo der menschliche Körper nicht als Zeichen der Seele und Nachbildung eines transzendenten Modells – einst als göttliche Schöpfung, heute als Genotyp – aufgefasst wird, stellt sich dieses Problem nicht.[13]

Mit großer Deutlichkeit führt Philippe Descola in dieser Passage vor Augen, dass eine Trennung von Natur und Kultur auch auf der Ebene dessen, was man vielleicht als technologische Pragmatik bezeichnen könnte, längst nicht mehr sinnvoll ist: Wir benutzen und prägen die Natur, bilden sie bei Bedarf um, aber wir erleiden buchstäblich wie der Zauberlehrling auch die Rückschläge, die die Natur uns vermittelt; in Form einer Zunahme von Naturkatastrophen, deren Zahl deutlich gewachsen ist, und die nur noch in dem Sinne natürlich sind, als es Prozesse sind, die vom Menschen nicht mehr gesteuert werden können und nach den Gesetzlichkeiten einer nicht mehr kontrollierten Natur ablaufen. Wir bezeichnen das katastrophale Hochwasser im Ahrtal oder den Vulkanausbruch

---

13 Descola, Philippe: *Die Ökologie der Anderen*, S. 88.

auf La Palma oder die Hurrikane in der Karibik noch immer gerne als Naturkatastrophen, wissen im Grunde aber nur zu gut, dass die Attribuierung dieser
Katastrophen zur Natur im Grunde sinnlos ist. Lassen Sie mich erneut auf einen
angesagten Begriff eingehen, der in aller Munde ist: Er gehört unzweifelhaft in
diesen Teil unserer Vorlesung!

Denn man könnte all das Gesagte unter einem Begriff verhandeln, der wohl
erstmals 1873 in die Diskussion eingeführt worden ist und seit dem Jahr 2000 ein
zunehmendes Echo in den unterschiedlichsten Wissenschaften einschließlich
der Kulturwissenschaften gefunden hat. ‚Natürlich' ist er auch von den Medien
breit aufgenommen worden. Ich meine den Begriff des Anthropozäns, den ich bereits in der letzten Sitzung kurz verwendet habe, und der auf eine Begriffsbildung
‚Anthropozoische Ära' des italienischen Geologen Antonio Stoppani aus dem
Jahr 1873 zurückgeht.

Der Begriff Anthropozän bezeichnet eine Ära, die auch in der Geologie ganz
wesentlich vom Menschen beeinflusst wird. Der Begriff Anthropozän meint heute
die uns allen vertraute Tatsache, dass der Mensch mittlerweile zu einem der
wichtigsten Einflussfaktoren auf biologische, geologische und atmosphärische
Prozesse geworden ist. Zu den Urhebern der heutigen Begriffsbildung zählen der
niederländische Chemiker und Atmosphärenforscher Paul Crutzen zusammen
mit Eugene F. Stoermer. Dies präzisierte Crutzen dann 2002 in einem Artikel für
die Zeitschrift *Nature*, wo er von der „Geologie der Menschheit" sprach.

All dies wird heute ganz entscheidend weitergedacht: Die aktuelle Diskussion ist längst über die ursprünglichen Bedeutungsinhalte hinausgelangt. Aber
der französische Forscher Philippe Descola, der auf den Begriff des Anthropozäns
in seinem Band nicht eingeht, beschreibt sehr präzise diese Phänomene mit
Blick auf die Tatsache der Unentwirrbarkeit von Natur und Kultur in einem Konzept der Anthropologie, das dieses Begriffs nicht bedarf. All dies sind Elemente,
die seit jeher in den Literaturen der Welt mitgedacht und mitgespeichert sind
und ebenfalls dieses populären Begriffs nicht bedürfen. Denn allzu sehr haftet
dem Begriff des Anthropozäns noch immer die Konnotation der Herrschaft des
Menschen an, obwohl wir doch gerade in unseren Jahrzehnten erleben, dass es
mit der Herrschaft des Menschen über diese Prozesse im planetarischen Maßstab
nicht allzu weit her ist.

Wir müssen uns dringlich mit der Frage beschäftigen, inwiefern die Natur
immer schon als Kultur beziehungsweise als kulturelles Ereignis wahrgenommen
werden konnte. Nein, man muss nicht auf die Sonnwendfeiern, das Wintersolsti-
tium oder die zyklischen Überflutungen Ägyptens durch den Nil verweisen, um
zu begreifen, dass Naturphänomene von Menschen unterschiedlicher Zeiten und
Kulturen immer schon als Feste verstanden, inszeniert und erlebt werden konnten. Seit Urzeiten bereits werden Naturereignisse aus der kulturellen Perspektive

der Menschen verstanden und sind somit Elemente menschlicher Kultur: Natur ist in diesem Sinne stets Kultur – als Gegenstand menschlicher Wahrnehmung und weit mehr noch Aneignung, als anthropogen semantisierte Landschaft. Selbst in den einschlägigen Handbüchern der Geographie war bereits vor Jahrzehnten zu lesen, dass es keinen Sinn mehr mache (oder zumindest höchst problematisch sei), zwischen ‚Naturlandschaften‘ und ‚Kulturlandschaften‘ überhaupt zu unterscheiden.[14] Heute ist diese Unterscheidung gänzlich obsolet geworden.

Natur und Kultur – und in dieser Beziehung natürlich ebenso die Politik – lassen sich aber auch aus philosophischer und kulturtheoretischer Sicht nicht künstlich voneinander trennen. Dies rief in neuerer Zeit der französische Philosoph und Wissenschaftssoziologe Bruno Latour in seiner Entfaltung einer *Politique de la nature*[15] mit erneuerten Argumenten und eindringlichen Formulierungen noch einmal nachdrücklich (und vielleicht auch nachhaltig) ins Bewusstsein:

> Konzeptionen der Politik und Konzeptionen der Natur bildeten stets ein Paar, das so fest miteinander verbunden war wie die beiden Sitze einer Wippschaukel, von denen der eine sich nur senken kann, wenn der andere sich hebt, und umgekehrt. Nie hat es eine andere Politik gegeben als die *der* Natur und nie eine andere Natur als die *der* Politik. Epistemologie und Politik sind, wie wir nun sehen, ein und dieselbe Sache, die in der (politischen) Epistemologie zusammengefunden hat, um sowohl die Praxis der Wissenschaften als auch den Gegenstand des öffentlichen Lebens unverständlich zu machen.[16]

Das kreative Zusammendenken von Natur und Kultur hat in der französischen Philosophie und Theorie durchaus Tradition, auch jenseits eines Plädoyers für eine politische Ökologie. Dem französischen Zeichentheoretiker Roland Barthes ging es in seinen *Mythologies* gerade um das Verständlich-Machen dieser unauflöslichen Beziehung und um eine Beleuchtung jener besonderen Verfahren, mit Hilfe derer im öffentlichen Leben Kultur beziehungsweise Geschichte in Natur verwandelt und durch diese ‚Naturalisierung‘ gegen alle grundlegenden Veränderungen immunisiert werden kann. Gerade all jenen Verfahren, Geschichte und Kultur in Natur zu verwandeln und dadurch zu mythologisieren und politisch unangreifbar zu machen, galt seine besondere Aufmerksamkeit als Mythenkritiker.

In seiner für die Buchpublikation von 1957 nachträglich verfassten Untersuchung *Der Mythos heute* entfaltete er sein mythenkritisches Projekt auf eben die-

---

14 Vgl. hierzu Neef, Ernst (Hg.): *Das Gesicht der Erde*. Mit einem Fachlexikon der physischen Geographie. Nachdruck der 3., verbesserten Auflage. Zürich – Frankfurt am Main: Verlag Harri Deutsch 1974, S. 700.
15 Vgl. Latour, Bruno: *Politique de la nature*. Paris: Editions La Découverte & Syros 1999.
16 Latour, Bruno: *Das Parlament der Dinge. Für eine politische Ökologie*. Aus dem Französischen von Gustav Roßler. Frankfurt am Main: Suhrkamp Verlag 2010, S. 44.

ser Grundlage einer fundamentalen Kritik am bürgerlichen Mythos, der stets versuche, Geschichte und Kultur in Natur umzuwandeln und damit als Kultur (*und zugleich als Geschichte und mehr noch als Politik*) unkenntlich und unverständlich zu machen.[17] Denn was als ‚natürlich' erscheint, liegt scheinbar außerhalb der Reichweite und des Umgestaltungswillens von Menschen, welche Natur ‚natürlich' klaglos akzeptieren und ertragen.

Aus dieser Perspektive hätte sich Roland Barthes zweifellos den Überlegungen Bruno Latours angeschlossen, der die Notwendigkeit der von ihm propagierten politischen Ökologie mit dem Hinweis begründet, es gebe nicht „die Politik auf der einen Seite und die Natur auf der anderen",[18] und der fortfährt:

> Seit das Wort Politik erfunden worden ist, hat sich Politik stets durch ihr Verhältnis zur Natur bestimmt, deren sämtliche Merkmale, sämtliche Eigenschaften, sämtliche Funktionen auf den aggressiven Willen zurückgehen, das öffentliche Leben einzuschränken, oder zu reformieren, zu begründen, aufzuklären oder mit sich kurzzuschließen. Folglich haben wir keine Wahl, so oder so betreiben wir politische Ökologie, entweder implizit, durch die *Trennung* zwischen Angelegenheiten der Natur und politischen Angelegenheiten, oder *explizit*, indem wir in beiden eine einzige Frage sehen, die sich allen *Kollektiven* stellt.[19]

Beispiele für diese Überlegungen ließen sich leicht finden. So wird bereits im Incipit von Roland Barthes' Essay *Paris wurde nicht überschwemmt* ein Phänomen der Natur – das auf den ersten Blick und gerade durch das Objektiv der Photographie als (Natur-)Katastrophe erscheinen muss – dem Reich der Natur entrissen und dem Bereich der Kultur zugeordnet, steht das Fest doch paradigmatisch ein für das öffentliche Leben, wobei im Fest zugleich auch die Frage der Gesellschaft und damit der Konvivenz,[20] des ZusammenLebens in einer wie auch immer gearteten Gemeinschaft oder Gemeinde, in den Fokus gerückt wird. Man könnte diese Art des von Barthes evozierten Fests mit den jährlichen Überschwemmungen des Nil in Verbindung bringen, doch ergibt eine genauere Analyse wesentlich handfestere geschichtliche Hintergründe.[21] Stets werden Fragen der Konvivenz direkt berührt. Nicht umsonst findet sich auch bei Bruno

---

17 Zu Barthes' Ansatz und seiner epistemologischen Problematik vgl. Ette, Ottmar: *Roland Barthes. Eine intellektuelle Biographie.* Frankfurt am Main: Suhrkamp [2]2007, S. 107–129.
18 Latour, Bruno: *Das Parlament der Dinge*, S. 9.
19 Ebda.
20 Vgl. hierzu Ette, Ottmar: *ZusammenLebensWissen. List, Last und Lust literarischer Konvivenz im globalen Maßstab (ÜberLebenswissen III).* Berlin: Kulturverlag Kadmos 2010; sowie ders.: *Konvivenz. Literatur und Leben nach dem Paradies.* Berlin: Kulturverlag Kadmos 2012.
21 Vgl. hierzu das Auftaktkapitel in Ette, Ottmar: *Roland Barthes. Landschaften der Theorie.* Konstanz: Konstanz University Press 2013.

Latour jene zentrale Frage „Können wir zusammen leben?",[22] der Roland Barthes Jahrzehnte zuvor unter dem Titel *Comment vivre ensemble* (Wie zusammen leben) seinen ersten Vorlesungszyklus am Collège de France[23] gewidmet hatte.

Mit diesem Fragenkomplex hängt eine grundsätzliche lebenswissenschaftliche Fragestellung zusammen, die selbstverständlich im Geflecht von Kultur und Natur stets eine zentrale Bedeutungsebene, eine wichtige Isotopie, repräsentiert. Man könnte sie so auf den Punkt bringen: ‚Zusammenleben wie und vor allem mit wem oder was?' Dies beinhaltet eine andere Frage: Wo genau liegen die Grenzen des Lebens?

Ich möchte diese Frage anders als im vorausgehenden Teil unserer Vorlesung nicht im Bereich der Entstehung menschlichen Lebens stellen, sondern in einem viel grundsätzlicheren Sinne: Leben die uns umgebenden Dinge? Und wenn sie leben, wie sind sie zu einem Teil unserer Ökologie und viel mehr noch der Ökologie schlechthin geworden und in diesem umfassenderen Rahmen verstehbar? Lässt sich überhaupt eine klare Trennlinie zwischen dem Lebendigen und dem Nicht-Lebendigen ziehen?

Von diesem Punkt aus ließen sich zweifellos die wichtigen Überlegungen von Dipesh Chakrabarty[24] um einen grundlegenden Aspekt der Beziehung des Menschen zur Natur beziehungsweise der Relationen zwischen Kultur und Natur erweitern. Denn all dies bedeutet, dass so, wie die Natur nur von der Kultur her gedacht, wahrgenommen und in Szene gesetzt werden kann, so auch das Leben und Nicht-Leben nur aus der Perspektivik des Lebens gedacht, wahrgenommen und inszeniert werden kann. Das Klima der Geschichte ist ohne eine Konzeption des Lebens aller Dinge letztlich nur eine tote Abstraktion, in welcher das Globale gegen das Planetarische ausgetauscht wird und ein den Menschen ins Zentrum rückender Begriff durch einen den Menschen dezentrierenden Term ersetzt wird.

Fragen wir also beherzt mit den Literaturen der Welt: Was lebt um uns herum? Und ist nicht allem Leben zuzuschreiben? Die Literaturen der Welt haben hierauf seit Jahrtausenden andere Antworten gefunden, als dies die relativ jungen Naturwissenschaften, aber auch die unter dem seltsam überraschenden

---

22 Latour, Bruno: *Das Parlament der Dinge*, S. 17.
23 Vgl. Barthes, Roland: *Comment vivre ensemble. Simulations romanesques de quelques espaces quotidiens. Notes de cours et de séminaires au Collège de France, 1976–1977*. Texte établi, annoté et présenté par Claude Coste. Paris: Editions du Seuil – IMEC 2002.
24 Vgl. hierzu Chakrabarty, Dipesh: *Das Klima der Geschichte im planetarischen Zeitalter*. Aus dem Englischen von Christiane Pries. Berlin: Suhrkamp Verlag 2022.

Eindruck der rezenten ‚Naturkatastrophen' stehenden kulturwissenschaftlichen Ansätze[25] zu geben vermögen.

Wiederholen wir es noch einmal: Der Begriff der Natur stellt in keiner Weise eine Universalie oder eine anthropologische Konstante dar, sondern zeigt eine bestimmte kulturelle, historische und soziale Setzung an, deren angenommene transhistorische Kontinuität sich als eine geschichtlich wie räumlich bestimmbare Setzung erweist, die längst im Barthes'schen Sinne zum Mythos geworden ist und die es heute zu ent-setzen gilt! Wie aber lässt sich dieses Setzen in grundlegender Weise *ent-setzen*, ohne ein epistemologisches Entsetzen hervorzurufen? Wie ließe sich eine Schule des Denkens vorstellen, der es gelänge, Kultur und Natur auf neue, grundlegend veränderte Weise in ihrer wechselseitigen Durchdringung durchzudenken und zugleich mehr noch in einem Dilthey'schen Sinne *durchzuerleben*?[26] Diese Schule des Denkens existiert, und Sie verstehen, worauf ich hinaus will: Es sind die Literaturen der Welt.

Weit über die von Philippe Descola einleuchtend angeführten Beispiele technologischer Pragmatik hinaus macht eine kategorische Trennung von Natur und Kultur, von Kultur versus Natur längst keinen Sinn mehr. Wie problematisch und (zumindest für die Kultur- und Geisteswissenschaften) kontraproduktiv die Rede von den „Two Cultures" ist, die Charles Percy Snow in Umlauf setzte, wurde aus einer lebenswissenschaftlichen Perspektive bereits an anderer Stelle aufgezeigt.[27] Seit langer Zeit bereits lassen sich Phänomene der ‚Natur' nicht mehr allein mit naturwissenschaftlichen Methodologien und Verfahren erklären und verstehen. Wir benutzen und prägen die Natur, bilden sie bei Bedarf um, greifen pausenlos in sie ein. Ich finde an diesem Punkt nicht, dass dies Herrschaft über die Natur ist, wie sie sich im Begriff des Anthropozäns ausdrückt.

Vielmehr handelt es sich um ein ständiges Eingreifen, das stets erfolgt, *bevor* sich der Mensch über die Konsequenzen seines Eingreifens kritisch und selbstkritisch Rechenschaft ablegt. Ist das eine ‚Herrschaft über die Natur'? Ich glaube nicht. Denn das, was wir als Natur bezeichnen, schlägt in Form von ‚Naturkatastrophen' zurück, die keine ‚Naturkatastrophen' sind und deren Fundie-

---

25 Vgl. hierzu Chakrabartys Einleitung „Erste Hinweise auf das Planetarische" in ebda., S. 9–43.
26 Dilthey, Wilhelm: Goethe und die dichterische Phantasie. In (ders.): *Das Erlebnis und die Dichtung. Lessing – Goethe – Novalis – Hölderlin.* Göttingen: Vandenhoeck & Ruprecht [16]1985, S. 139.
27 Vgl. Ette, Ottmar: *ZusammenLebensWissen. List, Last und Lust literarischer Konvivenz im globalen Maßstab (ÜberLebenswissen III)*, S. 27–30.

rung wir uns später in diesem Teil der Vorlesung in den Erzählungen von Anna Kazumi Stahl näher anschauen werden.

Naturkatastrophen sind, soviel können wir bereits vorwegnehmen, Katastrophen der Konvivenz. An eben dieser Stelle wendet sich der Fortschritt gleichsam gegen sich selbst, wie es das *Konvivialistische Manifest* beschreibt. Ich möchte Ihnen kurz eine Passage aus diesem Manifest der ‚Konvivialisten' anführen; die enorme Machtfülle des mit allen Mitteln der Technologie gestählten Menschen erweist sich dabei als reichlich hohl:

> Umgekehrt aber glaubt auch niemand, dass diese Anhäufung an Macht sich in einer Logik des unveränderten technischen Fortschritts endlos fortsetzen kann, ohne sich gegen sich selbst zu wenden und ohne das physische und geistige Überleben der Menschheit zu bedrohen. Jeden Tag werden die Anzeichen einer möglichen Katastrophe deutlicher und beunruhigender. Der Zweifel betrifft nur die Frage, was unmittelbar am bedrohlichsten ist und vordringlich zu tun wäre.[28]

Diese reichlich düstere Prognose betrifft auch und gerade die vom Menschen (mit)verschuldeten Katastrophen der Natur. Diese Naturkatastrophen sind nur noch insofern natürlich, als es sich um Prozesse handelt, die vom Menschen nicht mehr gesteuert werden können und nach den Gesetzlichkeiten einer nicht länger kontrollierten oder kontrollierbaren Natur ablaufen, die wir niemals in ihrer Gesamtheit zu beherrschen vermögen werden. Schlaue US-amerikanische Oligarchen haben vor diesem Hintergrund längst die Idee ins Spiel gebracht, Expeditionen auf andere Planeten zu unternehmen, auf denen sich dann eine Geld-Elite der menschlichen Gattung fortpflanzen kann. So könnte man eine ruinierte irdische Natur mitsamt der überwiegenden Mehrzahl ihrer Bewohner ganz einfach hinter sich lassen und zum nächsten Planeten übergehen.

Doch schon die Katastrophen, die im *Gilgamesch*-Epos, im *Shi Jing*, in *Tausendundeiner Nacht* oder im *Alten Testament* über die Menschen hereinbrechen, sind durchsichtig auf andere Mächte, Faktoren und Akteure, die in ihnen entscheidend am Werke sind. Die Entwicklungen in der zweiten Hälfte des 20. und zu Beginn des 21. Jahrhunderts haben eine wachsende Sensibilität dafür entstehen lassen, dass hinter dem Mythos von der Natur und ihren Katastrophen andere Kräfte wirken, die durchaus anthropogener ‚Natur' sind. Nur dass sie leider die Eigenschaft besitzen, vom Menschen nicht mehr vollständig beherrscht werden zu können. Vor diesem Hintergrund könnten wir die von Bruno Latour ins Spiel gebrachte politische Ökologie vielleicht treffender als eine Ökologie der Konvivenz bezeichnen, da in diesem Zusammenhang das Zu-

---

28 Adloff, Frank / Leggewie, Claus (Hg.): *Les Convivialistes. Das konvivialistische Manifest*, S. 39.

sammenleben des Menschen mit anderen Wesen wie den Tieren und Dingen wie den Gesteinen die entscheidende Komponente darstellt. Unser Fokus sollte jedoch nicht länger auf der Definition, der Abgrenzung und dem Aus-einander-setzen, sondern auf dem Zusammensetzen wie der umfassenden Relationalität aller Kräfte und Faktoren liegen. Dieses Zusammenspiel der Faktoren, diese relationale Systematik, die allem Ökologischen zu Grunde liegt, führen uns die Literaturen der Welt gleich welcher Jahrhunderte vor Augen.

Die heute geläufige Vorstellung, dass das Wirken des Menschen selbst in das in ganz anderen Zeitspannen denkende Reich der Geologie vor- und eingedrungen sei, wurde erst um die Wende zum 21. Jahrhundert im Zeichen der Anthropozän-Debatte – und hierin liegt ihr Verdienst – diskutiert. Wenn wir verstehen wollen, in welcher komplexen Relation die „recorded history", also die im Verlauf der zurückliegenden vier oder fünf Jahrtausende aufgezeichnete Geschichte, mit der „deep history" steht, also mit der gesamten Menschheitsgeschichte vor der Erfindung des Ackerbaus,[29] ist das Ent-Setzen eines tradierten, herkömmlichen Natur-Kultur-Gegensatzes abendländischer Prägung unabdingbar. Dies – so scheint mir – ist die zwingende Konsequenz aus all den ausufernden Debatten.

Erinnern wir an die Tatsache, dass Philippe Descola in seinem bereits eingeführten Band darauf aufmerksam machte, dass der Mensch schon vor vielen Jahrtausenden eine langfristige Prägekraft auf die Vegetation und die Gestaltung der Erdoberfläche auszuüben begann. Dies mag uns aus heutiger Perspektive als lächerlich klein erscheinen, ist gleichwohl aber nicht wegzudiskutieren. Zugleich erläuterte der französische Anthropologe an Beispielen der Gegenwart, in welchem Maße die Unentwirrbarkeit von Effekten der Natur und Effekten der Kultur ein Verständnis von Anthropologie wie von Ökologie notwendig macht, welches nicht auf eine Ab- und Ausgrenzung, sondern auf eine zunehmende wechselseitige Durchdringung dieser Bereiche abzielt. Wir könnten hinzufügen: Sind wir als Menschen nicht das beste Beispiel dafür, wie sich ‚Natur' und ‚Kultur' wechselseitig durchdringen? Haben sich die Symptomatiken unserer Krankheiten nicht auf eine Weise entwickelt, welche die Einflüsse von ‚Natur' und von ‚Kultur' schlechterdings nicht mehr fein säuberlich voneinander zu scheiden erlauben?

Kein Zweifel freilich kann in diesem Kontext an der Tatsache bestehen, dass all dies Fragestellungen sind, die in den Literaturen der Welt schon früh und damit viel früher präsentiert, repräsentiert und reflektiert wurden. Denn die Frage, wie wir in unserer Welt zusammenleben können, schließt seit den

---

29 Vgl. zu diesen Fragestellungen u. a. Chakrabarty, Dipesh: The Climate of History: Four Theses. In: *Critical Inquiry* (Chicago) XXXV, 2 (2009), S. 212.

frühesten schriftlichen Zeugnissen die Frage nach dem Verhältnis des Menschen zu den Tieren, den Pflanzen und der Welt der Dinge mit ein. Alles auf unserem Planeten ist von Leben erfüllt und durchdrungen. Alles ist – und insoweit greifen wir eine Diskussionslinie der Anthropozän-Debatten auf – auf die ökologische Konvivenz mit dem Menschengeschlecht angewiesen.

Selbstverständlich ist die intime Verbindung dessen, was wir im Abendland als ‚Natur' bezeichnen, mit dem, was wir heute im Okzident ‚Kultur' oder „civilisation" nennen, so alt wie die Menschheitsgeschichte selbst. Ihr Auseinander-Denken als Pole menschlichen Lebenswissens und Erlebenswissens ist hingegen ebenso zeit- wie kulturgebunden und somit keineswegs ‚natürlich'. Wir müssen keineswegs an das lyrische Besingen des Auftauens von Seen und Flüssen oder an die Riten der Maya im Angesicht ihrer Angst, die Sonne könne bei ihrem jährlichen Tiefststand in ein ‚Loch' gefallen sein, denken, um zu begreifen, auf welch grundlegende Weise unsere gesamte Kultur – und insbesondere all jene Riten und Ereignisse, die im Jahresrhythmus wiederkehren – wie letztlich auch der Kulturbegriff selbst vom ständigen Ineinanderwirken des Natur-Kultur-Kontinuums in den unterschiedlichsten Zonen und Zeiten unseres Planeten abhängen.

Das, was wir als ‚Kultur' bezeichnen, ist in den Zyklen der ‚Natur' fundiert, ja unser abendländischer Kulturbegriff selbst lässt sich von der (Bearbeitung der) ‚Natur' nicht ablösen. Das Erleben dessen, was wir heute in den abendländisch geprägten Kulturkreisen als Naturphänomene begreifen, ist in zyklisch wiederkehrende Feste eingebettet, in denen ein spezifisches Lebenswissen, Erlebenswissen, Überlebenswissen und Zusammenlebenswissen seinen Ausdruck findet, um schließlich in verdichteter Form in den Literaturen der Welt ästhetisch gestaltet und ‚aufbewahrt' zu werden. Natur ist im Sinne menschlichen Erlebens immer schon Kultur: als Gegenstand menschlicher Wahrnehmung – und weit mehr noch Aneignung – wie als anthropogen semantisierte Landschaft mit all ihren Gefügen und Funktionen.

Die von Bruno Latour angestrebte politische Ökologie setzt auf eine Ausweitung ihres Blickfeldes wie ihres Handlungsbereichs insofern, als es dem französischen Philosophen um „eine gemeinsame Welt" geht, um „einen *Kosmos* im Sinne der alten Griechen"[30] – und dies schließt neben dem politischen Ordnungsaspekt gerade auch die ästhetische Dimension des Kosmos-Begriffs mit ein. Die Latour'sche politische Ökologie gerät im Licht des notwendigen Zusammenlebens zu einer Ökologie der Konvivenz. So formuliert Latour auch in gedrängter Form seine Vision des künftigen Staats:

---

30 Latour, Bruno: *Das Parlament der Dinge*, S. 18.

> Der Staat der politischen Ökologie ist erst noch zu erfinden, denn er beruht nicht mehr auf irgendeiner Transzendenz, sondern auf der Qualität der Verlaufskontrolle des kollektiven Experiments. Von dieser Qualität, der Kunst zu regieren, ohne zu beherrschen, hängt die Zivilisation ab, die den Kriegszustand beenden kann.[31]

Diese „Kunst zu regieren, ohne zu beherrschen", lässt sich als Ausdruck einer politischen Ökologie verstehen, die aus dem Zusammendenken von Natur, Kultur und Politik eine Kunst des Zusammenlebens und damit ein komplexes ZusammenLebensWissen zu entfalten sucht. Was ist sie anderes als eine Ökologie der Konvivenz?

Die Übereinstimmungen zwischen Bruno Latour und Roland Barthes sind ebenso im Bereich der Natur-Kultur-Debatte der *Mythologies* wie im Bereich der Konvivenz von *Comment vivre ensemble* ganz gewiss nicht rein punktueller Natur, sondern signalisieren eine klare Bezugnahme und ein unverkennbares Übernehmen und Weiterdenken der Barthes'schen Überlegungen. Für beide französische Denker sind die Setzungen von Natur und Kultur von seismographischer Relevanz für die Beurteilung wie die Veränderung abendländisch geprägter Gesellschaften im Zeichen des technologischen Fortschritts der Moderne. Man könnte hieraus die Schlussfolgerung ziehen, dass jedwede Reflexion über ein ZusammenLebens-Wissen die Bestimmung des Verhältnisses von Natur und Kultur voraussetzt. Konvivenz ist eben entscheidend mehr als (friedliche) Koexistenz – auch und gerade im Bereich einer Ökologie der Konvivenz. Zumindest dann, wenn wir nicht einfach mit den „Happy Few" unserem Planeten den Rücken kehren und uns unter der Flagge US-amerikanischer Oligarchen auf dem Mars ansiedeln wollen.

Zusätzlich zu den herangezogenen Schriften von Bruno Latour und Philippe Descola ist es unabdingbar, das Wissen der Literaturen der Welt in unsere Überlegungen miteinzubeziehen, wollen wir uns wirklich gegenüber einer ‚Ökologie der Anderen' im Sinne einer Ökologie der Konvivenz öffnen. Denn die Literaturen der Welt zielen auf eine innovative Auseinandersetzung mit der Frage nach dem Verhältnis des Menschen zur Natur und – in einem noch umfassenderen Sinne – nach den Möglichkeiten wie den Grenzen einer Kunst des Zusammenlebens: In ihrer polylogischen Strukturierung, die nur von einer viellogischen Philologie[32] nachgezeichnet werden kann, befragen sie immer wieder von neuem eine Kunst des Regierens, ohne zu beherrschen, und mehr noch eine Kunst der Konvivenz in Frieden und in Differenz.

---

31 Ebda., S. 306 f.
32 Vgl. zu einer derartigen Konzeption Ette, Ottmar: *Viellogische Philologie. Die Literaturen der Welt und das Beispiel einer transarealen peruanischen Literatur.* Berlin: Verlag Walter Frey – edition tranvía 2013.

Wie kann ein Regieren aussehen, das nicht zugleich zu beherrschen versucht? Schon die Antworten des *Gilgamesch*-Epos oder des *Shi Jing* auf diese Frage fallen unterschiedlich aus und machen deutlich, dass es sich um ein Grundproblem der Menschheitsgeschichte handelt, das im weiteren geschichtlichen Verlauf der Literaturen der Welt ungezählte Male behandelt wurde. Das schwierige und sich verändernde Verhältnis von Gilgamesch zu ‚seiner‘ Stadt Uruk etwa führt diese im engeren Sinne politische Problematik der Konvivenz eindrucksvoll vor Augen. Sie impliziert in einem fundamentalen Sinne das Verhältnis des (herrschenden und nicht bloß regierenden) Menschen zu Flora und Fauna, zum ‚Parlament der Dinge‘ in der unmittelbaren Umgebung menschlichen Zusammenlebens. Wie aber ließe sich das Wissen der Literaturen der Welt in das Verständnis einer Ökologie integrieren, die am Zusammenleben, an einer Konvivenz auf den unterschiedlichsten Ebenen orientiert ist?

Wir haben bereits festgestellt, dass das Wissen der Literaturen der Welt ein *nachhaltiges* Wissen ist, das aufbewahrt ohne aufzubahren. Es wird durch ständige Transformationen lebendig erhalten. Das schlagende Herz der Literaturen der Welt ist aus dem Blickwinkel der Nachhaltigkeit die Intertextualität: Sie erst erlaubt es, Homers *Odyssee* ins Dublin des Iren James Joyce und Scheherazade in die Welt der aus Algerien stammenden Schriftstellerin Assia Djebar zu übersetzen. Man könnte es auch anders formulieren: Das Wissen der Literaturen der Welt geht niemals verloren.

Der Schlüssel literarischer Nachhaltigkeit ist folglich die multirelationale Beziehung von Texten zu anderen Texten. Die raum-zeitlichen, sprachlichen und kulturellen Transfers dieser Übersetzungen schließen grundlegende Transformationen mit ein, die sich auf neue literarische Formationen und ästhetische Formate hin so öffnen, dass in einem Text stets die Vielheit anderer Texte dynamisch aufbewahrt bleibt. Das Vorgefundene (etwa in Form des vorgängigen Bezugstextes) wird auf ein Erfundenes oder zu Erfindendes so bezogen, dass sich hieraus ein neues Erleben, ein neu (und nicht nur von neuem) Lebbares zu entfalten vermag.

Denn der vorgefundene Text ist als Intertext im erfundenen Text noch immer so präsent, dass er im Oszillieren zwischen Vorgefundenem und Erfundenem eine Nachhaltigkeit des eigentlich Vergangenen im Prospektiven eines künftig Erlebbaren und Lebbaren entbindet. Um es pointiert zu sagen: Die Nachhaltigkeit der homerischen Welt oder jener von *Tausendundeiner Nacht* beruht auf ihrer Fähigkeit zu Transfer, Translation und Transformation. Durch die intertextuelle Einschreibung wird eine Fortschreibung erzielt, welche die ‚alte‘ Form in der neuen Trans*form*ation zugleich aufhebt und bewahrt: Nachhaltigkeit wird verstehbar als die dynamische, transformierende Prozessualität des

Literarischen. Hierin liegt das Geheimnis jener anderen Ökologie, welche die Literaturen der Welt offenbaren.

Im Sinne dieser Nachhaltigkeit enthalten und entfalten diese Literaturen ein Laboratorium des Lebens, das die unterschiedlichsten Gnoseme eines Lebens-Wissens, ErlebensWissens, ÜberLebensWissens und ZusammenLebensWissens immer wieder erprobt und zugleich erlaubt, diese verschiedenen Lebensdimensionen im ernsten Spiel der Literatur durchzuerleben. So prekär und zerstörbar dieses Laboratorium des Denkens, der Kognition[33] und mehr noch des Erlebens auch erscheinen mag: Die Literaturen der Welt demonstrieren quer durch die Jahrtausende, quer durch die unterschiedlichsten und nicht selten längst untergegangenen Sprachen, quer durch die verschiedenartigsten Kulturen eine Beständigkeit, die weit höher ist als die der sie jeweils umgebenden politischen Machtstrukturen, der sie behausenden Städte und Architekturen, ja selbst der Sprachen und Sprachgemeinschaften, die sie einst zeugten und bezeugten. Die Übersetzbarkeit, die Übertragbarkeit und die Form- Umform- und Überformbarkeit der Literaturen der Welt sind die Garantinnen für eine Nachhaltigkeit, die nicht durch einseitige Ausplünderung erschöpft werden kann.

Mag folglich die inhaltliche Beschäftigung mit Fragen der Nachhaltigkeit und insbesondere mit den Problematiken des Zusammenlebens der Menschen mit anderen Menschen, mit den Göttern, mit den Tieren, mit den Pflanzen oder mit anderen Gegenständen und Dingen auch von größter Bedeutung sein, so ist es doch von enormer Relevanz, die den Literaturen der Welt transhistorisch und transkulturell eingeschriebene Nachhaltigkeit ebenso in diese Überlegungen miteinzubeziehen wie auch die Nutzung dieser Laboratorien des Wissens vom Leben im Leben und für das Leben in jene Wissenschaften und Disziplinen, die sich für eine Übersetzung des nachhaltigen Wissens der Literaturen am besten eignen. Voraussetzung hierfür ist aber auch, dass die vielkulturell fundierte Vieldeutigkeit des Lebensbegriffs und der unterschiedlichen Verstehensweisen dessen, was als ‚lebendig‘ bezeichnet werden kann,[34] viellogisch in die Deutungen *durch die* oder *der* Literaturen der Welt miteinbezogen und gesellschaftlich vermittelt werden. Denn das Laboratorium des Lebens schließt auch die Erprobung dessen mit ein, was das Lebendige beziehungsweise das Leben jeweils ist oder zu sein beansprucht.

Die konviventielle Ökologie der Literaturen der Welt siedelt sich im Kontext der soeben vorgestellten Überlegungen auf einem zumindest dreifachen Niveau

---

33 Vgl. hierzu Nünning, Vera: *Reading Fictions, Changing Minds. The Cognitive Value of Fiction.* Heidelberg: Universitätsverlag Winter 2014.

34 Vgl. hierzu auch Kimmich, Dorothee: *Lebendige Dinge in der Moderne.* Konstanz: Konstanz University Press 2011.

an: auf einem thematischen, auf einem intrinsisch transhistorischen und transkulturellen sowie auf einem institutionellen. Es steht außer Frage, dass sich mit Hilfe literarischer (und reiseliterarischer) Texte eine Geschichte der unterschiedlichsten Entwürfe des Zusammenlebens oder der Vorstellungen von Nachhaltigkeit ebenso schreiben ließe wie eine Geschichte des ökologischen Denkens, ist das ‚Parlament der Dinge' in den Literaturen der Welt doch allgegenwärtig. Wir werden dies sogleich anhand eines ersten Beispiels aus dem so fruchtbaren und vielgestaltigen Bereich der Reiseliteratur[35] ersehen.

In diesem Zusammenhang werden gleichzeitig die Grenzen des Lebens neu denkbar und erlebbar, sind die Grenzen zwischen dem Lebendigen und dem Nicht-Lebendigen in den Literaturen der Welt doch nicht selten auf gänzlich andere Weise gezogen als etwa in den disziplinär breit ausdifferenzierten Life Sciences und Naturwissenschaften okzidentaler Prägung. Die Lebendigkeit des Kosmos und die Lebendigkeit der Ding-Welt bieten uns andere Verständnisformen dessen an, was wir als ‚Leben' und ‚lebendig' imaginieren, denken oder erleben können und worauf sich eine symbiotische Konvivenz letztlich zu beziehen vermag. Denn aus lebenswissenschaftlicher Sicht wird deutlich, dass die Literaturen der Welt in ihren Laboratorien des Lebens einen Lebensbegriff entfalten, der es uns erlaubt, das Leben nicht nur vieldimensional, sondern vor allem viellogisch _ und damit unterschiedlichsten Logiken zugleich folgend – zu begreifen. Einer fortschreitenden Reduktion des Lebensbegriffs kann so entgegengewirkt werden – und damit zugleich einer simplistischen Auftrennung und Spaltung von dem, was wir als ‚Natur' und was wir als ‚Kultur' bezeichnen. Am Beispiel der Literaturen der Welt wollen wir dabei ein ökologisch fundiertes Neudenken des Verwoben-Seins beider Bereiche entfalten und verstehen, wie sich daraus ein zukunftsgerichtetes Zusammendenken einer Ökologie der Konvivenz ergibt.

---

35 Vgl. zu diesem noch immer etwas vernachlässigten Feld der Literatur den ersten Band der Reihe „Aula" in Ette, Ottmar: *ReiseSchreiben* (2020), op. cit.

Alexander von Humboldt oder ein Weg zu einer Naturgeschichte des Menschen und einer Humangeschichte der Natur

In seiner am 29. März 2001 gehaltenen Antrittsvorlesung am Collège de France wählte der uns bereits vertraute französische Anthropologe Philippe Descola als Einstieg ein Zitat aus Alexander von Humboldts *Relation historique*, um damit nicht nur seiner persönlichen Verbundenheit mit dem großen preußischen Amerika-Reisenden, sondern auch der engen Beziehung Ausdruck zu verleihen, die sich zwischen der wissenschaftlichen Arbeit des Verfassers der *Ansichten der Natur* und Descolas eigener Arbeit an dem für ihn geschaffenen Lehrstuhl, der „Chaire d'Anthropologie de la nature", in der Tat herstellen lässt. Mochte die Bezeichnung dieses Lehrstuhls auch in vielen Ohren wie ein Oxymoron klingen, so erschien Alexander von Humboldt doch als geeignet, in einem wissenschaftshistorischen und disziplinengeschichtlichen Rückblick jene intime Verknüpfung hervorzuheben, die als ‚Anthropologie der Natur' die Felder und Begrifflichkeiten von Natur und Kultur, die ansonsten so säuberlich voneinander getrennt zu werden pflegen, miteinander verschmilzt. Und Descolas Beispiel war in der Tat gut gewählt, um diese enge Verzahnung zum Ausdruck zu bringen.

Wenn Alexander von Humboldt in der vom französischen Kulturtheoretiker angeführten Passage betonte, wie sehr er jeglicher simplen Zurechnung der Tropengebiete zu einem wie auch immer gearteten irdischen Paradies misstraue und wie sehr er sich zugleich der Tatsache bewusst war, in seinem eigenen Schreiben stets ‚nur' ein *Leben nach dem Paradies*[1] entwerfen zu können, dann bot er damit dem französischen Kulturtheoretiker zurecht die Möglichkeit, ihn als einen „naturaliste doublé d'un ethnographe"[2] zu bezeichnen: „attentif par formation comme par tempérament aux chaînes de dépendance, notamment alimentaires, qui unissent les organismes dans un écosystème tropical."[3] Humboldt sei also zugleich Naturforscher und Ethnograph gewesen, der insbesondere gegenüber den alimentären Verkettungen ebenso aus Neigung wie aus Fachwissen aufmerksam gewesen sei, welche die Organismen in einem tropischen Ökosystem miteinander verbänden.

---

1 Vgl. hierzu Ette, Ottmar: *Konvivenz. Literatur und Leben nach dem Paradies*. Berlin: Kulturverlag Kadmos 2012.

2 Descola, Philippe: *Leçon inaugurale, Chaire d'Anthropologie de la nature, faite le Jeudi 29 mars 2001*. Paris: Collège de France 2001 <http://www.college-de-france.fr>.

3 Ebda.

Tatsächlich war der von Philippe Descola damit als Natur- *und* als Kulturwissenschaftler markierte Alexander von Humboldt stets an derartigen Verkettungen interessiert gewesen, hatte doch bereits 1793 Wilhelm von Humboldt in einem Brief an Karl Gustav von Brinkmann seinem jüngeren Bruder eine besondere Gabe der Kombinatorik bescheinigt und ihn aus seiner Sicht als prädestiniert dafür bezeichnet, „Ideen zu verbinden, Ketten von Dingen zu erblicken, die Menschenalter hindurch, ohne ihn, unentdeckt geblieben wären".[4] Alexander selbst hatte Jahrzehnte später die Rede von der Verkettung seinerseits auf eine Metaphorologie hin geöffnet, die uns heute wohlvertraut erscheint:

> Was in einem engeren Gesichtskreise, in unserer Nähe, dem forschenden Geiste lange unerklärlich blieb, wird oft durch Beobachtungen aufgehellt, die auf einer Wanderung in die entlegensten Regionen angestellt worden sind. Pflanzen- und Thier-Gebilde, die lange isoliert erschienen, reihen sich durch neu entdeckte Mittelglieder oder durch Uebergangsformen an einander. Eine allgemeine Verkettung, nicht in einfacher linearer Richtung, sondern in netzartig verschlungenem Gewebe, nach höherer Ausbildung oder Verkümmerung gewisser Organe, nach vielseitigem Schwanken in der relativen Uebermacht der Theile, stellt sich allmälig dem forschenden Natursinn dar.[5]

Die hier vorgenommene Verknüpfung der Metaphorik des Webens und damit des Textuellen mit einer Netzmetaphorik, die in dieser Passage auf eine Relationalität globalen Zuschnitts hinweist, macht zweifellos zum einen darauf aufmerksam, welch große Bedeutung der Praxis des Schreibens, des textuellen Webens, im Humboldt'schen Wissenschaftssystem zukommt – eine Tatsache, auf die noch zurückzukommen sein wird. Denn der Naturforscher und Ethnograph, als den Descola ihn in einem Atemzug bezeichnete, tritt uns stets als ein Schriftsteller und damit als ein (reiseliterarischer) Autor entgegen, der nicht zuletzt auch die unterschiedlichsten Teile seines weit ausgreifenden Werks zu einem einzigen Textgewebe zusammenzuführen verstand.

Die jahrzehntelange Beschäftigung mit den veröffentlichten und den unveröffentlichten Schriften, mit den großen Buchpublikationen wie mit seinem Nachlass hat mir deutlich vor Augen geführt, in welch umfassendem Sinne Alexander von Humboldt stets an einem einzigen großen Buch arbeitete, das sich nicht allein der Natur, sondern zugleich der Kultur zuwandte und die Verstrebungen zwischen beiden (künstlichen) ‚Polen' hervorhob. Die von Humboldt geschaffene Wissenschaftssystematik ist die einer offenen, ja mehr noch: einer *lebendigen Relationalität*, die alle Teile des Planeten und die alle Teile des Wis-

4 Humboldt, Wilhelm von: *Briefe an Karl Gustav von Brinkmann.* Hg. von Albert Leitzmann. Leipzig 1939, S. 60.
5 Humboldt, Alexander von: *Kosmos. Entwurf einer physischen Weltbeschreibung.* 5 Bde. Stuttgart – Tübingen: Cotta 1845–1862, hier Bd. 1, S. 33.

sens in eine sich ständig weiterentwickelnde Vielverbundenheit zu überführen sucht. Wilhelm hatte früh erkannt, wofür Alexander ein Leben lang stand: für ein vielverbindendes Denken in Kombinatoriken und Relationen weltweit.

Die Leseanweisung, die Alexander von Humboldt in der angeführten Passage seinem Lesepublikum vermittelt, ist folglich die einer offenen Relationalität, die freilich niemals auf einen statischen Endzustand hin ausgerichtet ist, sondern immer in Bewegung auf ein Künftiges und nie Abzuschließendes gerichtet bleibt. Schreiben ist Einschreibung und Fortschreibung im verschlungenen Gewebe der Literaturen der Welt.

All jenen, die sich jemals der Hoffnung hingegeben haben und hingeben, ein für alle Mal ‚die Weltformel‘ gefunden oder ‚den Code der Natur‘ geknackt zu haben, gibt Humboldt seine Sichtweise von Wissenschaft als unendlicher Geschichte, als niemals abzuschließender, sondern stets weiter zu verfolgender Tätigkeit mit. Denn die Wissenschaftsauffassung des preußischen Natur- und Kulturforschers war aufs Engste mit seiner Lebensauffassung, ja mit seinem Lebenswissen verbunden, wie es sich ein letztes Mal in seinem oft fälschlich als ‚Alterswerk‘ gekennzeichneten *Kosmos*, der Summa seines lebenslangen Suchens und Forschens, finden lässt:

> Durch den Glanz neuer Entdeckungen angeregt, mit Hoffnungen genährt, deren Täuschung oft spät erst eintritt, wähnt jedes Zeitalter dem Culminationspunkte im Erkennen und Verstehen der Natur nahe gelangt zu sein. Ich bezweifle, dass bei ernstem Nachdenken ein solcher Glaube den Genuß der Gegenwart wahrhaft erhöhe. Belebender und der Idee von der großen Bestimmung unseres Geschlechtes angemessener ist die Ueberzeugung, dass der eroberte Besitz nur ein sehr unbeträchtlicher Theil von dem ist, was bei fortschreitender Thätigkeit und gemeinsamer Ausbildung die freie Menschheit in den kommenden Jahrhunderten erringen wird. Jedes Erforschte ist nur eine Stufe zu etwas Höherem in dem verhängnißvollen Laufe der Dinge.[6]

Die vielleicht überraschende Formulierung ganz am Ende dieser Passage macht deutlich, dass Alexander von Humboldt geschichtliche Prozesse keineswegs als gänzlich positiv verlaufende Fortschrittsprozesse verstand, auch wenn er an den Fortschritt der Wissenschaften wie der menschlichen Kenntnisse glaubte. Spannend ist aus der in diesem, der Ökologie gewidmeten Teil unserer Vorlesung zu den Gründen dafür, romanische Literaturwissenschaft zu studieren, und aus der hier bewusst gewählten Blickrichtung aber etwas anderes, was unmittelbar den Humboldt'schen Naturbegriff beziehungsweise sein Naturverständnis berührt.

---

6 Humboldt, Alexander von: *Kosmos*, Bd. 2, S. 398 f.

Denn dass sich die in den beiden bislang angeführten Zitaten von Humboldt verwendeten Begrifflichkeiten der Natur nicht auf einen vermeintlich klar umrissenen Naturbegriff beziehen, wie er sich – folgen wir den zu Beginn dieser Überlegungen vorgestellten Analysen Descolas – erst in der zweiten Hälfte des 19. Jahrhunderts in der Abtrennung der ‚Natur' von der ‚Kultur' und zugleich der ‚Naturwissenschaften' von den ‚Kulturwissenschaften' konstituieren konnte,[7] ist offenkundig. So befand sich Alexander von Humboldts wissenschaftliches Tun insgesamt *vor* jener Epochenschwelle, in welcher der Aufstieg hochspezialisierter Naturwissenschaften stattfand, welche kurzerhand die gesamte Humboldt'sche Wissenschaft auf den Trümmerhaufen der Geschichte verbannen zu können glaubten. Das mochte kurzfristig möglich gewesen sein; langfristig aber erwies sich das Humboldt'sche Schaffen als weitaus widerständiger und wies, nun verstanden als *Humboldt'sche Wissenschaft*, den Weg in eine andere Moderne.[8]

Denn die *Humboldtian Science* war zwar historisch entstanden, aber nicht historisch geworden: Sie war nur vorübergehend an ein Ende gekommen, lassen sich doch aus heutiger Perspektive in den unterschiedlichsten Disziplinen und Wissensbereichen in aller Deutlichkeit Entwicklungen ausmachen, die auf das Denken und die Epistemologie Alexander von Humboldts zurückzugreifen suchen. Damit ist selbstverständlich keine Rückkehr zur Humboldt'schen Wissenschaft gemeint, wohl aber der Rückgriff auf eine Wissenschaftskonstellation, die sehr wohl im nicht nur wissenschaftsgeschichtlichen sondern prospektiven Sinne neue Einsichten bietet und hervorbringt. Gewiss: Es gilt, das Humboldt'sche Denken in die Zukunft zu übersetzen! Denn gerade weil es *vor* der großen Aufspaltung in die „Two Cultures" C.P. Snows liegt, kann es für eine Zeit *nach* der Dominanz einer solchen Episteme fruchtbar werden. Diese Zeit aber ist, auch wenn es sich noch nicht überall herumgesprochen hat, längst angebrochen.

Die wieder verstärkte Anregungskraft des Denkens Alexander von Humboldts ist auch bei Philippe Descola deutlich zu erkennen. Wenn er Humboldt neben vielem anderen als „le fondateur de la géographie entendue comme science de l'environnement",[9] folglich als den Begründer einer Geographie verstanden als Umweltwissenschaft bezeichnet und darauf aufmerksam macht, dass der Autor des *Kosmos* geologische oder botanische Phänomene ganz selbstverständlich mit

---

7 Vgl. Descola, Philippe: *Die Ökologie der Anderen. Die Anthropologie und die Frage der Natur*, S. 7.

8 Vgl. hierzu Ette, Ottmar: *Weltbewusstsein. Alexander von Humboldt und das unvollendete Projekt einer anderen Moderne. Mit einem Vorwort zur zweiten Auflage*. Weilerswist: Velbrück Wissenschaft 2020.

9 Descola, Philippe: *Leçon inaugurale*, S. 1.

historischen oder kulturellen Erscheinungen in Verbindung brachte, dann beschreibt Descola damit einen Grundzug der *Humboldtian Science*, der selbstverständlich auch und gerade für die Beschreibung der indigenen Völker an Orinoco oder Amazonas, in den Hochanden oder in Mexico gilt:

> Weit davon entfernt, in ihnen liebenswerte oder abstoßende Figuren zu sehen, die zur Anregung philosophischer Spiegelungen taugen, bemühte er sich vielmehr zu zeigen, dass ihre Zukunft abhängig war vom Boden oder vom Klima der Vegetation, aber auch von den Migrationen, dem Austausch von Gütern und Ideen, von den interethnischen Konflikten und von den sogar indirekten Unwägbarkeiten der spanischen Kolonisierung. Er hatte insgesamt die Intuition, dass die Naturgeschichte des Menschen untrennbar von der menschlichen Geschichte der Natur war.[10]

Diese Untrennbarkeit einer Naturgeschichte des Menschen und einer Humangeschichte, ja einer Menschheitsgeschichte der Natur war im Denken Humboldts aber nur möglich, weil seine Wissenschaftskonzeption weit über das hinausging, was Susan Faye Cannon in einer ersten und verdienstvollen Begriffsprägung als „Humboldtian Science" bezeichnet hatte.[11] Denn die Humboldt'sche Wissenschaft konnte in der Folge weiter und ausdifferenzierter sowie vor allem epistemologisch anspruchsvoller als ein Zukunftsmodell für künftige Übersetzungen ins 21. Jahrhundert definiert werden, bot diese „Wissenschaft als netzartig verschlungenes Gewebe"[12] doch einen ganzen Horizont an Möglichkeiten, neue und *bewegliche* Kombinatoriken des Wissens zu entfalten, welche die nicht allein zum damaligen Zeitpunkt, sondern auch in unserer Gegenwart und Zukunft neue Formen der Entwicklung eines relationalen *Weltbewusstseins* voranzutreiben erlauben.

Alexander von Humboldts Mobile des Wissens ließ sich – trotz aller (teilweise noch bis heute nachwirkenden) Versuche in der zweiten Hälfte des 19. Jahrhunderts – nicht einfach stillstellen. Es bewegte sich selbst in den Zeiten, in denen es gegen Ende des 19. Jahrhunderts auf wenig Resonanz stieß, stetig weiter und passte sich neuen Erfordernissen und Herausforderungen an. Heute ist der Blick in die Humboldt'sche Wissenschaft, selbstverständlich im Kontext ihrer historischen Entfaltung, stets ein Blick in die Zukunft und kann uns gerade hinsichtlich eines neuen Verständnisses von Natur von großer Hilfe sein.

---

10 Ebda.

11 Vgl. Cannon, Susan Faye: *Science in Culture: The Early Victorian Period*. New York: Dawson and Science History Publications 1978, S. 73–110.

12 Vgl. hierzu das Kapitel „Eine Wissenschaft als netzartig verschlungenes Gewebe." In: Ette, Ottmar: *Weltbewußtsein. Alexander von Humboldt und das unvollendete Projekt einer anderen Moderne*. Weilerswist: Velbrück Wissenschaft 2002, S. 34–45.

Wenn Alexander von Humboldt damit als ein Vordenker für das 21. Jahrhundert vorgestellt werden kann,[13] dann lässt sich seine *Humboldt'sche Wissenschaft*[14] zugleich als eine ebenso natur- wie kulturwissenschaftliche *Praxis* begreifen, die von einer grundlegenden Transdisziplinarität zwischen den unterschiedlichsten Human- wie Naturwissenschaften, sowie von einer Interkulturalität geprägt wird, die bereits erste Ansätze in Richtung transkultureller Denkmuster aufweist. Als kosmopolitische Wissenschaft versucht sie, auf der Basis eines neuen Weltbewusstseins eine Kosmopolitik ins Werk zu setzen, welche eine *Politik der Natur* zu entfalten sucht, die den Menschen aus einem Natur-Kultur-Zusammenhang heraus denkt. All dies lässt Alexander von Humboldt sehr wohl als einen Intellektuellen *avant la lettre* erscheinen, der Natur und Kultur nicht künstlich voneinander trennte, sondern stets zusammendachte – auch und gerade in ihrer (Natur- und Human-)Geschichte. Doch damit nicht genug!

Als weltweit denkende und agierende Wissenschaft ist die transdisziplinäre *Humboldtian Science* dabei nicht einfach global, sondern transareal ausgerichtet, entwirft sie sich doch als Bewegungs-Wissenschaft, in der das *Da-Sein* von Menschen, Tieren, Pflanzen oder Steinen stets als das Ergebnis von Migrationen, Wanderungen und Transporten verstanden wird und keiner räumlich territorialisierenden Statik anheimfällt. Nichts ist immer schon da-gewesen: Alles ist in lebendiger Bewegung. Als transareale Wissenschaft basiert sie darüber hinaus auf einem weltweiten Netzwerk an Korrespondenten und einer Zirkulation des Wissens, welche sich selbstverständlich nicht auf einen nationalen Bezugsrahmen begrenzt. Die Humboldt'sche Wissenschaft ist eine historisch in ihren Kontexten entstandene Wissenschaft, kein Zweifel; aber in ihrer Entfaltung öffnet sie selbst heute noch neue Verstehens-Horizonte.

Die *Humboldtian Science* treibt neue Formen und Normen der Wissenschaftsorganisation wie der Wissenschaftspolitik voran, die zugleich eine möglichst weite Verbreitung des Wissens sicherstellen und damit nicht nur einer Popularisierung, sondern vielmehr einer Demokratisierung von Wissen zugutekommen. Insofern entfaltet die Humboldt'sche Wissenschaft inter- und transmediale Ele-

---

13 Vgl. Ette, Ottmar: Die Aktualität Alexander von Humboldts. Perspektiven eines Vordenkers für das 21. Jahrhundert. In: Valentin, Jean-Marie (Hg.): *Alexander von Humboldt. 150ᵉ anniversaire de sa mort. Sorbonne 23–24 octobre 2009.* Sondernummer der *Etudes Germaniques* (Paris) LXVI, 1 (janvier – mars 2011), S. 123–138.
14 Vgl. zur Charakterisierung dieser Humboldt'schen Wissenschaft die systematisierende Darstellung im Auftaktkapitel in Ette, Ottmar: *Alexander von Humboldt und die Globalisierung. Das Mobile des Wissens.* Frankfurt am Main – Leipzig: Insel Verlag 2009, S. 16–22.

mente, die sich ebenso in experimentellen Bild-Text-Beziehungen[15] wie in Ästhetiken[16] niederschlagen, welche durchaus experimentellen Zuschnitts sind und das Wechseln zwischen unterschiedlichen Sprachen (nicht zuletzt auch der Wissenschaften und der Künste) ebenso selbstverständlich wie programmatisch vor Augen führen.

Denn ein Verständnis der Humboldt'schen Wissenschaft bliebe unvollständig, würden wir die komplexen translingualen Dimensionen eines Humboldt'-schen Schreibens (*Humboldtian Writing*)[17] nicht in Betracht ziehen, welche verschiedene Traditionsstränge der Literaturen der Welt als Wissensspeicher verschiedenartigsten Lebenswissens zur Verfügung stellen. Das Humboldt'sche Schreiben bedient sich ganz selbstverständlich aller Verfahren, die wir aus den Literaturen der Welt kennen: Es ist ein literarisches Schreiben. Dank der Vielzahl der in ihr zirkulierenden Sprachen, Medien, Disziplinen und Diskurse ist die Humboldt'sche Wissenschaft polylogisch – Literatur und Kunst zählen zu ihren integrativen Bestandteilen.

Wenn wir vor diesem epistemologischen und wissenschaftstheoretischen Hintergrund die von Alexander von Humboldt entworfene und praktizierte Wissenschaft als eine fraktale Wissenschaft verstehen, insofern sie aus einer Tradition der Pasigraphie heraus immer wieder auf die Erzeugung eines Totaleindrucks[18] abzielt und Weltmodelle entwickelt, die wie im vielleicht berühmtesten Wissenschaftsgemälde des 19. Jahrhunderts, dem *Tableau physique des Andes et des pays voisins*, die ganze Welt auf einen Blick zu präsentieren suchen, dann ist diese Suche nach dem wissenschaftlichen „modèle réduit" (im Sinne von Claude Lévi-Strauss) beziehungsweise nach der literarischen „mise en abyme" (im Sinne

---

15 Vgl. hierzu Ette, Ottmar: Bild-Schrift, Schrift-Bild, Hand-Schrift. Zur Kunst der Sichtbarmachung in Alexander von Humboldts ‚Amerikanischen Reisetagebüchern'. In: Ette, Ottmar / Müller, Gesine (Hg.): *Visualisierung, Visibilisierung und Verschriftlichung. Schrift-Bilder und Bild-Schriften im Frankreich des 19. Jahrhunderts*. Berlin: Verlag Walter Frey – edition tranvía 2015, S. 11–64.

16 Auf die ästhetische Dimension der Humboldt'schen Wissenschaft hat aufmerksam gemacht Böhme, Hartmut: Ästhetische Wissenschaft. Aporien der Forschung im Werk Alexander von Humboldts. In: Ette, Ottmar / Hermanns, Ute / Scherer, Bernd M. / Suckow, Christian (Hg.): *Alexander von Humboldt – Aufbruch in die Moderne*. Berlin: Akademie Verlag 2001, S. 17–32.

17 Vgl. hierzu Ette, Ottmar: Eine ‚Gemütsverfassung moralischer Unruhe' – ‚Humboldtian Writing': Alexander von Humboldt und das Schreiben in der Moderne. In: Ette, Ottmar / Hermanns, Ute / Scherer, Bernd M. / Suckow, Christian (Hg.): *Alexander von Humboldt – Aufbruch in die Moderne*. Berlin: Akademie Verlag 2001, S. 33–55.

18 Vgl. hierzu insbes. mit Blick auf Wilhelm von Humboldt Trabant, Jürgen: Der Totaleindruck. Stil der Texte und Charakter der Sprachen. In: Gumbrecht, Hans Ulrich / Pfeiffer, K. Ludwig (Hg.): *Stil. Geschichte und Funktionen eines kulturwissenschaftlichen Diskurselements*. Frankfurt am Main: Suhrkamp 1986, S. 169–188.

von André Gide), der Modellierung eines Weltbewusstseins verpflichtet, das Natur nicht ohne die Kultur und Kultur nicht ohne die Natur zu denken vermag. Diese Nicht-Trennung von Natur und Kultur, die Humboldt innerhalb der Rezeptionsgeschichte seiner Werke zunächst disqualifizierte, lässt ihn heute nicht allein in den Augen von Philippe Descola als einen wichtigen Diskursbegründer erscheinen, dessen Spuren es zu folgen gelte.

Der in diesem Zusammenhang vielleicht entscheidende Term ist der von Humboldt in so vielen Spielarten gebrauchte Begriff des Lebens, war Humboldt doch in einem zutiefst *lebenswissenschaftlichen*[19] Sinne – und dies heißt: im Sinne von gr. *bios*, das die kulturellen Dimensionen des Lebens anders als in den aktuellen Life Sciences nicht geflissentlich ausschließt – stets ,dem Leben auf der Spur'.[20] In diesem Sinne lässt sich die Humboldt'sche Wissenschaft als eine vollgültige, nicht auf die semantischen Reduktionen eines biowissenschaftlich-medizinischen Lebensbegriffs eingeengte *Lebenswissenschaft* verstehen, die größte Widerständigkeit jedwedem Versuch entgegensetzt, im Zeichen des Lebensbegriffs Natur von Kultur oder Kultur von Natur abzulösen. Denn für Alexander von Humboldt war es gerade entscheidend, Natur und Kultur, Kultur und Natur ineinanderzudenken.

Über lange Jahrzehnte hat sich der Verfasser der *Ansichten der Natur* mit der Geschichte der iberischen Expansion beschäftigt und Archive und Quellen ebenso in den Amerikas wie in verschiedensten Ländern Europas ausgewertet. Alexander von Humboldt kann aufgrund seiner intensiven Studien als der wohl erste Globalisierungstheoretiker im eigentlichen Sinne bezeichnet werden. Insbesondere seine sich über mehrere Jahrzehnte erstreckende Erforschung der europäischen Expansion des 15. und 16. Jahrhunderts, die ihren sicherlich umfangreichsten und historiographisch fundiertesten Ausdruck in seinem unabgeschlossen gebliebenen fünfbändigen *Examen critique de l'histoire de la géographie du Nouveau Continent et des progrès de l'astronomie nautique aux quinzième et seizième siècles* fand,[21] war von Beginn an – wie es der etwas umständlich anmutende Titel zu

---

19 Vgl. zu diesem Begriff den vorausgehenden Teil dieser Vorlesung sowie als Überblick Asholt, Wolfgang / Ette, Ottmar (Hg.): *Literaturwissenschaft als Lebenswissenschaft. Programm – Projekte – Perspektiven.* Tübingen: Gunter Narr Verlag 2010.
20 Vgl. hierzu die lesenswerte Darstellung der aus heutiger Sicht als biowissenschaftlich zu bezeichnenden Untersuchungen Humboldts in Jahn, Ilse: *Dem Leben auf der Spur. Die biologischen Forschungen Alexander von Humboldts.* Leipzig – Jena – Berlin: Urania-Verlag 1969.
21 Vgl. Humboldt, Alexander von: *Examen critique de l'histoire de la géographie du Nouveau Continent et des progrès de l'astronomie nautique aux quinzième et seizième siècles.* 5 Bde. Paris: Librairie de Gide 1836–1839. Deutschsprachige Gesamtausgabe: Humboldt, Alexander von: *Kritische Untersuchung zur historischen Entwicklung der geographischen Kenntnisse von der Neuen Welt und den Fortschritten der nautischen Astronomie im 15. und 16. Jahrhundert.* Mit

verstehen gibt – Natur und Kultur übergreifend angelegt: Die Naturgeschichte durfte auch in der Betrachtung der Humangeschichte keinesfalls fehlen.

Wenn Humboldt in dieser außerordentlich präzise recherchierten Expansionsgeschichte, deren Kenntnisstand erst in der zweiten Hälfte des 20. Jahrhunderts wieder erreicht und übertroffen wurde, ebenso die geistesgeschichtlichen und literarischen, die wissenschaftsgeschichtlichen und philosophischen, die historiographischen und politischen, die sozialen und ökonomischen Voraussetzungen dieser Expansionsbewegung analysierte, so vergaß er darüber nicht die nicht weniger entscheidenden Aspekte der Meeresströmungen und der Astronomie, der Klimatologie und der nautischen Technologie sowie die unterschiedlichsten naturgeschichtlichen und naturräumlichen Faktoren, ohne deren Zusammendenken die erste Phase beschleunigter Globalisierung nicht adäquat darzustellen war. Das *Examen critique* ist auf historiographischer Seite ein gutes Beispiel für das Zusammen- und Ineinanderdenken, von dem in unseren Überlegungen die Rede war.

Man könnte vor diesem Hintergrund sehr wohl in Philippe Descolas Sinne von einer Naturgeschichte des Menschen und einer Humangeschichte der Natur sprechen, die auf den unterschiedlichsten Ebenen in weltweiten Zirkulationen und Flüssen von Wärme, Gütern oder Ideen zum Ausdruck kam. Denn beide Geschichten sind hier ebenso untrennbar miteinander verwoben wie die Bereiche von Natur und Kultur, die in Humboldts Schaffen nicht voneinander getrennt werden können. Denn Natur ist nicht einfach natürlich; und Humboldt zeigte, inwiefern die entstehenden transatlantischen Seemächte eine Politik der Natur in Gang setzten, die sehr rasch etwa durch die massive Verschleppung und barbarische Versklavung ganzer Völker an den Küsten Afrikas in bestialische Biopolitiken einmündete. Die großen Kolonialmächte Europas haben sich bis heute nicht von diesen Bestialitäten in ihrer Geschichte distanziert und Maßnahmen juristischer Regelungen ergriffen. Erst langsam setzt sich, wie Sie wissen, in einigen, aber längst nicht allen großen Kolonialländern auch der Gedanke an die Restituierung von Kunstwerken und Kulturgütern durch.

---

dem geographischen und physischen Atlas der Äquinoktial-Gegenden des Neuen Kontinents Alexander von Humboldts sowie dem Unsichtbaren Atlas der von ihm untersuchten Kartenwerke. Mit einem vollständigen Namen- und Sachregister. Nach der Übersetzung aus dem Französischen von Julius Ludwig Ideler ediert und mit einem Nachwort versehen von Ottmar Ette. Frankfurt am Main – Leipzig: Insel Verlag 2009; dazu: Humboldt, Alexander von: *Geographischer und physischer Atlas der Äquinoktial-Gegenden des Neuen Kontinents. — Unsichtbarer Atlas aller von Alexander von Humboldt in der* **Kritischen Untersuchung** *aufgeführten und analysierten Karten.* Frankfurt am Main – Leipzig: Insel Verlag 2009. Beide Bände erschienen gemeinsam im Schuber unter dem Titel „Die Entdeckung der Neuen Welt".

Ein weiteres prägnantes Beispiel für die Denkweise Alexander von Humboldts sind seine Überlegungen zu möglichen Klimaveränderungen, bei denen er ebenfalls Natur und Kultur *zugleich* am Werke sah. In einem zur Erforschung der iberischen Expansion und der damit ausgelösten Globalisierung komplementären Sinne lassen sich Alexander von Humboldts Überlegungen am Ausgang seines ebenfalls nicht abgeschlossenen großen Werks über Zentralasien[22] verstehen, wo es nicht um das ‚kulturelle‘ Phänomen einer Expansionsgeschichte, sondern um die vermeintlich natürlichen Erscheinungen von Klimaveränderungen geht. Und auch hier werden bei Humboldt erste Ansätze zu einer im vollen Wortsinne verstandenen Politik der Natur sichtbar, die zweifellos nicht weniger als Teil seiner Kosmopolitik zu verstehen wäre als seine umfangreichen Pläne für interozeanische Kanalbauten und Landdurchstiche.

Am Beispiel der von Humboldt durchgeführten klimatologischen Messreihen zeigt sich, dass die komplexen, hochrückgekoppelten Multiparametersysteme, wie sie die Humboldt'sche Wissenschaft vorsah und ständig weiterentwickelte, sehr wohl in der Lage waren, frühzeitig ein Sensorium dafür zu entwickeln, was an künftigen Problematiken erst sehr viel später ins allgemeine wie ins wissenschaftliche Bewusstsein treten sollte. Denn am Ende des eigentlichen Hauptteils seines zentralasiatischen Werkes, im dritten Band von *Asie Centrale*, hielt Humboldt mit noch vorsichtigen, aber doch präzisen Worten fest:

> Ich hätte meine Überlegungen zum aufnehmenden und abgebenden Vermögen des Bodens, von welchem im allgemeinen das Klima der Kontinente und die Wärmeabnahme in der Luft abhängen, mit der Untersuchung jener Veränderungen abschließen können, die der Mensch an der Oberfläche der Kontinente hervorruft, indem er die Wälder abholzt, indem er die Verteilung des Wassers verändert, indem er in den Zentren der industriellen Kultur (*culture industrielle*) große Massen an Wasserdampf und gashaltiger Substanzen in die Atmosphäre abgibt. Diese Veränderungen sind zweifellos wichtiger, als man dies gemeinhin annimmt, doch in der unermeßlichen Vielfalt an Ursachen, die gleichzeitig wirksam sind und von denen der Typus der Klimate abhängt, sind die wichtigsten nicht auf das Kleinräumige begrenzt: Sie hängen ab von den Beziehungen zwischen Lage, Beschaffenheit und Höhe des Bodens wie von der vorherrschenden Windrichtung, auf welche die Zivilisation nur wenig fühlbaren Einfluss ausübt.[23]

---

22 Vgl. Humboldt, Alexander von: *Asie Centrale. Recherches sur les chaînes de montagnes et la climatologie comparée.* 3 Bde. Paris: Gide 1843; vgl. hierzu auch Ette, Ottmar: Amerika in Asien. Alexander von Humboldts „Asie centrale" und die russisch-sibirische Forschungsreise im transarealen Kontext. In: *HiN – Alexander von Humboldt im Netz. Internationale Zeitschrift für Humboldt-Studien* (Potsdam – Berlin) VIII, 14 (2007), 37 S. <http://www.hin-online.de>.
23 Humboldt, Alexander von: *Asie Centrale*, Bd. 3, S. 346 f.

Man kann in dieser Passage – wie in vielen anderen seines gesamten Oeuvre – sehr wohl vom Verständnis des Planeten als eines interdependenten Ökosystems sprechen.[24] Ein früheres Zitat von Philippe Descola hat uns auf diese Art zeitgemäßer und keineswegs verfälschender ‚Übersetzung' Humboldt'scher Termini bereits vorbereitet. Hatte Alexander von Humboldt sehr aufmerksam und weitsichtig bereits die frühen Bemerkungen von Christoph Columbus kommentiert und festgestellt, dass durch den starken Holzeinschlag der Spanier für die Reparatur und den Bau von Schiffen sich der vormalige Wasserreichtum auf den Inseln der Karibik negativ verändert habe; hatte er in seinen Amerikanischen Reisetagebüchern klug auf all jene ökologischen Veränderungen aufmerksam gemacht, die etwa im heutigen Venezuela oder im Hochtal von Mexico durch Kanalisierungen und Umleitungen von Wasser mit großflächigen Folgeerscheinungen unbeabsichtigt ausgelöst worden waren; so erkannte er nun, am Ausgang seiner umfangreichen klimatologischen Untersuchungen im Großraum Eurasien geradezu seismographisch jene grundlegenden Veränderungen und Konsequenzen eines möglichen Klimawandels, die in immer größerem Maßstab durch den Menschen ausgelöst worden waren. Der Planet Erde war für Humboldt ein einziges zusammenhängendes Ökosystem, in welchem Natur und Kultur miteinander hochgradig vernetzt sind.

Auch wenn Humboldt vor mehr als einhundertsiebzig Jahren noch nicht die ganze Wucht abschätzen konnte, welche die sich immer mehr häufenden sorglosen Eingriffe des Menschen sowie die „culture industrielle" in ihrer weiteren Entwicklung entfalten sollten, so legte er hier doch auf der Basis eines Zusammenspiels höchst komplexer Faktoren eine klare geoökologische Agenda für die Wissenschaften vor, die der Prägnanz seiner wesentlich berühmter gewordenen Prophezeiung künftiger Diamantenfunde im Ural[25] in nichts nachstand. Humboldt hatte ein Sensorium zur Früherkennung ökologischer Probleme entwickelt.

Mit Hilfe seiner für die Mitte des 19. Jahrhunderts höchst ausgefeilten Multiparametersysteme gelang es Alexander von Humboldt auf beeindruckende Weise, Natur und Kultur am Beispiel des handelnden Menschen so zusammenzudenken, dass sich gleichsam eine Humangeschichte oder Menschheitsgeschichte der Natur daraus ergeben konnte. Auch wenn damit die Idee des Anthropozäns (die, wie wir sahen, der italienische Geologe Antonio Stoppani wenige Jahrzehnte später, im

---

24 Vgl. zum Aspekt des Klimawandels auch Holl, Frank: Alexander von Humboldt. Wie der Klimawandel entdeckt wurde. In: *Die Gazette. Das politische Kulturmagazin* (München) 16 (Winter 2007–2008), S. 20–25.
25 Vgl. hierzu Stottmeister, Ulrich: *Die Ural-Diamanten und Alexander von Humboldts russisch-sibirische Reise 1829. Neue Erkenntnisse aus deutschen und russischen Archiven.* Leipzig: Akademische Verlagsanstalt 2022.

Jahr 1873, in die Diskussion einbringen sollte) keineswegs vorweggenommen ist: Der Mensch steht bei Humboldt stets im Schnittpunkt eines Natur und Kultur vernetzenden Denkens, in dem alles auf unserem Planeten mit allem in Beziehung tritt oder doch zumindest treten kann.

Alexander von Humboldts unvollendetes Projekt einer anderen Moderne[26] basierte auf der Hoffnung, dass – wie er am Ende seiner *Asie Centrale* formulierte – „mes voyages et une laborieuse discussion des faits"[27] dazu beitragen könnten, „les effets complexes des causes *superposées*"[28] zu enthüllen. Es geht also um eine Vielzahl von Einflüssen, die im Spannungsfeld von Kultur und Natur die zu untersuchenden Phänomene sich wechselseitig überlagernd erzeugen. Es sind diese komplexen Effekte einander überlagernder Faktoren, die im Zentrum sowohl seines Entwurfs einer globalen Klimaforschung als auch seiner transarealen Weltwissenschaft stehen – einer Lebenswissenschaft, die eben nicht die Naturgeschichte fein säuberlich von der Kulturgeschichte trennt, sondern alle Lebensprozesse unseres Planeten miteinander in Beziehung setzt. Denn Leben – dies war dem preußischen forscher klar – ist weder ausschließlich eine Domäne der Natur noch der Kultur.

Es kann uns daher nicht überraschen, dass am Ausgang der unabgeschlossenen Bände von *Asie Centrale* das perspektivische Bild eines hochgradig vernetzten globalen Ökosystems Erde stehen musste, das die Wissenschaft Alexander von Humboldts im Kontext seines Weltbewusstseins mit großer literarischer Plastizität ein ums andere Mal entwarf. Humboldt zog nicht nur auf wissenschaftsgeschichtlicher, sondern in weit grundlegenderer Weise auf epistemologischer Ebene die Konsequenzen aus einer Globalisierungsgeschichte, die er ebenso in den Literaturen der Welt wie in seinen Messungen von Temperatur und Geschwindigkeit der Meeresströmungen möglichst präzise zu analysieren suchte. Keine Datenreihe war davor gefeit, mit anderen Daten aus einem völlig anderen Bereich korreliert zu werden.

Vergessen wir dabei vor allem eines nicht: Alexander von Humboldt tat all dies nicht allein als Kultur- oder Naturwissenschaftler, sondern auch als ein versierter Schriftsteller, der sich mit seinem Schreiben ebenso in französisch- wie in deutschsprachige Darstellungstraditionen einschrieb und gerade mit Blick auf außereuropäische Texte über einen Lektürehorizont verfügte, wie ihn nur wenige Zeitgenossen erreichten! Denn Humboldt schrieb nicht nur überdurchschnittlich viel, er las auch überdurchschnittlich viel.

---

26 Vgl. Ette, Ottmar: *Weltbewußtsein. Alexander von Humboldt und das unvollendete Projekt einer anderen Moderne* (2002).
27 Humboldt, Alexander von: *Asie centrale*, Bd. 3, S. 359.
28 Ebda., Bd. 3, S. 358.

Die transareale Vernetzung Asiens mit Amerika, die an den unterschied-lichsten Stellen seiner Bände über Zentralasien nicht selten spektakulär vor Augen tritt, macht im Sinne der Humboldt'schen Wissenschaft deutlich, dass wir die Welt nicht von *einem* Ort aus denken können – ganz so, wie wir diese Welt auch nicht vom Standpunkt einer einzigen Sprache aus zu verstehen ver-mögen. Erst spät haben wir wieder damit begonnen, diese Einsichten der Hum-boldt'schen Wissenschaft erneut für unser Denken zu gewinnen und unseren gesamten Planeten in seinen weltumspannenden Zirkulationen und Wechsel-bezügen zu begreifen: als ein Ökosystem, das wir nur dann in seiner Komplexi-tät erfassen, wenn wir die historisch wie kulturell sehr partikulare *Setzung* eines grundlegend trennenden Gegensatzes von Natur und Kultur einerseits und zwischen den „Two Cultures" wissenschaftlicher Disziplinen andererseits hinterfragen, aus den Angeln heben und hinter uns lassen.

Als Wissenschaft aus einer Zeit unmittelbar vor der Verfestigung der Setzung Natur versus Kultur kann die *Humboldtian Science* in Verbindung mit dem *Hum-boldtian Writing* wichtige Impulse für eine Zeit nach der Vorherrschaft dieser Set-zung liefern. Noch ist deren Ende weit davon entfernt, in den universitären Alltag übersetzt zu werden; doch in vielen Wissenschaftsbereichen greift die An-sicht um sich, dass es an der Zeit ist, diese Setzung endlich zu ent-setzen.

Man könnte sehr wohl auf das *Tableau physique des Andes et des pays voisins* beziehen, was Alexander von Humboldt in *Asie Centrale* so eindrucksvoll am Ende seiner „Introduction" mit Blick auf die höchsten Gipfel des Landes und die größten Tiefen des Meeres formulierte, gehe es doch um „*la distribution de la vie depuis les sommités neigeuses resplendissantes de lumière jusqu'aux sombres abîmes des mers*".[29] Es gehe folglich um die Verteilung des Lebens von den licht-vollen Schneegipfeln bis hinunter in die finsteren Abgründe der Meere und damit um die Erforschung durch eine Wissenschaft, die stets und unter allen Bedingun-gen dem Leben auf der Spur sein wollte.

Im Zentrum von Humboldts Denken steht das Leben in seinen unterschied-lichsten Ausprägungsformen, in seinen verschiedenartigsten kulturellen wie naturräumlichen Ausdifferenzierungen: ein Leben, das den gesamten Planeten als *lebendiges* System umfasst und das Leben des Menschen nicht vom Leben der Natur abkoppelt. Denn das Naturgemälde Alexander von Humboldts ist kein Stillleben, keine „nature morte", sondern das lebendige Bild eines Plane-ten, dessen Lebensprozesse alles in ständiger Bewegung halten – selbst auf der Ebene geologischer Erscheinungen. Nichts auf diesem Planeten ist aus Hum-boldts Perspektive nicht in ständiger Bewegung.

---

29 Ebda., Bd. 1, S. lviii (Kursivierung O.E.).

Was das Leben auf den höchsten Gipfeln der Berge wie in den Tiefen des Meeres angeht, so hatte es Alexander von Humboldt nicht nur unternommen, den zum Zeitpunkt seines Besteigungsversuchs noch als höchsten Berg der Erde geltenden Chimborazo zu bezwingen, sondern auch die Tiefen des Wassers zu erkunden, war er doch in einem nicht weniger riskanten, wenn auch kleinräumigeren Experiment mit Hilfe einer Taucherglocke auf den Grund der Themse hinabgestiegen. Seinen Körper hatte er dabei in ein sensibles, wenn auch stets gefährdetes Messinstrument und damit in jenen Resonanzraum verwandelt, in dem sich nicht nur Erkenntnissubjekt und Erkenntnisobjekt, sondern in mehr als einem Sinne ‚Natur' und ‚Kultur' des Menschen überschneiden. Die Humboldt'sche Wissenschaft bezieht ganz bewusst den Körper und die Körperlichkeit des Menschen mit ein.

Blieb der Abstieg in die Tiefen der Themse in Humboldts Leben eher eine spektakuläre Anekdote, so bildete der Besteigungsversuch des Chimborazo für seine gesamte Reise zweifellos den nicht allein bergsteigerischen,[30] sondern auch epistemologischen Höhepunkt.[31] Denn Alexander von Humboldt stellte nicht nur einen Höhenweltrekord auf, der ihm weltweite Bewunderung eintrug; er schuf mit seinem in den Grundzügen auf die Reise selbst zurückgehenden *Tableau physique des Andes et pays voisins* eine fraktale Miniaturisierung seines Weltverständnisses, ein wahrhaftiges Weltgemälde, das die unterschiedlichsten Dimensionen seines Schaffens ausleuchtete. Zugleich belegt dieses ‚Naturgemälde der Tropenländer', dass die Kunst für Humboldt keine bloße ‚Beigabe' und kein bloßer ‚Schmuck', sondern ein fundamentales Erkenntnismittel war, um die Welt in ihrer Mannigfaltigkeit und Vielverbundenheit zu begreifen, zu präsentieren und zu repräsentieren. Dieses Gemälde verkörpert in verdichteter Form den für Humboldts Denken charakteristischen Zusammenhang von Wissenschaft, Ethik und Ästhetik.

War das *Tableau physique des Andes et des pays voisins* als ‚Naturgemälde' auch dem an den Pflanzenmigrationen ausgerichteten botanischen (und damit vermeintlich ‚naturwissenschaftlichen') *Essai sur la Géographie des Plantes accompagné d'un tableau physique des régions équinoxiales*[32] zugeordnet, so fin-

---

30 Vgl. hierzu Schaumann, Caroline: *Peak Pursuits. The Emergence of Mounteneering in the Nineteenth Century.* New Haven – London: Yale University press 2020.

31 Vgl. hierzu Humboldt, Alexander von: *Ueber einen Versuch den Gipfel des Chimborazo zu ersteigen.* Mit dem vollständigen Text des Tagebuches „Reise zum Chimborazo". Herausgegeben und mit einem Essay versehen von Oliver Lubrich und Ottmar Ette. Frankfurt am Main: Eichborn Verlag 2006.

32 Humboldt, Alexander von / Bonpland, Aimé: *Essai sur la Géographie des Plantes accompagné d'un tableau physique des régions équinoxiales. Fondé sur des mesures exécutées, depuis*

den sich doch die unterschiedlichsten Querverbindungen zwischen Natur und Kultur, die keineswegs nur die jeweils möglichen Anbauprodukte, die vom Menschen in Gang gesetzten Pflanzenmigrationen oder andere Teilaspekte des Lebens auf dem amerikanischen Kontinent betreffen. Vielmehr enthalten sie – wie Tobias Kraft in seiner Potsdamer Dissertation gezeigt hat – eine fundamentale Zivilisationskritik: Steht unter den Anbauprodukten in einer Höhe von 1000 bis 1500 Klaftern noch „Un peu de Sucre, Juglans, Pommes (Peu d'Esclaves africains)", so wird der preußische Gelehrte in der untersten Zeile, auf der Höhe zwischen 0 und 500 Klaftern, deutlicher: „Sucre, Indigo, Cacao, Caffé, Coton, Mays, Jatropha, Bananero, Vigne, Achras, Mamea [sic], (Esclaves Africains introduits par les peuples civilisés de l'Europe)."[33]

Nicht allein die Analysen der Pflanzenverteilung, der wechselnden Schneehöhen oder der Himmelsbläue werden in diesem Tableau in *miniaturisierter* und fraktaler Form wiedergegeben, sondern auch die fundamentale Kritik Alexander von Humboldts an der Sklaverei sowie an jener „Civilisation" Europas, der er nicht nur in seinem amerikanischen Reisewerk so oft ihre eigene Barbarei vor Augen führte. So wandte er sich – um nur ein einziges Beispiel zu nennen – in seinen *Vues des Cordillères et Monumens des Peuples Indigènes de l'Amérique* vehement gegen das zum damaligen Zeitpunkt von den europäischen Geschichtsschreibern Amerikas immer wieder von neuem verbreitete Vorurteil, es handle sich bei Amerika um einen vor der ‚Entdeckung' gleichsam kultur- und geschichtslosen ‚barbarischen' Kontinent:

> Ein Volk, das seine Feste nach der Bewegung der Gestirne richtete und seinen Kalender in ein öffentliches Monument gravierte, hatte wahrscheinlich eine höhere Zivilisationsstufe erreicht als die, welche Pauw, Raynal und selbst Robertson, der klügste der Geschichtsschreiber Amerikas, ihm zuwiesen. Diese Autoren sahen jeden Zustand des Menschen als barbarisch an, der sich von dem Typus von Kultur entfernt, den sie sich nach ihren systematischen Ideen gebildet haben. Diese scharfen Unterscheidungen zwischen barbarischen und zivilisierten Nationen können wir nicht gelten lassen.[34]

Alexander von Humboldt bestreitet hier wie an unzähligen anderen Stellen seines vernetzten Schreibens der quasi natürlichen Opposition zwischen Zivilisation und Barbarei jegliche durchgängige Pertinenz und Aussagekraft. Er kritisiert insbesondere die aufklärerische Geschichtsschreibung Europas, die ihre eigene Zivi-

---

le dixième degré de latitude boréale jusqu'au dixième degré de latitude australe, pendant les années 1799, 1800, 1801, 1802 et 1803. Avec une planche. Paris – Tübingen: Schoell – Cotta 1805.
33 Kraft, Tobias: *Figuren des Wissens bei Alexander von Humboldt. Essai, Tableau und Atlas im amerikanischen Reisewerk.* Berlin – Boston: Walter de Gruyter 2014, S. 161.
34 Humboldt, Alexander von: *Vues des Cordillères et Monumens des Peuples Indigènes de l'Amérique.* Nanterre: Editions Erasme 1989, S. 194.

lisation zum alleinigen Maßstab für alle anderen Kulturen machte und jede Abweichung davon als Zeichen purer Barbarei verstand. Er bekräftigte damit zugleich seine klare Haltung gegenüber den Polemiken der Berliner Debatte um die Neue Welt[35] und unterstrich seine in den *Vues des Cordillères* geäußerte Ansicht, dass man nun mit Blick auf außereuropäische Kulturen durch eine glückliche Revolution in ein neues geistiges Zeitalter eintrete.[36]

Seine zahlreichen Ausfälle und Angriffe gegen eine ‚europäische Zivilisation‘, die sich nicht nur in den Werken De Pauws, Raynals oder Robertsons ihrer kulturellen Höhe rühmte, aber im kolonialen Expansionsprozess so zahlreiche Gräueltaten beging, legen ein beredtes Zeugnis davon ab, wie sehr der Autor des *Kosmos* von der Notwendigkeit von Konvivenz und einer Kosmopolitik überzeugt war, welche auf ein friedliches Zusammenleben, eine grundlegende Konvivenz im weltweiten Maßstab setzte. Eine solche Konvivenz setzte auch die Konvivenz des Menschen und der Kultur mit dem voraus, was man als die Umwelt des Menschen beziehungsweise was man gemeinhin als ‚Natur‘ zu bezeichnen pflegt.

Gewiss entbehrt die Darstellung der versklavten schwarzen wie der indigenen Bevölkerungsgruppen in den frühen Briefen und Reiseschriften nicht immer der Ambivalenz, lassen sich doch auch in Humboldts Bemerkungen mitunter Versatzstücke der in Europa durchweg dominierenden Vorurteile ausfindig machen. Gerade die unveröffentlichten Reisetagebücher und Briefe lassen einen deutlichen Lernprozess Alexander von Humboldts erkennen, der sich nachweislich Stück für Stück von den rassistischen Vorurteilen seiner Zeit freimachte. So kann auch kein Zweifel daran bestehen, dass er zugleich immer wieder auf die geschichtlichen Ursprünge und politischen Bedingungen ebenso dieser Vorurteile wie auf der von ihm oft angeprangerten Marginalisierung schwarzer wie indigener Bevölkerungsgruppen in Amerika aufmerksam machte. Für Humboldt gab es keine ‚Natur‘, welche deren Entwicklungsmöglichkeiten quasi ‚natürlich‘ eingeschränkt hätte, und er widersetzte sich dem im Verlauf des 19. Jahrhunderts

---

35 Vgl. hierzu Ette, Ottmar: Die ‚Berliner Debatte‘ um die Neue Welt. Globalisierung aus der Perspektive der europäischen Aufklärung. In: Bernaschina, Vicente / Kraft, Tobias / Kraume, Anne (Hg.): *Globalisierung in Zeiten der Aufklärung. Texte und Kontexte zur „Berliner Debatte" um die Neue Welt (17./18. Jh.).* Teil 1. Frankfurt am Main – Bern – New York: Peter Lang Edition 2015, S. 27–55.
36 Vgl. hierzu Ette, Ottmar: Von Rousseau und Diderot zu Pernety und de Pauw: Die Berliner Debatte um die Neue Welt. In: Dill, Hans-Otto (Hg.): *Jean-Jacques Rousseau zwischen Aufklärung und Moderne.* Akten der Rousseau-Konferenz der Leibniz-Sozietät der Wissenschaften zu Berlin am 13. Dezember 2012 anlässlich seines 300. Geburtstages am 28. Juni 2012 im Rathaus Berlin-Mitte. Berlin: Leibniz-Sozietät der Wissenschaften (= *Sitzungsberichte der Leibniz-Sozietät der Wissenschaften* 117) 2013, S. 111–130.

zunehmenden Irrsinn des Rassismus, der mit eben solchen ‚Argumenten' auf-
trumpfte. Es ist mehr als traurig zu beobachten, dass auch heute noch solche mit
den ‚natürlichen' Anlagen argumentierende Rassismen immer wieder großen Zu-
lauf finden und gerne pseudowissenschaftlich verpackt werden.

Was den sogenannten ‚Disput um die Neue Welt' anging,[37] so stand Humboldt klar auf Seiten der amerikanischen Philosophen, welche die rasselogischen
und protorassistischen Behauptungen ihrer europäischen Kollegen vehement bestritten, ohne in Europa doch Gehör zu finden. Wie kein anderer Zeitgenosse untersuchte Alexander von Humboldt die Kulturgeschichte der unterschiedlichen
indigenen Völker in umfassender und auf jahrzehntelangen Recherchen beru-
hender Weise und griff stets die Barbarei der europäischen Zivilisation gerade
hinsichtlich ihrer eklatantenVerbrechen an der indigenen wie der schwarzen Bevölkerung an.[38]

Nicht umsonst unterschied Alexander von Humboldt im eigentlichen Reisebericht seiner *Reise in die Äquinoktial-Gegenden des Neuen Kontinents*, der die
Unabhängigkeitsrevolution in den spanischen Kolonien Amerikas gleichsam begleitete und kommentierte, in der amerikanischen Hemisphäre neben den indigenen Bevölkerungsgruppen nicht nur zwischen einem Amerika slavischer und
einem Amerika germanischer (und angelsächsischer) Herkunft, sondern auch
einer „Amérique de l'Europe latine", worunter er ein lange Zeit von den Kolonial-
systemen der Spanier und Portugiesen sowie später der Franzosen beherrschtes
Amerika verstand.[39] In dieser Wendung nahm der preußische Schriftsteller jene
Begriffsprägung „Amérique latine" beziehungsweise ‚Lateinamerika' vorweg, die
sich erst um die Mitte des 19. Jahrhunderts unter anderen – nämlich panlatinisti-
schen, von der Hegemonialmacht Frankreich beherrschten – Vorzeichen durchzusetzen begann.[40] Es ist spannend zu beobachten, wie Humboldt damit eine

---

37 Vgl. hierzu das Standardwerk von Gerbi, Antonello: *La Disputa del Nuovo Mondo. Storia di
una Polemica: 1750–1900*. Nuova edizione a cura di Sandro Gerbi. Milano – Napoli: Riccardo
Ricciardi Editore 1983; zu den Dimensionen der Berliner Debatte innerhalb dieses Disputs
vgl. Bernaschina, Vicente / Kraft, Tobias / Kraume, Anne (Hg.): *Globalisierung in Zeiten der
Aufklärung. Texte und Kontexte zur „Berliner Debatte" um die Neue Welt (17./18. Jh.)*. 2 Bde.
Frankfurt am Main – Bern – New York: Peter Lang Edition 2015.
38 Vgl. hierzu auch Ette, Ottmar: *Weltbewußtsein. Alexander von Humboldt und das unvollendete Projekt einer anderen Moderne*, S. 183–196.
39 Vgl. Alexander von Humboldt: *Reise in die Äquinoktial-Gegenden des Neuen Kontinents*. Herausgegeben von Ottmar Ette. Mit Anmerkungen zum Text, einem Nachwort und zahlreichen
zeitgenössischen Abbildungen sowie einem farbigen Bildteil. 2 Bde. Frankfurt am Main – Leipzig: Insel Verlag 1991, hier Bd. 2, S. 1462.
40 Vgl. hierzu etwa Phelan, John Leddy: Pan-Latinism, French Intervention in Mexico
(1861–1867) and the Genesis of the Idea of Latin America. In: *Conciencia y autenticidad histó-ri-*

Begriffsbildung vorwegnahm, welche zwar nicht unproblematisch ist, insofern sie *eine* einzige Herkunftsbeziehung gegenüber allen anderen privilegierte, damit aber die Rede von einem lateinischen Europa beförderte, welche später breiten Zuspruch finden sollte.

Doch selbstverständlich beschäftigte sich Humboldt keineswegs nur mit den ‚lateinischen' Wurzeln der Amerikas. Er bezeichnete die Sklaverei als das schlimmste Übel, das die Menschheit begangen habe, und ließ bei aller Diplomatie an seinen gegen die Sklaverei gerichteten Überzeugungen keinen Zweifel. Vor dem historischen Hintergrund der Haitianischen Revolution, die er während seiner Reise durch seine beiden Aufenthalte auf Kuba gleichsam aus kubanischer Perspektive erlebte, nahm er auch jene andere Unabhängigkeitsrevolution war, die sich lange vor den antikolonialen Erhebungen der Kreolen auf dem Kontinent in der Inselwelt der Karibik ereignet hatte.

So verwies Humboldt beispielsweise auf „die freien Afrikaner auf Haiti, welche wahr gemacht haben, was der Mailänder Reisende Benzoni schon im Jahre 1545 vorausgesagt".[41] Auch wenn er den Sklavenhaltergesellschaften auf den Nachbarinseln der Karibik einen ähnlich hohen Blutzoll wie in der ehemals französischen Kolonie Saint-Domingue ersparen wollte und auf reformerische Ansätze drängte: Es ist eben die Freiheit dieser ehemaligen Sklaven, die er keineswegs nur in seinem *Essai politique sur l'île de Cuba*[42] forderte.

Alexander von Humboldt nahm anders als die große Mehrzahl seiner europäischen Zeitgenossen nicht nur die Doppelrevolution in Europa wahr, die mit der industriellen Revolution in England und der politischen Revolution in Frankreich die beiden Führungsmächte der zweiten Phase beschleunigter Globalisierung beflügelte, sondern auch jene „großen Umwälzungen, welche von Zeit zu Zeit das Menschengeschlecht aufrütteln",[43] und die mit den drei großen Unabhängigkeitsrevolutionen in den USA, im iberisch geprägten Amerika und auf Haiti nunmehr den amerikanischen Kontinent zum Schauplatz tiefgreifen-

---

cas. Escritos en homenaje a Edmundo O'Gorman. Mexico 1968, S. 279–298; Jurt, Joseph: Entstehung und Entwicklung der LATEINamerika-Idee. In: *Lendemains* (Marburg) 27 (1982), S. 17–26; sowie Rojas Mix, Miguel: Bilbao y el hallazgo de América latina: Unión continental, socialista y libertaria ... In: *Caravelle* (Toulouse) 46 (1986), S. 35–47.

41 Humboldt, Alexander von: *Reise in die Äquinoktial-Gegenden des Neuen Kontinents*, Bd. 2, S. 1462.

42 Vgl. hierzu auch die Anmerkungen der englischsprachigen Edition von Humboldt, Alexander von: *Political Essay on the Island of Cuba. A Critical Edition*. Edited with an Introduction by Vera M. Kutzinski and Ottmar Ette. Translated by J. Bradford Anderson, Vera M. Kutzinski, and Anja Becker. With Annotations by Tobias Kraft, Anja Becker, and Giorleny D. Altamirano Rayo. Chicago – London: The University of Chicago Press 2011.

43 Ebda., Bd. 2, S. 1461.

der welthistorischer Veränderungen machten, die der Verfasser des *Kosmos* begrüßte. Seine Hoffnungen ruhten dabei nicht zuletzt auf der geographischen und geoökonomischen Lage des Kontinents, könnte doch ein „Handelsverkehr mit Europa und Asien" in Gang kommen, sobald die Bewohner der unabhängig gewordenen Länder „der Segnungen einer vernünftigen Freiheit genössen".[44] Denn die naturräumlichen Voraussetzungen für ein solches künftiges Handelsnetz bestünden ja bereits.

In seinen weltumspannenden Verkehrs- und Bewegungskarten achtete Humboldt stets auf die naturräumlichen Voraussetzungen wie Winde oder Meeresströmungen, aber auch auf die Kontinente gleichsam verbindende Inselgruppen, welche für den Schiffsverkehr von größter Bedeutung waren. Wie sehr dieses Amerika im Humboldt'schen Sinne im Zeichen der Vielverbundenheit stand, macht das *Tableau physique des Andes et des pays voisins* deutlich, bildet es den Kontinent doch gleichsam in der Form einer Insel ab, die zwischen Atlantik und Pazifik eine eigene *Insel-Welt* mit einer ihr eigenen Logik, ihrer eigenen Gestaltung, ihrer eigenen Diversität an Klimaten, Höhenstockwerken und Nutzpflanzen, aber auch ökonomischen und politischen Ausbeutungssystemen besitzt. Nicht zufällig erinnert dieser Schnitt durch das tropische Amerika, der jedoch weit mehr als das tropische Amerika erfasst, an den Schnitt durch die Insel Tenerife, der ebenfalls eine ganze Welt *en miniature* präsentiert. Fraktale Denkmuster finden sich in Humboldts Schriften verschiedentlich.

Gleichzeitig aber ist diese in sich reich untergliederte Insel-Welt aber auch eine *Inselwelt*, die auf einer weltweiten Vielverbundenheit, auf einer Welt von miteinander kommunizierenden Inseln und Kontinenten beruht: eine Welt von Inselgruppen, die innerarchipelisch, interarchipelisch wie transarchipelisch miteinander vernetzt ist. Auch in diesen weltumspannenden archipelischen Zusammenhängen lassen sich für den Verfasser der *Ansichten der Natur* und der *Vues des Cordillères et Monumens des Peuples Indigènes de l'Amérique*, mithin seiner ‚Ansichten der Kultur', Natur und Kultur nicht voneinander trennen.

Denn die Verbindungen dieser weltweiten Inselwelt, deren Anbauprodukte aus den entferntesten Teilen der europäischen Kolonialreiche stammen, werden von den großen, sich in den Vulkanen eindrucksvoll äußernden geologischen Systemen – Humboldt erahnte das, was man später mit Alfred Wegener als Kontinentaldrift bezeichnen sollte –, von den die Ozeane querenden Meeresströmungen wie dem Golfstrom oder dem noch zu Lebzeiten Humboldts so benannten Humboldtstrom, von den großen Migrationen der Pflanzen, der Tiere und der Menschen in einen beständigen Austausch gesetzt, der alles mit

---

44 Ebda.

allem (wenn auch nicht immer gleichzeitig) zu verbinden vermag. Wie im Bereich der transdisziplinär miteinander vernetzten Wissensfelder ist die Relationalität für Humboldt entscheidend, ist doch erst in der von ihr ermöglichten Bewegung das Leben in seiner Vielfalt der Kultur-Natur-Beziehungen präsent.

Die Rauchsäule über dem Cotopaxi deutet es im *Naturgemälde der Tropenländer* an: Alles in dieser Humboldt'schen Welt ist – bis hinein in die Kontinentalsockel – in Bewegung, alles ist durch vielfältige und oft nicht sichtbare Kanäle miteinander verbunden, alles ist in einer ständigen Migration quer über den Planeten begriffen. Auf die Frage der Migrationen, lassen Sie mich dies kurz einfügen, werde ich im letzten Teil unserer Vorlesung zurückkommen. Doch in diesem Teil stehen die Natur-Kultur-Beziehungen unter dem Gesichtspunkt nachhaltiger ökologischer Konvivenz im Vordergrund. So sind es nicht erst die Handelsbeziehungen eines ‚freien Amerika' und damit die verschiedenen Ausdrucksformen der Kultur, welche die Welt in einen Prozess ständigen wechselseitigen Austauschs versetzen. Kultur und Natur sind von jeher aufeinander bezogen und können nicht auseinandergedacht werden.

Über dem von Humboldt und Bonpland bestiegenen Cotopaxi ragt der Chimborazo in noch weit höhere Regionen auf und bildet den Fokus einer *Landschaft der Theorie*,[45] in der sich die Naturgeschichte des Menschen mit der Humangeschichte der Natur verbindet. Denn den Chimborazo hat Alexander von Humboldt niemals bestiegen: Es blieb beim Versuch, über den der Schriftsteller in faszinierenden literarischen Variationen schrieb. Alexander von Humboldt kann heute weder nur jeweiligen Einzeldisziplinen noch ‚der' Wissenschaft zugeordnet werden: Sein Schaffen schreibt sich in die Literaturen der Welt ein und nutzt somit ein Wissen und Lebenswissen, dessen undisziplinierbare Bewegungen es teilt und mitteilt.

Wenn sich der preußische Schriftsteller gerade diesen Berg in ungezählten Darstellungen, aber auch im Weltgemälde seines *Tableau physique* als das Symbol seiner eigenen (nicht allein wissenschaftlichen) Leistung wählte, dann nicht, weil er etwa den Eindruck hätte erwecken wollen, den damals für den Höchsten aller Berge gehaltenen Vulkanriesen erstiegen zu haben, sondern gewiss in dem Bewusstsein, dass das Scheitern an diesem Berg ihn nicht zu einem Gescheiterten, sondern zu einem Gescheiteren gemacht hatte. Der Chimborazo bildet ein besonders markantes und in jeglicher Hinsicht überragendes

---

45 Vgl. hierzu den Auftakt von Ette, Ottmar: Bild-Schrift, Schrift-Bild, Hand-Schrift. Zur Kunst der Sichtbarmachung in Alexander von Humboldts Amerikanischen Reisetagebüchern; sowie zum Begriff der ‚Landschaft der Theorie' ders.: *Roland Barthes. Landschaften der Theorie.* Konstanz: Konstanz University Press 2013.

Beispiel unter den verschiedenen WeltFraktalen, derer sich Humboldt bediente, um seine Wissenschaft gleichsam pasigraphisch und *en miniature* darzustellen.

Denn Alexander von Humboldt war kein Mann des Ankommens, sondern des Aufbrechens, des Auf-dem-Wege-Seins: auf einem Wege, der wie jener der Wissenschaft niemals an ein Ende führen kann und niemals zu einem Stillstand kommt. So ist der Chimborazo in Humboldts Schreiben weitaus mehr als bloße Natur; er symbolisiert vielmehr die Unmöglichkeit, die Natur als ‚bloße Natur' zu verstehen, gleichsam als einen sinn-losen großen Felsblock. Denn die künstlerisch entworfene und wissenschaftlich in ihren Höhenstufen beschriebene Gestalt des Chimborazo steht stellvertretend für ein Weltgemälde wie für ein Leben, in dem die Natur schon immer Kultur und Kultur ohne Natur – und ohne die Politik der Natur – nicht vorstellbar ist. Eben hierin liegt der Zauber, aber auch das Versprechen dieses Schreibens für die Zukunft.

Roland Barthes oder die allmähliche Verfertigung der Kulturlandschaft beim Reisen

Gehen wir an dieser Stelle unserer Vorlesung im Spannungsfeld von Natur und Kultur von Alexander von Humboldt über zu einem weiteren Reiseschriftsteller in französischer Sprache, obwohl dieser gemeinhin nicht als ein „ecrivain-voyageur" gilt. Denn Roland Barthes ist sicherlich nicht in erster Linie als Verfasser literarischer Reiseberichte bekannt geworden, obwohl er im Verlauf seines schriftstellerischen Lebens seit den vierziger Jahren, seit der Veröffentlichung von *In Griechenland* eine ganze Vielzahl an experimentellen reiseliterarischen Texten schuf, die in dieser Vorlesung nicht in ihrer Gesamtheit erfasst werden können. Doch besaß der französische Literatur- und Kulturtheoretiker überhaupt ein klares Konzept dessen, was man mit einem schillernden Begriff als ‚Reiseliteratur'[1] zu benennen pflegt?

Abb. 26: Roland Barthes (1915–1980).

Nun, der in seinem gesamten Schaffen stets um den Lebensbegriff kreisende Zeichentheoretiker[2] hat in seinen Texten auf immer wieder andere, stets theoretisch reflektierte Weise jene reiseliterarischen Grundmechanismen hinterfragt und außer Kraft gesetzt, welche man in einer Theorie des Reiseberichts als die verschiedenartigen Formen und Normen reiseliterarischer Orte, Dimensionen und Bewegungsmuster beschreiben könnte.[3] So fragte er sehr pointiert in seinem 1970 erschienenen und – leicht vereinfachend ausgedrückt – die Spielräume zwischen Strukturalismus und Poststrukturalismus ausleuchtenden und erprobenden programmatischen Band mit dem etwas kryptisch anmutenden Titel *S/Z*:

---

1 Vgl. zu dieser Fragestellung den ersten Band der Reihe „Aula" in Ette, Ottmar: *ReiseSchreiben* (2020), S. 582 ff.
2 Vgl. eine unter diesem Gesichtspunkt vorgenommene Gesamtdarstellung in Ette, Ottmar: *LebensZeichen. Roland Barthes zur Einführung*. Hamburg: Junius Verlag 2011.
3 Vgl. zu den Orten, Dimensionen und Bewegungsmustern des Reiseberichts das Auftaktkapitel in Ette, Ottmar: *Literatur in Bewegung* (2001).

> Was wäre ein Reisebericht, in dem es hieße, man bleibe, ohne doch je angekommen, man reise, ohne doch je aufgebrochen zu sein – wo es, einmal aufgebrochen, niemals hieße, man sei angekommen oder nicht angekommen? Ein solcher Bericht wäre ein Skandal, die Erschöpfung der Lesbarkeit durch Blutverlust.[4]

Roland Barthes bricht in diesen wenigen Zeilen offen mit den Grundvoraussetzungen eines traditionellen (oder konventionellen) Reiseberichts. Wird er aber auch mit dessen Inhalten brechen, etwa der Beschreibung vorüberziehender Landschaften beim Reisen? Und wie wird sich beim ihm das Verhältnis zwischen Natur und Kultur in einem Reisebericht gestalten, der mit den Regeln und Normen zumindest des herkömmlichen Gattungsverständnisses bricht?

Die von Barthes im gleichen Atemzug benannten vier Momente eines (traditionellen) Reiseberichts – „partir" / „voyager" / „arriver" / „rester" – wären in einem derartigen Text, der sich jenseits der von Barthes so benannten Lesbarkeit („lisibilité") ansiedeln würde, nicht länger voneinander unterscheidbar. Freilich hat der Verfasser von *Roland Barthes par Roland Barthes* die Konsequenzen eines solchen ‚unlesbaren', ‚skandalösen' Reiseberichts nicht nur theoretisch durchdacht und durchgespielt, sondern auch im Schreiben selbst experimentell erkundet und erprobt. Wir werden daher aufmerksam zur Kenntnis nehmen dürfen, wie er bei seinem eigenen ReiseSchreiben das Verhältnis von Natur und Kultur gestaltet.

Früh schon hatte sich der junge Barthes mit Fragen des Reisens und des Perspektivenwechsels auseinandergesetzt: gerade zu Beginn mit sehnsüchtigem Blick auf die mediterrane Welt. In gewisser Weise lösten die zehn Mikrotexte von *En Grèce* bereits 1944 in der dort geschaffenen archipelischen Landschaft der Theorie ein, was das ‚Enfant terrible' der französischen Theorieszene sechsundzwanzig Jahre später in *S/Z*, seinen Kürzesttexten über Honoré de Balzacs Novelle *Sarrasine*,[5] vehement und programmatisch formulieren sollte. Bereits vom ersten literarischen Reisebericht von Roland Barthes ließe sich sagen: Der Text tut, was er sagt, schreibt, was er beschreibt.

Denn die Inseln des griechischen Archipels werden in *En Grèce* zu Text-Inseln, werden damit in einen Text überführt, der erst gar nicht versucht, Natur zu sein oder Natur darzustellen. Wir hatten schon in diesem Teil unserer Vorlesung gesehen, dass der französische Mythenkritiker Natur in seinen *Mythologies* stets verdächtigte, nichts anderes als ein Platzhalter für die Kultur zu sein.

---

4 Barthes, Roland: *Oeuvres complètes*, Bd. 2, S. 625: „Que serait le récit d'un voyage où il serait dit que l'on reste sans être arrivé, que l'on voyage sans être parti – où il ne serait jamais dit qu'étant parti, on arrive ou n'arrive pas? Ce récit serait un scandale, l'exténuation, par hémorragie, de la lisibilité."

5 Vgl. hierzu Richter, Elke / Struve, Karin / Ueckmann, Natascha (Hg.): *Balzacs ‚Sarrasine' und die Literaturtheorie. Zwölf Modellanalysen.* Stuttgart: Philipp Reclam jun. 2011.

Als Reiseschriftsteller entfaltet Barthes nicht nur eine Theorie, er setzt sie vielmehr ins Werk: in Barthes' erster literarischer Reiselandschaft bereits deutlich im Lichte der späteren Theoriebildungen erkennbar. Alles ist hier in Bewegung: die Reisenden, die Blickwinkel und die Gegenstände selbst. Die Inseln des Archipels erscheinen nicht als Naturphänomene, sondern sind erkennbar zu formbaren Textphänomenen und damit zu Kultur geworden. Denn das „Land der reisenden Inseln"[6] konfiguriert das archipelische Paradigma der Barthes'schen „écriture" und transformiert eine Natur beim Schreiben der Reise in Kultur. Nicht (nur) der Reisende reist, auch seine Gegenstände reisen mit und verfertigen sich so allmählich beim Reisen.

Schon in diesem frühen Text hat Barthes eine identifizierbare itinerarische Struktur aufgegeben, aufgelöst und ganz bewusst aus seiner Reiselandschaft verabschiedet. Auch die allmähliche Verfertigung dieser Landschaft lässt sich nicht itinerarisch erfassen. Die Struktur der Reiselandschaft stand für Barthes bereits in den vierziger Jahren stellvertretend für die Last eines Erbes, das er selbst weder als Schriftsteller noch als Denker anzutreten bereit war. Es galt für ihn vielmehr, die von der literarischen Tradition insbesondere der Romantik aufgehäuften Gegenstände der Natur zu vermeiden und deren Natur in Kultur zu überführen.

Mit literarischer List suchte er daher, seiner Lust am Schreiben neue Bewegungsräume jenseits des Itinerarischen, jenseits der ausgetretenen Reisewege, zu eröffnen. Traditionelle reiseliterarische Schreibformen waren schon für den Barthes der vierziger Jahre – ganz wie für Lévi-Strauss, der ein Jahrzehnt später seine *Tristes Tropiques* mit dem Verweis auf das „Ende der Reisen" begann[7] – offenkundig an ein Ende gekommen. Nicht aber die Reiseliteratur selbst, die Roland Barthes sehr wohl auf eine Weise pflegte, die ihn in aller Regel unter dem Radar der Reiseliteraturforschung passieren ließ.

Die experimentellen Reisetexte von Roland Barthes bilden – soviel sei schon vorausgeschickt – Landschaften des Denkens wie des Lebens und des Schreibens, der Theorie und der Philosophie: und vielleicht mehr noch Reiselandschaften, in denen die Kräftefelder von Worten und Orten, unter denen sich andere Worte und Orte abzeichnen, die Horizonte einer neuen reiseliterarischen Kreativität abstecken. Die außersprachliche Referentialität wird auf ein Minimum gesenkt, Natur erscheint immer schon als Kultur.

---

6 Barthes, Roland: En Grèce. In (ders.): *Œuvres complètes*, Bd. 1, S. 54.
7 Lévi-Strauss, Claude: *Tristes Tropiques*. Paris: Librairie Plon 1955. Vgl. hierzu auch den ersten Band der Reihe „Aula" in Ette, Ottmar: *ReiseSchreiben*, S. 571 ff.

Nicht die Reiseverläufe oder das Chronologische, nicht der Reiseprozess selbst oder seine von Barthes benannten vier Phasen stehen im Vordergrund, sondern all jene Elemente und Aspekte, deren Wechselbeziehungen und Relationalitäten eine hochdynamische und stets prekäre Gesamtheit schaffen; ein Zusammenwirken von Faktoren und Fluktuationen, das wir ebenso in einem geographischen wie in einem kulturwissenschaftlichen Sinne als Landschaft bezeichnen dürfen. Diese Landschaften aber sind keine geographischen Landschaften.

Es ist faszinierend zu sehen, welche Kontinuitäten zwischen dem Reisebericht über Griechenland und dem vielleicht bekanntesten reiseliterarischen Buch bestehen, das Roland Barthes ein gutes Vierteljahrhundert später im Jahr 1970 – folglich sehr zeitnah zu den in *S/Z* vorgetragenen Überlegungen – erscheinen ließ: jenem *Reich der Zeichen*, in dem sich eine Abfolge unterschiedlichster Mikrotexte zu einem Text und Bild miteinander verschränkenden Ikonotext anordnet. Dabei ist der Titel dieses Bandes Programm: Alles wird in Zeichen verwandelt, wird als Zeichen gelesen, hinter dem sich keine wie auch immer geartete ‚Natur‘ verbirgt.

Aber war *L'Empire des signes* überhaupt ein Buch über Japan? War dessen Verfasser überhaupt in Japan? Gab es also eine Reise mit einem Aufbrechen, einem Hinflug, einem Aufenthalt als Grundlage? Diese Fragen sind im Grunde leicht zu beantworten: Der kunstvoll gestaltete Band ging auf mehrere Japan-Reisen des Autors in den sechziger Jahren zurück, sollte experimentell aber ein Japan entwerfen, das als zeichenreiches Reich der Zeichen nicht auf Japan reduziert werden konnte. Jegliches Element einer ‚einfachen‘ Natur sollte aus diesem textuellen Zeichenreich verbannt sein.

Bereits in der dem gesamten Band vorangestellten Leseanweisung wurde der Leserschaft eine Landschaft der Theorie präsentiert, deren Charakter und Choreographie sich keiner itinerarischen Logik, sondern den phantastischen und phantasievollen Zeichen der Literatur erschließt:

> Will ich mir ein fiktives Volk ausdenken, so kann ich ihm einen erfundenen Namen geben, kann es erklärtermaßen als einen romanesken Gegenstand behandeln, eine neue *Garabagne* schaffen, um kein reales Land in meiner Phantasie zu kompromittieren (aber damit kompromittiere ich eben diese Phantasie in den Zeichen der Literatur). Ich kann auch ohne jeden Anspruch, auch nur die geringste Realität darzustellen oder zu analysieren (dies sind die großen Gesten des westlichen Diskurses), irgendwo in der Welt (*da unten*) eine gewisse Anzahl von Zügen (ein Wort mit graphischer und sprachlicher Bedeutung) aufnehmen und aus diesen Zügen ganz nach meinem Belieben ein System bilden. Und dieses System werde ich nennen: Japan.[8]

---

8 Barthes, Roland: L'Empire des signes. In (ders.): *Oeuvres complètes*, Bd. 2, S. 747.

In *L'Empire des signes* wird der Reisebericht abendländischer Tradition als Besitzergreifung von (vorgeblicher) Realität verabschiedet, weil die reiseliterarische Konstruktion dieser Realität auf Besitzergreifung angelegt ist. Das Japan, von dem der Schriftsteller Besitz ergreift, existiert aber nur als Text, ja sogar nur in der Phantasie des Autors. Die *Mimesis* des okzidentalen Textes wird verabschiedet: Es geht um keinerlei dargestellte Realität in der abendländischen Literatur.

Roland Barthes greift damit einen Gedanken auf, der sich sehr wohl in jenen *Traurigen Tropen* findet, in denen Claude Lévi-Strauss die Reise als wesentlichen Bestandteil einer vom Abendland ausgehenden Expansion beschrieb, die neben den Schönheiten der westlichen Zivilisation auch alle Zerstörungen mit sich gebracht und ihren Abfall rücksichtslos in die Natur, ins Antlitz der Welt geschleudert habe.[9] *Das Reich der Zeichen* distanziert sich von den (nicht nur reiseliterarischen) Zeichen eines solchen Reichs, in welchem die Natur unter dem Abfall der Kultur jämmerlich zugrunde geht. Die okzidentalen Gesten der Expansion, der Eroberung, der Inbesitznahme und der Verunstaltung werden bewusst vermieden, was diesen Text (um jedes Missverständnis zu vermeiden) selbstverständlich nicht zu einem ökologisch nachhaltigen macht.

Es ging dem Autor von *L'Empire des signes* um etwas anderes: Roland Barthes führt seinerseits in *seinem* Japan vor, welche Strategien er im Jahr 1970 für praktikabel hielt, um die (wie es in einem erstmals 1968 im *Nouvel Observateur* erschienen Text hieß) von ihm intendierte „dépossession de l'Occident", jene „Enteignung des Abendlands",[10] die ihm schon lange als unabdingbar erschien, ästhetisch wirksam ins Werk zu setzen: eine Textstrategie, welche die traditionellen Konsekutiv- und Kausalketten, jene internen Logiken also, welche den abendländischen Reisebericht über Jahrhunderte prägten, außer Kraft zu setzen sucht. Was genau aber war sein Verfahren?

Ankommen und Abreisen, aber selbstverständlich auch Bleiben und Reisen überhaupt werden in ihrer itinerarischen und chronologischen Raum-Zeit-Verknüpfung als Träger einer Besitzergreifung verdächtigt, die auf der Herstellung fundamentaler Kontinuitäten der Machtausübung beruht. Einer Machtausübung, die sich ebenso auf ein Territorium wie auf eine Gesellschaft, auf eine ,Natur' wie auf eine ,Kultur' bezieht und gegen diese richtet.

Gegen diese kontinentale, da Kontinuitäten erzwingende Landschaft setzt er – nunmehr vor dem veränderten philosophisch-theoretischen Hintergrund der

---

9 Vgl. Lévi-Strauss, Claude: *Tristes Tropiques*, S. 36 f.
10 Barthes, Roland: *Sollers écrivain*. Paris: Seuil 1979, S. 47. Vgl. hierzu Ette, Ottmar: *Roland Barthes. Eine intellektuelle Biographie*, S. 23.

ausgehenden sechziger Jahre und der zunehmenden Durchsetzung poststrukturalistischer Theoreme – die Landschaft einer Theorie, die diskontinuierlich, mikrotextuell und archipelisch ist. Wir sehen an dieser Stelle deutlich, an welche in unserer Vorlesung behandelten archipelischen Denktraditionen Roland Barthes in *Das Reich der Zeichen* anknüpft.

Die genüssliche Aufgabe und mehr noch lustvolle Auflösung des Itinerarischen zeitigt auch Auswirkungen auf die autobiographischen Erzählformen, die zum kanonischen Bestand moderner abendländischer Reiseliteratur gehören. Denn reiseliterarische Texte teilen mit autobiographischen Texten eine ganze Reihe an gemeinsamen Gattungsmerkmalen.[11] Aber auch die Biographie des Reisenden selbst wird folglich nicht in einem Reisetagebuch eingefangen, sondern in Splitter von Biographemen verwandelt, die sich immer wieder anders anordnen lassen.

Bisweilen erlauben diese eingestreuten Biographeme kurze Einblicke auf einen Parcours (etwa durch verschiedene Homosexuellenbars von Tokyo), um diese Spiegel-Splitter sogleich wieder neu zu kombinieren und in ein Spiel von Schrift-Zeichen und Zeichen-Schrift aufzulösen, in welchem sich die außersprachlichen Referentialitäten verlieren. Barthes' *Reich der Zeichen* situiert sich rigoros jenseits eines den abendländischen Diskurs strukturierenden Gegensatzes zwischen ‚Fiktion' und ‚Realität' und verschließt sich jeglicher Geste darstellender oder dargestellter Wirklichkeit.

L'Empire des signes verweigert sich aber auch dem Gegensatz zwischen Natur und Kultur, der gemäß traditioneller Gattungskonventionen stets im Reisebericht vorhanden ist. Alles, was man einer ‚Natur' zuordnen könnte, wird in den Bereich des Artifiziellen transplantiert, so dass überall die Ebene der Kunst, der Literatur, der Kultur vorherrscht. Denn Barthes' Japan ist ein Japan auf Papier und aus Papier, aus Zeichen Reisen bildend, welche die einzelnen Mikrotexte auf immer wieder neue Weise miteinander verbinden und archipelisch, wie in *En Grèce*, wechselseitig in Bewegung setzen. Aus diesen erst vom Lesepublikum zu schaffenden Choreographien entsteht eine komplexe Landschaft, die sich jedweder simplen Sinnbildung, jeder einfachen Richtung, aber nicht der Sinnlichkeit und einer allem zugrundeliegenden Ästhetik der Lust entzieht. Es ist zugleich eine Landschaft, in der nichts mehr an den Gegensatz zwischen Natur und Kultur erinnert. Die Natur ist dem Reisenden abhanden gekommen.

Wenn Roland Barthes gleich zu Beginn von *L'Empire des signes* davon spricht, dass er „eine gewisse Anzahl von Zügen" gebildet habe und dass der französische

---

11 Vgl. hierzu Ette, Ottmar: *ReiseSchreiben*, S. 3 ff. u. 19 ff.

Begriff „traits" „ein Wort mit graphischer und sprachlicher Bedeutung"[12] sei, dann ließen sich diese Formulierungen nicht allein auf seine Schrifttexte oder seine Ikonotexte, sondern zweifellos auch auf seine graphischen Entwürfe, Skizzen und Gemälde beziehen. Diese Visualisierungen entwerfen eigentliche Landschaftsbilder, welche sich jedwedem simplen Darstellungsgebot von ‚Wirklichkeit' bewusst entziehen und sicherlich keinerlei Natur zum Ausdruck bringen. Denn es finden sich hier keinerlei Naturlandschaften, sondern ausschließlich Kulturlandschaften, Zeichenlandschaften der Theorie.

Man könnte diese „traits" damit sehr wohl als graphische Entwürfe jener Landschaften der Theorie begreifen, mit deren Ausarbeitung, Veränderung und Neuformulierung Roland Barthes ein ganzes Leben lang beschäftigt war. Ging es ihm in seinen graphischen Landschaften wie in *Das Reich der Zeichen* nicht darum, „aus diesen Zügen ganz nach meinem Belieben ein System"[13] zu bilden, gleichviel, ob dies ein diskursives oder ‚rein' graphisches Textgewebe war? Denn die Barthes'schen Striche, Züge und Bewegungen verkörpern eine Theorie und sind doch nicht auf (diese) Theorie zu reduzieren. Sie verabschieden eine Natur, die doch zu keinem Zeitpunkt im Text ‚natürlich' war. Barthes' Bilder sind Textlandschaften und keinerlei Naturlandschaften mehr. Selbst die ‚Natur' in der Körperlichkeit der Barthes'schen Japaner ist eine rein kulturell programmierte und dem Lesepublikum dieses Zeichen-Reichs buchstäblich vor Augen geführte.

So sehen wir in einem inter- und transmedialen Zusammenspiel die Entstehung einer Landschaft der Theorie, in der es keine klaren, konsekutiven Wegmarkierungen, keine kausalen Kettenbildungen und Denkabfolgen mehr gibt, welche die (okzidentale) Leserschaft in den Besitz des ‚Anderen', des ‚Fremden', des kommerzialisierbaren ‚Exotischen' brächten. Auch das Territorium Japans, auch seine Inselhaftigkeit, seine Vulkane und Seen, seine Strände und Gebirge können vom Okzident mit Hilfe eines Reiseberichts nicht besessen werden. Der Okzident ist – wie von Barthes versprochen – „dépossédé", enteignet.

Relationale Logiken treten an die Stelle von konsekutiven, vektorielle an die Stelle von statischen, kontingente an die Stelle von kausalen Denkmustern, wodurch ein Spielfeld, ein Frei-Raum für Bewegungen eröffnet wird, die ohne die Bewegungen der Leserinnen und Leser niemals funktionieren könnten. Dadurch bildet sich in diesem von diskontinuierlichen Bild-Texten und Text-Bildern geformten Archipel-Text eine Landschaft der Theorie heraus, in die sich die für das gesamte Barthes'sche Schreiben charakteristische Kurzschreibweise

---

12 Barthes, Roland: L'Empire des signes. In (ders.): *Œuvres complètes*, Bd. 2, S. 747.
13 Ebda.

und weit mehr noch jene offene, viellogische Strukturierung einfügen, welche den Denk-, Schreib- und Wissenschafts-Stil von Roland Barthes aller kontinuierlichen Veränderungen zum Trotz auch im weiteren Verlauf der siebziger Jahre bestimmen sollten. Der okzidentale Mythos Natur ist längst hinter dem Horizont seiner einstmals aus dem Süden auftauchenden Schiffe verschwunden. Selbst die Namban-Kunst, die Kunst jener ‚Barbaren des Südens‘, die wir auf den Biombos sich hatten entwickeln sehen, ist aus dem Reich der aufgehenden Sonne verschwunden und hat anderen transkulturellen Entwicklungen Platz gemacht.

Mit der Natur verabschiedet sich aber keineswegs das Leben. ‚Leben‘ und ‚Text‘ bilden in *Das Reich der Zeichen* keinen Gegensatz: Es ist vielmehr Leben im Text, ohne dass der Text in einem traditionellen Sinne moderner Autobiographie ein Leben beschriebe und vor uns aufzublättern versuchte. Und doch sind Biographeme allgegenwärtig. Die graphischen Entwürfe von „R/B“[14] übernehmen dabei außerhalb des im Übrigen bis heute sehr erfolgreichen Bandes jene Funktion, welche die Photographien als Bilderstrecke gleich zu Beginn von *Roland Barthes par Roland Barthes* – und damit textintern – erfüllen.

Diesseits wie jenseits ihrer Transmedialität aber ist die Literatur – und von ihr ist nicht umsonst bereits im Incipit die Rede – keine dargestellte Wirklichkeit, sondern die literarische Darstellung gelebter und erlebter Wirklichkeiten, die auf keine wie auch immer konstruierte Realität zu reduzieren sind. Realität verstanden als Natur oder Naturlandschaft wird exkludiert. Archipele bestehen nicht aus Inseln mit einem vulkanischen Kern.

Roland Barthes’ Reise-Literatur versucht, ausgehend vom Reisen eine Literatur zu entfalten, die sich nicht auf das Reisen – und nicht auf eine bestimmte außersprachliche ‚Realität‘ des Bereisten – reduzieren lässt. Wir stehen vor einem Reiseprozess als Schreibprozess, vor einem Reisen als allmählicher Verfertigung einer Kulturlandschaft im Text. Hat es jemals Natur gegeben? Das Vorgefundene wird weder zentral gestellt noch ausgeblendet; es geht vielmehr eine stets veränderliche, stets dynamische Beziehung zum Erfundenen wie zum Erlebten ein. Wer wollte da grob von „fiction“ oder „non-fiction“ sprechen? Alles Außersprachliche ist längst in Literatur, ist längst in ein Zeichen-Reich der Kultur verwandelt.

Bereits die marokkanischen *Zwischenfälle*, Barthes’ *Incidents*, konstruierten eine nicht einfach referentialisierbare außersprachliche Realität, sondern eine Textualität, die ganz im Sinne der Texttheorie rund um *Tel Quel* auf eine Befrei-

---

14 Vgl. Alphant, Marianne / Léger, Nathalie (Hg.): *R/B. Roland Barthes. Exposition présentée au Centre Pompidou, Galerie 2, 27 novembre 2002–10 mars 2003*. Paris: Seuil 2002, S. 137–167.

ung des Signifikanten vom Druck der Wirklichkeitsdarstellung, der Mimesis, abzielte. Man kann dies auch als eine Befreiung des Textes beziehungsweise der Kultur von jeglichem Druck der Natur verstehen, der noch auf ihr lasten würde. Auch dieser postum erschienene Band war folglich nichts anderes als ein starkes Stück experimenteller Reiseliteratur. Beschäftigen wir uns daher kurz mit diesen marokkanischen *Incidents*!

Wie schon in *En Grèce* bilden die gleichsam verschiebbaren, ,reisenden' Mikrotexte über die Marokko-Reisen und -Aufenthalte Barthes' die konstruktive Voraussetzung dafür, durch einen sich diskontinuierlich präsentierenden und repräsentierenden Text eine Bewegungsvielfalt zu erzeugen, die nicht auf eine einzige Reisebewegung zurückgeführt werden kann, die zugleich aber auch nicht die Reisebewegungen als solche ausblendet. Auf vielerlei Weise stehen die *Incidents* den Schemata herkömmlicher Reiseliteratur (noch) näher als *L'Empire des signes*. Dies lässt sich auf vielen Textebenen beobachten.

So blenden diese erst im Jahre 1987 herausgegebenen marokkanischen *Zwischenfälle* oder *Begebenheiten* immer wieder auch konkrete Bewegungen im Raum etwa bei Autofahrten oder Taxifahrten, aber auch beim Durchqueren einer Stadt in die Abfolge kürzester Mikrotexte ein. Die *Incidents* gehen zurück auf Marokkoreisen Barthes' in den Jahren 1965,[15] 1968 und 1969, vor allem aber auf einen längeren Aufenthalt in Rabat, wo ein von den Pariser Ereignissen im Mai '68 zutiefst enttäuschter Barthes im September 1969 eine Gastdozentur antrat, die definitiv erst ein Jahr später zu Ende ging. Marokko bot wie Japan Barthes die Möglichkeit, die atopischen,[16] utopischen und vor allem heterotopischen Horizonte seines Denkens als Lebenslandschaften neu zu organisieren. Elemente der Natur kommen aber nur aus der Perspektivik der Kultur vor und werden stets kurz eingeblendet, um dann wieder definitiv aus dem Text der Barthes'schen Kurz- und Kürzesttexte zu verschwinden.

Auf der formalen Textebene freilich bieten die *Incidents* Neues. Weit radikaler noch als in *Das Reich der Zeichen* hat Barthes sich hier auf eine Kurzschreibweise („écriture courte") konzentriert, die in den *Incidents* oftmals Kürzesttexte von zwei bis drei Zeilen entstehen ließ. Auch wenn mitunter Eselkarren, Automobile, Bahnhöfe oder Flugzeuge eingeblendet werden, entsteht die eigentliche Vektorizität in diesem wohl 1969 abgeschlossenen Text sehr viel stärker durch all jene Klein- und Kleinstbewegungen, die sich als Tropismen zwischen den sehr unterschiedlichen Mikrotexten ergeben. Tanger, Rabat oder Marra-

---

15 In seinem jährlichen Bericht für die EPHE vermerkt Barthes ein Gastseminar im November 1965 an der *Faculté des Lettres* in Rabat (OC II 111).
16 Vgl. Oster, Angela: *Ästhetik der Atopie. Roland Barthes und Pier Paolo Pasolini*. Heidelberg: Winter 2006.

kesch tauchen auf, verbleiben aber in einer eigentümlich unscharfen Diskontinuität, welche diese Städte wie Inseln aus einem Kontinent herauspräpariert, der in Form einer vielfach gebrochenen Fraktalität literarisch in Szene gesetzt wird:[17] Marokko als Archipel, im selben Maße wie Japan.

Zugleich wird eine Landschaft ausgefaltet, deren kulturelle Spannungslinien zwischen Europa und dem Maghreb, aber auch zwischen dem Norden Amerikas und dem so anderen Norden Afrikas verlaufen. Diese verschiedenen Welten stoßen schroff und unvermittelt in den Mikrotexten aufeinander – und genau aus diesem Zusammenprall entsteht wohl das, was wir als die wiederum archipelische, diesmal aber nicht mehr mittelmeerische, sondern unterschiedliche Weltteile miteinander verbindende transareale[18] Landschaft der Theorie bezeichnen könnten.

Im selben Jahr 1969 hatte Barthes diese spannungsvolle Landschaft in einem Aufsatz für die Pariser Zeitschrift *Communications* gezeichnet, wies er dort doch unter dem Titel *Ein Fall kultureller Kritik*[19] auf die Aporien einer westlichen Zivilisation, die sich selbst noch in ihren selbstkritischen Gegenbewegungen als hegemonial erweise. Anti-okzidentale Bewegungen oder Strömungen des Okzidents sind noch immer okzidental. Wie in den Kürzesttexten seiner *Incidents* versuchte er dort, die Hippiebewegung gerade in den Widersprüchen ihrer Kulturkritik aus einem Blickwinkel zu beleuchten, den er in diesem Beitrag ohne das Lebens- und Erlebenswissen seiner Reisen nach Marokko wohl niemals eingenommen hätte. Barthes' Verständnis von Kulturkritik macht im Zeichen einer ‚Enteignung des Abendlands' nicht vor einer Kritik an westlichen Kritikern westlichen Lebensstils halt, sondern nimmt gerade auch sie aufs Korn.

Die in den *Zwischenfällen* intensiv entwickelte Körperlogik[20] lässt sinnliche Körperwelten entstehen, die mitunter auch innerhalb derselben Mikrotexte heftig mit den eingeblendeten Bruchstücken arabischer Innenpolitik zusammenprallen. Die unterschiedlichen Körperpolitiken scheinen zwischen Liebesakt und öffentlichem Erhängen unrettbar in verschiedene Richtungen (frz. „sens") auseinanderzudriften. Diese Richtungen bilden zugleich auch den Sinn (frz. „sens"):

17 Vgl. zur literarischen Tradition von Tanger den Aufsatz von Ette, Ottmar: (Tanger Transit) Zum Mythos eines Ortes in und als Bewegung: Ibn Battuta, Roland Barthes, Severo Sarduy und Rodrigo Rey Rosa. In: Stiglegger, Marcus / Escher, Anton (Hg.): *Mediale Topographien. Beiträge zur Medienkulturgeographie.* Wiesbaden: Springer 2019, S. 207–241.
18 Zum Begriff des Transarealen vgl. Ette, Ottmar: *TransArea. Eine literarische Globalisierungsgeschichte.* Berlin – Boston: Walter de Gruyter 2012.
19 Barthes, Roland: *Œuvres complètes*, Bd. 2, S. 544–546.
20 Vgl. zu diesem Begriff am Beispiel der *Incidents* Ette, Ottmar: *Roland Barthes. Eine intellektuelle Biographie*, S. 256–259.

Abdellatif – so wollüstig – rechtfertigt ganz entschieden die kürzlich in Bagdad vollzogenen Todesurteile durch Erhängen. Die Schuld der Angeklagten ist evident, weil der Prozess ja kurz war: Der Fall lag eben ganz eindeutig. Widerspruch zwischen der Brutalität dieser Dummheit und der milden Frische seines Körpers, der Verfügbarkeit seiner Hände, die ich, ziemlich stumpfsinnig, weiter halte und streichle, während er seinen Rache-Katechismus vorträgt.[21]

Die Körperlichkeit blendet in die Liebesbeziehung eine Körperlogik ein, in welcher sich Natur und Kultur eng miteinander verweben. Gerade in der Dominanz des rein Körperhaften scheint ein Element des Natürlichen auf, das vom Ich entgegen seiner intellektuellen Einsichten liebkost wird. Nicht nur bei Abdellatif, sondern auch beim reflektierenden Erzähler-Ich manifestiert sich eine schroffe Kluft zwischen Körper und Reflexion, gleichsam zwischen der Sprache des Körpers und jener des Intellekts, zwischen der Sprache der ‚Natur' und jener der ‚Kultur'.

Damit wird die sich in diesem relativ umfangreichen Mikrotext abzeichnende Körperlandschaft des Anderen nicht nur in einen inneren Widerspruch, sondern auch in eine Bewegung von Differenz und Gleichklang mit dem Ich gebracht: Die (aus welchen Gründen auch immer) verfügbare Körperlandschaft des anderen Mannes wird betastet und so liebkost, wie es sich das Denken des Ich-Erzählers eigentlich nicht vorstellen will. Ist es die Käuflichkeit der homosexuellen Liebesbeziehung, welche den Ich-Erzähler an seinem eigenen Handeln und seinem Sich-Einlassen trotz aller Dummheit zweifeln lässt und ihn letztlich dazu führt oder verführt, sich auf die Körperlichkeit des Anderen liebevoll einzulassen?

Wie auch immer man diese Frage in der Kontextualität eines zu Lebzeiten von Barthes nicht veröffentlichten reiseliterarischen Bandes textextern und in der Kotextualität der verschiedenen Mikrotexte der *Incidents* textintern beantworten mag: Entscheidend ist hier zweifellos die Tatsache, dass die gesamte Reiselandschaft dieser marokkanischen *Zwischenfälle* auf grundlegenden Diskontinuitäten und Brüchen beruht, die ständig zu einem Wechsel der Perspektiven zwingen und in den Landschaften der Theorie stets auch die hier entfalteten Körperlandschaften inkorporieren. Körperlichkeit wird als Überschneidungsfläche von Natur und Kultur nicht ausgeschlossen, sondern immer wieder (selbst)kritisch reflektiert.

Denn die homoerotischen Liebkosungen gleichen nicht die Brüche aus, sondern machen auf die Gegensätze, die Übergänge und das Aufeinanderprallen größter Widersprüche zusätzlich aufmerksam. So entsteht eine Reiselandschaft der Theorie, die nur durchmessen kann, wer sich ständig durchgeführter Perspektivenwechsel, niemals zur Ruhe kommender Blickpunkte bedient; die keine

---

21 Barthes, Roland: *Incidents*. In (ders.): *Œuvres complètes*, Bd. 3, S. 1261.

Chance lässt, den Anderen dauerhaft zu ergreifen, zu besitzen und zu besetzen. Auch nicht ‚nur' dessen ‚reine' physische Natürlichkeit und Körperlichkeit.

Auf diese Weise entsteht ein hochgradig ‚durchbrochener' Text, der seinem Lesepublikum gewaltige Leerstellen zur kreativen Auffüllung überlässt – nicht nur mit Blick auf die in der Regel homosexuellen[22] und zugleich heterokulturellen Liebesbeziehungen. Es entsteht eine viellogische Landschaft, die nicht mehr von einem einzigen Blickpunkt aus überblickt und ‚verstanden' werden kann. Von welcher Zentralperspektive aus wäre diese fraktalisierte Landschaft der Theorie zu erfassen?

Nun, es gibt in dieser Landschaft kein Zentrum des Sinns mehr, ja noch nicht einmal ein Zentrum der Sinne, wird in den Körperlandschaften doch nicht nur dem Sehen, sondern gerade auch dem Tasten jegliche Rationalität genommen. Doch die Hände sehnen sich jetzt nach dem Greifen, nicht mehr nach dem Begreifen. Die *Incidents* bieten keine Landschaft ohne Perspektive, sondern eine viellogische Anlage, welche die sich einander ergänzenden wie widersprechenden Blickpunkte vervielfacht und dabei anders als in *L'Empire des signes* Schwundstufen von Natur, einer von der Kultur her perspektivierten Natur, bestehen lässt.

Damit entsteht ein radikaler reiseliterarischer Text, in welchem der Fokus nicht auf den Bewegungen des Reisenden liegt, sondern die Leserinnen und Leser selbst notwendig zu Reisenden werden müssen, soll dieser Text für sie nicht ganz im Sinne der angeführten Passage aus *S/Z* über die Ränder der Lesbarkeit, der „lisibilité", hinausgeführt werden. Damit schließt die hier entfaltete Reiselandschaft der Theorie notwendig ihr Lesepublikum – und damit auch die differierenden Positionen ihrer Leserinnen und Leser – mit ein. Barthes' Text setzt auf seine Lesbarkeit dank seines aktiven Lesepublikums.

Die Leserschaft kann sich in ihrer Lektüre in unterschiedliche Richtungen (frz. „sens") bewegen, muss keiner linearen Progression folgen, sondern kann zwischen den einzelnen Mikrotexten frei hin- und herspringen, um diesen Bewegungen dann einen jeweiligen Sinn (frz. „sens") zu geben. Das Textgebilde selbst führt damit jene diskontinuierliche, grundlegend archipelische Landschaft vor, die nicht nur auf der Ebene der Darstellung dieser Reise, sondern auch auf der Ebene der Schreibpraxis dominiert. Die außersprachliche Referentialität ist nicht vollständig ausgeblendet. Zugleich rücken nicht-lineare, relationale Lesarten in den Vordergrund: ein Springen wie zwischen Inseln, die

---

22 Schon früh setzte sich eine autobiographische Lesart dieser Passagen durch, die im Verbund mit anderen Texten Barthes' gleichsam als ‚Geständnisse' gelesen wurden; vgl. etwa Knight, Diana: Barthes and Orientalism. In: *New Literary History* (Charlottesville) XXIV, 3 (1993), S. 622.

man als Sinn-Inseln bezeichnen könnte. So lassen sich die *Incidents* als auf andere Weise als *L'Empire des signes* verfertigter radikaler reiseliterarischer Text von Roland Barthes begreifen: als ein Text, der die Formen und Normen der Reiseliteratur nicht nur einer Zerreißprobe aussetzt, sondern für das ausgehende 20. wie für das 21. Jahrhundert neue Denk- und Schreiblandschaften eröffnet. Aber mit Blick auf den Japan-Band ließe sich auch formulieren, dass der Marokko-Band ebenfalls auf Naturlandschaften verzichtet und die Verfertigung von kulturellen Landschaften ins Zentrum seines Gewebes von Kurz- und Kürzesttexten rückt.

Fassen wir die Ergebnisse unserer Sondierung darüber hinaus kurz zusammen! Schreiben der Theorie im Modus der Literatur, Entwurf der Episteme bei der Verfertigung der Kunst, De-Iterarisierung der Reise im Medium und Modell einer Landschaft der Theorie: Die in den reiseliterarischen Texten von Roland Barthes entfalteten Experimente lassen keine passiven, den Erzählern schlicht ‚nachfolgenden' Leserinnen und Leser zu – wie dies noch Claude Lévi-Strauss in seinen *Tristes Tropiques* mit Blick auf die Reiseliteratur seiner Zeit bemängelte –, sondern bringen Diskontinuitäten und Brüche hervor, um dadurch nicht ein Anderes – etwa den bereisten Ort, die besuchte Stadt, die vorgefundenen Menschen – *als* Anderes zu stabilisieren, sondern ein *Mobile* in Bewegung zu setzen, das ohne die Bewegungen der Leserschaft in dieser literarischen Landschaft gar nicht gedacht werden könnte. So kommt die Reiselandschaft ohne ‚eigentliche' Reise aus. Und die Naturlandschaften ebenso von Marokko wie von Japan sind verschwunden und können nicht mehr zur Inbesitznahme durch okzidentale Leserschichten ausgebreitet werden. *La fin des voyages?*

Keineswegs. Denn die Bewegung ist nicht an Reiserouten gebunden, lässt sich nicht nur an Kilometersteinen ablesen, sondern ist vektoriell auf allen Ebenen des literarischen *und* theoretischen Textes präsent. Das jeweils Erwartbare wird dabei nicht gänzlich ausgeblendet, sondern gleichsam öffentlich verabschiedet. Spielten noch in Lévi-STrauss' *Traurigen Tropen* die Naturlandschaften etwa des Amazonas eine wichtige Rolle, so finden sie sich bei Roland Barthes klar verabschiedet. Naturlandschaften gibt es nicht mehr – zumindest in Roland Barthes' radikalen Reiseberichten.

So wurde schon in *En Grèce* das Stereotyp zugleich aufgerufen und hinauskomplimentiert: „Die Monumente von Athen sind genau so schön, wie man es oft gesagt hat."[23] Das Triviale, an jeder Wegkreuzung Erwartbare, wird lapidar vermerkt und abgehakt. Erwartungshorizonte fehlen in Barthes' Landschaften nie: Sie sind jedoch dazu da, notiert und transformiert zu werden. Dies schafft

---

23 Barthes, Roland: En Grèce. In (ders.): *Œuvres complètes*, Bd. 1, S. 55.

Bewegungsraum für Neues, für neue Verfertigungsformen reiseliterarischen Schreibens.

Eben dies zeigt sich auch in Roland Barthes' *Carnets du voyage en Chine*, jenen *Heften*, welche die Reise nach China betreffen, die er gemeinsam mit den „telqueliens", allen voran Philippe Sollers und Julia Kristeva, im Frühjahr 1974 unternahm. Belegte der kurze, bereits am 24. Mai desselben Jahres in *Le Monde* unter dem lapidaren Titel *Alors, la Chine?* veröffentlichte Artikel den Grad der politischen Desillusion des aus dem Orbit um die Zeitschrift *Tel Quel* gleitenden Barthes, so entwickeln seine zu Lebzeiten unveröffentlicht gebliebenen *Carnets* immer wieder Reiselandschaften der individuellen wie der politischen Erstickung.

In seinem Reisebericht ergeben sich Landschaften der Bewegungslosigkeit, die alles einzuschweißen scheint: „Absoluter politischer Totalitarismus. Politischer Radikalismus. Ich persönlich könnte in diesem Radikalismus, diesem erzwungenen Monologismus, in diesem obsessiven, monomanischen Diskurs (in diesem *Gewebe*, diesem Text ohne Naht), nicht leben."[24] Immer wieder drängen sich Bilder der Atemlosigkeit des fast schon wider Willen[25] Reisenden auf.

Was also ist China in diesem französischen Reisebericht eines der führenden Kulturtheoretiker seiner Zeit? Alles ist in eine einzige glatte, bruchlose Oberfläche gehüllt, jenes „nappé", das Barthes stets als Bedrohung wahrnahm und das hier interessanterweise im Gewand einer dogmatischen Textualität erscheint. Das Stereotyp ist überall: Alle Freiräume scheinen aus dem Leben in China verschwunden. Nichts ragt aus dieser nahtlosen, körperlosen Landschaft mehr hervor: „Und so sollte ich nicht einmal den *Kiki* eines einzigen Chinesen gesehen haben? Was aber kennt man von einem Volk, wenn man noch nicht einmal sein Geschlecht kennt?"[26] Überall hallt Barthes nur dieselbe körperlose, puritanische, von allen Diskontinuitäten und Lüsten ‚gereinigte' Rede entgegen: erwartbar, klischeehaft, erdrückend und unterdrückend. Selbst die in den *Incidents* so wichtigen Körperlandschaften sind gänzlich hinter dem Horizont verschwunden: Es gibt sie ganz einfach nicht.

Das China am Ausgang der Kulturrevolution gab eine homogene Fassade zu lesen, die gänzlich Kultur war. Von Natur war auf dieser Reise keine Rede

---

24 Barthes, Roland: *Carnets du voyage en Chine*. Edition établie, présentée et annotée par Anne Herchberg Pierrot. Paris: Christian Bourgois – Imec 2009, S. 211: „[Totalitarisme politique absolu] / Radicalisme politique] / [Personnellement, je ne pourrai vivre dans ce radicalisme, dans ce monologisme forcé, dans ce discours obsessionnel, monomaniaque] [dans ce *tissu*, ce texte sans faille]."

25 Vgl. hierzu auch Coste, Claude: *Bêtise de Barthes*. Paris: Klincksieck 2011, S. 209.

26 Ebda., S. 117: „[Et avec tout ça, je n'aurai pas vu le kiki d'un seul Chinois. Or que connaître d'un peuple, si on ne connaît pas son sexe?]."

mehr. Barthes aber suchte nach durchbrochenen, viellogischen Reiselandschaften, die von keiner Zentralperspektive aus beherrschbar sein durften und die von ihm leicht in Kulturlandschaften zu übersetzen sein sollten. In China aber waren sie nicht zu finden.

Barthes benötigte für sein radikales reiseliterarisches Schreiben andere „places" und „spaces", andere Kräfte- und Spannungsfelder als Projektionsflächen seiner Landschaften. China taugte nicht als weiteres, größeres Reich der Zeichen: Er selbst spricht in seinen *Carnets* offen vom „Scheitern meines Schreibens (im Vergleich zu Japan). Ich finde schlicht nichts, was ich notieren, aufzählen, klassifizieren könnte."[27]

Stattdessen gibt es nichts als platte Landschaften, nichts Notierbares, nichts Aufschreibbares: „Draußen. Plattes Land. Gemüse. Gelber Raps. Letztlich ziemlich französisch. Häuser. Weizen. / Wahrheit der Reise: China verfremdet nicht (vs. Japan)."[28] China steht damit nicht in Opposition zu all den Bildern der Langeweile, die der Reisende aus seinem Heimatland zur Genüge mitbringt, im Übermaße aufzuzählen weiß.

Man spürt förmlich das Stocken der Barthes'schen Schrift, seines Schreibens, welchem in der Reisebewegung selbst, bei einer Zugfahrt über Land, die Bewegung genommen scheint. Nur in anderen Reiselandschaften konnten von ihm die Grundstrukturen der Reiseliteratur – insbesondere die reiseliterarischen Orte, Dimensionen und Bewegungsfiguren – auf ebenso wissenschaftlich-semiologische wie literarische und literarästhetische Weise experimentell erprobt, aus dem literarischen Spiel genommen und doch wieder an anderer Stelle und mit anderen Funktionen wie Reisesplitter in den Text eingesetzt werden. Allein so konnte ein zersplitterter Text entstehen, der die ganze Aufmerksamkeit einer mitreisenden und – wie der Erfolg insbesondere von *L'Empire des signes* bis heute zeigt – mitgerissenen Leserschaft herausfordert, da er nicht in einer experimentellen Esoterik verharrt, sondern nach aktiven Leserinnen und Lesern fahndet.

Der Blick aus dem fahrenden Zug in China zeigt uns keine Naturlandschaft. Es ist vielmehr eine typische Kulturlandschaft im etymologischsten Sinne, mit Ackerflächen, Gemüseanbau und Häusern dazwischen. In diesen Oberflächen, die Barthes ebenso totalitär erscheinen wie die politischen Diskurse der Kulturrevolution, gibt es nichts, was zu einer allmählichen Verfertigung des literarischen Textes beim Reisen einladen würde.

---

27 Ebda., S. 73: „La faillite, en ce pays, de mon écriture (par comparaison avec le Japon). Je ne trouve, en fait, rien à noter, à énumérer, à classer."
28 Ebda.: „Dehors. Campagne plate. Légumes. Colza jaune. Finalement assez français. Maisons. Blé. / Vérité du voyage: la Chine n'est pas dépaysante (vs Japon)."

Nicht, dass Roland Barthes auf der Suche nach Naturlandschaften gewesen wäre, nach breiten Flüssen, hohen Bergen, tiefen Tälern: nach allerlei Postkartenromantik, in der ein Reisender aus der Höhe mit seiner Zentralperspektive eine Landschaft konstruiert und konstituiert. Doch es scheint, dass ihm die Wirklichkeit seiner Reise nach China, seiner Reise durch China, jene Einsicht vermittelt, die er *textuell*, mit Hilfe eines Japans aus Papier in *L'Empire des signes* hatte aufzeigen und aufzeichnen wollen.

Das dicht besiedelte China zeigt aber im Gegensatz zu Japan dem beschlagenen Kulturtheoretiker selbst noch in seinen Landschaften, dass nichts mehr den okzidentalen Mythos ,Natur' beleben kann: selbst nicht eine organisierte Reise französischer Intellektueller und Schriftsteller durch China. Das Land bleibt ihm so verschlossen wie die „kiki", wie die Geschlechtsteile seiner männlichen Bewohner: nichts als riesige Flächen von gelbem Raps, *rien de plus*. Eine Katastrophe für das Schreiben.

Anna Kazumi Stahl oder die Kultur der Katastrophe

Die vorherigen Analysen sollten aufgezeigt haben, wie brüchig die Grenze zwischen Natur und Kultur selbst in der abendländischen Kultur geworden ist und wie schwer es fällt, überhaupt noch von einer Grenze zwischen beiden ehemaligen Polen einer im Abendland kulturstrukturierenden Opposition zu sprechen. Wenn es eine Humangeschichte der Natur und eine Naturgeschichte des Menschen gibt, so zeigt sich im selben Atemzug, dass wir Natur stets aus der Perspektivik der Kultur beobachten und dass es im Grunde leicht fällt, selbst aus dem Reisebericht – wie bei Roland Barthes – die Natur ganz zu evakuieren und herauszulösen. Wie aber sieht es aus, wenn wir uns eingehender mit sogenannten Naturkatastrophen beschäftigen?

Nun, wir wissen es im Grunde alle: Naturkatastrophen sind nicht natürlich. Zumindest nicht in dem Sinne, dass sie sich allein aus natürlichen und naturräumlichen Gegebenheiten und Gesetzlichkeiten ergeben und erklären lassen. Die Bezeichnung ‚Naturkatastrophe' verhüllt und verschleiert vielmehr etwas, was der Mythos ‚Natur' geflissentlich leistet: Sie verheimlicht und verschweigt, was der entscheidende Anteil des Menschen daran ist und wie sehr sich der Mensch selbst ent-schuldigt, indem er auf die Macht der Natur verweist. Seht her, es ist nicht der Mensch, der Schuld an dieser Katastrophe trägt: Es war doch die Natur allein!

Doch Naturkatastrophen sind komplexer zu betrachten und siedeln sich im Sinne der bereits diskutierten Überlegungen von Philippe Descola vielmehr im Schnittfeld von Natur und Kultur an. Ihre eklatante Zunahme in den zurückliegenden Jahrzehnten macht wie der enorme Anstieg an Folgeschäden deutlich, dass ihre Frequenz längst durch das Handeln des Menschen wesentlich beeinflusst ist und dass diese anthropogene Auslösung von Naturkatastrophen einer mangelnden Fähigkeit des Menschen gegenübersteht, die nach bestimmten Gesetzlichkeiten der Natur ablaufenden Katastrophen noch zu steuern oder gar zu beherrschen. Bauen wir nicht wieder Häuser in den Auebereich der Ahr? Setzen wir nicht wieder dauerhafte menschliche Siedlungen in einen Überschwemmungsbereich an Flüssen und Strömen, die doch mit wachsender Häufigkeit über ihre Ufer treten? Programmieren wir die Naturkatastrophen also nicht höchstpersönlich selber vor?

In diesem Sinne ließe sich durchaus sagen, dass der Begriff der Naturkatastrophe ebenso wie der längst relativierte Begriff der Naturlandschaft heute keinen Sinn mehr macht, insofern er im Anthropozän das wesentliche Zutun des Menschen, die aktive Rolle folglich der ‚Kultur', verschleiert und in den Hintergrund rückt. Naturkatastrophen sind aus der Perspektive einer (politischen)

Ökologie im Sinne der obigen Überlegungen mithin stets im überwiegenden Maße Kulturkatastrophen, die sich freilich als ‚Natur' tarnen. Der Mensch aber ist überall auf unserem Planeten für diese Katastrophen hauptsächlich.

Zweifellos gibt es bevorzugte Weltregionen, in denen Naturkatastrophen gehäuft auftreten. Dazu gehören die Antillen sowie der gesamte zirkumkaribische Raum. Nicht erst seit dem Wüten des Hurrikans Katrina wird die Stadt New Orleans mit Naturkatastrophen in Verbindung gebracht. Dieser Hurrikan der Kategorie 5 hat durch die von ihm in den südlichen Teilen der USA, in Louisiana und speziell in New Orleans, zwischen dem 23. und dem 30. August 2005 verursachten gigantischen Schäden nicht nur weltweites Aufsehen und umfangreichste Hilfsaktionen ausgelöst, sondern auch eine umfassende Auseinandersetzung auch und gerade auf Ebene der Politik wie des Politischen bewirkt, die sich am Ende auch in Form eines ‚Hurrikan Katrina' gewidmeten Eintrags in *Wikipedia* niederschlug. Das ‚Naturphänomen' mit dem freundlichen Frauennamen Katrina ist ebenso ein Teil der politischen wie der kulturellen Geschichte von Louisiana geworden.

Im *Wikipedia*-Artikel, aber auch in einer Vielzahl anderer Publikationen wird Katrina stets zu Beginn als „eine der verheerendsten Naturkatastrophen in der Geschichte der Vereinigten Staaten" bezeichnet.[1] Dies ist sicherlich in der Sache zutreffend. In den US-amerikanischen Südstaaten Alabama, Florida, Georgia, Louisiana und Mississippi richtete Katrina mit ihren Windgeschwindigkeiten bis zu 280 km/h Sachschäden in einer Größenordnung von circa 108 Milliarden US-Dollar an; Verheerungen, die zum Teil bis heute andauernde Folgeschäden hervorgerufen haben.

Doch schlimmer noch: Insgesamt 1836 Menschen wurden Opfer des Hurrikans. Im Zentrum der Katastrophe stand New Orleans: „Bis zu 80 Prozent des Stadtgebietes wurde bis zu 7,60 Meter tief unter Wasser" gesetzt[2] und für längere Zeit als Wohngebiet unbrauchbar gemacht. Nicht nur die Flutwellen vom Meer, sondern auch die Fluchtwellen aus der Stadt, vor allem aber der zu beklagende hohe Verlust an Menschenleben verwandelten Hurrikan Katrina in ein langanhaltendes Politikum, das sich geradezu notwendig aus dem Ausnahmezustand ergab, der für die Stadt wie den Bundesstaat ausgerufen wurde. So werden sogenannte ‚Naturkatastrophen' trotz aller Versuche, sie als ‚Natur' zu etikettieren, schnell zu einem politischen Skandal.

‚Natürlich' gab es naturräumliche Voraussetzungen: Dass New Orleans von Hurrikan Katrina auf besonders dramatische, tragische Weise erfasst wurde,

---

1 Eintrag ‚Hurrikan Katrina'. In: *Wikipedia* < wikipedia.org >, letzter Zugriff am 25.1.2015.
2 Alle Zahlenangaben lt. *Wikipedia*.

lag nicht allein an der Tatsache, dass die Route des Monstersturms genau auf die Stadt zulief (was in Computermodellen mit rasch wachsenden Wahrscheinlichkeiten vorab berechnet und simuliert worden war), sondern an der geographischen Lage der Stadt sowie insbesondere dem Faktum, dass weite Gebiete am Pontchartrain-See sowie die Stadt selbst zu etwa 80 Prozent unter dem Meeresspiegel liegen. Die Risiken für die Bevölkerung waren zuvor bekannt gewesen, doch war für einen ausreichenden Schutz der Bewohner nicht vorgesorgt worden. Die Katastrophe war folglich vorprogrammiert.

Die Folgen der Katastrophe mit ihren Flutwellen waren weitreichend und haben nichts mit dem Tropensturm, sondern mit der US-amerikanischen Gesellschaft zu tun. Die erschreckende Zahl an Toten, die umfangreichen Zerstörungen sowie gewaltige Versorgungsengpässe führten zu einer Vielzahl an Protesten, Gewaltausbrüchen und Plünderungen sowie zum nachfolgenden Einsatz der 82. Luftlandedivision, die in den Straßen von New Orleans patrouillierte[3] und gewaltsam die Proteste gegen Rassismus und scharfe soziale Ungleichheiten unterdrückte.[4] Rasch war aus der scheinbar natürlichen eine politische Katastrophe geworden – eine freilich, die man mit purer Gewalt unterdrücken konnte. Die Bilder der ‚Naturkatastrophe' lenkten davon ab.

Die Voraussetzungen wie die Vorbedingungen der Katastrophe waren bekannt, die Warnungen vor früher oder später stattfindenden Dammbrüchen veröffentlicht, die Satellitenfotos des sich beschleunigenden Wirbelsturms vervielfacht, die Routen des Hurrikans im Voraus berechnet und die Windgeschwindigkeiten gemessen worden: Und doch konnte dieser gewaltige Tropensturm zwar wohl vermessen, aber nicht verändert werden. Für jedermann sichtbar erwies sich die Naturkatastrophe als ein vom Menschen nicht nur beeinflusstes, sondern in grundlegender Weise mitverschuldetes Desaster, das in seiner unmittelbaren Konsequenz nicht nur das Überleben großer Teile der Bevölkerung gefährdete, sondern auch das Zusammenleben der unterschiedlichen und unterschiedlich privilegierten Bevölkerungsgruppen in New Orleans akut in Frage stellt.

Das Problem bestand zum einen folglich in der mangelhaften Konvivenz des Menschen mit Grundvoraussetzungen seiner Umwelt, gleichsam mit der Humangeschichte der Natur. Andererseits bestand die zweite Hälfte der Katastrophe in der mangelhaften Konvivenz unterschiedlicher gesellschaftlicher Gruppen und den manifesten wie latenten Formen des Rassismus in New Orleans wie in den USA, also in der Naturgeschichte des Menschen. *Katastrophe und Konvivenz*

---

3 Alle Angaben aus *Wikipedia*.
4 Zum zentralen Problem der Gewalt vgl. auch Adloff, Frank / Leggewie, Claus (Hg.): *Les Convivialistes. Das konvivialistische Manifest*, S. 45.

zeigten sich hier für alle unabhängigen Beobachter aufs Engste miteinander verbunden, auch wenn eine Naturalisierung der Katastrophe im politisch verantwortlichen Diskurs selbstverständlich fortbestand und bis heute fortbesteht. Wie aber ließe sich die Beziehung von Konvivenz und Katastrophe in ihrer Komplexität und zugleich aus der Perspektive ihres Erlebens denken?

Lange vor dieser Naturkatastrophe, die im eigentlichen Sinne folglich keine Naturkatastrophe war, erschien im Jahr 1997 weit von New Orleans entfernt in Buenos Aires der Erzählband *Catástrofes naturales* von Anna Kazumi Stahl.[5] Es handelte sich um den Debütband der jungen Erzählerin, die insgesamt sechsundzwanzig ihrer Erzählungen in drei unterschiedlich umfangreichen Teilen unter den Überschriften „Exótica", „La Isla de los Pinos" und „Catástrofes naturales" gruppierte. Die unterschiedlich langen Erzähltexte berichten im Zeichen von Emigrationen und Immigrationen, die insbesondere transpazifisch von Japan in die USA, bisweilen aber auch transatlantisch von Europa auf den amerikanischen Kontinent führen, vom Scheitern des Zusammenlebens und von den Katastrophen einer Konvivenz, die ständig an ihre Grenzen stößt.

In vielerlei Hinsicht verbindet Anna Kazumi Stahls *Catástrofes naturales* das in diesem Teil unserer Vorlesung im Mittelpunkt stehende Thema einer Ökologie

Abb. 27: Anna Kazumi Stahl (*1963).

der Konvivenz mit dem Thema der Migration, welches für den abschließenden Teil unserer Reise durch die Ansichten der Romanischen Literaturwissenschaft vorgesehen ist. Es geht in vielfachen Variationen um das Scheitern eines ZusammenLebensWissens, das sich in einem transarealen Zusammenhang nur schwerlich übergreifend entfalten zu können scheint. Mit Naturkatastrophen in einem herkömmlichen Sinne bekommt es das Lesepublikum folglich nicht zu tun – doch dies erfahren die Leserinnen und Leser erst, wenn sie sich in den Ablauf des Bandes vertiefen. Wer aber ist die Autorin dieses mehr als nur gelungenen literarischen Debüts?

---

5 Vgl. Stahl, Anna Kazumi: *Catástrofes naturales*. Buenos Aires: Editorial Sudamericana 1997.

Anna Kazumi Stahl könnte man mit knappen Worten als eine in spanischer Sprache schreibende Schriftstellerin aus New Orleans bezeichnen. Sie wurde im Jahre 1963 als Tochter einer Japanerin und eines deutschstämmigen US-Amerikaners in Louisiana geboren und wuchs in New Orleans auf. Nichts deutete an, dass sie einmal Erzähltexte in spanischer Sprache veröffentlichen würde. Ihren Namen versteht sie als Symbol ihrer vielfältigen Herkünfte, die nach Louisiana, nach Japan, aber auch nach Deutschland weisen. In Deutschland ist die Autorin freilich nur wenigen bekannt. Wäre dies anders, würde sie in englischer Sprache schreiben?

Anna Kazumi Stahl kennt sich aus in den Literaturen der Welt: Die studierte und promovierte Literaturwissenschaftlerin legte ihren B.A. 1984 an der Tuffs University in *German Language and Literature* und ihren M.A. 1989 in Berkeley in *Comparative Literature* ab, bevor sie 1995 ebenfalls in Berkeley ihren Doktortitel in Vergleichender Literaturwissenschaft erwarb. In ihren wissenschaftlichen Arbeiten konzentrierte sie sich unter anderem auf die Erforschung ethnischer Differenzen und die Problematik der Migration am Beispiel literarischer Texte aus Südamerika, den USA und Deutschland.[6] Migrationen finden sich also ebenso im Leben der vielsprachigen Autorin wie in ihrem wissenschaftlichen und literarischen Werk. Anna Kazumi Stahl bildet den perfekten Übergang zum letzten Teil unserer Vorlesung und zeigt im Übrigen auch auf, was aus einer promovierten Literaturwissenschaftlerin auch werden kann: eine überaus versierte Schriftstellerin.

Neben ihren langjährigen Studienaufenthalten in Kalifornien, aber auch in Tübingen verbrachte sie nicht nur einige Sommer in Japan, sondern reiste 1988 erstmals nach Argentinien, wo sie Spanisch zu lernen begann. Damit, so scheint es, fing alles an, was mit ihrem Leben als Schriftstellerin zusammenhängt. Seit 1995 lebt sie in Buenos Aires, wo sie nicht nur durch zahlreiche Übersetzungen ins Englische, sondern u. a. mit ihrem Erzählband *Catástrofes naturales* und ihrem Roman *Flores de un solo día* (2002) von sich reden machte. Durch ihren Wechsel ins Spanische wurde die Autorin ganz nebenbei zu einer translingualen Schriftstellerin, die wir durchaus einem ZwischenWeltenSchreiben[7] zuordnen können. Ihr Romanerstling wurde „finalista" des wichtigsten Literaturpreises, des Rómulo Gallegos, den Lateinamerika zu vergeben hat. Aber schon *Catástrofes naturales* hatte aufhorchen lassen. Fassen wir einige wichtige Biographeme noch einmal kurz zusammen!

---

6 Das Thema ihrer Dissertation lautet: *Order and Displacement in the House of the Nation: Minority Discourse in Three National Contexts* (University of California, Berkeley, 1995).

7 Vgl. Ette, Ottmar: *ZwischenWeltenSchreiben. Literaturen ohne festen Wohnsitz (ÜberLebenswissen II)*. Berlin: Kulturverlag Kadmos 2005.

Hinter ihrer Biographie verbirgt sich bei der in New Orleans aufgewachsenen Schriftstellerin nicht nur ein bewegtes Leben zwischen verschiedenen Kontinenten – zwischen den USA und Japan, aber auch Europa und schließlich Südamerika –, sondern auch ein translinguales Schreiben, hat sich die Autorin doch offenkundig erst seit 1988 mit der spanischen Sprache beschäftigt. Doch schon wenige Jahre später verwandelte sie das Spanische in ihre Literatursprache, in der sie sich gleichsam mühelos bewegt.

Die Präsenz unterschiedlicher Sprachen schlägt sich aber keineswegs nur in der Übersetzertätigkeit von Anna Kazumi Stahl nieder, sondern prägt auch ihre Schreibweise, in der sich immer wieder eine Kopräsenz verschiedener Sprachen ergibt. Man könnte geradezu von einer Konvivenz verschiedener Sprachen bei ihr sprechen. So sind die ans Ende ihres Erstlingswerks gestellten Danksagungen zwar wie der gesamte Band in spanischer Sprache abgefasst, aber auch in diesem Paratext folgen Dankesformeln auf Japanisch wie auf Englisch. Das Deutsche hingegen ist nur zurückhaltend präsent und kommt beispielsweise in der Erzählung „Berlín“[8] im nicht-gerollten ‚R‘ und damit im Akzent einer aus Deutschland stammenden jungen Frau in Buenos Aires zum Ausdruck. Oft sprechen die Protagonist*innen der Erzähltexte Kazumi Stahls in verschiedenen Sprachen und mit unterschiedlichen Akzenten – und nicht selten fehlen ihnen die Worte, um zu verstehen oder sich auszudrücken. Stahls Personenbeschreibungen sind nicht selten Reisebeschreibungen, vor allem aber auch ausgeklügelte Sprachbeschreibungen.

Diese translinguale Dimension, die sich auch in den unterschiedlichen US-amerikanischen, armenischen, deutschen, japanischen oder argentinischen Sprachfärbungen manifestiert, wird erzähldiegetisch in eine transareale Relationalität umgesetzt, insofern wir in den sechsundzwanzig Erzählungen auf ein hemisphärisches Amerika stoßen, in welchem insbesondere der Norden und der Süden miteinander verbunden sind, aber auch Asien und Europa immer wieder in die jeweiligen Diegesen integriert werden. Einen offenkundigen Schwerpunkt bildet dabei der US-amerikanische Bundesstaat Louisiana, aus dem nicht nur die textexterne Autorin, sondern auch viele ihrer textinternen weiblichen Erzählerfiguren stammen.

Die am häufigsten vorkommende transareale Kombinatorik ergibt sich dabei zwischen New Orleans und Japan sowie zwischen Buenos Aires und Japan; zwei Metropolen der Amerikas folglich, deren Städtenamen jeweils zweigestaltig sind, am Mississippi beziehungsweise am Río de la Plata liegen und beide seit langer Zeit wichtige Ausgangspunkte für weitgespannte Schiffsverbindungen darstellen.

---

8 Stahl, Anna Kazumi: *Catástrofes naturales*, S. 207–215.

Es ist daher spannend zu beobachten, wie von diesen Brennpunkten aus weltumspannende Verbindungen geknüpft werden.

Derartige Ver*zweig*ungen und Verdoppelungen von Herkünften, wie sie im Namen der Schriftstellerin Anna Kazumi Stahl, aber auch im Namen von New Orleans beziehungsweise Nouvelle Orléans augenfällig werden, finden sich bereits in den ersten drei Erzählungen des Bandes, die unter dem Titel „Exótica" zusammengefasst wurden. Die mittlere und damit zentrale und zugleich umfangreichste Erzählung dieser Gruppe wie des gesamten Bandes trägt den Titel „Catástrofes naturales", wurde gleichwohl aber nicht der identisch benannten größten Gruppe von insgesamt achtzehn Erzählungen zugeordnet. Dies mag zunächst erstaunen.

Der *Relato* „Catástrofes naturales" bildet überdies die einzige Erzählung, in der zumindest auf den ersten Blick von einer Naturkatastrophe die Rede ist, insofern sie vordergründig das Herannahen eines gewaltigen Hurrikans und dessen Aufprall auf die Stadt New Orleans zum Gegenstand macht. Die zugleich *exzentrische* (da der gleichnamigen Gruppe von Erzähltexten nicht zugeordnete) *und zentrische* Position (innerhalb der ersten Gruppe) verwandelt diesen längsten Text des gesamten Bandes in die im Grunde titelgebende Schlüsselerzählung, in der die Frage nach der *Natur* der Katastrophe im Kontext einer familiären wie kollektiven Konvivenz von überragender Bedeutung ist. Die zweifellos herausragende Erzählung dieses Bandes situiert sich genau im Zentrum jener Fragestellungen, die uns in diesem Teil unserer Vorlesung bewegen.

Die Erzählung „Catástrofes naturales"[9] zeichnet sich von Beginn an dadurch aus, dass sie auf zumindest zwei verschiedenen und explizit markierten Zeitebenen spielt: einem Handlungsstrang des Jahres 1955 und einem anderen, der im Jahre 1991 angesiedelt ist. Die gesamte Erzählung zerfällt in insgesamt siebzehn kurze Mikrotexte, die jeweils unterschiedlichen Sprecher*innen und Zeitebenen zugewiesen sind. Dadurch entsteht eine keineswegs nur lineare, sondern vor allem relationale Strukturierung, insofern sich die Texte nach Sprechern oder nach Zeiten, aber selbstverständlich auch nach thematischen oder strukturellen Besonderheiten anordnen lassen. Die längeren Mikrotexte sind ihrerseits durch voneinander getrennte Absätze untergliedert, so dass eine auf Kurz- und Kürzesttexten aufbauende Struktur bereits auf den ersten Blick erkennbar wird. Ständige Blickwechsel bilden dabei das strukturierende Element.

Das Incipit der Erzählung wird „Ex Teniente William Reilly Helm: 1991" zugeordnet und blendet zunächst eine mediale beziehungsweise transmediale Situation ein:

---

9 Ebda., S. 28–54.

> Ich sehe mir gerade hier im Fernsehen diesen Hurrikan an, wir schauen zu, wie er in den Staat Florida gleich einem Heere hereinmarschiert, das gerade noch aus der Hölle herauskam, und alles erinnert mich an jenen Hurrikan, der vor fünfunddreißig Jahren einmal diese Stadt gerammt hat. Klar, es war das Jahr 1955, und Du kannst Dich daran nicht erinnern; Du kanntest mich damals noch nicht. Weder mich noch diesen Ort.[10]

Von Beginn an werden beide bereits erwähnten Zeitebenen als Überlagerungsstrukturen aufgerufen, insofern im Jahre 1991 namentlich das Jahr 1955 und unter dem aktuellen Hurrikan über Florida jener Monstersturm erscheint, der 1955 den schönen Frauennamen ‚Betsy' erhielt. Wenn auch zum Zeitpunkt des Erscheinens von *Catástrofes naturales* der Hurrikan ‚Katrina', dessen Verlaufsbahn ebenfalls über die Halbinsel Florida erfolgte, zeitlich nicht acht Jahre entfernt war, wird durch die textinterne Überlagerung doch eine serielle Anordnung geschaffen, die nicht nur retrospektiv, sondern auch prospektiv aktiviert werden kann. Hurrikane verursachen zyklische Katastrophen. *Un ouragan peut en cacher un autre.*

Könnte man nicht aus zyklisch sich ereignenden Katastrophen lernen? Wären diese Katastrophen nicht besser beherrschbar, weil man schon ihren Ablauf kennt? Die Antwort darauf ist ein klares Nein: Denn die von Hurrikanen verursachten Folgeschäden wachsen immer stärker. Und dies liegt nur zum geringsten Teil an der Tatsache, dass diese Tropenstürme im Zeichen der Erderwärmung und des Klimawandels in den letzten Jahrzehnten zusätzlich an Wucht gewonnen haben.

Die beiden diegetischen Verdoppelungen der Hurrikane werden noch durch eine weitere ergänzt, die sich freilich bei einer ersten Lektüre noch nicht erkennen, sondern bestenfalls erahnen lässt. Denn das vom Ich-Erzähler (also der Figur des Ex-Leutnants William Reilly Helm) angesprochene weibliche Du stammt 1991 ebenso wenig aus New Orleans wie die Frau des ehemaligen Armeemitglieds im Jahre 1955, von der wir zunächst noch nichts erfahren. Dieser weiblichen Figur des Jahres 1955 wird in der Erzählung auch keine eigene Stimme gegeben oder eingeräumt. So bleibt die Katastrophe hinter der Katastrophe zunächst noch unsichtbar, obwohl sie von Beginn an im Zyklus der Hurrikane bereits gegenwärtig ist.

Der ehemalige Armeeangehörige mit dem sprechenden deutschen Namen Helm – welcher in einem eigenartigen Verhältnis zum deutschen Familiennamen der Autorin steht – erzählt ‚seine' Geschichte, die auch die Geschichte seiner noch nicht sichtbaren ersten Frau ist, in der Folge seiner zweiten Frau, der er diese Erzählung freilich schon bis zum Überdruss immer wieder vorgetragen hat. Helms Frau des Jahres 1991 hat längst resigniert und beschlossen, sich auch die-

---

10 Ebda., S. 28.

ses Mal die Geschichte wieder geduldig anzuhören. Helm regiert, indem er alle anderen beherrscht – oder doch als Patriarch zumindest zu beherrschen scheint. Denn mit seinem Namen verknüpfen sich nicht nur die Namen seiner jeweiligen Frauen, sondern auch die weiblichen Namen der durchziehenden und die Katastrophen verursachenden Tropenstürme.

Die Erzählung wimmelt nur so von Frauennamen, mit denen der Patriarch konfrontiert wird. Die Annäherung Betsys an die Küste wird vom ehemaligen Angehörigen der US-Armee zunächst nicht als Einfall eines Höllenheeres, sondern als ein Langsamer Walzer durch den Golf beschrieben, der in einen Kuss („beso")[11] und andere Zeichen der Zärtlichkeit überzugehen scheint, bevor Betsy dann doch in einem plötzlichen Wandel des Geschlechts wie ein „mensajero del diablo", wie ein Bote des Teufels über Louisiana herzufallen beginnt.[12] Deutlich wird schon am Beispiel des Langsamen Walzers, dass durchaus Elemente des Fests und des Tanzes mit im Spiel sind, wenn vom über New Orleans hereinbrechenden Hurrikan die Rede ist. Die intertextuellen Verbindungen zu dem erstmals 1889 erschienenen beeindruckenden Erzähltext *Chita: A Memory of Last Island* von Lafcadio Hearn,[13] in denen der von einem Hurrikan ausgelöste Untergang einer vor der Küste liegenden Insel von einer festlichen Tanzveranstaltung eröffnet wird, liegen bei dieser belesenen *poeta docta* auf der Hand.

Während die Bilder und Statistiken von Hurrikan Andrew 1991 über den Bildschirm flimmern, wehrt sich Helm aber gegen die Ansicht, dass eine derartige Katastrophe „horrible" sei: „Ninguna catástrofe natural es ‚horrible', querida — dice —, porque la ves venir, y simplemente debes prepararte para ella."[14] Keine Naturkatastrophe sei furchtbar, schließlich sehe man sie ja kommen und könne sich vorbereiten, so Helm prahlerisch. Naturkatastrophen, so der unverbesserliche Patriarch 1991, zeichneten sich gerade dadurch aus, dass man sich auf sie vorbereiten und damit ausreichende Vorkehrungen für die Abwendung von negativen Folgen treffen könne.

Für ihn ist die Ausgangslage klar: Der Mensch steht der Natur gegenüber, ist ihr Gegenspieler; Kultur und Natur sind im Sinne Helms fein säuberlich voneinander getrennt und stellen opponierende Kräfte dar. Die Natur erscheint in Helms Worten als vom Menschen berechenbar, bezähmbar und beherrschbar.

---

11 Ebda.
12 Ebda.
13 Hearn, Lafcadio: Chita: A Memory of Last Island. In (ders.): *American Writings*. New York: The Library of America 2009; vgl. hierzu das Kapitel „Globalisierung III" in Ette, Ottmar: *Trans-Area* (2012).
14 Stahl, Anna Kazumi: *Catástrofes naturales*, S. 30.

Aber bedeutet die Aussage Helms nicht im Umkehrschluss, dass andere, *nicht-natürliche* Katastrophen eher unvorhersehbar und unabwendbar sind?

Für die Katastrophe, die sich dem Lesepublikum erst Stück für Stück hinter der vordergründigen Naturkatastrophe enthüllt, kann dies sicherlich nicht gelten. Wir erfahren von ihr eher beiläufig aus anderer Perspektive. Und wieder stoßen wir dabei auf die Isotopie des Festes und des Festlichen. Denn aus dem Blickwinkel von Helms Tochter Sue (Sumiko) Helm im Jahr 1955 kündigt sich die Katastrophe ganz wie für ihren im Zweiten Weltkrieg vor Okinawa ausgezeichneten Vater als sehnlich erhoffte Zerstreuung an: „Vivir catástrofes era un gusto que él había adquirido durante la Guerra."[15] Schon zu Kriegszeiten habe ihr Vater Katastrophen genossen. Unter den Katastrophen aber bevorzuge Helm, so seine Tochter, die „catástrofes *naturales*" wie etwa um sich greifende Brände oder Hurrikans, da er sie stets als „más excitantes" erlebe:[16] Sie seien schlicht erregender. Nicht der Kriegszustand, sondern der Ausnahmezustand[17] einer ‚natürlichen' Katastrophe sorgt für die notwendige Spannung, den es in allen Vor- und Nachspielen auszukosten gilt.

Für die Tochter, deren doppelte Herkunft in ihrem Namen Sue (Sumiko) aufscheint, ist der Vater, der seine Frau vom Krieg in Japan ‚mitgebracht' hatte, freilich in jeder Art der Katastrophe ein Held, der stets die Situation beherrscht. Und wie ihr Vater fiebert Sue dem Nahen von Betsy mit großen Erwartungen entgegen – bis die Mutter sie auf Japanisch vorübergehend wieder zu den Schulaufgaben ruft.[18] Sue, die ihrem Vater viel Zuneigung entgegenbringt, ja ihn abgöttisch verehrt, hat sich bereits seit geraumer Zeit von ihrer Mutter abgewandt, die sie immer nur als Störenfried im innigen Verhältnis zu ihrem Vater empfindet – Diese Konstellation hat Folgen.

Der Satz ihres väterlichen Helden, dass man den Hurrikan bezwingen und zähmen werde („Lo vamos a domar"),[19] versetzt die Tochter in eine innere Erregung und in eine Abenteuerlust, die ganz den Reaktionen der meisten Nachbarn widerspricht, die zuerst an Flucht und die eigene Sicherheit denken. In einem Viertel nahe des Lake Pontchartrain, das zuvor schon einmal von einem früheren Wirbelsturm überschwemmt worden war und das auch später von Hurrikan Katrina geflutet werden sollte, vertraut die Tochter ganz auf den Vater und stellt sich gegen die eigene Mutter, die früh schon ihren Koffer packt und

---

15 Ebda.
16 Ebda.
17 Vgl. hierzu Agamben, Giorgio: *Stato di eccezione. Homo sacer, II, 1.* Torino: Bollati Boringhieri 2003.
18 Stahl, Anna Kazumi: *Catástrofes naturales*, S. 31.
19 Ebda., S. 32.

fluchtbereit ist. Doch ihr Mann und ihre Tochter spielen Krieg im Frieden und wollen den Naturgewalten trotzen: Eine Flucht kommt für beide nicht in Frage, zu sehr ist dieses Spiel, ist diese Verkleidung mit ihrer beiderseitigen Erregung verbunden. Wie bei den Erzählerfiguren besitzt die Mutter keine eigene Stimme und hat letztlich nichts zu sagen.

Geradezu generalstabsmäßig bereitet Helm die ‚Operation Betsy' vor und erteilt seiner Tochter, die zu seiner rechten Hand und Adjutantin aufsteigt, wie seiner im Grunde rechtlosen Frau Befehle, die ohne Widerspruch auszuführen sind: Das Spiel beginnt, der Wirbelsturm kann kommen! Millimetergenau werden die Bewegungen des sich verlagernden Tropensturms auf einem Lageplan eingetragen und Kriegsszenarien entwickelt, insofern nun die Nachrichten aus dem Radio wie Funksprüche aufgefangen werden, ohne dass dabei jedoch ein eigenständiges Denken einsetzen würde. Beide sind zu sehr in ihren Karneval verliebt, in die Travestierung aller Dinge, als dass sie noch die sie umgebende Realität wahrnehmen könnten.

Es kommt, wie es kommen musste: Erst als der eigentliche General, der Gouverneur des Staats Louisiana, den Befehl zur Zwangsevakuierung aller noch verbliebenen Bewohner gibt und als es im Grunde längst zu spät ist, um sich gefahrlos noch in Sicherheit zu bringen, verlässt die Familie ihr Haus, vermag aber nicht mehr, das Viertel, aus dem längst die allermeisten der Bewohner geflohen sind, rechtzeitig hinter sich zu lassen. Das Spiel ist aus, bevor es noch richtig begann. Mit viel Glück werden Vater, Mutter und Kind in einem Zufluchtsraum aufgenommen, der nicht zuletzt für Nuklearangriffe eingerichtet worden war und über eine Bunkerstruktur verfügt. So ist auch hier der Krieg präsent und erinnert an die US-amerikanischen Atombombenabwürfe von Hiroshima und Nagasaki. Und doch ist deutlich, dass es der Vater ist, der mit seinem Kriegsspielen und seinen Durchhalteparolen die Familie in die Katastrophe treibt. Kein Zweifel: In Anna Kazumi Stahls *Catástrofes naturales* ist an einer Naturkatastrophe nichts Natürliches.

In allen anderen in diesem Erzählband unter dem Titel *Catástrofes naturales* versammelten Erzählungen geht es um Katastrophen des Zusammenlebens, die man gemeinhin nicht als Naturkatastrophen bezeichnen würde. Die in einem der vorangehenden Zitate vorgenommene Kursivierung des ‚Natürlichen' macht deutlich, dass auch in dieser Erzählung das ‚Natürliche' derartiger „catástrofes *naturales*"[20] vehement hinterfragt wird. Im Text selbst werden Katastrophenpläne erwähnt, die aber nie adäquat vorbereitet wurden geschweige denn zur Ausführung kamen. Die Menschen machen die unterschiedlichsten Pläne

---

20 Ebda., S. 30.

für ihre Reaktionen auf die Katastrophe, sind im Augenblick der herannahenden Gefahr aber eigentümlich unvorbereitet – ganz so, wie Sie das bei der Flutkatastrophe im Ahrtal und Nordrhein-Westfalen beobachten konnten.

Das Versagen des Menschen, das am Beispiel von Helm auf individueller Ebene vorgeführt wird, zeichnet sich auch bereits – gleichsam im seriellen Vorgriff auf Hurrikan Katrina – auf kollektiver Ebene ab. Denn auch die Entscheidung des Gouverneurs von Louisiana zugunsten einer Zwangsevakuierung wird spät getroffen, sehr spät. Es scheint etwas im menschlichen Verhalten zu geben, das den Menschen davon abhält, rechtzeitig auf sich anbahnende Katastrophen zu reagieren. Dies ist bei überraschend auftauchenden Gefahren wie bei Vulkanausbrüchen ebenso (und dabei eher verständlich) der Fall wie bei Katastrophen, die sich wie der Klimawandel und die Erderwärmung über lange Jahrzehnte beziehungsweise – wenn man, wie in unserer Vorlesung gesehen, die frühen Warnungen Alexander von Humboldts hinzuzieht – über einen Zeitraum von nahezu zwei Jahrhunderten ankündigen.

Zugleich geschieht etwas Merkwürdiges und zunächst Überraschendes: Das Herannahen des Hurrikans Betsy verwandelt die Stadt New Orleans in eine Stadt der Festivitäten. Viele Einwohner nutzen nun diese Tage, um zusätzliche Ferien, „vacaciones extras“,[21] zu genießen, da die Schulen geschlossen seien und niemand zur Arbeit erscheinen müsse. Der nahende Wirbelsturm sei wie ein zusätzlicher Unabhängigkeitstag, wie ein Feiertag also, den es wie andere Festtage auch auszunutzen und gebührend zu feiern gelte.[22] Die Isotopie des Fests durchzieht den Text wie ein Basso continuo: unaufdringlich, aber unüberhörbar. Und vergessen wir dabei nicht, dass New Orleans die Stadt des Karnevals ist.

So bildet die tiefgründige Verbindung zwischen Katastrophe und Fest eine der semantischen Grundstrukturen dieser Erzählung von einer „catástrofe *natural*“, die keine war. An die Stelle der Natur rückt früh im Text schon die Kultur, die sich an die großen Zyklen der Natur anhängt und sich ihrer bemächtigt. Es erscheint wie eine glückliche Koinzidenz, dass just im Jahr des Hurrikans Betsy Roland Barthes einen ursprünglich am 29. Januar 1955 in *Paris-Match* veröffentlichten Text erscheinen ließ, den er 1957 unter dem Titel *Paris n'a pas été inondé* in seine so erfolgreichen *Mythologies* aufnahm.[23] Beschäftigen wir uns kurz mit dieser *Mythologie*, die ein bezeichnendes Licht auf die Ereignisse von New Orleans wirft!

---

21 Ebda., S. 32.
22 Ebda., s. 33.
23 Vgl. Ette, Ottmar: *Roland Barthes. Landschaften der Theorie*. Konstanz: Konstanz University Press 2013, S. 9–24.

In diesem der großräumigen Überschwemmung von Paris im Januar 1955 gewidmeten Text griff Roland Barthes nicht nur auf eine militärische Metaphorik zurück, um die Deiche als Bollwerk gegen den heranströmenden Feind der Naturgewalt des Wassers zu bezeichnen; vielmehr tauchte er von Beginn an die Szenerien der Überflutung in das Licht eines großen Fests, das im Zeichen des Pariser Stadtwappens *Fluctuat nec mergitur* alles verwandelte, alles anders erscheinen ließ, alles einer neuen, entautomatisierten Wahrnehmung zuführte. Ja, die Zeit der großen Flut ist die Zeit der Verkleidung, der Travestie, des Karnevals!

Die gesamte Stadtlandschaft von Paris verwandelt sich in eine Wasserlandschaft, die mit den Attributen eines karnevalesken Ausnahmezustands ausgestattet wird. In Barthes' kleiner „mythologie" wird die Landschaft der Pariser Hauptstadt ganz im Bachtin'schen Sinne karnevalesk verfremdet: Nichts ist in den Tagen des Karnevals so, wie wir es gewohnt sind, alles wirkt so, als wolle die Natur der Kultur auf die Sprünge helfen und all ihren Dingen ein neues Aussehen schenken. Straßen verkleiden sich als Kanäle, Bäume verwandeln sich in Inseln, Straßenlaternen geben sich als rätselhafte Kunstobjekte: Nichts erscheint so, wie es war und wie wir alle es gewohnt sind. Eine ganze Stadt hat sich verkleidet.

Mit der Katastrophe teilt das Fest und in einem noch radikaleren Sinne der Karneval den zeitlich und räumlich begrenzten Ausnahmezustand, dessen politische Dimensionen nicht erst seit den Ausführungen von Giorgio Agamben offenkundig geworden sind.[24] Gerade im Sinne einer politischen Ökologie kommt Ausnahmezuständen eine ungeheure Bedeutung zu, so wie sie im Übrigen auch bei den vielfältigen politischen Auseinandersetzungen im Umfeld von Hurrikan Katrina in New Orleans in aller Deutlichkeit zutage traten. Dies sind Fragen einer Ökologie der Konvivenz.

Naturkatastrophe und Karneval wiederum verbindet über den zeitlich wie räumlich begrenzten Ausnahmezustand hinaus das zyklische Erscheinen, wie es bei den Wirbelstürmen in der Hurrikan-Saison, den periodischen Überschwemmungen infolge jahreszeitlich bedingter Schneeschmelzen oder bei Waldbränden etwa während der Trockenperioden im Mittelmeer der Fall ist. Nichts von alledem dürfte den Menschen eigentlich überraschen. Dass bei all diesen ‚Naturkatastrophen' stets, wenn auch in unterschiedlichem Maße, die Hand des Menschen mit im Spiel ist, erweist sich als ebenso evident wie die

---

24 Vgl. Agamben, Giorgio: *Stato di eccezione. Homo sacer, II, I.* Torino: Bollati Boringhiero 2003. Eine lediglich thematische Engführung von Karneval und Katastrophe findet sich in dem Kapitel „Katastrophe und Karneval: Zum ‚dionysisch noch nicht entwickelten Moment'" In: Petersen, Leena A.: *Poetik des Zwischenraumes.* Heidelberg: Winter 2010, S. 370–380.

Tatsache, dass derartige Phänomene mit dem Karneval den Charakter einer Welt, die auf dem Kopf steht, eines „monde à l'envers", teilen.[25] So haben Karneval, Katastrophe und Fest viel miteinander gemein, auch wenn die Dramatik von Katastrophen leicht darüber hinwegzutäuschen vermag.

In seinen Studien zu François Rabelais[26] und zu Dostojewski[27] hat der russische Kulturwissenschaftler Michail Bachtin die tiefgründige Bedeutung des Karnevals und der Lachkultur des Volks für die europäische Literatur herausgearbeitet und seit der verspäteten Rezeption seiner Schriften in Westeuropa in den sechziger Jahren eine grundlegende Debatte über Karnevalisierungsprozesse in Gang gesetzt. Im Zeichen einer derartigen Karnevalisierung entsteht im Sinne Bachtins aus einer „Zone des Lachens" eine „Zone des Kontaktes", in der sich „Widersprüchliches und Unvereinbares" miteinander vereinigen:[28] „Hier [...] lebt es auf als Verbindung."[29]

Aufschlussreich ist in diesen Formulierungen die Tatsache, dass es Bachtin um die Verbindung oder Bindung zwischen eigentlich nicht Verbindbarem geht – und dies in einer Reflexion, die sich durchaus mit jenem Bestreben in Verbindung bringen lässt, das Bruno Latour dazu brachte, bei der weitverbreiteten Netzmetaphorik unserer Zeit eine gewisse Ermüdung und Erschöpfung zu konstatieren, die den Weg freimache für eine neue Art von Bindungen.[30] Denn wenn, so Latours Kritik, Netzwerke auch extrem effizient darin sind, Macht zu verteilen, so seien sie hingegen weitgehend unfähig, eine Handlungstheorie wiederherzustellen, die der Besonderheit jedes einzelnen Knotens gerecht werden könne.[31]

25 Vgl. hierzu den eindrucksvollen Band von Tristan, Frédérick: Le Monde à l'envers. Etude de Frédérick Tristan et anthologie. Album. La représentation du mythe. Essai d'iconologie par Maurice Lever. Paris: Atelier Hachette – Massin 1980.
26 Vgl. Bakhtine, Mikhail: L'œuvre de François Rabelais et la culture populaire au Moyen Age et sous la Renaissance. Traduction du Russe par Andrée Robel. Paris: Gallimard 1970.
27 Vgl. Bakhtine, Mikhail: La poétique de Dostoïevsky. Traduit du Russe par Isabelle Kolitcheff. Présentation de Julia Kristeva. Paris: Editions du Seuil 1970.
28 Bachtin, Michail: Die Ästhetik des Wortes. Herausgegeben und eingeleitet von Rainer Grübel. Aus dem Russischen übersetzt von Rainer Grübel und Sabine Reese. Frankfurt am Main: Suhrkamp 1979, S. 345.
29 Ebda.
30 Vgl. Latour, Bruno: Faktur / Fraktur. Vom Netzwerk zur Bindung. In: Weiß, Martin G. (Hg.): Bios und Zoë. Die menschliche Natur im Zeichen ihrer technischen Reproduzierbarkeit. Frankfurt am Main: Suhrkamp 2009, S. 359–385.
31 Ebdas., S. 383.

Für Bachtin stehen Karneval und Lachkultur des Volkes, erst einmal in die Sprache der Literatur transferiert, dafür ein, „stets die Normen der Epoche" zu sprengen und eine „Wechselbeziehung zu anderen Realitäten" herzustellen.[32] So dient auch letztlich der Karneval dazu, zwei unterschiedliche, widersprüchliche, gegenläufige Bereiche miteinander so zu *verbinden*, dass das Eine nicht ohne das Andere gedacht werden kann. Wie leicht sich dies gerade aus der Perspektive Bruno Latours auf die Beziehung zwischen Natur und Kultur und damit auf eine andere Ökologie, auf eine ökologische Konvivenz, beziehen lässt, ist evident.

Lassen Sie mich also diesen vorletzten Teil unserer Vorlesung gerade im Angesicht all der Katastrophen, die uns heute umgeben und die uns heute bedrohen, mit einem Lachen beenden! Ich meine nicht das entwaffnende Lachen der Dummheit, des Nicht-Verstehens, des Nicht-Verstehen-Wollens, das wir in diesen Zeiten der Verschwörungsideologen und der Rattenfänger im weltweiten Gewebe überall hören können. Ich meine vielmehr jenes Lachen, das sich aus der Kultur des Karnevals speist und das weiß, dass nur dann, wenn wir wie Helm in Anna Kazumi Stahls Erzählung die Natur fein säuberlich von Kultur trennen, die Katastrophe über uns hereinbrechen wird. So, wie es auf unserem Planeten keine Naturlandschaften mehr gibt, so gibt es schon längst auch keine Naturkatastrophen mehr. Wir sollten ganz im Sinne von Roland Barthes die Natur nicht länger zu einem Mythos machen, in einen Mythos verwandeln, der den Menschen vergessen lässt, dass er den allergrößten Teil der Katastrophen, unter denen er weltweit leidet, selbst zu verantworten hat.

---

32 Bachtin, Michail: *Die Ästhetik des Wortes*, S. 346.

Vom Leben und Schreiben auf dem Planeten der Migrationen

Die Literaturen der Welt stellen künstlerische und ästhetische Ausdruckswelten dar, die sich durch ihre Bewegungen, durch ihre „mouvance", auszeichnen. Denn Literatur charakterisiert sich dadurch, dass sie sich in ständiger Bewegung befindet.[1] Damit ist, wie wir im Verlaufe unserer Vorlesung, aber auch in anderen Veranstaltungen zu anderen Themen etwa in der Serie unserer „Aula" vielfach gesehen haben, nicht nur eine physische Bewegung im Raume gemeint. Aber letztere ist aus der Betrachtung von Literatur auch nicht ausgeschlossen.

Mit guten Gründen ist das 20. Jahrhundert vielfach als das Jahrhundert der Migration, der Vertreibung, Verbannung und des Exils bezeichnet worden. Wenn wir aus heutiger Perspektive auf das gerade erst etwas mehr als zwei Jahrzehnte alte 21. Jahrhundert blicken, so verstehen wir rasch, dass diese Migrationen, dass diese Vertreibungs- und Fluchtwellen weiterhin zugenommen haben und ein Ende dieser migratorischen Bewegungen auf unserem gesamten Planeten ganz gewiss nicht abzusehen ist. Denken sie aus deutscher Perspektive nur an die Migrationen des Jahres 2015 oder die aktuellen Fluchtbewegungen aus der Ukraine: Überall können Sie heute in den Straßenbahnen ukrainische Mütter mit ihren Kindern sehen! Die Menschen fliehen vor dem Krieg, aber sie fliehen auch vor ethnischen Auseinandersetzungen, vor dem Kampf um Ressourcen, vor der Verarmung breiter Volksschichten bei gleichzeitig maßloser Bereicherung der Eliten oder vor Verfolgungen, die durch ihre politischen Überzeugungen oder ihre Glaubensvorstellungen ausgelöst wurden. Gleichviel, ob es der Mangel an Wasser, die zunehmende Versteppung, die sexuelle Orientierung oder schlicht die Hautfarbe ist: Wie beim Klimawandel ist die sich ständig beschleunigende Migration eine Katastrophe, die sich unentwegt um uns herum ereignet und die schlicht menschengemacht ist.

Die Gründe für diese migratorischen Bewegungen haben bisweilen grausame, genozidartige Formen angenommen, doch gibt es auch weniger dramatische – was nicht heißt unproblematische – Entwicklungen, wie wir sie etwa in der Nachkriegszeit der alten Bundesrepublik seit den späten fünfziger Jahren auf Grund des massiven Arbeitskräftemangels im Phänomen der sogenannten ‚Gastarbeiter' erkennen können. Bevor ich auf diesen spezifischen Aspekt, dem sich etwa die Lyrik eines José F.A. Oliver verdankt, zurückkommen kann, möchte ich

---

1 Vgl. hierzu Ette, Ottmar: *Literatur in Bewegung. Raum und Dynamik grenzüberschreitenden Schreibens in Europa und Amerika.* Weilerswist: Velbrück Wissenschaft 2001.

doch versuchen, zunächst eine Reihe globaler Phänomene und Prozesse aufzuzeigen, die für uns und unsere Einschätzung der weiteren Entwicklungen der Literaturen des 21. Jahrhunderts von Bedeutung sein werden.

In seinem Bestseller *The Clash of Civilizations*, das erstmals 1996 bei Simon
und Schuster erschien,[2] hat Samuel P. Huntington gerne und mit großer Effizi-
enz die Karte der Weltkarten gespielt, um so seine Vorstellungen leicht zu visu-
alisieren und an sein Publikum weiterzugeben. Die von ihm gerissen, aber
wissenschaftlich unhaltbar entworfenen Karten zeichneten dabei ein Bild des
‚Westens‘, der von allerlei gefährlichen Mächten umzingelt sei. Die erste Karte[3]
zeigt, so die Bildlegende, „The West and the Rest" um 1920 und versucht, die
damals von den europäischen Kolonialmächten und den USA in Besitz gehaltenen Gebiete kartographisch darzustellen. Beugen wir uns dabei über die Karte
Lateinamerikas, so zeigt sich gleich, dass diese ganze Großregion – über den
südamerikanischen Subkontinent hinaus – auf dieser Karte hell erscheint, weil
es sich – zum damaligen Zeitpunkt bereits seit einem ganzen Jahrhundert –
zum überwiegenden Teil um politisch unabhängige Staaten handelt.

Dabei ist es aufschlussreich zu beobachten, dass für den einflussreichen
US-amerikanischen Politologen, Präsidentenberater und Propagandisten ganz
Lateinamerika als ehemaliges Kolonialgebiet gerade nicht dem Westen zugehörig erscheint; es wird vielmehr dem unschönen ‚Rest‘ zugeordnet, der gemäß
der Redewendung bekanntlicherweise nicht nur ‚The West‘, sondern vor allem
‚The Best‘ unqualifiziert und feindlich gegenübersteht. Die koloniale und neokoloniale Durchdringung weiter Gebiete der Welt, darunter eben auch Südamerikas, Mittelamerikas und der Karibik schlägt sich in Huntingtons Kartenbild
kartographisch nicht nieder. Immerhin aber vermittelt die Karte eine gewisse
Vorstellung von der weiten Erstreckung dieser ehemals kolonial abhängigen
Bereiche, darunter eben auch des gesamten afrikanischen Kontinents, welcher
ebenfalls Huntingtons *Othering* zum Opfer fällt.

Die zweite Karte in Samuel P. Huntingtons Bestseller,[4] der lange Zeit als
Prophezeiung der Zukunft des Westens gelesen wurde und zum Teil noch wird,
stellt die Welt des Kalten Krieges um 1960 dar. Hier haben Sie also eine gewisse
Aufteilung der Welt in den heller schraffierten Teil des Westens und der Nato
einerseits und einen gefährlich dunkel schraffierten Bereich, gleichsam das
Reich des Bösen, wie es bei Präsident Ronald Reagan noch ein Vierteljahrhun-

---

2 Vgl. Huntington, Samuel P.: *The Clash of Civilizations*. New York: Simon & Schuster 1996.
3 Ebda., S. 22f.
4 Ebda., S. 26f.

dert später hieß, welcher von der damaligen Sowjetunion beziehungsweise den Staaten des Warschauer Pakts okkupiert wird.

An der etwas dunkleren Einfärbung können Sie übrigens unschwer erkennen, dass den Vereinigten Staaten von Amerika sowie Kanada im Süden lediglich die Insel Kuba vor der Küste Floridas gegenübersteht; eine geopolitische Situation, die von Huntington bewusst etwas vereinfachend dargestellt wird. Denn Kuba sollte keineswegs dem Warschauer Pakt angehören, sondern zum Bereich der Blockfreien zählen und dabei sogar politische Führungsrollen übernehmen, welche der US-Regierung in Washington freilich nicht genehm sein konnten. Denn die USA verstanden und verstehen Kuba als eine direkt ihrer eigenen Einflusssphäre zugehörige Insel, die gleichsam abtrünnig geworden war – ein wenig so, wie dies schon seit Jahrzehnten die Insel Taiwan in den Augen Chinas ist. Huntingtons simplifizierende kartographische Darstellung nimmt dies aber nicht zur Kenntnis, sondern greift auf die Tatsache zurück, dass Kuba bereits in den sechziger Jahren zu einem wichtigen weltpolitischen Spielfeld avancierte, auf dem die großen geostrategischen Schach- und Winkelzüge durchgeführt wurden, welche in der sogenannten Raketenkrise oder Oktoberkrise des Jahres 1962 fast zum Beginn eines Dritten Weltkriegs geführt hätten. Dass wir uns heute wieder in einem internationalen militärischen Gerangel befinden, in welchem der Angriffskrieg Russlands gegen die Ukraine die Welt an den Rand eines Nuklearkriegs und des Dritten Weltkriegs geführt hat, will ich an dieser Stelle lieber beiseitelassen. Bemerkenswert ist in diesem Zusammenhang nur, dass Fidel Castro damals ebenso offen und emphatisch von einem Dritten Weltkrieg sprach, wie es Wolodymyr Selenskyj und viele ukrainische Regierungs- und Militärvertreter heute tun.

Übrigens können Sie auf dieser Karte auch Angola und Mozambique sehen, Länder also, die sich aus dem portugiesischen Kolonialismus befreiten und zugleich auch zum Schauplatz des Einsatzes kubanischer Truppen wurden. In diesem geostrategischen Stellvertreterkrieg, in den Südafrika auf Seiten des Westens eintrat, waren allein die großmachtpolitischen strategischen Ziele wichtig, wobei nicht uninteressant ist, dass Südafrika auf dieser Karte – wohl wegen seiner damaligen Apartheid – vorsichtshalber nicht in die Länder des Westens aufgenommen wurde. Derartige Inkongruenzen ließen sich also sowohl mit Blick auf den amerikanischen wie auf den afrikanischen Kontinent diskutieren. Für Asien und auch Kleinasien gilt dies nicht weniger: Dort sehen wir nicht nur die Türkei, sondern auch Israel als festen Bestandteil des Westens, wobei hierfür freilich nicht ausgesprochene Überlagerungen kultureller und politischer sowie vor allem militärischer Gesichtspunkte vorliegen. Aus militärischer Sicht ist die Türkei als Nato-Partner, der seine eigene kurdische Bevölkerung hinmordet und verschiedentlich in Stellvertreterkriege eingreift, selbstverständlicher Teil des Westens.

Die für uns zweifellos wichtigste aber ist die dritte Karte,[5] auf der laut Kartenlegende „Die Welt der Zivilisationen / Kulturkreise nach 1990" dargestellt wird. Die militärischen Blockbildungen scheinen nun vergessen. Auf ihr also werden nun Kulturen heller oder dunkler schraffiert und zugleich mit festen Grenzziehungen territorialisiert. Sie können dabei unschwer erkennen, dass in diesem damals aktualisierenden Kartenentwurf tatsächlich nicht nach Kulturen schraffiert, sondern nach politischen und nationalterritorialen Grenzen eingeteilt wurde. Dabei folgte Huntington dem Motto „The West and the Rest" oder implizit „The Best and the Rest". Mit einer Weltkarte der Kulturen hat dies wenig zu tun.

An der Nordgrenze Mexikos beginnt laut dem US-amerikanischen Politologen unmittelbar die nicht-westliche Zivilisation, die natürlich entsprechend dunkler schraffiert sein muss, ist das potentiell Böse in der jüdisch-christlich-abendländischen Tradition doch immer schon etwas dunkler eingefärbt gewesen. Auch in Europa verlaufen die Grenzen zwischen der westlich-abendländischen Welt und anderen Kulturen hochgradig arbiträr. Selbstverständlich ist es aus kultureller Sicht wenig überzeugend, dass ein so stark von der Tradition der orthodoxen Kirche geprägtes Land wie Russland (unter Einschluss übrigens der Ukraine) in seiner Gänze aus dem westlich-abendländischen Kulturraum ausgeschlossen wird. Der Begriff des ‚Westens' ist bei Samuel P. Huntington eindeutig angelsächsisch geprägt und wird so ausgelegt, wie dies anderthalb Jahrzehnte später Niall Ferguson mit seinen unverblümten Positionen zu einer rein englisch geprägten Konzeption westlicher Zivilisation in seinem ebenfalls zum Bestseller gewordenen Buch *Civilization. The West and the Rest* plakativ vertrat: „WESTERN CIVILIZATION'S RISE TO GLOBAL DOMINANCE IS THE SINGLE MOST IMPORTANT HISTORICAL PHENOMENON OF THE PAST FIVE CENTURIES."[6] Es geht folglich nicht um kulturelle oder zivilisatorische Fragestellungen, sondern um politische Hegemonie, Vorherrschaft und Machtentfaltung.

Wir sollten daher derartigen Kartierungen von Kulturen auf unserem Globus mehr als kritisch gegenüberstehen. Denn interessanterweise werden gerade Staaten, die unterschiedliche Kulturen und eine kulturelle Vielfalt beherbergen, radikal homogenisiert und andere Kulturen somit ausradiert. Lateinamerika, das wie diese Bezeichnung schon sagt, gute Gründe dafür nennen könnte, in den westlich-abendländischen Kulturkreis einbezogen zu werden, wird einfach aus dem Westen ausgeschlossen und dem ‚Anderen' zugeordnet. Auch die USA werden selbstverständlich kartographisch homogenisiert, selbst wenn es hier zugestan-

---

5 Ebda., S. 30 f.
6 Ferguson, Niall: *Civilization. The West and the Rest*. New York: Penguin Books 2011, U 4.

denermaßen schwieriger als in Südamerika oder Afrika wäre, verschiedene kulturelle Kartierungen etwa die der *Hispanics* zu territorialisieren. Huntington hatte, wie auch sein Folgeprojekt zur ‚Identität' der ‚Amerikaner' bestätigte, allein ein weißes, nicht-katholisches und angelsächsisches ‚Amerika' im Sinn.

Karten, das wissen wir nicht erst seit der überseeischen Eroberungsgeschichte, die von Europa ausging, sind eine hochgradig fiktionale Angelegenheit.[7] Sie geben in keiner Weise eine Dynamik wieder, betonen stark die Territorialisierung und Homogenisierung und stellen gleichsam Bewegungen in der Bewegung *fest*, fixieren sie also. ‚Natürlich' ist auch das angelsächsisch geprägte Australien nur in einer einzigen Schraffur, jener des Westens, aufgeführt. Wir sehen es leicht: In diese Kartenzeichnungen sind höchst *ideologische* Dimensionen eingeflossen, die sich anders als *theoretische* Konstrukte[8] nicht einer wirklichen Prüfung und Überprüfung unterziehen lassen.

Anekdotenhalber sei noch vermerkt, dass die Wüste Gobi über weite Strecken kulturlos ist, während wir es im Falle Grönlands mit einem durch und durch westlich-abendländischen Kulturkreis zu tun haben. Mag sein, dass Donald Trump aus diesem Grunde Grönland von Dänemark abkaufen wollte, so wie man im 19. Jahrhundert Spanien den Ankauf der Insel Kuba anbot. Aber natürlich sind Gletscher, selbst wenn sie dahinschwinden, ja auch weißer als Wüsten.

Samuel P. Huntingtons Karten – und nicht allein sie – sind nicht nur weit davon entfernt, den Blick auf kulturelle Differenzen zu öffnen, sie versperren ihn sogar bewusst, indem sie klare Grenzziehungen definieren, die im Grunde als Ausschlussmechanismen funktionieren. Der Begriff der Kulturen wird heftig missbraucht, um Bedrohungsszenarien entwickeln und Hegemonievorstellungen im Namen eines Westens durchsetzen zu können, in welchem die romanischen Länder keinerlei Rolle mehr spielen. Ein Welt-Bild, ein Bild von unserer Welt entsteht, das von scharfen Konflikten und Auseinandersetzungen zwischen nicht mehr länger militärischen Blöcken, sondern zwischen Kulturblöcken geprägt ist, die fiktional entworfen wurden. Und all dies geschieht, und einen „Clash", um einen Zusammenstoß dieser Kulturen heraufzubeschwören, wie er durch die Ereignisse des Angriffs auf das World Trade Center bestätigt zu werden schien.

Für all diese kartographischen Fiktionen gilt eine vermeintlich klare Trennung zwischen dem Westen und den Resten. Doch ist nach langen Jahrhunderten einer immer stärker werdenden Migration der Menschen mit Fluchtwellen auf unserem Planeten im 20. und beginnenden 21. Jahrhundert eine derart hohe

---

7 Vgl. hierzu die Kartenanalysen im siebten Band der Reihe „Aula" in Ette, Ottmar: *Erfunden Gefunden* (2022), S. 122 ff.
8 Vgl. hierzu Zima, Peter V.: *Ideologie und Theorie. Eine Diskurskritik*. Tübingen: A. Francke Verlag 1989.

Mobilität entstanden, dass wir solche biopolitischen und geokulturellen Entwicklungen anders verstehen und in den Blick bekommen müssen. Die zurückliegende Dominanz der USA während der gut drei Jahrzehnte der vierten Phase beschleunigter Globalisierung hat nicht für eine gerechtere Weltordnung, sondern für eine noch höhere Ausbeutung aller menschlichen und natürlichen Ressourcen unseres Planeten gesorgt. Es gibt daher nur wenig Gründe, das Hohelied auf den Westen anzustimmen – auch und gerade in einer Situation, in welcher Russland vor Augen führt, dass es auf wesentlich brutalere Weise seine dem Westen entgegengesetzten Interessen durchzusetzen gewillt ist. Es gilt daher, wieder die Augen zu öffnen für eine Welt im Zeichen der Konvivenz, für eine polylogische Welt und nicht die Durchsetzung unilateraler Interessen einzelner Mächte. Die Literaturen der Welt sind als Seismographen der massiven migratorischen Prozesse von großer Bedeutung, um unsere heutige Welt zu verstehen und die notwendige Phantasie zu entwickeln, unseren Planeten aus der Sackgasse politischer Oppositionen herauszuführen.

Denn selbstverständlich sind die sogenannten ‚kulturellen Blöcke' Huntingtons keine Blöcke der Kultur, sondern verkappte politische Frontlinien, die aus politischen Machtinteressen immer wieder neu gespeist werden. Die Literaturen der Welt belegen, dass es auf Ebene der Kulturen der Welt keine unüberwindlichen Gegensätze und keine Unvereinbarkeiten gibt, solange eine Konvivenz im Zeichen des Viellogischen respektiert wird. Sie halten diesen von mir eingeforderten Respekt vor dem Polylogischen für eine Utopie? Wir werden diese Utopie verwirklichen müssen, wenn wir als menschliche Spezies überleben wollen, und zudem starke Mechanismen entwickeln, welche Kriege zu verhindern und Kriegstreibern das Handwerk zu legen vermögen.

Wir haben im vorherigen Teil unserer Vorlesung zudem verstanden, dass sich die mangelhafte Konvivenz des Menschen mit seiner Umwelt in immer stärker und schneller zuschlagenden und von der Erderwärmung befeuerten Katastrophen niederschlägt. Aus diesen Katastrophen hilft eine Frontstellung zwischen ‚Natur' und ‚Kultur' nicht heraus, sie führt nur weiter hinein und zu immer größeren sogenannten ‚Naturkatastrophen'. Ob die Menschheit dazu bereit ist, aus diesen *Crashs* die richtigen und radikalen Konsequenzen zu ziehen, wird sich zeigen müssen. Schon im *Gilgamesch*-Epos standen die riesigen Zedern des Libanon im Zeichen einer erforderlichen Konvivenz des Menschen mit der Flora seiner natürlichen Umwelt.

Sicherlich bilden die Literaturen der Welt nicht den einzigen interaktiven Wissensspeicher, der einen Beitrag zu einem besseren Verständnis des Menschen von der dringlichen Notwendigkeit der Konvivenz leisten kann. Denn es bleiben der Menschheit andere Reaktionsweisen als jene, welche Anna Kazumi Stahls Protagonist mit dem sprechenden Namen Helm angesichts der herannahenden

Katastrophe eines Hurrikan in Stellung brachte und dabei das Leben seiner japanischen Frau zerstörte. Diese war nach ihrer Übersiedelung in die USA nach dem Ende des Zweiten Weltkriegs in ihrem ‚Gastland' stets eine Fremde geblieben. In diesem Zusammenhang scheint mir der Ansatz eines italienischen Philosophen von Bedeutung, der mit seinem Buch *Homo sacer*, das 1995 bei Einaudi in Turin erschien, den Versuch unternahm, die Figur des Fremden aus der Tradition der Antike heraus begrifflich und kontextuell zu verfolgen und daraus Überlegungen anzustellen, die für ein Verständnis unserer aktuellen Welt wichtig sind. Giorgio Agamben hat dabei darauf hingewiesen, dass gerade unter dem Druck der Ereignisse und Migrationen des 20. Jahrhunderts eine ganze Reihe klarer, homogener Vorstellungen und nicht zuletzt auch unser Bild vom einheitlichen Nationalstaat westlicher Prägung brüchig geworden ist:

> Wenn die Flüchtlinge (deren Zahl in unserem Jahrhundert nie aufgehört hat zu wachsen, bis sie schließlich einen nicht zu vernachlässigenden Teil der Menschheit ausmachten) in der Ordnung des modernen Nationalstaates ein derart beunruhigendes Element darstellen, dann vor allem deshalb, weil sie die Kontinuität zwischen Mensch und Bürger, zwischen *Nativität und Nationalität*, Geburt und Volk, aufbrechen und damit die Ursprungsfiktion der modernen Souveränität in eine Krise stürzen. Der Flüchtling, der den Abstand zwischen Geburt und Nation zur Schau stellt, bringt auf der politischen Bühne für einen Augenblick jenes nackte Leben zum Vorschein, das deren geheime Voraussetzung ist. In diesem Sinn ist er tatsächlich, wie Hannah Arendt meint, ‚der Mensch der Menschenrechte', dessen erste und einzige reale Erscheinung diesseits der Maske des Bürgers, die ihn ständig verdeckt. Doch genau darum ist es so schwierig, seine Figur politisch zu bestimmen.
>
> Denn vom Ersten Weltkrieg an ist der Nexus Geburt-Volk nicht mehr imstande, seine legitimierende Funktion im Innern des Nationalstaates auszuüben, und die beiden Glieder beginnen zu zeigen, dass sie sich unwiederbringlich voneinander abgekoppelt haben. Die Überflutung Europas durch Flüchtlinge und Staatenlose (in einer kurzen Zeitspanne verlassen 1500000 Weißrussen, 700000 Armenier, 500000 Bulgaren, 1000000 Griechen und Hunderttausende Deutsche, Ungarn und Rumänen ihr Ursprungsland) ist zusammen mit den gleichzeitig in vielen europäischen Staaten eingeführten Normen, welche die massenhafte Entnaturalisierung und Entnationalisierung der eigenen Bürger erlauben, das hervorstechendste Phänomen.[9]

Damit meinte der italienische Philosoph Giorgio Agamben die Tatsache, dass bestimmte Länder – erstmals Frankreich 1915 – gegenüber den naturalisierten Bürgern sogenannter feindlicher Herkunft Maßnahmen ergriff, um diesen ihre Nationalität zu entziehen; eine Tatsache, die von anderen Ländern nachgeahmt wurde und später auch im Zweiten Weltkrieg weit verbreitet war. Auf diese Weise konnten die eigenen Staatsbürger ihrer Staatsbürgerschaft verlustig gehen

---

9 Agamben, Giorgio: *Homo sacer. Die souveräne Macht und das nackte Leben.* Aus dem Italienischen von Hubert Thüring. Frankfurt am Main: Suhrkamp 2002, S. 140.

und zu Staatenlosen werden, zu potentiellen Migranten, die bald schon ihr eigenes Vaterland verlassen mussten. Wir hatten dies am Beispiel des in Frankreich geborenen und dann in Spanien aufwachsenden Max Aub gesehen, der wie Hannah Arendt stets betonte, das eigene Vaterland sei der Ort, an dem man das Abitur gemacht habe.[10]

Beispielsweise wurden etwa Deutsche oder Japaner, die in Ecuador und anderen Ländern lange zuvor eingewandert waren und zu Bürgern dieser Staaten geworden waren, als mögliche Gefahrenherde zunächst in Lagern gesammelt und später zum Teil in die USA verbracht, wo sie wiederum auf einzelne Lager und Sammelstätten verteilt wurden. Die für diese Inhaftierungen und Inklusionen notwendigen Gesetzgebungen wurden rasch verabschiedet und funktionierten nahezu reibungslos. Nicht nur im Falle von Max Aub sind mir keinerlei Proteste von Nachbarn oder Landsmännern und Landsfrauen bekannt geworden.

Die Migrationsbewegungen im weiteren Verlauf des 20. Jahrhunderts aber standen all dem nicht nach, sondern erhöhten beständig die Zahl von Menschen, die sich aus den verschiedensten Gründen auf der Flucht befanden und bis heute in unserem 21. Jahrhundert befinden. So prägt die biopolitisch so folgenschwere Migration sicherlich die Geschichte des 20. und beginnenden 21. Jahrhunderts insgesamt. Zugleich werden die migratorischen Wellen zu einer grundlegenden Struktur unserer Gesellschaften auch außerhalb von Kriegszeiten. Denn auch während des Verlaufs der zweiten Hälfte des 20. Jahrhunderts und insbesondere nach dem Ende des Kalten Krieges und dem Fall der Berliner Mauer lässt sich weltweit kein Abflauen dieser Migrationswellen beobachten. Diese Migrationen betreffen die Bewegungen und Übersiedlungen innerhalb eines einzelnen Nationalstaats – in Deutschland etwa die Bewegungen zwischen neuen und alten Bundesländern –, die Bewegungen innerhalb Europas sowie Bewegungen, die sich zwischen Europa und Außereuropa situieren. Es dauerte lange, bis sich Länder wie Deutschland mit der Tatsache anfreunden konnten, dass sie zu Einwanderungsländern geworden waren. Zugleich war in den westlichen Demokratien überall ein Wiederaufleben xenophober rechtsextremer Parteien zu beobachten, für welche die Migrationswellen wie Treibstoff wirkten. Konnte dies alles an der Literatur spurlos vorübergehen?

Selbstverständlich nicht: Die Literaturen der Welt reagieren wie Seismographen auf kleinste Veränderungen, die künftige gesamtgesellschaftliche Entwicklungen schon früh andeuten. Man könnte auf all diese hier nur kurz skizzierten biopolitischen Prozesse beziehen, was der spanische Schriftsteller Juan Goytisolo

---

10 Vgl. zu Max Aub das entsprechende Kapitel im dritten Band der Reihe „Aula" in Ette, Ottmar: *Von den historischen Avantgarden bis nach der Postmoderne* (2021), S. 549 ff.

in einer kurzen Besprechung von Emine Sevgi Özdamars Roman *Das Leben ist eine Karawanserei*[11] auf die nachfolgend zitierte Weise beschrieb. Denn auch der aus Barcelona stammende Autor erkannte bereits zu einem sehr frühen Zeitpunkt, dass die Literaturen Europas (und letztlich nicht nur diese) im Begriff standen, sich auf fundamentale Weise zu verändern:

> Quite a long time ago, at a meeting of the French Institute in Madrid, I surprised the audience by coming out with the idea that the future of French literature lay with writers from the Maghreb and Caribbean, English literature with Pakistani and Hindu writers and German literature with Turks. My *boutade* was greeted with laughter. Emine Sevgi Özdamar's novel – in Miguel Sáenz's magnificent translation – begins to fulfil my prediction: now the joke is for real.[12]

Die Zukunft der französischen Literatur werde also von Schriftstellerinnen und Schriftstellern aus dem Maghreb oder aus der Karibik, die der deutschen von Türken und die der englischen Literatur von Indern und Pakistanis geschrieben. Die Entfaltung der translingualen Literaturen ohne festen Wohnsitz gehört zu den umfassendsten Veränderungen, ja Revolutionen, welche die Literaturen der Welt transformiert haben. An dieser Tatsache ist heute längst nicht mehr zu zweifeln, auch wenn nationalliterarisch ‚eingespielte' Institutionen der Wissenschaft wie der Medien derartige Entwicklungen noch immer gerne als Randphänomene und Ausnahmeerscheinungen abtun. Doch kommen wir zur *Figura* des Fremden und des *Homo sacer* zurück!

Giorgio Agambens Buch versucht, ausgehend von der antiken Figur des *homo sacer*, der zwar einerseits als heilig galt, den man aber andererseits ohne dafür verfolgt zu werden töten konnte, eine Geschichte jener Figur weiterzuverfolgen, die wir im Mittelalter unter dem Begriff des ‚Vogelfreien' oder auch des ‚Outlaw' wiederfinden und der schließlich heute in jenen rechtsfreien Räumen unserer Flughäfen und Zollgrenzstellen vorkommt. Nicht das Phänomen hat sich verändert, wohl aber die Bezeichnungen dafür – und es ist deutlich massiver geworden.

Diese rechtsfreien Räume des Rechts könnte man anhand literarischer Beispiele näher erforschen. Ich habe Ihnen dies in unserer Vorlesung aufzuzeigen versucht – anhand von Salman Rushdies Auftakterzählung in *East – West*, in *Osten, Westen* also, wo es um die Frage der Übersiedlung nach Großbritannien

---

11 Vgl. hierzu Ette, Ottmar: Urbanity and Literature – Cities as Transareal Spaces of Movement in Assia Djebar, Emine Sevgi Özdamar and Cécile Wajsbrot. In: *European Review* (Cambridge) XIX, 3 (2011), S. 367–383.
12 Goytisolo, Juan: (On Emine Sevgi Özdamar.) In: *Times Literary Supplement* (London) (2.12.1994), S. 12. Vgl. hierzu auch Ette, Ottmar: *ÜberLebenswissen*, S. 227–252.

geht, die an den Handlungsvorschriften und dem Verhalten jener britischen Konsularbeamten scheitert, die im Verlauf der gesamten Erzählung nicht einmal ins Blickfeld kommen. Und doch ist die Migration weltweit ein biopolitisches Faktum, das über die Schreibtische derartiger Beamten läuft, von diesen in erheblichem Maße mitbestimmt wird und später zu Statistiken gerinnt, die Menschenleben zu Flutwellen auftürmen.

Der rechtsfreie Raum par excellence ist im 20. Jahrhundert aber das Lager, und gerade hier haben sich ausgehend von den Studien Hannah Arendts über die Konzentrationslager – und hieran knüpft auch Giorgio Agamben an – grundlegende Fragestellungen im politischen wie im philosophischen und kulturtheoretischen Bereich entzündet.[13] Der oder die ‚Staatenlose‘ und ihre Erfahrungen in den rechtsfreien Räumen nicht nur in Zeiten der Diktatur oder in Zeiten des Krieges, sondern auch in Zeiten der Demokratie und ihrer Globalisierung spielen eine wichtige Rolle innerhalb der Literaturen des ausgehenden 20. und des beginnenden 21. Jahrhunderts. Und so wächst auch stetig die Bedeutung eines translokalisierten Wissens, das diese Migrationswellen in den Literaturen der Welt hervortreiben.

All dies hat nicht nur zur Krise von Homogenitätsvorstellungen etwa mit Blick auf den Nationalstaat geführt, sondern auch mit Blick auf Fragen, inwieweit eine Leitkultur – und damit eine einzige, dominante und nicht hinterfragbare Kulturvorstellung – für unsere Gesellschaften noch tragbar ist. In Deutschland kommt diese Debatte in regelmäßigen Abständen immer wieder an die Oberfläche und muss sich den Realitäten einer Einwanderungsgesellschaft aussetzen, in welcher Nativität und Nation im Sinne Hannah Arendts, aber auch im Sinne Giorgio Agambens nicht länger gleichbedeutend sind. Huntingtons Bild vom Anderen, der ein anderes Territorium bewohnt und uns als der ganz Andere fremd und implizit auch feindlich gegenübersteht, vermag derartige Vorstellungen gewiss nicht zu begreifen. Doch derartige Simplifizierungen genügen nicht allein in den Vereinigten Staaten von Nordamerika, um politisch die Welle an rechtsextremen Wut-Taten zu produzieren, die nötig ist, um eine rechtskonservative bis rechtsextreme Politik mehrheitsfähig zu machen und restriktive Politiken durchzusetzen.

In diesem Zusammenhang geht es nicht zuletzt um die Frage der Homogenität von Sprachen, also etwa von Nationalsprachen, die nun aber von Menschen verschiedenster Herkunft gesprochen und damit auch – und letztlich auch in der Literatur – gesprochen und zum Teil radikal verändert werden. Denn translinguale Schreibbedingungen verändern die Sprache, die sie von anderen Sprachen her durchdringen. Dies zeigen die unterschiedlichsten Bei-

---

13 Vgl. Arendt, Hannah: *Elemente und Ursprünge totaler Herrschaft*. Ungekürzte Ausgabe. München – Zürich: Piper 1991.

spiele aus den Literaturen ohne festen Wohnsitz.[14] In Emine Sevgi Özdamars Texten etwa klaffen die ‚Nativität' – nicht von ungefähr ein Begriff Hannah Arendts, die von Vertreibung und Exil wusste – in der genealogischen Abstammung von Mutter und Großvater sowie die Verwendung einer von der Mutter abweichenden Sprache und einer vom Großvater abweichenden Schrift auseinander. Die eigene Geschichte wie die Geschichte des Eigenen erweisen sich als Prozesse, die von unvorhersehbaren ‚Lebensunfällen', von Logiken des Ausschlusses wie des Einschlusses bestimmt bleiben. Was aber ist dann noch fremd? Und wie ist diese paradoxe Fremde sprachlich zu bewältigen? Und stellt dieses ‚Fremde' nicht längst das ‚Eigene' grundlegend in Frage?

Die Migrant*innen werden – so dürfen wir an Agambens anregende Überlegungen anknüpfen – gerade durch ihren Ausschluss eingeschlossen, so wie sie durch ihren Einschluss ausgeschlossen und zu Grenzgänger*innen werden. Wir haben hier ein Verfahren, das wir bereits aus der Diskussion um die Gegenüberstellung von Fremdem und Eigenem kennen mit jener Pointe, dass sich die Diskussion längst um das Fremde im Eigenen, ja um das uns selber Fremde in uns dreht.[15] Dieses Fremde aber transformiert das Eigene im Sinne eines Weiteren, das an die Stelle der simplen Opposition zwischen ‚Eigenem' und ‚Anderem' tritt. Die Literaturen der Welt haben uns diese Entwicklung längst vorgezeichnet, doch hinken wir in den allermeisten Gesellschaften dieser sich ankündigenden Zukunft ‚weiter' hinterher.[16]

Auch auf dieser Ebene entwickelt sich eine Dialektik weit jenseits der von Eigenem und Fremdem, welche die Einschließungs- und Ausschließungsmechanismen mitbeinhaltet und stetig im Bewusstsein hält. Agambens Überlegungen freilich kreisen um das sogenannte ‚nackte Leben', und dieses sieht er aus der Perspektive des *homo sacer*, der zwar getötet, aber gemäß der griechischen Rechtsauffassung nicht geopfert werden darf. Denn er ist zwar heilig, steht aber dadurch gerade außerhalb der Rechtsordnung und trägt somit das, was man als das nackte Leben bezeichnen könnte – und dieses ist sozusagen vom Souverän schützbar, aber nicht notwendigerweise geschützt. Keine Rechtsordnung keines Staates tritt für es ein.

Giorgio Agamben bezieht sich dabei auf eine Grundopposition im griechischen Denken und im griechischen Lebensbegriff, der Opposition zwischen *zoë*

---

14 Vgl. Ette, Ottmar: *Writing-Between-Worlds. TransArea Studies and the Literatures-without-a-fixed-Abode*. Translated by Vera M. Kutzinski. Berlin – Boston: Walter de Gruyter 2016.

15 Vgl. Kristeva, Julia: *Etrangers à nous-mêmes*. Paris: Librairie Arthème Fayard 1988.

16 Vgl. Ette, Ottmar: Weiter denken. Viellogisches denken / viellogisches Denken und die Wege zu einer Epistemologie der Erweiterung. In: *Romanistische Zeitschrift für Literaturgeschichte / Cahiers d'Histoire des Littératures Romanes* (Heidelberg) XL, 1–4 (2016), S. 331–355.

und *bios*, also einerseits dem natürlichen Leben und andererseits dem Leben in einem bestimmten Sinne sowohl des Einzelmenschen als auch einer Gemeinschaft. Auf dieser Ebene treten also die kulturellen Dimensionen, die Rechtsordnung usw. hinzu. Gerade das Beispiel des Flüchtlings, des Staatenlosen, des Migranten macht diese Dimension natürlichen oder ‚nackten' Lebens deutlich.

Denn wer in unserer Gesellschaft auf Grund eines Unfalls nur das nackte Leben gerettet hat, ist ja im Grunde nicht nackt, sondern wird in vielfältiger Weise als Bürger oder Bürgerin geschützt und hat Ansprüche, die er gegenüber dem Staat, aber auch seinen Mitbürgern formulieren kann. Dies aber ist beim Migranten nicht der Fall; und diese Tradition verfolgt Agamben quer durch die Jahrhunderte, um damit einer Figur auf die Spur zu kommen, die heutzutage von zentraler Bedeutung ist in Gesellschaften, die von ständigen Migrationswellen verändert werden:

> Das fundamentale Kategorienpaar der abendländischen Politik ist nicht jene Freund / Feind-Unterscheidung, sondern diejenige von nacktem Leben / politischer Existenz, *zoé* / *bíos*, Ausschluß / Einschluß. Politik gibt es deshalb, weil der Mensch das Lebewesen ist, das in der Sprache das nackte Leben von sich abtrennt und sich entgegengesetzt und zugleich in einer einschließenden Ausschließung die Beziehung zu ihm aufrechterhält.[17]

Mit dieser Wendung entwickelt Giorgio Agamben die Grundlagen jener Biopolitik weiter, die Michel Foucault Jahrzehnte zuvor – und letztlich Hannah Arendt nochmals Jahrzehnte früher – aus ihrer Beziehung zur Macht hatten herausentwickeln wollen. Damit ergibt sich in gewisser Weise aber die Notwendigkeit, biopolitische Fragestellungen an die Literatur selbst zu stellen.

Biopolitik meint in diesem Sinne also nicht allein die Frage, inwieweit die Geschlechterfrage oder Geschlechterdifferenz unsere kulturellen Hervorbringungen regelt und bestimmt; eine Problematik, in der sich nun spätestens seit Simone de Beauvoir die *Gender Studies* und *Queer Studies* Stück für Stück einen wichtigen Ort innerhalb unserer Kulturwissenschaften ertrotzt haben. Biopolitik in diesem Sinne würde ebenfalls meinen und danach fragen, inwieweit die Literatur mit jenen Migrationen und Migranten verbunden ist, die im Grunde nichts als das nackte Leben mitgebracht haben, aber groteskerweise eben auch in unseren Gesellschaften über wenig mehr verfügen als über den allgemeinen Schutz durch Menschenrechte, wie er 1948 von der gerade gegründeten UNO aus den Erfahrungen des Zweiten Weltkriegs, der Flüchtlingswellen, des Genozids und des Holocaust entwickelt worden war.

Doch schauen wir uns auf unserem Planeten um, in welchen Staaten die Menschenrechte respektiert und eingehalten werden! Selbst innerhalb der Euro-

---

17 Agamben, Giorgio: *Homo sacer*, S. 18.

päischen Union können einzelne Staaten wie Ungarn oder Polen weitestgehend ungestraft die Menschenrechte mit Füßen treten und Rechtsordnungen erlassen, die in klarem Widerspruch zu Grundlagen eines Rechtsstaates stehen, der die Menschenrechte schützen sollte. Und wie schwierig es ist, diese Dimension unserer Gesellschaften, aber auch unserer Kulturen überhaupt wahrzunehmen, zeigen die Debatten um das Asylrecht, um das Ausländerrecht, um die Frage, ob es eine Leitkultur geben kann bzw. soll oder auch, ob Deutschland wirklich ein Einwanderungsland ist und mit welchen Mitteln einer sogenannten ‚Umvolkung‘ entgegengetreten werden kann. Dies ist ein weites und sehr reiches Feld für rechtsradikale Stimmungen und Stimmenfänger. All dies geschieht zu einem Zeitpunkt, zu dem Deutschland längst und seit Jahrzehnten gerade auch von der Politik gesteuert zu einem Einwanderungsland geworden ist, weil man – neben vielen anderen Migranten – billige Arbeitskräfte als Gastarbeiter benötigte. Der aktuelle Fachkräftemangel im Deutschland der zwanziger Jahre des 21. Jahrhunderts macht solche Politiken wieder zeitgemäß.

Doch ist es die Aufgabe der Geistes- wie der Literaturwissenschaften, das Unzeitgemäße – und nicht allein im Sinne Friedrich Nietzsches – zu denken und in die Gesellschaft zu tragen. Dies alles sind Aspekte einer Biopolitik, die in Zeiten weltweiter Migration dringender denn je gefordert wird. Im sogenannten *Manifest der 60 – Deutschland und die Einwanderung* wurde vom Leiter der Dritte-Welt-Forschungsstelle am Geschwister-Scholl Institut der Universität München, dem Politologen Peter Opitz, bereits 1994 darauf aufmerksam gemacht, dass aus den verschiedensten Gründen Migrationen heute nicht mehr regional oder kontinental begrenzt seien, sondern in einem zuvor unbekannten Ausmaße die Grenzen der Kontinente überspringen. Diese transarealen und transkontinentalen Migrationen sind ein Faktum gerade auch unserer Epoche nach der zu Ende gegangenen vierten Phase beschleunigter Globalisierung.

Denn die Migrationen, die ‚Globalisierungen von unten‘, haben nicht aufgehört, sondern sind stärker denn je. Opitz sieht für diese Migrationswellen insgesamt vier Gruppen von Gründen; und zwar erstens den imperialen Zerfall und die nationale Renaissance (also das, was wir anhand von Huntingtons Karte vom Westen und den Resten als die Landkarte der Kolonialisierung kennengelernt hatten), zweitens die weltwirtschaftlichen Umstrukturierungen (worunter natürlich auch all jene Entwicklungen fallen, die wir anhand der Statistiken und Materialien von Wirtschaftsforschungsinstituten zur Kenntnis nehmen müssen), drittens das demographische Wachstum und schließlich viertens die ökologischen Zerstörungen, vor denen – wie wir im fünften Teil dieser Vorlesung sahen – die Literaturen der Welt schon früh und spätestens Mitte des 19. Jahrhunderts gewarnt hatten.

Aus den genannten vier Motivationen, so Opitz weiter, ergeben sich regionale und globale Gefälle, die in einem grundlegenden Maße die Migrationsbewegungen auf unserem Planeten auslösen und steuern. Die Zahlen sprechen eine eindeutige Sprache: Hatte das Amt des Hohen Flüchtlingskommissars in Genf, das UNHCR, 1970 noch 2,4 Millionen Flüchtlinge weltweit – und zwar nur auf Grund von Kriegen, Bürgerkriegen oder Verfolgungen – registriert, so waren es 1980 bereits 7,4 Millionen, und 1990 hatte sich die Zahl bereits auf mehr als 17 Millionen erhöht. Opitz geht in seiner Studie davon aus, dass diese Zahlen auf mehr als 20 Millionen anstiegen, nähme man die Binnenflüchtlinge und die insgesamt mehr als 2 Millionen Palästina-Flüchtlinge hinzu. Ich darf Ihnen verraten, dass sich für das zurückliegende Jahr 2021 die Schätzungen auf mehr als einhundert Millionen Flüchtlinge belaufen. Ist das nicht grauenhaft? Und wie sollten die Literaturen der Welt nicht von derartigen Flüchtlingszahlen geprägt sein und Schreibformen entfalten, welche diesen Statistiken ein menschliches Antlitz geben?

Ich wollte Ihnen lediglich diesen exponentiellen Anstieg am Ausgang des 20. Jahrhunderts detaillierter zur Kenntnis geben – weitere aktuelle Zahlen würden uns schwindelig machen! Doch ich möchte Ihnen zumindest einen kurzen Auszug aus dem *Manifest der 60* vorführen, hier anhand einer Passage zu Beginn, die aus der Feder des Migrationsforschers Klaus J. Bade stammt und auf die spezifische Situation Deutschlands im Kontext weltweiter Migrationsbewegungen eingeht. So betont Bade:

> Im Saldo der Wanderungsbilanz haben sich für Deutschland in den letzten 100 Jahren die Vorzeichen umgekehrt. Aus dem Auswanderungsland des 19. Jahrhunderts wurde ein Einwanderungsland neuen Typs. Seit dem Zweiten Weltkrieg hat sich dieser Wandel im Westen Deutschlands enorm beschleunigt. [...]
>
> Auch in der DDR gab es – in vergleichsweise kleinerer Zahl und meist im Zeitvertrag – ausländische Arbeitskräfte. Offiziell und vor allem gegenüber dem ‚kapitalistischen Ausland‘ wurde die Existenz des sozialistischen Arbeitskräfteimports in der Regel totgeschwiegen. Im Innern wurden die damit verbundenen Probleme tabuisiert, die ausländischen Heloten oft durch separate Unterkünfte auf Distanz zur einheimischen Bevölkerung gehalten. [...]
>
> Das vereinigte Deutschland der 1990er Jahre ist mit einer neuen Eingliederungssituation konfrontiert. Sie ist komplexer und unübersichtlicher als die beiden vorausgegangenen – die Integration von Flüchtlingen und Vertriebenen bis Mitte der 1950er Jahre und der im Westen anschließende Weg von der ‚Gastarbeiterfrage‘ zum tabuisierten Einwanderungsproblem.[18]

Derselbe Migrationsforscher und damalige Leiter des Instituts für Migrationsforschung in Osnabrück, Klaus J Bade, hat sodann im Jahre 2000 ein umfangreiches

---

18 Bade, Klaus, J. (Hg.): *Das Manifest der 60. Deutschland und die Einwanderung.* Mit Beiträgen von Klaus J. Bade, Ursula Boos-Nünning, Friedrich Heckmann, Otto Kimminich, Claus Legewie, Meinhard Miegel, Rainer Münz, Dieter Oberndörfer, Peter J. Opitz, Michael Wollenschläger. München: Beck 1994, S. 16 f.

Buch mit dem Titel *Europa in Bewegung – Migration vom späten 18. Jahrhundert bis zur Gegenwart* veröffentlicht, in dem er den Versuch unternimmt, die aktuellen Probleme aus einer geschichtlichen Perspektive zu begreifen und zugleich auch klarzumachen, dass Europa in der Tat seit langem schon *in Bewegung* ist.[19] Allerdings haben, wie wir sahen, diese Migrationen im Verlauf des letzten Drittels des 20. Jahrhunderts nochmals erheblich an Geschwindigkeit zugenommen. Aufschlussreich sind dabei Bades Analysen und Schlussfolgerungen zu der Rede von der ‚Festung Europa' und von der hochgradig differenzierten Migrationspolitik gerade mit Blick auf die sogenannte ‚Dritte Welt'.

Gerade an diesem Punkt scheint sich eine Entwicklung anzubahnen, die einerseits von einem hohen Maß an Emotionalität, ja an Hysterie und Angst geprägt ist, andererseits aber auch von einer sehr berechnenden, wohlkalkulierten Zuwanderungspolitik, der im Grunde ein gewisser menschenverachtender Zug – weniger mit Blick auf die ‚Zugelassenen' als auf deren Heimatländer und die dort ‚Zurückgelassenen' nicht abgesprochen werden kann. Die Hysterie haben Sie etwa bei der massiven Einwanderung aus Syrien, Afghanistan oder Pakistan im Jahr 2015 erlebt, den berechnenden Zugriff können Sie neben aller großen, ja überwältigenden Hilfsbereitschaft auch in der Aufnahme der Flüchtlinge des Ukraine-Krieges 2022 erkennen.

Ich möchte Ihnen gerne zum Abschluss dieser Überlegungen ein mehrteiliges Zitat aus dem Schlusskapitel von Bades Buch über Europa vorstellen, einem Band, welcher Ihnen beim Studium der Migrationsbewegungen auf dem beziehungsweise zum europäischen Kontinent die notwendige historische Tiefendimension verschafft und Sie vermittels wissenschaftlicher Erkenntnisse davor schützt, den Migrationsbewegungen und Fluchtwellen unseres Jahrhunderts, das zweifellos erneut ein Jahrhundert der Migrationen sein wird, mit Hysterie und großer Emotionalität entgegenzusehen:

> Die ‚Dritte Welt' war in Europa am Ende des Jahrhunderts nach wie vor ein migratorischer Angstgegner erster Ordnung und als solcher Gegenstand sicherheitspolitischer Abwehrkonzepte auf nationaler und europäischer Ebene, obwohl zwei Drittel der Migranten in Westeuropa aus dem Osten stammten und nur ein Drittel aus dem Süden und obgleich die Süd-Nord-Migration nach Europa in den 1990er Jahren nur um 1–2%, die Ost-West-Migration hingegen um 21% anstieg. [...]

---

19 Bade, Klaus: *Europa in Bewegung. Migration vom späten 18. Jahrhundert bis zur Gegenwart.* München: Verlag C.H. Beck 2000; vgl. hierzu auch Ette, Ottmar: Europa als Bewegung. Zur literarischen Konstruktion eines Faszinosum. In: Holtmann, Dieter / Riemer, Peter (Hg.): *Europa: Einheit und Vielfalt. Eine interdisziplinäre Betrachtung.* Münster – Hamburg – Berlin – London: LIT Verlag 2001, S. 15–44.

> Der mit Abstand größte Teil der Ende der 1990er Jahre schätzungsweise 120 Millionen Menschen umfassenden weltweiten Wanderungsbewegungen aber verlief auch weiterhin innerhalb der ‚Dritten Welt‘, zu rund einem Drittel allein in Afrika. Das Gros der im Ausland lebenden Flüchtlinge im Sinne der Genfer Flüchtlingskonvention besteht aus Frauen und Kindern, deren Zahl sich seit 1980 verdoppelt hat und nach Schätzungen bis zum Jahr 2005 nochmals auf das Doppelte, auf circa 70 Millionen Menschen, anwachsen wird. [...]
>
> Die Rede von der ‚Festung Europa‘ ist bei alledem falsch und richtig zugleich: Sie ist falsch, weil Europa offen blieb für viele auf nationalen Ebenen erwünschte oder aufgrund übergeordneten europäischen Rechts bzw. universalistischer Prinzipien tolerierte Zuwanderer, was eine erhebliche, aber überschaubare Zugänge-Zahl ermöglicht. Sie ist richtig im Blick auf die Zuwanderungsbeschränkungen bzw. auf die Abwehr unerwünschter Zuwanderer, bevor sie über europäische Grenzen in den Geltungsbereich solchen Rechts und solcher Prinzipien kommen, was eine nur schätzbare, aber in jedem Fall unvergleichbar größere Zahl ausschließt. [...]
>
> Die Abgrenzung der ‚Festung Europa‘ hat für Zuwanderungen aus der ‚Dritten Welt‘ nur wenige Zugänge offen gelassen, die sich in den 1990er Jahren noch mehr verengt und zugleich weiter ausdifferenziert haben: Die legale Migrationsdimension umschließt nach wie vor Elitenmigrationen, auf Mittel- bzw. Oberschichten begrenzte Bildungs- bzw. Ausbildungswanderungen, und, oft in Überschneidung damit, privilegierte, wenn auch immer mehr begrenzte Migrationsbeziehungen in Gestalt von postkolonialen und ‚ethnischen‘ Zuwanderungen.[20]

Der damalige Leiter des renommierten Osnabrücker Instituts für Migrationsforschungen und Interkulturelle Studien hat hier in klaren, bisweilen nüchternen Worten eine Szenerie entworfen, die sich durchaus sehr stark von der im Kontrast geradezu harmonisch wirkenden und sogenannten ‚Gastarbeitersituation‘ im binneneuropäischen Migrationsbereich unterscheidet. Wir werden uns gleich im Anschluss mit dieser Fragestellung der Kinder der ‚Gastarbeiter‘ an einem Beispiel aus der alten Bundesrepublik Deutschland beschäftigen.

Sowohl die nationalen als auch die europäischen wie die globalen Migrationsströme prägen in ihrer Unterschiedlichkeit und in ihrer wechselseitigen Überlagerung in hohem Maße gerade die Wahrnehmungen und Perzeptionen von Seiten der Literatur, was nicht verwundert, sind doch gerade auch die Autorinnen und Autoren häufig Protagonisten in dieser ständig anwachsenden Bewegung der Migranten und Flüchtlinge, jener Spezies also, die zugleich innerhalb und außerhalb des Rechts und der Gesetzlichkeit steht und somit die Nachfolge des antiken *homo sacer* angetreten hat. Die Literaturen des ausgehenden 20. Jahrhunderts und des beginnenden 21. Jahrhunderts sind in wachsendem Maße von diesen Entwicklungen geprägt, zugleich aber auch zum ästhetisch-literarischen Produkt von Menschen geworden, welche eben jene migratorischen Erfahrungen gemacht

---

20 Bade, Klaus J.: *Europa in Bewegung*, S. 439 f.

haben, die wir in diesem Teil unserer Vorlesung zusätzlich zu all dem, was wir darüber bereits zuvor in unserer Veranstaltung gesagt haben, beleuchten wollen. Ich möchte Sie am Ausgang und im Ausklang unserer Vorlesung zumindest in der gebotenen Kürze in diese migratorische und in Teilen translinguale Welt auf verschiedenen Kontinenten einführen und dabei mit Europa und mit einem Dichter beginnen, der sich im Spannungsfeld zwischen der Romania und der deutschsprachigen Literatur sehr erfolgreich und anregend bewegt.

José F.A. Oliver oder der andalusische Schwarzwald im Haus der Sprache

Ich möchte Ihnen jetzt einen Lyriker vorstellen, bei dem das Thema der Phonotextualität, also der Beziehungen zwischen Text und Klang, eine enorme Rolle spielt und der dem Spiel der dialektalen Klangeinfärbungen wie den daraus entstehenden Eigen-Logiken der Verschriftlichung jene hochgradig kreative sprachspielerische Note verleiht, wie wir sie nicht selten in den translingualen Schöpfungen der Literaturen ohne festen Wohnsitz antreffen. Es handelt sich um einen Schriftsteller, der seine Gedichte in deutscher und spanischer Sprache sowie im alemannischen Dialekt schreibt, vorträgt, auf Tonträger spricht und zum Teil auch singt, der mit den unterschiedlichsten Medien experimentiert hat und versucht, sein Schreiben in schriftlicher, visueller, akustischer und tänzerisch-choreographischer Form umzusetzen: Ich spreche von José F.A. Oliver, zu dem ich Ihnen einige Biographeme mitteilen darf.

Abb. 28: José E. F. Oliver (*1961).

José F. A. Oliver wurde am 20. Juli 1961 in Hausach im Kinzigtal, also im badischen Schwarzwald geboren und wuchs zweisprachig auf. Als Sohn spanischer Gastarbeiter, die 1960 aus der andalusischen Provinz Málaga in die Bundesrepublik eingewandert waren, ohne damals bewusst einzuwandern, wurde er in den Sprachen des andalusischen Elternhauses und der alemannisch geprägten Umgebung seines kleinen Schwarzwaldstädtchens groß. Seiner Heimatstadt blieb er sehr verbunden, engagierte sich für die alemannische Fastnacht und organisierte schon bald unter dem Titel „LeseLenz" Literaturtage, die weit über die Region ausstrahlten und zu einem Markenzeichen von Hausach wurden.

Der sprachbegabte Oliver studierte im nahegelegenen Freiburg Romanistik, Germanistik und Philosophie, womit sie wieder einen Beleg dafür haben, dass man nach einem Romanistikstudium auch den Beruf eines Schriftstellers ergreifen kann. Denn José Oliver fand in der Lyrik und Kurzprosa seine künstlerischen Ausdrucksformen, die für sein Leben bestimmend wurden. Früh engagierte er sich didaktisch im Literaturunterricht, gab bis heute zahlreiche Lyrik-Workshops und versuchte, durch die Öffnung auf populäre Kunstformen der Lyrik einen breiteren Zugang zum Publikum zu verschaffen. Sein Engagement erstreckte sich aber auch auf verschiedene kulturelle Vereinigungen und Projekte, von denen ich Ihnen ja ein herausragendes bereits genannt habe.

1988 war er Stipendiat für Literatur im Schriftstellerhaus Stuttgart, 1989 dann Stipendiat für Literatur der Kunststiftung Baden-Württemberg. Er entwickelte seit 1986 Lyrik-Collagen / *Poetagen* als Möglichkeit der visuellen Erweiterung von Gedichten und arbeitete mit verschiedenen Musikern an Lyrik-Musik-Kompositionen. Früh schon verstand Oliver Lyrik im etymologischen Sinne als Dialog zwischen Musik, Sprache und Gesang, doch arbeitete er gezielt mit Bildhauern und Tänzern auf dem Weg zum künstlerischen Gesamtkunstwerk zusammen.

Ich kann Ihnen im Rahmen unserer Vorlesung nur einen kleinen Einblick in sein Schaffen und in seine vielfältigen Aufenthalte als Stadtschreiber in Kairo oder in Istanbul, als Lyriker in La Habana oder Mexiko-Stadt geben. 1994 erhielt er ein Aufenthaltsstipendium im Literarischen Colloquium Berlin, dann 1996/1997 ein Stipendium der Kurt-Tucholsky-Stiftung Hamburg. Sein damaliges Gesamtwerk wurde 1997 mit dem Adelbert-von-Chamisso-Preis gewürdigt; ein Preis, der auf Anregung des Romanisten Harald Weinrich für Schriftsteller*innen geschaffen wurde, die sich ausgehend von einem anderen Sprachhorizont in beispielhafter Weise der deutschen Sprache bedienen. Die Vielzahl an Preisen, die ihm verliehen wurden, kann hier nicht wiedergegeben werden, doch sei 2021 der Heinrich-Böll-Preis erwähnt und die Tatsache, dass er im selben Jahr zum Ehrenbürger der Stadt Hausach ernannt wurde.

Ich kann Sie in der schriftlichen Fassung unserer Vorlesung nur dazu ermutigen, sich zur Einführung in die Klang-Welt des Hausacher Dichters die beiden ersten Soundtracks der von Oliver gemeinsam mit Niño de Pantaleón an der Flamencogitarre aufgenommenen und 1999 erschienenen CD mit dem schönen Titel *fernlautmetz* anzuhören. Beide Tracks sind kurz und geben einen guten Einblick in diesen Teil von Olivers Schaffen. Beim ersten Stück handelt es sich um den Titel „andalemania, südsüdnord", ein Titel, der in vielfacher Hinsicht charakteristisch ist für die wort- und sprachspielerische Schreib- und Sprechweise Olivers, werden hier doch zwei sehr unterschiedliche Musiktraditionen, zwei verschiedene Sprachen (Spanisch und Deutsch), damit zwei Welten aufs engste miteinander so verzahnt, als müssten sie eigentlich zusammengehören. Und auf dieser CD können Sie diese Welten zusammenhören. Ein Wort zu diesen Klang- und Lyrik-Welten!

Zum einen handelt es sich um den spanischen Flamenco und zum anderen nicht eigentlich um das Deutsche, sondern um das Alemannische, also jene dialektale Literatursprache, die im Südwesten Deutschlands, im Norden der Schweiz und im Elsass gesprochen wird. Sie hören diese klangvolle Sprache der Literatur in einer authentischen Kinzigtäler Variante in der Melodie eines im Schwarzwald sehr populären Volkslieds, nämlich „In Mueders Stübele", das Ihnen möglicherweise unbekannt sein könnte. Diese Verzahnung zweier unterschiedlicher Kulturen öffnet den Blick, aber vielleicht mehr noch das Gehör für die Dichtkunst Olivers, die dann in der zweiten Aufnahme noch deutlicher hörbar wird – eine Art *Ars poetica* des Dichters, der uns von den Gründen seines Schreibens berichtet. Es handelt sich um ein langes Prosagedicht, das den Abschluss des gleichnamigen, im Jahr 2000 erschienenen Suhrkamp-Bändchens *fernlautmetz* bildet. Schauen und hören wir es uns einmal an:

1. Ich schreibe, weil ich wissen will, wie sich der Stierkämpfer im Tannendunkel verkämpfte, da sie sagen, jener Espada sei mein Vater gewesen, der nie in Deutschland ankam.

2. Ich schreibe, weil meine fremdvertraute Wiege ein verwundetes Moosauge war und eine Lichtung aus Zärtlichkeit, die nach Wald und Blütenhonig schmeckte, nach Lilien und nach Federico García Lorca.

3. Ich schreibe, weil ich aus kriegsversehrten Armen heraus Eichhörnchen fütterte, ihnen Haselnüsse und ein scheues Lächeln hinwarf, unter mir unbekannten Bäumen und der offenrätsligen Müdigkeit eines Mannes, der noch nicht ganz von den Schlachtfeldern heimgekehrt war, seinem Gedächtnis der Kälte, in das er sich mit jedem Schnaps zuviel zurücktrank.

4. Ich schreibe, weil sich einst Gevatter Totengräber in meinem Heimatort schaufelhinkend und nach Feierabend mit den Granatsplittern unter seiner Schädeldecke Verluste paarte, während ich von Regenwürmern träumte, die Wasserlachen fleischten.

5. Ich schreibe, weil ich mit den Dorfkatzen Buchstaben spielte und auf der Bretterbühne unseres Klassenzimmers fingertanzend am ‚o' und ‚e' die ersten Vokale umkreiste, Garnrolle um Wollknäuel, die ich ins Alphabet auffädelte.

6. Ich schreibe, weil ich immer Ich-Mündung war, Sprach-Fluß bin und laufwärts Klang sein werde, vom Ich überflutet zwischen all den anderen Ichs, für jedes klare Gefühl, das mich erfindet.

7. Ich schreibe, weil der Fadenregen meine Haut sanftstrickt, mich der Neuschneemantel auf den Rabenfeldern wärmt und die Julisonne den Himmel kämmt, ägäisblau und später im Jahr.

8. Ich schreibe, weil die hemdsärmeligen Sommer nach Heu und Morgendämmer riechen, nach Nacht und Nacht und Tag, der Strohhüte trägt, die Vaterhand, Zikadenhitze.

9. Ich schreibe, weil in meinem Handteller das spanische M von Muerte hautgemeißelt wurde, eigenhäutig Todin, die mir in jede Liebkosung Leben leibt, seit ich ihre flüchtigen Entwürfe kenne.

10. Ich schreibe, weil die Mannmondin ein Bündel war, aus Reisig, Brüsten, Beichten, ein Vermächtnis Scham und Sonntagsbrache, die geheiligte Furcht der Verbotsgebote ins Jetzt, ins Fernere der Schuld.

11. Ich schreibe, weil ich den Durst der Steine berühre, der uns die Welt zerfließen macht, ganz inschriftslos und immerneu, im Tal den Felsgrat nächtens berge, das Lichtkammufer, das Meerin ist aus Luft.

12. Ich schreibe, weil ich mich Wort um Wort verschäme und Seelenpein enträtsle, wo der Hunger Bälle wirft und die Gesichter namenloser Kinder reimt und schattentanzt von Mund zu Mund.

13. Und ich schreibe, schreibe und schreibe, weil ich liebe und liebe und liebe ... Über alle Maßen liebe.[1]

In diesem langen Abschlussgedicht wird die starke Sprachkreativität des José Oliver deutlich. Als wohl vorherrschendes dichterisches Verfahren sind zweifellos die Wortagglomerationen hervorzuheben, die Substantivierung von Verben, die Verbalisierung von Substantiven, die Einblendung von Fremdwörtern sowie die Umwandlung von Wörtern des Deutschen oder auch ihres Geschlechts unter dem Einfluss spanischer Begriffe und Lexeme. Dabei entwickelt sich eine sehr charakteristische, eigentümliche Sprache, die auf eine hohe Vertrautheit des Dichters ebenso mit deutschsprachiger wie mit spanischsprachiger Dichtung schließen lässt. Der im Schwarzwald in eine sogenannte ‚Gastarbeiterfamilie' hineingeborene Dichter hat die Migration seiner Familie in die Bewegungen zwischen den Sprachen übersetzt.

Vielleicht wären als wichtigste Bezugspunkte auf beiden Seiten der deutschen wie der spanischen Literatur – wie mir scheint – die Lyriker Paul Celan und Federico García Lorca auszumachen. In dem vorliegenden Gedicht ist dabei die wortgewaltige Sprachkunst und das freie Sprachspiel Olivers noch relativ gezügelt, auch wenn es sich gleichsam als Crescendo bereits gegen Ende ansteigend herauspräpariert. Doch in vielen anderen Gedichten gibt es das Moment eines gewissen Überbordens, einer Verliebtheit ins Sprachmaterial, das man – des Dichters Worte vielleicht etwas missbrauchend – als eine Liebe über alle Maßen bezeichnen könnte. In jedem Falle entsteht aus dem Spiel zwischen den Sprachen, zwischen den Literaturen eine ungeheure Schöpferkraft und Spannung.

Dieses Gedicht ist zweifellos eine *Ars Poetica*, die auf der CD nicht wie im Buch am Ende, sondern gleich am Anfang steht, nachdem zunächst die Musik die CD dieser vielmedialen Lyra eröffnet hatte. Aufschlussreich ist dabei, dass

---

1 Oliver, José F.A.: 13 Saiten, die meine Verse stimmen- In (ders.): *fernlautmetz.* Frankfurt a.M.: Suhrkamp 2000, S. 111.

die ersten Verse des Flamenco-Gesangs – „Libre como el aire" also frei wie die Luft – ebenso wie „In Mueders Stübele da goht der hm hm hm" auf den Wind und damit das Medium anspielen, das dem Klang, dem Laut transportiert und der Laut-Schrift dieser CD und der gesungenen Lyrik als Grundlage dient.

Im weiteren Verlauf dieser *Ars Poetica* wird dieses Element weiter verfolgt, wobei bemerkenswert ist, dass auch die bereits erwähnten anderen Dimensionen von Körperlichkeit erscheinen: in der Hand, in der Handinnenfläche, in der Körperlichkeit des Theaters und seiner Performance, aber auch im Wollknäuel, das sich um die Vokale bildet und damit die Gewebemetaphorik des Textes einführt, die unverkennbar in diesem Gedicht mitgesponnen wird. Wichtig ist ferner, dass die Genealogie väterlich, also vom Vater bestimmt ist, während der Raum, die Natur, die Meerin und die Möndin, aber auch andere Symbole und Metaphern der Natur weiblich sind oder weiblich gemacht werden – analog zum spanischen *la luna* und (poetisch) *la mar*.

In diesem Zusammenhang werden implizit immer wieder spanisch-deutsche Übersetzungsprobleme behandelt und die Notwendigkeit von Resemantisierungen in der Translation zwischen dem Spanischen und dem Deutschen erörtert. Quer durch alle Isotopien ist offenkundig, dass wir stets auf das Thema der Migration stoßen, welches mit dem der Genealogie gekoppelt ist. Diese Anthropomorphisierung und Feminisierung findet sich auch im folgenden Gedicht gleich im ersten Vers, der Ackerfurche, die den männlichen Acker in die weibliche Furche überführt und damit letztlich auch den Raum für den männlichen „Duende", den Kobold, schafft. Dabei wird sowohl die Migration im Kontext der Tätigkeit des Vaters als ‚Gastarbeiter' in Deutschland als auch die erzwungene Migration und Vertreibung durch den Krieg – wobei damit ebenso der Spanische Bürgerkrieg wie der Zweite Weltkrieg gemeint sind – mehrfach thematisiert und in starke Motivationen für das eigene Schreiben verwandelt.

Als ein weiteres Beispiel dieser dichterischen Sprachgewalt José F.A. Olivers möchte ich Ihnen gerne – ebenfalls in der gebotenen Kürze – ein dreifaches Gedicht aus dem 1997 sinnigerweise im Drey-Verlag in Freiburg erschienenen Band mit dem Titel *Duende: Meine Ballade in drei Versionen: Die Ballade vom Duende – La balada del Duende – S Duendelied* vorstellen, das wiederum den Abschluss dieses Gedichtzyklus' darstellt. Dabei lasse ich die drei Gedichtversionen in deutscher, spanischer und alemannischer Sprache unmittelbar aufeinander folgen, insofern sie sich wechselseitig beleuchten:

> So war ihm Sang der Ackerfurchen
> Duende aus der alten Meerin
> Sanft und leicht ins Du gesagt
> Zauber November Zypresse

Así era para él aquel canto de los surcos
Duende volviendo de la vieja mar
Sabiendo suavemente darlo a un Tu
Magia Noviembre Ciprés

Eso warem s Lied us de Feldfuhre
Duende us de alte Meerin
Sacht un licht ins Du nigsait
November Zypress im Zeiche.[2]

In diesem dreifachen Gedicht wird einmal mehr die doppelte Metaphorik des Erdverbundenen, ja Schollenverbundenen dieser Lyrik und die Orientierung am Meer, der Meerin, deutlich, die eine ähnliche Übertragung des weiblichen Substantivs „la mar" ist wie die Übertragung von „la luna" auf ‚Mondin' oder „la muerte" auf ‚Tödin'. Weitere Beispiele ließen sich leicht häufen. Die Figur des „Duende", des Kobolds, die Federico García Lorca, aber auch vielen Märchen Europas entnommen sein könnte und sich stark autobiographisch aufgeladen zeigt, ist Ausgangspunkt einer ständig zwischen den Sprachen hin- und herspringenden Bewegung.

Diese Migration zwischen den Sprachen weiß sich im ständigen Dialog mit einem Du, in dem gleichsam magisch unterschiedliche Konnotate und Denotate zusammengepresst werden – die Magie des Novembers mit den Zypressen des Südens, die zugleich doch wieder den Tod konnotieren, der auch in diesem Gedichtband ständig präsent ist. Zwischen den einzelnen Sprachversionen, zwischen denen die Leserinnen und Leser hin- und herpendeln wie der „Duende", ergeben sich dabei Differenzen und zum Teil nur schwer zu kittende Brüche und Unterschiede, die gewollt sind und die Eigenwilligkeit und den Eigensinn der jeweiligen poetischen Sprache unterstreichen. Olivers Lyrik ist eine Lyrik, die das Fremde und das Eigene nicht voneinander trennt, sondern ständig immer wieder neu aufeinander bezieht und dem Fremd-Wort jene Nähe abpresst, die nötig ist, um *fernlautmetz*, die Sprache der fernen und netzförmig miteinander verbundenen Sprachmetze, herzustellen.

Als ein weiteres Beispiel von Olivers translingualem ZwischenWeltenSchreiben möchte ich Ihnen noch ganz kurz das Eröffnungsgedicht des im Jahr 2000 erschienenen Gedichtbandes vorstellen, das den Titel „fremdw:ort" trägt und das Wort-Spiel zwischen dem ‚Fremden' und dem ‚Eigenen', das für ein Schreiben im Zeichen der Migration charakteristisch ist, stets auf ein Weiteres hin öffnet:

---

2 Oliver, F.A.: José F.A. Oliver: *Meine Ballade in drei Versionen: Die Ballade vom Duende – La balada del Duende – S Duendelied.* Gutach: Drey-Verlag 1997, S. 6 f.

fremdw:ort

das so leicht nicht sag-
bar ist und wird

aus den angeln
gehobene nähe.[3]

Auch in diesem Mikrogedicht ist das Fremde nicht vom Eigenen getrennt, sondern stets durch eine Nähe geprägt, welche klare Scheidungen und Unterscheidungen unmöglich macht. Auch hier ließe sich ein Bogen zu Julia Kristeva
schlagen und ihren bereits diskutierten Überlegungen in *Etrangers à nous-
mêmes*.[4] Gerade im fremden Wort wird immer – die Doppelpunkte deuten es
an – ein Ort sichtbar und hörbar, der das Fremde und die Fremde zur ständig
verschobenen Nähe werden lässt, die doch aus den Angeln gehoben und zugleich sagbar und bar ist, nicht leicht sagbar und bar und bloß ist in seiner
Fremdheit von Wort und Ort. José F.A. Olivers vielsprachige und multimediale
Sprachkunst ist ohne die Migration schlechterdings nicht denkbar: Sie ist eine
Lyrik in ständiger Bewegung, die ohne festen Wohnsitz ist, zumindest insoweit,
als sie mehrere Wohnsitze zugleich besitzt und translingual zwischen verschiedenen Literatursprachen – zwischen dem Alemannischen als lokaler, dem
Deutschen als supranationaler und dem Spanischen als globalisierter Sprache –
unaufhörlich pendelt.

Doch wie genau funktioniert dieses Pendeln zwischen den Sprachen? Wie
wurde die Translingualität erlernt und zu einer tagtäglichen Gewohnheit? Wie
wurde aus dem ,Gastarbeiterkind' ein hellwacher Sprachenchronist und Dichter
in einer Umwelt, die überwiegend Alemannisch geprägt ist? Für den kleinen
Jungen im badischen *Haus*ach war es im Haus eigentlich ganz einfach. Denn er
bewegte sich zuhause zwischen den Sprachen wie zwischen den Räumen seines Geburtshauses:

> Ich bin in einem Haus aufgewachsen, das zwei Stockwerke hatte. Im ersten Stock wurde
> alemannisch gesprochen, also annähernd deutsch, und im zweiten andalusisch, also an-
> nähernd spanisch. Wenn sich eine sternenklare Nacht abzeichnete und man den Mond
> am Himmel sah, hieß er im zweiten Stock ,la luna' und war weiblich. Betrachtete man *la
> luna* vom ersten Stock aus, war sie plötzlich männlich und hieß ,der Mond'. Ein paar
> Treppenstufen genügten, und aus der Frau wurde ein Mann – oder umgekehrt.[5]

---

3 Oliver, José F.A.: fremdw:ort. In (ders.): *fernlautmetz*, S. 9.
4 Vgl. Kristeva, Julia: *Etrangers à nous-mêmes*. Paris: Librairie Arthème Fayard 1988.
5 Oliver, José F.A.: *Fremdenzimmer. Essays*. Frankfurt am Main: Weissbooks 2015, S. 16 f.

In dieser Passage aus dem Auftakttext „Zwei Mütter. Wie ich in der deutschen Sprache ankam" hat der 1961 im Schwarzwald geborene Dichter José Oliver, der sich mit großem Geschick auch einer essayistischen Prosa bedient, in seinem im Jahr 2015 erschienenen Essay-Band *Fremdenzimmer* auf literarisch verdichtete Weise das Haus der Sprache – oder besser: sein Haus der Sprachen – beschrieben und erläutert. Dieses Haus ist ein Sprachenraum, in dem wenige Schritte genügen, um die außersprachliche Wirklichkeit auf höchst unterschiedliche Weise erscheinen und erklingen zu lassen, ist doch der Mond aus einer Perspektive männlich, während er aus anderer Perspektive als „la luna" weibliche Züge annimmt und ganz anders klingt. *Gender trouble* rund um die Möndin im andalusischen Schwarzwald.

Es geht nicht um zwei, sondern um vier Sprachen. Ständige Perspektivwechsel, Sprachwechsel und damit verbundene Übersetzungsleistungen werden hier von dem Kind spanischer Einwanderer oder ‚Gastarbeiter', wie man sie in der damaligen Bundesrepublik bezeichnete, gefordert: im Grunde nicht allein zwischen dem Spanischen und dem Deutschen, sondern zugleich zwischen dem Alemannischen und dem Andalusischen. Die Welt, so ließe sich sagen, erschöpft sich für das Kind der Migration nicht in einem einzigen (sprachlichen) Blickwinkel, sondern macht die Kombinatorik unterschiedlicher Standpunkte unvermeidbar: ein Leben im unabschließbaren Blick- oder Perspektivenwechsel.

Wir könnten dies auch etwas anders formulieren: Die Welt lässt sich nicht aus der Perspektive einer einzigen Sprache begreifen, sondern macht die Kenntnis unterschiedlicher Sprachen sowie der Regeln ihrer Übersetzbarkeiten unverzichtbar. Migration meint ein Leben zwischen den Sprachen, zwischen den Kulturen, zwischen den Welten. Unter der einen Sprache gibt es immer die anderen Sprachen. Im Haus der Sprachen, in der Logosphäre der Migration, haben die Worte unter den Worten das Sagen und konstruieren weitere, ständig sich erweiternde Welten.

So hat keine Sprache das letzte Wort, sondern verweist immer auf die andere(n). Denn in diesem Haus der Sprachen sind nicht allein die unterschiedlichen Stockwerke – des andalusischen Spanischen wie des alemannischen Deutschen – von Bedeutung, von denen der kleine Junge auf die außersprachliche Wirklichkeit blickt, welche sich stets in unterschiedliche Sprach-Wirklichkeiten verzweigt. Entscheidend sind vielmehr die Treppenstufen, mithin die eigentlichen Bewegungs-Räume, auf denen sich das Kind im Haus der Sprachen hin- und herbewegt.

Das Treppenhaus ist der Verbindungs- und Bewegungsraum *par excellence*. Dass derartige Räume nicht nur unterschiedliche Logosphären, sondern auch Graphosphären zueinander in Beziehung setzen, schlägt sich im gedruckten Buch in der Kursivierung, den Anführungszeichen und selbstverständlich in der Nicht-

Kursivierung, den Nicht-Anführungszeichen sichtbar nieder. Alles hat hier verschiedene Orte und ist doch allein aus der Bewegung und als Bewegung begreifbar. Das Kind auf den Treppenstufen steht für – oder bewegt sich in einem – *ZwischenWeltenSprechen*, das niemals zur Ruhe kommt und später zum *ZwischenWeltenSchreiben*[6] wird. Für die Kinder der Migration entsteht die Bewegung durch die Sprachen, die sich ihnen enthüllen und die sich wechselseitig beleuchten.

Dieses ZwischenWeltenSchreiben ist durch grundlegende Differenzen gekennzeichnet, die sich nicht einfach auflösen lassen, sich zugleich aber auch nicht zu wechselseitigen Gegensätzen oder Oppositionen formieren und verhärten. Die Übergänge formieren sich spielerisch und niemals trennscharf. Allerdings sind das Spanische und das Deutsche, das Andalusische und das Alemannische unterschiedlich und lassen sich in ihren unterschiedlichen Perspektivierungen nicht einfach miteinander zu einem homogenen Sprachenblock verschmelzen. Jede Sprache fordert ihr eigenes Recht, ihre eigene Logik. Es kommt darauf an, diesen Logiken gerecht zu werden und zu lernen, polylogisch zu denken.

Und so erscheint das Mondgestirn als männlich und weiblich *zugleich*, ohne dass die eine oder die andere Sichtweise vorherrschen und das Denken beherrschen würde. Es dominiert vielmehr eine Konvivenz der Sprachen, eine Konvivenz verschiedener Logiken. Denn Verschiedenartiges, ja Gegensätzliches gilt zugleich, gerade weil die Differenzen fortbestehen: Es handelt sich um eine grundlegende *Äquipollenz*,[7] für welche das Differente *gleich gültig*, aber nicht gleichgültig ist.

Das ZwischenWeltenSchreiben ist wie das ZwischenWeltenSprechen eine Welt ständiger intra- wie interlingualer Übersetzungen.[8] Diese zutiefst translationale Bewegung ist allen Wahrnehmungen der Dinge eingeschrieben. Wie komplex diese Übersetzungsprozesse verlaufen, hat José F.A. Oliver filigran in der Figur des erstmals bewusst übersetzenden Ich zu modellieren gesucht. So wird der Satz „Morge Nochmittag gemmer in d Heibere"[9] von dem kleinen Hausacher Jungen ins Spanische wie folgt übersetzt: „Mamá, mañana vamos a buscar Hei-

6 Vgl. zu einer ersten Entfaltung dieses Konzepts Ette, Ottmar: *ZwischenWeltenSchreiben. Literaturen ohne festen Wohnsitz (ÜberLebenswissen II)*. Berlin: Kulturverlag Kadmos 2005.
7 Zum Begriff der Äquipollenz im philosophischen Denken vgl. das Kapitel „Vom Philosophieren ohne festen Wohnsitz" in Ette, Ottmar: *Anton Wilhelm Amo: Philosophieren ohne festen Wohnsitz. Eine Philosophie der Aufklärung zwischen Europa und Afrika*. Berlin: Kulturverlag Kadmos 2014, S. 91–109.
8 Vgl. zu dieser Begrifflichkeit Jakobson, Roman: On linguistic aspects of translation. In (ders.): *Selected Writings. II. Word and Language*. The Hague – Paris: Mouton 1971, S. 260.
9 Oliver, José F.A.: *Fremdenzimmer*, S. 15.

delbeeren".[10] Wie lässt sich eine derartige Übersetzungsleistung, wie eine solche Logosphäre verstehen?

Die im Text eingespielten translationalen Leistungen lassen sich auf den verschiedensten Ebenen belegen und analysieren. Zunächst handelt es sich bei dem hier gewählten Beispiel um eine Übersetzung aus dem Alemannischen ins Spanische (oder eigentlich Kastilische), wobei es durchaus zu einer leichten Sinnverschiebung insofern kommt, als die Bewegungsrichtung umgekehrt wird: Aus dem ‚In die Heidelbeeren gehen‘ wird ein Holen von Heidelbeeren. Sodann zeigt sich, dass das Kind, die Sprachkompetenzen seiner Mutter sicherlich berücksichtigend, die Leerstelle des Spanischen nicht mit ‚Heibere‘, sondern mit dem schriftdeutschen ‚Heidelbeeren‘ füllt und damit eine Übersetzung nicht aus dem Alemannischen ins Spanische, sondern aus dem Alemannischen ins Deutsche vollzieht. Der kleine Junge beherrscht die unterschiedlichen Codes in seinem ständigen *Code-Switching*.

Für den Dichter José Oliver ist das Alemannische selbstverständlich kein Dialekt, sondern eine Sprache – und, wie wir noch sehen werden, eine vollgültige Literatursprache überdies. Die doppelte Übersetzung führt auf der Ebene des sprachlichen Resultats zu einer Kombinatorik zweier Sprachen, die gerade *nicht* im alemannischen Ausgangssatz präsent gewesen waren. So ergibt sich eine sprachenquerende und damit *translinguale* Situation, welche die unterschiedlichen Sprecher- und Hörerkompetenzen offenkundig mit ins Kalkül, mit ins eigene Spiel mit der Sprache, zieht.

Darüber hinaus aber übersetzt der Junge auch und vor allem zwischen seinen beiden Müttern, jener leiblichen aus Andalusien, die erst nach einer Ferntrauung ihrem Mann nach Deutschland hatte folgen dürfen, und jener anderen Mutter namens Emma Viktoria, die als innerbadische Migrantin so wichtig wurde für den „Kampf um Sprache",[11] dem man im Zeichen der Migration niemals auszuweichen vermag. Die Übersetzungssituation verweist damit auf ein translinguales Spannungsfeld, innerhalb dessen zwischen (zumindest) zwei Muttersprachen übersetzt wird, insofern zwischen zwei Müttern von unterschiedlicher sprachlicher Herkunft übersetzt werden muss.

Angesichts dieser Konstellation erhält die Bezeichnung ‚Muttersprache‘ völlig neue Bedeutungen: In diesem Begriff bündeln sich in Olivers Schreiben unterschiedliche Isotopien. „Für jedes Bedürfnis", so berichtet die Erzählerfigur in der ersten Person Singular, „hatte ich eine Mutter"[12] – und auch auf dieser Ebene, in

---

10 Ebda., S. 16.
11 Ebda., S. 10.
12 Ebda.

der Verschiedenartigkeit der beiden Mütter, stellt sich eine Äquipollenz ein, der nichts gleichgültig, aber alles gleich gültig ist. So findet auch keine simple Akkulturation, sondern vielmehr eine Transkulturation[13] statt, welche die vielleicht entscheidende Voraussetzung für den Dichter im Deutschen mit spanischem Pass bildet: „Die Genugtuung alsbald, dass die deutsche Sprache auch mir gehörte und ein Gastarbeiterkind nicht zwangsläufig der Gastarbeiter von morgen zu sein hatte."[14]

So ist im Haus der Sprache und der Sprachen ausreichend Bewegungsraum geschaffen, um eine nicht allein sprachliche, sondern auch soziale und lebensweltliche Beweglichkeit sicherzustellen. Das Ich bleibt auch hier gerne im Bewegungsraum, im Treppenhaus zwischen den verschiedenen Sprachen. Die Bewegungen zwischen den Müttern, zwischen den Sprachen, zwischen den Geschlechtern und zwischen den Welten ermöglicht so ein Leben, das zuallererst als komplexe Sprachbewegung reflektierbar wird. Die Verwandlung des gesprochenen in das geschriebene Wort, der Logosphäre in die Graphosphäre, intensiviert die ständigen Perspektivenwechsel wie die Reflexion derselben auf eine immer intensivere Weise, ohne dass sich doch je ein Ende aller translingualen Übersetzungsprozesse ergeben könnte. Das Zu-Wort-Kommen meint nicht, zu dem *einen* Wort zu kommen: Die Orte unter den Orten, die Worte unter den Worten sind bei allen Lexemen stets miteingetragen. Doch diese Territorialisierung erfolgt stets unter der Prämisse der Bewegung, der Vektorizität.

Das ZwischenWeltenSchreiben bezieht aus der Äquipollenz der Differenzen und des Differenten seine eigentliche Antriebskraft. Und nichts kann hier die gleiche Gültigkeit in eine Gleichgültigkeit oder den Imperialismus nur der einen Sprache, der einen Mutter, des einen Landes umschlagen lassen. Es geht vielmehr um eine Konvivenz der Sprachen. Die zweifellos gegebene Last, ein Gastarbeiterkind zu sein, wird hier mit der List ständigen Übersetzens (und eines beeindruckenden Sprachwitzes) zur Lust an Sprache(n) und an einer Welt, die niemals allein aus einer einzigen Perspektive, mit Hilfe einer einzigen Sprache, dank einer einzigen Logik verstanden werden kann. Das Haus der Sprache(n) kann so auch zum Haus der Lüste werden. Die Lust am gesprochenen, dann am geschriebenen Wort öffnet

---

13 Zum Begriff der *transculturalidad* vgl. dessen ‚Erfinder' aus dem Jahre 1940 den kubanischen Anthropologen und Kulturtheoretiker Ortiz, Fernando: *Contrapunteo cubano del tabaco y el azúcar*. Prólogo y Cronología Julio Le Reverend. Caracas: Biblioteca Ayacucho 1978. Ich habe mich diesem Begriff in seinen theoretischen Implikationen gewidmet u. a. im dritten Band der Reihe „Aula" in Ette, Ottmar: *Von den historischen Avantgarden bis nach der Postmoderne* (2021), S. 741 ff.
14 Oliver, José F.A.: *Fremdenzimmer*, S. 10.

sich so auf die Lust am Text, welche der studierte Poet zweifellos mit dem Namen von Roland Barthes und dessen *Le Plaisir du texte* zu verbinden wüsste.[15]

Im zweiten Erzähltext beziehungsweise ‚Essay' seines Bandes *Fremdenzimmer* geht es unter dem Titel „Schimpf und Widerstand. Als die alemannische Sprache in mein Schreiben kam" ebenfalls im Kern um das Haus der Sprache(n), hier aber um die Problematik nicht der Sprachenübersetzung, sondern einer rigorosen Sprachenunterdrückung. An die Stelle des Wohnhauses tritt das Schulhaus, an die Stelle der Mütter tritt der männliche Deutschlehrer, der im Namen vermeintlich besserer sozialer Chancen erbarmungslos alles ausmerzen zu wollen scheint, was alemannisch eingefärbt ist. Ich gestehe, dass es auch in meinem Leben solche Lehrerfiguren auf meinem Schulweg gab: Nicht umsonst gehören José Oliver und ich zur selben Generation, die früh unter dem schulischen Druck mit verschiedenen Varianten des Deutschen und Alemannischen zu spielen lernte.

Das Ich des künftigen Dichters übt Widerstand gegen eine solche Sprachenpolizei, welche das Alemannische auszumerzen versucht. Doch nicht nur der aufmüpfige Schüler, sondern mehr noch die alemannische Muttersprache insgesamt werden des Klassenzimmers verwiesen: Aus dem Haus der Sprachen soll das Haus der Hochsprache werden. An die Stelle interlingualer Übersetzung tritt die monolinguale Setzung, die zum ehernen Gesetz wird, vertreten von einem studierten Germanisten.

Mit dem Rückgriff auf den alemannischen Dichterfürsten Johann Peter Hebel ist aber bald der dichterische Hebel gefunden, um den Schimpf und damit die Exklusionsmechanismen des goetheversessenen Deutschlehrers, der als „*Riigschmeckter*" und damit als immerwährender „Gastling"[16] bezeichnet wird, aus den Angeln seiner uneinsichtigen Sprachpolitik zu heben. Damit erfolgt die Einschreibung in eine Welt der Literatur und folglich der Verschriftlichung, die graphosphärisch freilich keine der Sprachen aus dem eigenen Haus der Sprachen ausschließen wird. Und dies unbeschadet der Tatsache, dass der aus dem Klassenzimmer Verstoßene „auch noch auf dem Gang 250mal den Nachnamen des Klassikers auf Papier zu kritzeln" hatte.[17] Doch wer wollte Goethe wirklich anlasten, was in Deutschstunden der siebziger Jahre geschah oder solchen der heutigen Zeit geschieht – Drangsalierungen, welche in jüngster Zeit in filmische Kassenschlager umgemünzt wurden?

---

15 Vgl. hierzu Barthes, Roland: *Die Lust am Text*. Aus dem Französischen von Ottmar Ette. Kommentar von Ottmar Ette. Berlin: Suhrkamp Verlag (Suhrkamp Studienbibliothek 19) 2010.
16 Oliver, José F.A.: *Fremdenzimmer*, S. 29.
17 Ebda.

In José Olivers literarisch verdichteter Welt sind die Sprachen als Literatursprachen in schriftlicher Form ebenso polylogisch präsent wie in der Welt der gesprochenen Sprachen. Daher rührt die Wichtigkeit, dass und auf welche Weise
die alemannische Sprache in Olivers Schreiben kam. Vor dem Hintergrund seines
Hauses der Sprachen konnte es in seinem Schreiben zu einem ironisch apostrophierten „alemannisch-hochdeutschen *Clash of Civilizations*"[18] nicht kommen.
Denn es ging gerade nicht um Frontstellungen und um aggressive Grenzziehungen, sondern um ein Zusammenlebenswissen, um eine Konvivenz, die sich im
Zeichen der Migration auf die Sprachen bezog.

Die Gründe für die Tatsache, dass es beim Begründer des ebenso lokal wie
international und vielsprachig angelegten Hausacher „LeseLenz", der in dem kleinen Schwarzwaldstädtchen die Sensibilität für die dort ansässigen „sage und
schreibe fünfundfünfzig Nationalitäten"[19] immer wieder von neuem weckt, zu
einem solchen Zusammenstoß der Sprachen und Kulturen nicht kommen konnte,
sind vielfältig und liegen auf der Hand: die Vertrautheit mit einer inkludierenden
Konvivenz,[20] einem Zusammenleben unterschiedlicher Perspektiven, mit einer
Äquipollenz der Sprachen und Kulturen, nicht zuletzt aber auch die migrationsbe-
dingte Erfahrung mit einem ZwischenWeltenLeben, das im Hausacher Haus der
Sprachen begann. Dies also sind die Elemente, die erst unterschiedlichste Formen
und Normen eines ZwischenWeltenSchreibens ermöglichen, das an einem friedlichen Zusammenleben differenter und differierender Logiken ausgerichtet ist. Es
geht nicht um wie auch immer in Szene gesetzte, um wie auch immer begründete
Exklusion, sondern um inkludierende Logiken, welche ein Zusammenleben des
Differenten ermöglichen.

In den nachfolgenden Texten wird in Olivers *Fremdenzimmer* der literarische
Raum intertextueller Bezüge zur deutschen und alemannischen, zur spanischen
und spezifisch (mit Verweisen etwa auf Federico García Lorca oder Rafael Alberti)
andalusischen Literatur sorgfältig ausgeleuchtet. Es ist daher keine Überraschung,
dass sich José F.A. Oliver immer wieder auch als Interpret und nicht zuletzt als
Übersetzer[21] des für seine Auffassung von Dichtkunst sicherlich prägenden andalusischen Dichters García Lorca betätigte. Das Andalusische und das Alemannische,
das Spanische und das Deutsche gehen wechselseitige polylogische Beziehungen

---

18 Ebda.
19 Oliver, José F.A.: *Fremdenzimmer*, S. 60.
20 Vgl. hierzu Ette, Ottmar: *Konvivenz. Literatur und Leben nach dem Paradies*. Berlin: Kulturverlag Kadmos 2012.
21 Vgl. hierzu García Lorca, Federico: *Sorpresa, Unverhofft. Ausgewählte Gedichte 1918–1921*.
Einschreibungen und Irritationen von José F.A. Oliver. Berlin – Budapest – Wien: Hochroth
Verlag 2015.

ein, wie sie sich schon früh – wie wir bereits beim *Duende*-Band gesehen haben – in vielsprachigen Gedichtbänden niederschlugen:[22] Konvivenz der Differenz von Sprachen und Kulturen, die bei Oliver in der Lyrik ihren verdichtetsten Ausdruck fanden.

Doch geht es in diesem Zusammenhang nicht allein um eine Vielsprachigkeit, die Texte unterschiedlichster Sprachen gleichsam nebeneinander legt. Es geht weit mehr um die Polylogik von Worten, ist im Mond doch immer „la luna" und in dieser stets die männliche Vorstellung zu hören. Dass sich mit jeder Sprache eine unterschiedliche Perspektivierung nicht nur des Raums, sondern auch der Zeit verknüpft, macht Oliver am Beispiel des Alemannischen deutlich, bevorzuge es doch gegenüber dem Schriftdeutschen „ein kontinuierlicheres Perfekt als grammatikalisches Zeitmaß", so dass es konsequenterweise eine andere Wahrnehmung des Vergangenen in der Gegenwart und einen nicht abgeschlossenen Einfluss auf sie mit sich bringe.[23]

Vielsprachigkeit im eigenen Schreiben, aber auch die Entfaltung translingualer Schreibformen überhaupt beherbergen damit eine gleichsam kubistische Kunst, die mehrere Ansichten eines Gegenstandes *zugleich* vor Augen und Ohren zu führen vermag. Diese verschiedenen Perspektiven stehen im Zeichen der Äquipollenz und eröffnen Bewegungsräume, in welchen unterschiedliche Logiken *zugleich* gültig sind. Die List besteht darin, die Worte und Vorstellungen zwischen den Kulturen zum Schwingen, zum Oszillieren zu bringen, um daraus eine neue dichterische Sprache zu erfinden.

So entstehen aus den Differenzen zwischen den Perspektiven und Perspektivierungen Bewegungsbilder, welche die Begrenztheiten eines einzigen Standpunkts, einer einzigen und gleichsam ‚natürlichen', aber höchst historisch angelegten Zentralperspektive unterlaufen oder ad absurdum führen. Dies ist dem Kind der Migration von Beginn an gewiss nicht begrifflich, wohl aber sinnlich gegenwärtig: Er kann dies mit all seinen Sinnen erfassen.

Nichts anderes wohl hat Leben und Erleben, Lesen und Schreiben der Erzählerfigur mehr geprägt als diese radikale Dynamisierung aller Wahrnehmungen einer Wirklichkeit, die sich im Plural nur als Wirklichkeiten wahrzunehmen versteht, die gelebt und erlebt wurden, die lebbar und erlebbar sind. All dies, so heißt es in dem kurzen Essay „d Hoimet isch au d Sproch", „öffnet Türen ins Un-

---

22 Vgl. u. a. Oliver, José F.A.: *Duende. Meine Ballade in drei Versionen. Die Ballade vom Duende. La balada del Duende. S Duendelied.* Gutach: Drey-Verlag 1997, o.P.; zur Entwicklung der Lyrik von José Oliver vgl. das achte Kapitel „Einwanderung" in Ette, Ottmar: *ÜberLebenswissen. Die Aufgabe der Philologie.* Berlin: Kulturverlag Kadmos 2004, bes. S. 245–250.
23 Oliver, José F.A.: *Fremdenzimmer*, S. 41.

gesagte".[24] Eben dies aber ist die eigentliche Aufgabe von Dichtung, von Literatur: das imaginierbare ins imaginierte, das undenkbare ins gedachte, das unsagbare ins gesagte, das ungeschriebene ins geschriebene, das ungelesene ins gelesene und das ungelebte ins gelebte Leben zu übersetzen, um das ins Unsagbare Gesagte im (zu) erlebenden Leben zu bergen. Literatur ist, wie wir in dieser Vorlesung im lebenswissenschaftlichen Teil sahen, aufs Engste mit dem Leben verbunden und zieht daraus die Gnoseme ihres Lebenswissens.

Nicht allein im Bereich einer ökologischen Konvivenz, die wir im vorausgehenden Teil erörtert haben, sondern im ZwischenWeltenSchreiben, in den translingualen Literaturen ohne festen Wohnsitz, spielen die Landschaften eine herausragende Rolle: nicht so sehr als Schauplätze einer neuheimatlichen Verortung, sondern als Landschaften der Theorie,[25] in denen sich unablässig die Bewegungen zwischen den Sprachen, zwischen den Kulturen, zwischen den Geographien abbilden. Bietet die geologisch fest im Gesteinsuntergrund des Urgebirges verankerte Welt des Schwarzwalds dem Dichter eine Möglichkeit regionaler Verortung, so verweist sie doch zugleich als grünes Meer immer auf Andalusien und das blaue Meer, das der geliebte Großvater als Kapitän eines kleinen Schiffs mit Heimathafen Málaga befuhr: Oszillationen vom „blauen Meer ins grüne" und zurück.[26] Hier überlagern sich die transregionalen Bilder ebenso wie in der Ortenau, die ebenso wenig als statischer Bezugsort taugt: Olivers Landschaften der Theorie sind stets Überlagerungslandschaften, die im transarealen Vexierspiel erst ihre mobilen Dimensionen vollständig erkennen lassen und entfalten.

Auf diese Weise wird in Olivers hintergründigem Text „Kurzer Brief aus der W:ortenau" eine literarische Landschaft der Theorie entwickelt, die dieser Region der Transition, der ständigen Bewegungen zwischen Süden und Norden, Osten und Westen schon im ersten Satz Ausdruck zu geben versucht: „Literatur und in ihr die Poesie laden den Leser ein wie Landschaften den neugierigen Wanderer."[27] Wenn in der Bewegungsmetaphorik der Landschaft als eines je spezifischen und stets prekären Ensembles von Faktoren und Vektorisierungen die Dynamik des Wanderers stets zur Überschreitung von Grenzen und zur Erweiterung neuer Horizonte drängt, dann ergibt sich beim Lesen und beim Lesepublikum eine Dynamik, die etwa mit Brecht oder Grass, mit Hebel oder Hauff nicht nur innerhalb der deutschsprachigen und alemannischen Literatur mobile Be-

---

24 Ebda., S. 42.
25 Zum Begriff „Landschaft der Theorie" vgl. Ette, Ottmar: *Roland Barthes. Landschaften der Theorie*. Konstanz: Konstanz University Press 2013.
26 Oliver, José F.A.: *Fremdenzimmer*, S. 57.
27 Ebda., S. 52.

zugspunkte benennt, sondern zugleich die *Ortenau* der Worte mit anderen Regionen – und einmal mehr vor allem mit Spanien – verbindet.

Es ist eine Wanderung mit Adelbert von Chamissos (translingualen) Siebenmeilenstiefeln, die Landschaften aus Überblendungen konstruiert: In der einen Landschaft, welche die Leserschaft vor Augen zu haben scheint, tauchen stets die anderen Landschaften auf. Alles ist relational und gründet auf Diskontinuitäten, in denen die Sprünge es erlauben, zwei oder mehrere Landschaften in einer einzigen erscheinen zu lassen. Und auch dies ist eine Form der Konvivenz.

So ist es gewiss kein Zufall, wenn der literarische Bewegungsraum dieser W:ortenau sich an die Wiege des modernen europäischen Romans begibt und den Spuren des „pícaro" in Grimmelshausens Schelmenroman *Abenteuerlicher Simplicissimus Teutsch* nach Spanien folgt, wo Cervantes in seinem *Don Quijote de la Mancha* nicht nur auf den Ritterroman, sondern insbesondere auf die Bewegungsmomente der „Novela picaresca" zurückgriff. Eine komplexe Kartographie entsteht. Offenburg, Gaisbach und vor allem Renchen werden auf diese Weise auf die Landschaften Spaniens hin projiziert: Eine Mancha inmitten der W:ortenau entsteht, in der sich unablässig Migrationen, Kriege und Literaturen kreuzen: „Cervantes und Grimmelshausen, zwei kriegsversehrte Seelen, Rebellen, Visionäre und Träumer kommen sich auch über Grenzen nahe, indem sie üppig kompromisslos benennen, weil sie mit Wörterhand erzählen, was Mord- und Totschlag anrichten müssen."[28] In Grimmelshausen scheint mitten in der W:ortenau Cervantes auf, doch weist der *Quijote* schon auf den *Simplicissimus* voraus.

Dies sind die vielsprachigen Bezugspunkte, zwischen denen sich die Graphosphäre einer Literatur ohne festen Wohnsitz entfaltet; und dies ist der literarische Bewegungsraum, in dem die ständigen Übersetzungen von José Oliver zu *Einschreibungen* werden – und der Begriff der Einschreibung weiß sich noch immer als Übersetzung und Übertragung –;[29] in denen sich unter den Worten andere Worte, unter den Orten andere Orte, unter den Landschaften andere Landschaften enthüllen. Sie entziehen sich jedweder Statik, was sie nicht zu fixieren erlaubt, und pendeln in unabschließbarer Bewegung.

José Olivers *W:ortenau* bildet dergestalt eine mobile Graphosphäre, die sich jeder Heimatdichtung entzieht, weil sie sich als ZwischenWeltenSchreiben einschreibt und entschlossen fort-schreibt (beziehungsweise f:ortschreibt):[30] So ist

---

28 Ebda., S. 54 f.
29 Vgl. die Verwendung dieses Begriffs in den Übersetzungen Federico García Lorcas in dem bereits angeführten Bändchen *Sorpresa, Uverhofft. Ausgewählte Gedichte 1918–1921*. Einschreibungen und Irritationen von José F.A. Oliver. Berlin – Budapest – Wien: Hochroth Verlag 2015.
30 Vgl. hierzu auch Bachmann-Medick, Doris: Fort-Schritte, Gedanken-Gänge, Ab-Stürze. Bewegungshorizonte und Subjektverortung in literarischen Beispielen. In: Hallet, Wolfgang /

die Bewegung mehr als nur Bewegung, wenn es in „Vom Grün weithin behauset. Eine Liebeserklärung" heißt: „Die Ortenau ist Bewegung, niemals Stillstand."[31] Im Wort bleiben der Ort *und* das Fort stets hörbar.

Im Kontext unserer in diesem abschließenden Teil unserer Vorlesung angestellten Überlegungen ist es keineswegs überraschend, dass sich José F.A. Oliver in seinem Band *Fremdenzimmer* in besonderer Weise auch Lebens- und Kunstformen zuwendet, die dem Nomadischen verpflichtet sind. Die Sesshaftigkeit des Dichters in seiner Geburtsstadt Hausach und seine zahlreichen Ausflüge auf andere Kontinente stehen in einem starken Spannungsverhältnis, das sich gerade in seinen Schreibtätigkeiten als Stadtschreiber etwa in Kairo, aber auch in Istanbul, in Mexiko-Stadt oder in Lima ausdrückt. Emblematisch hierfür stehen Flamenco beziehungsweise „cante jondo", welche eine Verbindung zwischen der Lyrik Olivers über die Dichtkunst Federico García Lorcas zur Welt jener nomadisierenden Gruppen herstellen, die in Spanien mit dem Sammelbegriff „Gitanos" – der nicht mit dem pejorativen deutschen Ausdruck ,Zigeuner' gleichzusetzen ist – bezeichnet werden.

Seit den Katholischen Königen alternierend zwischen einer – wie man heute sagen würde – ,Willkommenskultur' für die Fremden und der angedrohten oder vollzogenen Vertreibung durch die jeweiligen Machthaber in Spanien, zwischen einer bloßen Toleranz im Sinne einer Duldung und dem Versuch, die Nomaden zur Sesshaftigkeit zu zwingen, bewegen sich die unterschiedlichen biopolitischen Versuche, des ,Problemfalls' der „Gitanos" auf spanischem Territorium mit Hilfe mehr oder minder brutaler Methoden Herr zu werden. Verfolgungen der Roma und Sinti flammen bis heute in Europa immer wieder auf und sind gar in einigen Ländern der Europäischen Union an der Tagesordnung.

Für José Oliver wird eine nomadisierende Kunst, aus Exklusion oder Verfolgung geboren, zur Grundlage jener fundamentalen Beziehung zwischen „Flamenco und Migration",[32] die schon für das Gastarbeiterkind beim Hören großer Stimmen des Flamenco im Hausacher Wohnzimmer mit den Flamenco-Puppen Gestalt anzunehmen begann. In dieser Kunst ohne festen Wohnsitz erschließt sich eine Welt nomadischen beziehungsweise nomadisierenden Lebens und Schaffens, das mit den Migrationen von Sinti wie von Roma gerade auch nach Lateinamerika weltweite Dimensionen erreichte.

Das eigene Leben, Schreiben und EigenLebenSchreiben des Dichters (und Sängers) bleiben davon nicht unberührt: „Vielleicht trage ich meine Pilgerstie-

---

Neumann, Birgit (Hg.): *Raum und Bewegung in der Literatur. Die Literaturwissenschaften und der Spatial turn*. Bielefeld: transcript 2009, S. 257–280.

31 Oliver, José F.A.: *Fremdenzimmer*, S. 60.

32 Ebda., S. 71.

fel unter anderem auch deshalb, weil mich der *cante jondo* immer wieder zu durchdringen vermag und zu jeder Zeit aufbrechen lässt ins Kommende der Vorüberheiten."[33] So wohnt den vergangenen Bewegungen stets eine Künftigkeit inne, die diese Vektorisierung quer durch die Zeiten und quer durch die Räume in ein Prospektives übersetzt, das sich immer wieder im Nomadisieren zu spiegeln sucht. Das Schreiben des Hausacher Dichters ist von diesen migratorischen Prozessen verschiedenster Kulturen durchdrungen.

In der Geschichte des Jungen, die zugleich eine Geschichte des Dichters ist, spielen die unterschiedlichsten Formen der Migration eine bestimmende Rolle. Sie findet sich auf individueller wie auf kollektiver, ja auch menschheitsgeschichtlicher Ebene: „Die Migration, so schlängelt die Geschichte her, habe mit der Vertreibung aus dem Paradiesischen begonnen."[34] Genau an diesem Punkt greift die Sichtweise Olivers tief in die abendländische Literaturgeschichte ein.[35]

Wenn aber die Literatur, von der Vielzahl ihrer Anfänge her betrachtet, stets das Bewusstsein eines Lebens und Schreibens *nach* dem Paradies bewahrt und entfaltet, dann werden die mit der Migration verbundenen Isotopien in den Literaturen ohne festen Wohnsitz auf besonders grundlegende Weise herauspräpariert und – wie wir sahen – ebenso mit translingualen und transkulturellen wie mit nomadisierenden Elementen verknüpft. Erzwungene wie erwählte Formen der Migration geraten dabei ebenso ins Blickfeld wie die mit migratorischen Bewegungen einhergehenden Veränderungen von Standpunkt und Perspektivierung. Das Nomadisierende ist allem Schreiben Olivers tief eingeschrieben, auch wenn er zugleich tief in das Urgestein des Schwarzwalds eingebettet ist.

Wenn Migration also den eigentlichen roten Faden von Olivers *Fremdenzimmer* darstellt, dann werden diese Migration und dieses Fremdenzimmer – wie man noch bis in die jüngste Vergangenheit die ‚Gästezimmer' im Südwesten nannte – in eine menschheitsgeschichtliche Perspektive gerückt, die transarealen Zuschnitts ist. Denn ohne Zweifel ist der *homo migrans* so alt wie der *homo sapiens* selbst: Migrationen gibt es, seit es Menschen gibt, in welchen kulturellen Areas auch

---

33 Ebda., S. 83.
34 Ebda., S. 84.
35 Vgl. hierzu Ette, Ottmar: *Konvivenz. Literatur und Leben nach dem Paradies.* Berlin: Kulturverlag Kadmos 2012.

immer. Gerade das kleine, aber globalgeschichtlich so einflussreiche Europa ist nicht nur *in* Bewegung:[36] Es gilt, Europa auch *als* Bewegung[37] zu erfassen.

Die aktuellen Migrationswellen aus dem Nahen Osten und aus Afrika, aber nun auch aus der Ukraine und Weißrussland sind im Grunde Teile einer langen Geschichte, in der die schöne Europa, selbst von einem Strand des heute so genannten ‚Nahen Ostens' geraubt, für eine Geschichte von Gewalt und Vergewaltigung, von Schleppern und Verschleppungen, von Migration und Transmigration einstehen musste. Diese gewaltvolle Geschichte, im Mythos von der schönen Königstochter Europa und zugleich im Faszinosum Europa gebündelt, ist keineswegs an ihr Ende gekommen: Sie erlebt vielmehr ihre gegenwärtig so dramatische Beschleunigung, die einmal mehr zur Engführung von Abend- und Morgenland, von Osten und Westen, Süden und Norden gerät.

Wenn in dem kurzen Text „El Muerte", gleichsam in Spiegelung der Beziehung zwischen ‚der Mond' und „la luna", nun „la muerte" und ‚der Tod' sich wechselseitig durchdringen und als ‚die Tödin' und „el muerte" ineinander translingual übersetzt werden, dann ist die Allgegenwart des Todes und der Tödin, die bereits auf der ersten Seite des Buches in der Rede „von Einsamkeit und Tod"[38] spürbar wurde, wahrlich nicht zu übersehen. Sprache ist insbesondere als Literatursprache gemacht aus interlingualen und translingualen Bezügen, welche die jeweils benutzte Literatursprache ständig erweitern.

Zugleich zeigt sich auch, wie sehr die „Gegenwartsvergänglichkeit"[39] mit dem Bild des verstorbenen Vaters verschmolzen ist, der als „Feierabendzeitnomade"[40] und als „Gastarbeiter, der gerne Gäste hatte",[41] vielfach mit Migration und Nomadismus verwoben ist. So leuchtet das Bild des *einen* Vaters am Ende des Bandes zwischen jenen beiden Müttern hervor, die den Beginn von José F.A. Olivers Band *Fremdenzimmer* dominierten. Der Vater, dessen Initialen im Zentrum von José F.A. Olivers Namen stehen, ist die Figur des Auslösers jener Migration und damit jener Literatur, die notwendig zum ZwischenWeltenSchreiben werden musste, zu einem Schreiben, in dem sich die aus dem Mythos entbundene wahrhaft *europäische* Literatur konfiguriert.

---

36 Vgl. hierzu Bade, Klaus: *Europa in Bewegung. Migration vom späten 18. Jahrhundert bis zur Gegenwart*. München: Verlag C.H. Beck 2000.
37 Vgl. hierzu Ette, Ottmar: Europa als Bewegung. Zur literarischen Konstruktion eines Faszinosum. In: Holtmann, Dieter / Riemer, Peter (Hg.): *Europa: Einheit und Vielfalt. Eine interdisziplinäre Betrachtung*. Münster – Hamburg – Berlin – London: LIT Verlag 2001, S. 15–44.
38 Oliver, José F.A.: *Fremdenzimmer*, S. 9.
39 Ebda., S. 92.
40 Ebda., S. 93.
41 Ebda., S. 94.

Denn selbstverständlich geht der von einer Kuckucksuhr mit Stier gezierte Band, dies sollte deutlich geworden sein, weit über eine individuelle und familiäre Migrationsgeschichte hinaus. Am Ende des Postskriptums steht nicht von ungefähr die Fahrt zur Buchmesse nach Frankfurt am Main, bekanntlich der größten Buchmesse der Welt. Es war ein italienischer Gastarbeiter aus Hausach, der den angehenden Dichter mitnahm – doch weniger zur Messe selbst als zu einem „italienischen Hinterhof neben der Buchmesse", in der sich eine Casa di Cultura Popolare angesiedelt hatte.[42] Damit ist der Ort, die marginalisierende Verortung der sogenannten ‚Gastarbeiterautoren' noch in jenen frühen achtziger Jahren angegeben, in denen sich im Spannungsfeld von Literatur und Migration die rasche Entfaltung jener Literaturen ohne festen Wohnsitz bereits im Schatten der ‚eigentlichen' Buchmesse ankündigte.

Diese aus unterschiedlichsten Zusammenhängen hervorgegangenen translingualen Literaturen haben heutzutage längst nicht mehr neben, sondern innerhalb der Hallen der Frankfurter Buchmesse ihre Orte gefunden und jenseits der spezifischen Auszeichnungen alle großen Literaturpreise in Deutschland gewonnen. Namen wie Yoko Tawada, Emine Sevgi Özdamar, Sherko Fatah oder eben José Oliver gehören in Prosa und Lyrik zu den herausragenden Autornamen deutschsprachiger Literatur. Als Ergebnis dieser Veränderungen ist das symbolische Kapital dieser Literatur des ZwischenWeltenSchreibens heute unvergleichlich höher als in den siebziger und achtziger Jahren des 20. Jahrhunderts.

Der Blick zurück in jene Zeit der siebziger und achtziger Jahre bezieht diesen Teil der Geschichte, der das Leben des Ich und viele Leben geprägt hat, auf sehr subtile und behutsame, zugleich aber auch klar konturierte Weise in das *Fremdenzimmer* ein, das die ‚deutsche Literatur' der – wie sie damals bisweilen noch genannt wurde – ‚nicht ganz deutschen Literatur' eingeräumt hatte. Noch im Jahre 2005 erschien eine Schwerpunktnummer der renommierten Zeitschrift *Literaturen* zum Thema „Fremde. Leben in anderen Welten", in der noch vieles an die Ausbürgerungsversuche durch Begriffe wie ‚Migrantenliteratur' oder ‚Migrationsliteratur' erinnerte. Denn dort ist schon in der Überschrift zu einem Interview mit Terézia Mora, Imran Ayata, Wladimir Kaminer und Navid Kermani die Rede davon, es handele sich um „vier nicht ganz deutsche Autoren".[43]

Die durchaus unterschiedlichen Strategien der vier Schriftsteller*innen im Umgang mit derartigen Klassifikationen sind im Spiel von Exklusions- und Inklusionsmechanismen durchaus lesenswert und unterhaltsam, zeigen aber zugleich auf, wie in jeglicher Hinsicht *impertinent* die Begriffe einer statisch verstandenen

---

42 Ebda., S. 113.
43 *Literaturen* (Berlin) 4 (April 2005), S. 26.

Nationalliteratur – sei dies die deutsche, französische, spanische, ungarische oder polnische – gehandhabt zu werden pflegen. Die Begriffe des *Zwischen-WeltenSchreibens* wie der *Literaturen ohne festen Wohnsitz* zielen darauf ab, die Ausschlussmechanismen nationaler (und nationalistischer) Denkstrukturen im Bereich der Literatur im buchstäblichen Sinne auszuhebeln. Dass hiermit auch eine Überwindung des scheinbar so ‚natürlichen‘ Gegensatzes von Nationalliteratur und Weltliteratur verbunden ist, liegt auf der Hand, lässt sich aber nur im Rahmen eines transarealen und weltumspannenden Verständnisses literarischer Phänomene begreifen. Ich habe versucht, in dieser Vorlesung einen derartigen Ansatz nicht nur für die Romanische Literaturwissenschaft zu so zu entwickeln, dass in einem System der Literaturen der Welt die unterschiedlichsten Logiken, Kulturen und Sprachen viellogisch und äquipollent repräsentiert sind. Ein solcher Ansatz zielt auf Inklusion und Konvivenz, auf ständige Weitung und Erweiterung, basierend auf der Tatsache, dass die Literaturen der Welt nicht allein einer einzigen Logik – und wäre es die kapitalistische Weltmarkt- und Warenlogik – gehorchen. Doch kehren wir noch einmal zu José F.A. Oliver zurück, dessen literarisches Schaffen nicht nur beispielhaft, sondern geradezu paradigmatisch die hier analysierten Herausforderungen des ZwischenWeltenSchreibens höchst produktiv und vielsprachig entfaltet!

In einem am 16. Juni 2015 geführten und in Buchform publizierten Interview von Ilija Trojanow mit José Oliver wird die einst so selbstverständliche Marginalisierung, ja Exklusion als ‚Gastarbeiterliteratur‘ ebenso deutlich wie die Auseinandersetzung mit Positionen renommierter Kritiker, die bestritten, „dass Autoren, die nicht deutscher Herkunft seien, irgendetwas Wesentliches zur deutschen Literatur beitragen könnten".[44] Man kann derartige Ansichten, wo sie nicht rassistisch eingefärbt sind, nur als dümmlich abtun.

Doch es ist wichtig, sich diese Geschichte der noch nicht lange vergangenen völligen Marginalisierung vor Augen zu halten. José Oliver berichtet in diesem Interview mit Blick auf die neunziger Jahre noch von Anfeindungen und Drohungen bei öffentlichen Auftritten, von abgesagten Lesungen und notwendigem Polizeischutz vor selbsternannten Hütern des Deutschen und des Deutschtums.[45] Das Interview legt Zeugnis davon ab, mit welcher Vehemenz in Deutschland gegen die Literatur sogenannter ‚Gastarbeiter‘, gegen eine *„literatura gast"*,[46] agitiert und vorgegangen werden konnte – Ausschließungen, wie sie sich bisweilen

---

44 José F.A. Oliver und Ilija Trojanow im Gespräch. In: Oliver, José F.A.: *Heimat. Frühe Gedichte.* Ausgewählt und herausgegeben von Ilija Trojanow. Berlin – Tübingen: Verlag Hans Schiler 2015, S. 100.
45 Ebda., S. 101.
46 Ebda., S. 103.

heute noch in Begriffen wie ‚Migranten- oder Migrationsliteratur' oder, so Oliver, auch unter Anspielung auf den Chamisso-Preis als „Chamisso-Literatur"[47] spiegelten. Dass Oliver sich persönlich dafür einsetzte, dass ein Hausacher Unternehmer[48] die Veröffentlichung einer der ersten Doktorarbeiten auf diesem Gebiet zu finanzieren bereit war, zeigt nicht nur das Engagement und die ausgeprägte Fähigkeit des Dichters, mit List die Last zu überwinden und lustvoll in eine Geschichte zu verwandeln, sondern auch, auf welch intime Weise Literatur und Philologie in ihrem Austausch gerade auf diesem Gebiet füreinander wichtig sind.

Vor diesem Hintergrund bildet die (ebenso konkrete wie symbolisch zu verstehende) Fahrt des im Schwarzwald geborenen Dichters punktgenau *neben* die Frankfurter Buchmesse einen wichtigen Schritt, der den Weg von der eigenen vielsprachigen Logosphäre über die translinguale Graphosphäre zur Sphäre der Öffentlichkeit umschreibt: Denn „so fing irgendwie alles Öffentliche an".[49] Es tut not, sich diesen langwierigen Prozess mit all seinen Widerständen und Widerhaken vor Augen zu führen, um sich die keineswegs selbstverständliche Bedeutung eines Schreibens zu verdeutlichen, das ein Schreiben aus dem Erleben und der Erfahrung von Migration ist und diese Migration sprachlich-ästhetisch übersetzt. Der Weg von José F.A. Oliver bot das Beispiel einer Kindheit und Jugend gleichsam *nach* (und doch noch immer *in*) der Migration, das sich auf die Geschichte eines Schreibens hin öffnet, welches sich als Einschreibung in eine lange Tradition der Literaturen ohne festen Wohnsitz verstehen lässt.

Wir wollen in der Folge an weiteren Beispielen das Verhältnis zwischen Literatur und Migration untersuchen, um noch besser zu verstehen, wie sich im zeitgeschichtlichen Kontext der vierten Phase beschleunigter Globalisierung ein Generationen übergreifendes Schreiben entwickeln konnte, welches die Literaturen der Welt wohlgemerkt *nach* dem als ‚Jahrhundert der Migration' bezeichneten 20. Jahrhundert zu einem Zeitpunkt, zu dem Anfang der zwanziger Jahre des 21. Jahrhunderts mehr als einhundert Millionen Menschen auf unserem Planeten auf der Flucht sind, mehr denn je prägt und auch zukünftig prägen wird.

---

47 Ebda., S. 104.
48 Ebda., S. 106.
49 Oliver, José F.A.: *Fremdenzimmer*, S. 113.

Melinda Nadj Abonji, Zoé Valdés oder zwischen Café Mondial und Café Nostalgie

Bleiben wir noch für einen Augenblick in der deutschsprachigen Literatur, um in einem anderen Land, der Schweiz, die Wirkkräfte migratorisch geprägten translingualen Schreibens adäquat begreifen zu können; und wenden wir uns folglich einer Literatur zu, in welcher die Schienen und die Wege, die Straßen und die Züge eine ganz besondere Rolle spielen und uns verdeutlichen, dass unser aller Leben aus ständigen Vektorisierungen gemacht ist!

> (Und einen Moment lang bin ich für mich allein, sehe die Schienen, wie sie sich kreuzen, ich, die es liebt, nachts Reisende ein paar Sekunden lang zu beobachten, manchmal dem Glück eines gelösten Gesichtes zu folgen, das einer Hoffnung entgegenfährt, ich könnte stundenlang hier sitzen, um überallhin zu fahren, wo ich noch nie war, nach Barcelona, mit dem Talgo und weiter nach Madrid, Lissabon, ich bin keine Reisende, sondern eine, die weggeht und nicht weiß, ob sie jemals zurückkommt, und jedes Mal, wenn ich wegge- fahren bin, habe ich mein Zimmer peinlich genau aufgeräumt, habe meine Kleider, die ich nicht mitgenommen habe, frisch gewaschen, ordentlich zusammengelegt oder im Schrank aufgehängt; meinen Spiegel habe ich abgedeckt, damit er das Zimmer ohne mich nicht sieht, mein leeres Schreibpult, das alphabetisch geordnete Bücherregal, das frisch bezogene Bett, ich habe mich immer auf eine Abreise ohne Rückkehr vorbereitet, wenn wir in die Vojvodina gereist sind, und das war lange Zeit die einzige Richtung, in die ich gefahren bin.)[1]

Mit diesen in Klammern gesetzten, fast beiläufig geäußerten Überlegungen re- flektiert Ildiko Kocsis, die Ich-Erzählerin in dem im Jahre 2010 mit dem Deut- schen Buchpreis ausgezeichneten Roman *Tauben fliegen auf* von Melinda Nadj Abonji ihre eigene Position, die nicht an einen Ort, wohl aber an Bewegungs- muster und Choreographien gebunden ist. Schon vom Titel des Bandes an ist alles in diesem hervorragend konzipierten Roman vektorisiert. Denn die Prota- gonistin der in der ungarischen Minderheit der Vojvodina in Serbien geborenen Autorin, die mit ihren Eltern in die vielsprachige und vielstimmige Schweiz[2] mi- grierte und heute zu den großen Vertreterinnen der deutschsprachigen Litera- tur der Schweiz zählt, fühlt sich an keinen festen Wohnsitz gebunden, ist gleichsam immer auf dem Sprung, ihr Zuhause in der Schweiz zu verlassen, sorgsam alles ordnend und zurücklassend, was ihr Leben in jenem Land, in das

---

1 Nadj Abonji, Melinda: *Tauben fliegen auf*. Roman. Salzburg – Wien: Jung und Jung 2010, S. 137 f.

2 Vgl. hierzu Ette, Ottmar / Jurt, Joseph / Sánchez, Yvette (Hg.): *Die Schweiz ist Klang*. Mit einer Audio-CD. Basel: Schwabe Verlag 2007.

ihre Eltern aus politischen Gründen und lange vor dem Zerfall der Volksrepublik Jugoslawien emigrierten, ausmacht und wie in einem Spiegel reflektiert. In einem Spiegel, der vor der Leere geschützt ist.

Abb. 29: Melinda Nadj Abonji (*1968).

Ildi – wie die junge Frau von ihrer Familie und im Freundeskreis genannt wird – ist eine *Bewegungs-Figur*: Sie hat ihre eigenen wie die Bewegungen ihrer Familie in sich aufgenommen, inkorporiert und verkörpert jene nur vektoriell, nur aus der Bewegung zu erfassende Kon*figur*ation, wie wir sie häufig in jenen literarischen Ausdrucksformen des 20. und 21. Jahrhunderts finden können, die wir als Literaturen ohne festen Wohnsitz bezeichnet haben. Sicherlich verkörpert die vektorielle Ildi eine *Figura* der Schriftstellerin.

Denn die Parallelen zwischen Ildiko Kocsis' Lebensweg und jenem von Melinda Nadj Abonji sind zu offensichtlich, als dass sie schon bei einer ersten Lektüre übersehen werden könnten. Und doch wäre es allzu simpel, beider Leben in eins zu setzen und von einer durchgängig autobiographischen Schreibweise zu sprechen. Ildiko ist Melindas Erfindung. Denn eine Vielzahl fundamentaler Abweichungen, zu denen bereits der Name der Protagonistin zählt, machen neben der Gattungsbezeichnung ,Roman' auf die Tatsache aufmerksam, dass es sich hier um einen zutiefst *friktionalen* Text handelt, der einzelne Biographeme der textexternen Autorin so geschickt beimischt, dass das Zimmer mit seinen vielen Büchern und Lektüren, mit seinen vielen Kleidern und seinem Bett, vor allem aber seinem Schreibpult zum vitalen Experimentierfeld eines Lebens wird, das sich anders als aus der Bewegung, anders als aus transkulturellen Choreographien, nicht zu begreifen vermag.[3]

Ildi ist eine Bewegungs-*Figura*, die in einer sich verändernden Welt für viele Vektorisierungen steht. Bereits das gelungene Incipit des Romans führt diese Tatsache anschaulich vor Augen:

---

3 Vgl. Nadj Abonji, Melinda: Piano Pianissimo. In: Ette, Ottmar / Sánchez, Yvette / Sellier, Veronika (Hg.): *LebensMittel. Essen und Trinken in den Künsten und Kulturen*. Zürich: diaphanes 2013, S. 19–21.

> Als wir nun endlich mit unserem amerikanischen Wagen einfahren, einem tiefbraunen Chevrolet, schokoladefarben, könnte man sagen, brennt die Sonne unbarmherzig auf die Kleinstadt, hat die Sonne die Schatten der Häuser und Bäume beinahe restlos aufgefressen, zur Mittagszeit also fahren wir ein, recken unsere Hälse, um zu sehen, ob alles noch da ist, ob alles noch so ist wie im letzten Sommer und all die Jahre zuvor.[4]

Man kann sich diese Wendungen bitter-süß auf der Zunge zergehen lassen. Der ostentative Reichtum, der im Chevrolet der in die Eidgenossenschaft Ausgewanderten den American Dream mit der Schokoladenseite der Schweiz unübersehbar kombiniert, macht in den sich mit dem Wagen bewegenden Blickwinkeln der Familie deutlich, dass hier eine zur ‚Alten Welt' gewordene, aber noch immer als Heimat angesehene Landschaft besichtigt wird, um zu sehen, ob sich auch hier manches verändert. Die sonnenverbrannten Ebenen dieser Heimat stehen in einem nicht minder auffälligen Gegensatz zu den Berglandschaften der Alpen als der Chevrolet zu den Moskwitsch und den Ziehkarren, welche die holpernden Straßen der Vojvodina bevölkern.

‚Alte' und ‚Neue' Welt stehen sich so unvermittelt und zugleich doch in so großer familiärer Vertrautheit gegenüber, dass deutlich wird, dass der eine Raum ohne den anderen, dass die eine Landschaft ohne die andere, dass die eine, brennende Sonne nicht ohne die andere, oft sich hinter Wolken versteckende, zu denken ist. Und das Brennen der Sonne deutet an, dass die Erhellung der eigenen Lebenswege, die Ausleuchtung des eigenen Lebens, dass also Erkenntnis ohne ein Brennen, ohne einen Schmerz nicht zu haben ist.

Die den gesamten Roman durchziehenden Choreographien und Bewegungsmuster konfigurieren auf diese Weise einen Text, in welchem in der Schweizer Kleinstadt stets die in Serbien liegende Kleinstadt, in der Schweiz stets die Vojvodina, aber umgekehrt auch in der Vojvodina stets die Schweiz allgegenwärtig sind. Unter den Orten liegen stets andere Orte, so wie unter den Worten stets andere Worte liegen – wie wir dies bereits bei José Oliver gesehen hatten. Ein polylogisches, multirelationales Verweisungssystem entsteht, das wir uns näher anschauen wollen.

Wenn wir es hier mit einem für die Literaturen ohne festen Wohnsitz überaus charakteristischen Erzähltext zu tun haben, so keineswegs nur wegen einer Inhaltsebene, auf der ständig jene migratorischen Bewegungen nachgezeichnet werden, die sich darüber hinaus auch noch autobiographisch mit den Migrationserfahrungen der Autorin verknüpfen ließen. Vielmehr ist auch auf Ausdrucksebene jene vektorielle Dynamik zu spüren, die wir auf die Problematik

---

4 Nadj Abonji, Melinda: *Tauben fliegen auf*, S. 5.

der Übersetzbarkeit der Kulturen[5] durchaus mit Blick auf den europäischen Kontext beziehen sollten.

Denn Übersetzungsprozesse zwischen verschiedenen Sprachen, zwischen verschiedenen Kulturen sind in diesem Roman (wie im europäischen Kontext) allgegenwärtig. Sie betreffen nicht nur die *intralinguale*[6] Ebene, wenn etwa mit Blick auf die Toten, auf die schon Verschiedenen, über das Verschieden-Sein philosophiert wird,[7] und auch nicht nur die *interlinguale* Ebene, wenn etwa zwischen dem jungen, aus Dubrovnik in die Schweiz geflohenen Dalibor und der sich in ihn verliebenden Ich-Erzählerin ein zerfleddertes Wörterbuch liegt,[8] das es erlaubt, im Sprachengewirr zwischen dem Ungarischen und dem von den Eltern verbotenen Serbokroatischen, zwischen dem Hochdeutschen sowie Schweizerdeutschen und dem Englischen zu vermitteln und durch ständige Übersetzungsprozesse eine freilich gestundete intime Kommunikation in Gang zu bringen.

Denn das gesamte Textgewebe wäre nicht ohne all jene *translingualen*, verschiedene Sprachen querenden und wechselseitig transformierenden Prozesse denkbar, die selbstverständlich auch auf die nicht in ihrer Muttersprache schreibende Autorin zurückverweisen, vor allem aber deutlich machen, aus welch komplexen Sprachmaterial dieser Roman aufgebaut ist. Migration heißt Sprachenvervielfachung, Querung von Kulturen und somit das übersetzende, verfremdende und inkludierende Spiel mit anderen Sprachen.

Wenn unter den Worten andere Worte warten, wenn das Hochdeutsche folglich auf das Schweizerdeutsche, auf das Ungarische, aber auch auf andere Sprachen hin durchsichtig wird, dann belegt dies eine anagrammatische[9] Strukturierung eines Erzähltextes, dessen Bewegungen ja bereits in seinem Titel – *Tauben fliegen auf* – ins Zentrum gerückt werden. Dass die Bewegungen der Wörter unter den Wörtern kein freies, autonomes Spiel, kein in einer Autonomieästhetik verankertes Glasperlenspiel darstellen, wird schon früh in den Romanablauf eingeblendet.

Denn die Eltern der Erzählerin und ihrer jüngeren Schwester Nomi müssen sich doch tagtäglich mit den Gesetzen wie den Gesetzesvertretern der Schweiz,

---

5 Vgl. hierzu Lepenies, Wolf: Die Übersetzbarkeit der Kulturen. Ein europäisches Problem, eine Chance für Europa. In: Haverkamp, Anselm (Hg.): *Die Sprache der Anderen. Übersetzungspolitik zwischen den Kulturen*. Frankfurt am Main: Fischer Taschenbuch Verlag 1997, S. 95–117.
6 Vgl. zu dieser Begrifflichkeit Jakobson, Roman: On linguistic aspects of translation. In (ders.): *Selected Writings. II. Word and Language*. The Hague – Paris: Mouton 1971, S. 260.
7 Nadj Abonji, Melinda: *Tauben fliegen auf*, S. 299 f.
8 Ebda., S. 184.
9 Vgl. hierzu Starobinski, Jean: *Wörter unter Wörtern. Die Anagramme von Ferdinand de Saussure*. Übersetzt und eingerichtet von Henriette Beese. Frankfurt am Main – Berlin – Wien: Ullstein Verlag 1980.

insbesondere aber auch jenem berüchtigten Einbürgerungstest auseinandersetzen, den sie dank der Hilfe ihrer Töchter im zweiten Anlauf bestehen werden.
Zuvor aber gilt es für alle Mitglieder der Familie Kocsis, sich in Schweizer ‚Leitkultur' zu üben:

> Irgendwann einmal habe ich das Wort ‚Schwarzarbeit' aufgeschnappt, von meinen El-
> tern, ich konnte noch kaum Deutsch, und es gab Wörter, die vergaß ich rasch wieder,
> andere gingen mir nicht mehr aus dem Kopf, so auch Schwarzarbeit. Es gefiel mir, dass
> ich das Wort zwar nicht brauchen konnte – im Gegensatz zu schlafen, essen, trinken, der
> See, die Frau, der Mann, das Kind, ja, nein – mir aber trotzdem vieles darunter vorstellen
> konnte. Andere Wörter hingegen stapelten sich in meinem Kopf wie nutzloser Kram: Aus-
> weis, Niederlassung, Wartefrist. Bis ich die Bedeutung dieser Wörter begriff, dauerte es
> lange, auch deshalb, weil meine Eltern sie auf ihre Art betonten oder unabsichtlich abän-
> derten. Der Ausweis war der *Eisweis*, die Wartefrist die *Wortfrisch* und Niederlassung
> klang aus ihrem Munde wie *Niidärlasso*.[10]

Das Spiel mit den Wörtern ist immer auch ein Spiel (mit) der Macht: Nicht umsonst scheitert die Mutter bei der Einbürgerungsprüfung an der Aufforderung
des auf Schweizerdeutsch sprechenden Beamten, sich doch mögliche Antworten auf einem ‚Sudel', also einem Schmierzettel zu notieren: „Mutter, die der
Prüfungskommission ein besonders ausgefallenes Strudelrezept aufgetischt
hatte, weil sie das Wort *Sudel* nicht gekannt hat, das schweizerische Wort für
Fresszettel."[11] Das Strudelrezept war folglich nicht das Rezept, die Asymmetrie
der Beziehungen und der Macht über die Sprache zu lösen. Denn wer die eigene
Sprache als natürlich annimmt, der besitzt Macht, übt Gewalt aus.

Tauben fliegen auf gestaltet mit großer Präzision und geradezu liebevoll
jene Ausschlussmechanismen, die all jene treffen, die nicht dem Arendt'schen
Nativitätsprinzip gehorchen und ‚nicht von hier' sind. Wir hatten uns bereits
mit Hannah Arendts Nativität aus der Perspektive von Giorgio Agambens Reflexionen über den Fremden, über den *Homo sacer*, verständigt. In *Tauben fliegen
auf* wird den Figuren des Fremden literarisch breiter Raum eingeräumt.

Der oder das Fremde erscheint in der Sprache. Denn die entsprechenden
Exklusionsmechanismen sind des Öfteren mit versteckten Rassismen, etwa mit ab-
schätzigen Bemerkungen über die Form des Hinterkopfs von Balkanbewohnern,[12]
verknüpft, stets aber sprachlich vermittelt. In den unscheinbaren Bewegungen
derer, die in die „Cafeteria Mondial" kommen, die früher von der schweizerischen
Familie Tanner, nun aber von den ‚Ausländern' Kocsis betrieben wird, wird die
Harmlosigkeit und Unscheinbarkeit dieser sprachlichen Kleinstbewegungen, die-

---

10 Nadj Abonji, Melinda: *Tauben fliegen auf*, S. 46 f.
11 Ebda., S. 146 f.
12 Ebda., S. 241.

ser Tropismen der Xenophobie, vorgeführt und durchgespielt, bis es der Ich-Erzählerin dämmert, „dass das Nette, Wohlanständige, Kontrollierte, Höfliche eine Maske ist, und zwar eine undurchdringliche".[13] Die Tropismen der Exklusion sind höflich sprachlich verpackt.

Doch täuschen wir uns nicht: Hinter dieser scheinbar unpolitischen Maske ‒ und selbstverständlich darf hier auch die Schweizer Politik und insbesondere die Schweizerische Volkspartei nicht fehlen[14] ‒ verbirgt sich offener Fremdenhass, der sprachlich über die gängige Beschimpfung „Schissusländer"[15] in eine Materialität überführt wird, welche die andere Seite jener Schokoladenseite zeigt, die wir im Incipit des schokoladefarbenen Chevrolet gesehen hatten. Diese Farbe wird, wie wir gleich sehen werden, in noch penetranterer Form im Roman erscheinen.

Denn die Ich-Erzählerin findet die Toilette der „Cafeteria Mondial" in einem unsäglichen Zustand vor, über und über mit Scheiße beschmiert, eine Art „Kriegserklärung",[16] der sich die junge Frau ‒ anders als ihre Eltern ‒ fortan stellen will. Die Welt rund um die „Cafeteria Mondial" ist ihr längst zu eng geworden, atmet jene latente Xenophobie, an der sich die Eltern stets abarbeiteten in der festen Überzeugung, dass sie sich nur auf diesem unterwürfigen Wege in die Gesellschaft der Schweiz und die Gemeinschaft des Ortes würden einfügen können. Die Mutter redet ihrer Tochter ein letztes Mal ins Gewissen:

> Mutters, Augen, die mich bitten, sie nicht falsch zu verstehen, wenn sie mich jetzt an den Krieg erinnere, aber sie tue das, weil ich den größeren Zusammenhang zu verlieren drohe, sie müsse mir doch sagen, dass wir hier in Sicherheit lebten, immerhin ein Geschäft führten, und da sei es notwendig, nicht alles an sich herankommen zu lassen, sonst wären wir ja schon lange nicht mehr hier, sagt Mutter. [...] die einzige Chance ist, sich hochzuarbeiten, und das, glaub mir, gelingt dir nicht, wenn du dich nicht taub oder dumm stellst. Ich dürfe sie nicht falsch verstehen, wenn sie sage, dass ich es nicht gewohnt sei, Opfer zu bringen, Opfer?[17]

In der Figur der Mutter verkörpert und versprachlicht sich ein Lebenswissen, das man als migratorisches Wissen umschreiben kann. Dabei erweist sich das Lebenswissen der Mutter als ein ÜberLebenswissen, als ein Wissen, das darauf abzielt, unter schwierigen Bedingungen in einem fremden Land zu überleben. Der Grund dafür ist einfach: ‚damit es die Kinder einmal besser haben', wie die um Integration kämpfenden Eltern nicht müde werden zu betonen.

---

13 Ebda., S. 283.
14 Ebda., S. 100.
15 Ebda., S. 283.
16 Ebda., S. 289.
17 Ebda., S. 297.

Die Einblendung jenes blutigen Kriegs in Jugoslawien, „mitten in Europa, [...] heute, nicht in der Vergangenheit",[18] verbindet den politisch-historischen Hintergrund eines der blutigsten Bürgerkriege mit seinen ethnischen Säuberungen über jenes Lebenswissen, das sich transgenerationell aus den Erfahrungen der ungarischen Minderheit der Vojvodina in einem serbischen Kontext speist, mit einer Xenophobie, mit einem Fremdenhass, wie er den Migranten nur selten handgreiflich, wohl aber stets verbal, auf Ebene der Sprache, entgegenschlägt. Schreiben in der Sprache des Ziellandes wird in einem solchen Kontext zum doppelt effizienten Medium der Reflexion dieser Vorgänge. Doch das Lebenswissen der Eltern verkörpert sich in *ihrem* Leben, nicht aber in dem ihrer Kinder, die andere Logiken entwickelt haben.

Ildiko Kocsis, die ältere Tochter, ist nicht länger bereit, sich diesem Anspruch, sich diesem eng gefassten ÜberLebenswissen der Eltern zu beugen und es zu dem Ihren zu machen. Sie hat sich das Lebenswissen einer „Seconda", die es erfolgreich nicht nur im prächtigen Schweizer Fußball gibt, erarbeitet. Immer wieder werden im Roman Szenerien des Balkankriegs evoziert, die Absurdität der ethnischen Säuberungen vorgeführt, die menschenverachtenden Vorfälle bei der Einkesselung von Sarajevo portraitiert. Jugoslawien ist gleichsam die Hintergrundfolie, auf welcher der historisch bestens dokumentierte Verfall eines ZusammenLebensWissens dargestellt und in die in der Schweiz angesiedelte Diegese hineingeblendet wird. Dies ist entscheidend für die migratorischen Bewegungsfiguren, für die Choreographien dieser „Seconda" in der helvetischen Eidgenossenschaft.

Die Protagonistin – und mit ihr der Roman – ist nicht länger auf der Suche nach einem migratorisch angepassten ÜberLebenswissen, sondern nach den Grundlagen künftiger Konvivenz, nach den Möglichkeiten und Grenzen eines Wissens vom und im Zusammenleben, in dem das Verschieden-Sein nicht in die Exklusion, nicht in den Tod, nicht in das *Verschieden*-Sein führt. *Tauben fliegen auf* – und die Taube ist nicht umsonst ein immer wiederkehrendes Motiv, das den Roman durchzieht und Isotopien des Verjagt-Werdens, ja des Verspeist-Werdens, aber auch des Friedens und der freien Bewegung in den Roman einblendet – entfaltet hier, auf der sprachlichen Ebene, mit aller Kraft, ja mit subtiler Gewalt jene Suche nach einem Zusammenleben, das nicht in jedem Augenblick wieder in einer Kriegserklärung enden kann. Der Roman bildet gleichsam das literarische Experimentierfeld, auf dem sorgsam die Formen und Normen künftiger Konvivenz erkundet werden können.

---

18 Ebda., S. 151.

Hierin liegt zweifellos die ästhetische Kraft dieses Romans aus der Feder einer Autorin, die in einer Ungarisch sprechenden Minderheit im ehemaligen Jugoslawien geboren wurde, im Schweizerdeutsch der Eidgenossenschaft aufwuchs und sich als Schriftstellerin nicht ihrer Muttersprache, sondern des Hochdeutschen bediente, um einen Roman zu schreiben, der durch seine Orte unter den Orten, durch seine Worte unter den Worten, durch seine Kriege unter den Kriegen jene komplexe translinguale und transkulturelle, unterschiedliche Sprachen und Kulturen querende Strukturierung entfaltet, die das mobile Fundament der Literaturen ohne festen Wohnsitz ausmachen. *Tauben fliegen auf* steht für ein ZwischenWeltenSchreiben auf der Suche nach einem glückenden Zusammenleben, in das sich die Protagonistin nicht bloß ,einfügen', ,einpassen' will.

Zugleich aber handelt es sich auch um einen zutiefst *europäischen* Roman. Bei diesem translingual verfassten Text befinden wir uns nicht vor europäischer Literatur, die aus der Aneinanderreihung, aus der Addition verschiedener Nationalliteraturen konstruiert wird, sondern vor einer auf fundamentale Weise vektoriellen Literatur, die unterschiedlichste Sprachen und Kulturen, Gesellschaften und Gemeinschaften Europas quert und in Bewegungsfiguren verwandelt. Mit der literarischen Konstruktion ihrer romanesken Bewegungs-Figuren, vor allem aber ihrer Protagonistin ist es Melinda Nadj Abonji gelungen, ein zutiefst *europäisches* – und selbstverständlich nicht nur schweizerisches – migratorisches Grundproblem so anzugehen, dass in ihrer Figur der Ildiko Kocsis, die aufgrund ihrer Geburt im ehemaligen Jugoslawien im strengsten Sinne keine „Seconda"[19] ist, wohl aber die Tugenden und Stärken der ,zweiten Generation' verkörpert, die Konfiguration einer Generation aufscheint, die für das künftige Europa, aber auch die sich herausbildende *europäische* Literatur einstehen wird.

Sie steht für eine Literatur, die nicht von einem einzigen Ort, nicht von einem einzigen „Schreibpult"[20] aus schreibt, sondern in einem Schreiben ohne festen Wohnsitz jenes Experimentierfeld der Literatur auf neue Weise in Gang setzt, das die Choreographien der Migration erkundet. Denn dank der unablässigen Bewegungen einer derartigen Literatur wird der Ort, wird das Zimmer neu perspektiviert und neu begriffen, von dem aus der Blick auf die Welt, auf die Bücher oder in den Spiegel geht. In diesem prospektiven, nach der künftigen Konvivenz fragenden Entwurf treffen wir auf einen Blick, der auf ständigen Blickwechseln, auf eine Sprache, die auf ständigen Sprachwechseln, auf eine Kultur, die auf ständigen Übersetzungen beruht und sich des Vergangenen wie des Künftigen bewusst ist.

---

19 Vgl. hierzu Jurt, Joseph: Vom Zusammenleben junger Migranten in der Schweiz. In: Ette, Ottmar (Hg.): *Wissensformen und Wissensnormen des ZusammenLebens. Literatur – Kultur – Geschichte – Medien.* Berlin – Boston: Walter de Gruyter 2012, S. 163–172.
20 Nadj Abonji, Melinda: *Tauben fliegen auf*, S. 138.

Es ist eine Literatur, die auf das Leben zielt, auch und gerade wenn sie ihrer Toten eingedenkt – eine Literatur, die kraft ihrer Arbeit an der Geschichte, ihrer Arbeit am Krieg ein Künftiges gerade dort erzeugt, wo wir es auf den ersten Blick vielleicht am wenigsten erwarten würden: auf dem Friedhof. Seine Bäume, die so fest verwurzelt scheinen, kommen von überall her, blenden ein letztes Mal das Weite wie das Offene ein. So endet der Roman mit dem Blick auf ein Leben, in dem sich das Verschieden-Sein auf die Verschiedenheit des Künftigen hin öffnet – ein Künftiges, das sich an einem bestimmten Ort stets der anderen Orte, der anderen Worte, der anderen Leben bewusst bleibt:

> Wir sind durch den Friedhof Sihlfeld gegangen, der so schön ist, weil er ungewöhnlich groß und weit ist, wir haben Bäume bewundert, die Platz haben zum Wachsen, riesige Eichen und Platanen, alle Arten von Kastanien, die bereits ganz nackt waren, eine zierliche Birkenallee, sogar Ginkgos haben wir entdeckt, deren gelb-goldene Blätter den Kiesweg säumten; bis wir vor dem Gemeinschaftsgrab standen, haben wir die wundersamen, farbigen Wesen gesammelt, die gerade dann von den Bäumen fallen, wenn sie am schönsten sind, und wir legten sie mit den Blumen auf das Grab; an diesem blauen Novembertag dachten wir an unsere Verstorbenen, Großtanten und Großonkel, an unsere Großeltern, die wir nie kennengelernt haben, Mutters Mutter und Papuci, für Sie, Mamika, haben wir ein Lied gesungen, und in Ihrem Namen haben wir darum gebeten, dass die Lebenden nicht vor ihrer Zeit sterben.[21]

Wie eng in diesem so europäischen Roman das von der jungen Generation neu zu bildende Lebenswissen mit dem Wissen um den Tod und wie sehr damit das Leben stets mit dem Sterben zusammengedacht ist, lässt sich in *Tauben fliegen auf* sehr überzeugend ablesen. Es ist ein Roman, der vor dem Hintergrund ethnischer Säuberungen und einer brutalen Kriegsführung im fernen Herkunftsland die fremdenfeindlichen Kriegserklärungen einer ‚gastfreundlichen‘ Aufnahmegesellschaft sehr ernst nimmt und diesen ein gegenläufiges Lebenswissen entgegensetzt, in welchem umfassende Selbstbestimmung an oberster Stelle steht. In vielerlei Hinsicht ist Melinda Nadj Abonjis Roman im besten Sinne ein für unsere Zeit charakteristischer europäischer Roman.

Doch weiten wir nun unseren Blick über die europäischen Literaturen der Welt hinaus und versuchen, nach José Oliver und Melinda Nadj Abonji literarische Beispiele für ein migratorisches Lebenswissen zu finden, dessen Ursprünge außerhalb der Grenzen Europas liegen, die auf die eine oder andere Art aber doch mit Europa verbunden sind! Dabei ist die Frage einer literarischen Entfaltung migratorischen Lebenswissens sicherlich eine zentrale Frage für eine der zeitweise bekanntesten Schriftstellerinnen aus Kuba, der 1959 in Havanna geborenen Zoé Valdés.

---

21 Ebda., S. 315.

Im Klappentext ihres Romans *Café Nostalgia*, mit dem wir uns in der Folge beschäftigen wollen, heißt es, dass Zoé Valdés Habanera ist, was eine „actitud ante la vida" sei, eine Haltung gegenüber dem Leben, und dass sie 1959 geboren wurde, was eine „actitud ante la muerte" sei, also eine Haltung gegenüber dem Tode.[22] Auch wenn Klappentexte in aller Regel nicht von den Autor*innen stammen, ist es doch interessant, dass Leben und Tod wie bei Melinda Nadj Abonji in die von Migrationen gekennzeichnete Erzählwelt von vornherein eingebaut sind.

Abb. 30: Zoé Valdés (*1959).

Ich möchte Ihnen die Autorin aus La Habana kurz mit einigen Biographemen vorstellen. Zoé Valdés hat sich mittlerweile in Paris niedergelassen, wenn man bei einem so aktiven Leben hiervon überhaupt sprechen kann. Seit *La nada cotidiana* und mehreren Preisen für ihr Oeuvre war sie überaus begehrt und vielzitiert, auch wenn sich – so scheint mir – in akademischen Kreisen ein Phänomen zu entwickeln beginnt, das man bereits bei Isabel Allende bemerken konnte: Frauen, die allzu erfolgreich sind, wird rasch eine allzu große Marktgängigkeit vorgeworfen. Genau dieser Vorwurf zielt auch gegen Zoé Valdés. Doch kommen wir zu ihrer Biographie als Schriftstellerin!

„Ich habe mit Lyrik begonnen und bleibe Dichterin", schrieb sie einmal – und genau zu diesem Thema gibt es auch einen lesenswerten Essay der Autorin. Man stößt in ihrem Leben auf eine Vielzahl an Details, welche sie stets als Aufrührerin stilisieren, selbst in ihrer Arbeit für die Kubanische Botschaft in Paris, an der sie tätig war. Noch vor zwei Jahrzehnten wäre es beim internationalen Publikum nicht gut angekommen, sie aus der Perspektive des kubanischen Exils darzustellen; doch die Zeiten haben sich gewandelt. Mittlerweile ist es durchaus gängig, sich nicht mehr ‚nur' mit der Literatur auf der Insel, sondern auch mit dem Exil Kubas zu beschäftigen. Lassen Sie mich deshalb kurz auf die Geschichte der kubanischen Literatur und die konstitutive Rolle einge-

---

22 Valdés, Zoé: *Café Nostalgia. La turbulenta y hermosa corazonada de un abismo del que no se podrá volver*. Barcelona: Editorial Planeta 1997.

hen, welche dabei seit dem 19. Jahrhundert die Exilliteratur spielt![23] Wir beginnen mit der Archipel-Geschichte des unbestrittenen Zentrums der Antillen.

Auf eigentümliche Weise scheint diese Insel der Inseln[24] im europäischen Diskurs unter allen anderen Inseln der Antillen herauszuragen; und dies von Beginn an in einem solchem Maße, dass schon Christoph Columbus, der das amerikanische Festland auf seiner dritten Reise für eine Insel hielt, seine Männer schwören ließ, dass es sich bei Kuba um „tierra firme", mithin um Festland handle, während er dem Festland entschlossen den Namen „Isla de Gracia" gab.[25] So wurde Kuba, die größte der Antilleninseln, die in ihrer wirtschaftlichen Entwicklung noch bis Ende des 18. Jahrhunderts weit hinter jener seiner Nachbarinsel La Española alias Hispaniola alias Haiti und Santo Domingo zurückblieb, unversehens von einer Insel in einen Kontinent verwandelt, in eine eigene Welt, deren Existenz sich gleichsam einem Glaubensakt und einem von der Mannschaft abgeforderten Schwur verdankt. Zwar verzeichnete niemals eine Seekarte Kuba (oder Juana, wie sie zuvor hieß) als einen Kontinent; doch lernen noch heute die kubanischen Schulkinder, dass Kuba selbstverständlich keine Insel sei, sondern ein Archipel, eine Gesamtheit größerer und kleinerer Inseln also, die eine ganze Welt für sich bildeten. Auch in diesem Sinne präsentiert sich Kuba nicht als eine Insel unter anderen, sondern als die Insel der Inseln.

Die Touristen, die heute Kuba besuchen, erfahren diese Insel-Welt auf eben diese Weise: als ein Archipel von großer Eigengesetzlichkeit. Im Zeitalter des Massentourismus verbringen die saisonalen Besucher ihre Ferien zu einem nicht geringen Teil auf einer oder mehreren der vielen „Cayos", die eigens für sie zum (Schnorchel-)Tourismus infrastrukturell eingerichtet wurden. Im Zentrum steht meist nicht das Land, sondern dessen Rand: Kuba als Strand und – mehr noch – als Unterwasserwelt.

Diese kubanische Inselerfahrung hat dabei einen ebenso geringen Berührungsgrad mit der Lebenswirklichkeit der überwiegenden Mehrzahl der inselkubanischen Bevölkerung wie die jener anderen saisonalen Ex- und Repatriierten, die in den verschiedenen, über die Hauptinsel verstreuten touristischen Zentren ihren preisgünstig gebuchten Urlaub angetreten haben. Die Inseln des Tourismus haben auch vor der Hauptstadt Havanna nicht Halt gemacht und diese ihrerseits

---

23 Vgl. hierzu Ette, Ottmar: ‚Partidos en dos': zum Verhältnis zwischen insel- und exilkubanischer Literatur. In: *Romanistische Zeitschrift für Literaturgeschichte / Cahiers d'Histoire des Littératures Romanes* (Heidelberg) 13 (1989), S. 440–453.
24 Vgl. hierzu Ette, Ottmar: Kuba – Insel der Inseln. In: Ette, Ottmar / Franzbach, Martin (Hg.): *Kuba heute. Politik, Wirtschaft, Kultur*. Frankfurt am Main: Vervuert Verlag 2001, S. 9–25.
25 Vgl. hierzu den siebten Band der Reihe „Aula" in Ette, Ottmar: *Erfunden Gefunden* (2022), S. 25 ff. u. S. 130.

in insuläre Zonen eingeteilt, die miteinander kommunizieren, aber mit den um sie gruppierten städtischen Eilanden nur mehr oder minder große Überlappungszonen teilen. Kubas Hauptstadt verfällt nicht mehr überall, sie zerfällt aber in Zonen historischer Rekonstruktion und Zonen aktuellen Vergessens, in Inseln verschiedener Geschwindigkeiten, in verschiedene Zeit-Räume, die man auch als Tourist, wenn man es nur wollte, zu Fuß durchqueren kann.

Genau diese soziogeographische und ökonomische Entwicklung lässt sich im Übrigen auch sehr gut in Zoé Valdés' *Café Nostalgia* nachvollziehen; nicht nur, weil die Ich-Erzählerin für kurze Zeit als Touristin nach Kuba zurückkehrt, sondern weil sie immer wieder diese früheren Zeit-Räume durch Rückblendungen in ihren Roman im Zeichen der Nostalgie miteinblendet. Es gibt viele Inseln Kuba; und von den Blickpunkten des Exils wie der Diaspora aus erscheinen sie in unterschiedlicher Beleuchtung und mit unterschiedlichen Fassaden.

So hat die räumliche Archipel-Situation längst die Hauptinsel Kuba erfasst: Sie ist in Inseln sehr unterschiedlicher und gegensätzlicher Lebenswirklichkeiten und Erlebniswelten zerfallen. Hinter dem Namen der Insel verbergen sich viele Inseln, die zumeist miteinander verbunden sind, nicht immer aber voneinander wissen. Sie stehen einander nicht kommunikationslos, gewiss aber auch nicht harmlos oder folgenlos gegenüber. Denn zwischen Alltagserfahrung und Erlebnis, zwischen nationaler Inselgesellschaft und internationaler Sun & Fun-Gesellschaft liegen Welten. Ihre Mauern sind nur wenig durchlässig, wohl aber durchsichtig, so dass ein Bewusstsein der jeweils eigenen insulären Lage zwischen Wohlfahrts- und Wohlstandsinseln entstehen kann. Kontinuierliche Reisebewegungen in Raum und Zeit sind kaum mehr möglich: Inselhüpfen wäre die hier wohl angebrachte Metapher für die diskontinuierlichen Relationen und Beziehungen, welche die Insel Kuba heute charakterisieren.

Die ökonomischen Parameter dieser Situation der Diskontinuität sind weitgehend bekannt; über die kulturellen und mentalitätsgeschichtlichen Folgen für Besuchende und Besuchte aber wissen wir wenig. Der auf allen Ebenen stattfindende und zugleich kontrollierte Import der Ersten Welt in ein Land der Dritten Welt, das anders als andere mit der kubanischen Revolution nachhaltig für die Herstellung gleicher Lebensverhältnisse für all seine Bürgerinnen und Bürger kämpfte und auch weiterhin zu kämpfen vorgibt, führt soziale, kulturelle, ja monetäre Hybridität und Gespaltenheit vehement vor Augen. Die konkreten Lebensbedingungen werden in Kuba längst nicht mehr ausschließlich durch Zugehörigkeiten (zu Verbänden, zu Institutionen, zur Partei), sondern durch Zugangsmöglichkeiten (zu Touristeninseln, zu Auslandsreisen, zum Dollar oder zum Internet) geregelt. Für Besuchende ist das *Island-Hopping* überaus reizvoll und spannend, für Besuchte hingegen zumeist quälend und anstrengend.

Ganz wie Bewohner der ehemaligen Peripherie längst in den Hauptstädten der ehemaligen Zentren leben, haben die Zentren ihre Exklaven auch in den Zentren der Peripherien errichtet. Zentrum und Peripherie stehen einander längst nicht mehr Asymmetrisch gegenüber, sie haben sich wechselseitig eingenistet. Die dadurch intensivierte Komplexifizierung kultureller Erfahrungen kann freilich nicht darüber hinwegtäuschen, dass es sich dabei um unterschiedliche Globalisierungsphänomene handelt, die auch in einer Zeit nach dem Ende der zurückliegenden Phase beschleunigter Globalisierung andauern: Der ‚von oben‘ erfolgenden Globalisierung des Kapitals und des Massentourismus steht eine Globalisierung ‚von unten‘ gegenüber, jene der nicht-saisonalen Migration, die im Falle Kubas längst ebenso spektakuläre wie dramatische Ausmaße angenommen hat. Die Folgen sind paradox: Die über zwei Millionen Migrantinnen und Migranten sind aus Kuba nicht wegzudenken. Als Insel der Inseln ist Kuba in diesen Prozess einer von ‚oben‘ wie von ‚unten‘ bisweilen doppelt beschleunigten Bewegung mehr denn je einbezogen und kein isolierter Archipel. Inwiefern die sich verstärkenden Verbindungen mit China diese Situation weiter verkomplizieren, liegt eindeutig *nach* der Veröffentlichung von *Café Nostalgia* und muss uns in diesem Zusammenhang nicht weiter interessieren.

Jenseits eines sehr unterschiedlich diskutierten und konzipierten, nicht selten auch verworfenen kubanischen Staats bildete sich die kubanische Kultur als ein zwar im ‚Kern‘ auf die Insel Kuba bezogener, sich aber stets de- und reterritorialisierender Entwurf heraus. Lassen Sie es mich paradox formulieren: Kuba existiert, weil Kuba weit mehr als Kuba ist! Projekt und Projektion des künftigen Gemeinwesens sind weder allein der Insel noch allein dem Festland zuzusprechen: Spiegelsymmetrische Strukturen bilden sich heraus, die ideologisch wie ökonomisch, politisch wie gesellschaftlich zugleich antagonistisch und komplementär, in jedem Falle aber immer aufeinander bezogen sind. Kuba als ‚reine‘ Insel gibt es nicht.

Die berühmten Wendungen José Martís zur weltgeschichtlichen Rolle und Bedeutung Kubas, seine Überlegungen angesichts der sich für diesen Denker der Globalisierung bereits früh abzeichnenden Entwicklungen,[26] also Formulierungen und Formeln, die nicht weniger als die Sätze des Christoph Columbus in das kollektive Bewusstsein Eingang gefunden haben und allen Kubanerinnen und Kubanern geläufig sind, verschieben die Raum- und Zeitvorstellungen folgenreich und bis in unsere Tage. Ein nationaler Befreiungskrieg gegen eine jahrhundertelange koloniale Bevormundung erhielt eine (auf die Antillen bezogene) areale und re-

---

26 Vgl. hierzu den in Vorbereitung befindlichen zweiten Teil meines Mimesis-Projekts über José Martí, im 2023 erscheinenden Buch *José Martí II: Denker der Globalisierung* (Reihe Mimesis im Verlag Walter de Gruyter).

gionale und, mit Blick auf die lateinamerikanischen Republiken und die künftige Hegemonialmacht im Norden, kontinentale und transareale Dimension, die unverkennbar zukunftsoffen ist. Dies hatte Folgen.

Denn Kuba wurde damit am Ausgang des 19. Jahrhunderts in eine kontinentale Rolle hineinkatapultiert, die weit über die Vorreiterschaft im Bereich der Antilleninseln hinausreichte: Die Insel der Inseln hatte begonnen, sich nicht mehr als Objekt aus der Bordperspektive anderer, sondern als internationalen Machtfaktor, als aktives Subjekt der Weltgeschichte zu begreifen. Ohne diesen entscheidenden Perspektivenwechsel wären weder das zugleich nationalistische und geostrategische Projekt Fidel Castros einschließlich des lateinamerikanischen und afrikanischen ‚Exports' der Revolution noch Ernesto ‚Che' Guevaras im Weltmaßstab angelegter Entwurf eines ‚neuen Menschen' von Kuba aus politisch realisierbar gewesen.

Denn auf diese Weise waren im Rückgriff auf José Martí seit Beginn des 20. Jahrhunderts die diskursiven Grundlagen für eine kollektive Identitätskonstruktion gelegt, die sich quer durch alle ideologischen und künstlerischen Avantgarden[27] stets im Weltmaßstab einzuschätzen und wiederzufinden suchte. Kaum ein anderes Land dieser Größenordnung hat in einem quantitativ wie qualitativ so hohen Maße nicht nur Tabak und Zucker, sondern Musik und Literatur, Ideologien und Kulturtheorien, Tänze und Rhythmen, Revolutionen und Resolutionen, ‚internationalistische' Ärzte und Lehrer, aber auch Militärberater und militärische Krisen, Edelexilanten, Wirtschaftsflüchtlinge, politisch Verfolgte und Boat People exportiert, expatriiert oder – genauer noch – *ausgeführt*.

Dies gilt auch und gerade für Schriftstellerinnen und Schriftsteller und somit für den Bereich der Literatur. Die soeben skizzierte, in der ersten Phase beschleunigter Globalisierung und damit seit Beginn der Kolonialzeit angelegte und postkolonial, also in der dritten Phase beschleunigter Globalisierung verstärkte Grundstruktur kubanischer Geschichte und kubanischen Selbstverständnisses besitzt heute, nach dem Ende der vierten Beschleunigungsphase der (bisweilen auch elektronisch imaginierten) „globalización", alle Chancen, sich erneut durchzusetzen und weiterzuentwickeln. Die Globalisierung ist in Kuba kein Strandgut, das von fernen Küsten stammend gesammelt und in einzelne Stücke zerschlagen von seinen neuen Besitzern auf der Insel ausgestellt worden wäre, sondern eine Produktion und Produktionsweise, welche von der stets erneuerten Verfertigung der eigenen (Welt-)Geschichte bis zur Herstellung eigener symbolischer Güter für den internationalen Verbrauch reicht.

---

27 Vgl. zur Sonderrolle Kubas innerhalb der historischen Avantgarden Lateinamerikas den dritten Band der Reihe „Aula" in Ette, Ottmar: *Von den historischen Avantgarden bis nach der Postmoderne* (2021), S. 741 ff. u. S. 811 ff.

Zugleich ist evident, dass all dies auf dem Niveau eines Landes der Dritten Welt abläuft, das in eine tiefe soziale, politische und ökonomische Stagnation verfallen ist, aus der es keinen Ausweg finden kann. Aber Kuba spielte innerhalb der Globalisierungsprozesse der Neuzeit nicht nur einen passiven, sondern auch einen aktiven Part, bemühte sich in erstaunlichem Umfang, auf den verschiedensten Gebieten für die Erste, die Zweite, die Dritte und die Vierte Welt zu einem weltpolitischen Global Player zu werden. Diese Elemente und Dimensionen gilt es zu berücksichtigen, wenn man sich mit kubanischer Literatur der Insel wie auch des Exils auseinandersetzt.

Der kubanische Anthropologe und Kulturtheoretiker Fernando Ortiz wählte in seinem *Contrapunteo del tabaco y el azúcar* für die Kubaner verbunden mit seinem wegweisenden Konzept der Transkulturalität zugleich die Metapher der „aves de paso", der „Zugvögel"[28] also, mit der er die umgekehrte Richtung, die zentrifugale und vielleicht mehr noch jedes Zentrum meidende Migration versinnbildlichte. Im Transkulturellen, so ließe sich anmerken, ist das Migratorische, sind aber auch Zeitreisen stets gegenwärtig. Hier verbinden sich das Archipelische mit dem Transkulturellen und das Migratorische mit einem Lebenswissen, das in seinem globalen Selbstverständnis stets transareal geprägt ist. Transkulturalität ist letztlich ein Konvivenz-Begriff, der sich auf ein Zusammenleben mit den unterschiedlichsten Kulturen des Menschen, aber auch mit den verschiedenartigsten Formen einer archipelischen Umwelt und Natur im planetarischen Maßstab bezieht.

Dies bedeutet keineswegs, dass sich die Kubanische Revolution an einer wie auch immer zu verstehenden Konvivenz orientiert hätte: Viele der gesellschaftlichen und politischen Praktiken zielten vielmehr auf schroffe Exklusion. Politiker und Intellektuelle, die ins Exil gingen, wurden aus Photographien wegretuschiert, aus Literaturgeschichten verbannt, aus dem Kreislauf der Publikationen getilgt. Wer sich nicht zur Revolution bekannte, wurde „ninguneado", wurde zur Nicht-Person und buchstäblich totgeschwiegen. Das kubanische Exil reagierte nicht selten mit ähnlichen Gegenmaßnahmen: Die kubanische Spiegelsymmetrie gewann erneut an Bedeutung und beherrschte seit den sechziger Jahren alle diskursiven Register einer zweigeteilten Welt Kubas. Die Folge war eine Verhärtung der territorialen Grenzen, eine Blockade von außen, der eine Blockade von innen entsprach. All dies trug zur dominanten Stagnation auf einer immer stärker isolierten Insel bei.

Die paradoxe Folge dieser Fest-Stellung der räumlichen Grenzen, der verschärften Reterritorialisierung von Insel- und Festland-Kuba, bestand in der zu-

---

28 Ortiz, Fernando: *Contrapunteo cubano del tabaco y el azúcar.* Prólogo y Cronología Julio Le Riverend. Caracas: Biblioteca Ayacucho 1978, S. 95.

nehmenden Feststellung der Zeit; ein Anhalten der Zeit, das wir bis weit in die achtziger Jahre hinein ebenso in La Habana wie in Little Havanna, ebenso im Bereich der politischen Vorhaben wie der Kulturpolitik beobachten können: Nicht nur bei den Autos auf Kuba scheint die Zeit stillzustehen. Doch wie das Beispiel der heute oft nachgebauten Oldtimer zeigt, kann selbst dieses Stillstehen der Zeit noch touristisch vermarktet werden.

Der Anspruch der Kubanischen Revolution, möglichst gleiche Lebensverhältnisse in der Stadt wie auf dem Land, in den verschiedenen ethnischen wie beruflichen Gruppen zu etablieren, bildete ein Projekt, das auf Homogenisierung innerhalb einer klar umrissenen Territorialität abzielte. Die Begrenztheit dieses Projekts führte zur Ausgrenzung, zur Exklusion all jener, die sich nicht dem Druck des Staates beugen und dem Einparteiensystem unterwerfen wollten. Wie die Ausgrenzung ihrerseits zur zunehmenden Entgrenzung des Territorialen führte, soll später gezeigt werden.

Zuvor aber gilt es, den Formen und Folgen der zunächst schleichenden, dann immer massiver werdenden Verlangsamung der Zeit innerhalb der nun zum „primer territorio libre de América" erklärten Insel wie auch auf manchen der zahlreicher werdenden Inseln des Exils nachzugehen. Das Phänomen ist offenkundig und die Titel von Buchpublikationen am Ausgang des zurückliegenden Jahrhunderts über den Inselstaat sprechen eine deutliche Sprache: *Kuba – der lange Abschied von einem Mythos*,[29] *Der alte Mann und die Insel*,[30] *Kuba – im Herbst des Patriarchen*[31] – und es wäre ein Leichtes, eine solche Titelliste auch außerhalb des deutschsprachigen Raumes nahezu beliebig zu verlängern. Nach dem Tod des Patriarchen, nach dem Hinscheiden von Fidel Castro, hat sich an all dem wie an der vorherrschenden Stagnation nicht viel geändert.

Zu den genannten Titelformulierungen gehört auch der Titel von Zoé Valdés' Roman *Café Nostalgia*. Die Uhren in Kuba scheinen anders zu ticken, sie werden nach der Lebenszeit eines charismatischen Caudillo gestellt; und verschwindet dieser, so verändert sich im Grunde nichts. Es ist ein Warten auf Godot,[32] auf irgendetwas, das den Lauf der kubanischen Geschichte wieder verändern wird.

---

29 Burchardt, Hans-Jürgen: *Kuba – der lange Abschied von einem Mythos*. Stuttgart: Schmetterling Verlag 1996.
30 Krämer, Raimund: *Der alte Mann und die Insel. Essays zu Politik und Gesellschaft in Kuba*. Berlin: Berliner Debatte Wissenschaftsverlag 1998.
31 Burchardt, Hans-Jürgen: *Kuba – im Herbst des Patriarchen*. Stuttgart: Schmetterling Verlag 1999.
32 Vgl. hierzu Ette, Ottmar: Esperando a Godot. Las citas de Manuel Vázquez Montalbán en La Habana. In: *Encuentro* (Madrid) 14 (otoño 1999), S. 69–89.

All dies hat auch die Präsentationsformen im Ausland verändert, keineswegs nur im wissenschaftlichen Bereich. Reiseführer und Anthologien aller Art zeigen nicht nur den ergrauten Fidel Castro, sondern auch andere alte Männer, gerne aber auch altgediente Automobile (die ihrerseits nicht selten von Mädchen in aufreizender Pose garniert werden) auf ihren farbigen Umschlagseiten. Diese Verlagsstrategien sind selbstverständlich Verkaufsstrategien, an denen Kuba nicht nur im Tourismus kräftig mitverdient: Nostalgische Blicke zurück lassen sich gut verkaufen. Längst hat auch die Revolution den Marktwert ihrer historischen Symbole erkannt; eine Domäne, die sich leicht kapitalisieren lässt und der das Exil im Grunde nichts entgegenzusetzen hat – außer einer kritischen Aufarbeitung eben dieser Symbole und Mythen, dieser Heldenfiguren und nicht selten noch lebenden Legenden. Ist Kuba heute die Insel von gestern, ist sie – um mit dem Titel eines Romans von Umberto Eco, mit dem wir uns im Anschluss kurz beschäftigen werden, zu sprechen – die Insel des vorigen Tages?[33]

In jedem Falle ist sie die Insel, die Zeitreisen verspricht und in diesem Falle ihre Versprechen hält. Denn Reisen nach und – von Insel zu Insel hüpfend – auf Kuba sind längst zu Ausflügen in der (oder in die) Zeit geworden; gleichviel, ob die Zeitreisenden mit der Besichtigung revolutionärer Orte und Symbole gleichzeitig ihre eigene Vergangenheit in mehr oder minder nostalgischer Verklärung besichtigen wollen oder nicht. Kubanische Touristikunternehmen bieten auf diesem Gebiet zahlreiche verlockende Reisevarianten an. Die Routen werden ständig ausgefeilter. Doch die Zeitreisen beschränken sich längst nicht mehr auf jene beiden Generationen, für die Kuba weltpolitisch und ideologisch die Insel der Insel, die territorialisierte Utopie schlechthin war.

Die Zeit scheint stehengeblieben zu sein, ja sogar rückwärts zu laufen: Die Archäologie einer Revolution ist zu besichtigen. „Son", „Danzón", „Chachachá" und „Bolero" lassen nicht nur die Klänge und Rhythmen aus der Jugendzeit der bärtigen Revolutionäre an deren Lebensabend wieder erklingen; der „Son" aus der Zeit *vor* seiner modernisierten Vermarktung unter dem Label der „Salsa" beweist vielmehr, dass er auch noch *nach* deren Höhepunkt bestens zu vermarkten ist und ein weltweites Publikum begeistert. Der gigantische Erfolg des *Buena Vista Social Club* spricht eine eindeutige Sprache.

Halten wir daher fest: Die Musiker um den über Nacht zum Superstar gewordenen Ibrahim Ferrer wie die Musik der zahlreichen anderen ‚Rentner-Combos' setzen eine doppelte Zeitlichkeit der Performanz frei, insoweit sich unter der aktuellen ‚Performance' jene einer anderen Zeit verbirgt, die uns auf

---

33 Eco, Umberto: *Die Insel des vorigen Tages.* aus dem Italienischen übersetzt von Burkhart Kröber. München – Wien: Carl Hanser Verlag 1995.

der Suche nach der verlorenen Zeit wie ein Gegenstand anrührt, der zugleich innerhalb und außerhalb der Zeit geblieben zu sein scheint: ein Stückchen Zeit im Reinzustand. Ihr Versprechen ist es, die verlorene, vielleicht aber auch nur vergangene Zeit in ihrer Unmittelbarkeit erfahrbar zu machen – wobei die anders als die Oldtimer nicht alternden Mädchen auf den Kühlerhauben metonymisch das *menschlich-allzumännliche* Begehren objektivieren, also weiblich ver*körper*n.

Systematisch gesehen lässt sich Kuba aus der Distanz als eine Vergangenheitsform im Präsens mit den Insignien der Macht beschreiben, welche nicht bloß Macht über ein Territorium, sondern mehr noch Macht über die Zeit ‚ihrer‘ Menschen ist. Darin scheint mir die eigentliche Crux der kubanischen Regierungsform zu liegen, die ich nun seit mehr als vier Jahrzehnten aus der Nähe beobachten durfte. Die spannende Arbeit an der Rezeptionsgeschichte des Kubaners José Martí hat mir bereits zu Beginn meines wissenschaftlichen Wegs gezeigt,[34] welche Macht in der Geschichte Kubas die Vergangenheit über die Gegenwart und Zukunft ausübt. Paradoxerweise aber haben die politischen und ideologischen Ausgrenzungen im Umfeld der ausgehenden achtziger und vor allem der neunziger Jahre eine Entgrenzung hervorgebracht, in der eine andere, offene Zukunft wieder denkbar wird. Denn in den Entwürfen des kulturellen Kuba heute liegt das Kuba von morgen, das kein *Play it again, Uncle Sam* sein kann.

Nicht zuletzt etablierte sich nun jenseits von „isla" und „exilio", von „insilio" und „disidencia" eine Diaspora, die sich um die alten Grenzziehungen und Zeitzonen immer weniger kümmerte, ohne doch unbekümmert zu sein. Längst ist es nicht mehr möglich, das Exil auf der Insel und die Insel im Exil zu tabuisieren, ohne auf Widerspruch oder – effizienter noch – Missachtung zu stoßen. *Die Insel der Extreme* ist seit Ende des 20. Jahrhunderts erneut in Bewegung gekommen und hat im neuen Jahrhundert fast unmerklich weiter an Fahrt aufgenommen. Immer neue Konstellationen der Heterotopie, immer neue Konstruktionen von ‚Bindestrich-Identitäten‘ von den *Cuban-Americans* bis zu den Deutsch-Kubanern beider Deutschlands haben sich herausgebildet und bilden sich weiter heraus. Ist die Insel heute nicht überall?

Kuba ist wohl nicht als postnationales, gewiss aber als transterritoriales Phänomen zu verstehen. Den häufigen Migrationen eines ständig wachsenden Anteils der kubanischen Bevölkerung haftet immer seltener etwas vom tragischen Lebensgefühl eines „juif errant", eines ‚Fliegenden Holländers‘, oder andererseits von der Sorglosigkeit des Globetrotters an. Die Diaspora ist nicht mehr der Frei-

34 Vgl. Ette, Ottmar: *José Martí. Teil I: Apostel – Dichter – Revolutionär. Eine Geschichte seiner Rezeption.* Tübingen: Max Niemeyer Verlag 1991.

raum einer negativen Freiheit von ,Vogelfreien', die in einem rechtsfreien Raum leben; sie ist aber genauso weit davon entfernt, einen zwangsfreien Raum zu bilden.

Der kubanische Kulturtheoretiker Iván de la Nuez hat den Begriff der Transterritorialität in seinem schmalen, aber durchaus einflussreichen Band Das ständige Floß für den kubanischen Raum fruchtbar gemacht und damit die lange Abfolge kulturtheoretischer Entwürfe fortgesetzt, die im 20. Jahrhundert von José Martís *Nuestra América* über Fernando Ortiz' *Contrapunteo cubano* und Roberto Fernández Retamars *Calibán* bis hin zu Gustavo Pérez Firmats *Life on the hyphen*, Antonio Benítez Rojos *La isla que se repite* und *La balsa perpetua* reichen. Eine neue Konzeption von Zeit und Raum *aus der Bewegung* zeichnet sich ab, die Kuba – wenn auch anders als von Bord der Santa María aus – als Bewegung erkennbar werden lässt.

Kaum ein anderer geokultureller Raum, kaum eine andere Area ist gerade im Bereich kulturtheoretischer Entwürfe so produktiv wie die Karibik. Dafür gibt es zahlreiche handfeste Gründe, die im Bereich der Vielsprachigkeit, der Multiethnizität, der Transkulturalität liegen. Transterritorialität, dies dürfte im Verlauf dieser Überlegungen deutlich geworden sein, baut nicht nur auf Transkulturalität auf, sondern beinhaltet stets auch Transtemporalität.

Aus heutiger Sicht stellt der Vernetzungsraum der Karibik die vielleicht größte Herausforderung für die zukünftige Weltgesellschaft dar: Nicht die befürchtete Balkanisierung mit dem Alptraum ethnischer Säuberungen, deren Folgen wir in Melinda Nadj Abonjis *Tauben fliegen auf* besichtigen konnten, sondern die Karibisierung im Zeichen transkultureller Relationalität hält jenseits aller Illusionen manche Grundelemente für künftige Entwicklungen im Weltmaßstab bereit. Mit der Entfaltung und Propagierung unterschiedlicher kultureller Modelle hat Kuba – dessen Staatsgründung historisch zwischen der Unabhängigkeit Haitis und der fortbestehenden kolonialen Dependenz anderer Teile der Karibik liegt – als Insel, als Archipel und als Festland stets einen gewichtigen Anteil an dieser ungeheuren Produktivität gehabt. Kuba hat jedoch aus seiner spezifischen Situation an der Wende zum 21. Jahrhundert und in den ersten Jahrzehnten des neuen Millennium eine ebenso neue Dimension kultureller Selbstreflexion entfaltet, die ohne die transterritoriale Entgrenzung nicht möglich gewesen wäre. Migrationen sind ein Schlüssel zum Verständnis transkultureller Phänomene, die auf unserem gesamten Planeten beständig an Bedeutung gewinnen.

Doch all dies heißt keineswegs, dass die Insel der Inseln heute von einer allgemeinen Entgrenzung erfasst worden wäre: Die alten Grenzziehungen bestehen fort, sie sind noch immer ausschließend, aber keinesfalls mehr ausschließlich gültig. Musik, Malerei und Literatur haben die sich bietenden Chancen wohl als erste erkannt und bereits genutzt: Längst wird die kubanische Literatur heterotopisch geschrieben, an vielen Orten und für viele Orte, ist zu einer Literatur ohne festen Wohnsitz geworden, die sich gleichwohl ihre spezifischen Treffpunkte, ihre Orte des *Encuentro* (so auch der Titel der einflussreichen, ursprünglich von Jesús Díaz in Madrid herausgegebenen Zeitschrift), geschaffen hat. Ausschließungsmechanismen in Insel und Exil bestehen fort, doch haben sie innerhalb eines sich herausbildenden Systems der Literaturen der Welt deutlich an Wirksamkeit verloren.

Die Insel der Inseln hat im Bereich der Kultur an ihre zeitweise territorial verschüttete Tradition der Bewegung angeknüpft und eine Vielverbundenheit, eine Multirelationalität entwickelt, die im Begriff steht, endlich mehrere Logiken zugleich – und damit (eine) relationale Logik(en) – nicht nur zu tolerieren, sondern zu akzeptieren und zu respektieren. Kaum eine andere Kultur bietet die Gleichzeitigkeit von Moderne und Postmoderne, von Ausgrenzung und Entgrenzung, von Transterritorialität und postnationalem Nationalismus, in höher dosierter konfliktiver Dichte als Kuba in der heutigen Zeit *nach* der Postmoderne.

Quer zur Globalisierung ‚von oben‘ und zur Globalisierung ‚von unten‘ haben sich zwischen den so unterschiedlichen Inseln transversale Wissensströme herausgebildet, welche die eigentlichen ‚tiefen Flüsse‘, die kulturtheoretischen Verknüpfungen in diesem Meer der Antillen, entscheidend konfigurieren. Wir befinden uns in einer zugleich archipelischen und transarchipelischen Welt, die von Migrationen durch und durch gekennzeichnet ist.

Es ist daher kein Zufall, dass dieses Meer, das die Insel umgibt und mit anderen Inseln und Festländern verbindet, zusammen mit dem Äther, dem himmlischen Transportmedium der Zugvögel, den Namen von Zoé Valdés' Protagonistin im *Café Nostalgia* bildet: ‚**Mar**cela‘. Diese Mar-cela, die in weiblicher Form wie der Protagonist von Marcel Proust auf der Suche nach der verlorenen Zeit ist, versteht sich – wie ihre Schöpferin 1959 in La Habana geboren – als Kind der Revolution und als Parzelle der Insel, zugleich aber als (Er-)Zeugnis einer Literatur in ständiger migratorischer Bewegung.

Der gesamte Roman von Zoé Valdés, mit dem wir uns nun beschäftigen werden, ist in insgesamt sechs römisch durchnummerierte Teile oder Kapitel gegliedert, und dies durchaus hintergründig: Die Sechszahl repräsentiert die verschiedenen Sinne des Menschen. Das erste Kapitel trägt die Überschrift „El olfato", das zweite „El gusto", das dritte „El oído", das vierte „El tacto", das fünfte „La vista": also Geruch, Geschmack, Gehör, Tasten und Sehen. Das sechste schließlich nennt sich „A mi único deseo", ist also meinem einzigen Begehren zugeeignet. Dabei sind den ersten fünf Titeln noch die Begriffe „desasosiego" (Unruhe), „peligro" (Gefahr), „olvido" (Vergessen), „duda" (Zweifel) und „armonía" (Harmonie) beigegeben.

Man könnte also schon bei einer Betrachtung des Inhaltsverzeichnisses mit guten Gründen auf die Idee kommen, dass dieser 1997 erstmals erschienene Roman eine sinnliche Grundkomponente besitzt. Und mit derartigen Sinneseindrücken, den Geruchsempfindungen und Geruchserinnerungen wie auch dem teilweisen Vergessen des eigenen Namens Marcelas, der Protagonistin des Romans, setzt der Text auch ein. Dabei kommt von Beginn an der Erinnerung und dem Erinnern beziehungsweise Vergessen eine ganz entscheidende Bedeutung zu. Kein Wunder also, wenn gerade das Olfaktorische, das am tiefsten in unser Gedächtnis und in unsere Erinnerung zurückreicht, am Anfang dieses kubanischen Romans steht.

Dabei spielt von Beginn an das Lesen, die Lektüre, eine wichtige Rolle. Die Protagonistin weiß, dass sie in ihren Lektüren aktiver ist als in ihrem Leben.[35] Von Anfang an stoßen wir so auf ein Proust'sches Thema, das des Bezugs zwischen Lesen und Leben, auf dessen Fährte uns schon die weibliche Form des Namens Marcel aufmerksam gemacht hatte.[36] In ihren Erörterungen und Kommentaren benutzt die Erzählerin sogar technische, literaturwissenschaftliche Vokabeln wie ‚Intertext'; und es kann auch nicht überraschen, dass zu ihren Lieblingslektüren gerade Marcel Prousts *À la recherche du temps perdu* gehört. Sehr viel deutlicher kann man auf den wichtigen Bezug zu einem für das Schreiben und die Deutung des eigenen Romans entscheidenden Text kaum aufmerksam machen.

Es finden sich auch schon sehr früh weitere Anspielungen auf Marcel Proust und dessen wichtigsten Romanzyklus. Zugleich ist ständig die Rede von jener Insel, von „Aquella Isla", die nicht mit Namen benannt wird, aber doch unverkennbar und selbstverständlich Kuba ist. Schnell merkt man, dass fast der gesamte Freundes- und Bekanntenkreis über die halbe Welt zerstreut ist und außerhalb jener Insel lebt, die doch für alle ein wichtiger, für einige sogar lebensbestimmender Bezugspunkt bleibt. Es gibt eine lange Liste von Namen, denen jeweils bestimmte Gerüche zugeordnet werden, und es ist eine Liste von Menschen, die in der Bewegung aus Kuba heraus, in der zentrifugalen Bewegung also ihr Heil und ihre Rettung gesucht haben.

Der Ort, von dem aus die Erzählerin sich erinnert, ist Paris, und die Umstände der Darstellung verweisen ohne jeden Zweifel auf die Dimension autobiographischen Schreibens. Schnell lernen wir, dass die Protagonistin Marcela in gewisser Weise ohne festen Wohnsitz geblieben ist, eine Mar-Cela eben, die zwischen Meer und Himmel pendelt und lebt. Schauen wir uns dies einmal genauer an!

---

35 Valdés, Zoé: *Café Nostalgia*, S. 16.
36 Vgl. Ette, Ottmar: *LiebeLesen*, S. 619 ff.

Ich habe es gelernt, mich an einen Sommer zu gewöhnen, der wie die Vorlage für einen kubanischen Winter ist. Ich gebe es zu, ich bin kein Fan von Hitze und Sonne, aber ich habe beide lieber. Es ward mir nicht genäht und gesungen, in dieser Stadt zur Ruhe zu kommen. Dass ich hierher kam, und es ist nicht wichtig, wie ich hierher kam, ist eine Erzählung ohne jede Transzendenz, ich werde von ihr später berichten, sobald ich nicht länger ohne das leben kann, denn als ich ankam, studierte ich einige Monate lang Französisch in der Alliance Française, danach machte ich über eine lange Zeit gar nichts, ich vagabundierte herum, auch wenn ich zugeben muss, dass ich ein Luxusgast war, jedoch an einem Ort, wo sie mir zu jedem Zeitpunkt mitteilten, dass dieses Haus mir nicht gehöre, dass ich nur eine Geborgte sei, wo man mich vierundzwanzigmal pro Sekunde fragte, wann ich meine Papiere in Ordnung brächte, um arbeiten zu können, wo man mir unverblümt vorwarf, dass ich mich nicht in die Gesellschaft wie ein normales Wesen und nicht wie eine Faulenzerin, wie ein Punk oder eine *SDF*, wie eine ohne festen Wohnsitz eingliederte, die über einen Wohnsitz verfügt; ich war eine Art Besetzerin mit Wohnsitznachweis. [...] Am Ende hatten mich die vielen Vorwürfe und Anwürfe so geplättet, dass ich beschloss, einen Zug zu nehmen und zu verschwinden.[37]

In dieser mündlich eingefärbten Passage wird deutlich, dass die Anfänge der im Ausland lebenden Kubanerin in Paris schwierig waren. Wir werden später erfahren, dass sie als von einem reichen älteren Franzosen Angeheiratete Kuba nur deshalb hatte verlassen können, weil man sie wie eine Freigekaufte behandelte. In Paris aber war gerade die erste Zeit schwierig; und so wurde sie bald zu einer Frau ohne festen Wohnsitz, einer SDF, einer *sans domicile fixe*. Im Grunde ist es noch immer aus dieser unsteten Bewegung, aus der sie berichtet, aus der sie schreibt.

Daher kann es nicht verwundern, dass sie auf das Unwohlsein bezüglich ihrer neuen Situation wieder nur mit einer Vektorisierung ihres Lebens antwortet: Denn erst von hier aus, aus der Bewegung, wird ein solches Leben erträglich. Folglich landet die Migrantin im ersten Bahnhof, dessen Name sie anzog: Narbonne. Und genau hier wird sie auch ihre erste schwierige Zeit mit Hunger und Übernachtungen im Freien verbringen, wie eine Vagabundin, zu der sie nun in der Tat geworden ist.

Erst nach diesen Erfahrungen, erst nach dem Schlafen unter Pappkartons bei drei Grad minus, wird sie wieder die Kraft finden, in das ihr zur Verfügung gestellte schöne Appartement zurückzukehren, aus dem man sie mit beständigen Nachfragen und Vorwürfen gleichsam vertrieben hatte. Zur Erläuterung fügt sie die Geschichte der Bekanntschaft mit dem siebzigjährigen reichen Franzosen ein, während sie zum damaligen Zeitpunkt kaum neunzehn Jahre alt gewesen sei. ‚Wir heirateten, und ich musste unbedingt hier weg' – die Interessenlage der jungen Kubanerin Marcela war klar.

---

37 Valdés, Zoé: *Café Nostalgia*, S. 24.

Beide Ehepartner gingen sofort zu den französischen Behörden, um den Status der jungen Frau zu ‚regeln‘; doch erst mit dreiundzwanzig Jahren wird Marcela in Frankreich eine Ausnahmegenehmigung erhalten. Mit zweiundachtzig Jahren sollte ihr reicher Angetrauter dann schließlich an Parkinson erkranken: Eine Lebensgeschichte zeichnet sich ab, wie sie sich nicht selten bei jüngeren Frauen aus der Dritten Welt findet. Doch Marcela ging es um ihre Würde, und so nutzte sie weder die Gelegenheit, als legitime Ehefrau des Franzosen eine offizielle Staatsbürgerschaft zu erhalten, noch war sie damit einverstanden, sich bereitwillig in die neue Gesellschaft einzufügen, selbst wenn ihr dieser Stolz, dieser „orgullo“, im Nachhinein eher als dumm denn als gerechtfertigt erscheint. Eine Freundin namens Charline gibt ihr schließlich einen Arbeitsvertrag, so dass es Marcela bald gelingen kann, ihre prekäre und administrativ ungeregelte Situation letztlich zu ‚normalisieren‘.

Zeitgleich beginnt aber auch ihre Foto-Leidenschaft. Die junge Frau streift umher in Paris und macht gerade in den schlechteren Wohnvierteln viele photographische Aufnahmen.[38] Bald findet sie die Ausschreibung für einen Fotowettbewerb. So entwickelt sich eine Leidenschaft für das Fotografieren; eine *Passion*, die bald nicht mehr nur eine Leidenschaft, sondern zugleich auch ihre *Profession* sein wird. Auf wunderbare Weise gewinnt die junge Kubanerin natürlich den Fotowettbewerb. Und es erweist sich schnell, dass das Elend, das auch ‚in jenem Roman‘ thematisiert wurde, in seiner fotografierten Form anziehend, also photogen ist. So gewinnt Marcela bei diesem Fotowettbewerb eine Reise nach New York, was sie selbst kaum glauben kann. Ihre Freundin schenkt ihr daraufhin zum Abschied einen Hut von Anaïs Nin, die insbesondere mit ihren erotischen Darstellungen ganz zweifellos zu den literarischen Vorbildern der Autorin Zoé Valdés gehört.

Unsere Protagonistin von *Café Nostalgia* ist sehr erregt, als sie über die Brooklyn Bridge – seit José Martís großem Essay über die Brücke ein Muss für alle Kubanerinnen und Kubaner – nach New York kommt und zum ersten Mal die Twin Towers des World Trade Centers und das Empire State Building erblickt.[39] Sie fühlt sich, wie es heißt, wie in einem Film über Juden. Dieser kleine Schlenker verweist darauf, dass sich das kubanische Exil sehr häufig mit der Situation der Juden, des Umhergetrieben-Seins in der Diaspora, vergleicht und daraus seine Schlüsse zieht.[40]

---

38 Ebda., S. 32.
39 Ebda., S. 34.
40 Vgl. bereits die Eingangsszene von Pérez Firmat, Gustavo: *The Cuban Condition. Translation and identity in modern Cuban literature.* Cambridge: Cambridge University Press 1989.

All dies kann aber nicht verhindern, dass sie eine starke Sehnsucht überkommt, sich im Kreis ihrer Freunde im kubanischen Exil wieder einmal auf die Mauer des Malecón in Havanna setzen und aufs Meer hinausstarren zu können. Natürlich erscheinen sofort alle Ingredienzien der etwas stereotypen kubanischen New York-Sicht. Der große kubanische Schriftsteller Reinaldo Arenas[41] wohnt gleich um die Ecke, überall sind Homosexuellenbars: Durch die offizielle inselkubanische Parteizeitung *Granma* ist die Protagonistin vorgeprägt und hat eine immense Angst davor, sich im Sündenbabel von New York mit Aids anzustecken.

Dabei tritt bereits in dieser Phase der Geschichte der Anrufbeantworter mit seinen auf ihm enthaltenen, kurzfristig gespeicherten Stimmen als äußerst wichtiges Kommunikationsinstrument, als Verbindung mit der Außenwelt, immer wieder in den Vordergrund. Er wird zu einer der wichtigsten Kommunikationsinstanzen der Protagonistin im Roman. So hören wir auch zum ersten Mal von einem Mister Sullivan, der sich entschlossen habe, der Protagonistin die Pforten zum Erfolg als Photographin zu öffnen. Und diesem Sullivan gelingt es, aus der unbedarften Marcela eine wirkliche Photographin zu machen, mithin eine Künstlerin, die sich mimetisch mit der Abbildung und Darstellung von Wirklichkeit auseinandersetzt.

Vor diesem Hintergrund ist es nur eine Frage der Zeit, bis die junge Marcela Roch – ein Name, der laut Sullivan für eine große Künstlerin allerdings nicht passend sei – zur gesuchten Starphotographin wird.[42] Dies erlaubt der Erzählerin, darauf hinzuweisen, dass die größten Linsenkünstler wie etwa der für kubanische Augen unverzichtbare Néstor Almendros – aber auch viele andere – unscheinbare Namen tragen. Aufschlussreich ist übrigens dabei, dass der Tod eine nicht geringe Rolle beim Aufstieg Marcelas zur Starphotographin spielt. Denn erst die tödliche Erkrankung eines anderen Starphotographen eröffnet ihr die Chance, von Sullivan nach Paris geschickt zu werden, um dort völlig neuartige Bilder zu machen. Sullivan setzt sich zunächst vor allem deshalb für sie ein, weil Marcela seiner verstorbenen Tochter sehr stark ähnele. Der Tod ist stets ein Bestandteil des Lebens; eine Frage, die schon einen Jorge Semprún in seinem literarischen Gesamtwerk beständig umtrieb.[43]

Als rasch berühmt gewordene Photographin gelangt Marcela nun in die unzugänglichsten Salons des „tout Paris", reist aber auch zwischen den verschiedensten europäischen Hauptstädten hin und her. Sie porträtiert nun das

---

41 Vgl. Ette, Ottmar (Hg.): *La escritura de la memoria. Reinaldo Arenas: Textos, estudios y documentación*. Zweite Auflage: Frankfurt am Main – Madrid: Vervuert – Iberoamericana 1996.
42 Valdés, Zoé: *Café Nostalgia*, S. 45.
43 Vgl. zu dieser Thematik den sechsten Band der Reihe „Aula" in Ette, Ottmar: *Geburt leben Sterben Tod* (2022), S. 340 ff.

Snobistischste, was es der Erzählerin zufolge an diesem Fin de siècle, an diesem Ende des 20. Jahrhunderts gab: Die Telefonliste lässt kaum eine Berühmtheit der „pobres célebres" aus, der armen Berühmten dieser Welt. Was der Autorin Zoé Valdés die Gelegenheit gibt, in ihren eigenen Begegnungsarchiven zu kramen und einige Figuren Revue passieren zu lassen. Viel steckt in den Passagen von der Sehnsucht der eingeschlossenen Kubaner, auch selber endlich direkten Zugang zu jener ihnen verschlossenen Welt der großen Namen von Paris zu erhalten.

Doch trotz alledem fällt Marcela nach ihrem kometenhaften Aufstieg in ein tiefes Loch, in ein Koma und fühlt sich nicht mehr in der Lage, ihre Arbeit als Photographin fortzuführen. Dabei werden auch in diesen Szenen kaum Möglichkeiten ausgelassen, auf Elemente von Marcel Prouts *À la recherche du temps perdu* bisweilen kreativ, bisweilen räuberisch zurückzugreifen. Daher verändert sich die junge Kubanerin Marcela wieder. Ihr Leben als Photographin bleibt hinter ihr zurück: Sie verändert und verwandelt sich in einer Welt, in der jeder, und wäre er auch ein Star, binnen kürzester Zeit ersetzt werden kann. All dies wird nach erfolgreicher Rezeptur gewürzt mit allerlei „historias sentimentales", mit allen möglichen Liebesgeschichten sowohl mit Nicht-Kubanern – darunter natürlich gerne Franzosen – als auch mit Kubanern von „Aquella Isla". Kubaner müssen es schon allein deswegen sein, weil es in jeder Kultur unersetzliche Codes gebe, wie uns die Erzählerin anvertraut.[44]

Sie sehen: Der Roman ist übervoll mit ständigen Vektorisierungen, unaufhörlichen Bewegungen zwischen verschiedenen Orten, verschiedenen Berufen, verschiedenen Liebhabern, die ihrerseits immer wieder reisen, verschwinden, wieder auftauchen. Einen Ruhepunkt – wenn man so sagen kann – bildet für die Protagonistin dann nur die ausgedehnte Lektüre von Marcel Proust,[45] den sie nun nach einem spanischsprachigen Vorspiel endlich im französischen Original zu lesen beschließt. Denn zuvor hatte Marcela schon eine Proust-Ausgabe in der Hand gehabt, die natürlich von keinem Geringeren als Virgilio Piñera, einem der großen Vertreter kubanischer Theater und Erzählkunst,[46] mit kritischen Anmerkungen versehen worden war. Die expliziten intertextuellen Bezüge proliferieren in diesem kubanischen Roman fürwahr unaufhörlich.

Die heftige Lektüre von Marcel Prousts *Auf der Suche nach der verlorenen Zeit* mit den fiebrigen Anmerkungen Virgilio Piñeras bringt es mit sich, dass Marcela Fieber bekommt: Selbstverständlich springt die Krankheit als Thema von Proust und seinem Roman auf die Ich-Erzählerin und auch den Roman über, den wir in

---

44 Valdés, Zoé: *Café Nostalgia*, S. 59.
45 Ebda., S. 62.
46 Vgl. zum kubanischen Theaterautor Virgilio Piñera den sechsten Band der Reihe „Aula" in Ette, Ottmar: *Geburt Leben Sterben Tod* (2022), S. 1000 ff.

Händen halten. Marcela kommt ins Krankenhaus: Während der zwei Monate beständiger Lektüre nimmt sie keinerlei feste Nahrung auf, sondern nur russischen Tee in kleinen Schlückchen. Weitere Krankheiten schließen sich bei einer derartigen Diät natürlich an.

Kaum etwas an intertextuellen Bezügen wird ausgelassen, und natürlich leitet all dies auch über zu einer Suche nach der eigenen verlorenen Zeit, der eigenen Kindheit im fernen Havanna. Während der sich nun anschließenden dritten Proust-Lektüre kann die Erzählerin immer wieder auf die Seine hinausblicken, die gleichsam die vorübergehende Zeit in ihrem beständigen Fluss symbolisiert, ohne dass hinter Paris Havanna aus ihrem Denken verschwände. Die verschiedenen Zeiten und Orte überlagern sich, wie wir es schon bei José F.A. Oliver oder bei Melinda Nadj Abonji gesehen hatten: Es gibt beständig Orte unter den Orten, Worte unter den Worten. Und so endet dieses erste, dem Geruchssinn gewidmete Kapitel, mit einer Passage, die ich Ihnen gerne vorführen möchte:

> Nichts da, ich begann mit der Lektüre und kam von den Seiten zur Ekstase, warf ständig durchs Fenster einen Blick auf das Viertel: Draußen ähnelten die gekräuselten Wasser des Flusses dem flaschengrünen Zuckerrohrsaft; der zähe, langsame Abfluss der Wassermenge markierte mit seinem Takt den Rhythmus meiner Lektüre. Mit von der Nostalgie tränennassen Augen, der Sehnsucht nach den Treffen der Jugendlichen mit der Literatur, und das Wenigste, was ich tun konnte, war eine schweigsame Ehrung für mein Havanna. Es gibt Werke, die einen augenblicklich bewegen, und andere, die wie dieses niemals damit aufhören, mich zu erregen; und nicht wegen ihres Inhalts, sondern weil sie beim Wiederlesen meine unerforschte Unschuld zurückbringen, jene Tage, an denen ich furchtlos auf meine künftige Reife vertraute und mich mir kerzengerade vorstellte, sicher, stabil, wie eine felsenfeste Figur aus einem sublimen Film der *Nouvelle Vague*. Hingegen besteht mein Problem darin, dass ich mich an der Traurigkeit labe und mich an melancholischen Zuständen heftigst erfreue.[47]

In dieser Passage fallen zwei Schlüsselbegriffe des Romans, die ich mir mit Ihnen ein wenig näher ansehen möchte. Einerseits ist es der Begriff der Nostalgie und damit eng verbunden die Dimension der Zeitreise, der Reise zurück in die Kindheit, parallel zu Prousts *Recherche*. Der Blick aus dem Fenster auf die Seine hatte den französischen Fluss schlechthin in eine flaschenglasgrüne Flüssigkeit aus Zuckerrohrsaft, aus „Guarapo", verwandelt und damit das andere Land, jene Insel, aber auch die eigene Kindheit miteingespielt. Die Nostalgie macht ständige Bewegungen in Raum und Zeit notwendig, welche im Übrigen im weiteren Verlauf des Romans auch auf ‚Jene Insel' selbst zurückführen. Doch das werden wir in diesem *Café Nostalgie* noch sehen.

---

47 Valdés, Zoé: *Café Nostalgia*, S. 65.

Zum anderen findet sich am Ausgang dieser Passage der Begriff der Melancholie und damit jenes historische Zeitphänomen,[48] ‚das nicht nur die Franzosen des Fin de siècle zum 19. Jahrhundert im Bannkreis von Bernardin de Saint-Pierre oder Chateaubriand erfasste, sondern das eine lange Tradition seit der griechisch-römischen Antike besitzt; eine Tradition, auf welche ich in einer anderen Vorlesung ausführlicher einging. Gemäß dieser Tradition beinhaltet die Melancholie eine körperliche Veranlagung mit nicht selten tödlichem Ausgang, wobei die zentral beteiligten Organe Galle und Milz, letzteres auf Englisch „spleen", sind. Ihr Wirken stellt die Melancholie in das Zeichen der schwarzen Sonne,[49] wie sie in der abendländischen Kunst – etwa von Albrecht Dürer – so oft dargestellt wurde.

Melancholie und Nostalgie umreißen Grundpositionen der Exilierten, der aus ihrer ursprünglichen Heimat La Habana Vertriebenen. Gerade auf Grund der Melancholie muss Marcela immer wieder ihre Bewegungen unterbrechen und sich in medizinische Pflege begeben, welche freilich gegen den Grund der Melancholie nicht aufkommen kann. Auch diese Tatsache gehört zur Vektorisierung des Schreibens mit dazu. Dabei sind Nostalgie und Melancholie als große Themen der Literatur selbstverständlich mit einer Vielzahl von Zitaten, Anspielungen und Verweisen garniert, eine Intertextualisierung der eigenen Schrift, die sich in diesem Ausmaße und in dieser Potenzierung selbst in der kubanischen Literatur nicht allzu häufig findet. *Café Nostalgia* setzt voll und ganz auf Intertextualität: Dort, wo die Erzählung bisweilen abzugleiten droht, verweisen intertextuelle Bezüge auf eine höhere Ebene, die von den Bezugstexten eingebracht wird.

Im zweiten Kapitel von Zoé Valdés' Roman, das mit einem Verweis auf den Anfangssatz von Marcel Prousts *À la recherche du temps perdu* beginnt, wird sozusagen die „histoire sentimentale" und die „histoire sexuelle" der Protagonistin eingeblendet und ihre Leidenschaft, einem verheirateten *Lover* ihrer in Entstehung begriffenen Reize lange, erotisch aufgeladene Liebesbriefe zu schreiben. Die Briefe und damit das Schreiben treten gleichsam an die Stelle der Liebe, teilweise auch des Lebens selbst; alles wird mit dem *amabam amare* verknüpft, das im abendländischen Liebesdiskurs eine so große Bedeutung besitzt.

Zugleich haben diese Liebesbriefe, wie man später erfährt, ein längeres nachleben, ja sie können eine tödliche Wirkung entfalten, wird dieser verheiratete Liebhaber doch von seiner Frau angezündet, als diese in den Besitz der Liebesbriefe Marcelas gelangt. Auf die spezifisch kubanische Eigenheit, eheli-

---

48 Vgl. zur Melancholie den vierten Band der Reihe „Aula" in Ette, Ottmar: *Romantik zwischen zwei Welten* (2021), S. 177 ff.

49 Vgl. zu dieser schwarzen Sonne Kristeva, Julia: *Soleil noir. Dépression et mélancolie*. Paris: Gallimard 1987.

che Treulosigkeit des Mannes durch sein ‚Abfackeln' zu sühnen, kann ich an dieser Stelle nicht eingehen; doch gehört dies zum kubanischen Lokalkolorit und wird unter anderem auch vom *Buena Vista Social Club* besungen. Die einundzwanzig erotischen Briefe, die Marcela ihrem Liebesbrief-Partner zuwarf, als er mit seinem Sohn an der Hand unter ihrem Balkon durchspazierte, werden später auf Marcela zurückfallen, zumal der Sohn an seiner Hand lange Jahre danach zu ihrem Liebhaber im Exil avancieren wird. Die Szene des von seiner Frau während seiner Siesta in Brand gesteckten Ehemanns wird Marcela verständlicherweise quer durch den gesamten Roman verfolgen und gibt uns einen Eindruck davon, wie stark die kubanische Autorin die Seite ihrer „historias sentimentales" ausarbeitete.

Beim Gang durch die Stadt erscheinen immer wieder Bekannte und Freunde und Freundinnen, die sich früher oder später alle im Exil wiederfinden werden. Grob geschätzt leben heute deutlich mehr als zehn Prozent der kubanischen Bevölkerung außerhalb der Grenzen ihrer Heimatinsel. Das Exil ist daher omnipräsent. Der Roman entfaltet quer zu den unterschiedlichen Beziehungsgeschichten gleichsam eine Serie unabschließbarer Fluchtgeschichten von Menschen, die sich auf Kuba nicht an ihrem Ort fühlen oder ins Exil gestoßen werden, aber an anderen Orten immer wieder geradezu obsessiv von Havanna und der Insel Kuba sprechen.

Vor diesem Hintergrund werden Abschiedsszenen melodramatisch und herzzerreißend, weil die sich Verabschiedenden nicht wissen, wo, wann und ob sie sich jemals wiedersehen können – auch wenn man sich stets verspricht, sich auf jeden Fall wiederzusehen.[50] Spaziergänge durch Alt-Havanna werden zu Spaziergängen durch Ruinen, durch eine verfallende Geschichte, von dem verfallenen Haus, in dem der Baron von Humboldt lebte – und wir wissen heute erstens, dass dies nicht sein tatsächliches Haus war, und zweitens, dass man es restaurierte, um darin in einer neu entstandenen *Casa Humboldt* unser bilaterales Humboldt-Projekt in Havanna unterzubringen –, bis zum Geburtshaus José Martís, wo man sich die vergrößernden Fotokopien seiner Handschrift anschauen und sich vor Augen halten kann, welch marginaler urbanen Gesellschaftsschicht der kubanische Nationalheld entstammte. Im Roman wird diesem Geburtshaus etwas Mysteriöses zugeschrieben; und so geht die Protagonistin gemeinsam mit Freundinnen und Freunden des Öfteren dorthin, um dieses Mysterium zu erleben. Fotos von diesen Spaziergängen entstehen. Alle werden sich mit Hilfe dieser Fotos später an das gemeinsame Leben und Erle-

---

50 Valdés, Zoé: *Café Nostalgia*, S. 108.

ben Havannas erinnern: Ein Bild von uns, damit wir nicht vergessen, dass wir einmal jung gewesen waren.[51] Melancholie und Nostalgie sind allgegenwärtig.

Das dritte Kapitel, das dem Hörsinn gewidmet ist, beginnt mit einem Besuch der Protagonistin in Havanna, wohin sie von Paris aus mit Cubana de Aviación – natürlich mit unsäglicher Verspätung – geflogen ist. Schon vor ihrer Ankunft in ihrer karibischen Geburtsstadt stehen im Grunde die Erfahrungen der Ich-Erzählerin Marcela von Anfang an fest:

> Als ich aus dieser Art von Niemandsland, aus dieser wegen der von ihr ausgelösten psychischen Schäden so furchterregenden Grenze wieder herauskam und auf das weiche Pflaster trat, atmete ich mein Land mit vollen Lungen ein. Christus, alles roch nach Kindheit, nach Freunden! Ich hatte keine Zeit für viel mehr, augenblicklich steckte man uns in einen Bus [...]. Ich weinte lange vor meinem Haus, danach besuchte ich die Wohnorte meiner weggegangenen Freundschaften. Den Taxifahrer bat ich, einige Minuten gegenüber der Cabaña anzuhalten, wo Monguy als Gefangener verendete.
>
> Ich war zurückgekommen, aber auch nicht, insofern ich nichts erzählen konnte, weil ich nichts vorgefunden hatte außer Elend, Bitterkeit und allenthalben Abwesenheit. Obwohl auf dem einen oder anderen Patio die Leute auf einen Son im Batá-Rhythmus tanzten und die Mädchen, die sich am Rande des Malecón prostituierten, gesund und gutgelaunt aussahen, so roch es doch überall nach Unleidlichkeit. Und schließlich swar da das Leben, und dieses hatte man wie auch immer zu leben, bravourös. Am nächsten Morgen schon musste ich aufbrechen.[52]

In solchen Passagen verwandelt sich *Café Nostalgia* in eine Demonstration migratorischen Lebenswissens, das stets dem Vergangenen, dem für immer Verlorenen, nachhängt. Der Besuch in der Heimat, in jenem Havanna, in dem Marcela aufgewachsen ist, wird für die junge Frau zu einer einzigen Enttäuschung. Denn die Migrantin war *da*, kehrte für wenige Tage in ihre Heimat zurück, und zugleich war sie doch nicht *da*gewesen.

La Habana ist noch immer an der Stelle, an der die Stadt einst gegründet wurde. Es gibt die Orte noch, aber die Zeit hat sie geleert, hat sie entleert. Andere Menschen haben diese Orte nun in Besitz genommen, beleben sie vorübergehend, hinterlassen hier ihre Erlebnisse und ihre Erinnerungen; das Leben ist weitergegangen und öffnet sich auf neue Bewegungen, weitere Migrationen, neue Fluchtwege, die sich im Grunde schon abzeichnen. Man muss das Leben leben, so wie sich das Leben uns aufdrängt; man kann nur bravourös dagegenhalten – das Leben leben, nichts weiter!

Die junge Reisende, die für kurze Zeit nach La Habana ‚zurückkehrt‘, ist zutiefst verunsichert. Allein die räumliche Verlagerung zurück zu den Ursprüngen

---

51 Ebda., S. 111.
52 Ebda., S. 117.

hilft nicht, um dem ‚Café Nostalgie' zu entrinnen, im Gegenteil: Alles wirkt wie entvölkert oder aber von anderen, ihr unbekannten Menschen bevölkert. Es gibt keine Rückkehr aus der Migration, scheint uns diese Passage über das Leben, über das zu lebende Leben, zu sagen: Es gibt kein Zurück.

Marcelas erworbenes Lebenswissen betont die Notwendigkeit, das Leben zu leben in jedem einzelnen Augenblick; ein Lebenswissen, das zugegebenermaßen zunächst etwas banal wirkt. Und zugleich doch auch hart für die Erzählerin ist. Am Ende wird man ihr am Flughafen unter einem Vorwand alle Filme abnehmen; und so steigt sie schließlich ins Flugzeug mit dem Gefühl, nie dort, nie in ihrer Geburtsstadt gewesen zu sein.[53]

Eine kubanische Freundin Marcelas bringt all diese Erfahrungen wenig später auf den Punkt: Wir sind typische Inselbewohner; sind wir erst einmal weg von der Insel, bleibt uns nur die ständige Erinnerung daran.[54] Sorgsam werden alle Bewegungen von und nach der Insel registriert: Wer ist gerade weggegangen, wer hat die Insel für immer verlassen, welche „Balseros" sind vor kurzem in Miami angekommen, wer hat sich soeben wieder verheiratet, wer ist ins Gefängnis gekommen? All dies verrät der ominöse Anrufbeantworter als eine Art akustischer Kamera, die mit ihrer lautlichen Linse einfängt, was zufällig und doch bedeutungsvoll ist.

Allerdings gilt auch: Die Leute mögen ins Exil gehen, aber ihre Schatten bleiben doch immer zurück.[55] Daran könne keine Regierung etwas ändern; und so ist das Inselreich trotz aller Anstrengungen der Regierung, hieran etwas zu ändern, letztlich – wie wir hinzufügen könnten – doch immer ein Schattenreich: ein Reich von Schatten, die sich noch immer bewegen und die unaufhörlich miteinander sprechen und kommunizieren. Exil und Insel sind nicht voneinander zu trennen, nicht voneinander zu lösen: ‚Jene Insel', „Aquella Isla", so unerreichbar sie auch immer für einen jeden sein mag, ist doch zu einem Teil des Lebens aller Exilierten geworden.

Nach der Rückkehr aus Havanna beschließt Marcela gleichsam ihr Leben als Photographin. Sie wird nun Kosmetikerin; ein Arbeiten an einer Ordnung und an einer Schönheit, die im griechischen Begriff *Kosmos* selbst schon steckt. Dabei sorgt sie für die Oberfläche, die Visualisierung insbesondere von Politikern, die sie für Fernsehinterviews herrichtet. In diesem Zusammenhang geht es vor allem darum, ausdrucksvolle Gesichter hinzuzaubern und heraus zu prä-

---

53 Ebda., S. 118.
54 Ebda., S. 126.
55 Ebda., S. 177.

parieren für eine Mediengesellschaft, für deren glänzende Oberfläche gleichsam mobile Marionetten hergestellt werden müssen.[56]

Zoé Valdés stattet ihre Protagonistin mit wirklich sensationellen Fähigkeiten aus: Rasch ist Marcela zu einer gesuchten Kosmetikerin für das Fernsehen
geworden. Natürlich dürfen Anspielungen auf Le Pen, aber auch auf Politiker
insgesamt als korrupte und schauspielernde Kaste nicht fehlen. Bisweilen können sich die Politiker nach ihrer kosmetischen Behandlung nicht einmal selbst
mehr erkennen.[57] Und sie wissen, in welchem Maße sie ihren neuen Look ihrer
aus Kuba stammenden Kosmetikerin verdanken.

Nach der Beschreibung von Marcelas neuer Kunst folgt eine eher klischeehaft referierte Darstellung eines Fernsehgesprächs oder Fernsehinterviews,
wobei nun zunehmend auch verschiedene Traumsequenzen in die unterschiedlichen Darstellungen unvermittelt eingeblendet werden. Als Marcela aus ihrem
Traum mit zahlreichen kubanischen Sequenzen aufwacht, hat der Politiker längst
seine Fernsehansprache beendet. Doch eine wirkliche Ordnung ist kosmetisch
nicht wiederherzustellen: Alle Freunde sind über den ganzen Planeten verstreut.
Sie bilden die Knotenpunkte eines weltweiten kubanischen Kommunikationsnetz-
werks, das in ständigem Austausch steht. Andere Freunde – wie der erwähnte
einsitzende Monguy – wollten von der Insel mit Hilfe eines Schwimmreifens fliehen und wurden gefangengesetzt. Doch all diese Umstände führen dazu, dass sie
auf nichts mehr Lust habe,[58] ja selbst die Lust am Leben verliere. Man könnte
dies als eine Beschreibung nicht nur der Transterritorialität und mehr noch einer
migratorischen Transarealität, sondern vor allem einer dadurch ausgelösten fundamentalen Melancholie verstehen, die sich hinter all der Nostalgie der Protagonistin verbirgt.

So beschließt Marcela – während die Lektüre von Prousts *Auf der Suche nach
der verlorenen Zeit* im Hintergrund immer weitergeht –, erneut ihren Beruf und
zugleich auch ihre Wohnung zu wechseln und möglichst mit Kubanern zusammenzuleben. Jetzt erst tritt der bereits zu Beginn erwähnte Kubaner Samuel auf,
in den sich die Erzählerin verlieben und der sich als der Sohn ihres früheren
Liebhabers, der von seiner Frau verbrannt wurde, herausstellen wird. Die Dinge
verkomplizieren sich also – im Übrigen auch schreibtechnisch: Denn nun wird
ein Drehbuch mit kurzen Filmszenen aus Kuba eingebaut, in dem wiederum Figuren Gestalt annehmen, die wir aus unserer Erzählung bereits kennen. Doch
können wir all diese Details in unserer Vorlesung nicht weiterverfolgen.

---

56 Ebda., S. 119.
57 Ebda., S. 183.
58 Ebda., S. 194.

Im fünften, dem Gesichtssinn gewidmeten Kapitel von *Café Nostalgia* gibt es eine hübsche Szene, welche die Formen des Zusammenlebens und des Kontakts zwischen Kubanern und Franzosen beleuchtet und damit ein Licht auf die multi-, inter- und transkulturellen Beziehungen wirft, welche diese Konvivenz oder besser Koexistenz charakterisieren:

> Die Mischung von Franzosen und Kubanern stellte eine extravagante Delikatesse dar. Bei den Ersteren handelte es sich fast immer um Personen, die nach Jener Insel gereist und gänzlich kandiert, über beide Ohren in sie verliebt, zurückgekehrt waren und sich wieder zuhause in Frankreich nach der Insel verzehrten. Auch schwärmten sie davon, dass sie allein in ihrer Eigenschaft als Anthropologen da waren, um die Beziehungen zwischen einer Gruppe von Exilierten zu studieren, die wie wild darum kämpften, ihre Wurzeln auf dem weiten gallischen Boden nicht zu verlieren. Die Dritten bildeten eine Art karibischen Eintopfs aus alledem, die ‚Bleibenwirmalenden‘, jene, die von dort mit einer Erlaubnis für mehrere Monate herauskamen und sich langsam hier niederließen, wobei sie sich dumm stellten und kein Asyl beantragten, Arbeitsverträge erhielten, so dass ihnen auf diese Weise die Flucht gelang; der Volksmund hatte sie auch als ‚Würmossen‘ getauft, weil sie weder Würmer noch Genossen waren. Daneben gab es noch uns Verheiratete [...]. Da gab es die Asylierten, die nicht so zahlreich waren, was der Schwierigkeit Jener-Insel-Bewohner geschuldet war, diesen Status überhaupt zu erhalten. Und die Letzten, die sich, wie ich zuvor schon anmerkte, kaum aus dem Flieger geschlüpft als Intimfreunde von Franzosen ausgaben und, ohne sich auch nur den Staub des Weges abzuklopfen, direkt zur großen Party kamen. Die ganz frisch Angekommenen, denen noch nicht völlig klar war, gegen welche Schneelawinen sie ihre Schicksale richten mussten.[59]

Wir sehen in dieser Passage den ironischen Versuch der Ich-Erzählerin, wie in einem anthropologischen Querschnitt die verschiedenen Typen kubanischen Exils darzustellen und die unterschiedlichen Arten und Weisen zu charakterisieren, wie man sich als Kubaner im (französischen) Exil zu behaupten vermag. Dieses Porträt versucht, einen analytischen Schnitt durch die verschiedenen Bestandteile der kubanischen Diaspora zu ziehen, und zwar von den politisch Verfolgten des Exils bis zu den aus unterschiedlichen Gründen zeitweise oder auf Dauer im Exil oder auch nur außerhalb Kubas lebenden Kubanern, die sich – so scheint es hier, aber auch an anderen Stellen des Romans – kaum wirklich auf intensive Weise mit den Franzosen oder Kubabegeisterten auseinandersetzen, was auch vice versa der Fall war.

Die Begrifflichkeiten dieser Passage stammen überwiegend von der Insel. Als „Gusanos", als ‚Würmer‘ wurden von der Kubanischen Revolution all jene bezeichnet, die der Insel und der Revolution den Rücken kehrten. Brachten sie später Devisen aus dem Ausland mit, entpuppten sich diese Würmer später als Schmetterlinge, als „Mariposas" – und waren hochwillkommen. Die „Compañe-

---

59 Ebda., S. 254 f.

ros" sind die Genossen, die treu zur Kubanischen Revolution stehen; als „Gusañeros" bezeichnete man all jene, die zur Revolution hielten und gleichzeitig in der Diaspora lebten. Ich habe versucht, dies mit dem Begriff ‚Würmossen' zu übersetzen. Dies sei lediglich zur Erläuterung des obigen Zitats hinzugefügt!

Im Grunde zeigt diese herbeizitierte Szenerie – gerade auch jene der vorgeblichen Anthropologen, für welche die Kubaner in Paris nur kuriose Untersuchungsgegenstände sind – eine eher berührungslos nebeneinander her lebende multikulturelle Welt, die zufällig zusammengewürfelt doch nur immer nach Jener Insel sucht und von Jener Insel geprägt ist, ja magisch angezogen wird, von der man sich gerade erst getrennt hat. Diese diasporische Gruppe versucht, durch Ratespiele ihre Erinnerungen an Havanna aufzufrischen und lebendig zu halten; eine hübsche Szene migratorischen Verlustwissens und translokalisierter Rätselspiele, die stets nach „Aquella Isla" weisen.

Natürlich gehen auch diese Passagen nicht ohne zahlreiche intertextuelle Verweise ab: Nicht umsonst werden die Orte von Julio Cortázars Roman *Rayuela* besucht, denn im Grunde zeichnet sich dieser zwischen Paris und Buenos Aires pendelnde transareale Roman ähnlich wie Zoé Valdés' *Café Nostalgia* durch ein ständiges Hüpfen zwischen beiden Welten aus. Es geht weniger um eine kontinuierliche Relationalität als um ein diskontinuierliches Hüpfen, das letztlich immer wieder eine binäre Opposition von Drinnen und Draußen, von Hüben und Drüben, von Insel und Festland, von Gut und Böse erscheinen lässt und weniger eine Vernetzungsstruktur als ein Oszillieren zwischen Jener Insel und dem *Café Nostalgie* in Szene setzt.

Das letzte Kapitel des Romans steht unter der Überschrift „A mi único deseo"; eine direkte Übersetzung des Mottos der berühmten *Dame à la Licorne* in Paris, also „A mon unique désir". In diesem Kontext taucht nicht nur die Möglichkeit einer Rückkehr zur Photographie, sondern auch eine mögliche Ersatzinsel auf, Tenerife, die auch sprachlich eine Logosphäre entstehen lässt, welche die Erzählerin an Santiago de Cuba erinnert. Gleich am Flughafen wird sie von kubanischen Freunden abgeholt, die sofort von einem kubanischen Netzwerk auf der Insel erzählen, von Freunden, die an unterschiedlichen Punkten der Insel arbeiten und leben. „Aquella Isla" hat ihr Gegenstück auf den Kanaren gefunden, wo sich in der Tat viele Kubanerinnen und Kubaner, darunter auch berühmte Schriftstellerinnen und Schriftsteller, niedergelassen haben.

Marcela bittet ihre Freunde jedoch, dieses Mal ausnahmsweise nicht von Jener Insel zu sprechen: Sie wolle diese andere Insel ganz einfach genießen. Doch die vielen kubanischen Erinnerungen lassen sich nicht unterdrücken; Marcela weint nicht nur, sondern muss ihren Freunden auch ihre überwältigende Einsamkeit gestehen. Auf der touristischen Kanareninsel sind jene Menschen, die sich auf dem Photo ihrer Jugend in Havanna gemeinsam ablichten ließen, wieder vereint: Jahre später und an einem anderen Ort, einer anderen Insel. Dreizehn Jahre sind vergangen, wie wir später erfahren. Das Motiv der Proust'schen Suche nach der verlorenen Zeit wird nun allgegenwärtig.

Als Marcela das Schloss ihres Appartements in Paris aber wieder hört, ergreift sie sogleich die Angst, diesen entfernten Ort in der Welt nicht wieder für sich rekuperieren zu können.[60] Eine Suche nach dem Ort, wo wir uns alle wieder vereinigen könnten, scheint doch in weite Ferne gerückt. Die Vervielfachung der individuellen Eindrücke wird dabei durch zahlreiche Briefe bewerkstelligt, die bei der Ich-Erzählerin eingehen und die in Auszügen gleichsam wie die Zeugnisse einer geheimen Flaschenpost abgedruckt werden. Die Relationalität ist die der weltweiten „Conexiones" außerhalb der Insel.

Die soeben erst aus Kuba Angekommenen und gleich wieder Zurückreisenden erzählen Geschichten von der Insel, hinterlassen Briefe an Freunde in der Diaspora sowie ihre Stimmen auf Anrufbeantwortern, ein kakophones Stimmengewirr, das bei genauerem Zuhören letztlich doch recht einstimmig wirkt. Denn es handelt sich um Obsessionen des Exils und der Diaspora, aus deren Perspektive die Insel erscheint.

Somit beendet Zoé Valdés' Roman nicht nur die letztlich lediglich aufgeschobene Liebesvereinigung von Marcela und Samuel, sondern auch die mittenhinein in diese Liebesszene quatschende Stimme eines kubanischen Freundes namens Andro, der seine Stimme in typisch kubanischer Tonlage auf dem Anrufbeantworter hinterlässt. Diese Stimme schlägt zugleich das Thema von *Café Nostalgia* an und singt es als ein Lied auf den A.B.. Denn die Zukunft, so heißt es dort, lässt sich nicht einfach prophezeien oder voraussehen.

Auf diese Weise endet der auf Paris im Juni 1997 datierte Roman mit einer Botschaft auf einem Anrufbeantworter und mit einer Hommage an jenes Café Nostalgia, das bereits in der Widmung des Romans erschien: unter anderem „A Pepe Horta y su Café Nostalgia". Dabei handelt es sich um eine Widmung, welche die zum Teil namentlich genannten Freunde, die über die Welt verstreut sind, ebenfalls miteinschließt. Dadurch wird *Café Nostalgia* zu einem Zeugnis jener Zerrissenheit der über zwei Millionen außerhalb Kubas lebenden Kubanerinnen und Kubaner, die stellvertretend für die Migrationen anderer gesellschaftlicher, ethnischer Gruppen und Individuen letztlich auch in hohem Maße eine Literatur vorführen, die längst über keinen festen Wohnsitz mehr verfügt. Das Lebenswissen dieser Migrantinnen und Migranten ist dabei noch immer stark an ihrer Heimatinsel ausgerichtet und folglich radikal translokalisiert.

---

60 Ebda., S. 311.

Daher ist im Zitat des Anrufbeantworters auch evom Übergang von einem festen Ort, einer Buchhandlung, zu einem Ort des Treffens, zu einem „Encuentro", die Rede. Zum Zeitpunkt des Erscheinens dieses Romans hießt die wichtigste kubanische Zeitschrift justament *Encuentro*; eine Zeitschrift, die vom am 2. Mai 2002 in Madrid verstorbenen Jesús Díaz gegründet wurde und den Versuch unternahm, die unterschiedlichsten Positionen und Ansichten im kubanischen Exil zusammenzuführen. Lassen Sie mich unsere Beschäftigung mit Kuba und der kubanischen Migration mit dem Romanende von *Café Nostalgia* abschließen:

> Ich denke daran, die Buchhandlung zu schließen und den Ort eines Treffpunktes zu eröffnen, wo die Sehnsucht nicht die permanente Geißelung, sondern einen Impuls darstellt, um die Freude einzufordern. Ich denke daran, eine Art Salon zu gründen, um die Agonie des Wartens zu besänftigen, einen Ort, wo man tanzt und singt und Spaß hat und liebt. Diesen Ort werde ich Café Nostalgie nennen. Allen schicken wir Küsschen vom „grünen Krokodil", erinnert Ihr Euch an das Gedicht von Nicolás Guillén? Mar, hast Du schon die Platte von Las D'Aida gehört, die ich Dir geschickt habe? Sag's mir singend, eins zwei drei, und mit Schmackes!:
> ‚Das Leben macht kapriziöse Sachen,
> die vorher man nie wissen kann ...'[61]

So endet dieser Roman über die kubanische Migration mit dem Verweis auf das Leben und ein Lebenswissen, welche niemals vorherzusehen seien. Die Prägung aller in der Diaspora, aller im Exil lebenden Kubanerinnen und Kubaner durch „Aquella Isla", durch Jene Insel, ist nicht aufzuheben, soll aber einem Orte überlassen bleiben, der nicht ein Ort der Selbstzerfleischung und der Geißelung sein will, sondern ein Ort der Lebensfreude, der Liebe und des Lebens. Der Freude an einem Leben, an dessen Windungen und Wendungen, wie sie die Musik, wie sie aber auch die Literatur Jener Insel zum Ausdruck zu bringen vermag.

---

61 Ebda., S. 361.

Migrationen transtropisch oder zwischen Karibik und Indischem Ozean

Wenn wir uns mit Fluchtbewegungen und Migrationen beschäftigen, so konzentrieren wir uns herkömmlicher Weise vor allem auf die *Räume* der Migration. Wir analysieren, woher die Migrantinnen und Migranten kamen, wir begutachten, wohin sie nach ihrer Flucht aus dem Heimatland gingen, um daraus Regelmäßigkeiten über künftig zu erwartende Migrationsströme ableiten zu können. Wir untersuchen ebenso die *Push*-Faktoren wie die *Pull*-Faktoren, um den jeweiligen Hintergründen für die Migrationsbewegungen genauer auf die Spur zu kommen. Doch über den Räumen der Migration vergessen wir nur allzu oft die *Zeiten* der Migration.

Ich will Ihnen an dieser Stelle eine kleine Einführung in die Zeit geben, wobei ich Sie gerne mit einem Erzähltext konfrontieren möchte, der mir dafür hervorragend geeignet erscheint: Im Blickpunkt des von Umberto Eco im Jahr 1994 veröffentlichten und in vierzig Kapitel untergliederten Romans *L'isola del giorno prima* steht – und der Titel kündigt es mit aller Deutlichkeit an – die Verbindung von Raum und Zeit. Es geht in diesem umfangreichen Romantext folglich um Zeit-Räume wie um Raum-Zeiten.

In seinem mit allen Ingredienzien der Literaturgeschichte des abendländischen Romans – von der Herausgeberfiktion in bester cervantinischer Manier bis zum borgesianisch verdichteten intertextuellen Brennspiegel von Bezügen zu anderen Romanen wie Romantheorien, von der Selbstreflexivität barocker Prosaformen bis zum ludischen Rückgriff auf unterschiedlichste Subgattungen wie den historischen Roman, den Bildungsroman, den Abenteuer- oder Liebesroman – ausgestatteten Werk entfaltete der italienische Zeichentheoretiker und Zeichenpraktiker[1] die im 17. Jahrhundert angesiedelte Geschichte des Roberto de la Grive. Dieser macht sich in Ecos mit einer Vielzahl von Fakten angereicherten Fiktion in französischem Auftrag wider Willen auf die Suche nach dem von allen europäischen Kolonialmächten fieberhaft verfolgten „punto fijo" der Längenbestimmung. Was aber ist unter diesem ominösen Punkt zu verstehen?

Als mit dem ersten im modernen Sinne *globalen* Projekt des Europäers Columbus alias Colombo alias Colón der Weg nach Osten, zu den Reichtümern Asiens, über den Weg nach Westen gesucht, aber der Kontinent Amerika gefun-

---

1 Vgl. zur theoretischen Arbeit Umberto Ecos die entsprechenden Ausführungen im dritten Band der Reihe „Aula" in Ette, Ottmar: *Von den historischen Avantgarden bis nach der Postmoderne* (2021), S. 690 ff.

den wurde, begannen die seefahrenden europäischen Mächte, von der zur ‚Alten' gewordenen Welt aus ihre Kartennetze über die Erdkugel zu werfen.[2] Mit Blick auf diese rasanten Entwicklungen, die am Ausgang des 15. und in der ersten Hälfte des 16. Jahrhunderts die erste Phase beschleunigter Globalisierung beherrschten und bei vielen Zeitgenossen ein neues Zeit- und Raumgefühl hervorbrachten, ließe sich formulieren, dass neben die Erfindung der Zentralperspektive in der Malerei[3] eine nicht weniger kunstvolle (und ebenfalls arabische Einflüsse weiterführende) Erfindung trat: die Zentrierung der Welt entlang und mit Hilfe der Äquatoriallinie. Das für uns noch immer gegenwärtige abendländische Bild von unserer Erde entstand; ein Bild, das gleichsam zu unserer zweiten Natur geworden ist.

Die berühmte Weltkarte von Juan de la Cosa entwarf bereits im Jahr 1500 nicht allein ein erstaunlich präzises Bild der heute als Karibik bezeichneten Inselwelt im Zentrum der Neuen Welt, einer Welt aus kolonialer Sicht eng miteinander verzahnter Inseln, die aus geostrategischer Sicht für die Spanier zum militärischen Ausgangspunkt ihrer raschen Eroberungen auf dem amerikanischen Kontinent wurde.[4] Die im Museo Naval zu Madrid aufbewahrte erste Karte Amerikas, ja erste Weltkarte im eigentlichen Sinne zeichnete neben den soeben von den in spanischem Auftrag ‚entdeckten' Gebieten darüber hinaus auch zum ersten Mal die korrekte geographische Position der Äquinoktiallinie sowie des Wendekreises des Krebses ein und vergaß darüber nicht, eine Vielzahl europäischer Bildvorstellungen in das zu seiner Entstehungszeit bei weitem fortgeschrittenste Kartenbild der Erde zu projizieren. Aber ich scheine bislang nur vom Raum zu sprechen: Wollte ich Ihnen nicht eine kleine Geschichte der Zeit offerieren?

Kartographische Bildwelten und Weltbilder verschränken sich zu Beginn der frühen Neuzeit unauflöslich miteinander; eine Tatsache, die sich Umberto Eco in *L'isola del giorno prima* in vielfacher Weise und höchst ingeniös zunutze macht. Denn in seinem Roman, dessen zentraler Handlungsstrang in den Jahren 1642 oder 1643 angesiedelt ist und ebenso auf die Erfahrungen und Bildwelten des beginnenden 16. Jahrhunderts wie auf die Entdeckungsfahrten der

---

2 Zu diesem Prozess der europäischen Besitzergreifung der Welt über Kartennetze siehe auch den siebten Band der Reihe „Aula" in Ette, Ottmar: *Erfunden Gefunden* (2022), S. 122 ff.

3 Vgl. hierzu neuerdings Belting, Hans: *Florenz und Bagdad. Eine westöstliche Geschichte des Blicks*. München: Beck 2008.

4 Vgl. die Wiedergabe dieser bis heute faszinierenden Weltkarte in Cerezo Martínez, Ricardo: *La Cartografía Náutica Española de los Siglos XIV, XV y XVI*. Madrid: Centro Superior de Investigaciones Científicas 1994, S. 82–83. Ich bin im erwähnten siebten Band der Reihe „Aula" ausführlich auf die epochale Bedeutung dieser Weltkarte eingegangen.

Cook und Bougainville im 18. Jahrhundert (gewiss anachronistisch) zurück-greift, entsteht ein komplexes Bild des europäischen Wissens über unseren Planeten, das sich ebenso aus naturwissenschaftlichen und kartographischen wie aus mythologischen, philosophischen und literarischen Quellen speist. Folglich ließe sich der Titel des Romans neben der in der Folge entfalteten Bedeutung durchaus auch so verstehen, dass hier mit der Insel unsere Welt und zwar – um es in anderem Sinne mit Stefan Zweig zu sagen – ‚Die Welt von gestern' gemeint ist, die in nicht geringem Maße noch immer unser Denken bestimmt. Mit diesem Gestern aber tritt uns bereits ein Element der Zeit entgegen.

Verzeichnete die Karte des Juan de la Cosa, der als Steuermann und Navigator nicht nur an Columbus' erster Reise beteiligt war, sondern bis zu seinem tragischen Tod in maßgeblicher Funktion weitere Entdeckungsfahrten entlang der Küstenlinien des Südteils des amerikanischen Doppelkontinents durchführte, mit beeindruckender Genauigkeit die geographische Breite der im Horizont des europäischen Wissens sich abzeichnenden Welt, so fehlte diese kartographische Präzision sehr wohl mit Blick auf die geographische Länge. Auch wenn es in der Folge sehr wohl zu Verfeinerungen der von Cristóbal Colón, Vicente Yáñez Pinzón, Juan de la Cosa oder Amerigo Vespucci benutzten Verfahren zur Längenbestimmung kam, blieb die präzise Ermittlung der Länge zumindest bis ins letzte Drittel des 18. Jahrhunderts ein gewaltiges Problem. Es handelte sich dabei um ein zentrales Problem der europäischen Seemächte, die sich die Welt zu unterwerfen und untereinander aufzuteilen trachteten.

Denn ohne eine genaue Längenbestimmung war es gerade in jenen Weltgegenden, die sich in weitester Entfernung von Europa befinden, sodass sich hier auch die größten Abweichungen und Fehleinschätzungen ergaben, nur schwer möglich, einmal ‚entdeckte' Inseln mit großer Sicherheit wiederzufinden. Zu groß waren die Abweichungen, die sich aus der Berechnung der Längengrade ergaben, als dass man einmal ‚entdeckte' Inseln und Kontinente einfach ‚wiederfinden' konnte: Man musste sich vielmehr auf umständliche Ortsbeschreibungen verlassen. Eine koloniale Kontrolle insbesondere der südpazifischen Inseln und Atolle durch die europäischen Mächte war unter diesen Umständen nur schwer möglich und stets prekär. Es gab daher ein handfestes Interesse an der Bestimmung eines festen Punktes, von dem aus die Koordinaten dieser Meeresstriche genau berechnet werden konnten. Eben dies war mit dem gesuchten „punto fijo" gemeint. Wie aber kommt nun in unsere schönen kartographischen Kartennetze die Zeit?

Ich kann Ihnen dies auf sehr einfache Weise erklären: Das von Europa aus über die als perfekte Kugel gedachte Welt ausgeworfene Kartennetz ermöglichte es, die von unterschiedlichen altweltlichen Nullmeridianen ausgehenden 360-Grad-Einteilungen mit der Zeiteinteilung einer vierundzwanzigstündigen

Erdumdrehung zu korrelieren, sodass es – wie man seit langem wusste – theoretisch möglich war, die räumliche Distanz von Europa genau anhand der zeitlichen Differenz zu berechnen. Mit anderen Worten: Dreihundertsechzig Grad sind als volle Erdumdrehung vierundzwanzig Stunden, hundertachtzig Grad sind dann noch zwölf, neunzig Grad noch sechs Stunden und so weiter und so fort. Sie sehen: Es ist ganz einfach, denn auf unseren Kartennetzen lesen wir die Zeit.

Dass die mangelnde Präzision und hohe Anfälligkeit der von den Europäern mitgeführten Chronometer und See-Uhren auch über die Reisen James Cooks hinaus gravierende Probleme aufwarf, mag für unsere Überlegungen von geringerem Interesse sein als die Tatsache, dass es die von den Europäern mitgeführte und damit gleichsam globalisierte Zeit war, aus deren Ablauf man den Raum genauestens lesen konnte. Raum und Zeit erscheinen folglich auch aus nautischer beziehungsweise kartographischer Sicht unauflöslich miteinander verwoben. Wir denken den Raum in Kategorien der Zeit und die Zeit in Kategorien des Raumes, ohne uns dies aber freilich immer klarzumachen.

Umberto Ecos *L'isola del giorno prima* spielt auf den unterschiedlichsten historischen und theoretischen Ebenen diese Verknüpfung durch, wobei es den verschiedenen Erzählinstanzen gelingt, die Paradoxa einer derartigen Raumzeit und ihres Zeitraums vorzuführen. Ohne uns näher mit den inhaltlichen Elementen der chronotopischen Reflexionen in Ecos Romanhandlung beschäftigen zu können, vermag eine Analyse der sich aus der Kombinatorik von Raum und Zeit ergebenden *Bewegungs*struktur doch nachzuweisen, inwiefern die in dieser Roman-Welt entfaltete „Pluralità dei Mondi"[5] sich aus einer inselhaften, *diskontinuierlichen* Verzahnung von Raum und Zeit ergibt.

Diese an den Raum gebundene temporale Diskontinuität führt bereits der im Titel des Romans markierte Zeitsprung der Datumsgrenze auf unserem Planeten plastisch vor Augen. Als schiffbrüchiger Nichtschwimmer zusammen mit dem Jesuitenpater Caspar Wanderdrossel auf der ‚Daphne' – einem Schiff und vielleicht mehr noch einer schwimmenden Insel, die als Heterotopie, als Ort ohne Ort,[6] zwischen zwei festen Inseln just auf der Datumsgrenze des 180. Längengrades ankert – gefangen, gibt es für Roberto de la Grive keinen Weg zu jener ‚Insel des vorigen Tages', die jenseits des Zeitsprungs liegt. Der gewitzte Kulturtheoretiker Umberto Eco schlägt aus dieser von Europa aus programmierten Diskontinuität genüsslich narratives Kapital.

5 Eco, Umberto: *L'isola del giorno prima*. Milano: RCS Libri 2006, S. 392.
6 Vgl. hierzu Foucault, Michel: Andere Räume. In: Barck, Karlheinz u. a. (Hg.): *Aisthesis. Wahrnehmung heute oder Perspektiven einer anderen Ästhetik*. Leipzig [7]2002, S. 34–46.

In diesem Zusammenhang soll uns weniger die realhistorische Lage der Fidji-Inseln im sogenannten Stillen Ozean als vielmehr der für unsere Fragestellung weit aufschlussreichere Aspekt interessieren, dass die ,Insel des vorigen Tages' für Roberto nicht nur räumlich, sondern vor allem zeitlich unerreichbar ist. Der Blick des männlichen Protagonisten, auf dessen Roman im Roman die Herausgeberfiktion ineinander verschachtelter Fiktionen aufbaut, geht einmal mehr zur Insel und zeigt diese raumzeitliche Problematik deutlich auf:

> Mehr noch, da er sie nicht nur im Raum sah, sondern auch (und zurückblickend) in der Zeit, scheint Roberto von diesem Moment an jedes Mal, wenn er ihr Fernsein erwähnt, Raum und Zeit zu verwechseln, schrieb er doch: „die Bucht ist leider zu gestern", und: „wie schwierig es ist, an jene Küste zu gelangen, die doch so bald ist"; oder auch: „wie viel Meer mich trennt vom gerade vergangenen Tag", und sogar: „von der Insel kommen drohende Gewitterwolken herüber, während es hier schon heiter ist ..."[7]

Da der Roman des Romans im Roman selbst schon – wie der Erzähler-Herausgeber gleich zu Beginn des Kapitels „Monologo sulla Pluralità dei Mondi" betont – von einer Pluralität seiner Erzählwelten (und Erzählzeiten) geprägt ist, hat dies auch Konsequenzen für die romaneske Erzählung selbst: „perché Roberto aveva preso dai romanzieri del suo secolo l'abitudine a raccontare tante storie insieme che a un certo punto è difficile riprenderne le fila."[8] Es sei also schwierig, so heißt es augenzwinkernd in Umberto Ecos Roman, bei so vielen unterschiedlichen Geschichten, wie sie die Gattung des Romans im Zeitalter Robertos historisch aufwies, noch die Fäden in der Hand zu behalten, wenn sich Geschichten über Geschichten türmten.

Umberto Eco als „Créateur" von *L'isola del giorno prima* freilich versucht, all seiner Geschichten Herr zu bleiben, gilt diese Problematik doch auch für die Vervielfachung der Raumzeiten und Zeiträume in einem vom literarischen Demiurgen Roberto – und vielleicht auch von jedem anderen Weltenschöpfer – nicht mehr wirklich überblickbaren literarischen Universum:

> Die Leere und der Raum waren wie die Zeit, oder die Zeit war wie die Leere und der Raum; war es dann also nicht denkbar, dass es so, wie es Sternenräume gibt, in denen unsere Erde wie eine Ameise erscheint, und winzige Räume wie die Welt der Korallen (Ameisen unseres Universums) – die jedoch alle ineinander verschränkt sind –, dass es dann auch Universen mit verschiedenen Zeitmaßen gibt? Ist nicht gesagt worden, dass auf Jupiter ein Tag so lang dauert wie ein Jahr? Also muss es Universen geben, die im Zeitraum eines Augenblicks leben und sterben, und andere, die länger leben, als alle unsere Berechnungska-

---

7 Eco, Umberto: *Die Insel des vorigen Tages*. Aus dem Italienischen von Burkhart Kroeber. München Hanser 2011, S. 363.
8 Ebda., S. 392: „denn Roberto hatte von den Romanschriftstellern seines Jahrhunderts die Gewohnheit übernommen, so viele Geschichten gleichzeitig zu erzählen, dass es von einem bestimmten Punkt an schwierig wird, die Fäden zusammenzuhalten" [Burkhart Kroeber].

pazitäten reichen, länger als die chinesischen Dynastien und die Zeit der Sintflut. Universen, in denen alle Bewegungen und die Reaktion auf die Bewegungen nicht die Zeit von Stunden und Minuten einnehmen, sondern von Jahrtausenden, und andere, in denen die Planeten während der Dauer eines Lidschlags entstehen und vergehen.[9]

Dass als Bezugstexte für diese Reflexionen über die Pluralität der Welten weniger die *Entretiens sur la pluralité des mondes* (1686) von Bernard le Bovier de Fontenelle als die Schriften von Cyrano de Bergerac – neben Theoremen von Blaise Pascal oder Pierre Gassendi – gelten dürfen,[10] ist gewiss nicht weniger aufschlussreich als die Tatsache, dass Robertos Bezugsgegenstand ein Stückchen Koralle ist. Die Koralle aber steht – „l'uno dentro l'altro" – stellvertretend für die Präsenz fraktaler Strukturen im Sinne jener posteuklidischen, *fraktalen* Geometrie der Natur, deren theoretische Fundierung auf Benoît B. Mandelbrot zurückgeht.[11] Wir werden uns mit diesen Korallen speziell in den Weiten des Stillen Ozeans gleich noch einmal beschäftigen. Zugleich steht die Koralle für jene Selbstähnlichkeit der Welten in Welten in Welten, die auf inhaltlicher wie struktureller Ebene in Umberto Ecos Roman abgehandelt werden. Romanmodell und Weltmodell spiegeln sich wechselseitig: Es handelt sich ohne jeden Zweifel um ein romaneskes *WeltFraktal*.[12]

Aus den fraktalen, selbstähnlichen und sich unendlich vervielfachenden Strukturen der Korallen sind aber zugleich auch jene fraktalen Muster all der Inseln und Atolle im Südpazifik aufgebaut, deren Präsenz und Allgegenwart *L'isola del giorno prima* durchzieht. Die fundamental-komplexe Raumzeitlichkeit dieser Inselstrukturen macht eben nicht allein auf die räumliche, sondern auch auf die zeitliche Diskontinuität aufmerksam, die jede Insel charakterisiert. Dieser nicht allein spatiale, sondern auch temporale Eigen-Sinn von Inseln tritt in seiner Eigen-Zeitlichkeit in vielen Passagen von Umberto Ecos Roman hervor. Wir hatten die Eigen-Zeitlichkeit etwa der Insel Kuba bereits in Zoé Valdés' *Café Nostalgia* gesehen, können diese eigene Temporalität der größten der Antilleninseln aber auch vor Ort besichtigen.

Dieser inselhafte Eigen-Sinn zeigt sich in besonderem Maße am Beispiel jener Abfolge, jener Konfiguration von jeweils mit eigener Kultur, Ordnung und Logik ausgestatteten Inseln und Atollen, die Robertos Doppelgänger Ferrante

---

9 Eco, Umberto: *Die Insel des vorigen Tages*, S. 431.

10 Vgl. hierzu die Erläuterungen von Berger, Günter: *Annäherungen an die Insel. Lektüren der ,Insel des vorigen Tages' von Umberto Eco.* Bielefeld: Aisthesis Verlag 1999, S. 108.

11 Vgl. Mandelbrot, Benoît B.: *Die fraktale Geometrie der Natur.* Aus dem Englischen übersetzt von Dr. Reinhilt Zähle und Dr. Ulrich Zähle. Basel – Boston – Berlin: Birkhäuser Verlag 1991.

12 Vgl. hierzu den Band von Ette, Ottmar: *WeltFraktale. Wege durch die Literaturen der Welt.* Stuttgart: J.B. Metzler Verlag 2017.

auf seinem Doppelgänger-Schiff, der ‚Tweede Daphne‘, von den Inseln der Le-
benden bis zu den Inseln der Toten durchsegelt. Auf einer Klippe im Meer etwa
stößt Ferrante auf Judas, der 1610 Jahre nach seinem Verrat an Christus nicht
nur „incatenato su uno scoglio in mezzo al mare“,[13] also festgekettet an eine
Klippe inmitten des Meeres leben muss, sondern für den die Zeit seit seinem
Verbrechen immer langsamer abgelaufen ist, sodass er sich noch immer am
Karfreitag in der neunten Stunde befindet. So erläutert er dem staunenden, mit
Zeitsprüngen offenkundig nicht vertrauten Ferrante:

> „Ach, du einfältiger Mensch“, erwiderte Judas, „gewiss ist es eintausendsechshundert-
> zehn eurer Jahre her, dass ich an diese Klippe gekettet ward, aber es ist noch nicht und
> wird niemals einen meiner Tage her sein. Du weißt es nicht, aber als es dich in dieses
> Meer verschlug, das diese meine Insel umgibt, bist du in ein anderes Universum gelangt,
> das neben und in dem euren verläuft, und hier umkreist die Sonne die Erde wie eine
> Schildkröte, die bei jedem Schritt langsamer wird. So hatte in dieser meiner Welt ein Tag
> zuerst zwei der euren gedauert, dann drei und dann immer mehr, bis jetzt, da ich nach
> tausendsechshundertzehn eurer Jahre immer noch in derselben neunten Stunde bin, und
> bald wird die Zeit noch langsamer vergehen und dann noch langsamer, und ich werde
> ewig in derselben neunten Stunde des dreiunddreißigsten Jahres seit der Nacht von Beth-
> lehem leben ...“[14]

So ist die vom Meer umgebene Klippe für Judas auf göttlichen Ratschluss zu
einer Gefängnisinsel geworden, in der er nicht nur mit seinen Ketten (auf *fast*
überflüssige Weise) an den Felsen, an den Raum gefesselt ist, sondern weit
mehr noch in der sich stetig verlangsamenden Eigen-Zeitlichkeit seiner Insel
ein Gefangener der Zeit bleibt, *seiner* Zeit. Er ist nicht so sehr im Raum gefangen
als ein Gefangener in der Zeit.

Das von Umberto Eco mit aller Belesenheit ausgetüftelte Schicksal des Judas
steht für die Eigen-Logik der Temporalität, für den Eigen-Sinn der Zeitlichkeit.
Seine Insel eines vorigen Tages, der für ihn nie mehr vorübergehen wird, führt in
radikaler Weise vor Augen, in welchem Maße die räumliche Diskontinuität einer
Insel-Welt in ihrem raumzeitlichen Verwoben-Sein eine Eigen-Zeitlichkeit entfaltet, aus der es – zumindest dann, wenn man die Insel physisch nicht zu verlassen vermag – kein Entrinnen mehr zu geben scheint.

Umberto Ecos Roman führt uns am Dialog zwischen Ferrante und Judas
über diese der Relativität der Zeit geschuldete Pluralität der Welten eindrucksvoll vor Augen, wie sehr ein jeder, der eine Insel für eine bloß räumlich zu *defi-
nierende*, also in ihren spatialen Grenzen und Enden bestimmbare Einheit hält,
letztlich ein „uomo ingenuo“, ein Naivling ist. Wird es einem solchen Menschen

---

13 Eco, Umberto: *L'isola del giorno prima*, S. 422.
14 Eco, Umberto: *Die Insel des vorigen Tages*, S. 453.

je möglich sein, *seine* Insel des vorigen Tages, die er für die Welt hält, zu verlassen? Doch es gibt noch andere Mächte, die Menschen am Verlassen ihrer jeweiligen Insel hindern, wie wir gleich sehen werden. Aber halten wir fest, dass wir jede Insel, jeden Kontinent nicht bloß als puren Raum, sondern innerhalb der jeweiligen Temporalität, *innerhalb der Zeit* denken müssen!

In Mario Vargas Llosas Roman *El sueño del celta* sind die kolonialen Ausbeutungssysteme des Vereinigten Königreichs auf unterschiedliche Inseln verteilt, die jeweils ihre Eigen-Zeitlichkeit besitzen. Ich habe mich in einer anderen Vorlesung[15] ausführlich mit diesem 2010 erschienenen Roman beschäftigt, will ihn im Folgenden aber von einem anderen Aspekt aus angehen, der mit der Zeit und zugleich mit der dem in diesem Teil unserer Vorlesung dominanten Thema der Migration zusammenhängt.

Der in Llosas Roman ausgespannte Raum, die Diegese also, ist mit Amerika, Afrika und Europa weit gespannt. Das Zeitmaß freilich, der Metronom, steht in diesem Zusammenhang ohne jeden Zweifel in London, gibt die voranschreitende Zeit der Ausbeuter vor, hält zugleich aber die unterschiedlichen abhängigen Inseln in ihrer jeweiligen Temporalität gefangen. Können sich diese Inseln, die sich räumlich-geographisch nicht nur auf tatsächlichen Inseln wie Irland oder England befinden, sondern auch auf Kontinenten wie am Putumayo in Inneren Lateinamerikas oder am Kongo im Inneren Afrikas situieren, aber jemals aus dieser temporalen Abhängigkeit befreien? Wird ihnen anders als Judas in Umberto Ecos Fiktion jemals der Sprung in eine Gleich-Zeitigkeit und damit in eine Gleich-Gewichtigkeit der Welt gelingen?

Mario Vargas Llosas sehr bewusst transareal und archipelisch angelegter Roman gibt auf diese drängende Frage keine einfachen Antworten. Er führt in erster Linie einen eher individuell gehaltenen Lernprozess vor Augen. Denn auch der Protagonist des Romans, der britische Staatsbürger Roger Casement, sieht sich im Kongo immer wieder bohrenden Fragen ausgesetzt, auf die er in den ersten Jahren keine schlüssigen Antworten zu geben vermag: „¿No eran los intereses del Imperio más importantes que las quejas plañideras de unos salvajes semidesnudos que adoraban felinos y serpientes y eran antropófagos?"[16] Waren denn die Interessen des Britischen Empire nicht wesentlich höher zu bewerten als die Interessen von halbnackten Wilden, die Tiere anbeteten und überdies noch Menschen fraßen? Durfte man denn, so Roger Casement, nicht als Europäer hoffen, dass der zivilisatorische Fortschritt aller verwerflichen

---

15 Vgl. hierzu den dritten Band der Reihe „Aula" in Ette, Ottmar: *Von den historischen Avantgarden bis nach der Postmoderne* (2021), S. 944 ff.

16 Vargas Llosa, Mario: *El sueño del celta*. México: Santillana – Alfaguara 2010, S. 108.

Übergriffe zum Trotz nicht letztlich allen Menschen nutzen würde, auch den auf ihrem eigenen Kontinent wie Lasttiere misshandelten Afrikanern?

Gleichwohl ist dem späteren irischen Freiheitskämpfer (und damit einer historischen Figur) klar geworden, dass sich seit der Eroberung Amerikas durch iberische Konquistadoren kaum etwas verändert hatte und dass die meisten Weißen – oder solche, die sich dafür hielten[17] – die Indianer aus der Kategorie ‚Mensch‘ noch immer exkludierten:

> Für sie waren die Amazonas-Indianer im eigentlichen Sinne keine Menschen, sondern eine inferiore und verachtenswerte Form der Existenz, welche jener der Tiere näher stand als jener der Zivilisierten. Es war daher legitim, sie auszubeuten, sie auszupeitschen, sie zu entführen, sie an die Kautschukstätten zu verbringen oder sie, wenn sie Widerstand leisteten, wie einen Hund umzubringen, der die Tollwut verbreitet.[18]

Und doch hatte sich zugleich etwas Grundlegendes geändert. Denn es war möglich geworden, durch die Macht des Wortes, durch die Kraft offizieller Berichte eine Öffentlichkeit wachzurütteln, die – erst einmal in ihrem durchaus gewinnbringenden Schlaf gestört – zu reagieren und zu agieren in der Lage war. Und es war eine weltweite Öffentlichkeit, die nunmehr erreicht werden konnte; eine Öffentlichkeit, die bei allen scharfen Asymmetrien an der Wende vom 19. zum 20. Jahrhundert innerhalb gewisser Grenzen als eine entstehende Weltöffentlichkeit bezeichnet werden darf. Diese Weltöffentlichkeit war nun mobilisierbar geworden und konnte einen enormen Druck auf die kolonial zementierten Ausbeutungssysteme ausüben, welche Europa und schon bald auch die USA weltweit aufgebaut hatten.

Gewiss funktionierte eine Informationsgesellschaft[19] im Sinne der vergangenen vierten Phase beschleunigter Globalisierung noch nicht; und doch gab es zu Roger Casements Zeiten Möglichkeiten, das Räderwerk der Ausbeutung gleichsam vor Ort vorzuführen – an jenem noblen Firmensitz der *Peruvian Amazon Company* im Herzen des Welthandelszentrums London, das den Takt der weltweiten Ausbeutung vorgab. Es sind Möglichkeiten, wie sie der Roman selbst auf wenigen Zeilen verdichtet aufzeigt:

> Roger war in den Büros der Peruvian Amazon Company in Salisbury House, E.C., im Finanzzentrum von London gewesen. Ein spektakulärer Ort war das, mit einer Landschaftsmalerei von Gainsborough an der Wand, mit Sekretärinnen in Uniform, mit Büros voller

---

17 So wurden die Iren in den USA bis zu Beginn des 20. Jahrhunderts kategoriell nicht als Weiße betrachtet; vgl. zur Problematik dieser historisch höchst wandelbaren Kategorie Painter, Nell Irvin: *The History of White People.* New York – London: W.W. Norton 2010.

18 Vargas Llosa, Mario: *El sueño del celta*, S. 209.

19 Castells, Manuel: *Das Informationszeitalter.* Opladen: Leske & Budrich 2001; sowie ders.: *Communication power.* Oxford – New York: Oxford University Press 2008.

Teppichen, Ledersofas für die Besucher und einem Schwarm von *Clerks* mit ihren gestreiften Hosen, ihren schwarzen Westchen und weißen Hochkragenhemden nebst Krinolinekrawatten, die Berechnungen durchführten, Telegramme verschickten und erhielten, Lieferungen von duftendem Weichkautschuk in alle Industriestädte Europas verkauften und abkassierten. Und am anderen Ende der Welt, am Putumayo, die Huitotos, Ocaimas, Huinanes, Nonuyas, Andoques, Rezígaros und Boras, die Zug um Zug ausstarben, ohne dass jemand auch nur einen Finger gerührt hätte, um diesen Zustand zu verändern.[20]

Auf wenigen Zeilen wird hier die weltweite Interdependenz bei gleichzeitiger radikaler Asymmetrie der Machtverteilung innerhalb einer Situation vorgeführt, in der die modernen transatlantischen Kommunikationsmedien den Austausch von Informationen sicherstellen. Dieser Austausch von Informationen ist aber radikal einseitig und nur im Interesse des europäischen, des britischen Zentrums, das sich um die Ausbeutungsverhältnisse nicht schert, solange die Gewinne stimmen. Sie gehorchen folglich einseitigen Interessenlagen, die weit über die Interessen jener Sekretärinnen und Büroangestellten hinausreichen, die als sichtbare ‚Uniformierte' letztlich auf das verweisen, was zunächst unsichtbar bleibt, aber im eigentlichen Besitz einer weltweit sich erstreckenden Macht ist. Gerade im unsichtbar Bleibenden werden jedoch auf diesen wenigen Zeilen die Machtstrukturen ästhetisch wirkungsvoll sichtbar gemacht, symbolisch invisibilisiert und zugleich überhöht durch das Landschaftsgemälde von Gainsborough.

Denn in dieser mit dem zeitgenössischen Dekor und der damaligen Mode wohlvertrauten Passage des historischen Romans kommt auch der Kunst eine bestimmte Funktion zu: jene einer ornamentalen, das symbolische Kapital ihrer Besitzer zugleich dokumentierenden und erhöhenden Rolle, die in ihrem Entwurf einer Landschaft zugleich all jene Landschaften verbirgt, für deren Wert und Würde sich niemand verbürgt. Gegen eine solche Kunst, für die hier Thomas Gainsboroughs Gemälde stellvertretend steht, rebellieren sowohl der Protagonist als auch der Roman selbst, versuchen sie doch, für ein Bewusstsein einzutreten, das man mit Alexander von Humboldt als ein komplexes *Weltbewusstsein*[21] bezeichnen könnte.

Ohne an dieser Stelle auf die im gesamten Roman feststellbare hohe Frequenz des Lexems ‚Leben' („vida", „vivir", „viviente" usw.) eingehen zu können, sei doch betont, wie sehr in Vargas Llosas Roman eine immanente Poetik eingewoben ist, welche der Kunst die Aufgabe zuweist, die Komplexität und Widersprüchlichkeit des menschlichen Lebens im Experimentierraum ästhetisch nacherlebbar

20 Vargas Llosa, Mario: *El sueño del celta*, S. 220.
21 Vgl. Ette, Ottmar: *Weltbewußtsein. Alexander von Humboldt und das unvollendete Projekt einer anderen Moderne.* Weilerswist: Velbrück Wissenschaft 2002.

zu gestalten. Die Einsicht Roger Casements, derzufolge „la vida, más compleja que todos los cálculos"[22] sich jeglicher wissenschaftlichen Berechenbarkeit entzieht, wird zur Grundlage einer Handlungs- und Figurengestaltung, in der die literarische Gestalt von Roger Casement selbst zum „ejemplo viviente de esas ambigüedades",[23] zum lebendigen Beispiel dieser Ambiguitäten gerät. Die Rebellion des Romans gegen eine systemaffirmative Verwendung von Kunst ist im ironischen Verweis auf die Landschaftsmalerei Gainsboroughs inmitten eines uniformierten kapitalistischen Getriebes offenkundig.

In Roger Casements politischen und biopolitischen, humanistischen und nationalistischen, erotischen und ökonomischen Positionen wird eindrucksvoll zur Anschauung gebracht, mit welcher Offenheit, Widersprüchlichkeit und Widerspenstigkeit sich das Leben im Dreieck von Finden, Erfinden und Erleben literarisch repräsentieren lässt. Aufgabe der Literatur ist es nicht, diese ‚Ambiguitäten' aufzulösen und in Berechenbarkeit zu überführen. Aufgabe von Literatur ist es vielmehr, diese Ambiguitäten, diese Machtasymmetrien ästhetisch überzeugend herauszuarbeiten und für ein Lesepublikum existentiell erlebbar und nacherlebbar zu machen.

Es geht mithin darum, Denk- und Interpretationsmuster zu erproben und bereitzustellen, welche die Nacherlebbarkeit von Lebensprozessen anstreben, indem diese anhand literarischer (wenngleich bisweilen historischer) Figuren durchgespielt und vor Augen geführt werden. Kaum eine andere literarische Figur könnte uns so wirkungsvoll wie Vargas Llosas Roger Casement dazu dienen, aus unserer gegenwärtigen Perspektive die Problematiken des Globalisierungsschubs an der Wende vom 19. zum 20. Jahrhundert so plastisch in ihren Widersprüchen aufzuzeigen und damit in ihrer transarealen Dynamik buchstäblich zu vergegenwärtigen. Denn diese Problematiken aus einer anderen Beschleunigungsphase von Globalisierung erscheinen uns heute, *nach* der vierten Phase beschleunigter Globalisierung, als aktueller denn je. Hat sich wirklich so viel an der Ausbeutung durch große europäische, US-amerikanische oder australische Konzerne und Konsortien geändert und prangen nicht doch in den Zentren der Macht noch immer jene Kunstwerke, welche die Macht verkörpern und zugleich unsichtbar machen?

Wollte man es paradox formulieren, so könnte man behaupten, dass Roger Casement gerade deshalb, weil er sich selbst „nunca de ninguna parte"[24] fühlte, also nirgendwo zuhause war, sein Leben im Kampf für den Traum von einem

---

22 Vargas Llosa, Mario: *El sueño del celta*, S. 355.
23 Ebda.
24 Ebda., S. 374 f.

freien, unabhängigen Irland verlieren musste. Das Irland dieses Traumes, dieses „sueño", steht als ‚seine' Heimatinsel für all jene Inseln, die er in seinem Leben ohne festen Wohnsitz zu den seinen gemacht und für die er sein Leben riskiert hatte. Roger Casement kämpft gegen diese menschenunwürdige Ausbeutung, gegen diese Anhäufung von Macht, die letztlich auch für zahlreiche Migrationswellen aus den betroffenen Ländern dessen, was man seit der Mitte des 20. Jahrhunderts die ‚Dritte Welt' nennen sollte, verantwortlich zeichnet.

Als Wanderer zwischen den Welten – zwischen Irland und England, aber auch zwischen Europa, Afrika und Amerika – musste Roger Casement ein sehr feines Gespür für das Schicksal all jener Völker besitzen, die am Ende der oben zitierten Passage nach der Schilderung des luxuriösen Firmensitzes der *Peruvian Amazon Company* in London kurz auftauchen, um als deportierte, versklavte Lohnarbeiter und der Ausrottung preisgegebene Arbeitskräfte endgültig von der Geschichte verschlungen zu werden. Den pauperisierten Überlebenden blieb nichts anderes übrig, als möglichst rasch in Gebiete zu fliehen, in denen man sich zumindest kurzfristig sicherer fühlen konnte.

Doch die Ausbeutung insbesondere auf Kosten der bereits dezimierten indigenen Bevölkerung geht unvermindert weiter. Dieser Menschen, die gefälschten Dokumenten entsprechend als Lohnarbeiter geführt und offiziell für ihre Arbeit bezahlt werden, scheint sich niemand in Europa oder anderswo annehmen zu wollen. Doch mag die offizielle Geschichte sie auch ausgeschlossen und buchstäblich ausgespuckt haben: *El sueño del celta* versucht, dieser historischen Exklusion in der aktuellen Globalisierungsphase eine Inklusion entgegenzusetzen, die sie zwar nicht in Subjekte ihrer eigenen Geschichte verwandelt, zumindest aber als von der Geschichte Misshandelte wieder in Erscheinung treten lässt. Doch kehren wir aus dem Dreieck zwischen Amerika, Afrika und Europa zurück in den Pazifik und in den Indischen Ozean!

Wie Vargas Llosa aus dem Gesichtspunkt der vierten Phase beschleunigter Globalisierung zunächst auf die dritte Phase und deren Exklusionen blickend, entfaltet der 1956 in Port-Louis auf Mauritius geborene Dichter, Filmemacher und Kulturtheoretiker Khal Torabully[25] seit den achtziger Jahren sein Projekt der *Coolitude*, mit dem er versucht, eine weltumspannende Poetik auf der Grundlage der Inklusion all jener von der Geschichte Ausgeschlossenen zu entwickeln, die sich zumeist unter elenden Umständen als Lohn- und Kontraktarbeiter weltweit verdingen mussten. Bei diesen Kontraktarbeitern handelt es

---

25 Zum Werk von Khal Torabully vgl. Bragard, Véronique: *Transoceanic Dialogues: Coolitude in Caribbean and Indian Ocean Literatures.* Frankfurt am Main – Berlin – New York: Peter Lang 2008.

sich um ein Millionenheer an Migrantinnen und Migranten, die sich als billigste Arbeitskräfte vermarkten mussten und deren Existenz zuvor kaum einmal auch nur zur Kenntnis genommen wurde.

Diesen Kontraktarbeitern setzt das Konzept, aber auch die Prosa und Lyrik der *Coolitude* Khal Torabullys[26] ein literarisches Denkmal. Es geht hier also weder um die schwarzen Sklaven, deren Versklavung zumindest auf einer juristischen Ebene legal im Verlauf eines langen 19. Jahrhunderts abgeschafft wurde, noch um die unter sklavereiähnlichen Bedingungen ausgebeuteten Kautschukarbeiter, die größtenteils den indigenen Gruppen am Kongo oder am Putumayo zur Zwangsarbeit ‚entnommen' und zwangsrekrutiert wurden. Doch auch das unüberschaubare, aber oft übersehene Heer der Migrantinnen und Migranten vor allem aus China und Indien zählt nach Millionen.

Diese enormen Migrantenströme hat, so scheint es, die westliche Geschichte vergessen. Allerdings tauchen auch in Vargas Llosas Roman *El sueño del celta* am Rande kleinere Gruppen aus entfernteren Regionen herangeführter Lohnarbeiter auf, denen die bei der Anwerbung versprochene kostenlose Rückfahrt etwa nach Barbados oder Trinidad nicht gewährt wird. Ein derartiges Schicksal, eine derartige Lebenserfahrung wird zum historischen Ausgangspunkt des Konzepts der *Coolitude*, bilden doch erste Migrationen – etwa aus Indien auf die Antillen – nicht selten den Beginn weiterer, sich anschließender Migrationen innerhalb des weiten Gürtels der von den Kolonialmächten beherrschten Tropen.[27] Es handelt sich um transtropische Migrationsströme, die in den fernen außertropischen Zentren gerne und schnell vergessen wurden.

Abb. 31: Khal Torabully (*1956).

---

26 Vgl. zu diesem spannenden Autor aus Mauritius auch den dritten Band der Reihe „Aula" in Ette, Ottmar: *Von den historischen Avantgarden bis nach der Postmoderne* (2021), S. 956 ff.
27 Vgl. zu diesem innertropischen Bewegungsraum auch Ette, Ottmar: Diskurse der Tropen – Tropen der Diskurse: Transarealer Raum und literarische Bewegungen zwischen den Wendekreisen. In: Hallet, Wolfgang / Neumann, Birgit (Hg.): *Raum und Bewegung in der Literatur. Die Literaturwissenschaften und der Spatial Turn*. Bielefeld: transcript Verlag 2009, S. 139–165.

Der mit einer Arbeit über die Semiologie des Poetischen in Lyon promovierte Khal Torabully, der Gründungsmitglied einer französischen Forschergruppe über Globalisierung (*Groupe d'Etudes et de Recherches sur les Globalisations*, GERM) ist, hat in seinen poetischen wie in seinen poetologischen Texten den vorwiegend aus Indien, aber auch aus China und anderen Ländern stammenden Coolies nicht nur ein literarisches Denkmal, gleichsam einen Gedächtnisort, setzen wollen, sondern auch eine Poetik globaler Migration entwickelt, wie sie bereits in seinem 1992 erschienenen Band *Cale d'Etoiles – Coolitude* zum Ausdruck kommt:

> Coolitude, um den ersten Stein meines Gedächtnisses allen Gedächtnisses zu legen, meine Sprache aller Sprachen, meinen Teil des Unbekannten, den zahlreiche Körper und zahlreiche Geschichten immer wieder in meinen Genen und in meinen Inseln hinterlegt haben.
>
> Dies ist der Gesang meiner Liebe zum Meer und zur Reise, die Odyssee, welche meine zur See fahrenden Völker noch nicht geschrieben haben ... und meine Mannschaft wird im Namen derer auftreten, welche die Grenzen auslöschen, um das *Land des Menschen* zu vergrößern.[28]

In diesem mit homerischen Anklängen versehenen Gesang der Liebe treten an die Seite der Memoria all jene Vergessenen, auf die im Bereich der englischsprachigen Literaturen bereits der Inselnomade und transarchipelische Schriftsteller Lafcadio Heran aufmerksam gemacht hatte. Er hatte die sogenannten ‚Coolies‘ nicht nur in seine Beschreibungen der karibischen Bevölkerungen aufgenommen, sondern mit Hilfe seiner mitgebrachten Fotoausrüstung wohl auch erstmals zahlreiche Fotographien von diesen aus Asien in die Karibik verpflanzten Migrantenfamilien angefertigt.[29]

Khal Torabully ist an einer lebendigen und umfänglichen Erinnerung interessiert, die nicht die Geschichte der Herrschenden ist, die gerne ihre Sklaven, ihre Leibeigenen, ihre Tagelöhner vergessen. Denn es geht dem aus einer einst aus Indien nach Mauritius gekommenen Familie stammenden *poeta doctus* nicht um eine abgeschlossene Vergangenheit, sondern um eine, die weiterlebt, die gegenwärtig ist, die Zukunft besitzt. Ausgehend von jenen kollektiven wie individuellen Erfahrungen, welche die weitgehend entrechteten Lohn- und Kontraktarbeiter insbesondere in der dritten Phase beschleunigter Globalisierung erdulden mussten, wird eine auf Zukunft gestellte und die aktuelle Globalisierung mit ihren Migrationen neu beleuchtende Poetik entwickelt.

---

28 Torabully, Khal: *Cale d'Etoiles – Coolitude*, S. 7.
29 Vgl. zu Lafcadio Hearn die Ausführungen im ersten Band der Reihe „Aula" in Ette, Ottmar: *ReiseSchreiben* (2020), S. 562 ff.

Diese neuartige Poetik einer Globalisierung von unten äußert sich schon früh in ihrer globalen Relationalität gerade im Bereich der Tropen, die transtropisch und transarchipelisch rund um den Erdball miteinander verbunden sind:

Ihr aus Goa, aus Pondicheri, aus Chandernagor, aus
Cocame, aus Delhi, aus Surat, aus London, aus Shanghai,
aus Lorient, aus Saint-Malo, Völker von allen Schiffen,
die Ihr mich zu einem anderen Ich führtet, mein Sternenhalt
ist mein Reiseplan, mein Spielfeld, meine Vision des
Ozeans, den wir alle durchqueren, auch wenn wir nicht die
Sterne aus demselben Blickwinkel betrachten.

Wenn ich Kuli sage, dann sage ich auch jeden Seemann ohne
Registereintrag: Ich sage jeden Mann, der zum Horizont aufbrach
seines Traumes, was auch immer das Boot war, das er bestieg oder
nehmen musste. Denn wenn man den Ozean quert, um woanders zur Welt
zu kommen, dann liebt es der Seemann bei einer Reise ohne Wiederkehr,
sich in seine Geschichten, seine Legenden, seine Träume zu versenken. Die
Zeit einer Abwesenheit des Erinnerns.

Vous de Goa, de Pondicheri, de Chandernagor, de
Cocane, de Delhi, de Surat, de Londres, de Shangai,
de Lorient, de Saint-Malo, peuples de tous les bateaux
qui m'emmenèrent vers un autre moi, ma cale d'étoiles
est mon plan de voyage, mon aire, ma vision de
l'océan que nous traversons tous, bien que nous ne
vissions pas les étoiles du même angle.

En disant coolie, je dis aussi tout navigateur sans
registre de bord; je dis tout homme parti vers l'horizon
de son rêve, quel que soit le bateau qu'il accosta ou
dût accoster. Car quand on franchit l'océan pour naître
ailleurs, le marin d'un voyage sans retour aime replonger
dans ses histoires, ses légendes, et ses rêves. Le
temps d'une absence de mémoire.[30]

Der Begriff des Coolie oder Kuli ist historisch verankert, aber nicht exkludierend gedacht: Er wird von Torabully auch in einem übertragenen Sinne gebraucht und beleuchtet spezifische Phänomene einer Globalisierung ‚von unten', einer migratorischen Globalisierung. In lyrischer Verdichtung entsteht so ein weltweites Netzwerk all jener ‚Reisenden', die als Objekte einer extremen Ausbeutung die Inseln und Städte Indiens, Chinas und Ozeaniens mit den europäischen Kolo-

---

30 Vgl Torabully, Khal: *Cale d'étoiles – Coolitude*, S. 89.

nialhäfen verbinden. Es ist das Netzwerk und die Vektorizität von Millionen von Menschen, welche die offizielle Geschichte vergaß. Sie bestiegen Schiffe, weil sie diese Schiffe besteigen, weil sie in ein anderes Leben geboren werden mussten, das doch eines der Unterdrückung blieb.

Dabei wird am Beispiel der Veränderungen des lyrischen Ich deutlich aufgezeigt, dass in jedem Übersetzen, in jedem Transfer stets eine Transformation enthalten ist, die das Ich zu einem anderen macht und dabei immer neue Spielräume, Spielfelder und Blickwinkel eröffnet. Der Ozean wird zum verbindenden und zugleich trennenden Element, das auch die Städte dieses Netzwerks kolonialer Ausbeutung in Inseln verwandelt, die ihren eigenen „angle", ihre eigene Perspektive entfalten.

Die „Odyssee"[31] der Kontraktarbeiter, mit der sich bereits Lafcadio Hearn beschäftigt hatte, die ansonsten aber in allen Identitäts-Diskursen über so lange Zeit weitestgehend ausgeblendet waren, nimmt zwischen all diesen Inseln ihren weltweiten Lauf. Es ist eine Odyssee, doch eine Rückkehr nach Ithaca ist in dieser Geschichte der Namenlosen, in dieser Geschichte der Ausgebeuteten, in dieser Geschichte der Exkludierten zumeist nicht vorgesehen.

Khal Torabully stellt aber kein Heer von gesichts- und geschichtslosen Namenlosen dar. Der indische Coolie wird folglich in seiner historischen Gestalt präzise wahrgenommen und rekonstruiert, bleibt aber nicht auf diese beschränkt, sondern wird insofern metaphorisch und mehr noch *figural*[32] ausgeweitet, als all jene ins Blickfeld einer Lyrik und einer Theorie gerückt werden, die unter unmenschlichen Bedingungen eine Reise zumeist ohne Wiederkehr angetreten haben. Khal Torabullys Poetik dreht sich um die *Figura* des Kontraktarbeiters, des Migranten.

Das, was niemals aufgeschrieben wurde, das, was dem Gedächtnis und der Erinnerung entschlüpfte, das, was durch die Maschen der Geschichte der Herrschenden entglitt, das, was niemand in seine jeweilige Identitätskonstruktion integrieren wollte, verdichtet sich in Khal Torabullys Schriften ebenso poetisch wie poetologisch zu einem relationalen Verständnis historischer Prozesse, die nicht territorialisierend und von einem Punkt aus zentrierend zu betrachten sind, sondern bewegungsgeschichtlich – und nicht länger raumgeschichtlich – aus einer ozeanischen Perspektive heraus verstanden werden müssen. Die Figura des Coolie ist dann, erst einmal ‚entdeckt', überall präsent und gerät zu

---

31 Vgl. hierzu das Kapitel 'The Coolie Odyssey: A Voyage In Time And Space.' In: Carter, Marina / Torabully, Khal: *Coolitude*, S. 17–44.
32 Vgl. hierzu Auerbach, Erich: Figura, S. 55–92. Vgl. hierzu auch die Potsdamer Habilitationsschrift von Gwozdz, Patricia A.: *Ecce figura* (2022).

einer unleugbaren Allgegenwart. Wie hatte man sie vorher gar nicht wahrnehmen können? Auch wenn die Tropen in ihrer Abhängigkeit von äußeren Mächten stets eine brennende Wunde bleiben – „I will one day discover another new world. / From it I will burn the Tropics / And damn Columbus for his damned economics."[33] –, so bleiben sie doch eingespannt in ein weites Netzwerk von Bewegungen, als deren Begründer Christoph Columbus stellvertretend angeklagt wird. Denn mit ihm entstand jene transatlantische Wirtschaft, die sofortige biopolitische Konsequenzen hatte, Sklaven aus Afrika deportierte und bald die Dimensionen einer alles vereinnahmenden Weltwirtschaft annahm.

Dieser kurz eingefügte Rückblick auf die erste Phase beschleunigter Globalisierung mit ihrem weltweit sein Fangnetz auswerfenden Wirtschaftssystem öffnet sich freilich auf ein Künftiges, auf eine ‚Neue Welt' in einem anderen Sinne, in der die neuen Möglichkeiten, eine andere, eine *weitere* Welt zu bauen, ausgelotet werden. Denn eine andere, in diesem Sinne neue, auf künftigem Zusammenleben in Differenz beruhende Welt ist möglich. Torabullys Ästhetik ist ethisch fundiert.

In seinem 1999 vorgelegten Gedichtband *Chair Corail, Fragments Coolies*[34] hat der mauritianische Dichter, der im Übrigen auch als Filmemacher hervorgetreten ist und beim Internationalen Filmfestival von Cairo für *La Mémoire maritime des Arabes* 2010 mit dem ‚Golden Award' ausgezeichnet wurde, eine nicht wie bei Deleuze und Guattari am Rhizom,[35] sondern an der Koralle ausgerichtete Metaphorologie eingeführt, die an diesem symbiotischen Lebewesen des Meeres ausgerichtet ist: „Dans ma mémoire sont des langues aussi / Ma coolitude n'est pas une pierre non plus, / elle est corail."[36] Die Lyrik der *Coolitude* verkörpert sich in der Koralle. *Coolitude* ist kein toter Gedenk-Stein, sondern lebendige Koralle – allein: ‚Was will uns der Dichter damit sagen?' Und hatte uns nicht schon Umberto Eco auf dieses Lebewesen in seiner fraktalen Bedeutung aufmerksam gemacht?

Die für Torabullys eigenes Schreiben so wichtige Sprachenvielfalt und das *Über*setzen wie das Über*setzen* an andere Ufer stellen unablässige Transferprozesse dar, die immer wieder zu Transformationsvorgängen werden: „non plus l'homme hindou de Calcutta / mais chair corail des Antilles."[37] Die Wandlungen ins Korallenfleisch der Antillen: Aus diesen Mutationen, aus diesen Meta-

---

33 Torabully, Khal: *Voices from Indentured*. Unveröffentlichtes Manuskript 2011.
34 Torabully, Khal: *Chair Corail, Fragments Coolies*. Guadeloupe: Ibis Rouge Editions 1999.
35 Vgl. hierzu Deleuze, Gilles / Guattari, Félix: *Rhizom*. Aus dem Französischen übersetzt von Dagmar Berger u. a. Berlin: Merve Verlag 1977.
36 Torabully, Khal: *Chair Corail, Fragments Coolies*, S. 82.
37 Ebda., S. 108.

morphosen ergibt sich eine Schreibpraxis wie eine Kulturtheorie, die beide unverkennbar transarchipelisch aufgebaut sind. So heißt es in Torabullys Beitrag für eine von der Universität Potsdam im Sommer 2011 veranstaltete Tagung programmatisch:

> Das Imaginarium der Korallen, welches die Coolitude begründet, ist ein Vorschlag, um diese für die Menschheiten so notwendigen Diversitäten zu archipelisieren. Es stellt unser Imaginarium der weiten, polylogischen, archipelischen Kolonialgebiete in eine zeitgenössische Ökonomie, in welcher die Ökonomie, die Kulturen und die Ökologie nicht länger voneinander getrennt werden, wie es die gegenwärtige Globalisierung mit ihren immer wieder auftretenden und von Gewalt durchzogenen Pannen demonstriert.[38]

Die Koralle steht für eine Versöhnung der Ökonomie mit der Ökologie, die nicht länger als Gegensätze gedacht werden können, sondern Natur und Kultur in ihren Wechselbeziehungen ins Zentrum aller Betrachtungen rücken – ganz so, wie wir dies in unserem den Natur-Kultur-Beziehungen gewidmeten Teil unserer Vorlesung bereits vorgeführt haben. Dazu ist eine Archipelisierung vonnöten, die sich nicht allein auf die Inseln beziehen darf, sondern auch die Kontinente erfassen muss und letztlich die ganze Welt in eine weltumspannende Relationalität integriert.

Diese transarchipelische Sichtweise, die historisch auf den schmerzhaften Erfahrungen von Millionen indischer Coolies aufruht, welche auf ihrer verzweifelten Suche nach Arbeit Fünf- und Zehnjahresverträge unterschrieben, welche sie ebenso auf die Inseln des Indischen Ozeans wie nach Ozeanien, ebenso auf die britischen West Indies wie auf die französischen Antillen verschlagen konnten, verbindet sich mit dem für Torabullys Schreiben entscheidenden Theorem der Koralle, das er 2011 wie folgt begründete:

> Die Koralle lässt sich in ihrem lebendigen Habitat beobachten, im Unterschied zum Rhizom, das souverän ist. Es erlaubt mir darüber hinaus, eine Agglutinationsverbundenheit zu entwickeln, die über den Bau verschiedener Schichten, Konkretionen, Sedimentationen verläuft, in etwa so wie ein Palimpsest, so dass nicht nur eine umherirrende Verbundenheit entsteht, welche den egalitären Anblick der Verbindung bewahrt, und die Koralle ist allen Strömungen gegenüber offen. Die Koralle ist in ihrem eigentlichen Sein hybrid, denn sie ist aus der Symbiose eines Phytoplanktons mit einem Zooplankton geboren. In einer Metaphorik der Diversität kann man sich nicht besser verhalten. Sie ist Wurzel, Polyp und Ebenheit zugleich, vielgestaltig, anpassungsfähig und hart, überdies verschie-

---

38 Torabully, Khal: Quand les Indes rencontrent les imaginaires du monde. In: Ette, Ottmar / Müller, Gesine (Hg.): *Worldwide. Archipels de la mondialisation. Archipiélagos de la globalización. A TransArea Symposium.* Madrid – Frankfurt am Main: Iberoamericana – Vervuert 2012, S. 71. Vgl. hierzu auch die Ausführungen Khal Torabullys in http://www.ialhi.org/news/i0306_8.php.

denfarbig. Auch wenn sie verwurzelt ist, so löst sie doch die größte Migration auf unserem Planeten aus, jene des Planktons, die vom Mond aus sichtbar ist, so wie das Grand Barrier Reef der Korallen, das von der UNESCO zum Weltnaturerbe der Menschheit erklärt wurde. Dieses Korallenarchipel ist schlicht die auf unserem Planeten ausgedehnteste lebendige Skulptur.[39]

Die Rekurrenz des Lexems „vivant" am Anfang wie am Ende dieser Passage unterstreicht, in welch starkem Maße auch im Theorem der Koralle für Torabully die Lebensprozesse von entscheidender Bedeutung sind. Diese Lebensprozesse sind auf intimste Weise mit den Bewegungen und mit den Strömungen, mit den Verbindungen und mit den Migrationen verbunden. Die Koralle wird damit nicht nur zu einem Lebens-Theorem, sondern *verkörpert* in ihrer Lebendigkeit zugleich ein Wissen vom Überleben und vom Zusammenleben, das diese Gemeinschaft von Lebewesen in ihrer *sym-bio-tischen* Daseinsform zu Kunstwerken von gewaltigen Ausmaßen anwachsen lässt. Die Symbiose ist nur ein anderes Wort für ein Zusammen-Leben, für eine Konvivenz in einem offenkundig transtropisch weltumspannenden Maßstab.

Dass sich die Koralle als Konkurrenzbegriff zur poststrukturalistischen Theorie des Rhizoms im Sinne von Gilles Deleuze und Félix Guattari versteht, ist offenkundig; zugleich aber wird deutlich, dass Koralle und Rhizom durchaus in einer vergleichbaren Weise für das Nicht-Zentrierte, für das Sich-Vernetzende und für das Nicht-Hierarchische einstehen, wobei die Koralle in ihrem Oszillieren zwischen dem Fleisch – der „Chair Corail" – und ihrer bildhauerischen Dimension als Gedenk-Stein eine dynamische Verbindung zwischen Geologie und Biologie, zwischen Tod und Leben, zwischen Gesellschaft und Gemeinschaft vor Augen führt, deren poetische Valenz in Torabullys Lyrik ausgespielt werden kann. Die symbiotische Welt der Koralle verbindet sich mit einer Konvivenz, die aus der Perspektive der Tropen eine Lebens-Welt entstehen lässt, die sich unterhalb wie oberhalb der Meeresoberfläche ansiedelt. Als poetische Trope verkörpert die Koralle die Bewegungswelt der Tropen, ist gleichsam die tropische Trope *par excellence*.

In diesem Zusammenhang ist es faszinierend zu sehen, wie mobil und bewegungsgeschichtlich der vielsprachige mauritianische Autor seinen Entwurf der Koralle anlegt, die man in einem allgemeinen Sinne gerade mit Blick auf das Grand Barrier Reef eher mit Starrheit und Widerständigkeit assoziieren würde. Doch diese geologische Starrheit ist mit migratorischer Mobilität gepaart und verbindet in sich selbst die Standfestigkeit mit der unaufhörlichen Bewegung und Vektorizität.

---

39 Ette, Ottmar / Müller, Gesine (Hg.): *Worldwide. Archipels de la mondialisation*, S. 70 f.

Der Diskurs von der Koralle umschreibt zweifellos eine Theorie- und zugleich eine Poesie-Metapher. Khal Torabully hört auf das Rauschen ihrer Geschichte, ihres Geschichtet-Seins, ihrer lebendigen Sedimentation, die aus den Schichten wie ein vielfach überschriebenes Palimpsest ihre Geschichte zieht. Erst aus dieser lebendigen Geschichte kleinster Lebewesen erwächst die Widerständigkeit der riesigen Korallenriffs, die sich dem Willen des Menschen in den Weg stellen.

Die von Torabully wiederholt betonte Verbindung zwischen Koralle und Migration ist innerhalb der Bildwelten dieses Dichters und Theoretikers mit einer *Coolitude* verknüpft, die sich in das Ozeanische wie das Migratorische einschreibt. So heißt es in einem Vortrag des mauritianischen Kulturtheoretikers vor der Unesco: „It is impossible to understand the essence of coolitude without charting the coolies' voyage across the seas. That decisive experience, that coolie odissey, left an indelible stamp on the imaginary landscape of coolitude."[40]

Die hier implizit angesprochene *Landschaft der Theorie* bereichert zweifellos die in unserer Vorlesung transareal über vier Phasen beschleunigter Globalisierung entfaltete Relationalität von in sich abgeschlossener *Insel-Welt* und archipelischer wie transarchipelischer *Inselwelt* insofern, als Coolie und Koralle nicht allein auf Ebene einer sich verdichtenden Metaphorologie eine lebendige und weiter verlebendigende Dynamik in diese Insel-Landschaften der Theorie einbringen. Khal Torabullys Begriffswelt ist zutiefst transareal und überdies transarchipelisch geprägt.

In einem gemeinsam mit der britischen Historikerin Marina Carter verfassten Band wird 2002 der Begriff der *Coolitude* historiographisch insofern verankert, als seine verschiedensten Aspekte systematisch unter Einbeziehung historischer Quellen diskutiert werden. Dabei werden die oftmals brutalen Methoden der Rekrutierung billiger Arbeitskräfte, wie wir sie im Licht von J.M.G. Le Clézio in dessen Reisetext *Raga* am Beispiel der sogenannten „Blackbirders" im ozeanischen Raum kennenlernen können, immer wieder deutlich herausgearbeitet. Die Literaturen der Welt verschaffen uns aus erlebender und nacherlebender Perspektive dank ihres narrativen Wissens einen lebendigen Eindruck von gewaltigen Migrationsströmen, wie sie unseren Planeten in steigendem Maße überall charakterisieren.

Ihnen ist das zu abstrakt? Sie sehen hinter den großen Strömen migrierender Menschenmassen nicht mehr das einzelne Individuum, den einzelnen Menschen? Dem kann ich abhelfen. So wurde – um nur ein individuelles Beispiel herauszugreifen – im Jahr 1882 ein kleiner Junge namens Dawoodharree wie so häufig unter Vorspiegelung falscher Tatsachen angeworben, um auf der Pflan-

---

40 Torabully, Khal: The Coolies' Odyssey. In: *The Unesco Courier* (Paris) (October 1996), S. 13.

zung mit dem schönen Namen ‚Sans Souci' auf Mauritius als Kontraktarbeiter eingesetzt zu werden. Die Leitung dieser Pflanzung lehnte es entschieden ab, den Jungen auf dessen Antrag hin wieder freizulassen:

> Dawoodharree was engaged at the same time as five or six other men who came from India with him, that he was aware that he was going to Mauritius to contract an engagement for five years, that his passage as well as the passage of the others, had been paid by the sirdar of 'Sans Souci' estate, and that the amount disbursed for the purpose by the sirdar had been refunded by the estate.[41]

Wir sehen in diesen Worten ein erbarmungsloses kapitalistisches Weltsystem am Werk, das sich einen Teufel um ein Individuum, um einen kleinen Jungen schert, der als Kontraktarbeiter angeworben werden konnte. Legalität und Unmenschlichkeit sind in diesem juristisch argumentierenden postabolitionistischen Dokument kaum noch voneinander zu unterscheiden. Sind sie in der Realität eines Weltwirtschaftssystems, in dem auch heute noch Kinderarbeit an der Tagesordnung ist, überhaupt voneinander zu unterscheiden?

Sklaverei mag hier nur noch als Metapher sichtbar sein; doch sie ist weit mehr: von den Coolies gelebte und durchlebte Wirklichkeit. Für diese von der Geschichte Vergessenen entfaltet Khal Torabully *zugleich* eine Poesie und eine Poetik, ein Theorem und eine Theorie, die in der Lage sind, mit Blick auf all jene Entwicklungen, die im Verlauf der dritten Phase beschleunigter Globalisierung einen dramatischen Höhepunkt erreichten, eine sinnlich erfahrbare und mehr noch nacherlebbare Landschaft zu konstruieren, die ohne die kulturtheoretischen Hintergründe der vergangenen vierten Phase beschleunigter Globalisierung nicht vorstellbar wären.

Kein Zweifel: Es handelt sich um eine transareal konzipierte Landschaft der Theorie, die ohne die politischen, ökonomischen, sozialen und kulturellen Kontexte der 1968 politisch unabhängig gewordenen Insel Mauritius sicherlich nicht hätte entworfen werden können. Denn die vor ihrer Kolonisierung unbewohnte Insel im Indischen Ozean, die unter der kolonialen Herrschaft Portugals (1505–1598), der Niederlande (1598–1710), Frankreichs (1715–1810) und Englands (1810–1968) stand, bündelt wie in einem Brennspiegel viele jener historischen Entwicklungen, die charakteristisch sind für eine transarchipelische Vielverbundenheit, wie sie gerade im Bereich der Tropen – wie wir sahen – eine sehr spezifische Ausprägung erfahren haben. Die Spezifika dieser Prozesse lassen uns mit Recht von transtropischen Migrationsströmen sprechen, wie sie von Khal Torabully ins Zentrum seines literarischen und kulturtheoretischen Schaffens gerückt wurden.

---

41 Zit. nach Carter, Marina / Torabully, Khal: *Coolitude*, S. 24.

Seine Gedichte konfigurieren in konzentrierter Form ein WeltFraktal. Aber dieses WeltFraktal war bereits in seiner Heimatinsel Mauritius angelegt. Ganz so, wie sich dort auf der religiösen Ebene Hinduismus, Katholizismus, Protestantismus und Islam auf engstem Raum begegnen, so lassen sich auf der sprachlichen Ebene neben dem Morisyen (einer auf dem Französischen basierenden Kreolsprache, die nahezu von der gesamten Bevölkerung verwendet wird) auch verschiedene nordindische Varianten des Hindi, südindische Sprachen wie das Tamil sowie verschiedene südchinesische Dialekte unterscheiden, wobei das Englische Amtssprache ist und das Französische nicht nur von einer Oberschicht als Muttersprache gesprochen wird, sondern in den Massenmedien vorherrscht. Die Insel Mauritius ist in sich ein sprachlicher, religiöser, kultureller Mikrokosmos, den Khal Torabully auf den Makrokosmos hin öffnet.

Die Welt der *Coolitude* ist folglich ebenso mit Blick auf die mauritianische Herkunft Khal Torabullys wie auf die weltweiten Migrationen der Coolies selbst eine in höchstem Maße nicht nur vielkulturelle, sondern auch vielsprachige Welt, in der das Über-Setzen im unterschiedlichstem Sinne von entscheidender Bedeutung ist. *Über*-Setzen und Über-*Setzen* gehören folglich unbestreitbar zum Kernbestand dessen, was man mit Khal Torabully und Marina Carter als „the Coolie Heritage"[42] bezeichnen darf. Auch wenn der vielsprachige Autor aus Mauritius in seinen Schriften wie in seinem Schreiben gewiss nicht alle sprachlichen wie translingualen Dimensionen auszuleuchten vermag, so kann doch kein Zweifel daran bestehen, wie sehr seine theoretische Prosa wie seine lyrische Praxis von ständigen sprachenquerenden Prozessen geprägt sind. Denn diese translinguale Verfasstheit seines Schaffens wird nicht allein in seinen öffentlichen Lesungen hörbar.

Wenn man folglich mit guten Gründen von einem „Revoicing the Coolie"[43] sprechen will, dann gilt es zu berücksichtigen, dass die vielen Stimmen der *Coolitude* niemals einstimmig und einsprachig sein können, sondern ein ständiges Sprachenqueren vorherrscht. Auch wenn sich Khal Torabully immer wieder gegen den Einwand oder Vorwurf verteidigen musste, in seinen Konzeptionen durch einen gewissen Rückbezug auf den Begriff der von Césaire und Senghor geprägten *Négritude* bisweilen essentialisierend vorzugehen,[44] und auch wenn man die Begrifflichkeit von der Suche nach ‚Identität'[45] terminologisch als pro-

---

42 Ebda., S. 117.
43 Ebda., S. 214.
44 Vgl. Torabully, Khal: Quand les Indes rencontrent les imaginaires du monde, S. 63 f.
45 Vgl. auch wiederholt noch im Schlussteil von Carter, Marina / Torabully, Khal: *Coolitude*, S. 215 und *passim*.

blematisch erachten kann, steht die große Bedeutung des Denkens und Schreibens des mauritianischen Autors doch außer Frage: „In the 'post-ethnic societ' of Mauritius where the 'impact of modernity' has rubbed away at competing ancestral cultures, Khal Torabully has emerged to become a '*homme-pont*', or human bridge."[46]

Denn an die Stelle einer Kette wechselseitiger Exklusionen – „le blanc rejetant le noir qui rejette le coolie"[47] (also der Weiße, der den Schwarzen verachtet, der seinerseits den Coolie verachtet) – setzt der Autor von *Chair Corail, Fragments Coolies* ein Schreiben, das sich im Verbund mit Schreibformen weiß, die (in einer oftmals diasporischen Situation) vielsprachige „imaginaires polylogiques et archipéliques" entfesseln. Denn es geht um die Erschließung eines polylogischen, eines viellogischen Miteinanders, für das die Literatur die Schule und zugleich auch das Experimentierfeld bietet. Diese viellogischen Vorstellungswelten öffnen sich hin auf eine „contamination de discours, genres, lieux et même de langues",[48] auf Vermischungen und Kontaminationen von Diskursen, Gattungen, Orten und Sprachen, die keinerlei raumgeschichtlicher, territorialisierender Rückbindung mehr unterliegen – Alles ist nicht nur translingual in Bewegung geraten.

Dadurch verändert sich jene Weltkarte, die seit Juan de la Cosa[49] die Vorstellungswelten Europas beherrscht. Auch auf dieser Ebene kommen die einzelnen Teile dieses *Mapamundi*, das alle europäischen Kartendarstellungen und die damit verbundenen Imaginarien beherrscht, in Bewegung. Indien wird auf diese Weise neu pluralisiert, erfährt als „les Indes", „las Indias" oder „The Indies" nun eine selbstgesteuerte *Orient*ierung, in der Ost-Indien und West-Indien, Asien und Australien, Europa, Amerika und Ozeanien auf literarischer wie auf kulturtheoretischer Ebene in eine wechselseitige und polylogische Vielgestaltigkeit von Relationen einbezogen werden.

Der Reichtum all dieser ‚freigesetzten' Elemente ist auch der Reichtum transarealer Studien. Denn das, was diese transareal weitaus komplexer zu verstehenden Literaturen und Theorien entfalten, wird unsere Weltsicht und unser Weltbewusstsein, nicht zuletzt aber gerade auch unser konkretes Welterleben prägen. Mag sein, dass es noch Jahrzehnte, vielleicht sogar Jahrhunderte dauern wird, bis die Menschheit diese Vorstellungen in die Tat umgesetzt haben wird. Aber die Hoffnung darauf,

---

46 Ebda., S. 216.
47 Torabully, Khal: Quand les Indes rencontrent les imaginaires du monde, S. 68.
48 Ebda., S. 69.
49 Vgl. hierzu ausführlich den Abschnitt im siebten Band der Reihe „Aula" in Ette, Ottmar: *Erfunden Gefunden* (2022), S. 136 ff.

dass dieser Tag dereinst kommen wird, schwindet nicht. Die *Coolitude* ist alles andere als ein Problem der Anderen: Sie erlaubt uns, die Literaturen der Welt weit über die Welt der Literatur hinaus anders und neu zu verstehen. Und damit unsere Welt auf polylogische Weise zu gestalten: Eine Welt, in welcher verschiedenste Kulturen und verschiedenste Sprachen friedlich und in Differenz zusammenleben.

Zur Ausführung: Romanische Literaturwissenschaft im Zeichen des Lebens

Jacinta Escudos oder Bewegung, Traum und Fiktion

Ich möchte Ihnen am Ausgang unseres Wegs durch die Romanische Literaturwissenschaft zunächst in aller Kürze eine Schriftstellerin aus El Salvador vorstellen; aus einem mittelamerikanischen Land also, das wie ganz Zentralamerika immer noch im Schatten des literarischen ‚Restkontinents' steht. Sie behandelt das Thema der Migration eher *en passant*, obwohl es sicherlich zu jenen Themen gehört, die sie selbst auch am stärksten in ihrer eigenen Lebensumwelt existenziell betroffen haben und betreffen.

Es geht in Jacinta Escudos' Schreiben stärker um eine inhaltliche Instrumentalisierung des Themas der Migration – wie vordergründig auch bei Khal Torabully – als Reise sowie der Migration als Flucht, wobei sich diese Flucht vor allem als Flucht in eine Traumwelt äußert. Das Thema steht – wie Sie wissen – nicht im Vordergrund unserer Vorlesung, doch hat es zweifellos motivgeschichtlich viel mit unserer Frage nach den Spielfeldern der Literaturen ohne festen Wohnsitz zu tun. Es schien mir daher angebracht, dieses Thema zumindest kurz zu beleuchten.

Lassen Sie mich kurz einige Biographeme zur Vorstellung dieser salvadorianischen Schriftstellerin, die ich auch schon einmal in Potsdam zu einer Lesung begrüßen durfte, erwähnen! Jacinta Escudos wurde am 1. September 1961 in der Hauptstadt San Salvador geboren, wo ich die Schriftstellerin bei einer Vortrags- und Forschungsreise ganz in ihrem Element kennenlernen konnte. 1980 bis 1981 lebte die Dichterin und Journalistin auch in Deutschland, mit dem sie durch ihre deutsche Mutter verbunden ist. Ende 1981 übersiedelte sie aus politischen Gründen zeitweise ins nikaraguanische Managua, wo sie unter anderem bei Sergio Ramírez Literaturkurse besuchte und am damaligen Aufschwung der nikaraguanischen Literatur teilnahm. Als Stipendiatin der Heinrich-Böll-Stiftung kam sie erneut nach Deutschland und führte mehrere Lesereisen durch, die sie auch nach Potsdam führten. Daran schloss sich ein Schriftsteller- und Übersetzerstipendium in Frankreich an. Die salvadorianische Schriftstellerin ist in Amerika und Europa weit gereist und ließ sich ab 2001 wieder in El Salvador nieder.

Jacinta Escudos schreibt seit ihrem dreizehnten Lebensjahr Gedichte und Erzählungen. Sie hat die unterschiedlichsten literarischen Gattungen von der Lyrik über Sachprosa bis hin zum „cuento" und zum Roman bedient und in ihr literarisches Werk miteinbezogen. 1984 erschien übrigens eine von ihr nicht autorisierte zweisprachige Ausgabe (Englisch/Spanisch) von Gedichten unter dem

Abb. 32: Jacinta Escudos (*1961).

Pseudonym Rocío América mit dem Titel *Carta desde El Salvador/Letter from El Salvador*, herausgegeben von der ‚Solidarity Campaign with El Salvador' in London. Ihren eigentlichen erzählerischen Auftakt stellten 1987 der Roman *Apuntes de una historia de amor que no fue*, 1993 der Erzählband *Contra-corriente* sowie 1997 erneut ein Erzählband mit dem Titel *Cuentos sucios* dar. In regelmäßigen Abständen schlossen sich weitere Romane wie *El desencanto* (2001) und Erzählungen an, welche zumeist zuerst in der Tagespresse veröffentlicht wurden. Im Übrigen wurden und werden auch Gedichte Jacinta Escudos' in englisch- und spanischsprachigen Anthologien (in den USA, England und Costa Rica) sowie in Tageszeitungen beziehungsweise Kulturbeilagen und Zeitschriften (in Nikaragua, El Salvador und den USA) veröffentlicht.

In einem autobiographischen Text der Autorin heißt es: „Die Lebensumstände meiner Kindheit und meiner Jugend ließen in mir eine ganz eigene Sicht der Welt entstehen, und daraus erklärt sich mein Interesse daran, die dunklen Seiten der Personen zu erkunden wie auch die traditionellen sozialen Rollen in Frage zu stellen, sowohl bei Männern als auch bei Frauen. Das hat mich dazu geführt, den Schmerz, die Zurückweisung, die physische und psychische Gewalt, den Selbstmord und die Gleichgültigkeit – zentrale Themen meiner literarischen Arbeit – zu erforschen."

Die schriftstellerischen Werke der salvadorianischen Autorin zeichnen sich durch ihre Freude an experimentellen Formen aus. Sie hat mehrfach mittelamerikanische Literaturpreise gewonnen und konnte in neuerer Zeit ihre literarische und journalistische Arbeit auch in Blogs und andere digitale Plattformen verlagern, wo sie sehr präsent ist. Wir haben es folglich mit einer hochaktiven Schriftstellerin zu tun, deren erzählerisches Werk uns nun beschäftigen soll.

Dazu habe ich eine Erzählung aus einem Band ausgewählt, der mit einem salvadorianischen Literaturpreis ausgezeichnet wurde. Die Erzählung, die ich Ihnen vorstellen möchte, trägt den Titel *Materia negra* und ist an sich schon preisverdächtig: sehr präzise komponiert, überzeugend durchgeführt und immer mit Überraschungsmomenten versehen, die mir für die Prosa von Jacinta Escudos – aber auch ihre Lyrik wie etwa *Sobre las artes de la domesticación del tigre* – charakteristisch zu sein scheinen.

Die *Crónicas para sentimentales*[1] bilden als Erzählband laut Aussage der Autorin einen Kontrapunkt zu einem anderen Erzählband, ihren *Cuentos sucios*.[2] Die Erzählungen wurden alle im gleichen Zeitraum geschrieben, doch folgen sie zwei sehr unterschiedlichen Ausrichtungen. Die *Cuentos sucios* beinhalten, grob umrissen, die Perversität, das Morbide und das Seltsame, während die *Crónicas para sentimentales* den „lado cursi" der Menschen beleuchten, von platonischer und unmöglicher Liebe erzählen, auch wenn auch diese Erzählungen laut Jacinta Escudos mit ihrem „tono nada feliz" versetzt seien.

Das Glück ist Jacinta Escudos' Sache nicht. Überhaupt wird jede Form insbesondere häuslichen Glücks ironisch in Zweifel gezogen, wie der kleine Band *Felicidad doméstica y otras cosas aterradoras*[3] zeigen kann. Die Stabilität eines festen Wohnsitzes oder gar eine traditionelle Häuslichkeit sind Vorstellungswelten, welche die salvadorianische Autorin ein ums andere Mal in ihren literarischen Texten eindrucksvoll *ad absurdum* führt. Glückliche Geschichten sind, soweit ich sehe, bei Jacinta Escudos nicht zu haben; dies gilt auch für den experimentellen, mit allerlei christlichen Versatzstücken spielenden Band *A-B-Sudario*.[4]

Der Titel der Erzählung *Materia negra* verweist auf die sogenannten Schwarzen Löcher im Weltraum; doch die Erzählung setzt in einem sehr bestimmten, abgegrenzten und überschaubaren Raum ein, wo niemals etwas Unerwartetes geschehe, handelt es sich doch um einen Vortragsraum an einer Universität, in der gerade eine Tagung durchgeführt wird. Jacinta Escudos wählt immer wieder derartige Settings, da sie sich mit dem Leben an Universitäten biographisch bedingt gut auskennt. Man blickt auf einen Tisch mit den sechs Männern mit Krawatten im Anzug und einem Publikum, von dem man nicht genau weiß, warum es überhaupt gekommen ist. Sie sehen, das ist keine sehr realitätsfremde akademische Szenengestaltung!

Nun, Professor Coronado blickt in die Gesichter der Zuhörer und fragt sich, warum sie gekommen seien und ob sie nichts anderes zu tun hätten. Es geht um die letzten Entdeckungen japanischer Astronomen und dabei insbesondere um die schwarze Materie, um die Schwarzen Löcher im Universum, die auch ein knappes Vierteljahrhundert nach dieser Erzählung der internationalen Astrophysik weiterhin faszinierende Rätsel aufgeben – jenseits jener kleinen Ge-

---

1 Escudos, Jacinta: *Crónicas para sentimentales*. Guatemala: F&G Editores 2010.
2 Escudos, jacinta: *Cuentos Sucios*. San Salvador: Dirección de Publicaciones e Impresos 1997.
3 Escudos, Jacinta: *Felicidad doméstica y otras cosas aterradoras*. Guatemala: Editorial X 2002.
4 Escudos, Jacinta: *A-B-Sudario*. Madrid: Editorial Santillana 2003.

schichte der Zeit von Stephen Hawking,[5] welche die Autorin bei der Abfassung der Erzählung offensichtlich kannte.

Der gelangweilte Blick des Professors, der mit seiner Zuhörerschaft und deren Wissen um die harmonische Verbindung zwischen Mensch und Kosmos nicht zufrieden ist, fällt zufällig auf eine verspätet und übereilt hereinkommende junge Studentin. Dieser Blick hätte genauso gut eine andere treffen können, wie die Stimme des Erzählers oder der Erzählerin dazu bemerkt. Doch Coronados Blick traf eben diese Studentin. Es gibt keinen Grund, warum die große, schlanke und kurzhaarige, fast männlich wirkende Studentin diesen Blick auf sich zog. Das Universum steckt voller Zufälle, und der Zufall ist – wie schon Honoré de Balzac programmatisch bemerkte – der beste Romancier der Welt.

Nachdem sie sich gesetzt und ihre Dinge geordnet und schließlich zu den Vortragenden geblickt hat, trifft der Blick der Studentin auf den von Coronado, der nach einem längeren Austausch von Blicken – und wir wissen schon, was das heißt – den Blick senken muss und so tut, als müsse er seine Brille reinigen. Mehr als ein Roman hat mit dem Satz „Et leurs yeux se rencontrèrent" begonnen: Ihre Augen trafen sich also ...

Im weiteren Verlauf des Vortrags eines Kollegen und der dadurch verbreiteten Langeweile wird die junge Frau zum Fokus der Gedanken des gelangweilten Professors, wobei dieser später die Studentin in keinem anderen Vortrag oder sonstwo an der Universität wiedersehen sollte. Die Zeit vergeht. Ein Semester später aber wird er zu Beginn seines Vorlesungszyklus über die Schwarzen Löcher tatsächlich die Studentin unter den Zuhörerinnen entdecken. In der Teilnehmerliste stößt er auf ihren Namen: Victoria Valderrama.

Nun kommt etwas akademisches Lebenswissen ins Spiel. Denn mit der Wissenschaft – so Professor Coronado – sei es wie mit einer Liebesbeziehung: Man müsse die Dinge mit Leidenschaft und Neugier sowie mit Aufmerksamkeit betreiben und vorantreiben. Die junge Studentin sitzt stets in der ersten Reihe einer Vorlesung, deren Teilnehmerzahl im Laufe des Semesters abnimmt – Sie kennen das ja! Sie erweist sich dabei als eine äußerst engagierte und kluge Studentin; und bald schon grüßen sich Professor und Studentin in den Gängen der Universität. Das Spiel beginnt.

Der ältere Professor stellt sich das Mädchen vor dem Computer sitzend vor, aber auch in attraktiver Haltung in ihrer Studentenbude. Es folgen einige gene-

---

5 Vgl. Hawking, Stephen: *Eine kurze Geschichte der Zeit. Die suche nach der Urkraft des Universums.* Mit einer Einleitung von Carl Sagan. Deutsch von Hainer Kober unter fachlicher Beratung von Dr. Bernd Schmidt. Reinbek bei Hamburg: Rowohlt Verlag 1988.

relle Aussagen über die Wirkungen und Folgen der Schwarzen Löcher sowie über das Auseinanderstreben der verschiedenen Galaxien, das ohne die Existenz Schwarzer Löcher nicht erklärbar wäre. Die schwarze Materie unterscheidet sich von der normalen Materie insoweit, als sich die letztere aus bekannten Atomen zusammensetzt, deren Existenz sichtbar beziehungsweise wahrnehmbar ist. Da die schwarze Materie aber unsichtbar ist, müssen die Astronomen riesige Anstrengungen unternehmen, um sie überhaupt aufzufinden.

Genau an diesem Punkt aber wird die Geschichte geradezu fiktional und erinnert die belesene Studierende an den argentinischen Erzähler Julio Cortázar. Ich darf Ihnen diese Passage, die unmittelbar auf eine Definition der Schwarzen Löcher oder der schwarzen Materie folgt, in einer Selbstaufsprache der Autorin zu Gehör bringen und zugleich als Schrifttext vor Augen führen:

Und Professor Regis hört ihr zu, wie sie diesen Abschnitt vorliest, und er sieht sie lächeln und fragt sie nach dem Warum ihres Lächelns und sie erklärt ihm, dass ihr bisweilen diese ganze Angelegenheit der unsichtbaren schwarzen Materie wie eine Erzählung von Julio Cortázar vorkommt, vor allem der Abschnitt, den sie ihm gerade vorgelesen hat, und der Professor lacht aus vollem Halse und denkt, dass er mit ihr gestritten hätte, wenn eben diesen Kommentar seine Ehefrau Federica abgegeben haben würde. Da es sich aber um Victoria handelt, erscheint ihm dieses Oszillieren zwischen dem Rationalen und dem Phantastischen, zwischen dem Vulgärem und dem Genialischem als so bezaubernd, dass er ihren Einfall stattdessen feiert.

Bis zu diesem Punkte erinnert er sich an Federica. Er stellt sich vor, wie sie sich in die Fäuste ihres Mutes beißt, weil jetzt Professor Regis ohne seine Gattin in einem Flugzeug neben Victoria Valderrama als Repräsentantin der Physikalischen Fakultät auf dem Weg nach Tokio sitzt, um Professor Yasushi Ikebe letztlich mit dem Ziel zu interviewen, die Studien von ihm und anderen japanischen Kollegen auf Grundlage des Fortgeschrittenen Satelliten für Kosmologie und Astrophysik kennenzulernen, und sie trinken Champagner zum Frühstück, das ihnen die Stewardess anbietet, und sie lachen, als sie die seltsamen Figuren und Formen der Wolken entdecken, und sie fühlen sich so als Meister der wissenschaftlichen Erkenntnis, weil sie wissen, dass das Flugzeug nicht herabfallen kann, weil der Professor höchstselbst eine Reihe mathematischer Berechnungen angestellt hat, auf deren Grundlage er beweisen kann, dass an diesem Tage kein Flugzeug auf irgendeinem Flecken dieser Erde zerschellen wird, und beide lachen aus vollem Halse, weil sie aus der Sicherheit der mathematischen Berechnungen den Tod besiegen.

Er sitzt am Flugzeugfenster und sie schaut hindurch, um nach draußen zu sehen, und sie muss leicht die Schulter des Professors streifen und fragt ihn dann:

— Herr Professor, glauben Sie, dass wir irgendwann in den Weltraum reisen können, ich meine Sie und ich als normale menschliche Wesen, ohne uns in Astronauten zu verwandeln, so wie jemand einen Autobus oder irgendein Flugzeug nimmt, dass wir also ein Raumschiff auf dem Weg ins Unendliche nehmen können und als Souvenir einen Eimer mit schwarzer Materie mitbringen, den Sie als Briefbeschwerer auf Ihren Schreibtisch stellen könnten, sowie einen anderen, den ich irgendeinem Museum verkaufen würde, um mein Universitätsstudium zu finanzieren? Glauben Sie das?

Und sie blickt ihn an, so als wäre all dies so gewiss, so möglich, so nahe, so wahrscheinlich, so dass er ihr antwortet:
— Ja, das glaube ich.[6]

Sie bemerken leicht, dass dieses Oszillieren zwischen dem Rationalen und dem
Phantastischen, zwischen dem vulgären und dem Genialischen auch eine Beschreibung ist, die für die Welt der Erzählung selbst gelten kann. So wie die Studentin Victoria die schwarze Materie mit einer Erzählung von Julio Cortázar in
Verbindung bringt, so wird in Jacinta Escudos' *Materia negra* ein Oszillieren zwischen der Welt der Physik und der Welt der Fiktion in Gang gesetzt; ein Oszillieren, welches gleichsam den Treibstoff für diese spannende Narration liefert.

Ganz sachte ist in dieser langen Passage zudem das Thema der Reise eingeführt worden. Und dieses Thema der Bewegung und des Reisens steht zuallererst
im Zeichen einer Befreiung vom Alltäglichen, gleichsam eines Eskapismus, der
es beiden – und vor allem dem Professor – erlaubt, sich von den Zwängen des
Alltags und seiner Ehebeziehung zu befreien. Es ist gleichsam eine Deterritorialisierung, eine Entbindung von der Erde in eine fast reine Bewegung, die dieses
Gefühl, das zugleich ein Besehen der Erde von oben, aus einer quasi göttlichen
und quasi wissenschaftlichen Sicht ist, überhaupt erst ermöglicht. Das Lachen
der beiden Protagonisten steht stellvertretend für die Last, die von ihren Schultern fällt, um sich mit Hilfe einer List, einer Reise nach Japan aus vorgeblich wissenschaftlichen Gründen, ihrer Lust zu überlassen. Last, List und Lust stehen in
einem ursächlichen Zusammenhang, dem des erhofften Zusammenlebens.[7]

Zugleich erschließt sich ein Gefühl der Allmacht, das den Physikprofessor
und seine Studentin begleitet, ein Gefühl wissenschaftlich-mathematischer Berechenbarkeit aller vektorisierbarer Bewegungen, die auf dem Planeten, dem
Erdkörper, ausgeführt werden können. Vor allem aber ist das Reisen über weite
Strecken mit dem Abenteuer verbunden, und mit dem Abenteuer natürlich
stets auch das Liebesabenteuer, das in der abendländischen Tradition niemals
fehlen darf.[8] Das Reisen schafft jenen Spiel- und Freiraum, der an Ort und
Stelle niemals vorhanden wäre – und doch ist es, wie wir aber erst am Ende der
Erzählung erfahren werden, ein erfundener, ein imaginierter Freiraum für das
universitäre Pärchen. Eben deshalb weitet er sich nun auch auf die Literatur

---

6 Escudos, Jacinta: Materia negra, zitiert nach der in der Zeitschrift *Renacimiento* No. 55/58
(2007), S. 43–51 erschienenen Version, hier S. 45 f.
7 Vgl. zu dieser Relation Ette, Ottmar: *ZusammenLebensWissen. List, Last und Lust literarischer Konvivenz im globalen Maßstab (ÜberLebenswissen III)*. Berlin: Kulturverlag Kadmos
2010.
8 Vgl. hierzu den zweiten Band der Reihe „Aula" in Ette, Ottmar: *LiebeLesen* (2020), S. 33 ff.

aus und erstreckt sich mithin auf die literarischen Bezüge. Denn es sind die Literaturen der Welt, welche diese Reise erfinden.

Auf der Reise, in einem Restaurant in Tokio, sprechen die beiden Astrophysiker*innen nicht nur über ihre Liebe zu bestimmten Filmen, zu den Romanen von Marguerite Duras oder zu anderen kulturellen Erscheinungsformen, sondern auch über ihre ersehnten Traumreisen. Denn beide würden gerne einmal nach Ägypten und nach Griechenland reisen. Dabei war der Herr Professor selbst schon oft unterwegs – und zwar weltweit und immer auf der Suche nach Observatorien, Bibliotheken oder Untersuchungsgegenständen, ohne sich dabei nach architektonischen Denkmälern oder auch nach Stränden umzusehen.

Nun aber sind die beiden Protagonisten miteinander auf Reisen – und alles andere scheint hinter einer Nebelwand sachte zu verschwinden. Die ganze glückliche, jahrzehntelange Ehe mit Federica, die Zeit mit ihren beiden Kindern scheint Tausende von Meilen entrückt und gar nicht länger in der Wirklichkeit zu existieren. Coronado wird klar, was für eine Dummheit es ist, sich in die „materia negra," das Unsichtbare und Unberührbare hineinzudenken, wenn doch die schlanke, verführerische Hand von Victoria Valderrama so nahe ist.

Schließlich kommen der Professor und seine Studentin im Hotel an. Beide nehmen den Aufzug; und bald schon werden sie sich vor ihren Hotelzimmertüren trennen. Er denkt, was passieren würde, wenn er es wagen würde, in dieser Nacht zu ihr zu gehen, an ihre Zimmertüre zu klopfen; doch er wagt es nicht und verabschiedet sich brav. Coronado fühlt ihren so beunruhigend jungen Körper; doch er wagt es nicht. Er beginnt sich von ihr zu entfernen und geht zu seinem Hotelzimmer zurück, schließt die Tür seines Zimmers von innen ab.

Dort liegt er noch lange wach und versucht, daran zu denken, was nun gut daran ist, sich nicht zu bewegen; er befürchtet, sein ganzes Renommee aufs Spiel zu setzen. Doch er bewegt sich nicht. Bewegung heißt genau dies aber: Risiko, Veränderung und letztlich Leben. Er beruhigt sich mit dem Gedanken, dass derartige Dinge nicht selten passieren, sobald man die Fünfziger-Grenze überschritten hat. Dann folgt nicht ganz zufällig eine lange Reflexion des Professors, der zweiundfünfzig Jahre alt ist, über die Veränderungen auf Grund des Alters, das zunehmend eine Rolle spielt auf dieser „autopista de la vida". Denn ja, das Leben läuft schnell!

Schließlich aber hören wir, wie Professor Regis Coronado doch noch aufsteht, um zum benachbarten Zimmer Victoria Valderramas zu gehen und dort viermal laut anzuklopfen und auf das Öffnen der Türe zu warten. Es folgt die Szene des in die Arme Schließens und schließlich die Liebesszene, die er die ganze Zeit erhoffte: eine Erfüllung all seiner Träume, seiner eigenen Fiktionen. In höchst poetischer Sprache werden die Veränderungen dargestellt, die durch die Liebe die Zeit in ein Vorher und ein Nachher auftrennen, all jenen Spielregeln folgend, die sich im Anschluss an die Liebeskonzeptionen der Romantik im Abendland herausgebildet haben.[9]

Die sich anschließende Zeit ist eine Zeit der Entdeckungen, eine Zeit der Wunder. Es folgen noch fünf weitere schöne gemeinsame Tage in Tokio, bis die Rückkehr in die Heimat droht. Zugleich beginnt damit aber auch die Distanzierung von der Geliebten, die zu perfekt, zu ideal geworden ist. So reift denn ein Entschluss in ihm: Er muss sie loswerden. So kommt es schließlich zu jenem kalten Händedruck auf einem Flughafen, auf dem Federica den Professor, ihren Ehemann, erwartet. Die Reise ist zu Ende und das Abenteuer mit ihr: Der zeitweilige Eskapismus hat der Rückkehr Platz gemacht.

Ganze neun Jahre später sehen sich unsere beiden Protagonisten wieder auf einem Kolloquium diesmal nicht mehr über die Schwarzen Löcher und die Astrophysik, sondern über die Träume und die Traumdeutung. Die Doktorin Victoria Valderrama verteidigt in diesem Kreis hartnäckig ihre Überzeugung, dass Träume nur eine andere Art des Reisens sind. Wir werden gleich im nachfolgenden Zitat sehen, wie Professor Coronado am Ende des Vortrags auf die Vortragende zugeht, die noch immer eine bezaubernde Erscheinung ist; und wie er Schwierigkeiten hat, Frau Doktor Victoria Valderrama anzusprechen, von der er sich doch niemals richtig verabschiedet hatte. Doch es kommt alles ganz anders, als es sich Regis Coronado vorstellt:

> Neun Jahre später tritt er in den Vortragsraum, in welchem 6 Personen einem Kolloquium über Traumdeutungen beiwohnen, das wegen der Subversivität ihrer Vorstellungen und dem Nachdruck, mit dem Frau Dr. Victoria Valderrama ihre Überzeugung vertritt, dass Träume schlicht Arten von Reisen in andere Bewusstseinszustände sind und dass das, was in ihnen geschieht, so real ist wie jene Dimension, die wir das Leben nennen, viel Polemik auslöst. Professor Regis Coronado bleibt diskret in der letzten Reihe, wobei er Victoria und ihre durch ihr schulterlanges Haar und einige Kilo mehr sanftere Präsenz entdeckt, sie noch immer ein Magnet für die Augen der Männer, noch immer ihre Stimme mit dieser Mischung aus Bildung und Spiel, inmitten all dieser unendlichen, hinauszögernden Fragen, die Doktor Valderrama mit großer Geschicklichkeit beantwortet.
>
> Als das Kolloquium zu Ende ist und sich alle aus dem Vortragsraum zurückziehen, wartet Professor Regis auf sie. Er hat Angst, weiß nicht, was er ihr sagen soll. Er hat sie seit jenem Händedruck am Flughafen, der im Übrigen mit Victorias Wechsel der Universität und der Studienrichtung zusammenfiel, nicht wiedergesehen, ohne jede Erklärung und ohne jeden Abschied.
>
> Mehrfach träumte er von ihr (feuchte Träume, welche mich Diskretion und Scham zu wiederholen hindern), *„ich habe so oft von Dir geträumt, so als wären wir immer zusam-*

---

9 Zur Konzeption der romantischen Liebe vgl. ebda. S. 135 ff.

mengeblieben", will er ihr sagen, und er hätte es ihr gesagt, käme ihm selbst dieser Satz nicht so abgeschmackt und dumm vor [...].[10]

In dieser Passage können wir erkennen, dass analog zur schwarzen und normalen Materie, jener Materie, die wir anfassen und jene, die wir nicht einmal anfassen können, eine Beziehung zwischen Wirklichkeit und Leben einerseits und Traum und Fiktion andererseits besteht. Hat er jemals an ihre Türe im Hotel geklopft und sie jemals in ihrem Zimmer umarmt, geküsst und geliebt? Ist denn alles nichts als eine Fiktion, ja, ist denn das ganze Leben nichts als ein Traum, der fast unbemerkt vorüberzieht? Sie jedoch bemerken unschwer die Parallelen zu Calderón de la Barcas *La vida es sueño*. Ist denn das Leben ein rascher Traum, der schon verflogen ist, bevor wir es recht begreifen? Findet diese Vorlesung wirklich statt, und kann es wirklich sein, dass diese Vorlesung meine letzte wäre, die ich an der Universität Potsdam halte?

So wie sich der Professor mit Schwarzen Löchern beschäftigt, so beschäftigt sich seine ehemalige Studentin mit Träumen. Hierbei verteidigt sie die Idee, dass das Träumen ganz fundamental etwas mit Bewegungen, mit Reisen zu tun hat. Alles in der Literatur ist in Bewegung, alles ist Bewegung.[11] Wir verstehen, dass es in dieser Erzählung nicht um Eskapismus geht, auch wenn die Geschichte gleichsam selbstbewusst das „cursi" inszeniert, von dem sie spricht und das sie ebenso vielgestaltig wie melodramatisch reflektiert.

Erst am Ende der Erzählung dämmert uns, dass es verschiedene Ebenen des Traums, verschiedene Ebenen des Literarischen gab. ,Wirklichkeit' in der Fiktion war wohl die Konferenz über Astrophysik, bei der Coronado eine zu spät gekommene Studentin eintreten sah. Die sich daran anschließende Szene der gemeinsamen Reise war bereits Teil eines Traums, und die Vorstellung, nachts allen Widerständen zum Trotz an ihre Hotelzimmertür zu klopfen und sie zu lieben, nichts anderes als ein Traum im Traum.

Innerhalb dieses Traums im Traum gibt es gleichsam eine Metaebene, eine Ebene, auf der die Wissenschaft nach ihrem recht verlangt, um behaupten zu können, doch immer noch die Phänomene des Lebens einplanen, verstehen, rational verarbeiten zu können. Doch wir wissen ja bereits, dass auch die nüchternsten astrophysischen Grundsätze sich so anhören wie die phantastischen Erzählungen von Julio Cortázar oder von Jorge Luis Borges.[12]

---

10 Escudos, Jacinta: Materia negra, S 50f.
11 Vgl. hierzu Ette, Ottmar: *Literatur in Bewegung. Raum und Dynamik grenzüberschreitenden Schreibens in Europa und Amerika.* Weilerswist: Velbrück Wissenschaft 2001.
12 Vgl. hierzu den dritten Band der Reihe „Aula" in Ette, Ottmar: *Von den historischen Avantgarden bis nach der Postmoderne* (2021), S. 494 ff. u. S. 646 ff.

Auf diese Weise lernen wir in der Erzählung und durch die Erzählung, dass wir es in Jacinta Escudos' *Materia negra* mit den unterschiedlichsten ineinander verschachtelten Zeitebenen zu tun haben und letztlich auch die Erzählung selbst in diesen Wirbel hineingezogen wird, der eine stetige Bewegung zwischen den Ebenen voraussetzt und verschiedenste Logiken in Gang hält, die sich wechselseitig nicht ausschließen und als polylogisch zu bezeichnen sind. Hören wir uns deshalb den Schluss dieser schönen Erzählung genauer in der Selbstaufsprache der Autorin an und nehmen wir uns das Excipit ihres Textes noch einmal vor. Denn schon unmittelbar im Anschluss an das Ende des obigen Zitats gelangt die Erzählung an ihr Ende, das alle verschiedenen Traumebenen aufdeckt:

> [...] und er sieht sie vorübergehen, stumm, unfähig, den Mund aufzumachen, sich zu bewegen, ihr zu folgen, während sie den Vortragsraum verlässt und hinter sich die Türe schließt, die wasserfarbene Türe des Hotels, wo das rechte Auge von Victoria Valderrama weder das auf den Boden gleitende Nachthemd sieht, noch die Küsse noch das Schweigen sieht, weil er es nicht wagt, viermal an die Türe des Unglücks zu klopfen und in sein Zimmer zurückgeht, seine Feigheit verflucht, um sie am nächsten Tag freudig zu begrüßen, im Restaurant des Hotels zur Stunde des Frühstücks, ohne dass dieses Mädchen, das eiligst und verspätet in den Raum hereinkommt, jemals die Dinge erfahren würde, von denen er träumt, wenn er die Augen schließt, wenn er an Langeweile in den Konferenzen an der Universität stirbt.[13]

Die Erzählung *Materia negra* lehrt uns, dass Träume und Fiktionen ein wesentlicher Teil des Lebens sind, ohne dass sie doch mit dem wirklichen Leben gleichzusetzen oder gar zu identifizieren wären. Denn setzten wir diese Fiktionen mit dem wirklichen Leben gleich, dann würden sich in unserem tatsächlichen realen Leben Enttäuschungen breit machen, so wie Don Quijote notwendig von der Welt der Ritter ebenso enttäuscht sein musste wie Emma Bovary von den romantischen Liebesszenen, die sie sich aus ihren Liebesromanen herbeisehnte und für ihr eigenes nichtssagendes Leben erträumte.

Zugleich könnte uns die Erzählung von Jacinta Escudos verdeutlichen, dass Bewegung etwas Grundsätzliches in der Fiktion ist: eine Bewegung zwischen verschiedenen Ebenen, die uns überhaupt erst zu leben erlaubt. Es ist keineswegs ein vorgeblicher Eskapismus des Reisens, nicht nur die Flucht und die Befreiung durch eine Deterritorialisierung, sondern das Abenteuer, die *Aventure* des Lesens und des Schreibens selbst, um die es geht. Lesen wie Schreiben sind an die Bewegung gebunden, die immerwährende Bewegung, welche literarische Texte auszeichnet. Auch dies ist ein Teil des Lebenswissens, das uns in dieser Erzählung auf ästhetisch überzeugende Weise vermittelt wird.

---

13 Escudos, Jacinta: Materia negra, S 51.

Mario Vargas Llosa, Roland Barthes oder die Versuchung des Unmöglichen

Was also ist die Literatur? Welches ist ihr Verhältnis zur außersprachlichen Realität, welches ihr Verhältnis zum Leben? Was sind die Möglichkeiten und Risiken jener kreativen Aktivitäten, die wir als die Literaturen der Welt bezeichnet haben? Und zu welchem Ende – nicht zuletzt auch für uns selbst – können wir diese Literaturen studieren? Greifen wir am Ausgang unserer Vorlesung auf die Positionen eines der weltweit renommiertesten und erfahrensten Schriftsteller zurück, um uns noch einmal aus anderer Perspektive wichtige Einsichten unseres Weges durch die romanischen Literaturen vor Augen zu führen:

> Der Roman ist das gelesene Leben, das erfundene Leben, das rekonstruiert und rektifiziert wurde, um es näher an unsere Ambitionen und an unsere Begehren zu rücken, das neugestaltete Leben, das verändert und ergänzt wurde, um es intensiver und extensiver zu leben als das, was uns unser wahres Leben mit seinen Bedingungen erlaubt.[1]

Mit dieser komplexen, hintergründigen Formulierung umschrieb der 1936 in Arequipa geborene peruanische Schriftsteller, Essayist, Literaturtheoretiker und Intellektuelle Jorge Mario Pedro Vargas Llosa im Dezember 1990 anlässlich der Fünfhundertjahrfeier des erstmaligen Erscheinens des valencianischen Ritterromans *Tirant lo Blanc* die Funktion und die Faszination, aber auch die Grenzen der Literatur. Die auffällige Rekurrenz des Lebensbegriffs in diesen wie auch in vielen anderen Wendungen von Vargas Llosas literaturwissenschaftlicher Kampfschrift (oder „Carta de batalla") für den Roman Joanot Martorells lässt aufhorchen.

Und dies nicht nur, weil da einer schreibt, der etwas vom Schreiben versteht und keiner überzogenen Fachterminologie bedarf, um die wissenschaftliche Präzision und Transparenz seiner Aussagen sicherzustellen. Mario Vargas Llosa trennt hier zwar in einem ersten Schritt – und wie sollte er nicht? – zwischen dem ‚realen', dem ‚gelebten' Leben einerseits und dem ‚gelesenen', dem nachmodellierten und verwandelten Leben der Literatur andererseits. Doch ist es gerade dieses spezifische Leben der Literatur, welches das gelebte Leben belebt, ihm eine größere Dichte, eine ausgedehntere Weite, eine höhere Intensität verleiht und erst – ganz im Sinne Marcel Prousts[2] – zu einem wahrhaft gelebten Leben

---

1 Vargas Llosa, Mario: *Tirant lo Blanc*: las palabras como hechos. In (ders.): *Carta de batalla por Tirant lo Blanc*. Barcelona: Seix Barral 1991, S. 103 f.
2 Vgl. hierzu Vargas Llosa, Mario: *La literatura y la vida. Conferencia magistral*. Edición Ursula Freundt-Thurne. Lima: Universidad Peruana de Ciencias Aplicadas 2001, S. 47. Vgl. zu den für

werden lässt. Denn haben wir, so könnten wir mit dem Autor von *Auf der Suche nach der verlorenen Zeit* fragen, nicht jene Teile unseres Lebens am intensivsten gelebt, wenn wir am ‚realen' Leben kaum teilnahmen, sondern tief in die Lektüre versunken waren?

Dieses Paradoxon steht im Zentrum von Mario Vargas Llosas Literaturpraxis und Literaturtheorie gleichermaßen: Erst durch die Trennung zwischen gelebtem und gelesenem Leben kann das gelesene das gelebte Leben mit zusätzlichem, ja mit zusätzlichen Leben erfüllen. Denn Literatur, dies hat der Autor von *La ciudad y los perros* im Verlauf eines wahrlich beeindruckenden Lebensweges immer wieder betont, ist „un quehacer imprescindible",[3] eine schlichtweg unersetzliche Tätigkeit. Der peruanische Schriftsteller meint damit eine nicht nur für ihn selbst, sondern für alle Menschen im Grunde ‚unverzichtbare Tätigkeit': Die Literatur *und* die möglichst intensive Beschäftigung mit ihr sind im tiefsten Sinne des Wortes ein Lebensmittel,[4] dessen die Menschheit bedarf und dessen Verzicht zu einem gefährlichen geistigem Skorbut führt.

Dies konnte im Jahr 2005, im Kontext der Vierhundertjahrfeiern aus Anlass des erstmaligen Erscheinens von Miguel de Cervantes' *Don Quijote de la Mancha*, als eine etwas realitätsferne, gleichsam quijoteske Überzeugung missverstanden werden. Hat nicht auch der Quijote sein wahres Leben erst im gelesenen Leben gefunden?

In der Tat ist es kein Zufall, dass sich der peruanische Literaturwissenschaftler und Kritiker, der neben vielen anderen literarischen Auszeichnungen wie dem Premio Planeta, dem Príncipe de Asturias oder dem Friedenspreis des Deutschen Buchhandels auch 1994 den renommierten Premio Cervantes erhielt, immer wieder vertieft mit jenem Ritter von der traurigen Gestalt beschäftigte, dem er doch in seinem äußeren Erscheinungsbild so wenig ähnelt.

So heißt es in seinem mehrfach wiederabgedruckten Essay *Cervantes y la ficción* über die imaginative Kraft, die befreiende Wirkung der Literatur im Allgemeinen und des Romans in der Nachfolge von Martorell und Cervantes im Besonderen:

> Aber die Einbildungskraft hat ein schlaues und subtiles Beruhigungsmittel für diese unvermeidliche Scheidung zwischen unserer begrenzten Realität und unseren grenzenlosen Gelüsten gefunden: die Fiktion. Dank der Fiktion sind wir mehr und sind wir andere, ohne doch aufzuhören, dieselben zu sein. In ihr lösen wir uns auf und vervielfachen uns,

die Konzeption des Lesens in seinem Verhältnis zum Leben wichtige Passagen Marcel Prousts nochmals den zweiten Band der Reihe „Aula" in Ette, Ottmar: *LiebeLesen* (2020), S. 619 ff.
3 Vargas Llosa, Mario: *La literatura y la vida*, S. 68.
4 Vgl. hierzu Ette, Ottmar / Sánchez, Yvette / Sellier, Veronika (Hg.): *LebensMittel. Essen und Trinken in den Künsten und Kulturen*. Zürich: diaphanes 2013.

wobei wir viel mehr Leben leben als das, welches wir haben und die wir leben könnten, würden wir nicht durch das Wahrhaftige begrenzt, ohne aus dem Gefängnis der Geschichte auszubrechen.[5]

Eine Beschäftigung mit der Literatur, die aus dem ‚Gefängnis der Geschichte' herausführt? Eine Evasions-Literatur oder Evasions-Literaturwissenschaft also? Wer auch nur ein wenig mit dem Leben und dem Lebenswerk des lateinamerikanischen Literaturnobelpreisträgers vertraut ist, weiß, dass Mario Vargas Llosa mit diesen Formulierungen etwas anderes meint: die subversive, gegen das schiere So-Sein aufbegehrende und rebellierende Dynamik der Literatur, der Literaturen der Welt.

Hintergrund aller Reflexionen Vargas Llosas ist die eng mit Europa verzahnte Geschichte Amerikas, eine Geschichte der Entdeckungen und vielleicht mehr noch der Erfindungen.[6] Der Autor von *Los jefes* hat darüber hinaus beständig versucht, die Geschichte seines Landes und seines Amerika nicht nur zu reflektieren und kritisch zu begleiten, sondern vehement als Intellektueller und aktiv als Politiker mitzuprägen. Die Präsidentschaftskampagne an der Spitze des von ihm mitbegründeten „Frente Democrático", die er 1990 schließlich gegen den Populisten Alberto Fujimori verlor, vor allem aber seine ungezählten politischen Essays, Artikel und Berichte haben ihn diesseits und jenseits der großen Tageszeitungen der westlichen Welt zu einer der meistgehörten Stimmen eines selbstbewusst die Sache Lateinamerikas verfechtenden Intellektuellen werden lassen. Man kann hinsichtlich seiner politischen Positionen sehr kritisch und anderer Meinung sein; doch soll es am Ende unserer Vorlesung nicht um den politischen Essayisten Vargas Llosa und um dessen Aktivitäten im politischen Feld gehen, sondern um dessen „Cartas de batalla" für die Literatur, also um sein spezifisch literaturwissenschaftliches Engagement im Einklang mit seinem fiktionalen Schreiben.

Denn engagiert – und ich meine dies durchaus im Sinne einer „littérature engagée", wie sie der von Vargas Llosa zunächst bewunderte und später oft kritisierte Jean-Paul Sartre entwickelte, dessen langes „Purgatoire" auch noch in unseren Tagen anhält – ist nicht nur der Intellektuelle und der Schriftsteller, sondern auch der Literaturwissenschaftler und *Romanist* Mario Vargas Llosa. Denn so, wie er als Romancier die Literatur nicht präsentiert, sondern repräsentiert und verkörpert, so vertritt er auch die Literaturwissenschaft nicht als Textverwalter und Fußnotendespot, sondern als ein dem jeweiligen Gegenstand

---

5 Vargas Llosa, Mario: *Cervantes y la ficción – Cervantes and the Craft of Fiction.* Basel: Schwabe & Co. Verlag 2001, S. 19.
6 Vgl. hierzu den siebten Band der Reihe „Aula" in Ette, Ottmar: *Erfunden Gefunden* (2022), op. cit.

verpflichteter streitbarer Experte, der für die Sache der Literatur wie der Literaturwissenschaft in den Kampf zieht. Sie meinen: Wie ein Don Quijote?

Nein, ich glaube das nicht; ich glaube vielmehr fest an die Macht der Literatur, sich durch Jahrtausende hindurch und über die unterschiedlichsten Träger des Schreibens hinweg allen Lebensbedingungen anzupassen und ein Wissen quer zu allen Kulturen, quer zu allen Weltteilen, quer zu allen Formen und Logiken der Diffusion als Speicher eines menschheitsgeschichtlichen Wissens vom Leben zu entfalten. Daher gilt für den Autor von *La guerra del fin del mundo* eine ungeheure und ungeheuer schöpferische Begeisterungsfähigkeit für die Literatur: Von allem Anfang an – und ungeachtet seiner nicht unbeträchtlichen politischen Stellungswechsel – ist dies der eigentliche Kern- und Brennpunkt allen Tuns bei Mario Vargas Llosa.

Die literaturwissenschaftlichen Anfänge dieses Streitbaren für die Sache der Literatur wie der Literaturwissenschaft reichen recht weit zurück. An seiner Heimatuniversität, der Universidad Nacional Mayor de San Marcos in Lima, in deren Bibliothek ihm erstmals ein verstaubtes Exemplar des *Tirant lo Blanc* in die Hände fiel,[7] legte er 1958 eine Studienabschlussarbeit zum Thema *Bases para una interpretación de Rubén Darío* vor, die ihm ein Stipendium an der Universidad Complutense in Madrid eintrug und im Übrigen 2001 publiziert wurde. Damit begann eine regelmäßige und zugleich periodische literaturwissenschaftliche Beschäftigung des künftigen Literaturnobelpreisträgers mit den Literaturen der Welt.

Dass sich der junge Student gerade mit Rubén Darío beschäftigte, dem großen Modernisten, mag viele Gründe haben. Dazu dürfte sicherlich zählen – wenn es denn erlaubt ist, den noch sehr jungen Interpreten zu interpretieren –, dass der nikaraguanische Dichter und Literaturenthusiast sich nicht nur zeitlebens mit Cervantes' *Don Quijote* beschäftigte, sondern vor allem erstmals die hispanoamerikanische Literatur in der spanischsprachigen Welt in eine führende Protagonisten-Rolle katapultierte. Rubén Darío verkörpert an der Wende zum 20. Jahrhundert als Grandseigneur der Feder eine selbstbewusste und ihrer eigenen Stärke bewusst werdende Neue (Literatur-)Welt, die den Dichter der *Cantos de vida y esperanza* zu einem gleichsam zwischen Spanien und Spanisch-Amerika pendelnden Schriftsteller machte: zum Vertreter eines ZwischenWeltenSchreibens oder, in Daríos Worten, „español de América y americano de España".

Als ein lateinamerikanischer Weltbürger wie Darío, sollte Mario Vargas Llosa später, im Jahre 1993, die spanische Staatsbürgerschaft annehmen, ohne

---

7 Vgl. Vargas Llosa, Mario: Martorell y el 'elemento añadido' en 'Tirant lo Blanc'. In (ders.): *Carta de batalla por Tirant lo Blanc*, S. 87.

die peruanische aufzugeben. Wer könnte besser als der zwischen Amerika und Europa, zwischen Lima und London, Madrid, New York und Paris sich hin- und herbewegende Mario Vargas Llosa von jenen *transatlantischen* Beziehungen berichten, die sich entgegen des in Deutschland üblich gewordenen Sprachgebrauchs nicht auf die Relationen Europas zu den USA reduzieren lassen? Die Literatur des in Arequipa geborenen Autors steht für die *Europaméricas*[8] in einem beträchtlichen Teil ihrer transarealen Breite.

Nach der Veröffentlichung von *Los jefes* (1959), *La ciudad y los perros* (1963) und vor allem *La casa verde* (1966), für den Vargas Llosa 1967 den wohl renommiertesten Literaturpreis Lateinamerikas erhielt, den Premio Rómulo Gallegos, war der peruanische Autor längst zu einem weltbekannten Schriftsteller geworden, als er an der Complutense seine dem späteren kolumbianischen Literaturnobelpreisträger gewidmete Doktorarbeit abschloss und noch im selben Jahre 1971 unter dem Titel *García Márquez. Historia de un deicidio* bei Seix Barral just zu einem Zeitpunkt veröffentlichte, als sich im Kontext der sogenannten Padilla-Affäre in Kuba die lange Jahrzehnte prägende intellektuelle und ideologische Wasserscheide zwischen den großen lateinamerikanischen Literaten akzentuierte. In seiner literaturwissenschaftlichen Monographie über den zeitweiligen Weggefährten zeigte sich Vargas Llosa auf der literatur- und kulturtheoretischen Höhe seiner Zeit, griff er doch innovativ auf die erst wenige Jahre zuvor von Julia Kristeva und anderen bekannt gemachten Schriften von Michail Bachtin zur Dialogizität des Romanworts und zur Bedeutung des Karnevals sowie der Volkskultur zurück. Wir sind also gut beraten, wenn wir in dem Verfasser von *La fiesta del chivo* stets auch den Literaturtheoretiker und nicht allein den erfolgreichen Romancier sehen!

In dieser wegweisenden und bis heute beeindruckenden Studie über den Verfasser von *Cien años de soledad* lernen wir nicht nur die literarischen Verfahren und Diskurstechniken eines großen Schriftstellers aus der Perspektive eines anderen großen Autors und Literaturwissenschaftlers kennen, sondern begreifen auch, in welch starkem Maße die Literaturpraxis Vargas Llosas mit der literaturwissenschaftlichen Reflexion und zugleich das Romanschreiben mit der Romantheorie aufs Engste verwoben sind. Denn das Theorem des ‚Gottesmordes‘ wird auch in den nachfolgenden Jahrzehnten gemeinsam mit dem eingangs geschilderten Verständnis der Wechselbeziehung zwischen ‚gelebtem‘ und ‚gelesenem‘ Leben zum roten Faden einer Auffassung, die das Schreiben

---

8 Vgl. hierzu Ette, Ottmar / Ingenschay, Dieter / Maihold, Günther (Hg.): *EuropAmerikas. Transatlantische Beziehungen.* Frankfurt am Main – Madrid: Vervuert – Iberoamericana (Reihe *Bibliotheca Ibero-Americana 124)* 2008.

von und das Schreiben über Literatur nicht – wie so häufig – künstlich trennt, sondern stets in grundlegender Weise zusammendenkt.

Setzt sich der Romancier als Gottesverdränger und Gottesmörder gleichsam an die Stelle Gottes in seinem Universum, so erlaubt er dank dieser von Vargas Llosa geforderten und gefeierten Entfaltung des ‚totalen Romans', der „novela total", auch seinem Lesepublikum, diese Erfahrung eines neuen, eines anderen Kosmos ästhetisch nachzuvollziehen. Die Realität aber soll für den Leser mehr sein als die Historie. So heißt es über *Tirant lo Blanc*: „Jede Epoche besitzt ihre Phantasmen, die so repräsentativ für sie sind wie ihre Kriege, ihre Kultur und ihre Sitten: Im ‚totalen Roman' koexistieren diese Elemente auf schwindelerregende Weise wie in der Realität."[9]

Entscheidend für den peruanischen Autor freilich ist, dass die Fiktion ebenso lebendig ist wie die Realität[10] und das erzeugt, was Vargas Llosa 2004 in *La tentación de lo imposible* als „la más cara ambición de la novela: la ilusión de la vida" bezeichnete.[11] Die Illusion des Lebens ist für MVL also die teuerste Ambition des Romans. Literatur eröffnet somit eine andere, weitere Realitäts- und Lebenserfahrung. Weder in seiner Romanpraxis noch in seiner Romantheorie verliert der peruanische Autor sein Lesepublikum als Movens im literarischen Erfahrungs-Raum aus dem Blick.

Wie sehr die literarisch-literaturwissenschaftliche Koppelung wiederum mit den persönlichen Konstellationen und Obsessionen im Akt des Schreibens wie im Akt des Lesens verbunden ist, zeigte Mario Vargas Llosas nächstes literaturwissenschaftliches Buch, das 1975 wiederum in Barcelona bei Seix Barral erschien: *La orgía perpetua. Flaubert y „Madame Bovary"*. Der Weg war im Grunde nicht weit gewesen vom Theorem des Gottesmörders und Weltenschöpfers bis zu jenem Autor, der in Vargas Llosas Augen – aber auch im Sinne der Vertreter des französischen „nouveau roman" sowie der sich entfaltenden poststrukturalistischen Theorie – wie kein anderer die Funktionsweisen und Formensprachen des modernen Romans prägte: zu jenem Gustave Flaubert, der in einer berühmten Formulierung einmal festhielt, der Romancier müsse so sein wie Gott in seinem Universum: „L'artiste doit être dans son œuvre comme Dieu dans la création, *invisible et tout-puissant*; qu'on le sente partout, mais

---

9 Vargas Llosa, Mario: Carta de batalla por 'Tirant lo Blanc', S. 27: „Cada época tiene sus fantasmas, tan representativos de ella como sus guerras, su cultura y sus costumbres: en la 'novela total' esos elementos vertiginosamente coexisten, como en la realidad."

10 Vgl. hierzu ebda., S. 33.

11 Vargas Llosa, Mario: *La tentación de lo imposible. Victor Hugo y „Los Miserables"*. Madrid: Alfaguara 2004, S. 65.

qu'on ne le voie pas."[12] Unsichtbar und allgegenwärtig müsse der Romanschrift-steller sein: Man solle ihn überall spüren, aber nirgendwo sehen.

Die Sprachorgie des Gustave Flaubert, den Vargas Llosa nicht zuletzt gegen die monumentale und spektakulär gescheiterte Studie Jean-Paul Sartres über *L'idiot de la famille*[13] in Schutz nahm, weist nicht nur den Weg zu einer tiefen und lebenslangen schriftstellerischen Verbundenheit, sondern deckt auch wichtige Quellen der Motivation des eigenen Schreibens auf, eines Schreibens, das die Lust, die nie enden wollende Orgie, im Reich der Literatur sucht und gerade auf diese paradoxe Weise ins eigene Leben holt: „Le seul moyen de supporter l'existence, c'est de s'étourdir dans la littérature comme dans une orgie perpétuell", hatte Gustave Flaubert in einem Brief vom 4. September 1858 notiert:[14] Schreiben als eine nie aufhörende, nie enden wollende orgiastische Erfahrung.

Es ist diese – auch im Sinne einer „pasión estética"[15] – auf das Leben und zugleich auf die Liebe bezogene Position, die Mario Vargas Llosa anzielt, wenn er 2001 anlässlich der Verleihung einer Ehrenprofessur an der Universidad Peruana de Ciencias Aplicadas in seinem Vortrag „La literatura y la vida" davon spricht, dass sich ein Liebespaar, das mit der Dichtkunst vertraut sei und Garcilaso oder Góngora, Petrarca oder Baudelaire gelesen habe, zweifellos besser und intensiver liebe als ein der Literatur unkundiges und von einfältigen Fernsehprogrammen verdummtes Pärchen.[16] Ästhetische und erotische Leidenschaft scheinen nicht voneinander getrennt, sondern sind aufs Engste miteinander verbunden. Vor allem aber führt Vargas Llosa die kulturgeschichtliche, ‚zivilisatorische' Funktion der Literatur ins Feld: „In einer aliterarischen Welt wären Liebe und Genießen ununterscheidbar von alledem, was die Tiere befriedigt, sie würden nicht weiter gehen als die krude, elementare Instinktbefriedigung: kopulieren und verschlucken."[17]

Hinter derlei Annahmen ‚zeigt' oder ‚verbirgt' sich eine – so will mir scheinen – auf der Lust am Text, auf dem *Plaisir du texte* im Sinne von Roland Bart-

---

12 Flaubert, Gustave: *Œuvres Complètes. Correspondance*. Nouvelle édition augmentée. Paris 1927, S. 164.
13 Sartre, Jean-Paul: *L'Idiot de la famillee*. 3 Bde. Paris: Gallimard 1971–72.
14 Vgl. hierzu Vargas Llosa, Mario: *La orgía perpetua. Flaubert y „Madame Bovary"*. Barcelona: Editorial Bruguera 1978, S. 212.
15 Ebda., S. 199.
16 Vargas Llosa, Mario: *La literatura y la vida*, S. 51.
17 Ebda.: „En un mundo aliterario, el amor y el goce serían indiferenciables de los que sacian a los animales, no irían más allá de la cruda satisfacción de los instintos elementales: copular y tragar."

hes[18] 1973 erschienenen gleichnamigen Band beruhende Literaturtheorie, die sich in literaturwissenschaftlichen Untersuchungen ebenso kreativ niederschlägt wie in der Narrativik. Die besten Beispiele hierfür sind *Los cuadernos de don Rigoberto* von 1997 sowie zuvor der köstliche *Elogio de la madrastra* aus dem Jahr 1988. Denn dieses Lob der Schwiegermutter ist in Wirklichkeit ein *Eloge* der Liebe und der Literatur – und letztlich muss jede Laudatio des Schaffens von Mario Vargas Llosa diese im wahrsten Sinne intime Verbindung zwischen Leben, Lesen und Lieben, aber auch zwischen Literatur und Literaturwissenschaft ins Zentrum rücken.

Denn die eigentliche Liebesgeschichte, von der uns der peruanische Autor in seinen Romanen und Theaterstücken wie in seinen Essays und literaturwissenschaftlichen Untersuchungen berichtet, ist die der Flaubert'schen „orgie perpétuelle", die seiner Liebe zur Literatur als orgiastischer Erfahrung. Nicht umsonst inszeniert das erste Kapitel der Flaubert-Studie die Annäherung an den Gegenstand als Liebesgeschichte, als „historia de amor".[19]

Es geht freilich um eine Liebe, die – und dies sollte die Philologie beherzigen, welche ebenfalls die Liebe in ihrem Namen trägt – keineswegs auf eine individuelle Liebesgeschichte zurückgestutzt ist, sondern sich ihrer gesellschaftlichen Bedeutung und Tragweite bewusst wird. Dass die Literatur eine Lust ist, eine Tatsache, die immer wieder gerne von vermeintlich wissenschaftlicher Warte aus vergessen wird, heißt keinesfalls, dass sie sich selbst nur ihr eigenes Kamasutra oder gar nur ihre eigene Gymnastik und sinnliche Leibesübung wäre. Selbstbeschäftigungen gibt es in den Philologien schon viel zu viele. Nicht umsonst hielt Mario Vargas Llosa unmissverständlich fest:

> Weil ich davon überzeugt bin, dass eine Gesellschaft ohne Literatur oder in welcher die Literatur wie gewisse uneingestandene Laster an die Ränder des sozialen Lebens verbannt und in so etwas wie einen Sektenkult verwandelt ist, dazu verurteilt ist, sich geistig zu barbarisieren und ohne jede Freiheit zu kompromittieren.[20]

Die Literatur übt damit nicht nur eine gleichsam zivilisatorische Wirkung auf die Lebenspraxis – und vielleicht auch Liebespraxis – des Individuums, sondern auch auf das gesellschaftliche und politische Leben insgesamt aus; eine These, die Mario Vargas Llosa ebenso in seinem literarischen wie seinem literaturwissenschaftlichen Oeuvre über Jahrzehnte entwickelte. Genau deshalb –

---

18 Vgl. hierzu die kritische Ausgabe der deutschen Übersetzung in Barthes, Roland: *Die Lust am Text*. Aus dem Französischen von Ottmar Ette. Kommentar von Ottmar Ette. Berlin: Suhrkamp Verlag (Suhrkamp Studienbibliothek 19) 2010.
19 Vargas Llosa, Mario: *La orgía perpetua*, S. 47.
20 Vargas Llosa, Mario: *La literatura y la vida*, S. 43.

und dies scheint mir ein auch von den Philologien zu beherzigender Aspekt zu sein – muss sich die Literatur und mit ihr auch die Literaturwissenschaft an ein möglichst breites Publikum wenden oder dort, wo dieses nicht oder nicht mehr auszumachen ist, ein Lesepublikum erfinden. Denn klar ist: Sind Literatur und Literaturwissenschaft Lebensmittel im eigentlichen Sinne und damit gesellschaftlich wie individuell unverzichtbar, dann müssen sie sich *auch* (wenn auch nicht ausschließlich) auf die Öffentlichkeit einlassen. Denn eine Wissenschaft, die ihr Wissen nicht in die Gesellschaft schafft, verkennt ihre gesellschaftliche Bringschuld und ist am Ende selbst schuld, wenn die Gesellschaft sie um ihre Mittel bringt.

Solche Überlegungen dürften Vargas Llosa beseelt haben, als er alles daran setzte, das weithin dem Vergessen preisgegebene spätmittelalterliche Epos des *Tirant lo Blanc* allen Widerständen zum Trotz wieder ins Licht der Öffentlichkeit zu rücken: „Aber wichtiger als den Grund des Vergessens herauszufinden, in welchem dieser Roman gelebt hat, ist es, ihn aus den akademischen Katakomben zu entreißen und die definitive Probe aufs Exempel in Form der Straße zu machen.“[21] Gewiss, dies ist für die Philologien keine unbedingt schmeichelhafte Einschätzung!

Dem in „Filosofía y Letras“ promovierten Mario Vargas Llosa ist es mit seinen frühen Arbeiten zum Werk von Joanot Martorell, mit seiner luziden Arbeit über Gabriel García Márquez' erzählerisches Schaffen und über jene Emma Bovary Gustave Flauberts, die man – wie wir sahen – als weltlichen und als weiblichen Don Quijote bezeichnen kann,[22] auf wirkungsvolle Weise gelungen, nicht nur im Bereich der Katalanistik und Mediävistik, der Lateinamerikanistik und der Galloromanistik wichtige, teilweise sogar entscheidende fachwissenschaftliche Impulse und Akzente zu setzen, sondern diese Impulse auch an eine breite internationale Öffentlichkeit zu adressieren. Damit hat er einen gewichtigen Beitrag dazu geleistet, die Literaturwissenschaften aus den akademischen Katakomben zu holen und zugleich den akademischen Katakomben – wenn man denn so sagen darf – neues Leben einzuhauchen. Und dieses wird

---

21 Vargas Llosa, Mario: Carta de batalla por 'Tirant lo Blanc'. In (ders.): *Carta de batalla por Tirant lo Blanc*, S. 10: „Pero más importante que averiguar la razón del olvido en que ha vivido esta novela es arrebatarla a las catacumbas académicas y someterla a la prueba definitiva de la calle.“
22 Vgl. hierzu Schulz-Buschhaus, Ulrich: Stendhal, Balzac, Flaubert. In: Brockmeier, Peter / Wetzel, Hermann H. (Hg.): *Französische Literatur in Einzeldarstellungen*. Bd. 2: *von Stendhal bis Zola*. Stuttgart: Metzler 1982, S. 7 ff; sowie Fox, Soledad Carmen: *Cervantes, Flaubert, and the Quixotic counter-genre*. Ph.D. City University of New York 2001. Vgl. zu dieser Problematik auch Ette, Ottmar: Ottmar: *LiebeLesen*. S. 677–683.

heute dringender denn je gebraucht, sehen sich die Philologien – und nicht zuletzt auch die Romanistik – heute doch in der Gefahr, in unseren Gesellschaften immer mehr an die Ränder gedrückt zu werden und zu Katakombenwissenschaften zu verkommen.

Die Gründe für den eklatanten Erfolg von Mario Vargas Llosas literaturwissenschaftlichen Tun sind vielfältig. Zweifellos war es die überwältigende Popularität jenes Schriftstellers, den man gemeinsam mit anderen Autoren der sogenannten ‚Boom-Literatur' schon seit Ende der siebziger Jahre als ‚Superstar' der internationalen Literaturszene zu apostrophieren begann,[23] welche die Aufmerksamkeit nicht weniger Leserinnen und Leser schon früh auch auf das literaturwissenschaftliche Oeuvre des peruanischen Autors lenkte. In zweiter Linie aber ist es die durchdachte Konzeption einer *Literatur*wissenschaft, die ihre wissenschaftliche Fundierung, die genaue Datenrecherche, die kritische Auseinandersetzung mit der Forschungslage und die methodologisch-theoretische Absicherung ihrer Analyseschritte mit Ausdrucksformen und Verfahren koppelt, die der Literatur entstammen und zugleich neue Begeisterung für die Literatur zu wecken verstehen.

Literatur und Literaturwissenschaft bilden keinerlei Gegensätze, sondern sind im Idealfall komplementär. Mario Vargas Llosas auf umfangreichsten Recherchen beruhende und auch bezüglich ihrer Disziplin an Gustave Flaubert gemahnende literarische Praxis zeigt, dass Literatur der Wissenschaft bedarf. Und seine Wissenschaftspraxis belegt, dass Literaturwissenschaft, so sie ein breiteres Publikum erreichen will, nicht ohne die kreative Einbeziehung der Literatur selbst – und eben nicht allein auf der Gegenstandsebene – zu denken ist.

Gerade in *La orgía perpetua* sind die spezifisch literarischen Verfahren – von der autobiographischen Einbettung bis zur Gesamtkonstruktion des Buchs – so überzeugend mit der wissenschaftlichen Analyse verwoben, dass man getrost von einem Lehrstück einer so konzipierten *Literatur*wissenschaft sprechen darf.[24] Da gibt es keinen Zweifel: Eine derart mit der Literatur verknüpfte und verbundene Wissenschaft verdient es, aus den von Vargas Llosa beschworenen ‚akademischen Katakomben' herauszutreten und die Probe aufs Exempel, die „prueba de la calle", zu bestehen.

---

23 Vgl. hierzu Franco, Jean: Narrador, autor, superestrella. La narrativa latinoamericana en la época de cultura de masas. In: *Revista iberoamericana* (Pittsburgh) 114–115 (enero – junio 1981), S. 129–148.
24 Vgl. zur Flaubert-Studie und ihren Beziehungen zum Gesamtwerk von Vargas Llosa Jurt, Joseph: *Vargas Llosa y Flaubert. 'La Casa Verde' y 'La Educación sentimental': una lectura paralela*. Salamanca: Publicaciones del Colegio de España 1985.

Die seit seinen Studien über *Tirant lo Blanc* unübersehbare und doch oft übersehene Allgegenwart des Lebensbegriffs erlaubt es uns überdies, Vargas Llosas wissenschaftliche Vorgehensweise als die einer lebenswissenschaftlich reflektierten *Literatur*wissenschaft zu kennzeichnen. Ihr Ziel ist nicht allein die Belebung des literarischen, sondern des gesellschaftlichen Lebens überhaupt. Der Anspruch einer derartigen *Literatur*wissenschaft ist – wie sollte es bei Vargas Llosa anders sein? – ein totaler: Denn anders als die Life Sciences, die sogenannten ‚Lebenswissenschaften', bemüht sich eine so konzipierte Lebenswissenschaft, den Begriff *bios* in seiner gesamten, auch und gerade kulturellen Fülle vor Augen zu führen. Aus dieser Perspektive wird die große Pragmatik, aber zugleich die beeindruckende Ärmlichkeit des biowissenschaftlichen Lebensbegriffs überdeutlich.

Die literaturwissenschaftlichen Aktivitäten von Mario Vargas Llosa konzentrieren sich zwar auf das, was wir die ‚Romanischen Literaturen der Welt' nennen könnten, sind aber weit von einer Eingrenzung auf den Bereich der Romanistik entfernt. Wir könnten unter Verweis auf Erich Auerbach, Ernst Robert Curtius, Leo Spitzer und so viele andere nun kontern, dass sich gute Romanistinnen und Romanisten gerade dadurch auszeichnen, sich nicht an die disziplinären Grenzen der Romanistik zu halten.

Die selbstverständliche Grenzüberschreitung wird bei Mario Vargas Llosa – wenn wir ihn denn als Romanisten sehen wollen – beispielsweise anhand des 1990 veröffentlichten Sammelbandes mit dem schönen barocken Titel *La verdad de las mentiras* deutlich, in dem es keineswegs um ein vordergründiges Spiel von Schein und Sein, von „ser" und „parecer" geht; vielmehr wird in unterschiedlichsten Nationalliteraturen auf literaturwissenschaftliche wie literaturkritische Weise dem nachgespürt, was die Fiktionen erst mit Leben erfüllt: „Sie werden geschrieben und gelesen, damit die Menschen jene Leben bekommen, auf die sie nicht verzichten mögen. Im Embryo jedes Romans brodelt ein Inkonformismus, schlägt ein Begehren."[25]

Diese verschiedenen Leben (und Lebenskonzeptionen) spielt Vargas Llosa anhand seiner Untersuchungen von Saul Bellow, Heinrich Böll, Albert Camus, Elias Canetti, John Dos Pasos, William Faulkner, Scott Fitzgerald, Max Frisch, Günter Grass, Graham Greene, Ernest Hemingway, Hermann Hesse, Aldous Huxley, James Joyce, Yasunari Kawabata, Doris Lessing, Henry Miller, Alberto Moravia, Vladimir Nabokov, Boris Pasternak, Alexander Issajewitsch Solschenizyn,

---

25 Vargas Llosa, Mario: *La verdad de las mentiras. ensayos sobre la novela moderna.* Lima: Peisa 1993, S. 8: „Ellas se escriben y se leen para que los seres humanos tengan las vidas que no se resignan a no tener. En el embrión de toda novela bulle una inconformidad, late un deseo."

John Steinbeck, Giuseppe Tomasi di Lampedusa und Virginia Woolf virtuos und stets mit autobiographischer Verknüpfung durch. Die romanischen Literaturen der Welt entwickeln so ihr Eigenleben innerhalb eines weit – wenn auch nicht wirklich weltweit – gespannten Literaturhorizonts, wobei die deutschsprachigen Autoren darin keinen marginalen Platz einnehmen.

Dieses Interesse am deutschsprachigen Roman reicht weiter zurück als in die Zeit seines ersten Besuchs in Berlin aus Anlass des *Horizonte*-Literaturfestivals 1982, seines Aufenthalts 1991/1992 als Fellow am Wissenschaftskolleg zu Berlin – wo er unter anderem an seinen Memoiren, *El pez en el agua* (1993), sowie an einem Buch über George Grosz arbeitete – und seiner 1998 erfolgten Rückkehr nach Berlin im Rahmen des DAAD-Künstlerprogramms. So gibt es eine kontinuierliche Verbindung des peruanischen Schriftstellers mit der deutschsprachigen Literatur im Allgemeinen, aber auch mit Berlin als Wirkungsstätte des eigenen Schreibens im Besonderen. Gerade das Ibero-Amerikanische Institut und seine in Europa einmaligen Bibliotheksbestände sind für Vargas Llosa unter anderem bei den Recherchen für seinen im Jahre 2000 veröffentlichten Diktatorenroman *La Fiesta del Chivo* sehr wichtig geworden. So kann man durchaus von einer besonderen Beziehung des peruanischen Schriftstellers zu Berlin sprechen, die sich nicht nur in der Tatsache niederschlägt, dass die Bibliothek des Berliner Instituto Cervantes den Namen des Literaturnobelpreisträgers trägt.

Das Verfahren der „cajas chinas" beziehungsweise der ineinander geschachtelten ‚russischen Puppen' ist bekanntlich von Vargas Llosa sowohl in der literarischen Praxis anhand der unterschiedlichsten Subgattungen des Erzählens vorgeführt als auch in der literaturwissenschaftlichen Theorie expliziert und analysiert worden. Wie kein anderer lateinamerikanischer Schriftsteller hat er sich sorgsam, Stück für Stück, auf der diegetischen Ebene seiner Romane zunächst die Welt Perus, dann die anderer hispanoamerikanischer Länder, schließlich mit *La guerra del fin del mundo* im Jahre 1981 auch Brasilien sowie mit *La Fiesta del Chivo* im Millenniumsjahr die Karibik mit ihren vielen Verbindungen zur anglophonen Welt Amerikas romantechnisch ‚einverleibt'. Doch diese diegetische Ausweitung seiner narrativen Welt, die sich 2003 mit *El paraíso en la otra esquina*[26] oder mit *El sueño del celta*[27] 2010 fortsetzte, ist nicht alles.

Denn diese differenzierte Konstruktion einer amerikanischen Hemisphäre lässt sich ohne weiteres anhand seiner literatur- und kulturwissenschaftlichen Arbeiten in verblüffender Parallelität ebenso nachzeichnen: Setzte er sich schon

---

26 Vgl. hierzu den ersten Band der Reihe „Aula" in Ette, Ottmar: *ReiseSchreiben* (2020), S. 543 ff.

27 Vgl. hierzu nochmals den dritten Band der Reihe „Aula" in Ette, Ottmar: *Von den historischen Avantgarden bis nach der Postmoderne* (2021), S. 944 ff.

früh literaturwissenschaftlich wie literaturkritisch mit der peruanischen Literatur und insbesondere José María Arguedas auseinander, dem er 1996 den kontrovers diskutierten Band *La utopía arcaica. José María Arguedas y las ficciones del indigenismo* widmete, so beschäftigte er sich neben der frühen Studie von Gabriel García Márquez auch mit vielen anderen Autoren Hispanoamerikas und – wie im Falle von Reinaldo Arenas – der Karibik.

Daneben aber machte er sich auch mit dem Werk des bis heute vieldiskutierten, aber in Spanisch-Amerika ansonsten kaum wahrgenommenen Brasilianers Euclides da Cunha vertraut, dessen *Os Sertões* zum entscheidenden intertextuellen Bezugspunkt für *La guerra del fin del mundo* wurde. Die anglophone Welt Amerikas ist dabei – wie wir anhand der Aufsätze in *La verdad de las mentiras* bereits sahen – stark repräsentiert. Es sind freilich gerade die europamerikanischen Literaturbeziehungen, die Vargas Llosas Romane, aber auch seine literaturwissenschaftlichen Untersuchungen angezogen haben.

In diesem Zusammenhang ist eine solche Fülle von Untersuchungen entstanden, dass man auf Mario Vargas Llosa selbst beziehen darf, was dieser gleich zu Beginn seines 2004 erschienenen Buches über Victor Hugo und *Les Misérables* schrieb. Ein Biograph des französischen Romantikers hatte ausgerechnet, dass ein fleißiger Leser, der sich vierzehn Stunden täglich nur die in der Bibliothèque Nationale vorhandenen Bücher über Victor Hugo vornehmen würde, zwanzig Jahre seines Lebens dafür opfern müsste.[28] Wie lange aber bräuchte man, so fragt sich der Peruaner, um nur das Gesamtwerk Victor Hugos einschließlich seiner gigantischen Korrespondenz und seiner Notizen durchzuarbeiten? Seine Antwort darauf stellte er gleich seinen Leserinnen und Lesern zur Verfügung:

> Nicht weniger als zehn Jahre, aber nur dann, wenn die Lektüre seiner Seiten die einzige und obsessive Beschäftigung wäre, die man im Leben hätte. Die Fruchtbarkeit dieses für die Romantik in Frankreich emblematischen Dichters und Dramaturgen könnte schwindelig machen, wer sich diesem bodenlosen Universum nähert.[29]

Mit guten Gründen darf man sich heute und damit zu einem Zeitpunkt fragen, zu dem das gesamte Lebenswerk des Literaturnobelpreisträgers überschaubar wird, ob nicht das Gesamtwerk Vargas Llosas der Victor Hugo zugedachten „tentación de lo imposible", der Versuchung des Unmöglichen, gehorcht. Ist nicht auch Vargas Llosas eigene Welt längst ein „universo sin fondo"? In der Tat ist die Forschungsliteratur zum Autor von *La casa verde*, aber auch das Gesamtwerk des peruanischen Autors selbst kaum mehr zu überblicken.

---

28 Vargas Llosa, Mario: *La tentación de lo imposible*, S. 15 f.
29 Ebda., S. 16.

Seine zahlreichen literaturwissenschaftlichen Arbeiten haben ihm daher folgerichtig auch nicht nur einen ehrenhaften Doktortitel der Universidad Complutense in Madrid, sondern im Verbund mit seinem Erzählwerk auch viele Doktorentitel ehrenhalber eingetragen, die sich seit langem nicht mehr zählen lassen. Das ist nicht mehr als gerecht und wird durch den Professorentitel *honoris causa* der Universidad Peruana de Ciencias Aplicadas noch abgerundet. Ehrung und Ehre sind bei derartigen akademischen Feierlichkeiten stets beiderseitig. Die Ehrendoktorwürden für Mario Vargas Llosa begannen 1990 mit der Florida International University in Miami und setzten sich unter anderem fort an den Universitäten von Boston, Genua, Guatemala, der Georgetown University, in Yale, Rennes, Murcia, Valladolid, an seiner Heimatuniversität San Marcos in Lima sowie in Arequipa, an der Ben-Gurion-Universität in Israel, in London, Harvard, in Rom, in Französisch-Polynesien, in Melbourne, in Louvain (Leuven), in Oxford, Tegucigalpa, in Warwick, an der Pariser Sorbonne oder eben auch an der Humboldt Universität zu Berlin. Man kann getrost von mehr als fünfzig Ehrendoktorwürden innerhalb von drei Jahrzehnten ausgehen.

Ein schier unendliches Gesamtwerk ist entstanden, dessen geduldige Realisierung man mit Alexander von Humboldt, den rastlosen Schöpfer des *Kosmos*, als einen ‚tollen Einfall' bezeichnen darf. Mit Alexander und Wilhelm von Humboldt verbindet Mario Vargas Llosa übrigens vieles – gerade dann, wenn wir sein literaturkritisches und literaturwissenschaftliches Schaffen ganz selbstverständlich als einen Teil seines Gesamtwerks begreifen. Wir haben gesehen, dass die unterschiedlichsten Texte des peruanischen *poeta doctus* längst ein Universum, ein „universo sin fondo", bilden, innerhalb dessen der Gottesmörder längst zum Demiurgen und Weltenschöpfer geworden ist.

Was anders aber war jener Alexander von Humboldt, der sein ganzes Leben lang letztlich auf jenen ‚Entwurf einer physischen Weltbeschreibung', auf jenen *Kosmos* hinarbeitete, in dessen Vorrede – die er auf Potsdam im November 1844 datierte – er gleich auf der ersten Seite auf seinen „unwiderstehlichen Drang nach verschiedenartigem Wissen"[30] zu sprechen kam?[31] Dass der Kenner Spanisch-Amerikas nicht mit derselben Bewunderung von Lima und seinen Frauen sprach, wie dies nach ihm Flora Tristan oder Johann Moritz Rugendas taten, ist Mario Vargas Llosa sicherlich nicht ganz verborgen geblieben. Wäre der Besuch

---

30 Humboldt, Alexander von: *Kosmos. Entwurf einer physischen Weltbeschreibung.* Stuttgart – Tübingen: J.G. Cotta'scher Verlag 1845, Bd. 1, S. V.

31 Zu den verschiedenen Schriften Alexander von Humboldts vgl. auch den ersten, vierten, fünften und siebten Band der Reihe „Aula", folglich die Bände von Ette, Ottmar: *ReiseSchreiben* (2020), *Romantik zwischen zwei Welten* (2021), *Aufklärung zwischen zwei Welten* (2021) und *Erfunden Gefunden* (2022), op. cit.

des Preußen in Lima nicht ein wunderbares Romansujet? Gelegenheit für Spiegelungen zwischen den beiden Weltenschöpfern gäbe es auch sonst genug. Die Demiurgen eint nicht nur ihr religiöser Agnostizismus: Beide haben sie sich zu Herren über einen Kosmos gemacht, der der Ihre ist und doch allen Menschen offen steht, die ihr Leben durch faszinierende Lesereisen beleben wollen.

Aber auch mit Alexanders älterem Bruder drängen sich vielfältige Parallelen nicht nur bezüglich einer sprachlichen, bisweilen sprachorgiastischen Reflexionstiefe oder hinsichtlich ihres gemeinsamen Strebens nach der Herstellung eines ‚Totaleindrucks' auf. Denn beide sind höchst politische Köpfe.[32] So beeindrucken noch heute die Kühnheit und der Mut, mit dem Wilhelm von Humboldt in seinem auf Königsberg, den 12. Mai 1809 datierten „Antrag auf Errichtung der Universität Berlin" die Sache der universitären wie der allgemeinen geistigen Bildung in schwierigen Zeiten zu der Seinen machte. Er betonte in diesem Antrag schon eingangs, es werde „befremdend erscheinen, dass ich im gegenwärtigen Augenblick einen Plan zur Sprache zu bringen wage, dessen Ausführung ruhigere und glücklichere Zeiten vorauszusetzen scheint."[33] Doch im Einverständnis mit dem preußischen König gelte es, „auch mitten im Drange beunruhigender Umstände, den wichtigen Punkt der National-Erziehung und Bildung nicht aus den Augen" zu verlieren.[34]

Wir können daraus nur lernen: Gerade mitten im Drange beunruhigender Umstände gilt es, dem unwiderstehlichen Drang nach verschiedenartigem Wissen gesellschaftlichen Raum zu geben; und dies auch in Zeiten, die von der weltweiten Finanzkrise, von den immer gewaltigeren Migrationswellen, von der Corona-Pandemie, von dem Angriffskrieg Russlands gegen die Ukraine, vor allem aber von der planetarischen Klimakrise und ihren weltweiten Folgen geprägt sind. Es kommen für eine wirklich nachhaltige Priorisierung von Bildung und Ausbildung keine besseren Zeiten als diese!

Von Mario Vargas Llosa wissen wir: Die Literatur, aber auch ihre treue Freundin, die Philologie, verwandeln die Vergangenheiten wie die möglichen Zukünfte in ein gelesenes und dadurch zugleich intensiver gelebtes vergegenwärtigendes Leben. Diese Intensität ist selbst noch bei den späten Texten des peruanischen Schriftstellers allgegenwärtig. Es ist die Dimension einer orgiasti-

---

32 Vgl. zu den beiden Brüdern Humboldt u. a. Ette, Ottmar: Wilhelm & Alexander von Humboldt oder: Die Humboldtsche Wissenschaft. In: Spies, Paul / Tintemann, Ute / Mende, Jan (Hg.): *Wilhelm und Alexander von Humboldt: Berliner Kosmos.* Köln: Wienand Verlag 2020, S. 19–23.
33 Humboldt, Wilhelm von: Antrag auf Errichtung der Universität Berlin. In (ders.): *Werke.* Herausgegeben von Wolfgang Stahl. Mundus Verlag 1999, Bd. 6, S. 29.
34 Ebda.

schen Erfahrung, eines orgiastischen Erlebens von Lesen und vor allem Schreiben, wie er dies in seinem Buch über Gustave Flaubert zum Ausdruck brachte und mit weitergehenden Überlegungen mit Blick auf die Kunst und deren Reich verband:

> Vom *Aparte* seiner Welt aus unterhielt Flaubert vermittels der Literatur eine aktive Polemik mit dieser ihm verhassten Welt, er machte aus dem Roman ein Instrument *negativer Teilhabe* am Leben. In seinem Falle verhinderten Pessimismus, Enttäuschung oder Hass nicht die unersetzliche Kommunikation, das einzige, was der Literatur eine Funktion in der Gesellschaft sichert, die wichtiger ist, als eine Luxustätigkeit oder ein überlegener Sport zu sein, sondern die vielmehr dem Dialog zwischen Schöpfer und Gesellschaft eine ziehende und risikoreiche, mitreißende und vor allem aufrührerische Natur verschaffen. [...] Die Literatur bildete für Flaubert diese Möglichkeit, stets weiterzugehen als das, was das Leben erlaubt: ,Darum liebe ich die Kunst. Denn dort zumindest ist alles Freiheit in dieser Welt der Fiktionen. Man erfüllt dort alles, man kann dort alles machen, man ist zugleich sein eigener König und sein Volk, aktiv und passiv, Opfer und Priester. Es gibt keine Grenzen [...].'[35]

Wir sollten uns von diesen Formulierungen nicht täuschen lassen; und noch einmal: Es geht ebenso Flaubert wie Vargas Llosa nicht um eine Evasionsbewegung oder gar um eine Evasionsliteratur! Der zentrale Begriff in Vargas Llosas Kommentar ist das Leben, und es ist diese Dimension, von der aus die Flaubert'sche Position Sinn macht. Denn es geht darum, an diesem Leben teilzuhaben, auf welche Weise auch immer, dieses Leben zu gestalten, auf welcher Ebene auch immer, ein erfülltes Leben zu leben. Und wir erkennen zugleich, inwiefern die Literatur mit der Lust, der unstillbaren Lust verbunden ist, inwieweit sich in diesen Formulierungen eine Dimension abzeichnet, die Roland Barthes im Jahre 1973 einmal wunderschön in seinem Buch *Le Plaisir du texte* untersuchte und die er in seinem letzten zu Lebzeiten veröffentlichten Band, *La Chambre claire*, mit einer anderen zentralen Dimension des Lebens, mit der Mutterliebe, verband.

Denn in diesem Band – und Sie gestatten mir bitte einen letzten Exkurs – holte Roland Barthes beziehungsweise sein Erzähler die große Liebe seines Lebens, die eigene Mutter Henriette, die wenige Jahre zuvor verstorben war und der er ein bewegendes *Journal de deuil* widmete, aus ihrer zwangsläufigen Absenz in eine funkelnde Präsenz, wie sie allein die Kunst zu vermitteln vermag. Der französische Schriftsteller hatte sich im März 1979 auf die Arbeit an jenem Buch vorbereitet,[36] das ihn wenige Wochen später in den eigenen Tod begleiten

---

35 Vargas Llosa, Mario: *La orgía perpetua*, S. 213.
36 Vgl. Calvet, Louis-Jean: *Roland Barthes. Eine Biographie*. Aus dem Französischen von Wolfram Beyer. Frankfurt am Main: Suhrkamp 1993, S. 322.

sollte. *Die helle Kammer. Bemerkungen zur Photographie* war kein Buch über Literatur, es *war* Literatur.

Noch im Sommer 1977, also noch vor dem Tod seiner Mutter, hatte Barthes davon gesprochen, über die Photographie (wie auch die Musik) erst dann schreiben zu können, wenn er eine gewisse „Weisheit" erreicht habe, scheitere man doch stets beim Sprechen über das, was man liebe.[37] *La Chambre claire* entstand während weniger Wochen – Barthes gab am Ende des Bandes den Zeitraum vom 15. April bis zum 3. Juni an – und erschien nur kurze Zeit vor seinem eigenen Tod.[38] Es hielt, wie Jacques Derrida in seinem Nachruf auf den Verfasser von *Am Nullpunkt des Schreibens* treffend formulierte, „wie nie zuvor ein Buch seinem Autor die Totenwache".[39]

In diesem Band, der auf den ersten Blick eine Untersuchung über die Photographie zu sein scheint, wird zwischen drei verschiedenen Praktiken unterschieden, die sich um das Photo gruppieren: „tun, geschehen lassen, betrachten".[40] Doch ich kann an diesem Punkte unsere Untersuchung nicht fortsetzen, da ich in einer anderen Vorlesung bereits ausführlich zu *La Chambre claire* Stellung genommen habe[41] und Sie darauf verweisen kann.

Dieses letzte zu Lebzeiten Barthes' erschienene Buch ist von einer Vielzahl literarischer Verfahren und Verweissysteme gekennzeichnet, wobei intratextuelle Bezüge zu anderen Werken aus der Feder des französischen Kulturtheoretikers überaus stark zu gewichten sind. Die autobiographische Aufladung der eingeführten Erzählerfigur, die wir nicht mit dem textexternen Autor verwechseln sollten, lässt uns insbesondere auf die Tatsache blicken, dass existentielle Elemente in *La Chambre claire* und die Definition der Photographie als ein *Da-gewesen-Sein*, als ein *ça a été*, die Position dieser Erzählerfigur autobiographisch semantisieren. Die Tatsache, dass in diktionalen Texten das Ich im Buch allgemein mit dem textexternen Autor gleichgesetzt wird, tut ein Übriges.

---

37 Vgl. Compagnon, Antoine (Hg.): *Prétexte: Roland Barthes. Colloque de Cerisy*. Paris: Union Générale d'Editions – 10/18 1978, S. 126 f.

38 In einem am 20. April 1980, also fast einen Monat nach Barthes' Tod in *Le Nouvel Observateur* abgedruckten Interview betonte Barthes, er hoffe, mit diesem Buch zu seinem kleinen, liebgewonnenen Publikum zurückfinden zu können; vgl. Barthes, Roland: *Le Grain de la voix. Entretiens 1962–1980*. Paris: Seuil 1981, S. 338.

39 Derrida, Jacques: Die Tode des Roland Barthes. In: Henschen, Hans-Horst (Hg.): *Roland Barthes*. München: Boer 1988, S. 33.

40 Barthes, Roland: *La Chambre claire. Note sur la photographie*. Paris: Cahiers Cinéma – Gallimard – Seuil 1980, S. 22.

41 Vgl. hierzu den sechsten Band der Reihe „Aula" in Ette, Ottmar: *Geburt Leben Sterben Tod* (2022), S. 1024 ff.

Das *Da-gewesen-Sein*, die Verbindung der Photographie mit dem Tod und dem Toten, ruft unmittelbar die Frage des Lebenswissens auf, das sich auch in der Form eines Todeswissens zu äußern versteht. Denn „in jeder Photographie", so heißt es nun, „ist jene ein wenig schreckliche Sache vorhanden: die Rückkehr des Toten".[42] Kurz zuvor schon war die für den Ich-Erzähler existentielle Bedeutung dieser Tatsache blitzartig erleuchtet worden:

> Jedes Mal, wenn ich etwas über die *Photographie* las, dachte ich an jenes geliebte Foto, und das brachte mich in Rage. Denn *ich* sah immer nur den Referenten, das begehrte Objekt, den geliebten Körper; doch eine lästige Stimme (die Stimme der Wissenschaft) sagte mir dann in strengem Ton: „Kehr zur Photographie zurück. Was Du hier siehst und was Dich leiden macht, fällt unter die Kategorie ,Amateurphotographie', die ein Soziologenteam behandelt hat [...].“[43]

Barthes spielt in dieser Passage an auf eine Untersuchung unter Leitung des Feldsoziologen Pierre Bourdieu, der wie Barthes aus dem Südwesten Frankreichs stammte.[44] Doch nicht diese durchaus spannende Studie ist für uns von Interesse, sondern das *literatur*wissenschaftliche Schreiben von Roland Barthes. In diesem Text wird zum ersten Mal nicht *die* Photographie als wissenschaftlicher Gegenstand (der mit einer Majuskel versehen wird), sondern *eine* bestimmte Photographie eingeführt, die im ersten Teil des Buches stets kleingeschrieben wird.

Die ,innere Stimme der Wissenschaft', einem wissenschaftlichen Über-Ich gleich, wendet sich der *Photographie* zu, der Untertitel des Buches aber kennzeichnet sich als *Note sur la photographie*. Damit ist dem gesamten Band schon im Untertitel gleichsam kryptographisch eingeschrieben, dass er nicht der Stimme der Wissenschaft folgt: *La Chambre claire* ist eine Bemerkung – fast könnte man im musikalischen Sinne Adornos von einer ,Note' sprechen[45] – zu einer bestimmten Photographie in ihrer existentiellen Bedeutung für den Ich-Erzähler, der nicht Roland Barthes ist, aber doch viele Biographeme mit diesem teilt.

Doch auch vor diesem Ich macht ,die Rückkehr des Toten', die Rückkehr der Toten nicht Halt. Das vom Photographen ins Bild gesetzte Ich ist zum „*Ganz-und-gar-Bild*", zum „*Tod* in Person" geworden.[46] An dieser Stelle stoßen

---

42 Barthes, Roland: *La Chambre claire*, S. 23.

43 Ebda., S. 19.

44 Bourdieu, Pierre et al. (Hg.): *Un art moyen. Les usages sociaux de la photographie*. Paris: Minuit 1965.

45 Barthes' mehrfacher Vergleich der Photographie mit einer Sonate wiese in dieselbe Richtung.

46 Barthes, Roland: *La Chambre claire*, S. 31.

wir auf einer anderen Ebene auf jene Angst, die Barthes in seinem Vortrag „Das Bild" in Cerisy-la-Salle zum Ausdruck brachte,[47] auf jene Angst nämlich, zum ausgelieferten Objekt, zum Bild der anderen verdinglicht zu werden. Doch der Ich-Erzähler setzt sich absolut: „ich verabschiede alles Wissen, jegliche Kultur, ich verzichte darauf, einen anderen Blick zu beerben."[48] Die Beziehung zwischen Bild und Text ist nicht die einer wie auch immer gearteten ‚Verankerung' des Ikonischen im Skripturalen, in der Schrift. Beide Zeichensysteme bilden eine prekäre Einheit: *La Chambre claire* ist im vollen Sinne ein Ikonotext, in dem Schrift und Bild, Bild-Schrift und Schrift-Bild eng miteinander verwoben sind.[49]

Roland Barthes hat sein letztes Buch als Schriftsteller modelliert, ohne zugleich seinen wissenschaftlichen Blick abzulegen, der es ihm erlaubt, die verschiedenen Photographien zu analysieren. Was aber ist mit jener Photographie der Mutter, die als einzige nicht in *La Chambre claire* enthalten ist? Der zweite Teil des Bandes, der wie der erste vierundzwanzig Kapitel umfasst, beginnt stärker noch als der erste in Proust'scher Modellierung:

> Nun, an einem Novemberabend, kurz nach dem Tod meiner Mutter, ordnete ich Fotos. Ich hoffte nicht, sie „wiederzufinden", ich versprach mir nichts von „diesen Photographien einer Person, durch deren Anblick man sich weniger an diese erinnert fühlt, als wenn man nur an sie denkt" (Proust).[50]

Die direkte, präzise zitierte Bezugnahme auf Marcel Prousts *Auf der Suche nach der verlorenen Zeit* setzt nicht nur die eigene Modellierung in Szene, sondern auch Metasprache und Objektsprache in eins. Das Autobiographische verschmilzt mit dem Literarischen, das Intratextuelle mit dem Intertextuellen, und erweist sich angesichts des allgegenwärtigen Todes analog zum Vorbild als ein Anschreiben gegen den Tod der Mutter und ein Anschreiben gegen den eigenen Tod. Wusste Barthes, dass nach dem Tod der Mutter ihn bald schon sein eigener Tod erwartete?

Das Erzähler-Ich erweist sich als Autorkonstruktion, welche literarischen Gesetzmäßigkeiten gehorcht. Die lichtvolle Helle der Augen der Mutter durchzieht wie eine innere Verletzung jene Photographien,[51] die dem ordnenden Ich zu Gesicht kommen. Das Ich sucht nach der „Wahrheit des Gesichts, das ich

---

47 Vgl. den zitierten Band von Compagnon, Antoine (Hg.): *Roland Barthes*.
48 Barthes, Roland: *La Chambre claire*, S. 82.
49 Vgl. zum Begriff des Ikonotexts Wagner, Peter (Hg.): *Icons – Texts – Iconotexts. Essays on Ekphrasis and Intermediality*. Berlin – New York: Walter de Gruyter 1996.
50 Barthes, Roland: *La Chambre claire*, S. 99.
51 Ebda., S. 104.

geliebt hatte".[52] Es ist diese Gesichtlichkeit, die seit Barthes' Texten der fünfziger Jahre immer wieder für die Wahrheit, für die Totalität des Menschen steht. Und an diese Gesichtlichkeit heftet sich das Lebenswissen der Erzählerfigur.

Es gibt einen Schlüssel zu diesem Lebenswissen, das nicht von der Literatur, sondern von einer Photographie aufbewahrt wird, sich aber nur mit literarischen Mitteln auszudrücken vermag, die in *La Chambre claire* entfaltet werden. Diese Wahrheit der Gesichtlichkeit wird in einer alten Photographie zugänglich, welche die Mutter als fünfjähriges Mädchen zusammen mit ihrem zwei Jahre älteren Bruder im Wintergarten zeigt.[53] Aus der Lektüre des Bilds der Mutter als kleines Mädchen entsteht der Tod der Mutter, aber auch der eigene Tod; es ist eine Lektüre der Liebe der Mutter und der Liebe zur Mutter, die sich – ganz im Proust'schen Sinne – zum Schreibprojekt gegen den Tod verbinden:

> Nun, da sie tot war, hatte ich keinerlei Grund mehr, mich dem Gang des Höheren Lebens (der Gattung) anzupassen. Meine Singularität würde sich nie mehr ins Universale wenden können (es sei denn, utopisch, durch das Schreiben, das Projekt, das seitdem zum alleinigen Ziel meines Lebens werden sollte). Ich konnte nur noch auf meinen vollständigen, undialektischen Tod warten.
>
> Das war es, was ich in der *Photographie* aus dem Wintergarten las.[54]

Es ist erschütternd, vergegenwärtigt man sich diese Sätze rund um die These, dass nur noch ein Warten auf den undialektisch eintretenden Tod bleibt, und zugleich die Tatsache, dass dieses Stück Literatur die Zeit des Wartens verkürzte und Roland Barthes noch einmal einen publizistischen Erfolg eintrug. Das Lebenswissen oder besser: das Todeswissen von *La Chambre claire* lässt einen sprachlos angesichts des Faktums, dass Roland Barthes wenige Wochen nach dem Erscheinen des Bandes beim Überqueren einer Straße angefahren wurde und später im Krankenhaus entkräftet und matt verstarb.

In dieser Passage des zweiten Teils des Bandes ist die Photographie der Mutter, im Gegensatz zum ersten Teil, zur Photographie schlechthin geworden. In dieser Aufnahme verbinden sich die Liebe und der Tod[55] mit dem Projekt des eigenen Schreibens, das sich gerade im Gewand der Proust'schen Suche nach der verlorenen Zeit nach literarischen Ausdrucksformen sehnt. Im Gegensatz zu Proust allerdings führt die willentliche Suche, das Ordnen der Photographien,

---

52 Ebda., S. 106.
53 Ebda.
54 Ebda., S. 113.
55 Häufig ist auf die Todessehnsucht Barthes' nach dem Tod seiner Mutter verwiesen worden; vgl. etwa Morin, Edgar: Le retrouvé et le perdu. In: *Magazine littéraire* (Paris) 314 (octobre 1993), S. 29.

zur ,Entdeckung' des eigenen Wegs zum Schreiben. Aber war dieser Weg schon das Verfassen von Literatur?

Wie bei Proust wird das Projekt dieses Schreibens durch eine sinnliche, eine körperliche Wahr-Nehmung ausgelöst und gleichsam *punktiert*. Die sinnliche Erfahrung ,trifft' den Ich-Erzähler und lässt die Vergangenheit in ihrer Totalität gegenwärtig werden. Es ist, als hätte die Photographie der fünfjährigen Mutter dieselbe Wirkung wie die Proust'sche Szene der in Tee getauchten Madeleine auf den Ich-Erzähler in *À la recherche du temps perdu*. Ziel ist eine totale Erinnerung für ein totales Schreiben: Leistete dies bei Proust der Geschmackssinn (ein Gebäckstück) oder der Tastsinn (ungleich hohe Pflastersteine), so wird dies in Barthes' Text durch den Blickkontakt bewerkstelligt. Und doch steht *La Chambre claire* nur für das Erreichen der Schwelle der Textualität auf dem Weg zur ersehnten Literatur. Der Band ist nur ein Meilenstein mehr für die *Préparation du roman*.[56]

Der Diskurs der Liebe fand seine sprachliche Grenze in der körperlichen Vereinigung, dem ,kleinen Tod', dessen Bedeutung wir in einer anderen Vorlesung näher untersucht haben.[57] Der Diskurs der Liebe zur Mutter findet seine Grenze im Tod des geliebten Wesens: „Ich habe keinen anderen Rückhalt als diese *Ironie*: darüber zu sprechen, dass es ,nichts zu sagen gibt'."[58] Hier ist die Grenze des Sprechens, des Philosophierens, des Schreibens erreicht. Kurze Zeit nach dem Erscheinen des Buches sprach Roland Barthes in einem Interview von einer „Philosophie, welche die Photographie und den Tod miteinander in Verbindung bringt".[59] Es ist das Schweigen im Zentrum des Schriftstellers, jenes Schweigen, das bereits in *Am Nullpunkt des Schreibens* thematisiert wurde.[60] Jetzt ist es ein leer gewordenes, ein leeres Zentrum, das doch immer wieder neu zum Sprechen gebracht werden muss, um die Hoffnung auf den Roman aufrechtzuerhalten.

Denn wie *Das Reich der Zeichen* ist auch *Die helle Kammer* um ein leeres Zentrum gebaut. Im Reigen all jener Photographien, die von Barthes in dieses

---

56 Barthes, Roland: *La Préparation du roman I et II. Notes de cours et de séminaires au Collège de France 1978–1979 et 1979–1980*. Texte établi, annoté et présenté par Nathalie Léger. Paris: Seuil – Imec 2003.

57 Vgl. hierzu den zweiten Band der Reihe „Aula" in Ette, Ottmar: *LiebeLesen* (2020), S. 141 u. S. 380.

58 Barthes, Roland: *La Chambre claire*, S. 145.

59 Barthes, Roland: *Le Grain de la voix*, S. 133. Zu dieser philosophischen Dimension vgl. auch Ette, Ottmar: Der Schriftsteller als Sprachendieb. Versuch über Roland Barthes und die Philosophie. In: Nagl, Ludwig / Silverman, Hugh J. (Hg.): *Textualität der Philosophie: Philosophie und Literatur*. Wien – München: R. Oldenbourg Verlag 1994, S. 161–189.

60 Vgl. hierzu das erste Kapitel in Ette, Ottmar: *Roland Barthes. Eine intellektuelle Biographie*. Frankfurt am Main: Suhrkamp Verlag 1998.

Buch aufgenommen wurden, fehlt folglich eine einzige: die Photographie des fünfjährigen Mädchens im Wintergarten.[61] In *L'Empire des signes* war dieses leere Zentrum durch einen zitierten Text von Philippe Sollers ‚gefüllt‘ und gerade dadurch als leer markiert gewesen. In *La Chambre claire* weist der ausgestreckte Arm des jungen Mannes nicht nur auf den zweiten Teil des Buches, sondern auch auf die nächste Photographie, auf jene, die wir nur vor unserem inneren Auge sehen.

Anstelle des jungen Mädchens im Wintergarten sehen wir eine Photographie von Nadar, die eine alte, weißhaarige Frau zeigt. Die Photographie trägt den im Kontext des Buches vielfach beziehbaren Titel „Mutter oder Frau des Künstlers".[62] Um als leeres Zentrum wahrgenommen werden zu können, muss dieses Zentrum markiert sein: Die Greisin signalisiert das Fehlen des Mädchens, dessen Bild uns nur durch die bruchstückhafte Ekphrasis des Erzählers ‚vor das innere Auge‘ geführt wird. Das Fehlen der Mutter ist eine allgegenwärtige Absenz.

Zugleich deutet dieses Fehlen, deutet diese Photographie Nadars auf die künstlerische, die literarische Dimension des gesamten Bandes, der sich auf dem Weg zur Literatur befindet und eine Mischung aus Literatur und Wissenschaft ist. Im Fehlen des biographisch auf den textexternen Autor beziehbaren ikonischen Elements affirmiert sich der Text in seiner Verfertigung, in seinem Gewoben-Sein, und entzieht sich jeglicher strikt autobiographischen Fixierung: Wir *sehen* die Mutter von Roland Barthes nicht, so wie auch der Künstler selbst als Bild nicht präsent ist. Hat nicht die Bildbeschreibung, die Ekphrasis, ein Bild in uns evoziert?

Gewiss, vor unserem inneren Auge wurde längst die Photographie der Mutter als fünfjähriges Mädchen belichtet. Doch dieses in uns heraufbeschworene Bild des Gesichts mit den hellen Augen, diese Hypotypose, ist – glauben wir einer Jahre zuvor gemachten Bemerkung Roland Barthes' – nicht mehr als „eine Täuschung".[63] Das letzte Bild des ersten und das erste Bild des letzten Teils verweisen wechselseitig auf das leere Zentrum und auf dessen Inszenierung. Im Zentrum, im Herzen von *La Chambre claire* steht damit die Leere, steht

---

61 Gabriele Röttger-Denker hat in Anschluss an eine Bemerkung Derridas auf erstaunliche Parallelen zwischen dieser Szenerie und Walter Benjamins Beschäftigung mit einer Photographie des sechsjährigen Kafka in einer Wintergartenlandschaft hingewiesen. In Benjamins *Berliner Kindheit um Neunzehnhundert* tritt an die Stelle des jungen Kafka der Autor selbst. Vgl. den schönen, noch zu vertiefenden Exkurs in Röttger-Denker, Gabriele: *Roland Barthes zur Einführung*, S. 108 f.
62 Barthes, Roland: *La Chambre claire*, S. 108.
63 Barthes, Roland: *Œuvres complètes*, Bd. 1, S. 1432.

somit das Schweigen. Im Gegensatz zu *Das Reich der Zeichen* wird in *Die helle Kammer* dem ikonischen (und nicht dem schrifttextlichen) Element des Ikonotexts die Aufgabe überantwortet, die Leere des Zentrums zu re-präsentieren und für diese Leere einzustehen.

Roland Barthes scheint gezögert zu haben, bevor er die Photographie im Wintergarten aus seinem Text herauslöste.[64] Doch gab er damit seinem Buch über die Photographie (der Mutter) die Struktur eines Auges, in dessen Zentrum – leicht verschoben – sich ein blinder Fleck befindet.[65] Der Ikonotext nimmt die Struktur des Auges in sich auf, wird zum Auge. Der blinde Fleck im letzten Buch von Roland Barthes markiert nicht nur den leer gewordenen Platz, den die Mutter im Leben des Zeichentheoretikers und Schriftstellers hinterließ. Er deutet auch auf das leere Zentrum im Gesamtwerk des am 26. März 1980 Verstorbenen, dessen Schriften ein einziges *LebensZeichen* darstellen.[66]

Diese Barthes'sche *Camera lucida* ist vor allem dies: eine in der Bewegung des eigenen wissenschaftlichen Tuns verankerte Antwort auf den Tod der eigenen Mutter und – wie ich hinzufügen könnte – des eigenen Vaters, deren Bilder, die meinem Schreibtisch nahe sind, in dieser Vorlesung selbstverständlich ebenfalls fehlen. *La Chambre claire* ist ein strahlendes Zeichen für ein *literatur*wissenschaftliches Schreiben, das den französischen Zeichentheoretiker und Schriftsteller in eine enge Verbindung mit dem peruanischen Schriftsteller und Literaturwissenschaftler rückt, zu dessen Texten wir nun ein letztes Mal zurückkehren.

Halten wir zunächst fest: Beide Autoren, der peruanische wie der französische Schriftsteller, haben Formen eines Schreibens entwickelt, welche sich zwischen Literatur und Wissenschaft, zwischen Wissenschaft und Literatur bewegen! Was aber zeichnet die Literaturen der Welt mit ihrem spezifischen Sensorium gegenüber den Wissenschaften aus? Was befähigt diese Literaturen, in ihren Recherchen Hintergründe und Elemente zu Tage zu fördern, welche den Wissenschaften verborgen bleiben? Mario Vargas Llosa gibt in seinen Reflexionen über Miguel de Carvantes und die Fiktion eine mögliche Antwort:

> Eine gelungene Fiktion verkörpert die Subjektivität einer Epoche, und daher kommunizieren uns die Romane, auch wenn sie sorgsam verglichen mit der Geschichte lügen, eine Reihe flüchtiger und sich auflösender Wahrheiten, welche stets den wissenschaftlichen Beschreibern der Realität entgehen. Allein die Literatur verfügt über die Techniken, um

---

64 Vgl. Calvet, Louis-Jean: *Roland Barthes. Eine Biographie*, S. 324.

65 Vgl. auch Melkomian, Martin: *Le corps couché de Roland Barthes*. Paris: Librairie Séguier 1989, S. 38; Calvet weist auf diese Stelle hin.

66 Vgl. hierzu Ette, Ottmar: *LebensZeichen. Roland Barthes zur Einführung*. Zweite, unveränderte Auflage. Hamburg: Junius Verlag 2013.

dieses fragile Elixier des Lebens zu destillieren: die Wahrheit, die im Herzen der menschlichen Lügen verborgen liegt. Weil es in den Täuschungen der Literatur keine Täuschung gibt. Zumindest sollte es sie nicht geben, außer für die Naiven, welche glauben, dass die Literatur gegenüber dem Leben in einem objektiven Sinne getreu und so abhängig von der Realität sein muss wie die Geschichte.[67]

Entscheidend in dieser Passage ist die Ausrichtung der Literatur am Leben und nicht etwa an der Realität. Denn es geht nicht um die ‚dargestellte Wirklichkeit' – um eine Formulierung Erich Auerbachs wiederaufzunehmen –, sondern um die literarische Darstellung gelebter Wirklichkeiten, lebbarer Wirklichkeiten, erst noch zu erlebender und zu lebender Wirklichkeiten. Das Leben ist der zentrale Richtwert für die Literatur; die Realität überlässt sie den Historikern. Denn die Lügen der Literaturen der Welt, ihre Fiktionen und Erfindungen, treiben ein Wissen, treiben ein Lebenswissen hervor, welches außerhalb der Reichweite der Historiographie und aller anderen wissenschaftlichen Schreibformen liegt.

Doch die Literatur lässt mit ihren Lügen die Realität nicht nur einfach beiseite, sondern begehrt gegen diese Realität auf. Lassen Sie mich an dieser Stelle einfügen, was Mario Vargas Llosa in seinem 2005 erschienenen ‚verliebten' Nachschlagewerk zu Lateinamerika unter dem Eintrag „Littérature" veröffentlicht hat:

Die Literatur spricht nicht zu Menschen, die von ihrem Schicksal befriedigt sind, zu jenen, die sich mit ihrem Leben zufrieden geben. Sie nährt vielmehr die rebellischen Geister, predigt die Verweigerung jeglicher Unterwerfung und stellt einen Fluchtort gegen die Lücken wie die Überfülle der Existenz dar [...]. Aus diesem Blickwinkel betrachtet ist die gute Literatur selbst wider ihr eigenes Wissen oder wider Willen stets aufrührerisch, niemals unterworfen, rebellisch: eine Herausforderung für alles Reale.[68]

Lassen Sie mich an diesem Punkt unserer Vorlesung und unseres Weges durch die Literaturen der Welt zu einem Abschluss kommen – und zu einem Abschluss, der stets eine Öffnung auf das Kommende, auf das Künftige sein sollte! Die Literaturen der Welt begehren stets gegen ein So-Sein der Wirklichkeit auf, geben sich nicht mit dem erreichten Leben oder dem im Leben Erreichten zufrieden, sondern versuchen, auf ihrer Suche nach der verlorenen Zeit stets die Dimensionen des Prospektiven, stets die Zukunft im Blick zu haben und weit über die faktische Realität hinauszugehen. Sie sind daher im besten Sinne – um es mit jener Formel Victor Hugos zu sagen, welche Vargas Llosa als Titel seines Buches über den französischen Schriftsteller diente – die Versuchung des Unmöglichen: *La tentation de l'impossible.*

---

67 Vargas Llosa, Mario: *Cervantes y la ficción,* S. 65.
68 Vargas Llosa, Mario: Littérature. In (ders.): *Dictionnaire amoureux de l'Amérique latine.* Traduit de l'espagnol par Albert Bensoussan, Dessin d'Alain Bouldouyre. Paris: Plon 2005, S. 436 f.

Die Zitate in der Originalsprache

Die Zitate sind in alphabetischer Reihenfolge nach den Nachnamen der Autor*innen angeordnet. Bei mehreren Zitaten derselben Autorin oder desselben Autors aus verschiedenen Werken oder Werkausgaben erfolgte die Anordnung in chronologischer Reihenfolge nach den Publikationsjahren der verwendeten Ausgaben, wobei mit den älteren Publikationen begonnen wurde. Bei mehreren Zitaten innerhalb einer Textausgabe richtet sich deren Abfolge nach den Seitenzahlen.

Barthes, Roland: *Fragments d'un discours amoureux.* **Paris: Seuil 1977, S. 20:** Quelquefois, il m'arrive de bien supporter l'absence. Je suis alors « normal » : je m'aligne sur la façon dont « tout le monde » supporte le départ d'une « personne chère » ; j'obéis avec compétence au dressage par lequel on m'a donné très tôt l'habitude d'être séparé de ma mère – ce qui ne laissa pas, pourtant, à l'origine, d'être douloureux (pour ne pas dire : affolant). J'agis en sujet bien sevré ; je sais me nourrir, *en attendant*, d'autres choses que du sein maternel.

Cette absence bien supportée, elle n'est rien d'autre que l'oubli. Je suis, par intermittence, infidèle. C'est la condition de ma survie ; car, si je n'oubliais pas, je mourrais. L'amoureux qui n'oublie pas *quelquefois* meurt par excès, fatigue et tension de mémoire (tel Werther).

Barthes, Roland: *La Chambre claire. Note sur la photographie.* **Paris: Cahiers Cinéma – Gallimard – Seuil 1980, S. 19:** Chaque fois que je lisais quelque chose sur la Photographie, je pensais à telle photo aimée, et cela me mettait en colère. Car moi, je ne voyais que le référent, l'objet désiré, le corps chéri ; mais une voix importune (la voix de la science) me disait alors d'un ton sévère: « Reviens à la Photographie. Ce que tu vois là et qui te fait souffrir rentre dans la catégorie 'Photographie d'amateurs', dont a traité une équipe de sociologues [...]. »

S. 99: Or, un soir de novembre, peu de temps après la mort de ma mère, je rangeai des photos. Je n'espérais pas la « retrouver », je n'attendais rien de « ces photographies d'un être, devant lesquelles on se le rappelle moins bien qu'en se contentant de penser à lui » (Proust).

S. 113: Elle morte, je n'avais plus aucune raison de m'accorder à la marche du Vivant supérieur (l'espèce). Ma particularité ne pourrait jamais plus s'universaliser (sinon, utopiquement, par l'écriture, dont le projet, dès lors, devait devenir l'unique but de ma vie). Je ne pouvais plus qu'attendre ma mort totale, indialectique. Voilà ce que je lisais dans la Photographie du Jardin d'Hiver.

Barthes, Roland: La Littérature selon Minou Drouet. In (ders.): *Œuvres complètes*. Edition établie et présentée par Eric Marty. 3 Bde. Paris: Seuil 1993–1995, hier Bd. 1, S. 661: Victime propitiatoire sacrifiée pour que le monde soit clair, pour que la poésie, le génie et l'enfance, en un mot le *désordre*, soient apprivoisés à bon compte, et que la vraie révolte, lorsqu'elle paraît, trouve déjà la place prise dans les journaux, Minou Drouet est l'enfant martyr de l'adulte en mal de luxe poétique, c'est la séquestrée ou la kidnappée d'un ordre conformiste qui réduit la liberté au prodige.

Barthes, Roland: Mythologies. In: *Œuvres complètes*. Edition établie et présentée par Eric Marty. 3 Bde. Paris: Seuil 1993–95, Bd. 1, S. 670 f.: On a présenté à Paris une grande exposition de photographies, dont le but était de montrer l'universalité des gestes humains dans la vie quotidienne de tous les pays du monde: naissance, mort, travail, savoir, jeux imposent partout les mêmes conditions; il y a une famille de l'Homme. *The Family of Man*, tel a été du moins le titre originel de cette exposition, qui nous est venue des Etats-Unis. Les Français ont traduit : *La Grande Famille des Hommes*. Ainsi, ce qui, au départ, pouvait passer pour une expression d'ordre zoologique, retenait simplement de la similitude des comportements, l'unité d'une espèce, est ici largement moralisé, sentimentalisé. Nous voici tout de suite renvoyés à ce mythe ambigu de la « communauté » humaine, dont l'alibi alimente toute une partie de notre humanisme. [...] Aussi, je crains bien que la justification finale de tout cet adamisme ne soit de donner à l'immobilité du monde la caution d'une « sagesse » et d'une « lyrique » qui n'éternisent les gestes de l'homme que pour mieux les désamorcer.

S. 715: *Le ninisme.* J'appelle ainsi cette figure mythologique qui consiste à poser deux contraires et à balancer l'un par l'autre de façon à les rejeter tous deux. (Je ne veux *ni* de ceci, *ni* de cela.) C'est plutôt une figure de mythe bourgeois, car elle ressortit à une forme moderne de libéralisme. On retrouve ici la figure de la balance : le réel est d'abord réduit à des analogues ; ensuite on le pèse ; enfin, l'égalité constatée, on s'en débarrasse. Il y a ici aussi une conduite magique : on renvoie dos à dos ce qu'il était gênant de choisir ; on fait le réel intolérable en le réduisant à deux contraires qui s'équilibrent dans la mesure seulement où ils sont formels, allégés de leur poids spécifique. Le ninisme peut avoir des formes dégradées : en astrologie, par exemple, les mots sont suivis de biens égaux : ils sont toujours prudemment prédits, dans une perspective de compensation : un équilibre terminal immobilise les valeurs, la vie, le destin, etc. ; il n'y a plus à choisir, il faut endosser.

Barthes, Roland: De la science à la littérature. In (ders.): *Œuvres complètes*. Edition établie et présentée par Eric Marty. 3 Bde. Paris: Editions du

Seuil 1994, Bd. 2, S. 428: Il n'est certainement pas une seule matière scientifique qui n'ait été à un certain moment traité par la littérature universelle: le monde de l'œuvre est un monde total, où tout le savoir (social, psychologique, historique) prend place, en sorte que la littérature a pour nous cette grande unité cosmogonique dont jouissait les anciens Grecs, mais que l'état parcellaire de nos sciences nous refuse aujourd'hui. De plus, comme la science, la littérature est méthodique : elle a ses programmes de recherche, qui varient selon les écoles et selon les époques (comme d'ailleurs ceux de la science), ses règles d'investigation, parfois même ses prétentions expérimentales.

Barthes, Roland: L'Empire des signes. In: *Œuvres complètes*. Edition établie et présentée par Eric Marty. 3 Bde. Paris: Seuil 1993–95, Bd. 2, S. 747: Si je veux imaginer un peuple fictif, je puis lui donner un nom inventé, le traiter déclarativement comme un objet romanesque, fonder une nouvelle Garabagne de façon à ne compromettre aucun pays réel dans ma fantaisie (mais alors c'est cette fantaisie même que je compromets dans les signes de la littérature). Je puis aussi, sans prétendre en rien représenter ou analyser la moindre réalité (ce sont les gestes majeurs du discours occidental), prélever quelque part dans le monde (*là-bas*) un certain nombre de traits (mot graphique et linguistique), et de ces traits former délibérément un système. C'est ce système que j'appellerai : le Japon.

Barthes, Roland: Fragments d'un discours amoureux. In (ders.): *Œuvres complètes*. Edition établie et présentée par Eric Marty. 3 Bde. Paris: Seuil 1993–95, Bd. 3, S. 459: La nécessité de ce livre tient dans la considération suivante: que le discours amoureux est aujourd'hui *d'une extrême solitude*. Ce discours est peut-être parlé par des milliers de sujets (qui le sait ?), mais il n'est soutenu par personne ; il est complètement abandonné des langages environnants : ou ignoré, ou déprécié, ou moqué par eux, coupé non seulement du pouvoir, mais aussi de ses mécanismes (sciences, savoirs, arts). Lorsqu'un discours est de la sorte entraîné par sa propre force dans la dérive de l'inactuel, déporté hors de toute grégarité, il ne lui reste plus qu'à être le lieu, si exigu soit-il, d'une *affirmation*.

Barthes, Roland: Incidents. In: *Œuvres complètes*. Edition établie et présentée par Eric Marty. 3 Bde. Paris: Seuil 1993–95, Bd. 3, S. 1261: Abdellatif – voluptueux – justifie péremptoirement les pendaisons de Bagdad. La culpabilité des accusés est évidente puisque le procès a été très rapide : c'est donc que le cas était clair. Contradiction entre la brutalité de cette bêtise et la tiédeur fraîche de son corps, la disponibilité de ses mains, que je continue, assez hébété, à tenir et à caresser pendant qu'il débite son catéchisme vengeur.

Bolívar, Simón: *Carta de Jamaica. The Jamaica Letter. Lettre à un Habitant de la Jamaïque.* Caracas: Ediciones del Ministerio de Educación 1965, S. 69 f.: [...] mas nosotros, que apenas conservamos vestigios de lo que en otro tiempo fue, y que por otra parte no somos indios ni europeos, sino una especie media entre los legítimos propietarios del país y los usurpadores españoles: en suma, siendo nosotros americanos por nacimiento y nuestros derechos los de Europa, tenemos que disputar éstos a los del país y que mantenernos en él contra la invasión de los invasores; así nos hallamos en el caso más extraordinario y complicado; no obstante que es una especie de adivinación indicar cuál será el resultado de la línea de política que la América siga, me atrevo a aventurar algunas conjeturas, que, desde luego, caracterizo de arbitrarias, dictadas por un deseo racional, y no por un raciocinio probable.

Borrero, Juana: *Epistolario.* 2 Bde. La Habana: Academia de Ciencias de Cuba 1966–1967, Bd. 1, S. 39: He leído varias páginas ¡oh Carlos! y puedo decir con júbilo que no he experimentado un desengaño. Hay en estas rimas algo original que atrae fascinando y fascina ... atrayendo. El primer retrato ...! Es un rostro altivo. Carlos debe ser pálido, un enfermo. Hay en su frente noble un rictus imperceptible de tedio. Quizás me engañe — No leeré más esta noche ... Presumo *que me quedaré* en la primera parte del libro. Carlos debe sufrir ... Después de todo ¿qué me importa ...? Ni lo he de ver jamás ni él sabrá jamás que yo me duermo ahora murmurando su nombre ...

Bd. 1, S. 40: ¿Qué! ¿acaso puedo esperar conocerlo y ser su amiga? Soy lo bastante altiva para dejarme invadir por un sentimiento que me esclavice. No hay que pensar en eso! Además ¿realizará él el ideal del hombre que he soñado? Sus rimas lo prometen, pero ¿acaso no es un hombre? Después de todo yo exagero. Lo admiro y nada más. Qué imaginación la mía!

Bd. 1, S. 41: He leído de prisa y sin detenerme las rimas de Federico. Me fascinan. Pero Carlos ... no sé por qué me atrae con su semblante enigmático y triste. Vuelvo a leer sus estrofas. *Enclaustrado* ... ¿será sincero! ¡Oh Dios mío así es el hombre que yo he soñado! ¿Por qué lo has colocado tan lejos? [...] Noche. Son las dos y media. No he dormido ni dormiré. Acabo de pensar algo inaudito, imposible, temerario. Oye Carlos. *Antes de dos meses tú serás mío o yo estaré muerta.*

Bd. 1, S. 155: Me comprendes? ... ¡Para entonces! ... Piensa y reflexiona. [...] Tienes razón! tú y yo, somos seres excepcionales ... Hemos roto el vínculo del cuerpo y el alma, hemos quebrantado el yugo abrumador y degradante de las solicitaciones corporales ... ¡Podemos estar orgullosos de ser puros ... de ser de otro barro que la generalidad!

Bd 1, S. 371f.: Ahora voy a contarte mi sueño, mi triste sueño de anoche. Soñé que te habías ido a vivir —no a Matanzas— sino a la playa ... de Marianao. Hacía un mes que no te veía. De repente me faltaron tus cartas. Me faltó la luz ... poco después me faltaste tú. Un día supe que te habías casado ... Averigüé la dirección de tu casa y una noche, mientras tú y *ella* comían descuidados me introduje en la alcoba y me oculté detrás de los lambrequines. Allí esperé. Con los labios trémulos de angustia y entre los dedos un puñal pequeño, especie de daga que días antes me había regalado Rosalía. Así te sentí llegar y escuché el roce de su falda sobre las alfombras. Jamás, mientras viva se me olvidará aquella mujer, aquella desconocida que no existe y que caminaba apoyada en tu hombro. Pasaron dos minutos. Ustedes caminaban despacio conversando en voz baja. Levanté la mano y le hundí el puñal en el corazón. Entonces pasó algo cuyo recuerdo me horroriza ... Aquella mujer era yo misma. En un arranque de celos salvajes acababa de matarme. El pesar de tu desesperación y la sensación inexplicable de verme muerta para siempre fueron tan violentos que me desperté sollozando. ¡Qué sueño tan extraño! Yo misma asesinándome y contemplando mi propio cadáver. A la verdad los sueños son a veces sombríamente enigmáticos.

Bd. 2, S. 86f.: Ah! tú podrás comprenderme! Aquel vértigo se disipó al fin y una noche de regreso del último baile sentí el estremecimiento definitivo que me hizo otra para siempre. Al otro día me vine a mi casa. Entré a mi cuarto y vi de nuevo mis libros mis cuadros mis rimas ... De todos estos objetos se desprendía una ráfaga virgen, que me refrigeró deliciosamente el espíritu. Me senté en el borde del lecho y lloré al verme sola las lágrimas más amargas de mi vida! Eran las seis de la tarde. De una tarde triste y lluviosa propicia a los ensueños. Me arrodillé involuntariamente y recé mucho tiempo una oración que no recuerdo..... Era algo tan angustiosamente suplicante como el final de *Decrepitud*. ¿Me oyeron?...... Sólo sé que entonces tuve la revelación definitiva de la dicha que hemos realizado. Con los ojos cerrados y la cabeza entre las manos permanecí mucho tiempo. Para qué intentar definir las visiones que asaltaron mi espíritu?.. Era algo tan angustiosamente suplicante . Vi a María, más blanca que todos los lirios, surgir entre la bruma de mis delirios, con los ojos llenos de suave luz astral. No creas que poetizo Era algo tan angustiosamente suplicante Aquella visión me acompaña siempre, siempre. Qué bella era! Tenía la cabellera circundada de un nimbo argentado, de ese color opalino que la niebla de la noche ciñe alrededor de Selene. Su mirada al principio severa se hizo tan dulce que al recordarla sólo siento que me invade el éxtasis Era algo tan angustiosamente suplicante Me dijo no sé qué. Me anunció la venida de un ser como yo, puro, y se desvaneció en el aire dejando en mi alma un reguero de estrellas!

Desde entonces *soy como soy*. Nunca he averiguado si la visión que me visitó entonces fue un desvarío, hijo de mi cerebro exaltado por las múltiples sensaciones recibidas. Era algo tan angustiosamente suplicante . De todos modos, el caso es que aquella aparición fue de una influencia decisiva en nuestro destino! A veces cuando la recuerdo pienso que fue tu alma que vino a mí como emisaria blanca de tu pasión. Desde ese día viví la vida del espíritu, me refugié en mis sueños y entré por vez primera en el santuario de mi alma.

Bd. 2, S. 256: Único bien de mi alma jamás me he sentido tan triste al comenzar a escribirte. Jamás el lenguaje ha sido más indócil ni más insuficiente tampoco. Por eso te he querido escribir en esta clase de tinta que te sugerirá la mitad de mis pensamientos Era algo tan angustiosamente suplicante Me he abierto las venas del brazo izquierdo de ese brazo tan tuyo y que tan confiada y tiernamente reclino siempre en tu hombro. Esto te probará mi absoluta impasibilidad ante la tortura física. Con la misma indiferencia *la vería correr de mi frente o de mi corazón*. Además quiero que las palabras de esta carta no se te olviden nunca.

Bd. 2, S. 257: De un modo u otro, la Patria ¿no es una rival como otra cualquiera? Y rival dichosa porque me sacrificas a ella! *¿Te parece* vergonzoso no acudir a su reclamo Era algo tan angustiosamente suplicante y no te parece criminal hundir de un solo golpe todas las esperanzas de un alma como la mía? Si no te conmueven mis lágrimas y si la certeza de mi muerte no te deciden, de qué tienes el corazón? [...] Tu patria. o *tu Juana*: elige. Si te vas me pierdes.

Bremer, Fredrika: *Cartas desde Cuba*. Edición Redys Puebla Borrero. Traducción Matilde Goulard de Westberg. La Habana: Fundación Fernando Ortiz 2002, S. 17f.: Zarpamos y yo me senté, con un libro en la mano, a contemplar la ribera desde la toldilla de popa, y lo pasé a las mil maravillas. Porque pude estar a solas, y el espectáculo de las orillas era como una visión mágica de las tierras del sur. Navegamos a lo largo del Misisipí, por el brazo de este río que desemboca en la bahía de Atchafalaya, y de allí al Golfo de México. Plantación tras plantación aparecían en las orillas, con sus casas blancas engastadas en naranjales, en bosquecillos de cedros, de adelfas en flor, áloes y palmitos. Poco a poco se presentaron a más distancia uno de otros. Las orillas fueron bajando cada vez más, hasta convertirse en tierras pantanosas con hierbas y juncos, sin árboles, arbustos ni casas. Apenas se elevaban sobre la línea del agua: después, se hundían en ella formando la uniforme y singular figura de lo que se llama "el delta del Misisipí", por su semejanza con la letra griega del mismo nombre. Algunas hierbas se balanceaban todavía sobre el agua, movida por las olas y el viento. Finalmente desaparecieron también. Quedaron dueñas de todo solamente las olas. Y ahora yacía tras de mí la tierra, el inmenso continente de Norteamérica, y ante mí el gran Golfo de México, con su inconmensurable profundidad, el mar del sur con todas sus islas.

Cabrera Infante, Guillermo: *Vista del amanecer en el trópico*. Barcelona: Plaza & Janés 1984, S. 15: Las islas surgieron del océano, primero como islotes aislados, luego los cayos se hicieron montañas y las aguas bajas, valles. Más tarde las islas se reunieron para formar una gran isla que pronto se hizo verde donde no era dorada o rojiza. Siguieron surgiendo al lado las islitas, ahora hechas cayos y la isla se convirtió en un archipiélago: una isla larga junto a una gran isla redonda rodeada de miles de islitas, islotes y hasta otras islas. Pero como la isla larga tenía una forma definida dominaba el conjunto y nadie ha visto el archipiélago, prefiriendo llamar a la isla isla y olvidarse de los miles de cayos, islotes, isletas que bordean la isla grande como coágulos de una larga herida verde. Ahí está la isla todavía surgiendo de entre el océano y el golfo: ahí está.

Casanova, Pascale: *La République mondiale des Lettres*. Paris: Seuil 1999, S. 14: Des contrées où la seule valeur et la seule ressource seraient la littérature ; un espace régi par des rapports de force tacites, mais qui commanderaient la forme des textes qui s'écrivent et circulent partout dans le monde; un univers centralisé qui aurait constitué sa propre capitale, ses provinces et ses confins, et dans lequel les langues deviendraient des instruments de pouvoir. En ces lieux, chacun lutterait pour être consacré écrivain ; on y aurait inventé des lois spécifiques, libérant ainsi la littérature, au moins dans les régions les plus indépendantes des arbitraires politiques et nationaux.

S. 127: L'unification de l'espace littéraire dans et par la concurrence suppose l'établissement d'une mesure commune du temps: chacun s'accorde à reconnaître d'emblée, et sans conteste possible, un point de repère absolu, une norme à laquelle il faudra (se) mesurer. C'est à la fois un lieu situable dans l'espace, centre de tous les centres, que même ses concurrents s'accordent, par leur concurrence même, à saluer comme le centre, et un point à partir duquel on évalue le temps propre à la littérature. [...] De même que la ligne *fictive*, dite aussi « méridien d'origine », choisie arbitrairement pour la détermination des longitudes, contribue à l'organisation *réelle* du monde et rend possible la mesure des distances et l'évaluation des positions à la surface du globe, de même ce que l'on pourrait appeler le « méridien de Greenwich littéraire » permet d'évaluer la distance au centre de tous ceux qui appartiennent à l'espace littéraire. La distance esthétique se mesure, aussi, en termes temporels : le méridien d'origine institue le présent, c'est-à-dire, dans l'ordre de la création littéraire, la modernité. On peut ainsi mesurer la distance au centre d'une œuvre ou d'un corpus d'œuvres, d'après leur écart temporel aux canons qui définissent, au moment précis de l'évaluation, le présent de la littérature.

Clavijero, Francisco Javier: *Historia Antigua de México*. Prólogo de Mariano Cuevas. Edición del original escrito en castellano por el autor. México: Editorial Porrúa ⁷1982, S. 462: Si algún filósofo de Guinea emprendiese una obra sobre el modelo de la de Paw, con el título de *Investigaciones filosóficas sobre los europeos*, podría valerse del mismo argumento de Paw para demostrar la malignidad del clima de Europa y las ventajas del de África.

Condé, Maryse: *Traversée de la Mangrove. Roman*. Paris: Mercure de France 1989, S. 12: Pas de doute: c'était lui. La face enfouie dans la boue grasse, les vêtements souillés, il était reconnaissable à sa carrure, et à sa tignasse bouchée poivre et sel.

S. 20: Quoi ! Un Ramsaran médecin ! Les gens ne savent pas rester à leur place ! La place des Ramsaran était dans la terre, canne ou pas ! Heureusement, Dieu est grand ! Carmélien était revenu en quatrième vitesse de Bordeaux où une maladie l'avait frappé. Ce n'était que justice. Il ne faut pas péter plus haut que ses fesses. En pareil cas, la vie fait son devoir et ramène l'ambitieux à la raison.

S. 42 f.: Toi, tu crois que nous naissons le jour où nous naissons ? Où nous atterrissons gluants, les yeux bandés, entre les mains d'une sage-femme ? Moi, je te dis que nous naissons bien avant cela. A peine la première gorgée d'air avalée, nous sommes déjà comptables de tous les péchés originels, de tous les péchés par action et par omission, de tous les péchés véniels et mortels, commis par des hommes et des femmes retournés depuis longtemps en poussière, mais qui laissent leurs crimes intacts en nous. J'ai cru que je pouvais échapper à la punition ! Je n'y suis pas arrivé ! Moïse avait dû le prendre dans ses bras comme l'enfant qu'il n'aurait jamais, et lui chanter une de ces berceuses que, dans le temps, Shawn lui chantait : « *La no dan bwa /Ti ni an jupa /Peson pa savé hi sa hi adanye /Sé an zombi kalanda /Ki ka manjé Era algo tan angustiosamente suplicante...*»

S. 171: Arrivés à Rivière au Sel, il faisait noir. [...] Sylvestre m'a fait mal. Il m'a déchirée. Quand le soleil s'est levé, j'ai couru sur la galerie et ce que j'ai vu m'oppressée. Une masse d'un vert sombre d'arbres, de lianes, de parasites emmêlés avec ça et là les trouées plus claires des bananiers.

S. 202 f.: — Tu vois, j'écris. Ne me demande pas à quoi ça sert. D'ailleurs, je ne finirai jamais ce livre puisque, avant d'en avoir tracé la première ligne et de savoir ce que je vais y mettre de sang, de rires, de larmes, de peur, d'espoir, enfin de tout de qui fait qu'un livre est un livre et non pas une dissertation de raseur, la tête à demi fêlée, j'en ai déjà trouvé le titre : « Traversée de la Mangrove ». J'ai haussé les épaules. — On ne traverse pas la mangrove. En c'empale sur les racines et palétuviers. On s'enterre et on étouffe dans la boue saumâtre. — C'est ça, c'est justement ça.

S. 259: Rivière au Sel, j'ai nommé ce lieu. Je connais toute son histoire. C'est sur les racines en béquilles de ses mapous lélé que la flaque de mon sang a séché. Car un crime s'est commis ici, ici même, dans les temps très anciens. Crime horrible dont l'odeur a empuanti les narines du Bon Dieu. Je sais où sont enterrés les corps des suppliciés. J'ai découvert leurs tombes sous la mousse et le lichen. J'ai gratté la terre, blanchi des conques de lambi et chaque soir dans le serein je viens là m'agenouiller à deux genoux. Personne n'a percé ce secret, enseveli dans l'oubli. Même pas lui qui court comme un cheval fou, flairant le vent, humant l'air.

S. 265: Qui était-il en réalité cet homme qui avait choisi de mourir parmi eux ? N'était-il pas un envoyé, le messager de quelque force surnaturelle ? Ne l'avait-il pas répété encore et encore : « Je reviendrai chaque saison avec un oiseau vert et bavard sur le poing » ? Alors, personne ne prêtait attention à ses paroles qui se perdaient dans le tumulte du rhum. Peut-être faudrait-il désormais guetter les lucarnes mouillées du ciel pour le voir réapparaître souverain et recueillir enfin le miel de sa sagesse ? Comme certains se rapprochaient de la fenêtre pour guetter la couleur du devant-jour, ils virent se dessiner un arc-en-ciel et cela leur parut un signe que le défunt n'était en vérité pas ordinaire. Subrepticement, ils se signèrent. Secouant sa fatigue et voyant devant elle la route droite, belle et nue de sa vie, Dina rouvrit le livre des psaumes et tous répondirent à sa voix.

Damrosch, David: *What is World Literature?* Princeton – Oxford: Princeton University Press 2003, S. 4: The idea of world literature can usefully continue to mean a subset of the plenum of literature. I take world literature to encompass all literary works that circulate beyond their culture of origin, either in translation or in their original language (Virgil was long read in Latin in Europe). In its most expansive sense, world literature could include any work that has ever reached beyond its home base, but Guillén's cautionary focus on actual readers makes good sense: a work only has an *effective* life as world literature whenever, and wherever, it is actively present within a literary system beyond that of its original culture.

S. 158 f.: Some literary works, indeed, may be so closely dependent on detailed, culture-specific knowledge that they can only be meaningful to members of the originating culture or to specialists in that culture; these are works that remain within the sphere of a national literature and never achieve an effective life in world literature. Yet many works, like our present quatrain, already begin to work their magic before all their references are understood and all their cultural assumptions are elucidated.

Descola, Philippe: *Leçon inaugurale, Chaire d'Anthropologie de la nature, faite le Jeudi 29 mars 2001.* **Paris: Collège de France 2001, S. 1:** Loin de voir en eux des figures aimables ou repoussantes propices à animer des paraboles philosophiques, il s'attacha à montrer que leur devenir était fonction du sol, du climat et de la végétation, mais aussi des migrations, des échanges de biens et d'idées, des conflits interethniques et des vicissitudes, même indirectes, de la colonisation espagnole. Il eut l'intuition, en somme, que l'histoire naturelle de l'homme était inséparable de l'histoire humaine de la nature [...].

Eco, Umberto: *L'isola del giorno prima.* **Milano: RCS Libri 2006, S. 336:** Anzi, siccome la vedeva non solo lontana nello spazio, ma anche (e a ritroso) nel tempo, da questo momento ogni volta che menziona quella lontananza Roberto pare confondere spazio e tempo, e scrive "la baia è ahimè troppo ieri", e "com'è difficile arrivare laggiù che è così presto"; oppure "quanto mare mi separa dal giorno appena trascorso", e persino "stanno provenendo nembi minacciosi dall'Isola, mentre qui è già sereno ..."

S. 401 f.: Il vuoto e lo spazio erano come il tempo, o il tempo come il vuoto e lo spazio; e non era dunque pensabile che, come esistono spazi siderali dove la nostra terra appare come una formica, e spazi come i mondi del corallo (formiche del nostro universo) – eppure tutti l'uno dentro l'altro – così non vi fossero universi sottomessi a tempi diversi? Non si è detto che su Giove un giorno dura un anno? Debbono dunque esistere universi che vivono e muoiono nello spazio di un istante, o sopravvivono al di là di ogni nostra capacità di calcolare e le dinastie chinesi e il tempo del Diluvio. Universi dove tutti i movimenti e la risposta ai movimenti non prendano i tempi delle ore e dei minuti ma quello dei millenni, altri dove i pianeti nascano e muoiano in un battito di ciglio.

S. 422 f.: "Ahi, uomo ingenuo," rispondeva Giuda, "è certamente mille e seicento e dieci dei vostri anni che io fui messo su questo scoglio, ma non è ancora e non sarà mai un giorno dei miei. Tu non sai che, entrando nel mare che circonda questa mia isola, sei penetrato in un altro universo che scorre accanto e dentro al vostro, e qui il sole gira intorno alla terra come una testuggine che a ogni passo va più lenta di prima. Così in questo mio mondo il mio giorno all'inizio durava due dei vostri, e dopo tre, e via sempre di più, sino a ora, che dopo milleseicento e dieci dei vostri anni io sono sempre e ancor all'ora nona. E tra poco il tempo sarà ancora più lento, e poi ancora di più, e io vivrò sempre l'ora nona dell'anno trentatré dalla notte di Betlemme ..."

Escudos, Jacinta: Materia negra. In: *Renacimiento* No. 55/58 (2007), S. 43–51 erschienenen Version, hier S. 45 f.: Y el profesor Regis la escucha leer aquel párrafo y la mira sonreír y le pregunta el por qué de su sonrisa y ella le explica que a veces todo ese asunto de la materia negra invisible le parece un cuento de Julio Cortázar, sobre todo ese párrafo que acaba de leerle, y el profesor ríe de buena gana y piensa que si ése comentario se lo hubiera hecho su esposa Federica la hubiera reprendido. Pero tratándose de Victoria, le parece tan encantadora su oscilación entre lo racional y lo fantástico, entre la vulgaridad y el genio que más bien celebra su ocurrencia. Es hasta entonces que recuerda a Federica. La imagina mordiéndose los puños del coraje, porque ahora el profesor Regis está sentado en un avión, sin su esposa, junto a Victoria Valderrama, como representantes de la Facultad de Física, camino a Tokio, a entrevistarse con el profesor Yasushi Ikebe, con el objetivo final de conocer los estudios hechos por él y otros colegas japoneses con el Satélite Avanzado para la Cosmología y la Astrofísica, y beben champaña con el desayuno que les ofrece la aeromoza y ríen descubriendo las figuras y las formas raras de las nubes y se sienten tan dueños del conocimiento científico que saben que el avión no va a caerse porque el propio profesor ha hecho toda una serie de cálculos matemáticos con los cuales puede demostrar que ése día ningún avión va a estrellarse en ninguna parte del mundo y ambos ríen de buena gana porque vencen a la muerte desde la seguridad de las matemáticas. Él va sentado junto a la ventanilla y ella que se asoma para ver hacia afuera y tiene que rozarse un poco con el hombro del profesor y le pregunta: —Profesor, ¿usted cree que algún día podremos viajar al espacio, digo, usted y yo como seres humanos normales, sin tener que convertirnos en astronautas, como quien toma un autobús o un avión cualquiera, tomar una nave espacial al infinito y traernos de recuerdo un cubo de materia negra que usted pondría de pisapapeles sobre su escritorio y otro que yo vendería a algún museo para seguir financiando mis estudios universitarios? ¿Usted lo cree? Y ella lo mira como si todo eso fuera tan cierto, tan posible, tan cercano, tan probable, que él contesta: — Sí, lo creo.

S. 50 f.: Nueve años después entra al salón de conferencias donde 6 personas presiden un coloquio sobre la interpretación de los sueños que causa mucha polémica por lo subversivo de sus conceptos, por el empeño que la Dra. Victoria Valderrama pone en demostrar que los sueños son maneras de viajar a otros estados de conciencia y que lo que ocurre en ellos es tan real como lo que ocurre en esta dimensión que llamamos vida. El profesor Regis Coronado se mantiene discreto, en la última fila, descubriendo a Victoria, su presencia suavizada por el pelo largo hasta los hombros, unos kilos de más, siempre imán para el ojo de los hombres, siempre su voz mezcla de erudición y juego, y las preguntas interminables, retadoras, que la Dra. Valderrama contesta con toda habilidad. Al terminar el coloquio, al retirarse todos del salón, el profesor Regis la espera. Tiene miedo, no sabe qué decirle. No ha vuelto a verla desde aquel apretón de manos en el aeropuerto que coincidió además con el cambio de Universidad y de carrera por parte de Victoria, sin explicación ni despedida alguna. Varias veces la soñó (sueños húmedos que la discreción y la vergüenza me impiden reproducir), *"he soñado tanto contigo que es como si siempre hubiéramos estado juntos"* piensa decirle, y se lo diría si no es que la frase le parece tan cursi y estúpida [...].

S. 51: [...] y él la observa pasar, mudo, incapaz de abrir la boca, de moverse, de seguirla, mientras ella sale del salón de conferencias y cierra la puerta tras de sí, la puerta color aqua del hotel donde no verá el ojo derecho de Victoria Valderrama ni el camisón que cae al suelo ni los besos ni el silencio, porque no se atreve a tocar 4 veces en la puerta de la desgracia y regresa a su habitación, masticando su cobardía para saludarla al día siguiente, en el restaurante del hotel a la hora del desayuno, sin que esa muchacha que entra visiblemente apurada y atrasada al salón sepa nunca las cosas que él sueña cuando cierra los ojos mientras se muere de aburrimiento en las conferencias de la Universidad.

Ette, Ottmar / Ludwig, Ralph: Points de vue sur l'évolution de la littérature antillaise. Entretien avec les écrivains martiniquais Patrick Chamoiseau et Raphaël Confiant. In (dies., Hg.): Littératures caribéennes – une mosaïque culturelle. Dossier der Zeitschrift *Lendemains* (Marburg) XVII, 67 (1992), S. 10 f.: Nos îles sont quasiment un laboratoire humain, au sens où, dans chacune de ces îles, on a eu face-à-face des maîtres blancs, planteurs de canne à sucre le plus souvent, et une population servile, majoritairement originaire d'Afrique. Donc, que ces maîtres soient anglais, espagnols, hollandais ou français et que ces Africains viennent de la côte de Guinée, du Congo ou d'ailleurs, les conditions de laboratoire dans chacune des îles sont à peu près les mêmes, avec quelques variantes bien sûr. Par conséquent, les sociétés qui vont émerger de ce laboratoire humain auront de très grandes similitudes entre elles. [...] Certes, au niveau juridique et politique, il était difficile pour ces îles de s'allier entre elles : il était plus facile pour un Martiniquais d'aller à Paris qu'à Sainte-Lucie. Mais de manière sous-jacente, les bribes de relation qui s'étaient formées n'ont fait que s'amplifier, et on peut dire aujourd'hui, que même si la majorité des Antillais francophones reste attachée à la France et à l'Europe en général pour des raisons bien souvent matérielles, ils ont pleinement conscience de faire partie de la Caraïbe. Parce que toutes les voix de la Caraïbe sont représentées en Martinique : la musique haïtienne est présente ici, le cinéma cubain est présent par le festival, le théâtre de Saint-Domingue ou de Sainte-Lucie. Il y une espèce d'interprétation qui est désormais librement acceptée par le pouvoir en place. Reste la question économique, bien sûr. Parce que l'unité de peuples qui n'échangent rien entre eux est peut-être artificielle.

Foucault, Michel: *Les mots et les choses. Une archéologie des sciences humaines*. Paris: Gallimard 1966, S. 242: Classer ne sera donc plus référer le visible à lui-même, en chargeant l'un de ses éléments de représenter les autres ; ce sera, dans un mouvement qui fait pivoter l'analyse, rapporter le visible à l'invisible, comme à sa raison profonde, puis remonter de cette secrète architecture vers les signes manifestes qui en sont donnés à la surface des corps. Comme le disait Pinel, dans son œuvre de naturaliste, « s'en tenir aux caractères extérieurs qu'assignent les nomenclatures, n'est-ce point se fermer la source la plus féconde en instructions, et refuser pour ainsi dire d'ouvrier le grand livre de la nature qu'on se propose cependant e connaître ». Désormais, le caractère reprend son vieux rôle de signe visible pointant vers une profondeur enfouie ; mais ce qu'il indique, ce n'est pas un texte secret, une parole enveloppée ou une ressemblance trop précieuse pour être exposée ; c'est l'ensemble cohérent d'une organisation, qui reprend dans la trame unique de sa souveraineté le visible comme l'invisible.

Glissant, Edouard: *Le discours antillais*. Paris: Seuil 1981, S. 249: Qu'est-ce que les Antilles en effet ? Une multi-relation. Nous le ressentons tous, nous l'exprimons sous toutes sortes de formes occultées ou caricaturales, ou nous le nions farouchement. Mais nous éprouvons bien que cette mer est là en nous avec sa charge d'îles enfin découvertes.

La mer des Antilles n'est pas le lac des Etats-Unis. C'est l'estuaire des Amériques.

Glissant, Edouard: *La terre magnétique. Les errances de Rapa Nui, l'île de Pâques. En collaboration avec Sylvie Séma*. Paris: Seuil 2007, S. 39: Les oiseaux migrateurs apportent ici l'œuf, dont le premier capté (qui contient le monde), après qu'on a dominé les courants de mer et le vertige de l'air, garantit le pouvoir pour l'année en cours. De même, la pierre ronde sacrée dite *le nombril du monde* prend la forme approximative d'un œuf, elle est polie et faite d'une matière qu'on ne trouve pas ailleurs dans l'île, et elle se trouve au bord de la mer et non pas au centre de la terre. Elle est au confluent des vents et des courants.

S. 48 f.: L'île se déplace, de combien de centimètres par an, nul ne le sait, alors peut-être connaîtra-t-elle la destinée des terres archipéliques, engouffrées, un jour que nul ne sait non plus, dans les frottements inévitables des plaques des fonds, et l'imaginaire des Pascuans navigue dans l'espace du Pacifique et sous la lune du grand triangle, en quête de la parole perdue. C'est presque vrai.

S. 92: Être Rapa Nui, dépositaire de l'unique et du très commun, ces forces qui ont porté les peuples du Pacifique et de l'Amérique du Sud. [...] Papa Kiko chante un complaint des Quechuas du haut des Andes et il danse à peu près un pas tambouré de Vanuatu, avec une totale profondeur. Pirù perfectionne ses ramassages de déchets, malgré les débordements incessants. Le corps-île de l'île est en eux, dont les secrets ont résidé circulé dans les veines des volcans des habitants, inséparables. C'est parce qu'elle est si loin de toute mesure et de tout calcul et de toute vue et de toute approche, à jamais dans *l'angle d'en haut*, qui a favorisé de ses dons les archipels rassemblés là en bas.

Humboldt, Alexander von: *Asie Centrale. Recherches sur les chaînes de montagnes et la climatologie comparée.* **3 Bde. Paris: Gide 1843, Bd. 3, S. 346 f.:** J'aurais pu terminer les considérations sur les pouvoirs absorbants et émissifs du sol, dont dépend en général le climat des continents et le décroissement de la chaleur dans l'air par l'examen des changements que l'homme produit à la surface des continents, en abattant les forêts, en modifiant la distribution des eaux, en versant dans les centres de culture industrielle de grandes masses de vapeurs et de substances gazeuses dans l'atmosphère. Ces changements sont sans doute plus importants qu'on ne l'admet généralement, mais dans l'immense variété de causes qui agissent à la fois et dont dépend le type des climats, les plus importantes ne sont pas restreintes à de petites localités : elles dépendent de rapports de position, de configuration et de hauteur du sol, de la prépondérance des vents sur lesquels la civilisation exerce peu d'influence sensible.

Kristeva, Julia: *Etrangers à nous-mêmes.* **Paris: Librairie Arthème Fayard 1988, S. 290:** En l'absence d'un nouveau lien communautaire – religion salvatrice qui intégrerait la masse des errants et des différents dans un nouveau consensus, autre que celui du « plus d'argent et de biens pour tout le monde » –, nous sommes amenés, pour la première fois dans l'histoire, à vivre avec des différents en misant sur nos codes moraux personnels, sans qu'aucun ensemble embrassant nos particularités ne puisse les transcender. Une communauté paradoxale est en train de surgir, faite d'étrangers qui s'acceptent dans la mesure où ils se reconnaissent étrangers eux-mêmes. La société multinationale serait ainsi le résultat d'un individualisme extrême, mais conscient de ses malaises et de ses limites, ne connaissant que d'irréductibles prêts-à-s'aider dans leur faiblesse, une faiblesse dont l'autre nom est notre étrangeté radicale.

Le Clézio, J.M.G. [Jean-Marie Gustave]: *Raga. Approche du continent invisible*. Paris: Seuil 2006, S. 54: Au total, cette seconde moitié du XIXe siècle avait prélevé plus de 100000 Mélanésiens, hommes et femmes, dont la plus grande partie ne retourna jamais sur sa terre natale. C'est cette hémorragie que l'on perçoit encore aujourd'hui, cent ans plus tard. L'impression d'angoisse qui plane sur ces rivages, l'isolement des villages perchés au flanc des montagnes, parlent encore du temps maudit où chaque apparition d'une voile sur l'horizon semait la crainte chez les habitants.

S. 65: Quand ils ont terminé tout cela, cette terre est à eux. Non comme s'ils la possédaient pour l'éternité, mais pour qu'ils en vivent et en jouissent. Cette terre leur a été donnée par les esprits des morts pour qu'ils continuent leur histoire. Elle est un être vivant qui bouge et s'étend avec eux, leur peau sur laquelle passent les frissons et les désirs.

S. 123: En vérité, l'île est sans doute l'un des lieux où la mémoire figée a le moins d'importance. Antilles, Mascareignes, mais aussi atolls du Pacifique, archipels de la Société, des Gambier, Micronésie, Mélanésie, Indonésie. Ils ont connu des viols et des crimes si insupportables, si exécrables, qu'il fallait bien, à un moment de leur histoire, que leurs habitants détournent le regard et réapprennent à vivre, sous peine de sombrer dans le nihilisme et le désespoir.

Lezama Lima, José: *La expresión americana*. Madrid: Alianza Editorial 1969, S. 159: A Picasso se le quería extraer de la tradición francesa en sus primeras manifestaciones en esta secularidad, de la era de la experimentación y de las mutaciones, para apegarlo, según su propio gusto de lince contemporáneo, a la tradición española, menos riesgosa, que avanza con más lentitud y por lo mismo de un hueso más resistente para las exigencias de lo temporal. (Se olvidaba esta maliciosa tradición, que tanto el Greco, como Goya, se debían a síntesis histórica y no a productos del indigenismo).

S. 162 f.: Las grandes figuras del arte contemporáneo, han descubierto regiones que parecían sumergidas, formas de expresión o conocimiento que se habían descuidado, permaneciendo creadoras. El conocimiento de Joyce del neotomismo, siquiera sea como diletanti, no era un eco tardío de la escolástica, sino un mundo medieval, que al ponerse en contacto con él se volvía extrañamente creador. La llegada de Stravinsky a Pergolesi, no era una astucia neoclásica, sino la necesidad de encontrar un hilo en la tradición, que había estado tan cerca de alcanzar el secreto de la mística, el canon de la creación, la fijeza en las mutaciones, el ritmo del retorno. La gran excepción de un Leonardo o de un Goethe, se convertía en nuestra época en la expresión signaría, que exigía un intuitivo y rápido conocimiento de los estilos anteriores, rostros de lo que ha seguido siendo creador después de tantos naufragios y una adecuada situación en la polémica contemporánea, en el fiel de lo que se retira hacia las sombras y el chorro que salta de las aguas. Si Picasso saltaba de lo dórico a lo eritreo, de Chardin a lo provenzal, nos parecía una óptima señal de los tiempos, pero si un americano estudiaba y asimilaba a Picasso, *horror referens*.

Martí, José: Nuestra América. In (ders.): *Obras Completas.* **La Habana: Editorial de Ciencias Sociales 1975, Bd. 4, S. 156:** Ya estoy todos los días en peligro de dar mi vida por mi país y por mi deber — puesto que lo entiendo y tengo ánimos con que realizarlo — de impedir a tiempo con la independencia de Cuba que se extiendan por las Antillas los Estados Unidos y caigan, con esa fuerza más, sobre nuestras tierras de América. Cuanto hice hasta hoy, y haré, es para eso.

Martí, José: Correspondencia particular de *El Partido Liberal***: La mujer norteamericana. In (ders.):** *Nuevas cartas de Nueva York.* **Investigación, introducción e índice por Ernesto Mejía Sánchez. México: Siglo XXI 1980, S. 83:** Singular espectáculo, el de esa mujer que recorre los Estados Unidos pidiendo desde los escenarios, desde las aceras, desde las plazas públicas, justicia para su propio esposo condenado a muerte. Pero no parece tan raro si se observa la prominencia curiosísima de la mujer en la vida norteamericana. No se trata sólo de aquel rudo desembarazo y libertad afeadora de que aquí la mujer goza; sino de la condensación de ellas, con el curso del tiempo, en una fuerza viril que en sus efectos y métodos se confunde con la fuerza del hombre. Esta condición, útil para el individuo y funesta para la especie, viene de la frecuencia con que la mujer se ve aquí abandonada a sí misma, de lo mudable de la fortuna en este país de atrevimiento, y de lo inseguro de las relaciones conyugales. Aquella encantadora dependencia de la mujer nuestra, que da tanto señorío a la que la sufre, y estimula tanto al hombre a hacerla grata, aquí se convierte en lo general por lo interesado de los espíritus en una relación hostil, en que evaporada el alba de la boda, el hombre no ve más que la obligación, y la mujer más que su comodidad y su derecho. Ni cede la mujer tan dulce y ampliamente a su misión de darse, como se da a la noche la luz de las estrellas [...].

Martí, José: *Cartas a María Mantilla.* **La Habana: Editorial Gente Nueva – Centro de Estudios Martianos 1982, S. 88–90:** La elegancia del vestido, —la grande y verdadera, —está en la altivez y fortaleza del alma. Un alma honrada, inteligente y libre, da al cuerpo más elegancia, y más poderío a la mujer, que las modas más ricas de las tiendas. Mucha tienda, poca alma. Quien tiene mucho adentro, necesita poco afuera. Quien lleva mucho afuera, tiene poco adentro, y quiere disimular lo poco. Quien siente su belleza, la belleza interior, no busca afuera belleza prestada: se sabe hermosa, y la belleza echa luz.

Martí, José: *Nuestra América*. Edición crítica. Investigación, presentación y notas Cintio Vitier. La Habana: Centro de Estudios Martianos – Casa de las Américas 1991, S. 13: Cree el aldeano vanidoso que el mundo entero es su aldea, y con tal que él quede de alcalde, o le mortifiquen al rival que le quitó la novia, o le crezcan en la alcancía los ahorros, ya da por bueno el orden universal, sin saber de los gigantes que llevan siete leguas en las botas, y le pueden poner la bota encima, ni de la pelea de los cometas en el cielo, que van por el aire dormido[s] engullendo mundos. Lo que quede de aldea en América ha de despertar. Estos tiempos no son para acostarse con el pañuelo a la cabeza, sino con las armas de almohada, como los varones de Juan de Castellanos: las armas del juicio, que vencen a las otras. Trincheras de ideas, valen más que trincheras de piedras.

Ortiz, Fernando: *Contrapunteo cubano del tabaco y el azúcar*. Prólogo y Cronología Julio Le Riverend. Caracas: Biblioteca Ayacucho 1978, S. 95: No hubo factores humanos más trascendentes para la cubanidad que esas continuas, radicales y contrastantes transmigraciones geográficas, económicas y sociales de los pobladores, que esa perenne transitoriedad de los propósitos y que esa vida siempre en desarraigo de la tierra habitada, siempre en desajuste con la sociedad sustentadora. Hombres, economías, culturas y anhelos, todo aquí se sintió foráneo, provisional, cambiadizo, «aves de paso» sobre el país, a su costa, a su contra y a su malgrado. Con los blancos llegaron los negros, primero de España, entonces cundida de esclavos guineos y congos, y luego de toda la Nigricia. Con ellos trajeron sus diversas culturas, unas selváticas como la de los ciboneyes, otras de avanzada barbarie como la de los taínos, y algunos de más complejidad económica y social, como los mandingas, yolofes, hausas, dahomeyanos y yorubas, ya con agricultura, esclavos, moneda, mercados, comercio forastero y gobiernos centralizados y efectivos sobre territorios y poblaciones tan grandes como Cuba; culturas intermedias entre las taínas y las aztecas; ya con metales, pero aún sin escritura.

S. 97: Estas cuestiones de nomenclatura sociológica no son baladíes para la mejor inteligencia de los fenómenos sociales, y menos en Cuba donde, como en pueblo alguno de América, su historia es una intensísima, complejísima e incesante *transculturación* de varias masas humanas, todas ellas en pasos de transición. El concepto de la *transculturación* es cardinal y elementalmente indispensable para comprender la historia de Cuba y, por análogas razones, la de toda América en general.

Paz, Octavio: *El laberinto de la soledad*. México – Madrid – Buenos Aires: Fondo de Cultura Económica [10]1983, S. 152: Pero se trata de una situación universal, compartida por todos los hombres. Tener conciencia de esto es empezar a tener conciencia de nosotros mismos. En efecto, hemos vivido en la periferia de la historia. Hoy el centro, el núcleo de la sociedad mundial, se ha disgregado y todos nos hemos convertido en seres periféricos, hasta los europeos y los norteamericanos. Todos estamos al margen porque ya no hay centro.

Rizal, José: *Noli me tangere*. Prólogo Leopoldo Zea. Edición y cronología Margara Russotto. Caracas: Biblioteca Ayacucho 1976, S. 8: La casa a que aludimos es algo baja y de líneas no muy correctas: que el arquitecto que la haya construido no viera bien o que esto fuese efecto de los terremotos y huracanes, nadie puede decirlo con seguridad. Una ancha escalera de verdes balaustres y alfombrada a trechos conduce desde el zaguán o portal, enlosado de azulejos, al piso principal, entre macetas y tiestos de flores sobre pedestales de losa china de abigarrados colores y fantásticos dibujos.

S. 351: El desconocido volvió la cara hacia el Oriente y murmuró como orando: —¡Muero sin ver la aurora brillar sobre mi patria..!, vosotros, que la habéis de ver, saludadla ... ¡no os olvidéis de los que han caído durante la noche! Levantó sus ojos al cielo, sus labios se agitaron como murmurando una plegaria, después bajó la cabeza y cayó lentamente en tierra ...

Rushdie, Salman: *East, West*. London: Jonathan Cape 1994, S. 5: On the last Tuesday of the month, the dawn bus, its headlamps still shining, brought Miss Rehana to the gates of the British Consulate. It arrived pushing a cloud of dust, veiling her beauty from the eyes of strangers until she descended. The bus was brightly painted in multicoloured arabesques, and on the front it said "MOVE OVER DARLING" in green and gold letters; on the back it added "TATA-BATA" and also "O.K. GOOD-LIFE". Miss Rehana told the driver it was a beautiful bus, and he jumped down and held the door open for her, bowing theatrically as she descended. Miss Rehana's eyes were large and black and bright enough not to need the help of antimony, and when the advice expert Muhammad Ali saw them he felt himself becoming young again. He watched her approaching the Consulate gates as the light strengthened, and asking the bearded lala who guarded them in a gold-buttoned khaki uniform with a cockaded turban when they would open. The lala, usually so rude to the Consulate's Tuesday women, answered Miss Rehana with something like courtesy: "Half an hour," he said gruffly.

"Maybe two hours. Who knows? The sahibs are eating their breakfast." The dusty compound between the bus stop and the Consulate was already full of Tuesday women, some veiled, a few barefaced like Miss Rehana. They all looked frightened, and leaned heavily on the arms of uncles or brothers, who were trying to look confident. But Miss Rehana had come on her own, and did not seem at all alarmed. Muhammad Ali, who specialised in advising the most vulnerable-looking of these weekly supplicants, found his feet leading him towards the strange, big-eyed, independent girl.

S. 9 f.: Drawing another calming breath, he launched into his set speech. He told her that the sahibs thought that all the women who came on Tuesdays, claiming to be dependents of bus drivers in Luton or chartered accountants in Manchester, were crooks and liars and cheats. She protested, "But then I will simply tell them that I, for one, am no such thing!" Her innocence made him shiver with fear for her. She was a sparrow, he told her, and they were men with hooded eyes, like hawks. He explained that they would ask her questions, personal questions, questions such as a lady's own brother would be too shy to ask. They would ask if she was virgin, and, if not, what her fiancé's love-making habits were, and what secret nicknames they had invented for one another. Muhammad Ali spoke brutally, on purpose, to lessen the shock she would feel when it, or something like it, actually happened. Her eyes remained steady, but her hands began to flutter at the edges of the desk. He went on: "They will ask you how many rooms are in your family home, and what colour are the walls, and what days do you empty the rubbish. They will ask your man's mother's third cousin's aunt's step-daughter's middle name. And all these things they have already asked your Mustafa Dar in his Bradford. And if you make one mistake, you are finished." "Yes," she said, and he could hear her disciplining her voice. "And what is your advice, old man?"

S. 209: "God knows for what-all we came over to this country," Mary said. "But I can no longer stay. No. Certainly not." Her determination was absolute. So it was England that was breaking her heart, breaking it by not being India. London was killing her, by not being Bombay. And Mixed-Up? I wondered. Was the courter killing her, too, because he was no longer himself? Or was it that her heart, roped by two different loves, was being pulled both East and West, whinnying and rearing, like those movie horses being yanked this way by Clark Gable and that way by Montgomery Clift, and she knew that to live she would have to choose? "I must go," said Certainly-Mary. "Yes, certainly. *Bas*. Enough."

S. 210 f.: I became a British citizen that year. I was one of the lucky ones, I guess [...]. And the passport did, in many ways, set me free. It allowed me to come and go, to make choices that were not the ones my father would have wished. But I, too, have ropes around my neck, I have them to this day, pulling me this way and that, East and West, the nooses tightening, commanding, *choose, choose*. I buck, I snort, I whinny, I rear, I kick. Ropes, I do not choose between you. Lassoes, lariats, I choose neither of you, and both. Do you hear? I refuse to choose.

Semprún, Jorge: *Mal et Modernité: le Travail de l'Histoire, suivi de « ... vous avez une tombe dans les nuages ... ».* Marseille: Editions Climats 1995, S. 87: Au moment où l'Allemagne efface « la déchirure qui traverse son cœur », où elle le fait dans l'expansion de la raison démocratique, où les puissances de l'Est s'effondrent en tant que telles, où les prévisions apocalyptiques de Heidegger sont démenties par le travail de l'histoire, il est réconfortant de rappeler la pensée allemande qui, de Herbert Marcuse, en 1935, à Jürgen Habermas aujourd'hui, en passant par l'œuvre immense de Karl Jaspers, a maintenu la déchirante lucidité de la raison.

Semprún, Jorge: *Adieu, vive clarté ...* Paris: Gallimard 2005, S. 33f.: En somme, si le sens de la vie lui est immanent, sa valeur lui est transcendante. La vie est transcendée par des valeurs qui la dépassent : elle n'est pas la valeur suprême. Ce serait désastreux qu'elle le fût, d'ailleurs. Ça a toujours été un désastre historique que de considérer la vie, dans la pratique historique, comme une valeur suprême. Le monde réel serait sans cesse retombé dans l'esclavage, l'aliénation sociale ou le conformisme béat, si les hommes avaient toujours considéré la vie comme une valeur suprême. La vie en soi, pour elle-même, n'est pas sacrée: il faudra bien s'habituer à cette terrible nudité métaphysique, à l'exigence morale qui en découle, pour en élaborer les conséquences. La vie n'est sacrée que de façon dérivée, vicariale : lorsqu'elle garantit la liberté, l'autonomie, la dignité de l'être humain, qui sont des valeurs supérieures à celle de la vie même, en soi et pour soi, toute nue. Des valeurs qui la transcendent.

Semprún, Jorge: *L'écriture ou la vie.* Paris: Editions Gallimard 2006, S. 61 (Kursivierung O.E.): Halbwachs n'en avait plus la force. Ou la faiblesse, qui sait ? Il n'en avait plus la possibilité, en tout cas. Ou le désir. Sans doute la mort est-elle l'épuisement de tout désir, y compris celui de mourir. Ce n'est qu'à partir de la vie, du *savoir de la vie*, que l'on peut avoir le désir de mourir. C'est encore un réflexe de vie que ce désir mortifère. [...] Une sorte de tristesse physique m'a envahi. J'ai sombré dans cette tristesse de mon corps. Ce désarroi charnel, qui me rendait inhabitable à moi-même. Le temps a passé, Halbwachs était mort. J'avais vécu la mort de Halbwachs.

S. 215: Je regarde le ciel bleu au-dessus de la tombe de César Vallejo, dans le cimetière Montparnasse. Il avait raison, Vallejo. Je ne possède rien d'autre que ma mort, mon expérience de la mort, pour dire ma vie, l'exprimer, la porter en avant. Il faut que je fabrique de la vie avec toute cette mort. Et la meilleure façon d'y parvenir, c'est l'écriture. Or celle-ci me ramène à la mort, m'y enferme, m'y asphyxie. Voilà où j'en suis : je ne puis vivre qu'en assumant cette mort par l'écriture, mais l'écriture m'interdit littéralement de vivre.

Stahl, Anna Kazumi: *Catástrofes naturales*. Buenos Aires: Editorial Sudamericana 1997, S. 28: Estoy mirando este huracán aquí en la televisión, lo estamos mirando entrar al estado de Florida como un ejército que escapa del infierno, y me recuerda a aquel que una vez embistió esta ciudad, hace treinta y cinco años. Claro, era 1955, y tú no te acuerdas; aún no me habías conocido. Ni a mí ni a este lugar.

Torabully, Khal: *Cale d'Etoiles – Coolitude*. Saint-Denis de La Réunion: Azalées Éditions 1992, S. 7: Coolitude pour poser la première pierre de ma mémoire de toute mémoire, ma langue de toutes les langues, ma part d'inconnu que de nombreux corps et de nombreuses histoires ont souvent déposée dans mes gênes et mes îles. Voici mon chant d'amour à la mer et au voyage, l'odyssée que mes peuples marins n'ont pas encore écrite … mon équipage sera au nombre de ceux qui effacent les frontières pour agrandir le Pays de l'Homme.

Torabully, Khal: Quand les Indes rencontrent les imaginaires du monde. In: Ette, Ottmar / Müller, Gesine (Hg.): *Worldwide. Archipels de la mondialisation. Archipiélagos de la globalización. A TransArea Symposium*. Madrid – Frankfurt am Main: Iberoamericana – Vervuert 2012, S. 70 f.: Le corail est observable dans son habitat vivant, à la différence du rhizome, qui est souterrain. En plus, il me permet de développer une connectivité agglutinante, bâtissant par couches, par concrétion, par sédimentation, un peu comme un palimpseste, et non pas seulement une connectivité errante, tout en conservant l'aspect égalitaire de la connexion, étant ouvert à tous les courants. Le corail est hybride dans son être même, car il est né de la symbiose d'un phytoplancton et d'un zooplancton. On ne fait pas mieux en termes de métaphore de la diversité. Il est racine, polype et plature, protéiforme, souple et dur, et de différentes couleurs. Tout en étant enraciné, il libère la plus grande migration sur terre, celle du plancton, visible de la lune, tout comme le Grand Barrier Reef, classé au patrimoine mondial de l'humanité par l'Unesco. Cet archipel corallien est tout simplement la sculpture vivante la plus étendue sur terre.

S. 71: L'imaginaire corallien qui fonde la coolitude est une proposition d'archipéliser ces diversités si nécessaires aux humanités. Il pose concrètement notre imaginaire des Indes, polylogiques, archipéliques dans la réalité contemporaine où économie, cultures et écologie ne peuvent être séparées, comme le prouve la mondialisation actuelle et ses pannes récurrentes assorties de violences.

Valdés, Zoé: *Café Nostalgia. La turbulenta y hermosa corazonada de un abismo del que no se podrá volver.* Barcelona: Editorial Planeta 1997, S. 24:
He aprendido a adaptarme a un verano que es la estampa del invierno cubano. Tampoco, lo confieso, soy una fan del calor y del sol, pero los prefiero. No ha sido coser y cantar ganar la tranquilidad de esta ciudad. Al llegar aquí, no importa cómo llegué, es un cuento sin trascendencia alguna, el cual contaré más tarde cuando no pueda pasarme de él, pues cuando vine estuve unos meses estudiando francés en la Alianza, después otro tiempo largo sin hacer nada, vagabundeando, aunque debo admitir que fui una huésped de lujo, pero en un sitio donde a cada instante me sacaban que esa casa no me pertenecía, que yo era una prestada, donde me preguntaban veinticuatro por segundo cuándo arreglaría los papeles para poder trabajar, donde reprochaban sin ambages el que no me incorporaba a la sociedad como un ser normal, y no como una vaga, una punk, o una especie de SDF, es decir *sans domicile fixe*, pero con domicilio ocupado; era una suerte de okupa con título nobiliario. [...] Al cabo de tanto reproche, los regaños me la tenían tan pelada que decidí tomar un tren y desaparecer.

S. 65: Nada, que comencé la lectura, iba de las páginas al éxtasis, a cada rato echaba una ojeada al barrio a través de la ventana: afuera las rizadas aguas del río semejaban guarapo verde botella; el caudal lentísimo marcaba con su diapasón el ritmo de la lectura. Con los ojos aguados de lágrimas por la nostalgia de aquellas citas adolescentes con la literatura, lo menos que podía hacer era un homenaje silencioso a mi Habana. Hay obras que emocionan momentáneamente, otras, como ésa, nunca dejarán de estremecerme; y no por el contenido, sino porque releerlas me retrotraen a mi inocencia inexplorada, a los días en que yo confiaba en mi futura madurez sin temor, imaginándome hecha y derecha, segura, estable, como una personajona de una sublime película de la *nouvelle vague*. De contra, mi problema consiste en que me regodeo en la tristeza, disfruto con tremendismo de los estados melancólicos.

S. 117: Al salir de ese espacio de nadie, de esa frontera tan terrible por el daño psíquico que causa, y entrar y pisar el reblandecido pavimento, respiré mi tierra a pleno pulmón. ¿Cristo, olía a infancia, a amigos! No tuve tiempo de mucho más, al instante nos montaron en una guagua [...]. Estuve llorando frente a mi casa, después recorrí las direcciones de mis amistades idas. Pedí al taxista que parqueara unos minutos frente a La Cabaña, donde fenecía Monguy preso.

Había regresado y no, ya que no podría contar nada porque nada había hallado, salvo miseria, amargura y ausencias. Aunque en alguno que otro patio

solariego la gente bailara al son de un toque batá, y las muchachas que jinete-
aban al borde del Malecón se vieran sanas y divertidas, la desidia se filtraba
por doquier. Luego estaba la vida, y ésa había que vivirla a lo como fuera, con
bravuconería. A la mañana siguiente debía partir.

S. 254 f.: La mezcla entre franceses y cubanos constituía una delicia extrava-
gante. Los primeros, casi siempre se trataba de personas que habían viajado a
Aquella Isla, volvían amelcochados, enamoradísimos, y una vez en Francia se
morían de desolación. También pululaban aquellos que sólo asistían en calidad
de antropólogos, para estudiar las reacciones de un grupo de exiliados luchando
a brazo partido por no perder sus raíces en el vasto suelo galo. Los terceros con-
stituían un ajiaco de todo un poco, los «quedaditos», aquellos que salían de allá
con una autorización por varios meses, y se iban quedando, haciéndose los
bobos, no pedían asilo, conseguían contratos de trabajo, y así iban escapando; la
jerga popular los había bautizado también de 'gusañeros', porque no eran ni gusanos ni compañeros. Luego estábamos los casados [...]. Existían los asilados, no
tan numerosos, debido a la dificultad de los aquellos-isleños para obtener tal
estatus. Y los últimos que, como señalé antes, no bien se tiraban del avión en
virtud de íntimos de franceses, y sin sacudirse el polvo del camino iban directo
al guateque. Los recién llegados que aún no tenían muy claro contra qué mon-
taña avalanchar sus destinos.

S. 361: Pienso cerrar la librería y abrir un sitio de encuentro, donde la añoranza
no constituya la flagelación permanente, sino un impulso para reivindicar la
alegría. Pienso fundar una especie de salón para apaciguar la agonía de la espera, y mientras tanto se baila, se canta, se goza, se quiere. Le pondré Café
Nostalgia. Todos los mandamos besos del tamaño del 'cocodrilo verde', ¿se
acuerdan del poema de Nicolás Guillén? Mar, ¿ya oíste el disco de Las D'Aida
que te envié? Dímelo cantando, un, dos, tres, ¡métele asere!: 'La vida tiene
cosas caprichosas que nunca se podrán profetizar ...'

Vargas Llosa, Mario: *La orgía perpetua. Flaubert y "Madame Bovary".* **Barcelona: Editorial Bruguera 1978, S. 213:** Desde su mundo *aparte*, Flaubert, a través de la literatura, entabló una activa polémica con ese mundo odiado, hizo de
la novela un instrumento de *participación negativa* en la vida. En su caso, pesi-
mismo, desencanto, odio, no impidieron la imprescindible comunicación, lo
único que puede asegurar a la literatura una función en la sociedad más importante que ser un quehacer lujoso o un deporte superior, sino que, más bien,
dieron al diálogo entre creador y sociedad una naturaleza tirante y arriesgada,
entrañable, y, sobre todo, sediciosa. [...] La literatura fue para Flaubert esa posi-
bilidad de ir siempre más allá de lo que la vida permite: "Voilà pourquoi j'aime

l'Art. C'est que là, au moins, tout est liberté dans ce monde des fictions. On y assouvit tout, on y fait tout, on est à la fois son roi et son peuple, actif et passif, victime et prêtre. Pas de limites [...]"

Vargas Llosa, Mario: *Tirant lo Blanc*: las palabras como hechos. In (ders.): *Carta de batalla por Tirant lo Blanc*. Barcelona: Seix Barral 1991, S. 103 f.: La novela es la vida leída, la vida inventada, la vida reconstruida y rectificada para hacerla más próxima a nuestras ambiciones y a nuestros deseos, la vida rehecha, cambiada y añadida para vivirla más intensa y extensamente de lo que nuestra condición nos permite vivir la vida verdadera.

Vargas Llosa, Mario: *Cervantes y la ficción – Cervantes and the Craft of Fiction*. Basel: Schwabe & Co. Verlag 2001, S. 19.: Pero la imaginación ha concebido un astuto y sutil paliativo para ese divorcio inevitable entre nuestra realidad limitada y nuestros apetitos desmedidos: la ficción. Gracias a ella somos más y somos otros sin dejar de ser los mismos. En ella nos disolvemos y multiplicamos, viviendo muchas más vidas de la que tenemos y de las que podríamos vivir si permaneciéramos confinados en lo verídico, sin salir de la cárcel de la historia.

S. 65: Una ficción lograda encarna la subjetividad de una época y por eso las novelas, aunque, cotejadas con la historia, mienten, nos comunican unas verdades huidizas y evanescentes que escapan siempre a los descriptores científicos de la realidad. Sólo la literatura dispone de las técnicas para destilar ese delicado elíxir de la vida: la verdad escondida en el corazón de las mentiras humanas. Porque en los engaños de la literatura no hay ningún engaño. No debería haberlo, por lo menos, salvo para los ingenuos que creen que la literatura debe ser objetivamente fiel a la vida y tan dependiente de la realidad como la historia

Vargas Llosa, Mario: *La literatura y la vida. Conferencia magistral*. Edición Ursula Freundt-Thurne. Lima: Universidad Peruana de Ciencias Aplicadas 2001, S. 43: Porque estoy convencido de que una sociedad sin literatura, o en la que la literatura ha sido relegada, como ciertos vicios inconfesables, a los márgenes de la vida social y convertida poco menos que en un culto sectario, está condenada a barbarizarse espiritualmente y a comprometer su libertad.

Vargas Llosa, Mario: *La tentación de lo imposible. Victor Hugo y "Los Miserables"*. Madrid: Alfaguara 2004, S. 16: No menos de diez años, siempre y cuando esa lectura fuera su única y obsesiva dedicación en la vida. La fecundidad del poeta y dramaturgo emblemático del romanticismo en Francia produce vértigo a quien se asoma a ese universo sin fondo.

Vargas Llosa, Mario: Littérature. In (ders.): *Dictionnaire amoureux de l'A-* *mérique latine.* **Traduit de l'espagnol par Albert Bensoussan, Dessin d'A-** **lain Bouldouyre. Paris: Plon 2005, S. 436 f.:** La littérature ne parle pas aux êtres satisfaits de leur sort, à ceux qui se contentent de leur vie. Elle nourrit les esprits rebelles, prêche l'insoumission et constitue un refuge contre les man- ques ou les trop-pleins de l'existence [...]. De ce point de vue, la bonne littéra- ture est toujours, même à son insu ou malgré elle, séditieuse, insoumise, rebelle: un défi au réel

Vargas Llosa, Mario: *El sueño del celta.* **México: Santillana – Alfaguara** **2010, S. 174:** Roger se sentía transportado en el espacio y en el tiempo al Congo. Los mismos horrores, el mismo desprecio de la verdad. La diferencia, que Zumaeta hablaba en español y los funcionarios belgas en francés. Negaban lo evidente con la misma desenvoltura porque ambos creían que recolectar caucho y ganar dinero era un ideal de los cristianos que justificaba las peores fechorías contra esos paganos que, por supuesto, eran siempre antropófagos y asesinos de sus propios hijos.

S. 209: Para ellos los indígenas amazónicos no eran, propiamente hablando, seres humanos, sino una forma inferior y despreciable de la existencia, más cerca de los animales que de los civilizados. Por eso era legítimo explotarlos, azotarlos, secuestrarlos, llevárselos a las caucherías, o, si se resistían, matarlos como a un perro que contrae la rabia.

S. 220: Roger había estado en las oficinas de la Peruvian Amazon Company en Salisbury House, E.C., en el centro financiero de Londres. Un local espectacu- lar, con un paisaje de Gainsborough en las paredes, secretarias de uniforme, oficinas alfombradas, sofás de cuero para las visitas y un enjambre de *clerks*, con sus pantalones a rayas, sus levitas negras y sus camisas de cuello duro albo y corbatitas de miriñaque, llevando cuentas, enviando y recibiendo tele- gramas, vendiendo y cobrando las remesas de caucho talqueado y oloroso en todas las ciudades industriales de Europa. Y, al otro extremo del mundo, en el Putumayo, huitotos, ocaimas, muinanes, nonuyas, andoques, rezígaros y boras extinguiéndose poco a poco sin que nadie moviera un dedo para cambiar ese estado de cosas.

Vasconcelos, José: La raza cósmica (Fragmento, 1925). In (ders.): *Obra* *selecta.* **Estudio preliminar, selección, notas, cronología y bibliografía de** **Christopher Domínguez Michael. Caracas: Biblioteca Ayacucho 1992, S. 88:** Tenemos entonces las cuatro etapas y los cuatro troncos: el negro, el indio, el mongol y el blanco. Este último, después de organizarse en Europa, se ha con- vertido en invasor del mundo, y se ha creído llamado a predominar lo mismo que lo creyeron las razas anteriores, cada una en la época de su poderío. Es claro que el predominio del blanco será también temporal, pero su misión es diferente de la de sus predecesores; su misión es servir de puente. El blanco ha puesto al mundo en situación de que todos los tipos y todas las culturas puedan fundirse. La civilización conquistada por los blancos, organizada por nuestra época, ha puesto las bases materiales y morales para la unión de todos los hombres en una quinta raza universal, fruto de las anteriores y superación de todo lo pasado.

Abbildungsverzeichnis

Personenregister

Abaelard 388, 403
Adamson, Robert Stephen 346
Agamben, Giorgio 71, 349, 350, 436, 445,
 446, 542, 545, 557, 559–562, 594
Alberti, Rafael 580
Almendros, Néstor 613
Amo, Anton Wilhelm 194–223, 392, 576
Anton Ulrich von Braunschweig-
 Wolfenbüttel 199
Anzaldúa, Gloria 77–98, 113, 174, 179, 259
Apel, Karl-Otto 56
Arenas, Reinaldo 229, 230, 613, 673
Arendt, Hannah 48–51, 90, 332, 349, 435,
 439, 447, 557, 558, 560–562, 594
Arguedas, José María 673
Atatürk 129
Aub, Max 558
Auerbach, Erich 25, 26, 29, 34, 36–38, 41,
 42, 45, 46, 48, 51, 52, 100, 102, 103,
 127–193, 327, 366, 442, 447, 462, 463,
 465, 640, 671, 684
Augustinus 394
Ayata, Imran 587

Bachelard, Gaston 460
Bachtin, Michail M. 452, 453, 482,
 545–547, 665
Bade, Klaus J. 186, 440, 564–566, 586
Balzacs, Honoré de 356, 422, 457, 518
Barnet, Miguel 230
Barthes, Roland 11–13, 35, 36, 40, 56, 61,
 87, 96–98, 146, 154, 165, 166, 233, 264,
 345, 353, 364, 377, 383, 386, 391, 392,
 394, 397, 399, 420, 437, 451, 459–461,
 485–488, 492, 515, 517–533, 544, 545,
 547, 579, 582, 661–687
Baudelaire, Charles 20, 378, 395, 425, 667
Beauvoir, Simone de 456, 562
Bellow, Saul 671
Benítez Rojo, Antonio 608
Benjamin, Walter 41, 42, 128, 130, 153, 682
Bergerac, Cyrano de 630
Bernabé, Jean 248, 257, 258, 262, 263, 267,
 268, 299, 324

Bhabha, Homi K. 57, 258
Bismarck, Otto von 315
Bloch, Marc 434
Blum, Léon 434
Blumenbach, Johann Friedrich 195, 219
Bolívar, Simón 4, 265–267, 447, 688
Böll, Heinrich 569, 651, 671
Borges, Jorge Luis 53, 54, 56, 166, 435, 659
Borrero, Elena 387
Borrero, Esteban 353, 369, 384, 386,
 388, 417
Borrero, Juana 89, 230, 351–356, 358–420,
 456, 458, 688–690
Borrero, Mercedes 380
Bougainville, Louis Antoine de 306, 323,
 324, 627
Bourdieu, Pierre 27, 50, 120, 336, 337,
 444, 678
Braz, Philippe 62
Bremer, Fredrika 230–234, 690–691
Brinkmann, Karl Gustav von 397, 497
Bunge, Carlos Octavio 81
Bürger, Peter 54, 557, 562, 601
Butler, Judith 57, 363, 378, 386, 459

Cabrera Infante, Guillermo 250–253,
 255, 691
Calderón de la Barca, Pedro 659
Cambaceres, Eugenio 457
Camus, Albert 671
Candolle, Augustin-Pyramus de 346
Canetti, Elias 671
Cannon, Susan Faye 500
Carpentier, Alejo 230, 357
Carrió, Pep 309
Carter, Marina 34, 283, 640, 644–646
Casanova, Pascale 150–156, 168, 170,
 172–174, 176–178, 191, 216, 691–692
Casement, Roger 309–311, 315, 632, 633,
 635, 636
Castro, Fidel 251, 259, 267, 296, 455, 553,
 603, 605, 606
Celan, Paul 443, 482, 571

Piñera, Virgilio 230, 614
Pizarro, Ana 59
Plessner, Helmuth 354
Poullet, Hector 265, 267, 281
Proust, Marcel 49, 78, 79, 112, 117, 132, 140,
      609, 610, 614–616, 620, 623, 661, 662,
      679–681, 685
Putin, Wladimir 118, 462

Quesada y Aróstegui, Gonzalo de 239

Rabelais, François 546
Rajcic, Dragica 189
Ramírez, Sergio 651
Ramuz, Charles Ferdinand 153
Raynal, Guillaume Thomas François 510, 511
Reagan, Ronald 92, 552
Redonnet, Marie 20
Reyes, Alfonso 260, 262, 297
Ribeiro, Darcy 260, 261
Ricoeur, Paul 434
Rizal, José 228, 238–241, 243–248, 254, 702
Robertson, William 510, 511
Rodó, José Enrique 398
Rousseau, Jean-Jacques 197, 209, 511
Rugendas, Johann Moritz 674
Rushdie, Salman 53–77, 98, 113, 179, 454,
      559, 702–704

Saïd, Edward Wadie 58
Saint-John Perse 291
Sarlo, Beatriz 59
Sarmiento, Domingo Faustino 364, 365
Sartre, Jean-Paul 456, 663, 667
Schelling, Friedrich Wilhelm Joseph 429,
      432, 434
Schiller, Friedrich 1–11, 13–16, 46, 47, 50,
      51, 170, 194, 195, 243
Schlözer, August Wilhelm von 4
Schwarz-Barts, Simone 294
Selenskyj, Wolodymyr 553
Séma, Sylvie 317, 322, 697–698
Semprún, Jorge 353, 354, 413, 421–446,
      448, 457, 466, 472, 613, 704–705
Senghor, Léopold Sédar 646
Shakespeare, William 72

Snow, Charles Percy 52, 340, 473, 488, 499
Snowden, Edward 118
Sollers, Philippe 521, 530, 682
Solschenizyn, Alexander I. 671
Spitzer, Leo 25, 103, 108, 132, 190, 462, 671
Spivak, Gayatri Chacravorti 57
Stahl, Anna Kazumi 489, 533–547, 556, 705
Steinbeck, John 672
Stoermer, Eugene F. 484
Stoppani, Antonio 484, 506
Suchier, Wolfram 199, 200, 205, 217, 220

Tawada, Yoko 62, 186, 189, 482, 587
Telchid, Sylviane 265, 267, 281
Tholen, Toni 447
Tocqueville, Alexis de 129
Tomasi di Lampedusa, Giuseppe 672
Torabully, Khal 34, 283, 636–647, 651,
      705–706
Toumson, Roger 261, 298
Tournefort, Joseph Pitton de 346
Tristan, Flora 674
Trojanow, Ilija 588
Trump, Donald 85, 86, 120, 462, 555
Twitchell, Edward 459

Uhrbach, Carlos Pío 351, 367, 370, 373,
      374, 375, 380, 392–394, 396, 397,
      399, 400, 402, 404, 406, 409, 414,
      418, 419, 458
Uhrbach, Federico 368, 375, 392
Unamuno, Miguel de 148

Valdés, Zoé 590–624, 630, 706–707
Vallejo, César 421–424, 431, 443, 704
Vargas Llosa, Mario 48, 309–316, 632–637,
      661–684, 707–709
Vasconcelos, José 82, 83, 85, 88, 92, 96,
      161, 258, 259, 260, 261, 263, 709–710
Velázquez, Diego 382
Vespucci, Amerigo 627
Vico, Giambattista 142
Vicq d'Azyr, Félix 346
Villaverde, Cirilo 228, 230
Vitier, Cintio 370, 372–374, 380, 381, 385,
      388, 390, 397, 401, 416, 701

www.ingramcontent.com/pod-product-compliance
Lightning Source LLC
Chambersburg PA
CBHW030511100426
42813CB00002B/429